D1699534

NEUES GROSSES WÖRTERBUCH

ITALIENISCH DEUTSCH

DEUTSCH ITALIENISCH

Über 150.000 zuverlässige Angaben

BUCH UND ZEIT
BZ

Buch und Zeit Verlagsgesellschaft mbH · Köln

Genehmigte Sonderausgabe 2001
Alle Rechte vorbehalten. Nachdruck, auch auszugsweise,
nur mit ausdrücklicher Genehmigung des Verlages gestattet.
Chefredaktion: Ilse Hell
Redaktion: Karina Partsch, Alexandra Pawelczak
Produktion: Martina Baur, Claudia Schmid
Umschlaggestaltung: Inga Koch
ISBN 3-8166-0503-6

Inhaltsverzeichnis

Informationen für den Benutzer

In diesem Wörterbuch wird dem Benutzer mit über 75.000 treffenden Übersetzungen, Anwendungsbeispielen und Redewendungen zu rund 55.000 Stichwörtern der schnelle Zugriff auf einen umfassenden Grund- und Fachwortschatz der modernen Hoch- und Umgangssprache ermöglicht.

Gliederung der Stichwörter

Abkürzungen, die einer Erläuterung oder mehrerer Übersetzungen bedürfen (z.b. CD-ROM), werden als Stichwörter aufgeführt – andere gängige Abkürzungen befinden sich im Anhang auf den Seiten 599–600.

Homonyme (Wörter, die gleich lauten, aber eine unterschiedliche Herkunft und Bedeutung haben, z.b. *Mark* (Währung/Grenzgebiet/Gewebe)) werden mit hochgestellten Zahlen gekennzeichnet.

Um einen raschen Zugriff auf das gesuchte Wort zu ermöglichen, steht jedes Stichwort als eigener Eintrag. *nachdem* und *nachher* stehen zum Beispiel nicht zusammen mit *nach* in einem Abschnitt, sondern sind selbstständige Stichwörter mit Lautschriftangabe.

Bei italienischen und deutschen Substantiven, deren feminine Form ohne Wortstammveränderung und durch bloßes Anhängen einer Endung gebildet wird, steht die Endung der femininen Form jeweils in Klammern (z.B. *dottore(ssa)*, *Lehrer(in)*). Bei Bildung der Femininform mit Wortstammveränderung (z.B. *Bauer/Bäuerin*) und bei Bildung der Femininform durch Ersetzen der Maskulinendung (z.B. *attore/attrice, Zeuge/Zeugin*) erhält das feminine Substantiv meist einen eigenen Eintrag.

Bei substantivierten Adjektiven (z.B. *Jugendliche(r)*) und erstarrten Partizipien (z.B. *Geliebte(r)*) wird ebenfalls sowohl die Maskulin- als auch die Femininform angegeben. Sie werden wie Adjektive dekliniert: *ein Jugendlicher, eine Jugendliche; mit einem Geliebten, mit einer Geliebten* usw.

Adjektive werden – mit Ausnahme von solchen wie *erste(r,s), jüngste(r,s)* – nur in der männlichen Form angegeben. Bei italienischen Adjektiven, die im Singular maskulin eine zweite Form besitzen (z.B. *grande* und *gran*), befindet sich bei dieser ein entsprechender Verweis. Italienische Adverbien, die regelmäßig von einem Adjektiv abgeleitet werden (z.B. *dolcemente, velocemente*), sind nicht als einzelne Einträge aufgeführt, es sei denn, die adverbiale Bedeutung unterscheidet sich von der adjektivischen. Die Bildung der italienischen Adverbien kann im Anhang nachgelesen werden.

Aufbau eines Eintrages

Innerhalb eines Stichworteintrages wird das fett gedruckte Stichwort nicht wiederholt, sondern durch eine Tilde (~) ersetzt, es sei denn, es steht in einer Form, die eine andere Schreibweise nach sich zieht. Im Eintrag *barra* zum Beispiel steht statt *sbarra* einfach *s~*, bei *Buch* ist die Pluralform *Bücher* ausgeschrieben. Diese Ausnahme bezieht sich auch auf die Großschreibung eines sonst kleingeschriebenen Wortes (z.B. am Satzanfang einer Wendung). Die Tilde bezieht sich nie auf eventuelle Klammereränzungen im Stichwort.

Innerhalb eines Stichworteintrages sind die einzelnen Übersetzungen nach Wortart und Häufigkeit geordnet. Bedeutungsgleiche (synonyme) Übersetzungen werden durch Komma voneinander getrennt. Nicht bedeutungsgleiche Übersetzungen werden entsprechend der Häufigkeit ihrer Verwendung durchnummeriert und mit Strichpunkt abgetrennt.

Sind Auslassungszeichen (...) direkt an ein Wort angehängt (z.B. bei Präfixen), bedeutet dies, dass das Wort als Teil einer Zusammensetzung wiedergegeben wird. Beispiel:
federale [fedeˈraːle] *adj* föderal, Bundes...
Neben der Übersetzung *föderal* sind auch Wortzusammensetzungen mit *Bundes...* möglich (z.B. *Bundesbahn, Bundesbank*).

Alphabetisierung
Die fett gedruckten Stichwörter sind streng alphabetisch geordnet: Getrennt geschriebene und durch Bindestrich getrennte Stichwörter werden dabei behandelt, als würden sie zusammengeschrieben.

Die Buchstaben ä, ö, ü, á, à usw. werden wie a, o, u, a usw. alphabetisiert; ß wird wie ss eingeordnet.

Einige Stichwörter werden durch zusätzliche Informationen in Klammern genauer bestimmt (z.B. Angabe der Endung der Femininform). Diese Ergänzungen in Klammern werden bei der Alphabetisierung jedoch nicht berücksichtigt.

Lautschrift
Der Stichwortangabe folgt jeweils in eckigen Klammern die dazugehörige Aussprache. Die Lautschrift richtet sich nach der international gebräuchlichen Phonetik. Eine Übersicht über die Lautschriftzeichen befindet sich auf Seite VIII. Das Betonungszeichen (ˈ) steht jeweils vor der Silbe, die betont werden muss. Die Lautschrift einsilbiger Wörter enthält kein Betonungszeichen.

Steht in einem Eintrag eine zusätzliche Lautschriftangabe, bedeutet dies, dass alle folgenden Bedeutungen entsprechend dieser Phonetikangabe ausgesprochen werden.

Wortart
Nach Stichwort und Lautschrift wird die Wortart des fett gedruckten Stichwortes in abgekürzter Form angegeben. Sie ist kursiv gedruckt. Die Abkürzungen werden auf Seite VII erläutert. Gibt es für ein Stichwort mehrere Bedeutungen mit unterschiedlichen Wortarten, so werden diese durch Strichpunkt voneinander getrennt aufgeführt.

Hat ein Stichwort sowohl eine maskuline als auch eine feminine Form oder werden für ein Wort zwei unterschiedliche Genera gleich häufig verwendet, so stehen die entsprechenden Angaben kursiv hinter dem betreffenden Wort.

Alle unregelmäßigen Verben sind mit der Abkürzung *v irr* gekennzeichnet. Die unregelmäßigen Formen der Verben beider Sprachen werden im Anhang (Seiten 583–585 sowie 595–598) aufgeführt. Aufgelistet werden ausschließlich die Formen des Stammverbs (die Formen zu *contrarre* sieht man bei *trarre* nach, die Formen zu *mitkommen* stehen bei *kommen*).

Redewendungen
Die zahlreichen Wendungen und sprichwörtlichen Redensarten sind dem bedeutungtragenden Wort der Wendung – in der Regel dem Substantiv – zugeordnet.

Anhang
Die Kurzgrammatiken im Anhang ermöglichen es auch Anfängern, den vorhandenen Wortschatz stilsicher anzuwenden. So findet der Benutzer schnell eine Antwort auf jedes grundlegende grammatische Problem.

Abkürzungen

adj	Adjektiv	*LING*	Linguistik
adv	Adverb	*LIT*	Literatur
AGR	Landwirtschaft	*m*	männlich
ANAT	Anatomie	*MATH*	Mathematik
ARCH	Architektur	*MED*	Medizin
art	Artikel	*MET*	Metallurgie
ART	Kunst	*METEO*	Meteorologie
ASTR	Astronomie	*MIL*	Militär
BIO	Biologie	*MIN*	Bergbau/
BOT	Botanik		Mineralogie
CHEM	Chemie	*MUS*	Musik
CINE	Film	*n*	Neutrum
ECO	Wirtschaft	*NAUT*	Schifffahrt
etw	etwas	*num*	Zahlwort
f	weiblich	*PHIL*	Philosophie
fam	umgangssprachlich	*PHYS*	Physik
fig	bildlich	*pl*	Plural
FIN	Finanzwelt	*POL*	Politik
FOTO	Fotografie	*pref*	Präfix
GAST	Gastronomie	*prep*	Präposition
GEO	Geografie	*pron*	Pronomen
GEOL	Geologie	*PSYCH*	Psychologie
GRAMM	Grammatik	*qc*	qualcosa
HIST	Geschichte	*qd*	qualcuno
INFORM	Informatik		(qualcheduno)
interj	Interjektion	*rel*	relativ
interr	interrogativ	*REL*	Religion
irr	unregelmäßig	*SPORT*	Sport
jdm	jemandem	*TECH*	Technik
jdn	jemanden	*TEL*	Kommunikations-
jds	jemandes		wesen
jmd	jemand	*THEAT*	Theater
JUR	Recht	*v*	Verb
konj	Konjunktion	*ZOOL*	Zoologie

VIII

Lautschrift

Konsonanten

Ball	b	banco
Nichte	ç	
dort	d	dente
fliehen, vor	f	fede
geben	g	gamba, ghiaccio
holen	h	
Journalist	ʒ	
jeder, Million	j	
Kamm, Chor	k	carta, chiave, quando
Lob	l	lago
	ʎ	maglia
Maus	m	mano
nehmen	n	naso
	ɲ	gnomo
angeln, links	ŋ	fungo
Post	p	pane
Rand	r	ramo
besser, Ruß	s	sala
schwierig	ʃ	scendere, scialle
treten, Pfad	t	tasto
weben, Vase	v	vento, wafer
Nacht	x	
Hose	z	svuotare

Diphthonge und Konsonantengruppen

beißen	aɪ		
Auge	au		
läuten, Heu	ɔy		
Zug	ts	zio	
	dz	zona	
	tʃ	cibo, ciotola	
	dʒ	gennaio, giorno	

Vokale

blass	a	alto, eternità
Bahn, Saal	aː	andare
egal	e	estivo
Weh, See	eː	sera
hätte, fett	ɛ	essere, cioè
Säge	ɛː	bene
Menge	ə	
ist	ɪ	
Vitamin	i	infine
Liebe	iː	infine
Moral	o	volere
Boot, Ton	oː	sole
von	ɔ	lotta, ciò
	ɔː	moda
ökologisch	ø	
Öl	øː	
völlig	œ	
Zunge	u	dubbio, insù
Zug	uː	muro
Stück	y	
Typ	yː	

Nasale

Orange	ã	collant
Annonce	ɔ̃	
Cousin	ɛ̃	

Nur bei Fremdwörtern aus dem Englischen

Server	ɜː	
online	ɒ	
Homepage	əʊ	
	ʌ	airbus
	æ	gangster

Italienisch – Deutsch

A

a [a] *prep 1. (luogo)* an, nach, in; ~ *Roma* in Rom; ~ *casa* nach Hause, zu Hause; ~ *nord di* nördlich von; ~*l bar* an der Bar; *andare* ~ *casa* nach Hause gehen/nach Hause fahren; *andare* ~ *Firenze* nach Florenz fahren; *andare* ~ *scuola* in die Schule gehen; *andare* ~ *caccia* auf die Jagd gehen; *andare* ~ *teatro* ins Theater gehen; *abitare* ~ *Monaco* in München wohnen; *Abito* ~ *venti chilometri da Venezia.* Ich wohne zwanzig Kilometer von Venedig entfernt. *essere* ~*lla fine di qc* am Ende von etw sein; *andare* ~ *letto* ins Bett gehen; *A quale piano?* In welchem Stock? ~*l secondo piano* im zweiten Stock; ~*l pianterreno* im Erdgeschoss; *scendere* ~ *terra* an Land gehen; ~*l centro* in der Mitte; *vicino* ~ nahe an; *2. (tempo)* bei, um, am; ~ *Pasqua* an Ostern; *A che ora?* Wann?/Um wie viel Uhr? ~ *mezzogiorno* mittags; ~*lle due* um zwei Uhr; ~*ll'inizio* am Anfang; ~*l principio di maggio* Anfang Mai; ~ *settembre* im September; ~ *metà giugno* Mitte Juni; ~*lla fine di ...* am Ende von ... ~*l tramonto del sole* bei Sonnenuntergang; *Guadagna diecimila lire* ~*ll'ora.* Er verdient 10.000 Lire in der Stunde. ~*l più presto* so bald wie möglich; ~*ll'età di quarant'anni* im Alter von vierzig Jahren ~ *trent'anni* mit dreißig Jahren; ~*ll'epoca di ...* zur Zeit von ... ~ *domani* bis morgen; *3. (numero)* zu; *Ci vanno* ~ *migliaia.* Sie gehen zu Tausenden dorthin. ~ *centinaia* zu Hunderten, hundertweise; *4. (per)* je, pro; ~*ll'ora* pro Stunde; ~*l pezzo* pro Stück; ~ *persona* pro Person; ~*l mese* pro Monat; ~*ll'anno* pro Jahr; *5. (con)* mit; *una pizza ai funghi* eine Pizza mit Pilzen *f; 6. (modo)* zu; *annoiarsi* ~ *morte* sich zu Tode langweilen; *condannare* ~ *vita* zu lebenslänglich verurteilen; *7. (con l'infinito)* zu; *Comincio* ~ *studiare.* Ich beginne zu studieren. *Ti invito* ~*d accompagnarmi.* Ich lade dich ein, mich zu begleiten.
abate [a'ba:te] *m REL* Abt *m*
abbagliante [abba'ʎante] *adj 1.* blendend, grell; *m 2.* Fernlicht *n*
abbagliare [abba'ʎa:re] *v 1. (luce)* blenden; *2. (fig)* irreführen; *3. (con i fari dell'auto)* aufblenden
abbaglio [ab'ba:ʎo] *m* Versehen *n,* Fehler *m; prendere un* ~ sich täuschen
abbaiare [abbai'a:re] *v* bellen, kläffen

abbaino [abba'i:no] *m* Dachfenster *n*
abbandonare [abbando'na:re] *v 1.* verlassen; ~ *un partito* aus einer Partei austreten; ~ *una cava* eine Zeche abbauen; ~ *la scena politica (fig)* aus dem politischen Leben scheiden; *2. (rinunciare, interrompere)* aufgeben; *3. ECO* abwandern
abbandonato [abbando'na:to] *adj 1.* verlassen; *2. (studi, professione)* aufgegeben; *3. (casa)* unbewohnt; *4. (fig)* verwahrlost
abbandono [abban'do:no] *m 1. (lasciare)* Verlassen *n; 2. (rinuncia, interruzione)* Aufgeben *n; 3. (di un paese)* Abwanderung *f*
abbassamento [abbassa'mento] *m 1.* Senkung *f,* Absenkung *f; 2. (diminuzione)* Abnahme *f; 3. (calo)* Fallen *n,* Sinken *n; 4. FIN* Rückgang *m; 5. (fig)* Demütigung *f,* Erniedrigung *f*
abbassare [abbas'sa:re] *v 1.* herablassen, herunterlassen; *2. (ribaltare)* herunterklappen; *3. (occhi)* niederschlagen; *4. (testa)* neigen; *5. (fig: prezzo)* herabsetzen; *6. (voce)* leise reden; *7. (orgoglio)* erniedrigen
abbassarsi [abbas'sarsi] *v 1.* sich bücken; *2. (acqua)* abebben; *3. (fig)* sich erniedrigen, sich demütigen
abbastanza [abbas'tantsa] *adv 1.* genug, genügend; *2. (a sufficienza, alquanto)* leidlich, hinlänglich; *3. (più o meno)* ziemlich
abbattere [ab'battere] *v 1. (albero)* fällen; *2. (nemico)* niederschlagen; *3. (animale)* erlegen
abbattimento [abbatti'mento] *m 1.* Niederwerfen *n; 2. (fisico)* Mattigkeit *f; 3. (stato d'animo)* Niedergeschlagenheit *f*
abbattuto [abbat'tu:to] *adj* niedergeschlagen
abbazia [abba'tsi:a] *f REL* Abtei *f*
abbellimento [abbelli'mento] *m 1.* Verschönerung *f,* Verzierung *f; 2. (fig)* Schönfärberei *f*
abbellire [abbel'li:re] *v* verschönern, ausschmücken
abbeverare [abbeve'ra:re] *v (animale)* tränken, Durst stillen
abbigliamento [abbiʎa'mento] *m* Kleidung *f*
abbigliarsi [abbi'ʎarsi] *v* sich anziehen
abbinamento [abbina'mento] *m 1. (accoppiamento)* paarweise Zusammenfügung *f;*

2. *(nell'abbigliamento, dei colori)* Verbindung *f; 3.* TECH Kupplung *f*
abbinare [abbi'naːre] *v 1.* paaren, paarweise verbinden; *2.* TECH kuppeln
abbindolare [abbindo'laːre] *v* hintergehen
abbisogno [abbi'zoːɲo] *m* Bedarf *m*
abboccare [abbok'kaːre] *v 1.* ~ *all'amo (pesce)* anbeißen; *2.* ~ *all'amo (fig)* anbeißen; *3.* TECH zusammenschließen
abbonamento [abbona'mento] *m* Abonnement *n*
abbonarsi [abbo'narsi] *v* abonnieren
abbonato [abbo'naːto] *m* Abonnent *m*
abbondante [abbon'dante] *adj* reichlich
abbondantemente [abbondante'mente] *adv* ausgiebig
abbondanza [abbon'dantsa] *f* Fülle *f,* Überfluss *m*
abbordare [abbor'daːre] *v 1. (fig)* ~ *qd* an jdn herantreten, jdn zur Rede stellen; *2.* NAUT entern
abborracciare [abborrat'tʃaːre] *v* pfuschen
abborracciatore [abborrattʃa'toːre] *m* Pfuscher *m,* Stümper *m*
abbottonare [abbotto'naːre] *v* zuknöpfen
abbozzare [abbot'tsaːre] *v 1.* skizzieren; *2.* ~ *un sorriso (fig)* ein Lächeln andeuten
abbozzo [ab'bɔttso] *m 1.* Umriss *m; 2.* ART Skizze *f,* Entwurf *m; in* ~ im Entwurf
abbracciare [abbrat'tʃaːre] *v* umarmen; ~ *con gli occhi* überblicken; ~ *con lo sguardo* übersehen
abbraccio [ab'brattʃo] *m* Umarmung *f*
abbreviamento [abbrevia'mento] *m* Verkürzung *f,* Abkürzung *f*
abbreviare [abbrevi'aːre] *v* verkürzen
abbreviazione [abbreviatsi'oːne] *f* Abkürzung *f,* Kürzung *f*
abbronzare [abbron'dzaːre] *v* bräunen
abbronzato [abbron'dzaːto] *adj* braun, gebräunt
abbronzatura [abbrondza'tuːra] *f (della pelle)* Bräunung *f,* Bräunen *n*
abbrustolire [abbrusto'liːre] *v irr* rösten; *pane abbrustolito* geröstetes Brot *n*
abbrutire [abbru'tiːre] *v* verwildern
abbuono [abbu'ɔːno] *m 1. (del tempo impiegato)* Verkürzung *f; 2.* ECO Vergütung *f; 3. (bonifico)* FIN Rabatt *m*
abdicare [abdi'kaːre] *v* POL abdanken
abdicazione [abdikatsi'oːne] *f* POL Abdankung *f*

abete [a'beːte] *m* BOT Tanne *f;* ~ *rosso* Fichte *f*
abiezione [abietsi'oːne] *f (bassezza morale)* Unmoral *f,* Sittenlosigkeit *f*
abile ['aːbile] *adj 1.* geeignet, tauglich; ~ *negli affari* geschäftstüchtig; ~ *al lavoro* erwerbsfähig; *2. (valente)* geschickt, gewandt; *3. (raffinato)* raffiniert
abilità [abili'ta] *f 1.* Fähigkeit *f; 2. (bravura)* Geschicklichkeit *f*
abilitazione [abilitatsi'oːne] *f* Befähigung *f,* Befugnis *f*
abissale [abbis'saːle] *adj 1.* abgrundtief; *2. (fig)* bodenlos
abisso [a'bisso] *m 1.* Abgrund *m; 2. (fig)* Kluft *f*
abitacolo [abi'taːkolo] *m (di un'auto)* Fahrgastzelle *f,* Fahrerkabine *f*
abitante [abi'tante] *m/f* Bewohner(in) *m/f,* Einwohner(in) *m/f*
abitare [abi'taːre] *v 1. (persone)* wohnen, bewohnen; *2. (animali)* hausen
abitazione [abitatsi'oːne] *f 1.* Wohnung *f; 2. (residenza)* Wohnort *m*
abito ['aːbito] *m 1. (da donna)* Kleid *n;* ~ *prémaman* Umstandskleid *n;* ~ *da festa* Festkleid *n; 2. (da uomo)* Anzug *m;* ~ *da sera* Abendanzug *m; 3. (vestiario)* Kleidung *f*
abituale [abitu'aːle] *adj* gewohnt
abitualmente [abitual'mente] *adv* gewohnheitsmäßig, gewöhnlich
abituare [abitu'aːre] *v* gewöhnen an
abituarsi [abitu'arsi] *v 1.* ~ *a qc* sich an etw gewöhnen; *2. (in un nuovo ambiente)* sich einleben
abituato [abitu'aːto] *adj* gewohnt; *non* ~ ungewohnt
abitudinario [abitudi'naːrio] *m* Gewohnheitsmensch *m*
abitudine [abi'tuːdine] *f* Gewohnheit *f*
abiurare [abiu'raːre] *v* sich lossagen von
abolizione [abolitsi'oːne] *f* Aufhebung *f,* Abschaffung *f,* Beseitigung *f*
abominevole [abomi'neːvole] *adj* ekelhaft
aborigeno [abo'riːdʒeno] *m 1.* Ureinwohner *m; adj 2.* eingeboren
abortire [abor'tiːre] *v irr 1.* MED eine Fehlgeburt haben; *far* ~ abtreiben; *2. (fallire)* misslingen
aborto [a'bɔrto] *m 1.* MED Abort *m; 2. (provocato)* Abtreibung *f; favorevole all'*~ Abtreibungsbefürworter *m; contrario all'*~ Abtreibungsgegner *m*

abrogare [abroˈgaːre] v abschaffen
abrogazione [abrogatsiˈoːne] f Abschaffung f
abulico [aˈbuːliko] adj 1. (passivo) passiv; 2. (indifferente) gleichgültig
abusare [abuˈzaːre] v ~ di qc etw missbrauchen
abusivo [abuˈziːvo] adj 1. unrechtmäßig, unerlaubt; 2. JUR widerrechtlich, gesetzeswidrig; m 3. Unbefugter m
abuso [aˈbuːzo] m Missbrauch m; ~ di autorità Amtsmissbrauch m; ~ di bevande alcoliche Alkoholmissbrauch m; ~ di dati Datenmissbrauch m
accademia [akkaˈdɛːmia] f Akademie f
accademico [akkaˈdɛːmiko] m 1. Akademiker m; adj 2. akademisch
accadere [akkaˈdeːre] v irr 1. geschehen, passieren; 2. (fig) zustoßen
accaduto [akkaˈduːto] m Geschehnis n, Ereignis n
accamparsi [akkamˈparsi] v zelten
accanirsi [akkaˈnirsi] v 1. toben, wüten; 2. ~ contro qd (fig) in Wut geraten über jdn, über jdn herziehen
accanitamente [akkanitaˈmente] adv 1. hartnäckig; 2. (furia) wütend
accanito [akkaˈniːto] adj verbissen, erbittert
accanto [akˈkanto] adv 1. (luogo) dabei, daneben; prep 2. ~ a neben
accantonare [akkantoˈnaːre] v 1. zurücklegen, beiseite legen; 2. FIN zurücklegen, zurückstellen
accaparramento [akkaparraˈmento] m ECO Aufkauf m
accaparrare [akkaparˈraːre] v 1. ECO ankaufen; 2. hamstern (fam)
accapigliarsi [akkapiˈʎarsi] v sich prügeln, handgreiflich werden
accappatoio [akkapaˈtoːio] m Bademantel m
accarezzare [akkaretˈtsaːre] v 1. liebkosen, streicheln; 2. (punta delle dita) kraulen
accasciarsi [akkaˈʃarsi] v 1. niedersinken; 2. (fig) den Mut verlieren, verzagen
accatastare [akkatasˈtaːre] v stapeln
accattone [akkatˈtoːne] m 1. Bettler m; 2. (fam) Penner m
accavallare [akkavalˈlaːre] v (gambe) übereinander schlagen
accavallarsi [akkavalˈlarsi] v 1. übereinander schieben; 2. (appuntamenti) sich überschneiden

accecare [attʃeˈkaːre] v 1. blenden; 2. (rendere cieco) blind machen; 3. (fig) verblenden
accecato [attʃeˈkaːto] adj verblendet
accedere [atˈtʃeːdere] v 1. (entrare) eintreten; 2. (in un'associazione) beitreten; ~ ad un'alleanza einem Bündnis beitreten; 3. INFORM zugreifen
acceleramento [attʃeleraˈmento] m Beschleunigung f
accelerare [attʃeleˈraːre] v beschleunigen
acceleratore [attʃeleraˈtoːre] m (di una macchina) Gaspedal n; ~ a pedale Fußgashebel m
accelerazione [attʃeleratsiˈoːne] f Beschleunigung f
accendere [atˈtʃɛndere] v irr 1. anzünden, zünden; Ha da ~? Haben Sie Feuer? ~ il fuoco anheizen, Feuer machen; Si può ~ il fuoco qui? Darf man hier Feuer machen? 2. (elettricità) andrehen, anstellen; La luce è accesa. Das Licht ist an.
accendersi [atˈtʃɛndersi] v irr (luce) angehen
accendino [attʃenˈdiːno] m Feuerzeug n
accennare [attʃenˈnaːre] v andeuten
accenno [atˈtʃenno] m 1. Andeutung f; per accenni andeutungsweise; 2. (fig) Wink m
accensione [attʃensiˈoːne] f 1. Anzündung f; 2. (di una macchina) TECH Zündung f; ~ irregolare Fehlzündung f; 3. (ipoteca) Aufnahme f
accentare [attʃenˈtaːre] v 1. (pronunciare) betonen; 2. (segno) akzentuieren, mit einem Akzent versehen
accentazione [attʃentatsiˈoːne] f (pronuncia) Betonung f
accento [atˈtʃɛnto] m 1. Akzent m, Betonung f; 2. (enfasi) Nachdruck m
accentrare [attʃenˈtraːre] v zentralisieren
accentuare [attʃentuˈaːre] v betonen
accentuarsi [attʃentuˈarsi] v sich verschärfen, sich zuspitzen
accerchiare [attʃerkiˈaːre] v 1. einkreisen; 2. (circondare) umzingeln
accertamento [attʃertaˈmento] m Ermittlung f, Feststellung f
accertarsi [attʃerˈtarsi] v sich vergewissern
acceso [atˈtʃeːso] adj 1. (ardente) glühend; 2. (colore) grell; 3. (fuoco) entzündet; 4. (elettricità) eingeschaltet
accessibile [attʃesˈsiːbile] adj zugänglich

accesso [at'tʃɛsso] *m 1.* Zugang *m; ~ ad Internet* Zugang zum Internet *m; 2. (in casa)* Einfahrt *f; 3. ~ d'ira* Wutausbruch *m; 4. INFORM* Zugriff *m; ~ diretto* direkter Zugriff *m*
accessorio [attʃes'soːrio] *adj 1.* zusätzlich; *spese accessorie* Nebenkosten *pl; 2. (secondario)* untergeordnet; *m 3.* Zubehör *n*
accetta [at'tʃetta] *f* kleines Beil *n,* Axt *f*
accettabile [attʃet'taːbile] *adj* annehmbar, zumutbar
accettare [attʃet'taːre] *v 1. ~ qc* etw annehmen; *2. (situazione)* akzeptieren, hinnehmen; *3. (assumere)* übernehmen
accettazione [attʃettatsi'oːne] *f 1. (di qc)* Annahme *f; ~ bagagli* Gepäckannahme *f; 2. FIN* Akzept *n*
acchiappare [akkiap'paːre] *v 1.* erwischen, kriegen; *2. (afferrare)* auffangen
acciabattare [attʃabat'taːre] *v* pfuschen
acciaieria [attʃaie'riːa] *f* Stahlwerk *n*
acciaio [at'tʃaːio] *m MET* Stahl *m; ~ legato* Edelstahl *m; essere duro come l'~* stahlhart sein
accidentale [attʃiden'taːle] *adj* zufällig
accidentato [attʃiden'taːto] *adj* holperig
accidente [attʃi'dɛnte] *m* Unfall *m*
accingersi [at'tʃindʒersi] *v irr* sich anschicken
acciuffare [attʃuf'faːre] *v* packen, ergreifen
acciuffarsi [attʃuf'farsi] *v* sich prügeln, sich schlagen
acciuga [at'tʃuːga] *f ZOOL* Sardelle *f*
acclimatarsi [akklima'tarsi] *v* sich akklimatisieren
accludere [ak'kluːdere] *v irr* anfügen, beilegen
accluso [ak'kluːso] *adv* anbei
accoccolarsi [akkokko'larsi] *v* sich zusammenkauern
accodarsi [akko'darsi] *v* sich in der Schlange anstellen
accogliente [akko'ʎɛnte] *adj 1.* gemütlich; *poco ~* ungemütlich; *2. (persona)* gastfreundlich
accoglienza [akko'ʎɛntsa] *f 1.* Aufnahme *f,* Empfang *m; 2. (di un ospite)* Bewirtung *f*
accogliere [ak'kɔːʎere] *v irr 1.* aufnehmen; *~ con giubilo* bejubeln; *2. (accettare)* annehmen; *3. (ospite)* empfangen
accollarsi [akkol'larsi] *v* auf sich nehmen

accollato [akkol'laːto] *adj* hochgeschlossen
accoltellare [akkoltel'laːre] *v* erstechen, niederstechen
accommiatarsi [akkommia'tarsi] *v* sich verabschieden
accomodamento [akkomoda'mento] *m JUR* Abfindung *f*
accomodante [akkoman'dante] *adj 1.* wohl wollend, entgegenkommend; *2. ECO* kulant
accomodare [akkomo'daːre] *v 1. (riparare)* ausbessern, reparieren; *2. (sistemare)* ordnen, in Ordnung bringen; *3. (fig)* schlichten
accomodarsi [akkomo'darsi] *v* sich setzen, Platz nehmen; *Si accomodi!* Machen Sie es sich bequem!
accompagnamento [akkompaɲa'mento] *m 1.* Begleitung *f,* Geleit *n; 2. MUS* Begleitung *f*
accompagnare [akkompa'ɲaːre] *v* begleiten
accompagnarsi [akkompa'ɲarsi] *v* passen, übereinstimmen
accompagnatore [akkompaɲa'toːre] *m* Begleiter *m; ~ insignificante* Anhängsel *n*
accompagnatrice [akkompaɲa'triːtʃe] *f* Begleiterin *f*
acconciare [akkon'tʃaːre] *v* zurechtmachen, frisieren
acconciarsi [akkon'tʃarsi] *v* sich abfinden mit
acconciatura [akkontʃa'tuːra] *f* Haarschnitt *m,* Frisur *f*
acconsentire [akkonsen'tiːre] *v* zustimmen
accontentare [akkonten'taːre] *v* zufrieden stellen
accontentarsi [akkonten'tarsi] *v 1.* sich zufrieden geben; *2. (fig)* sich behelfen
acconto [ak'konto] *m 1.* Anzahlung *f; 2. (rata) ECO* Abschlag *m*
accoppiamento [akkoppia'mento] *m 1.* Verbinden *n; 2. ZOOL* Paarung *f; 3. TECH* Kupplung *f,* Ankopplung *f*
accoppiare [akkoppi'aːre] *v 1. ZOOL* paaren; *2. TECH* kuppeln
accorarsi [akko'rarsi] *v* sich betrüben
accorciamento [akkortʃa'mento] *m* Verkürzung *f*
accorciare [akkor'tʃaːre] *v* abkürzen, kürzen
accorciarsi [akkor'tʃarsi] *v 1.* sich verkürzen, sich verringern; *2. (tessuto)* eingehen

accordare [akkor'daːre] v 1. (acconsentire) erteilen, zubilligen; 2. (strumento) stimmen; 3. JUR abfinden
accordarsi [akkor'darsi] v 1. (concordarsi) abmachen; 2. (mettersi d'accordo) sich einigen
accordato [akkor'daːto] adj eingespielt
accordo [ak'kɔrdo] m 1. Abmachung f; essere d'~ einig sein; 2. JUR Vereinbarung f; 3. POL Abkommen n; ~ sul disarmo Abrüstungsabkommen n; ~ monetario Währungsabkommen n
accorgersi [ak'kɔrdʒersi] v irr 1. wahrnehmen; 2. (dolore) spüren, empfinden; 3. (avvertire) merken
accorgimento [akkordʒi'mento] m 1. Einsicht f, Umsicht f; 2. (misura) Maßnahme f; 3. (accortezza) List f
accorrere [ak'korrere] v herbeieilen
accorto [ak'kɔrto] adj 1. schlau, umsichtig; 2. (oculato) weit blickend
accostamento [akkosta'mento] m 1. Annäherung f; 2. NAUT Anlegen n; 3. (di colori) Verbindung f
accostare [akkos'taːre] v (porta) anlehnen
accostarsi [akkos'tarsi] v sich nähern
accreditare [akkredi'taːre] v akkreditieren, gutschreiben
accreditarsi [akkredi'tarsi] v sich Ansehen verschaffen
accredito [akkre'diːto] m Gutschrift f
accrescere [ak'kreʃere] v irr vermehren
accrescersi [ak'kreʃersi] v irr wachsen
accrescimento [akkreʃi'mento] m Vermehrung f, Zunahme f
accresciuto [akkre'ʃuːto] adj vermehrt, verstärkt
accudire [akku'diːre] v betreuen
accumulamento [akkumula'mento] m Ansammlung f
accumularsi [akkumu'larsi] v sich ansammeln
accumulatore [akkumula'toːre] m TECH Akku m
accuratezza [akkura'tettsa] f Sorgfalt f
accurato [akku'raːto] adj ordentlich, sorgfältig
accusa [ak'kuːza] f 1. Anklage f, Anschuldigung f; 2. JUR Anklage f
accusare [akku'zaːre] v 1. anklagen, anschuldigen; 2. JUR belasten
accusarsi [akku'zarsi] v sich anklagen
accusativo [akkuza'tiːvo] m GRAMM Akkusativ m

accusato [akku'zaːto] adj 1. JUR angeklagt; m 2. JUR Angeklagter m
accusatore [akkuza'toːre] m JUR Ankläger m
acerbo [a'tʃɛrbo] adj 1. unreif; 2. (aspro) herb, sauer
acero ['atʃero] m BOT Ahorn m
aceto [a'tʃeːto] m Essig m; ~ aromatico Kräuteressig m
acetone [atʃe'toːne] m CHEM Aceton n
acetosa [atʃe'toːsa] f BOT Sauerampfer m
acidità [atʃidi'ta] f 1. Säure f; 2. CHEM Säuregehalt m
acido ['aːtʃido] m 1. (gusto) Säure f; 2. CHEM Säure f; ~ carbonico Kohlensäure f; ~ cloridrico Salzsäure f; ~ grasso Fettsäure f; ~ solforico Schwefelsäure f; adj 3. sauer
acino ['aːtʃino] m Weinbeere f
acme ['akme] f Höhepunkt m
acne ['akne] f MED Akne f
acqua ['akkua] f 1. Wasser n; ~ benedetta Weihwasser n; ~ dolce Süßwasser n; ~ salata Salzwasser n; ~ minerale Mineralwasser n; ~ potabile Trinkwasser n; ~ industriale Brauchwasser n; ~ di raffreddamento Kühlwasser n; ~ di scarico Abwasser n; ~ sorgiva Quellwasser n; ~ ragia Terpentin n; ~ tenuta d'~ wasserdicht; 2. acque pl GEO Gewässer n; acque territoriali Hoheitsgewässer pl; acque continentali Binnengewässer pl
acquaio [akku'aːio] m Ausguss m
acquario [akku'aːrio] m 1. Aquarium n; 2. (segno zodiacale) Wassermann m
acquasanta [akkua'santa] f REL Weihwasser n
acquatico [akku'aːtico] adj Wasser...
acquavite [akkua'viːte] f Schnaps m, Branntwein m
acquazzone [akkuat'tsoːne] m Platzregen m; ~ temporalesco Gewitterschauer m
acquedotto [akkue'dɔtto] m Wasserleitung f
acqueo ['akkueo] adj wässrig
acquerello [akkue'rɛllo] m Wasserfarbe f
acquietamento [akkuieta'mento] m Beruhigung f
acquietarsi [akkuie'tarsi] v sich beruhigen
acquirente [akkui'rɛnte] m/f Käufer(in) m/f
acquisire [akkui'ziːre] v irr 1. kaufen; 2. (diritto) erwerben, erlangen

acquisito [akkui'zi:to] *adj 1.* erworben; *2. (parente)* angeheiratet; *3. (nazionalità)* angenommen

acquisizione [akkuizitsi'o:ne] *f* Errungenschaft *f,* Erwerbung *f*

acquistabile [akkuis'ta:bile] *adj* käuflich

acquistare [akkuis'ta:re] *v 1.* einkaufen, kaufen; *2. (da qd)* abkaufen; *3. (in quantità)* ankaufen

acquistarsi [akkuis'tarsi] *v (malattia)* sich zuziehen

acquisto [ak'kuisto] *m 1.* Einkauf *m,* Kauf *m; 2.* ECO Abnahme *f;* ~ *all'ingrosso* Großeinkauf *m;* ~ *in contanti* Barkauf *m*

acquitrino [akkui'tri:no] *m* Sumpf *m*

acquolina [akkuo'li:na] *f far venire l'*~ *in bocca* den Mund wässrig machen

acquoso [akku'o:so] *adj* wässrig

acre ['akre] *adj 1.* stechend, beißend; *2. (carattere)* herb; *3. (vino)* herb

acritico [a'kri:tiko] *adj* kritiklos, unkritisch

acrobata [a'krɔ:bata] *m/f* Akrobat(in) *m/f*

acuire [aku'i:re] *v* verschärfen

aculeo [a'ku:leo] *m* ZOOL Stachel *m*

acume [a'ku:me] *m* Scharfsinn *m*

acustica [a'kustica] *f* Akustik *f*

acustico [a'kustico] *adj* akustisch; *a isolamento* ~ schalldicht

acutezza [aku'tettsa] *f 1.* Schärfe *f; 2. (perspicacia)* Scharfblick *m,* Scharfsinn *m*

acutizzazione [akutiddzatsi'o:ne] *f* Verschärfung *f*

acuto [a'ku:to] *adj 1.* akut; *2. (mente)* scharfsinnig; *3. (suono)* schrill; *4. (dolore)* stechend; *5. (occhio)* scharf

adagiarsi [ada'dʒarsi] *v* sich hinlegen, es sich bequem machen

adagio [a'da:dʒo] *adv 1.* sanft, behutsam; *2. (lentamente)* langsam; *3. (sottovoce)* leise; *m 4. (detto)* Maxime *f*

adattabile [adat'ta:bile] *adj* anpassungsfähig

adattabilità [adattabili'ta] *f* Anpassungsfähigkeit *f*

adattamento [adatta'mento] *m 1.* Anpassung *f; 2. (adeguamento)* Umstellung *f*

adattare [adat'ta:re] *v 1.* anpassen; *2. (adeguare)* umstellen; ~ *una macchina* ein Auto umrüsten

adattarsi [adat'tarsi] *v 1.* passen, sich eignen; *2. (andar d'accordo)* zusammenpassen; *3. (conformarsi)* sich angleichen, sich anpassen

adattatore [adatta'to:re] *m* TECH Adapter *m*

adatto [a'datto] *adj* geeignet

addebitare [addebi'ta:re] *v (conto)* FIN belasten

addebito [ad'de:bito] *m 1.* FIN Belastung *f; 2.* ECO Lastschrift *f*

addensare [adden'sa:re] *v* verdichten

addentrarsi [adden'trarsi] *v 1.* eindringen; *2. (avanzare)* voranschreiten

addestramento [addestra'mento] *m 1.* Schulung *f,* Ausbildung *f; 2. (in modo ripetitivo)* Drill *m; 3.* MIL Übung *f; 4.* SPORT Training *n*

addestrare [addes'tra:re] *v 1. (istruire)* einweisen, ausbilden; *2. (addomesticare)* dressieren, abrichten

addetto [ad'detto] *adj 1.* zugeteilt; *2. (occupato)* beschäftigt; *m 3. (appartenente)* Angehöriger *m; 4. non* ~ Unbefugter *m; vietato ai non addetti* für Unbefugte verboten

addio [ad'di:o] *m* Abschied *m,* Adieu *n,* Lebewohl *n*

addirittura [addirit'tu:ra] *adv 1.* direkt, geradezu; *2. (perfino)* sogar; *3. (davvero)* wirklich

additare [addi'ta:re] *v 1.* ~ *a* hinweisen auf, zeigen auf; *2.* ~ *al disprezzo generale* der allgemeinen Verachtung aussetzen

additivo [addi'ti:vo] *m* CHEM Zusatz *m*

addizionare [additsio'na:re] *v* zusammenzählen, addieren

addizione [additsi'o:ne] *f* MATH Addition *f*

addobbare [addob'ba:re] *v (vetrina)* dekorieren, schmücken

addolcire [addol'tʃi:re] *v irr 1.* süßen, mildern; *2. (acqua)* enthärten

addolorarsi [addolo'rarsi] *v 1.* bedauern; *2. (deplorare)* beklagen; *3. (tormentarsi)* sich grämen

addolorato [addolo'ra:to] *adj* schmerzlich bewegt

addome [ad'dɔ:me] *m 1.* ANAT Unterleib *m; 2.* ZOOL Hinterleib *m*

addomesticare [addomesti'ka:re] *v* zähmen

addomesticarsi [addomesti'karsi] *v 1. (animale)* zahm werden; *2.* ~ *con qc* LIT sich mit etw anfreunden

addormentarsi [addormen'tarsi] *v* einschlafen

addossare [addos'sa:re] *v 1.* anlehnen; *2. (fig)* aufladen

addossarsi [addos'sarsi] *v 1. ~ a qc* sich
an etw anlehnen; *2. (fig)* auf sich nehmen
addosso [ad'dɔsso] *adv 1. aver ~* anhaben; *mettere le mani ~ a qd* jdn verprügeln;
dare ~ a qd jdm zu Leibe rücken; *2. avere ~
la scalogna* Pech haben
addurre [ad'durre] *v irr 1. (prove)* beibringen; *2. ~ un pretesto* einen Vorwand vorbringen
adeguatamente [adeguata'mente] *adv
1.* passend; *2. (adatto)* angemessen; *3.
(appropriato)* sachgemäß
adeguato [adegu'aːto] *adj* adäquat, angemessen; *~ al proprio rango* standesgemäß
adempiere [a'dempiere] *v 1.* erfüllen; *2.
(soddisfare)* nachkommen
adempiersi [a'dempiersi] *v* sich erfüllen,
in Erfüllung gehen
adempimento [adempi'mento] *m (dovere)* Erfüllung *f*
aderente [ade'rɛnte] *adj 1. (vestito)* anliegend, eng anliegend; *2. TECH* haftend; *m/f
3. (sostenitore/sostenitrice)* Anhänger(in) *m/f*
aderire [ade'riːre] *v irr 1. (essere attaccato)* kleben; *2. (assentire)* zustimmen; *3. (ad
una proposta)* sich anschließen, eingehen
auf; *4. (ad un'associazione)* beitreten, eintreten in
adescare [ades'kaːre] *v* anlocken
adesione [adezi'oːne] *f 1. (ad una
società)* Beitritt *m; 2. (approvazione)* Zustimmung *f*
adesivo [ade'ziːvo] *m 1. (etichetta)*
Aufkleber *m; 2. (collante)* Klebemittel *n*,
Klebstoff *m; adj 3.* adhäsiv, klebrig
adesso [a'dɛsso] *adv* sogleich, sofort; *per
~* zunächst; *Verrà qui ~.* Er ist gleich hier.
adiacente [adia'tʃɛnte] *adj* angrenzend
adirato [adi'raːto] *adj* wütend, ärgerlich
adolescente [adole'ʃɛnte] *m/f* Heran-
wachsende(r) *m/f*
adolescenza [adole'ʃɛntsa] *f* Jugend *f*
adombrarsi [adom'brarsi] *v (cavallo)*
scheuen
adoperare [adope'raːre] *v 1.* anwenden;
2. (usare) brauchen, gebrauchen; *3. (impiegare)* aufbieten
adoperarsi [adope'rarsi] *v 1.* sich einsetzen; *2. (cercare di raggiungere)* trachten
adorare [ado'raːre] *v* anbeten
adorato [ado'raːto] *m* Angebeteter *m*
adoratore [adora'toːre] *m* Verehrer *m; ~
del sole* Sonnenanbeter *m*
adorazione [adoratsi'oːne] *f* Anbetung *f*

adornare [ador'naːre] *v* ausschmücken
adornarsi [ador'narsi] *v* sich schmücken
adorno [a'dorno] *adj* verziert, geschmückt
adottare [adot'taːre] *v 1.* adoptieren; *2.
(fig)* anwenden
adottato [adot'taːto] *adj 1.* angenommen,
adoptiert; *2. (usare)* angewandt
adottivo [adot'tiːvo] *adj figlio ~* Adoptivkind *n*
adozione [adotsi'oːne] *f 1. (di bambini)*
Adoption *f; 2. (di qc)* Verwendung *f; 3. (scelta)* Wahl *f; patria d'~* Wahlheimat *f; 4. (introduzione)* Einführung *f*
adrenalina [adrena'liːna] *f BIO* Adrena-
lin *n*
Adriatico [adri'aːtiko] *m mare ~ GEO*
Adria *f*
adulatore [adula'toːre] *m 1.* Schmeichler *m; 2. (simulatore)* Heuchler *m; adj
3.* schmeichlerisch
adulterare [adulte'raːre] *v 1. (vino)* panschen; *2. (guastare)* verschlechtern
adulterio [adul'tɛːrio] *m* Ehebruch *m*
adulto [a'dulto] *m* Erwachsener *m*
adunarsi [adu'narsi] *v* sich versammeln
aerazione [aeratsi'oːne] *f* Belüftung *f*
aereo [a'ɛːreo] *adj 1.* luftig; *2. (dell'aria)*
Luft... *posta aerea* Luftpost *f; forze aeree*
Luftstreitkräfte *pl; linea aerea* Luftlinie *f; m
3.* Flugzeug *n; ~ a reazione* Düsenflugzeug
n; ~ da caccia Jagdflugzeug *n; ~ di linea*
Verkehrsflugzeug *n*
aeriforme [aeri'forme] *adj* luftförmig
aerodinamica [aerodi'naːmica] *f PHYS*
Aerodynamik *f*
aerodinamico [aerodi'naːmico] *adj* stromlinienförmig, windschnittig
aeroplano [aero'plaːno] *m* Flugzeug *n; ~
da turismo* Reiseflugzeug *n*, Sportflugzeug
n; ~ da caccia Jagdflugzeug *n*
aeroporto [aero'pɔrto] *m* Flughafen *m*
aerostato [ae'rɔːstato] *m* Luftschiff *n*
aerotrasporto [aerotras'pɔrto] *m* Luftfracht *f*
afa ['aːfa] *f* Schwüle *f; C'è ~.* Es ist schwül.
affabile [af'faːbile] *adj* leutselig, freundlich
affabilmente [affabil'mente] *adv* leutselig, liebenswürdig
affaccendarsi [affattʃen'darsi] *v* sich
Mühe geben
affaccendato [affattʃen'daːto] *adj 1.* rege, geschäftig; *2. (molto occupato)* mit Arbeit
überhäuft

affacchinarsi [affakki'narsi] *v* sich abmühen, sich plagen

affacciarsi [affat't∫arsi] *v (alla finestra)* sich zeigen

affamato [affa'ma:to] *adj 1.* hungrig; *2. (chi muore o è morto di fame)* verhungert, ausgehungert; *3. (chi soffre la fame)* ausgehungert; *m 4. (persona affamata)* Hungerleider *m*

affannarsi [affan'narsi] *v (fig)* sich abmühen

affanno [af'fanno] *m 1. (preoccupazione, pena)* Kummer *m; 2.* MED Atemnot *f*

affare [af'fa:re] *m 1.* Angelegenheit *f,* Sache *f; 2. (increscioso, scandaloso)* Affäre *f; 3.* FIN Geschäft *n; ~ d'oro* Bombengeschäft *n; ~ speculatorio* Spekulationsgeschäft *n; 4. affari pl* ECO Geschäfte *pl; per affari* geschäftlich

affaristico [affa'ristiko] *adj* Geschäfts...

affascinante [affa∫i'nante] *adj* charmant, bezaubernd

affaticamento [affatika'mento] *m* Ermüdung *f*

affaticarsi [affati'karsi] *v* sich mühen; *~ molto* sich abrackern, sich abplagen; *~ troppo* sich übernehmen

affaticato [affati'ka:to] *adj 1.* übermüdet, überanstrengt; *2. (per troppo lavoro)* überarbeitet

affatto [af'fatto] *adv* durchaus; *niente ~* durchaus nicht, keineswegs

affermare [affer'ma:re] *v 1. (rispondere di sì)* bejahen; *2. (confermare)* zustimmen, bestätigen; *3. (sostenere)* behaupten

affermarsi [affer'marsi] *v 1.* sich behaupten; *2. (fig)* sich durchboxen

affermato [affer'ma:to] *adj* erfolgreich; *medico ~* gut eingeführter Arzt *m*

affermazione [affermatsi'o:ne] *f 1. (successo)* Erfolg *m; 2. (il dire di sì)* Bejahung *f; 3. (asserzione)* Behauptung *f; 4. (conferma)* Bestätigung *f*

afferrare [affer'ra:re] *v 1.* greifen, fassen; *2. (una persona)* ergreifen; *3. (fig: capire)* erfassen

affettare [affet'ta:re] *v (verdura)* hobeln

affettato [affet'ta:to] *adj 1.* affektiert, geziert; *2. (tagliato a fette)* aufgeschnitten; *m 3.* Aufschnitt *m*

affettatrice [affetta'tri:t∫e] *f* Aufschnittmaschine *f*

affettaverdure [affettaver'du:re] *m* Hobel *m,* Gemüsehobel *m*

affettazione [affettatsi'o:ne] *f* Geziertheit *f*

affettivo [affet'ti:vo] *adj* gefühlsmäßig

affetto [af'fɛtto] *m 1.* Zuneigung *f,* Zuwendung *f; 2. (tensione interiore, agitazione)* Affekt *m; adj 3.* MED befallen

affettuoso [affettu'o:so] *adj* zärtlich, liebevoll

affezionarsi [affetsio'narsi] *v ~ a qd* jdn lieb gewinnen

affezionato [affetsio'na:to] *adj* anhänglich

affezione [affetsi'o:ne] *f 1.* Zuneigung *f; 2.* MED Krankheit *f*

affiancarsi [affiaŋ'karsi] *v* sich zur Seite stellen

affiatamento [affiata'mento] *m 1. (accordo)* Einigkeit *f,* Einvernehmen *n; 2. (intimità)* Vertrautheit *f*

affiatarsi [affia'tarsi] *v* sich vertraut machen

affiatato [affia'ta:to] *adj (artisti)* eingespielt, miteinander vertraut

affidamento [affida'mento] *m 1.* Verlass *m; fare ~ su qd* sich auf jdn verlassen; *2. (assicurazione)* Zusicherung *f,* Zusage *f; 3. (garanzia)* Gewähr *f; 4. (fiducia)* Vertrauen *n; 5. bambino in ~* Pflegekind *n*

affidare [affi'da:re] *v 1.* anvertrauen; *2. (lasciare)* überlassen; *3. (assegnare)* übertragen

affiggere [af'fidd3ere] *v irr 1.* anschlagen, befestigen; *2. (con spilli)* anheften; *3. (con colla)* ankleben

affilare [affi'la:re] *v* schärfen, schleifen

affilato [affi'la:to] *adj 1. (coltello)* scharf, messerscharf; *2. (dimagrito)* dünn, hager, abgemagert

affinamento [affina'mento] *m 1. (dell'intelletto)* Schärfung *f; 2. (dei modi, dei metalli)* Verfeinerung *f,* Veredelung *f; 3. (morale)* Läuterung *f*

affinché [affiŋ'ke] *konj* damit

affine [af'fi:ne] *adj* ähnlich, analog

affinità [affini'ta] *f 1. (somiglianza)* Ähnlichkeit *f,* Gleichartigkeit *f; 2. (parentela)* Verwandtschaft *f*

affiorare [affio'ra:re] *v 1.* auftauchen; *2. (comparire)* hervortreten; *3. (fig)* auftauchen

affisso [af'fisso] *m (manifesto)* Plakat *n,* Anschlag *m*

affittare [affit'ta:re] *v 1. (inquilino)* mieten, pachten; *2. (proprietario)* vermieten, verpachten

affitto [af'fitto] *m* 1. Miete *f; prendere in ~* mieten, pachten; *2. (di proprietario)* Vermietung *f; 3. (di locale, di terreno)* Pacht *f; 4. (pagamento dell'~)* Mietzahlung *f*
affittuario [affittu'aːrio] *m* 1. *(di un'abitazione)* Mieter *m; 2. (di un locale, di un terreno)* Pächter *m; 3. (in subaffitto)* Untermieter *m*
affliggersi [afflid'ʒersi] *v irr* betrübt sein, sich quälen
afflitto [af'flitto] *adj* betrübt, trübselig
afflizione [afflitsi'oːne] *f* Trübsal *f*
affluente [afflu'ɛnte] *m* Nebenfluss *m*
afflusso [af'flusso] *m* 1. Zufluss *m; 2. (di merci)* Zufuhr *f; 3. (tubo)* Zuleitung *f*
affogare [affo'gaːre] *v* 1. ertrinken; 2. ~ *qd* jdn ertränken
affollamento [affolla'mento] *m* 1. *(di persone)* Andrang *m*, Gedränge *n; 2. (il gremire)* Überfüllung *f*
affollare [affol'laːre] *v* überfüllen
affollato [affol'laːto] *adj* dicht besetzt
affondamento [affonda'mento] *m* 1. *(fare affondare)* Versenkung *f; 2. (andare a fondo)* Versinken *n*
affondare [affon'daːre] *v* 1. versinken, sinken; *2. ~ una nave* ein Schiff versenken
affondarsi [affon'darsi] *v* 1. *NAUT* sinken; *2. (sprofondare)* einsinken
affrancare [affraŋka're] *v* frankieren, freimachen; *non affrancato* unfrankiert
affrancatura [affraŋka'tuːra] *f* 1. Porto *n; 2. (l'affrancare)* Freimachen *n*
affranto [af'franto] *adj* 1. niedergeschlagen; *2. (fig)* geknickt; *cuore ~* gebrochenes Herz *n*
affrettare [affret'taːre] *v* beschleunigen
affrettarsi [affret'tarsi] *v* sich beeilen, sich daranhalten
affrettato [affret'taːto] *adj* hastig
affrontare [affron'taːre] *v* 1. kühn entgegentreten, die Stirn bieten; *2. (mettere mano a qc)* in Angriff nehmen; *3. (pericolo)* auf sich nehmen, trotzen; *4. (problema)* anschneiden, anpacken; *5. (spese)* tragen; *Quali spese dovrò ~?* Welche Unkosten werden auf mich zukommen?
affrontarsi [affron'tarsi] *v* gegenüberstehen
affronto [af'fronto] *m* 1. *(ingiuria)* Beleidigung *f; 2. (infamia)* Schmach *f*, Schande *f*
affumicare [affumi'kaːre] *v* räuchern
affusolato [affuso'laːto] *adj (piede)* schlank

Afganistan [af'gaːnistan] *m GEO* Afghanistan *n*
afono ['aːfono] *adj* tonlos, stimmlos
afoso [a'foːso] *adj* schwül
Africa ['afrika] *f GEO* Afrika *n*
africana [afri'kaːna] *f* Afrikanerin *f*
africano [afri'kaːno] *m* 1. Afrikaner *m; adj* 2. afrikanisch
agenda [a'dʒɛnda] *f* Merkbuch *n; ~ delle scadenze* Terminkalender *m*
agente [a'dʒɛnte] *m/f* Agent(in) *m/f*, Makler(in) *m/f; ~ di assicurazione* Versicherungsagent(in) *m/f; ~ immobiliare* Immobilienmakler(in) *m/f; ~ di cambio* Börsenmakler(in) *m/f; ~ esclusivo* Alleinvertreter *m; ~ segreto/~ segreta* Geheimagent(in) *m/f*
agenzia [adʒen'tsiːa] *f* Agentur *f; ~ di viaggi* Reisebüro *n; ~ di stampa* Nachrichtenagentur *f; ~ matrimoniale* Heiratsvermittlung *f*
agevolazione [adʒevolatsi'oːne] *f* Vergünstigung *f*
agganciare [aggan'tʃaːre] *v (collegare)* kuppeln, anhängen
aggettivo [addʒet'tiːvo] *m GRAMM* Adjektiv *n*
agghiacciante [aggiat'tʃante] *adj* 1. *(spettacolo)* schrecklich; *2. (di persona)* erstarrend
agghiacciarsi [aggiat'tʃarsi] *v* gefrieren
agghindato [aggin'daːto] *adj (fig)* aufgedonnert
aggiornamento [addʒorna'mento] *m* 1. Aufschub *m; 2. (di conoscenze)* Fortbildung *f; corso d'~* Fortbildungskurs *m; 3. (rinvio)* Vertagung *f*
aggiornare [addʒor'naːre] *v* 1. aktualisieren, auf den neuesten Stand bringen; 2. *(rielaborare)* neu bearbeiten
aggirarsi [addʒi'rarsi] *v* 1. sich herumtreiben; *2. (vertere)* sich drehen um; *3. (approssimarsi)* ungefähr betragen
aggiudicare [addʒudi'kaːre] *v* 1. zuerkennen, zuteilen; *2. (asta)* zuschlagen
aggiudicazione [addʒudikatsi'oːne] *f* Vergabe *f*
aggiungere [ad'dʒundʒere] *v irr* 1. hinzufügen; *2. (mettere in seguito)* nachtragen, zufügen; *3. (fig)* anschließen
aggiunta [ad'dʒunta] *f* 1. Zugabe *f*, Beigabe *f; 2. (supplemento)* Nachtrag *m*
aggiustamento [addʒusta'mento] *m* 1. *JUR* Vergleich *m; 2. (fig)* Beilegung *f; 3. MIL* Richten *n*, Zielen *n*

aggiustare [addʒus'taːre] *v 1.* justieren; *2. (riparare)* ausbessern, reparieren; *3. (controversia)* bereinigen
agglomerarsi [agglome'rarsi] *v* sich anhäufen
agglomerato [agglome'raːto] *m 1.* Siedlung *f; 2. GEO* Anhäufung *f,* Aufschichtung *f*
aggrapparsi [aggra'parsi] *v* sich festklammern, sich anklammern
aggravamento [aggrava'mento] *m 1.* Erschwernis *f; 2. (della pena) JUR* Verschärfung *f; 3. (aggravio) FIN* Belastung *f; 4. (peggioramento)* Verschlimmerung *f*
aggravante [aggra'vante] *adj 1.* gravierend, erschwerend; *f 2. JUR* erschwerender Umstand *m*
aggravare [aggra'vaːre] *v 1.* erschweren; *2. (peggiorare)* verschlimmern
aggravarsi [aggra'varsi] *v 1.* sich verschlimmern; *2. (acutizzarsi)* sich verschärfen
aggravio [ag'graːvio] *m (fig)* Belastung *f*
aggredire [aggre'diːre] *v irr* überfallen, anfallen
aggregare [aggre'gaːre] *v* angliedern, anschließen
aggregarsi [aggre'garsi] *v* beitreten, sich anschließen
aggregato [aggre'gaːto] *m* Aggregat *n*
aggressione [aggressi'oːne] *f 1. MIL* Angriff *m; 2. (assalto)* Überfall *m; ~ a scopo di rapina JUR* Raubüberfall *m*
aggressività [aggressivi'ta] *f* Aggressivität *f*
aggressivo [aggres'siːvo] *adj* aggressiv, angriffslustig
aggressore [aggres'soːre] *m* Angreifer *m*
aggrovigliare [aggrovi'ʎaːre] *v (fig)* verwickeln, verwirren
aggrovigliarsi [aggrovi'ʎarsi] *v* sich verschlingen
aggrumarsi [aggru'marsi] *v* gerinnen
agguato [aggu'aːto] *m 1.* Hinterhalt *m; 2. (fig: trappola)* Falle *f*
agguerrito [agguer'riːto] *adj* gewappnet
agiatezza [adʒa'tettsa] *f* Wohlstand *m*
agiato [a'dʒaːto] *adj* betucht, wohlhabend
agile ['aːdʒile] *adj* behände, gewandt
agilità [adʒili'ta] *f* Gewandtheit *f,* Gelenkigkeit *f*
agio ['aːdʒo] *m 1.* Behagen *n; 2. (ozio)* Muße *f,* Ruhe *f; 3. FIN* Agio *n*
agire [a'dʒiːre] *v irr* handeln, vorgehen; *La medicina non ha agito.* Die Arznei hat nicht gewirkt.

agitare [adʒi'taːre] *v* schwenken, schütteln
agitarsi [adʒi'tarsi] *v 1.* sich bewegen; *2. (divenire inquieto)* sich aufregen
agitato [adʒi'taːto] *adj* lebhaft; *mare ~* bewegtes Meer *n*
agitatore [adʒita'toːre] *m 1. TECH* Rührwerk; *2. POL* Agitator *m*
agitazione [adʒitatsi'oːne] *f 1.* Hektik *f,* Aufregung *f; 2. (inquietudine)* Unruhe *f*
aglio ['aːʎo] *m BOT* Knoblauch *m*
agnello [a'ɲello] *m ZOOL* Lamm *n*
ago ['aːgo] *m* Nadel *f; ~ per cucire* Nähnadel *f*
agonia [a'goːnika] *f* Todeskampf *m*
agonismo [ago'nizmo] *m* Kampfgeist *m*
agopuntura [agopun'tuːra] *f MED* Akupunktur *f*
agosto [a'gosto] *m* August *m*
agraria [a'graːria] *f 1. (scienza)* Landwirtschaft *f; 2. (agricoltura)* Ackerbau *m*
agricolo [a'griːkolo] *adj* landwirtschaftlich
agricoltore [agrikol'taːre] *m* Landwirt *m*
agricoltura [agrikol'tuːra] *f 1.* Ackerbau *m; 2. (scienze agrarie)* Landwirtschaft *f*
agrodolce [agro'doltʃe] *adj* süßsauer
agrume [a'gruːme] *m* Zitrusfrucht *f,* Südfrucht *f*
aguzzo [a'guttso] *adj* spitz
ah [aː] *interj* ach, aha
ahimé [ai'me] *interj* o weh, oh
Aids [ɛds] *f MED* Aids *n*
aiola [ai'ɔːla] *f* Beet *n*
airbag ['ɛərbæg] *m TECH* Airbag *m*
airbus ['ɛərbʌs] *m TECH* Airbus *m*
aitante [ai'tante] *adj 1.* kräftig, stark; *2. (gagliardo)* rüstig; *3. (audace)* mutig
aiutante [aiu'tante] *adj 1.* mithelfend; *m/f 2.* Hilfsarbeiter(in) *m/f*
aiutare [aiu'taːre] *v 1.* helfen, aushelfen; *2. (fig)* beistehen; *3. (coadiuvare)* nachhelfen
aiuto [ai'uːto] *m 1.* Hilfe *f; Mi serve ~.* Ich brauche Hilfe. *~ ai paesi in via di sviluppo* Entwicklungshilfe *f; 2. (persona)* Aushilfe *f,* Gehilfe/Gehilfin *m/f; 3. (assistenza)* Beistand *m; 4. (mezzo d'aiuto)* Hilfsmittel *n; 5. (fig)* Schützenhilfe *f; interj 6.* Aiuto! Hilfe!
aizzare [ait'tsaːre] *v 1.* hetzen; *2. (istigare)* aufhetzen
al [al] *prep* am, ans
ala ['aːla] *f* Flügel *m*
alacre ['aːlakre] *adj (diligente)* fleißig
alba ['alba] *f* Morgendämmerung *f,* Morgengrauen *n*

Albania [alba'niːa] *f* GEO Albanien *n*
albeggiare [albed'dʒaːre] *v* dämmern
albergatore [alberga'toːre] *m* 1. Hotelier
m; 2. *(oste)* Gastwirt *m*
albergo [al'bɛrgo] *m* 1. Hotel *n;* 2. *(più piccolo)* Gasthof *m*
albero ['albero] *m* 1. Baum *m;* ~ *da frutto* Obstbaum *m;* ~ *di Natale* Christbaum *m,* Weihnachtsbaum *m;* ~ *genealogico* Stammbaum *m;* 2. TECH Welle *f;* 3. NAUT Mastbaum *m*
albicocca [albi'kɔkka] *f* BOT Aprikose *f*
albo ['albo] *m* 1. Stammbuch *n;* 2. ~ *professionale* Berufsregister *n*
album [al'bum] *m* Album *n*
albume [al'buːme] *m* Eiweiß *n*
alcalino [alka'liːno] *adj* CHEM alkalisch
alce ['altʃe] *m* ZOOL Elch *m*
alcolici [al'kɔːlitʃi] *m/pl* Spirituosen *pl*
alcolico [al'kɔːliko] *adj* 1. CHEM alkoholisch; 2. *(contenente alcol)* alkoholhaltig
alcolista [alko'lista] *m/f* MED Alkoholiker(in) *m/f*
alcolizzato [alkolid'dzaːto] *adj* 1. alkoholisiert; *m* 2. *(alcolista)* Alkoholiker *m*
alcool ['alkool] *m* Alkohol *m;* senza ~ alkoholfrei; *darsi all'~* sich dem Trunk ergeben
alcuni [al'kuːni] *pron* 1. einige, etliche, mehrere; *adj* 2. einige, etliche; ~ *anni fa* vor einigen Jahren
alcuno [al'kuːno] *adj* 1. etwas; 2. *(qualche)* irgendeine(r,s)
aldilà [aldi'la] *m* REL Jenseits *n*
alfabetico [alfa'bɛːtiko] *adj* alphabetisch; *in ordine* ~ alphabetisch geordnet
alfabeto [alfa'bɛːto] *m* Alphabet *n*
alfiere [alfi'ɛːre] *m (negli scacchi)* Läufer *m*
alga ['alga] *f* BOT Alge *f*
algebra ['aldʒebra] *f* MATH Algebra *f*
Algeria [aldʒe'riːa] *f* GEO Algerien *n*
Algovia [algo'viːa] *f* GEO Allgäu *n*
aliante [ali'ante] *m* Segelflugzeug *n*
alias ['aːlias] *adv* alias, sonst
alibi ['aːlibi] *m* Alibi *n*
alice [a'liːtʃe] *f* ZOOL Sardelle *f*
alienato [alie'naːto] *adj* 1. MED geistesgestört; *m* 2. MED Geisteskranker *m*
alienazione [alienatsi'oːne] *f* 1. PSYCH Entfremdung *f;* 2. MED Geistesstörung *f;* 3. ECO Veräußerung *f*
alimentare [alimen'taːre] *v* 1. nähren, ernähren; *adj* 2. Ernährungs... 3. *regime* ~ Diät *f*

alimentari [alimen'taːri] *m/pl* 1. Esswaren *pl,* Lebensmittel *pl;* 2. *(negozio)* Lebensmittelgeschäft *n*
alimentarsi [alimen'tarsi] *v* 1. sich nähren; 2. *(rifornirsi)* sich verpflegen
alimentazione [alimentatsi'oːne] *f* 1. Ernährung *f;* 2. *(cibo)* Kost *f,* Verpflegung *f*
alimento [ali'mento] *m* 1. Lebensmittel *n,* Nahrungsmittel *n;* 2. *alimenti integrali pl* Vollwertkost *f*
alito [a'liːto] *m* 1. *(respiro)* Atem *m;* ~ *cattivo/*~ pesante schlechter Atem *m;* 2. *(soffio)* Hauch *m;* 3. *(di vento)* Windhauch *m; Non tira un* ~ *di vento.* Es weht kein Lüftchen.
alla ['alla] *prep* an der/an das; ~ *rovescia* verkehrt, andersherum
allacciamento [allattʃa'mento] *m* TEL Anschluss *m;* ~ *ad Internet* Internetanschluss *m*
allacciare [allat'tʃaːre] *v* 1. anschnallen; 2. *(spago)* schnüren; 3. MED abbinden
allagamento [allaga'mento] *m* Überschwemmmung *f*
allagare [alla'gaːre] *v* überschwemmen, überfluten; *Ho la camera allagata.* Mein Zimmer steht unter Wasser.
allargamento [allarga'mento] *m* 1. Erweiterung *f;* 2. *(dilatazione)* Dehnung *f*
allargare [allar'gaːre] *v* 1. erweitern, ausweiten; 2. *(dilatare)* dehnen
allargarsi [allar'garsi] *v* sich ausbreiten
allarmante [allar'mante] *adj* beunruhigend, alarmierend
allarmare [allar'maːre] *v* alarmieren
allarmarsi [allar'marsi] *v* sich beunruhigen
allarme [al'larme] *m* Alarm *m; l'essere pronto all'*~ Alarmbereitschaft *f;* ~ *antincendio* Feueralarm *m*
allattare [allat'taːre] *v (bambino)* stillen
alleanza [alle'antsa] *f* Allianz *f,* Bund *m*
allearsi [alle'arsi] *v* sich verbünden
alleato [alle'aːto] *m* 1. Verbündeter *m;* 2. POL Alliierter *m*
allegare [alle'gaːre] *v* anfügen
allegato [alle'gaːto] *adv* 1. anbei; *adj* 2. beiliegend; *m* 3. *(lettera)* Anlage *f*
alleggerimento [alleddʒeri'mento] *m* Erleichterung *f*
alleggerire [alleddʒe'riːre] *v irr* entlasten, erleichtern
alleggerito [alleddʒe'riːto] *adj* erleichtert
allegoria [allego'riːa] *f* LIT Sinnbild *n,* Allegorie *f*

allegria [alle'griːa] *f* Fröhlichkeit *f,* Heiterkeit *f*
allegro [al'leːgro] *adj* froh, fröhlich
allenamento [allena'mento] *m* Training *n*
allenare [alle'naːre] *v* trainieren
allenatore [allena'toːre] *m SPORT* Trainer *m*
allentare [allen'taːre] *v 1.* nachlassen; *2. (svitare)* lockern
allentato [allen'taːto] *adj 1.* schlaff, schlapp; *2. (vite)* locker, gelöst
allergia [aller'dʒiːa] *f MED* Allergie *f*
allergico [al'lɛrdʒiko] *adj 1. MED* allergisch; *Sono ~ al polline.* Ich bin allergisch gegen Pollen. *m 2.* Allergiker *m*
allestimento [allesti'mento] *m* Einrichtung *f*
allestire [alles'tiːre] *v irr 1.* einrichten; *2. (festa)* ausrichten, vorbereiten
allettamento [alleta'mento] *m* Verlockung *f,* Reiz *m*
allettare [allet'taːre] *v (fig)* verlocken, reizen
allevamento [alleva'mento] *m* Zucht *f; ~ di bestiame* Viehzucht *f,* Tierzucht *f*
allevare [alle'vaːre] *v 1. (bestiame)* züchten; *2. (bambino)* aufziehen
allevatore [alleva'toːre] *m* Züchter *m*
allietare [allie'taːre] *v* erfreuen
allieva [alli'ɛːva] *f* Schülerin *f*
allievo [alli'ɛːvo] *m* Schüler *m,* Zögling *m*
allineamento [allinea'mento] *m 1.* Einreihung *f; 2. (adeguamento)* Anpassung *f*
allineare [alline'aːre] *v 1.* einreihen; *2. (porre uno dopo l'altro)* aneinander reihen
allo ['allo] *prep* an dem
allocuzione [allokutsi'oːne] *f* Ansprache *f,* Rede *f*
alloggiare [allod'dʒaːre] *v 1.* unterbringen; *2. (abitare)* wohnen
alloggio [al'lɔddʒo] *m* Unterkunft *f,* Quartier *n*
allontanamento [allontana'mento] *m 1.* Entfernung *f,* Entfernen *n; 2. (estraniamento)* Entfremdung *f; 3. (trasferimento)* Versetzung *f*
allontanare [allonta'naːre] *v 1.* entfernen; *2. (fig)* abschieben
allontanarsi [allonta'narsi] *v* sich entfernen
allora [al'loːra] *adv 1. (tempo)* damals, da; *interj 2. (ebbene)* also, nun
alloro [al'lɔːro] *m BOT* Lorbeer *m*
alluce [al'luːtʃe] *m ANAT* große Zehe *f*

allucinazione [allutʃinatsi'oːne] *f* Halluzination *f*
alludere [al'luːdere] *v irr 1.* andeuten, anspielen; *2. (far riferimento)* verweisen
alluminio [alu'miːnio] *m CHEM* Aluminium *n*
allungamento [allunga'mento] *m 1.* Verlängerung *f; 2. (dilatazione)* Dehnung *f*
allungare [allun'gaːre] *v 1.* verlängern; *~ il passo* schneller gehen; *~ la strada* einen Umweg machen; *2. (distendere)* ausstrecken; *3. (fis)* dehnen; *4. (liquidi)* verdünnen
allungarsi [allun'garsi] *v* länger werden
allusione [alluzi'oːne] *f* Andeutung *f,* Anspielung *f*
alluvionato [alluvio'naːto] *m* Opfer einer Hochwasserkatastrophe *n*
alluvione [alluvi'oːne] *f* Überschwemmung *f,* Hochwasser *n*
almanaccare [almanak'kaːre] *v 1.* grübeln; *2. (fantasticare)* fantasieren
almanacco [alma'nakko] *m* Almanach *m*
almeno [al'meːno] *adv* mindestens, wenigstens
alogeno [a'lɔːdʒeno] *m CHEM* Halogen *n*
alpe ['alpe] *f 1.* Alm *f; 2. (monte)* Berg *m*
Alpi ['alpi] *f/pl GEO* Alpen *pl*
alpinismo [alpi'nizmo] *m* Bergsteigen *n*
alpinista [alpi'nista] *m/f* Bergsteiger(in) *m/f*
alpino [al'piːno] *adj* alpin, Berg... *guida alpina* Bergführer *m*
alquanto [alku'anto] *adv 1.* etwas; *2. (piuttosto)* ziemlich
Alsazia [al'saːtsia] *f GEO* Elsass *n*
alt [alt] *interj* halt
altalena [alta'leːna] *f* Schaukel *f,* Wippe *f; ~ a forma di nave* Schiffschaukel *f*
altare [al'taːre] *m REL* Altar *m*
alterabile [alte'raːbile] *adj 1. (fig)* leicht erregbar; *2. (cibi)* verderblich
alterarsi [alte'rarsi] *v 1.* sich verändern; *2. (arrabbiarsi)* böse sein mit jdm
alterato [alte'raːto] *adj 1.* entstellt; *2. (cambiato)* verändert
alterco [al'tɛrko] *m* Zank *m,* Streit *m*
alternante [alter'nante] *adj* abwechselnd
alternarsi [alter'narsi] *v* sich abwechseln, ablösen
alternativa [alterna'tiːva] *f 1.* Alternative *f; 2. POL* Alternative *f*
alternativo [alterna'tiːvo] *adj 1.* alternativ, abwechselnd; *m 2. (persona) POL* Alternativer *m*

alternato [alter'naːto] *adj* abwechselnd, Wechsel...
altezza [al'tettsa] *f 1.* Höhe *f; A che ~ si trova?* Wie hoch liegt das? *~ di volo* Flughöhe *f; 2. (statura)* Größe *f; 3. (re)* Hoheit *f*
altisonante [altiso'nante] *adj* hochtrabend
altitudine [alti'tuːdine] *f* Höhe *f; ~ sul livello del mare* Höhe über dem Meeresspiegel *f*
alto ['alto] *adj 1.* hoch; *2. (persona)* groß; *3. (volume)* laut; *4. (neve)* tief; *5. (stoffa)* breit
altoforno [alto'forno] *m TECH* Hochofen *m*
altolocato [altolo'kaːto] *adj* erhöht
altoparlante [altopar'lante] *m* Lautsprecher *m*
altopiano [altopi'aːno] *m GEO* Hochplateau *n,* Hochland *n*
altresí [altre'si] *adv* ebenfalls, gleichfalls
altrettanto [altret'tanto] *adv* ebenfalls, ebenso
altrimenti [altri'menti] *adv* sonst, ansonsten
altro ['altro] *pron 1.* andere(r,s), sonstige(r,s), weitere(r,s); *se non ~* wenigstens; *senz'~* ohne weiteres; *un giorno o l'~* früher oder später; *l'~ giorno* neulich; *l'un l'~* einander; *l'uno accanto all'~* nebeneinander; *l'uno contro l'~* gegeneinander; *l'uno dopo l'~* aufeinander; *l'uno nell'~* ineinander; *l'uno sull'~* übereinander; *adj 2.* andere(r,s)
altronde [al'tronde] *adv d'~* übrigens
altrove [al'troːve] *adv* woanders
altruisticamente [altruistika'mente] *adv* selbstlos
altruistico [altru'istiko] *adj* selbstlos
altura [al'tuːra] *f* Anhöhe *f*
alunna [a'lunna] *f* Schülerin *f*
alunno [a'lunno] *m 1.* Schüler *m; 2. (di un collegio)* Zögling *m*
alveare [alve'aːre] *m 1.* Bienenstock *m; 2. (fig)* Bienenhaus *n*
alveo ['alveo] *m 1.* Kanal *m*
alzare [al'tsaːre] *v 1.* heben; *2. (aumentare)* erhöhen
alzarsi [al'tsarsi] *v 1.* aufstehen; *2. (sollevarsi)* sich erheben
alzata [al'tsaːta] *f* Erhebung; *~ di spalle* Achselzucken *n*
amabile [a'maːbile] *adj* liebenswert
amaca [a'maːka] *f* Hängematte *f*
amante [a'mante] *adj 1.* liebend; *m/f 2.* Liebhaber(in) *m/f; ~ degli animali*

Tierfreund *m; ~ della musica* Musikliebhaber(in) *m/f; 3. (in una relazione extraconiugale)* Geliebte(r) *m/f*
amare [a'maːre] *v* lieben, lieb haben
amareggiato [amared'dʒaːto] *adj* verbittert, vergrämt
amarezza [ama'rettsa] *f* Bitterkeit *f*
amaro [a'maːro] *adj 1. (gusto)* bitter; *2. (fig: doloroso)* bitter; *3. (acerbo)* herb
amata [a'maːta] *f 1.* Geliebte *f; 2. (innamorata)* Liebste *f*
amatissimo [ama'tissimo] *adj* heiß geliebt, allerliebst
amato [a'maːto] *adj 1.* geliebt; *m 2.* Geliebter *m; 3. (innamorato)* Liebster *m*
amazzone [a'maddzone] *f* Amazone *f*
ambagi [am'baːdʒi] *m/pl senza ~* ohne Umschweife
ambasciata [amba'ʃaːta] *f 1. POL* Botschaft *f; 2. (incarico)* Auftrag *m*
ambasciatore [ambaʃa'toːre] *m POL* Abgesandter *m*
ambedue [ambe'duːe] *adj* beide
ambientale [ambien'taːle] *adj 1.* Umgebungs... *2. (ecologico)* Umwelt... *inquinamento ~* Umweltverschmutzung *f; tolleranza ~* Umweltverträglichkeit *f*
ambiente [ambi'ɛnte] *m 1. (di una persona)* Umgebung *f,* Milieu *n; 2. (abitazione)* Wohnung *f; temperatura ~* Zimmertemperatur *f; 3. PSYCH* Umfeld *n; 4. (natura)* Umwelt *f*
ambiguo [am'biːguo] *adj* zweideutig, doppelsinnig
ambito ['ambito] *m (fig)* Bereich *m*
ambizione [ambitsi'oːne] *f 1.* Ehrgeiz *m; 2. (il farsi valere)* Geltungsbedürfnis *m*
ambizioso [ambitsi'oːso] *adj* ehrgeizig
ambulante [ambu'lante] *adj 1. MED* ambulant; *2. (senza sede fissa)* wandernd
ambulanza [ambu'lantsa] *f 1. (reparto) MED* Ambulanz *f; 2. (veicolo per trasportare ammalati)* Krankenwagen *m*
ambulatorio [ambula'toːrio] *m 1.* Sprechzimmer *n; 2. (studio)* Arztpraxis *f*
ameno [a'meːno] *adj 1.* lieblich; *2. (bello)* schön
America [a'meːrika] *f GEO* Amerika *n; ~ latina* Lateinamerika *n; ~ settentrionale* Nordamerika *n*
americana [ameri'kaːna] *f* Amerikanerin *f*
americano [ameri'kaːno] *adj 1.* amerikanisch; *m 2.* Amerikaner *m*

amianto [ami'anto] *m MIN* Asbest *m*
amica [a'miːka] *f* Freundin *f; Lei è per me una cara ~.* Sie ist für mich eine gute Freundin.
amicarsi [ami'karsi] *v ~ qd LIT* sich mit jdm anfreunden
amichevolmente [amikevol'mente] *adj* freundschaftlich
amicizia [ami'tʃiːtsia] *f* Freundschaft *f; legato da stretta ~* eng befreundet
amico [a'miːko] *adj 1.* befreundet; *m 2.* Freund *m; farsi degli amici* Freunde gewinnen; *~ d'infanzia* Jugendfreund *m*
amido ['aːmido] *m CHEM* Stärke *f*
ammaccare [ammak'kaːre] *v (macchina)* zerbeulen, zerdrücken
ammaestrare [ammaes'traːre] *v 1.* belehren; *2. (animali)* abrichten, dressieren
ammainare [ammai'naːre] *v* einziehen, niederholen
ammalarsi [amma'larsi] *v* erkranken
ammalato [amma'laːto] *adj* krank
ammaliare [ammali'aːre] *v 1.* bezaubern; *2. (fig: affascinare)* berücken
ammammolarsi [ammammo'larsi] *v* einschlummern
ammanco [am'maŋko] *m ECO* Fehlbetrag *m*
ammaraggio [amma'raddʒo] *m* Wasserlandung *f*
ammassare [ammas'saːre] *v 1.* aufhäufen, stapeln; *2. (accumulare)* anhäufen; *3. (raccogliere in un luogo)* sammeln
ammassarsi [ammas'sarsi] *v* sich zusammendrängen
ammasso [am'masso] *m 1.* Haufen *m; 2. (massa)* Menge *f*
ammattire [ammat'tiːre] *v* überschnappen, verrückt werden
ammazzare [ammat'tsaːre] *v 1.* töten, umbringen; *2. (fig) ~ il tempo* die Zeit totschlagen
ammazzarsi [ammat'tsarsi] *v* sich umbringen
ammenda [am'mɛnda] *f 1.* Entschädigung *f; 2. (multa)* Geldstrafe *f*
ammesso [am'messo] *adj* zulässig, zugelassen; *~ dalla buona società* salonfähig; *~ e non concesso che* angenommen, dass
ammettere [am'mettere] *v irr 1. (fig)* zugeben; *2. (lasciar entrare)* eintreten lassen; *3. (consentire)* zulassen, erlauben
ammiccare [ammik'kaːre] *v* blinzeln, zwinkern

amministrare [amminis'traːre] *v* verwalten
amministrativo [amministra'tiːvo] *adj* verwaltungsmäßig, Verwaltungs...
amministratore [amministra'toːre] *m 1.* Verwalter *m; 2. (~ delegato)* Geschäftsführer *m*
amministratrice [amministra'triːtʃe] *f* Geschäftsführerin *f*
amministrazione [amministratsi'oːne] *f* Verwaltung *f; ~ autonoma* Selbstverwaltung *f; ~ comunale* Stadtverwaltung *f; ~ generale* Hauptverwaltung *f*
ammiraglio [ammi'raːʎo] *m MIL* Admiral *m*
ammirare [ammi'raːre] *v* bewundern
ammiratore [ammira'toːre] *m* Verehrer *m*
ammirazione [ammiratsi'oːne] *f* Bewunderung *f*
ammirevole [ammi'reːvole] *adj* bewundernswert
ammissibile [ammis'siːbile] *adj* statthaft, erlaubt
ammissibilità [ammissibili'ta] *f* Zulässigkeit *f*
ammissione [ammissi'oːne] *f 1.* Aufnahme *f; 2. (confessione)* Geständnis *n; 3. (concessione)* Zugeständnis *n*
ammodernamento [ammoderna'mento] *m 1.* Modernisierung *f; 2. (rinnovamento)* Erneuerung *f*
ammodo [am'mɔːdo] *adj* anständig
ammollare [ammol'laːre] *v* aufweichen, quellen
ammollarsi [ammol'larsi] *v* aufweichen
ammollirsi [ammol'lirsi] *v irr* weich werden
ammoniaca [ammoni'aːka] *f CHEM* Ammoniak *n*
ammonimento [ammoni'mento] *m 1. (avvertimento)* Mahnung *f; 2. (insegnamento)* Belehrung *f*
ammonire [ammo'niːre] *v irr* mahnen
ammontare [ammon'taːre] *v 1. ~ a* betragen; *2. ~ a ECO* sich belaufen auf; *m 3.* Betrag *m*
ammorbidente [ammorbi'dɛnte] *m* Weichspüler *m*
ammortirsi [ammor'tirsi] *v* erlöschen
ammortizzamento [ammortiddza'mento] *m 1. ECO* Abschreibung *f; 2. TECH* Dämpfung *f*
ammortizzare [ammortiddza:re] *v 1. ECO* abschreiben; *2. TECH* dämpfen

ammortizzatore [amortiddza'to:re] *m* TECH Stoßdämpfer *m*
ammortizzazione [ammortiddzatsi'o:ne] *f* ECO Ablösung *f*
ammucchiamento [ammukkia'mento] *m 1.* Anhäufung *f; 2. (accumulo)* Häufung *f*
ammucchiare [ammukki'a:re] *v 1.* anhäufen; *2. (accumulare)* häufen
ammucchiarsi [ammukki'arsi] *v* sich ansammeln, zusammenkommen
ammuffire [ammuf'fi:re] *v* schimmeln, verschimmeln
ammuffito [ammuf'fi:to] *adj* schimmlig
ammutinamento [ammutina'mento] *m* Meuterei *f,* Aufstand *m*
amnistia [amnis'ti:a] *f* JUR Amnestie *f*
amo ['a:mo] *m 1.* Angelhaken *m; 2. (canna da pesca)* Fischangel *f*
amore [a'mo:re] *m* Liebe *f; per* ~ zuliebe; ~ *del prossimo* Nächstenliebe *f; con* ~ liebevoll
amoreggiare [amored'dʒa:re] *v* flirten
amoretto [amo'retto] *m* Liebschaft *f*
amorevole [amo're:vole] *adj* liebreich, liebevoll
amorfo [a'mɔrfo] *adj* gestaltlos, formlos
amoroso [amo'ro:so] *adj* liebevoll
ampere [ampɛ:r] *m* TECH Ampere *n*
ampiamente [ampia'mente] *adv 1.* weit, weitläufig; *2. (pienamente)* weitgehend
ampiezza [ampi'ettsa] *f (larghezza)* Weite *f,* Breite *f*
ampio ['ampio] *adj 1. (largo)* breit; *2. (esteso)* geräumig; *3. (fig)* weit reichend, umfassend; *4. (vasto)* weitläufig
ampliamento [amplia'mento] *m 1. (di un edificio)* Ausbau *m,* Erweiterung *f; 2.* ~ *della coscienza* Bewusstseinserweiterung *f*
ampliare [ampli'a:re] *v (edificio)* ausbauen, erweitern
amplificatore [amplifika'to:re] *m* TECH Verstärker *m*
ampolla [am'polla] *f 1.* MED Ampulle *f; 2. (boccetta)* Fläschchen *n*
ampolloso [ampol'lo:so] *adj 1.* gestelzt, geschwollen; *2. (ridondante)* bombastisch
amputare [ampu'ta:re] *v* MED amputieren
amputazione [amputatsi'o:ne] *f* MED Amputation *f*
amuleto [amu'le:to] *m* Amulett *n*
anabbagliante [anabba'ʎante] *adj faro* ~ *(della macchina)* Abblendlicht *n*
anabolizzante [anabolid'dzante] *m* MED Anabolikum *n*

anacronismo [anakro'nizmo] *m* Anachronismus *m*
anagrafe [ana'gra:fe] *f* Meldebehörde *f; ufficio* ~ Einwohnermeldeamt *n*
analcolico [anal'kɔ:liko] *adj* alkoholfrei
analfabeta [analfa'be:ta] *m/f* Analphabet(in) *m/f*
analfabetismo [analfabe'tizmo] *m* Analphabetentum *n*
analgesico [anal'dʒɛ:ziko] *m 1.* Schmerzmittel *n; adj 2.* schmerzlindernd
analisi [a'na:lizi] *f 1.* Analyse *f; 2.* MED Untersuchung *f;* ~ *del sangue* Blutuntersuchung *f*
analitico [ana'li:tiko] *adj* analytisch; *spirito* ~ scharfsinniger Geist *m*
analizzare [analid'dza:re] *v* analysieren
analogia [analo'dʒi:a] *f* Analogie *f*
analogo [a'na:logo] *adj* analog, gleichartig
ananas [ana'nas] *m* BOT Ananas *f*
anarchia [anar'ki:a] *f* POL Anarchie *f*
anatomia [anato'mi:a] *f* Anatomie *f*
anatra ['a:natra] *f* ZOOL Ente *f; maschio dell'*~ Enterich *m,* Erpel *m*
anca ['aŋka] *f* ANAT Hüfte *f*
anche ['aŋke] *konj 1.* auch; *se* selbst wenn; *2. (perfino)* sogar
ancora¹ [aŋ'ko:ra] *adv* noch, wieder; ~ *una volta* nochmals
ancora² ['aŋkora] *f* Anker *m*
ancorché [aŋkor'ke] *konj* obwohl
andamento [anda'mento] *m 1.* Hergang *m,* Ablauf *m; 2. (il camminare)* Gehen *n; 3.* MUS Tempo *n; 4.* MED Krankheitsverlauf *m*
andante [an'dante] *adj* MUS mäßig
andare [an'da:re] *v irr 1.* gehen; *a lungo* ~ auf Dauer; ~ *avanti* vorangehen, vorgehen; ~ *bene* gut gehen, passen; ~ *dentro* hineingehen; ~ *alla deriva* driften; ~ *a male (cibo)* schlecht werden; ~ *a tempo* Takt halten; *2. (con un veicolo)* fahren; ~ *in automobile* Auto fahren; ~ *in bicicletta* Rad fahren; *3. (fare una gita a piedi)* wandern; *4. (alla toilette)* austreten; *5. (fig)* passen
andarsene [an'darsene] *v irr* weggehen, davongehen
andata [an'da:ta] *f* Hinfahrt *f,* Fahrt *f;* ~ *e ritorno* hin und zurück
andatura [anda'tu:ra] *f 1.* Gangart *f; 2. (della macchina)* Tempo *n*
andirivieni [andirivi'ɛ:ni] *m* Hin und Her *n*

aneddoto [a'nɛddoto] *m* Anekdote *f*
anello [a'nɛllo] *m 1. (gioiello)* Ring *m; 2. ~*
di tenuta TECH Dichtungsring *m*
anemia [ane'miːa] *f MED* Anämie *f*
anemico [a'nɛːmiko] *adj MED* blutarm
anestesia [aneste'ziːa] *f MED* Anästhesie *f*
anestesista [aneste'zista] *m/f MED* Anästhesist(in) *m/f*
anestetico [anes'tɛːtiko] *m MED* Betäubungsmittel *n*
aneto [a'nɛːto] *m BOT* Dill *m*
anfora ['anfora] *f* Amphore *f,* Krug *m*
anfratto [an'fratto] *m* Schlucht *f*
angelo ['andʒelo] *m* Engel *m; ~ custode*
Schutzengel *m*
angheria [aŋge'riːa] *f 1.* Bedrückung *f;*
2. (abuso) Missbrauch *m; fare un'~ a qd* jdn
missbrauchen; *3. (vessazione)* Schinderei *f*
angina [an'dʒiːna] *f MED* Angina *f*
anglosassone [aŋglo'sassone] *adj 1.* angelsächsisch; *m 2.* Angelsachse *m*
angolare [aŋgo'laːre] *adj 1.* winkelig;
2. (spigoloso) kantig, eckig
angolo ['aŋgolo] *m 1.* Ecke *f,* Winkel *m; ~*
visuale Gesichtswinkel *m,* Sehwinkel *m;*
2. MATH Winkel *m*
angoloso [aŋgo'loːso] *adj* eckig, kantig
angoscia [aŋ'gɔʃa] *f* Beklemmung *f,*
Angst *f; ~ esistenziale* Existenzangst *f; ~*
mortale Todesangst *f*
angosciarsi [aŋgo'ʃarsi] *v* sich ängstigen,
Angst haben
angoscioso [aŋgo'ʃoːso] *adj 1.* angsterfüllt; *2. (opprimente)* beklemmend
anguilla [aŋgu'iːlla] *f ZOOL* Aal *m*
anguria [aŋ'guːria] *f BOT* Wassermelone *f*
angustia [aŋ'gustia] *f 1. (preoccupazione)*
Besorgnis *f,* Kummer *m; 2. angustie finanziarie pl* Geldnot *f*
angusto [aŋ'gusto] *adj 1.* eng; *2. (fig)* beschränkt
anice [a'niːtʃe] *m BOT* Anis *m*
anidride [ani'driːde] *f ~ carbonica* Kohlendioxyd *n*
anima ['aːnima] *f 1.* Seele *f; 2. (spirito)*
Geist *m; 3. (l'interno)* Kern *m*
animale [ani'maːle] *m 1.* Tier *n; ~ carnivoro* Fleischfresser *m; ~ domestico* Haustier
n; ~ rapace Raubtier *n; 2. (bestiame)* Vieh *n;*
adj 3. animalisch, tierisch
animalesco [anima'lesko] *adj* tierisch
animare [ani'maːre] *v 1.* beleben, beseelen; *2. (fig)* anfeuern

animatamente [animata'mente] *adv* lebhaft
animato [ani'maːto] *adj 1.* angeregt;
2. cartone ~ Zeichentrickfilm *m*
animatore [anima'toːre] *m* Animateur *m*
animazione [animatsi'oːne] *f 1.* Belebung *f; 2. (vivacità)* Betriebsamkeit *f*
animo ['aːnimo] *m 1.* Seele *f; 2. (spirito)*
Gemüt *n; avere l'~ di fare qc* die Absicht
haben, etw zu tun; *stato d'~* Gemütsverfassung *f; 3. (disposizione interiore)* Gesinnung *f; avere in ~* im Sinn haben; *4.*
farsi ~ Mut fassen
animoso [ani'moːso] *adj* beherzt
annacquamento [annakua'mento] *m*
Verdünnung *f*
annacquare [annaku'aːre] *v* verdünnen,
panschen
annaffiare [annaffi'aːre] *v 1.* sprengen,
besprengen; *2. (fiori)* gießen
annaffiatoio [annaffia'toːio] *m* Gießkanne *f*
annata [an'naːta] *f 1.* Jahrgang *m; Di che*
~ è questo vino? Was für ein Jahrgang ist
dieser Wein? *2. (raccolto)* Ernte *f*
annessione [annessi'oːne] *f POL* Annexion *f*
annesso [an'nɛsso] *adj* angeschlossen,
dazugehörend; *annessi e connessi* alles, was
dazugehört
annettere [an'nɛttere] *v irr 1. POL* annektieren; *2. (accludere, allegare)* beifügen, beilegen
annidarsi [anni'darsi] *v 1.* sich festsetzen;
2. (fig) sich einschleichen
annientamento [annienta'mento] *m*
Vernichtung *f,* Zerstörung *f*
annientare [annien'taːre] *v 1.* vernichten;
2. (distruggere) zunichte machen
anniversario [anniver'saːrio] *m* Jahrestag *m*
anno ['anno] *m 1.* Jahr *n; ~ precedente*
Vorjahr *n; di quest'~* diesjährig; *~ amministrativo ECO* Geschäftsjahr *n; ~ bisestile*
Schaltjahr *n; ~ di nascita* Geburtsjahr *n; ~ di*
riferimento Vergleichsjahr *n; ~ scolastico*
Schuljahr *n; ~ solare* Kalenderjahr *n,*
Sonnenjahr *n; ~ luce ASTR* Lichtjahr *n;*
2. (annata) Jahrgang *m*
annodare [anno'daːre] *v* knoten, verknoten
annodarsi [anno'darsi] *v* sich verknoten,
sich verwickeln
annoiare [annoi'aːre] *v* anöden

annoiarsi [annoi'arsi] *v* sich langweilen
annoiato [annoi'a:to] *adj* gelangweilt
annotare [anno'ta:re] *v 1.* notieren, vermerken; *2. (segnare)* aufzeichen
annotazione [annotatsi'o:ne] *f 1.* Anmerkung *f,* Vermerk *m;* ~ *d'ufficio* Amtsvermerk *m; 2. (nota)* Aufzeichnung *f*
annuale [annu'a:le] *adj 1.* alljährlich,
Jahres... *m 2.* Jahrestag *m,* Gedenktag *m*
annualmente [annual'mente] *adv* jährlich
annuario [annu'a:rio] *m 1.* Jahrbuch *n;*
2. (indirizzario) Adressenverzeichnis *n*
annuire [annu'i:re] *v irr 1.* beifällig
nicken; *2. (assentire)* zustimmen
annullamento [annulla'mento] *m* Annullierung *f,* Aufhebung *f*
annullare [annul'la:re] *v 1.* annullieren;
2. (disdire) abbestellen; *3. (obliterare)* entwerten, streichen; *4. (fig)* umstoßen; *5. (rompere)*
lösen; *6. (affare) ECO* auflösen; *7. (stornare)*
FIN stornieren
annunciare [annun'tʃa:re] *v* anmelden,
melden; *non annunciato* unangemeldet
annunciatore [annuntʃa'to:re] *m 1.* Ansager *m;* ~ *televisivo* Fernsehansager *m;*
2. (portavoce) Sprecher *m*
annunciatrice [annuntʃa'tri:tʃe] *f 1.*
Ansagerin *f;* ~ *televisiva* Fernsehansagerin *f;*
2. (portavoce) Sprecherin *f*
annunciazione [annuntʃatsi'o:ne] *f*
1. Ankündigung *f; 2. REL* Verkündigung *f*
annuncio [an'nuntʃo] *m 1.* Meldung *f,*
Anmeldung *f; 2. (inserzione)* Annonce *f;*
3. (per radio) Ansage *f;* ~ *radiofonico*
Radiodurchsage *f;* ~ *funesto* Schreckensbotschaft *f*
annunziare [annuntsi'a:re] *v* ankündigen
annuo ['annuo] *adj* jährlich, Jahres...
annusare [annu'sa:re] *v* schnüffeln,
schnuppern
annuvolamento [annuvola'mento] *m*
METEO Bewölkung *f*
ano ['a:no] *m ANAT* After *m*
anomalia [anoma'li:a] *f* Anomalie *f,*
Abnormität *f*
anomalo [a'nɔ:malo] *adj* anomal
anonimità [anonimi'ta] *f* Anonymität *f*
anonimo [a'nɔ:nimo] *adj 1.* anonym; *m*
2. Anonymer *m,* Ungenannter *m*
anormale [anor'ma:le] *adj* abnorm
anormalità [anormali'ta] *f* Abnormität *f*
ansa ['ansa] *f 1.* Henkel *m; 2. GEO* Bucht
f, Einbuchtung *f*

ansante [an'sante] *adv* keuchend, atemlos
ansare [an'sa:re] *v* keuchen, außer Atem
sein
ansia ['ansia] *f 1.* Unruhe; *2. (paura)*
Furcht *f*
ansimare [ansi'ma:re] *v* keuchen, außer
Atem sein
ansioso [ansi'o:so] *adj 1.* begierig; *essere*
~ *di ...* gespannt sein auf ... *2. (preoccupato)*
ängstlich
antagonismo [antago'nizmo] *m 1.* Anta-
gonismus *m; 2. (contrapposizione)* Gegner-
schaft *f*
antagonista [antago'nista] *adj 1.* antago-
nistisch; *m/f 2.* Gegner(in) *m/f,* Antago-
nist(in) *m/f*
antartico [ant'artiko] *adj 1. GEO* antark-
tisch; *2. (del sud)* südlich; *polo* ~ Südpol *m*
antecedente [antetʃe'dente] *adj 1.* vor-
angehend; *2. (anteriore)* früher
antedatare [anteda'ta:re] *v* vordatieren
antefatto [ante'fatto] *m* Vorgeschichte *f*
anteguerra [antegu'ɛrra] *f* Vorkriegszeit *f*
antenato [ante'na:to] *m* Ahn *m,* Vorfahr *m*
antenna [an'tenna] *f 1. TECH* Antenne *f;*
~ *televisiva* Fernsehantenne *f;* ~ *parabolica*
Parabolantenne *f; 2. ZOOL* Fühler *m*
anteporre [ante'porre] *v irr 1. (premettere)* vorausschicken; *2. (preferire)* bevorzugen
anteporsi [ante'porsi] *v irr* sich vordrängen
anteriore [anteri'o:re] *adj 1. (precedente)*
vorig; *2. (che è davanti)* Vorder... *parte* ~
Vorderseite *f*
antesignano [antesi'ɲa:no] *m* Vorkämpfer *m,* Vorläufer *m*
antiabortista [antiabor'tista] *m/f* Ab-
treibungsgegner(in) *m/f*
antialcolista [antialko'lista] *m/f* Anti-
alkoholiker(in) *m/f*
antiautoritario [antiautori'ta:rio] *adj*
antiautoritär
antibiotico [antibi'ɔ:tiko] *m MED* Anti-
biotikum *n*
anticamente [antika'mente] *adv* zu
früheren Zeiten, früher
anticamera [anti'ka:mera] *f* Vorzimmer *n*
antichissimo [anti'kissimo] *adj* uralt
antichità [antiki'ta] *f 1. HIST* Altertum *n;*
2. (oggetto d'antiquariato) Antiquität *f; f/pl*
3. (monumenti) Altertümer *pl*

anticipare [antitʃi'paːre] *v 1. (un pagamento)* im Voraus bezahlen; *2. (danaro)* vorstrecken, auslegen; *3. (un appuntamento)* vorverlegen
anticipatamente [antitʃipata'mente] *adv (tempo)* voraus
anticipato [antitʃi'paːto] *adj* im Voraus
anticipo [an'tiːtʃipo] *m 1.* Vorschuss *m; 2. (fig)* Vorsprung *m; pagamento in* ~ Vorauskasse *f; essere in* ~ zu früh kommen
antico [an'tiːko] *adj* antik, altertümlich; *all'antica* altmodisch
anticoncezionale [antikontʃetsio'naːle] *adj 1.* empfängnisverhütend; *m 2. MED* Verhütungsmittel *n*
anticongelante [antikondʒe'lante] *m TECH* Frostschutzmittel *n*
anticorpo [anti'kɔrpo] *m 1. BIO* Antikörper *m; 2. anticorpi pl* Abwehrstoffe *pl*
anticostituzionale [antikostitutsio'naːle] *adj* verfassungswidrig
antidoto [an'tiːdoto] *m 1. MED* Gegenmittel *n; 2. (fig)* Heilmittel *n*
antieconomico [antieko'nɔːmiko] *adj* unwirtschaftlich, unrentabel
antifurto [anti'furto] *m* Alarmanlage *f*
antigienico [antidʒi'ɛːniko] *adj* unhygienisch, ungesund
antincendio [antin'tfɛndio] *adj* Lösch...
antipasto [anti'pasto] *m GAST* Vorspeise *f*
antipatia [antipa'tiːa] *f* Antipathie *f,* Widerwille *m*
antipatico [anti'paːtiko] *adj* unsympathisch
antiproiettile [antiproi'ɛttile] *adj* kugelsicher
antiquato [antiku'aːto] *adj 1.* unmodern, veraltet; *2. (fig)* rückständig
antiruggine [anti'ruddʒine] *m* Rostschutzmittel *n*
antisdrucciolevole [antizdruttʃo'leːvole] *adj 1.* griffig; *2. (antiscivolo)* rutschsicher, rutschfest
antitetico [anti'tɛːtiko] *adj* antithetisch, widersprüchlich
antiurto [anti'urto] *adj 1.* stoßdämpfend; *2. (infrangibile)* bruchsicher
antro ['antro] *m* Höhle *f*
antropofago [antro'pɔːfago] *adj 1.* kannibalisch; *m 2.* Kannibale *m*
anulare [anu'laːre] *m ANAT* Ringfinger *m*
anzi ['antsi] *adv 1. (al contrario)* im Gegenteil; *interj 2. (di più)* vielmehr

anzianità [antsiani'ta] *f* Alter *n;* ~ *di servizio* Dienstalter *n*
anziano [antsi'aːno] *adj 1. (persona)* alt, betagt; *m 2.* Alter *m; 3. anziani pl* Ältere *pl,* ältere Generation *f*
anzitempo [antsi'tɛmpo] *adv* verfrüht, zu früh
anzitutto [antsi'tutto] *adv* zuerst, vor allem
apartitico [apar'tiːtiko] *adj* unparteilich, überparteilich
apatia [apa'tiːa] *f* Apathie *f*
apatico [a'paːtiko] *adj* apathisch
ape ['aːpe] *f ZOOL* Biene *f*
aperitivo [aperi'tiːvo] *m GAST* Aperitif *m*
apertamente [aperta'mente] *adv 1.* klar, deutlich; *2. (sinceramente)* offen, aufrichtig
aperto [a'pɛrto] *adj 1.* geöffnet, offen, aufgeschlossen; *aria aperta* frische Luft *f; all'aria aperta* draußen, unter freiem Himmel; *2. (fig: irrisolto)* offen; *3. (fig: sincero)* offen
apertura [aper'tuːra] *f 1.* Öffnung *f; 2. (di mercato)* Erschließung *f; 3. (misura)* Spannweite *f; 4. (di un muro)* Durchbruch *m*
apice ['aːpitʃe] *m (fig)* Gipfel *m*
apicoltore [apicol'toːre] *m* Imker *m*
apicultura [apicul'tuːra] *f* Bienenzucht *f*
apolide [a'pɔːlide] *adj* staatenlos
apoplessia [apoples'siːa] *f MED* Schlaganfall *m*
apostrofo [a'pɔstrofo] *m GRAMM* Apostroph *m,* Auslassungszeichen *n*
appagamento [appaga'mento] *m (di un desiderio)* Befriedigung *f*
appagare [appa'gaːre] *v* erfüllen
appagarsi [appa'garsi] *v* sich begnügen
appaiare [appai'aːre] *v* paaren
appannare [appan'naːre] *v 1.* anlaufen lassen; *2. (con l'alito)* anhauchen; *3. (fig)* trüben, verschleiern
appannarsi [appan'narsi] *v (finestra)* beschlagen, anlaufen
apparecchiare [apparekki'aːre] *v (il tavolo)* decken
apparecchiarsi [apparekki'arsi] *v* sich breit machen, sich rüsten
apparecchiatura [apparekkia'tuːra] *f 1. TECH* Vorrichtung *f; 2. (equipaggiamento)* Ausrüstung *f; 3. (attrezzatura)* Apparatur *f*
apparecchio [appa'rekkio] *m* Gerät *n*
apparente [appa'rɛnte] *adj* scheinbar, Schein...
apparentemente [apparente'mente] *adv* scheinbar

apparenza [appa'rɛntsa] *f 1.* Anschein *m; 2. (fig)* Schein *m*
apparire [appa'riːre] *v irr 1.* erscheinen; *2. (fantasma)* spuken
appariscente [appari'ʃɛnte] *adj* auffallend; *persona* ~ auffallende Person *f*
apparizione [apparitsi'oːne] *f (fenomeno)* Erscheinung *f*
appartamento [apparta'mento] *m 1.* Appartement *n; 2. (abitazione)* Wohnung *f;* ~ *ammobiliato* möblierte Wohnung *f;* ~ *in condominio* Eigentumswohnung *f;* ~ *per le vacanze* Ferienwohnung *f*
appartarsi [appar'tarsi] *v* sich zurückziehen
appartenente [apparte'nɛnte] *adj* zugehörig, dazugehörig
appartenenza [apparte'nɛntsa] *f 1.* Zugehörigkeit *f; 2. (ad una associazione)* Mitgliedschaft *f*
appartenere [apparte'neːre] *v irr* gehören
appassionarsi [appassio'narsi] *v* ~ *a* schwärmen für, sich begeistern für
appassionatamente [appassionata-'mente] *adv* leidenschaftlich
appassionato [appassio'naːto] *adj* leidenschaftlich
appassire [appas'siːre] *v* welken
appassito [appas'siːto] *adj* welk
appello [ap'pɛllo] *m 1. MIL* Appell *m; 2. (invocare)* Aufruf *m,* Appell *m; fare* ~ *al buon cuore degli uomini* an das Gute im Menschen appellieren; *3. JUR* Berufung *f*
appena [ap'peːna] *adv 1.* kaum; *2. (da poco)* eben, soeben; ~ *mezzogiorno* erst Mittag; *konj 3.* sowie; *non* ~ sobald, sowie
appendere [ap'pɛndere] *v irr* anhängen, hängen
appendice [appen'diːtʃe] *f 1.* Anhang *m,* Zusatz *m; 2. ANAT* Blinddarm *m*
appesantire [appesan'tiːre] *v irr* beschweren, belasten
appetito [appe'tiːto] *m 1.* Appetit *m; Buon* ~*!* Guten Appetit!/Mahlzeit! *2. (bramosia)* Begierde *f,* Lust *f*
appetitoso [appeti'toːso] *adj* lecker, appetitanregend
appezzamento [appettsa'mento] *m (di terreno)* Grundstück *n*
appianare [appia'naːre] *v* ebnen
appiccare [appik'kaːre] *v 1.* heften, kleben; *2. (appendere)* aufhängen; *3.* ~ *il fuoco* das Feuer anfachen, Feuer machen

appiccicare [appittʃi'kaːre] *v 1.* aufkleben, ankleben; *2. (fig: affibbiare)* geben; ~ *un nomignolo a qd* jdm einen Spitznamen geben
appiccicarsi [appittʃi'karsi] *v* ~ *a qd (fam)* sich jdm aufdrängen
appieno [appi'ɛːno] *adv* durchaus, völlig
appigliarsi [appi'ʎarsi] *v* sich festhalten, sich anklammern
appiglio [ap'piːʎo] *m 1.* Haken *m; 2. (fig)* Vorwand *m,* Ausflucht *f*
appioppare [appiop'paːre] *v 1.* geben; *2. (attribuire con inganno)* zuschieben, unterschieben
appisolarsi [appizo'larsi] *v* einschlafen
applaudire [applau'diːre] *v* klatschen, applaudieren
applauso [appla'uːzo] *m* Beifall *m,* Applaus *m*
applicabile [appli'kaːbile] *adj 1.* anwendbar; *2. (utilizzabile)* brauchbar
applicare [appli'kaːre] *v 1.* anwenden; *2. (colori)* auftragen; *3. MED* anlegen
applicarsi [appli'karsi] *v* sich bemühen, sich Mühe geben
applicato [appli'kaːto] *adj* fleißig, eifrig
applicazione [applikatsi'oːne] *f 1.* Anwendung *f; 2. (l'attaccare)* Anlegen *n*
appoggiare [appod'dʒaːre] *v 1. (scala)* anlegen; *2. (oggetto)* anlehnen, lehnen; *3. (supporto)* aufstützen
appoggiarsi [appod'dʒarsi] *v* sich anlehnen, sich lehnen
appoggio [ap'pɔddʒo] *m 1.* Unterstützung *f,* Rückhalt *m; 2. (sostegno)* Stütze *f; punto d'*~ Stützpunkt *m*
apportare [appor'taːre] *v* bringen, überbringen
apporto [ap'pɔrto] *m* Beitrag *m*
appositamente [appozita'mente] *adv* eigens
apposito [ap'pɔːzito] *adj 1. (speciale)* entsprechend; *2. (destinato allo scopo)* zweckdienlich, zweckmäßig; *3. (adatto)* richtig, passend
apposta [ap'pɔsta] *adv 1.* besonders; *2. (con intenzione)* beabsichtigt, mit Absicht
appostare [appos'taːre] *v* auflauern
apprendere [ap'prɛndere] *v irr* lernen
apprendista [appren'dista] *m/f* Lehrling *m,* Auszubildende(r) *m/f*
apprendistato [apprendis'taːto] *m* Lehre *f,* Lehrzeit *f*
apprensione [appren'sioːne] *f* Besorgnis *f*

apprensivo [appren'siːvo] *adj* besorgt
appressarsi [aprres'sarsi] *v* sich nähern
appresso [ap'prɛsso] *prep* nahe, bei; *il giorno* ~ am nächsten Tag
apprestare [appres'taːre] *v* bereitstellen
apprestarsi [appres'tarsi] *v* sich anschicken, sich vorbereiten
apprezzamento [apprettsa'mento] *m* 1. *(giudizio)* Urteil *n;* 2. *(complimento, stima)* Achtung *f*
apprezzare [appret'tsaːre] *v* 1. würdigen; 2. *(stimare)* achten; 3. *(riconoscere)* anerkennen
apprezzato [appret'tsaːto] *adj* angesehen
approccio [ap'prɔttʃo] *m* 1. Annäherungsversuch *m;* 2. MIL Laufgraben *m*
approdare [appro'daːre] *v (nave)* anlegen; *Dove approda la nave?* Wo legt das Schiff an?
approdo [ap'prɔːdo] *m* 1. NAUT Anlegeplatz *m;* 2. *(sbarco)* Landung *f*
approfittare [approfit'taːre] *v* wahrnehmen
approfittarsi [approfit'tarsi] *v* 1. ~ *di qd* jdn missbrauchen; 2. ~ *di qc* sich etw zunutze machen
approfittatore [approfitta'toːre] *m* 1. Nutznießer *m;* 2. *(sfruttatore)* Parasit *m*
approfondimento [approfondi'mento] *m* Vertiefung *f*
approfondire [approfon'diːre] *v irr* 1. *(conoscenza)* vertiefen; 2. *(rapporto)* ausbauen
approfondito [approfon'diːto] *adj* gründlich
approntamento [appronta'mento] *m* 1. Vorbereitung *f;* 2. *(il mettere a disposizione)* Bereitstellung *f*
approntare [appron'taːre] *v* 1. vorbereiten; 2. *(mettere a disposizione)* bereitstellen
appropriarsi [appropri'arsi] *v* sich aneignen
appropriazione [appropriatsio:ne] *f* 1. Aneignung *f;* 2. ECO ~ *indebita* Unterschlagung *f*
approssimarsi [approssi'marsi] *v* sich annähern
approssimativamente [approssimativa'mente] *adv* 1. ungefähr, etwa; 2. *(all'incirca)* annähernd
approssimativo [approssima'tiːvo] *adj* ungefähr, annähernd
approssimato [approssi'maːto] *adj* annähernd

approvare [appro'vaːre] *v* 1. bejahen; 2. *(accogliere)* zustimmen, annehmen, gutheißen
approvazione [approvatsi'oːne] *f* 1. Zustimmung *f*, Billigung *f;* 2. *(plauso)* Beifall *m*
approvvigionamento [approvvidʒona'mento] *m* 1. ~ *di viveri* Lebensmittelversorgung *f;* 2. ~ *idrico* Wasserversorgung *f*
appuntamento [appunta'mento] *m* Termin *m*, Verabredung *f; Purtroppo dobbiamo disdire l'~.* Leider müssen wir die Verabredung absagen. *darsi* ~ sich verabreden; ~ *amoroso* Rendezvous *n*
appuntare [appun'taːre] *v* 1. spitzen; 2. *(fissare con spilli)* anstecken
appunto¹ [ap'punto] *adv* 1. richtig, genau; *interj* 2. *Appunto!* Genau so!/Eben!
appunto² [ap'punto] *m* Notiz *f*, Anmerkung *f*
appurare [appu'raːre] *v* klären, prüfen
apribottiglie [apribot'tiːʎe] *m* Flaschenöffner *m*
aprile [a'priːle] *m* April *m*
apriporta [apri'pɔrta] *m* Türöffner *m*
aprire [a'priːre] *v irr* 1. öffnen, aufmachen; ~ *con forza* aufbrechen; ~ *in dissolvenza* einblenden; ~ *tagliando* aufschneiden; *Non riesco ad* ~ ... Ich bekomme ... nicht auf. 2. *(uno studio, un negozio)* eröffnen; 3. *(pratica)* anlegen; 4. *(mercato)* ECO erschließen
aprirsi [a'prirsi] *v irr* sich öffnen
apriscatole [apris'kaːtole] *m* Büchsenöffner *m*, Dosenöffner *m*
aquila ['aːkuila] *f* ZOOL Adler *m*
aquilone [akui'loːne] *m (gioco)* Drachen *m*
Arabia [a'raːbia] *f* 1. Arabien *n;* 2. ~ *Saudita* GEO Saudi-Arabien *n*
arabo ['aːrabo] *adj* 1. arabisch; *m* 2. Araber *m*
arachide [a'raːkide] *f* BOT Erdnuss *f*
aragosta [ara'gosta] *f* ZOOL Languste *f*
arancia [a'rantʃa] *f* BOT Orange *f; succo d'~* Orangensaft *m*
aranciata [aran'tʃaːta] *f* Orangenlimonade *f*
arare [a'raːre] *v* AGR pflügen
aratro [a'raːtro] *m* AGR Pflug *m*
arazzo [a'rattso] *m* Wandteppich *m*, Gobelin *m*
arbitrario [arbi'traːrio] *adj* willkürlich, eigenmächtig
arbitrio [ar'biːtrio] *m* Willkür *f*
arbitro ['arbitro] *m* SPORT Kampfrichter *m*, Schiedsrichter *m*

arbusto [ar'busto] *m* Strauch *m*
arcano [ar'ka:no] *adj 1.* geheimnisvoll, mysteriös; *m 2.* Rätsel *n*
archeologia [arkeolo'dʒi:a] *f* Archäologie *f*
architettare [arkitet'ta:re] *v ~ qc* sich etw ausdenken
architetto [arki'tetto] *m* Architekt *m*
architettura [arkitet'tu:ra] *f* Architektur *f*
archivio [ar'ki:vio] *m 1.* Archiv *n; 2. ~ dati INFORM* Datei *f*
arcivescovo [artʃi'veskovo] *m REL* Erzbischof *m*
arco ['arco] *m 1. ARCH* Bogen *m; 2. (arma)* Bogen *m*
arcobaleno [arkoba'le:no] *m* Regenbogen *m*
ardente [ar'dɛnte] *adj 1. (occhi)* leuchtend, glühend; *2. (amore, passione)* leidenschaftlich; *3. (giovane)* übermütig; *4. (fuoco)* brennend
ardentemente [ardente'mente] *adv* glühend, heiß
ardere ['ardere] *v irr 1.* brennen; *legna da ~* Brennholz *n; 2. (senza fiamma)* schwelen
ardimentoso [ardimen'to:so] *adj* mutig, tapfer
ardore [ar'do:re] *m* Glut *f*
arduo ['arduo] *adj (difficile)* schwierig
area ['a:rea] *f 1.* Gebiet *n; 2. (superficie)* Fläche *f; 3. ~ fabbricabile* Bauland *n*
areare [are'a:re] *v (vestito)* lüften
arena [a're:na] *f THEAT* Manege *f*, Arena *f*
arenarsi [are'narsi] *v* stranden
argentare [ardʒen'ta:re] *v* versilbern
argenteo [ar'dʒɛnteo] *adj* silberfarben, silbern
argenteria [ardʒente'ri:a] *f* Silberbesteck *n; ~ da tavola* Tafelsilber *n*
Argentina [ardʒen'ti:na] *f GEO* Argentinien *n*
argento [ar'dʒɛnto] *m MIN* Silber *n; d'~* silbern
argilla [ar'dʒilla] *f* Ton *m*
argilloso [ardʒil'lo:so] *adj* lehmig; *terreno ~* Lehmboden *m*
arginare [ardʒi'na:re] *v* eindämmen, aufhalten
argine ['ardʒine] *m 1.* Damm *m; 2. (terrapieno della ferrovia)* Bahndamm *m*
argomentare [argomen'ta:re] *v 1.* schlussfolgern; *2. (ragionare)* argumentieren; *3. (provare)* nachweisen

argomento [argo'mento] *m 1.* Argument *n; 2. (soggetto)* Thema *n; ~ di conversazione* Gesprächsstoff *m; ~ del giorno* Tagesgespräch *n; 3. ~ di prova JUR* Beweisstück *n; 4. (materia)* Stoff *m*
arguto [ar'gu:to] *adj 1.* witzig; *2. (acuto)* scharfsinnig, klug
aria ['a:ria] *f 1.* Luft *f; L'~ è pesante.* Es ist schwül. *in linea d'~* in der Luftlinie; *a tenuta d'~* luftdicht; *~ fredda* Kaltluft *f; ~ di temporale (fig)* Gewitterstimmung *f; ~ condizionata* Klimaanlage *f; ~ viziata* Abluft *f; 2. (corrente)* Luftzug *m; 3. (espressione)* Ausdruck *m,* Miene *f; con ~ di condiscendenza* herablassend; *darsi delle arie* prahlen; *aver l'~ di ... so* aussehen als ob ...
aridità [aridi'ta] *f 1.* Trockenheit *f; 2. (fig)* Kleinlichkeit *f,* Umständlichkeit *f; 3. ~ del cuore* Gefühlskälte *f,* Gefühllosigkeit *f*
arido ['a:rido] *adj 1. (secco)* trocken; *2. (sterile)* unfruchtbar; *3. (freddo)* kalt, gefühllos
ariete [ari'ɛ:te] *m 1. ZOOL* Widder *m; 2. (nello zodiaco)* Widder *m*
aringa [a'riŋga] *f ZOOL* Hering *m*
arioso [ari'o:so] *adj* windig, stürmisch
aristocratico [aristo'kra:tiko] *adj 1.* adelig, aristokratisch; *m 2.* Aristokrat *m,* Adliger *m*
aristocrazia [aristokra'tsi:a] *f* Aristokratie *f*
arma ['arma] *f 1.* Waffe *f; ~ da fuoco* Schusswaffe *f; 2. armi atomiche pl* Atomwaffen *pl*
armadio [ar'ma:dio] *m 1.* Schrank *m; 2. (guardaroba)* Kleiderschrank *m*
armamento [arma'mento] *m* Bewaffnung *f*
armare [ar'ma:re] *v* bewaffnen
armarsi [ar'marsi] *v* sich wappnen
armata [ar'ma:ta] *f MIL* Armee *f*
armato [ar'ma:to] *adj 1.* bewaffnet; *2. (fig)* gerüstet, vorbereitet
armatore [arma'to:re] *m* Reeder *m*
armatura [arma'tu:ra] *f 1. ~ del tetto* Dachstuhl *m; 2. (del cavaliere)* Rüstung *f*
Armenia [ar'mɛ:nia] *f GEO* Armenien *n*
armistizio [armis'ti:tsio] *m MIL* Waffenstillstand *m*
armonia [armo'ni:a] *f 1.* Harmonie *f; 2. (fig)* Abstimmung *f*
armonico [ar'mɔ:niko] *adj* harmonisch
armonioso [armoni'o:so] *adj 1.* harmonisch; *2. MUS* klangvoll

armonizzare [armonid'dzaːre] *v 1.* harmonieren; *2. MUS* harmonisieren; *3. (fig)* abstimmen

arnese [ar'neːse] *m* Gerät *n*

aroma [a'rɔːma] *m 1.* Aroma *n; 2.* aromi *pl (spezie)* Gewürze *pl*

aromatico [aro'maːtiko] *adj* aromatisch

aromatizzare [aromatid'dzaːre] *v* würzen

arpa ['arpa] *f MUS* Harfe *f*

arpione [arpi'oːne] *m* Harpune *f*

arrabbiare [arrabbi'aːre] *v far ~ qd* jdn in Zorn versetzen

arrabbiarsi [arrabbi'arsi] *v* wütend werden, zornig werden

arrabbiato [arrabbi'aːto] *adj 1.* böse, verärgert; *2. (fig)* geladen

arrampicarsi [arrampi'karsi] *v* klettern

arrangiamento [arrandʒa'mento] *m 1.* Arrangement *n; 2. (accordo)* Vereinbarung *f,* Abmachung *f*

arrangiare [arran'dʒaːre] *v* zurechtmachen

arrangiarsi [arran'dʒarsi] *v* sich durchschlagen, sich behelfen

arrecare [arre'kaːre] *v (causare)* bewirken, auslösen

arredamento [arreda'mento] *m 1.* Ausstattung *f,* Einrichtung *f; 2. (disposizione)* Gestaltung *f*

arredare [arre'daːre] *v 1.* möblieren, ausstatten; *2. (disporre)* gestalten

arredato [arre'daːto] *adj* möbliert

arredatore [arreda'toːre] *m* Innenarchitekt *m*

arredatrice [arreda'triːtʃe] *f* Innenarchitektin *f*

arredo [ar'rɛːdo] *m 1.* Gerät *n; 2. (mobilio)* Einrichtungsgegenstand *m,* Mobiliar *n*

arrendersi [ar'rɛndersi] *v irr* aufgeben, sich ergeben

arrendevole [arren'deːvole] *adj* fügsam, nachgiebig

arrendevolezza [arrendevo'lettsa] *f* Nachgiebigkeit *f*

arrestare [arres'taːre] *v 1.* verhaften; *2. (fermare)* anhalten, zum Stehen bringen

arrestarsi [arres'tarsi] *v 1.* stecken bleiben; *2. (macchina)* stehen bleiben; *3. (ritirarsi)* sich zurückziehen; *4. (farsi indietro)* zurückweichen, Abstand nehmen

arresto [ar'rɛsto] *m 1.* Anhalten *n; 2. JUR* Verhaftung *f; 3. ~ domiciliare* Hausarrest *m; 4. (per ragioni di pubblica sicurezza)* Schutzhaft *f*

arretrare [arre'traːre] *v* zurückstellen

arretrato [arre'traːto] *adj (pagamento)* rückständig

arricchimento [arrikki'mento] *m 1.* Anreicherung *f; 2. (fig)* Bereicherung *f; 3.* impianto d' ~ Aufbereitungsanlage *f*

arricchire [arrik'kiːre] *v irr* anreichern

arricchirsi [arrik'kirsi] *v* Profit machen

arricchito [arrik'kiːto] *adj* angereichert

arricciare [arrit'tʃaːre] *v 1. (capelli)* locken; *2. (naso)* rümpfen

arricciarsi [arrit'tʃarsi] *v* sich locken

arricciato [arrit'tʃaːto] *adj* gelockt

arringa [ar'riŋga] *f 1.* Ansprache *f; 2. JUR* Plädoyer *n*

arrischiare [arriski'aːre] *v* wagen, riskieren

arrischiarsi [arriski'arsi] *v* sich trauen

arrivare [arri'vaːre] *v 1.* ankommen, eintreffen; *Siamo arrivati ieri.* Wir sind gestern angekommen. *Quando arriva il treno?* Wann kommt der Zug an? *2. (da un viaggio)* anreisen

arrivederci [arrive'dertʃi] *interj* auf Wiedersehen

arrivista [arri'vista] *m/f* Emporkömmling *m*

arrivo [ar'riːvo] *m 1.* Ankunft *f; 2. (con un veicolo)* Anfahrt *f; 3. SPORT* Ziel *n; 4. (della merce)* Zufuhr *f; 5. (di un aeroplano)* Anflug *m*

arrogante [arro'gante] *adj 1.* anmaßend, arrogant; *2. (insolente)* dreist

arroganza [arro'gantsa] *f* Anmaßung *f,* Arroganz *f*

arrogarsi [arro'garsi] *v* sich anmaßen

arrossare [arros'saːre] *v* röten

arrossire [arros'siːre] *v irr* erröten, rot werden

arrostire [arros'tiːre] *v irr 1. GAST* rösten; *2. (nel forno)* braten, anbraten; *~ bene* durchbraten

arrostito [arros'tiːto] *adj GAST* gebraten

arrosto [ar'rɔsto] *adj 1. (patate) GAST* geröstet; *2. (carne)* gebraten; *m 3.* Braten *m; ~ di agnello* Lammbraten *m; ~ di maiale* Schweinebraten *m*

arrotino [arro'tiːno] *m* Scherenschleifer *m*

arrotolare [arroto'laːre] *v* aufwickeln, zusammenrollen

arrotondare [arroton'daːre] *v 1.* abrunden; *2. (cifre)* aufrunden

arroventato [arroven'taːto] *adj (brace, ferro)* glühend

arruffarsi [arruf'farsi] *v* in Unordung geraten
arruffato [arruf'faːto] *adj 1. (capelli)* strubbelig, zerzaust; *2. (vestiti)* nachlässig
arrugginire [arruddʒi'niːre] *v irr* rosten
arrugginirsi [arruddʒi'nirsi] *v irr* rosten, verrosten
arrugginito [arruddʒi'niːto] *adj* rostig
arsenale [arse'naːle] *m NAUT* Werft *f*
arsenico [ar'sɛːniko] *m CHEM* Arsen *n*
arsi ['arsi] *f MUS* Auftakt *m*
arsura [ar'suːra] *f 1.* Hitze *f; 2. (aridità)* Trockenheit *f; 3. (sete)* brennender Durst *m*
arte ['arte] *f 1.* Kunst *f; a regola d'~* trefflich, hervorragend; *~ applicata* angewandte Kunst *f; ~ astratta* abstrakte Kunst *f; 2. ~ del persuadere* Überredungskunst *f; 3. (abilità)* Geschicklichkeit *f; 4. arti figurative pl* bildende Künste *pl; le Belle Arti* die Schönen Künste *pl*
artefatto [arte'fatto] *adj 1. (artificioso)* künstlich; *2. (falsificato)* unecht
artefice [ar'tɛːfitʃe] *m/f* Autor(in) *m/f*, Schöpfer(in) *m/f*
arteria [ar'tɛːria] *f 1. ANAT* Arterie *f; 2. (strada importante)* Verkehrsader *f*
arteriosclerosi [arterioskle'rɔːzi] *f MED* Arterienverkalkung *f*
artico ['artiko] *adj* arktisch
articolare [artiko'laːre] *v 1.* gliedern; *2. (arti) ANAT* bewegen; *adj 3. ANAT* Glieder...
articolato [artiko'laːto] *adj* gelenkig
articolazione [artikolatsi'oːne] *f 1. ANAT* Gelenk *n; 2. (disposizione)* Anordnung *f*
articolo [ar'tiːkolo] *m 1. ECO* Artikel *m; 2. (di stampa)* Artikel *m*, Beitrag *m; 3. GRAMM* Artikel *m*
artificiale [artifi'tʃaːle] *adj* künstlich
artificioso [artifi'tʃoːso] *adj 1.* unnatürlich, künstlich; *2. (affettato)* gespreizt, affektiert
artigianalmente [artidʒanal'mente] *adv* handwerklich
artigianato [artidʒa'naːto] *m 1.* Handwerk *n; 2. ~ artistico* Kunstgewerbe *n*
artigiano [arti'dʒaːno] *m 1.* Handwerker *m; adj 2.* handwerklich
artista [ar'tista] *m/f 1.* Künstler(in) *m/f*, Artist(in) *m/f; 2. ~ di cabaret THEAT* Kabarettist(in) *m/f*
artisticamente [artistika'mente] *adv* künstlerisch

artistico [ar'tistiko] *adj* künstlerisch, Kunst...
arzillo [ar'dzillo] *adj* rüstig
asbesto [az'bɛsto] *m* Asbest *m*
ascella [a'ʃɛlla] *f ANAT* Achselhöhle *f*
ascendente [aʃen'dɛnte] *adj 1.* ansteigend; *m 2.* Einfluss *m*, Macht *f*
ascensione [aʃensi'oːne] *f 1. (scalata)* Besteigung *f; 2. Ascensione REL* Himmelfahrt *f; ~ di Gesù Cristo* Christi Himmelfahrt *f*
ascensore [aʃen'soːre] *m 1.* Lift *m; 2. TECH* Aufzug *m; L'~ è bloccato.* Der Aufzug ist stecken geblieben.
ascesa [a'ʃeːsa] *f (sviluppo)* Aufstieg *m*
ascesso [a'ʃɛsso] *m MED* Abszess *m*
ascia ['aʃa] *f* Axt *f*, Beil *n*
asciugacapelli [aʃugaka'pelli] *m* Föhn *m*
asciugamano [aʃuga'maːno] *m* Handtuch *n; ~ da bagno* Badetuch *n*
asciugare [aʃu'gaːre] *v 1.* trocknen, abtrocknen; *2. (pulire)* abwischen; *3. (prosciugarsi)* austrocknen
asciugarsi [aʃu'garsi] *v* sich abtrocknen
asciugatrice [aʃuga'triːtʃe] *f (macchina)* Wäschetrockner *m*
asciutto [a'ʃutto] *adj 1.* trocken; *restare a bocca asciutta* zu kurz kommen, nicht zum Zuge kommen; *2. (magro)* dürr; *3. (brusco)* brüsk
ascoltare [askol'taːre] *v 1.* hören; *2. (sentire)* anhören; *3. (a scuola)* abhören; *4. ~ qd* jdm zuhören, jdn anhören
ascoltatore [askolta'toːre] *m* Hörer *m*, Zuhörer *m*
ascoltatrice [askolta'triːtʃe] *f* Hörerin *f*, Zuhörerin *f*
ascolto [as'kolto] *m* Anhörung *f; dare ~ a qd* jdm Gehör schenken, jdm zuhören; *indici d'~* Einschaltquote *f*
asettico [a'sɛttiko] *adj* keimfrei
asfalto [as'falto] *m* Asphalt *m*
asfissia [asfis'siːa] *f* Ersticken *n; morire di ~* ersticken
asfissiare [asfissi'aːre] *v 1.* ersticken; *2. (fig) ~ qd* jdn zu Tode langweilen
Asia ['azia] *f GEO* Asien *n*
asiatico [azi'aːtiko] *adj 1.* asiatisch; *m 2.* Asiat *m*
asilo [a'ziːlo] *m 1. POL* Asyl *n; 2. (per bambini)* Hort *m; ~ infantile* Kindergarten *m; ~ nido* Kinderkrippe *f; 3. (rifugio)* Unterschlupf *m*, Zuflucht *f*
asino ['aːsino] *m ZOOL* Esel *m*

asma ['azma] *f MED* Asthma *n; ~ bronchiale MED* Bronchialasthma *n*
asociale [aso't ʃaːle] *adj* asozial
asola ['aːzola] *f 1.* Knopfloch *n; 2. (di una maglietta)* Haken *m*
asparago [as'paːrago] *m BOT* Spargel *m*
aspettare [aspet'taːre] *v* erwarten, warten
aspettativa [aspetta'tiːva] *f* Erwartung *f*
aspetto [as'pɛtto] *m 1.* Aussehen *n,* Aspekt *m; avere I'~ di* aussehen wie; *2. (fig)* Seite *f; sotto questo ~ in* dieser Hinsicht; *3. sala d'~* Wartesaal *m*
aspic [as'piːk] *m GAST* Aspik *m*
aspirante [aspi'rante] *m/f* Anwärter(in) *m/f,* Bewerber(in) *m/f*
aspirapolvere [aspira'polvere] *m* Staubsauger *m*
aspirare [aspi'raːre] *v 1.* einatmen; *2. (polvere)* saugen; *3. TECH* ansaugen
aspirazione [aspiratsi'oːne] *f 1.* Einatmung *f; 2. (anelito)* Bemühung *f*
aspirina [aspi'riːna] *f MED* Aspirin *n*
asportabile [aspor'taːbile] *adj* entfernbar
asportare [aspor'taːre] *v 1.* wegbringen, fortgehen; *2. MED* operativ entfernen
asprezza [as'prettsa] *f* Strenge *f*
aspro ['aspro] *adj 1.* herb; *2. (fig: rozzo)* rau; *3. (fig: persona)* sauer
assaggiare [assad'dʒaːre] *v* kosten, probieren
assaggio [as'saddʒo] *m* Kostprobe *f*
assai [as'saːi] *adv* sehr
assale [as'saːle] *m TECH* Achse *f*
assalire [assa'liːre] *v irr* bestürmen
assalto [as'salto] *m* Angriff *m*
assassinare [assassi'naːre] *v* ermorden
assassinio [assas'siːnio] *m* Mord *m,* Ermordung *f; ~ per rapina* Raubmord *m*
assassino [assas'siːno] *m 1.* Mörder *m; adj 2.* mörderisch
asse¹ ['asse] *f* Brett *n; ~ da stiro* Bügelbrett *n*
asse² ['asse] *f TECH* Achse *f; ~ X/~ Y* x-Achse/y-Achse *f*
asse³ ['asse] *m ~ ereditario JUR* Erbschaftsmasse *f*
assecondare [assekon'daːre] *v 1.* nicht widersprechen; *2. (appoggiare)* fördern; *3. (desideri)* nachgeben
assediare [assedi'aːre] *v* bedrängen
assegnare [asse'ɲaːre] *v 1.* aufgeben; *2. (destinare)* bestimmen, zuweisen
assegnazione [asseɲatsi'oːne] *f* Zuteilung *f,* Zuweisung *f*

assegno [as'sɛːɲo] *m* Scheck *m; Accetta un ~?* Nehmen Sie Schecks?
assemblea [assem'blɛːa] *f* Versammlung *f; ~ generale ECO* Hauptversammlung *f; ~ plenaria POL* Vollversammlung *f; ~ dei cittadini* Bürgerversammlung *f*
assembrarsi [assem'brarsi] *v* sich ansammeln, sich zusammenfinden
assennato [assen'naːto] *adj 1. (saggio)* weise, klug; *2. (giudizioso)* verständig; *3. (prudente)* umsichtig
assenso [as'sɛnso] *m* Zustimmung *f*
assente [as'sɛnte] *adj 1.* abwesend; *2. (distratto, assorto)* gedankenverloren, geistesabwesend; *m/f 3.* Abwesende(r) *m/f; lista degli assenti* Abwesenheitsliste *f*
assenza [as'sɛnza] *f 1.* Abwesenheit *f; 2. (mancanza)* Knappheit *f*
asserire [asse'riːre] *v irr* beteuern, versichern
asserragliare [asserra'ʎaːre] *v* vermauern, verschanzen
asserragliarsi [asserra'ʎarsi] *v* sich verbarrikadieren
asserzione [assertsi'oːne] *f* Behauptung *f*
assessore [asse'soːre] *m/f* Beisitzer(in) *m/f*
assestare [asses'taːre] *v* regeln, in Ordnung bringen
assestarsi [asses'tarsi] *v 1.* sich ablagern; *2. (consolidarsi) POL* sich konsolidieren
assetato [asse'taːto] *adj 1.* durstig; *2. (fig)* versessen auf, begierig nach
assicurare [assiku'raːre] *v 1.* versichern, sichern; *2. (mettere al sicuro)* sicher stellen
assicurarsi [assiku'rarsi] *v 1.* sich vergewissern; *2. (stipulare una polizza)* sich versichern
assicurato [assiku'raːto] *adj 1.* versichert; *m 2.* Versicherungsnehmer *m*
assicurazione [assikuratsi'oːne] *f* Versicherung *f*
assiderare [asside'raːre] *v* zum Erstarren bringen
assiderarsi [asside'rarsi] *v 1.* erstarren; *2. (gelare)* erfrieren
assiduità [assidui'ta] *f (perseveranza)* Standhaftigkeit *f,* Unermüdlichkeit *f*
assieme [assi'ɛːme] *adv 1.* zusammen; *2. (l'uno coll'altro)* gemeinsam; *3. (nello stesso tempo)* gleichzeitig
assimilare [assimi'laːre] *v 1.* angleichen; *2. (fig)* verarbeiten

assimilazione [assimilatsi'oːne] *f* Angleichung *f*
assistente [assis'tɛnte] *m/f* Assistent(in) *m/f;* ~ *di laboratorio* Laborant(in) *m/f;* ~ *sociale* Sozialhelfer(in) *m/f*
assistenza [assis'tɛntsa] *f* 1. Beihilfe *f;* ~ *meccanica* Pannenhilfe *f;* ~ *sanitaria* Krankenpflege *f;* ~ *al parto* Geburtshilfe *f;* ~ *sociale* Sozialhilfe *f;* ~ *tecnica* Service *m;* 2. *(il badare, l'occuparsi)* Betreuung *f;* 3. *(cura)* Versorgung *f*
assistere [as'sistere] *v irr* 1. beistehen; 2. *(curare)* versorgen; 3. *(partecipare)* teilnehmen; ~ *a un concerto* ein Konzert besuchen
assito [as'siːto] *m* Verschlag *m*
asso ['asso] *m* 1. *(carta da gioco)* Ass *n;* 2. *SPORT* Ass *n,* Meister *m*
associare [asso'tʃaːre] *v* zuordnen, beteiligen
associarsi [asso'tʃarsi] *v* 1. ~ *a qd* sich jdm anschließen; 2. *(unirsi)* sich zusammenschließen
associazione [assotʃatsi'oːne] *f* 1. Verein *m;* ~ *segreta* Geheimbund *m;* ~ *studentesca* Burschenschaft *f;* 2. ~ *di idee* Gedankenverknüpfung *f*
assoggettare [assoddʒet'taːre] *v* unterwerfen
assoggettarsi [assoddʒet'tarsi] *v* 1. sich beugen; 2. *(farsi docile)* nachgeben
assolato [asso'laːto] *adj* sonnig
assolutamente [assoluta'mente] *adv* 1. überhaupt, unbedingt; 2. ~ *certo* todsicher
assolutismo [assolu'tizmo] *m HIST* Absolutismus *m*
assoluto [asso'luːto] *adj* 1. unbedingt, absolut; 2. *(esclusivo)* alleinig
assoluzione [assolutsi'oːne] *f* 1. *JUR* Freispruch *m;* 2. *REL* Absolution *f*
assolvere [as'sɔlvere] *v irr* 1. *REL* Absolution erteilen; 2. *JUR* freisprechen; 3. *(un dovere)* erfüllen
assomigliare [assomi'ʎaːre] *v* ähneln
assomigliarsi [assomi'ʎarsi] *v* sich ähneln
assonnato [asso'naːto] *adj* schläfrig, verschlafen
assopirsi [asso'pirsi] *v* einschlummern
assorbente [assor'bɛnte] *m* 1. Binde *f;* 2. ~ *igienico* Damenbinde *f*
assorbire [assor'biːre] *v irr* absorbieren, aufsaugen
assordante [assor'dante] *adj* ohrenbetäubend

assortimento [assorti'mento] *m* Sortiment *n,* Auswahl *f*
assortire [assor'tiːre] *v* sortieren
assorto [as'sɔrto] *adj* unaufmerksam, in Gedanken versunken; ~ *nei pensieri* gedankenversunken
assottigliamento [assottiʎa'mento] *m* Verdünnung *f*
assottigliare [assoti'ʎaːre] *v* verdünnen
assuefarsi [assue'farsi] *v irr* sich gewöhnen an
assuefazione [assuefatsi'oːne] *f* 1. *(abitudine)* Brauch *m,* Gewohnheit *f;* 2. *(l'assuefarsi)* Gewöhnung *f;* 3. *(alla droga)* Sucht *f*
assumere [as'suːmere] *v irr* 1. *(manodopera)* einstellen; 2. *(un posto)* übernehmen; 3. *(fig: acquistare)* erwerben
assumersi [as'sumersi] *v irr* übernehmen; ~ *la responsabilità di qc* die Verantwortung für etw übernehmen
assunzione [assuntsi'oːne] *f* 1. *(di manodopera)* Einstellung *f;* 2. *(di un posto)* Übernahme *f;* ~ *del potere* Machtübernahme *f;* 3. ~ *di prove JUR* Beweisaufnahme *f;* 4. *Assunzione REL* Mariä Himmelfahrt *f*
assurdità [assurdi'ta] *f* Absurdität *f*
assurdo [as'surdo] *adj* unsinnig, absurd
asta ['asta] *f* 1. Stange *f;* 2. *(vendita all'incanto)* Auktion *f;* ~ *pubblica* Auktion *f*
astemio [as'tɛːmio] *adj* 1. nüchtern, enthaltsam; *m* 2. enthaltsam lebender Mensch *m*
astenersi [aste'nersi] *v irr* sich enthalten
astensione [astensi'oːne] *f* 1. Enthaltung *f;* 2. ~ *dal voto* Stimmenthaltung *f*
astice ['astitʃe] *m ZOOL* Hummer *m*
astinente [asti'nɛnte] *adj* abstinent
astinenza [asti'nɛntsa] *f* 1. Abstinenz *f;* 2. *MED* Entzug *m*
astio ['astio] *m* 1. *(odio)* Abneigung *f,* Hass *m;* 2. *(rancore)* Groll *m*
astiosità [astiosi'ta] *f* Missgunst *f*
astioso [asti'oːso] *adj* 1. *(ostile)* gegnerisch; 2. *(invidioso)* missgünstig, neidisch
astratto [as'tratto] *adj* abstrakt
astro ['astro] *m* 1. *ASTR* Stern *m,* Gestirn
astrologia [astrolo'dʒiːa] *f* Astrologie *f*
astronauta [astro'naːuta] *m/f* Astronaut(in) *m/f,* Raumfahrer(in) *m/f*
astronautica [astro'naːutika] *f* Raumfahrt *f*
astronave [astro'naːve] *f* Weltraumfahrzeug *n*
astronomia [astrono'miːa] *f* Astronomie *f,* Sternkunde *f*

astronomico [astro'nɔːmiko] *adj 1.* astronomisch, sternkundig; *2. prezzo ~ (fig)* Wucherpreis *m*
astruso [as'truːzo] *adj* unverständlich, abstrus
astuccio [as'tuttʃo] *m 1. (custodia)* Etui *n,* Hülle *f; 2. (contenitore)* Behälter *m*
astutamente [astuta'mente] *adv* listig
astuto [as'tuːto] *adj* listig, schlau
astuzia [as'tuːtsia] *f* List *f,* Verschlagenheit *f*
ateismo [ate'izmo] *m* Atheismus *m*
ateneo [ate'nɛːo] *m 1.* Universität *f; 2. (accademia)* Akademie *f*
ateo ['aːteo] *adj 1.* atheistisch, ungläubig; *m 2.* Atheist *m,* Ungläubiger *m*
atlante [at'lante] *m* Atlas *m*
atlantico [at'lantiko] *adj 1.* atlantisch; *2. patto ~ POL* Atlantikpakt *m*
Atlantico [at'lantiko] *m GEO* Atlantik *m*
atleta [at'lɛːta] *m/f 1.* Athlet(in) *m/f; 2. (lottatore/lottatrice)* Kämpfer(in) *m/f*
atletica [at'lɛːtika] *f ~ leggera* Leichtathletik *f*
atmosfera [atmos'fɛːra] *f 1. (fig)* Atmosphäre *f; 2. PHYS* Atmosphäre *f*
atomico [a'tɔːmiko] *adj* atomar, Atom... *centrale atomica* Kernkraftwerk *n*
atomo ['aːtomo] *m PHYS* Atom *n*
atrio ['aːtrio] *m* Vorhalle *f; ~ della stazione* Bahnhofshalle *f*
atroce [a'troːtʃe] *adj* furchtbar, schrecklich
atrocità [atrotʃi'ta] *f* Gräueltat *f*
attaccabrighe [attakka'briːge] *m* Stänkerer *m,* Streithammel *m (fam)*
attaccamento [attakka'mento] *m* Anhänglichkeit *f*
attaccante [attak'kante] *m SPORT* Stürmer *m*
attaccapanni [attakka'panni] *m* Kleiderständer *m*
attaccare [attak'kaːre] *v 1.* kleben, ankleben; *2. (danneggiare)* angreifen; *3. (fig)* anbändeln; *4. (fissare)* heften; *5. (cucendo)* annähen; *6. (con violenza)* überfallen
attaccarsi [attak'karsi] *v* kleben
attaccato [attak'kaːto] *adj* anhänglich; *rimanere ~* haften, kleben
attacco [at'takko] *m 1. (con violenza)* Überfall *m,* Angriff *m; 2. MED* Anfall *m; 3. (impugnare) JUR* Anfechtung *f; 4. ~ principale TECH* Hauptanschluss *m; 5. MIL* Angriff *m*

attardarsi [attar'darsi] *v* sich verspäten, zu spät kommen
attecchire [attek'kiːre] *v irr* Wurzeln schlagen
atteggiamento [atteddʒa'mento] *m 1. (comportamento)* Verhalten *n; 2. (fig: posizione)* Haltung *f*
atteggiarsi [atted'dʒarsi] *v* sich gebärden
attempato [attem'paːto] *adj* betagt
attendere [at'tɛndere] *v irr 1.* abwarten, erwarten; *2. (provvedere a)* beschaffen
attendibile [atten'diːbile] *adj* überzeugend, zuverlässig
attenersi [atte'nersi] *v irr~ a* sich halten an
attentarsi [atten'tarsi] *v* sich trauen, wagen
attentato [atten'taːto] *m POL* Anschlag *m*
attentatore [attenta'toːre] *m POL* Attentäter *m*
attento [at'tɛnto] *adj* aufmerksam, achtsam; *stare ~ a qc* auf etw Acht geben
attenuante [attenu'ante] *adj 1. JUR* entlastend; *f 2. attenuanti pl* mildernde Umstände *pl*
attenuare [attenu'aːre] *v* mildern, mindern
attenuazione [attenuatsi'oːne] *f 1.* Dämpfung *f; 2. (riduzione)* Verringerung *f; 3. (alleviamento)* Linderung *f,* Milderung *f*
attenzione [attentsi'oːne] *f 1.* Achtsamkeit *f,* Achtung *f; fare ~ a* beachten; *prestare ~* aufpassen, Acht geben; *2. (prudenza)* Aufmerksamkeit *f; interj 3. Attenzione!* Achtung!/Vorsicht!
atterraggio [atter'raddʒo] *m (dell'aereo)* Landung *f; ~ con avaria a terra* Bruchlandung *f; ~ di fortuna* Notlandung *f*
atterrare [atter'raːre] *v (aeroplano)* landen
attesa [at'teːsa] *f* Erwartung *f*
attestare [attes'taːre] *v* bescheinigen
attestato [attes'taːto] *m* Zeugnis *n,* Bescheinigung *f*
attiguamente [attigua'mente] *adv* anschließend
attiguo [at'tiːguo] *adj 1.* anliegend, angrenzend; *2. (spazio)* anschließend
attillato [atti'ʎaːto] *adj* eng anliegend
attimo [at'timo] *m* Augenblick *m*
attinenza [atti'nɛntsa] *f* Verbindung *f,* Bezug *m*
attingere [at'tindʒere] *v irr 1. (alla fonte)* schöpfen; *2. (fig)* herausfinden; *~ informazioni* Informationen einholen

attirare [atti'ra:re] *v* 1. *(fig)* anziehen, locken; 2. *(attrarre col sorriso)* anlachen
attitudine [atti'tu:dine] *f* 1. *(atteggiamento)* Haltung *f;* 2. *(predisposizione)* Anlage *f,* Begabung *f*
attivamente [attiva'mente] *adv* geschäftig
attivare [atti'va:re] *v* aktivieren
attivazione [attivatsi'o:ne] *f* Aktivierung *f*
attivista [atti'vista] *m/f* Aktivist(in) *m/f*
attività [attivi'ta] *f* 1. Tätigkeit *f;* ~ *nel tempo libero* Freizeitbeschäftigung *f;* 2. ~ *stagionale* Saisongeschäft *n;* 3. *(azione)* Aktion *f;* 4. ECO Aktiva *pl*
attivo [at'ti:vo] *adj* 1. aktiv, tätig; *persona attiva* Erwerbstätige(r) *m/f;* 2. *(operoso)* rührig, betriebsam
attizzare [attit'tsa:re] *v* anfachen
atto ['atto] *adj* 1. tauglich, geeignet; *dichiarare* ~ für tauglich erklären; *m* 2. Tat *f;* *mettere in* ~ durchführen; *all'*~ *pratico* praktisch, in der Praxis; *presa d'*~ Kenntnisnahme *f;* ~ *eroico* Heldentat *f;* ~ *di stato* Staatsakt *m;* 3. JUR Urkunde *f;* ~ *di donazione* Schenkungsurkunde *f;* ~ *di nomina* Ernennungsurkunde *f;* ~ *di matrimonio* Heiratsurkunde *f;* ~ *di nascita* Geburtsurkunde *f;* ~ *di accusa* JUR Anklageschrift *f;* 4. THEAT Akt *m;* 5. *(gesto)* Gebärde *f*
attorcigliare [attortʃi'ʎa:re] *v* 1. *(piante)* umranken; 2. *(avvolgere attorno)* wickeln, umschlingen
attorcigliarsi [attortʃi'ʎarsi] *v* 1. *(serpente, rami, vie)* sich winden; 2. *(fili)* sich verheddern
attore [at'to:re] *m* 1. Schauspieler *m;* ~ *cinematografico* Filmschauspieler *m;* 2. CINE Darsteller *m;* 3. JUR Kläger *m*
attorno [at'torno] *adv* herum; *andare* ~ herumgehen; *levarsi qd d'*~ jdn loswerden
attraente [attra'ɛnte] *adj* anziehend, fesselnd
attrappirsi [attra'pirsi] *v* verkümmern
attrarre [at'trarre] *v irr* 1. verführen; 2. *(allettare)* anlocken
attrattiva [attrat'ti:va] *f* 1. Anziehungskraft *f;* 2. *(fascino)* Reiz *m;* 3. *(curiosità)* Sehenswürdigkeit *f,* Anreiz *m*
attraversamento [attraversa'mento] *m* 1. Durchkreuzen *n,* Durchquerung *f;* 2. *(passaggio)* Übergang *m,* Überschreiten *n*
attraversare [attraver'sa:re] *v* überqueren, durchqueren

attraverso [attra'vɛrso] *prep* 1. durch; *adv* 2. hindurch, zwischendurch; ~ *i campi* querfeldein
attrazione [attratsi'o:ne] *f* Attraktion *f*
attrezzare [attret'tsa:re] *v* ausrüsten, ausstatten
attrezzatura [attrettsa'tu:ra] *f* Ausrüstung *f*
attrezzo [at'trettso] *m* Gerät *n*
attribuire [attribu'i:re] *v* 1. zuschreiben; 2. *(assegnare)* zuerkennen, zuteilen; 3. *(porre a carico)* zur Last legen
attributo [attri'bu:to] *m* 1. *(qualità)* Beschaffenheit *f;* 2. *(particolarità)* Besonderheit *f;* 3. *(caratteristica)* Kennzeichen *n,* Charakteristikum *n;* 4. GRAMM Attribut *n*
attribuzione [attributsi'o:ne] *f* Zuordnung *f*
attrice [at'tri:tʃe] *f* Schauspielerin *f*
attristarsi [attris'tarsi] *v* traurig werden
attrito [at'tri:to] *m* Reibung *f*
attuale [attu'a:le] *adj* 1. augenblicklich; 2. *(moderno)* aktuell, zeitgemäß
attualità [attuali'ta] *f* Aktualität *f*
attualizzare [attualid'dza:re] *v* aktualisieren
attualmente [attual'mente] *adv* derzeit
attuare [attu'a:re] *v* bewerkstelligen, verwirklichen
attuazione [attuatsi'o:ne] *f* 1. Durchführung *f,* Realisierung *f;* 2. *(svolgimento)* Abwicklung *f*
attutire [attu'ti:re] *v irr* 1. *(urto, dolore)* stillen, lindern; 2. *(suono)* dämpfen
attutirsi [attu'tirsi] *v* *(suono, urto, dolore)* abnehmen, sich abschwächen
audace [au'da:tʃe] *adj* 1. gewagt, kühn; 2. *(temerario)* tollkühn, verwegen
audiovisivo [audiovi'zi:vo] *adj* audiovisuell
auditorio [audi'tɔ:rio] *m* 1. *(detto di persone)* Zuhörer *pl;* 2. *(detto di edificio)* Auditorium *n;* 3. *(per concerti)* Konzertsaal *m;* 4. *(sala universitaria)* Hörsaal *m*
augurare [augu'ra:re] *v* wünschen
augurarsi [augu'rarsi] *v* sich wünschen, hoffen
augurio [au'gu:rio] *m* Glückwunsch *m,* Beglückwünschung *f; Affettuosi auguri!* Herzlichen Glückwunsch! *fare gli auguri* Glück wünschen; *essere di cattivo* ~ Unheil bringen
aula ['a:ula] *f* 1. Saal *m;* 2. *(di università)* Hörsaal *m;* 3. ~ *magna* Aula *f;* 4. ~ *plenaria*

POL Plenarsaal *m; 5. (scolastica)* Schulzimmer *n,* Klassenzimmer *n*
aumentare [aumen'taːre] *v 1. (riprodursi)* sich vermehren; *2. (accrescere)* zunehmen, wachsen; *3. (far salire)* anheben
aumento [au'mento] *m 1.* Anstieg *m; 2. ~ del traffico* Verkehrsaufkommen *n; 3. (dei prezzi) ECO* Aufschlag *m; ~ dei prezzi* Preisanstieg *m*
aureo ['aːureo] *adj* golden, Gold...
aureola [au'rɛːola] *f 1.* Aureole *f; 2. REL* Heiligenschein *m,* Nimbus *m*
aurora [au'rɔːra] *f 1.* Morgenröte *f; 2. LIT* Aurora *f*
ausiliare [auzili'aːre] *adj* Hilfs...
ausilio [au'ziːlio] *m 1.* Hilfe *f; 2. (sussidio)* Hilfsmittel *n*
auspicabile [auspi'kaːbile] *adj 1.* begehrenswert, wünschenswert; *2. (pronosticabile)* vorhersagbar
auspicio [aus'piːtʃo] *m (fig)* Vorzeichen *n*
Australia [aus'traːlia] *f GEO* Australien *n*
australiano [australi'aːno] *adj 1.* australisch; *m 2.* Australier *m*
Austria ['aːustria] *f GEO* Österreich *n*
austriaco [aus'triːako] *m 1.* Österreicher *m; adj 2.* österreichisch
autenticamente [autentika'mente] *adv* authentisch
autenticare [autenti'kaːre] *v 1.* bescheinigen; *2. (garantire)* verbürgen
autenticità [autentitʃi'ta] *f 1.* Glaubhaftigkeit *f; 2. (fig: genuinità)* Echtheit *f,* Authentizität *f*
autentico [au'tɛntiko] *adj 1.* authentisch; *2. (fig)* waschecht
autista [au'tista] *m/f* Chauffeur *m,* Führer(in) *m/f*
auto ['aːuto] *f* Auto *n*
autoadesivo [autoade'ziːvo] *adj 1.* selbstklebend; *m 2.* Aufkleber *m*
autoambulanza [autoambu'lantsa] *f* Krankenwagen *m,* Rettungswagen *m*
autobus ['aːutobus] *m* Bus *m,* Omnibus *m; fermata dell'~* Bushaltestelle *f*
autocarro [auto'karro] *m* Lastwagen *m,* Laster *m*
autocrazia [autokra'tsiːa] *f POL* Alleinherrschaft *f*
autocritica [auto'kriːtika] *f* Selbstkritik *f*
autodecisione [autodetʃizi'oːne] *f* Selbstbestimmung *f*
autodidatta [autidi'datta] *m* Autodidakt *m*

autodromo [au'tɔːdromo] *m* Rennstrecke *f,* Autorennbahn *f*
autofinanziamento [autofinantsia'mento] *m ECO* Eigenfinanzierung *f*
autofurgone [autofur'goːne] *m* Lieferwagen *m*
autogeno [au'tɔːdʒeno] *adj* autogen
autogol [auto'gɔl] *m SPORT* Eigentor *n*
autogoverno [autogo'verno] *m POL* Selbstverwaltung *f*
autografo [au'tɔːgrafo] *m* Autogramm *n*
autogrill [auto'grill] *m* Autobahnraststätte *f,* Rasthaus *n*
automatico [auto'maːtiko] *adj 1.* automatisch; *2. (inconscio)* unabsichtlich, unbewusst; *3. TECH* mechanisch, selbsttätig
automatismo [automa'tizmo] *m TECH* Automatik *f*
automazione [automatsi'oːne] *f TECH* Automation *f*
automezzo [auto'mɛddzo] *m* Kraftfahrzeug *n*
automobile [auto'mɔːbile] *f* Auto *n,* Wagen *m; ~ da noleggio* Leihwagen *m,* Mietwagen *m; ~ a due posti* Zweisitzer *m*
automobilista [automobi'lista] *m/f* Autofahrer(in) *m/f; ~ che guida contromano* Geisterfahrer(in) *m/f*
automobilistico [automibi'listiko] *adj* Auto...
autonomamente [autonoma'mente] *adv* eigenständig
autonomia [autono'miːa] *f* Selbstständigkeit *f*
autonomo [au'tɔːnomo] *adj* selbstständig, autonom
autopsia [auto'psiːa] *f MED* Autopsie *f*
autoradio [auto'raːdio] *f* Autoradio *n*
autore [au'toːre] *m* Autor *m,* Urheber *m*
autorevole [auto're:vole] *adj 1. (influente)* mächtig; *2. (stimato)* angesehen
autorità [autori'ta] *f 1.* Behörde *f; ~ competente* zuständige Behörde *f; ~ giudiziaria* Justizbehörde *f; ~ di controllo* Kontrollbehörde *f; 2. (potere)* Autorität *f,* Obrigkeit *f; 3. ~ di comando MIL* Befehlsgewalt *f*
autoritario [autori'taːrio] *adj* autoritär, herrisch
autorizzare [autorid'dzaːre] *v 1.* genehmigen; *2. (dare il diritto)* berechtigen, ermächtigen; *3. JUR* bevollmächtigen
autorizzato [autorid'dzaːto] *adj* befugt, berechtigt; *Sono ~.* Ich habe eine Vollmacht. *persona non autorizzata* Unbefugte(r) *m/f; ~*

a firmare unterschriftsberechtigt; ~ *a ricevere* empfangsberechtigt

autorizzazione [autoriddzatsi'o:ne] *f* 1. Genehmigung *f;* 2. *(facoltà o licenza)* Berechtigung *f,* Ermächtigung *f;* 3. JUR Bevollmächtigung *f*

autoscuola [autosku'ɔ:la] *f* Fahrschule *f*

autostoppista [autostop'pista] *m/f* Anhalter(in) *m/f,* Tramper(in) *m/f*

autostrada [auto'stra:da] *f* Autobahn *f*

autosufficiente [autosuffitʃi'ɛnte] *adj* autark, unabhängig

autosuggestione [autosuddʒesti'o:ne] *f* Einbildung *f*

autotreno [auto'trɛ:no] *m* Lastzug *m*

autoveicolo [autove'i:kolo] *m* Kraftfahrzeug *n,* Kraftwagen *m*

autovettura [autovet'tu:ra] *f* Personenkraftwagen *m*

autrice [au'tri:tʃe] *f* Autorin *f*

autunnale [autun'na:le] *adj* herbstlich

autunno [au'tunno] *m* Herbst *m*

avanguardia [avaŋgu'ardia] *f* Avantgarde *f; essere all'~* Bahnbrecher sein

avanti [a'vanti] *interj* 1. herein, los; *farsi ~* vortreten; *prep* 2. *(tempo)* vor; *adv* 3. *(luogo)* voraus, heran; 4. *(allontanamento)* vorwärts

avanzamento [avantsa'mento] *m* 1. *(promozione)* Aufstieg *m;* 2. MIL Vormarsch *m*

avanzare [avan'tsa:re] *v* 1. *(restare)* übrig bleiben; 2. *(progredire)* fortschreiten, vorankommen; 3. *(venire avanti)* vortreten

avanzarsi [avan'tsarsi] *v* vorwärts gehen

avanzata [avan'tsa:ta] *f* 1. Vordringen *n;* 2. MIL Vorrücken *n*

avanzo [a'vantso] *m* Überbleibsel *n,* Rest *m*

avaraccio [ava'rattʃo] *m* Geizkragen *m*

avaria [ava'ri:a] *f* 1. NAUT Havarie *f;* 2. *(guasto)* Schaden *m*

avariato [avari'a:to] *adj* beschädigt, defekt; *cibo ~* verdorbene Speise *f*

avarizia [ava'ri:tsia] *f* Geiz *m*

avaro [a'va:ro] *adj* 1. geizig; 2. *(fam)* knauserig

avena [a've:na] *f* BOT Hafer *m*

avere [a've:re] *v irr* 1. haben; *~ freddo* frieren; *~ bisogno di qc* etw brauchen; *m* 2. Besitz *m;* 3. *averi pl* Hab und Gut *m;* 4. *(credito)* Guthaben *n*

aviazione [aviatsi'o:ne] *f* Flugwesen *n,* Luftfahrt *f*

avidamente [avida'mente] *adv* gierig, habgierig

avidità [avidi'ta] *f* 1. Gier *f,* Habgier *f;* 2. *~ di dominio* Herrschsucht *f;* 3. *(di cibo)* Verfressenheit *f,* Fressgier *f*

avido ['a:vido] *adj* gierig, habgierig; *~ di denaro* geldgierig; *~ di vendetta* rachsüchtig

aviorimessa [aviori'messa] *f* Flugzeughalle *f*

aviotrasporto [aviotras'pɔrto] *m* Lufttransport *m*

avo ['a:vo] *m* Ahn *m,* Vorfahr *m*

avorio [a'vo:rio] *m* Elfenbein *n*

avulso [a'vulso] *adj* 1. losgerissen; 2. *~ dalla realtà* wirklichkeitsfremd

avvalersi [avva'lersi] *v ~ di qc* sich einer Sache bedienen

avvantaggiare [avvanta'ddʒa:re] *v* 1. *(far avanzare) ~ qd* jdm den Weg ebnen; 2. *(favorire)* begünstigen, fördern

avvantaggiarsi [avvanta'ddʒarsi] *v* 1. bevorzugt werden; 2. *(trarre vantaggio)* auf den eigenen Vorteil bedacht sein

avvedersi [avve'dersi] *v irr ~ di qc* etw feststellen, etw bemerken

avvedutamente [avveduta'mente] *adv* umsichtig

avvedutezza [avvedu'tettsa] *f* Umsicht *f*

avveduto [avve'du:to] *adj* 1. klug; 2. *(accorto)* umsichtig

avvelenamento [avvelena'mento] *m* MED Vergiftung *f; ~ da gas* Gasvergiftung *f; ~ da funghi* Pilzvergiftung *f*

avvelenare [avvene'la:re] *v* vergiften

avvenenza [avve'nɛntsa] *f* Attraktivität *f*

avvenimento [avveni'mento] *m* 1. Vorfall *m,* Begebenheit *f;* 2. *(processo)* Vorgang *m;* 3. *(fig)* Einschnitt *m*

avvenire [avve'ni:re] *v irr* 1. geschehen; *m* 2. Zukunft *f; in ~* zukünftig

avventatamente [avventata'mente] *adv* unüberlegt

avventato [avven'ta:to] *adj* unüberlegt

avvento [av'vɛnto] *m* 1. REL Advent *m,* Adventszeit *f;* 2. *~ al potere* Machtwechsel *m;* 3. *~ al trono* Thronbesteigung *f;* 4. *(arrivo)* Ankunft *f*

avventore [avven'to:re] *m* Kunde *m; ~ abituale* Stammgast *m,* Stammkunde *m*

avventura [avven'tu:ra] *f* Abenteuer *n*

avventurarsi [avventu'arsi] *v* sich trauen, wagen

avventuriero [avventuri'ɛro] *m* Abenteurer *m*

avventuroso [avventu'ro:so] *adj* abenteuerlich

avverarsi [avve'rarsi] *v* eintreffen, sich bewahrheiten

avverbio [av'vɛrbio] *m GRAMM* Adverb *n*

avversario [avver'saːrio] *m 1.* Gegner *m*, Gegenspieler *m; adj 2.* gegnerisch

avversione [avversi'oːne] *f* Abneigung *f*, Widerwille *m*

avversità [avversi'ta] *f* Widrigkeit *f*

avverso [av'vɛrso] *adj 1.* Gegen... *parte avversa* Gegenseite *f*, gegnerische Partei *f; sorte avversa* widrige Umstände *pl*, Schicksalsschlag *m; 2. (contrario)* abgeneigt; *m 3.* Gegenwind *m*

avvertenza [avver'tɛntsa] *f 1. (informazione)* Benachrichtigung *f; 2. (richiamo)* Hinweis *m, Bemerkung f*

avvertimento [avverti'mento] *m* Verwarnung *f*, Warnung *f*

avvertire [avver'tiːre] *v 1.* benachrichtigen, verständigen; *2. (sentire)* fühlen

avvezzo [av'vettso] *adj* gewöhnt, gewohnt

avviamento [avvia'mento] *m 1.* Anbahnung *f; 2. (del motore)* Anlassen *n; 3. (messa in moto)* Starten *n*

avviare [avvi'aːre] *v 1.* leiten, führen; *2. ~ qc di nuovo* etw einführen; *3. (motore)* anlassen; *4. (automobile)* anspringen, starten; *5. (macchina) TECH* anfahren; *6. (partire)* anfahren; *7. (fig)* einfädeln

avviarsi [avvi'arsi] *v* sich aufmachen, sich auf den Weg machen

avvicendamento [avvitʃenda'mento] *m* Abwechseln *n*

avvicinamento [avvitʃina'mento] *m* Annäherung *f*

avvicinarsi [avvitʃi'narsi] *v 1.* sich nähern, herankommen; *2. (accostarsi)* sich annähern, sich heranmachen; *3. (fig: venire incontro)* entgegenkommen; *4. (fam)* anmachen

avvilimento [avvili'mento] *m* Niedergeschlagenheit *f*

avvilirsi [avvi'lirsi] *v irr* den Mut verlieren, die Hoffnung aufgeben

avvincente [avvin'tʃɛnte] *adj* fesselnd, spannend

avvinghiare [avviŋgi'aːre] *v* umranken, umwickeln

avvinghiarsi [avviŋgi'arsi] *v* sich festklammern

avvinto [av'vinto] *adj 1.* angebunden; *2. (fig)* verzaubert

avvio [av'viːo] *m* Start *m; prendere l'~* Anlauf nehmen

avvisaglia [avvi'zaːʎa] *f (indizio)* Anzeichen *n*

avvisare [avvi'zaːre] *v* mitteilen, verständigen

avviso [av'viːzo] *m 1.* Aushang *m; 2. (avvertimento)* Verwarnung *f*, Warnung *f; 3. JUR* Bescheid *m; 4. (annuncio)* Nachricht *f*, Meldung *f; 5. (opinione)* Meinung *f; essere dell'~* der Meinung sein

avvistare [avvis'taːre] *v* ausmachen, erblicken

avvitare [avvi'taːre] *v* schrauben

avvizzire [avvit'tsiːre] *v irr* welken

avvizzito [avvit'tsiːto] *adj* welk

avvocatessa [avvoka'tessa] *f* Anwältin *f*, Rechtsanwältin *f*

avvocato [avvo'kaːto] *m* Anwalt *m*, Rechtsanwalt *m*

avvolgere [av'vɔldʒere] *v 1.* einwickeln, wickeln; *2. (fasciare)* umwickeln

avvolgibile [avvol'dʒiːbile] *m* Rollladen *m*

avvolgimento [avvoldʒi'mento] *m* Umwicklung *f*

avvoltoio [avvol'toːio] *m 1. ZOOL* Geier *m; 2. (fig)* Halsabschneider *m* (fam)

azienda [adzi'ɛnda] *f 1.* Betrieb *m; ~ artigiana* Handwerksbetrieb *m; ~ industriale* Gewerbebetrieb *m; 2. (ditta)* Firma *f*, Unternehmen *n*

aziendale [adzien'daːle] *adj* betrieblich

azionamento [atsiona'mento] *m TECH* Antrieb *m*

azionare [atsio'naːre] *v 1.* treiben; *2. (mettere in moto)* auslösen; *3. TECH* betätigen

azionario [atsio'naːrio] *m* Aktionär *m*

azione [atsi'oːne] *f 1. (atto)* Tat *f*, Akt *m; 2. (effetto)* Wirkung *f; 3. FIN* Aktie *f; ~ ordinaria* Stammaktie *f; 4. ~ reciproca PHYS* Wechselwirkung *f; 5. LIT* Handlung *f*

azionista [atsio'nista] *m/f FIN* Aktionär(in) *m/f*

azoto [a'dzoːto] *m CHEM* Stickstoff *m*

azzardare [addzar'daːre] *v* riskieren

azzardarsi [addzar'darsi] *v* sich trauen

azzardo [ad'dzardo] *m gioco d'~* Glücksspiel *n*

azzeccare [attsek'kaːre] *v 1. (colpire)* treffen; *2. (indovinare giusto)* erraten

azzerare [addze'raːre] *v* auf null einstellen

Azzorre [ad'dzɔrre] *f/pl GEO* Azoren *pl*

azzuffarsi [attsuf'farsi] *v* raufen

azzurro [ad'dzurro] *adj* blau; *~ chiaro* hellblau

B

babbeo [bab'bɛːo] *adj* 1. dumm, töricht; 2. *(inesperto)* unerfahren; *m* 3. Narr *m*, Tölpel *m*

babbo ['babbo] *m (fam)* Papa *m*, Vati *m;* ~ *Natale* Weihnachtsmann *m*

babordo [ba'bordo] *m NAUT* Backbord *n*

babysitter [beɪbɪ'sɪter] *m/f* Babysitter(in) *m/f; Abbiamo bisogno di un* ~. Wir brauchen einen Babysitter.

bacca ['bakka] *f BOT* Beere *f*

baccano [bak'kaːno] *m* Lärm *m*, Getöse *n*

baccello [bat'tsɛllo] *m BOT* Hülse *f*

bacchetta [bak'ketta] *f* Rute *f*, Stock *m*

baciamano [batʃa'maːno] *m* Handkuss *m*

baciare [ba'tʃaːre] *v* küssen

bacillo [ba'tʃillo] *m BIO* Bazillus *m*

bacinella [batʃi'nɛlla] *f* 1. Waschbecken *n;* 2. *(catinella)* Schüssel *f*, Schale *f*

bacino [ba'tʃiːno] *m* 1. Bassin *n;* 2. *ANAT* Becken *n*

bacio ['baːtʃo] *m* Kuss *m;* ~ *d'addio* Abschiedskuss *m*

badare [ba'daːre] *v* aufpassen, Acht geben; ~ *ai fatti propri* sich um seine eigenen Probleme kümmern; *non* ~ *a spese* keine Kosten scheuen; *Non ci* ~*!* Sorge dich nicht darum!

badarsi [ba'darsi] *v* ~ *da qc* sich vor etw hüten

badile [ba'diːle] *m* Schaufel *f*

baffi ['baffi] *m/pl* Schnurrbart *m*

bagagliaio [baga'ʎo] *m* 1. *(del treno)* Gepäckwagen *m;* 2. *(della macchina)* Kofferraum *m*

bagaglio [baga'ʎaːio] *m* Gepäck *n;* ~ *a mano* Handgepäck *n*

bagattella [baga'tɛlla] *f* Bagatelle *f*

bagliore [ba'ʎoːre] *m* 1. Schein *m;* 2. *(l'abbagliare)* Blendung *f;* 3. *(all'improvviso)* Aufblenden *n*

bagnante [ba'ɲante] *m/f* Badegast *m*

bagnare [ba'ɲaːre] *v* 1. *(spruzzare)* nass machen, befeuchten; 2. *(annaffiare)* gießen

bagnarsi [ba'ɲarsi] *v* 1. nass werden; 2. *(fare il bagno)* baden

bagnato [ba'ɲaːto] *adj* nass; ~ *come un pulcino* pudelnass; ~ *fradicio* patschnass

bagnino [ba'ɲiːno] *m* Bademeister *m*

bagno ['baːɲo] *m* 1. Bad *n;* ~ *di schiuma* Schaumbad *n; fare il* ~ baden; *Vorrei fare un* ~. Ich möchte ein Bad nehmen. 2. *(camera)* Badezimmer *n*

baia ['baːia] *f GEO* Bucht *f*

baita ['baːita] *f* Hütte *f;* ~ *di montagna* Berghütte *f*

balaustra [bala'ustra] *f ARCH* Balustrade *f*

balbettare [balbet'taːre] *v* 1. stottern; 2. *(bambino)* lallen

balbuzie [bal'buːtsie] *f* Stottern *n*

balbuziente [balbutsi'ɛnte] *adj* 1. stotternd; *m/f* 2. Stotterer/Stotterin *m/f*

Balcani [bal'kaːni] *m/pl GEO* Balkan *m*

balconata [balko'naːta] *f THEAT* Balkon *m*, Rang *m*

balcone [bal'koːne] *m* Balkon *m*

baldanza [bal'dantsa] *f* Übermut *m*, Kühnheit *f*

baldanzosamente [baldantsosa'mente] *adv* übermütig

baldanzoso [baldan'tsoːso] *adj* übermütig, kühn

balena [ba'leːna] *f ZOOL* Wal *m*

baleno [ba'leːno] *m* 1. Blitz *m;* 2. *(fig) in un* ~ im Nu

balia ['baːlia] *f* Amme *f;* ~ *asciutta* Kindermädchen *n*

balía [ba'liːa] *f* Gewalt *f*, Macht *f; essere in* ~ *di qd* jdm ausgeliefert sein

balla ['balla] *f* 1. Ballen *m;* ~ *di fieno* Strohballen *m;* 2. *balle pl (fig)* Flausen *pl; Non raccontare balle!* Erzähle keine Lügen!

ballare [bal'laːre] *v* 1. tanzen; *Desidera* ~*?* Möchten Sie tanzen? 2. *(vestito troppo largo adosso)* schlottern

ballata [bal'laːta] *f LIT* Ballade *f*

ballerina [balle'riːna] *f* 1. Tänzerin *f; prima* ~ Primaballerina *f* 2. *ZOOL* Bachstelze *f*

ballerino [balle'riːno] *m* Tänzer *m*, Balletttänzer *m*

balletto [bal'letto] *m THEAT* Ballett *n*

ballo ['ballo] *m* 1. *(danza)* Tanz *m;* 2. *(festa)* Ball *m; Dove ha luogo il* ~*?* Wo findet der Ball statt? ~ *di carnevale* Faschingsball *m;* ~ *in maschera* Kostümball *m*, Maskenfest *n*

ballottaggio [ballot'taddʒo] *m POL* Stichwahl *f*

balneare [balne'aːre] *adj* Bade... *luogo* ~ Badeort *m; stabilimento* ~ Badeanstalt *f*

balordo [ba'lordo] *m 1.* Tölpel *m; adj*
2. dumm, töricht
balsamo ['balsamo] *m* Balsam *m*
baltico ['baltiko] *adj* baltisch
balzare [bal'tsa:re] *v* springen, hochspringen
balzo ['baltso] *m 1. (salto)* Sprung *m; 2. (di
un animale)* Satz *m*
bambina [bam'bi:na] *f* Mädchen *n*
bambinaia [bambi'na:ia] *f* Kindermädchen *n*
bambino [bam'bi:no] *m 1.* Kind *n; 2.
(ragazzo, figlio)* Junge *m; ~ abbandonato*
Heimkind *n; ~ prodigio* Wunderkind *n; ~ non
assistito/~ non accudito* Schlüsselkind *n*
bambola ['bambola] *f* Puppe *f*
bambù [bam'bu] *m BOT* Bambus *m*
banale [ba'na:le] *adj* banal, simpel
banalità [banali'ta] *f* Banalität *f*
banana [ba'na:na] *f BOT* Banane *f*
banano [ba'na:no] *m BOT* Bananen-
baum *m*
banca ['baŋka] *f FIN* Bank *f; Dove si trova
la ~ più vicina?* Wo ist die nächste Bank?
bancarella [baŋka'rella] *f* Marktstand *m*,
Marktbude *f*
bancario [baŋ'ka:rio] *adj 1. FIN* Bank...
sistema ~ Bankwesen *n; 2. (impiegato)*
Bankangestellter *m*
bancarotta [baŋka'rotta] *f ECO* Pleite *f*,
Bankrott *m*
banchetto [baŋ'ketto] *m* Bankett *n*
banchiere [baŋki'ɛre] *m FIN* Bankier *m*
banchina [baŋ'ki:na] *f 1. (di una strada)*
Seitenstreifen *m; 2. (di una stazione)* Bahnsteig *m; 3. NAUT* Kai *m*
banco ['baŋko] *m 1. ~ di scuola* Bank *f*,
Schulbank *f; ~ di sabbia* Sandbank *f;
2. GEOL* Riff *n; 3. (bar)* Theke *f; 4. (fig) sotto
~ heimlich; *5. ~ di vendita* Ladentisch *m*
banconota [baŋko'nɔ:ta] *f FIN* Banknote
f, Geldschein *m*
banda ['banda] *f 1. (gruppo)* Bande *f*,
Meute *f; 2. MUS* Kapelle *f; 3. ~ di oscillazione FIN* Bandbreite *f*
bandiera [bandi'ɛ:ra] *f NAUT* Fahne *f*,
Flagge *f; battere ~* die Flagge hissen
bandire [ban'di:re] *v irr 1. (dal paese) POL*
verweisen; *2. (un concorso)* ausschreiben
bandito [ban'di:to] *m* Bandit *m*
banditore [bandi'to:re] *m (di asta pubblica)* Auktionator *m*, Versteigerer *m*
bando ['bando] *m 1. (di concorso)* Aus-
schreibung *f; 2. (esilio)* Exil *n*

bar [bar] *m* Bar *f*
bara ['ba:ra] *f (per i morti)* Bahre *f*, Sarg *m*
baracca [ba'rakka] *f* Baracke *f*
baraccone [barak'ko:ne] *m ~ del tiro a
segno* Schießbude *f*
baraonda [bara'onda] *f* Durcheinander *n*,
Wirrwarr *m*
barare [ba'ra:re] *v 1.* mogeln; *2. ~ qd* jdn
beschummeln, jdn hintergehen
baratro ['ba:ratro] *m GEO* Schlucht *f*
barattolo [ba'rattolo] *m 1.* Büchse *f; 2. ~
di latta* Blechdose *f*
barba ['barba] *f* Bart *m; Mi fa la ~, per
favore?* Schneiden Sie mir den Bart, bitte? *~
piena* Vollbart *m; farsi la ~* sich rasieren
barbabietola [barbabi'ɛ:tola] *f 1. BOT*
Rote Beete *f; 2. ~ da zucchero BOT* Zu-
ckerrübe *f*
barbaforte [barba'forte] *m BOT* Meerrettich *m*
barbaro ['barbaro] *adj 1.* barbarisch, unmenschlich; *m 2.* Barbar *m*
barbiere [barbi'ɛre] *m* Friseur *m*
barbone [bar'bo:ne] *m 1. (fig)* Penner *m*,
Landstreicher *m; 2. (cane) ZOOL* Pudel *m*
barboso [bar'bo:so] *adj (fig)* fade, öde
barbuto [bar'bu:to] *adj* bärtig
barca ['barka] *f 1.* Boot *n*, Kahn *m; ~ a
remi* Ruderboot *n; ~ a vela* Segelboot *n; ~ da
pesca* Fischerboot *n; ~ di salvataggio*
Rettungsboot *n; una gita in ~* Bootsfahrt *f;
noleggio di barche* Bootsverleih *m; 2. (fig)*
Geschäft *n; mandare avanti la ~* das Geschäft
über Wasser halten
barcamenarsi [barkame'narsi] *v* lavieren
barcollare [barkol'la:re] *v 1.* taumeln;
2. (essere indeciso) schwanken
bardatura [barda'tu:ra] *f (finimenti)*
Zaumzeug *n*
barella [ba'rɛlla] *f (per un ferito)* Bahre *f*,
Tragbahre *f*
barile [ba'ri:le] *m (recipiente)* Tonne *f*,
Fass *n*
bario ['ba:rio] *m CHEM* Barium *n*
barista [ba'rista] *m/f* Barkeeper *m*, Bar-
dame *f*
baritono [ba'ri:tono] *m MUS* Bariton *m*
barlume [bar'lu:me] *m 1.* Schimmer *m;
2. (fig)* Anflug *m*
baro ['ba:ro] *m* Falschspieler *m*, Betrüger *m*
barocco [ba'rɔkko] *m 1. ART* Barock *m/n;
adj 2.* barock
barometro [ba'rɔ:metro] *m TECH* Barometer *m*

barone(ssa) [ba'roːne/baro'nessa] *m/f* Baron(in) *m/f*
barra ['barra] *f 1.* Balken *m; 2. (s~)* Stange *f*
barricare [barri'kaːre] *v (bloccare)* verbarrikadieren
barricata [barri'kaːta] *f* Barrikade *f*
barriera [barri'ɛːra] *f* Barriere *f,* Sperre *f*
baruffa [ba'ruffa] *f* Schlägerei *f,* Keilerei *f*
barzelletta [bartse'letta] *f (racconto)* Witz *m*
basalto [ba'zalto] *m MIN* Basalt *m*
basamento [baza'mento] *m* Basis *f,* Fundament *n*
basare [ba'zaːre] *v 1. ~ su* basieren auf; *2. (fondare su) ~ su* gründen auf
basarsi [ba'zarsi] *v ~ su* beruhen auf, sich stützen auf
basco ['basko] *adj 1.* baskisch; *m 2.* Baske *m; 3. (berretto)* Baskenmütze *f*
base ['baːze] *f 1.* Basis *f,* Grundlage *f; in ~ a ...* auf Grund von *... 2. (fig)* Fundament *n; ciò che sta alla ~* was zugrunde liegt; *3. CHEM* Base *f; 4. MIL* Basis *f; 5. FIN* Basis *f; ~ d'imposizione* Besteuerungsgrundlage *f; ~ imponibile* Bemessungsgrundlage *f*
basette [ba'zette] *f/pl* Koteletten *pl*
basico ['baːziko] *adj CHEM* basisch
basilare [bazi'laːre] *adj 1.* grundlegend, Grund... *2. (principale)* hauptsächlich; *problema ~* Hauptproblem *n,* Kernfrage *f*
Basilicata [bazili'kaːta] *f GEO* Basilicata *f*
basketball ['baːsketbɔːl] *m SPORT* Basketball *m*
bassezza [bas'settsa] *f* Gemeinheit *f,* Bosheit *f*
bassifondi [basso'fondi] *m/pl* Unterwelt *f*
basso ['basso] *adj 1.* nieder, niedrig; *2. Paesi Bassi GEO* Niederlande *pl; 3. (fondo)* tief; *cadere in ~* tief fallen; *4. (poco profondo)* flach, seicht; *acqua bassa* flaches Gewässer *n; bassa marea* Ebbe *f; 5. (statura)* klein; *6. (fig)* gering; *7. (voce)* leise; *m 8. MUS* Bass *m*
bassopiano [bassopi'aːno] *m GEO* Niederung *f*
bassotto [bas'sɔtto] *m ZOOL* Dackel *m*
bastante [bas'tante] *adj* genügend
bastardo [bas'tardo] *adj 1.* unehelich; *m 2.* Bastard *m,* uneheliches Kind *n; 3. (incrocio)* Kreuzung *f*
bastare [bas'taːre] *v* genügen, reichen; *Basta, grazie!* Danke, es reicht!

bastiancontrario [bastiaŋkon'traːrio] *m (fig)* Querkopf *m*
bastonare [basto'naːre] *v* prügeln, verprügeln
bastonate [basto'naːte] *f/pl* Prügel *pl*
bastoncino [baston'tʃiːno] *m ~ da sci SPORT* Skistock *m*
bastone [bas'toːne] *m 1.* Stock *m,* Stab *m; 2. (carte da gioco)* Eichel *f*
batosta [bat'ɔsta] *f (fig)* Schicksalsschlag *m*
battaglia [bat'taːʎa] *f 1.* Kampf *m,* Schlacht *f; 2. (fig: pezzo forte)* cavallo di ~ Paradestück *n*
battagliero [batta'ʎɛːro] *adj* streitlustig, kriegerisch
battaglione [batta'ʎoːne] *m MIL* Bataillon *n*
battello [bat'tɛllo] *m* Kahn *m; ~ di salvataggio* Rettungsboot *n; ~ pneumatico* Schlauchboot *n*
battere ['battere] *v 1. (cuore)* klopfen, schlagen; *2. (bussare)* pochen, anklopfen; *3. (fig: vincere)* schlagen; *4. (orologio)* schlagen; *5. (picchiare)* schlagen; *Batti e ribatti finalmente ho capito. (fam)* Durch ständiges Wiederholen hat es er begriffen. *batter sempre sullo stesso tasto (fig)* immer auf dem gleichen Thema herumreiten; *battersela* sich davonmachen; *6. (record)* einstellen; *7. (tennis) SPORT* aufschlagen; *8. non ~ ciglio* ruhig bleiben; *9. ~ qc a macchina* etw tippen
batteria [batte'riːa] *f 1. TECH* Batterie *f; 2. (d'orologio)* Uhrwerk *n; 3. MUS* Schlagzeug *n; 4. MIL* Geschütz *n; 5. GAST* Kochgeschirr *n; 6. scoprire le proprie batterie (fam)* seine Karten aufdecken
batterio [bat'tɛːrio] *m BIO* Bakterium *n*
batterista [batte'rista] *m/f MUS* Schlagzeuger(in) *m/f*
battesimo [bat'teːzimo] *m REL* Taufe *f*
battezzare [batted'dzaːre] *v REL* taufen
battibecco [batti'bekko] *m* Streit *m*
batticuore [battiku'ɔːre] *m* Herzklopfen *n*
battimano [batti'maːno] *m* Applaus *m,* Klatschen *n*
battipanni [batti'panni] *m* Teppichklopfer *m*
battistrada [battis'traːda] *m 1.* Vorkämpfer *m,* Bahnbrecher *m; 2. (del pneumatico)* Profil *n*
battito ['battito] *m 1.* Schlag *m; 2. (il picchiare)* Klopfen *n; 3. ~ cardiaco MED* Herzschlag *m*

battuta [bat'tu:ta] *f 1.* Schlag *m; 2. MUS* Takt *m; 3. (di un record)* Einstellung *f; 4. (della macchina da scrivere)* Anschlag *m; 5. (barzelletta)* Gag *m; 6. (a tennis) SPORT* Aufschlag *m*
baule [ba'u:le] *m* Koffer *m; ~ armadio* Schrankkoffer *m*
bava ['ba:va] *f 1. ANAT* Spucke *f,* Speichel *m; avere la ~ alla bocca (fig)* Schaum vor dem Mund haben; *2. (negli animali)* Schaum *m*
bavaglino [bava'ʎi:no] *m* Lätzchen *n*
bavaglio [ba'va:ʎo] *m* Knebel *m*
bavarese [bava're:se] *m 1.* Bayer *m; adj 2.* bayerisch
bavero ['ba:vero] *m* Mantelkragen *m*
Baviera [bavi'ɛ:ra] *f GEO* Bayern *n*
bazzecola [bad'dzɛ:kola] *f* Kleinigkeit *f,* Bagatelle *f*
bazzicare [battsi'ka:re] *v ~ un ambiente con qd* Umgang haben mit jdm
bearsi [be'arsi] *v ~ di qc* sich über etw freuen
beatificare [beatifi'ka:re] *v REL* selig sprechen
beatitudine [beatitu:dine] *f (felicità)* Seligkeit *f*
beato [be'a:to] *adj* glücklich, selig
beccare [bek'ka:re] *v* hacken, picken
beccarsi [bek'karsi] *v 1. (fam: litigare)* aufeinander herumhacken; *2. (fig: malattia) ~ qc* sich etw einhandeln, sich etw holen
becco ['bekko] *m 1.* Schnabel *m; 2. ZOOL* Bock *m*
beffardo [bef'fardo] *adj* höhnisch, spöttisch
beffare [bef'fa:re] *v ~ qd* jdn verspotten, jdn aufziehen
beffarsi [bef'farsi] *v ~ di qd* sich über jdn lustig machen
begonia [be'gɔ:nia] *f BOT* Begonie *f*
beige [bɛ:ʒ] *adj* beige, sandfarben
bel *adj (vedi „bello")*
belare [be'la:re] *v 1. (pecora)* meckern, blöken; *2. (fig)* jammern, wimmern
belga ['belga] *m/f 1.* Belgier(in) *m/f; adj 2.* belgisch
Belgio ['beldʒo] *m GEO* Belgien *n*
bella ['bella] *f 1.* Schöne *f; 2. copiare in ~* ins Reine schreiben
bellezza [bel'lettsa] *f* Schönheit *f*
bellico ['belliko] *adj* Kriegs... *preda bellica* Kriegsbeute *f; bottino ~* Kriegsbeute *f*
bellicoso [belli'ko:so] *adj 1.* angriffslustig; *2. (guerresco)* kriegerisch

bellimbusto [bellim'busto] *m 1.* Snob *m,* Dandy *m; 2. (fam)* feiner Pinkel *m*
bellissimo [bel'lissimo] *adj* bildhübsch
bello ['bello] *adj 1.* schön; *nel bel mezzo* genau in der Mitte; *m 2.* Schöner *m*
belva ['belva] *f 1.* wildes Tier *n; 2. (fig)* Tier im Menschen *n*
belvedere [belve'de:re] *m* Aussichtspunkt *m*
benché [beŋ'ke] *konj* obwohl, obgleich
benda ['benda] *f 1.* Binde *f; 2. MED* Verband *m*
bendare [ben'da:re] *v MED* verbinden
bendatura [benda'tu:ra] *f MED* Bandage *f*
bendisposto [bendis'posto] *adj* wohlgesinnt
bene ['bɛ:ne] *adv 1.* schön, gut; *Non mi sento ~.* Ich fühle mich nicht wohl. *Va ~ così.* Es stimmt so. *stare ~ a qd* jdm gut stehen, jdn kleiden; *voler ~ a qd* jdn gerne haben; *2. per ~* tüchtig; *3. (pensare)* reiflich; *Pensaci ~!* Überlege es dir gut! *4. (persona) per ~* unbescholten; *m 5.* Wohl *n,* Wohlergehen *n; per il tuo ~* für dein Wohl; *~ comune* Gemeinwohl *n; a fin di ~* mit bester Absicht; *6. ECO* Gut *n,* Güter *pl; ~ culturale* Kulturgut *n; 7. beni immobili pl* Liegenschaften *pl,* Immobilien *pl; beni mobili* Mobilien *pl*
benedire [bene'di:re] *v irr REL* segnen, weihen; *Va' a farti ~!* Hau ab! (fam)
benedizione [beneditsi'o:ne] *f REL* Segen *m*
beneducato [benedu'ka:to] *adj* wohlerzogen
benefattore [benefat'to:re] *m* Wohltäter *m*
beneficenza [benefi'tʃɛntsa] *f 1.* Wohltätigkeit *f; 2. (sollievo)* Trost *m*
beneficiario [benefi'tʃa:rio] *m 1. JUR* Gewinner *m; 2. ECO* Begünstigter *m,* Remittent *m; 3. ~ di una cambiale* Wechselnehmer *m*
beneficio [bene'fi:tʃo] *m 1.* Vorteil *m; 2. (opera di bene)* Wohltat *f*
benefico [bene'fi:ko] *adj* wohltuend
benessere [ben'ɛssere] *m 1.* Wohlbefinden *n; 2. (agiatezza)* Wohlstand *m*
benestante [benes'tante] *adj* begütert, wohlhabend
benestare [benes'ta:re] *m* Erlaubnis *f,* Zustimmung *f*
benevolenza [benevo'lɛntsa] *f* Gunst *f,* Wohlwollen *n*

benevolo [be'nɛːvolo] *adj* gönnerhaft, wohl wollend
benigno [be'niːo] *adj MED* gutartig
benintenzionato [benintentsio'naːto] *adj* wohlgesinnt
beninteso [benin'teːso] *adj* wohlgemerkt
benpensante [benpen'sante] *adj 1.* vernünftig; *2. la gente ~* die ehrenhaften Leute *pl*
benservito [benser'viːto] *m 1.* Führungszeugnis *n; 2. dare il ~ a qd (fam)* jdm den Laufpass geben/jdn abservieren
bensì [ben'si] *konj* wohl aber, hingegen
bentornato [bentor'naːto] *interj Bentornato!* Willkommen daheim!
benvenuto [benve'nuːto] *adj 1.* willkommen; *m 2.* Willkommensgruß *m; interj 3.* willkommen
benvolere [benvo'leːre] *v irr 1. farsi ~ da qd* sich bei jdm einschmeicheln; *2. prendere a ~ qd* jdn lieb gewinnen
benvoluto [benvo'luːto] *adj* beliebt
benzina [ben'dziːna] *f* Benzin *n; fare ~* tanken; *fare il pieno di ~* voll tanken; *~ senza piombo* bleifreies Benzin *n; buono di ~* Benzingutschein *m*
benzinaio [bendzi'naːio] *m* Tankwart *m*
beone [be'oːne] *m* Säufer *m*
bere ['beːre] *v irr 1.* trinken; *pagare da ~* eine Runde spendieren; *~ tutto* austrinken; *2. (fig)* bechern; *3. (animale)* saufen
berlina [ber'liːna] *f 1.* Pranger *m; 2. (macchina)* Limousine *f*
bernardo [ber'nardo] *m ~ l'eremita ZOOL* Einsiedlerkrebs *m*
bernoccolo [ber'nɔkkolo] *m 1. (fig)* Begabung *f,* Talent *n; avere il ~ per qc* Talent zu etw haben; *2. MED* Beule *f*
berretto [ber'retto] *m* Mütze *f,* Kappe *f*
bersagliare [bersa'ʎaːre] *v 1.* beschießen; *2. (tormentare)* quälen; *3. (fig)* überhäufen; *4. (fig: perseguitare)* verfolgen
bersaglio [ber'saːʎo] *m* Zielscheibe *f*
bestemmia [bes'temmia] *f 1.* Fluch *m; 2. REL* Gotteslästerung *f*
bestemmiare [bestemmi'aːre] *v 1.* lästern, fluchen; *2. REL* lästern
bestia ['bestia] *f 1.* Tier *n,* Vieh *n; ~ da soma* Lasttier *n; ~ da sella* Reittier *n; ~ feroce* Raubtier *n; 2. (fig)* Biest *n; 3. (uomo bestiale)* Unmensch *m*
bestiale [besti'aːle] *adj* bestialisch
bestiame [besti'aːme] *m* Vieh *n*
bestseller ['bestseller] *m LIT* Bestseller *m*

betonare [beto'naːre] *v* betonieren
bettola ['bettola] *f* Kneipe *f,* Lokal *n*
betulla [be'tulla] *f BOT* Birke *f*
bevanda [be'vanda] *f* Getränk *n; Ha una lista delle bevande?* Haben Sie eine Getränkekarte? *~ alcolica* alkoholhaltiges Getränk *n; ~ analcolica* alkoholfreies Getränk *n*
bevitore [bevi'toːre] *m* Säufer *m,* Trinker *m*
bevuta [be'vuːta] *f* Umtrunk *m*
biancheria [bianke'riːa] *f* Wäsche *f; ~ intima* Unterwäsche *f; ~ da letto* Bettwäsche *f; ~ colorata* Buntwäsche *f*
bianco [bi'aŋko] *adj 1. (colore)* weiß; *~ come la neve* schneeweiß; *2. (senza scrittura)* leer, unbeschrieben; *3. avere carta bianca* eine Blankovollmacht haben; *m 4.* Weiß *n; andare in ~* versagen; *il ~ dell'occhio* das Weiße des Auges *n; ~ dell'uovo* Eiweiß *n; mangiare in ~* ungewürzt essen; *pasta in ~* Nudeln mit Butter *pl*
biasimare [biazi'maːre] *v* tadeln
biasimo [bi'aːzimo] *m* Tadel *m*
Bibbia ['bibbia] *f REL* Bibel *f*
biberon [bibe'rɔn] *m* Fläschchen *n,* Säuglingsflasche *f*
biblico ['biːbliko] *adj REL* biblisch
bibliografia [bibliogra'fiːa] *f* Bibliografie *f*
bibliomane [bibli'ɔːmane] *m* Büchernarr *m*
biblioteca [biblio'tɛːka] *f* Bibliothek *f,* Bücherei *f; ~ con prestito esterno* Leihbibliothek *f*
bibliotecario [bibliote'kaːrio] *m* Bibliothekar *m*
bicarbonato [bikarbo'naːto] *m CHEM* Natron *n*
bicchiere [bikki'ɛːre] *m* Glas *n; un ~ di vino rosso* ein Glas Rotwein *n; un ~ di latte* ein Glas Milch *n; ~ di carta* Pappbecher *m*
bicicletta [bitʃi'kletta] *f 1.* Fahrrad *n,* Rad *n; Ci si può andare in ~?* Kann man mit dem Fahrrad hinfahren? *Vorrei noleggiare una ~.* Ich möchte ein Fahrrad mieten. *2. SPORT ~ da corsa* Rennrad *n*
bicolore [biko'loːre] *adj* zweifarbig
bidello [bi'dɛllo] *m* Hausmeister *m*
bidone [bi'doːne] *m 1.* Kanister *m; ~ di benzina* Benzinkanister *m; 2. (delle immondizie)* Mülltonne *f*
biedermeier ['biːdərmaɪer] *m ART* Biedermeier *n*

bietola [bi'ɛːtola] *f 1. BOT* Mangold *m;*
2. (da foraggio) Futterrübe *f*
biforcazione [biforkatsi'oːne] *f* Gabelung *f*
bigamia [biga'miːa] *f* Bigamie *f*
bighellonare [bigello'naːre] *v 1.* schlendern; *2. (oziare)* auf der faulen Haut liegen
bigiotteria [bidʒotte'riːa] *f* Modeschmuck *m*
bigliettaio [biʎet'taːio] *m (nei mezzi pubblici)* Kontrolleur *m*
biglietteria [biʎette'riːa] *f 1.* Fahrkartenschalter *m; 2. (di teatro, di cinema)* Kasse *f*
biglietto [bi'ʎetto] *m 1.* Fahrkarte *f,*
Fahrschein *m; Un ~ per Roma, per favore.*
Eine Fahrkarte nach Rom, bitte. *~ ferroviario*
Bahnfahrkarte *f; ~ di andata e ritorno* Hin-
und Rückfahrkarte *f; ~ aereo* Flugticket *n; ~
di supplemento* Zuschlagkarte *f; ~ giornaliero*
Tageskarte *f; ~ gratuito* Freikarte *f; ~ d'ingresso* Eintrittskarte *f; ~ di prenotazione*
Platzkarte *f; 2. (foglietto)* Zettel *m; 3. ~ da
visita* Visitenkarte *f; Ce l'ha un ~ da visita?*
Haben Sie eine Visitenkarte? *4. ~ di lotteria*
Los *n; 5. (piccola lettera)* Briefchen *n; 6. ~ di
banca* Papiergeld *n*
bigodino [bigo'diːno] *m* Lockenwickler *m*
bigotto [bi'gotto] *adj 1.* frömmelnd,
scheinheilig; *m 2.* Betbruder *m*
bikini [bi'kiːni] *m* Bikini *m*
bilancia [bi'lantʃa] *f 1.* Waage *f; 2. ECO*
Bilanz *f*
bilanciare [bilan'tʃaːre] *v* ausbalancieren
bilanciarsi [bilan'tʃarsi] *v 1.* sich ausgleichen; *2. (equivalere)* gleichbedeutend sein
bilanciere [bilantʃi'ɛːre] *m 1.* Wippe *f;
2. (d'orologio)* Unruh *f*
bilancio [bi'lantʃo] *m 1.* Etat *m; ~ pubblico*
Staatshaushalt *m,* öffentlicher Haushalt *m; ~
preventivo* Haushaltsplan *m; 2. FIN* Bilanz *f;
~ finale* Endabrechnung *f; 3. (fig)* Bilanz *f*
bilaterale [bilate'raːle] *adj 1.* zweiseitig;
2. POL bilateral
bile ['biːle] *f ANAT* Galle *f*
biliardo [bili'ardo] *m* Billard *n,* Billard-
spiel *n*
bilico ['biːliko] *m (fig: incertezza)* Schwebe
f, Unsicherheit *f*
bilingue [bi'liŋgue] *adj* zweisprachig
bilione [bili'oːne] *m* Billion *f*
bimbo ['bimbo] *m 1.* Kind *n; 2. (ragazzo)*
Junge *m*
bimestrale [bimes'traːle] *adj 1.* alle zwei
Monate; *m 2.* Zweimonatszeitschrift *f*

binario [bi'naːrio] *m 1.* Gleis *n; Su quale ~
arriva il treno da Monaco?* Auf welchem
Gleis kommt der Zug aus München an? *a un
~ eingleisig; ~ morto* Abstellgleis *m; adj
2. INFORM* binär
binocolo [bi'nɔːkolo] *m* Fernglas *n; ~ da
teatro* Opernglas *n*
biochimica [bio'kiːmika] *f* Biochemie *f*
biodinamico [biodi'naːmiko] *adj* biody-
namisch
biofisica [bio'fiːsika] *f* Biophysik *f*
biogas [bio'gas] *m* Biogas *n*
biografia [biogra'fiːa] *f* Biografie *f*
biologia [biolo'dʒiːa] *f* Biologie *f*
biologico [bio'lɔːdʒiko] *adj* biologisch
biologo [bi'ɔːlogo] *m* Biologe *m*
biondo [bi'ondo] *adj* blond; *~ cenere* asch-
blond
bioritmo [bio'ritmo] *m* Biorhythmus *m*
biossido [bi'ɔssido] *m ~ di carbonio CHEM*
Kohlendioxyd *n*
biotecnologia [bioteknolo'dʒiːa] *f* Bio-
technologie *f*
biotopo [bi'ɔːtopo] *m* Biotop *n*
biposto [bi'posto] *adj 1.* zweisitzig; *m
2.* Zweisitzer *m*
birbante [bir'bante] *m 1.* Schelm *m,*
Spitzbube *m; 2. (furfante)* Schurke *m,*
Schuft *m*
birbone [bir'boːne] *adj 1.* schelmisch; *m
2.* Spitzbube *m,* Schelm *m; 3. (briccone)*
Schuft *m,* Betrüger *m*
birichino [biri'kiːno] *adj 1.* spitzbübisch;
m 2. Spitzbub *m,* Schelm *m*
birillo [bi'rillo] *m* Kegel *m; Dove posso giocare a birilli qui?* Wo kann ich hier kegeln?
biro ['biːro] *f* Kugelschreiber *m*
birra ['birra] *f GAST* Bier *n; Avete ~ tedesca?* Haben Sie deutsches Bier? *~ analcolica*
alkoholfreies Bier *n; ~ chiara* helles Bier *n; ~
scura* dunkles Bier *n; ~ alla spina* Fassbier *n;
~ bianca* Weißbier *n*
birreria [birre'riːa] *f 1. (fabbrica)* Brauerei
f; 2. (locale) Bierstube *f*
bis [bis] *m (spettacolo)* Zugabe *f*
bisbetico [biz'bɛːtiko] *adj 1.* launisch;
2. (ostinato) widerspenstig; *3. (isterico)* hyste-
risch
bisbigliare [bizbi'ʎaːre] *v 1.* flüstern;
2. (sussurrare) lispeln
bisbiglio [biz'biːʎo] *m* Geflüster *n,* Ge-
wisper *n*
bisca ['biska] *f* Spielhölle *f*
biscia ['biʃa] *f ZOOL* Natter *f*

biscotto [bis'kotto] *m GAST* Gebäck *n*, Biskuit *m*
bisessuale [bisessu'a:le] *adj* bisexuell
bisestile [bizes'ti:le] *adj* eingeschaltet, Schalt... *anno* ~ Schaltjahr *n*
bisettimanale [bisettima'na:le] *adj 1.* zweiwöchentlich; *m 2.* alle zwei Wochen erscheinende Zeitschrift *f*
bisnonni [biz'nɔnni] *m/pl* Urgroßeltern *pl*
bisognare [bizo'ɲa:re] *v 1.* brauchen; *2. (esser necessario)* nötig sein; *3. (dovere)* müssen; *Non bisogna scusarsi.* Man muss sich nicht entschuldigen.
bisogno [bi'zo:ɲo] *m 1.* Bedürfnis *n*, Bedarf *m; II* ~ *aguzza l'ingegno.* Not macht erfinderisch. *II* ~ *non ha legge.* Not kennt kein Gebot. *aver* ~ bedürfen; *aver* ~ *di* benötigen; *Ho* ~ *di dirti qc.* Ich muss dir etw sagen. *in caso di* ~ im Notfall, notfalls; *2. (forte stimolo)* Verlangen *n; 3. (povertà)* Not *f*
bisognoso [bizo'ɲo:so] *adj 1.* bedürftig; ~ *d'affetto* liebebedürftig; ~ *di riposo* erholungsbedürftig; ~ *di cure* pflegebedürftig; *2. (indigente)* Not leidend
bistecca [bis'tekka] *f GAST* Beefsteak *n; Vorrei la mia* ~ *cotta al punto giusto.* Ich möchte mein Steak durchgebraten.
bisticciare [bistit'tʃa:re] *v* streiten
bisticcio [bis'tittʃo] *m 1.* Streit *m; 2. (fig)* Wortgefecht *n; 3. (gioco di parole)* Wortspiel *n*
bistrattare [bistrat'ta:re] *v* schikanieren, schlecht behandeln
bisturi ['bisturi] *m 1. MED* skalpell *n; 2. (coltello a serramanico)* Klappmesser *n*
bivio ['bi:vio] *m* Gabelung *f*
bizzarria [biddzar'ri:a] *f 1.* Spleen *m*, Extravaganz *f; 2. (capricciosità)* Launenhaftigkeit *f*, Seltsamkeit *f*
bizzarro [bid'dzarro] *adj 1.* seltsam; *2. (stravagante)* extravagant, ausgefallen
blasone [bla'zo:ne] *m* Wappen *n*
blaterare [blate'ra:re] *v* quatschen
blindato [blin'da:to] *adj* kugelsicher, gepanzert
bloccare [blok'ka:re] *v 1.* blockieren; *2. (serrare) TECH* klemmen; *3. (proibire)* sperren
bloccato [blok'ka:to] *adj* blockiert
blocco ['blɔkko] *m 1.* Block *m; 2. (edificio)* Block *m; 3. (carta)* Block *m;* ~ *di carta da lettera* Briefblock *m; 4. (barricata)* Blockade *f; 5.* ~ *dei prezzi ECO* Preisstopp *m*

blu [blu] *adj* blau
blusa ['blu:za] *f* Bluse *f*
boa[1] ['bɔ:a] *f NAUT* Boje *f*
boa[2] ['bɔ:a] *m ZOOL* Boa *f*
boato [bo'a:to] *m 1. (temporale)* Donnern *n*, Rollen *n; 2. (frastuono)* Getöse *n*
bob [bob] *m SPORT* Bob *m*
bobina [bo'bi:na] *f TECH* Spule *f*
bocca ['bokka] *f 1.* Mund *m; In* ~ *al lupo!* Hals- und Beinbruch! *Acqua in* ~*!* Kein Wort davon! *essere sulla* ~ *di tutti (fig)* in aller Munde sein; *2. (di animale)* Maul *n; 3. (fucile)* Mündung *f*
boccaccia [bok'kattʃa] *f* Fratze *f*, Grimasse *f; fare boccacce* Grimassen schneiden
boccale [bok'ka:le] *m 1.* Krug *m; 2. (coppa)* Pokal *m*
boccetta [bot'tʃetta] *f* kleine Flasche *f*
bocchettone [bokke'to:ne] *m* ~ *di riempimento TECH* Einfüllstutzen *m*
boccia ['bɔttʃa] *f* Bocciakugel *f; gioco delle bocce* Bocciaspiel *n*
bocciare [bot'tʃa:re] *v* durchfallen lassen; *essere bocciato* durchfallen
bocciolo [bot'tʃɔ:le] *m BOT* Knospe *f*
boccone [bok'ko:ne] *m* Bissen *m*, Brocken *m; mangiare un* ~ *(fam)* eine Kleinigkeit essen; *lavorare per un* ~ *di pane (fig)* für'n Appel und'n Ei arbeiten
bocconi [bok'ko:ni] *adv* bäuchlings
boia ['bɔ:ia] *m* Henker *m*
boicottaggio [boikot'taddʒo] *m* Boykott *m*
boicottare [boikot'ta:re] *v* boykottieren
boiler ['bɔiler] *m* Boiler *m*
bolide ['bɔ:lide] *m 1. ASTR* Meteor *m; 2. (auto da corsa)* Rennwagen *m*
Bolivia [bo'li:via] *f GEO* Bolivien *n*
bolla ['bolla] *f 1.* Blase *f; 2.* ~ *doganale di esportazione ECO* Ausfuhrbescheinigung *f*
bollare [bol'la:re] *v 1.* stempeln; *2. (fig)* abstempeln
bollatura [bolla'tu:ra] *f* Abstempelung *f*
bollente [bol'lɛnte] *adj* kochend, siedend heiß
bolletta [bol'letta] *f 1. ECO* Beleg *m*, Schein *m;* ~ *di ordinazione* Bestellschein *m;* ~ *di consegna* Lieferschein *m; 2. essere in* ~ *(fig)* pleite sein
bollettino [bollet'ti:no] *m 1.* Bulletin *n; 2.* ~ *meteorologico METEO* Wetterbericht *m; 3.* ~ *ufficiale* Amtsblatt *n*
bollire [bol'li:re] *v 1.* kochen; *2. (lessare) GAST* sieden

bomba ['bomba] *f MIL* Bombe *f; ~ atomica* Atombombe *f*
bombardamento [bombarda'mento] *m MIL* Bombardierung *f*, Beschuss *m; ~ aereo* Bombenangriff *m*
bombardare [bombar'da:re] *v MIL* bombardieren
bombetta [bom'betta] *f (cappello)* Melone *f*
bombo ['bombo] *m ZOOL* Hummel *f*
bombola ['bombola] *f ~ di gas* Gasflasche *f*
bonaccia [bo'nattʃa] *f METEO* Flaute *f*, Windstille *f*
bonaccione [bonat'tʃo:ne] *adj 1.* gutmütig; *m 2.* gütiger Mensch *m*
bonario [bo'na:rio] *adj* gutmütig
bonificare [bonifi'ka:re] *v 1.* gutschreiben, vergüten; *2. (terreni, paludi)* entwässern; *3. BIO* veredeln; *4. (risanare)* sanieren
bontà [bon'ta] *f* Güte *f*
bonzo ['bondzo] *m* Bonze *m*
boom [bu:m] *m ECO* Boom *m*
borbottare [borbot'ta:re] *v 1.* maulen, murren; *2. (brontolare)* knurren
borchia ['bɔrkia] *f TECH* Beschlag *m*
bordello [bor'dɛllo] *m 1.* Bordell *n*, Freudenhaus *n; 2. (fracasso)* Lärm *m*, Spektakel *n*
bordo ['bordo] *m 1.* Rand *m; 2. (di una nave) NAUT* Bord *m; a ~* an Bord
borgata [bor'ga:ta] *f 1.* Ort *m; 2. (sobborgo)* Ortsviertel *n*
borghese [bor'ge:ze] *adj 1.* bürgerlich, zivil; *2. (della piccola borghesia)* kleinbürgerlich; *m/f 3.* Bürgerliche(r) *m/f*
borghesia [borge'zi:a] *f* Bürgertum *n*
borgo ['borgo] *m 1.* Vorstadt *f; 2. (periferia)* Peripherie *f*
borgomastro [borgo'mastro] *m* Oberbürgermeister *m*
borioso [bori'o:so] *adj* dünkelhaft, aufgeblasen
borsa ['borsa] *f 1.* Handtasche *f*, Mappe *f; ~ della spesa* Einkaufstasche *f; 2. ~ dell'acqua calda* Wärmflasche *f; 3. FIN* Börse *f*
borsaiolo [borsai'ɔ:lo] *m* Taschendieb *m*
borsellino [borsel'li:no] *m* Geldbeutel *m*, Geldbörse *f*
borsetta [bor'setta] *f* Handtasche *f*
boscaglia [bos'ka:ʎa] *f BOT* Waldung *f*
boscaiolo [boskai'ɔ:lo] *m 1.* Holzhacker *m; 2. (guardaboschi)* Waldhüter *m*
boschivo [bos'ki:vo] *adj* Wald...

bosco ['bɔsko] *m* Wald *m; ~ di conifere* Nadelwald *m; ~ misto* Mischwald *m; essere uccel di ~ (fig)* über alle Berge sein; *essere da ~ e da riviera* sich überall zu Hause fühlen
bosso ['bɔsso] *m BOT* Buchsbaum *m*
bossolo ['bɔssolo] *m 1. (proiettile)* Hülse *f; 2. (scatola)* Sammelbüchse *f*
botanica [bo'ta:nika] *f* Botanik *f*
botanico [bo'ta:niko] *adj* botanisch
botola ['bɔ:tola] *f 1.* Falltür *f; 2. (tombino)* Gullydeckel *m*
botta ['bɔtta] *f* Schlag *m*
botte ['botte] *f* Tonne *f*
bottega [bot'te:ga] *f 1.* Laden *m*, Geschäft *n; 2. (d'artista)* Atelier *n*, Werkstatt *f*
botteghino [botte'gi:no] *m 1.* Kartenschalter *m; 2. (banco del lotto)* Lottoannahmestelle *f*
bottiglia [bot'ti:ʎa] *f* Flasche *f; ~ di vetro* Glasflasche *f*
bottino [bot'ti:no] *m 1.* Beute *f; 2. (fogna)* Kloake *f*
bottone [bot'to:ne] *m 1.* Knopf *m; 2. (sul vestito)* Knopf *m*, Druckknopf *m*
bove ['bɔ:ve] *m ZOOL* Ochse *m*
bovile [bo'vi:le] *m 1.* Ochsenstall *m; 2. (stalla per il bestiame)* Viehstall *m*
bovino [bo'vi:no] *adj 1.* Rind... *carne bovina* Rindfleisch *n; m 2.* Rind *n*
bowle ['bəʊlə] *f GAST* Bowle *f*
boxare [bok'sa:re] *v SPORT* boxen
boxer ['bɔkser] *m ZOOL* Boxer *m*
boy scout ['bɔɪskaʊt] *m* Pfadfinder *m*
braccare [brak'ka:re] *v ~ qc* hinter etw her sein
bracciale [brat'tʃa:le] *m 1.* Armband *n; 2. ~ salvagente* Schwimmflügel *m*
braccialetto [brattʃa'letto] *m* Armband *n*, Armreif *m*
bracciante [brat'tʃante] *m* Tagelöhner *m*
braccio ['brattʃo] *m ANAT* Arm *m; ~ destro* rechte Hand *f; Mi fa male il ~.* Mein Arm tut weh. *a braccia aperte* mit offenen Armen; *Mi cascano le braccia. (fig)* Mir rutscht das Herz in die Hose.
bracciolo [brat'tʃo:lo] *m* Armlehne *f*
bracconiere [brakkoni'ɛ:re] *m* Wilderer *m*, Wilddieb *m*
brace ['bra:tʃe] *f* Glut *f*
braciola [bra'tʃɔ:la] *f GAST* Kotelett *n*
brado ['bra:do] *adj* ungebändigt, wild
bramare [bra'ma:re] *v* begehren
branchia ['braŋkia] *f ZOOL* Kieme *f*

branco ['braŋko] *m 1.* Schar *f,* Rudel *n;*
2. ZOOL Schwarm *m,* Rudel *n*
brancolare [braŋko'la:re] *v 1.* tappen; ~
nel buio im Dunkeln tappen; *2. (barcollare)*
schwanken
brandello [bran'dɛllo] *m* Fetzen *m; a bran-
delli* zerfetzt
brandy ['brændɪ] *m* Weinbrand *m*
brano ['bra:no] *m 1. (di musica)* Stück *n;*
2. LIT Exzerpt *n,* Auszug *m*
Brasile [bra'zi:le] *m GEO* Brasilien *n*
brasiliana [brazili'a:na] *f* Brailianerin *f*
brasiliano [brazili'a:no] *m 1.* Brasilianer
m; adj 2. brasilianisch
bravo ['bra:vo] *adj 1.* patent, tüchtig;
2. (retto) brav; *3. (buono)* gut; *interj 4.* bravo
bravura [bra'vu:ra] *f* Tüchtigkeit *f*
bretella [bre'tɛlla] *f (del vestito)* Träger *m,*
Hosenträger *m*
breve ['brɛːve] *adj 1.* kurz; *2. (piccolo,
poco esteso)* klein; *3. (tempo)* kurz, flüchtig;
a ~ tempo kurzzeitig; *fra ~* in Kürze, bald
brevettare [brevet'ta:re] *v* patentieren
brevetto [bre'vetto] *m 1.* Patent *n; 2. (da
pilota)* Pilotenschein *m*
brevità [brevi'ta] *f* Kürze *f*
brezza ['breddza] *f* Brise *f,* Lüftchen *n*
bricchetta [brik'ketta] *f* Brikett *n*
bricchetto [brik'ketto] *m* Kännchen *n; Un
~ di tè, per favore!* Ein Kännchen Tee, bitte!
bricco ['brikko] *m* Kanne *f,* Kännchen *n*
briccone [brik'ko:ne] *m* Gauner *m*
briciola ['bri:tʃola] *f* Krümel *m*
brigante [bri'gante] *m* Räuber *m*
brigata [bri'ga:ta] *f 1. MIL* Brigade *f; 2.
allegra ~* gesellige Runde *f*
briglia ['bri:ʎa] *f* Zügel *m*
brillante [bril'lante] *adj 1.* brillant, glänzend; *2. (fig)* blendend; *m 3. MIN* Brillant *m;
4. (di gioielli)* Brillanten *pl*
brillantina [brillan'ti:na] *f* Pomade *f*
brillare [bril'la:re] *v* leuchten, glänzen
brillo ['brillo] *adj* angeheitert, beschwipst
brina ['bri:na] *f* Raureif *m*
brindare [brin'da:re] *v* anstoßen, prosten
brindisi ['brindizi] *m* Toast *m,* Trinkspruch *m*
brio ['bri:o] *m 1.* gute Laune *f; 2. con ~
MUS* lebhaft
brioso [bri'o:so] *adj 1. (spiritoso)* geistvoll;
2. (allegro) heiter, lebhaft; *3. MUS* schwungvoll
britanna [bri'tanna] *f* Britin *f*
britannico [bri'tanniko] *adj* britisch

britanno [bri'tanno] *m* Brite *m*
brivido ['bri:vido] *m 1.* Schauder *m,*
Schüttelfrost *m; 2. (paura)* Schauder *m*
brizzolato [brittso'la:to] *adj (capelli)*
grauhaarig, angegraut
brocca ['brɔkka] *f* Krug *m*
broccato [brok'ka:to] *m* Brokat *m*
broccolo ['brɔkkolo] *m BOT* Brokkoli *m*
brodo ['brɔ:do] *m GAST* Brühe *f,* Boullion
f; ~ di carne Fleischbrühe *f; ~ di pollo*
Hühnersuppe *f; lasciar cuocere nel proprio ~
(fig)* jdn im eigenen Saft schmoren lassen;
Tutto fa ~. (fam) Kleinvieh gibt auch Mist.
bromo ['brɔ:mo] *m CHEM* Brom *n*
bronchiale [broŋki'a:le] *adj* bronchial
bronchite [broŋ'ki:te] *f MED* Bronchitis *f*
bronco ['broŋko] *m ANAT* Bronchie *f*
brontolare [bronto'la:re] *v 1.* brummen;
2. (fig: stomaco) knurren
brontolio [bronto'li:o] *m* Gebrumme *n*
brontolone [bronto'lo:ne] *m* Brumm-
bär *m*
bronzo ['brondzo] *m 1. MET* Bronze *f;
2. faccia di ~ (fig)* schamloser Mensch *m*
brucare [bru'ka:re] *v* abweiden, kahl
fressen
bruciacchiare [brutʃakki'a:re] *v* anbrennen; *Il mangiare è bruciacchiato.* Das Essen
ist angebrannt.
bruciare [bru'tʃa:re] *v 1.* brennen, verbrennen; *2. (ferita)* brennen
bruciarsi [bru'tʃarsi] *v* sich verbrennen
bruciato [bru'tʃa:to] *adj* angebrannt, ver-
brannt; *Il fusibile è ~.* Die Sicherung ist
durchgebrannt.
bruciatura [brutʃa'tu:ra] *f MED* Verbrennung *f*
bruciore [bru'tʃo:re] *m ~ di stomaco MED*
Sodbrennen *n*
bruco ['bru:ko] *m ZOOL* Raupe *f*
brughiera [brugi'ɛ:ra] *f GEOL* Heide *f*
brulicare [bruli'ka:re] *v* wimmeln
brullo ['brullo] *adj* kahl
bruno ['bru:no] *adj 1.* braun; *2. (capelli)*
dunkelhaarig
brusco ['brusko] *adj* barsch, brüsk
brusio [bru'zi:o] *m* Gemurmel *n,* Geflüster *n*
brutale [bru'ta:le] *adj 1.* brutal, gewalttätig; *2. (fig)* roh
brutalità [brutali'ta] *f* Brutalität *f*
bruto ['bru:to] *m* Unmensch *m*
bruttezza [brut'tettsa] *f 1.* Hässlichkeit *f;
2. (fig)* Geschmacklosigkeit *f*

brutto ['brutto] *adj 1.* hässlich; *2. (fig)* mies, geschmacklos; *3. (sgradevole)* widerwärtig; *4. (cattivo)* schlimm

Bruxelles [bry'sɛl] *f GEO* Brüssel *n*

bubbone [bub'boːne] *m 1. MED* Geschwür *n; 2. (persona)* aufdringlicher Mensch *m; 3. (fastidio dovuto a corruzione morale)* lästige Angelegenheit *f*

buca ['buːka] *f 1.* Graben *m; 2. (buco)* Loch *n; 3.* ~ *delle lettere* Briefkasten *m*

bucaneve [buka'neːve] *m BOT* Schneeglöckchen *n*

bucare [bu'kaːre] *v 1.* lochen; *2. (fig)* löchern; *3. (macchina)* eine Reifenpanne haben; *4. (forare appiattendo)* platt machen

bucato [bu'kaːto] *adj 1.* durchlöchert, löchrig; *m 2.* Wäsche *f;* ~ *a mano* Handwäsche *f*

buccia ['buttʃa] *f* Schale *f,* Haut *f*

buco ['buːko] *m* Loch *n;* ~ *della chiave* Schlüsselloch *n*

budello [bu'dɛllo] *m 1. ANAT* Darm *m; 2. budella pl* Eingeweide *pl*

budget ['bʊdʒet] *m ECO* Budget *n*

budino [bu'diːno] *m GAST* Pudding *m*

bue ['buːe] *m ZOOL* Ochse *m*

bufalo ['buːfalo] *m ZOOL* Büffel *m*

buffet [by'fe] *m* Büfett *n*

buffo ['buffo] *adj 1.* komisch, lächerlich; *2. opera buffa MUS* komische Oper *f*

buffonate [buffo'naːte] *f/pl (fig)* Faxen *pl*

buffone [buf'foːne] *m* Narr *m,* Spaßvogel *m*

buffonesco [buffo'nesko] *adj* närrisch

bugia [bu'dʒiːa] *f* Lüge *f,* Schwindel *m;* ~ *necessaria* Notlüge *f*

bugiardo [bu'dʒardo] *m* Lügner *m*

bugigattolo [budʒi'gattolo] *m 1.* Rumpelkammer *f,* Abstellraum *m; 2. (fig)* Loch *n*

buio ['buːio] *adj* dunkel, finster; *Quando si fa* ~*?* Wann wird es dunkel?

bulbo ['bulbo] *m 1. BOT* Knolle *f,* Zwiebel *f; 2.* ~ *capillare* Haarwurzel *f; 3.* ~ *dell'occhio* Augapfel *m*

Bulgaria [bulga'riːa] *f GEO* Bulgarien *n*

bulgaro ['bulgaro] *adj* bulgarisch

bulldog ['buldɔk] *m ZOOL* Bulldogge *f*

bullone [bul'loːne] *m TECH* Bolzen *m*

bungalow ['buŋgaləʊ] *m* Bungalow *m*

buon *(vedi „buono")*

buongustaio [buongus'taːio] *m* Feinschmecker *m*

buongusto [buon'gusto] *m 1.* Geschmack *m; 2. (senso di delicatezza)* Feingefühl *n*

buono [bu'ɔːno] *adj 1.* gut; *Non è* ~. Das schmeckt nicht. *È' molto* ~. Es schmeckt sehr gut. *un buon vino* ein guter Wein; *essere* ~ *a nulla* zu nichts nutzen; *far passare per* ~ für gut ausgeben; *essere un poco di* ~ ein Tunichtgut sein; *tenersi* ~ *qd* jdn warm halten; *2. (bravo)* brav, gutartig; *3. (favorevole)* günstig; *Buona fortuna!* Viel Glück! *4. (idoneo)* tauglich; *5. (a buon mercato)* billig; *6. di buon'ora* früh, frühzeitig; *m 7.* Gutes *n; 8. ECO* Gutschein *m,* Bon *m*

buonumore [buonu'moːre] *m* gute Laune *f; essere di* ~ gut gelaunt sein

burattino [burat'tiːno] *m teatro di burattini* Marionettentheater *n*

burberamente [burbera'mente] *adv* mürrisch

burbero ['burbero] *adj* griesgrämig, mürrisch

burla ['burla] *f* Posse *f,* Schabernack *m*

burlone [bur'loːne] *m* Schelm *m*

burocratico [buro'kraːtiko] *adj* bürokratisch

burocrazia [burokra'tsiːa] *f 1.* Bürokratie *f; 2. il tran tran della* ~ *(fig)* Amtsschimmel *m; È' la solita* ~. Es ist immer das gleiche Chaos.

burrasca [bur'raska] *f 1. (tempesta)* Sturm *m,* Unwetter *n; 2. (fig)* Streit *m*

burrascoso [burras'koːso] *adj 1.* stürmisch; *2. (tempestoso, temporalesco)* gewittrig

burriera [burri'ɛːra] *f* Butterdose *f*

burro ['burro] *m GAST* Butter *f*

burrone [bur'roːne] *m* Abgrund *m,* Steilabfall *m*

bussare [bus'saːre] *v* klopfen, anklopfen; *Hanno bussato?* Hat es geklopft?

bussola ['bussola] *f* Kompass *m*

busta ['busta] *f 1.* Tüte *f,* Tragtüte *f; 2. (cartella per documenti)* Mappe *f; 3.* ~ *a lettera* Briefumschlag *m,* Kuvert *n;* ~ *a finestrella* Fensterbriefumschlag *m; 4. (astuccio)* Hülle *f,* Etui *n*

bustarella [busta'rɛlla] *f* Schmiergeld *n*

busto ['busto] *m 1.* Büste *f; 2. (corsetto)* Korsett *n*

butano [bu'taːno] *m CHEM* Butan *n*

buttare [but'taːre] *v 1.* werfen, wegwerfen; *Gli affari buttano bene. (fam)* Die Geschäfte laufen gut. *2. BOT* keimen, austreiben; *3.* ~ *giù* verschlingen; *4.* ~ *fuori* hinauswerfen

buttarsi [but'tarsi] *v 1.* sich fallen lassen; *2. (fig)* sich widmen, sich hingeben; ~ *giù* die Flinte ins Korn werfen

C

cabina [ka'biːna] *f* 1. Kabine *f,* Kajüte *f;* 2. ~ *di prova* Ankleidekabine *f;* 3. ~ *telefonica* Telefonzelle *f;* 4. *NAUT* Kajüte *f*
cablaggio [ka'bladdʒo] *m* Verkabelung *f*
cablare [ka'blaːre] *v* verkabeln
cacao [ka'kaːo] *m* Kakao *m*
caccia ['kattʃa] *f* 1. Jagd *f; dar la ~ a qd* hinter jdm her sein; 2. *MIL* Jagdflugzeug *n*
cacciare [kat'tʃaːre] *v* 1. jagen; 2. *(s~)* verjagen
cacciarsi [kat'tʃarsi] *v* sich vordrängen
cacciata [kat'tʃaːta] *f* 1. *POL* Vertreibung *f;* 2. *(esclusione)* Ausschluss *m*
cacciatora [kattʃa'toːra] *f* Jagdrock *m*
cacciatore [kattʃa'toːre] *m* 1. Jäger *m;* 2. ~ *d'eredità* Erbschleicher *m*
cacciavite [kattʃa'viːte] *m TECH* Schraubenzieher *m*
cacofonia [kakofo'niːa] *f* Missklang *m*
cadauno [kada'uːno] *adj* jeder Einzelne
cadavere [ka'daːvere] *m* 1. Leiche *f,* Leichnam *m;* 2. *(di animali)* Kadaver *m*
cadente [ka'dɛnte] *adj* 1. baufällig; *casa* ~ verfallenes Haus *n;* 2. *stella* ~ Sternschnuppe *f;* 3. *sole* ~ Sonnenuntergang *m*
cadere [ka'deːre] *v irr* 1. einstürzen, herabstürzen; 2. *(cascare)* fallen, hinfallen; ~ *a terra* auf den Boden fallen; *lasciar* ~ *la cosa* ein Thema fallen lassen; *cader male (fam)* ungünstig fallen; ~ *in miseria* in Elend fallen; 3. *(fig)* entfallen; 4. *(fulmine)* einschlagen; 5. *(impero)* untergehen; 6. ~ *giù* abstürzen, hinunterfallen; 7. *(capelli)* ausfallen; 8. ~ *in prescrizione JUR* verjähren
cadmio ['kadmio] *m CHEM* Kadmium *n*
caduco [ka'duːko] *adj (uomo)* vergänglich; *foglie caduche* abfallendes Laub *n*
caduta [ka'duːta] *f* 1. Absturz *m,* Sturz *m;* 2. ~ *di un aereo* Flugzeugabsturz *m;* 3. ~ *massi* Steinschlag *m;* 4. *(di capelli)* Ausfall *m;* 5. *(per terra)* Fall *m;* 6. *(crollo)* Zusammenbruch *m,* Untergang *m;* 7. *(tensione)* Abfall *m;* 8. ~ *di temperatura* Temperatursturz *m*
caduto [ka'duːto] *m* Gefallener *m*
caffè [kaf'fɛ] *m* 1. Café *n;* 2. *(da bere) GAST* Kaffee *m;* ~ *solubile* Instantkaffee *m;* ~ *freddo con gelato* Eiskaffee *m*
caffeina [kaf'feːina] *f* Koffein *n*
caffellatte [kaffel'latte] *m* Milchkaffee *m*

caffettiera [kaffetti'ɛːra] *f* Kaffeekanne *f*
cagionare [kadʒo'naːre] *v* herbeiführen, verursachen
calabrone [kala'broːne] *m ZOOL* Hornisse *f*
calamaro [kala'maːro] *m ZOOL* kleiner Tintenfisch *m*
calamita [kala'miːta] *f* 1. Magnet *m;* 2. *(fig: attrazione)* Verlockung *f,* Anreiz *m*
calamità [kalami'ta] *f* Unglück *n*
calare [ka'laːre] *v* 1. niederlassen, herablassen; 2. *(prezzi)* sinken; *m* 3. *il calar del sole* Sonnenuntergang *m*
calca ['kalka] *f* Andrang *m,* Gedränge *n*
calcagno [kal'kaːɲo] *m* 1. *ANAT* Ferse *f; essere alle calcagna di qd* jdm auf den Fersen sein/hinter jdm her sein; 2. *(tacco)* Absatz *m*
calcare [kal'kaːre] *v* 1. betonen; 2. *(disegno)* abpausen; 3. *(pressare)* drücken
calce¹ ['kaltʃe] *m in* ~ unten, am Seitenende
calce² ['kaltʃe] *f CHEM* Kalk *m*
calcestruzzo [kaltʃes'truttso] *m* Beton *m*
calciatore [kaltʃa'toːre] *m SPORT* Fußballspieler *m*
calcificare [kaltʃifi'kaːre] *v* verkalken
calcificazione [kaltʃifikatsi'oːne] *f* Verkalkung *f*
calcinacci [kaltʃi'nattʃi] *m/pl* Schutt *m*
calcio¹ ['kaltʃo] *m* 1. Fußtritt *m; dare un* ~ treten; 2. *(gioco) SPORT* Fußball *m; partita di* ~ Fußballspiel *n;* ~ *di rigore* Elfmeter *m*
calcio² ['kaltʃo] *m CHEM* Kalzium *n*
calcolabile [kalko'laːbile] *adj MATH* berechenbar
calcolare [kalko'laːre] *v* 1. berechnen, rechnen; 2. ~ *approssimativamente* schätzen; 3. *ECO* kalkulieren; 4. ~ *con le frazioni MATH* bruchrechnen
calcolatore [kalkola'toːre] *m* 1. Rechner *m;* ~ *tascabile* Taschenrechner *m; adj* 2. berechnend
calcolatrice [kalkola'triːtʃe] *f* ~ *tascabile* Taschenrechner *m*
calcolo ['kalkolo] *m* 1. Berechnung *f,* Kalkulation *f;* ~ *mentale* Kopfrechnen *n;* ~ *dei costi ECO* Kostenrechnung *f;* ~ *d'utilità di cliente* Kundenkalkulation *f; sbagliare il* ~ sich verrechnen; *fare i calcoli* berechnen; 2. ~ *approssimativo* Schätzung *f,* Überschlags-

rechnung *f; 3. fare bene i propri calcoli (fig)* alle Möglichkeiten in Erwägung ziehen
caldaia [kal'daːia] *f* Heizkessel *m*
caldo ['kaldo] *adj 1.* heiß, warm; *Ho ~.* Mir ist heiß./Ich schwitze. *Fa ~.* Es ist heiß. *m 2.* Hitze *f*, Wärme *f*
calendario [kalen'daːrio] *m 1.* Kalender *m; 2. ~ da muro* Wandkalender *m; 3. ~ d'avvento* Adventskalender *m*
calendola [ka'lendola] *f BOT* Ringelblume *f*
calibro ['kaːlibro] *m 1.* Kaliber *n; 2. TECH* Lehre *f*
calice ['kaːlitʃe] *m 1.* Becher *m; 2. BOT* Kelch *m*
caliginoso [kalidʒi'noːso] *adj* diesig, trübe
callifugo [kal'liːfugo] *m* Hühneraugenpflaster *n*
callo ['kallo] *m MED* Hühnerauge *n*
callosità [kallosi'ta] *f* Schwiele *f*
calma ['kalma] *f 1.* Ruhe *f*, Gemütsruhe *f; con ~* gemächlich, seelenruhig; *2. (quiete)* Stille *f; 3. (di vento)* Windstille *f*
calmante [kal'mante] *adj 1.* beruhigend; *m 2. MED* Beruhigungsmittel *n*
calmare [kal'maːre] *v 1.* beruhigen; *2. (fig)* glätten
calmarsi [kal'marsi] *v 1.* sich beruhigen; *2. (fig)* abebben, sich legen; *3. (fig: persona)* sich fassen; *Si calmi!* Beruhigen Sie sich!
calmiere [kalmi'ɛːre] *m 1. ECO* Höchstpreis *m; 2. (prezzo indicativo)* empfohlener Richtpreis *m*
calmo ['kalmo] *adj 1.* ruhig; *2. (persona)* gelassen, gemächlich
calo ['kaːlo] *m 1.* Schwund *m; 2. ~ dei prezzi* Preisrückgang *m*
calore [ka'loːre] *m 1.* Wärme *f; 2. ~ da scarico* Abwärme *f*
caloria [kalo'riːa] *f PHYS* Kalorie *f; povero di calorie* kalorienarm
calorifero [kalo'riːfero] *adj 1.* Wärme... *m 2.* Heizung *f*
caloroso [kalo'roːso] *adj 1.* heiß, erwärmend; *2. (calmo)* warm; *3. (temprato)* unempfänglich
calpestare [kalpes'taːre] *v* treten, zertrampeln
calpestio [kalpes'tiːo] *m* Trampeln *n*
calunnia [ka'lunnia] *f* Verleumdung *f*
calunniare [kalunni'aːre] *v* verleumden
calunniatore [kalunnia'toːre] *m* Verleumder *m*

calunniatrice [kalunnia'triːtʃe] *f (fam)* Petze *f*
calura [ka'luːra] *f* Hitze *f*
calvo ['kalvo] *adj* glatzköpfig
calza ['kaltsa] *f* Strumpf *m; calze di lana* Wollstrümpfe *pl; calze di seta* Seidenstrümpfe *pl; calze elastiche* Gummistrümpfe *pl*
calzamaglia [kaltsa'maːʎa] *f* Strumpfhose *f*
calzatura [kaltsa'tuːra] *f* Schuh *m*
calzaturificio [kaltsaturi'fiːtʃo] *m* Schuhfabrik *f*
calzettone [kaltset'toːne] *m* Kniestrumpf *m*, Strumpf *m*
calzino [kal'tsiːno] *m* Socke *f*
calzolaio [kaltso'laːio] *m* Schuster *m*
calzoncini [kaltson'tʃiːni] *m/pl 1.* kurze Hose *f; i ~ da bagno* Badehose *f; 2. (pantaloni da sport)* Sporthose *f*
calzoni [kal'tsoːni] *m/pl* Hose *f*
camaleonte [kamale'onte] *m* Chamäleon *f*
cambiabile [kambi'aːbile] *adj* austauschbar, auswechselbar
cambiale [kambi'aːle] *m ECO* Wechsel *m; ~ tratta* Tratte *f*, gezogener Wechsel *m; ~ pagherò* Solawechsel *m; ~ in bianco* Blankowechsel *m; ~ a vista* Sichtwechsel *m*
cambiamento [kambia'mento] *m 1.* Veränderung *f*, Wechsel *m; 2. (fig)* Umschwung *m; 3. ~ d'idea* Sinnesänderung *f; 4. ~ di rotta POL* Kurswechsel *m; 5. ~ d'opinione* Gesinnungswechsel *m*
cambiare [kambi'aːre] *v 1.* ändern, umwechseln; *~ idea* umdenken, die Meinung ändern; *~ il nome di qc* etw umbenennen; *~ tono* einen anderen Ton anschlagen; *~ posto* sich umsetzen; *~ qc* etw ändern; *~ posto a qc* etw umstellen; *2. (modificare)* verändern, umändern; *3. (sostituire)* tauschen, austauschen; *~ aria* verschwinden, verduften; *~ mestiere* umsatteln; *4. (prenotazione)* umbuchen; *5. (treno)* umsteigen; *6. (scambiare)* wechseln, auswechseln; *~ vestito* sich umziehen; *Dove posso ~ soldi?* Wo kann ich Geld wechseln? *~ qc in qc* etw in etw wechseln
cambiarsi [kambi'arsi] *v* sich umziehen
cambio ['kambio] *m 1.* Tausch *m*, Umtausch *m; ~ dell'olio* Ölwechsel *m; 2. (di posto)* Ablösung *f; ~ di turno* Schichtwechsel *m*
camelia [ka'mɛːlia] *f BOT* Kamelie *f*
camera ['kaːmera] *f 1.* Zimmer *n*, Kammer *f; ~ d'albergo* Hotelzimmer *n; ~ da letto* Schlafzimmer *n; ~ a due letti* Zweibett-

zimmer *n;* ~ *matrimoniale* Doppelzimmer *n;* ~ *con doccia* Zimmer mit Dusche *n;* ~ *da pranzo* Esszimmer *n;* ~ *oscura* Dunkelkammer *f;* ~ *degli ospiti* Gästezimmer *n;* 2. POL Kammer *f;* ~ *alta* Oberhaus *n;* ~ *bassa* Unterhaus *n;* ~ *dei deputati* Abgeordnetenhaus *n;* 3. ~ *di commercio e d'industria* ECO Industrie- und Handelskammer *f*
camerata [kame'raːta] *m/f* Kamerad(in) *m/f,* Genosse/Genossin *m/f*
cameratesco [kamera'tesko] *adj* kameradschaftlich
cameratismo [kamera'tizmo] *m* Kameradschaft *f*
cameriera [kameri'ɛːra] *f* Haushälterin *f,* Zimmermädchen *n*
cameriere [kameri'ɛːre] *m* 1. Kellner *m,* Ober *m;* 2. ~ *del piano* Etagenkellner *m; Cameriere, per favore!* Herr Ober, bitte!
camice [ka'miːtʃe] *m* Kittel *m*
camicetta [kami'tʃetta] *f* Bluse *f,* Hemdbluse *f*
camicia [ka'miːtʃa] *f* Hemd *n*
camino [ka'miːno] *m* Kamin *m,* Schlot *m*
camioncino [kamion'tʃiːno] *m* Lieferwagen *m*
camionetta [kamio'netta] *f* Geländewagen *m*
camionista [kamio'nista] *m* Fernfahrer *m,* Lastwagenfahrer *m*
cammello [kam'mɛllo] *m* ZOOL Kamel *n*
camminare [kammi'naːre] *v* 1. laufen; 2. *(fare un'escursione)* wandern; 3. *(fig)* wandeln
camminata [kammi'naːta] *f* 1. Spaziergang *m;* 2. *(gita a piedi)* Wanderung *f*
cammino [kam'miːno] *m* 1. Marsch *m;* 2. *(escursione)* Wanderung *f;* 3. *(percorso)* Weg *m*
camomilla [kamo'milla] *f* 1. BOT Kamille *f;* 2. GAST Kamillentee *m*
camoscio [ka'mɔːʃo] *m* 1. Wildleder *n;* 2. ZOOL Gämse *f*
campagna [kam'paːɲa] *f* 1. *(paese)* Land *n; casa di* ~ Landhaus *n,* Ferienhaus *n;* 2. *(propaganda)* Kampagne *f;* ~ *elettorale* Wahlkampagne *f;* ~ *pubblicitaria* Werbekampagne *f*
campagnolo [kampa'ɲoːlo] *adj* bäuerlich, ländlich
campana [kam'paːna] *f* Glocke *f*
campanello [kampa'nɛllo] *m* 1. Klingel *f;* 2. ~ *della porta* Türglocke *f*

campanile [kampa'niːle] *m* Turm *m,* Glockenturm *m*
campanilismo [kampani'lizmo] *m* Lokalpatriotismus *m*
campare [kam'paːre] *v* leben; ~ *alla giornata* von der Hand in den Mund leben
campeggiare [kamped'dʒaːre] *v* zelten
campeggiatore [kampedd ʒa'toːre] *m* Camper *m*
campeggio [kam'peddʒo] *m* Zeltplatz *m*
camper ['kamper] *m* Wohnmobil *n*
campestre [kam'pɛstre] *adj* ländlich, Land... *festa* ~ Volksfest *n,* Kirmes *f; vita* ~ Landleben *n*
camping ['kæmpiŋ] *m* 1. Camping *n,* Zelten *n;* 2. *(campeggio)* Campingplatz *m,* Zeltplatz *m*
campionamento [kampiona'mento] *m* ECO Auswahlverfahren *n*
campionario [kampio'naːrio] *m* 1. Muster *n; adj* 2. Muster... *collezione campionaria* Musterkollektion *f*
campione [kampi'oːne] *m* 1. Stichprobe *f;* 2. *(prova)* Muster *n,* Probe *f*
campo ['kampo] *m* 1. AGR Acker *m,* Feld *n;* ~ *di grano* Kornfeld *n,* Getreidefeld *n;* 2. *(da gioco)* Platz *m;* ~ *di atterraggio* Landeplatz *m;* ~ *sportivo* Sportplatz *m;* 3. *(settore)* Bereich *m,* Sachgebiet *n;* ~ *d'attività* Tätigkeitsfeld *n,* Tätigkeitsbereich *m;* ~ *nuovo (fig)* Neuland *n;* 4. PHYS Feld *n;* ~ *magnetico* Magnetfeld *n;* 5. ~ *di raccolta* Auffanglager *n;* ~ *profughi* Flüchtlingslager *n*
camposanto [kampo'santo] *m* Friedhof *m*
camuffare [kamuf'faːre] *v (fig)* tarnen, verkleiden
Canada ['kaːnada/kana'da] *m* GEO Kanada *n*
canadese [kana'deːse] *adj* 1. kanadisch; *m/f* 2. Kanadier(in) *m/f*
canale [ka'naːle] *m* Kanal *m;* ~ *navigabile* Schifffahrtskanal *m;* ~ *della Manica* GEO Ärmelkanal *m*
canalizzazione [kanaliddzatsi'oːne] *f* Kanalisation *f*
canapa ['kaːnapa] *f* BOT Hanf *m*
canarino [kana'riːno] *m* ZOOL Kanarienvogel *m*
cancellare [kantʃel'laːre] *v* 1. streichen, durchstreichen; 2. INFORM löschen
cancellazione [kantʃellatsi'oːne] *f* ECO Löschung *f*

cancelleria [kantʃelle'riːa] *f 1.* Kanzlei *f;* *2. (cancelliere) POL* Kanzleramt *n; 3. articoli per ~* Schreibwaren *pl*
cancelliere [kantʃelli'ɛːre] *m POL* Kanzler *m*
cancello [kan'tʃello] *m* Gittertor *n*
cancerogeno [kantʃe'rɔːdʒeno] *adj MED* Krebs erregend
cancro ['kaŋkro] *m 1. MED* Krebs *m; ~ mammario* Brustkrebs *m; 2. (segno zodiacale)* Krebs *m*
candela [kan'deːla] *f 1.* Kerze *f; 2. ~ d'accensione TECH* Zündkerze *f*
candeliere [kandeli'ɛːre] *m* Kerzenständer *m,* Leuchter *m*
candidata [kandi'daːta] *f* Kandidatin *f*
candidato [kandi'daːto] *m 1.* Bewerber *m,* Kandidat *m; 2. (a un esame)* Prüfling *m*
candido ['kandido] *adj 1.* treuherzig; *2. (bianco)* schneeweiß; *3. (puro)* rein
candito [kan'diːto] *adj* kandiert
cane ['kaːne] *m ZOOL* Hund *m; ~ guida* Blindenhund *m; ~ dalmata* Dalmatiner *m*
canestro [ka'nɛstro] *m* Korb *m*
canfora ['kanfora] *f BOT* Kampfer *m*
canguro [kaŋ'guːro] *m ZOOL* Känguru *n*
canile [ka'niːle] *m 1.* Hundezwinger *m; 2. (cuccia)* Hundehütte *f*
canna ['kanna] *f 1. (di un'arma)* Lauf *m; 2. ~ da pesca* Angelrute *f; 3. ~ da zucchero BOT* Zuckerrohr *n*
cannella [kan'nɛlla] *f GAST* Zimt *m*
cannello [kan'nello] *m 1.* Röhrchen *n; 2. ~ della penna* Federhalter *m*
cannibale [kan'niːbale] *m* Kannibale *m*
cannocchiale [kannokki'aːle] *m* Fernglas *n*
cannuccia [kan'nuttʃa] *f* Strohhalm *m*
canoa [ka'nɔːa] *f 1.* Paddelboot *n; 2. (barca degli Indiani d'America)* Kanu *n*
canone ['kaːnone] *m 1.* Abgabe *f; 2. ~ d'affitto* Miete *f,* Pachtzins *m; ~ di leasing* Leasingrate *f; 3. MUS* Kanon *m*
canonizzare [kanonid'dzaːre] *v* heilig sprechen
canoro [ka'nɔːro] *adj* Sing... *uccello ~* Singvogel *m*
canottaggio [kanot'taddʒo] *m SPORT* Rudern *n; fare del ~* rudern
canotto [ka'nɔtto] *m ~ gonfiabile* Schlauchboot *n*
cantante [kan'tante] *m/f* Sänger(in) *m/f; ~ lirico* Opernsänger *m; ~ di musica leggera* Schlagersänger(in) *m/f*

cantare [kan'taːre] *v* singen; *cantarla chiara* es klipp und klar sagen; *far ~ qd* jdn zum Reden bringen; *Canta che ti passa! (fig)* Es wird schon wieder gut werden!
cantautore [kantau'toːre] *m* Liedermacher *m*
cantautrice [kantau'triːtʃe] *f* Liedermacherin *f*
canticchiare [kantikki'aːre] *v* trällern
cantiere [kanti'ɛːre] *m 1.* Dock *n; ~ navale* Schiffswerft *f; 2. (di edificio, di strada)* Baustelle *f*
cantilena [kanti'lɛːna] *f* Gesinge *n,* Singsang *m*
cantina [kan'tiːna] *f 1.* Keller *m; 2. (di azienda vinicola)* Kellerei *f*
canto¹ ['kanto] *m 1.* Gesang *m,* Singen *n; 2. (composizione musicale o poetica)* Lied *n; ~ religioso* Kirchenlied *n; ~ di natale* Weihnachtslied *n*
canto² ['kanto] *m 1.* Kante *f; 2. (parte)* Seite *f; mettere da ~ auf* die Seite legen
cantone [kan'toːne] *m GEO* Kanton *m*
cantuccio [kan'tuttʃo] *m (fig: luogo)* Winkel *m*
canuto [ka'nuːto] *adj* grauhaarig, ergraut
canzonare [kantso'naːre] *v (fig)* foppen
canzone [kan'tsoːne] *f* Lied *n; suonare una ~* ein Lied spielen; *~ popolare* Volkslied *n; ~ d'amore* Liebeslied *n*
canzonetta [kantso'netta] *f MUS* Schlager *m*
caos ['kaːos] *m* Chaos *n*
caotico [ka'ɔːtiko] *adj* chaotisch
capace [ka'paːtʃe] *adj 1.* fähig, tauglich; *2. ~ d'agire JUR* handlungsfähig; *3. ~ d'intendere e di volere* zurechnungsfähig; *4. (ampio)* von großem Umfang
capacità [kapatʃi'ta] *f 1.* Fähigkeit *f; 2. ~ di acquisto ECO* Kaufkraft *f; ~ di rendimento* Ertragsfähigkeit *f; 3. ~ di agire* Handlungsfähigkeit *f; ~ giuridica* Rechtsfähigkeit *f; ~ di intendere e di volere* Zurechnungsfähigkeit *f*
capanna [ka'panna] *f* Hütte *f*
capannone [kapan'noːne] *m* Schuppen *m*
caparbietà [kaparbie'ta] *f* Eigensinn *m,* Starrsinn *m*
caparbio [ka'parbio] *adj* eigensinnig, trotzig
caparra [ka'parra] *f* Anzahlung *f*
capeggiare [kaped'dʒaːre] *v* anführen, leiten
capello [ka'pello] *m* Haar *n; averne fin sopra i capelli (fig)* es satt haben; *tirare qd per*

i capelli (fam) jdn zwingen; *non torcere un ~ a qd (fig)* jdm kein Haar krümmen
capellone [kapel'loːne] *m (fam)* Gammler *m*
capezzale [kapet'tsaːle] *m* Kopfkissen *n; al ~ del malato* am Krankenbett
capezzolo [ka'pettsolo] *m ANAT* Brustwarze *f*
capienza [kapi'ɛntsa] *f* Aufnahmefähigkeit *f*
capire [ka'piːre] *v irr* verstehen; *Si capisce!* Selbstverständlich!
capitale [kapi'taːle] *adj* 1. Kapital..., Haupt... *pena ~* Todesstrafe *f; peccato ~* Todsünde *f; cosa ~* Kernpunkt *m,* Wesentliches *n; f* 2. Hauptstadt *f; m* 3. *FIN* Kapital *n; ~ proprio* Eigenkapital *n; ~ sociale* Stammkapital *n; ~ iniziale* Anfangskapital *n; ~ d'investimento* Anlagekapital *n; ~ liquido* Barvermögen *n; ~ azionario* Aktienkapital *n*
capitalismo [kapita'lizmo] *m* Kapitalismus *m*
capitalistico [kapita'listiko] *adj* kapitalistisch
capitano [kapi'taːno] *m* 1. *MIL* Hauptmann *m;* 2. *NAUT* Kapitän *m*
capitare [kapi'taːre] *v* 1. geraten; *~ tra le mani di qd* in jds Händen fallen; *~ dentro* hineingeraten; 2. *(succedere)* widerfahren, geschehen; 3. *(arrivare per caso)* zufällig kommen
capitolare [kapito'laːre] *v* kapitulieren
capitolazione [kapitolatsi'oːne] *f* Kapitulation *f*
capitolo [ka'piːtolo] *m* Kapitel *n*
capo ['kaːpo] *m* 1. Haupt *n;* 2. *(dirigente, guida)* Chef(in) *m/f,* Führer(in) *m/f;* 3. *(di un popolo)* Anführer(in) *m/f; ~ dello stato* Staatsoberhaupt *n;* 4. *(di una tribù)* Häuptling *m;* 5. *GEO* Kap *n;* 6. *(inizio)* Anfang *m; da ~* von vorn; *andare a ~* eine neue Zeile anfangen; *da ~ a fondo* von Anfang bis zum Ende/durch und durch; *non avere né ~ né coda (fig)* weder Hand noch Fuß haben; *venire a ~ di qc* einer Sache auf den Grund kommen; *non venire a ~ di nulla* zu keinem Schluss kommen; 7. *ANAT* Kopf; *rompersi il ~ su qc* sich den Kopf über etw zerbrechen; 8. *(punto) JUR* Punkt *m; ~ d'accusa* Anklagepunkt *m;* 9. *fare ~ a qd (fam)* sich an jdn wenden; 10. *mettere ~ a partito* Vernunft annehmen; 11. *per sommi capi* in größen Zügen

capoclasse [kapo'klasse] *m/f* Klassensprecher(in) *m/f*
capodanno [kapo'danno] *m* Neujahr *n,* Jahreswechsel *m*
capogiro [kapo'dʒiːro] *m MED* Schwindel *m*
capolavoro [kapola'voːro] *m* Meisterstück *n,* Meisterwerk *n*
capolinea [kapo'liːnea] *m* Endstation *f; Qual'è il ~?* Wie heißt die Endstation?
capoluogo [kapolu'ɔːgo] *m* Hauptort *m,* Hauptstadt *f; ~ di provincia* Provinzhauptstadt *f*
capostipite [kapo'stiːpite] *m* Urvater *m,* Vorvater *m*
capote ['ka'pɔt] *f* Verdeck *n,* Wagenverdeck *n*
capoverso [kapo'vɛrso] *m* Absatz *m*
capovolgere [kapo'vɔldʒere] *v irr* 1. zurückgehen, kehrtmachen; 2. *(nave)* kentern
capovolgersi [kapo'voldʒersi] *v* kentern
capovolgimento [kapovoldʒi'mento] *m* Umschlag *m,* Umkehrung *f*
cappella [kap'pɛlla] *f REL* Kapelle *f*
cappellano [kappel'laːno] *m REL* Kaplan *m*
cappello [kap'pɛllo] *m* Hut *m; ~ a cilindro* Zylinder *m; ~ di paglia* Strohhut *m; ~ a cencio* Schlapphut *m*
cappero ['kappero] *m BOT* Kaper *f*
cappio ['kappio] *m* 1. Schlaufe *f;* 2. *(fiocco)* Schleife *f,* Schlinge *f*
cappottare [kappot'taːre] *v* sich überschlagen
cappotto [kap'pɔtto] *m* Mantel *m*
cappuccio [kap'puttʃo] *m* Kapuze *f*
capra ['kaːpra] *f ZOOL* Ziege *f*
capriccio [ka'prittʃo] *m* 1. Flausen *pl,* Kaprize *f; fare secondo ~* nach eigenem Gutdünken handeln/eigenmächtig verfahren; 2. *MUS* Capriccio *m*
capriccioso [kaprit'tʃoːso] *adj* 1. launisch, launenhaft; 2. *(imprevedibile)* unberechenbar, exzentrisch
capricorno [kapri'kɔrno] *m ZOOL* Steinbock *m*
capriola [kapri'ɔːla] *f* Purzelbaum *m*
capriolo [kapri'ɔːlo] *m ZOOL* Reh *n*
capro ['kaːpro] *m* 1. Ziegenbock *m,* Bock *m;* 2. *~ espiatorio* Sündenbock *m*
capsula ['kapsula] *f* Kapsel *f*
captare [kap'taːre] *v* 1. *(onde, raggi)* auffangen; 2. *(intercettare)* abfangen
caraffa [ka'raffa] *f* Karaffe *f*

carambola [ka'rambola] *f* Zusammenstoß *m*

caramella [kara'mɛlla] *f* Bonbon *n*

carato [ka'ra:to] *m* Karat *n*

carattere [ka'rattere] *m 1.* Charakter *m*, Merkmal *n; Non è nel suo ~.* Es ist nicht seine Art. *2. (di scrittura)* Buchstabe *m*

caratteristica [karatte'ristika] *f 1.* Kennzeichen *n*, Merkmal *n; 2. (proprietà)* Eigenschaft *f*

caratteristico [karatte'ristiko] *adj* bezeichnend, charakteristisch; *segno ~* Unterscheidungsmerkmal *n*

caratterizzare [karatterid'dza:re] *v* charakterisieren, kennzeichnen

caravan ['ka:ravan] *m* Wohnwagen *m*

carboidrato [karboi'dra:to] *m* Kohlehydrat *n*

carbone [kar'bo:ne] *m 1.* Kohle *f; 2. ~ di legna* Holzkohle *f*

carbonizzare [karbonid'dza:re] *v* verkohlen

carburante [karbu'rante] *m* Kraftstoff *m*, Treibstoff *m*

carburatore [karbura'to:re] *m* Vergaser *m*

carcassa [kar'kassa] *f 1. (di animali)* Brust *f; ~ di pollo* Hühnerbrust *f; 2. (nave)* Schiffsrumpf *m*

carcerato [kartʃe'ra:to] *m* Gefangener *m*, Sträfling *m*

carcerazione [kartʃeratsi'o:ne] *f* Inhaftierung *f*, Haft *f; ~ preventiva JUR* Untersuchungshaft *f*

carcere ['kartʃere] *m* Kerker *m*

carciofo [kar'tʃɔ:fo] *m BOT* Artischocke *f*

cardinale [kardi'na:le] *adj 1.* wesentlich; *2. (principale)* Kardinal... *punti cardinali* Kardinalpunkte *pl*, Himmelsrichtungen *pl; numero ~* Grundzahl *f*, Kardinalzahl *f; m 3. REL* Kardinal *m*

cardine ['kardine] *m 1. (della porta)* Angel *f*, Türangel *f; 2. (fig)* Voraussetzung *f*, Ausgangspunkt *m*

cardiologia [kardiolo'dʒi:a] *f MED* Kardiologie *f*

cardiotonico [kardio'tɔ:niko] *adj 1. MED* herzstärkend; *m 2. MED* Herzmittel *n*

carenza [ka'rɛntsa] *f 1.* Mangel *m; 2. ~ vitaminica* Vitaminmangel *m; ~ di proteine* Eiweißmangel *m*

carestia [kares'ti:a] *f* Hungersnot *f*

carezza [ka'rettsa] *f* Liebkosung *f*, Streicheln *n*

carezzare [karet'tsa:re] *v 1.* liebkosen, streicheln; *2. ~ qd (lusingare)* jdm Komplimente machen, jdm schöntun

carica ['ka:rika] *f 1.* Amt *n*, Würde *f; 2. (in elettricità)* Ladung *f; 3. (di cavalleria) MIL* Attacke *f*

caricamento [karika'mento] *m 1.* Belastung *f; 2. (di merci)* Verladung *f*

caricare [kari'ka:re] *v 1.* aufladen, einladen; *2. (fig)* aufbürden, belasten; *3. (armi da fuoco)* laden; *4. (orologio)* aufziehen

caricato [kari'ka:to] *adj* geladen

caricatore [karika'to:re] *m (di un'arma)* Magazin *n*

caricatura [karika'tu:ra] *f* Karikatur *f*

caricaturista [karikatu'rista] *m/f* Karikaturist(in) *m/f*

carico ['ka:riko] *adj 1.* beladen; *2. (fig) essere ~* geladen sein; *m 3. (inteso come materiale)* Ladung *f*, Fracht *f; 4. (imposta)* Steuer *f; 5. (peso)* Last *f*, Belastung *f; a ~ di qd* auf jds Kosten/zu jds Lasten; *avere a ~ qd* für jdn sorgen

carie ['ka:rie] *f MED* Karies *f*

carino [ka'ri:no] *adj* hübsch, niedlich

carità [kari'ta] *f* Nächstenliebe *f; chiedere la ~* betteln; *fare la ~* freigebig sein

caritatevole [karita'te:vole] *adj 1. (pietoso)* gutherzig, gütig; *persona ~* Wohltäter *m; 2. (benefico)* gemeinnützig

carnagione [karna'dʒo:ne] *f* Teint *m; ~ delicata* sensible Haut *f*

carne ['karne] *f* Fleisch *n; non essere né ~ né pesce (fig)* nicht Fisch, nicht Fleisch sein; *mettere troppa ~ al fuoco* zu viel auf einmal unternehmen; *E' lui in ~ ed ossa.* Er ist es leibhaftig. *~ tritata* Hackfleisch *n*

carnefice [kar'ne:fitʃe] *m* Henker *m*

carneficina [karnefi'tʃi:na] *f* Massaker *n*, Gemetzel *n*

carnevale [karne'va:le] *m* Fasching *m*, Karneval *m*

caro ['ka:ro] *adj 1.* lieb, wert; *2. (prezzo)* kostspielig, teuer; *m 3.* Lieber *m*

carosello [karo'zɛllo] *m* Karussell *n*

carota [ka'rɔ:ta] *f BOT* Karotte *f*

carovana [karo'va:na] *f* Karawane *f*

carpa ['karpa] *f ZOOL* Karpfen *m*

carpentiere [karpenti'ɛ:re] *m* Zimmermann *m*

carponi [kar'po:ni] *adv* auf Händen und Füßen; *trascinarsi a ~* auf Händen und Füßen kriechen

carreggiata [karred'dʒa:ta] *f* Fahrbahn *f*

carrello [kar'rɛllo] *m 1.* Karren *m*, Wagen *m;* ~ *a forca* Gabelstapler *m;* 2. *TECH* Fahrgestell *n; 3. (della macchina)* Fahrwerk *n; 4. (portabagagli)* Kofferkuli *m*
carretto [kar'retto] *m* Karren *m*
carriera [karri'ɛːra] *f* Karriere *f*
carriola [karri'ɔːla] *f* Schubkarre *f*
carro ['karro] *m 1.* Waggon *m;* 2. *(vettura)* Wagen *m;* ~ *a rastrilliera* Leiterwagen *m;* ~ *funebre* Leichenwagen *m*
carrozza [kar'rɔttsa] *f 1.* Kutsche *f;* 2. *(vagone)* Waggon *m;* ~ *ristorante* Speisewagen *m;* ~ *con cuccette* Liegewagen *m;* ~ *diretta* Kurswagen *m*
carrozzella [karrot'tsɛlla] *f (per malati)* Rollstuhl *m*
carrozzeria [karrottse'riːa] *f TECH* Karosserie *f*
carrozzina [karrot'tsiːna] *f* Kinderwagen *m*
carta ['karta] *f 1.* Papier *n;* ~ *carbone* Kohlepapier *n;* ~ *continua* Endlospapier *n;* ~ *igienica* Toilettenpapier *n;* ~ *da imballaggio* Packpapier *n;* ~ *da lettere* Briefpapier *n;* ~ *lucida* Pauspapier *n;* ~ *di proprietà* Fahrzeugbrief *m;* ~ *da parati* Tapete *f;* 2. *(al ristorante)* Speisekarte *f;* mangiare alla ~ nach der Speisekarte essen; ~ *del giorno* Tageskarte *f;* 3. ~ *da gioco* Karte *f,* Spielkarte *f;* ~ *assegni* Scheckkarte *f;* ~ *di credito* Kreditkarte *f;* ~ *geografica* Landkarte *f;* ~ *d'identità* Personalausweis *m,* Kennkarte *f;* ~ *d'imbarco* Bordkarte *f;* ~ *metereologica* Wetterkarte *f; Gioca a carte?* Spielen Sie Karten? ~ *verde* grüne Karte *f;* ~ *stradale* Straßenkarte *f*
cartamoneta [kartamo'neːta] *f* Papiergeld *n*
cartastraccia [karta'strattʃa] *f* Papierkram *m*
cartella [kar'tɛlla] *f 1.* Hefter *m;* 2. *(custodia)* Mappe *f;* 3. *(per la scuola)* Schulranzen *m,* Schultasche *f;* 4. ~ *clinica MED* Krankenbericht *m;* 5. ~ *di credito* Kreditkarte *f*
cartellino [kartel'liːno] *m* Etikett *n*
cartello [kar'tɛllo] *m 1.* Schild *n;* ~ *stradale* Verkehrszeichen *n,* Verkehrsschild *n;* 2. *(insegna)* Firmentafel *f;* 3. *ECO* Kartell *n*
cartellone [kartel'loːne] *m 1.* Plakat *n;* 2. *THEAT* Programm *n*
cartilagine [karti'laːdʒine] *f* Knorpel *m*
cartina [kar'tiːna] *f 1. (di un paese)* Landkarte *f;* 2. *(di una città)* Stadtplan *m*

cartoleria [kartole'riːa] *f* Schreibwarengeschäft *n*
cartolina [karto'liːna] *f* Ansichtskarte *f,* Karte *f;* ~ *d'auguri* Glückwunschkarte *f;* ~ *postale* Postkarte *f*
cartone [kar'toːne] *m 1.* Karton *m,* Pappe *f;* 2. ~ *ondulato* Wellpappe *f*
cartuccia [kar'tuttʃa] *f 1.* Patrone *f;* 2. *(dell'inchiostro)* Patrone *f;* 3. ~ *a salve* Platzpatrone *f*
casa ['kaːsa] *f 1.* Haus *n,* Heim *n; senza* ~ obdachlos; ~ *paterna* Elternhaus *n;* ~ *a schiera* Reihenhaus *n;* ~ *editrice* Verlag *m;* ~ *per le vacanze* Ferienhaus *n,* Ferienwohnung *f;* ~ *di spedizioni* Versandhaus *n;* 2. *(pareti domestiche)* Heim *n,* Zuhause *n; a* ~ zu Hause, nach Hause
casaccio [ka'zattʃo] *m a* ~ auf gut Glück, ins Blaue hinein
casalinga [kasa'liŋga] *f* Hausfrau *f*
casalinghi [kasa'liŋgi] *m/pl* Haushaltswaren *pl*
casalingo [kasa'liŋgo] *adj* häuslich, Haushalts...
cascarci [kas'kartʃi] *v* in die Falle gehen
cascare [kas'kaːre] *v* fallen
cascata [kas'kaːta] *f* Wasserfall *m*
casco ['kasko] *m 1.* Helm *m;* 2. *(dei motociclisti)* Sturzhelm *m;* 3. *(per asciugare i capelli)* Trockenhaube *f;* 4. ~ *di banane BOT* Bananenstaude *f*
caseario [kaze'aːrio] *adj* prodotti casearii Milch- und Molkereipodukte *pl*
caseggiato [kased'dʒatto] *m 1.* Wohnblock *m;* 2. *(zona residenziale)* Wohnviertel *n*
caseificio [kazei'fiːtʃo] *m* Käserei *f*
casella [ka'sɛlla] *f 1.* Fach *n;* ~ *postale* Postfach *n;* 2. *(campo)* Feld *n;* 3. *(di una rubrica)* Kategorie *f*
casino [ka'siːno] *m 1.* Lärm *m;* 2. *(confusione)* Wirrwarr *m;* 3. *(volgare)* Bordell *n*
casinò [kazi'no] *m* Spielkasino *n*
caso ['kaːzo] *m 1.* Fall *m,* Vorfall *m; nel migliore dei casi* bestenfalls; *nel peggiore dei casi* schlimmstenfalls; *a* ~ aufs Geratewohl; ~ *eccezionale* Ausnahmefall *m;* ~ *limite* Grenzfall *m;* ~ *di morte* Sterbefall *m,* Todesfall *m;* ~ *normale* Normalfall *m;* ~ *particolare* Sonderfall *m;* ~ *singolo* Einzelfall *m; in ogni* ~ jedenfalls, sowieso; *in nessun* ~ keinesfalls, auf keinen Fall; ~ *mai* wenn; 2. *(circostanza fortuita)* Zufall *m; per* ~ durch Zufall, zufällig; 3. *(fato)* Los *n,* Vorsehung *f;* 4. *(fatto precedente)* Vorfall *m*

cassa ['kassa] *f 1.* Kasse *f; ~ di risparmio* Sparkasse *f; ~ continua* Nachttresor *m; ~ del teatro* Theaterkasse *f; ~ malattia* Krankenkasse *f; 2. (contenitore)* Kiste *f; 3. ~ da morto* Sarg *m*

cassaforte [kassa'forte] *f ~ di banca FIN* Banksafe *m*

cassetta [kas'setta] *f 1.* Kassette *f; 2. (cassa)* Kasten *m; ~ portautensili* Werkzeugkasten *m; ~ di pronto soccorso* Verbandskasten *m; ~ postale* Briefkasten *m; 3. ~ di sicurezza* Safe *m*, Schließfach *n; Me lo chiuda dentro alla ~, per favore.* Schließen Sie das bitte in den Safe ein. *Dov'è il deposito bagagli a cassette?* Wo sind die Schließfächer?

cassetto [kas'setto] *m 1.* Schublade *f; 2. ~ segreto* Geheimfach *n*

cassettone [kasset'to:ne] *m* Kommode *f*

cassiera [kassi'ε:ra] *f* Kassiererin *f*

cassiere [kassi'ε:re] *m* Kassierer *m*

cassone [kas'so:ne] *m* Truhe *f*

castagna [kas'ta:ɲa] *f BOT* Esskastanie *f*

castano [kas'ta:no] *adj* kastanienbraun

castello [kas'tεllo] *m 1.* Schloss *n; 2. (maniero)* Burg *f; ~ feudale* Ritterburg *f*

castigare [kasti'ga:re] *v 1. (punire)* bestrafen, maßregeln; *2. (corporalmente)* züchtigen

castigatezza [kastiga'tettsa] *f 1.* Unschuld *f; 2. (irreprensibilità)* Unbescholtenheit *f*

casto ['kasto] *adj* keusch

castrare [kas'tra:re] *v MED* kastrieren

casuale [kasu'a:le] *adj* zufällig

cataclisma [kata'klizma] *m 1.* Sintflut *f; 2. (inondazione)* Überschwemmung *f; 3. (catastrofe)* Katastrophe *f*

catalizzatore [kataliddza'to:re] *m 1. TECH* Katalysator *m; 2. CHEM* Katalysator *m*

catalogare [katalo'ga:re] *v* katalogisieren

catalogo [ka'ta:logo] *m* Katalog *m*, Verzeichnis *n; ~ dell'esposizione* Ausstellungskatalog *m; ~ per categorie* Branchenverzeichnis *n*

cataratta [kata'ratta] *f 1. (diga)* Schleuse *f*, Wehr *n; 2. (cascata)* Wasserfall *m; 3. MED* Star *m*

catarifrangente [katarifran'dʒεnte] *adj 1.* rückstrahlend; *m 2.* Rückstrahler *m*

catarro [ka'tarro] *m 1. MED* Katarr *m; ~ bronchiale* Bronchialkatarr *m; 2. (muco) MED* Schleim *m*

catasta [ka'tasta] *f* Stapel *m*

catasto [ka'tasto] *m 1.* Kataster *m*, Grundbuchamt *n; 2. (registro)* Grundbuchregister *n*

catastrofe [ka'tastrofe] *f* Katastrophe *f*

catastrofico [katas'trɔ:fiko] *adj* katastrophal

catechismo [kate'kizmo] *m REL* Katechismus *m*

categoria [katego'ri:a] *f* Klasse *f; di seconda ~* zweitrangig; *di prima ~* erstrangig; *~ di stipendio* Gehaltsgruppe *f*

categorico [kate'gɔ:riko] *adj* kategorisch

catena [ka'te:na] *f 1.* Kette *f; 2. catene da neve pl* Schneeketten *pl*

catenaccio [kate'nattʃo] *m* Riegel *m*

catenina [kate'ni:na] *f* Kettchen *n*

cateratta [kate'ratta] *f MED* Star *m*

catetere [kate'tε:re] *m MED* Katheter *m*

catinella [kati'nεlla] *f Piove a catinelle.* Es gießt in Strömen.

catino [ka'ti:no] *m* Schüssel *f*, Waschschüssel *f*

catramare [katra'ma:re] *v* teeren

catrame [ka'tra:me] *m* Teer *m*

cattedra ['kattedra] *f* Lehrstuhl *m; ~ universitaria* Professur *f*

cattedrale [katte'dra:le] *f* Münster *n*, Kathedrale *f*

cattivarsi [katti'varsi] *v (amicizia)* erringen, gewinnen

cattiveria [katti'vε:ria] *f* Bösartigkeit *f*, Bosheit *f*

cattivo [kat'ti:vo] *adj 1.* böse, gemein; *2. (maligno)* bösartig, boshaft; *3. (iniquo)* unrecht

cattolicesimo [kattoli'tʃe:zimo] *m REL* Katholizismus *m*

cattolico [kat'tɔ:liko] *m 1. REL* Katholik *m; adj 2. REL* katholisch; *~ romano* römisch-katholisch

cattura [kat'tu:ra] *f (arresto)* Inhaftierung *f*, Verhaftung *f*

catturare [kattu'ra:re] *v* inhaftieren

causa ['ka:uza] *f 1.* Ursache *f; a ~ di* infolge, wegen, durch; *per ~ tua/per ~ sua* deinetwegen/seinetwegen; *~ di morte* Todesursache *f; 2. JUR* Sache *f; fare ~ a qd* gegen jdn prozessieren, eine Klage gegen jdn anstrengen; *3. (motivo)* Grund *m*

causare [kau'za:re] *v 1.* verursachen; *2. (danni)* anrichten, bereiten; *3. (fig)* auslösen; *4. (fig: creare)* stiften; *5. (avere colpa)* verschulden, zufügen

cautela [kau'tε:la] *f* Vorsicht *f*

cautelarsi [kaute'larsi] *v* sich vorsehen, sich schützen
cauto ['kaːuto] *adj* behutsam
cauzione [kautsi'oːne] *f* Pfand *n; Bisogna depositare una ~?* Muss man eine Kaution hinterlegen?
cava ['kaːva] *f* Bruch *m*, Grube *f; ~ di pietra* Steinbruch *m*
cavalcare [kaval'kaːre] *v* reiten
cavalcata [kaval'kaːta] *f* Ritt *m*
cavalcatore [kavalka'toːre] *m* Reiter *m*
cavaliere [kavali'ɛːre] *m* 1. Kavalier *m;* 2. *(chi va a cavallo)* Reiter *m;* 3. *HIST* Ritter *m; da ~* ritterlich; 4. *(fig) ~ d'industria* Hochstapler *m*
cavalleresco [kavalle'resko] *adj* ritterlich
cavalleria [kavalle'riːa] *f* 1. *MIL* Kavallerie *f;* 2. *(nel medioevo)* Rittertum *n;* 3. *(gentilezza da cavaliere)* Höflichkeit *f*
cavalletto [kaval'letto] *m* 1. *SPORT* Bock *m;* 2. *(da pittore)* Staffelei *f*
cavallo [ka'vallo] *m* 1. *ZOOL* Pferd *n; ~ bianco* Schimmel *m; ~ baio* Brauner *m; ~ da corsa* Rennpferd *n; uscire a ~* ausreiten; *andare a ~* reiten; *~ a dondolo* Schaukelpferd *n;* 2. *~ vapore TECH* Pferdestärke *f;* 3. *(fig) ~ di battaglia* Bravurstück *n*
cavalluccio [kaval'luttʃo] *m* Pferdchen *n; ~ marino ZOOL* Seepferdchen *n*
cavare [ka'vaːre] *v* herausholen
cavarsela [ka'varsela] *v (fig)* davonkommen
cavarsi [ka'varsi] *v (fame, sete)* stillen
cavatappi [kava'tappi] *m* Korkenzieher *m*
caverna [ka'vɛrna] *f* Höhle *f*
cavia ['kaːvia] *f* 1. *(da esperimento)* Versuchstier *n;* 2. *(fig)* Versuchsobjekt *n*, Versuchskaninchen *n*
caviale [kavi'aːle] *m GAST* Kaviar *m*
cavillo [ka'villo] *m (sofisma)* Haarspalterei *f*, Spitzfindigkeit *f*
cavilloso [kavil'loːso] *adj* spitzfindig
cavità [kavi'ta] *f* 1. Hohlraum *m;* 2. *~ orale ANAT* Rachen *m*
cavo ['kaːvo] *adj* 1. hohl; *m* 2. Seil *n; ~ da rimorchio* Abschleppseil *n;* 3. *NAUT* Tau *n;* 4. *TECH* Kabel *n*, Leitung *f; ~ d'accoppiamento* Verbindungskabel *n; ~ d'accensione* Zündkabel *n*
cavoletto [kavo'letto] *m* Rosenkohl *m*
cavolfiore [kavolfi'oːre] *m* Blumenkohl *m*
cavolo ['kaːvolo] *m BOT* Kohl *m; Non capisci un ~.* Du verstehst überhaupt nichts.

Col ~! Ich denke nicht daran! *~ rapa* Kohlrabi *m*
cazzotto [kat'tsɔtto] *m* Fausthieb *m; fare a cazzotti* sich schlagen, raufen, sich verprügeln
cazzuola [kattsu'ɔːla] *f* Kelle *f*
cece ['tʃeːtʃe] *m BOT* Kichererbse *f*
cecità [tʃetʃi'ta] *f* Blindheit *f*
ceco ['tʃeko] *adj* tschechisch; *Republica Ceca* Tschechische Republik *f*
Cecoslovacchia [tʃekoslo'vakkia] *f HIST* Tschechoslowakei *f*
cedere ['tʃɛːdere] *v irr* 1. nachgeben; 2. *(fam)* schlappmachen; 3. *(far posto, arrendersi)* weichen; 4. *FIN* abtreten; 5. *(fig)* nachgeben
cedevolezza [tʃedevo'lettsa] *f* Nachgiebigkeit *f*
cedibile [tʃe'diːbile] *adj* abtretbar, übertragbar
ceffone [tʃef'foːne] *m* Ohrfeige *f; dare un ~ a qd* jdm eine Ohrfeige geben
celare [tʃe'laːre] *v* 1. *(nascondere)* verhüllen; 2. *(tenere segreto)* verheimlichen
celarsi [tʃe'larsi] *v* sich verbergen
celebrare [tʃele'braːre] *v* 1. feiern, festlich begehen; 2. *REL* abhalten
celebre ['tʃɛːlebre] *adj* berühmt
celebrità [tʃelebri'ta] *f* Berühmtheit *f*, Bekanntheit *f*
celere ['tʃɛːlere] *adj* 1. schnell, geschwind; 2. *treno ~* Schnellzug *m; f* 3. *(polizia)* Überfallkommando *n*
celerità [tʃeleri'ta] *f* 1. Geschwindigkeit *f*, Raschheit *f;* 2. *(velocità)* Schnelligkeit *f*
celeste [tʃe'lɛste] *adj* 1. hellblau; 2. *REL* himmlisch
celibato [tʃeli'baːto] *m REL* Zölibat *n*
celibe ['tʃɛːlibe] *adj* 1. ledig; *m* 2. Junggeselle *m*, Lediger *m*
cella ['tʃella] *f* Zelle *f; ~ di carcere* Gefängniszelle *f*
cellula ['tʃellula] *f BIO* Zelle *f*
cellulare [tʃellu'laːre] *adj* 1. Zellen... *m* 2. Gefängniswagen *m*
cellulosa [tʃellu'loːsa] *f* Zellstoff *m*
cementare [tʃemen'taːre] *v* zementieren
cemento [tʃe'mento] *m* Zement *m; ~ armato* Stahlbeton *m*, Eisenbeton *m*
cena ['tʃeːna] *f* 1. Abendessen *n; Quando è ora di ~?* Wann gibt es Abendessen? 2. *REL* Abendmahl *n*
cenare [tʃe'naːre] *v* zu Abend essen, das Abendessen einnehmen

cencio ['tʃentʃo] *m* Lappen *m;* ~ *per spolverare* Staublappen *m,* Staublumpen *m; bianco come un* ~ kreidebleich
cenere ['tʃeːnere] *f* Asche *f*
cenno ['tʃenno] *m* Wink *m; fare* ~ nicken
cenone [tʃe'noːne] *m* üppiges Abendessen *n*
censimento [tʃensi'mento] *m* Zählung *f,* Volkszählung *f*
censura [tʃen'suːra] *f* POL Zensur *f*
censurare [tʃensu'raːre] *v* POL zensieren
centellinare [tʃentelli'naːre] *v* nippen
centenario [tʃente'naːrio] *adj 1.* hundertjährig; *m 2.* Hundertjahrfeier *f,* Jahrhundertfeier *f*
centesimo [tʃen'tɛːzimo] *adj* hundertste(r,s)
centimetro [tʃen'tiːmetro] *m* Zentimeter *m*
cento ['tʃɛnto] *num* einhundert, hundert; *al* ~ *per* ~ hundertprozentig
centrale [tʃen'traːle] *adj 1.* zentral, Mittel... *f 2.* Zentrale *f; Mi può passare una* ~? Können Sie mir ein Amt geben? ~ *dei dati* INFORM Datenzentrale *f;* ~ *idrica* Wasserkraftwerk *n*
centralino [tʃentra'liːno] *m* Vermittlung *f*
centrare [tʃen'traːre] *v 1.* zentrieren; *2. (cogliere)* treffen; *3. (fig)* genau das Richtige sagen/ins Schwarze treffen/den Nagel an den Kopf treffen
centrifugare [tʃentrifu'gaːre] *v* schleudern
centro ['tʃɛntro] *m 1.* Zentrum *n,* Mitte *f;* ~ *di gravità* Schwerpunkt *m; 2. (di una città)* Innenstadt *f; al* ~ zentral; *3. (istituto)* Institut *n,* Zentrum *n;* ~ *di riabilitazione* Rehabilitationszentrum *n;* ~ *di ricerche* Forschungszentrum *n;* ~ *stampa* Pressezentrum *n; 4. (nel tiro al bersaglio)* SPORT Treffer *m;* ~ *casuale* Zufallstreffer *m*
centrocittà [tʃentrotʃit'ta] *m* Stadtmitte *f*
ceppo ['tʃeppo] *m* Klotz *m;* ~ *del freno* Bremsklotz *m*
cera ['tʃeːra] *f 1.* Bohnerwachs *n; 2. (delle api)* Wachs *n; dare la* ~ wachsen
ceralacca [tʃera'lakka] *f* Siegellack *m*
ceramica [tʃe'raːmika] *f* Keramik *f*
cercare [tʃer'kaːre] *v 1.* suchen; *2.* ~ *di qd* nach jdm verlangen; *3. (nel libro)* nachschlagen; ~ *qc nel vocabolario* etw im Wörterbuch nachschlagen; *4. (scegliere)* heraussuchen
cerchia ['tʃerkio] *f (di amici)* Freundeskreis *m,* Runde *f*

cerchio ['tʃerkio] *m 1.* Kreis *m,* Ring *m; 2. (di una ruota)* TECH Felge *f; 3. (compasso)* Zirkel *m*
cereale [tʃere'aːle] *adj 1.* BOT Getreide... *m 2.* Getreide *n*
cerimonia [tʃeri'moːnia] *f* Zeremonie *f,* Akt *m;* ~ *nuziale* Hochzeitsfeier *f;* ~ *della premiazione* Siegerehrung *f*
cerniera [tʃerni'ɛːra] *f 1.* TECH Scharnier *n; 2. (chiusura lampo)* Reißverschluss *m*
cerotto [tʃe'rɔtto] *m* Pflaster *n,* Heftpflaster *n*
certamente [tʃerta'mente] *adv 1.* gewiss, wohl; *konj 2.* zwar
certezza [tʃer'tettsa] *f* Bestimmtheit *f,* Gewissheit *f*
certificarsi [tʃertifi'karsi] *v* sich vergewissern
certificato [tʃertifi'kaːto] *m 1.* Zeugnis *n;* ~ *finale* Abschlusszeugnis *n;* ~ *di discendenza* Abstammungsurkunde *f;* ~ *di buona condotta* Führungszeugnis *n,* Leumundszeugnis *n;* ~ *di matrimonio* Trauschein *m,* Heiratsurkunde *f;* ~ *di morte* Sterbeurkunde *f;* ~ *di residenza* Aufenthaltsbescheinigung *f,* Wohnsitzbescheinigung *f;* ~ *di rilascio* Entlassungspapier *n;* ~ *di battesimo* Taufschein *m;* ~ *di debito* Schuldschein *m;* ~ *di vaccinazione* Impfschein *m;* ~ *di malattia* Krankenschein *m*
certissimo [tʃer'tissimo] *adj (fig)* bombensicher
certo ['tʃɛrto] *adj 1.* gewiss, sicher, bestimmt; *avere per* ~ *qc* etw mit Sicherheit wissen; *interj 2. Certo!* Na klar!
cervello [tʃer'vɛllo] *m 1.* ANAT Gehirn *n; 2. (giudizio)* Verstand *m*
cervice [tʃer'viːtʃe] *f* ANAT Nacken *m; di dura* ~ beharrlich, hartnäckig
cervo ['tʃervo] *m* ZOOL Hirsch *m*
cesellare [tʃezel'laːre] *v 1.* eingravieren; *2. (lavorare i metalli)* zisellieren
cesello [tʃe'zɛllo] *m* Meißel *m*
cesio ['tʃɛːzio] *m* CHEM Cäsium *n*
cesoia [tʃe'zoːia] *f* Schere *f*
cespuglio [tʃes'puːʎo] *m 1.* Strauch *m,* Busch *m; 2. cespugli pl* Gebüsch *n*
cessare [tʃes'saːre] *v* aufhören
cessazione [tʃessatsi'oːne] *f* Beendigung *f*
cessione [tʃessi'oːne] *f* Abtretung *f,* Übertragung *f*
cesta ['tʃesta] *f* Korb *m*
cestino [tʃes'tiːno] *m* Papierkorb *m*

cesto ['tʃɛsto] m Korb m
cetaceo [tʃe'taːtʃeo] m ZOOL Walfisch m
ceto ['tʃɛːto] m Stand m
cetra ['tʃɛːtra] f 1. MUS Zither f; 2. (lira) MUS Leier f
cetriolo [tʃetri'ɔːlo] m BOT Gurke f; ~ sott'aceto Essiggurke f, Gewürzgurke f
champagne [ʃam'paɲ] m GAST Champagner m
chance [ʃans] f Chance f
charme [ʃaRm] m Anmut f
charter ['tʃaːtɛr] m Charterflug m
che [ke] konj 1. dass; 2. (affinché) damit; di modo ~ damit; 3. (comparativo) als; pron 4. (rel) der, die, das, welche(r,s); 5. (interr) was; Che cosa? Was?
chemioterapia [kemiotera'piːa] f MED Chemotherapie f
chi [ki] pron 1. (interr) wer, wen; a ~ wem; di ~ von wem, wessen; con ~ mit wem; 2. (oggetto indiretto) a ~ dem; di ~ dessen; con ~ mit dem
chiacchiera [ki'akkiera] f Schwatz m
chiacchierare [kiakkie'raːre] v schwatzen, plappern
chiacchierata [kiakkie'raːta] f Geplauder n
chiacchierone [kiakkie'roːne] adj 1. geschwätzig; m 2. Schwätzer m
chiamare [kia'maːre] v 1. rufen, anrufen; andare a ~ qd jdn holen; ~ con un cenno winken; ~ in giudizio JUR vorladen; 2. (col nome) nennen, aufrufen; 3. JUR hinzuziehen
chiamarsi [kia'marsi] v (nome) heißen; Come si chiama? Wie heißen Sie? Come si chiama questo? Wie nennt man das? Mi chiamo ... Ich heiße ...
chiamata [kia'maːta] f 1. Anruf m, Aufruf m; 2. (invito) Ruf m; ~ d'emergenza Notruf m; ~ urbana Ortsgespräch n
chiara [ki'aːra] f GAST Eiweiß n
chiaramente [kiara'mente] adv 1. eindeutig; 2. (evidentemente) offenbar
chiarezza [kia'rettsa] f 1. Deutlichkeit f, Eindeutigkeit f; 2. (di luce) Helligkeit f; 3. (di pensiero) Klarheit f
chiarimento [kiari'mento] m 1. Klarstellung f, Klärung f; 2. (spiegazione) Erklärung f, Darlegung f
chiarire [kia'riːre] v aufklären, klären
chiarirsi [kia'rirsi] v 1. sich aufhellen; 2. ~ di qc sich über etw klar werden
chiaro [ki'aːro] adj 1. deutlich, eindeutig; poco ~ unklar; Tutto ~? Ist alles in Ordnung?

2. (evidente) klar; 3. (luce) hell, licht; ~ come il sole sonnenklar; 4. (puro) rein; m 5. ~ di luna Mondschein m
chiarore [kia'roːre] m Schimmer m
chiaroveggente [kiaroved'dʒɛnte] m/f Hellseher(in) m/f
chiasso [ki'asso] m 1. Krach m, Lärm m; fare ~ randalieren; ~ insopportabile unerträglicher Lärm m; 2. (sensazione) Aufsehen n
chiave [ki'aːve] f 1. Schlüssel m; ~ falsa Nachschlüssel m; ~ della porta Türschlüssel m; chiudere a ~ absperren, zusperren; 2. ~ universale TECH Dietrich m; 3. (per viti) Schraubenschlüssel m; 4. MUS Notenschlüssel m; 5. (fig) Schlüssel m
chiavetta [kia'vetta] f Schlüsselchen n; ~ d'accensione Zündschlüssel m
chiavistello [kiavis'tɛllo] m Türriegel m; ~ universale Nachschlüssel m
chiazza [ki'attsa] f Fleck m; ~ di sangue Blutfleck m; ~ d'inchiostro Tintenfleck m; ~ petrolifera Ölteppich m
chic [ʃik] adj schick, flott
chicca ['kikka] f Bonbon n
chicchessia [kikkes'siːa] pron wer auch immer
chicco ['kikko] m 1. Korn n; ~ di grano Getreidekorn n; 2. ~ d'uva Traube f; 3. ~ di caffè Kaffeebohne f
chiedere [ki'ɛ:dere] v irr 1. fragen; ~ informazioni sich erkundigen; 2. (posto) sich bewerben; 3. (domandare, ri~) fordern
chierichetto [kieri'ketto] m REL Messdiener m
chiesa [ki'ɛːza] f Kirche f
chilogrammo [kilo'grammo] m Kilogramm n; mezzo ~ Pfund n
chilometraggio [kilome'traddʒo] m Kilometerzahl f
chilometro [ki'lɔːmetro] m Kilometer m
chilowatt ['kiːlowatt] m Kilowatt n
chimica ['kiːmika] f Chemie f
chimico ['kiːmiko] adj 1. chemisch; prodotti chimici Chemikalien pl; m 2. Chemiker m
chinarsi [ki'narsi] v sich bücken
chinino [ki'niːno] m MED Chinin n
chioccia [ki'ɔttʃa] f Glucke f
chiocciola [ki'ɔttʃola] f 1. ZOOL Schnecke f; 2. scala a ~ Wendeltreppe f
chiodo [ki'ɔːdo] m TECH Nagel m
chioma [ki'ɔːma] f 1. BOT Baumkrone f; 2. BIO Kopfhaar n
chiosco [ki'ɔsko] m Kiosk m, Laube f

chiostro [ki'ɔstro] *m 1. ARCH* Kreuzgang *m; 2. (convento)* Kloster *n*
chip [tʃip] *m INFORM* Chip *m*
chirurgia [kirur'dʒiːa] *f* Chirurgie *f*
chirurgo [ki'rurgo] *m* Chirurg *m*
chissà [kis'sa] *adv* wer weiß, eventuell
chitarra [ki'tarra] *f MUS* Gitarre *f*
chiudere [ki'uːdere] *v irr 1. (a chiave)* einschließen, abschließen, verschließen, zuschließen; *Mi sono chiuso fuori dalla mia camera.* Ich habe mich aus meinem Zimmer ausgeschlossen. *~ a catenaccio* verriegeln/den Riegel vorschieben; *2. (rac~)* einschließen; *3. ~ fuori* ausschließen; *4. (negozio)* schließen, zumachen; *Quando chiude?* Wann schließen Sie?/Wann machen Sie zu? *5. (rubinetto)* zudrehen
chiunque [ki'uŋkue] *pron 1.* wer auch immer; *2. (ognuno)* jeder; *Lo può fare ~.* Jeder ist dazu in der Lage.
chiusa [ki'uːsa] *f 1. (di una lettera)* Schlussformel *f; 2. (diga)* Schleuse *f; 3. (argine)* Damm *m*
chiuso [ki'uːso] *adj 1.* geschlossen, abgesperrt; *tenere ~* zuhalten; *2. a porte chiuse JUR* unter Ausschluss der Öffentlichkeit; *3. cielo ~* bedeckter Himmel *m; 4. (fig)* unzugänglich; *uomo ~* undurchschaubarer Mensch *m,* stilles Wasser *n*
chiusura [kiu'suːra] *f 1. (il chiudere)* Abschließen *n; ~ a catenaccio* Verriegelung *f; 2. (il bloccare)* Schließung *f,* Absperrung *f; ~ centralizzata* Zentralverriegelung *f; 3. ~ lampo* Reißverschluss *m*
choc [ʃɔk] *m* Schock *m*
ci [tʃi] *adv 1.* daran, hier; *pron 2.* uns
ciabatta [tʃa'batta] *f* Hausschuh *m*
cialda ['tʃalda] *f GAST* Waffel *f*
cialtrone [tʃal'troːne] *m* Luftikus *m*
ciambella [tʃam'bɛlla] *f 1. (dolce) GAST* Kringel *m,* Kranz *m; 2. GAST* Brezel *f; 3. SPORT* Schwimmreifen *m*
ciancia ['tʃantʃa] *f 1.* Gerede *n; 2. (nonsenso)* Unsinn *m*
ciao ['tʃaːo] *interj 1.* tschüss, ade; *2. (incontrandosi)* grüß Gott, hallo
ciarpame [tʃar'paːme] *m (fig)* Kram *m,* Plunder *m*
ciascuno [tʃas'kuːno] *pron 1. (soggetto)* jede(r,s); *2. (oggetto diretto)* jede(n,s); *3. (oggetto indiretto)* jeder, jedem; *A ~ il suo.* Jedem das Seine.
cibare [tʃi'baːre] *v 1.* nähren, ernähren; *2. (animali)* füttern

cibernetico [tʃiber'nɛːtiko] *adj* kybernetisch; *era cibernetica* Cyber-Ära *f*
cibo ['tʃiːbo] *m 1.* Speise *f,* Essen *n; ora del ~* Essenszeit *f; ~ preferito* Lieblingsspeise *f; 2. (nutrimento)* Nahrung *f; 3. (delle bestie)* Futter *n*
cicala [tʃi'kaːla] *f 1. ZOOL* Zikade *f; 2. (fig)* Schwafler *m*
cicatrice [tʃika'tritʃe] *f MED* Narbe *f*
cicatrizzarsi [tʃikatrid'dzarsi] *v MED* vernarben
cicca ['tʃikka] *f* Zigarettenstummel *m; non valere una ~* keinen Pfifferling wert sein; *Non vale una ~.* Das lohnt die Mühe nicht./Es ist keinen Heller wert.
ciclismo [tʃi'klizmo] *m SPORT* Radsport *m*
ciclista [tʃi'klista] *m/f* Radfahrer(in) *m/f*
ciclo ['tʃiːklo] *m* Zyklus *m*
cicogna [tʃi'koːɲa] *f ZOOL* Storch *m*
cieco ['tʃɛːko] *adj 1.* blind; *m 2.* Blinder *m*
cielo ['tʃɛːlo] *m* Himmel *m,* Firmament *n*
cifra ['tʃiːfra] *f 1. (numero)* Ziffer *f; di più cifre* mehrstellig; *2. (di un annuncio sul giornale)* Chiffre *f,* Kennziffer *f; 3. (somma)* Summe *f; 4. (l'ammontare)* Betrag *m,* Geldbetrag *m; ~ d'affari ECO* Umsatz *m*
cifrare [tʃi'fraːre] *v 1.* chiffrieren, verschlüsseln; *2. INFORM* kodieren
ciglio ['tʃiːʎo] *m 1. (dell'occhio) ANAT* Wimper *f; 2. (della strada)* Bordstein *m; 3. (orlo)* Kante *f*
cigno ['tʃiːɲo] *m ZOOL* Schwan *m*
cigolare [tʃigo'laːre] *v* knarren, knirschen
cigolio [tʃigo'liːo] *m* Knarren *n,* Knirschen *n*
Cile ['tʃiːle] *m GEO* Chile *n*
cilecca [tʃi'lekka] *f (fig) fare ~* versagen
ciliegia [tʃili'ɛːdʒa] *f BOT* Kirsche *f*
cilindro [tʃi'lindro] *m 1. (cappello)* Zylinder *m; 2. TECH* Zylinder *m*
cima ['tʃiːma] *f 1.* Gipfel *m,* Spitze *f; 2. (vetta)* Bergspitze *f; 3. da ~ a fondo* von oben bis unten
cimentare [tʃimen'taːre] *v* prüfen, riskieren
cimentarsi [tʃimen'tarsi] *v* sich versuchen, ausprobieren
cimice ['tʃiːmitʃe] *f ZOOL* Wanze *f*
ciminiera [tʃimini'ɛːra] *f* Kamin *m*
cimitero [tʃimi'tɛːro] *m* Friedhof *m,* Kirchhof *m*
Cina ['tʃiːna] *f GEO* China *n*
cinema ['tʃiːnema] *m CINE* Kino *n*

cinepresa [tʃine'preːsa] *f* Filmkamera *f*, Kamera *f*
cinese [tʃi'neːse] *m/f 1.* Chinese/Chinesin *m/f; adj 2.* chinesisch
cinesiterapia [tʃinezitera'piːa] *f* Heilgymnastik *f*, Bewegungstherapie *f*
cingere ['tʃindʒere] *v irr 1. (circondare)* einfassen; *2. (con le braccia)* umarmen
cinghia ['tʃiŋgia] *f* Gurt *m*, Riemen *m*
cinghiale [tʃiŋgi'aːle] *m* ZOOL Wildschwein *n*
cingolo ['tʃiŋgolo] *m* TECH Raupe *f*
cinguettare [tʃiŋguet'taːre] *v* zwitschern
cinguettio [tʃiŋguet'tiːo] *m* Gezwitscher *n*, Vogelgezwitscher *n*
cinico ['tʃiːniko] *adj* zynisch
cinorrodo [tʃi'nɔrrodo] *m* BOT Hagebutte *f*
cinquanta [tʃiŋku'anta] *num* fünfzig
cinquantesimo [tʃiŋkuan'tɛːzimo] *adj* fünfzigste(r,s)
cinque ['tʃiŋkue] *num* fünf
cintura [tʃin'tuːra] *f 1.* Gürtel *m; 2. ~ di sicurezza* TECH Sicherheitsgurt *m*
cinturino [tʃintu'riːno] *m* Band *n; ~ dell'orologio* Uhrarmband *n*
ciò [tʃɔ] *pron 1.* dies, das; *da ~* daraus; *a ~* herzu; *oltre a ~* zudem, außerdem, darüber hinaus; *~ nonostante* nichtsdestoweniger, nichtsdestotrotz; *2. ~ che* was
cioccolata [tʃokko'laːta] *f* Schokolade *f; una ~ calda* eine heiße Schokolade *f; una tavoletta di ~* eine Tafel Schokolade *f*
cioccolatino [tʃokkola'tiːno] *m* GAST Praline *f*
cioè [tʃo'ɛ] *konj* das heißt, und zwar
ciondolare [tʃondo'laːre] *v* hängen
ciondolo ['tʃondolo] *m* Schmuckanhänger *m*
ciotola ['tʃɔːtola] *f* Schüssel *f*, Napf *m*
ciottolo ['tʃɔttolo] *m* Kieselstein *m*
cipolla [tʃi'polla] *f* Zwiebel *m*
cipria ['tʃiːpria] *f* Puder *m*
circa ['tʃirka] *adv 1.* etwa, ungefähr; *adj 2.* rund; *prep 3.* in Bezug auf
circo ['tʃirko] *m* Zirkus *m; ~ delle pulci* Flohzirkus *m*
circolare [tʃirko'laːre] *v 1.* kursieren, umgehen; *2. (mezzi di trasporto)* fahren, verkehren; *f 3.* Rundschreiben *n; 4. (linea del tram)* Rundfahrt *f; adj 5.* kreisförmig, rund
circolazione [tʃirkolatsi'oːne] *f 1.* Verkehr *m; ~ stradale* Straßenverkehr *m; ~ rotatoria* Kreisverkehr *m; ~ a destra* Rechts-

verkehr *m; norme di ~* Verkehrsregeln *pl; 2. (rotazione)* Umlauf *m; mettere in ~* in Umlauf bringen; *togliere dalla ~* aus dem Verkehr ziehen; *3.* ECO Zirkulation *f; ~ delle merci* Warenverkehr *m; ~ monetaria* Geldumlauf *m; 4.* MED Kreislauf *m*
circolo ['tʃirkolo] *m 1.* Kreis *m; 2. (di società)* Runde *f*, Zirkel *m; 3. ~ polare* GEO Polarkreis *m; 4. ~ sportivo* Sportverein *m; 5. (sede di un club)* Klubhaus *n*
circondare [tʃirkon'daːre] *v* umgeben, umzingeln
circonferenza [tʃirkonfe'rɛntsa] *f* Ausmaß *n*, Umfang *m*
circonvallazione [tʃirkonvallatsi'oːne] *f* Ringstraße *f*, Umgehungsstraße *f*
circoscrizione [tʃirkoskritsi'oːne] *f 1.* Bezirk *m; 2. (delimitazione)* Umschreibung *f*
circostanza [tʃirkos'tantsa] *f 1.* Fall *m*, Umstand *m; ~ concomitante* Begleitumstand *m; 2. (cerimonie)* Umstände *pl*
circostanziato [tʃirkostantsi'aːto] *adj* ausführlich
circuito [tʃir'kuːito] *m 1.* Umfang *m; 2. (rete)* Netz *n; 3.* SPORT Rennbahn *f; 4. ~ elettrico* Stromkreis *m; corto ~* Kurzschluss *m; 5. ~ economico* ECO Wirtschaftskreislauf *m*
cisterna [tʃis'tɛrna] *f* Zisterne *f*
cisti ['tʃisti] *f* MED Zyste *f*
citare [tʃi'taːre] *v 1.* anführen, zitieren; *2.* JUR belangen; *3. (in giudizio)* JUR laden
citazione [tʃitatsi'oːne] *f 1.* Zitat *n; 2.* JUR Ladung *f*
citofono [tʃi'tɔːfono] *m* Sprechanlage *f*
città [tʃit'ta] *f* Stadt *f; ~ portuale* Hafenstadt *f; ~ satellite* Trabantenstadt *f*
cittadina [tʃitta'diːna] *f* Kleinstadt *f*
cittadinanza [tʃittadi'nantsa] *f* Staatsangehörigkeit *f; dare la ~* einbürgern
cittadino [tʃitta'diːno] *adj 1.* städtisch; *m 2.* Bürger *m*, Staatsbürger *m; ~ onorario* Ehrenbürger *m; Cittadini!* Liebe Mitbürger! *3. (di nazionalità)* Staatsangehöriger *m*
ciuccio [tʃ'uttʃo] *m* Schnuller *m*
ciuffo ['tʃuffo] *m 1. (di capelli)* Haarbüschel *n; 2.* BOT Grasbüschel *n*
civettare [tʃivet'taːre] *v* kokettieren
civettuolo [tʃivettu'ɔːlo] *adj* kokett
civico ['tʃiːviko] *adj* bürgerlich, Bürger... *palazzo ~* Rathaus *n; museo ~* Stadtmuseum *n; senso ~* Gemeinsinn *m*
civile [tʃi'viːle] *adj 1.* zivil, zivilisiert; *2. (civico)* bürgerlich; *codice ~* bürgerliches

Gesetzbuch *n; guerra* ~ Bürgerkrieg *m; 3. (disciplinato, educato)* diszipliniert
civilizzato [tʃivilid'dzaːto] *adj* zivilisiert, wohlerzogen
civilizzazione [tʃiviliddzatsi'oːne] *f 1.* Zivilisation *f; 2. (garbo)* gute Manieren *pl*
civiltà [tʃivil'ta] *f* Zivilisation *f*
clacson ['klakson] *m* Hupe *f*
clan [klan] *m* Clan *m*
clandestino [klandes'tiːno] *adj* heimlich, Geheim... *passeggero* ~ blinder Passagier *m; combattente* ~ Partisan *m*
classe ['klasse] *f 1.* Klasse *f; di prima* ~ erstklassig; ~ *d'età* Altersklasse *f;* ~ *turistica* Touristenklasse *f; 2. (nella società)* Klasse *f; 3. (a scuola)* Klasse *f*
classicismo [klassi'tʃizmo] *m 1.* Klassizismus *m; 2. (età classica)* Klassik *f*
classico ['klassiko] *adj 1.* klassisch; *m 2. (persona)* Klassiker *m; 3. (opera)* Klassiker *m*
classifica [klas'siːfika] *f 1.* Klassifikation *f,* Einteilung *f; 2.* SPORT Rangliste *f*
classificare [klassifi'kaːre] *v* gliedern
classificazione [klassifikatsi'oːne] *f 1.* Klassifikation *f,* Einteilung *f; 2.* SPORT Rangliste *f,* Wertung *f*
clausola ['klaːuzola] *f* JUR Klausel *f*
clausura [klau'zuːra] *f* REL Klausur *f*
clava ['klaːva] *f* Keule *f*
clemente [kle'mɛnte] *adj 1. (mite)* sanft; *2. (indulgente)* geduldig
clero ['klɛːro] *m* REL Klerus *m*
clessidra [kles'siːdra] *f* Sanduhr *f*
cliché [kli'ʃe] *m* Klischee *n*
cliente [kli'ɛnte] *m/f* Kunde/Kundin *m/f,* Klient(in) *m/f;* ~ *abituale* Stammkunde/Stammkundin *m/f;* ~ *bancario/*~ *bancaria* Bankkunde/Bankkundin *m/f*
clientela [klien'tɛːla] *f* Kundschaft *f;* ~ *di passaggio* ECO Laufkundschaft *f*
clima ['kliːma] *m* Klima *n*
climaterio [klima'tɛːrio] *m* MED Wechseljahre *pl*
climatico [kli'maːtiko] *adj* klimatisch
clinica ['kliːnika] *f* Klinik *f;* ~ *universitaria* Universitätsklinik *f;* ~ *neurologica* Nervenheilanstalt *f;* ~ *ginecologica* Frauenklinik *f*
clinico ['kliːniko] *adj* klinisch
cloro ['klɔːro] *m* CHEM Chlor *n*
clorofilla [kloro'filla] *f* CHEM Chlorophyll *n*
cloroformio [kloro'fɔrmio] *m* CHEM Chloroform *n*

cloruro [klo'ruːro] *m* CHEM Chlorid *n*
clou [klu] *m* Clou *m,* Höhepunkt *m*
clown [klaʊn] *m* Clown *m*
club [klub] *m* Klub *m*
coabitante [koabi'tante] *m/f* Mitbewohner(in) *m/f*
coabitazione [koabitatsi'oːne] *f 1. (l'abitare insieme a qd)* Zusammenwohnen *n; 2. (l'abitazione in comune a qd)* Wohngemeinschaft *f*
coatto [ko'atto] *adj* gezwungen, Zwangs...
cocaina [koka'iːna] *f* Kokain *n*
cocchiere [kokki'eːre] *m* Kutscher *m*
coccige ['kɔttʃidʒe] *m* ANAT Steißbein *n*
coccinella [kottʃi'nɛlla] *f* ZOOL Marienkäfer *m*
coccio ['kɔttʃo] *m* Scherbe *f*
cocciuto [kot'tʃuːto] *adj* starrköpfig, hartnäckig
coccodrillo [kokko'drillo] *m* ZOOL Krokodil *n*
coccola ['kɔkkola] *f* BOT Beere *f*
coccolare [kokko'laːre] *v* verhätscheln
coccolarsi [kokko'larsi] *v 1.* sich niederkauern; *2. (fig)* sich erfreuen
cocente [ko'tʃɛnte] *adj 1.* brühheiß; *2. (fig)* brennend; *3. (fig: caustico)* ätzend
cocktail ['kɔkteɪl] *m* Cocktail *m*
cocomero [ko'koːmero] *m* BOT Wassermelone *f*
coda ['koːda] *f 1.* Schwanz *m; 2. (fila)* Schlange *f; fare la* ~ anstehen/Schlange stehen
codardo [ko'dardo] *adj 1.* feige; *m 2.* Feigling *m*
codesto [ko'desto] *pron* dieser
codice ['kɔːditʃe] *m 1.* INFORM Code *m; 2.* JUR Gesetzbuch *n;* ~ *civile* Bürgerliches Gesetzbuch *n;* ~ *di avviamento postale* Postleitzahl *f*
coercizione [koertʃitsi'oːne] *m* Zwang *m*
coesione [koezi'oːne] *f* Zusammenhalt *m*
coesistenza [koezis'tɛntsa] *f* Zusammenleben *n*
coetaneo [koe'taːneo] *adj 1.* gleichen Alters, im gleichen Alter; *m 2.* Gleichaltriger *m*
cofanetto [kofa'netto] *m 1.* Kassette *f,* Schatulle *f; 2. (scatola)* Kästchen *n*
cofano ['kɔːfano] *m* Kühlerhaube *f*
cogliere ['kɔːʎere] *v irr 1.* abpflücken; *2.* ~ *di sorpresa (fig)* überrumpeln; *3. (afferrare)* verstehen
cognata [ko'ɲaːta] *f* Schwägerin *f*

cognato [ko'ɲa:to] *m* Schwager *m*
cognizione [koɲitsi'o:ne] *f* Erkenntnis *f;*
~ *di causa* Sachkenntnis *f;* ~ *preliminare*
Vorkenntnisse *pl*
cognome [ko'ɲo:me] *m* Nachname *m,*
Familienname *m*
coincidenza [kointʃi'dɛntsa] *f* 1. Anschluss *m;* ~ *dei treni* Zuganschluss *m;* ~ *di*
aereo Anschlussflug *m;* 2. *(l'avvenire simul-*
taneamente) Zusammenfall *m;* 3. *(caso)*
Zufall *m*
coincidere [koin'tʃi:dere] *v irr* zusammenfallen
coinquilino [koiŋkui'li:no] *m* Mitbewoh-
ner *m*
coinvolgere [koin'vɔldʒere] *v irr (fig)*
hineinziehen
coito ['kɔ:ito] *m* Beischlaf *m*
colapasta [kola'pasta] *m* Nudelsieb *n*
colare [ko'la:re] *v* 1. *(liquidi)* seihen;
2. *(solidi)* sieben; 3. *(metalli)* gießen; 4. ~ *a*
picco versenken, versinken
colazione [kolatsi'o:ne] *f* Frühstück *n;*
fare ~ frühstücken; *C'è un buffet per la prima*
~? Gibt es ein Frühstücksbuffet?
colchico ['kɔlkiko] *m* Herbstzeitlose *f*
coleottero [kole'ɔttero] *m* Käfer *m*
colera [ko'lɛ:ra] *f MED* Cholera *f*
colesterolo [koleste'rɔ:lo] *m MED*
Cholesterin *n*
colica ['kɔ:lika] *f MED* Kolik *f*
colino [ko'li:no] *m* Sieb *n*
colla ['kɔlla] *f* Klebstoff *m,* Leim *m*
collaborare [kollabo'ra:re] *v* mitarbeiten,
zusammenarbeiten
collaboratore [kollabora'to:re] *m* Mitar-
beiter *m*
collaborazione [kollaboratsi'o:ne] *f*
Mitarbeit *f,* Mithilfe *f; non* ~ Bummel-
streik *m*
collana [kol'la:na] *f* Halskette *f;* ~ *di perle*
Perlenkette *f*
collant [ko'lã:] *m/pl* Strumpfhose *f*
collante [kol'lante] *m* Klebstoff *m*
collare [kol'la:re] *m* Halsband *n* .
collasso [kol'lasso] *m MED* Kollaps *m*
collaterale [kollate'ra:le] *adj* seitlich,
Neben... *effetti collaterali* Nebenwirkungen *pl*
collaudare [kollau'da:re] *v TECH* abnehmen
collaudatore [kollauda'to:re] *m* 1. Kontrolleur *m;* 2. *(aereo)* Testpilot *m*
collaudo [kol'la:udo] *m TECH* Abnahme *f*
colle ['kɔlle] *m* Anhöhe *f,* Hügel *m*

collega [kol'lɛ:ga] *m/f* 1. Kollege/Kollegin
m/f; 2. *(studente universitario)* Kommilitone/
Kommilitonin *m/f*
collegamento [kollega'mento] *m* 1. Anschluss *m;* ~ *alla rete* Netzanschluss *m;*
2. *(comunicazione)* Verbindung *f; persona di*
~ Verbindungsmann *m;* ~ *aereo* Flugverbindung *f;* ~ *trasversale* Querverbindung *f;*
C'è un ~ *diretto?* Gibt es eine direkte
Verbindung? ~ *via satellite* Satellitenübertragung *f*
collegare [kolle'ga:re] *v* 1. verknüpfen,
verbinden; 2. *TECH* anschließen; 3. ~ *a terra*
TECH erden
collegarsi [kolle'garsi] *v* sich in Verbindung setzen
collegiale [kolle'dʒa:le] *adj* gemein-
schaftlich
collegialmente [kolledʒal'mente] *adv*
gemeinsam
collegio [kol'lɛ:dʒo] *m* 1. Internat *n;*
2. *(persone con lo stesso titolo)* Kollegium *n,*
Körperschaft *f;* 3. ~ *elettorale POL* Wahlkreis *m*
collera ['kɔllera] *f* Zorn *m*
collerico [kol'lɛ:riko] *m* 1. Choleriker *m;*
adj 2. cholerisch, jähzornig
colletta [kol'letta] *f REL* Kollekte *f*
collettività [kolletivi'ta] *f* Gesamtheit *f,*
Gemeinschaft *f;* ~ *religiosa* religiöse Gemeinschaft *f*
collettivo [kollet'ti:vo] *adj* 1. kollektiv; *m*
2. Kollektiv *n*
colletto [kol'letto] *m* Kragen *m*
collezionare [kolletsio'na:re] *v* sammeln
collezione [kolletsi'o:ne] *f* Sammlung *f;*
~ *di monete* Münzsammlung *f;* ~ *di oggetti*
d'arte Kunstsammlung *f*
collezionista [kolletsio'nista] *m/f* Samm-
ler(in) *m/f*
collina [kol'li:na] *f GEOL* Hügel *m*
collinoso [kolli'no:so] *adj* hügelig
collisione [kollizi'o:ne] *f* 1. Zusammenstoß *m;* ~ *frontale* Frontalzusammenstoß *m;*
2. *(contrasto)* Widerstreit *m*
collo ['kɔllo] *m* 1. *ANAT* Hals *m; a rotta di ~*
(fig) halsbrecherisch; ~ *della bottiglia*
Flaschenhals *m; È indebitato fino al ~.* Er
steckt bis über die Ohren in Schulden.
2. *(della giacca)* Kragen *m;* ~ *alto* Rollkragen *m*
collocamento [kolloka'mento] *m* 1. ~ *di*
mano d'opera Arbeitsvermittlung *f; ufficio di*
~ Arbeitsamt *n; agenzia di* ~ Personal-

vermittlung *f;* 2. *(di ospiti)* Beherbergung *f;* 3. *(investimento)* FIN Geldanlage *f,* Investition *f*
collocare [kollo'kaːre] *v* 1. platzieren, setzen; 2. *(mano d'opera)* eine Stelle verschaffen; 3. *(la figlia da maritare)* verheiraten; 4. *(degli impiegati)* anstellen; 5. *~ a riposo* pensionieren
collocarsi [kollo'karsi] *v* sich niederlassen, sesshaft werden
colloquio [kol'lɔːkuio] *m* Unterredung *f*
colloso [kol'loːso] *adj* klebrig
colmo ['kolmo] *adj* 1. voll, randvoll; *m* 2. Gipfel *m,* Spitze *f*
colomba [ko'lomba] *f* ZOOL Taube *f*
colombaia [kolom'baːia] *f* Taubenschlag *m*
Colombia [ko'lombia] *f* GEO Kolumbien *n*
colonia [ko'lɔːnia] *f* Siedlung *f*
colonialismo [kolonia'lizmo] *m* POL Kolonialismus *m*
colonizzatore [koloniddza'toːre] *m* Siedler *m*
colonizzazione [koloniddzatsi'oːne] *f* Besiedlung *f*
colonna [ko'lonna] *f* 1. Säule *f; ~ delle affissioni* Litfaßsäule *f; ~ vertebrale* ANAT Wirbelsäule *f,* Rückgrat *n;* 2. *(di giornale)* Kolumne *f,* Spalte *f; ~ dei pettegolezzi* Klatschspalte *f;* 3. MIL Kolonne *f*
colono [ko'lɔːno] *m* 1. Pächter *m;* 2. *(contadino)* Landwirt *m,* Bauer *m*
colorante [kolo'rante] *m* Farbstoff *m*
colorare [kolo'raːre] *v* 1. färben; 2. *(tingere)* tönen; 3. *(cartolina, film)* kolorieren
colorato [kolo'raːto] *adj* bunt, farbig
colore [ko'loːre] *m* Farbe *f; dai colori vivaci* farbenfreudig; *di altro ~* andersfarbig; *di ~ naturale* naturfarben; *Ce l'ha anche in altri colori?* Haben Sie das auch in anderen Farben?
colorito [kolo'riːto] *m* 1. Teint *m,* Hautfarbe *f; adj* 2. *linguaggio ~* blumige Sprache *f*
coloro [ko'loːro] *pron* diejenigen
colossale [kolos'saːle] *adj* kolossal, riesengroß
colosso [ko'lɔsso] *m* Koloss *m,* Riese *m*
colpa ['kolpa] *f* 1. Schuld *f,* Vergehen *n; dare la ~ a qd* jdm die Schuld geben; 2. JUR Fahrlässigkeit *f;* 3. *(peccato)* REL Sünde *f*
colpevole [kol'peːvole] *adj* 1. schuldig; *m/f* 2. Täter(in) *m/f*

colpire [kol'piːre] *v* 1. stoßen auf, treffen; 2. *(fig)* peitschen; 3. *(battere)* schlagen
colpito ['kolpito] *adj* 1. betroffen; *m* 2. Leidtragender *m*
colpo ['kolpo] *m* 1. Schlag *m; di ~* kurzerhand, schlagartig; *~ di calore* Hitzschlag *m; ~ del destino* Schicksalsschlag *m; ~ apoplettico* MED Schlaganfall *m;* 2. *(tiro)* Streich *m; ~ di mano* Handstreich *m; ~ di telefono* Telefonanruf *m; Dammi un ~ di telefono!* Ruf mich an! 3. *(sparo)* Schuss *m;* 4. *(urto)* Stoß *m;* 5. *(insolazione) ~ di sole* MED Sonnenstich *m;* 6. *~ di fortuna* Glücksfall *m;* 7. *~ di vento* Windböe *f;* 8. *~ di stato* POL Staatsstreich *m; ~ di stato militare* Militärputsch *m;* 9. *~ andato a segno* Treffer *m;* 10. *bel ~ d'occhio* Augenweide *f*
colposo [kol'poːso] *adj* JUR fahrlässig
coltellata [koltel'laːta] *f* Messerstich *m*
coltello [kol'tɛllo] *m* Messer *n; ~ a serramanico* Klappmesser *n*
coltivare [kolti'vaːre] *v* 1. AGR bearbeiten, bewirtschaften; 2. *(prodotti agricoli)* anbauen; 3. *(piante ornamentali)* züchten
coltivatore [koltiva'toːre] *m* 1. Landwirt *m,* Bauer *m;* 2. *(di piante ornamentali)* Züchter *m*
coltivazione [koltivatsi'oːne] *f* 1. Anpflanzung *f;* 2. *(di piante)* Pflanzenzucht *f;* 3. AGR Anbau *m;* 4. BIO Kultur *f*
colto ['kolto] *adj* 1. gebildet; 2. *(raffinato)* kultiviert
coltura [kol'tuːra] *f* BIO Kultur *f*
colui [ko'luːi] *pron* derjenige
comandamento [komanda'mento] *m* REL Gebot *n*
comandante [koman'dante] *m* 1. NAUT Kapitän *m;* 2. MIL Befehlshaber *m,* Kommandant *m*
comandare [koman'daːre] *v* 1. *(una macchina)* steuern, bedienen; 2. *(un gruppo)* anführen; 3. *(regolare)* steuern; 4. INFORM steuern; *comandato a programma* programmgesteuert
comando [ko'mando] *m* 1. Befehl *m,* Kommando *n;* 2. *(regolazione)* Steuerung *f;* 3. TECH Bedienung *f;* 4. *(leva del cambio)* TECH Schalthebel *m*
combaciare [komba'tʃaːre] *v* 1. sich ineinander fügen; 2. *(fig)* gleich gesinnt sein
combattente [kombat'tante] *m/f* Kämpfer(in) *m/f*
combattere [kom'battere] *v* 1. kämpfen, bekämpfen; 2. *~ di scherma* SPORT fechten

combattimento [kombatti'mento] *m*
1. Kampf *m;* 2. *MIL* Gefecht *n*
combattività [kombattivi'ta] *f* Kampfeslust *f*
combattivo [kombatti:vo] *adj* kämpferisch, streibar
combattuto [kombat'tu:to] *adj* 1. gequält, geplagt; 2. *(ostacolato)* schwierig; 3. *(esitante)* zögerlich; 4. *(dibattuto)* umstritten
combinare [kombi'na:re] *v* 1. kombinieren, zusammenstellen; 2. *(fig)* anrichten, anstellen; 3. ~ *qc* etw anstellen
combinarsi [kombi'narsi] *v* zusammenpassen, sich entsprechen
combinazione [kombinatsi'o:ne] *f* 1. *CHEM* Verbindung *f;* 2. *(composizione)* Kombination *f,* Zusammensetzung *f;* 3. *(di vestiti)* Kombination *f;* 4. *(fig: caso)* Zufall *m;* per ~ zufällig
combustibile [kombus'ti:bile] *adj* 1. brennbar; *m* 2. Brennmaterial *n*
combustione [kombusti'o:ne] *f (del motore) TECH* Verbrennung *f*
come ['ko:me] *adv* 1. wie, wodurch; 2. *(paragone)* wie; ~ *d'accordo* vereinbarungsgemäß, wie vereinbart; 3. *(in funzione di)* als; *giocare ~ portiere* als Torwart spielen; *konj* 4. *(interr)* wie, in welcher Weise; 5. ~ *se* wie wenn, als ob; 6. *(appena)* als; *interj* 7. wie; *Come stai?* Wie geht es dir? *Come mai? Warum? Wieso?*
comedone [kome'do:ne] *m MED* Mitesser *m*
comfort [kom'fɔrt] *m* Komfort *m*
comicità [komitʃi'ta] *f* Komik *f;* ~ *della situazione* Situationskomik *f*
comico ['ko:miko] *adj* 1. komisch, ulkig; *m* 2. *(comicità)* Komik *f;* 3. *(persona)* Komiker *m*
comics ['kamɪks] *m/pl* Comics *pl*
cominciare [komin'tʃa:re] *v* 1. beginnen, angehen; ~ *a fare qc* anfangen, etw zu tun; 2. ~ *a tagliare* anschneiden; 3. *(fig)* anbrechen
comitato [komi'ta:to] *m* Komitee *n*
comitiva [komi'ti:va] *f* Gesellschaft *f*
comizio [ko'mi:tsio] *m* 1. *POL* Versammlung *f;* ~ *elettorale* Wahlversammlung *f;* 2. ~ *di protesta* Protestkundgebung *f*
comma ['kɔmma] *m* 1. Abschnitt *m;* 2. *JUR* Paragraph *m*
commedia [kom'mɛ:dia] *f* 1. *THEAT* Komödie *f;* 2. *(opera teatrale)* Lustspiel *n;* 3. *(fig)* Theater *n;* *fare una ~* Theater spielen

commediante [kommedi'ante] *m/f* Komödiant(in) *m/f*
commemorazione [kommemoratsi'o:ne] *f* Gedächtnisfeier *f,* Gedenkfeier *f*
commentare [kommen'ta:re] *v* kommentieren
commentario [kommen'ta:rio] *m* Erläuterung *f,* Erklärung *f*
commentatore [kommenta'to:re] *m* Kommentator *m*
commentatrice [kommenta'tri:tʃe] *f* Kommentatorin *f*
commento [kom'mento] *m* 1. *(commentario)* Kommentar *m,* Erklärung *f;* 2. *(in un giornale)* Glosse *f*
commerciale [kommer'tʃa:le] *adj ECO* kaufmännisch, kommerziell; *direttore* ~ Geschäftsführer *m,* kaufmännischer Leiter *m; impresa* ~ Handelsunternehmen *n*
commerciante [kommer'tʃante] *m/f* Händler(in) *m/f,* Kaufmann/Kauffrau *m/f;* ~ *all'ingrosso* Großhandelsunternehmer(in) *m/f;* ~ *al minuto* Einzelhändler(in) *m/f*
commerciare [kommer'tʃare] *v* handeln
commercio [kom'mɛrtʃo] *m* 1. *ECO* Gewerbe *n,* Handel *m;* ~ *in borsa FIN* Börsenhandel *m;* ~ *estero* Außenhandel *m;* 2. ~ *d'esportazione ECO* Exportwirtschaft *f*
commessa [kom'messa] *f* 1. *(commissione) ECO* Bestellung *f,* Auftrag *f;* 2. *(venditrice)* Verkäuferin *f*
commesso [kom'messo] *m* 1. Angestellter *m;* 2. *(in un negozio)* Verkäufer *m;* ~ *viaggiatore* Handelsvertreter *m;* 3. *(apprendista)* Lehrling *m*
commestibile [kommes'ti:bile] *adj* essbar
commettere [kom'mettere] *v irr* 1. begehen; ~ *un delitto* ein Verbrechen begehen; 2. ~ *adulterio (fig)* fremdgehen
commilitone [kommili'to:ne] *m* Kommilitone *m*
commiserare [kommize'ra:re] *v* bemitleiden
commissariato [kommissari'a:to] *m* Polizeirevier *n*
commissario [kommis'sa:rio] *m* 1. Kommissar *m;* 2. *POL* Ausschussmitglied *n*
commissionare [kommissio'na:re] *v* bestellen
commissionario [kommissio'na:rio] *m ECO* Auftragnehmer *m*
commissione [kommissi'o:ne] *f* 1. Ausschuss *m;* ~ *esaminatrice* Prüfungsausschuss

m; ~ *d'inchiesta* Untersuchungsausschuss *m;*
~ *parlamentare* Parlamentsausschuss *m; 2.* ~
interna ECO Betriebsrat *m; 3. (ordine) ECO*
Auftrag *m; 4. (provvigione) ECO* Provision *f*
committente [kommit'tɛnte] *m/f 1. ECO*
Auftraggeber(in) *m/f; 2.* ~ *della costruzione*
Bauherr *m*
commosso [kom'mɔsso] *adj (fig)* gerührt
commovente [kommo'vɛnte] *adj 1.* herz-
ergreifend, rührend; *2. (fig)* ergreifend
commozione [kommotsi'o:ne] *f 1.* Rührung *f; 2.* ~ *cerebrale MED* Gehirner-
schütterung *f*
commuovere [kommu'ɔ:vere] *v (fig)*
berühren
commutare [kommu'ta:re] *v TECH* umschalten
comò [ko'mo] *m* Kommode *f*
comodino [komo'di:no] *m* Nachttisch *m*
comodità [komodi'ta] *f* Bequemlichkeit *f,*
Annehmlichkeit *f*
comodo ['kɔ:modo] *adj 1.* bequem, behaglich; *fare* ~ *a qd* jdm gelegen kommen; *m*
2. Komfort *m*
compaesano [kompae'za:no] *adj 1.*
landsmännisch; *m 2.* Landsmann *m*
compagnia [kompa'ɲi:a] *f 1.* Gesellschaft
f, Umgang *m; Mi vuole fare* ~*?* Wollen Sie
mir Gesellschaft leisten? *tenere* ~ *a qd* jdn
begleiten; *2. (di attori) THEAT* Truppe *f; 3.* ~
aerea Fluggesellschaft *f; 4.* ~ *ambulante*
THEAT Wanderbühne *f; 5.* ~ *armatoriale*
Reederei *f; 6. MIL* Kompanie *f*
compagno [kom'pa:ɲo] *m 1. POL*
Genosse *m; 2. (fig)* Kumpel *m; 3.* ~ *di sven-*
tura Leidensgefährte *m; 4. (marito)* Ehe-
partner *m*
companatico [kompa'na:tiko] *m* Brotaufstrich *m,* Belag *m*
comparabile [kompa'ra:bile] *adj* vergleichbar
comparativamente [komparativa'men-
te] *adv* vergleichsweise
comparazione [komparatsi'o:ne] *f*
1. Vergleich *m; 2. GRAMM* Steigerung *f,*
Komparation *f*
comparire [kompa'ri:re] *v irr 1.* vorkommen; *2. (nei libri)* erscheinen, herauskommen;
3. (fare una buona figura) eine blendende
Figur machen
comparizione [komparitsi'o:ne] *f 1.* Erscheinen *n; 2. mandato di* ~ *JUR* Vorladung *f*
comparsa [kom'parsa] *f 1. CINE* Statist *m,*
Komparse *m; 2. (il comparire)* Erscheinen *n*

compartecipazione [kompartetʃipatsi-
'o:ne] *f 1.* Teilnahme *f,* Beteiligung *f; 2.* ~
agli utili FIN Reingewinn *m,* Dividende *f*
compartimento [komparti'mento] *m*
Abteil *n;* ~ *del treno* Zugabteil *n;* ~ *per fuma-*
tori Raucherabteil *n;* ~ *per non fumatori*
Nichtraucherabteil *n*
compassione [kompassi'o:ne] *f* Bedauern *n*
compassionevole [kompassio'ne:vole]
adj 1. bedauernswert, bemitleidenswert;
2. (che prova compassione) mitleidig, barmherzig
compasso [kom'passo] *m 1.* Zirkel *m;*
2. (bussola magnetica) Kompass *m*
compatibile [kompa'ti:bile] *adj 1. (da*
compatire) bemitleidenswert; *2. INFORM*
kompatibel
compatibilità [kompatibili'ta] *f 1. (socie-*
volezza) Vereinbarkeit *f; 2. INFORM*
Kompatibilität *f*
compatimento [kompati'mento] *m* Anteilnahme *f,* Mitleid *n*
compatire [kompa'ti:re] *v* bedauern
compatirsi [kompa'tirsi] *v* sich teilen
compatriota [kompatri'ɔ:ta] *m/f* Lands-
mann/Landsmännin *m/f*
compattezza [kompat'tettsa] *f* Dichte *f,*
Kompaktheit *f*
compatto [kom'patto] *adj* dicht, fest
compendio [kom'pɛndio] *m 1.* Abriss *m,*
Übersicht *f; 2. (manuale)* Handbuch *n*
compensare [kompen'sa:re] *v 1.* kompensieren; *2. (fig)* wettmachen; *3. (con un'e-*
largizione) honorieren, belohnen
compensarsi [kompen'sarsi] *v* sich ausgleichen
compensazione [kompensatsi'o:ne] *f*
1. Kompensation *f,* Ausgleich *m; 2. ECO*
Abrechnung *f;* ~ *degli assegni* Scheck-
abrechnung *f*
compenso [kom'pɛnso] *m* Entgelt *n,*
Gage *f;* ~ *minimo salariale* Mindestlohn *m*
compera ['kompera] *f* Einkauf *m,* Anschaffung *f*
competente [kompe'tɛnte] *adj 1.* zuständig; *Chi ne è* ~*?* Wer ist dafür zuständig?
2. (specializzato) einschlägig, sachkundig;
m/f 3. Kenner(in) *m/f,* Sachverständige(r) *m/f*
competenza [kompe'tɛntsa] *f* Kompetenz *f,* Zuständigkeit *f*
competere [kom'pɛ:tere] *v* wetteifern
competitivo [kompeti'ti:vo] *adj* wettbewerbsfähig

competizione [kompetitsi'o:ne] *f 1. SPORT* Wettkampf *m;* 2. *(gara)* Wettstreit *m*

compiacenza [kompia'tʃɛntsa] *f 1. (cortesia)* Entgegenkommen *n,* Höflichkeit *f;* 2. *(benevolenza)* Wohlgefallen *n;* 3. *(condiscendenza)* Nachsicht *f,* Milde *f*

compiacersi [kompia'tʃersi] *v* sich freuen

compiacimento [kompiatʃi'mento] *m* Wohlgefallen *n,* Genugtuung *f*

compiangere [kompi'andʒere] *v* klagen, bemitleiden

compiangersi [kompi'andʒersi] *v* sich beklagen, sich beschweren

compianto [kompi'anto] *adj 1.* beklagt; 2. *(defunto)* verschieden, tot; *m 3. (rincrescimento)* Bedauern *n;* 4. *(cordoglio)* Beileidsbezeugung *f*

compiere ['kompiere] *v irr 1.* ausarbeiten; 2. *(condurre a termine)* bewältigen, verüben; 3. *(attuare)* verwirklichen, durchführen, ausführen

compiersi ['kompiersi] *v irr* sich verwirklichen

compilare [kompi'la:re] *v 1. (libro)* verfassen; 2. *(comporre)* zusammenstellen; 3. *(redigere)* redigieren; 4. ~ *un modulo* ein Formular ausfüllen

compilazione [kompilatsi'o:ne] *f* Verfassung *f*

compimento [kompi'mento] *m (compito)* Bewältigung *f,* Vollendung *f*

compitare [kompi'ta:re] *v* buchstabieren

compito ['kompito] *m 1. (lavoro)* Aufgabe *f,* Pensum *n; compiti per casa* Hausaufgaben *pl;* ~ *in classe* Schulaufgabe *f;* 2. *(dovere)* Pflicht *f,* Verpflichtung *f*

compleanno [komple'anno] *m* Geburtstag *m; Il mio* ~ *è il .../lo faccio il* ~ *il ...* Mein Geburtstag ist am .../Ich habe am ... Geburtstag.

complementare [komplemen'ta:re] *adj 1. (integrativo)* vervollständigend, Ergänzungs... 2. *MATH* komplementär

complemento [komple'mento] *m 1. GRAMM* Objekt *n;* 2. *(aggiunta)* Hinzufügung *f*

complessivamente [komplessiva'mente] *adv* insgesamt, zusammen

complesso [kom'plɛsso] *adj 1.* schwierig; 2. *(multiforme)* vielfältig; *m 3.* Komplex *m;* 4. *ECO* Konzern *m;* 5. *PSYCH* Komplex *m;* ~ *d'inferiorità* Minderwertigkeitskomplex

m; ~ *di colpa* Schuldkomplex *m;* 6. *(insieme)* Ganzheit *f;* ~ *residenziale* Wohnanlage *f*

completamente [kompleta'mente] *adv* vollständig, völlig

completamento [kompleta'mento] *m 1.* Ergänzung *f;* 2. *(il portare al termine)* Abschluss *m*

completare [komple'ta:re] *v* ergänzen

completezza [komplet'tettsa] *f* Vollständigkeit *f*

completo [kom'plɛ:to] *adj 1.* restlos, völlig; *completamente automatico* vollautomatisch; 2. *(senza lacune)* lückenlos, vollzählig; *al* ~ vollzählig; 3. *(albergo)* voll belegt; 4. *(valore)* vollwertig; *m 5. (vestito)* Anzug *m*

complicarsi [kompli'karsi] *v* sich verschlimmern

complicato [kompli'ka:to] *adj* kompliziert

complicazione [komplikatsi'o:ne] *f* Komplikation *f*

complice ['komplitʃe] *m* Helfershelfer *m,* Komplize *m*

complicità [komplitʃi'ta] *f* Mittäterschaft *f*

complimentarsi [komplimen'tarsi] *v* ~ *con qd per qc* jdm zu etw gratulieren

complimento [kompli'mento] *m 1.* Kompliment *n;* 2. *(cerimonie) complimenti pl* Umstände *pl; Non faccia complimenti!* Machen Sie sich bloß keine Umstände! 3. *(congratulazioni) complimenti pl* Glückwünsche *pl; interj 4. Complimenti!* Ich gratuliere!

complottare [komplot'ta:re] *v* sich verschwören

complotto [kom'plɔtto] *m* Verschwörung *f,* Komplott *n*

componente [kompo'nɛnte] *m/f 1.* Komponente *f,* Bestandteil *m;* 2. *INFORM* Bauelement *n*

componimento [komponi'mento] *m 1.* Aufsatz *m;* 2. ~ *musicale MUS* Komposition *f*

comporre [kom'porre] *v irr 1. (testo)* setzen, dichten; 2. *(litigio)* schlichten; 3. *(poesia)* dichten; 4. *(un numero)* wählen; 5. *(formare)* zusammenstellen

comporsi [kom'porsi] *v* ~ *di qc* sich aus etw zusammensetzen, aus etw bestehen

comportamento [komporta'mento] *m 1.* Betragen *n,* Verhalten *n;* 2. ~ *alla guida* Fahrverhalten *n;* 3. ~ *dell'automobile* Fahrverhalten *n*

comportarsi [kompor'tarsi] *v 1.* sich benehmen, sich anstellen; *2. (fig)* gegenüberstehen; *3.* ~ *male* sich danebenbenehmen
composizione [kompozitsi'o:ne] *f 1.* Aufbau *m*, Zusammensetzung *f; 2. (nella stampa)* Satz *m*
composta [kom'posta] *f GAST* Kompott *n*
composto [kom'posto] *adj 1. (serio)* unbescholten, anständig; *2. (costituito)* zusammengesetzt; *essere* ~ *di/essere* ~ *da* sich zusammensetzen aus/bestehen aus; *m 3. CHEM* Verbindung *f*
comprare [kom'pra:re] *v* kaufen; *Dove si possono* ~ *generi alimentari qui?* Wo kann man hier Lebensmittel kaufen?
compratore [kompra'to:re] *m* Käufer *m*
compratrice [kompra'tri:tʃe] *f* Käuferin *f*
compravendita [kompraven'di:ta] *f 1. ECO* An- und Verkauf *m; 2. contratto di* ~ *JUR* Kaufvertrag *m*
comprendere [kom'prɛndere] *v 1. (capire)* begreifen, verstehen; *2. (contenere)* beinhalten, umfassen; *3. (includere)* einschließen; *4. (udire)* hören
comprensibile [kompren'si:bile] *adj 1.* begreiflich, einleuchtend; *2.* ~ *a tutti* allgemein verständlich
comprensione [komprensi'o:ne] *f* Verständnis *n; con* ~ verständnisvoll
comprensivo [kompren'si:vo] *adj 1.* einsichtig; *prep 2.* ~ *di* einschließlich
compreso [kom'pre:so] *adj* inbegriffen
compressa [kom'prɛssa] *f 1. MED* Kompresse *f; 2. (pastiglia) MED* Tablette *f;* ~ *vitaminica* Vitamintablette *f*
compressore [kompres'so:re] *m TECH* Kompressor *m*
comprimere [kom'pri:mere] *v irr 1.* zusammendrücken; *2. TECH* verdichten
compromesso [kompro'messo] *adj 1.* bloßgestellt, blamiert; *m 2.* Kompromiss *m*
compromettere [kompro'mettere] *v irr 1.* kompromittieren; *2. (mettere in pericolo)* in Gefahr bringen, einer Gefahr aussetzen
compromettersi [kompro'mettersi] *v irr* sich kompromittieren, sich bloßstellen
comprovare [kompro'va:re] *v 1.* nachweisen; *2. (confermare)* bestätigen
computer [kəm'pju:ter] *m INFORM* Computer *m*
computeristica [kəmpju:te'ristica] *f INFORM* Computerwissenschaft *f*
computerizzato [kəmputerid'dza:to] *adj INFORM* computergesteuert

comunale [komu'na:le] *adj* kommunal
comunanza [komu'nantsa] *f* Gemeinsamkeit *f*
comune [ko'mu:ne] *adj 1.* gemein, gemeinsam; *in* ~ gemeinsam; *luogo* ~ Gemeinplatz *m; appartamento in* ~ Wohngemeinschaft *f; 2. (normale)* gewöhnlich, alltäglich; *m 3. POL* Gemeinde *f; 4. (municipio)* Rathaus *n*
comunicare [komuni'ka:re] *v 1.* mitteilen, kommunizieren; *2. (rendere pubblico)* veröffentlichen
comunicarsi [komuni'karsi] *v REL* kommunizieren
comunicativo [komunika'ti:vo] *adj* kontaktfreudig, mitteilsam
comunicato [komuni'ka:to] *m* Bekanntmachung *f*
comunicazione [komunikatsi'o:ne] *f 1. (annuncio)* Meldung *f*, Mitteilung *f; 2. (rivelazione)* Eröffnung *f; 3.* ~ *radiofonica* Radiodurchsage *f*
comunione [komuni'o:ne] *f 1.* Gemeinsamkeit *f; 2. REL* Kommunion *f; prima* ~ Erstkommunion *f; 3.* ~ *dei beni JUR* Gütergemeinschaft *f;* ~ *d'interessi* Interessengemeinschaft *f*
comunismo [komu'nizmo] *m POL* Kommunismus *m*
comunista [komu'nista] *m/f 1. POL* Kommunist(in) *m/f; adj 2. POL* kommunistisch
comunità [komuni'ta] *f 1.* Gemeinde *f*, Gemeinschaft *f; 2.* ~ *lavorativa* Arbeitsgemeinschaft *f; 3.* ~ *religiosa REL* Glaubensgemeinschaft *f; 4.* ~ *economica ECO* Wirtschaftsgemeinschaft *f; Comunità Economica Europea* Europäische Wirtschaftsgemeinschaften *pl*
comunque [ko'muŋkue] *adv* wie auch immer, jedenfalls
con [kon] *prep 1. (possesso, modo, qualità)* mit; ~ *che cosa* womit; ~ *cui* womit; ~ *il quale* womit; ~ *questo* damit, hiermit; ~ *le brutte (fam)* mit Gewalt; *2. (presso)* bei; *3. (per mezzo di)* durch; *4. (insieme a qd)* nebst
conato [ko'na:to] *m 1.* Versuch *m; 2.* ~ *di vomito* Brechreiz *m*
conca ['koŋka] *f* Mulde *f*
concatenazione [koŋkatenatsi'o:ne] *f* Verkettung *f*
concedere [kon'tʃɛ:dere] *v irr 1.* gewähren, bewilligen; *2. (ammettere)* zugeben, zugestehen

concedersi [kon'tʃɛːdersi] *v irr* ~ *qc* sich etw leisten, sich etw gönnen
concentrare [kontʃen'traːre] *v* konzentrieren
concentrarsi [kontʃen'trarsi] *v* sich konzentrieren
concentrato [kontʃen'traːto] *m* Konzentrat *n*
concentrazione [kontʃentratsi'oːne] *f* Konzentration *f*, Sammlung *f*
concepibile [kontʃe'piːbile] *adj 1. (comprensibile)* einleuchtend; *2. (immaginabile)* denkbar
concepimento [kontʃepi'mento] *m BIO* Empfängnis *f*
concepire [kontʃe'piːre] *v irr 1.* konzipieren; *2. BIO* empfangen; *3. (ideare)* ausmalen
concernere [kon'tʃɛrnere] *v* betreffen
concertarsi [kontʃer'tarsi] *v* sich einigen, übereinkommen
concertato [kontʃer'taːto] *adj POL* konzertiert
concerto [kon'tʃɛrto] *m 1. MUS* Konzert *n; 2.* ~ *da camera MUS* Kammerkonzert *n; 3.* ~ *per pianoforte* Klavierkonzert *n; 4. (fig: d'accordo) di* ~ einheitlich, übereinstimmend
concessione [kontʃessi'oːne] *f* Bewilligung *f*, Erlaubnis *f;* ~ *di credito* Kreditvergabe *f*
concetto [kon'tʃɛtto] *m 1.* Begriff *m;* ~ *superiore* Oberbegriff *m;* ~ *secondario* Unterbegriff *m; 2. (idea)* Vorstellung *f; 3. (programma)* Konzept *n*
concezione [kontʃetsi'oːne] *f 1.* Idee *f;* ~ *del mondo* Weltanschauung *f; 2. BIO* Empfängnis *f*
conchiglia [koŋ'kiːʎa] *f ZOOL* Muschel *f*
conciare [kon'tʃaːre] *v 1.* gerben; *2.* ~ *per le feste (fig)* schwer verletzen
conciliante [kontʃili'ante] *adj* versöhnlich
conciliare [kontʃili'aːre] *v* aussöhnen, versöhnen
concilio [kon'tʃiːlio] *m REL* Konzil *n*
concimare [kontʃi'maːre] *v AGR* düngen
concime [kon'tʃiːme] *m AGR* Dünger *m;* ~ *naturale* Naturdünger *m;* ~ *chimico* Kunstdünger *m*
concisamente [kontʃiza'mente] *adj* prägnant
conciso [kon'tʃiːzo] *adj 1.* bündig, straff; *2. (fig)* knapp
concittadino [kontʃitta'diːno] *m* Mitbürger *m*

concludere [koŋ'kluːdere] *v irr 1. (contratto)* abschließen; *2. (conseguenza)* schließen, schlussfolgern; *3. (affari) ECO* abschließen
conclusione [koŋklusi'oːne] *f 1.* Schlussfolgerung *f; falsa* ~ Trugschluss *m; 2. ECO* Abschluss *m; 3.* ~ *di un affare ECO* Geschäftsabschluss *m;* ~ *di contratto* Kontrahierung *f*
conclusivo [koŋklu'siːvo] *adj* abschließend, End..., Abschluss...
concordanza [koŋkor'dantsa] *f* Übereinstimmung *f*
concordare [koŋkor'daːre] *v 1.* übereinstimmen; *2. (appuntamento)* verabreden; *3. (trattare)* aushandeln
concordarsi [koŋkor'darsi] *v* eine Übereinkunft treffen; ~ *su qc* sich über etw einigen
concordia [koŋ'kɔrdia] *f* Einvernehmen *n*
concorrente [koŋkor'rɛnte] *m/f 1.* Konkurrent(in) *m/f; 2. SPORT* Wettkämpfer(in) *m/f; 3. (ad un posto)* Kandidat(in) *m/f*
concorrenza [koŋkor'rɛntsa] *f ECO* Konkurrenz *f;* ~ *sleale* unlauterer Wettbewerb *m*
concorrenziale [koŋkorrentsi'aːle] *adj* konkurrenzfähig, wettbewerbsfähig
concorrere [koŋ'korrere] *v irr 1.* konkurrieren; *2. (ad un impiego)* sich bewerben; *3. (partecipare)* sich beteiligen; *4. (contribuire)* zugeben, beisteuern
concorso [koŋ'korso] *m 1.* Wettbewerb *m;* ~ *a premi* Preisausschreiben *n;* ~ *indetto per un posto* Stellenausschreibung *f; 2. SPORT* Wettkampf *m*
concreto [koŋ'krɛːto] *adj 1.* konkret; *2. (fig)* greifbar
condanna [kon'danna] *f 1.* Verurteilung *f; 2. (pena)* Bestrafung *f; 3.* ~ *precedente JUR* Vorstrafe *f*
condannabile [kondan'naːbile] *adj* verwerflich
condannare [kondan'naːre] *v 1.* verurteilen; *2. JUR* verurteilen
condannato [kondan'naːto] *m JUR* Verurteilter *m*
condensa [kon'dɛnsa] *f* Kondenswasser *n*
condensare [konden'saːre] *v* verdichten, kondensieren
condensatore [kondensa'toːre] *m TECH* Kondensator *m*
condensazione [kondensatsi'oːne] *f* Kondensation *f*

condimento [kondi'mento] *m* 1. Würze *f;* 2. *(per l'insalata)* Dressing *n*
condire [kon'diːre] *v* würzen, anmachen
condiscendente [kondiʃen'dɛnte] *adj* nachgiebig, fügsam
condividere [kondi'viːdere] *v (opinione)* übereinstimmen
condizionale [konditsio'naːle] *f* 1. JUR Bewährungsfrist *f;* 2. *(sospensione della pena)* JUR Strafaufschub *m*
condizionamento [konditsiona'mento] *m* ~ *dell'aria* TECH Luftkühlung *f*
condizionato [konditsio'naːto] *adj* 1. bedingt, abhängig; ~ *dagli anni* altersbedingt; ~ *dal lavoro* berufsbedingt; 2. *(limitato)* zubereitet; 3. *impianto ad aria condizionata* TECH Klimaanlage *f*
condizione [konditsi'oːne] *f* 1. Bedingung *f,* Auflage *f;* 2. *(stato)* Zustand *m,* Umstand *m;* ~ *permanente* Dauerzustand *m;* 3. *(situazione)* Lage *f;* 4. *(di salute)* Gesundheitszustand *m,* Verfassung *f;* 5. *condizioni pl* Bedingungen *pl,* Verhältnisse *pl; condizioni di visibilità* Sichtverhältnisse *pl; condizioni di vita* Lebensbedingungen *pl; condizioni di consegna* Lieferbedingungen *pl; condizioni di pagamento* Zahlungsbedingungen *pl; condizioni contrattuali* ECO Geschäftsbedingungen *pl;* 6. *condizioni pl (situazione)* Verfassung *f*
condoglianza [kondo'ʎantsa] *f* Beileidsbezeigung *f; fare le condoglianze* kondolieren
condolersi [kondo'lersi] *v irr* ~ *con qd* jdm kondolieren, jdm sein Beileid aussprechen
condono [kon'doːno] *m* Erlass *m;* ~ *della pena* Straferlass *m*
condotta [kon'dotta] *f* 1. *(comportamento)* Benehmen *n;* 2. *(guida)* Führung *f*
conducente [kondu'tʃɛnte] *m/f* Fahrer(in) *m/f*
condurre [kon'durre] *v irr* 1. führen; 2. *(guidare)* durchführen; 3. *(dirigere)* leiten; 4. *(una macchina)* fahren, steuern
condursi [kon'dursi] *v irr* sich benehmen
conduttore [kondut'toːre] *m* 1. Fahrer *m,* Führer *m;* 2. *(dirigente)* Leiter *m;* 3. PHYS Leiter *m; adj* 4. Leit... *tema* ~ Leitgedanke *m; motivo* ~ Leitmotiv *n,* roter Faden *m*
conduttrice [kondut'triːtʃe] *f* Führerin *f*
conduttura [kondut'tuːra] *f* 1. *(tubatura)* Rohrleitung *f;* 2. ~ *dell'acqua* Wasserleitung *f*
confabulare [konfabu'laːre] *v* tuscheln

confarsi [kon'farsi] *v irr* 1. geeignet sein; 2. *(giovare)* bekömmlich sein
conferenza [konfe'rɛntsa] *f* 1. Konferenz *f;* 2. ~ *stampa* Pressekonferenz *f;* 3. ~ *della pace* POL Friedenskonferenz *f*
conferimento [konferi'mento] *m* 1. *(di un premio)* Verleihung *f;* 2. ECO Zuweisung *f*
conferire [konfe'riːre] *v irr* verleihen
conferma [kon'ferma] *f* Bestätigung *f;* ~ *d'ordine* ECO Auftragsbestätigung *f*
confermare [konfer'maːre] *v* bestätigen
confermazione [konfermatsi'oːne] *f* REL Konfirmation *f*
confessare [konfes'saːre] *v* 1. gestehen, eingestehen; 2. *(i peccati)* REL beichten; 3. *(professare)* REL sich bekennen
confessionale [konfessio'naːle] *adj* 1. konfessionell; *m* 2. REL Beichtstuhl *m*
confessione [konfessi'oːne] *f* 1. REL Konfession *f;* 2. *(professione di fede)* REL Bekenntnis *n;* 3. *(dei peccati)* REL Beichte *f;* 4. JUR Geständnis *n*
confesso [kon'fesso] *adj* JUR geständig; *reo* ~ geständiger Täter *m*
confessore [konfes'soːre] *m* Beichtvater *m*
confetteria [konfette'riːa] *f* Konfekt *n*
confettura [konfet'tuːra] *f* Konfitüre *f*
confezionamento [konfetsiona'mento] *m* Verpackung *f*
confezionare [konfetsio'naːre] *v* 1. verpacken; 2. *(vestiti)* nähen, anfertigen
confezione [konfetsi'oːne] *f* 1. Konfektion *f;* ~ *da uomo* Herrenkonfektion *f;* 2. *(l'involucro, la scatola)* Packung *f,* Verpackung *f;* ~ *regalo* Geschenkpackung *f;* ~ *sotto vuoto* Vakuumverpackung *f*
conficcare [konfik'kaːre] *v* rammen, aufnageln
confidare [konfi'daːre] *v* 1. anvertrauen; 2. ~ *in qc* sich auf etw verlassen
confidarsi [konfi'darsi] *v* ~ *con qd* sich jdm anvertrauen, sich mit jdm aussprechen
confidente [konfi'dɛnte] *adj* 1. vertrauensvoll; *m* 2. Vertrauensperson *f*
confidenza [konfi'dɛntsa] *f* 1. *(fiducia)* Glaubwürdigkeit *f;* 2. *(familiarità)* Vertraulichkeit *f*
confidenziale [konfidentsi'aːle] *adj* vertraulich
confinante [konfi'nante] *adj* aneinander grenzend, angrenzend
confinare [konfi'naːre] *v* 1. angrenzen, grenzen; 2. *(esiliare)* verbannen

confine [kon'fiːne] *m* Grenze *f; ~ di stato* Landesgrenze *f; Quanto ci si mette ancora fino al ~?* Wie weit ist es noch bis zur Grenze?

confisca [kon'fiska] *f* Beschlagnahme *f,* Konfiszierung *f*

confiscare [konfis'kaːre] *v* beschlagnahmen

conflitto [kon'flitto] *m 1.* Konflikt *m,* Zwiespalt *m; ~ di coscienza* Gewissenskonflikt *m; 2. (guerra)* Krieg *m*

confondere [kon'fondere] *v irr 1. (scambiare)* verwechseln; *2. (fig)* durcheinander werfen; *3. (turbare)* verwirren

conforme [kon'forme] *adj* konform, sachgemäß; *~ alle disposizioni* vorschrifts-mäßig; *~ alla legge* gesetzmäßig; *~ all'originale* orginalgetreu; *~ ai piani* planmäßig; *~ al senso* sinngemäß; *~ alla verità* wahrheitsgetreu

conformemente [konforme'mente] *adv* dementsprechend; *~ alla legge* gesetzmäßig

conformismo [konfor'mizmo] *m* Konformismus *m*

confortare [konfor'taːre] *v* trösten

confortevole [konfor'teːvole] *adj 1.* komfortabel, bequem; *2. (casa)* wohnlich

confortevolmente [konfortevol'mente] *adv 1.* komfortabel; *2. (casa)* gemütlich

confrontare [konfron'taːre] *v 1.* vergleichen, gegenüberstellen; *2. (comparare)* konfrontieren

confronto [kon'fronto] *m* Gegenüberstellung *f,* Konfrontation *f; in ~ a ...* im Vergleich zu *... senza ~* einzigartig, ohnegleichen

confusamente [konfuza'mente] *adv* unklar

confusione [konfuzi'oːne] *f 1.* Verwirrung *f; 2. (scambio)* Verwechslung *f; 3. (fig)* Durcheinander *n*

confuso [kon'fuːzo] *adj 1. (fig)* durcheinander; *2. (di parole, di testi)* konfus, durcheinander

confutare [konfu'taːre] *v* widerlegen

confutarsi [konfu'tarsi] *v* sich widersprechen

confutazione [konfutatsi'oːne] *f* Entkräftung *f*

congedare [kondʒe'daːre] *v 1.* verabschieden; *2. (dimettersi)* sich trennen; *3. MIL* entlassen

congedarsi [kondʒe'darsi] *v* sich verabschieden

congedo [kon'dʒeːdo] *m 1. (commiato)* Verabschiedung *f,* Abschied *m; prendere ~* sich verabschieden; *2. MIL* Entlassung *f*

congegno [kon'dʒeːɲo] *m* Maschine *f,* Apparat *m*

congelare [kondʒe'laːre] *v 1. (cibi)* einfrieren; *~ un progetto (fig)* ein Projekt einfrieren; *2. (trattamento)* ECO einfrieren

congelarsi [kondʒe'larsi] *v 1. (acqua)* frieren, einfrieren; *2. (lago)* zufrieren; *3. (gelare)* erfrieren

congelatore [kondʒelatoːre] *m 1.* Gefrierfach *n,* Kühlfach *n; 2. (apparecchio)* Kühltruhe *f,* Gefriertruhe *f*

congenito [kon'dʒeːnito] *adj* vererbt

congestionato [kondʒestio'naːto] *adj (strada)* verstopft

congestione [kondʒesti'oːne] *f 1. MED* Blutstau *m; 2. (nel traffico)* Verkehrsstau *m*

congetturare [kondʒettu'raːre] *v* annehmen, mutmaßen

congiungere [kon'dʒundʒere] *v irr 1.* verbinden, zusammenfügen; *2. (mani)* falten

congiuntivite [kondʒunti'viːte] *f MED* Bindehautentzündung *f*

congiuntivo [kondʒun'tiːvo] *m GRAMM* Konjunktiv *m*

congiunto [kon'dʒunto] *m* Verwandter *m*

congiuntura [kondʒun'tuːra] *f 1. ECO* Konjunktur *f; 2. (punto di congiunzione)* Verbindung *f*

congiunzione [kondʒuntsi'oːne] *f 1.* Verbindung *f; 2. GRAMM* Konjunktion *f*

congiura [kon'dʒuːra] *f* Verschwörung *f*

congiurare [kondʒu'raːre] *v* sich verschwören

congiurato [kondʒu'raːto] *m* Verräter *m,* Verschwörer *m*

conglomerato [koŋglome'raːto] *m* Konglomerat *n*

congratularsi [koŋgratu'larsi] *v* gratulieren, beglückwünschen; *Mi congratulo con Lei.* Ich gratuliere Ihnen.

congratulazione [koŋgratulatsi'oːne] *f* Gratulation *f*

congresso [koŋ'grɛsso] *m 1.* Kongress *m,* Tagung *f; 2. ~ del partito POL* Parteitag *m*

congruente [koŋgru'ɛnte] *adj 1.* deckungsgleich; *2. (coerente)* konsequent

congruo ['koŋgruo] *adj 1.* einschlägig; *2. (adeguato)* angemessen, passend

conguaglio [koŋgu'aːʎo] *m 1.* Ausgleich *m; ~ salariale* Lohnausgleich *m; 2. (compensazione)* Entschädigung *f*

coniare [koni'aːre] *v 1.* ausprägen; *2. (moneta)* prägen, schlagen; *3. (fig)* prägen
coniatura [konia'tuːra] *f 1. (di moneta)* Prägung *f; 2. (fig)* Prägung *f*
conico ['kɔːniko] *adj* kegelförmig
coniglio [ko'niːʎo] *m ZOOL* Kaninchen *n*
coniugale [koniu'gaːle] *adj* ehelich, Ehe... *felicità* ~ Eheglück *n*
coniugare [koniu'gaːre] *v* konjugieren
coniugarsi [koniu'garsi] *v* sich verheiraten
coniugato [koniu'gaːto] *adj 1. (sposato)* verheiratet; *2. GRAMM* konjugiert
coniuge ['kɔːniudʒe] *m/f 1.* Gatte/Gattin *m/f; 2.* coniugi *pl (coppia)* Ehepaar *n*
connazionale [konnatsio'naːle] *m/f* Landsmann/Landsmännin *m/f*
connessione [konnessi'oːne] *f* Zusammenhang *m,* Verbindung *f*
connettere [kon'nɛttere] *v irr* aneinander fügen
connettivo [konnet'tiːvo] *adj* Binde...
cono ['kɔːno] *m 1. (del gelato)* Eistüte *f; 2. MATH* Kegel *m*
conoscente [kono'ʃɛnte] *m/f* Bekannte(r) *m/f*
conoscenza [kono'ʃɛntsa] *f 1.* Kenntnis *f,* Erkenntnis *f;* ~ *di se stesso* Selbsterkenntnis *f;* conoscenze linguistiche Sprachkenntnisse *pl; 2. (di una persona)* Bekanntschaft *f;* fare ~ kennen lernen; *3. (coscienza)* Bewusstsein *n;* perdere ~ das Bewusstsein verlieren
conoscere [ko'noʃere] *v irr 1.* kennen; *Non conosco questa città.* Ich kenne mich in dieser Stadt nicht aus. ~ *qc per filo e per segno (fam)* etw in- und auswendig kennen; *2. (sapere)* können
conoscitore [konoʃi'toːre] *m* Kenner *m,* Liebhaber *m*
conosciuto [kono'ʃuːto] *adj* bekannt; ~ *in tutto il mondo* weltberühmt
conquista [koŋku'ista] *f 1.* Eroberung *f,* Errungenschaft *f; 2. MIL* Einnahme *f*
conquistare [koŋkuis'taːre] *v 1.* erobern; *2. MIL* einnehmen
conquistatore [koŋkuista'toːre] *m* Eroberer *m*
consacrare [konsa'kraːre] *v REL* weihen
consacrazione [konsakratsi'oːne] *f 1.* Weihe *f; 2. REL* Wandlung *f; 3. (dedica)* Widmung *f*
consapevole [konsa'peːvole] *adj* bewusst

consapevolezza [konsapevo'lettsa] *f* Bewusstsein *n*
consapevolmente [konsapevol'mente] *adv* wissentlich
conscio ['kɔnʃo] *adj* bewusst; ~ *del proprio dovere* pflichtbewusst
consecutivo [konseku'tiːvo] *adj 1. (seguente)* folgend, nacheinander; *2. GRAMM* konsekutiv
consegna [kon'seːɲa] *f 1.* Abgabe *f,* Ablieferung *f;* prender in ~ übernehmen, abnehmen, in Empfang nehmen; *termine di* ~ Liefertermin *m; 2. (della posta)* Zustellung *f;* ~ *rapida* Eilzustellung; *3. (del bagaglio)* Gepäckausgabe *f*
consegnare [konse'ɲaːre] *v 1.* überbringen, überreichen; *2. (fornire)* abliefern, zustellen; *3.* ~ *qc* etw übergeben; *4. JUR* ausliefern
conseguente [konsegu'ɛnte] *adj* folgerichtig, konsequent
conseguentemente [konseguente'mente] *adv* konsequent
conseguenza [konsegu'ɛntsa] *f* Folge *f;* per ~ folglich
conseguire [konsegu'iːre] *v 1.* bekommen; *2.* ~ *la laurea* promovieren
consenso [kon'sɛnso] *m 1. (adesione)* Einverständnis *n,* Einwilligung *f; 2. (permesso)* Genehmigung *f,* Erlaubnis *f*
consentire [konsen'tiːre] *v 1. (permettere)* einwilligen; *2. (essere d'accordo)* zustimmen
conserva [kon'sɛrva] *f* Konserve *f*
conservante [konser'vante] *m* Konservierungsmittel *n*
conservare [konser'vaːre] *v 1.* aufheben, aufbewahren; *2. (posizione)* behaupten; *3. (alimenti)* konservieren; *4. (documenti)* verwahren
conservatore [konserva'toːre] *adj 1.* konservativ; *m 2.* Konservativer *m*
conservatorio [konserva'tɔːrio] *m* Musikhochschule *f*
conservazione [konservatsi'oːne] *f 1.* Beibehaltung *f,* Erhaltung *f; 2. (dei cibi)* Haltbarkeit *f; 3. (dei documenti)* Verwahrung *f*
considerare [konside'raːre] *v 1. (fig)* bedenken, berücksichtigen; *2. (ritenere)* betrachten; *3. (tener presente)* berücksichtigen
considerarsi [konside'rarsi] *v 1.* sich schätzen; *2. (reputarsi)* sich halten für

considerazione [konsideratsi'o:ne] *f*
1. Anbetracht *m,* Erwägung *f; prendere in ~*
in Erwägung ziehen; *2. (stima)* Geltung *f;*
3. (fig) Betrachtung *f*
considerevole [konside're:vole] *adj* beträchtlich
consigliabile [konsi'ʎa:bile] *adj* ratsam
consigliare [konsi'ʎa:re] *v* anraten, beraten; *Che cosa mi può ~?* Was können Sie mir empfehlen?
consigliarsi [konsi'ʎarsi] *v 1.* sich beraten; *2. (chiedere consiglio)* sich Rat holen
consigliere [konsi'ʎɛ:re] *m/f 1. (titolo)*
Rat/Rätin *m/f; 2. (persona)* Berater(in) *m/f,*
Ratgeber(in) *m/f; 3. (d'amministrazione)*
Verwaltungsangestellte(r) *m/f*
consiglio [kon'si:ʎo] *m 1.* Rat *m,*
Ratschlag *m; ~ segreto* Geheimtipp *m; dare*
un ~ beraten; *2. (collegio)* Rat *m; ~ di amministrazione* Verwaltungsrat *m; ~ comunale*
Gemeinderat *m,* Stadtrat *m; ~ direttivo*
Vorstand *m; ~ d'Europa* Europarat *m; ~*
federale Bundesrat *m; ~ di tutela* Vormundschaft *f; ~ di vigilanza* Aufsichtsrat *m; 3. (fig)*
Lehre *f*
consistente [konsis'tɛnte] *adj (forte)*
stark, fest
consistenza [konsis'tɛntsa] *f 1. (durata)*
Dauer *f; 2. (densità)* Dichte *f,* Umfang *m;*
3. ~ di cassa FIN Kassenbestand *m*
consistere [kon'sistere] *v ~ in* bestehen
aus
consolabile [konso'la:bile] *adj* tröstlich
consolare [konso'la:re] *v* trösten
consolato [konso'la:to] *m* POL Konsulat
n; ~ generale Generalkonsulat *n*
consolazione [konsolatsi'o:ne] *f 1.* Trost
m; premio di ~ Trostpreis *m; 2. (sollievo)*
Erleichterung *f*
console ['konsole] *m/f* POL Konsul(in) *m/f*
consolidamento [konsolida'mento] *m*
ECO Konsolidierung *f*
consolidare [konsoli'da:re] *v 1.* bekräftigen, stärken; *2. (fig)* untermauern
consolidarsi [konsoli'darsi] *v* sich festigen
consommé [kõsɔ'me] *m* GAST Brühe *f*
consonante [konso'nante] *m* GRAMM
Konsonant *m*
consorte [kon'sɔrte] *m/f* Gemahl(in) *m/f*
consorzio [kon'sɔrtsio] *m* Konsortium *n,*
Verband *m*
constare [kons'ta:re] *v 1.* feststehen; *2. ~*
di bestehen aus

constatare [kons'ta:re] *v* feststellen
constatazione [konstatatsi'o:ne] *f* Beobachtung *f,* Feststellung *f*
consueto [konsu'ɛ:to] *adj (uso)* gebräuchlich, üblich
consuetudine [konsue'tu:dine] *f 1.* Gewohnheit *f; 2. (usanza)* Sitte *f*
consultare [konsul'ta:re] *v* konsultieren,
um Rat fragen; *Possiamo ~ un esperto?*
Können wir einen Experten hinzuziehen? *~*
un dizionario in einem Lexikon nachschlagen
consumare [konsu'ma:re] *v 1.* verbrauchen, abnutzen; *2. (mangiare)* verzehren
consumato [konsu'ma:to] *adj* schäbig,
abgetragen
consumatore [konsuma'to:re] *m* Benutzer *m,* Verbraucher *m; ~ finale* Endverbraucher *m; difesa dei consumatori*
Verbraucherschutz *m*
consumatrice [konsuma'tri:tʃe] *f* Verbraucherin *f,* Benutzerin *f*
consumo [kon'su:mo] *m* Verbrauch *m,*
Verzehr *m; ~ di corrente* Stromverbrauch *m;*
~ di energia Energieverbrauch *m*
contabile [kon'ta:bile] *adj 1.* zählbar;
2. ECO Buchführungs... *m/f 3.* ECO
Buchhalter(in) *m/f*
contabilità [kontabili'ta] *f* Buchhaltung
f, Buchführung *f*
contachilometri [kontaki'lɔ:metri] *m*
Kilometerzähler *m*
contadinesco [kontadi'nesko] *adj* bäuerlich
contadino [konta'di:no] *m* Bauer *m*
contagiare [konta'dʒa:re] *v* MED anstecken
contagio [kon'ta:dʒo] *m* MED Ansteckung *f*
contagioso [konta'dʒo:so] *adj* MED ansteckend
contagocce [konta'gottʃe] *m* Tropfenzähler *m*
container [kən'teiner] *m* Container *m,*
Behälter *m*
contaminante [kontami'nante] *m 1.*
Schadstoff *m; adj 2.* umweltfeindlich, verunreinigend
contaminare [kontami'na:re] *v* verseuchen; *contaminato da raggi* strahlenverseucht
contaminazione [kontaminatsi'o:ne] *f*
Kontamination *f,* Verseuchung *f*
contante [kon'tante] *adj 1.* bar; *non in*
contanti bargeldlos; *in contanti* bar; *m*
2. Barschaft *f*

contare [kon'taːre] *v 1.* rechnen, zählen; *sbagliarsi nel* ~ sich verzählen; *senza* ~ *che* abgesehen davon, dass; *2.* ~ *su* rechnen mit, sich verlassen auf; ~ *su qd* auf jdn zählen; *3. (fig: avere importanza)* zählen, ins Gewicht fallen; *una persona che conta* eine einflussreiche Person *f; Lui non conta nulla.* Er hat gar nichts zu sagen. *4. (fig: avere intenzione)* beabsichtigen

contatore [konta'toːre] *m TECH* Zähler *m;* ~ *di corrente* Stromzähler *m;* ~ *del gas* Gaszähler *m; mettere il* ~ *a zero* den Zähler auf Null stellen

contatto [kon'tatto] *m 1. (fig)* Anschluss *m; 2. (collegamento, relazione)* Kontakt *m;* ~ *difettoso* Wackelkontakt *m;* ~ *stretto* Tuchfühlung *f*

conte(ssa) ['konte/kon'tessa] *m/f* Graf/ Gräfin *m/f*

conteggiare [konted'dʒaːre] *v* rechnen, berechnen

contegno [kon'teːɲo] *m* Haltung *f,* Benehmen *n*

contemplare [kontem'plaːre] *v 1.* betrachten; *2. (ammirare)* bestaunen

contemporaneamente [kontemporanea'mente] *adv* gleichzeitig

contemporaneo [kontempo'raːneo] *adj 1.* gleichzeitig; *2. (del presente)* zeitgenössisch; *m 3. POL* Zeitgenosse *m*

contenente [konte'nɛnte] *adj* enthaltend; ~ *cloro* chlorhaltig; ~ *mercurio* quecksilberhaltig

contenere [konte'neːre] *v irr 1.* enthalten, fassen; *2. (fig)* bergen, beinhalten

contenersi [konte'nersi] *v irr* sich zurückhalten, sich beherrschen

contenitore [konteni'toːre] *m* Container *m;* ~ *di vetro usato* Altglascontainer *m*

contentarsi [konten'tarsi] *v* sich abfinden, sich begnügen; ~ *di* sich zufrieden geben mit

contentezza [konten'tettsa] *f* Zufriedenheit *f*

contento [kon'tɛnto] *adj 1.* heiter; *2. (soddisfatto)* zufrieden

contenuto [konte'nuːto] *adj 1.* einschließlich; *2. (riservato)* zurückhaltend; *3. (controllato)* überprüft; *m 4.* Inhalt *m; privo di* ~ inhaltslos

contestabile [kontes'taːbile] *adj* anfechtbar

contestare [kontes'taːre] *v 1.* abstreiten, bestreiten; *2. (mettere in dubbio)* anzweifeln;

3. (negare il diritto) streitig machen; *4. (reclamare)* kritisieren, bemängeln

contestazione [kontestatsi'oːne] *f JUR* Anfechtung *f*

contesto [kon'tɛsto] *m* Kontext *m*

contiguo [kon'tiːguo] *adj* anstoßend, dicht bei

continentale [kontinen'taːle] *adj GEO* kontinental; *acqua* ~ Binnengewässer *n*

continente [konti'nɛnte] *m GEO* Erdteil *m*

contingente [kontin'dʒɛnte] *adj 1.* unwesentlich; *2. (casuale)* durch Zufall, nebenbei; *m 3.* Beitrag *m,* Teil *m*

continuamente [kontinua'mente] *adv 1.* ständig, dauernd; *2. (ininterrottamente)* kontinuierlich

continuare [kontinu'aːre] *v 1.* fortsetzen, weitergehen; *2. CHEM* nachwirken; *3. (proseguire)* weiterführen

continuato [kontinu'aːto] *adj* durchgehend; *spettacolo* ~ durchgehendes Programm *n*

continuazione [kontinuatsi'oːne] *f* Fortsetzung *f*

continuità [kontinui'ta] *f* Fortdauer *f*

continuo [kon'tiːnuo] *adj 1.* ständig, andauernd; *2. (ininterrotto)* kontinuierlich, fortlaufend

contitolare [kontito'laːre] *m/f* Mitinhaber(in) *m/f*

conto ['konto] *m 1. FIN* Konto *n;* ~ *bancario* Bankkonto *n;* ~ *vincolato* Sperrkonto *n; 2. (somma da pagare, fattura)* Rechnung *f;* ~ *aperto* offene Rechnung *f; Il* ~ *per favore!* Die Rechnung, bitte!/Bitte zahlen! ~ *spese* Spesenrechnung *f; 3. per* ~ *mio* von meiner Seite aus, meinerseits; *4. (conteggio generale)* Abrechnung *f; 5. a conti fatti* insgesamt, schließlich und endlich; *6. (fig: ragione)* Rechenschaft *f; rendersi* ~ *di qc* etw begreifen, sich über etw bewusst werden; *7. tenere* ~ *di qc* etw berücksichtigen/etw einkalkulieren

contorcere [kon'tɔrtʃere] *v irr 1.* verdrehen; *2. (faccia)* das Gesicht verzerren

contorcersi [kon'tɔrtʃersi] *v irr 1.* sich winden, sich krümmen; *2. (faccia)* sich verzerren

contornare [kontor'naːre] *v* umgeben

contorno [kon'torno] *m 1. GAST* Beilage *f; 2. (profilo)* Kontur *f,* Umriss *m*

contorto [kon'tɔrto] *adj* verzerrt, verunstaltet

contrabasso [kontra'basso] *m MUS* Kontrabass *m*

contrabbandare [kontrabban'daːre] *v* schmuggeln

contrabbandiere [kontrabbandi'ɛːre] *m* Schmuggler *m*

contrabbando [kontrab'bando] *m* Schmuggel *m*

contraccambiare [kontrakkambi'aːre] *v* 1. sich revanchieren; 2. *(ricambiare)* vergelten; 3. *(saluti, auguri)* antworten, entgegnen; *Grazie, contraccambio!* Danke, gleichfalls!

contraccambio [kontrak'kambio] *m* Gegenleistung *f,* Vergeltung *f*

contraccolpo [kontra'kolpo] *m* Rückstoß *m*

contraddirsi [kontrad'dirsi] *v irr* sich widersprechen

contraddistinguere [kontraddis'tiŋguere] *v* sich hervorheben

contraddistinguersi [kontraddis'tiŋguersi] *v irr* sich unterscheiden

contradditorio [kontradit'tɔːrio] *adj* widersprüchlich

contraddizione [kontradditsi'oːne] *f* Gegensätzlichkeit *f,* Widerspruch *m*

contraente [kontra'ɛnte] *m/f JUR* Kontrahent(in) *m/f*

contraffare [kontraf'faːre] *v irr* verfälschen, fälschen

contraffarsi [kontraf'farsi] *v irr* 1. sich verstellen; 2. *(travestirsi)* sich verkleiden

contraffatto [kontraf'fatto] *adj* nachgeahmt

contrappesarsi [kontrappe'sarsi] *v* sich ausgleichen, sich aufheben

contrappeso [kontrap'peːso] *m* Gegengewicht *n*

contrapporre [kontrap'porre] *v irr* sich entgegensetzen, aufbegehren

contrariamente [kontraria'mente] *adv* 1. umgekehrt; 2. *(in modo contrastante)* gegensätzlich, zuwider; ~ *a* im Kontrast zu, im Gegensatz zu

contrario [kon'traːrio] *m* 1. Gegenteil *n,* Gegensatz *m;* al ~ dagegen, hingegen; *adj* 2. *(avverso)* abgeneigt, ablehnend; 3. *(opposto)* umgekehrt, gegensätzlich; 4. *(contrapposto)* konträr; ~ *alla legge* rechtswidrig; *la parte contraria* Gegenpartei *f; Al ~!* Im Gegenteil!

contrarre [kon'trarre] *v irr* 1. zusammenziehen; 2. ~ *una malattia* sich eine Krankheit holen, sich anstecken

contrassegnare [kontrasse'ɲaːre] *v* 1. zeichnen, markieren; 2. *(merce) ECO* auszeichnen

contrassegno [kontras'seɲo] *m* Kennzeichen *n,* Merkmal *n*

contrastante [kontras'tante] *adj* gegensätzlich

contrastare [kontras'taːre] *v* 1. widersprechen; 2. *(resistere)* ankämpfen gegen; 3. *(ostacolare)* behindern

contrastato [kontras'taːto] *adj* 1. kontrastreich; 2. *(ostacolato)* umkämpft, umstritten

contrasto [kon'trasto] *m* Kontrast *m,* Gegensatz *m;* ~ *di opinioni* Meinungsverschiedenheit *f*

contrattempo [kontrat'tɛmpo] *m* Zwischenfall *m*

contratto [kon'tratto] *m ECO* Vertrag *m;* ~ *d'affitto* Mietvertrag *m;* ~ *di base* Rahmenvertrag *m;* ~ *di compravendita* Kaufvertrag *m;* ~ *esclusivo* Exklusivvertrag *m;* ~ *di matrimonio* Ehevertrag *m;* ~ *preliminare* Vorvertrag *m;* ~ *di risparmio* Sparvertrag *m;* ~ *tariffario* Tarifvertrag *m;* per ~ vertraglich; ~ *a termine* Zeitvertrag *m*

contrattuale [kontrattu'aːle] *adj* vertraglich

contravvenire [kontravve'niːre] *v* zuwiderhandeln

contravvenzione [kontravventsi'oːne] *f* 1. *(multa)* Bestrafung *f;* 2. *(trasgressione)* Vergehen *n,* Zuwiderhandlung *f*

contribuente [kontribu'ɛnte] *m/f* Steuerzahler(in) *m/f*

contribuire [kontribu'iːre] *v irr* 1. beitragen; 2. ~ *con* beisteuern

contributo [kontri'buːto] *m* 1. Beitrag *m,* Beteiligung *f; contributi sociali* Sozialabgaben *pl;* ~ *alle spese* Unkostenbeitrag *m;* ~ *straordinario* Sonderabgaben *pl; dare un* ~ *a* bezuschussen; 2. *(per le spese di spedizione)* Schutzgebühr *f;* 3. *JUR* Beihilfe *f*

contrito [kon'triːto] *adj* 1. zerknirscht; 2. *(pentito)* reuig, zerknirscht

contro ['kontro] *adv* 1. dagegen; ~ *che cosa* wogegen; ~ *la legge* rechtswidrig; ~ *le norme* ordnungswidrig; *prep* 2. gegen, wider; *m* 3. Kontra *n*

controbattere [kontro'battere] *v* 1. kontern, dagegenhalten; 2. *(replicare)* zurückgeben

controbilanciare [kontrobilan'tʃaːre] *v* 1. ausgleichen; 2. *(fig)* aufholen

controfigura [kontrofi'guːra] *f CINE* Double *n*, Doppelspieler *m*

controfirmare [kontrofir'maːre] *v* gegenzeichnen

controindicazione [kontroindikatsi-'oːne] *f MED* Gegenanzeige *f*

controllare [kontrol'laːre] *v* 1. kontrollieren, überprüfen; 2. *(il conto)* nachrechnen

controllo [kon'trɔllo] *m* 1. Kontrolle *f*, Überprüfung *f*; ~ *degli armamenti* Rüstungskontrolle *f*; ~ *dei bagagli* Gepäckkontrolle *f*; ~ *alla frontiera* Grenzkontrolle *f*; ~ *delle nascite* Geburtenkontrolle *f*, Geburtenregelung *f*; ~ *dei passaporti* Passkontrolle *f*; ~ *radar* Radarkontrolle *f*; ~ *con ultrasuoni* Ultraschalluntersuchung *f*; 2. *(autocontrollo)* Fassung *f*

controllore [kontrol'loːre] *m* Kontrolleur *m*; ~ *di volo* Fluglotse *m*

controluce [kontro'luːtʃe] *m* Gegenlicht *n*

contromisura [kontromi'suːra] *f* Gegenmaßnahme *f*

controproducente [kontroprodu'tʃente] *adj* 1. Gegen..., gegenwirkend; 2. *(inopportuno)* störend

controprova [kontro'prɔːva] *f* 1. *JUR* Gegenbeweis *m*; 2. *MATH* Gegenprobe *f*

controsenso [kontro'sɛnso] *m* Gegensinn *m*

controspionaggio [kontrospio'naddʒo] *m MIL* Spionageabwehr *f*

controvalore [kontrova'loːre] *m* Gegenwert *m*

controversia [kontro'vɛrsia] *f* Kontroverse *f*, Streit *m*; ~ *giudiziaria* Rechtsstreit *m*

controverso [kontro'vɛrso] *adj* kontrovers, strittig

controvoglia [kontro'vɔːʎa] *adv* widerwillig, notgedrungen

conturbante [kontur'bante] *adj* aufregend

contusione [kontuzi'oːne] *f* 1. *MED* Prellung *f*; 2. *(dovuta a schiacciamento) MED* Quetschung *f*

convalescente [konvale'ʃɛnte] *m/f* Genesende(r) *m/f*

convalescenza [konvale'ʃɛntsa] *f* Genesung *f*

convegno [kon've:ɲo] *m* Treffen *n*, Zusammenkunft *f*; ~ *amoroso* Schäferstündchen *n*

conveniente [konveni'ɛnte] *adj* 1. *(opportuno)* angebracht, schicklich; 2. *(a basso*

prezzo) preiswert, preisgünstig; 3. *(vantaggioso)* vorteilhaft

convenienza [konveni'ɛntsa] *f* 1. Angemessenheit *f*; 2. *(vantaggio)* Vorzug *m*

convenire [konve'niːre] *v irr* 1. sich rentieren; 2. *(concordare)* übereinstimmen

convento [kon'vɛnto] *m REL* Kloster *n*

convenzionale [konventsio'naːle] *adj* konventionell

convenzione [konventsi'oːne] *f* 1. *(consuetudine)* Konvention *f*; 2. *POL* Konvention *f*; ~ *per il disarmo* Abrüstungsabkommen *n*

convergenza [konver'dʒɛntsa] *f* Konvergenz *f*, Einigkeit *f*; ~ *verso la moneta unica* Zustimmung zur Währungsunion *f*

conversare [konver'saːre] *v* sich unterhalten

conversazione [konversatsi'oːne] *f* Gespräch *n*, Unterhaltung *f*; ~ *telefonica* Telefongespräch *n*

conversione [konversi'oːne] *f* 1. Umwandlung *f*; 2. *FIN* Umrechnung *f*; 3. *REL* Bekehrung *f*; 4. *ECO* Umschuldung *f*

convertire [konver'tiːre] *v* 1. *REL* konvertieren; 2. *(altre persone) REL* bekehren; 3. *(trasformare)* umwandeln; 4. *(unità di misura)* umrechnen

convertirsi [konver'tirsi] *v* 1. *REL* sich bekehren; 2. *(mutarsi)* sich verwandeln

convincente [konvin'tʃente] *adj* 1. überzeugend; 2. *(fig)* schlagkräftig

convincere [kon'vintʃere] *v irr* 1. überreden; 2. *(persuadere)* überzeugen; 3. *(fig)* bekehren

convincimento [konvintʃi'mento] *m* Überredung *f*

convinzione [konvintsi'oːne] *f* Überzeugung *f*

convivenza [konvi'vɛntsa] *f* Zusammenleben *n*

convivere [kon'viːvere] *v irr* 1. zusammenleben; 2. *(coabitare)* zusammenwohnen

convocare [konvo'kaːre] *v* einberufen, versammeln

convocazione [konvokatsi'oːne] *f* Einberufung *f*, Zusammenkunft *f*

convoglio [kon'vɔ:ʎo] *m* 1. Eisenbahnzug *m*; 2. *(colonna di veicoli)* Konvoi *m*

convulsivo [konvulsi'oːne] *adj* krampfhaft

cooperare [koope'raːre] *v* 1. mitwirken; 2. *(contribuire)* beisteuern

cooperativa [koopera'tiːva] *f ECO* Genossenschaft *f*

cooperativo [koopera'tiːvo] *adj* kooperativ, genossenschaftlich

cooperazione [kooperatsi'oːne] *f* Kooperation *f*, Mitwirkung *f*

coordinamento [koordina'mento] *m* Zuordnung *f*

coordinare [koordi'naːre] *v* koordinieren

coordinazione [koordinatsi'oːne] *f* Koordination *f*

coperchio [ko'pɛrkio] *m* Deckel *m*, Kappe *f*; *Il* ~ *non chiude*. Der Deckel schließt nicht.

coperta [ko'pɛrta] *f* 1. *(della nave)* Deck *n*; 2. *(del letto)* Bettdecke *f*, Zudecke *f*; *Posso avere ancora una* ~? Kann ich noch eine Decke haben?

copertina [koper'tiːna] *f* 1. Umschlag *m*, Schutzhülle *f*; 2. *(del libro)* Bucheinband *m*, Einband *m*; *articolo di* ~ Titelstory *f*

coperto [ko'pɛrto] *m* 1. GAST Gedeck *n*; *Ci può portare un altro* ~? Können Sie uns noch ein Gedeck bringen? *Coperto compreso?* Ist das Gedeck inklusive? *adj* 2. bedeckt; 3. *(nascosto)* verdeckt; 4. *(velato)* verschleiert; 5. *(garantito)* gesichert, garantiert

copertone [koper'toːne] *m* Plane *f*, Reifen *m*

copertura [koper'tuːra] *f* 1. *(rivestimento)* TECH Verkleidung *f*; 2. ~ *con tetto* Überdachung *f*; 3. ECO Deckung *f*

copia ['kɔːpia] *f* 1. Kopie *f*, Abzug *m*; ~ *a mano* Zweitschrift *f*; ~ *dattiloscritta* Doppel *n*, Durchschlag *m*; 2. *(di uno scritto)* Abschrift *f*; 3. *(esemplare)* Exemplar *n*; 4. *(di giornale)* Nummer *f*, Auflage *f*; 5. *(riproduzione)* Abbild *n*; 6. *(di una pratica)* Ausfertigung *f*, Duplikat *n*; ~ *pirata* Raubkopie *f*

copiare [kopi'aːre] *v* 1. kopieren; 2. *(trascrivere)* abschreiben; ~ *a macchina* abtippen; 3. *(riprodurre)* nachbilden, nachmachen; 4. *(dal compagno di scuola)* spicken, abschreiben

copiatura [kopia'tuːra] *f* 1. Nachahmung *f*; 2. *(trascrizione)* Abschrift *f*, Abschreiben *m*

copilota [kopi'lɔːta] *m* Kopilot *m*

copioso [kopi'oːso] *adj* ausgiebig

coppa ['kɔppa] *f* *(calice)* Becher *m*; ~ *di gelato* Eisbecher *m*

coppia ['kɔppia] *f* 1. Paar *n*; *a* ~ paarweise; ~ *d'innamorati* Liebespaar *n*; ~ *di sposi* Brautpaar *n*; 2. *(fig)* Gespann *n*

coprire [ko'priːre] *v irr* 1. bedecken, zudecken; 2. *(rivestire)* behängen, verhängen; 3. *(fig)* decken; 4. *(nascondere)* kaschieren; 5. *(piante)* überwuchern

coprirsi [ko'prirsi] *v irr* 1. sich zudecken, sich bedecken; 2. *(con abiti pesanti)* sich warm anziehen; 3. ~ *di gloria (fig)* Ruhm davontragen; ~ *di ridicolo* sich lächerlich machen

copriruota [kopriru'ɔːta] *m* Radkappe *f*

copritetto [kopri'tetto] *m* Dachdecker *m*

coproduzione [koprodutsi'oːne] *f* Koproduktion *f*

copularsi [kopu'larsi] *v* 1. sich vermählen, heiraten; 2. *(accoppiarsi)* sich paaren

coraggio [ko'raddʒo] *m* Mut *m*; *avere il* ~ sich trauen; ~ *civile* Zivilcourage *f*

coraggiosamente [koraddʒosa'mente] *adv* mutig

coraggioso [korad'dʒoːso] *adj* 1. mutig, tapfer, beherzt; *m* 2. Tapferer *m*

corazza [ko'rattsa] *f* 1. Schutzpanzer *m*; 2. ZOOL Panzer *m*

corazzata [kora'tsaːta] *f* NAUT Kriegsschiff *m*, Panzerkreuzer *m*

corda ['kɔrda] *f* 1. Schnur *f*; 2. *(guinzaglio)* Leine *f*; 3. *(fune)* Strick *m*; ~ *per saltare* Springseil *n*; 4. TECH Strang *m*

cordiale [kordi'aːle] *adj* 1. herzlich, warmherzig; 2. *(risata)* herzhaft

cordialmente [kordial'mente] *adv* herzlich

cordoglio [kor'dɔːʎo] *m* 1. *(lutto)* Trauer *f*; 2. *(dolore)* Betrübnis *f*, Schmerz *m*; 3. *(condoglianze)* Beileidsbekundung *f*

cordoncino [kordon'tʃiːno] *m* Kordel *f*, Bindfaden *m*

cordone [kor'doːne] *m* Schnur *f*

coreografia [koreogra'fiːa] *f* Choreografie *f*

coriandolo [kori'andolo] *m* 1. BOT Koriander *m*; 2. *(di carnevale)* Konfetti *n*

coricarsi [kori'karsi] *v* 1. sich hinlegen; 2. *(andare a letto)* ins Bett gehen; 3. *(sole)* untergehen

cornacchia [kor'nakkia] *f* ZOOL Krähe *f*

cornetto [kor'netto] *m* GAST Hörnchen *n*

cornice [kor'niːtʃe] *f* ~ *di un quadro* Bilderrahmen *m*

corno ['kɔrno] *m* 1. ZOOL Horn *n*; 2. MUS Horn *n*

coro ['kɔːro] *m* Chor *m*; ~ *di chiesa* Kirchenchor *m*

corona [ko'roːna] *f* 1. Krone *f*; 2. *(ghirlanda)* Kranz *m*

coronamento [korona'mento] *m* 1. Krönung *f*; 2. *(finimento)* Vollendung *f*

coronare [koro'naːre] *v* krönen

corpo ['kɔrpo] *m 1.* Körper *m; 2. (di perso-na)* Leib *m; 3. (fig)* Profil *n*
corporatura [korpora'tuːra] *f* Körper-bau *m*
corporazione [korporatsi'oːne] *f 1.* Kör-perschaft *f; 2. (associazione)* Vereinigung *f,* Gilde *f; ~ artigiana* Handwerkerinnung *f*
corporeo [kor'pɔːreo] *adj* körperlich
corpulento [korpu'lɛnto] *adj* beleibt
Corpus ['ɪɔrpus] *m ~ Domini REL* Fronleichnam *m*
corredo [kor'rɛːdo] *m 1.* Aussteuer *f; 2. ~ per riparare forature TECH* Flickzeug *n*
correggere [kor'rɛddʒere] *v irr* korrigie-ren
corrente [kor'rɛnte] *adj 1.* durchgängig, laufend; *il ~ mese* der laufende Monat *m; 2. (usuale)* landläufig, allgemein; *3. (presen-te)* zeitgenössisch; *4. (che scorre)* fließend; *f 5. (acqua)* Strömung *f,* Lauf *m; 6. ~ politica POL* politische Strömung *f; 7. (aria)* Zugluft *f; 8. ~ elettrica* elektrischer Strom *m; ~ alter-nata* Wechselstrom *m; ~ ad alta tensione* Starkstrom *m; ~ trifase* Drehstrom *m; man-canza di ~* Stromausfall *m*
correntezza [korren'tettsa] *f* Kulanz *f*
correre ['korrere] *v irr 1.* eilen, laufen; *~ dietro* hinterherlaufen; *~ via* weglaufen; *2. lasciar ~ qc* etw bleiben lassen
corresponsabile [korrespon'saːbile] *adj 1.* mitschuldig, mitverantwortlich; *m/f 2.* Mitverantwortliche(r) *m/f*
correttamente [korretta'mente] *adv 1.* fair; *2. (senza errori)* korrekt, fehlerfrei
correttezza [korret'tettsa] *f* Fairness *f,* Korrektheit *f*
corretto [kor'rɛtto] *adj* korrekt, fair
correzione [korretsi'oːne] *f* Korrektur *f,* Verbesserung *f*
corrida [kor'riːda] *f* Stierkampf *m*
corridoio [korri'doːio] *m 1.* Flur *m,* Korridor *m; 2. (di casa)* Hausflur *m,* Gang *m*
corridore [korri'doːre] *m 1. SPORT* Läufer *m; 2. (con un veicolo)* Rennfahrer *m*
corriere [korri'ɛːre] *m* Kurier *m,* Eilbote *m*
corrispondente [korrispon'dɛnte] *adj 1.* dementsprechend, entsprechend; *m/f 2.* Korrespondent(in) *m/f*
corrispondentemente [korrisponden-te'mente] *adv* dementsprechend
corrispondenza [korrispon'dɛntsa] *f 1.* Briefwechsel *m; ~ commerciale* Handels-korrespondenz *f; 2. (uguaglianza)* Überein-stimmung *f*

corrispondere [korris'pondere] *v irr 1.* entsprechen; *2. (lettera)* korrespondieren
corrodere [kor'roːdere] *v CHEM* ätzen
corrompere [kor'rompere] *v irr 1.* beste-chen; *2. (fig: influire negativamente)* ver-derben
corrosione [korrozi'oːne] *f CHEM* Kor-rosion *f*
corrotto [kor'rotto] *adj 1.* korrupt; *2. (fig)* verdorben; *3. (fig: cibi)* verdorben; *4. (depra-vato)* ungenießbar
corruttibile [korrut'tiːbile] *adj* bestech-lich
corruzione [korrutsi'oːne] *f* Bestechung *f,* Korruption *f*
corsa ['korsa] *f 1.* Laufen *n,* Rennen *n; di ~* schleunigst; *2. (di persona)* Lauf *m; ~ di fondo* Dauerlauf *m,* Langlauf *m; ~ ad ostaco-li* Hürdenlauf *m; ~ di staffetta* Staffellauf *m; 3. SPORT* Rennen *n; ~ automobilistica* Autorennen *n; ~ di cavalli* Pferderennen *n; ~ al trotto* Trabrennen *n; 4. TECH* Hub *m; 5. ~ agli armamenti MIL* Wettrüsten *n*
corsia [kor'siːa] *f 1.* Fahrspur *f; a una ~* einspurig; *~ contraria* Gegenfahrbahn *f; ~ d'emergenza* Standspur *f; ~ di sorpasso* Überholspur *f; 2. (del traffico)* Durch-fahrts-straße *f; 3. (corridoio)* Flur *m*
corso ['korso] *m 1.* Kurs *m; ~ d'introduzio-ne* Einführungskurs *m; ~ di danza* Tanzkurs *m; ~ di lezioni* Lehrgang *m; ~ di nuoto* Schwimmkurs *m; ~ per corrispondenza* Fernkurs *m; ~ serale* Abendkurs *m; 2. (decorso)* Verlauf *m,* Lauf *m; ~ del fiume* Flussverlauf *m; 3. ~ mascherato* Kar-nevalszug *m; 4. FIN* Kurs *m; ~ azionario* Aktienkurs *m; ~ d'acquisto* Ankaufskurs *m; ~ dei cambi* Wechselkurs *m,* Devisenkurs *m; ~ di borsa* Börsenkurs *m*
corte ['korte] *f 1. JUR* Gericht *n,* Gerichtshof *m; ~ d'assise* Schwurgericht *n; ~ costituzionale* Verfassungsgericht *n; ~ di giu-stizia* Gerichtshof *m; 2. ~ del re* Königshof *m*
corteccia [kor'tettʃa] *f 1.* Borke *f; 2. BOT* Rinde *f; ~ d'albero* Baumrinde *f*
corteggiare [korted'dʒaːre] *v* umschwär-men, umwerben
corteggiatore [korteddʒa'toːre] *m* Ver-ehrer *m*
corteggiatrice [korteddʒa'triːtʃe] *f* Ver-ehrerin *f*
corteo [kor'tɛːo] *m* Umzug *m; ~ carneva-lesco* Karnevalsumzug *m*
cortese [kor'teːze] *adj* höflich, gefällig

cortesia [korte'zi:a] *f* Höflichkeit *f; per ~* bitte
cortezza [kor'tettsa] *f 1.* Kürze *f; 2. (fig)* Beschränktheit *f*
cortile [korti:le] *m* Hof *m*
cortisone [korti'zo:ne] *m MED* Kortison *n*
corto ['korto] *adj 1. (luogo)* kurz; *tener ~* sparen; *tagliar ~* kurz angebunden sein; *2. (poco intelligente)* dümmlich, beschränkt; *m 3. ~ circuito TECH* Kurzschluss *m*
corvo ['kɔrvo] *m ZOOL* Rabe *m*
cosa ['kɔ:sa] *f* Ding *n,* Sache *f; a che ~* wozu, wonach, woran; *~ ovvia* Selbstverständlichkeit *f; ~ principale* Hauptsache *f; ~ secondaria* Nebensache *f; da che ~* woraus; *Che ~?* Was?
coscia ['kɔ:ʃa] *f 1. GAST* Keule *f; 2. ANAT* Oberschenkel *m*
cosciente [ko'ʃɛnte] *adj* bewusst
coscienza [ko'ʃɛntsa] *f 1.* Gewissen *n; 2. (consapevolezza)* Bewusstsein *f; ~ del dovere* Pflichtbewusstsein *n; ~ di sé* Selbstbewusstsein *n*
coscienziosità [koʃentsiosi'ta] *f* Gewissenhaftigkeit *f*
coscienzioso [koʃentsi'o:so] *adj* gewissenhaft
cosetta [co'setta] *f* Kleinigkeit *f*
così [ko'si] *adv 1.* so, derart; *~ ~* so la la/teils, teils; *non ~ tanto* nicht so viel; *Basta ~.* Das reicht. *2. (tale)* solch ein; *konj 3.* also; *4. (perciò)* so
cosicché [kosik'ke] *konj* so dass
cosiddetto [kosi'detto] *adj* so genannt
cosmesi [koz'mɛ:si] *f* Kosmetik *f*
cosmetico [koz'mɛːtiko] *adj 1.* kosmetisch; *2. cosmetici pl* Kosmetika *pl*
cosmico ['kɔzmiko] *adj* kosmisch
cosmo ['kɔzmo] *m* All *n,* Kosmos *m*
cosmopolita [kozmopo'li:ta] *m/f* Kosmopolit(in) *m/f*
cosmopolitico [kozmopo'li:tiko] *adj* kosmopolitisch
cospargere [kos'pardʒere] *v irr 1. (fiori)* ausstreuen; *2. (liquidi)* befeuchten, benetzen; *~ di* besprengen mit
cospicuo [kos'pi:kuo] *adj (rilevante)* ansehnlich, beachtlich
cospirare [kospi'ra:re] *v* sich verschwören
cospiratore [kospira'to:re] *m* Verschwörer *m*
cospiratrice [kospira'tri:tʃe] *f* Verschwörerin *f*

cospirazione [kospiratsi'o:ne] *f 1.* Verrat *m; 2. (congiura)* Komplott *m,* Verschwörung *f*
costante [kos'tante] *adj 1. (tempo)* konstant, gleich bleibend; *2. (ininterrotto)* ständig, stetig
costanza [kos'tantsa] *f* Beständigkeit *f,* Beharrlichkeit *f*
costare [kos'ta:re] *v (prezzo)* kosten; *Quanto costa questo?* Wie viel kostet das?
costatare [kosta'ta:re] *v* feststellen
costellazione [kostellatsi'o:ne] *f 1.* Konstellation *f; 2. ASTR* Sternbild *n*
costernazione [kosternatsi'o:ne] *f* Bestürzung *f*
costiero [kosti'ɛːro] *adj* Küsten...
costipazione [kostipatsi'o:ne] *f MED* Darmverstopfung *f*
costituire [kostitu'i:re] *v irr 1.* gründen; *2. (formare)* formen, bilden
costituirsi [kostitu'irsi] *v irr 1.* sich bilden, sich konstituieren; *~ in nazione* sich zu einer Nation zusammenschließen; *2. (consegnarsi alla polizia)* sich der Polizei stellen
costituzione [kostitutsi'o:ne] *f 1. POL* Verfassung *f; 2. MED* Verfassung *f,* Konstitution *f*
costo ['kɔsto] *m* Preis *m,* Kosten *pl; ~ del materiale* Materialkosten *pl; ~ della vita* Lebenshaltungskosten *pl; costi d'acquisto* Anschaffungskosten *pl; ad ogni ~* um jeden Preis; *a nessun ~* auf keinen Fall/um keinen Preis
costola ['kɔstola] *f 1. GAST* Rippe *f; 2. ANAT* Rippe *f*
costoletta [kosto'letta] *f 1. GAST* Kotelett *n; ~ alla milanese* Wiener Schnitzel *n; 2. (costata) GAST* Rippe *f*
costretto [kos'tretto] *adj* gezwungen
costringere [kos'trindʒere] *v* zwingen
costrittivo [kostrit'ti:vo] *adj* zwingend
costrizione [kostritsi'o:ne] *f* Zwang *m; ~ di tasto* Tastenzwang *m*
costruire [kostru'i:re] *v irr 1.* bauen, erbauen; *2. (fig)* konstruieren; *3. (con il legno)* zimmern
costruttivo [kostrut'ti:vo] *adj* konstruktiv
costruttore [kostrut'to:re] *adj 1.* Bau... *m 2. (chi costruisce)* Erbauer *m,* Bauträger *m*
costruzione [kostrutsi'o:ne] *f* Konstruktion *f; nuova ~* Neubau *m; costruzioni aeronautiche* Flugzeugbau *m; ~ di macchine* Maschinenbau *m; ~ navale* Schiffbau *m; ~*

sotto il livello del suolo Tiefbau *m;* ~ *stradale* Straßenbau *m;* ~ *a traliccio* Fachwerkhaus *n;* ~ *del periodo* Satzbau *m*
costui [kos'tui] *pron* dieser dort, der dort
costume [kos'tu:me] *m 1.* Kostüm *n,* Tracht *f;* ~ *da bagno* Badeanzug *m;* ~ *di carnevale* Faschingskostüm *n; 2. (uso)* Sitte *f; buon* ~ Sittlichkeit *f*
cotenna [ko'tenna] *f 1. (libro)* Schwarte; *2. (fam)* Wälzer *m*
cotogno [ko'to:ɲo] *m* BOT Quitte *f*
cotoletta [koto'letta] *f* GAST Schnitzel *n*
cotone [ko'to:ne] *m 1.* BOT Baumwolle *f; È puro* ~ *questo?* Ist das reine Baumwolle? *2. (bambagia)* Watte *f*
cotto ['kɔtto] *adj* GAST gar, gekocht
cottura [kot'tu:ra] *f 1.* ~ *al forno* GAST Überbacken *n; 2.* ~ *in graticola* GAST Braten *n,* Rösten *n*
cova ['ko:va] *f* Brut *f*
covare [ko'va:re] *v 1.* ausbrüten, brüten; *2. (fig)* hegen
covo ['ko:vo] *m 1. (animali feroci)* Tierhöhle *f; 2. (di ladri)* Räuberhöhle *f; 3. (di una volpe)* Fuchsbau *m,* Bau *m*
cozza ['kɔttsa] *f* ZOOL Miesmuschel *f*
crampo ['krampo] *m* MED Krampf *m;* ~ *al polpaccio* Wadenkrampf *m*
cranio ['kra:nio] *m* ANAT Schädel *m*
cratere [kra'tɛ:re] *m* Krater *m;* ~ *di bombe* Bombenkrater *m*
crauti ['kra:uti] *pl* GAST Kraut *n,* Sauerkraut *n*
cravatta [kra'vatta] *f* Krawatte *f,* Schlips *m*
creare [kre'a:re] *v 1.* erschaffen; *2. (suscitare)* auslösen, erregen
crearsi [kre'arsi] *v* sich verschaffen
creatività [kreativi'ta] *f* Kreativität *f*
creativo [krea'ti:vo] *adj* kreativ, schöpferisch
creato [kre'a:to] *adj 1.* ins Leben gerufen, kreiert; *m 2.* Schöpfung *f,* Universum *n*
creatore [krea'to:re] *m* Schöpfer *m;* ~ *di moda* Modeschöpfer *m*
creatura [krea'tu:ra] *f* Lebewesen *n*
creazione [kreatsi'o:ne] *f* Kreation *f,* Schöpfung *f*
credente [kre'dɛnte] *adj 1.* REL gläubig; *m/f 2.* REL Gläubige(r) *m/f*
credenza[1] [kre'dɛntsa] *f* REL Glaube *m*
credenza[2] [kre'dɛntsa] *f (armadio, stanzetta)* Küchenschrank *m,* Speisekammer *f*
credere ['kre:dere] *v* glauben

credibile [kre'di:bile] *adj* glaubwürdig
credibilità [kredibili'ta] *f* Glaubhaftigkeit *f,* Glaubwürdigkeit *f*
credito ['kre:dito] *m 1.* Ruf *m; 2. (fede, attendibilità)* Glaube *m; dare* ~ *alle maldicenze* Verleumdungen glauben; *3.* ECO Geldforderung *f; 4. (prestito)* ECO Kredit *m;* ~ *allo scoperto* Überziehungskredit *m;* ~ *di transizione* Überziehungskredit *m; 5. (avere)* ECO Haben *n; mettere in* ~ gutschreiben
creditore [kredi'to:re] *m* ECO Gläubiger *m*
credo ['krɛ:do] *m* REL Glaubensbekenntnis *n*
credulo ['kre:dulo] *adj* leichtgläubig
credulone [kredu'lo:ne] *adj* leichtgläubig
crema ['krɛ:ma] *f 1.* Sahne *f; 2. (pomata)* Creme *f;* ~ *da barba* Rasiercreme *f;* ~ *solare* Sonnencreme *f*
cremazione [krematsi'o:ne] *f* Feuerbestattung *f,* Einäscherung *f*
crepa ['krɛ:pa] *f (fessura)* Riss *m,* Sprung *m; pieno di crepe* rissig
crepaccio [kre'pattʃo] *m* Aufbruch *m,* Riss *m,* Spalte *f*
crepare [kre'pa:re] *v* verenden; ~ *dalle risate* sich schieflachen
crepuscolare [krepusko'la:re] *adj* dämmerig
crepuscolo [kre'puskolo] *m* Dämmerung *f,* Zwielicht *n*
crescente [kre'ʃɛnte] *adj* steigend, wachsend
crescere ['kre:ʃere] *v irr 1.* aufwachsen, heranwachsen; *2. (aumentare)* wachsen, zunehmen; *3. (suono)* anschwellen
crescita ['kre:ʃita] *f* Wachstum *n,* Wuchs *m*
cresima ['krɛ:zima] *f 1. (cattolica)* REL Firmung *f; 2. (evangelica)* REL Konfirmation *f*
cresimando [krezi'mando] *m* REL Konfirmand *m*
crespo ['krespo] *adj 1.* kraus; *2. (pelle)* runzlig; *m 3.* Krepp *m*
cresta ['kresta] *f 1.* GEOL Grat *m,* Bergkamm *m; 2. (di uccello, di gallo)* ZOOL Kamm *m*
creta ['kre:ta] *f 1.* GEO Kreide *f; 2. (argilla)* Ton *m,* Lehm *m*
cretino [kre'ti:no] *adj 1.* geistesgestört; *m 2. (fig)* Trottel *m*
cricco ['krikko] *m* TECH Wagenheber *m*
criceto [kri'tʃe:to] *m* ZOOL Hamster *m*

criminale [krimi'naːle] *adj 1.* kriminell, verbrecherisch; *m/f 2.* Verbrecher(in) *m/f,* Gewaltverbrecher(in) *m/f*
criminalità [kriminali'ta] *f* Kriminalität *f;* ~ *economica* Wirtschaftkriminalität *f*
crimine ['kriːmine] *m* Verbrechen *n*
criniera [krini'ɛːra] *f* Haarsträhne *f*
cripta ['kripta] *f* Gruft *f*
crisi ['kriːzi] *f* Krise *f;* ~ *economica* Wirtschaftskrise *f;* ~ *governativa* Regierungskrise *f;* ~ *d'identità* Identitätskrise *f;* ~ *di mercato* Absatzkrise *f;* ~ *strutturale* Strukturkrise *f; senza pericolo di* ~ krisenfest
cristallizzare [kristallid'dzaːre] *v* kristallisieren
cristallo [kris'tallo] *m* Kristall *n*
cristianesimo [kristia'neːzimo] *m REL* Christentum *n*
cristianità [kristiani'ta] *f REL* Christenheit *f*
cristiano [kristi'aːno] *adj 1. REL* christlich; *m 2. REL* Christ *m*
Cristo ['kristo] *m REL* Christus *m*
criterio [kri'tɛːrio] *m 1.* Kriterium *n; 2. (senno)* Vernunft *f; 3. (elemento di giudizio)* Maßstab *m,* Kriterium *n*
critica ['kriːtika] *f* Kritik *f*
criticabile [kriti'kaːbile] *adj 1.* der Kritik ausgesetzt; *2. (biasimabile)* beanstandbar
criticare [kriti'kaːre] *v 1.* kritisieren; *2. (brontolare)* nörgeln
critico ['kriːtiko] *adj 1. (difficile)* kritisch, schwer; *m 2.* Kritiker *m*
croccante [krok'kante] *adj 1.* knusprig; *m 2. GAST* Krokant *m*
croce ['kroːtʃe] *f* Kreuz *n;* ~ *uncinata* Hakenkreuz *n*
crocevia [krotʃe'viːa] *m* Kreuzung *f,* Straßenkreuzung *f*
crociata [kro'tʃaːta] *f* Kreuzzug *m*
crociera [kro'tʃɛːra] *f* Kreuzfahrt *f*
crocifissione [krotʃifissi'oːne] *f REL* Kreuzigung *f*
crocifisso [krotʃi'fisso] *m REL* Kruzifix *n*
crogiolarsi [krodʒo'larsi] *v 1.* sich räkeln, sich in der Sonne aalen; *2. (abbandonarsi a qc con molto piacere)* schwelgen; *3. (deliziarsi)* sich weiden
crogiolo [kro'dʒɔːlo] *m (fig)* Schmelztiegel *m*
crollare [krol'laːre] *v 1.* einstürzen; *2. (soffitto)* einbrechen; *3. (edificio)* zusammenfallen; *4. (marcio)* zerfallen; *5. (fig: addosso)* hereinbrechen; *6. (fig)* schlappmachen

crollo ['krɔllo] *m 1.* Einbruch *m,* Einsturz *m; 2. (rovina)* Ruin *m,* Zerfall *m; 3. MED* Zusammenbruch *m; 4.* ~ *in borsa FIN* Börsenkrach *m*
cromatica [kro'maːtika] *f PHYS* Chromatik *f*
cromo ['krɔːmo] *m CHEM* Chrom *m*
cromosoma [kromo'sɔːma] *m BIO* Chromosom *n*
cronaca ['krɔːnaka] *f* Chronik *f,* Reportage *f;* ~ *locale* Lokalnachrichten *pl*
cronico ['krɔːniko] *adj* chronisch
cronista [kro'nista] *m/f* Reporter(in) *m/f;* ~ *sportivo* Sportreporter *m*
cronologia [kronolo'dʒiːa] *f* Chronologie *f,* Zeitablauf *m*
cronologico [krono'lɔːdʒiko] *adj* chronologisch, zeitlich
cronometrare [kronome'traːre] *v* stoppen
cronometro [kro'nɔːmetro] *m* Stoppuhr *f*
crosta ['krɔsta] *f 1.* Kruste *f;* ~ *del pane* Brotkruste *f; 2. GAST* Rinde *f; 3. MED* Schorf *m*
crostaceo [kros'taːtʃeo] *m ZOOL* Schalentier *n*
crostata [kros'taːta] *f GAST* Mürbeteigkuchen *m*
crostino [kros'tiːno] *m GAST* Toast *m*
cruccio ['kruttʃo] *m 1.* Leid *n; 2. (collera)* Zorn *m*
cruciale [kru'tʃaːle] *adj* bedeutend, kritisch
cruciverba [krutʃi'vɛrba] *m* Kreuzworträtsel *n;* ~ *sillabico* Silbenrätsel *n*
crudele [kru'deːle] *adj* grausam
crudeltà [krudel'ta] *f* Grausamkeit *f*
crudo ['kruːdo] *adj* roh, herb
cruna ['kruːna] *f* Nadelöhr *n*
cubetto [ku'betto] *m* Würfel *m;* ~ *di ghiaccio* Eiswürfel *m*
cubo ['kuːbo] *m MATH* Würfel *m; metro* ~ Kubikmeter *m*
cuccagna [kuk'kaːɲa] *f 1. paese della* ~ Schlaraffenland *n; 2. albero della* ~ Klettergerüst *n*
cuccetta [kut'tʃetta] *f 1.* Koje *f; 2. vagone a cuccette* Liegewagen *m*
cucchiaino [kukkia'iːno] *m* kleiner Löffel *m;* ~ *da caffè* Kaffeelöffel *m;* ~ *da tè* Teelöffel *m*
cucchiaio [kukki'aːio] *m* Esslöffel *m,* Löffel *m;* ~ *da minestra* Suppenlöffel *m*
cucciolo ['kuttʃolo] *m ZOOL* Welpe *m*

cucina [ku'tʃiːna] *f 1. (camera)* Küche *f;*
2. (il cucinare) Küche *f; ~ casalinga*
Hausmannskost *f; 3. (apparecchio)* Herd *m*
cucinare [kutʃi'naːre] *v (preparare)* kochen
cucire [ku'tʃiːre] *v 1.* nähen; *2. (imbastire)*
heften; *3. (rammendare)* stopfen
cucito [ku'tʃiːto] *adj 1.* genäht; *m 2.*
Näharbeit *f*
cucitura [kutʃi'tuːra] *f* Naht *f*
cuculo ['kuːkulo/ku'kuːlo] *m ZOOL*
Kuckuck *m*
cuffia ['kuffia] *f 1.* Haube *f; 2. (apparecchio)* Kopfhörer *m*
cugina [ku'dʒiːna] *f* Kusine *f,* Base *f*
cugino [ku'dʒiːno] *m* Cousin *m,* Vetter *m*
cui [kui] *pron* dem, der; *da ~* woraus; *per*
~ weswegen
culinario [kuli'naːrio] *adj* kulinarisch,
Küchen... *arte culinaria* Kochkunst *f*
culla ['kulla] *f* Wiege *f*
cullare [kul'laːre] *v* wiegen
culmine ['kulmine] *m 1.* Höhepunkt *m;*
2. (fig) Spitze *f*
culto ['kulto] *m* Kult *m*
cultura [kul'tuːra] *f* Kultur *f*
culturale [kultu'raːle] *adj* kulturell,
Kultur... *addetto ~* Kulturattaché *m*
cumino [ku'miːno] *m BOT* Kümmel *m*
cumulo ['kuːmulo] *m 1.* Stapel *m,* Haufen
m; 2. ~ di stipendi Doppelverdienst *m*
cuneo ['kuːneo] *m* Keil *m*
cunetta [ku'netta] *f* Gosse *f,* Rinnstein *m*
cuoca [ku'ɔːca] *f* Köchin *f*
cuocere [ku'ɔːtʃere] *v irr 1.* kochen;
2. (infornare) backen; *3. (stufare) GAST* dünsten; *~ a vapore* dämpfen
cuoco [ku'ɔːko] *m* Koch *m*
cuoio [ku'ɔːio] *m 1.* Leder *n; ~ artificiale*
Kunstleder *n; vero ~* echtes Leder *n; 2. (pelle*
degli animali) Haut *f*
cuore [ku'ɔːre] *m 1. ANAT* Herz *n; ~ di*
coniglio (fig) Hasenfuß *m; dal ~ tenero* weichherzig; *di gran ~* sehr gerne, von ganzem
Herzen; *persona di ~* selbstloser Mensch *m;*
2. (centro) Kern *m,* Zentrum *n*
cupo ['kuːpo] *adj 1.* dunkel; *2. (in viso)* rätselhaft, undurchsichtig; *3. (suono)* dumpf;
4. (astioso) unwirsch
cupola ['kuːpola] *f ARCH* Kuppel *f*
cura ['kuːra] *f 1.* Pflege *f,* Versorgung *f;*
2. (assistenza) Betreuung *f,* Fürsorge *f; ~ d'animе* Seelsorge *f; 3. (previdenza)* Vorsorge *f;*
4. (accuratezza) Sorgfalt *f; 5. MED* Behandlung *f; ~ dei raggi* Bestrahlung *f;*
6. (periodo di ~) MED Kur *f; ~ di disassuefazione* Entziehungskur *f; ~ dimagrante*
Abmagerungskur *f,* Schlankheitskur *f; ~ radicale* Radikalkur *f*
curabile [ku'raːbile] *adj* heilbar
curare [ku'raːre] *v 1.* pflegen, kurieren;
2. MED behandeln; *~ con i raggi* bestrahlen;
3. ~ completamente auskurieren; *4. ~ un'edizione* ein Buch herausgeben
curarsi [ku'rarsi] *v 1.* sich pflegen; *2. ~ di*
qc sich um etw kümmern, auf etw achten
curato [ku'raːto] *adj 1. (persona)* gepflegt;
m 2. REL Pfarrer *m*
curatore [kura'toːre] *m* Pfleger *m*
curatrice [kura'triːtʃe] *f* Pflegerin *f*
curiosare [kurio'saːre] *v (fig)* schnüffeln
curiosità [kuriosi'ta] *f 1.* Neugier *f;*
2. (cosa degna di essere vista) Sehenswürdigkeiten *pl*
curioso [kuri'oːso] *adj 1.* neugierig;
2. (strano) komisch, seltsam; *m 3.* Schaulustiger *m*
curriculum [kur'riːkulum] *m ~ vitae*
Lebenslauf *m*
curva ['kurva] *f 1.* Kurve *f,* Bogen *m; pieno*
di curve kurvenreich; *2. (di strada)* Kehre *f*
curvare [kur'vaːre] *v 1.* krümmen, biegen;
2. (svoltare) abbiegen
curvatura [kurva'tuːra] *f* Krümmung *f*
curvo ['kurvo] *adj 1. (dagli anni)* altersschwach; *2. (storto)* gekrümmt; *3. (curvato)*
geschwungen
cuscinetto [kuʃi'netto] *m 1.* Stempelkissen *n; 2. TECH* Lager *n; ~ a sfere* Kugellager *n*
cuscino [ku'ʃiːno] *m 1.* Kissen *n,*
Kopfkissen *n; 2. (di una poltrona)* Polster *n*
cuspide ['kuspide] *f* Spitze *f,* Turmspitze *f*
custode [kus'tɔːde] *m 1. (sorvegliante)*
Kontrolleur *m; 2. (guardiano)* Wärter *m,*
Wächter *m; 3. (di un carcere)* Gefängniswärter *m; 4. (portinaio)* Türsteher *m,*
Hausmeister *m; 5. angelo ~* Schutzengel *m*
custodia [kus'tɔːdia] *f 1.* Etui *n; ~ del violino* Geigenkasten *m; 2. (protezione, cura)*
Gewahrsam *m,* Obhut *f; ~ preventiva* Untersuchungshaft *f*
custodire [kusto'diːre] *v irr 1.* behüten; *Il*
parcheggio è custodito? Ist der Parkplatz
bewacht? *2. (conservare)* aufbewahren, verwahren; *3. (sorvegliare)* überwachen
cute ['kuːte] *f ANAT* Haut *f*

D

da [da] *prep* 1. *(luogo)* ab, aus, von; ~ *Firenze* ab Florenz; *Vengo ~lla Germania.* Ich komme aus Deutschland. *Come arrivo ~ qui a Monaco?* Wie komme ich von hier aus nach München? ~ *qualche parte* irgendwo; *Da dove viene?* Woher kommen Sie? ~ *capo* noch einmal, von vorn; ~ *capo a fondo* von oben bis unten; 2. *(tempo)* her, seit, von; ~ *allora* seitdem; ~ *domani* ab morgen; ~*ll'una* ab ein Uhr; ~*lle ... alle* von ... bis ... 3. *(causale)* vor; ~ *sé* freiwillig; *konj* 4. zu; ~ *accreditare* nur zur Verrechnung

dabbenaggine [dabbe'naddʒine] *f* Einfältigkeit *f,* Naivität *f*

dabbene [dab'bɛːne] *adj* 1. gut; 2. *(onesto)* rechtschaffen; 3. *dabben uomo* einfältiger Mensch *m*

daccapo [dak'kaːpo] *adv* von vorne

dacché [dak'ke] *konj* seitdem, da

dado ['daːdo] *m* 1. Würfel *m; giocare a dadi* Würfel spielen; 2. *TECH* Mutter *f*

dai [dai] *interj* na, auf

daltonico [dal'tɔːniko] *adj* farbenblind

dama ['daːma] *f* 1. Dame *f;* 2. *(gioco)* Damespiel *n*

damasco [da'masko] *m* Damast *m*

damerino [dame'riːno] *m* Geck *m*

damigella [dami'dʒɛlla] *f* Mädchen *n;* ~ *d'onore* Brautjungfer *f*

danaroso [dana'roːso] *adj* wohlhabend

danese [da'neːse] *adj* 1. dänisch; *m/f* 2. Däne/Dänin *m/f*

Danimarca [dani'marka] *f GEO* Dänemark *n*

dannabile [dan'naːbile] *adj* verdammenswert

dannare [dan'naːre] *v* verdammen

dannarsi [dan'narsi] *v* 1. sich verdammen, sich verfluchen; 2. *(logorarsi per il troppo lavoro)* sich abarbeiten, sich plagen; ~ *l'anima* sich zu Tode quälen

danneggiare [danned'dʒaːre] *v* 1. schaden; 2. *(nuocere)* beeinträchtigen, lädieren; 3. *(fare danno)* beschädigen, schädigen

danneggiato [danned'dʒaːto] *adj* beschädigt

danno ['danno] *m* 1. Beschädigung *f,* Schaden *m;* ~ *alle persone* Personenschaden *m;* ~ *di rottura* Bruchschaden *m;* ~ *provocato da incendio* Brandschaden *m;* ~ *totale*

Totalschaden *m; provocare danni/recare danni* Schaden zufügen; *risarcire il* ~ für den Schaden aufkommen; 2. *(il nuocere)* Beeinträchtigung *f;* 3. *TECH* Defekt *m;* ~ *al macchinario* Maschinenschaden *m*

dannoso [dan'noːso] *adj* schädlich, gesundheitsgefährdend

Danubio [da'nuːbio] *m GEO* Donau *f*

danza ['dantsa] *f* Tanz *m*

danzare [dan'tsaːre] *v* tanzen

danzatore [dantsa'toːre] *m* Tänzer *m*

danzatrice [dantsa'triːtʃe] *f* Tänzerin *f*

dappertutto [dapper'tutto] *adv* überall

dapprima [dap'priːma] *adv* anfänglich

dare ['daːre] *v irr* 1. geben, reichen; ~ *a un altro* weitergeben; ~ *ad intendere* zu verstehen geben, weismachen; ~ *del tu/~ del Lei* duzen/siezen; ~ *fuoco* Feuer legen; ~ *dello stupido a qd* jdn dumm nennen; 2. *(porgere)* hergeben; 3. *(impartire, concedere)* erteilen; 4. *(consegnare)* übergeben; 5. *(spalmare)* auftragen; 6. ~ *il cambio a qd* jdn ablösen; 7. ~ *una voce (fig)* rufen; *m* 8. *ECO* Soll *n*

darsena ['darsena] *f* Dock *n*

darsi ['darsi] *v* 1. sich widmen, sich hingeben; ~ *a fare qc* etw zu tun beginnen; 2. ~ *da fare* sich zu schaffen machen, sich Mühe geben; 3. ~ *per vinto* sich für besiegt erklären; 4. ~ *pensiero* sich Sorgen machen; 5. ~ *il vanto* sich rühmen; 6. ~ *delle arie* sich aufspielen, angeben; 7. *(occasione)* sich ereignen, sich ergeben; 8. *può* ~ es kann sein, es ist möglich; 9. ~ *all'ippica (fig)* umsatteln; 10. *si dà il caso che* es ist Tatsache, dass

data ['daːta] *f* Datum *n,* Termin *m;* ~ *di conservazione* Haltbarkeitsdatum *n;* ~ *di emissione* Ausstellungsdatum *n;* ~ *di nascita* Geburtsdatum *n;* ~ *di rappresentazione* Vorstellungstermin *m;* ~ *di scadenza* Verfallsdatum *n; in tale* ~ zu diesem Zeitpunkt; *la* ~ *di oggi* das heutige Datum

datare [da'taːre] *v* datieren

datario [da'taːrio] *m* Datumsstempel *m*

dativo [da'tiːvo] *m* Dativ *m*

dato ['daːto] *adj* 1. gegeben; ~ *che* angenommen, dass/vorausgesetzt, dass; ~ *e non concesso che* angenommen, dass; *m* 2. Angabe *f;* ~ *di fatto* Tatsache *f;* 3. *dati pl* Daten *pl; dati di riferimento* Eckdaten *pl; dati personali* Personalien *pl*

datore [da'to:re] *m* Spender *m; ~ di lavoro* Arbeitgeber *m*
dattero ['dattero] *m BOT* Dattel *f*
dattilografo [datti'lɔ:grafo] *m* Maschinenschreiber *m*
davanti [da'vanti] *adv 1. (luogo)* voraus; *2. (moto)* vorbei, vorüber; *3. (all'inizio, in testa)* vorn; *lì ~* da vorn; *sedersi ~* sich nach vorne setzen; *prep 4. ~ a* vor, gegenüber; *~ a che cosa* wovor; *~ a cui* wovor; *adj 5. (tavola, sedia)* Vorder... *le gambe ~* die Vorderbeine *pl*
davanzale [davan'tsa:le] *m* Fensterbank *f*
davvero [dav've:ro] *interj* ah, *~* ach so, wirklich; *Ma ~!* Wirklich!
daziere [datsi'ɛ:re] *m* Zollbeamter *m*
dazio ['da:tsio] *m 1. (tassa)* Zoll *m; ~ d'importazione* Einfuhrzoll *m; soggetto a ~* zollpflichtig; *esente da ~* zollfrei; *~ all'esportazione* Ausfuhrzoll *m; 2. (guardia daziaria)* Zollbehörde *f; ufficio del ~* Zollamt *n*
dea ['dɛ:a] *f* Göttin *f*
debellare [debel'la:re] *v 1. (una malattia, il nemico)* besiegen, überwinden; *2. (annientare combattendo)* bekämpfen
debito ['de:bito] *adj 1.* schuldig; *essere in ~ di qc con qd* jdm etw schuldig sein; *2. (giusto, doveroso)* richtig, angemessen; *m 3. ECO* Schuld *f; 4. debiti pl* Schulden *pl; 5. (conto) ECO* Soll *n*
debitore [debi'to:re] *m ECO* Schuldner *m*
debole ['de:bole] *adj 1.* schwach, matt; *~ d' udito* schwerhörig; *sentirsi ~* sich schwach fühlen; *punto ~* Schwachstelle *f; 2. (instabile)* haltlos; *3. (gracile)* schwächlich; *m 4.* Schwächling *m*
debolezza [debo'lettsa] *f* Schwäche *f; ~ di carattere* Charakterschwäche *f; ~ immunitaria* Immunschwäche *f; ~ di udito* Schwerhörigkeit *f*
debutto [de'butto] *m* Debüt *n*
decadente [deka'dɛnte] *adj* dekadent
decadenza [deka'dɛntsa] *f 1.* Dekadenz *f,* Verfall *m; 2. (fig)* Abstieg *m,* Fall *m*
decadere [deka'de:re] *v irr 1. (fig)* fallen; *2. (di civiltà, di salute)* verfallen
decaduto [deka'du:to] *adj 1.* heruntergekommen, verfallen; *2. termine ~* verfallener Termin *m*
decalcificare [dekaltʃifi'ka:re] *v* entkalken
decano [de'ka:no] *m* Dekan *m*
decantare [dekan'ta:re] *v 1.* preisen, ehren; *2. CHEM* klären

decappottabile [dekappot'ta:bile] *f* Kabriolett *n*
deceduto [detʃe'du:to] *adj 1.* verstorben; *m 2.* Toter *m*
decennale [detʃen'na:le] *adj 1.* zehnjährlich; *m 2.* Zehnjahresfeier *f*
decennio [de'tʃɛnnio] *m* Jahrzehnt *n*
decente [de'tʃɛnte] *adj* anständig
decentralizzare [detʃentralid'dza:re] *v* dezentralisieren
decesso [de'tʃɛsso] *m 1.* Ableben *n,* Tod *m; 2. decessi pl* Todesfälle *pl*
decidere [de'tʃi:dere] *v irr* entscheiden, beschließen; *Non mi posso ~.* Ich kann mich nicht entscheiden.
decidersi [de'tʃidersi] *v irr* sich entschließen
decifrare [detʃi'fra:re] *v* entziffern
decimale [detʃi'ma:le] *adj MATH* dezimal; *numero ~* Dezimalzahl *f*
decimare [detʃi'ma:re] *v* dezimieren
decimo ['dɛ:tʃimo] *adj* zehnte(r,s)
decina [de'tʃi:na] *f* etwa zehn; *a decine* zu Dutzenden
decisamente [detʃiza'mente] *adv* entschieden, entschlossen
decisione [detʃizi'o:ne] *f 1.* Entscheidung *f; ~ provvisoria* Zwischenentscheidung *f; ~ sbagliata* Fehlentscheidung *f; prendere una ~* eine Entscheidung treffen, eine Entscheidung fällen; *~ di maggioranza* Mehrheitsbeschluss *m; 2. (risolutezza)* Entschluss *m,* Entschiedenheit *f; con ~* zielbewusst; *3. (conclusione)* Beschluss *m*
decisivo [detʃi'zi:vo] *adj* ausschlaggebend
deciso [de'tʃi:zo] *adj* bestimmt
declamazione [deklamatsi'o:ne] *f* Vortrag *m*
declassare [deklas'sa:re] *v* deklassieren
declinare [dekli'na:re] *v 1. (fig)* ablehnen; *2. (impero)* untergehen, sinken; *3. GRAMM* deklinieren
declinazione [deklinatsi'o:ne] *f 1.* Deklination *f; 2. (decadenza)* Niedergang *m*
declino [de'kli:no] *m 1. (perdita)* Verfall *m; 2. (fig)* Abstieg *m*
declivio [de'kli:vio] *m* Abhang *m*
decollare [dekol'la:re] *v (aereo)* abfliegen, abheben; *Quando decolla l'aereo per Monaco?* Wann startet die Maschine nach München?
decolleté [dekɔl'te] *m* Dekolleté *n,* Ausschnitt *m*

decollo [de'kɔllo] *m* Abflug *m*
decolorare [dekolo'raːre] *v* entfärben
decomporre [dekom'porre] *v irr 1.* auseinander nehmen, zerlegen; *2. CHEM* zersetzen
decomporsi [dekom'porsi] *v* verwesen
decontaminare [dekontami'naːre] *v* dekontaminieren, entseuchen
decorare [deko'raːre] *v* dekorieren
decorativo [dekora'tiːvo] *adj* dekorativ
decoratore [dekora'toːre] *m* Dekorateur *m*
decorazione [dekoratsi'oːne] *f 1.* Dekoration *f,* Dekor *m/n; 2. (onore)* Orden *m; 3. (ornamento)* Verzierung *f*
decoro [de'kɔːro] *m* Ehre *f,* Anstand *m*
decoroso [deko'roːso] *adj* ehrenhaft
decorrenza [dekor'rɛntsa] *f* Laufzeit *f; con ~ dal tre aprile* ab dem dritten April; *con ~ immediata* ab sofort; *~ dei termini* Fristenablauf *m*
decorso [de'korso] *m* Ablauf *m*
decrepito [de'krɛːpito] *adj 1.* altersschwach; *2. (persona)* gebrechlich
decrescere [de'kreʃere] *v MED* abklingen
decretare [dekre'taːre] *v* verordnen
decreto [de'kreːto] *m 1.* Verordnung *f; 2. JUR* Dekret *n; ~ bilaterale* Doppelbeschluss *m; ~ giudiziario* Gerichtsbeschluss *m; ~ di grazia* Gnadenerlass *m*
dedalo ['dɛːdalo] *m* Labyrinth *n,* Irrgarten *m; ~ di strade* Straßengewirr *n*
dedica ['dɛːdika] *f* Widmung *f*
dedicare [dedi'kaːre] *v* widmen
dedicarsi [dedi'karsi] *v* sich widmen
dedizione [deditsi'oːne] *f* Hingabe *f*
dedotto [de'dotto] *adj* abzüglich
deducibile [dedu'tʃiːbile] *adj 1.* folgerbar, ableitbar; *2. (desumibile)* abziehbar; *3. (dal reddito tassabile) FIN* steuerlich absetzbar
dedurre [de'durre] *v irr 1.* folgern, Schlüsse ziehen; *2. (fig)* ableiten
defecazione [defekatsi'oːne] *f MED* Stuhlgang *m*
defenestrare [defenes'traːre] *v* hinauswerfen, aus dem Fenster werfen
deferente [defe'rɛnte] *adj* ehrerbietig
deficente [defi'tʃɛnte] *m* Dummkopf *m*
deficiente [defi'tʃɛnte] *adj* mangelhaft
deficienza [defi'tʃɛntsa] *f 1.* Schwachsinn *m; 2. (inadeguatezza)* Unzulänglichkeit *f*
deficit ['dɛːfitʃit] *m 1.* Defizit *n; 2. ECO* Fehlbetrag *m*

definire [defi'niːre] *v* definieren
definitivo [defini'tiːvo] *adj* entgültig
definizione [definitsi'oːne] *f* Definition *f; di alta ~* hochauflösend
deflagrazione [deflagratsi'oːne] *f* Explosion *f*
deflorare [deflo'raːre] *v* entjungfern
defluire [deflu'iːre] *v* abfließen, ablaufen
deflusso [de'flusso] *m 1.* Ablauf *m; 2. ECO* Abfluss *m*
deformare [defor'maːre] *v* deformieren
deformazione [deformatsi'oːne] *f 1.* Deformation *f,* Verformung *f; 2. MED* Verkrüppelung *f*
deforme [de'forme] *adj 1.* missgebildet; *2. MED* verkrüppelt
defraudare [defrau'daːre] *v ~ di* betrügen
defunto [de'funto] *adj 1.* tot, verstorben; *m 2.* Verstorbener *m; giorno dei defunti* Allerseelen *n*
degenerare [dedʒene'raːre] *v* ausarten
degenerato [dedʒene'raːto] *adj BIO* degeneriert
degenerazione [dedʒeneratsi'oːne] *f* Degeneration *f,* Entartung *f*
degente [de'dʒɛnte] *adj 1.* bettlägerig; *m/f 2. MED* Patient(in) *m/f*
degnare [de'ɲaːre] *v* würdigen
degno ['deːɲo] *adj* würdig, wert; *~ di approvazione* anerkennenswert; *~ di fede* glaubhaft; *~ di fiducia* vertrauenswürdig; *~ di nota* beachtlich, bemerkenswert; *~ di riconoscenza* dankenswert
degradamento [degrada'mento] *m* Abstufung *f*
degradante [degra'dante] *adj* entwürdigend, erniedrigend
degradare [degra'daːre] *v* abstufen
degustare [degus'taːre] *v 1.* kosten, probieren; *2. (assaggiare)* abschmecken
degustazione [degustatsi'oːne] *f* Kosten *n,* Probieren *n*
delatore [dela'toːre] *m POL* Denunziant *m*
delega ['dɛːlega] *f 1.* Vollmacht *f; 2. (atto del delegare)* Delegierung *f*
delegare [dele'gaːre] *v* delegieren
delegato [dele'gaːto] *m 1. JUR* Bevollmächtigter *m; 2. POL* Delegierter *m*
delegazione [delegatsi'oːne] *f 1.* Abordnung *f,* Delegation *f; 2. (di un ordine)* Übertragung *f*
deleterio [dele'tɛːrio] *adj* schädlich, zerstörerisch
delfino¹ [del'fiːno] *m ZOOL* Delfin *m*

delfino² [del'fi:no] *m* 1. *(in Francia)* Dauphin *m*, Thronfolger *m;* 2. *(successore)* Nachfolger *m*

delibera [de'li:bera] *f* Beschluss *m*

deliberare [delibe'ra:re] *v* beschließen; *atto a ~* beschlussfähig

delicato [deli'ka:to] *adj* 1. delikat, fein; 2. *(schizzinoso)* heikel, zimperlich

delimitazione [delimitatsi'o:ne] *f* Abgrenzung *f*

delineare [deline'a:re] *v* beschreiben

delinearsi [deline'arsi] *v* sich abzeichnen

delinquente [deliŋku'ɛnte] *m* Delinquent *m*, Missetäter *m; ~ passionale* Triebtäter *m*

delinquenza [deliŋku'ɛntsa] *f* Kriminalität *f; ~ minorile* Jugendkriminalität *f*

delirare [deli'ra:re] *v* Wahnvorstellungen haben, im Wahn reden

delirio [de'li:rio] *m* Delirium *n*

delitto [de'litto] *m* Verbrechen *n*, Straftat *f; ~ capitale* Kapitalverbrechen *n; ~ sessuale* Sexualverbrechen *n*

delittuoso [delittu'o:so] *adj* verbrecherisch

delizioso [delitsi'o:so] *adj* angenehm

deltaplano [delta'pla:no] *m SPORT* Flugdrachen *m; fare ~* segelfliegen

delucidazione [delutʃidatsi'o:ne] *f* Erklärung *f*, Begründung *f*

deludere [de'lu:dere] *v irr* 1. enttäuschen; 2. *(sgomentare)* vereiteln

delusione [deluzi'o:ne] *f* Enttäuschung *f*

deluso [de'lu:zo] *adj* enttäuscht

demagogico [dema'gɔ:dʒiko] *adj* demagogisch

demagogo [dema'gɔ:go] *m* Demagoge *m*

demanio [de'ma:nio] *m* Domäne *f*

demente [de'mɛnte] *adj* wahnsinnig

demenza [de'mɛntsa] *f* Wahnsinn *m*

demilitarizzare [demilitarid'dza:re] *v* entmilitarisieren

democratico [demo'kra:tiko] *adj* 1. *POL* demokratisch; *m* 2. *POL* Demokrat *m*

democrazia [demokra'tsi:a] *f POL* Demokratie *f; ~ di base* Basisdemokratie *f*

demografia [demogra'fi:a] *f* Demographie *f*

demografico [demo'gra:fiko] *adj* demographisch; *aumento ~* Bevölkerungszuwachs *m*

demolire [demo'li:re] *v irr* 1. abreißen, demolieren; 2. *(rottame)* verschrotten

demolizione [demolitsi'o:ne] *f* Abbruch *m*, Abriss *m*

demone ['dɛ:mone] *m* Dämon *m*

demoniaco [demo'ni:ako] *adj* dämonisch

demonio [de'mɔ:nio] *m* 1. Teufel *m*, Dämon *m;* 2. *(persona abbietta)* Schuft *m*

demoralizzare [demoralid'dza:re] *v* demoralisieren

demoscopia [demosko'pi:a] *f* Demoskopie *f*

denaro [de'na:ro] *m* Geld *n; ~ contante* Bargeld *n; ~ sborsato* Auslage *f; ~ per le piccole spese* Taschengeld *n; ~ per le vacanze* Urlaubsgeld *n*

denigrare [deni'gra:re] *v (fig)* anschwärzen

denominarsi [denomi'narsi] *v* heißen

denominatore [denomina'to:re] *m* 1. Namengeber *m;* 2. *MATH* Nenner *m*

densità [densi'ta] *f* Dichte *f; ~ della popolazione* Bevölkerungsdichte *f*

denso ['dɛnso] *adj* 1. *(liquido)* dick, dickflüssig; 2. *(fitto, spesso)* dick, dicht

dentatura [denta'tu:ra] *f ANAT* Gebiss *n*

dente ['dɛnte] *m ANAT* Zahn *m; ~ del giudizio* Weisheitszahn *m; ~ di latte* Milchzahn *m; ~ velenifero* Giftzahn *m; ~ a perno* Stiftzahn *m; ~ incisivo* Schneidezahn *m; ~ cariato* fauler Zahn *m*, hohler Zahn *m*

dentellato [dentel'la:to] *adj* gezackt

dentiera [denti'ɛ:ra] *f* künstliches Gebiss *n*

dentifricio [denti'fri:tʃo] *m* Zahnpasta *f*

dentista [den'tista] *m/f* Zahnarzt/Zahnärztin *m/f*

dentro ['dentro] *adv* 1. drinnen; *Vorremmo restare seduti ~.* Wir möchten drinnen sitzen bleiben. 2. *(moto)* hinein; *prep* 3. innerhalb

denudare [denu'da:re] *v* entblößen, ausziehen; *~ la spada* das Schwert ziehen

denudarsi [denu'darsi] *v* sich ausziehen, sich entblößen

denuncia [de'nuntʃa] *f* 1. *JUR* Anzeige *f*, Strafanzeige *f; ~ di morte* Todesanzeige *f; ~ di nascita* Geburtsanzeige *f; ~ di scomparsa* Vermisstenanzeige *f; ~ di smarrimento* Verlustanzeige *f;* 2. *(accusa) JUR* Anklage *f;* 3. *(di residenza)* Anmeldung *f;* 4. *(notifica)* Anzeige *f*

denunciare [denun'tʃa:re] *v* 1. anzeigen; 2. *(accusare) JUR* anklagen; 3. *(notificare)* anmelden

denutrizione [denutritsi'o:ne] *f* Unterernährung *f*

deodorante [deodo'rante] *m* Deodorant *n*

depennare [depen'na:re] *v* streichen

deperibile [depe'riːbile] *adj* leicht verderblich

deperire [depe'riːre] *v irr* verkümmern, verderben

depilare [depi'laːre] *v* enthaaren

depilatorio [depila'tɔːrio] *adj* 1. Enthaarungs... *m* 2. Enthaarungsmittel *n*

deplorabile [deplo'raːbile] *adj* 1. bedauernswert, zu bemitleiden; 2. *(degno di biasimo)* tadelnswert

deplorare [deplo'raːre] *v* bedauern

deplorevole [deplo'reːvole] *adj* bedauerlich

deporre [de'porre] *v irr* 1. abstellen, absetzen; 2. *(ghirlanda)* niederlegen; 3. *(pratica)* ablegen; 4. *(fig: carica)* niederlegen; 5. *JUR* aussagen; ~ *a discarico di* entlasten

deportare [depor'taːre] *v* deportieren

depositare [depozi'taːre] *v* deponieren

depositario [depozi'taːrio] *m* Vertrauter *m*, Verwahrer *m*

depositarsi [depozi'tarsi] *v* sich absetzen

deposito [de'pɔːzito] *m* 1. Ablage *f*, Depot *n*; ~ *di filtrazione* Klärschlamm *m*; ~ *delle immondizie* Mülldeponie *f*; *scontrino del* ~ *bagagli* Gepäckschein *m*; ~ *bagagli* Gepäckaufbewahrung *f*; 2. *(di merce)* ECO Lager *n*, Warenlager *n*; ~ *a risparmio* Spareinlage *f*; 3. *MED* Ablagerung *f*

depravare [depra'vaːre] *v* verderben

depravazione [depravatsi'oːne] *f* Verkommenheit *f*

deprecare [depre'kaːre] *v* verwerfen

depredare [depre'daːre] *v* plündern

depressione [depressi'oːne] *f* 1. Depression *f*; 2. *TECH* Unterdruck *m*; 3. *MED* Depression *f*

depresso [de'prɛsso] *adj* depressiv, deprimiert

deprezzamento [deprettsa'mento] *m* *FIN* Abwertung *f*

deprezzare [depret'tsaːre] *v* *FIN* abwerten

deprimente [depri'mɛnte] *adj* deprimierend

depurazione [depuratsi'oːne] *f* Reinigung *f*, Klärung *f*

deputato [depu'taːto] *m* *POL* Abgeordnete *m*; ~ *del parlamento tedesco* Mitglied des deutschen Bundestages (MdB) *n*

deragliare [dera'ʎaːre] *v* entgleisen

derelitto [dere'litto] *adj* 1. verlassen; *m* 2. Waise *f*

deridere [de'riːdere] *v irr* auslachen

derisione [derisi'oːne] *f* Hohn *m*, Verspottung *f*

derivare [deri'vaːre] *v* abstammen

derivato [deri'vaːto] *adj* 1. abgeleitet; *m* 2. Nebenerzeugnis *n*, Nebenprodukt *n*

dermatologo [derma'tɔːlogo] *m* *MED* Dermatologe *m*

deroga ['dɛːroga] *f* Aufhebung *f*, Widerruf *m*; *in ~ a* ... unter Widerruf von ...

derubare [deru'baːre] *v* berauben, bestehlen

descrivere [des'kriːvere] *v* beschreiben, darstellen

descrizione [deskritsi'oːne] *f* Beschreibung *f*, Darstellung *f*

deserto [de'zɛrto] *m* 1. Wüste *f*, Wildnis *f*; *adj* 2. wüst, unbewohnt

desiderabile [deside'raːbile] *adj* erstrebenswert

desiderare [deside'raːre] *v* wünschen

desiderato [deside'raːto] *adj* erwünscht

desiderio [desi'dɛːrio] *m* Wunsch *m*, Begierde *f*; ~ *d'avventura* Abenteuerlust *f*; ~ *ardente* sehnlicher Wunsch *m*

desideroso [deside'roːso] *adj* begierig, verlangend; ~ *di sapere* wissbegierig

designare [desi'ɲaːre] *v* bezeichnen, ernennen

designazione [desiɲatsi'oːne] *f* 1. Berufung *f*, Bestimmung *f*; 2. *ECO* Designation *f*

desinare [desi'naːre] *v* zu Mittag essen

dessert [de'sɛrt] *m* Dessert *n*, Nachspeise *f*

destare [des'taːre] *v* wecken

destinare [desti'naːre] *v* festsetzen, bestimmen

destinatario [destina'taːrio] *m* 1. Empfänger *m*; 2. *(ricevente)* Adressat *m*

destinazione [destinatsi'oːne] *f* Ziel *n*; *luogo di ~* Bestimmungsort *m*

destino [des'tiːno] *m* Schicksal *n*

destituire [destitu'iːre] *v irr* entheben

desto ['desto] *adj* wach, munter

destra ['dɛstra] *f* Rechte *f*; *a ~* rechts

destreggiarsi [destred'dʒarsi] *v* sich zurechtfinden

destrezza [des'trettsa] *f* Geschick *n*; ~ *di mano* Fingerfertigkeit *f*

destro ['dɛstro] *adj* rechte(r,s)

destrosio [des'trɔːzio] *m* Traubenzucker *m*

detective [detek'tiːve] *m* Detektiv *m*

detector [de'tɛktor] *m TECH* Detektor *m*

detenere [dete'neːre] *v irr* innehaben

detentore [deten'toːre] *m* Besitzer

detenuto [dete'nuːto] *m* Strafgefangener *m*

detenzione [detentsi'oːne] *f* 1. *JUR* Haft *f;* 2. ~ *illegale JUR* illegaler Besitz *m;* ~ *permanente* Dauerbesitz *m*

determinante [determi'nante] *adj* maßgebend, entscheidend

determinare [determi'naːre] *v* bestimmen

determinato [determi'naːto] *adj* bestimmt

detersivo [deter'siːvo] *m* Reinigungsmittel *n,* Spülmittel *n;* ~ *per tessuti delicati* Feinwaschmittel *n;* ~ *per stoviglie* Geschirrspülmittel *n*

detestare [detes'taːre] *v* 1. verachten; 2. *(evitare)* meiden

detonare [deto'naːre] *v* explodieren

detrarre [de'trarre] *v irr* 1. abziehen, abrechnen; 2. *ECO* absetzen; 3. *(sconto) ECO* abziehen

detrazione [detratsi'oːne] *f* 1. Abrechnung *f,* Abzug *m;* 2. *(nel bilancio) ECO* Abbuchung *f;* 3. *(defalco) ECO* Absetzung *f*

dettagliatamente [dettaʎata'mente] *adv (fig)* weitläufig

dettagliato [detta'ʎaːto] *adj* ausführlich, detailliert

dettaglio [det'taːʎo] *m* Einzelheit *f*

dettare [det'taːre] *v* diktieren

dettato [det'taːto] *m* Diktat *n*

detto ['detto] *adj* 1. gesagt, oben genannt; *m* 2. Sprichwort *n,* Redewendung *f*

deturpare [detur'paːre] *v* verunstalten

deturpazione [deturpatsi'oːne] *f* Verunstaltung *f*

devastare [devas'taːre] *v* verwüsten

devastazione [devastatsi'oːne] *f* Verwüstung *f,* Verheerung *f*

deviare [devi'aːre] *v* 1. ablenken; 2. *(cambiare direzione)* abweichen; 3. *(acqua)* ableiten

deviazione [deviatsi'oːne] *f* 1. Umleitung *f;* 2. *(cambiamento di direzione)* Abweichung *f*

devoto [de'vɔːto] *adj* andächtig

devozione [devotsi'oːne] *f* 1. Andacht *f;* 2. *(dedizione)* Ergebenheit *f,* Hingabe *f*

di [di] *konj* 1. als; 2. *(con l'infinito)* zu; *prep* 3. *(luogo)* von; 4. *(causale)* vor; 5. *(tempo)* an, bei, über; ~ *mattina* morgens; 6. *(fatto di)* aus; 7. *(comparazione)* als

diabete [dia'bɛːte] *m MED* Diabetes *m*

diabetico [dia'bɛːtiko] *m MED* Diabetiker *m*

diabolico [dia'bɔːliko] *adj* teuflisch

diaconia [diako'niːa] *f REL* Diakonie *f*

diaframma [dia'framma] *m* 1. Scheidewand *f;* 2. *ANAT* Zwerchfell *n*

diagnosi [di'aːɲozi] *f MED* Befund *m*

diagnosticare [diaɲosti'kaːre] *v* diagnostizieren

diagonale [diago'naːle] *adj* 1. diagonal; *f* 2. Diagonale *f*

diagramma [dia'gramma] *m* Diagramm *n*

dialettale [dialet'taːle] *adj* mundartlich

dialetto [dia'lɛtto] *m* Dialekt *m*

dialisi [di'aːlizi] *f MED* Dialyse *f*

dialogo [di'aːlogo] *m* Dialog *m*

diametro [di'aːmetro] *m* Durchmesser *m*

diario [di'aːrio] *m* Tagebuch *n*

diarrea [diar'rɛːa] *f MED* Durchfall *m;* Ha qc contro la ~? Haben Sie etw gegen Durchfall?

diavolo [di'aːvolo] *m* Teufel *m*

dibattere [di'battere] *v* erörtern

dibattersi [di'battersi] *v* zappeln, um sich schlagen

dibattimento [dibatti'mento] *m* 1. Erörterung *f,* Diskussion *f;* 2. *JUR* Verhandlung *f*

dibattito [dibat'tiːto] *m* 1. Aussprache *f,* Diskussion *f;* 2. *JUR* Verhandlung *f;* 3. *POL* Debatte *f*

dicembre [di'tʃembre] *m* Dezember *m*

diceria [ditʃe'riːa] *f* Gerücht *n;* dicerie Gerede *n*

dichiarare [dikia'raːre] *v* 1. deklarieren, verzollen; *Non ho niente da ~.* Ich habe nichts zu verzollen. 2. *(manifestare, affermare)* erklären, behaupten

dichiararsi [dikia'rarsi] *v* 1. sich erklären; ~ *per/contro qc* sich für/gegen etw erklären; ~ *colpevole* sich für schuldig erklären; 2. *(manifestare il proprio amore)* seine Liebe offenbaren

dichiarazione [dikiaratsi'oːne] *f* Äußerung *f,* Behauptung *f;* ~ *d'amore* Liebeserklärung *f;* ~ *doganale* Zollerklärung *f;* ~ *governativa* Regierungserklärung *f;* ~ *di guerra* Kriegserklärung *f;* ~ *dei redditi* Steuererklärung *f*

diciannove [ditʃan'nɔːve] *num* neunzehn

diciannovesimo [ditʃanɔ'vɛːzimo] *adj* neunzehnte(r,s)

diciassette [ditʃas'sɛtte] *num* siebzehn

diciasettesimo [ditʃasɛt'tɛːzimo] siebzehnte(r,s)
diciotto [di'tʃɔtto] *num* achtzehn
diciottesimo [ditsɔt'tɛːzimo] *adj* achtzehnte(r,s)
didascalia [didaska'liːa] *f 1.* CINE Regieanweisung *f;* 2. *(testo esplicativo)* Begleittext *m*
didattico [di'dattiko] *adj* didaktisch, lehrhaft; *materiale* ~ Lehrmaterial *n*
dieci [di'ɛːtʃi] *num* zehn
dieta[1] [di'ɛːta] *f* Diät *f; Devo stare a* ~. Ich muss Diät halten.
dieta[2] [di'ɛːta] *f* POL Versammlung *f;* ~ *federale* Bundestag *m*
dietro [di'ɛːtro] *adv 1.* hinten; *prep 2.* hinter; *là* ~ da hinten; *m 3.* Rückseite *f; 4.* ANAT Hinterteil *n*
difatti [di'fatti] *adv* in der Tat, tatsächlich
difendere [di'fɛndere] *v irr 1.* verteidigen; *2. (sostenere)* vertreten; *3. (proteggere)* wahren
difendersi [di'fɛndersi] *v irr* sich wehren, sich verteidigen
difensiva [difen'siːva] *f* Defensive *f,* Verteidigung *f*
difensivo [difen'siːvo] *adj* defensiv
difensore [difen'soːre] *m* Verteidiger *m*
difesa [di'fɛːsa] *f 1.* Verteidigung *f; legittima* ~ Notwehr *f;* ~ *antiaerea* Flugabwehr *f;* 2. *(nello sport)* SPORT Abwehr *f,* Deckung *f;* 3. *(tutela)* Schutz *m;* ~ *del consumatore* Verbraucherschutz *m*
difetto [di'fɛtto] *m 1.* Fehler *m;* ~ *di pronuncia* Sprachfehler *m;* 2. *(imperfezione)* Mangel *m,* Makel *m*
difettoso [difet'toːso] *adj 1.* fehlerhaft, mangelhalft; *2. (guasto)* defekt
diffamare [diffa'maːre] *v* verleumden
diffamazione [diffamatsi'oːne] *f 1.* Verleumdung *f; 2.* JUR üble Nachrede *f*
differente [diffe'rɛnte] *adj* unterschiedlich
differenza [diffe'rɛntsa] *f 1.* Unterschied *m;* ~ *d'età* Altersunterschied *m; 2.* MATH Differenz *f; 3. (divergenza)* Abweichung *f*
differenziale [differentsi'aːle] *m 1.* TECH Differenzial *n; 2.* MATH Differenzial *n*
differenziare [differentsi'aːre] *v 1.* differenzieren; *2. (distinguere)* unterscheiden
difficile [dif'fiːtʃile] *adj 1.* schwierig, schwer; *difficilmente educabile* schwer erziehbar; *rendere* ~ schwer machen; *2. (lunatico)* launisch, heikel; *3. (schizzinoso)* wählerisch

difficoltà [difficol'ta] *f* Schwierigkeit *f*
difficoltoso [diffikol'toːso] *adj* schwierig, schwer
diffida [dif'fiːda] *f* Warnung *f*
diffidare [diffi'daːre] *v 1.* misstrauen; *2. (ammonire)* warnen
diffidente [diffi'dɛnte] *adj* misstrauisch
diffidenza [diffi'dɛntsa] *f* Misstrauen *n; con* ~ misstraurisch
diffondersi [dif'fondersi] *v* sich herumsprechen, sich verbreiten
diffusione [diffuzi'oːne] *f 1.* Verbreitung *f;* ~ *per radio* Radioübertragung *f; 2.* PHYS Diffusion *f*
diffuso [dif'fuːzo] *adj* verbreitet; *molto* ~ weit verbreitet
difterite [difte'riːte] *f* MED Diphtherie *f*
diga ['diːga] *f* Deich *m;* ~ *di sbarramento* Staudamm *m*
digerente [didʒe'rɛnte] *adj* MED Verdauungs... *apparato* ~ Verdauungsorgane *pl*
digeribile [didʒe'riːbile] *adj 1.* verdaulich; *2. (tollerabile)* verträglich
digerire [didʒe'riːre] *v 1.* verdauen; *2. (fig)* verarbeiten
digestione [didʒesti'oːne] *f* Verdauung *f; disturbi di* ~ Verdauungsstörungen *pl*
digitale [didʒi'taːle] *adj* digital
digiunare [didʒu'naːre] *v* fasten
digiuno [di'dʒuːno] *adj 1.* nüchtern; *m 2.* Fasten *n*
dignità [diɲi'ta] *f* Würde *f;* ~ *umana* Menschenwürde *f*
dignitario [diɲi'taːrio] *m* Würdenträger *m*
dignitoso [diɲi'toːso] *adj 1.* würdig; *2. (stimato)* angesehen
dilagare [dila'gaːre] *v 1.* übertreten; *2. (pestilenza, panico)* um sich greifen, grassieren; *3. (acqua)* sich ausbreiten, überfluten
dilaniare [dilani'aːre] *v 1. (animali)* in Stücke reißen; *2. (fig: tormentare)* quälen
dilapidare [dilapi'daːre] *v 1.* verschwenden; *2. (patrimonio)* durchbringen
dilatabile [dila'taːbile] *adj* dehnbar, ausdehnbar
dilatabilità [dilatabili'ta] *f* Dehnbarkeit *f*
dilatazione [dilatatsi'oːne] *f* Ausdehnung *f;* ~ *vascolare* Gefäßerweiterung *f*
dileguarsi [dilegu'arsi] *v* verschwinden
dilemma [di'lɛmma] *m* Dilemma *n*
dilettante [dilet'tante] *m* Dilettant *m,* Liebhaber *m*
dilettantesco [dilettan'tesko] *adj* dilettantisch

diletto [di'lɛtto] *adj 1.* teuer, geschätzt; *m 2.* Freude *f*
diligente [dili'dʒɛnte] *adj* fleißig, emsig
diligenza [dili'dʒɛntsa] *f 1.* Fleiß *m; 2. (scrupolosità)* Sorgfalt *f*
diluente [dilu'ɛnte] *m* Verdünnungsmittel *n*
diluire [dilu'iːre] *v 1.* verdünnen; *2. (allungare)* verlängern
diluito [dilu'iːto] *adj (liquido)* dünn
dilungare [diluŋ'gaːre] *v 1.* verlängern; *2. (differire)* aufschieben
dilungarsi [diluŋ'garsi] *v 1.* lange verweilen; *2. (trattenersi a lungo da qd)* sich lange aufhalten
diluvio [di'luːvio] *m 1.* strömender Regen *m; ~ universale* Sintflut *f; 2. (fig)* Flut *f,* Schwall *m*
dimagrire [dima'griːre] *v* abnehmen
dimenare [dime'naːre] *v* schlenkern; *~ la coda* mit dem Schwanz wedeln
dimenarsi [dime'narsi] *v 1.* zappeln, hin und her bewegen; *2. (nel letto)* sich herumwälzen
dimensione [dimensi'oːne] *f 1.* Maß *n; 2. MATH* Dimension *f*
dimenticanza [dimenti'kantsa] *f 1.* Vergessenheit *f; 2. (omissione)* Versäumnis *n*
dimenticare [dimenti'kaːre] *v* vergessen; *bere per ~ (fam)* seine Sorgen in Alkohol ertränken
dimenticarsi [dimenti'karsi] *v* vergessen; *~ di qc* sich an etw nicht mehr erinnern
dimettere [di'mettere] *v 1.* entlassen; *2. (destituire)* absetzen
dimettersi [di'mettersi] *v* zurücktreten
diminuire [diminu'iːre] *v 1. (ridurre)* vermindern, herabsetzen; *2. (vento)* abflauen; *3. (rumore)* abklingen; *4. (prezzo)* ermäßigen, sinken; *5. (sminuire)* schmälern; *6. (fig)* schrumpfen
diminutivo [diminu'tiːvo] *m* Diminutiv *m*
diminuzione [diminutsi'oːne] *f 1. (di prezzo)* Ermäßigung *f; 2. (riduzione)* Rückgang *f,* Minderung *f; ~ della popolazione* Bevölkerungsrückgang *m; 3. (lo sminuire)* Untertreibung *f*
dimissione [dimissi'oːne] *f 1.* Rücktritt *m; 2. (di un malato)* Entlassung *f; 3. (licenziamento dal lavoro)* Kündigung *f*
dimora [di'mɔːra] *f 1.* Aufenthalt *m; 2. (residenza)* Wohnort *m*
dimostrabile [dimos'traːbile] *adj* beweisbar, nachweisbar

dimostrare [dimos'traːre] *v 1.* beweisen, bezeigen; *2. POL* demonstrieren
dimostrarsi [dimos'trarsi] *v 1.* sich bewähren; *2. (rivelarsi)* sich zeigen, sich erweisen
dimostrativo [dimostra'tiːvo] *adj* demonstrativ, hinweisend
dimostrazione [dimostratsi'oːne] *f 1.* Äußerung *f,* Bezeugung *f; 2. POL* Demonstration *f*
dinamica [di'naːmika] *f* Dynamik *f*
dinamico [di'naːmiko] *adj* dynamisch
dinamismo [dina'mizmo] *m* Tatkraft *f,* Energie *f*
dinamite [dina'miːte] *f* Dynamit *n*
dinamo ['diːnamo] *f TECH* Dynamo *m*
dinanzi [di'nantsi] *adv 1.* vorn; *prep 2. (di fronte a)* gegenüber; *3. ~ a* gegenüber von; *4. (davanti a)* vor
dinastia [dinas'tiːa] *f* Dynastie *f*
diniego [dini'ɛːgo] *m* Versagen *n,* Weigerung *f*
dinoccolato [dinokko'laːto] *adj* schlaksig
dintorni [din'torni] *m/pl* Umgebung *f*
dintorno [din'torno] *adv* um, umher
Dio ['diːo] *m REL* Gott *m*
diocesi [di'ɔːtʃezi] *f REL* Diözese *f*
diodo ['diːodo] *m TECH* Diode *f*
diossina [dios'siːna] *f CHEM* Dioxin *n*
dipanare [dipa'naːre] *v* abwickeln
dipartimento [diparti'mento] *m 1.* Bezirk *m; 2. (reparto)* Abteilung *f*
dipendente [dipen'dɛnte] *adj 1.* abhängig; *m/f 2.* Angestellte(r) *m/f*
dipendenza [dipen'dɛntsa] *f* Abhängigkeit *f*
dipendere [di'pɛndere] *v irr* abhängen; *Dipende dal caso.* Das kommt darauf an.
dipingere [di'pindʒere] *v irr* malen, anmalen
dipinto [di'pinto] *m* Gemälde *n; ~ a olio* Ölgemälde *n*
diploma [di'plɔːma] *m 1.* Zeugnis *n; ~ di maturità* Reifezeugnis *n,* Abiturzeugnis *n; 2. (grado accademico)* Diplom *n*
diplomatico [diplo'maːtiko] *adj 1.* diplomatisch; *m 2. POL* Diplomat *m*
diplomazia [diploma'tsiːa] *f POL* Diplomatie *f*
diradare [dira'daːre] *v* lichten, verdünnen
diradarsi [dira'darsi] *v* sich rar machen, seltener vorkommen/seltener werden
diramazione [diramatsi'oːne] *f* Abzweigung *f,* Verästelung *f*

dire ['diːre] *v irr* sagen, hervorbringen; ~ *delle bugie* lügen; *per così* ~ sozusagen; ~ *il contrario* bestreiten; *Come si dice questo in italiano?* Wie heißt das auf Italienisch? *vale a* ~ nämlich; *modo di* ~ Redewendung *f*
direttamente [diretta'mente] *adv* direkt
direttissimo [diret'tissmo] *m* Schnellzug *m*
direttiva [diret'tiːva] *f* 1. Direktive *f*; 2. *(norma)* Richtlinie *f*
diretto [di'rɛtto] *adj* 1. direkt, unmittelbar; *m* 2. *(treno)* Eilzug *m*
direttore [diret'toːre] *m* 1. Direktor *m*; ~ *di banca* Bankdirektor *m*; ~ *generale* Generaldirektor *m*; ~ *d'istituto* Anstaltsleiter *m*; ~ *delle vendite* Verkaufsleiter *m*; ~ *di reparto* Abteilungsleiter *m*; 2. *THEAT* Intendant *m*; ~ *artistico* Dramaturg *m*, Filmarchitekt *m*; 3. *MUS* Dirigent *m*
direttrice [diret'triːtʃe] *f* 1. Direktorin *f*; 2. *THEAT* Intendantin *f*; 3. *MUS* Dirigentin *f*
direzione [diretsi'oːne] *f* 1. Leitung *f*; ~ *dell'azienda* Betriebsführung *f*; 2. *(gestione)* Geschäftsleitung *f*; 3. *(di strada)* Richtung *f*; ~ *di marcia* Fahrtrichtung *f*
dirigente [diri'dʒɛnte] *adv* 1. leitend; *m/f* 2. *(capo)* Führungskraft *f*, Leiter(in) *m/f*
dirigere [di'riːdʒere] *v irr* 1. *(guidare)* lenken; 2. *(essere a capo)* leiten
dirigibile [diri'dʒiːbile] *m* Luftschiff *n*
dirimpettaio [dirimpet'taːio] *m* 1. Gegenüber *n*; 2. *(vicino)* Nachbar *m*
dirimpetto [dirim'pɛtto] *prep* 1. gegenüber; *adj* 2. gegenüberliegend
diritto [di'ritto] *m* 1. Recht *n*; ~ *d'asilo* Asylrecht *n*; *diritti d'autore* Urheberrecht *n*; ~ *civile* Zivilrecht *n*, bürgerliches Recht *n*; ~ *consuetudinario* Gewohnheitsrecht *n*; *diritti doganali* Zollgebühren *pl*; ~ *ereditario* Erbrecht *n*; ~ *esclusivo di vendita* Alleinverkaufsrecht *n*; ~ *internazionale* Völkerrecht *n*; ~ *di opzione* Aktienbezugsrecht *n*, Bezugsrecht *n*; ~ *penale* Strafrecht *n*; ~ *di precedenza* Vorfahrtsrecht *n*; ~ *di prevalenza* Vorkaufsrecht *n*; *diritti dell'uomo* Menschenrechte *pl*; ~ *di voto* Stimmrecht *n*, Wahlrecht *n*; *far valere un* ~ einen Anspruch geltend machen; 2. *(avere* ~*)* Anrecht *n*, Anspruch *m*; 3. *(studio universitario)* Jura *pl*; 4. *(tasse)* Gebühr *f*; 5. *(lato anteriore)* Vorderseite *f*; *adj* 6. gerade; *adv* 7. *(fig)* gerade, geradeaus
dirottamento [dirotta'mento] *m* Flugzeugentführung *f*

dirupato [diru'paːto] *adv (rocce)* schroff
disabitato [dizabi'taːto] *adj* 1. *(casa)* unbewohnt, leer; 2. *(paese)* entvölkert
disabituarsi [dizabitu'arsi] *v* ~ *a qc* sich etw abgewöhnen
disaccordo [dizak'kɔrdo] *m* 1. *MUS* Missklang *m*; 2. *(discordanza)* Uneinigkeit *f*, Unstimmigkeit *f*
disadatto [diza'datto] *adj* ungeeignet, unpassend
disagevole [diza'dʒeːvole] *adj* unbehaglich
disagio [diz'aːdʒo] *m* 1. Elend *n*, Unbehagen *n*; 2. *(malessere)* Unwohlsein *n*; 3. *(scomodità)* Unbequemlichkeit *f*
disapprovare [dizappro'vaːre] *v* missbilligen
disapprovazione [dizapprovatsi'oːne] *f* Missbilligung *f*
disappunto [dizap'punto] *m* Enttäuschung *f*, Ärger *m*
disarmante [dizar'mante] *adj* entwaffnend
disarmare [dizar'maːre] *v* 1. *MIL* entwaffnen; 2. *(fig)* entwaffnen
disarmato [dizar'maːto] *adj* wehrlos
disarmonia [dizarmo'niːa] *f* Disharmonie *f*
disarmonico [dizar'mɔːniko] *adj* uneinig
disastro [di'zastro] *m* Unglück *m*, Katastrophe *f*; ~ *ferroviaria* Zugunglück *n*
disastroso [dizas'troːso] *adj* verheerend
disattento [dizat'tɛnto] *adj* 1. unachtsam, unaufmerksam; 2. *(indifferente)* achtlos
disattenzione [dizattentsi'oːne] *f* Achtlosigkeit *f*, Unachtsamkeit *f*
disavventura [dizavven'tuːra] *f* Missgeschick *n*, Unglück *n*
disbrigo [diz'briːgo] *m* 1. Erledigung *f*; 2. *(di un compito)* Bewältigung *f*, Erledigung *f*; ~ *delle formalità doganali* Zollabfertigung *f*
discarica [dis'kaːrika] *f* Deponie *f*
discarico [dis'kaːriko] *m* 1. Entladung *f*; 2. *(fig: discolpa)* Entlastung *f*; *a* ~ entlastend
discendente [diʃen'dɛnte] *adj* 1. absteigend, abstammend; *m/f* 2. Nachkomme *m*, Nachfahre *m*
discendenza [diʃen'dɛntsa] *f* Abstammung *f*, Herkunft *f*
discendere [di'ʃendere] *v irr* abstammen, hinuntergehen
discepolo [di'ʃeːpolo] *m* *REL* Jünger *m*
discesa [di'ʃeːsa] *f* 1. Abstieg *m*; 2. *(uscita)* Ausstieg *m*; 3. *SPORT* Abfahrt *f*; ~ *libera*

Abfahrtslauf *m; 4. (invasione)* Einfall *m;*
5. (pendenza) Abhang *m*
dischetto [dis'ketto] *m INFORM* Diskette *f*
disciplina [diʃi'pliːna] *f 1.* Disziplin *f,*
Zucht *f; 2. (materia scolastica)* Unterrichtsfach *n*
disco ['disko] *m 1.* Scheibe *f; ~ del freno*
Bremsscheibe *f; 2. MUS* Schallplatte *f;*
3. SPORT Diskus *m; 4. ~ rigido INFORM*
Festplatte *f*
discolparsi [diskol'parsi] *v* sich rechtfertigen
disconoscere [disko'noʃere] *v irr 1.* aberkennen; *2. (misconoscere)* verkennen
discontinuo [diskon'tiːnuo] *adj* unbeständig, unterbrochen
discorde [dis'kɔrde] *adj* uneinig
discordia [dis'kɔrdia] *f 1.* Uneinigkeit *f;*
2. (discrepanza) Unstimmigkeit *f*
discorrere [dis'korrere] *v irr* sich unterhalten, reden
discorso [dis'korso] *m 1.* Rede *f; 2. (allocuzione)* Ansprache *f*
discoteca [disko'tɛːka] *f* Diskothek *f; C'è
una ~ qui?* Gibt es hier eine Diskothek?
discredito [dis'kreːdito] *m* Misskredit *m,*
Verruf *m*
discrepanza [diskre'pantsa] *f* Diskrepanz *f,* Unstimmigkeit *f*
discreto [dis'kreːto] *adj 1.* diskret; *2. (passabile)* leidlich, mäßig; *3. (non importuno)*
unaufdringlich; *4. (riservato)* verschwiegen,
unaufdringlich
discrezione [diskretsi'oːne] *f 1.* Diskretion *f,* Ermessen *n; 2. (rivervatezza)* Verschwiegenheit *f*
discriminare [diskrimi'naːre] *v* diskriminieren, unterschiedlich behandeln
discriminazione [diskriminatsi'oːne] *f*
Diskriminierung *f; ~ razziale* Rassendiskriminierung *f*
discussione [diskussi'oːne] *f 1.* Diskussion *f,* Unterredung *f; 2. (scambio d'idee)*
Auseinandersetzung *f,* Streitgespräch *n;*
3. (dibattito) Aussprache *f,* Debatte *f; 4. (consulenza)* Beratung *f; 5. (considerazione)*
Erörterung *f*
discusso [dis'kusso] *adj* strittig, umstritten
discutere [dis'kuːtere] *v irr 1.* debattieren, diskutieren; *2. ~ su (consigliare)* beraten
discutibile [disku'tiːbile] *adj* diskutabel,
strittig; *E' ~ se ...* Es ist fraglich, ob ...

disdegnare [dizde'ɲaːre] *v* verschmähen
disdegno [diz'deːɲo] *m* Geringschätzung
f, Verachtung *f*
disdetta [diz'detta] *f 1.* Abbestellung *f,*
Kündigung *f; termine di ~* Kündigungsfrist *f;*
2. (sventura) Unglück *n*
disdire [diz'diːre] *v irr 1. (contratto)* kündigen, rückgängig machen; *2. (annullare)*
abmelden, absagen; *3. (un ordine, un giornale)* abbestellen
disegnare [dise'ɲaːre] *v 1.* zeichnen,
abbilden; *2. (fig)* zeichnen
disegno [di'seːɲo] *m 1.* Zeichnung *f,*
Abbildung *f; disegni animati* Zeichentrickfilm *m; 2. (progetto)* Idee *f*
diserbatura [dizerba'tuːra] *f* Unkrautvertilgung *f*
diseredare [dizere'daːre] *v* enterben
disertore [dizer'toːre] *m* Überläufer *m,*
Deserteur *m*
diserzione [dizertsi'oːne] *f MIL* Fahnen-
flucht *f*
disfacimento [disfatʃi'mento] *m* Zersetzung *f,* Auflösung *f*
disfare [dis'faːre] *v irr 1. (pacchetto)* auspacken; *2. (vestito)* auftrennen; *3. (macchina)*
auseinander nehmen
disfarsi [dis'farsi] *v irr 1.* zergehen; *2.
(zucchero)* sich auflösen, sich lösen; *3.
(nodo)* aufgehen; *4. (burro)* zerfließen; *5.
(ghiaccio)* schmelzen; *6. ~ di qc* sich einer
Sache entledigen; *~ di qd* jdn loswerden
disfatta [dis'fatta] *f 1.* Niederlage *f;*
2. (sterminio) Vernichtung *f*
disgelare [dizdʒe'laːre] *v* auftauen
disgelarsi [dizdʒe'larsi] *v* auftauen
disgelo [diz'dʒɛːlo] *m* Tauwetter *n*
disgrazia [diz'graːtsia] *f 1.* Unglück *n;*
2. REL Ungnade *f; cadere in ~* in Ungnade
fallen
disgraziato [dizgratsi'aːto] *adj 1.* unglücklich, unzufrieden; *m 2.* Pechvogel *m*
disgustare [dizgus'taːre] *v* anwidern
disgustarsi [dizgus'tarsi] *v ~ di qc* einer
Sache müde werden; *~ con qd* sich mit jdm
entzweien
disgustoso [dizgus'toːso] *adj* widerlich,
unappetitlich
disilludere [dizil'luːdere] *v irr 1.* enttäuschen; *2. (disingannare)* ernüchtern
disimparare [dizimpa'raːre] *v* verlernen
disimpegnarsi [dizimpe'ɲarsi] *v ~ da*
sich lossagen von, sich befreien von; *~ bene*
seine Sache gut machen

disinfestare [dizinfes'taːre] v 1. (fumigare) ausräuchern; 2. (eliminare insetti nocivi) von Ungeziefer befreien

disinfettare [dizinfet'taːre] v desinfizieren

disinfezione [dizinfetsi'oːne] f MED Desinfektion f

disinganno [diziŋ'ganno] m 1. Ernüchterung f; 2. (delusione) Enttäuschung f

disinnestare [dizinnes'taːre] v ausschalten, abschalten

disinserire [dizinse'riːre] v irr abschalten

disintegrare [dizinte'graːre] v zersetzen, spalten

disintegrazione [dizintegratsi'oːne] f Zersetzung f, Spaltung f

disinteressato [dizinteres'saːto] adj 1. selbstlos, uneigennützig; 2. (apatico) uninteressiert, gleichgültig

disinteresse [dizinte'rɛsse] m 1. Desinteresse n; 2. (altruismo) Selbstlosigkeit f

disinvolto [dizin'vɔlto] adj 1. unbefangen; 2. (fig) ungezwungen

disinvoltura [dizinvol'tuːra] f Unbefangenheit f; con ~ unbefangen, ungezwungen

disoccupato [dizokku'paːto] adj arbeitslos, erwerbslos

disoccupazione [dizokkupatsi'oːne] f Arbeitslosigkeit f; ~ camuffata versteckte Arbeitslosigkeit f

disonesto [dizo'nɛsto] adj unehrlich

disonorare [dizono'raːre] v entehren

disopra [di'soːpra] adv 1. oben; dal ~ von oben; 2. (superiormente) über

disordinatamente [dizordinata'mente] adv planlos, unregelmäßig

disordinato [dizordi'naːto] adj 1. unordentlich; 2. (fam: persona) schlampig

disordine [di'zordine] m 1. Durcheinander n, Unordnung f; 2. (disturbo) Unruhe f

disorientamento [dizorienta'mento] m Verunsicherung f, Verwirrung f

disotto [di'sotto] adv 1. unten; 2. (inferiormente) unter; al ~ unterhalb

disparato [dispa'raːto] adj unterschiedlich

dispari ['dispari] adj ungerade

disparte [dis'parte] adv in ~ abseits

dispendio [dis'pɛndio] m Aufwand m

dispendioso [dispendi'oːso] adj aufwändig

dispensa [dis'pɛnsa] f 1. Verteilung f; 2. (armadio) GAST Speisekammer f, Vorratskammer f; 3. (all'università) Skript n

dispensare [dispen'saːre] v 1. erlassen, lossprechen; 2. (distribuire) verteilen, austeilen

disperare [dispe'raːre] v verzweifeln

disperato [dispe'raːto] adj verzweifelt

disperazione [disperatsi'oːne] f Verzweiflung f

disperdere [dis'pɛrdere] v irr zerstreuen

disperdersi [dis'pɛrdersi] v irr 1. sich verbreiten; 2. PHYS streuen

dispersione [dispersi'oːne] f 1. Zerstreuung f; 2. PHYS Streuung f; 3. (perdita) Verlust m

disperso [dis'pɛrso] adj 1. zerstreut; 2. (introvabile) verschollen, vermisst; m 3. Vermisster m

dispetto [dis'pɛtto] m 1. Schikane f, Bosheit f; 2. (tiro da birbone) Lausbubenstreich m; fare un ~ einen Streich spielen; 3. (offesa) Kränkung f; 4. a ~ di trotz

dispiacere [dispia't ʃeːre] m 1. Bedauern n; dispiaceri amorosi Liebeskummer m; v irr 2. missfallen; Mi dispiace! Es tut mir Leid!

display [dɪs'plei] m TECH Display n

disponibile [dispo'niːbile] adj 1. lieferbar; 2. (di cui si può disporre) verfügbar

disponibilità [disponibili'ta] f Bereitschaft f, Verfügbarkeit f

disporre [dis'porre] v irr 1. anordnen, verfügen; ~ di qc über etw verfügen; 2. (riordinare) gliedern; 3. FIN disponieren

dispositivo [dispozi'tiːvo] m TECH Vorrichtung f; ~ antifurto Diebstahlsicherung f; ~ di sicurezza Sicherheitsvorrichtung f

disposizione [dispozitsi'oːne] f 1. (predisposizione) Anfälligkeit f, Veranlagung f; a ~ zugänglich; 2. (comando) Anweisung f; 3. (ordine) Arrangement n, Veranlassung f; 4. (norma) Bestimmung f; 5. JUR Verfügung f; 6. (struttura) Gliederung f; 7. avere a ~ zur Verfügung haben

disposto [dis'posto] adj 1. angeordnet, geordnet; 2. (umore) aufgelegt, geneigt; 3. (pronto) bereit; ben ~ gerne bereit; 4. (sistemato) geregelt, geordnet

dispotico [dis'pɔtiko] adj tyrannisch

disprezzare [dispret'tsaːre] v missachten, verachten

disprezzo [dis'prɛttso] m Geringschätzung f, Missachtung f; con ~ verächtlich

disputare [dispu'taːre] v SPORT austragen

dissanguarsi [dissaŋgu'arsi] v MED verbluten

dissapore [dissa'po:re] *m* Streit *m,* Meinungsverschiedenheit *f*
disseminare [dissemi'na:re] *v* verstreuen, zerstreuen
disseminazione [disseminatsi'o:ne] *f* Aussaat *f,* Saat *f*
dissennato [dissen'na:to] *adj* unüberlegt, unsinnig
dissenso [dis'sɛnso] *m* 1. Meinungsverschiedenheit *f;* 2. *(contrasto)* Widerspruch *m*
dissenziente [dissentsi'ɛnte] *adj* 1. anders denkend; *m* 2. Andersdenkender *m*
disserrare [disser'ra:re] *v* aufschließen
dissertazione [dissertatsi'o:ne] *f* Dissertation *f*
dissidente [dissi'dɛnte] *m* POL Dissident *m*
dissimulare [dissimu'la:re] *v* verhehlen
dissipare [dissi'pa:re] *v* 1. verschwenden; 2. *(dubbio)* beseitigen
dissipato [dissi'pa:to] *adj* verschwenderisch
dissipatore [dissipa'to:re] *m* Verschwender *m*
dissipazione [dissipatsi'o:ne] *f* Verschwendung *f*
dissociare [disso't ʃa:re] *v* trennen, lösen
dissoluto [disso'lu:to] *adj* 1. liederlich, ausschweifend; *m* 2. liederlicher Mensch *m*
dissolvere [dis'sɔlvere] *v irr* 1. auflösen, zersetzen; 2. *(separare)* trennen, teilen
dissolversi [di'sɔlversi] *v irr* sich auflösen; ~ *nel nulla* sich in Luft auflösen
dissonanza [disso'nantsa] *f* Missklang *m,* Unstimmigkeit *f*
dissotterrare [dissotte'ra:re] *v* ausgraben
dissuadere [dissua'de:re] *v irr* JUR abraten
dissuasione [dissuazi'o:ne] *f* POL Abschreckung *f*
distaccarsi [distak'karsi] *v* 1. sich loslösen, sich trennen; 2. *(aeroplano)* abheben; 3. *(fig)* sich abkehren, sich abheben
distaccato [distak'ka:to] *adj* distanziert
distacco [dis'takko] *m* 1. Trennung *f,* Entfernung *f;* 2. *trattare con ~* kühl behandeln
distante [dis'tante] *adj* abgelegen, entfernt
distanza [dis'tantsa] *f* 1. Abstand *m; ~ minima* Mindestabstand *m; ~ delle righe* Zeilenabstand *m;* 2. *(lontananza)* Entfernung *f,* Distanz *f; Quant'è grande la ~ per ...?* Wie

groß ist die Entfernung nach ...? 3. MATH Strecke *f*
distanziarsi [distantsi'arsi] *v* sich distanzieren; ~ *da qd* jdn hinter sich lassen
distendere [dis'tɛndere] *v irr* 1. *(estendere)* ausdehnen; 2. *(stendere i panni)* aufhängen; 3. *(rilassare)* entspannen
distensione [distensi'o:ne] *f* 1. Ausdehnung *f;* 2. POL Entspannung *f*
distesa [dis'te:sa] *f* 1. Fläche *f;* 2. *(superficie)* Oberfläche *f*
distillare [distil'la:re] *v* CHEM destillieren, brennen
distilleria [distille'ri:a] *f* Brennerei *f*
distinguere [dis'tiŋguere] *v irr* 1. unterscheiden; 2. *(vedere distintamente)* deutlich sehen
distintamente [distinta'mente] *adv* hochachtungsvoll
distinto [dis'tinto] *adj* vornehm, verschieden
distinzione [distintsi'o:ne] *f* 1. Auszeichnung *f;* 2. *(il distinguere)* Unterscheidung *f*
distogliere [dis'tɔːʎere] *v irr* abbringen, ablenken; ~ *qd da qc* jdn von etw abbringen
distorcere [dis'tɔrt ʃere] *v irr* 1. MED verrenken, verstauchen; 2. *(fig)* verdrehen
distorsione [distorsi'o:ne] *f* Verrenkung *f,* Verstauchung *f*
distrarre [dis'trarre] *v irr (fig)* zerstreuen
distrarsi [dis'trarsi] *v irr (fig)* sich ablenken lassen
distrattamente [distratta'mente] *adv* geistesabwesend
distratto [dis'tratto] *adj* zerstreut
distrazione [distratsi'o:ne] *f* Abwechslung *f,* Zerstreuung *f*
distretto [dis'tretto] *v (terreno)* Revier *n,* Bezirk *m; ~ di polizia* Polizeirevier *n*
distribuire [distribu'i:re] *v* 1. verteilen, austeilen; 2. ECO ausschütten
distributore [distribu'to:re] *m (di giornali)* Verteiler *m; ~ automatico di banconote* Geldautomat *m; ~ automatico di bevande* Getränkeautomat *m; ~ automatico di sigarette* Zigarettenautomat *m; ~ di benzina* Tankstelle *f; ~ a gettone* Münzautomat *m*
distribuzione [distributsi'o:ne] *f* 1. Verteilung *f;* 2. ECO Ausschüttung *f; ~ dei dividendi* Dividendenausschüttung *f; ~ degli utili* Gewinnausschüttung *f; ~ dei redditi* Einkommensverteilung *f;* 3. *(vendita)* ECO Vertrieb *m*

distruggere [dis'truddʒere] *v irr* 1. vernichten; 2. *(annientare)* vertilgen; 3. *(specie)* ausrotten

distruggersi [dis'truddʒersi] *v irr (fig)* sich verzehren; ~ *di dolore* sich vor Gram verzehren

distruttivo [distrut'ti:vo] *adj* destruktiv, vernichtend

distruzione [distrutsi'o:ne] *f* Vernichtung *f,* Zerstörung *f*

disturbare [distur'ba:re] *v* stören

disturbarsi [distur'barsi] *v* sich Umstände machen, sich bemühen

disturbatore [disturba'to:re] *m* Störenfried *m*

disturbo [dis'turbo] *m* 1. Störung *f; dare ~* stören; 2. *MED* Beschwerden *pl*

disubbidiente [dizubbidi'ɛnte] *adj* unfolgsam

disubbidienza [dizubbidi'ɛntsa] *f* Ungehorsam *m*

disuguaglianza [dizugua'ʎantsa] *f* Ungleichheit *f,* Verschiedenheit *f*

disumano [dizu'ma:no] *adj* 1. unmenschlich; 2. *(bestiale)* bestialisch, tierisch

disunione [dizuni'o:ne] *f* Zerrissenheit *f,* Zerwürfnis *n*

disunire [dizu'ni:re] *v irr* trennen, entzweien

disuso [di'zu:zo] *m cadere in ~* außer Gebrauch kommen

ditale [di'ta:le] *m* Fingerhut *m*

dito ['di:to] *m* 1. *(della mano) ANAT* Finger *m;* 2. *(del piede) ANAT* Zeh *m,* Zehe *f*

ditta ['ditta] *f ECO* Firma *f*

dittafono [dit'ta:fono] *m* Diktiergerät *n*

dittatore [ditta'to:re] *m POL* Diktator *m*

dittatorio [ditta'tɔ:rio] *adj POL* diktatorisch

dittatura [ditta'tu:ra] *f POL* Diktatur *f; ~ militare* Militärdiktatur *f*

diurno [di'urno] *adj* Tages..., täglich; *albergo ~* Tageshotel *n; lavoro ~* Tagesarbeit *f*

divagare [diva'ga:re] *v (fig)* abschweifen

divampare [divam'pa:re] *v* auflodern, lodern

divano [di'va:no] *m* Sofa *n,* Liege *f*

divario [di'va:rio] *m (differenza)* Unterschied *m*

divenire [dive'ni:re] *v irr* werden

diventare [diven'ta:re] *v* werden

diverbio [di'vɛrbio] *m* Wortwechsel *m*

divergenza [diver'dʒɛntsa] *f* Meinungsverschiedenheit *f*

divergere [di'vɛrdʒere] *v* 1. abweichen; 2. *essere diverso* verschieden sein

diversità [diversi'ta] *f* Verschiedenheit *f*

diversivo [diver'si:vo] *m* Ablenkung *f,* Abwechslung *f*

diverso [di'vɛrso] *adj* unterschiedlich, anderweitig

divertente [diver'tɛnte] *adj* unterhaltend, amüsant; *Questo è ~.* Das macht Spaß.

divertimento [diverti'mento] *m* 1. Unterhaltung *f,* Vergnügen *n; per ~* spaßeshalber; *Buon ~!* Viel Spaß! 2. *(svago)* Amüsement *n*

divertire [diver'ti:re] *v* belustigen

divertirsi [diver'tirsi] *v* sich vergnügen, sich unterhalten

divertito [diver'ti:to] *adj* vergnügt

dividendo [divi'dɛndo] *m ECO* Dividende *f*

dividere [di'vi:dere] *v irr* 1. teilen, aufteilen; 2. *(separare)* trennen; 3. *(reparto)* abteilen

dividersi [di'vi:dersi] *v irr (persone)* sich trennen

divieto [divi'ɛ:to] *m* 1. Verbot *n,* Sperre *f; ~ di fumare* Rauchverbot *n; ~ d'importazione* Einfuhrverbot *n; ~ di parcheggio* Parkverbot *n; ~ di sorpasso* Überholverbot *n; ~ di sosta* Halteverbot *n; ~ di transito* Durchfahrverbot *n;* 2. *(embargo) POL* Sperre *f*

divino [di'vi:no] *adj REL* göttlich

divisa [di'vi:za] *f* 1. Uniform *f;* 2. *(motto)* Devise *f,* Leitspruch *m;* 3. *FIN* Devisen *pl*

divisibile [divi'zi:bile] *adj* teilbar

divisione [divizi'o:ne] *f* 1. Aufteilung *f,* Trennung *f; ~ dei poteri* Gewaltenteilung *f;* 2. *(disunione)* Zerrissenheit *f;* 3. *MATH* Division *f;* 4. *(fig)* Spaltung *f;* 5. *(suddivisione)* Einteilung *f*

diviso [di'vi:zo] *adj* getrennt, geteilt

divisore [divi'zo:re] *adv* 1. teilend; *m* 2. *MATH* Teiler *m*

divo ['di:vo] *m* Star *m,* Größe *f; ~ del teatro* Bühnenstar *m*

divorare [divo'ra:re] *v* verschlingen, verzehren

divorarsi [divo'rarsi] *v* sich verzehren

divorziare [divortsi'a:re] *v* scheiden

divorzio [di'vɔrtsio] *m* Ehescheidung *f,* Scheidung *f*

divulgare [divul'ga:re] *v* verbreiten

divulgativo [divulga'ti:vo] *adj* allgemein verständlich

dizionario [ditsio'na:rio] *m* Wörterbuch *n; ~ illustrato* Bildwörterbuch *n*

dizione [ditsi'oːne] *f* *1.* Ausdrucksweise *f;* *2. (arte del parlare)* Redekunst *f*
doccia ['dottʃa] *f* Dusche *f,* Brause *f; fare la ~* brausen, duschen; *Dove sono le docce?* Wo sind die Duschen?
docente [do'tʃɛnte] *m* Dozent *m*
docile ['dɔːtʃile] *adj* gefügig, sanftmütig
documentale [dokumen'taːle] *adj* dokumentarisch
documentare [dokumen'taːre] *v* *1.* dokumentieren; *2. JUR* belegen
documentario [dokumen'taːrio] *adj* *1.* dokumentarisch, urkundlich; *m* *2. CINE* Dokumentarfilm *m*
documento [doku'mento] *m* *1. (tessera)* Ausweis *m;* *2. (attestato)* Dokument *n,* Unterlage *f; con documenti* urkundlich; *3. (atto)* Urkunde *f*
dodici ['doːditʃi] *num* zwölf
dodicesimo [do:di'tʃɛːzimo] *adj* zwölfte(r,s)
dogana [do'gaːna] *f* Zollbehörde *m*
doganale [doga'naːle] *adj* Zoll... *tariffa ~* Zolltarif *m,* Zollgebühr *f*
doglie ['dɔːʎe] *f/pl MED* Wehen *pl*
dogma ['dɔgma] *m* Dogma *n,* Lehrsatz *m*
dolce ['doltʃe] *adj* *1. (sapore)* süß; *2. (carattere)* freundlich, liebenswürdig; *m* *3. GAST* Süßspeise *f*
dolcezza [dol'tʃettsa] *f* Milde *f*
dolcificante [doltʃifi'kante] *m GAST* Süßstoff *m*
dolente [do'lɛnte] *adj* schmerzhaft
dolere [do'leːre] *v irr* schmerzen
dollaro ['dɔllaro] *m* Dollar *m*
Dolomiti [dolo'miːti] *f/pl GEO* Dolomiten *pl*
dolore [do'loːre] *m* *1.* Schmerz *m,* Beschwerden *pl; dolori di stomaco* Magenschmerzen *pl; Ho dolori muscolari.* Ich habe Muskelkater. *2. (afflizione)* Kummer *m,* Schmerz *m*
doloroso [dolo'roːso] *adj* *1.* schmerzhaft; *2. (fig)* bitter
doloso [do'loːso] *adj JUR* böswillig
domanda [do'manda] *f* *1.* Frage *f; 2. (richiesta)* Antrag *m,* Gesuch *m; ~ d'ammissione* Aufnahmeantrag *m,* Zulassungsantrag *m; ~ di grazia* Gnadengesuch *n; 3. (informazione)* Nachfrage *f; 4. (desiderio)* Anliegen *n; 5. (ordinazione)* Anforderung *f*
domandare [doman'daːre] *v* *1.* fragen, anfragen; *2. (pretendere)* verlangen; *3. ~ scusa* um Entschuldigung bitten

domani [do'maːni] *adv* morgen
domare [do'maːre] *v* bändigen, zähmen
domatore [doma'toːre] *m* Dompteur *m*
domattina [domat'tiːna] *adv* morgen früh, morgen Vormittag
domenica [do'meːnika] *f* Sonntag *m; di ~* sonntags; *~ delle palme* Palmsonntag *m; ~ di Pasqua* Ostersonntag *m*
domestica [do'mɛstika] *f* Haushälterin *f*
domestico [do'mɛstiko] *adj* *1.* häuslich, Haus... *animale ~* Haustier *m; m* *2.* Dienstbote *m*
domiciliarsi [domitʃili'arsi] *v* sich niederlassen
domiciliato [domitʃili'aːto] *adv* wohnhaft
domicilio [domi'tʃiːlio] *m* Wohnort *m*
dominante [domi'nante] *adj* leitend, dominant
dominare [domi'naːre] *v* *1. (pre~)* beherrschen, dominieren; *2. (primeggiare)* überlegen sein; *3. (fig)* zügeln
dominarsi [domi'narsi] *v* sich beherrschen
dominio [do'miːnio] *m* *1. POL* Herrschaft *f; 2. ~ pubblico* Gemeingut *n; 3. riservato ~* Eigentumsvorbehalt *m*
donare [do'naːre] *v* *1. REL* opfern; *2. (elargire)* stiften; *3. (regalare)* schenken
donatore [dona'toːre] *m* Spender *m; ~ d'organo* Organspender *m; ~ di sangue* Blutspender *m*
donazione [donatsi'oːne] *f* *1.* Zuwendung *f,* Spende *f; 2. JUR* Schenkung *f*
dondolare [dondo'laːre] *v* schaukeln
dondolo ['dondolo] *m* *1.* Schaukel *f; 2. sedia a ~* Schaukelstuhl *m*
donna ['dɔnna] *f* Frau *f,* Weib *n; ~ delle pulizie* Putzfrau *f; ~ di servizio* Dienstmädchen *n; ~ di mondo* Frau von Welt *f; ~ d'affari* Geschäftsfrau *f*
donnaiolo [donnai'ɔːlo] *m* Schürzenjäger *m*
dono ['doːno] *m* Geschenk *n,* Gabe *f*
doping ['doupɪŋ] *m SPORT* Doping *n*
dopo ['doːpo] *adv* *1.* dann, darauf; *2. (quindi)* nachher, daraufhin; *prep* *3.* nach; *~ di che* wonach; *~ di ciò* hierauf; *konj* *4. ~ che* als, seitdem
dopodomani [dopodo'maːni] *adv* übermorgen
dopoguerra [dopogu'ɛrra] *m* Nachkriegszeit *f*
doppiare [doppi'aːre] *v SPORT* überrunden

doppiezza [doppi'ettsa] *f* Falschheit *f,* Doppelzüngigkeit *f*
doppio ['doppio] *adj 1.* doppelt; *razione doppia* doppelt so viel; *gioco ~* Doppelspiel *n; m 2.* Doppeltes *n; 3. (nel tennis) SPORT* Doppel *n*
doppione [doppi'oːne] *m* Duplikat *n*
dorare [do'raːre] *v* vergolden
dorato [do'raːto] *adj* vergoldet
dormicchiare [dormikki'aːre] *v* schlummern
dormiglione [dormi'ʎoːne] *m* Langschläfer *m,* Schlafmütze *f*
dormire [dor'miːre] *v* schlafen; *~ abbastanza* ausschlafen
dorso ['dɔrso] *m ANAT* Rücken *m; ~ della mano* Handrücken *m*
dosaggio [do'zaddʒo] *m* Dosierung *f*
dosare [do'zaːre] *v* dosieren, abmessen
dose ['dɔːze] *f* Dosis *f; In che ~?* In welcher Dosierung?
dotare [do'taːre] *v 1.* dotieren; *2. (equipaggiare)* ausrüsten
dotato [do'taːto] *adj* begabt
dotazione [dotatsi'oːne] *f 1.* Ausrüstung *f; 2. ECO* Dotierung *f*
dote ['dɔːte] *f 1.* Mitgift *f,* Brautgabe *f; 2. (virtù)* Tugend *f*
dottore(ssa) [dot'toːre/dotto'ressa] *m/f* Doktor(in) *m/f,* Arzt/Ärztin *m/f*
dottrina [dot'triːna] *f 1.* Lehre *f; 2. (istruzione)* Bildung *f*
dove ['doːve] *adv 1.* wo; *2. (verso)* wohin; *3. da ~* woher
dovere [do'veːre] *v irr 1.* sollen; *Veramente dovrebbe essere già qui.* Er sollte eigentlich schon hier sein. *2. (costrizione, necessità)* müssen; *3. (essere riconoscente)* verdanken; *4. ~ qc a qd* jdm etw schulden; *m 5.* Pflicht *f*
doveroso [dove'roːso] *adj* gehörig, gebührend
dovunque [do'vuŋkue] *adv* überall
dozzina [dod'dziːna] *f* Dutzend *n*
dozzinale [doddzi'naːle] *adj* gewöhnlich, alltäglich
dramma ['dramma] *m 1.* Schauspiel *n; 2. (fig: turbamento)* Theater *n*
drammatico [dram'maːtiko] *adj* dramatisch
drammatizzare [drammatid'dzaːre] *v 1. THEAT* dramatisieren; *2. (fig)* übertreiben
drammaturgo [dramma'turgo] *m 1. LIT* Dramatiker *m; 2. THEAT* Dramaturg *m*

drappo ['drappo] *m* Tuch *n; ~ di lino* Leinentuch *n; ~ di seta* Seidentuch *n*
drastico ['drastiko] *adj* drastisch
drenare [dre'naːre] *v MED* entwässern
dressaggio [dres'saddʒo] *m* Dressur *f*
dritto ['dritto] *adj 1.* aufrecht, gerade; *m 2.* Vorderseite *f*
droga ['drɔːga] *f 1.* Droge *f,* Rauschgift *n; 2. (spezia)* Gewürz *n*
drogato [dro'gaːto] *adj 1.* drogensüchtig; *m 2.* Drogenabhängiger *m*
drogheria [droge'riːa] *f* Drogerie *f*
dromedario [drome'daːrio] *m ZOOL* Dromedar *n*
drupa ['druːpa] *f BOT* Steinobst *n*
dubbio ['dubbio] *adj 1.* zweifelhaft; *2. (sospetto, equivoco)* fragwürdig, bedenklich; *m 3.* Zweifel *m; in caso di ~* im Zweifelsfalle
dubbioso [dubbi'oːso] *adj* zweifelhaft
dubitare [dubi'taːre] *v* zweifeln
duca ['duːka] *m* Herzog *m*
duchessa [du'kessa] *f* Herzogin *f*
due ['duːe] *num* zwei
duello [du'ɛllo] *m* Duell *n*
duetto [du'etto] *m MUS* Duett *n*
duna ['duːna] *f* Düne *f*
dunque ['duŋkue] *konj 1.* also; *adv 2.* demnach, demzufolge
duomo [du'ɔːmo] *m* Dom *m,* Münster *m*
duplicato [dupli'kaːto] *adj 1.* verdoppelt; *m 2.* Duplikat *n,* Zweitschrift *f*
duplice ['duːplitʃe] *adj* zweifach
durante [du'rante] *prep* bei, während
durare [du'raːre] *v* dauern, andauern; *Quanto dura ancora?* Wie lange dauert es noch?
durata [du'raːta] *f 1.* Dauer *f,* Andauer *f; 2. (riferita al tempo)* Länge *f; 3. (di una macchina, di un motore)* Lebensdauer *f*
duraturo [dura'tuːro] *adj* dauerhaft
durevole [du'reːvole] *adj* beständig
durevolezza [durevo'lettsa] *f* Beständigkeit *f*
durezza [du'rettsa] *f* Härte *f*
duro ['duːro] *adj 1.* fest, hart; *2. (tenace)* zäh; *La carne è dura.* Das Fleisch ist zäh. *3. ~ d'orecchio* schwerhörig; *4. (fig)* dickköpfig, starrsinnig; *avere la testa dura* starrköpfig sein; *essere ~ di comprendonio* schwer von Begriff sein; *tener ~* durchhalten; *essere duri* unnachgiebig sein; *5. (fig: aspro, forte)* bitter; *6. (rigido)* streng; *7. E' ~ da credere.* Es ist kaum zu glauben.
duttile ['duttile] *adj* dehnbar, flexibel

E

e [e] *konj* und
ebbene [eb'bε:ne] *interj* nun, na gut; *Ebbene? Also?*
ebbrezza [eb'brettsa] *f 1.* Rausch *m*, Trunkenheit *f; 2. (dei sensi)* Sinnestaumel *m*
ebollizione [ebollitsi':one] *m* Sieden *n*, Kochen *n; punto di ~* Siedepunkt *m*
ebraismo [ebra'izmo] *m* REL Judentum *n*
ebreo [e'brε:o] *m 1.* Jude *m; adj 2.* jüdisch, hebräisch
eccedente [ettʃe'dεnte] *adj* überschüssig
eccedenza [ettʃe'dεntsa] *f* Überschuss *m*, Übermaß *n*
eccellente [ettʃel'lεnte] *adj 1.* ausgezeichnet, hervorragend; *2. (fam)* famos; *3. (fam: grandioso)* prima; *4. (eccelso)* vortrefflich, vorzüglich
eccellentemente [ettʃellente'mente] *adv* famos, prima
eccellenza [ettʃel'lεntsa] *f 1.* Vortrefflichkeit *f; 2. (titolo)* Exellenz *f; Vostra ~* Eure Exzellenz *f*
eccellere [et'tʃεllere] *v irr* sich auszeichnen, sich hervortun
eccentrico [et'tʃεntriko] *adj* exzentrisch
eccessivamente [ettʃessiva'mente] *adv* übermäßig
eccessivo [ettʃes'si:vo] *adj 1.* ausschweifend, maßlos; *2. (esagerato)* übermäßig
eccesso [et'tʃεsso] *m* Exzess *m*, Übermaß *n; ~ di velocità* Geschwindigkeitsüberschreitung *f*
eccetera [et'tʃε:tera] *adv* und so weiter
eccetto [et'tʃεtto] *prep* außer, ausgenommen; *C'erano tutti ~ lui.* Außer ihm waren alle da. *~ me* außer mir
eccezionale [ettʃetsio'na:le] *adj* außergewöhnlich, ungewöhnlich
eccezione [ettʃetsi'o:ne] *f* Ausnahme *f; ad ~ di* ausgenommen
eccitabile [ettʃi'ta:bile] *adj* reizbar
eccitante [ettʃi'tante] *adj* aufregend, anregend
eccitare [ettʃi'ta:re] *v* erregen
eccitarsi [ettʃi'tarsi] *v* sich erregen
eccitato [ettʃi'ta:to] *adj* aufgeregt
eccitazione [ettʃitatsi'o:ne] *f* Aufregung *f*
ecclesiastico [ekklezi'astiko] *adj* REL kirchlich

ecco ['εkko] *interj 1.* hier ist; *2. ~ perché* deswegen, aufgrund dessen
echeggiare [eked'dʒa:re] *v* widerhallen
eco ['ε:co] *m* Echo *n*
ecologia [ekolo'dʒi:a] *f* Ökologie *f*
ecologico [eko'lɔ:dʒiko] *adj* ökologisch, umweltfreundlich
economia [ekono'mi:a] *f 1.* Ökonomie *f*, Wirtschaftlichkeit *f; 2.* ECO Wirtschaft *f; ~ aziendale* Betriebswirtschaft *f; ~ di mercato* Marktwirtschaft *f; ~ mondiale* Weltwirtschaft *f; ~ pianificata* Planwirtschaft *f; ~ politica* Volkswirtschaftslehre *f*
economico [eko'nɔ:miko] *adj 1.* ökonomisch, wirtschaftlich; *2. (conveniente)* preiswert, wirtschaftlich
economista [ekono'mista] *m/f* Volkswirtschaftler(in) *m/f*
economizzare [ekonomid'dza:re] *v* sparen
economo [e'kɔ:nomo] *adj* sparsam
eczema [ek'dzε:ma] *m* MED Ekzem *n*
eden ['ε:den] *m* REL Eden *n*
edera ['ε:dera] *f* BOT Efeu *m*
edicola [e'di:kola] *m* Zeitungskiosk *m*
edificante [edifi'kante] *adj* erbaulich, erhebend
edificio [edi'fi:tʃo] *m* Gebäude *n*, Bauwerk *n*
edile [e'di:le] *adj* Bau... *impresa ~* Bauunternehmen *n*
edilizia [edi'li:tsia] *f* Bauwesen *n*, Baugewerbe *n*
editore [edi'to:re] *m* Herausgeber *m*
editoria [edito'ri:a] *f* Verlagswesen *n*
editoriale [editori'a:le] *adj 1.* Verlags..., Verleger... *m 2.* Leitartikel *m*
editrice [edi'tri:tʃe] *f 1.* Verlegerin *f; 2. casa ~* Verlag *m*
edizione [editsi'o:ne] *f 1.* Ausgabe *f; ~ straordinaria* Sonderausgabe *f; 2. (di un libro)* Auflage *f; nuova ~* Neuausgabe *f*
educabile [edu'ka:bile] *adj difficilmente ~* schwer erziehbar
educare [edu'ka:re] *v* erziehen
educativo [eduka'ti:vo] *adj* erzieherisch
educato [edu'ka:to] *adj* wohlerzogen
educatore [eduka'to:re] *m* Erzieher *m; ~ unico* Alleinerzieher *m*
educatrice [eduka'tri:tʃe] *f* Erzieherin *f*

educazione [edukatsi'oːne] *f* *1.* Erziehung *f;* ~ *sessuale* Sexualaufklärung *f;* ~ *fisica* Turnen *n;* *2. (formazione)* Ausbildung *f;* *3. (comportamento disciplinato)* Disziplin *f,* Benehmen *n*
efelide [e'fɛlide] *f* Sommersprosse *f*
effemminato [effemmi'naːto] *adj* *1.* verweichlicht; *2. (fam)* weibisch; *m* *3.* Weichling *m,* Waschlappen *m* (fam)
effervescente [efferve'ʃɛnte] *adj* *1.* *acqua* ~ Sprudelwasser *n;* *2. (impetuoso)* hitzig, aufbrausend
effettivamente [effettiva'mente] *adv* wirklich, tatsächlich
effettivo [effet'tiːvo] *adj* tatsächlich, wirklich
effetto [ef'fɛtto] *m* *1.* Wirkung *f,* Effekt *m;* *avere* ~ wirksam sein, wirken auf; *non avere* ~ ohne Wirkung bleiben; *di grande* ~ effektvoll; *fare* ~ wirken; ~ *serra* Treibhauseffekt *m;* ~ *collaterale MED* Nebenwirkung *f;* *2. FIN* Wertpapier *n; effetti bancari* Effekten *pl*
effettuare [effettu'aːre] *v* ausführen
efficace [effi'kaːtʃe] *adj* wirksam, wirkungsvoll
efficacia [effika:t'ʃa] *f* Wirksamkeit *f*
efficiente [effi'tʃɛnte] *adj* leistungsfähig, tatkräftig
efficienza [effi'tʃɛntsa] *f* Leistungsfähigkeit *f*
egemonia [edʒemo'niːa] *f* Vormachtstellung *f*
Egeo [e'dʒɛːo] *m GEO* Ägäis *f*
Egitto [e'dʒitto] *m GEO* Ägypten *n*
egli ['eːʎi] *pron (di persona)* er
egocentrico [ego'tʃɛntriko] *adj* ichbezogen, egozentrisch
egoismo [ego'izmo] *m* Selbstsucht *f,* Egoismus *m*
egoista [ego'ista] *adj* *1.* selbstsüchtig, egoistisch; *m/f* *2.* Egoist(in) *m/f,* Egozentriker *m*
egoistico [ego'istiko] *adj* egoistisch
eguaglianza [eguali'antsa] *f* Gleichheit *f*
egualmente [egual'mente] *adv* ebenso
eiaculazione [eiakulatsi'oːne] *f BIO* Ejakulation *f*
elaborare [elabo'raːre] *v* *1.* bearbeiten; *2. (dati) INFORM* verarbeiten
elaborazione [elaboratsi'oːne] *f INFORM* Verarbeitung *f;* ~ *dati* Datenverarbeitung *f;* ~ *del testo* Textverarbeitung *f*
elargizione [elardʒitsi'oːne] *f* Spende *f,* Zuwendung *f*

elasticità [elastitʃi'ta] *f* *1.* Elastizität *f;* *2. (fig)* Gelenkigkeit *f*
elastico [e'lastiko] *adj* *1.* elastisch, dehnbar; *calza elastica* Gummistrumpf *m;* *2. TECH* dehnbar; *m* *3.* Gummiband *n*
Elba ['ɛlba] *f GEO* Elbe *f*
elefante [ele'fante] *m ZOOL* Elefant *m*
elegante [ele'gante] *adj* elegant
eleganza [ele'gantsa] *f* Eleganz *f;* *con* ~ schick
eleggere [e'lɛddʒere] *v irr POL* wählen
eleggibile [eled'dʒiːbile] *adj* wählbar
elementare [elemen'taːre] *adj* elementar, grundlegend; *scuola* ~ Grundschule *f*
elemento [ele'mento] *m* *1.* Element *n,* Grundstoff *m;* *2. (di una catena)* Glied *n,* Teil *m;* *3. elementi fondamentali pl* Grundlagen *pl*
elemosina [ele'mɔːzina] *f* Almosen *n; borsa delle elemosine* Klingelbeutel *m*
elemosinare [elemozi'naːre] *v* betteln
elencare [eleŋ'kaːre] *v* auflisten
elenco [e'leŋko] *m* Liste *f,* Verzeichnis *n;* ~ *telefonico* Telefonbuch *n;* ~ *dei debitori* Schuldnerverzeichnis *n;* ~ *numerico* Nummernverzeichnis *n*
elettivo [elet'tiːvo] *adj* Wahl...
elettorale [eletto'raːle] *adj POL* Wahl..., Wähler... *collegio* ~ Wahlbezirk *m*
elettore [elet'toːre] *m POL* Wähler *m*
elettricista [elettri'tʃista] *m/f* Elektriker(in) *m/f*
elettricità [elettritʃi'ta] *f* Elektrizität *f*
elettrico [e'lɛttriko] *adj* *1.* elektrisch; *2. (elettrostatico)* spannungsgeladen
elettrizzare [elettrid'dzaːre] *v (fig: tensione)* erregen
elettrodo [e'lɛttrodo] *m PHYS* Elektrode *f*
elettrodomestico [elettrodo'mɛstiko] *m* Elektrogerät *n*
elettrolisi [elet'trɔːlizi] *f CHEM* Elektrolyse *f*
elettrone [elet'troːne] *m PHYS* Elektron *n*
elettronica [elet'trɔːnika] *f* Elektronik *f*
elettronico [elet'trɔːniko] *adj* elektronisch
elettrotecnico [elettro'tɛkniko] *m* Elektrotechniker *m*
elevarsi [ele'varsi] *v* sich erheben
elevazione [elevatsi'oːne] *f* *1. (di una montagna)* Erhebung *f;* *2. (dello spirito)* Erhabenheit *f*
elezione [eletsi'oːne] *f POL* Wahl *f; elezioni comunali* Kommunalwahlen *pl; elezioni politiche* Parlamentswahlen *pl*

elica ['ɛːlika] _f 1._ Propeller _m; 2. (di una nave)_ Schraube _f_
elicoidale [elikoi'daːle] _adj_ spiralförmig
elicottero [eli'kɔttero] _m_ Hubschrauber _m_
eliminare [elimi'naːre] _v 1._ ausklammern, ausrangieren; _2. (fig: ammazzare)_ beseitigen
eliminazione [eliminatsi'oːne] _f_ Beseitigung _f,_ Elimination _f; ~ dei rifiuti_ Abfallbeseitigung _f_
ella ['ella] _pron_ sie
elogio [e'lɔːdʒo] _m_ Lob _n_
eloquente [eloku'ɛnte] _adj_ redegewandt
eludere [e'luːdere] _v irr 1. (evitare)_ umgehen, vermeiden; _2. (schivare)_ entgehen
E-mail ['iːmeil] _m INFORM_ E-Mail _f; ~ adressario_ E-Mail-Adressbücher _pl_
emanare [ema'naːre] _v 1._ erlassen; _2. (diffondere)_ ausstrahlen
emanazione [emanatsi'oːne] _f 1._ Erlass _m; 2. (diffusione)_ Ausstrahlung _f_
emanciparsi [emantʃi'parsi] _v_ sich emanzipieren, sich selbstständig machen
emancipazione [emantʃipatsi'oːne] _f_ Gleichstellung _f,_ Emanzipation _f_
ematoma [ema'tɔːma] _m MED_ Bluterguss _m_
embargo [em'bargo] _m POL_ Embargo _n_
emblema [em'blɛːma] _m_ Wahrzeichen _n_
embolia [embo'liːa] _f MED_ Embolie _f_
embrione [embri'oːne] _m BIO_ Embryo _m_
emendamento [emenda'mento] _m 1._ Richtigstellung _f; 2. POL_ Abänderung _f_
emergenza [emer'dʒɛntsa] _f_ Notfall _m; caso di ~_ Ernstfall _m_
emergere [e'mɛrdʒere] _v irr 1._ auftauchen; _2. (distinguersi)_ sich auszeichnen
emetico [e'mɛːtiko] _m MED_ Brechmittel _n_
emettere [e'mettere] _v_ ausstoßen
emicrania [emi'kraːnia] _f MED_ Migräne _f_
emigrante [emi'grante] _m/f 1._ Auswanderer/Auswanderin _m/f; 2. (fuoriuscito/fuoriuscita)_ Emigrant(in) _m/f_
emigrare [emi'graːre] _v_ auswandern
emigrazione [emigratsi'oːne] _f_ Emigration _f,_ Auswanderung _f_
Emilia Romagna [e'miːlia ro'maːɲa] _f GEO_ Emilia Romagna _f_
eminente [emi'nɛnte] _adj_ herausragend, hervorragend
emisfero [emis'fɛːro] _m 1._ Halbkugel _f; 2. ASTR_ Hemisphäre _f_
emissione [emis'sioːne] _f 1. ECO_ Emission _f; ~ d'azioni_ Aktienausgabe _f; 2. PHYS_ Emission _f_

emofiliaco [emofi'liːako] _m MED_ Bluter _m_
emoglobina [emoglo'biːna] _f BIO_ Hämoglobin _n_
emorragia [emorra'dʒiːa] _f MED_ Blutung _f; ~ cerebrale_ Gehirnblutung _f; ~ nasale_ Nasenbluten _n_
emorroidi [emor'rɔːidi] _f/pl MED_ Hämorriden _pl_
emotivo [emo'tiːvo] _adv_ gefühlsmäßig, emotional
emozionabile [emotsio'naːbile] _adj_ erregbar, reizbar
emozionante [emotsio'nante] _adj_ spannend, spannungsgeladen
emozionarsi [emotsio'narsi] _v_ sich erregen, in Aufregung geraten
emozione [emotsi'oːne] _f_ Affekt _m,_ Gemütserregung _f_
empio ['empio] _adj 1._ gottlos; _2. (infame)_ ruchlos
emulare [emu'laːre] _v_ nacheifern
emulo ['ɛːmulo] _m 1._ Rivale _m,_ Nebenbuhler _m; 2. (imitatore)_ Nachahmer _m; 3. (avversario)_ Gegner _m_
enciclopedia [entʃiklope'diːa] _f_ Enzyklopädie _f,_ Lexikon _n_
endemico [en'dɛːmiko] _adj 1._ lokal; _2. MED_ endemisch
energia [ener'dʒiːa] _f 1. PHYS_ Energie _f; ~ atomica_ Atomenergie _f,_ Atomkraft _f; ~ nucleare_ Kernenergie _f,_ Kernkraft _f; ~ solare_ Solarenergie _f,_ Sonnenenergie _f; 2. (vigore)_ Tatkraft _f; 3. (fig)_ Schwung _m_
energico [e'nerdʒiko] _adj_ energisch, tatkräftig
enfasi ['ɛnfazi] _f_ Nachdruck _m,_ Emphase _f_
enfiarsi [enfi'arsi] _v 1._ anschwellen, sich aufblasen; _2. (fig)_ sich aufpludern
enigma [e'niːgma] _m_ Rätsel _n_
enigmatico [enig'maːtiko] _adj_ rätselhaft
ennesimo [en'nɛːzimo] _adj l'~_ der soundsovielte
enologia [enolo'dʒia] _f_ Weinkunde, Önologie _f_
enorme [e'norme] _adj_ riesig, enorm
enormemente [enorme'mente] _adv_ sehr, außerordentlich
enormità [enormi'ta] _f_ Ungeheuerlichkeit _f,_ Absurdität _f_
ente ['ɛnte] _m 1._ Körperschaft _f,_ Institut _n; 2. ~ per il turismo_ Fremdenverkehrsbüro _n; 3. (l'essere)_ Wesen _n_
entità [enti'ta] _f_ Bedeutung _f,_ Umfang _m_

entrambi [en'trambi] *pron 1.* beide; *adj 2.* beide

entrare [en'traːre] *v 1.* eintreten, einsteigen; ~ *in* betreten; ~ *in scena* auftreten; *fare* ~ einlassen, hereinlassen; ~ *in macchina* ins Auto einsteigen; *2.* ~ *in vigore* in Kraft treten; *3. (in un paese straniero)* einreisen

entrata [en'traːta] *f 1.* Eintritt *m,* Eingang *m;* ~ *in carica* Amtseintritt *m;* ~ *in scena* Auftritt *m;* ~ *in servizio* Dienstantritt *m;* ~ *in vigore* In-Kraft-Treten *n; Quanto costa l'~?* Wie viel kostet der Eintritt? *2. (accesso)* Einfahrt *f,* Zugang *m; 3. (di una casa)* Diele *f; 4. (in un paese)* Einreise *f; 5. (della merce)* ECO Wareneingang *m; 6. (di denaro)* ECO Eingang *m; 7. (presa di possesso)* Antritt *m*

entro ['entro] *prep* innerhalb, binnen

entusiasmante [entuziaz'mante] *adj* mitreißend, begeisternd

entusiasmare [entuziaz'maːre] *v* begeistern, entzücken

entusiasmarsi [entuziaz'marsi] *v* sich begeistern

entusiasmo [entuzi'azmo] *m* Begeisterung *f*

entusiastico [entuzi'astiko] *adj* lebhaft

enumerare [enume'raːre] *v* aufzählen

enunciare [enun'tʃaːre] *v* darlegen, verkünden

enunciato [enun'tʃaːto] *m* Darlegung *f,* Verkündigung *f*

enzima [en'dziːma] *m BIO* Enzym *n*

epicentro [epi'tʃɛntro] *m* Epizentrum *n*

epidemia [epide'miːa] *f 1. MED* Epidemie *f; 2.* ~ *della mucca pazza* Rinderwahnsinn *m*

epigrafe [e'piːgrafe] *f* Inschrift *f*

epilessia [epiles'siːa] *f MED* Epilepsie *f*

epilogo [e'piːlogo] *m* Nachspiel *n,* Nachwort *n*

episodico [epi'zɔːdiko] *adj* ab und zu

episodio [epi'zɔːdio] *m* Episode *f*

epistolare [episto'laːre] *adj* brieflich

epistolario [episto'laːrio] *m* Briefsammlung *f*

epoca ['ɛːpoka] *f* Epoche *f,* Zeitalter *n*

eppure [ep'puːre] *adv* trotzdem, und dennoch

epurazione [epuratsi'oːne] *f 1.* Reinigung *f; 2. POL* Säuberung *f*

equazione [ekuatsi'oːne] *f MATH* Gleichung *f*

equestre [e'kuɛstre] *adj* Reiter..., Ritter... *statua* ~ Reiterstatue *f; ordine* ~ Ritterorden *m*

equilibrare [ekuili'braːre] *v 1.* ins Gleichgewicht bringen; *2. (fig)* ausgleichen; *3. TECH* auswuchten

equilibrarsi [ekuili'brarsi] *v 1.* ins Gleichgewicht kommen; *2. (fig)* sich gegenseitig aufwiegen, sich ausgleichen

equilibrato [ekuili'braːto] *adj* ausgeglichen

equilibrio [ekui'liːbrio] *m 1.* Gleichgewicht *n; 2. (fig)* Ausgleich *m*

equilibrista [ekuili'brista] *m/f 1.* Seiltänzer(in) *m/f; 2. (giocoliere)* Jongleur/ Jongleuse *m/f*

equino [e'kuiːno] *adj 1.* Pferde... *carne equina* Pferdefleisch *n; 2. GAST* Pferd *n*

equipaggiamento [ekuipaddʒa'mento] *m* Ausrüstung *f,* Ausstattung *f*

equipaggio [ekui'paddʒo] *m* Mannschaft *f*

equiparato [ekuipa'raːto] *adj* gleichgestellt

equitazione [ekuitatsi'oːne] *f* Reitsport *m,* Reitkunst *f; scuola d'*~ Reitschule *f*

equivalente [ekuiva'lɛnte] *adj 1.* gleichwertig, äquivalent; *m 2.* Äquivalent *n*

equivalersi [ekuiva'lersi] *v* den gleichen Wert haben

equivoco [e'kuiːvoko] *adj 1.* missverständlich, doppeldeutig; *2. (malfamato)* anrüchig; *m 3.* Missverständnis *n*

era ['ɛːra] *f* Zeitalter *n*

erba ['ɛrba] *f 1.* Gras *n;* ~ *cipollina* Schnittlauch *m; Che* ~ *aromatica è?* Was ist das für ein Kraut? *2. MED* Kraut *n*

erbaccia [er'battʃa] *f* Unkraut *n; L'*~ *non muore mai.* Unkraut verdirbt nicht.

erbivoro [er'biːvoro] *adj 1.* Pflanzen fressend; *m 2. ZOOL* Vegetarier *m*

erede [e'rɛːde] *m/f* Erbe/Erbin *m/f;* ~ *universale* Alleinerbe/Alleinerbin *m/f*

eredità [eredi'ta] *f* Erbschaft *f,* Hinterlassenschaft *f; lasciare in* ~ vererben

ereditare [erede'taːre] *v* erben

ereditarietà [ereditarie'ta] *f BIO* Vererbung *f*

ereditario [eredi'taːrio] *adj 1.* Erb... *principe* ~ Erbprinz *m; 2. BIO* vererblich

eremita [ere'miːta] *f* Einsiedler *m,* Eremit *m*

eremitaggio [eremi'taddʒo] *m* Klause *f*

eresia [ere'ziːa] *f 1. REL* Ketzerei *f; 2. (stupidaggine)* Unsinn *m,* Quatsch *m*

eretico [e'rɛːtiko] *adj 1. REL* ketzerisch; *m 2. REL* Ketzer *m*

erezione [eretsi'o:ne] *f 1. ARCH* Errichtung *f; 2. BIO* Erektion *f*
ergastolano [ergasto'la:no] *m JUR* Inhaftierter *m,* lebenslang Verurteilter *m*
ergastolo [er'gastolo] *m JUR* lebenslängliche Freiheitsstrafe *f*
ergersi ['erdʒersi] *v irr* ragen, sich erheben; *~ a* sich aufspielen, angeben, prahlen
ergonomia [ergono'mi:a] *f* Ergonomie *f*
ergonomico [ergo'nɔ:miko] *adj* ergonomisch
erigere [e'ri:dʒere] *v irr* errichten
ermeticamente [ermetika'mente] *adv* dicht
ermetico [er'mɛ:tiko] *adj* dicht; *rendere ~* abdichten
ernia ['ɛrnia] *f MED* Vorfall *m,* Bruch *m; ~ inguinale* Leistenbruch *m*
eroe [e'rɔ:e] *m* Held *m*
eroicamente [eroika'mente] *adv* heldenhaft
eroico [e'rɔ:iko] *adj* heldenhaft
eroina [ero'i:na] *f CHEM* Heroin *n*
eroismo [ero'izmo] *m* Heldentum *n*
erotico [e'rɔ:tiko] *adj* erotisch
erotismo [ero'tizmo] *m* Erotik *f*
errare [er'ra:re] *v* irren, umherirren
errato [er'ra:to] *adj* falsch, irrtümlich
erroneo [er'rɔ:neo] *adj* falsch, irrtümlich
errore [er'ro:re] *m* Fehler *m,* Irrtum *m; per ~* versehentlich; *~ di calcolo* Rechenfehler *m; ~ giudiziario* Justizirrtum *m; ~ di stampa* Druckfehler *m*
erto ['erto] *adj 1.* steil; *2. (burrone)* jäh
erudito [eru'di:to] *adj 1.* gelehrt; *m 2.* Gelehrter *m*
eruttare [erut'ta:re] *v 1.* ausstoßen; *2. (vulcano) GEO* speien
eruzione [erutsi'o:ne] *f 1.* Ausbruch *m; ~ vulcanica* Vulkanausbruch *m; 2. MED* Ausschlag *m*
esagerare [ezadʒe'ra:re] *v* aufbauschen, übertreiben
esagerato [ezadʒe'ra:to] *adj* übertrieben
esagerazione [ezadʒeratsi'o:ne] *f* Übertreibung *f*
esagonale [ezago'na:le] *adj* sechseckig
esalare [eza'la:re] *v* ausströmen, ausdunsten
esaltare [ezal'ta:re] *v* verherrlichen, preisen
esaltarsi [ezal'tarsi] *v 1.* ausgelassen sein, exaltiert sein; *2. ~ per qc* sich für etw begeistern

esaltato [ezal'ta:to] *adj* überschwänglich
esaltazione [ezaltatsi'o:ne] *f* Verherrlichung *f,* Begeisterung *f*
esame [e'za:me] *m 1.* Prüfung *f,* Examen *n; ~ d'ammissione* Aufnahmeprüfung *f; ~ finale* Abschlussprüfung *f; ~ di maestro* Meisterprüfung *f; ~ di maturità* Abitur *n; 2. (ricerca)* Erforschung *f,* Untersuchung *f*
esaminando [ezami'nando] *m* Prüfling *m*
esaminare [ezami'na:re] *v 1.* prüfen, überprüfen; *2. (ricerca)* untersuchen, erforschen
esaminatore [ezamina'to:re] *m 1.* Prüfer *m; adj 2.* Prüfungs...
esantema [ezan'tɛ:ma] *f MED* Hautausschlag *m*
esasperato [ezaspe'ra:to] *adj* erbittert
esasperazione [ezasperatsi'o:ne] *f* Verbitterung *f,* Verzweiflung *f*
esattamente [ezatta'mente] *adv* genau
esattezza [eza'tettsa] *f* Genauigkeit *f*
esatto [e'zatto] *adj* genau, exakt; *Il conto non è ~.* Die Rechnung stimmt nicht.
esattoria [ezatto'ri:a] *f* Steuerannahmestelle *f*
esaurimento [ezauri'mento] *m* Erschöpfung *f; ~ nervoso* Nervenzusammenbruch *m*
esaurire [ezau'ri:re] *v irr* aufbrauchen
esaurirsi [ezau'rirsi] *v irr* sich verausgaben, sich verbrauchen
esaurito [ezau'ri:to] *adj 1.* ausverkauft, vergriffen; *2. (persona)* erschöpft
esausto [e'za:usto] *adj* erschöpft, leer
esautorazione [ezautoratsi'o:ne] *f POL* Entmachtung *f*
esca ['eska] *f 1.* Köder *m; 2. (miccia)* Lunte *f,* Zunder *m*
escavatrice [escava'tri:tʃe] *f TECH* Bagger *m*
eschimese [eski'me:se] *m* Eskimo *m*
esclamazione [esklamatsi'o:ne] *f* Ausruf *m*
escludere [es'klu:dere] *v irr* ausschließen; *~ qd* jdn ausschließen
esclusione [eskluzi'o:ne] *f* Ausschluss *m; ad ~ di* mit Ausnahme von
esclusiva [esklu'zi:va] *f ECO* Alleinvertrieb *m*
esclusivo [esklu'zi:vo] *adj* exklusiv
escluso [es'klu:zo] *adj* ausgeschlossen
escogitare [eskodʒi'ta:re] *v* ausdenken
escoriare [eskori'a:re] *v* abschürfen
escoriazione [eskoratsi'o:ne] *f MED* Abschürfung *f*

escremento [eskre'mento] *m* Ausscheidung *f,* Exkrement *n*
escrescenza [eskre'ʃɛntsa] *f* Auswuchs *m*
escursione [eskursi'oːne] *f* Ausflug *m*
esecutivo [ezeku'tiːvo] *adj 1.* ausführend; *organo ~* ausführendes Organ *n; m 2. POL* Exekutive *f*
esecutore [ezeku'toːre] *m 1.* Vollstrecker *m; ~ testamentario* Testamentsvollstrecker *m; adj 2.* Ausführungs...
esecuzione [ezekutsi'oːne] *f 1.* Ausführung *f,* Durchführung *f; mancata ~* Nichterfüllung *f; 2. THEAT* Darbietung *f; 3. ECO* Abwicklung *f*
eseguibile [ezegu'iːbile] *adj* durchführbar
eseguire [eze'guiːre] *v 1.* ausführen, durchführen; *2. JUR* vollstrecken
esempio [e'zɛmpio] *m* Beispiel *n,* Leitbild *n; per ~* beispielsweise
esemplare [ezem'plaːre] *1.* exemplarisch, mustergültig; *m 2.* Exemplar *n adj*
esentare [ezen'taːre] *v* entheben
esente [e'zɛnte] *adj* frei, befreit; *~ da dazio* zollfrei; *~ da imposte* abgabefrei, steuerfrei
esenzione [ezentsi'oːne] *f* Erlass *m*
esercente [ezer'tʃɛnte] *m/f ECO* Gewerbetreibende(r) *m/f*
esercitare [ezertʃi'taːre] *v 1.* ausüben, üben; *2. (imparare con l'esercizio)* einüben; *3. ECO* betreiben; *4. (fig)* treiben
esercitarsi [ezertʃi'tarsi] *v* üben
esercito [e'zɛrtʃito] *m MIL* Armee *f; ~ della salvezza* Heilsarmee *f*
esercizio [ezer'tʃiːtsio] *m 1.* Ausübung *f; 2. (esercitazione, compito)* Übung *f; ~ obbligatorio* Pflichtübung *f; 3. ECO* Betrieb *m; 4. (anno amministrativo) ECO* Geschäftsjahr *n*
esibire [ezi'biːre] *v irr* vorzeigen, vorweisen
esibirsi [ezi'birsi] *v irr THEAT* auftreten
esibizionista [ezibitsio'nista] *m* Exhibitionist *m*
esigente [ezi'dʒɛnte] *adj* anspruchsvoll
esigenza [ezi'dʒɛntsa] *f* Erfordernis *n*
esigere [e'ziːdʒere] *v irr* anfordern, verlangen
esiguo [e'ziːguo] *adj* knapp
esile ['ɛːzile] *adj* schmächtig, dünn
esiliare [ezili'aːre] *v* ausweisen, verbannen
esiliato [ezili'aːto] *adj 1.* verbannt; *m 2.* Verbannter *m*
esilio [e'ziːlio] *m* Verbannung *f,* Exil *n*

esistente [ezis'tɛnte] *adj* vorhanden, existent
esistenza [ezis'tɛntsa] *f* Existenz *f*
esistere [e'zistere] *v irr* existieren, bestehen
esitare [ezi'taːre] *v* zaudern, zögern
esito ['ɛːzito] *m 1. (risultato)* Ergebnis *n,* Resultat *n; 2. (successo)* Erfolg *m*
esodo ['ɛːzodo] *m* Flucht *f*
esofago [e'zɔːfago] *m ANAT* Speiseröhre *f*
esonerare [ezone'raːre] *v 1.* erlassen; *2. ECO* befreien
esonero [e'zɔːnero] *m ECO* Befreiung *f*
esorcismo [ezor'tʃizmo] *m* Geisterbeschwörung *f*
esordiente [ezordi'ɛnte] *adj 1.* angehend; *m/f 2.* Anfänger(in) *m/f,* Debütant(in) *m/f*
esordio [e'zɔrdio] *m* Debüt *n*
esortare [ezor'taːre] *v 1.* ermahnen; *2. (fig)* anfeuern
esortazione [ezortatsi'oːne] *f* Mahnung *f,* Ermahnung *f*
esoterismo [ezote'rizmo] *m* Esoterik *f*
esotico [e'zɔːtiko] *adj* exotisch
espansione [espansi'oːne] *f* Ausdehnung *f*
espatrio [es'paːtrio] *m 1.* Emigration *f; 2. (passaggio di un confine)* Grenzübertritt *m*
espellere [es'pɛllere] *v irr 1.* ausweisen; *2. MED* ausscheiden
esperienza [esperi'ɛntsa] *f 1.* Erfahrung *f,* Praxis *f; questione di ~* Erfahrungssache *f; 2. (avvenimento vissuto intensamente)* Erlebnis *n*
esperimento [esperi'mento] *m* Versuch *m,* Experiment *n*
esperto [es'pɛrto] *adj 1.* erfahren, kundig; *m 2.* Experte *m,* Fachmann *m*
espiare [espi'aːre] *v* verbüßen
espiazione [espiatsi'oːne] *f* Sühne *f*
espirare [espi'raːre] *v* ausatmen
esplicito [es'pliːtʃito] *adj* ausdrücklich, klar
esplodere [es'plɔːdere] *v irr 1.* explodieren, zerspringen; *2. (fig)* ausrasten, ausbrechen
esplorare [esplo'raːre] *v 1.* erforschen, auskundschaften; *2. INFORM* abtasten
esploratore [esplora'toːre] *m* Forscher *m,* Wissenschaftler *m*
esplorazione [esploratsi'oːne] *f 1.* Erforschung *f,* Erkundung *f; 2. MIL* Aufklärung *f*
esplosione [esplozi'oːne] *f* Explosion *f,* Sprengung *f*

esplosivo [esplo'ziːvo] *adj 1. (cosa)* brisant, explosiv; *2. (irruento)* explosiv; *m 3.* Sprengstoff *m*
esponente [espo'nɛnte] *m/f* Wortführer(in) *m/f*
esporre [es'porre] *v irr 1.* ausstellen; *2. (esplicare)* darlegen; *3. (abbandonare)* preisgeben; *4. (merce)* auslegen
esportare [espor'taːre] *v ECO* exportieren
esportatore [esporta'toːre] *m ECO* Exporteur *m*
esportazione [esportatsi'oːne] *f ECO* Export *m*
esposizione [espozitsi'oːne] *f 1. (di merce)* Ausstellung *f; 2. (presentazione)* Darlegung *f,* Darbietung *f*
esposto [es'posto] *adj* ausgestellt
espressamente [espressa'mente] *adv* ausdrücklich, klar und deutlich
espressione [espressi'oːne] *f 1. (a parole)* Ausdruck *m; privo di ~* ausdruckslos; *2. (del viso)* Ausdruck *m,* Miene *f*
espressività [espressivi'ta] *f* Ausdruckskraft *f,* Expressivität *f*
espressivo [espres'siːvo] *adj* ausdrucksvoll
espresso [es'prɛsso] *adj 1.* ausdrücklich; *m 2.* Eilbrief *m; 3. GAST* Espresso *m*
esprimere [es'priːmere] *v irr 1.* vorbringen; *2. (fig)* ausdrücken
esprimersi [es'primersi] *v irr* sich äußern
espropriare [espropri'aːre] *v JUR* enteignen
esproprio [es'prɔːprio] *m 1.* Enteignung *f; 2. (statalizzazione)* Verstaatlichung *f*
espulsione [espulsi'oːne] *f 1.* Ausweisung *f; ~ dal campo* Platzverweis *m; 2. POL* Abschiebung *f; 3. (fam)* Rausschmiss *m*
essa ['essa] *pron 1.* sie; *2. esse pl* sie
essenza [es'sɛntsa] *f 1.* Substanz *f; 2. (carattere)* Wesen *n*
essenziale [essentsi'aːle] *adj 1.* wesentlich, essenziell; *m 2.* Hauptsache *f*
esserci ['ɛssertʃi] *v irr* da sein, vorhanden sein; *Non c'è di che!* Keine Ursache!
essere ['ɛssere] *v irr 1.* sein; *Così sia!* So sei es!/Amen! *Se fossi lui ...* An seiner Stelle .../Wenn ich er wäre; *Sarà ...* Mag sein ... *Come se nulla fosse.* Wie wenn nichts wäre. *m 2. (vivente)* Wesen *n; 3. PHIL* Sein *n*
essiccare [essik'kaːre] *v* austrocknen, verdorren
esso ['esso] *pron* es
est [ɛst] *m 1.* Osten *m; 2. POL* Osten *m*

estasi ['ɛstaːzi] *f* Ekstase *f*
estate [es'taːte] *f* Sommer *m; ~ di S. Martino* Altweibersommer *m*
estemporaneo [estempo'raːneo] *adj* aus dem Stegreif, improvisiert
estendere [es'tɛndere] *v irr* erweitern, vergrößern
estendersi [es'tɛndersi] *v irr* sich erstrecken
estensibile [esten'siːbile] *adj* dehnbar, ausdehnbar
estensione [estensi'oːne] *f* Ausdehnung *f,* Erweiterung *f*
estenuante [estenu'ante] *adj* entnervend
esteriore [esteri'oːre] *adj* äußere(r,s), äußerlich
esterno [es'tɛrno] *m adj 1.* extern; *2. (esteriore)* äußerlich; *3.* Äußeres *n*
estero ['ɛstero] *m 1.* Ausland *n; adj 2.* ausländisch, fremd
estesamente [estesa'mente] *adv* ungekürzt
esteso [es'tɛːso] *adj* weit reichend, weitläufig; *per ~* ausführlich, eingehend
estetica [es'tɛːtika] *f* Ästhetik *f*
estetico [es'tɛːtiko] *adj* ästhetisch; *senso ~* Schönheitssinn *m*
estetista [este'tista] *m/f* Kosmetiker(in) *m/f*
estinguere [es'tiŋguere] *v irr 1.* auslöschen, vernichten; *2. ECO* tilgen
estinguersi [es'tiŋguersi] *v irr 1.* aussterben; *2. (spegnersi)* ausgehen, verglühen
estintore [estin'toːre] *m* Feuerlöscher *m*
estinzione [estintsi'oːne] *f 1. ECO* Tilgung *f; 2. (spegnimento)* Löschen *n*
estirpare [estir'paːre] *v 1.* ausrotten; *2. (erbacce)* jäten
estivo [es'tiːvo] *adj* sommerlich, Sommer... *tempo ~* sommerliches Wetter *n; vestito ~* Sommerkleid *n*
estorsione [estorsi'oːne] *f* Erpressung *f,* Nötigung *f*
estradizione [estraditsi'oːne] *f* Zulieferung *f*
estraibile [estra'iːbile] *adj* ausziehbar
estraneo [es'traːneo] *adj 1.* fremd, Fremd... *corpo ~* Fremdkörper *m; m 2.* Außenstehender *m*
estrarre [es'trarre] *v irr 1.* herausziehen, ausziehen; *~ a sorte* verlosen; *2. MIN* abbauen, fördern
estratto [es'tratto] *m 1.* Extrakt *m; 2. FIN* Auszug *m; ~ conto* Kontoauszug *m*

estrazione [estratsi'oːne] *f 1. (a lotto)* Ziehung *f; ~ a sorte* Verlosung *f; 2. MIN* Förderung *f,* Abbau *m*
estremismo [estre'mizmo] *m POL* Extremismus *m*
estremista [estre'mista] *adj 1.* extremistisch; *m/f 2.* Extremist(in) *m/f,* Radikale(r) *m/f; ~ di destra* Rechtsextremist(in) *m/f*
estremistico [estre'mistiko] *adj POL* extremistisch
estremo [es'trɛːmo] *adj* extrem, äußerst
estro ['ɛstro] *m 1.* Inspiration *f; 2. (entusiasmo)* Enthusiasmus *m*
estromissione [estromiss'oːne] *f* Entlassung *f,* Ausschluss *m*
estroso [es'troːso] *adj* ideenreich, kreativ
esuberante [ezube'rante] *adj* überschwänglich
esuberanza [ezube'rantsa] *f 1.* Überschwang *m; con ~* überschwänglich; *2. (sovrabbondanza)* Überfluss *m*
esule ['ɛːzule] *m/f* Exilierte(r) *m/f*
esultare [ezul'taːre] *v* jubeln, jauchzen
età [e'ta] *f 1.* Alter *n; maggiore ~* Volljährigkeit *f; 2. (era)* Zeitalter *n; ~ della pietra HIST* Steinzeit *f; ~ moderna* Neuzeit *f; 3. ~ della pubertà* Pubertät *f; 4. ~ dello sviluppo* Entwicklungsjahre *pl; 5. ~ minima* Mindestalter *n*
etere ['ɛːtere] *m* Äther *m*
eternità [eterni'ta] *f* Ewigkeit *f*
eterno [e'tɛrno] *adj 1.* ewig, zeitlos; *2. (immortale)* unsterblich
eterodosso [etero'dɔsso] *adj* andersgläubig
eterogeneità [eterodʒenei'ta] *f* Andersartigkeit *f*
eterogeneo [etero'dʒɛːneo] *adj* heterogen, andersartig
etica ['ɛːtika] *f* Ethik *f*
etichetta [eti'ketta] *f 1.* Aufkleber *m,* Etikett *n; ~ col prezzo* Preisschild *n; 2. (norme convenzionali di comportamento)* Etikette *f; senza ~* zwanglos
etico ['ɛːtiko] *adj* ethisch
Etiopia [eti'ɔːpia] *f GEO* Äthiopien *n*
etnico ['ɛtniko] *adj* ethnisch
etnologia [etnolo'dʒiːa] *f* Ethnologie *f,* Völkerkunde *f*
ettaro ['ɛttaro] *m* Hektar *n*
etrusco [e'trusko] *adj 1.* etruskisch; *m 2.* Etrusker *m*
eucalipto [euka'lipto] *m BOT* Eukalyptus *m*

eufemismo [eufe'mizmo] *m* Beschönigung *f*
euforia [eufo'riːa] *f* Euphorie *f*
euro [e'uːro] *m FIN* Euro *m*
eurocheque [euroʃ'ʃɛk] *m* Eurocheque *m*
eurodeputato [eurodepu'tato] *m POL* Abgeordneter des Europäischen Parlaments *m*
Europa [eu'rɔːpa] *f GEO* Europa *n; ~ centrale* Mitteleuropa *n; ~ occidentale* Westeuropa *n; ~ orientale* Osteuropa *n*
europeismo [europe'izmo] *m POL* Bewegung zu einem vereinten Europa *f*
europeo [euro'pɛːo] *adj 1.* europäisch; *m 2.* Europäer *m*
evacuare [evaku'aːre] *v* evakuieren, räumen
evacuazione [evakuatsi'oːne] *f 1.* Evakuierung *f,* Räumung *f; 2. MED* Darmentleerung *f*
evadere [e'vaːdere] *v irr* entfliehen
evangelico [evan'dʒɛːliko] *adj REL* evangelisch
evaporare [evapo'raːre] *v* verdampfen, verdunsten
evasione [evazi'oːne] *f* Ausbruch *m,* Flucht *f; ~ fiscale* Steuerhinterziehung *f*
evasivo [eva'ziːvo] *adj* ausweichend
evaso [e'vaːzo] *adj 1.* ausgebrochen; *2. JUR* erledigt; *m 3.* Ausbrecher *m*
evento [e'vɛnto] *m* Vorkommnis *n*
eventuale [eventu'aːle] *adj* eventuell, etwaig
evidente [evi'dɛnte] *adj* offensichtlich, augenfällig
evidentemente [evidente'mente] *adv* anscheinend, offensichtlich
evidenza [evi'dɛntsa] *f* Augenscheinlichkeit *f; mettere in ~* hervorheben
evitabile [evi'taːbile] *adj* vermeidbar
evitare [evi'taːre] *v* meiden, vermeiden
evocare [evo'kaːre] *v* heraufbeschwören
evoluto [evo'luːto] *adj* entwickelt, fortgeschritten
evoluzione [evolutsi'oːne] *f* Evolution *f,* Werdegang *m*
evolversi [e'vɔlversi] *v irr* sich entwickeln
ex [eks] *adj* ehemalig
extra ['ɛkstra] *adj* extra
extracomunitario [ekstrakomuni'taːrio] *adj 1.* nicht zu Europäischen Union gehörig; *m 2.* EU-Ausländer *m*
extraterrestre [ekstrater'rɛstre] *adj 1.* außerirdisch; *m/f 2.* Außerirdische(r) *m/f*

F

fa [fa] *adv* vor; *tempo* ~ in der Vergangenheit
fabbisogno [fabbi'zoːɲo] *m* Bedarf *m*
fabbrica ['fabbrika] *f* Fabrik *f*, Werk *n;* ~ *di automobili* Autowerk *n*
fabbricabile [fabbri'kaːbile] *adj* Bau... *terreno* ~ Bauland *n*
fabbricante [fabbri'kante] *m/f* Hersteller(in) *m/f;* ~ *di birra* Bierbrauer(in) *m/f*
fabbricare [fabbri'kaːre] *v* herstellen, anfertigen
fabbricato [fabbri'kaːto] *adj 1.* hergestellt, produziert; *m 2.* Gebäude *n*, Bauwerk *n*
fabbricazione [fabbrikatsi'oːne] *f* Herstellung *f*, Anfertigung *f*
fabbro ['fabbro] *m* Schlosser *m*, Schmied *m*
faccenda [fat't ʃɛnda] *f* Affäre *f*, Angelegenheit *f*
facchino [fak'kiːno] *m (persona)* Träger *m*, Gepäckträger *m*
faccia ['fattʃa] *f* Gesicht *n*, Angesicht *n*
facciale [fat'tʃaːle] *adj* Gesichts...
facciata [fat'tʃaːta] *f 1.* Fassade *f*, Vorderfront *f;* 2. *(in tipografia)* Seite *f*
faceto [fa'tʃɛːto] *adj* witzig, lustig
facile ['faːtʃile] *adj 1.* leicht; ~ *da usare* benutzerfreundlich; *donna* ~ Prostituierte *f*, Straßenmädchen *n; E'* ~ *che* ... Es ist schon denkbar, dass ... 2. *(fig)* glatt
facilità [fatʃili'ta] *f* Leichtigkeit *f*
facilitazione [fatʃilitatsi'oːne] *f* Erleichterung *f*
facilmente [fatʃil'mente] *adv* leicht
facoltà [fakol'ta] *f 1.* Fakultät *f;* 2. *(talento)* Gabe *f*, Fähigkeit *f;* 3. *(possibilità)* Möglichkeit *f;* 4. *(potere)* Vermögen *n*, Gabe *f*
facoltativamente [fakoltativa'mente] *adv* beliebig
facoltoso [fakol'toːso] *adj 1. (benestante)* reich, begütert; *m 2.* vermögender Mensch *m*
fagiolino [fadʒo'liːno] *m BOT* Gartenbohne *f*
fagotto [fa'gɔtto] *m 1. MUS* Fagott *n;* 2. *(fardello)* Packen *m;* 3. *(persona)* Fettwanst *m*
falce ['faltʃe] *f 1. AGR* Sense *f;* 2. *(~ piccola)* Sichel *f*

falciare [fal'tʃaːre] *v* abmähen, abernten
falda ['falda] *f 1. (strato)* Belag *m*, Lage *f;* 2. *(cappello)* Krempe *f*
falegname [fale'ɲaːme] *m* Schreiner *m*, Tischler *m*
falegnameria [faleɲame'riːa] *f* Schreinerwerkstatt *f*, Tischlerei *f*
falla ['falla] *f 1.* Leck; 2. *(buco, vuoto)* Lücke *f*
fallimento [falli'mento] *m 1.* Scheitern *n;* 2. *ECO* Bankrott *m*, Pleite *f;* 3. *JUR* Konkurs *m*
fallire [fal'liːre] *v irr 1.* missglücken, misslingen; 2. *(naufragare)* versagen, scheitern; 3. *(progetti)* zerschlagen
falsamente [falsa'mente] *adv* fälschlicherweise
falsare [fal'saːre] *v (fig)* verdrehen
falsificare [falsifi'kaːre] *v* fälschen, verfälschen
falsità [falsi'ta] *f* Unaufrichtigkeit *f*, Unwahrheit *f*
falso ['falso] *adj 1.* falsch, unecht; 2. *(persona)* falsch, unaufrichtig
fama ['faːma] *f 1.* Gerücht *n; di* ~ *mondiale* weltbekannt; 2. *(celebrità)* Berühmtheit *f*, Ruhm *m*
fame ['faːme] *f* Hunger *m;* ~ *da lupo* Heißhunger *m*, Bärenhunger *m*
famelico [fa'mɛːliko] *adj 1.* ausgehungert; 2. *(avido)* gierig
famigerato [famidʒe'raːto] *adj* berüchtigt, verrufen
famiglia [fa'miːʎa] *f 1.* Familie *f; capo di* ~ Familienoberhaupt *n;* 2. *(parenti)* Verwandte *pl;* 3. *BIO* Art *f*, Geschlecht *n*
familiare [famili'aːre] *m/f 1.* Angehörige(r) *m/f; adj 2.* familiär, vertraut
familiarità [familiari'ta] *f* Vertrautheit *f*
famoso [fa'moːso] *adj (fig)* groß
fan [fan] *m/f* Fan *m*, Schwärmer(in) *m/f*
fanale [fa'naːle] *m* Licht *n*, Lampe *f;* ~ *di coda* Schlusslicht *n*, Rücklicht *n*
fanatico [fa'naːtiko] *adj 1.* fanatisch; *m 2.* Fanatiker *m*
fanciullezza [fantʃu'lettsa] *f* Kindheit *f*, Jugend *f*
fandonia [fan'dɔːnia] *f 1. (sballonata)* Prahlerei *f;* 2. *(stupidaggine)* Dummheit *f;* 3. *(bugia)* Lüge *f*

fanfarone [fanfa'ro:ne] *m (fig)* Prahlhans *m*, Prahler *m*
fango ['faŋgo] *m 1.* Schlamm *m; 2. (mota)* Kot *m*
fangoso [faŋ'go:so] *adj* schlammig
fannullone [fannul'lo:ne] *m 1.* Faulpelz *m*, Faulenzer *m; 2. (buono a nulla)* Tunichtgut *m*
fantascienza [fanta'ʃɛntsa] *f* Science-fiction *f*
fantasia [fanta'zi:a] *f* Fantasie *f; privo di ~* fantasielos; *ricco di ~* fantasievoll
fantasioso [fantazi'o:so] *adj 1.* erfinderisch, einfallsreich; *2. (bizzarro)* komisch, merkwürdig
fantasma [fan'tazma] *m* Gespenst *n*, Phantom *n*
fantasticare [fantasti'ka:re] *v* fantasieren
fantastico [fan'tastiko] *adj 1.* fantastisch; *2. (fig)* traumhaft
fante ['fante] *m 1. MIL* Infanterist *m; 2. (nel gioco delle carte)* Bube *m*
fanteria [fante'ria] *f* Fußtruppe *f*
fantino [fan'ti:no] *m* Jockei *m*, Reiter *m*
fantoccio [fan'tɔttʃo] *m* Puppe *f*, Marionette *f*
farabutto [fara'butto] *m (fig)* Halunke *m*, Schurke *m*
fare ['fa:re] *v irr 1.* machen, tun; *~ qc a qd* jdm etw ausrichten; *~ il biglietto* di Fahrkarte abstempeln; *~ le spese* einkaufen gehen, Einkäufe machen; *~ una visita* besuchen; *Come faccio ad arrivare a ...?* Wie komme ich nach ...? *Non fa niente.* Das macht nichts. *Come si fa questo?* Wie macht man das? *Si è fatto vivo qd?* Hat sich jmd gemeldet? *~ attenzione* achten, aufpassen; *~ esercizio* praktizieren; *~ a meno di qc* ohne etw auskommen; *far presto* hasten, es eilig haben; *~ il servizio militare* den Wehrdienst ableisten; *~ tardi* zu spät kommen; *~ vedere* herzeigen; *2. (farcela)* schaffen; *Ce la fai?* Schaffst du es? *3. (indurre, spingere)* lassen; *~ ~ qc a qd* jdn etw tun lassen; *4. (operare)* wirken
farfalla [far'falla] *f 1. (abito)* Fliege *f*, Schleife *f; 2. ZOOL* Schmetterling *m*
farina [fa'ri:na] *f GAST* Mehl *n*
farinacei [fari'na:tʃei] *m/pl GAST* Mehlprodukte *pl*
farinoso [fari'no:so] *adj* mehlig
farmaceutico [farma'tʃɛ:utiko] *adj* pharmazeutisch
farmacia [farma'tʃi:a] *f* Apotheke *f*, Pharmazie *f*

farmacista [farma'tʃista] *m/f* Apotheker(in) *m/f*
farmaco ['farmako] *m* Arznei *f*
farmacologia [farmakolo'dʒi:a] *f* Pharmakologie *f*
faro ['fa:ro] *m 1.* Leuchtturm *m; 2. (dell'auto)* Scheinwerfer *m; ~ abbagliante* Fernlicht *n; ~ anabbagliante* Abblendlicht *n; ~ antinebbia* Nebelscheinwerfer *m*
farsa ['farsa] *f THEAT* Schwank *m*
fascia ['faʃa] *f MED* Binde *f; ~ elastica* elastische Binde *f; ~ di garza* Mullbinde *f*
fasciare [fa'ʃa:re] *v MED* verbinden
fasciatura [faʃa'tu:ra] *f MED* Verband *m*
fascicolo [fa'ʃi:kolo] *m 1. (libro)* Band *m; 2. (quaderno)* Schreibheft *n*
fascinazione [faʃinatsi'o:ne] *f* Faszination *f*
fascino ['faʃino] *m 1.* Reiz *m; 2. (fig)* Zauber *m*
fascio ['faʃo] *m* Bündel *n; ~ di nervi* Nervenbündel *n*
fascismo [fa'ʃizmo] *m POL* Faschismus *m*
fascista [fa'ʃista] *adj 1. POL* faschistisch; *m/f 2. POL* Faschist(in) *m/f*
fase ['fa:ze] *f* Phase *f*, Stufe *f; ~ iniziale* Anfangsstadium *n*, Anfangsphase *f*
fastidio [fas'ti:dio] *m* Verdruss *m*, Ärger *m*
fastidioso [fastidi'o:so] *adj* lästig
fasto ['fasto] *m* Prunk *m*
fastoso [fas'to:so] *adj* prunkvoll
fasullo [fa'zullo] *adj* falsch
fata ['fa:ta] *f* Fee *f*
fatale [fa'ta:le] *adj 1.* verhängnisvoll; *2. (del destino)* schicksalhaft
fatalismo [fata'lizmo] *m* Fatalismus *m*, Schicksalsglaube *m*
fatalità [fatali'ta] *f 1.* Los *n; 2. (disgrazia)* Unglück *n*
fatica [fa'ti:ka] *f* Bemühung *f*, Mühe *f; con ~* mühsam
faticare [fati'ka:re] *v* schuften, hart arbeiten
faticosamente [fatikosa'mente] *adv* mühevoll, mühsam
faticoso [fati'ko:so] *adj* anstrengend, beschwerlich
fatidico [fa'ti:diko] *adj* verhängnisvoll
fato ['fa:to] *m* Vorherbestimmung *f*, Schicksal *n*
fattezze [fat'tettse] *f/pl* Gesichtsausdruck *m*, Mimik *f*
fattibile [fat'ti:bile] *adj* durchführbar, ausführbar

fatto ['fatto] *m* 1. Ereignis *n;* 2. *(stato di cose)* Tatsache *f,* Sachverhalt *m; Fatto sta che ...* Es steht fest, dass ...
fattore [fat'to:re] *m* Faktor *m;* ~ *di disturbo* Störfaktor *m;* ~ *di protezione antisolare* Lichtschutzfaktor *m;* ~ *Rhesus* Rhesusfaktor *m*
fattoria [fatto'ri:a] *f* Gutshof *m*
fattorino [fatto'ri:no] *m* Laufbursche *m*
fattura [fat'tu:ra] *f* 1. Herstellung *f;* 2. *(conto)* ECO Rechnung *f;* 3. *(ricevuta)* ECO Quittung *f*
fatturato [fattu'ra:to] *m* ECO Umsatz *m*
fauna ['fa:una] *f* Fauna *f,* Tierwelt *f*
favilla [fa'villa] *f* Funke *m*
favola ['fa:vola] *f* 1. Märchen *n;* 2. *(fiaba)* Fabel *f*
favolosamente [favolosa'mente] *adv* märchenhaft
favoloso [favo'lo:so] *adj* fabelhaft, märchenhaft
favore [fa'vo:re] *m* 1. Begünstigung *f; a* ~ *di* zugunsten von; 2. *(benevolenza, plauso)* Gunst *f; Per* ~*!* Bitte!
favoreggiamento [favoreddʒa'mento] *m* Mithilfe *f,* Förderung *f*
favoreggiare [favored'dʒa:re] *v* helfen, fördern
favorevole [favo're:vole] *adj* günstig, geneigt
favorire [favo'ri:re] *v* begünstigen, fördern; *Favorisca i documenti!* Ihre Papiere bitte!
favorito [favo'ri:to] *m* Favorit *m,* Liebling *m; non* ~ Außenseiter *m*
fazzoletto [fattso'letto] *m* Taschentuch *n,* Tuch *n;* ~ *da testa* Kopftuch *n*
febbraio [feb'bra:io] *m* Februar *m*
febbre ['fɛbbre] *f* Fieber *n;* ~ *da fieno* Heuschnupfen *m;* ~ *della ribalta* Lampenfieber *n*
febbricitante [febbritʃi'tante] *adj* fiebrig, fiebernd
febbrile [feb'bri:le] *adj* erregt
febbrilmente [febbril'mente] *adv* hektisch
feccia ['fɛttʃa] *f (fig)* Abschaum *m*
feci ['fɛːtʃi] *f/pl* Kot *m*
fecola ['fɛːkola] *f* GAST Stärkemehl *n*
fecondare [fekon'da:re] *v* BIO befruchten
fecondazione [fekondatsi'o:ne] *f* BIO Befruchtung *f*
fede ['fe:de] *f* 1. Vertrauen *n,* Zutrauen *n; in buona* ~ gutgläubig; 2. *mala* ~*/buona* ~

schlechtes Gewissen/gutes Gewissen *n;* 3. REL Glaube *m;* 4. POL Denkweise *f;* 5. *(anello nuziale)* Ehering *m,* Trauring *m*
fedele [fe'de:le] *adj* treu
fedelmente [fedel'mente] *adv* treu
fedeltà [fedel'ta] *f* Treue *f,* Aufrichtigkeit *f*
federa ['fɛːdera] *f* Bezug *m,* Kissenbezug *m*
federale [fede'ra:le] *adj* föderativ, Bundes...
federativo [federa'ti:vo] *adj* POL föderativ
federazione [federatsi'o:ne] *f* POL Föderation *f*
fegato ['fe:gato] *m* ANAT Leber *f*
felce ['feltʃe] *f* BOT Farn *m*
felice [fe'li:tʃe] *adj* 1. glücklich, glückselig; 2. *(contento)* froh, freudig
felicità [felitʃi'ta] *f* 1. Glück *n;* 2. *(beatitudine)* Seligkeit *f*
felicitarsi [felitʃi'tarsi] *v* beglückwünschen, gratulieren
felino [fe'li:no] *adj* 1. Katzen...; *m* 2. ZOOL Katze *f*
felpa ['felpa] *f* Plüsch *m*
feltro ['feltro] *m* Filz *m*
femmina ['femmina] *f (fam)* Frau *f,* Weib *n*
femminile [femmi'ni:le] *adj* weiblich, feminin
femminista [femmi'nista] *f* Feministin *f,* Frauenrechtlerin *f*
femore ['fɛːmore] *m* ANAT Oberschenkel *m*
fendere ['fɛndere] *v irr* aufspalten
fendersi ['fɛndersi] *v irr* bersten
fenomenale [fenome'na:le] *adj* außergewöhnlich, super
fenomeno [fe'nɔːmeno] *m* Phänomen *n,* Erscheinung *f*
feria ['fɛːria] *f* 1. REL Wochentag *m;* 2. *ferie pl* Urlaub *m; ferie aziendali* Betriebsferien *pl*
feriale [feri'a:le] *adj* Werktags... *giorno* ~ Werktag *m*
ferimento [feri'mento] *m* Verwundung *f*
ferire [fe'ri:re] *v irr* verletzen, verwunden
ferita [fe'ri:ta] *f* Verletzung *f,* Wunde *f;* ~ *d'arma da fuoco* Schussverletzung *f;* ~ *da taglio* Schnittwunde *f*
ferito [fe'ri:to] *adj* 1. verwundet, verletzt; *gravemente* ~ schwer verletzt; *m* 2. Verwundeter *m,* Verletzter *m*

feritoia [feri'to:ia] *f (fessura)* Spalt *m,* Fuge *f*
fermaglio [fer'ma:ʎo] *m 1.* Brosche *f; 2. (chiusura, fibbia)* Spange *f,* Schließe *f; ~ per i capelli* Haarspange *f; 3. (da ufficio)* Büroklammer *f,* Heftklammer *f*
fermamente [ferma'mente] *adv* fest
fermare [fer'ma:re] *v 1. (stare fermo)* stillstehen; *2. (trattenere)* anhalten, stoppen; *Per quanto tempo si ferma il treno?* Wie lange hat der Zug Aufenthalt? *3. (porta)* aufhalten; *4. (motore)* aussetzen; *5. (arrestare)* festnehmen
fermarsi [fer'marsi] *v 1. (interrompersi)* einhalten; *2. (rimanere)* stecken bleiben, stehen bleiben
fermata [fer'ma:ta] *f* Haltestelle *f,* Station *f; ~ dell'autobus* Bushaltestelle *f*
fermentare [fermen'ta:re] *v* gären
fermezza [fer'mettsa] *f* Standhaftigkeit *f*
fermo ['fermo] *adj 1.* stillstehend; *stare ~* stehen bleiben; *2. (saldo)* fest; *3. (fig)* standhaft; *interj 4.* Halt! Stehen bleiben! *m 5.* Haltevorrichtung *f; 6. (dalla polizia)* Verhaftung *f*
fermoposta [fermo'pɔsta] *adj* postlagernd
feroce [fe'ro:tʃe] *adj (fig: terribile)* wild
ferriera [ferri'ɛ:ra] *f (di ferro, d'acciaio)* Hütte *f,* Eisenhütte *f*
ferro ['fɛrro] *m* Eisen *n; di ~* aus Eisen, eisern, eisern (fig); *di ~ battuto* schmiedeeisern; *~ da stiro* Bügeleisen *n; ~ di cavallo* Hufeisen *n*
ferrovia [ferro'vi:a] *f* Eisenbahn *f,* Bahn *f; ~ di montagna* Bergbahn *f; ~ dello Stato* Bundesbahn *f,* Staatsbahn *f*
ferroviario [ferrovi'a:rio] *adj* Eisenbahn... *orario ~* Fahrplan *m*
ferroviere [ferrovi'ɛ:re] *m* Bahnbeamter *m*
ferruginoso [ferrudʒino:so] *adj* eisenhaltig
fertile ['fɛrtile] *adj* fruchtbar
fertilità [fertili'ta] *f* Fruchtbarkeit *f*
fervente [fer'vɛnte] *adj 1.* begeistert; *2. (zelante)* beflissen
fervidamente [fervida'mente] *adv* glühend, leidenschaftlich
fervido ['fɛrvido] *adj* sengend, brennend
fervore [fer'vo:re] *m* Inbrunst *f,* Glut *f*
fesso ['fesso] *adj 1.* dumm, idiotisch; *m 2.* Blödian *m,* Idiot *m*
fessura [fes'su:ra] *f 1.* Schlitz *m,* Spalt *m; 2. (fig)* Sprung *m*

festa ['fɛsta] *f* Fest *n,* Feier *f; ~ di famiglia* Familienfeier *f; ~ della mamma* Muttertag *m; ~ nazionale* Nationalfeiertag *m; ~ popolare* Volksfest *n*
festeggiare [fested'dʒa:re] *v* feiern
festeggiato [fested'dʒa:to] *m* Jubilar *m*
festival ['fɛstival] *m* Festival *n*
festività [festivi'ta] *f 1.* Feier *f,* Fest *n; 2. (giorno festivo)* Feiertag *m,* Festtag *m*
festivo [fes'ti:vo] *adj* feierlich, festlich
feto ['fɛ:to] *m BIO* Fötus *m*
fetore [fe'to:re] *m* übler Geruch *m*
fetta ['fetta] *f* Scheibe *f; ~ di pane* Brotscheibe *f; ~ biscottata* Zwieback *m*
fettuccia [fet'tuttʃa] *f* Band *n*
fiaba [fi'a:ba] *f* Fabel *f,* Märchen *n*
fiabesco [fes'besko] *adj* märchenhaft, fabelhaft; *mondo ~* Märchenland *n*
fiacca [fi'akka] *f* Abgeschlagenheit *f,* Erschöpfung *f*
fiacco [fi'akko] *adj 1.* abgeschlagen, erschöpft; *2. ECO* flau
fiaccola [fi'akkola] *f* Fackel *f*
fiala [fi'a:la] *f* Ampulle *f*
fiamma [fi'amma] *f 1.* Flamme *f; 2. (fig)* Schwarm *m*
fiammeggiare [fiammed'dʒa:re] *v 1.* lodern; *2. GAST* flambieren
fiammifero [fiam'mi:fero] *m* Streichholz *n,* Zündholz *n*
fiancata [fiaŋ'ka:ta] *f 1.* Seitenwand *f; 2. (fig)* Seitenhieb *m*
fiancheggiatore [fiaŋkedd'ʒa'to:re] *m* Mitläufer *m*
fianco [fi'aŋko] *m 1.* Seite *f; ~ a ~* Seite an Seite, nebeneinander; *2. ANAT* Hüfte *f*
fiato [fi'a:to] *m* Atem *m*
fibbia ['fibbia] *f* Spange *f,* Schnalle *f*
fibra ['fi:bra] *f* Faser *f; ~ di vetro* Glasfaser *f*
ficcanaso [fikka'na:so] *m 1.* Spion *m; 2. (fam: persona curiosa)* Schnüffler *m*
ficcarsi [fik'karsi] *v 1.* hineindrängen; *2. (fam: andare a finire)* stecken
fiche [fiʃ] *f* Zettel *m*
fico ['fi:ko] *m 1. BOT* Feige *f; 2. (albero)* Feigenbaum *m*
fidanzamento [fidantsa'mento] *m* Verlobung *f*
fidanzarsi [fidan'tsarsi] *v* sich verloben
fidanzata [fidan'tsa:ta] *f* Braut *f,* Verlobte *f*
fidanzato [fidan'tsa:to] *m* Bräutigam *m,* Verlobter *m*

fidarsi [fi'darsi] *v* vertrauen, trauen
fidatezza [fida'tettsa] *f* Verlässlichkeit *f,* Zuverlässigkeit *f*
fidato [fi'da:to] *adj* zuverlässig, verlässlich
fido ['fi:do] *m 1.* Vertrauter *m; 2. ECO* Anleihe *f; adj 3.* treu, ergeben
fiducia [fi'du:tʃa] *f* Vertrauen *n,* Zutrauen *n; aver ~* vertrauen; *~ in sé stesso* Selbstvertrauen *n; pieno di ~* vertrauensvoll; *questione di ~* Vertrauensfrage *f*
fiduciario [fidu'tʃa:rio] *adj 1.* vertraulich; *m 2. ECO* Treuhänder *m*
fiducioso [fidu'tʃo:so] *adj* vertrauensvoll, zutraulich
fienile [fie'ni:le] *m* Scheune *f,* Heuboden *m*
fieno [fi'ɛ:no] *m BOT* Heu *n*
fiera[1] [fi'ɛ:ra] *f* Messe *f; ~ del libro* Buchmesse *f*
fiera[2] [fi'ɛ:ra] *f ZOOL* Raubtier *n*
fiero [fi'ɛ:ro] *adj* stolz, hochmütig
fifone [fi'fo:ne] *m* Angsthase *m*
figlia ['fi:ʎa] *f* Tochter *f,* Kind *n*
figlio ['fi:ʎo] *m* Sohn *m,* Kind *n; con molti figli* kinderreich; *~ adottivo* Adoptivkind *n; ~ della fortuna* Glückskind *n*
figlioccio [fi'ʎottʃo] *m* Patenkind *n*
figura [fi'gu:ra] *f 1.* Figur *f,* Gestalt *f; 2. (corpo)* Wuchs *m,* Statur *f*
figuraccia [figu'rattʃa] *f* Blamage *f*
figurarsi [figu'rarsi] *v 1. (fig)* sich vorstellen; *2. (fam)* sich einbilden
figurato [figu'ra:to] *adj* abgebildet
fila ['fi:la] *f 1.* Reihe *f; ~ indiana* Gänsemarsch *m; 2. (di famiglia)* Linie *f*
filantropo [fi'lantropo] *m* Menschenfreund *m*
filare [fi'la:re] *v 1.* spinnen; *2. (correre)* sich fortbewegen, abhauen (fam)
filato [fi'la:to] *m* Garn *n*
filettatura [filetta'tu:ra] *f TECH* Gewinde *n*
filetto [fi'letto] *m 1. GAST* Filet *n; 2. MIL* Streifen *m*
filiale [fili'a:le] *adj 1.* kindlich, Kindes... *amor ~* Kindesliebe *f; f 2.* Niederlassung *f,* Zweigstelle *f*
film [film] *m CINE* Film *m; ~ d'animazione* Trickfilm *m; ~ di avventure* Abenteuerfilm *m; ~ in bianco e nero* Schwarzweißfilm *m; ~ in cinemascope* Breitwandfilm *m; ~ documentario* Dokumentarfilm *m; ~ muto* Stummfilm *m; Quale ~ è in programma in questo momento?* Welcher Film läuft gerade?

filmare [fil'ma:re] *v 1.* filmen; *2. CINE* verfilmen
filo ['fi:lo] *m 1.* Faden *m,* Zwirn *m; ~ a piombo* Lot *n; ~ spinato* Stacheldraht *m; camminare sul ~ del rasoio* eine Gratwanderung machen; *2. BOT* Halm *m*
filologo [fi'lɔ:logo] *m* Philologe *m*
filone [fi'lo:ne] *m 1.* Brotlaib *m; 2. MIN* Ader *f*
filosofare [filozo'fa:re] *v* philosophieren
filosofia [filozo'fi:a] *m* Philosophie *f*
filosofo [fi'lɔ:zofo] *m* Philosoph *m*
filtrare [fil'tra:re] *v* filtern, klären
filtro ['filtro] *m 1.* Filter *m; 2. (colino)* Sieb *n*
finale [fi'na:le] *adj 1.* zusammenfassend, Schluss... *m 2. (fine)* Finale *n,* Schluss *m; f 3. SPORT* Endspiel *n,* Finale *n*
finalità [finali'ta] *f* Absicht *f,* Fernziel *n*
finalmente [final'mente] *adv* endlich
finanza [fi'nantsa] *f 1. FIN* Finanzamt *n; 2. finanze pl (statali)* Finanzen *pl*
finanziamento [finantsia'mento] *m* Finanzierung *f*
finanziare [finantsi'a:re] *v* finanzieren
finanziario [finantsi'a:rio] *adj* finanziell, Finanz...
finanziere [finantsi'ɛ:re] *m 1.* Geldgeber *m; 2. (doganiere)* Grenzposten *m,* Zöllner *m*
finché [fiŋ'ke] *konj* bis, solange
fine[1] ['fi:ne] *adj* fein, zartgliedrig
fine[2] ['fi:ne] *f 1.* Ende *n,* Schluss *m; ~ del mondo* Weltuntergang *m; ~ della vita* Lebensende *n; ~ settimana* Wochenende *n; alla ~* am Schluss *m; 2. (conclusione)* Abschluss *m; 3. (termine)* Ausgang *m,* Schluss *m; m 4. (scopo)* Zweck *m; al ~ di* zwecks, damit; *~ a se stesso* Selbstzweck *m; a tal ~* deshalb
finestra [fi'nɛstra] *f* Fenster *n; ~ a ribalta* Kippfenster *n*
finezza [fi'nettsa] *f 1.* Feinheit *f; 2. (fig)* Delikatesse *f*
fingere ['findʒere] *v irr 1. (simulare)* fingieren, vorspiegeln; *2. (fig)* sich verstellen
fingersi ['findʒersi] *v irr* sich stellen, tun
finimondo [fini'mondo] *m* Weltuntergang *m,* Desaster *n*
finire [fi'ni:re] *v irr 1. (smettere)* aufhören; *2. (terminare)* beenden, enden; *E' già finito?* Ist es schon vorbei?. *3. (provviste)* ausgehen; *4. (fig)* landen, hingelangen
finito [fi'ni:to] *adj (terminato)* fertig, beendet

finlandese [finlan'deːse] *m/f* Finne/Finnin *m/f*
Finlandia [fin'landia] *f GEO* Finnland *n*
finnico ['finniko] *adj* finnisch
fino¹ ['fiːno] *adj* dünn, fein
fino² ['fiːno] *prep 1.* ~ *a (tempo, luogo)* bis; *konj 2.* ~ *a* bis; ~ *a domani* bis morgen; ~ *ad ora* bis jetzt; ~ *a qui* bis hierher
finocchio [fi'nɔkkio] *m BOT* Fenchel *m*
finora [fi'noːra] *adv* bisher, bislang
fintantoché [fintanto'ke] *konj* bis, solange
fintapelle [finta'pɛlle] *f* Kunstleder *n*
finto ['finto] *adj (falso)* falsch
finzione [fintsi'oːne] *f* Vorspiegelung *f,* Vortäuschung *f*
fioccare [fiok'kaːre] *v 1.* schneien; *2. (fig)* herbeiströmen
fiocco [fi'ɔkko] *m 1.* Flocke *f;* ~ *di neve* Schneeflocke *f; 2. (nastro)* Schlinge *f; Coi fiocchi!* Hervorragend!
fioco [fi'ɔːko] *adj* gedämpft, geräuschlos
fionda [fi'onda] *f* Schleuder *f*
fioraio [fio'raːio] *m* Blumenhändler *m*
fiore [fi'oːre] *m* Blume *f,* Blüte *f; mazzo di fiori* Blumenstrauß *m; il fior* ~ das Beste vom Besten
fiorino [fio'riːno] *m* Gulden *m*
fiorire [fio'riːre] *v* blühen, florieren
fiorista [fio'rista] *m/f* Florist(in) *m/f*
fiorito [fio'riːto] *adj* blühend, in Blüte
Firenze [fi'rɛntse] *f GEO* Florenz *n*
firma ['firma] *f* Unterschrift *f*
firmare [fir'maːre] *v 1.* unterschreiben, zeichnen; *2. ECO* unterzeichnen
fisarmonica [fizar'mɔːnika] *f MUS* Ziehharmonika *f*
fiscale [fis'kaːle] *adj* steuerlich, fiskalisch
fischiare [fiski'aːre] *v 1.* pfeifen; *2. (sibilare)* zischen; *3. SPORT* anpfeifen; ~ *la fine* abpfeifen
fischietto [fiski'etto] *m* Trillerpfeife *f*
fischio ['fiskio] *m 1. (fischietto)* Pfeife *f; 2. (il fischiare)* Pfiff *m*
fisco ['fisko] *m* Fiskus *m*
fisica ['fiːzika] *f* Physik *f;* ~ *nucleare* Kernphysik *f*
fisicamente [fizika'mente] *adv* körperlich, physisch
fisico ['fiːziko] *adj 1.* körperlich, physisch; *costituzione fisica* Statur *f,* Körperform *f; 2. PHYS* physikalisch; *m 3.* Körper *m; 4. (studioso di fisica)* Physiker *m*
fisiologia [fiziolo'dʒiːa] *f* Physiologie *f*

fisiologico [fizio'lɔːdʒiko] *adj* physiologisch
fissaggio [fis'saddʒo] *m 1.* Befestigung *f; 2. FOTO* Fixieren *n*
fissare [fis'saːre] *v 1.* befestigen; *2. (stabilire)* festsetzen; *3. (scopo)* abstecken; *4. (appuntare)* anheften; *5. (fermare)* fixieren; *6. (con lo sguardo)* fixieren, starren
fissazione [fissatsi'oːne] *f 1.* Bestimmung *f,* Festlegung *f; 2. (fissaggio)* Befestigung *f; 3. (fig)* seltsame Vorstellung *pl,* Spleen *m*
fissionare [fissio'naːre] *v PHYS* spalten
fissione [fissi'oːne] *f PHYS* Spaltung *f;* ~ *nucleare* Kernspaltung *f*
fisso ['fisso] *adj 1. (fermo)* fest, fest stehend; *2. (permanente)* ständig; *adv 3. (immoto)* stur, starr; *m 4.* Fixum *n*
fitofarmaco [fito'farmako] *m* Pflanzenschutzmittel *n*
fitta ['fitta] *f* Stich *m,* stechender Schmerz *m*
fittizio [fit'tiːtsio] *adj* erfunden, fiktiv
fitto¹ ['fitto] *adj 1.* dicht gedrängt, brechend voll; *2. (impermeabile, compatto)* undurchlässig; *buio* ~ stockfinster
fitto² ['fitto] *m* Miete *f*
fiume [fi'uːme] *m GEO* Fluss *m*
fiutare [fiu'taːre] *v 1.* wittern; *2. (annusare)* beriechen, beschnuppern; *3. (sospettare)* annehmen
fiuto [fi'uːto] *m 1.* Spürsinn *m; 2. ZOOL* Schnuppern *n,* Schnüffeln *n; 3. (fig)* Ahnung *f,* Nase *f*
flanella [fla'nɛlla] *f* Flanell *m*
flashback ['flæʃbæk] *m* Rückblende *f*
flatulenza [flatu'lɛntsa] *f MED* Blähung *f*
flauto ['flauto] *m MUS* Flöte *f;* ~ *traverso* Querflöte *f*
flebite ['fleːbite] *f MED* Venenentzündung *f*
fleboclisi [flebo'kliːzi] *f MED* Veneninfusion *f*
flemmatico [flem'maːtiko] *adj* phlegmatisch
flessibile [fles'siːbile] *adj 1.* flexibel, schmiegsam; *2. (fig)* beweglich
flessibilità [flessibili'ta] *f* Flexibilität *f*
flessione [flessi'oːne] *f FIN* Krümmung *f*
flirt [fləːrt] *m* Flirt *m*
flirtare [flir'taːre] *v* flirten
flora ['flɔːra] *f BOT* Flora *f,* Pflanzenwelt *f*
floscio ['flɔːʃo] *adj 1.* schlaff, kraftlos; *2. (fiore)* welk

flotta ['flɔtta] *f* Flotte *f*
fluente [flu'ɛnte] *adj 1.* fließend; *2. (fig: stile)* opulent, üppig
fluido ['flu:ido] *adj* dünnflüssig, flüssig
fluire [flu'i:re] *v* strömen
flusso ['flusso] *m (corrente)* Strom *m*, Fluss *m*
flutto ['flutto] *m (onda)* Woge *f*, Welle *f*
fluttuare [fluttu'a:re] *v 1.* fluktuieren; *2. (fig)* wanken
foca ['fɔ:ka] *f ZOOL* Robbe *f*
foce ['fo:tʃe] *f ~ del fiume* Flussmündung *f*
focolaio [foko'la:io] *m* Herd *m; ~ di crisi* Krisenherd *m*
focolare [foko'la:re] *m* Herd *m*
focoso [fo'ko:so] *adj* heißblütig
fodera ['fɔ:dera] *f (materiale)* Futter *n*, Futterstoff *m*
fodero ['fɔ:dero] *m 1.* Etui *n; 2. (del coltello)* Scheide *f*
foga ['fo:ga] *f* Ungeduld *f*
foglia ['fɔ:ʎa] *f BOT* Blatt *n*
fogliame [fo'ʎa:me] *m* Laub *n*
foglietto [fo'ʎetto] *m ~ per copiare* Spickzettel *m*
foglio ['fɔ:ʎo] *m 1. (carta)* Blatt *n*, Bogen *m; ~ di carta* Blatt Papier *n; 2. (in tipografia)* Bogen *m; 3. (di metallo, di plastica)* Folie *f; 4. (certificato)* Schein *m*
fognatura [foɲa'tu:ra] *f* Abflusskanal *m*, Kanalisation *f; canale di ~* Abwasserkanal *m*
folata [fo'la:ta] *f* Bö *f*, Windstoß *m*
folclore [folk'lo:re] *m* Folklore *f*, Volkskunde *f*
folgorare [folgo'ra:re] *v* blitzen
folla ['folla] *f* Menge *f*, Menschenmenge *f*
folle ['fɔlle] *adj 1.* närrisch, töricht; *m/f 2.* Narr/Närrin *m/f*
follemente [folle'mente] *adv* wahnsinnig
folletto [fol'letto] *m 1.* Gnom *m*, Wicht *m; 2. (fig)* Teufel *m*, Dämon *m*
follia [fol'li:a] *f* Wahnsinn *m*, Torheit *f*
folto ['folto] *adj 1.* dicht; *bosco ~* Gestrüpp *n*, Gebüsch *n; m 2. BOT* Dickicht *n*
fon [fɔ:n] *m* Föhn *m*
fondale [fon'da:le] *m 1. THEAT* Kulisse *f; 2. NAUT* Tiefe *f*, Meeresgrund *m*
fondamentale [fondamen'ta:le] *adj* wesentlich, fundamental
fondamento [fonda'mento] *m* Grundlage *f*, Basis *f*
fondare [fon'da:re] *v 1.* gründen, errichten; *2. (fig)* aufbauen
fondato [fon'da:to] *adj* gegründet

fondatore [fonda'to:re] *m* Stifter *m*, Gründer *m*
fondazione [fondatsi'o:ne] *f 1.* Begründung *f*, Errichtung *f; 2. (le fondamenta di un edificio)* Fundament *n*, Unterbau *m*
fondere ['fondere] *v irr 1.* schmelzen; *2. TECH* gießen
fondiario [fondi'a:rio] *adj* Boden... *imposta fondiaria* Grundsteuer *f; debito ~* Grundschuld *f*
fondina [fon'di:na] *f 1.* tiefer Teller *m; 2. (pistola)* Revolvertasche *f*, Colt *m*
fondo ['fondo] *adj 1.* tief; *m 2. (s~)* Fond *m; 3. (terreno)* Grundstück *n; 4. (di un recipiente, di un pozzo)* Untergrund *m*, Grund *m; a ~* gründlich; *5. ~ cassa ECO* Bestand *m; 6. articolo di ~ LIT* Leitartikel *m; 7. (di caffè)* Kaffeesatz *m; 8. ~ di magazzino* Ladenhüter *m; 9. fondi d'investimento pl* Investmentfonds *m; 10. fondi pl (di denaro)* Mittel *pl*
fondovalle [fondo'valle] *m* Talsohle *f*
fonduta [fon'du:ta] *f GAST* Fondue *n*
fonetica [fo'nɛ:tika] *f* Phonetik *f*
fonico ['fɔ:niko] *m* Tontechniker *m*
fontana [fon'ta:na] *f* Brunnen *m*
fonte ['fonte] *f 1.* Quelle *f; ~ battesimale* Taufbecken *n; 2. (fig)* Quelle *f*
foraggio [fo'raddʒo] *m (alimento)* Futter *n*
forare [fo'ra:re] *v 1. (biglietto)* knipsen, lochen; *2. (fogli)* lochen
foratura [fora'tu:ra] *f* Reifenpanne *f*
forbici ['fɔrbitʃi] *f/pl (un paio di ~)* Schere *f*
forbicine [forbi'tʃi:ne] *f ~ per unghie* Nagelschere *f*
forca ['forka] *f* Galgen *m*
forchetta [for'ketta] *f* Gabel *f*
forcina [for'tʃi:na] *f* Haarnadel *f*
foresta [fo'rɛsta] *f BOT* Wald *m*, Forst *m; ~ di latifoglie* Laubwald *m; ~ vergine* Urwald *m*
forestiero [foresti'ɛ:ro] *adj 1.* ortsfremd, auswärtig; *2.* Unbekannter *m*, Fremder *m*
forfettario [forfet'ta:rio] *adj* pauschal
forfora ['forfora] *f (dei capelli)* Schuppe *f*
forma ['forma] *f 1.* Form *f; di ~ perfetta* formvollendet; *2. (struttura)* Gebilde *n*, Gestaltung *f; 3. (condizione)* Kondition *f; 4. (maschera)* Schablone *f; 5. (fig: contorno)* Profil *n*
formabile [for'ma:bile] *adj* formbar
formaggiera [formad'dʒɛ:ra] *f 1.* Käseglocke *f; 2. (piatto di formaggi)* Käseplatte *f*

formaggio [for'maddʒo] *m* Käse *m;* ~ *di pecora* Schafskäse *m;* ~ *di capra* Ziegenkäse *m*

formaldeide [formal'dɛːide] *f CHEM* Formaldehyd *n*

formale [for'maːle] *adj 1.* formal; *2. (esplicito)* formell; *3. (esteriore, ufficiale)* förmlich

formalità [formali'ta] *f 1.* Formalität *f; 2. (comportamento convenzionale)* Förmlichkeit *f*

formare [for'maːre] *v 1. (strutturare)* bilden, formen; *2. (fig: persona)* heranbilden, formen

formarsi [for'marsi] *v 1.* entstehen, sich bilden; *2. (costituirsi)* sich bilden; *3. (venire in rilievo)* sich herauskristallisieren

formato [for'maːto] *adj 1.* geformt; *m 2. (misura)* Format *n;* ~ *in verticale* Hochformat *n;* ~ *trasversale* Querformat *n*

formattare [format'taːre] *v INFORM* formatieren

formazione [formatsi'oːne] *f* Bildung *f;* ~ *professionale* Berufsausbildung *f*

formella [for'mɛlla] *f* Kachel *f,* Platte *f*

formica [for'miːka] *f ZOOL* Ameise *f*

formidabile [formi'daːbile] *adj 1.* außerordentlich, großartig; *interj 2.* prima

formula ['fɔrmula] *f* Formel *f*

formulare [formu'laːre] *v* formulieren, ausdrücken

formulario [formu'laːrio] *m* Vordruck *m,* Formular *n*

formulazione [formulatsi'oːne] *f* Formulierung *f*

fornace [for'naːtʃe] *f* Hochofen *m*

fornaio [for'naːio] *m* Bäcker *m*

fornello [for'nɛllo] *m* Kocher *m*

fornicazione [fornikatsi'oːne] *f* Unzucht *f*

fornire [for'niːre] *v 1.* liefern, übergeben; *2. (mediare)* vermitteln

fornitore [forni'toːre] *m* Lieferant *m*

fornitura [forni'tuːra] *f* Lieferung *f,* Zulieferung *f;* ~ *supplementare* Nachlieferung *f*

forno ['forno] *m* Ofen *m,* Backofen *m;* ~ *a microonde* Mikrowellenherd *m*

foro ['foːro] *m 1.* Loch *n; 2. JUR* Gerichtshof *m*

forse ['forse] *adv* vielleicht, möglicherweise

forsennato [forsen'naːto] *adj 1.* verrückt, wahnsinnig; *m 2.* Verrückter *m,* Wahnsinniger *m*

forte ['fɔrte] *adj 1.* stark, kräftig; *2. (suono)* laut; *3. (gusto)* herzhaft; *4. (fig)* grell, hochgradig

fortezza [for'tettsa] *f 1.* Tapferkeit *f,* Stärke *f; 2. MIL* Festung *f*

fortificare [fortifi'kaːre] *v (rafforzare)* festigen

fortuito [for'tuːito] *adj* zufällig

fortuna [for'tuːna] *f 1.* Glück *n; questione di* ~ Glückssache *f; campo di* ~ Notlandeplatz *m; 2. (destino)* Schicksal *n*

fortunatamente [fortunata'mente] *adv* glücklicherweise, zum Glück

fortunato [fortu'naːto] *adj* glücklich

foruncolo [fo'ruŋkolo] *m MED* Furunkel *m*

forza ['fɔrtsa] *f 1.* Kraft *f;* ~ *motrice* Triebkraft *f;* ~ *del vento* Windstärke *f; prova di* ~ Kraftprobe *f,* Machtprobe *f;* ~ *di penetrazione* Durchschlagskraft *f;* ~ *difensiva* Abwehrkraft *f;* ~ *d'attrazione* Anziehungskraft *f; 2. (robustezza)* Stärke *f;* ~ *di carattere* Charakterstärke *f;* ~ *decisionale* Entschlusskraft *f; 3. PHYS* Kraft *f;* ~ *di spinta* Schubkraft *f;* ~ *nucleare* Kernkraft *f;* ~ *centrifuga* Fliehkraft *f;* ~ *di gravità* Schwerkraft *f*

forzare [for'tsaːre] *v 1.* drücken, eindrücken; *2. (scassinare)* sprengen, aufbrechen

forzatamente [fortsata'mente] *adv* gezwungenermaßen, zwangsläufig

forzato [for'tsaːta] *adj* unfreiwillig, gezwungen; *lavori forzati* Zwangsarbeit *f*

forziere [fortsi'eːre] *m* Tresor *m*

forzoso [for'tsoːso] *adj* zwangsläufig, Zwangs...

foschia [fos'kiːa] *f* Dunst *m*

fosfato [fos'faːto] *f CHEM* Phosphat *n*

fossa *f* Grube *f*

fossato [fos'saːto] *m 1.* Graben *m; 2. (tomba)* Gruft *f*

fossile ['fɔssile] *adj* fossil, versteinert

fossilizzato [fossilid'dzaːto] *adj* versteinert

fosso ['fɔsso] *m* Graben *m,* Wassergraben *m*

foto ['fɔːto] *f* Foto *n,* Lichtbild *n,* Fotografie *f*

fotocopia [foto'kɔːpia] *f* Fotokopie *f*

fotocopiatore [fotokopia'toːre] *m* Fotokopierer *m,* Kopierer *m*

fotografare [fotogra'faːre] *v* fotografieren, knipsen

fotografia [fotogra'fiːa] *f* Foto *n*, Lichtbild *n;* ~ *instantanea* Schnappschuss *m*
fotografo [fo'tɔːgrafo] *m* Fotograf *m*
fotomontaggio [fotomon'taddʒo] *m* Fotomontage *f*
fotoromanzo [fotoro'mandzo] *m* Fotoroman *m*
foulard [fu'lar] *m* Halstuch *n*
fra [fra] *prep* zwischen
frac [frak] *m* Frack *m*
fracassare [frakas'saːre] *v* zerschmettern, zerschlagen
fracassarsi [frakas'sarsi] *v* zerschellen
fracasso [fra'kasso] *m* Getöse *n*, Lärm *m*
fradicio ['fraːditʃo] *adj 1.* klamm, feucht; *bagnato* ~ völlig durchnässt; *2. ubriaco* ~ stockbetrunken, sternhagelvoll
fragile ['fraːdʒile] *adj 1.* zerbrechlich; *2. (materiale)* brüchig, spröde
fragola ['fraːgola] *f BOT* Erdbeere *f*
fragrante [fra'grante] *adj* duftend
fragranza [fra'grantsa] *f* Duft *m*, Wohlgeruch *m*
fraintendere [frain'tɛndere] *v* missverstehen
frammentario [frammen'taːrio] *adj* bruchstückhaft, lückenhaft
frammento [fram'mento] *m* Fragment *n*
frana ['fraːna] *f* Erdrutsch *m*
francamente [fraŋka'mente] *adv* freimütig, offen
francese [fran'tʃeːze] *adj 1.* französisch; *m/f 2. (persona)* Franzose/Französin *m/f; m 3. (lingua)* Französisch *n*
franchezza [fraŋ'kettsa] *f* Aufrichtigkeit *f*, Offenherzigkeit *f*
franchigia [fraŋ'kiːdʒa] *f* Vorrecht *n;* ~ *doganale* Zollfreiheit *f*
Francia ['frantʃa] *f GEO* Frankreich *n*
franco[1] ['fraŋko] *adj* freimütig, offen
franco[2] ['fraŋko] *m 1.* ~ *francese FIN* Franc *m;* 2. ~ *svizzero FIN* Schweizer Franken *m*
francobollo [fraŋko'bollo] *m* Briefmarke *f*
frangente [fran'dʒɛnte] *m* Brandung *f*
frangetta [fran'dʒetta] *f (pettinatura)* Pony *m*
frangibile [fran'dʒiːbile] *adj* zerbrechlich
franoso [fra'noːso] *adj* unbefestigt, locker; *terreno* ~ Erdrutsch *m*
frantoio [fran'toːio] *m* Ölpresse *f*
frantumare [frantu'maːre] *v (vetro)* zertrümmern, zerstückeln

frantume [fran'tuːme] *m* Scherbe *f*, Splitter *m; andare in* ~ zersplittern, zerbrechen, kaputtgehen
frasario [fra'zaːrio] *m* Ausdrucksweise *f*, Redeweise *f*
fraschetta [fras'ketta] *f* Flittchen *n*
frase ['fraːze] *f 1.* Satz *m; 2. (locuzione)* Redensart *f*
frastuono [frastu'ɔːno] *m* Lärm *m*, Getöse *n*
frate ['fraːte] *m* Mönch *m*
fratellastro [fratel'lastro] *m* Stiefbruder *m*
fratello [fra'tɛllo] *m* Bruder *m; fratelli e sorelle* Geschwister *pl*
fraterno [fra'tɛrno] *adj* brüderlich
frattaglie [frat'taːʎe] *f/pl* Innereien *pl*
frattanto [frat'tanto] *adv (tempo)* inzwischen, unterdessen
frattempo [frat'tɛmpo] *m* Zwischenzeit *f; nel* ~ inzwischen
frattura [frat'tuːra] *f 1.* Bruch *m; 2. MED* Knochenbruch *m;* ~ *della gamba* Beinbruch *m*
fratturare [frattu'raːre] *v (osso) MED* brechen
fraudolento [fraudo'lɛnto] *adj* unehrlich, betrügerisch
frazione [fratsi'oːne] *f 1.* Bruchteil *m; 2. MATH* Bruch *m;* ~ *decimale* Dezimalbruch *m; 3. POL* Fraktion *f*
freccia ['frettʃa] *f* Pfeil *m*
frecciata [fret'tʃaːta] *f* bissige Bemerkung *f*, Seitenhieb *m*
freddamente [fredda'mente] *adv* kaltblütig, kaltschnäuzig
freddezza [fred'dettsa] *f (fig)* Kälte *f*
freddo ['freddo] *adj 1.* kalt, frostig; *2. (senza amore)* lieblos; *3. (fig)* kaltschnäuzig, eiskalt; *m 4.* Kälte *f; aver* ~ frieren; *morire di* ~ erfrieren; *Ho* ~. Mir ist kalt./Ich friere. *Fa* ~. Es ist kalt.
freddoloso [freddo'loːso] *adj* kälteempfindlich, verfroren
freddura [fred'duːra] *f (fig)* Kalauer *m*
freezer ['friːzer] *m* Kühlfach *n*, Kühltruhe *f*
fregare [fre'gaːre] *v 1.* reiben; *2. (fam: imbrogliare)* einen Betrug begehen; ~ *qd* jdn hintergehen, jdn betrügen
fregatura [frega'tuːra] *f* Betrug *m*, Schwindel *m*
fregio ['freːdʒo] *m* Zierde *f*
fregola ['freːgola] *f* Brunst *f*

fremere ['frɛːmere] *v 1. (vento)* stürmen, brausen; *2. (fig: infuriare)* rasen
frenare [fre'naːre] *v 1.* bremsen; *2. (fig)* zügeln, hemmen
frenarsi [fre'narsi] *v* sich beherrschen, sich beruhigen
frenesia [frene'ziːa] *f* Wahnsinn *m*, Tobsucht *f*
frenetico [fre'nɛːtiko] *adj* verrückt, tobend
freno ['frɛːno] *m TECH* Bremse *f; ~ a disco* Scheibenbremse *f; ~ di emergenza* Notbremse *f; ~ a mano* Handbremse *f; ~ a tamburo* Trommelbremse *f*
frequentare [frekuen'taːre] *v (scuola)* besuchen
frequentato [frekuen'taːto] *adj* viel besucht; *luogo ~* stark besuchter Ort *m; strada frequentata* stark befahrene Straße *f*
frequente [freku'ɛnte] *adj* häufig
frequenza [freku'ɛntsa] *f 1.* Häufigkeit *f; 2. (a scuola, all'università)* Besuch *m; 3. TECH* Frequenz *f*
fresa ['frɛːza] *f TECH* Fräse *f*
freschezza [fres'kettsa] *f* Frische *f*
fresco ['fresko] *adj* frisch, kühl; *tenere qc in ~* etw kühl lagern
fretta ['fretta] *f* Eile *f*, Hast *f; in ~* eiligst, hastig; *Ho molto ~.* Ich habe es sehr eilig.
frettoloso [fretto'loːso] *adj* eilig
friabile [fri'aːbile] *adj* spröde, bröckelig
friggere ['friddʒere] *v irr* braten, frittieren
frigido ['friːdʒido] *adj 1. LIT* kalt; *2. (donna)* frigide
frigorifero [frigo'riːfero] *m* Eisschrank *m*, Kühlschrank *m*
frittata [frit'taːta] *f GAST* Omelett *n*
frittella [frit'tɛlla] *f GAST* Pfannkuchen *m*
frittura [frit'tuːra] *f 1.* Backen *n; 2. (l'arrostire)* Braten *n*
frivolezza [frivo'lettsa] *f 1.* Frivolität *f; 2. (leggerezza)* Leichtsinn *m*
frivolo ['friːvolo] *adj (fig)* eitel
frizione [fritsi'oːne] *f 1. MED* Einreibung *f; 2. TECH* Kupplung *f; 3. PHYS* Reibung *f*
frollo ['frɔllo] *adj* mürbe
frondoso [fron'doːso] *adj 1.* begrünt, beblättert; *2. (fig)* verziert
frontale [fron'taːle] *adj 1. ANAT* Stirn... *osso ~* Stirnbein *n; 2. (scontro, attacco)* frontal
fronte ['fronte] *m 1. (parte anteriore)* Front *f; di ~ a* gegenüber; *di ~* gegenüberliegend; *f 2. ANAT* Stirn *f*

frontespizio [frontes'piːtsio] *m* Titelblatt *n*, Titelseite *f*
frontiera [fronti'ɛːra] *f* Grenze *f*
frontone [fron'toːne] *m* Giebel *m*
frottola ['frɔttola] *f* Märchen *n*, Flause *f*
frugale [fru'gaːle] *adj* karg, bescheiden
frugare [fru'gaːre] *v* wühlen, kramen
frullato [frul'laːto] *m GAST* Mixgetränk *n; ~ di latte* Milchmixgetränk *n*, Milchshake *m*
frullino [frul'liːno] *m* Quirl *m*
frumento [fru'mento] *m BOT* Weizen *m*
frusciare [fru'ʃaːre] *v* rascheln
fruscio [fru'ʃiːo] *m* Rauschen *n*, Rascheln *n*
frusta ['frusta] *f 1.* Peitsche *f; 2. GAST* Schneebesen *m*
frustare [frus'taːre] *v* peitschen, auspeitschen
frusto ['frusto] *adj 1.* abgegriffen; *2. (esausto)* erschöpft
frutta ['frutta] *f* Obst *n; ~ con nocciolo* Kernobst *n; ~ secca* Dörrobst *n*, Trockenobst *n*
fruttare [frut'taːre] *v ECO* abwerfen
frutteto [frut'teːto] *m* Obstgarten *m*
fruttiera [frutti'ɛːra] *f* Obstschale *f*
fruttivendolo [frutti'vendolo] *m* Obstverkäufer *m*
frutto ['frutto] *m 1.* Frucht *f; frutti di mare* Meeresfrüchte *pl; 2. ECO* Profit *m*
fruttosio [frut'tɔːzio] *m CHEM* Fruchtzucker *m*
fruttuoso [fruttu'oːso] *adj* ergiebig
fu [fu] *adj* verstorben
fucilata [futʃi'laːta] *f* Schuss *m*
fucile [fu'tʃiːle] *m* Gewehr *n; ~ da caccia* Jagdgewehr *n*
fucina [fu'tʃiːna] *f* Schmiede *f*
fucinare [futʃi'naːre] *v* schmieden
fuco ['fuːko] *m BOT* Tang *m*
fuga ['fuːga] *f* Flucht *f; ~ del conducente* Fahrerflucht *f*
fugace [fu'gaːtʃe] *adj* vergänglich
fugacità [fugatʃi'ta] *f* Vergänglichkeit *f*
fuggiasco [fud'dʒasko] *m* Ausreißer *m*, Flüchtling *m*
fuggifuggi [fuddʒi'fuddʒi] *m* Panik *f*, panikartige Flucht *f*
fuggire [fud'dʒiːre] *v* fliehen, flüchten
fuggitivo [fuddʒi'tiːvo] *adj 1.* ausgebrochen, flüchtig; *m 2.* Flüchtling *m*
fulcro ['fulkro] *m* Ausgangspunkt *m*
fulgore [ful'goːre] *m* Glanz *m*, Schein *m*
fuliggine [fu'liddʒine] *f* Ruß *m*

fulminarsi [fulmi'narsi] *v (fusibile)* durchbrennen
fulmine ['fulmine] *m* Blitz *m*
fulmineo [ful'miːneo] *adj* blitzschnell, schlagartig
fumare [fu'maːre] *v 1.* rauchen; *2. (fig)* qualmen
fumatore [fuma'toːre] *m* Raucher *m; non* ~ Nichtraucher *m*
fumetto [fu'metto] *m 1.* Bildstreifen *m,* Comic *m; 2. fumetti pl* Comics *pl*
fumo ['fuːmo] *m 1.* Rauch *m,* Qualm *m; venditore di* ~ Aufschneider *m; andare in* ~ in Rauch aufgehen; *2. (foschia)* Dunstschleier *m; 3. (il fumare)* Rauchen *n*
fumoso [fu'moːso] *adj* rauchig
funambulo [fu'nambulo] *m* Seiltänzer *m*
fune ['fuːne] *f 1.* Seil *n,* Strick *m;* ~ *da rimorchio* Schleppseil *n,* Schlepptau *n; tiro alla* ~ Tauziehen *n; 2. (corda)* Strang *m*
funebre ['fuːnebre] *adj 1.* bedrückt, betrübt; *2. (di lutto)* Trauer... *partecipazione* ~ Todesanzeige *f; pompe funebri* Trauerfeier *f,* Leichenschmaus *m*
funerale [fune'raːle] *m* Beerdigung *f,* Begräbnis *n*
funereo [fu'nɛːreo] *adj* Trauer..., Toten...
funesto [fu'nɛsto] *adj* unheilvoll
fungere ['fundʒere] *v irr* ~ *da* auftreten als, fungieren als
fungo ['fuŋgo] *m BOT* Pilz *m;* ~ *prataiolo* Champignon *m*
funivia [funi'viːa] *f* Seilbahn *f,* Drahtseilbahn *f; stazione della* ~ Seilbahnstation *f*
funzionale [funtsio'naːle] *adj* funktional, funktionell
funzionamento [funtsiona'mento] *m 1.* Arbeitsweise *f,* Gang *m; 2. TECH* Funktionsweise *f*
funzionare [funtsionaːre] *v* funktionieren
funzionaria [funtsio'naːria] *f* Beamtin *f*
funzionario [funtsio'naːrio] *m* Funktionär *m,* Beamter *m*
funzione [funtsi'oːne] *f 1.* Funktion *f; in* ~ in Betrieb; *2. (ufficio, carica)* Behörde *f; facente* ~ im Auftrag von; *3. (impresa)* Unternehmen *n; 4.* ~ *religiosa REL* Gottesdienst *m*
fuoco [fu'ɔːko] *m 1.* Feuer *n; Al* ~! Es brennt! *fuochi artificiali* Feuerwerk *n; 2. PHYS* Brennpunkt *m; mettere a* ~ scharf einstellen
fuori [fu'ɔːri] *adv 1.* außen, außerhalb; *tenere* ~ heraushalten; *al di* ~ *di* außerhalb; *Vorremmo sedere* ~. Wir möchten draußen

sitzen. *prep 2.* außer; ~ *di dubbio* zweifelsfrei, ohne Zweifel; ~ *gioco* abseits; ~ *misura* unmäßig, maßlos, ohne Maß
fuoriclasse [fuori'klasse] *m* Spitzenreiter *m*
fuorilegge [fuori'leddʒe] *m* gesetzloser Mensch *m,* Gesetzloser *m*
fuoristrada [fuori'straːda] *m (macchina)* Geländewagen *m*
fuoriuscire [fouriu'ʃiːre] *v (liquido)* entweichen, austreten
fuorviare [fourvi'aːre] *v* irreführen
furbacchione [furbakki'oːne] *m (fig)* Schlauberger *m,* Schlitzohr *n*
furbamente [furba'mente] *adj* pfiffig, schlau
furbizia [fur'biːtsia] *f* Schlauheit *f*
furbo ['furbo] *adj* schlau, pfiffig
furente [fu'rɛnte] *adj* wütend
furfante [fur'fante] *m* Schuft *m,* Schurke *m*
furgone [fur'goːne] *m* großer Lieferwagen *m,* Möbelwagen *m*
furia ['fuːria] *f* Wut *f*
furibondo [furi'bondo] *adj* wütend, tobend
furiosamente [furiosa'mente] *adv* wütend
furioso [furi'oːso] *adj* rasend
furore [fu'roːre] *m* Wut *f*
furtivamente [furtiva'mente] *adv* verstohlen
furtivo [fur'tiːvo] *adj* verstohlen
furto ['furto] *m* Diebstahl *m;* ~ *con scasso* Einbruchsdiebstahl *m; commettere un* ~ einbrechen, einen Einbruch begehen
fuscello [fu'ʃɛllo] *m 1.* Halm *m,* Strohhalm *m; 2. (persona)* dürrer Mensch *m*
fusciacca [fu'ʃakka] *f* Schärpe *f*
fusione [fuzi'oːne] *f 1. TECH* Fusion *f; punto di* ~ Schmelzpunkt *m; 2. ECO* Verflechtung *f,* Zusammenschluss *m; 3. (fig: armonia)* Einklang *m*
fusoliera [fuzoli'ɛːra] *m (di un aereo) TECH* Rumpf *m*
fustigare [fusti'gaːre] *v* auspeitschen
fusto ['fusto] *m 1.* Fass *n; 2. TECH* Gestell *n; 3. ARCH* Säulenschaft *m; 4. BOT* Stamm *m; 5. (fig)* toller Kerl *m,* Pfundskerl *m*
futile ['fuːtile] *adj* geringfügig
futilità [futili'ta] *f* Geringfügigkeit *f*
futuristico [futu'ristiko] *adj* futuristisch
futuro [fu'tuːro] *m 1.* Zukunft *f; nel* ~ künftig; *adj 2.* zukünftig, künftig

G/H

gabbia ['gabbia] *f* 1. Käfig *m;* 2. ~ *toracica* ANAT Brustkorb *m*
gabbiano [gabbi'aːno] *m* ZOOL Möwe *f*
gabinetto [gabi'netto] *m* 1. Klosett *n*, Toilette *f; Dove sono i gabinetti?* Wo sind die Toiletten? ~ *degli uomini* Herrentoilette *f;* ~ *delle donne* Damentoilette *f;* 2. POL Kabinett *n; seduta del* ~ Kabinettssitzung *f*
gagliardo [ga'ʎardo] *adj* stark, mutig
gaglioffo [ga'ʎɔffo] *m (fig: uomo)* Tölpel *m*
gaio ['gaːio] *adj* heiter, fröhlich
galante [ga'lante] *adj* galant, höflich
galanteria [galante'riːa] *f* Zuvorkommenheit *f,* Ritterlichkeit *f*
galantuomo [galantu'ɔːmo] *m* Ehrenmann *m; fior di* ~ vollendeter Gentleman *m*
galeotto [gale'ɔtto] *m* Gefangener *m*, Sträfling *m*
galera [ga'lɛːra] *f (fig)* Knast *m*, Gefängnis *n*
galleggiante [galled'dʒante] *adj* schwimmend, Schwimm...
galleggiare [galled'dʒaːre] *v* sich über Wasser halten; ~ *sull'acqua* an der Wasseroberfläche treiben
galleria [galle'riːa] *f* 1. Tunnel *m;* 2. *(passaggio)* Galerie *f*
galletto [gal'letto] *m* GAST Hähnchen *n*
gallina [gal'liːna] *f* ZOOL Henne *f*
gallinaccio [galli'nattʃo] *m* BOT Pfifferling *m*
gallo ['gallo] *m* ZOOL Hahn *m*
galoppo [ga'lɔppo] *m* Galopp *m*
gamba ['gamba] *f* Bein *n; a gambe larghe* breitbeinig
gamberetto [gambe'retto] *m* ZOOL Garnele *f*
gambero ['gambero] *m* 1. ZOOL Garnele *f;* 2. *(gamberone)* ZOOL Riesengarnele *f*
gambo ['gambo] *m* Stiel *m*, Stängel *m*
gamma ['gamma] *f* 1. *(varietà)* Aufeinanderfolge *f;* 2. *(di colori)* Farbskala *f;* 3. MUS Tonleiter *f*
gancio ['gantʃo] *m* Haken *m*
gangster ['gæŋgster] *m* Gangster *m*, Verbrecher *m*
gara ['gaːra] *f* 1. Wettbewerb *m;* 2. SPORT Wettkampf *m;* ~ *automobilistica* Autorennen *n;* ~ *ciclistica* Radrennen *n;* ~ *eliminatoria*

Ausscheidungskampf *m;* 3. *(competizione)* Wettstreit *m;* 4. *(partita)* SPORT Spiel *n*
garage [ga'raːʒ] *m* Garage *f;* ~ *sotterraneo* Tiefgarage *f*
garante [ga'rante] *m* Bürge *m*
garantire [garan'tiːre] *v irr* bürgen, gewährleisten
garanzia [garan'tsiːa] *f* 1. Garantie *f,* Gewähr *f; Per quanto tempo ha la* ~? Wie lange gibt es Garantie darauf? ~ *bancaria* Bankgarantie *f;* ~ *di sostegno* Liefergarantie *f;* 2. FIN Bürgschaft *f;* 3. JUR Haftung *f*
garbare [gar'baːre] *v* gefallen, behagen
garbato [gar'baːto] *adj* höflich, gut erzogen
garbuglio [gar'buːʎo] *m* Wirrwarr *m*, Verwirrung *f*
gareggiare [gared'dʒaːre] *v* wetteifern
garofano [ga'rɔːfano] *m* BOT Nelke *f*
garzone [gar'dzoːne] *m* 1. Jüngling *m*, Bursche *m;* 2. *(fattorino)* Laufbursche *m;* 3. *(aiutante in cucina)* Küchenjunge *m*
gas [gas] *m* Gas *n;* ~ *esilarante* Lachgas *n;* ~ *lacrimogeno* Tränengas *n;* ~ *liquido* Flüssiggas *n;* ~ *naturale* Erdgas *n;* ~ *nobile* Edelgas *n;* ~ *di scarico* Abgas *n*
gasolio [ga'zɔːlio] *m* Dieselöl *n*
gassosa [gas'sɔːsa] *f* Limonade *f,* Brause *f*
gastrico ['gastriko] *adj* Magen...
gastrite [gas'triːte] *f* Magenschleimhautentzündung *f,* Gastritis *f*
gastronomia [gastrono'miːa] *f* Gastronomie *f*
gatta ['gatta] *f* ZOOL Katze *f*
gatto ['gatto] *m* ZOOL Kater *m*, Katze *f*
gattopardo [gatto'pardo] *m* ZOOL Leopard *m*, Gepard *m*
gaudente [gau'dɛnte] *m* Genießer *m*
gaudio ['gaːudio] *m* Freude *f*
gazza [gaddza] *f* ZOOL Elster *f*
gazzarra [gad'dzarra] *f* Geschrei *n*, Getetere *n*
gel [dʒɛl] *m* Gel *n*
gelare [dʒe'laːre] *v* gefrieren, einfrieren
gelateria [dʒelate'riːa] *f* Eisdiele *f*
gelatina [dʒela'tiːna] *f* GAST Gelee *n*
gelato [dʒe'laːto] *adj* 1. eiskalt; *m* 2. GAST Speiseeis *n; una pallina di* ~ eine Kugel Eis *f; una coppa di* ~ ein Eisbecher *m*

gelido ['dʒɛːlido] *adj* 1. eisig, kühl; 2. *(fig: umore)* eisig
gelo ['dʒɛːlo] *m* Frost *m*
gelosia[1] [dʒelo'siːa] *f* Eifersucht *f*
gelosia[2] [dʒelo'siːa] *f* Jalousie *f*
geloso [dʒe'loːso] *adj* eifersüchtig; *essere ~ di qd* auf jdn eifersüchtig sein
gelso ['dʒɛlso] *m* BOT Maulbeerbaum *m*
gelsomino [dʒɛlso'miːno] *m* Jasmin *m*
gemellaggio [dʒemel'laddʒo] *m* Städtepartnerschaft *f*
gemello [dʒe'mɛllo] *adj* 1. Zwillings..., Doppel... *m* 2. Zwilling *m*
gemere ['dʒɛːmere] *v* ächzen, stöhnen
gemma ['dʒɛmma] *f* 1. BOT Knospe *f;* 2. MIN Edelstein *m*
gene ['dʒɛːne] *m* BIO Gen *n*
generale [dʒene'raːle] *adj* 1. allgemein, generell; *m* 2. MIL General *m*
generalità [dʒenerali'ta] *f* 1. Allgemeinheit *f; f/pl* 2. *(di una persona)* Personalien *pl*
generalizzare [dʒeneralid'dzaːre] *v* verallgemeinern
generalmente [dʒeneral'mente] *adv* allgemein, generell
generare [dʒene'raːre] *v* zeugen
generatore [dʒenera'toːre] *m* TECH Generator *m*
generazione [dʒeneratsi'oːne] *f* 1. Generation *f,* Nachwuchs *m;* 2. *(procreazione)* Erzeugung *f*
genere ['dʒɛːnere] *m* Gattung *f; dello stesso ~* einerlei
generico [dʒe'nɛːriko] *adj* 1. allgemein; 2. *(vago)* vage
genero ['dʒɛːnero] *m* Schwiegersohn *m*
generoso [dʒene'roːso] *adj* spendabel, großzügig
genesi ['dʒɛːnezi] *f* 1. Entstehung *f;* 2. REL Schöpfungsgeschichte *f*
genetico [dʒe'nɛːtiko] *adj* BIO genetisch
gengiva [dʒen'dʒiːva] *f* ANAT Zahnfleisch *n*
geniale [dʒeni'aːle] *adj* genial, schöpferisch
genio ['dʒɛːnio] *m* Genie *n,* Genialität *f*
genitali [dʒeni'taːli] *m/pl* Genitalien *pl*
genitori [dʒeni'toːri] *m/pl* Eltern *pl*
gennaio [dʒen'naːio] *m* Januar *m*
genocidio [dʒeno'tʃiːdio] *m* Völkermord *m*
genotipo [dʒeno'tiːpo] *m* BIO Erbmasse *f*
gentaglia [dʒen'taːʎa] *f* Gesindel *n,* Pack *n*

gente ['dʒɛnte] *f* Leute *pl*
gentile [dʒen'tiːle] *adj* 1. freundlich, liebenswürdig; *E' molto ~ da parte sua.* Das ist sehr freundlich von Ihnen. 2. *(nobile)* edel, vornehm; *sesso ~* zartes Geschlecht *n;* 3. *(affabile)* verträglich
gentilezza [dʒenti'lettsa] *f* 1. Freundlichkeit *f,* Liebenswürdigkeit *f;* 2. *(piacere)* Gefallen *m,* Gefälligkeit *f; Per ~!* Bitte! 3. *(affabilità)* Verträglichkeit *f*
gentilmente [dʒentil'mente] *adv* freundlich, liebenswürdig
genuinità [dʒenuini'ta] *f* Echtheit *f,* Natürlichkeit *f*
genuino [dʒenu'iːno] *adj* natürlich, echt
genziana [dʒentsi'aːna] *f* BOT Enzian *m*
geografia [dʒeogra'fiːa] *f* Erdkunde *f,* Geografie *f*
geografico [dʒeo'graːfiko] *adj* geografisch
geologia [dʒeolo'dʒiːa] *f* Geologie *f*
geometra [dʒe'ɔːmetra] *m* Landvermesser *m*
geometria [dʒeome'triːa] *f* Geometrie *f*
geometrico [dʒeo'mɛːtriko] *adj* geometrisch
geranio [dʒera'nio] *m* BOT Geranie *f*
gerarchia [dʒe'rar'kiːa] *f* Hierarchie *f*
gerarchico [dʒe'rarkiko] *adj* hierarchisch; *ordine ~* Rangordnung *f*
gerente [dʒe'rɛnte] *m/f* ECO Geschäftsführer(in) *m/f*
gergo ['dʒɛrgo] *m* 1. Jargon *m;* 2. *(fam)* Kauderwelsch *n*
Germania [dʒer'maːnia] *f* GEO Deutschland *n*
germe ['dʒɛrme] *m* 1. Keim *m;* 2. *(fig)* Keimzelle *f*
germinare [dʒermi'naːre] *v* keimen
germogliare [dʒermo'ʎaːre] *v* 1. *(fiori)* sprießen, sprossen; 2. *(fig)* keimen
gessetto [dʒɛs'seto] *m* Kreide *f*
gesso ['dʒɛsso] *m* 1. Gips *m; copia in ~* Gipsabguss *m;* 2. *(gessetto)* Kreide *f*
gesta ['dʒɛsta] *f/pl* Taten *pl*
gestante [dʒes'tante] *f* Schwangere *f*
gestazione [dʒestatsi'oːne] *f* 1. Schwangerschaft *f;* 2. ZOOL Trächtigkeit *f;* 3. *(fig)* Vorbereitung *f*
gesticolare [dʒestiko'laːre] *v* gestikulieren
gestione [dʒesti'oːne] *f* Führung *f; ~ d'affari* Geschäftsleitung *f*
gesto ['dʒɛsto] *m* Gebärde *f,* Geste *f*

gettare [dʒet'taːre] *v 1.* werfen; ~ *fuori* hinauswerfen, herauswerfen; ~ *giù* hinabwerfen, herunterwerfen; ~ *uno sguardo* einen Blick werfen; ~ *via* wegwerfen; ~ *all'aria* durcheinander werfen; *2. (introdurre, imbucare)* einwerfen
gettata [dʒet'taːta] *f 1.* Schuss *m,* Wurf *m; 2. MIL* Reichweite *f*
gettito ['dʒettito] *m ECO* Aufkommen *n;* ~ *fiscale* Steueraufkommen *n*
getto ['dʒetto] *m 1.* Wurf *m,* Werfen *n; 2. (d'acqua)* Wasserstrahl *m*
gettone [dʒet'toːne] *m 1.* Münze *f; 2. (per giochi)* Spielmarke *f*
ghepardo [ge'pardo] *m ZOOL* Gepard *m*
ghiacciaio [giat'tʃaːio] *m* Gletscher *m*
ghiacciarsi [giat'tʃarsi] *v* zufrieren, einfrieren
ghiacciato [giat'tʃaːto] *adj* eisgekühlt
ghiaccio [gi'attʃo] *m* Eis *n; E' freddo come il* ~. Es ist eiskalt.
ghiacciolo [giat'tʃɔːlo] *m* Eiszapfen *m*
ghiaia [gi'aːia] *f* Kies *m*
ghiandola [gi'andola] *f ANAT* Drüse *f;* ~ *linfatica* Lymphdrüse *f;* ~ *tiroidea* Schilddrüse *f*
ghiottone [giot'toːne] *m* Leckermaul *n,* Schleckermaul *n*
ghiottoneria [giottone'riːa] *f 1.* Leckerbissen *m; 2. GAST* Delikatesse *f*
ghirigoro [giri'gɔːro] *m* Schnörkel *m*
ghirlanda [gir'landa] *f* Blumengewinde *n,* Girlande *f*
ghiro ['giːro] *m ZOOL* Siebenschläfer *m; dormire come un* ~ wie ein Murmeltier schlafen
ghisa ['giːza] *f* Gusseisen *n*
già [dʒa] *adv 1.* bereits, schon; *Di* ~? Schon fertig? *2. (certamente)* sicher; *3. (un tempo, ex)* einstmals, einst
giacca ['dʒakka] *f* Jacke *f,* Jackett *n;* ~ *a vento* Anorak *m,* Windjacke *f*
giacché [dʒak'ke] *konj 1.* weil, da, da ja; *2. (poichè)* weil nun einmal
giacchetta [dʒa'ketta] *f* Jacke *f;* ~ *di maglia* Strickjacke *f*
giacenza [dʒa'tʃɛntsa] *f* Vorrat *m*
giacere [dʒa'tʃeːre] *v irr* liegen
giaciglio [dʒa'tʃiːʎo] *m (letto)* Lager *n,* Ruhestätte *f*
giacinto [dʒa'tʃinto] *m BOT* Hyazinthe *f*
giaguaro [dʒa'guaːro] *m ZOOL* Jaguar *m*
giallo ['dʒallo] *adj 1.* gelb; *farina gialla* Maismehl *n; febbre gialla* Gelbfieber *n; m*

2. Detektivgeschichte *f,* Krimi *m; film* ~ Kriminalfilm *m*
Giappone [dʒap'poːne] *m GEO* Japan *n*
giapponese [dʒappo'neːse] *m 1.* Japaner *m; adj 2.* japanisch
giardinaggio [dʒardi'naddʒo] *m* Gartenbau *m,* Gärtnerei *f*
giardiniere [dʒardini'ɛːre] *m* Gärtner *m*
giardino [dʒar'diːno] *m* Garten *m;* ~ *zoologico* Tiergarten *m,* Zoo *m*
giarrettiera [dʒarretti'ɛːra] *f* Strumpfband *n*
giavellotto [dʒavel'lɔtto] *m* Speer *m,* Spieß *m*
gigante [dʒi'gante] *adj 1.* Riesen..., riesig; *m 2.* Riese *m*
gigantesco [dʒigan'tesko] *adj* riesengroß
giglio ['dʒiʎʎo] *m BOT* Lilie *f*
gilè [dʒi'lɛ] *m* Weste *f*
ginecologo [dʒine'kɔːlogo] *m* Frauenarzt *m,* Gynäkologe *m*
ginepro [dʒi'neːpro] *m BOT* Wacholder *m*
ginestra [dʒi'nɛstra] *f BOT* Ginster *m*
gingillarsi [dʒindʒil'larsi] *v* trödeln
gingillone [dʒindʒil'loːne] *m* Trödler *m*
ginnasio [dʒin'naːzio] *m* Gymnasium *n*
ginnasta [dʒin'nasta] *m/f SPORT* Turner(in) *m/f*
ginnastica [dʒin'nastika] *f SPORT* Gymnastik *f,* Turnen *n; fare* ~ turnen; ~ *medica* Krankengymnastik *f,* Heilgymnastik *f*
ginocchio [dʒi'nɔkkio] *m ANAT* Knie *n;* ~ *valgo* X-Bein *n; stare in* ~ knien; *mettere in* ~ auf die Knie zwingen
giocare [dʒo'kaːre] *v 1.* spielen; *2. SPORT* spielen
giocarsi [dʒo'karsi] *v* ~ *la carriera* die Karriere aufs Spiel setzen; ~ *dei soldi* um Geld spielen
giocatore [dʒoka'toːre] *m* Spieler *m*
giocattolo [dʒo'kattolo] *m* Spielzeug *n*
giochetto [dʒo'ketto] *m* Spielerei *f*
gioco ['dʒɔːko] *m 1.* Spiel *n;* ~ *d'abilità* Geschicklichkeitsspiel *n;* ~ *d'azzardo* Glücksspiel *n;* ~ *di carte* Kartenspiel *n;* ~ *della palla* Ballspiel *n;* ~ *di pazienza* Geduldspiel *n;* ~ *da tavolo* Brettspiel *n; 2. a doppio SPORT* Doppel *n; 3. TECH* Spiel *n,* Toleranz *f*
giocoliere [dʒokoli'ɛːre] *m* Jongleur *m*
giocoso [dʒo'koːso] *adj* heiter, verspielt
gioia [dʒɔːia] *f* Freude *f,* Lust *f; con grande* ~ hocherfreut; ~ *di vivere* Lebensfreude *f;* ~ *dell'attesa* Vorfreude *f*

gioielleria [dʒoielle'riːa] *f* Juweliergeschäft *n*
gioielliere [dʒoielli'ɛːre] *m* Juwelier *m*
gioiello [dʒoi'ɛllo] *m* Juwel *n,* Schmuck-
stück *n; gioielli d'oro* Goldschmuck *m*
gioiosamente [dʒoiosa'mente] *adv* freudig
gioioso [dʒoi'oːso] *adj* freudig, erfreut,
heiter
Giordania [dʒor'daːnia] *f GEO* Jorda-
nien *n*
giornale [dʒor'naːle] *m* Zeitung *f,*
Tageszeitung *f; ~ radio* Radionachrichten *pl;*
articolo di ~ Zeitungsartikel *m*
giornaliero [dʒornali'ɛːro] *adj* täglich,
Tages...
giornalismo [dʒorna'lizmo] *m* Journalis-
mus *n*
giornalista [dʒorna'lista] *m/f* Journa-
list(in) *m/f*
giornalistico [dʒorna'listiko] *adj* journa-
listisch
giornalmente [dʒornal'mente] *adv* täglich
giornata [dʒor'naːta] *f* Tag *m; a metà ~*
halbtags
giorno ['dʒorno] *m* Tag *m; lo spuntare del
~* Tagesanbruch *m; per giorni interi* tagelang; *da parecchi giorni* tagelang; *di ~* tagsüber; *~ feriale* Werktag *m; nei giorni feriali*
werktags, wochentags; *~ festivo* Feiertag *m;
~ di riposo* Ruhetag *m; ~ dei morti* Allerseelen
n; ~ di Natale Weihnachtstag *m; Che ~ è
oggi?* Welches Datum haben wir heute? *Buon
~!* Guten Morgen!/Guten Tag! *al ~ d'oggi*
heutzutage
giostra ['dʒɔstra] *f* Karussell *n*
giovane ['dʒoːvane] *adj 1.* jung; *m/f 2.*
Jugendliche(r) *m/f; m 3. (ragazzo)* Jüngling *m*
giovanile [dʒova'niːle] *adj* jugendlich
giovare [dʒo'vaːre] *v* nützen, dienen
giovedì [dʒove'di] *m* Donnerstag *m; al ~/il
~* donnerstags; *~ Santo/~ di passione*
Gründonnerstag *m*
gioventù [dʒoven'tu] *f* Jugend *f*
gioviale [dʒovi'aːle] *adj* jovial, heiter
giovialmente [dʒovial'mente] *adv* jovial,
heiter
giovinezza [dʒovi'nettsa] *f* Jugend *f*
giradischi [dʒira'diski] *m* Plattenspieler *m*
giraffa [dʒi'raffa] *f ZOOL* Giraffe *f*
giramento [dʒira'mento] *m* Drehen *n,*
Wenden *n; ~ di capo* Schwindel *m*

giramondo [dʒira'mondo] *m* Welten-
bummler *m*
girare [dʒi'raːre] *v 1.* drehen, umdrehen; *~
a vuoto* ziellos umherirren; *~ la macchina* das
Auto wenden; *~ qc* etw drehen; *~ il rubinetto*
den Wasserhahn aufdrehen; *~ un film* einen
Film drehen; *2. (voltare)* umdrehen, wenden;
3. (svoltare) um die Ecke biegen; *~ a destra/~
a sinistra* nach rechts abbiegen/nach links
abbiegen; *4. ~ intorno a qc* um etw herumgehen, um etw herumfahren; *5. (in giro)* herumgehen; *~ per la città* in der Stadt bummeln;
6. (in tondo) kreisen; *7. (ruotare) TECH* rotieren; *~ a vuoto* leer laufen; *8. (trasferire)* übertragen
girarrosto [dʒirar'rɔsto] *m* Bratenspieß *m*
girarsi [dʒi'rarsi] *v* sich abwenden, sich
umdrehen
girasole [dʒira'soːle] *m BOT* Sonnenblume *f*
girata [dʒi'raːta] *f 1.* Umdrehung *f;
2. ECO* Giro *n*
giretto [dʒi'retto] *m* Bummel *m; andare a
fare un ~* einen Bummel machen
girevole [dʒi're:vole] *adj* drehbar
girino [dʒi'riːno] *m* Kaulquappe *f*
giro ['dʒiːro] *m 1.* Rundfahrt *f,* Rundgang
m; condurre in ~ herumführen; *~ turistico*
Rundreise *f,* Rundfahrt *f; essere in ~* unterwegs sein; *prendere in ~ qd* sich über jdn
lustig machen; *2. FIN* Umlauf *m; ~ d'affari*
Umsatz *m; ~ di capitali* Kapitalumlauf *m;
3. (fase di una scelta)* Durchgang *m,* Runde *f;
4. SPORT* Runde *f; ~ d'onore* Ehrenrunde *f;
5. TECH* Drehung *f,* Umdrehung *f; numero di
giri* Drehzahl *f,* Tourenzahl *f; 6. ECO* Giro *n*
gironzolare [dʒirondzo'laːre] *v 1.* bummeln; *2. (andare in giro)* umherschlendern
girovagare [dʒirova'gaːre] *v* umherirren,
umherschweifen
gita ['dʒiːta] *f* Ausflug *m,* Tour *f; breve ~*
Spritztour *f; ~ aziendale* Betriebsausflug *m*
giù [dʒu] *adv* herab, herunter; *più ~* weiter
unten; *essere ~* deprimiert sein/niederge-
schlagen sein; *buttarsi ~* sich gehen lassen;
mandar ~ hinunterschlucken (fig); *su per ~*
mehr oder weniger
giubba ['dʒubba] *f 1.* Jacke *f; 2. (gilè)*
Weste *f*
giubilare [dʒubi'laːre] *v* jubeln
giubileo [dʒubi'lɛːo] *m* Jubiläum *n*
giubilo ['dʒuːbilo] *m* Jubel *m*
giubotto [dʒu'bɔtto] *m* Lumberjack *m,*
Sportjacke *f*

giudaismo [dʒuda'izmo] *m* *REL* Judentum *n*
giudicare [dʒudi'kaːre] *v* 1. beurteilen, urteilen; 2. *JUR* urteilen
giudice ['dʒuːditʃe] *m/f* *JUR* Richter(in) *m/f*
giudizio [dʒu'diːtsio] *m* 1. Urteil *n*; 2. *(valutazione)* Beurteilung *f*; 3. *(capacità di giudicare)* Urteilsvermögen *n*
giudizioso [dʒuditsi'oːso] *adj* verständig, einsichtsvoll
giugno ['dʒuːɲo] *m* Juni *m*
giungere ['dʒundʒere] *v* *irr* 1. *(arrivare)* ankommen, eintreffen; 2. *(unire)* vereinigen; 3. ~ *le mani* die Hände falten
giungla ['dʒuŋgla] *f* Dschungel *m*
giunta ['dʒunta] *f* 1. *POL* Ausschuss *m*; ~ *communale* Stadtrat *m*; 2. *(ag~)* Zugabe *f*; *per* ~ überdies; 3. *(orlo)* Ansatz *m*
giunto ['dʒunto] *m* *TECH* Gelenk *n*
giuntura [dʒun'tuːra] *f* 1. *ANAT* Gelenk *n*; 2. *TECH* Gelenk *n*
giuramento [dʒura'mento] *m* 1. Schwur *m*, Eid *m*; ~ *falso* Meineid *m*; ~ *dichiarativo* Offenbarungseid *m*; 2. *(atto dell'~)* Vereidigung *f*
giurare [dʒu'raːre] *v* *JUR* beschwören
giurato [dʒu'raːto] *adj* 1. *JUR* vereidigt; *m* 2. Geschworener *m*
giuria [dʒu'riːa] *f* Jury *f*, Schöffengericht *n*
giuridico [dʒu'riːdiko] *adj* juristisch, rechtlich
giurisdizione [dʒurisditsi'oːne] *f* 1. *JUR* Gerichtsbarkeit *f*; 2. *(amministrazione della giustizia)* *JUR* Rechtsprechung *f*
giurisprudenza [dʒurispru'dɛntsa] *f* Rechtsprechung *f*, Jura *pl*
giurista [dʒu'rista] *m/f* Jurist(in) *m/f*
giustezza [dʒus'tettsa] *f* Genauigkeit *f*, Richtigkeit *f*
giustificare [dʒustifi'kaːre] *v* rechtfertigen
giustificato [dʒustifi'kaːto] *adj* 1. berechtigt; 2. *(giusto)* gerechtfertigt
giustificazione [dʒustifikatsi'oːne] *f* 1. Rechtfertigung *f*; 2. *(in contabilità)* Beleg *m*
giustizia [dʒus'tiːtsia] *f* 1. Gerechtigkeit *f*; *senso della* ~ Gerechtigkeitssinn *m*; 2. *(autorità giudiziaria)* Justiz *f*; *ministro della* ~ Justizminister *m*
giustiziere [dʒustit'tsiɛːre] *m* Henker *m*, Scharfrichter *m*
giusto ['dʒusto] *adj* 1. gerecht, korrekt; *m* 2. Gerechter *m*

glaciale [gla'tʃaːle] *adj* Eis..., eisig
glassa ['glassa] *f* Zuckerguss *m*, Glasur *f*
glassatura [glassa'tuːra] *f* *GAST* Glasur *f*
globale [glo'baːle] *adj* global, gesamt
globalizzazione [globaliddzatsi'oːne] *f* Globalisierung *f*; ~ *del sapere* Globalisierung des Wissens *f*
globalmente [global'mente] *adv* insgesamt, im Ganzen
globo ['glɔːbo] *m* 1. Globus *m*; 2. *(sfera)* Kugel *f*
gloria ['glɔːria] *f* Ruhm *m*
glorificare [glorifi'kaːre] *v* rühmen
glorioso [glori'oːso] *adj* ruhmreich
glossa ['glɔssa] *f* 1. Glosse *f*; 2. *(nota marginale)* Randbemerkung *f*
glossario [glos'saːrio] *m* Glossar *n*, Wörterverzeichnis *n*
glucosio [glu'kɔːzio] *m* *CHEM* *m*, Traubenzucker, Glycose *f*
gnocchetto [ɲok'ketto] *m* *GAST* Klößchen *n*
gnocco [ɲɔkko] *m* *GAST* Kloß *m*
gnomo [ɲɔːmo] *m* Zwerg *m*
goal [gɔːl] *m* *SPORT* Tor *n*
gobba ['gɔbba] *f* Buckel *m*
gobbo ['gɔbbo] *adj* 1. buckelig; *m* 2. Buckliger *m*
goccia ['gottʃa] *f* Tropfen *m*
gocciolante [gottʃo'lante] *adj* tropfend, triefend
gocciolare [gottʃo'laːre] *v* tropfen
godere [go'deːre] *v* *irr* genießen; ~ *di qc* etw genießen; ~ *buona fama* hohes Ansehen genießen
godimento [godi'mento] *m* Genuss *m*
goffo ['gɔffo] *adj* 1. *(fig)* plump; 2. *(maldestro)* tollpatschig
gogna [goːɲa] *f* Pranger *m*; *mettere qd alla* ~ jdn an den Pranger stellen
gola ['goːla] *f* 1. *ANAT* Hals *m*, Kehle *f*; *a* ~ *spiegata* lauthals; *mal di* ~ Halsschmerzen *pl*, Halsweh *n*; *fare* ~ reizen; 2. *GEO* Klamm *f*
golf[1] [gɔlf] *m* Wolljacke *f*
golf[2] [gɔlf] *m* *SPORT* Golf *n*
golfo ['golfo] *m* *GEO* Golf *m*
goloso [go'loːso] *adj* gefräßig, naschhaft
golosone [golo'soːne] *m* Vielfraß *m*
gomito ['goːmito] *m* *ANAT* Ellbogen *m*
gomitolo [go'miːtolo] *m* Knäuel *n*
gomma ['gomma] *f* Gummi *m*; ~ *da masticare* *GAST* Kaugummi *m*
gommapiuma [gommapi'uːma] *f* Schaumgummi *m*

gommatura [gomma'tura] *f* Gummierung *m*
gommoso [gom'moːso] *adj* gummiartig, gummihaltig
gondola ['gondola] *f* Gondel *f*
gonfiare [gonfi'aːre] *v 1.* aufblasen; *2. MED* anschwellen
gonfiarsi [gonfi'arsi] *v* anschwellen, aufquellen
gonfio ['gonfio] *adj* geschwollen
gonfiore [gonfi'oːre] *m* Schwellung *f*
gonna ['gɔnna] *f* Rock *m*
gonzo ['gondzo] *adj 1.* einfältig, leichtgläubig; *m 2.* Dummkopf *m*
gorgheggiare [gorged'dʒaːre] *v* trällern, trillern
gorgo ['gorgo] *m 1. (aqua)* Strudel *m; 2. (fig)* Wirbel *m*
gorgogliare [gorgo'ʎaːre] *v* brodeln, wallen
gota ['gota] *f LIT* Wange *f*
gotta ['gotta] *f MED* Gicht *f*
governante [gover'nante] *f* Erzieherin *f*
governare [gover'naːre] *v 1. (fig)* verwalten; *2. (guidare)* steuern, lenken; *3. POL* regieren
governo [go'vɛrno] *m 1. POL* Regierung *f; ~ di coalizione POL* Koalitionsregierung *f; 2. (della casa)* Haushalt *m*
gozzovigliare [gottsovi'ʎaːre] *v* prassen
gracidare [gratʃi'daːre] *v* quaken
gracile ['graːtʃile] *adj* schmächtig, zart, zierlich
gradatamente [gradata'mente] *adv* nach und nach, schrittweise
gradevole [gra'deːvole] *adj* angenehm, gefällig
gradino [gra'diːno] *m 1.* Treppenstufe *f; 2. (pianerottolo)* Treppenabsatz *m*
grado ['graːdo] *m 1.* Stufe *f; di alto ~* hochgradig; *~ di servizio* Dienstgrad *m; 2. (di misura)* Grad *m; ~ centigrado PHYS* Celsiusgrad *m; dieci gradi sotto zero* minus zehn Grad; *~ di latitudine GEO* Breitengrad *m*
graduale [gradu'aːle] *adj 1.* allmählich; *2. (passo dopo passo)* schrittweise, stufenweise
graduare [gradu'aːre] *v* abstufen, staffeln
graduatamente [graduata'mente] *adv* abgestuft
graduatoria [gradua'tɔːria] *f 1.* Rangfolge *f,* Rangordnung *f; 2. (elenco)* Rangliste *f*

graduazione [graduatsi'oːne] *f 1.* Abstufung *f,* Staffelung *f; 2. (divisione in gradi)* Graduierung *f*
graffa ['graffa] *f* Klammer *f*
graffiare [graffi'aːre] *v* kratzen, ritzen
graffiatura [graffia'tuːra] *f* Schramme *f,* Kratzwunde *f*
graffiti [graf'fiːti] *m/pl* Graffiti *pl*
grafia [gra'fiːa] *f* Schrift *f*
grafica ['graːfika] *f* Grafik *f*
grafico ['graːfiko] *adj 1.* grafisch; *m 2.* Grafiker *m*
grafite [gra'fiːte] *f* Graphit *m*
gramigna [gra'miːɲa] *f BOT* Unkraut *n*
grammatica [gram'maːtika] *f* Grammatik *f*
grammaticale [grammati'kaːle] *adj* grammatisch, grammatikalisch
grammo ['grammo] *m* Gramm *n*
gran *(vedi „grande")*
Gran Bretagna [gran bre'taːɲa] *f GEO* Großbritannien *n*
granaio [gra'naːio] *m* Kornkammer *f*
granchio ['graŋkio] *m 1. ZOOL* Krebs *m; 2. (fig)* Fehler *m,* Irrtum *m*
grande ['grande] *adj 1.* groß, großartig; *un gran baccano* ein großer Lärm *m; 2. (area)* großflächig; *3. (fig: potente)* mächtig; *4. (ampio)* weit gehend
grandezza [gran'dettsa] *f* Größe *f*
grandinare [grandi'naːre] *v* hageln
grandine ['grandine] *f* Hagel *m*
grandioso [grandi'oːso] *adj* großartig, grandios
granello [gra'nɛllo] *m* Korn *n,* Körnchen *n*
grano ['graːno] *m 1.* Korn *n; a grani* körnig; *2. BOT* Weizen *m*
granturco [gran'turko] *m BOT* Mais *m*
grappa ['grappa] *f GAST* Grappa *m,* Schnaps *m*
grappino [grap'piːno] *m* Schnäpschen *n*
grappolo ['grappolo] *m 1.* Traube *f; 2. BOT* Weintraube *f*
grasso ['grasso] *adj 1. (persona)* dick, fett; *m 2.* Fett *n; povero di grassi* fettarm; *~ vegetale* Pflanzenfett *n*
grassoccio [gras'sɔttʃo] *adj* dicklich, pummelig
grata ['graːta] *f* Gitter *n,* Gitterfenster *n*
graticola [gra'tiːkola] *f* Bratrost *m*
gratifica [gra'tiːfika] *f* Gratifikation *f,* Sonderzulage *f*
gratis ['graːtis] *adj 1.* gratis, kostenlos; *adv 2.* umsonst

gratitudine [grati'tuːdine] *f* Dankbarkeit *f*

grato ['graːto] *adj* dankbar, erkenntlich

grattacapo [gratta'kaːpo] *f (preoccupazione)* Sorge *f,* Kummer *m*

grattacielo [gratta'tʃɛːlo] *m* Hochhaus *n,* Wolkenkratzer *m*

grattare [grat'taːre] *v* kratzen

grattugia [grat'tuːdʒa] *f* Reibe *f,* Reibeisen *n*

grattugiare [grattu'dʒaːre] *v* reiben

gratuito [gra'tuːito] *adj 1.* gratis, kostenlos; *2. (privo di fondamento)* grundlos

gravabile [gra'vaːbile] *adj* besteuerbar

gravame [gra'vaːme] *m* FIN Belastung *f*

gravare [gra'vaːre] *v 1.* belasten; *2. (immobile)* FIN belasten

grave ['graːve] *adj* schwer, schwer wiegend

gravemente [grave'mente] *adv* schwer, ernstlich

gravidanza [gravi'dantsa] *f* Schwangerschaft *f*

gravido ['graːvido] *adj* ZOOL trächtig

gravità [gravi'ta] *f 1.* Ernst *m,* Schwere *f; 2. (di pericolo)* Gefährlichkeit *f; 3.* PHYS Schwerkraft *f*

gravoso [gra'voːso] *adj* beschwerlich

grazia ['graːtsia] *f 1.* Anmut *f,* Charme *m; 2.* JUR Begnadigung *f; 3.* REL Gnade *f*

graziare [gratsi'aːre] *v* JUR begnadigen

grazie ['graːtsie] *interj* danke; ~ *a dio* gottlob/Gott sei Dank/glücklicherweise; ~ *a* dank; *rendere* ~ Dank abstatten

grazioso [gratsi'oːso] *adj 1.* anmutig, graziös; *2. (figura)* zierlich

Grecia ['ʒrɛːtʃa] *f* GEO Griechenland *n*

greco ['grɛːko] *adj 1.* griechisch; *m 2.* Grieche *m*

gregge ['greddʒe] *m* Herde *f*

greggio ['greddʒo] *adj* roh

grembiule [grembi'uːle] *m* Schürze *f*

grembo ['grɛmbo] *m* Schoß *m*

gremirsi [gre'mirsi] *v* ~ *di* sich anfüllen mit

gremito [gre'miːto] *adj (spazio)* voll, gefüllt; ~ *di gente* voller Menschen

greppia ['greppia] *f* Futterkrippe *f*

grettezza [gret'tettsa] *f* Engherzigkeit *f*

gretto ['gretto] *adj* engherzig, kleinlich

greve ['grɛːvo] *adj* schwer

grezzo ['greddzo] *adj 1. (non elaborato)* roh; *2. (grossolano)* derb; *3. (ruvido)* grob; *adv 4.* roh

grida ['griːda] *f/pl* Geschrei *n*

gridare [gri'daːre] *v* schreien, zurufen; ~ *aiuto* um Hilfe rufen; ~ *a squarciagola* aus vollem Halse schreien

grido ['griːdo] *m* Schrei *m,* Ausruf *m*

grigio ['griːdʒo] *adj* grau; *dai capelli grigi* grauhaarig

griglia ['griːʎa] *f* Rost *m*

grigliare [gri'ʎaːre] *v* grillen

grill [gril] *m* Grill *m*

grilletto [gril'letto] *m* Abzug *m*

grinta ['grinta] *f 1.* böses Gesicht *n,* düstere Miene *f; 2.* SPORT Entschlossenheit *f,* Mut *m*

grinza ['grintsa] *f* Falte *f,* Runzel *f*

grinzoso [grin'tsoːso] *adj* faltig, runzelig

grondaia [gron'daːia] *f* Dachrinne *f,* Regenrinne *f*

grondare [gron'daːre] *v* triefen

groppo ['groppo] *m* Knoten *m*

grossista [gros'sista] *m/f* ECO Großhändler(in) *m/f*

grosso ['grɔsso] *adj 1.* groß, umfangreich; *2. (oggetto, persona)* dick, fett; *3. (spessore)* dick; *4. (importante)* wichtig, groß

grossolano [grosso'laːno] *adj 1.* grob, derb; *2. (ruvido)* rau

grotta ['grɔtta] *f* Grotte *f,* Höhle *f*

grottesco [grot'tesko] *adj* grotesk, verzerrt

groviglio [gro'viːʎo] *m 1.* Gewirr *n,* Durcheinander *n; 2. (fig: di persone)* Knäuel *n; 3. (fig)* Verwicklung *f*

gru [gru] *f 1.* Kran *m; 2.* ZOOL Kranich *m*

gruccia ['gruttʃa] *f* Kleiderbügel *m*

grugno ['gruːɲo] *m* ZOOL Rüssel *m*

grumo ['gruːmo] *m* Gerinsel *n,* Klümpchen *n; ~ di sangue* Blutgerinsel *m*

gruppo ['gruppo] *m 1.* Gruppe *f; ~ sanguigno* Blutgruppe *f; 2.* ECO Konzern *m*

guadagnare [guada'ɲaːre] *v 1. (denaro)* verdienen, einnehmen; *2. (fig)* profitieren

guadagno [gua'daːɲo] *m 1.* Einkommen *n; 2. (profitto)* Verdienst *m,* Einnahme *f; 3. (lavoro)* Erwerb *m; 4.* ECO Gewinn *m; ~ netto* Nettogewinn *m; ~ lordo* Bruttogewinn *m*

guadare [gua'daːre] *v* durchwaten

guai [gu'ai] *interj* wehe

guaina [gua'iːna] *f 1.* Überzug *m,* Hülle *f; 2. (di spada, di coltello)* Messerscheide *f; 3. (reggicalze, busto)* Hüfthalter *m*

guaio [gu'aːio] *m 1. (fig)* Unglück *n,* Unheil *n; sequela di guai* Pechsträhne *f; 2. (disgra-*

zia) Unglück *n,* Unheil *n; Sono nei guai!* Ich bin in der Klemme!

guaire [gua'iːre] *v* jaulen, winseln

guancia [gu'antʃa] *f* 1. Backe *f;* 2. ANAT Wange *f*

guanciale [guan'tʃaːle] *m* Kopfkissen *n*

guanto [gu'anto] *m* Handschuh *m; guanti a manopola* Fäustlinge *pl*

guantone [guan'toːne] *m* 1. SPORT Boxhandschuh *m;* 2. *(da scherma)* Fechthandschuh *m*

guardaboschi [guarda'bɔski] *m* Förster *m*

guardare [guar'daːre] *v* 1. schauen, blicken; ~ *dall'alto in basso* herabsehen; ~ *fisso* starren; 2. *(sorvegliare)* hüten

guardaroba [guarda'rɔːba] *f* Garderobe *f*

guardarsi [guar'darsi] *v* 1. sich betrachten; 2. ~ *da* sich hüten vor, sich schützen vor; 3. ~ *intorno* sich umsehen

guardasigilli [guardasi'dʒilli] *m* JUR Justizminister *m*

guardavia [guarda'viːa] *m* Leitplanke *f*

guardia [gu'ardia] *f* Wache *f,* Wachmann *m; fare la ~ a qd* jdn bewachen; *la vecchia ~* die alte Garde *f;* ~ *forestale* Förster *m;* ~ *del corpo* Leibwächter *m;* ~ *di finanza* Steuerpolizei *f;* ~ *medica* Notarzt *m,* ärztlicher Bereitschaftsdienst *m;* ~ *notturna* Nachtwächter *m*

guardiano [guardi'aːno] *m* Wärter *m,* Aufseher *m*

guaribile [gua'riːbile] *adj* heilbar

guarigione [guari'dʒoːne] *f* Genesung *f; Pronta ~!* Gute Besserung!

guarire [gua'riːre] *v* 1. heilen, kurieren; 2. MED verheilen

guaritore [guari'toːre] *m* Heilpraktiker *m*

guarnire [guar'niːre] *v* garnieren

guarnizione [guarnitsi'oːne] *f* 1. TECH Dichtung *f;* 2. ~ *del freno* TECH Bremsbelag *m;* 3. GAST Garnierung *f*

guastafeste [guasta'fɛste] *m* Spielverderber *m*

guastare [guas'taːre] *v* ramponieren, beschädigen

guastarsi [guas'tarsi] *v* 1. verderben, kaputtgehen; 2. *(marcire)* faul werden, verfaulen; 3. *(andare a male)* schlecht werden; *Il tempo si è guastato.* Das Wetter ist schlechter geworden.

guasto [gu'asto] *adj* 1. verdorben; 2. *(fam)* defekt, kaputt; *m* 3. Panne *f;* 4. *(danno)* Schaden *m,* Defekt *m*

guerra [gu'ɛrra] *f* Krieg *m;* ~ *atomica* Atomkrieg *m;* ~ *civile* Bürgerkrieg *m;* ~ *mondiale* HIST Weltkrieg *m*

guerrafondaio [guerrafon'daːio] *m* Kriegshetzer *m*

guerresco [guer'resko] *adj* kriegerisch

guerriero [guerri'ɛːro] *adj* 1. kriegerisch; *m* 2. Krieger *m*

guerriglia [guer'riːʎa] *f* Kleinkrieg *m*

gufo ['guːfo] *m* ZOOL Eule *f*

guida [gu'iːda] *f* 1. *(libro)* Reiseführer *m,* Leitfaden *m;* 2. *(persona)* Reiseführer(in) *m/f;* ~ *turistica* Fremdenführer(in) *m/f;* 3. *(visita)* Führung *f;* 4. *(sostegno)* Anhaltspunkt *m;* 5. TECH Steuerung *f;* 6. *scuola ~* Fahrschule *f*

guidare [gui'daːre] *v* *(auto)* fahren, lenken; *in grado di ~* fahrtüchtig

guidatore [guida'toːre] *m* Fahrer *m,* Chauffeur *m*

guinzaglio [guin'tsaːʎo] *m* Hundeleine *f*

guizzare [guit'tsaːre] *v* flackern, huschen

guscio ['guːʃo] *m* 1. Schale *f;* 2. *(di una chiocciola)* ZOOL Schneckenhaus *n*

gustare [gus'taːre] *v* genießen, kosten

gusto ['gusto] *m* 1. Geschmack *m; di buon ~* geschmackvoll; *questione di gusti* Geschmacksache *f;* 2. *(senso)* Geschmackssinn *m;* 3. *(piacere)* Vergnügen *n,* Freude *f;* 4. *(appetito)* Appetit *m*

gustosamente [gustosa'mente] *adv* mit Lust

gustoso [gus'toːso] *adj* schmackhaft, wohlschmeckend

habitué [abi'tue] *m* Stammgast *m*

hacker [hæker] *m* INFORM Hacker *m*

handicap ['hændɪkap] *m* Handikap *n*

handicappato [hændikap'paːto] *adj* 1. behindert, zurückgeblieben; *m* 2. Behinderter *m,* Zurückgebliebener *m*

hangar [ugaːr] *m* Flugzeughalle *f*

hardware ['aːrdwer] *m* INFORM Hardware *f*

hashish [a'ʃiːʃ] *m* Haschisch *n*

hertz ['ærts] *m* PHYS Hertz *n*

hinterland ['intərlant] *m* Hinterland *n*

hobby ['ɔbɪ] *m* 1. Liebhaberei *f,* Hobby *n;* 2. *(fig)* Steckenpferd *n*

hockey ['ɔkei] *m* Hockey *n;* ~ *su ghiaccio* SPORT Eishockey *n*

hostess ['ostes] *f* Stewardess *f*

hotel [ɔ'tɛl] *m* Hotel *n*

humus ['uːmus] *m* Humus *m*

hurrà [ur'ra] *interj* hurra

I/J/K

iattanza [iat'tantsa] *f* Prahlerei *f*
iattura [iat'tuːra] *f* Unglück *n*
ibrido ['iːbrido] *adj 1. BOT* gekreuzt; *2. (ermafrodito)* zwitterhaft
iceberg ['aisbɔːg] *m GEOL* Eisberg *m*
Iddio [id'diːo] *m REL* Gott *m*
idea [i'dɛːa] *f 1.* Idee *f,* Einfall *m; far cambiare ~ a qd* jdn umstimmen; *ricco di idee* einfallsreich; *povero di idee* fantasielos; *2. (pensiero)* Vorstellung *f,* Gedanke *m; dare un'~ di qc a qd* jdm von etw einen Eindruck geben; *3. (opinione)* Meinung *f*
ideale [ide'aːle] *adj 1.* ideal, ideell; *2. (esemplare)* vorbildlich, musterhaft; *m 3.* Ideal *n,* Wunschbild *n*
idealismo [idea'lizmo] *m* Idealismus *m*
idealistico [idea'listiko] *adj* idealistisch
idealmente [ideal'mente] *adj* geistig, idealerweise
ideare [ide'aːre] *v* aushecken, ersinnen
ideatore [idea'toːre] *m* Schöpfer *m,* Erfinder *m*
idem ['iːdem] *adv* genauso, ebenso
identico [i'dɛntiko] *adj* identisch, völlig gleich
identificare [identifi'kaːre] *v* identifizieren
identificarsi [identifi'karsi] *v ~ con qc* sich mit etw identifizieren
identificazione [identifikatsi'oːne] *f* Identifikation *f*
identikit [i'dɛntikit] *m* Phantombild *n*
identità [identi'ta] *f 1.* Identität *f; carta d'~* Personalausweis *m; crisi d'~* Identitätkrise *f; 2. (uguaglianza)* Gleichheit *f; 3. (congruenza)* Übereinstimmung *f*
ideologia [ideolo'dʒiːa] *f* Ideologie *f*
ideologico [ideo'lɔːdʒiko] *adj* ideologisch
idillico [i'dilliko] *adj* idyllisch
idillio [i'dillio] *m* Idyll *n*
idioma [idi'ɔːma] *m 1.* Sprache *f; 2. (livello linguistico) LING* Sprachschicht *f; 3. (modo di parlare)* Sprechweise *f*
idiota [idi'ɔːta] *adj 1.* idiotisch; *m 2.* Idiot *m*
idiozia [idio'tsiːa] *f* Blödheit *f,* Dummheit *f*
idolatrare [idolo'traːre] *v* vergöttern
idolatria [idolo'triːa] *f* Götzendienst *m*

idolatrico [ido'laːtriko] *adj REL* abgöttisch
idolo ['iːdolo] *m 1.* Idol *n,* Götze *m; 2. REL* Abgott *m*
idoneità [idonei'ta] *f 1.* Fähigkeit *f,* Können *n; 2. (attitudine)* Tauglichkeit *f,* Eignung *f*
idoneo [i'dɔːneo] *adj* tauglich, fähig; *~ all'insegnamento* lehrbefähigt; *~ al servizio militare* wehrdiensttauglich
idrante [i'drante] *m* Hydrant *m*
idraulica [i'draːulika] *f PHYS* Hydraulik *f*
idraulico [i'draːuliko] *adj 1. PHYS* hydraulisch; *m 2.* Klempner *m*
idrocarburo [idrokar'buːro] *m CHEM* Kohlenwasserstoff *m*
idrocoltura [idrokol'tuːra] *f BOT* Hydrokultur *f*
idrofobia [idrofo'biːa] *f MED* Tollwut *f*
idrogeno [i'drɔːdʒeno] *m CHEM* Wasserstoff *m; ~ solforato* Schwefelwasserstoff *m*
idromassaggio [idromas'saddʒo] *m MED* Unterwassermassage *f*
idrovolante [idrovo'lante] *m* Wasserflugzeug *n*
iella [i'ɛlla] *f* Unglück *n; Porta ~!* Das bringt Unglück!
ieri [i'ɛːri] *adv* gestern; *l'altro ~* vorgestern; *~ sera* gestern Abend; *~ mattina* gestern früh
igiene [i'dʒɛːne] *f* Hygiene *f; ufficio d'~* Gesundheitsamt *n; ~ del corpo* Körperpflege *f*
igienico [i'dʒɛːniko] *adj* hygienisch, gesundheitlich; *carta igienica* Toilettenpapier *n,* Klopapier *n*
ignaro [i'ɲaːro] *adj* ahnungslos
ignobile [i'ɲɔːbile] *adj* hinterhältig, gemein
ignominia [iɲo'miːnia] *f* Schande *f,* Blamage *f*
ignominioso [iɲomini'oːso] *adj* schändlich
ignorante [iɲo'rante] *adj* unwissend
ignoranza [iɲo'rantsa] *f* Unkenntnis *f,* Unwissenheit *f*
ignorare [iɲo'raːre] *v 1.* nicht kennen; *2. (fig)* nicht beachten
ignoto [i'ɲɔːto] *adj* unbekannt
il [il] *art* der
ila ['iːla] *f ZOOL* Laubfrosch *m*

ilare [i'laːre] *adj* heiter, lustig
ilarità [ilari'ta] *f* Heiterkeit *f*
illecito [il'leːtʃito] *m 1.* Unzulässigkeit *f; adj 2.* widerrechtlich
illegale [ille'gaːle] *adj 1.* gesetzwidrig, illegal; *2. JUR* rechtswidrig
illeggibile [illed'dʒiːbile] *adj* unleserlich
illegittimo [ille'dʒittimo] *adj 1.* unrechtmäßig; *2. (non legale, ingiusto)* illegitim; *3. (figlio)* unehelich
illeso [il'leːzo] *adj* unversehrt
illibato [illi'baːto] *adj* rein, unbescholten
illimitato [illimi'taːto] *adj* unbegrenzt
illogico [il'lɔːdʒiko] *adj* unlogisch
illudere [il'luːdere] *v irr* täuschen, betrügen
illudersi [il'luːdersi] *v irr* sich täuschen
illuminare [illumi'naːre] *v* leuchten, erleuchten
illuminarsi [illumi'narsi] *v* aufleuchten, hell werden
illuminazione [illuminatsi'oːne] *f* Beleuchtung *f,* Erleuchtung *f; ~ stradale* Straßenbeleuchtung *f*
illuminismo [illumi'nizmo] *m HIST* Aufklärung *f*
illuminista [illumi'nista] *adj 1.* aufklärerisch; *m 2.* Aufklärer *m*
illusione [illuzi'oːne] *f* Illusion *f,* Selbstbetrug *m*
illuso [il'luːzo] *adj* getäuscht
illusorio [illu'zɔːrio] *adj* illusorisch, trügerisch
illustrare [illus'traːre] *v* illustrieren, veranschaulichen
illustrativo [illustra'tiːvo] *adj* beispielhaft, verdeutlichend
illustrazione [illustratsi'oːne] *f* Abbildung *f,* Illustration *f*
illustre [il'lustre] *adj* glorreich, glanzvoll
imbacuccarsi [imbakuk'karsi] *v* sich vermummen, sich verhüllen
imbaldanzirsi [imbaldan'tsirsi] *v* übermütig werden
imballaggio [imbal'laddʒo] *m* Verpackung *f; ~ a perdere* Einwegverpackung *f*
imballare [imbal'laːre] *v* abpacken, verpacken
imballarsi [imbal'larsi] *v (motore) TECH* durchgehen
imballo [im'ballo] *m* Umhüllung *f,* Verpackung *f*
imbambolarsi [imbambo'larsi] *v* in die Leere gucken, geistig abwesend sein

imbambolato [imbambo'laːto] *adj* schlaftrunken, verträumt
imbandierare [imbandie'raːre] *v* beflaggen
imbandire [imban'diːre] *v* den Tisch decken
imbarazzante [imbarat'tsante] *adj* peinlich; *Per me è ~.* Das ist mir peinlich.
imbarazzato [imbarat'tsaːto] *adj 1.* verlegen; *2. (fig)* betreten
imbarazzo [imba'rattso] *m 1.* Verlegenheit *f; 2. (disturbo)* Störung *f,* Hindernis *n*
imbarcare [imbar'kaːre] *v* verschiffen
imbarcarsi [imbar'karsi] *v 1.* sich einschiffen; *2. (fig)* sich einlassen
imbarcazione [imbarkatsi'oːne] *f* Boot *n; ~ a remi* Ruderboot *n*
imbarco [im'barko] *m* Verschiffung *f,* Einschiffen *n*
imbastitura [imbasti'tuːra] *f 1.* Heftnaht *f; 2. (fig)* Skizzierung *f*
imbattersi [im'battersi] *v* treffen auf, begegnen; *~ in qd* jdn treffen
imbattibile [imbat'tiːbile] *adj* unschlagbar, unbesiegbar
imbeccata [imbek'kaːta] *f 1.* Futter *n; 2. (fig)* Vorsagen *n*
imbecille [imbe'tʃille] *m (fam)* Dummkopf *m*
imbestialirsi [imbestia'lirsi] *v* erzürnen, wütend werden
imbevere [im'beːvere] *v 1.* saugen; *2. (impregnare)* durchweichen
imbeversi [im'beːversi] *v 1.* sich voll saugen; *2. (fig)* sich aneignen
imbevibile [imbe'viːbile] *adj (acqua)* nicht trinkbar, ungenießbar
imbiancare [imbiaŋ'kaːre] *v* erbleichen, erblassen
imbiancarsi [imbiaŋ'karsi] *v* blass werden
imbiancatore [imbiaŋka'toːre] *m* Bleichmittel *n*
imbianchino [imbiaŋ'kiːno] *m* Maler *m,* Anstreicher *m*
imboccare [imbok'kaːre] *v* füttern
imboccatura [imbokka'tuːra] *f 1. MUS* Mundstück *n; 2. GEO* Mündung *f; 3. NAUT* Hafeneinfahrt *f*
imborghesire [imborge'ziːre] *v* verbürgerlichen
imborghesirsi [imborge'zirsi] *v* sich verbürgerlichen
imbottire [imbot'tiːre] *v 1. (pane)* belegen; *2. (indumenti, mobili)* polstern

imbottitura [imbotti'tuːra] *f* Polsterung *f*
imbrattamento [imbratta'mento] *m* Beschmutzung *f,* Beschmierung *f*
imbrattare [imbrat'taːre] *v* beschmutzen, dreckig machen
imbrigliamento [imbriʎa'mento] *m (di cavalli)* Aufzäumen *n*
imbrigliare [imbri'ʎaːre] *v 1. (cavalli)* zäumen; *2. (terreno)* befestigen; *3. (acqua)* eindämmen
imbroccare [imbrok'kaːre] *v* herausfinden, erraten
imbrogliare [imbro'ʎaːre] *v* betrügen, hereinlegen
imbrogliarsi [imbro'ʎarsi] *v* durcheinander kommen
imbrogliato [imbro'ʎaːto] *adj* verzwickt, verwickelt
imbroglio [im'brɔːʎo] *m* Betrug *m,* Schwindel *m*
imbroglione [imbro'ʎoːne] *adj 1.* betrügerisch; *m 2.* Betrüger *m,* Gauner *m*
imbronciarsi [imbron'tʃarsi] *v* ärgerlich werden, schlechte Laune bekommen
imbrunire [imbru'niːre] *v irr* dunkel werden, verdunkeln
imbucare [imbu'kaːre] *v* einwerfen
imburrare [imbur'raːre] *v* mit Butter bestreichen
imbuto [im'buːto] *m* Trichter *m*
imitare [imi'taːre] *v* nachahmen, imitieren
imitazione [imitatsi'oːne] *f* Imitation *f,* Nachahmung *f*
immagazzinare [immagaddzi'naːre] *v 1.* einlagern; *2. INFORM* speichern
immaginabile [immadʒi'naːbile] *adj* erdenklich
immaginare [immadʒi'naːre] *v* vorstellen
immaginario [immadʒi'naːrio] *adj 1.* eingebildet; *2. (fittizio)* imaginär, erfunden
immaginarsi [immadʒi'narsi] *v* sich einbilden, sich vorstellen
immaginazione [immadʒinatsi'oːne] *f* Einbildung *f,* Einbildungskraft *f*
immagine [im'maːdʒine] *f 1.* Ebenbild *n,* Bild *n;* ~ *riflessa* Spiegelbild *n; 2. CINE* Bild *n*
immancabile [imman'kaːbile] *adj* unweigerlich, unvermeidlich
immangiabile [imman'dʒaːbile] *adj* ungenießbar; *Il cibo è ~.* Das Essen ist ungenießbar.
immatricolare [immatriko'laːre] *v (auto)* zulassen

immatricolarsi [immatriko'larsi] *v* sich einschreiben, sich immatrikulieren
immatricolazione [immatrikolatsi'oːne] *f 1. (all'università)* Einschreibung *f; 2. (di una macchina)* Zulassung *f*
immaturità [immaturi'ta] *f* Unreife *f*
immaturo [imma'tuːro] *adj* unreif
immedesimarsi [immedezi'marsi] *v* sich hineinversetzen, sich einfühlen
immedesimato [immedezi'maːto] *adj* einfühlsam
immediatamente [immediata'mente] *adv* unmittelbar, sofort
immediato [immedi'aːto] *adj 1.* unmittelbar, prompt; *2. (diretto)* direkt
immensamente [immensa'mente] *adv* unendlich, maßlos
immensità [immensi'ta] *f 1.* Unermesslichkeit *f; 2. (moltitudine)* Menge *f,* Unmenge *f*
immenso [im'mɛnso] *adj* immens, außerordentlich
immergere [im'mɛrdʒere] *v irr* tauchen, eintauchen
immergersi [im'mɛrdʒersi] *v irr 1.* untertauchen, tauchen; *2. (fig)* sich vertiefen; *3. ~ nei pensieri* in Gedanken versinken
immersione [immersi'oːne] *f 1.* Eintauchen *n; 2. NAUT* Untertauchen *n*
immerso [im'mɛrso] *adj 1.* eingetaucht; *2. (fig)* versunken, versenkt
immettere [im'mettere] *v irr 1.* einführen, einlassen; *2. (dati) INFORM* eingeben
immigrante [immi'grante] *m/f* Einwanderer/Einwanderin *m/f*
immigrare [immi'graːre] *v* einwandern
immigrazione [immigratsi'oːne] *f* Einwanderung *f*
imminente [immi'nɛnte] *adj* bevorstehend, drohend
immischiarsi [immiski'arsi] *v* sich einmischen
immissione [immissi'oːne] *f 1.* Immission *f,* Einströmen *n; 2. (di dati) INFORM* Eingabe *f*
immobile [im'mɔːbile] *adj 1.* bewegungslos, regungslos; *m 2.* Immobilie *f,* Liegenschaft *f*
immobilizzare [immobilid'dzaːre] *v* unbeweglich machen
immodestia [immo'dɛstia] *f* Unbescheidenheit *f*
immodesto [immo'dɛsto] *adj* unbescheiden

immondezzaio [immondet'tsaːio] *m*
1. Müllabladeplatz *m*, Müllhaufen *m;* 2. *(fig)*
Schweinestall *m*
immondizia [immondi'tsiːa] *f* Unrat *m;*
ritiro delle immondizie Müllabfuhr *f*
immorale [immo'raːle] *adj* unmoralisch,
unsittlich
immoralità [immorali'ta] *f* 1. Unmoral *f;*
2. *(indecenza)* Unanständigkeit *f,* Unsittlich-
keit *f*
immortalare [immorta'laːre] *v* verewigen
immortale [immor'taːle] *adj* unsterblich
immortalità [immortali'ta] *f* Unsterblichkeit *f*
immune [im'muːne] *adj* 1. *MED* immun;
2. *(fig)* immun, gefeit
immunità [immuni'ta] *f* 1. *MED* Immunität *f;* 2. *JUR* Immunität *f*
immutabile [immu'taːbile] *adj* unveränderlich, unabänderlich
impacchettare [impakket'taːre] *v* verpacken, einpacken
impacciato [impat'tʃaːto] *adj* 1. befangen, verlegen; 2. *(maldestro)* linkisch, unbeholfen; 3. *(impedito)* gehindert, tollpatschig
impaccio [im'pattʃo] *m* 1. Hindernis *n;*
2. *(imbarazzo)* Verlegenheit *f;* 3. *(fig)* Verlegenheit *f*
impacco [im'pakko] *m* 1. *MED* Packung *f;*
2. *(applicazione di compresse umide) MED*
Umschlag *m*
impadronirsi [impadro'nirsi] *v* sich
bemächtigen, sich aneignen
impaginatura [impadʒina'tuːra] *f (in editoria)* Seitenumbruch *m*
impalato [impa'laːto] *adj* 1. gepfählt;
2. *stare ~* stocksteif dastehen
impalcatura [impalka'tuːra] *f* Gerüst *n*
impallidire [impalli'diːre] *v* bleichen, verblassen
impanare [impa'naːre] *v GAST* panieren
impantanarsi [impanta'narsi] *v* 1. im
Sumpf stecken bleiben; 2. *(fig)* hineingeraten
impaperarsi [impape'rarsi] *v* sich versprechen, sich verhaspeln
imparare [impa'raːre] *v* lernen, erlernen; *~
a memoria* auswendig lernen
impareggiabile [impared'dʒaːbile] *adj*
unvergleichbar, einmalig
imparentato [imparen'taːto] *adj* verschwägert, verwandt
impari ['impari] *adj* 1. ungleich, ungerade;
2. *(inadeguato)* nicht gewachsen, inadäquat
impartire [impar'tiːre] *v* erteilen, zuteilen

imparziale [impartsi'aːle] *adj* unparteiisch
impassibile [impas'siːbile] *adj* 1. gleichgültig; 2. *(insensibile)* gefühllos
impastare [impas'taːre] *v* kneten
impasto [im'pasto] *adj* 1. *LIT* nüchtern; *m*
2. Gemisch *n*, Mischung *f*
impaurito [impau'riːto] *adj* verängstigt
impavido [im'paːvido] *adj* unerschrocken
impaziente [impatsi'ɛnte] *adj* 1. ungeduldig; 2. *(fig)* kribbelig
impazienza [impatsi'ɛntsa] *f* Ungeduld *f*
impazzire [impat'tsiːre] *v (fig)* durchdrehen, verrückt werden
impeccabile [impek'kaːbile] *adj* einwandfrei, tadellos
impedimento [impedi'mento] *m* Hindernis *n,* Verhinderung *f*
impedire [impe'diːre] *v* 1. verhindern,
abhalten; 2. *(fig)* unterbinden; 3. *~ a* hindern;
~ di abhalten von, hindern an
impedito [impe'diːto] *adj* behindert
impegnare [impe'ɲaːre] *v* 1. verpflichten;
2. *(un orologio)* verpfänden, versetzen
impegnarsi [impe'ɲarsi] *v* sich engagieren, zusagen
impegnativo [impeɲa'tiːvo] *adj* bindend,
verpflichtend
impegno [im'peːɲo] *m* 1. *(sforzo)* Anspannung *f;* 2. *(impiego)* Einsatz *m,* Engagement *n;* 3. *(obbligo)* Verbindlichkeit *f;* 4.
(zelo) Fleiß *m*
impegolarsi [impego'larsi] *v* sich einlassen; *senza ~* unverbindlich
impellente [impel'lɛnte] *adj* dringlich,
zwingend
impenetrabile [impene'traːbile] *adj*
1. undurchdringlich; 2. *(fig)* undurchsichtig
impenitente [impeni'tɛnte] *adj* unverbesserlich, verstockt
impennaggio [impen'naddʒo] *m TECH*
Leitwerk *n*
impennata [impen'naːta] *f* 1. *(a cavallo)*
Sichaufbäumen *n;* 2. *(fig)* Aufbrausen *n*
impensabile [impen'saːbile] *adj* undenkbar, unmöglich
impensierire [impensie'riːre] *v* nachdenklich machen, zu denken geben
imperativo [impera'tiːvo] *adj* 1. befeh-
lend, herrisch; *m* 2. *GRAMM* Imperativ *m*
imperatore [impera'toːre] *m* Kaiser *m,*
Imperator *m*
impercettibile [impertʃet'tiːbile] *adj*
unmerklich, kaum merklich

imperdonabile [imperdo'naːbile] *adj* unverzeihlich
imperfetto [imper'fɛtto] *adj 1.* unvollkommen, mangelhaft; *m 2. GRAMM* Imperfekt *m*
imperfezione [imperfetsi'oːne] *f* Unvollkommenheit *f*
imperiale [imperi'aːle] *adj* kaiserlich
imperialismo [imperia'lizmo] *m POL* Imperialismus *m*
imperioso [imperi'oːso] *adj* gebieterisch
impermeabile [imperme'aːbile] *adj 1.* undurchlässig; *m 2.* Regenmantel *m*
imperniare [imperni'aːre] *v 1.* befestigen; *2. TECH* verbolzen
impero [im'pɛːro] *m 1.* Imperium *n; 2. HIST* Kaiserreich *n*, Reich *n*
impersonale [imperso'naːle] *adj* unpersönlich
impersonare [imperso'naːre] *v 1.* verkörpern, symbolisieren; *2. THEAT* darstellen
imperterrito [imper'tɛrrito] *adj 1.* unerschrocken; *2. (imperturbabile)* unerschütterlich
impertinente [imperti'nɛnte] *adj* frech, unverschämt
impertinenza [imperti'nɛntsa] *f* Frechheit *f*
imperturbabile [impertur'baːbile] *adj* seelenruhig, gelassen
imperversare [imperver'saːre] *v 1.* wüten, toben; *2. (di malattie, di fuoco)* um sich greifen, grassieren
impeto ['impeto] *m 1.* Wucht *f; 2.* ~ *di collera* Wutausbruch *m*
impetuoso [impetu'oːso] *adj 1.* ungestüm, vehement; *2. (fig)* stürmisch; *persona impetuosa* Draufgänger *m*
impiantare [impian'taːre] *v 1. (giardino)* anlegen; *2. (un conto) FIN* eröffnen; *3. (denaro)* anlegen
impianto [impi'anto] *m TECH* Anlage *f;* ~ *di depurazione* Reinigungsanlage *f;* ~ *elettronucleare* Atomkraftwerk *n;* ~ *trasportatore* Förderanlage *f;* ~ *di rigenerazione* Wiederaufbereitungsanlage *f;* ~ *sportivo SPORT* Sportanlage *f*
impiccarsi [impik'karsi] *v* sich aufhängen
impicciarsi [impik'karsi] *v* sich einmischen, dazwischentreten
impiccio [im'pittʃo] *m* Hindernis *n*
impiegare [impie'gaːre] *v 1.* anstellen, beschäftigen; *2.* ~ *qc* etw benutzen, etw verwenden

impiegarsi [impie'garsi] *v* eine Arbeitsstelle übernehmen, zu arbeiten anfangen
impiegato [impie'gaːto] *adj 1.* angestellt; *m 2.* Angestellter *m;* ~ *di banca* Bankangestellter *m,* Bankkaufmann *m;* ~ *fisso* Festangestellter *m; 3. (funzionario pubblico)* Beamter *m;* ~ *delle imposte* Finanzbeamter *m;* ~ *statale* Staatsbeamter *m*
impiego [impi'ɛːgo] *m 1.* Gebrauch *m,* Verwendung *f; 2. (mobilitazione)* Aufbietung *f,* Einsatz *m; 3. (impegno)* Einsatz *m,* Engagement *n; 4. (lavoro)* Stelle *f,* Stellung *f*
impietosirsi [impieto'sirsi] *v* sich erbarmen
impietoso [impie'toːso] *adj LIT* mitleidslos
impietrirsi [impie'trirsi] *v* sich versteinern
impietrito [impie'triːto] *adj (fig)* versteinert
impigliarsi [impi'ʎarsi] *v (fig)* sich verstricken
impigrirsi [impi'grirsi] *v* träge werden
impilare [impi'laːre] *v* übereinander legen, stapeln
impilatore [impila'toːre] *m TECH* Stapler *m*
impiombatura [impiomba'tuːra] *f MED* Zahnfüllung *f; Mi è cascata fuori l'~.* Mir ist eine Füllung herausgefallen.
implacabile [impla'kaːbile] *adj* unerbittlich
implicare [impli'kaːre] *v 1.* implizieren; *2. (coinvolgere)* verwickeln, hineinziehen
implicitamente [implitʃita'mente] *adv* stillschweigend, implizit
implorare [implo'raːre] *v* anflehen, erbitten
impollinare [impolli'naːre] *v BIO* bestäuben
impolverarsi [impolve'rarsi] *v* sich einstauben
imponente [impo'nɛnte] *adj 1.* eindrucksvoll, imposant; *2. (considerevole)* stattlich
imponibile [impo'niːbile] *adj 1.* durchsetzbar; *2. FIN* besteuerbar
imporre [im'porre] *v irr1.* aufdrängen, auferlegen; *2. (fig)* vorschreiben
imporsi [im'porsi] *v irr* sich durchsetzen, sich behaupten
importante [impor'tante] *adj* bedeutend, wichtig
importanza [impor'tantsa] *f 1.* Wichtigkeit *f,* Bedeutung *f; di secondaria* ~ nebensächlich; *2. (fig)* Gewicht *n,* Größe *f*

importare [impor'taːre] *v* importieren, einführen

importatore [importa'toːre] *m* Importeur *m*

importazione [importatsi'oːne] *f 1. ECO* Import *m;* Einfuhr *f;* 2. *(introduzione, lancio) ECO* Einführung *f*

importo [im'pɔrto] *m* Betrag *m*

importuno [impor'tuːno] *adj* 1. aufdringlich, zudringlich; *m* 2. *(fig)* Klette *f,* aufdringlicher Mensch *m*

imposizione [impositsi'oːne] *f* 1. Diktat *n,* Zwang *m;* 2. *(ordine)* Befehl *m*

impossessarsi [imposses'sarsi] *v* sich aneignen, sich bemächtigen

impossibile [impos'siːbile] *adj* unmöglich

impossibilità [impossibili'ta] *f* Unmöglichkeit *f*

imposta [im'pɔsta] *f ECO* Abgabe *f;* ~ *comunale* Gemeindesteuer *f;* ~ *generale sull'entrata* Umsatzsteuer *f;* ~ *fondiaria* Grundsteuer *f;* ~ *sull'industria* Gewerbesteuer *f;* ~ *sul reddito* Einkommensteuer *f;* ~ *di successione* Erbschaftsteuer *f;* ~ *sul valore aggiunto* Mehrwertsteuer *f;* *soggetto a* ~ abgabenpflichtig

impostare[1] [impos'taːre] *v* anlegen

impostare[2] [impos'taːre] *v* ~ *una lettera* einen Brief aufgeben

impostazione [impostatsi'oːne] *f* 1. *INFORM* Eingabe *f;* 2. *(di una lettera)* Einwerfen *n,* Aufgeben *n;* 3. *(di un tema, di una lettera)* Gliederung *f,* Aufbau *m*

impostore [impos'toːre] *m* Betrüger *m*

impotente [impo'tɛnte] *adj* 1. *MED* impotent; 2. *(debole, incapace)* machtlos, ohnmächtig

impotenza [impo'tɛntsa] *f* 1. *MED* Impotenz *f;* 2. *(debolezza)* Machtlosigkeit *f*

impoverimento [impoveri'mento] *m* Verarmung *f*

impraticabile [imprati'kaːbile] *adj* 1. unausführbar; 2. *(strada)* unbefahrbar, unzugänglich

impratichire [imprati'kiːre] *v irr* üben, einarbeiten

impratichirsi [imprati'kirsi] *v irr* erfahren werden, sich entwickeln

imprecare [impre'kaːre] *v* schimpfen, fluchen

imprecazione [imprekatsi'oːne] *f* 1. Verfluchung *f,* Verwünschung *f;* 2. *(ingiuria)* Schmähung *f*

imprecisato [imprekatsi'oːne] *adj* ungenau, unbestimmt

imprecisione [impretʃizi'oːne] *f* Ungenauigkeit *f*

impregnare [impre'ɲaːre] *v* imprägnieren, tränken

imprenditore [imprendi'toːre] *m* Unternehmer *m*

impreparato [imprepa'raːto] *adj* unvorbereitet

impresa [im'preːsa] *f* 1. *ECO* Unternehmen *n;* 2. *(azione ardita)* Tat *f,* Unternehmung *f*

impresario [impre'saːrio] *m* 1. *ECO* Unternehmer *m;* 2. *THEAT* Impresario *m*

impressionabile [impressio'naːbile] *adj* beeindruckbar, empfindsam

impressionante [impressio'nante] *adj* eindrucksvoll, imposant

impressionare [impressio'naːre] *v* 1. beeindrucken, imponieren; 2. *FOTO* belichten

impressione [impressi'oːne] *f* Eindruck *m*

imprestare [impres'taːre] *v* verleihen

imprevedibile [impreve'diːbile] *adj* 1. unvorhersehbar; 2. *(inestimabile)* unabschätzbar

imprevisto [impre'visto] *adj* unvorhergesehen

imprigionare [impridʒo'naːre] *v JUR* gefangen nehmen, inhaftieren

imprigionarsi [impridʒo'narsi] *v* gefangen sein

imprimersi [im'priːmersi] *v irr* sich einprägen

improbabile [impro'baːbile] *adj* unwahrscheinlich

improduttivo [improdut'tiːvo] *adj* unproduktiv, unwirtschaftlich

impronta [im'pronta] *f* Spur *f,* Abdruck *m;* ~ *digitale* Fingerabdruck *m*

improntarsi [impron'tarsi] *v* sich abheben

impronunziabile [impronuntsi'aːbile] *adj* 1. *(da non dirsi)* unaussprechlich, unsagbar; 2. *(difficile da pronunziare)* unaussprechbar

improprio [im'prɔːprio] *adj* ungeeignet

improrogabile [improro'gaːbile] *adj* unaufschiebbar

improvvisare [improvvi'zaːre] *v* improvisieren

improvvisarsi [improvvi'zarsi] *v* sich geben, sich verstellen

improvvisazione [improvvizatsi'o:ne] *f* Improvisation *f*
improvviso [improv'vi:zo] *adj* abrupt, plötzlich
imprudente [impru'dɛnte] *adj* unvorsichtig, frech
impudente [impu'dɛnte] *adj* unverschämt
impudenza [impu'dɛntsa] *f* Unverschämtheit *f*, Frechheit *f*
impudico [impu'di:ko] *adj* schamlos
impugnabile [impu'ɲa:bile] *adj JUR* anfechtbar
impugnare [impu'ɲa:re] *v JUR* anfechten
impugnatura [impuɲa'tu:ra] *f* Griff *m*
impugnazione [impuɲatsi'o:ne] *f JUR* Anfechtung *f*
impulsivo [impul'si:vo] *adj* impulsiv
impulso [im'pulso] *m 1. PHYS* Impuls *m;* 2. *(spinta)* Anregung *f,* Anstoß *m; dare ~ a* ankurbeln; 3. *(stimolo)* Reiz *m,* Drang *m*
impunito [impu'ni:to] *adj* straflos, unbestraft
impuntarsi [impun'tarsi] *v* sich verrennen
impurità [impuri'ta] *f* Unreinheit *f*
imputabile [impu'ta:bile] *adj 1.* zuzuschreiben; 2. *JUR* zurechnungsfähig; 3. *(responsabile)* verantwortlich
imputabilità [imputabili'ta] *f JUR* Zurechnungsfähigkeit *f*
imputare [impu'ta:re] *v 1. (fig)* zuschreiben; 2. *JUR* anklagen
imputato [impu'ta:to] *adj 1. JUR* angeklagt; *m 2. JUR* Angeklagter *m*
imputazione [imputatsi'o:ne] *f JUR* Anklage *f,* Anschuldigung *f*
in [in] *prep 1. (tempo)* in, bei, an; *~ autunno* im Herbst; *~ primavera* im Frühling; *~ quattro anni* innerhalb von vier Jahren; 2. *(luogo)* in; *~ Francia* in Frankreich; *abitare ~ Germania* in Deutschland leben; *andare ~ Inghilterra* nach England reisen; *vivere ~ campagna* auf dem Land leben; *~ questa regione* in dieser Gegend; *~ treno* mit dem Zug
inabile [in'a:bile] *adj* untauglich, unfähig; *~ al lavoro* arbeitsunfähig, erwerbsunfähig
inabilitare [inabili'ta:re] *v JUR* entmündigen
inabissarsi [inabis'sarsi] *v 1.* sinken; 2. *(sprofondare)* in den Abgrund versinken
inabitato [inabi'ta:to] *adj* unbewohnt
inaccessibile [inattʃes'si:bile] *adj 1.* unerschwinglich; 2. *(difficile, da raggiungere)* unzugänglich

inaccettabile [inattʃet'ta:bile] *adj* unannehmbar
inacidire [inatʃi'di:re] *v irr 1.* sauer machen, säuern; 2. *(fig)* versauern
inadatto [ina'datto] *adj* ungeeignet
inadeguato [inadegu'a:to] *adj* unangemessen, unzweckmäßig
inadempienza [inadempi'ɛntsa] *f* Nichterfüllung *f*
inalare [ina'la:re] *v MED* inhalieren
inalberarsi [inalbe'rarsi] *v* sich entrüsten, sich auflehnen
inalterabile [inalte'ra:bile] *adj* unveränderlich
inalterabilità [inalterabili'ta] *f* Unveränderlichkeit *f*
inamidare [inami'da:re] *v* stärken
inammissibile [inammis'si:bile] *adj* unzulässig
inanimato [inani'ma:to] *adj* unbeseelt, leblos
inappetenza [inappe'tɛntsa] *f* Appetitlosigkeit *f*
inarcarsi [inar'karsi] *v* sich biegen, krumm werden
inaridire [inari'di:re] *v irr* austrocknen, verdorren
inarrestabile [inarres'ta:bile] *adj* unaufhaltsam
inarrivabile [inarri'va:bile] *adj* unerreichbar
inaspettato [inaspet'ta:to] *adj* unerwartet, unvermutet
inasprirsi [inas'prirsi] *v irr (fig)* sich zuspitzen
inattaccabile [inattak'ka:bile] *adj* unangreifbar, vollkommen
inattendibile [inatten'di:bile] *adj* unglaubwürdig
inattendibilità [inattendibili'ta] *f* Unglaubwürdigkeit *f*
inattivo [inat'ti:vo] *adj 1.* tatenlos, untätig; 2. *ECO* geschäftslos
inaudito [inau'di:to] *adj* unerhört, unglaublich
inaugurare [inaugu'ra:re] *v* einweihen
inaugurazione [inauguratsi'o:ne] *f* Einweihung *f,* Eröffnung *f*
inavvertito [inavver'ti:to] *adj (senza pensarci)* unüberlegt, unbedacht
incagliarsi [iŋka'ʎarsi] *v 1. NAUT* stranden; 2. *(fig)* stecken bleiben
incalcolabile [iŋnkalko'la:bile] *adj* unabsehbar, unberechenbar

incalzare [iŋkal'tsaːre] v bedrängen
incamminarsi [iŋkammi'narsi] v sich auf den Weg machen, aufbrechen
incanalarsi [iŋkana'larsi] v strömen, zusammenströmen
incandescente [iŋkande'ʃɛnte] adj glühend
incantare [iŋkan'taːre] v bezaubern, verzaubern
incantarsi [iŋkan'tarsi] v hingerissen sein, bezaubert sein
incantato [iŋkan'taːto] adj entzückt
incantesimo [iŋkan'teːzimo] m 1. Zauber m; 2. (fascino) Reiz m
incantevole [iŋkan'teːvole] adj 1. entzückend, bezaubernd; 2. (fig) wunderbar, zauberhaft
incanto [iŋ'kanto] m 1. Versteigerung f; 2. (incantesimo) Zauberei f
incanutire [iŋkanu'tiːre] v (capelli) grau werden, ergrauen
incapace [iŋka'paːtʃe] adj 1. unfähig, untauglich; 2. ~ d'intendere e di volere unzurechnungsfähig; m 3. Versager m
incapacità [iŋkapatʃi'ta] f 1. Unfähigkeit f; 2. ~ d'intendere e di volere Unzurechnungsfähigkeit f
incappare [iŋkap'paːre] v 1. (fig: incontrare) stoßen; 2. ~ in qc in etw hineingeraten
incarcerare [iŋkartʃe'raːre] v einkerkern, einsperren
incaricare [iŋkari'kaːre] v beauftragen
incaricato [iŋkari'kaːto] m Beauftragter m; ~ speciale Sonderbeauftragter m
incarico [iŋ'kaːriko] m 1. Amt n; 2. (lavoro) Auftrag m; ~ permanente Dauerauftrag m
incarnare [iŋkar'naːre] v verkörpern
incartamento [iŋkarta'mento] m 1. Akte f; 2. (documenti) Papiere pl, Unterlagen pl
incartare [iŋkar'taːre] v einwickeln; Me lo incarti, per favore! Packen Sie es mir bitte ein!
incassare [iŋkas'saːre] v 1. in Kisten verpacken; 2. FIN kassieren
incastrare [iŋkas'traːre] v einklemmen, einzwängen
incastrarsi [iŋkas'trarsi] v stecken bleiben, eingezwängt sein
incastrato [iŋkas'traːto] adj eingeklemmt
incatenare [iŋkate'naːre] v 1. verankern; 2. (legare con catene) anketten
incauto [iŋ'kaːuto] adj unvorsichtig
incavo [iŋ'kaːvo] m Vertiefung f

incendiabile [intʃendi'aːbile] adj entzündbar, verbrennbar
incendio [in'tʃɛndio] m 1. Brand m; 2. ~ colposo fahrlässige Brandstiftung f
incenerimento [intʃeneri'mento] m Verbrennung f; ~ rifiuti Müllverbrennung f
incenso [in'tʃɛnso] m REL Weihrauch m
incentivo [intʃen'tiːvo] m Ansporn m
incepparsi [intʃep'parsi] v (meccanismo) versagen
incerare [intʃe'raːre] v wachsen, einwachsen
incertezza [intʃer'tettsa] f Unsicherheit f, Ungewissheit f
incerto [in'tʃɛrto] adj ungewiss, zweifelhaft
incespicare [intʃespi'kaːre] v 1. straucheln; 2. (rimanere incastrato) stecken bleiben
incessante [intʃes'sante] adj unaufhörlich
incesto [in'tʃɛsto] m Inzest m
incettare [intʃet'taːre] v hamstern, aufkaufen
inchiesta [iŋki'ɛsta] f Umfrage f, Erhebung f
inchinarsi [iŋki'narsi] v sich verbeugen, sich verneigen
inchino [iŋ'kiːno] m Verbeugung f, Knicks m
inchiodare [iŋkio'daːre] v nageln, aufnageln
inchiostro [iŋki'ɔstro] m 1. Tinte f; 2. ~ di China Tusche f
inciampare [intʃam'paːre] v stolpern
incidente [intʃi'dɛnte] m Unfall m; ~ automobilistico Autounfall m; ~ stradale Verkehrsunfall m; ~ nucleare Reaktorunfall m
incidenza [intʃi'dɛntsa] f Einfall m; ~ di luce Lichteinfall m
incidere [in'tʃiːdere] v irr 1. sich bemerkbar machen, beeinflussen; 2. ART eingravieren
incinta [in'tʃinta] adj schwanger
incipriarsi [intʃipri'arsi] v sich das Gesicht pudern
incirca [in'tʃirka] adv all'~ ungefähr, rund
incisione [intʃizi'oːne] f 1. Einschnitt m; 2. ART Stich m
incisivo [intʃi'ziːvo] adj schneidend
incitare [intʃi'taːre] v anregen, antreiben
incivile [intʃi'viːle] adj ungebührlich
inclinare [iŋkli'naːre] v neigen

inclinato [iŋkli'naːto] *adj* schräg, abschüssig
inclinazione [iŋklinatsi'oːne] *f 1.* Neigung *f,* Schräge *f;* 2. *(fig)* Neigung *f,* Zuneigung *f*
incline [iŋ'kliːne] *adj* geneigt
includere [iŋ'kluːdere] *v irr 1.* einbeziehen, einschließen; 2. *(allegare)* beilegen
inclusione [iŋkluzi'oːne] *f* Einbeziehung *f*
incluso [iŋ'kluːzo] *adv 1.* einschließlich, inbegriffen; *prep 2.* inklusive
incoerente [iŋkoe'rɛnte] *adj* zusammenhangslos, inkonsequent
incognita [iŋ'kɔːɲita] *f 1.* Unbekannte *f;* 2. MATH Unbekannte *f*
incognito [iŋ'kɔːɲito] *adj* unbekannt
incollare [iŋkol'laːre] *v 1.* kleben, zukleben; 2. *(attaccare con la colla)* zusammenkleben, leimen
incolonnarsi [iŋkolon'narsi] *v* sich einreihen
incolore [iŋko'loːre] *adj (persona)* farblos
incolpare [iŋkol'paːre] *v* beschuldigen, anschuldigen
incolto [iŋ'kolto] *adj 1.* AGR unbebaut; 2. *(fig)* ungebildet, unkultiviert
incolume [iŋ'kɔːlume] *adj* unverletzt, unversehrt
incombenza [iŋkom'bɛntsa] *f 1.* Auftrag *m;* 2. *(facoltà, potere)* Befugnis *f*
incombere [iŋ'kombere] *v* bevorstehen
incombustibile [iŋkombus'tiːbile] *adj* unbrennbar, feuerfest
incominciare [iŋkomin'tʃaːre] *v* anfangen, beginnen
incomodare [iŋkomo'daːre] *v* belästigen, stören
incomodarsi [iŋkomo'darsi] *v* sich anstrengen, sich Mühe geben
incomodo [iŋ'kɔːmodo] *adj* lästig, unbequem
incompatibilità [iŋkompatibili'ta] *f* Unvereinbarkeit *f*
incompetenza [iŋkompe'tɛntsa] *f* Inkompetenz *f,* Unfähigkeit *f*
incompleto [iŋkom'plɛːto] *adj* unvollständig, mangelhaft
incomprensibile [iŋkompren'siːbile] *adj* unbegreiflich, unverständlich
incomprensione [iŋkomprensi'oːne] *f* Verständnislosigkeit *f*
inconcepibile [iŋkontʃe'piːbile] *adj* unfassbar

inconcepibilità [iŋkontʃepibili'ta] *f* Unvorstellbarkeit *f*
inconciliabile [iŋkontʃili'aːbile] *adj* unvereinbar, unversöhnlich
inconciliabilità [iŋkontʃiliabili'ta] *f* Unvereinbarkeit *f*
incondizionato [iŋkonditsio'naːto] *adj 1.* unbedingt; 2. *(senza condizioni)* bedingungslos
inconfondibile [iŋkonfon'diːbile] *adj* unverkennbar
inconfutabile [iŋkonfu'taːbile] *adj* unanfechtbar, nicht widerlegbar
inconsapevole [iŋkonsa'peːvole] *adj 1.* ahnungslos; 2. *(inconscio)* unbewusst
inconscio [iŋ'kɔnʃo] *adj 1.* unbewusst, unterbewusst; *m 2.* Unbewusstes *n*
inconseguenza [iŋkonsegu'ɛntsa] *f* Inkonsequenz *f*
inconsistente [iŋkonsis'tɛnte] *adj* gegenstandslos, unhaltbar
inconsolabile [iŋkonso'laːbile] *adj* untröstlich
inconsueto [iŋkonsu'ɛːto] *adj* unüblich, ungewohnt
inconsulto [iŋkon'sulto] *adj* unüberlegt, unbesonnen
incontestabile [iŋkontes'taːbile] *adj* unanfechtbar, unstreitig
incontestabilità [iŋkontestabili'ta] *f* Unanfechtbarkeit *f*
incontrare [iŋkon'traːre] *v 1.* treffen, antreffen; ~ qd jdm begegnen; 2. ~ difficoltà sich schwer tun
incontrarsi [iŋkon'trarsi] *v* sich begegnen, zusammentreffen
incontro [iŋ'kontro] *m* Zusammenkunft *f,* Treffen *n;* ~ di pugilato Boxkampf *m;* punto di ~ Treffpunkt *m*
inconveniente [iŋkonveni'ɛnte] *adj 1.* unangebracht, unschicklich; 2. *(non redditizio)* unrentabel; *m 3.* Nachteil *m;* 4. *(difficoltà)* Schwierigkeit *f*
incoraggiamento [iŋkoraddʒa'mento] *m (fig)* Anfeuerung *f,* Ermutigung *f*
incoraggiare [iŋkorad'dʒaːre] *v* ermutigen
incoraggiarsi [iŋkorad'dʒarsi] *v* sich Mut zusprechen
incorniciare [iŋkorni'tʃaːre] *v* einrahmen, rahmen
incorniciatura [iŋkornitʃa'tuːra] *f* Umrahmung *f*
incoronare [iŋkoro'naːre] *v* krönen

incoronazione [iŋkoronatsi'oːne] *f* Krönung *f*
incorporare [iŋkorpo'raːre] *v* einverleiben
incorporato [iŋkorpo'raːto] *adj* eingebaut
incorreggibile [iŋkorred'dʒiːbile] *adj* unbelehrbar, unverbesserlich
incorruttibile [iŋkorrut'tiːbile] *adj* unbestechlich
incosciente [iŋko'ʃɛnte] *adj* 1. verantwortungslos; 2. *(non conscio)* unbewusst
incoscienza [iŋko'ʃɛntsa] *f* 1. Verantwortungslosigkeit *f;* 2. *MED* Bewusstlosigkeit *f*
incostante [iŋkos'tante] *adj (volubile)* unbeständig
incostanza [iŋkos'tantsa] *f* Unbeständigkeit *f*
incredibile [iŋkre'diːbile] *adj* 1. unglaublich; 2. *(fig)* unerhört
incredulo [iŋ'krɛːdulo] *adj* skeptisch, ungläubig
incrementare [iŋkremen'taːre] *v* 1. erhöhen, heben; 2. *(promuovere)* fördern
incremento [iŋkre'mento] *m* 1. Zunahme *f;* 2. *ECO* Zuwachs *m*
increscioso [iŋkre'ʃoːso] *adj* unangenehm, lästig
incriminare [iŋkrimi'naːre] *v JUR* anklagen
incrinatura [iŋkrina'tuːra] *f (fessura)* Sprung *m*, Riss *m*
incrociare [iŋkro'tʃaːre] *v* 1. *BIO* kreuzen; 2. *(braccia, gambe)* kreuzen, verschränken; 3. *NAUT* kreuzen
incrociarsi [iŋkro'tʃarsi] *v* sich überschneiden, sich kreuzen
incrociatore [iŋkrotʃa'toːre] *m* Kreuzer *m*
incrocio [iŋ'kroːtʃo] *m* 1. *(crocevia)* Kreuzung *f;* 2. *BIO* Kreuzung *f*
incrollabile [iŋkrol'laːbile] *adj* fest, unerschütterlich
incruento [iŋkru'ɛnto] *adj* unblutig
incubatrice [iŋkuba'triːtʃe] *f MED* Brutkasten *m*
incubo ['iŋkubo] *m* Alptraum *m*
incudine [iŋ'kuːdine] *f TECH* Amboss *m*
inculcare [iŋkul'kaːre] *v* einprägen
incuneato [iŋkune'aːto] *adj* eingekeilt
incurabile [iŋku'raːbile] *adj* unheilbar
incuranza [iŋku'rantsa] *f* Nachlässigkeit *f*, Sorglosigkeit *f*

incuria [iŋ'kuːria] *f* Sorglosigkeit *f*, Unbedachtheit *f*
incuriosirsi [iŋkurio'sirsi] *v* neugierig werden
incustodito [iŋkusto'diːto] *adj* unbewacht
indagare [inda'gaːre] *v* 1. erforschen, erkunden; 2. *JUR* ermitteln
indebitamento [indebita'mento] *m ECO* Verschuldung *f;* ~ *eccessivo* Überschuldung *f*
indebitarsi [indebi'tarsi] *v ECO* verschulden
indebito [in'deːbito] *adj* ungerecht, unrechtmäßig; *appropriazione indebita* Veruntreuung *f*
indebolimento [indeboli'mento] *m* Schwächung *f*, Abschwächung *f*
indebolire [indebo'liːre] *v* 1. schwächen; 2. *(togliere le forze)* entkräften
indecente [inde'tʃɛnte] *adj* unanständig, unschicklich
indecenza [inde'tʃɛntsa] *f* Unschicklichkeit *f*
indecisione [indetʃizi'oːne] *f* Unentschiedenheit *f*, Unschlüssigkeit *f*
indeciso [inde'tʃiːzo] *adj* 1. *(persona)* unentschlossen, unschlüssig; 2. *(insicuro)* unentschieden
indecoroso [indeko'roːso] *adj* 1. unehrenhaft, unwürdig; 2. *(indecente)* unanständig
indefinibile [indefi'niːbile] *adj* 1. undefinierbar; 2. *(inesprimibile)* unausdrücklich, unsagbar
indeformabile [indefor'maːbile] *adj* formbeständig, unverformbar
indegno [in'deːɲo] *adj* unwürdig
indelicatezza [indelika'tettsa] *f* 1. Taktlosigkeit *f;* 2. *(indiscrezione)* Indiskretion *f*
indemoniarsi [indemoni'arsi] *v* wüten, zürnen
indenne [in'dɛnne] *adj* unverletzt, unbeschädigt
indennità [indenni'ta] *f* 1. Zulage *f;* ~ *di malattia* Krankengeld *n;* ~ *parlamentare* Diäten *pl;* ~ *di disoccupazione* Arbeitslosengeld *n;* 2. *ECO* Abfindung *f;* 3. *(per spese straordinarie) ECO* Aufwandsentschädigung *f*
indennizzare [indennid'dzaːre] *v ECO* abfinden
indennizzo [inden'niddzo] *m* 1. Entschädigung *f;* 2. *(rimborso)* Vergütung *f*

inderogabile [indero'gaːbile] *adj* unabänderlich, unabdingbar

indescrivibile [indeskri'viːbile] *adj* unbeschreiblich

indesiderato [indeside'raːto] *adj* unerwünscht

indeterminato [indetermi'naːto] *adj* unbestimmt

India ['india] *f GEO* Indien *n*

indiano [indi'aːno] *adj 1.* indianisch; *2. (dell'India)* indisch; *m 3.* Indianer *m; 4. (dell'India)* Inder *m*

indicare [indi'kaːre] *v 1.* angeben, deuten; *2. (fig)* anzeigen, hinweisen; *3. (accennare)* deuten; *4. ~ a* hinweisen auf

indicato [indi'kaːto] *adj 1. (consigliabile)* ratsam; *2. (adatto)* angebracht

indicatore [indika'toːre] *m 1.* Anzeiger *m*, Zeiger *m; 2. ~ stradale* Wegweiser *m*

indicazione [indikatsi'oːne] *f 1.* Hinweis *m*, Angabe *f; 2. (dato)* Angabe *f*

indice ['inditʃe] *m 1.* Zeichen *n*, Hinweis *m; ~ azionario* Aktienindex *m; 2. (di un libro)* Inhaltsverzeichnis *n*, Index *m; 3. (dito) ANAT* Zeigefinger *m*

indietreggiare [indietred'dʒaːre] *v* zurücktreten

indietro [indi'ɛːtro] *adv 1.* rückwärts, zurück; *rimasto ~* zurückgeblieben; *tornare ~* umkehren; *all'~* rückwärts; *adj 2.* zurückgeblieben

indifeso [indi'feːso] *adj (inerme)* ungeschützt, wehrlos

indifferente [indiffe'rɛnte] *adj* gleichgültig, interesselos

indifferenza [indiffe'rɛntsa] *f* Gleichgültigkeit *f*

indigeno [in'diːdʒeno] *adj 1.* einheimisch; *m 2.* Eingeborener *m*, Einheimischer *m*

indigenza [indi'dʒɛntsa] *f* Armut *f*, Bedürftigkeit *f*

indigesto [indi'dʒɛsto] *adj* schwer verdaulich

indignarsi [indi'ɲarsi] *v* sich empören, sich entrüsten

indignato [indi'ɲaːto] *adj* empört

indignazione [indiɲatsi'oːne] *f* Empörung *f*, Entrüstung *f*

indimenticabile [indimenti'kaːbile] *adj* unvergesslich

indipendente [indipen'dɛnte] *adj* unabhängig

indipendenza [indipen'dɛntsa] *f* Selbstständigkeit *f*, Unabhängigkeit *f*

indire [in'diːre] *v 1.* ansagen; *2. (fissare)* ansetzen; *3. (concorso)* ausschreiben

indiretto [indi'rɛtto] *adj 1.* indirekt, mittelbar; *2. (mediato)* mittelbar

indirizzare [indirit'tsaːre] *v 1. (lettera)* adressieren; *2. ~ qd a qd* jdn an jdn verweisen

indirizzo [indi'rittso] *m* Adresse *f*, Anschrift *f; Qual è l'~ esatto dell'albergo?* Wie ist die genaue Adresse des Hotels?

indisciplinato [indiʃipli'naːto] *adj* disziplinlos, undiszipliniert

indiscreto [indis'kreːto] *adj 1.* indiskret; *2. (invadente)* zudringlich

indiscrezione [indiskretsioːne] *f* Indiskretion *f*

indiscriminato [indiskrimi'naːto] *adj* wahllos

indiscutibile [indisku'tiːbile] *adj* unanfechtbar, unbestreitbar

indispensabile [indispen'saːbile] *adj 1.* unentbehrlich, unabdingbar; *2. (necessario)* unabkömmlich; *3. (inevitabile)* unumgänglich

indispettire [indispet'tiːre] *v* aufbringen, ärgern

indispettirsi [indispet'tirsi] *v* sich ärgern, sich grämen

indissolubile [indisso'luːbile] *adj* unlösbar

indistinto [indis'tinto] *adj* undeutlich, unterschiedslos

indistruttibile [indistrut'tiːbile] *adj* unverwüstlich, unzerstörbar

indisturbato [indistur'baːto] *adj* ungestört

individuale [individu'aːle] *adj* individuell

individualismo [individua'lizmo] *m* Individualismus *m*

individualista [individua'lista] *m/f* Individualist(in) *m/f*

individuo [indi'viːduo] *m* Individuum *n*

indivisibile [indivi'ziːbile] *adj* untrennbar, unteilbar

indiziare [inditsi'aːre] *v 1. LIT* bezeichnen; *2. (dichiarare qd sospetto)* verdächtigen; *3. JUR* beschuldigen

indizio [in'diːtsio] *m 1.* Anzeichen *n*, Indiz *n; 2. (prova)* Beweisgrund *m*

indole ['indole] *f* Wesen *n*, Natur *f*

indolente [indo'lɛnte] *adj* gleichgültig, träge

indolenza [indo'lɛntsa] *f* Lässigkeit *f*, Trägheit *f*

indolore [indo'lo:re] *adj* schmerzfrei
indomabile [indo'ma:bile] *adj* unbändig, unbezähmbar
indomani [indo'ma:ni] *m* folgender Tag *m; all'~* am folgenden Tag
Indonesia [indo'nɛ:zia] *f GEO* Indonesien *n*
indossabile [indos'sa:bile] *adj (moda)* tragbar
indossare [indos'sa:re] *v 1. (vestito)* anziehen; *2. (calzare)* überziehen
indossatrice [indossa'tri:tʃe] *f (figurino)* Modell *n*, Mannequin *n*
indosso [in'dɔsso] *adv avere ~* anhaben
indotto [in'dɔtto] *m TECH* Anker *m*
indovina [indo'vi:na] *f* Wahrsagerin *f*
indovinare [indovi'na:re] *v (centrare)* raten, erraten; *cercare di ~* rätseln
indovinato [indovi'na:to] *adj* gelungen, geglückt
indovinello [indovi'nɛllo] *m* Rätsel *n*
indù [in'du] *m* Hindu *m*
indubbio [in'dubbio] *adj* sicher, zweifellos
indugiare [indu'dʒa:re] *v* zögern
indugiarsi [indu'dʒarsi] *v* verweilen, sich aufhalten
indugio [in'du:dʒo] *m 1.* Verzug *m; 2. (ritardo)* Verspätung *f; 3. (esitazione)* Zaudern *n*
indulgente [indul'dʒɛnte] *adj 1.* nachsichtig; *2. (mite)* mild
indulgenza [indul'dʒɛntsa] *f* Nachsicht *f*
indulgere [in'duldʒere] *v irr* nachgeben
indumento [indu'mento] *m* Kleidungsstück *n*
indurimento [induri'mento] *m* Verhärtung *f*
indurire [indu'ri:re] *v irr* verhärten, härten
indurirsi [indu'rirsi] *v irr* sich verhärten, hartherzig werden
indurre [in'durre] *v irr* bewegen, veranlassen
industria [in'dustrie] *f* Industrie *f; ~ agricola* Agrarindustrie *f; ~ alberghiera* Hotelgewerbe *n; ~ automobilistica* Automobilindustrie *f; ~ chimica* chemische Industrie *f; ~ edilizia* Baugewerbe *n*, Bauindustrie *f; ~ farmaceutica* Pharmaindustrie *f; ~ mineraria* Bergbau *m; ~ pesante* Schwerindustrie *f; ~ siderurgica* Eisenindustrie *f; ~ tessile* Textilindustrie *f; ~ degli armamenti* Rüstungsindustrie *f*
industriale [industri'a:le] *adj 1.* industriell; *2. ECO* gewerblich; *m 3.* Industrieller *m*

industrializzazione [industrialiddzatsi'o:ne] *f* Industrialisierung *f*
industriarsi [industri'arsi] *v* sich bemühen, sich bestreben
industrioso [industri'o:so] *adj* betriebsam
induzione [indutsi'o:ne] *f* Annahme *f,* Vermutung *f*
inedia [in'ɛ:dia] *f 1.* Hunger *m*, Hungern *n; 2. (digiuno)* Fasten *n*
inefficace [ineffi'ka:tʃe] *adj* unwirksam, wirkungslos
ineluttabile [inelut'ta:bile] *adj* unabwendbar, unvermeidlich
inequivocabile [inekuivo'ka:bile] *adj* unmissverständlich
inerte [in'ɛrte] *adj 1.* tatenlos; *2. PHYS* träge
inerzia [in'ɛrtsia] *f PHYS* Trägheit *f*
inesattezza [inezat'tettsa] *f* Ungenauigkeit *f*
inesatto [ine'zatto] *adj* ungenau
inesorabile [inezo'ra:bile] *adj* erbarmungslos, unerbittlich
inesperto [ines'pɛrto] *adj 1.* unerfahren; *2. (persona)* ungeschickt
inetto [in'ɛtto] *adj* unfähig
inevitabile [inevi'ta:bile] *adj 1.* unvermeidlich; *2. (forzato, non volontario)* zwangsläufig
inezia [in'ɛ:tsia] *f* Kleinigkeit *f,* Lappalie *f*
infagottarsi [infagot'tarsi] *v* sich einmummen
infame [in'fa:me] *adj 1.* niederträchtig; *2. (empio)* verrucht
infamia [in'fa:mia] *f* Schandtat *f,* Niedertracht *f*
infangarsi [infaŋ'garsi] *v 1.* sich beschmutzen; *2. (intaccare la propria reputazione)* seinen Ruf verderben
infantile [infan'ti:le] *adj 1.* kindlich; *2. (puerile)* kindisch
infanzia [in'fantsia] *f* Kindheit *f*
infarto [in'farto] *m MED* Infarkt *m*
infastidire [infasti'di:re] *v* stören, belästigen
infastidirsi [infasti'dirsi] *v 1.* sich ärgern; *2. (sentirsi a disagio)* sich genieren
infastidito [infasti'di:to] *adj* verärgert, verstimmt
infatti [in'fatti] *adv* tatsächlich, wirklich; *Infatti!* Eben!
infecondo [infe'kondo] *adj 1. MED* unfruchtbar, steril; *2. (fig)* erfolglos

infedele [infe'de:le] *adj 1.* treulos, untreu; *2. REL* ungläubig; *m/f 3. REL* Ungläubige(r) *m/f*
infedeltà [infedel'ta] *f* Untreue *f,* Unglaube *m*
infelice [infe'li:tʃe] *adj 1. (non felice)* unglücklich; *2. (mal riuscito)* missraten
infeltrire [infel'tri:re] *v* filzen
inferi ['inferi] *m/pl* Unterwelt *f*
inferiore [inferi'o:re] *adj 1.* niedriger, tiefer; *2. (di minor pregio)* minderwertig
inferiorità [inferiori'ta] *f 1.* Minderwertigkeit *f; complesso d'~* Minderwertigkeitskomplex *m; 2. (di qualità, di numero inferiore)* Unterlegenheit *f*
infermiera [infermi'ɛ:ra] *f 1. MED* Krankenschwester *f; 2. (assistente del medico)* Sprechstundenhilfe *f*
infermiere [infermi'ɛ:re] *m* Krankenpfleger *m*
infermità [infermi'ta] *f MED* Gebrechen *n*
infermo [in'fermo] *adj 1.* krank, leidend; *m 2.* Kranker *m*
infernale [infer'na:le] *adj 1.* höllisch; *2. (terribile)* grausam, entsetzlich
inferno [in'fɛrno] *m 1.* Hölle *f; 2. (fig)* Hexenkessel *m*
inferocito [infero'tʃi:to] *adj* wild, wütend
infestare [infes'ta:re] *v* verwüsten, verheeren
infettare [infet'ta:re] *v 1.* infizieren; *2. (contaminare)* verseuchen
infezione [infetsi'o:ne] *f 1. MED* Infektion *m; 2. (contaminazione)* Verseuchung *f*
infiammabile [infiam'ma:bile] *adj* entzündlich; *non ~* feuerfest
infiammare [infiam'ma:re] *v 1.* entzünden; *2. (fig)* begeistern
infiammarsi [infiam'marsi] *v 1. MED* sich entzünden; *2. ~ per (fig)* sich begeistern für; *3. ~ d'ira* vor Wut kochen
infiammazione [infiammatsi'o:ne] *f MED* Entzündung *f*
infido [in'fi:do] *adj* treulos, unzuverlässig
infierire [infie'ri:re] *v* wüten
infilare [infi'la:re] *v 1. (ago)* einfädeln; *2. (chiave)* hineinstecken; *3. (vestito)* überziehen, anziehen
infiltrarsi [infil'trarsi] *v 1.* eindringen; *2. (annidarsi)* sich einnisten
infimo ['infimo] *adj 1.* unterste(r,s), niedrigste(r,s); *2. (fig)* gemein, niedrig
infine [in'fi:ne] *adv* schließlich, endlich
infinità [infini'ta] *m* Unendlichkeit *f*

infinitesimale [infinitezi'ma:le] *adj 1.* unendlich klein; *2. MATH* Infinitesimal...
infinito [infi'ni:to] *m 1.* Unendliches *n,* Unendlichkeit *f; 2. GRAMM* Infinitiv *m; adj 3.* endlos, unendlich
infisso [in'fisso] *m* Einfassung *f,* Einrahmung *f; ~ di una porta* Türrahmen *m*
inflazione [inflatsi'o:ne] *f* Inflation *f*
inflessibile [infles'si:bile] *adj* unbeugsam, unerbittlich
infliggere [inflid'dʒere] *v irr (fig: pena)* verhängen
influente [influ'ɛnte] *adj* einflussreich
influenza [influ'ɛntsa] *f 1.* Einflussnahme *f,* Beeinflussung *f; 2. MED* Grippe *f; Ho l'~.* Ich habe Grippe.
influenzare [inluen'tsa:re] *v* beeinflussen
influire [influ'i:re] *v* einwirken
influsso [in'flusso] *m* Einfluss *m*
infondato [infon'da:to] *adj (senza motivo)* haltlos, unbegründet
informale [infor'ma:le] *adj (non ufficiale)* inoffiziell
informare [infor'ma:re] *v 1.* benachrichtigen, unterrichten; *2. (dare la forma)* formen
informarsi [infor'marsi] *v 1.* sich erkundigen, sich informieren; *2. (conformarsi)* sich anpassen, sich richten
informatica [infor'ma:tika] *f* Informatik *f*
informatico [infor'ma:tiko] *m* Informatiker *m*
informativo [informa'ti:vo] *adj* informativ, unterrichtend
informazione [informatsi'o:ne] *f 1.* Auskunft *f; prendere informazioni* Informationen einholen; *Dove posso chiedere informazioni su ...?* Wo kann ich mich nach ... erkundigen? *fonte di informazioni* Informationsquelle *f; 2. (l'informare)* Verständigung *f*
informe [in'forme] *adj* formlos
infortunarsi [infortu'narsi] *v* verunglücken
infortunato [infortu'na:to] *adj 1.* verunglückt; *m 2.* Verunglückter *m*
infortunio [infor'tu:nio] *m* Unfall *m; ~ sul lavoro* Arbeitsunfall *m*
infrangere [in'frandʒere] *v irr 1.* zerbrechen; *2. (fig: contratto)* brechen; *3. (fig: trasgredire)* überschreiten
infrangersi [in'frandʒersi] *v irr (fig)* zerbrechen
infrangibile [infran'dʒi:bile] *adj* unzerbrechlich

infranto [in'franto] *adj* 1. zerbrochen, zerschlagen; 2. *cuore ~ (fig)* gebrochenes Herz *n*

infrastruttura [infrastrut'tuːra] *f* Infrastruktur *f*

infrazione [infratsi'oːne] *f* Übertretung *f*, Verstoß *m*

infruttifero [infrut'tiːfero] *adj* 1. keine Früchte tragend; 2. *ECO* unverzinslich

infruttuoso [infruttu'oːso] *adj* erfolglos, fruchtlos

infuori [infu'ɔːri] *adv* 1. *all'~* nach außen; 2. *all'~ di* außer

infuriare [infuri'aːre] *v (strepitare)* toben, rasen

infuriarsi [infuri'arsi] *v (fig: arrabbiarsi)* wütend werden

infuriato [infuri'aːto] *adj* wütend

ingaggiare [iŋgad'dʒaːre] *v* 1. engagieren, einstellen; 2. *(arruolare)* anheuern

ingaggio [iŋ'gaddʒo] *m* 1. Einstellung *f*, Anwerbung *f*; 2. *(di artista, di atleta)* Engagement *n*

ingannare [iŋgan'naːre] *v* betrügen, trügen

ingannarsi [iŋgan'narsi] *v* sich täuschen

ingannatore [iŋganna'toːre] *adj* 1. *(persona)* trügerisch; *m* 2. Betrüger *m*

ingannevole [iŋgan'neːvole] *adj* irreführend, täuschend

inganno [iŋ'ganno] *m* Betrug *m*, Täuschung *f*

ingarbugliare [iŋgarbu'ʎaːre] *v* verwirren, verwickeln

ingarbugliarsi [iŋgarbu'ʎarsi] *v (fam)* sich verwickeln

ingarbugliato [iŋgarbu'ʎaːto] *adj* verwirrt

ingegnere [indʒe'ɲɛːre] *m* Ingenieur *m; ~ civile* Bauingenieur *m*

ingegneria [indʒeɲe'riːa] *f* Ingenieurwesen *n*

ingegno [in'dʒeːɲo] *m* 1. *(intelletto)* Geist *m;* 2. *(talento)* Begabung *f*, Talent *n;* 3. *(predisposizione)* Veranlagung *f*

ingelosire [indʒelo'siːre] *v* eifersüchtig machen

ingelosirsi [indʒelo'sirsi] *v* eifersüchtig werden

ingeneroso [indʒene'roːso] *adj* 1. *(avaro)* geizig, sparsam; 2. *(carattere)* engherzig, kleinlich

ingente [in'dʒɛnte] *adj* gewaltig, enorm

ingentilire [indʒenti'liːre] *v* veredeln

ingenuità [indʒenui'ta] *f* Naivität *f*

ingenuo [in'dʒɛːnuo] *adj* gutgläubig, naiv

ingestione [indʒesti'oːne] *f (di nutrimento)* Aufnahme *f*

Inghilterra [iŋgil'tɛrra] *f GEO* England *n*

inghiottire [iŋgiot'tiːre] *v* schlucken, hinunterschlucken

ingiallire [indʒal'liːre] *v* vergilben

inginocchiarsi [indʒinokki'arsi] *v* niederknien

ingiù [in'dʒu] *adv* nach unten; *all'~* abwärts

ingiunzione [indʒuntsi'oːne] *f* Befehl *m*

ingiuria [in'dʒuːria] *f* 1. Beleidigung *f;* 2. *(insulto)* Beschimpfung *f;* 3. *JUR* Injurie *f*

ingiuriare [indʒuri'aːre] *v* beleidigen, beschimpfen

ingiustificabile [indʒustifi'kaːbile] *adj* unentschuldbar

ingiustificato [indʒustifi'kaːto] *adj* ungerechtfertigt

ingiustizia [indʒusti'tsiːa] *f* Ungerechtigkeit *f*

ingiusto [in'dʒusto] *adj* ungerecht

inglese [iŋ'gleːse] *adj* 1. englisch; *m/f* 2. Engländer(in) *m/f; m* 3. *(lingua)* Englisch *n*

ingoiare [iŋgoi'aːre] *v* 1. verschlucken, hinunterschlucken; 2. *(fig)* hinunterschlucken

ingombrante [iŋgom'brante] *adj* sperrig

ingombrare [iŋgom'braːre] *v* verstellen, versperren

ingordigia [iŋgor'diːdʒa] *f* Habgier *f*

ingordo [iŋ'gordo] *adj* habgierig, gefräßig

ingorgo [iŋ'gorgo] *m* 1. Stauung *f*, Verstopfung *f;* 2. *(del traffico)* Stau *m*

ingozzare [iŋgot'tsaːre] *v* hinunterschlingen

ingranaggio [iŋgra'naddʒo] *m TECH* Getriebe *n*

ingranamento [iŋgrana'mento] *m TECH* Eingriff *m*

ingranare [iŋgra'naːre] *v* ineinander greifen, eingreifen; *~ la marcia* kuppeln

ingrandimento [iŋgrandi'mento] *m* Vergrößerung *f*

ingrandire [iŋgran'diːre] *v* 1. vergrößern; 2. *(edificio)* anbauen

ingrandirsi [iŋgran'dirsi] *v* sich vergrößern

ingrassare [iŋgras'saːre] *v* 1. *(animali)* mästen; 2. *(ungere)* schmieren; 3. *(peso)* zunehmen, dick machen

ingrato [iŋ'graːto] *adj* undankbar

ingraziarsi [iŋgratsi'arsi] *v cercare d'* sich anbiedern

ingrediente [iŋgredi'ɛnte] *m* Zutat *f*

ingresso [iŋ'grɛsso] *m 1. (adesione)*
Eintritt *m;* 2. *(entrare in)* Eintritt *m;* ~ *libero*
Eintritt frei; 3. *(in un'abitazione)* Einzug *m;*
4. *(entrata)* Zugang *m,* Eingang *m;* ~ *principale* Haupteingang *m; Dov'è l'~?* Wo ist der
Eingang?
inguaribile [iŋgua'riːbile] *adj 1.* unheilbar; 2. *(fig)* unverbesserlich
inguine ['inguine] *f ANAT* Leiste *f*
iniettare [iniet'taːre] *v MED* spritzen
iniezione [inietsi'oːne] *f 1. MED* Injektion
f; 2. ~ *di credito (fig)* Finanzspritze *f*
inimicarsi [inimi'karsi] *v* sich verfeinden;
~ *qd* jds Feind werden
inimicato [inimi'kaːto] *adj* verfeindet
inimicizia [inimi'tʃiːtsia] *f* Feindschaft *f*
inimitabile [inimi'taːbile] *adj* unnachahm-
lich, einzigartig
inimmaginabile [inimmadʒi'naːbile] *adj*
unvorstellbar
ininterrotto [ininter'rotto] *adj* ununterbrochen, dauernd
iniquo [i'niːkuo] *adj 1.* ungerecht; 2. *(cattivo)* bösartig
iniziale [initsi'aːle] *adj 1.* anfänglich, einleitend; *f 2.* Anfangsbuchstabe *m,* Initiale *f*
iniziare [initsi'aːre] *v 1.* anfangen, beginnen; 2. *(cominciare)* anlaufen; 3. *(qc di nuovo)*
einführen, einweihen; 4. *(introdurre)* einleiten
iniziativa [initsia'tiːva] *f 1. (fig)* Antrieb
m; 2. *(progetto)* Unternehmung *f;* 3. *(impulso,
proposta)* Initiative *f;* ~ *civica* Bürger-
initiative *f;* ~ *popolare* Volksbegehren *n; propria* ~ Eigeninitiative *f*
iniziato [initsi'aːto] *adj 1.* eingeweiht; *m*
2. Eingeweihter *m,* Insider *m*
iniziatore [initsia'toːre] *m* Initiator *m*
iniziazione [initsiatsi'oːne] *f* Initiation *f,*
Einführung *f*
inizio [i'niːtsio] *m* Beginn *m,* Anfang *m;
all'~* am Anfang, zum Auftakt
innalzare [innal'tsaːre] *v* errichten, aufbauen
innalzarsi [innal'tsarsi] *v* sich erheben
innamorarsi [innamo'rarsi] *v* sich verlieben
innamorato [innamo'raːto] *adj 1.* verliebt; *m 2.* Verliebter *m;* 3. *(amante)*
Liebhaber *m*
innanzi [in'nantsi] *prep 1.* vor; ~ *tutto* vor
allem, fürs Erste; *adv 2.* vorwärts, vorne
innato [in'naːto] *adj* angeboren
innaturale [innatu'raːle] *adj* gekünstelt,
unnatürlich

innegabile [inne'gaːbile] *adj* unbestreitbar, nicht zu leugnen
innervosire [innervo'siːre] *v* nervös
machen
innestare [innes'taːre] *v 1. BOT* veredeln;
2. *TECH* einschalten; ~ *la frizione* kuppeln;
3. *(inserire)* einstecken
inno ['inno] *m* Hymne *f*
innocente [inno'tʃɛnte] *adj* unschuldig,
schuldlos
innocentemente [innotʃɛnte'mente]
adv unschuldig, unschuldigerweise
innocenza [inno'tʃɛntsa] *f (senza colpa)*
Unschuld *f*
innocuità [innokui'ta] *f* Harmlosigkeit *f,*
Unschädlichkeit *f*
innocuo [in'nɔːkuo] *adj* harmlos, unschädlich
innovare [inno'vaːre] *v* erneuern
innovativo [innova'tiːvo] *adj* innovativ,
erneuernd
innovazione [innovatsi'oːne] *f* Innovation *f,* Neuerung *f*
innumerevole [innume're:vole] *adj* unzählig, zahllos
inodore [ino'doːre] *adj* geruchlos
inoffensivo [inoffen'siːvo] *adj* harmlos,
unschädlich
inoltrare [inol'traːre] *v* weiterleiten; *Mi
può ~ la posta?* Können Sie mir bitte die Post
nachschicken?
inoltrarsi [inol'trarsi] *v* vordringen
inoltre [in'oltre] *adv 1. (oltre a ciò)* weiter,
ferner; 2. *(per di più)* darüber hinaus, überdies; 3. *(per giunta)* außerdem, dazu
inondare [inon'daːre] *v* überschwemmen
inondazione [inondatsi'oːne] *f* Überschwemmung *f*
inoperabile [inope'raːbile] *adj* inoperabel, nicht operierbar
inoperoso [inope'roːso] *adj* unwirksam
inopportunamente [inopportuna'men-
te] *adv 1.* zu ungelegener Zeit; 2. *(in modo
inopportuno)* auf unangebrachte Weise
inopportuno [inoppor'tuːno] *adj* unangebracht, ungelegen
inoppugnabile [inoppu'ɲaːbile] *adj*
unwiderlegbar, unanfechtbar
inorridire [inorri'diːre] *v* entsetzen
inorridito [inorri'diːto] *adj* entsetzt
inosservanza [inosser'vantsa] *f* Nichtbeachtung *f*
inosservato [inosser'vaːto] *adj* unbeachtet, unbemerkt

inossidabile [inossi'da:bile] *adj* nicht rostend, rostfrei

inquadramento [iŋkuadra'mento] *m* 1. Umrahmung *f;* 2. *(incorniciamento)* Einrahmung *f;* 3. *(di un problema)* Umreißen *n;* 4. *(schieramento) MIL* Aufstellung *f*

inquietante [iŋkuie'tante] *adj* Besorgnis erregend, beunruhigend

inquietare *v* beunruhigen, bekümmern

inquieto [iŋkui'ɛ:to] *adj* 1. *(angustiato)* beunruhigt, besorgt; 2. *(agitato)* unruhig

inquietudine [iŋkuie'tu:dine] *f (ansia)* Unruhe *f,* Besorgnis *f*

inquilino [iŋkui'li:no] *m* Hausbewohner *m,* Mieter *m*

inquinamento [iŋkuina'mento] *m* 1. Verseuchung *f,* Verunreinigung *f;* ~ *ambientale* Umweltverschmutzung *f;* ~ *atmosferico* Luftverschmutzung *f;* ~ *da petrolio* Ölpest *f;* 2. ~ *acustico* Lärmbelästigung *f*

inquinante [iŋkui'nante] *adj* verseuchend, verschmutzend

inquinare [iŋkui'na:re] *v* 1. beschmutzen, verschmutzen; 2. *(contaminare)* verseuchen, vergiften; 3. *(fig)* verderben

inquisire [iŋkui'zi:re] *v irr* untersuchen

inquisizione [iŋkuizitsi'o:ne] *f* 1. Untersuchung *f;* 2. *JUR* gerichtliche Befragung *f*

insalata [insa'la:ta] *f* Salat *m*

insalatiera [insalati'ɛ:ra] *f* Salatschüssel *f*

insanabile [insa'na:bile] *adj* 1. unheilbar, hoffnungslos; 2. *(fig)* unverbesserlich

insanguinato [insaŋgui'na:to] *adj* blutig

insano [in'sa:no] *adj* 1. *(fig)* ungesund; 2. *(pazzo)* wahnsinnig

insapore [insa'po:re] *adj* ohne Geschmack

insaziabile [insatsi'a:bile] *adj* gierig, unersättlich

inscatolare [inskato'la:re] *v* verschachteln

inscenare [inʃe'na:re] *v* 1. *THEAT* inszenieren; 2. *(organizzare)* veranstalten

insediamento [insedia'mento] *m* 1. Siedlung *f,* Ansiedlung *f;* 2. *(in una carica)* Einsetzung *f,* Amtseinsetzung *f*

insediare [insedi'a:re] *v* 1. ansiedeln; 2. *(impiegare)* einsetzen

insegna [in'se:na] *f* 1. Zeichen *n;* 2. *(distintivo)* Abzeichen *n;* 3. *(cartello stradale, targa)* Wegweiser *m,* Schild *n*

insegnamento [inseɲa'mento] *m* 1. Unterricht *m;* 2. *(ammaestramento, lezione)* Belehrung *f*

insegnante [inse'ɲante] *m/f* Lehrer(in) *m/f*

insegnare [inse'ɲa:re] *v (istruire)* unterrichten, lehren

inseguimento [insegui'mento] *m* Verfolgung *f*

inseguire [insegu'i:re] *v* verfolgen

inselvatichire [inselvati'ki:re] *v* verwildern lassen

insensatezza [insensa'tettsa] *f* Unbesonnenheit *f,* Torheit *f*

insensato [insen'sa:to] *adj* unbesonnen, töricht

insensibile [insen'si:bile] *adj* 1. gefühllos; 2. *(resistente)* unempfindlich

inseparabile [insepa'ra:bile] *adj* unzertrennlich

inserire [inse'ri:re] *v* 1. einfügen, einordnen; 2. *(fig)* einbeziehen; 3. *(fig: inquadrare)* einordnen

inserirsi [inse'rirsi] *v* 1. sich einordnen, sich einfügen; 2. *(aggiungersi)* hinzukommen

inserto [in'sɛrto] *m (di giornale)* Beilage *f*

inservibile [inser'vi:bile] *adj* unbrauchbar, untauglich

inserzione [insertsi'o:ne] *f* 1. *(in stampa)* Anzeige *f,* Inserat *n;* 2. *TECH* Einsatz *m*

insetticida [insetti'tʃi:da] *f* 1. Insektenvertilgungsmittel *m;* 2. *polvere* ~ Insektenpulver *n*

insettifugo [inset'ti:fugo] *m CHEM* Insektenschutzmittel *n*

insetto [in'sɛtto] *m* Insekt *n*

insicurezza [insiku'rettsa] *f* Unsicherheit *f*

insicuro [insi'ku:ro] *adj* unsicher; *rendere* ~ verunsichern

insidia [in'si:dia] *f* Hinterlist *f,* Hinterhalt *m*

insidioso [insidi'o:so] *adj* 1. tückisch; 2. *(capzioso)* verfänglich

insieme [insi'ɛ:me] *adv* 1. *(in comune)* zusammen, miteinander; 2. *(in compagnia)* beisammen; 3. *(nello stesso tempo)* zugleich; *m* 4. *(contesto)* Zusammenhang *m;* 5. *(interezza)* Gesamtheit *f; nell'*~ im Großen und Ganzen

insignificante [insiɲifi'kante] *adj* 1. unwichtig, unbedeutend; 2. *(che non dice nulla)* nichts sagend, bedeutungslos

insincerità [insintʃeri'ta] *f* Unaufrichtigkeit *f*

insincero [insin'tʃɛ:ro] *adj* unaufrichtig, unehrlich

insinuante [insinu'ante] *adj* 1. listig, tückisch; 2. *(adulatorio)* einschmeichelnd; 3. *(suggestivo, carezzevole)* einschmeichelnd
insinuazione [insinuatsi'o:ne] *f* 1. Unterstellung *f;* 2. *(offesa)* Beleidigung *f;* 3. *(malignità)* Bösartigkeit *f*
insipido [in'si:pido] *adj (senza gusto)* geschmacklos, fade
insistente [insis'tɛnte] *adj* 1. eindringlich; 2. *(invadente)* aufdringlich
insistere [in'sistere] *v irr* ~ *su* bestehen auf
insoddisfatto [insoddis'fatto] *adj* unzufrieden, unbefriedigt
insoddisfazione [insoddisfatsi'o:ne] *f* Unzufriedenheit *f*
insofferente [insoffe'rɛnte] *adj* ungeduldig, unduldsam
insolente [inso'lɛnte] *adj* anmaßend, unverschämt
insolenza [inso'lɛntsa] *f* Unverschämtheit *f,* Impertinenz *f*
insolito [in'sɔ:lito] *adj* ungewöhnlich
insolubile [inso'lu:bile] *adj* 1. *(problema)* unlösbar; 2. *CHEM* unlöslich
insolvente [insol'vɛnte] *adj* zahlungsunfähig
insolvenza [insol'vɛntsa] *f* Zahlungsunfähigkeit *f*
insolvibile [insol'vi:bile] *adj* zahlungsunfähig
insolvibilità [insolvibili'ta] *f* Zahlungsunfähigkeit *f*
insomma [in'somma] *adv* schließlich, alles in allem
insopportabile [insoppor'ta:bile] *adj* 1. unerträglich, untragbar; 2. *(persona)* unausstehlich
insospettirsi [insospet'tirsi] *v* argwöhnisch werden
insperato [inspe'ra:to] *adj* unverhofft
inspiegabile [inspie'ga:bile] *adj* unerklärlich
inspirare [inspi'ra:re] *v* einatmen
instabile [insta'bi:le] *adj* 1. labil; 2. *(incostante)* unbeständig, unstet
installare [instal'la:re] *v* installieren
installarsi [instal'larsi] *v* sich einrichten
installatore [installa'to:re] *m* Installateur *m*
installazione [installatsi'o:ne] *f* Installation *m,* Einrichtung *f*
instancabile [instaŋ'ka:bile] *adj* unermüdlich

instancabilità [instaŋkabili'ta] *f* Rastlosigkeit *f*
instaurazione [instauratsi'o:ne] *f* 1. Errichtung *f;* 2. *(istituzione)* Gründung *f*
insù [in'su] *adv* hinauf, aufwärts; *andare all'*~ hinaufgehen; *naso all'*~ Stupsnase *f,* Himmelfahrtsnase *f; all'*~ empor
insuccesso [insut'tʃɛsso] *m* 1. Misserfolg *m;* 2. *(mancanza di buon esito)* Erfolglosigkeit *f*
insudiciare [insudi'ka:re] *v* beschmutzen
insufficiente [insuffi'tʃɛnte] *adj* 1. ungenügend; 2. *(inadeguato)* unzulänglich
insufficienza [insuffi'tʃɛntsa] *f* Unzulänglichkeit *f*
insulso [in'sulso] *adj (senza spirito)* geistlos, fade
insultare [insul'ta:re] *v* beleidigen
insulto [in'sulto] *m* 1. Beschimpfung *f;* 2. *(offesa)* Beleidigung *f*
insuperabile [insupe'ra:bile] *adj* unbesiegbar, unübertrefflich
insurrezione [insurretsi'o:ne] *f POL* Erhebung *f*
intaccare [intak'ka:re] *v* 1. einschneiden; 2. ~ *i risparmi (fig)* die Geldreserven angreifen
intaccatura [intakka'tu:ra] *f* Kerbe *f*
intagliare [inta'ʎa:re] *v* schnitzen
intagliatore [intaʎa'to:re] *m* Schnitzer *m*
intangibile [intan'dʒi:bile] *adj* unantastbar
intanto [in'tanto] *adv* 1. indessen, dagegen; 2. *(temporale)* inzwischen, mittlerweile
intasamento [intasa'mento] *m* Verstopfung *f*
intasato [inta'sa:to] *adj* verstopft
intatto [in'tatto] *adj* 1. *(intero)* unberührt; 2. *(integro)* unversehrt, intakt
intavolare [intavo'la:re] *v (fig: tema)* einleiten
intavolatura [intavola'tu:ra] *f MUS* Tabulatur *f*
integrale [inte'gra:le] *adj* 1. vollständig, ungekürzt; 2. *pane* ~ *GAST* Vollkornbrot *n*
integrante [inte'grante] *adj* 1. ergänzend, zusätzlich; 2. *(essenziale)* wesentlich
integrare [inte'gra:re] *v* 1. integrieren; 2. *(completare)* ergänzen
integrazione [integratsi'o:ne] *f* 1. Integration *f;* 2. *(completamento)* Ergänzung *f*
integrità [integri'ta] *f* 1. *(fig)* Lauterkeit *f;* 2. *(incolumità)* Unversehrtheit *f;* 3. *(totalità)* Gesamtheit *f,* Vollständigkeit *f*

intelaiatura [intelaia'tuːra] *f 1. (fig)* Aufbau *m*, Struktur *f; 2. (impalcatura)* Gerüst *n; 3. TECH* Rahmen *m*
intelletto [intel'lɛtto] *m* Verstand *m*, Intellekt *m*
intellettuale [intellettu'aːle] *adj 1.* intellektuell, geistig; *m/f 2.* Intellektuelle(r) *m/f*
intelligente [intelli'dʒɛnte] *adj* intelligent, klug
intelligenza [intelli'dʒɛntsa] *f* Intelligenz *f,* Klugheit *f; ~ artificiale* künstliche Intelligenz *f*
intemperie [intem'pɛːrie] *f/pl* Schlechtwetter *n*, schlechtes Wetter *n*
intendente [inten'dɛnte] *adj 1.* verständig, klug; *m/f 2. THEAT* Intendant(in) *m/f*
intendere [in'tɛndere] *v irr 1.* beabsichtigen, vorhaben; *2. (comprendere)* verstehen, begreifen
intendersi [in'tɛndersi] *v irr 1. ~ di qc* sich mit etw auskennen; *2. (accordarsi)* sich verständigen, sich einig sein; *~ con qd* sich mit jdm verstehen
intenso [in'tɛnso] *adj 1.* intensiv; *2. (forte)* stark, groß
intento [in'tɛnto] *adj 1.* bedacht; *m 2.* Zweck *m*, Absicht *f*
intenzionale [intentsio'naːle] *adj* absichtlich, vorsätzlich
intenzionato [intentsio'naːto] *adj* gesonnen
intenzione [intentsi'oːne] *f* Absicht *f,* Vorhaben *n; avere l'~ di fare qc* die Absicht haben, etw zu tun
interattivo [interat'tiːvo] *adj* interaktiv
interazione [interatsi'oːne] *f* Wechselwirkung *f*
intercalare [interkal'kaːre] *v 1.* einfügen, einschieben; *m 2.* idiomatische Redewendung *f*
intercessore [intertʃes'soːre] *m* Fürsprecher *m*
intercettare [intertʃet'taːre] *v 1. TEL* abhören, abhorchen; *2. (una lettera)* abfangen, auffangen (fig)
intercontinentale [interkontinen'taːle] *adj* interkontinental
interdire [inter'diːre] *v 1.* verbieten, untersagen; *2. ~ qd JUR* jdn entmündigen
interdizione [interditsi'oːne] *f 1.* Verbot *n; 2. JUR* Entmündigung *f; ~ legale* Entzug der bürgerlichen Rechte *m*
interessamento [interessa'mento] *m 1.* Anteilnahme *f; 2. (cura)* Fürsorge *f*

interessante [interes'sante] *adj 1.* interessant, bemerkenswert; *2. stato ~* Schwangerschaft *f; essere in stato ~* schwanger sein
interessare [interes'saːre] *v 1.* Aufmerksamkeit erwecken, interessieren; *2. (riguardare)* angehen, betreffen
interessarsi [interes'sarsi] *v* sich interessieren
interessato [interes'saːto] *adj 1.* interessiert; *persona interessata* Interessent(in) *m/f; m 2. (persona partecipe)* Beteiligter *m; 3. (persona in questione)* Betreffender *m*
interesse [inte'rɛsse] *m 1.* Interesse *n; 2. (vantaggio)* Vorteil *m*, Nutzen *m; 3. interessi pl ECO* Zinsen *m*
interferenza [interfe'rɛntsa] *f 1. (coincidenza)* Überschneidung *f,* Überlagerung *f; ~ finanziaria* Finanzverflechtung *f; 2. (intromissione)* Einmischung *f; 3. PHYS* Interferenz *f*
interferire [interfe'riːre] *v irr 1. (coincidere)* sich überschneiden; *2. (fig)* sich einmischen; *3. PHYS* interferieren
interiezione [interietsi'oːne] *f 1.* Ausruf *m; 2. GRAMM* Interjektion *f*
interiora [interi'oːra] *f/pl GAST* Innereien *pl*
interiore [interi'oːre] *adj 1.* innere(r,s); *2. (fig: della coscienza)* innerlich
interiorizzare [interiod'dzaːre] *v 1.* verinnerlichen; *2. PSYCH* internalisieren
interlocutore [interloku'toːre] *m 1.* Ansprechpartner *m; 2. (partecipante ad una discussione)* Diskussionsteilnehmer *m*
intermediario [intermedi'aːrio] *m 1.* Mittelsmann *m*, Vermittler *m; adj 2.* vermittelnd
interminabile [intermi'naːbile] *adj* unendlich, endlos
internamente [interna'mente] *adv* innen
internazionale [internatsio'naːle] *adj 1.* international; *f 2.* Internationale *f*
Internet ['intɘnet] *m INFORM* Internet *n; accesso ad ~* Internetanschluss *m*
internista [inter'nista] *m/f MED* Internist(in) *m/f*
interno [in'tɛrno] *adj 1.* innere(r,s), Innen... *medicina interna* Innere Medizin *f; politica interna* Innenpolitik *f; navigazione interna* Binnenschifffahrt *f; 2. (intimo)* intern; *m 3.* Inneres *n; all'~* im Inner(e)n; *ministero degli interni* Innenministerium *n; Via Veneto 40, int. 2* Via Veneto 40, Appartement 2; *4. (terrritorio nazionale)* Inland *n; ~ e estero* In- und Ausland *n*

intero [in'te:ro] *adj 1.* ganz, vollständig; *m 2.* Ganzes *n*

interpellanza [interpel'lantsa] *f POL* große Anfrage *f*

interpellare [interpel'la:re] *v 1.* fragen, befragen; *2. MED* konsultieren

interpretare [interpre'ta:re] *v 1.* interpretieren, erklären; *2. (spiegare)* auslegen, deuten; *3. (fig) MUS* vortragen

interpretazione [interpretatsi'o:ne] *f 1.* Interpretation *f*, Erklärung *f*; *2. (esegesi)* Deutung *f*, Auslegung *f*

interprete [in'tɛrprete] *m/f 1. CINE* Darsteller(in) *m/f*; ~ *principale* Hauptdarsteller(in) *m/f*; *2. (traduttore orale/traduttrice orale)* Dolmetscher(in) *m/f*; ~ *simultaneo* Simultandolmetscher *m; Mi serve un ~.* Ich brauche einen Dolmetscher. *3. (musicista)* Interpret(in) *m/f*

interpunzione [interpuntsi'o:ne] *m GRAMM* Interpunktion *f*, Zeichensetzung *f; segno d'~* Satzzeichen *n*

interrato [inter'ra:to] *adj 1.* vergraben; *m 2. (di abitazione)* Souterrain *n*

interrogare [interro'ga:re] *v 1.* ausfragen, befragen; *2. JUR* verhören

interrogativo [interroga'ti:vo] *m 1.* Frage *f; adj 2. GRAMM* fragend, Frage... *pronome ~* Interrogativpronomen *n; punto ~* Fragezeichen *n*

interrogatorio [interroga'to:rio] *m JUR* Verhör *n*

interrogazione [interrogatsi'o:ne] *f* Frage *f*, Befragung *f*

interrompere [inter'rompere] *v irr 1.* unterbrechen; *2. (parole)* dazwischenrufen, unterbrechen; *3. (fig)* abbrechen, aufhören; *4. (lavoro)* aussetzen

interrompersi [inter'rompersi] *v irr* innehalten

interruttore [interrut'to:re] *m (dispositivo) TECH* Schalter *m; ~ a leva* Hebelschalter *m*

interruzione [interrutsi'o:ne] *f* Unterbrechung *f*, Abbruch *m; ~ della gravidanza* Schwangerschaftsabbruch *m*

intersecare [interse'ka:re] *v 1.* durchschneiden; *2. (incrociare)* überkreuzen, überschneiden

intersezione [intersetsi'o:ne] *f* Überschneidung *f*

intervallo [inter'vallo] *m 1.* Intervall *m; 2. (pausa)* Pause *f; 3. (di tempo)* Zeitraum *m*, Zeitspanne *f*

intervenire [interve'ni:re] *v irr 1.* eingreifen, intervenieren; *2. (d'autorità)* einschreiten; *3. (succedere)* dazwischenkommen; *4. (partecipare)* beteiligt sein, teilnehmen

intervento [inter'vɛnto] *m 1.* Einschreiten *n; 2. (in una lite)* Dazwischentreten *n*, Intervention *f; 3. MED* Eingriff *m*

intervista [inter'vista] *f* Interview *n*

intervistare [intervis'ta:re] *v* interviewen

intesa [in'te:sa] *f 1.* Übereinstimmung *f*, Einvernehmen *n; d'~ con* im Einvernehmen mit; *2. (accordo)* Verständigung *f; ~ tra i popoli* Völkerverständigung *f*

intessere [in'tessere] *v 1.* weben; *2. (ordire)* planen; *3. (fig)* in Gang bringen

intestare [intes'ta:re] *v* überschreiben

intestarsi [intes'tarsi] *v 1.* ~ *qc* sich etw vornehmen; *2.* ~ *qc (fig)* sich etw einbilden

intestatario [intesta'ta:rio] *m 1.* Absender *m; 2. (possessore)* Inhaber *m*

intestato [intes'ta:to] *adj 1. (registrato)* eingetragen; *2. (indirizzato)* adressiert; *carta intestata* vorgedrucktes Briefpapier *n*

intestazione [intestatsi'o:ne] *f 1.* Briefkopf *m; 2. (di giornale)* Überschrift *f; 3. (indirizzo)* Adresse *f; 4. (registrazione)* Eintrag *m; 5. (dedica)* Widmung *f*

intestino [intes'ti:no] *adj 1.* innere(r,s); *guerra intestina* Bürgerkrieg *m; m 2. ANAT* Darm *m; ~ cieco* Blinddarm *m; ~ crasso* Dickdarm *m; ~ tenue* Dünndarm *m*

intimare [inti'ma:re] *v 1.* befehlen, auffordern; *2. (esortare)* auffordern; *3. (chiedere)* verlangen

intimazione [intimatsi'o:ne] *f* Befehl *m*, Aufforderung *f*

intimidire [intimi'di:re] *v* einschüchtern

intimità [intimi'ta] *f* Vertrautheit *f*, Intimität *f*

intimo ['intimo] *adj* intim, vertraulich; *amico ~* enger Freund *m; biancheria intima* Unterwäsche *f*

intimorimento [intimori'mento] *m* Verängstigung *f*, Verschüchterung *f*

intingere [in'tindʒere] *v irr* tunken

intingolo [in'tiŋgolo] *m 1. GAST* Soße *f; 2. (ragù)* Ragout *m*

intitolare [intito'la:re] *v 1. (titolo)* betiteln; *2. (denominare)* benennen; *3. (dedicare)* widmen; *4. (registrare)* eintragen

intitolarsi [intito'larsi] *v* sich nennen, heißen

intoccabile [intok'ka:bile] *adj 1.* unberührbar; *m/f 2.* Aussätzige(r) *m/f*

intollerante [intolleˈrante] *adj* intolerant, unduldsam
intolleranza [intolleˈrantsa] *f* Intoleranz *f*, Unduldsamkeit *f*
intonacare [intonoˈkaːre] *v (muro)* verputzen
intonaco [inˈtɔːnako] *m (malta)* Putz *m; ~ esterno* Außenputz *m*
intonare [intoˈnaːre] *v MUS* anstimmen, einstimmen
intonato [intoˈnaːto] *adj MUS* abgestimmt
intontito [intonˈtiːto] *adj* benommen, betäubt
intoppo [inˈtoppo] *m* Hindernis *n*
intorbidire [intorbiˈdiːre] *v (liquido)* trüben
intorno [inˈtorno] *prep 1.* um, um ... herum; *adv 2. (locale)* umher, herum; *tutt'~* ringsherum
intorpidito [intorpiˈdiːto] *adj* starr, steif
intossicare [intossiˈkaːre] *v* vergiften
intossicazione [intossikatsiˈoːne] *f MED* Vergiftung *f; ~ alimentare* Lebensmittelvergiftung *f*
intralciare [intralˈtʃaːre] *v 1.* verwickeln; *2. (confondere)* verwirren; *3. (ostacolare)* behindern, hemmen; *4. ~ i piani* quer schießen
intralcio [inˈtraltʃo] *m 1.* Verwicklung *f; 2. (confusione)* Verwirrung *f; 3. (ostacolo)* Hindernis *n*
intrallazzo [intralˈlattso] *m* Machenschaft *f*, Trick *m*
intransigenza [intransiˈdʒɛntsa] *f 1.* Unnachgiebigkeit *f; 2. (inconciliabilità)* Unversöhnlichkeit *f*
intraprendente [intraprenˈdɛnte] *adj* unternehmungslustig
intraprendere [intraˈprɛndere] *v 1.* unternehmen; *2. (viaggio)* antreten
intrattabile [intratˈtaːbile] *adj 1.* unumgänglich; *2. (scontroso)* spröde
intrattenere [intratteˈneːre] *adj* unterhalten, aufhalten
intrattenersi [intratteˈnersi] *v 1.* sich aufhalten; *2. (conversare)* sich unterhalten
intrattenimento [intratteniˈmento] *m (conversazione)* Unterhaltung *f*
intravedere [intraveˈdeːre] *v 1.* kaum erkennen, kaum sehen; *~ attraverso qc* durch etw hindurchsehen; *2. (fig) ~ qc* etw voraussehen, etw ahnen
intrecciare [intretˈtʃaːre] *v 1.* einflechten; *2. (intessere)* flechten

intrecciarsi [intretˈtʃarsi] *v* ineinander greifen
intrecciatura [intrettʃaˈtuːra] *f* Verflechtung *f*
intreccio [inˈtrettʃo] *m 1. LIT* Handlung *f; 2. (intrigo)* Kabale *f; 3. (fig)* Verflechtung *f*
intrepido [inˈtrɛːpido] *adj* wagemutig, unerschrocken
intricato [intriˈkaːto] *adj 1.* verwickelt, kompliziert; *2. (fig)* kraus
intrico [inˈtriːko] *m 1.* Verwicklung *f*, Komplikation *f; 2. (groviglio)* Gewirr *n*
intrigo [inˈtriːgo] *m 1.* Machenschaften *pl; 2. (congiura)* Intrige *f*
intrinseco [inˈtrinseko] *adj* innerlich
intristire [intrisˈtiːre] *v* verkümmern
introdurre [introˈdurre] *v irr 1.* einführen; *2. (iniziare)* einleiten; *3. (inserire)* einfügen, einschieben; *4. (infilare)* hineinstecken; *5. (insegnare)* einweisen
introdursi [introˈdursi] *v irr 1.* hineingelangen; *2. (penetrare)* eindringen
introduzione [introdutsiˈoːne] *f 1. (di qc di nuovo)* Einführung *f; 2. (avviamento)* Einleitung *f; 3. (installazione)* Einbau *m; 4. (ficcare dentro)* Einführung *f*
introito [inˈtrɔːito] *m ECO* Einnahme *f*
intromettersi [introˈmettersi] *v irr (intervenire)* dazwischenfunken, hineinreden
intromissione [intromissiˈoːne] *f 1.* Vermittlung *f*, Intervention *f; 2. (ingerenza)* Einmischung *f*
introspezione [introspetsiˈoːne] *f* Selbstbeobachtung *f*, Introspektion *f*
introvabile [introˈvaːbile] *adj* unauffindbar
intruso [inˈtruːzo] *m* Eindringling *m*
intuire [intuˈiːre] *v* ahnen
intuizione [intuitsiˈoːne] *f* Intuition *f*
inumano [inuˈmaːno] *adj 1.* unmenschlich; *2. (senza cuore)* hartherzig, herzlos
inumare [inuˈmaːre] *v* bestatten
inumidire [inumiˈdiːre] *v* befeuchten
inutile [iˈnuːtile] *adj 1.* unnütz, nutzlos; *2. (non necessario)* unnötig; *3. (vano)* vergeblich
inutilità [inutiliˈta] *f* Nutzlosigkeit *f*, Vergeblichkeit *f*
inutilizzabile [inutilidˈdzaːbile] *adj* unbrauchbar
inutilmente [inutilˈmente] *adv (invano)* umsonst, vergeblich
invadere [inˈvaːdere] *v irr 1. MIL* einfallen, eindringen; *2. (acque)* überfluten

invaghire [inva'gi:re] *v* verzaubern
invaghirsi [inva'girsi] *v* sich verlieben
invalida [in'va:lida] *f* Körperbehinderte *f*
invalidità [invalidi'ta] *f* 1. *MED* Invalidität *f;* 2. *(non validità, l'essere nullo)* Ungültigkeit *f*
invalido [in'va:lido] *adj* 1. *(non idoneo al lavoro)* arbeitsuntauglich; ~ *di guerra* kriegsversehrt; 2. *JUR* nichtig; *m* 3. Invalide *m,* Körperbehinderter *m;* ~ *di guerra* Kriegsversehrter *m*
invano [in'va:no] *adv* vergeblich, umsonst
invariabile [invari'a:bile] *adj* unveränderlich, unabänderlich
invariato [invari'a:to] *adj* unverändert
invasione [invazi'o:ne] *f* 1. *MIL* Einfall *m,* Invasion *f;* 2. *(fig)* Überflutung *f*
invasore [inva'zo:re] *m* 1. Eindringling *m;* 2. *(conquistatore)* Eroberer *m*
invecchiamento [invekkia'mento] *m* 1. Altern *n;* 2. *(della società)* Überalterung *f;* 3. *(stagionamento del vino)* Lagerung *f*
invecchiare [invekki'a:re] *v* 1. altern, alt werden; 2. *(vino)* ablagern; 3. *(far diventare vecchio)* alt machen; 4. *(passare di moda)* veralten; 5. *(fig: diventare canuto)* ergrauen
invecchiato [invekki'a:to] *adj* 1. gealtert; 2. *(moda)* veraltet
invece [in've:tʃe] *adv* 1. *(in luogo di)* dafür; *konj* 2. hingegen; *prep* 3. ~ *di* anstatt, statt
inveire [inve'i:re] *v* fluchen, losziehen
invendibile [invendi:bile] *adj* unverkäuflich
inventare [inven'ta:re] *v* erfinden
inventario [inven'ta:rio] *m* 1. Inventar *n;* 2. *ECO* Inventur *f,* Bestandsaufnahme *f;* 3. *(registro) ECO* Bestandsaufnahme *f*
inventato [inven'ta:to] *adj* ausgedacht, erfunden; ~ *di sana pianta* aus der Luft gegriffen
inventiva [inven'ti:va] *f* Fantasie *f,* Erfindungsgabe *f*
inventivo [inven'ti:vo] *adj* erfinderisch
inventore [inven'to:re] *m* Erfinder *m*
invenzione [inventsi'o:ne] *f* Erfindung *f*
invernale [inver'na:le] *adj* winterlich
inverno [in'vɛrno] *m* Winter *m*
inverosimile [invero'si:mile] *adj* unwahrscheinlich, zweifelhaft
inversione [inversi'o:ne] *f* 1. Umkehrung *f,* Umstellung *f;* 2. *CHEM* Inversion *f*
inverso [in'vɛrso] *adj* 1. umgekehrt, invers; *m* 2. Gegenteil *n*

invertire [inver'ti:re] *v* umkehren; ~ *la polarità* umpolen
invertito [inver'ti:to] *adj* verkehrt herum
investigare [investi'ga:re] *v* forschen, nachforschen
investigatore [investiga'to:re] *m* Detektiv *m*
investimento [investi'mento] *m* 1. *FIN* Investition *f;* 2. *(di denaro) FIN* Geldanlage *f;* ~ *di capitale* Kapitalanlage *f;* ~ *sbagliato* Fehlinvestition *f;* 3. *(di un pedone)* Anfahren *n,* Überfahren *n;* 4. *(scontro)* Zusammenstoß *m*
investire [inves'ti:re] *v* 1. investieren, hineinstecken; 2. *(denaro) FIN* anlegen; 3. *(ufficio)* bekleiden; 4. *(qd con un veicolo)* anfahren; 5. *(animale)* überfahren
investitore [investi'to:re] *m* *FIN* Anleger *m*
inviare [invi'a:re] *v* 1. übersenden; 2. *(spedire)* wegschicken; 3. *(mandare)* zuschicken
inviato [invi'a:to] *m* 1. Korrespondent *m;* 2. *POL* Abgesandter *m*
invidia [in'vi:dia] *f* Neid *m,* Missgunst *f*
invidiabile [invidi'a:bile] *adj* beneidenswert
invidiare [invidi'a:re] *v* beneiden
invidioso [invidi'o:so] *adj* neidisch, missgünstig
invincibile [invin'tʃi:bile] *adj* unbesiegbar, unüberwindbar
invio [in'vi:o] *m* 1. Sendung *f;* 2. *(spedizione)* Versand *m*
inviolabile [invio'la:bile] *adj* 1. unantastbar; 2. *(invulnerabile)* unverletzlich
invischiarsi [inviski'arsi] *v* 1. *(fig)* auf den Leim gehen, hereinfallen; 2. *(impelagarsi)* sich verstricken
invisibile [invi'zi:bile] *adj* unsichtbar
invitare [invi'ta:re] *v* 1. *(ospiti)* einladen; *Posso invitarla?* Darf ich Sie einladen? 2. *(chiedere cortesemente)* auffordern; *Posso invitarla a questo ballo?* Darf ich zum Tanz bitten?
invitato [invi'ta:to] *m* Gast *m*
invito [in'vi:to] *m* 1. Einladung *f; Molto grazie per l'~.* Vielen Dank für die Einladung. 2. *(richiesta cortese)* Aufforderung *f*
invocare [invo'ka:re] *v* anflehen; ~ *aiuto* um Hilfe rufen
invocazione [invokatsi'o:ne] *f* 1. Anrufung *f;* 2. ~ *d'aiuto* Hilferuf *m*
invogliare [invo'ʎa:re] *v* anregen, anreizen

involgere [in'vɔldʒere] *v 1.* einpacken, einwickeln; *2. (coinvolgere)* einbeziehen
involontario [involon'taːrio] *adj 1.* unabsichtlich, unbeabsichtigt; *2. (senza il proprio volere)* unfreiwillig
involtino [invol'tiːno] *m GAST* Roulade *f*
involto [in'vɔlto] *m 1.* Bündel *n; 2. (involucro)* Hülle *f*
involucro [in'vɔːlukro] *m 1. (protezione)* Umschlag *m; 2. TECH* Gehäuse *n; 3. (custodia)* Hülle *f,* Umhüllung *f*
involuzione [involutsi'oːne] *f 1. (regresso)* Rückschritt *m; 2. (complicazione)* Verwicklung *f*
invulnerabile [invulne'raːbile] *adj* unverletzlich, unverwundbar
inzuccarsi [intsuk'karsi] *v 1. (ostinarsi)* sich in den Kopf setzen; *2. (innamorarsi)* sich verlieben; *3. (ubriacarsi)* sich betrinken
io ['iːo] *pron* ich
iodio [i'ɔːdio] *m CHEM* Jod *n*
iperfunzione [iperfuntsi'oːne] *f* Überfunktion *f*
ipersensibile [ipersen'siːbile] *adj* überempfindlich
ipersensibilità [ipersensibili'ta] *f* Überempfindlichkeit *f*
ipnosi [ip'nɔːzi] *f* Hypnose *f*
ipnotizzare [ipnotid'dzaːre] *v* hypnotisieren
ipnotizzatore [ipnotiddza'toːre] *m* Hypnotiseur *m*
ipocrisia [ipokri'ziːa] *f 1.* Heuchelei *f; 2. (simulazione di sincerità)* Scheinheiligkeit *f*
ipocrita [i'pɔːkrita] *adj 1.* scheinheilig; *m/f 2.* Heuchler(in) *m/f*
ipofunzione [ipofuntsi'oːne] *f* Unterfunktion *f*
ipoteca [ipo'tɛːka] *f* Hypothek *f*
ipotesi [ipo'teːsi] *f* Hypothese *f*
ipotetico [ipo'tɛːtiko] *adj* hypothetisch
ipotizzare [ipotid'dzaːre] *v* annehmen
ippodromo [ip'pɔːdromo] *m* Pferderennbahn *f,* Rennbahn *f*
ippopotamo [ippo'pɔːtamo] *m ZOOL* Nilpferd *n*
ipsilon ['ipsilon] *m/f* Ypsilon *n*
ira ['iːra] *f* Zorn *m,* Wut *f; con ~* unwillig
iracondia [ira'kondia] *f* Jähzorn *m*
iracondo [ira'kondo] *adj* jähzornig
Iran [i'raːn] *m GEO* Iran *m*
Iraq [i'raːk] *m GEO* Irak *m*
irato [i'raːto] *adj (fig: arrabbiato)* wild
Irlanda [ir'landa] *f GEO* Irland *n*

ironia [iro'niːa] *f* Ironie *f*
irradiare [irradi'aːre] *v 1. (calore)* ausstrahlen; *2. (illuminare)* bestrahlen
irradiazione [irradiatsi'oːne] *f 1. MED* Bestrahlung *f; 2. (diffusione)* Ausstrahlung *f*
irrefrenabile [irrefre'naːbile] *adj* unaufhaltsam
irregolare [irrego'laːre] *adj* unregelmäßig, ungleichmäßig
irregolarità [irregolari'ta] *f* Unregelmäßigkeit *f*
irreperibile [irreperi'biːle] *adj* unauffindbar
irreprensibile [irrepren'siːbile] *adj* einwandfrei, tadellos
irrequietezza [irrekui'tettsa] *f* Rastlosigkeit *f*
irrequieto [irrekui'ɛːto] *adj (senza pace)* rastlos, unruhig
irresistibile [irresis'tiːbile] *adj* unwiderstehlich
irresponsabile [irrespon'saːbile] *adj 1.* unverantwortlich; *2. (privo di responsabilità)* verantwortungslos
irretire [irre'tiːre] *v* umgarnen
irrevocabile [irrevo'kaːbile] *adj* unwiderruflich
irriconoscibile [irrikono'ʃiːbile] *adj 1.* nicht wieder erkennbar; *2. (dopo un cambiamento)* unkenntlich
irriconoscibilità [irrikonoʃibili'ta] *f* Unkenntlichkeit *f*
irrigare [irri'gaːre] *v* bewässern
irrigazione [irrigatsi'oːne] *f* Bewässerung *f*
irrigidire [irridʒi'diːre] *v irr* versteifen
irrigidito [irridʒi'diːto] *adj (dito)* steif
irriguardoso [irriguar'doːso] *adj* schonungslos
irrilevante [irrile'vante] *adj* belanglos, unbedeutend
irrispettoso [irrispet'toːso] *adj* respektlos
irritabile [irri'taːbile] *adj* reizbar
irritare [irri'taːre] *v 1. ~ qd* jdn ärgern, jdn reizen; *2. MED* entzünden
irritarsi [irri'tarsi] *v 1.* sich ärgern; *2. MED* sich entzünden
irritato [irri'taːto] *adj* ärgerlich, gereizt
irritazione [irritatsi'oːne] *f 1.* Ärger *m,* Gereiztheit *f; 2. MED* Reizung *f,* leichte Entzündung *f*
iscrivere [is'kriːvere] *v (tesserare)* anmelden

iscriversi [is'kriːversi] *v* sich einschreiben, sich anmelden
iscrizione [iskritsi'oːne] *f* 1. Meldung *f,* Anmeldung *f;* ~ *nel registro commerciale* Eintragung im Handelsregister *f;* 2. *(scritta)* Aufschrift *f;* 3. *(epigrafe)* Inschrift *f*
Islam [iz'laːm] *m* REL Islam *m*
islamico [iz'laːmiko] *adj* REL islamisch
Islanda [iz'landa] *f* GEO Island *n*
isola ['iːzola] *f* 1. Insel *f;* ~ *artificiale* Bohrinsel *f;* ~ *pedonale* Verkehrsinsel *f;* 2. *Isole Britanniche pl* GEO Britische Inseln *pl*
isolamento [izola'mento] *m* 1. Isolation *f; a* ~ *acustico* schalldicht; ~ *termico* Wärmedämmung *f;* 2. *(l'essere isolato)* Isolierung *f;* 3. *(solitudine)* Vereinsamung *f*
isolare [izo'laːre] *v* 1. isolieren; 2. MED absondern
isolato [izo'laːto] *adj* vereinzelt
ispessire [ispes'siːre] *v (fig)* verdichten
ispettorato [ispetto'raːto] *m* ECO Aufsichtsamt *n*
ispezionare [ispetsio'naːre] *v* 1. besichtigen, kontrollieren; 2. *(dogana)* abfertigen
ispezione [ispetsi'oːne] *f* Inspektion *f,* Überprüfung *f*
ispirare [ispi'raːre] *v* inspirieren, anregen
ispirarsi [ispi'rarsi] *v* sich inspirieren
ispirazione [ispiratsi'oːne] *f (fig)* Eingebung *f*
Israele [izra'ɛːle] *m* GEO Israel *n*
issare [is'saːre] *v* hissen
istantaneo [istan'taːneo] *adj* augenblicklich
istante [is'tante] *m* Zeitpunkt *m*
istanza [is'tantsa] *f* JUR Instanz *f*
istigare [isti'gaːre] *v* 1. anstiften; 2. *(sobillare)* aufwiegeln
istintivo [istin'tiːvo] *adj* 1. unwillkürlich; 2. *(impulsivo)* triebhaft
istinto [is'tinto] *m* Trieb *m;* ~ *d'autoconservazione* Selbsterhaltungstrieb *m*
istituto [isti'tuːto] *m* 1. Institut *n,* Anstalt *f;* ~ *di medicina tropicale* Tropeninstitut *n;* ~ *culturale* Kulturinstitut *n;* ~ *demoscopico* Meinungsforschungsinstitut *n;* ~ *finanziario* Geldinstitut *n;* ~ *superiore* Hochschule *f;* ~ *di bellezza* Schönheitssalon *m;* 2. *(ente)* Anstalt *f*
istituzione [istitutsi'oːne] *f* Institution *f,* Einrichtung *f*
istruire [istru'iːre] *v irr* 1. unterweisen; 2. *(guidare, ammaestrare)* anleiten, belehren;

3. *(insegnare)* anlernen; 4. *(formare)* ausbilden
istruirsi [istru'irsi] *v irr* sich bilden
istruito [istru'iːto] *adj* gebildet
istruttivo [istrut'tiːvo] *adj* aufschlussreich, lehrreich
istruttore [istrutto:re] *m* Lehrer *m;* ~ *di guida* Fahrlehrer *m*
istruttoria [istrutto'riːa] *f* JUR Ermittlung *f*
istruttrice [isttrut'triːtʃe] *f* Lehrerin *f*
istruzione [istrutsi'oːne] *f* 1. Anleitung *f,* Weisung *f; istruzioni per l'uso* Bedienungsanleitung *f,* Gebrauchsanweisung *f,* Betriebsanleitung *f;* 2. *(formazione, addestramento)* Ausbildung *f;* ~ *per adulti* Erwachsenenbildung *f;* ~ *generale* Allgemeinbildung *f;* ~ *scolastica* Schulbildung *f*
istupidimento [istupidi'mento] *m* Verdummung *f*
Italia [i'taːlia] *f* GEO Italien *n;* ~ *meridionale* Süditalien *n;* ~ *settentrionale* Norditalien *n*
italiana [itali'aːna] *f* Italienerin *f*
italiano [itali'aːno] *adj* 1. italienisch; *m* 2. *(persona)* Italiener *m;* 3. *(lingua)* Italienisch *n; Non parlo molto bene l'~.* Ich spreche nicht sehr gut Italienisch.
itinerario [itine'raːrio] *m* Route *f;* ~ *di viaggio* Reiseroute *f*
itterizia [itte'riːtsia] *f* MED Gelbsucht *f*
ittico [i'ittiko] *adj* Fisch... *mercato* ~ Fischmarkt *m*
iuta [i'uːta] *f* BOT Jute *f*
ivi ['iːvi] *adv* dort
jazz [dʒæz] *m* MUS Jazz *m*
jockey ['dʒɔkei] *m* SPORT Jockei *m*
jogurt [i'ɔːgurt] *m* GAST Joghurt *m*
Judo [dʒu'do] *m* SPORT Judo *n*
Jugoslavia [iugos'laːvia] *f* GEO Jugoslawien *n*
jugoslavo [iugos'laːvo] *adj* 1. jugoslawisch; *m* 2. Jugoslawe *m*
junior [i'uːnior] *adj* 1. Junior... *m* 2. Junior *m*
kaki ['kaːki] *m* 1. BOT Kakibaum *m; f* 2. BOT Kakifrucht *f; adj* 3. *(colore)* kakifarben
kilogrammo [kilo'grammo] *m* Kilogramm *n,* Kilo *n*
kimono [ki'mɔːno] *m* Kimono *m*
kitsch [kitʃ] *m* Kitsch *m*
kivi ['kiːvi] *f* BOT Kiwi *f*
kursaal ['kuːrzaal] *m* Kursaal *m*

L

la [la] *art* die
là [la] *adv 1. (lì)* dahin, dorthin; *2. (moto a luogo)* hin; *3. (stato in luogo)* dort, da; *al di ~* jenseits; *di ~* da drüben
labbro ['labbro] *m* Lippe *f*
labile ['la:bile] *adj* labil
labilità [labili'ta] *f* Labilität *f*
labirinto [labi'rinto] *m 1.* Labyrinth *n; 2. (di strade)* Gewirr *n*
laboratorio [labora'tɔːrio] *m 1.* Labor *n; 2. (officina)* Werkstatt *f*
laborioso [labori'oːso] *adj 1.* fleißig; *2. (faticoso)* anstrengend, schwierig
lacca ['lakka] *f 1.* Lack *m; 2. ~ per i capelli* Haarspray *n*
laccare [lak'kaːre] *v* lackieren
laccetto [lat'tʃetto] *m* Aufhänger *m*
lacchè [lak'kɛ] *m 1.* Diener *m; 2. (in senso spregiativo)* Lakai *m*
laccio ['lattʃo] *m* Schnürsenkel *m*
lacerare [latʃe'raːre] *v* zerreißen
lacerazione [latʃeratsi'oːne] *f 1. MED* Geweberiss *m; 2. (fig)* herzzerreißender Schmerz *m*
laconico [la'kɔːniko] *adj 1.* lakonisch; *2. (di poche parole)* wortkarg
lacrima ['la:krima] *f* Träne *f*
lacrimare [lakri'maːre] *v* tränen
lacrimogeno [lakri'mɔːdʒeno] *adj* Tränen... *gas ~* Tränengas *n*
lacrimoso [lakri'moːso] *adj 1.* rührselig; *2. (occhi)* verweint
lacuna [la'kuːna] *f* Lücke *f; ~ culturale* Bildungslücke *f*
lacunoso [laku'noːso] *adj* lückenhaft
ladro ['la:dro] *m* Dieb *m; Al ~!* Haltet den Dieb!
laggiù [lad'dʒu] *adv* dort unten
laghetto [la'getto] *m* Weiher *m*
lagnanza [la'ɲantsa] *f* Beschwerde *f*
lagnarsi [la'ɲarsi] *v* jammern
lago ['la:go] *m* See *m; ~ di Costanza* Bodensee *m; ~ di Garda* Gardasee *m*
laguna [la'guːna] *f GEOL* Lagune *f*
laico ['la:iko] *adj 1. (ecclesiastico)* weltlich; *m 2. REL* Laie *m*
lama¹ ['la:ma] *f* Klinge *f*
lama² ['la:ma] *f ZOOL* Lama *n*
lambiccarsi [lambik'karsi] *v ~ il cervello* grübeln, sich den Kopf zerbrechen

lambire [lam'biːre] *v* lecken
lamella [la'mɛlla] *f* Lamelle *f*
lamentare [lamen'taːre] *v* klagen
lamentarsi [lamen'tarsi] *v* sich beklagen
lamentela [lamen'tɛːla] *f* Klage *f*
lamentevole [lamen'teːvole] *adj* kläglich
lamento [la'mento] *m 1.* Klage *f*, Gejammer *n; 2. lamenti pl* Gejammer *n*
lamentoso [lamen'toːso] *adj* kläglich
lametta [la'metta] *f* Rasierklinge *f*
lamiera [lami'ɛːra] *f* Blech *n; ~ del forno* Backblech *n; ~ di protezione* Schutzblech *n*
lamierista [lamie'rista] *m* Klempner *m*
lamina ['la:mina] *f* Blatt *n*, Folie *f*
laminare [lami'naːre] *v TECH* walzen
lampada ['lampada] *f* Lampe *f; ~ da tavolo* Tischlampe *f; ~ a stelo* Stehlampe *f; ~ solare* Höhensonne *f; ~ tascabile* Taschenlampe *f*
lampadario [lampa'daːrio] *m* Kronleuchter *m*, Lüster *m*
lampadina [lampa'diːna] *f (elettrica)* Birne *f*, Glühbirne *f*
lampante [lam'pante] *adj 1.* funkelnd, leuchtend; *2. (fig)* offenbar
lampeggiamento [lampeddʒa'mento] *m (di una macchina)* Lichthupe *f*
lampeggiare [lamped'dʒaːre] *v 1.* abblitzen; *2. (macchina)* blinken
lampeggiatore [lampeddʒa'toːre] *m 1. (di una macchina)* Blinker *m; 2. lampeggiatori di emergenza pl* Warnblinkanlage *f*
lampioncino [lampion'tʃiːno] *m* Lampion *m*
lampo ['lampo] *m 1.* Blitz *m; ~ di genio* Geistesblitz *m; veloce come un ~* blitzschnell; *2. (attimo)* Moment *m; in un ~* im Nu
lampone [lam'poːne] *m BOT* Himbeere *f*
lana ['la:na] *f* Wolle *f; ~ d'acciaio* Stahlwolle *f; ~ di pecora* Schafwolle *f; ~ di vetro* Glaswolle *f*
lancetta [lan'tʃetta] *f* Zeiger *m; ~ dell'orologio* Uhrzeiger *m*
lancia ['lantʃa] *f* Lanze *f*, Wurfspeer *m*
lanciare [lan'tʃaːre] *v 1.* schleudern, werfen; *2. (pallone)* schießen; *3. ~ frecciate (fig)* sticheln
lanciarsi [lan'tʃarsi] *v* sich stürzen; *~ contro qd* sich auf jdn stürzen
lancinante [lan'tʃante] *adj* stechend

lancio ['lantʃo] *m 1.* Werfen *n,* Wurf *m; 2. (salto)* Sprung *m; 3. SPORT* Wurf *m; 4. (pubblicitario) ECO* Lancierung *f,* Einführung *f*

landa ['landa] *f 1. GEO* Heide *f; 2. (pianura) GEO* Ebene *f*

laneria [lane'riːa] *f 1. (lanificio)* Wollspinnerei *f; 2. (articoli di lana)* Wollwaren *pl*

languido ['languido] *adj 1.* schwach, matt, kraftlos; *2. (tenero)* schmachtend, sehnsüchtig; *3. (fig)* matt, schwach; *4. ECO* flau, gedrückt

languire [langu'iːre] *v* dahinsiechen

lanificio [lani'fiːtʃo] *m* Wollweberei *f*

lanterna [lan'tɛrna] *f* Laterne *f*

lapide ['laːpide] *f* Grabstein *m*

lapis ['laːpis] *m* Bleistift *m*

lappola ['lappola] *f BOT* Klette *f*

lardellare [lardel'laːre] *v GAST* spicken

lardo ['lardo] *m GAST* Speck *m*

larghezza [lar'gettsa] *f 1.* Breite *f; 2. (ampiezza)* Weite *f,* Geräumigkeit *f; 3. ~ di banda TECH* Bandbreite *f; 4. (generosità)* Großzügigkeit *f*

largo ['largo] *adj 1.* breit; *2. (ampio)* weit; *3. (spazioso)* geräumig; *4. (generoso)* großzügig

larice ['laːritʃe] *m BOT* Lärche *f*

laringe [la'rindʒe] *f ANAT* Kehlkopf *m*

laringite [larin'dʒiːte] *f ANAT* Kehlkopfentzündung *f*

larva ['larva] *f ZOOL* Larve *f*

lasciapassare [laʃapas'saːre] *m* Passierschein *m*

lasciare [la'ʃaːre] *v 1.* lassen; *lasciar entrare* hereinlassen; *lasciar andare (permettere di andare)* weglassen; *lasciar cadere qd (fig)* jdn fallen lassen; *2. (cedere)* lassen; *~ aperto* offen lassen; *~ indietro* zurücklassen; *~ indifferente (fam)* kalt lassen; *~ in pace* in Ruhe lassen; *~ libero* ausspaaren; *~ scappare un segreto (fam)* sich verplappern; *3. (abbandonare)* verlassen; *4. (consegnare)* überlassen; *5. (resto)* übrig lassen; *6. (in testamento)* hinterlassen

lasciarsi [la'ʃarsi] *v 1.* sich trennen, auseinander gehen; *2. ~ andare* sich gehen lassen; *3. ~ cogliere dal panico* in Panik geraten

lascito [la'ʃiːto] *m* Hinterlassenschaft *f*

lasco ['lasko] *adj* schlapp

lassù [las'su] *adv* da oben

lastra ['lastra] *f 1.* Platte *f; ~ di marmo* Marmortafel *f; ~ di vetro* Glasscheibe *f,* Fensterscheibe *f; 2. MED* Röntgenaufnahme *f*

lastricato [lastri'kaːto] *adj 1.* gepflastert; *m 2.* Straßenpflaster *n*

latente [la'tɛnte] *adj 1.* verborgen; *2. PSYCH* latent

laterale [late'raːle] *adj 1.* seitlich, Seiten... *porta ~* Seiteneingang *m; 2. (fig)* Neben... *strada ~* Nebenstraße *f*

latifoglia [lati'fɔːʎa] *f BOT* Laubbaum *m*

latino [la'tiːno] *m 1.* Latein *n; adj 2.* lateinisch

latitante [lati'tante] *adj 1.* flüchtig; *2. (nascosto)* verborgen; *m/f 3.* Flüchtige(r) *m/f*

latitanza [lati'tantsa] *f* Flüchtigsein *n,* Flucht *f,* Verborgensein *n; darsi alla ~* sich verbergen, flüchtig werden

latitudine [lati'tuːdine] *f GEO* Breite *f*

lato ['laːto] *m 1.* Seite *f; da un ~* einerseits; *~ anteriore* Vorderseite *f; ~ posteriore* Rückseite *f; ~ inferiore* Unterseite *f; sul ~ destro/sul ~ sinistro* auf der rechten Seite/auf der linken Seite; *2. (tratto tipico)* Wesenszg *m; ~ negativo* Schattenseite *f; adj 3. (fig)* weit; *in senso ~* im weiteren Sinne

latrare [la'traːre] *v* bellen, kläffen

latrato [la'traːto] *m* Gebell *n*

latrina [la'triːna] *f (gabinetto)* Abort *m*

latta ['latta] *f 1.* Blech *n; 2. (tanica)* Kanister *m*

lattaio [lat'taːio] *m* Milchmann *m,* Milchhändler *n*

lattante [lat'tante] *m* Säugling *m*

latte ['latte] *m* Milch *f; ~ di mucca* Kuhmilch *f; ~ di capra* Ziegenmilch *f; ~ in polvere* Trockenmilch *f; ~ scremato* Magermilch *f; ~ condensato* Kondensmilch *f; ~ intero* Vollmilch *f*

latteo ['latteo] *adj* milchartig, Milch... *via lattea* Milchstraße *f*

latteria [latte'riːa] *f 1.* Molkerei *f; 2. (negozio)* Milchhandlung *f*

latticino [latti'tʃiːno] *m GAST* Milchprodukt *n*

lattina [lat'tiːna] *f* Dose *f*

lattoniere [lattoni'ɛːre] *m* Spengler *m,* Klempner *m*

lattuga [lat'tuːga] *f ~ cappuccina BOT* Kopfsalat *m*

lattughella [lattu'gɛlla] *f BOT* Feldsalat *m*

laurea ['laːurea] *f 1.* Hochschulabschluss *m; 2. (dottorato)* Doktortitel *m*

laurearsi [laure'arsi] *v 1.* einen Hochschulabschluss machen; *2. (conseguire il dottorato)* promovieren

laureato [laure'aːto] *adj* promoviert
lava ['laːva] *f GEOL* Lava *f*
lavabile [la'vaːbile] *adj* waschbar
lavabo [la'vaːbo] *m* Waschbecken *n*
lavaggio [la'vaddʒo] *m 1. (lavare)* Waschen *n*, Reinigung *f; ~ del cervello* Gehirnwäsche *f; 2. MED* Spülung *f*
lavagna [la'vaːɲa] *f* Tafel *f*
lavanda[1] [la'vanda] *f BOT* Lavendel *m*
lavanda[2] [la'vanda] *f (lavaggio)* Waschung *f*
lavanderia [lavande'riːa] *f* Wäscherei *f*
lavandino [lavan'diːno] *m* Waschbecken *n*
lavapiatti [lavapi'atti] *m* Küchengehilfe *m*, Tellerwäscher *m*
lavare [la'vaːre] *v 1.* abwaschen; *~ qc* etw waschen; *2. (stoviglie)* spülen
lavarsi [la'varsi] *v* sich waschen
lavastoviglie [lavasto'viː λe] *f* Geschirrspülmaschine *f*
lavatoio [lava'toːio] *m* Waschraum *m*
lavatrice [lava'triːtʃe] *f* Waschmaschine *f*
lavello [la'vɛllo] *m* Spülbecken *n*
lavorante [lavo'rante] *m/f* Geselle/Gesellin *m/f*, Arbeiter(in) *m/f*
lavorare [lavo'raːre] *v 1.* arbeiten; *2. (legno, metallo)* bearbeiten, bebauen; *~ la terra* das Feld bestellen; *3. TECH* bearbeiten; *4. ~ troppo* sich überarbeiten
lavorato [lavo'raːto] *adj 1.* bearbeitet, ausgeführt; *2. ~ a mano* handgearbeitet
lavoratore [lavora'toːre] *m 1.* Arbeiter *m; ~ dipendente* Arbeitnehmer *m; ~ del porto* Hafenarbeiter *m; ~ edile* Bauarbeiter *m; 2. (chi esercita un mestiere)* Erwerbstätiger *m*
lavorazione [lavoratsi'oːne] *f 1.* Bearbeitung *f; ~ su misura* Maßarbeit *f; 2. (di legno, di metallo)* Verarbeitung *f; 3. (produzione)* Herstellung *f*
lavoro [la'voːro] *m 1.* Arbeit *f; ~ a orario ridotto* Kurzarbeit *f; ~ a tempo definito* Zeitarbeit *f; ~ a tempo parziale* Teilzeitbeschäftigung *f; ~ a domicilio* Heimarbeit *f; ~ a turni* Schichtarbeit *f; ~ abusivo* Schwarzarbeit *f; ~ d'ufficio* Büroarbeit *f; ~ di squadra* Teamarbeit *f; ~ manuale* Handarbeit *f; ~ nero* Schwarzarbeit *f; ~ occasionale* Gelegenheitsarbeit *f; ~ pesante* Schwerarbeit *f; ~ qualificato* Wertarbeit *f; ~ stagionale* Saisonarbeit *f; ~ a cottimo* Akkordarbeit *f; ~ di casa* Hausarbeit *f; 2. THEAT* Stück *n*
lazzaretto [laddza'retto] *m MIL* Lazarett *n*
leale [le'aːle] *adj 1.* aufrichtig; *2. (fedele ai patti)* loyal

lealtà [leal'ta] *f* Loyalität *f*, Offenheit *f*
leasing ['liːziŋ] *m* Leasing *n*
lecca-lecca ['lekka'lekka] *m GAST* Lutscher *m*
leccare [lek'kaːre] *v* lecken, schlecken
leccarsi [lek'karsi] *v 1. ZOOL* sich lecken; *2. ~ le dita (fig)* sich die Finger lecken
leccornia [lekkor'niːa] *f 1. GAST* Schleckerei *f; 2. (cibo prelibato)* Delikatesse *f*
lecito ['lɛtʃito] *adj* zulässig, erlaubt
ledere ['lɛːdere] *v irr 1.* schädigen; *2. MED* verletzen
lega ['leːga] *f 1.* Liga *f*, Bund *m; ~ nazionale* Nationalliga *f; 2. MET* Legierung *f*
legale [le'gaːle] *adj 1.* gesetzlich, legal; *2. (conforme alla legge)* rechtmäßig; *3. (giudiziario)* gerichtlich; *4. (del diritto)* rechtlich; *via ~* Rechtsweg *m; m 5. JUR* Rechtsvertreter *m*
legalità [legaili'ta] *f 1.* Legalität *f; 2. JUR* Rechtsgültigkeit *f*
legalizzare [legalid'dzːare] *v* legalisieren
legame [le'gaːme] *m 1. (fig)* Band *n; 2. (nesso)* Zusammenhang *m*
legare [le'gaːre] *v 1.* anbinden, binden; *~ con una corda* anseilen; *2. (congiungere)* verbinden; *3. (allacciare)* zubinden; *4. (fig)* einbinden; *5. (attaccare)* knüpfen
legarsi [le'garsi] *v* sich verbinden, sich binden; *~ a qd* sich mit jdm verbinden
legato [le'gaːto] *adj 1.* verbunden; *2. (fig)* gebunden; *m 3.* Vermächtnis *n*
legatore [lega'toːre] *m* Buchbinder *m*
legge ['leddʒe] *f 1.* Gesetz *n; ~ a tutela della gioventù* Jugendschutzgesetz *n; ~ sull'aborto* Abtreibungsgesetz *n; ~ fondamentale* Grundgesetz *n; 2. (diritto)* Recht *n; 3. (scienza) JUR* Rechtswissenschaft *f*
leggenda [led'dʒɛnda] *f* Legende *f*
leggendario [leddʒen'daːrio] *adj* sagenhaft, legendär
leggere ['lɛddʒere] *v irr 1.* lesen; *2. (fig)* ablesen; *3. (ad alta voce) ~ qc a qd* jdm etw vorlesen; *4. INFORM* abtasten
leggerezza [leddʒe'rettsa] *f (spontaneità)* Leichtigkeit *f*, Unbeschwertheit *f*
leggero [led'dʒɛːro] *adj 1. (non pesante)* leicht; *~ come una piuma* federleicht; *2. (delicato)* sanft; *3. (superficiale)* locker; *4. (esiguo)* leicht; *avere un ~ dolore* leichte Schmerzen haben; *un caffè ~* ein schwacher Kaffee *m; 5. (libero da preoccupazioni)* unbeschwert; *6. (fig: senza problemi)* spielerisch; *7. atletica leggera SPORT* Leichtathletik *f*
leggiadria [leddʒa'driːa] *f* Zierlichkeit *f*

leggiadrissimo [leddʒa'drissimo] *adj* allerliebst

leggiadro [led'dʒaːdro] *adj* anmutig

leggibile [led'dʒiːbile] *adj* leserlich

legione [le'dʒoːne] *f MIL* Legion *f*

legislativo [ledʒisla'tiːvo] *adj* gesetzgebend

legislatore [ledʒisla'toːre] *m* Gesetzgeber *m*

legislatura [ledʒisla'tuːra] *f* Legislaturperiode *f*

legislazione [ledʒislatsi'oːne] *f 1. POL* Gesetzgebung *f; 2. (potere legislativo) POL* Legislative *f*

legittimare [ledʒitti'maːre] *v* legitimieren

legittimazione [ledʒittimatsi'oːne] *f* Legitimation *f*

legittimità [ledʒittimi'ta] *f* Legitimität

legittimo [le'dʒittimo] *adj 1. JUR* legitim, rechtmäßig; *2. legittima difesa* Notwehr *f*

legna ['leːɲa] *f* Holz *n; ~ da ardere* Brennholz *n*

legname [le'ɲaːme] *m ~ da costruzione* Bauholz *n*

legno ['leːɲo] *m* Holz *n; di ~* hölzern; *~ pregiato* Edelholz *n*

legnoso [le'ɲoːso] *adj (fig)* hölzern

legume [le'guːme] *m BOT* Hülsenfrucht *f*

leguminose [legumi'noːse] *f/pl BOT* Hülsenfrüchte *pl*

lei [lɛːi] *pron* sie; *per ~* ihretwegen

Lei [lɛːi] *pron* Sie; *per ~* Ihretwegen; *a ~* zu Ihnen

lembo ['lembo] *m* Rand *m*, Saum *m*

lemma ['lɛmma] *m* Stichwort *n*

lena ['leːna] *f* Kraft *f; di buona ~* gern

lenire [le'niːre] *v irr (mitigare)* mildern

lente ['lɛnte] *f 1.* Linse *f; ~ di ingrandimento* Vergrößerungsglas *n; ~ focale* Brennglas *n; ~ da occhiali* Brillenglas *n; ~ a contatto* Kontaktlinse *f; 2. (per ingrandire)* Lupe *f; 3. lenti pl (da occhiali)* Brillengläser *pl; 4. lenti pl (a contatto)* Kontaktlinsen *pl*

lentezza [len'tettsa] *f 1.* Langsamkeit *f; 2. (pigrizia)* Trägheit *f*

lenticchia [len'tikkia] *f BOT* Linse *f*

lentiggine [len'tiddʒine] *f* Sommersprosse *f*

lento ['lɛnto] *adj 1.* langsam; *2. (non saldo)* locker; *3. (fiacco)* schlaff; *4. (pigro)* träge

lenza ['lɛntsa] *f* Angelschnur *f*

lenzuolo [lentsu'ɔːlo] *m* Laken *n*, Bettlaken *n; Le lenzuola e coperte sono già usate.* Das Bettzeug ist bereits gebraucht.

leone [le'oːne] *m ZOOL* Löwe *m*

leopardo [leo'pardo] *m ZOOL* Leopard *m*

lepidio [le'piːdio] *m BOT* Kresse *f*

lepre ['lɛːpre] *m ZOOL* Hase *m*

lesbico ['lɛzbiko] *adj* lesbisch

lesionare [lezio'naːre] *v 1.* beschädigen; *2. MED* verletzen

lesione [lezi'oːne] *f 1.* Verletzung *f; ~ personale* Körperverletzung *f; 2. (danneggiamento)* Beschädigung *f*

lessico ['lɛssiko] *m 1.* Lexikon *n; 2. (insieme dei vocaboli di una lingua)* Wortschatz *m*

lesso ['lesso] *adj 1. GAST* gekocht; *m 2. GAST* Suppenfleisch *n*

letale [le'taːle] *adj* tödlich

letamaio [leta'maːio] *m* Misthaufen *m*

letame [le'taːme] *m* Mist *m*

letargo [le'targo] *m ZOOL* Winterschlaf *m*

letizia [le'tiːtsia] *f* Freude *f*, Fröhlichkeit *f*

lettera ['lɛttera] *f 1.* Brief *m*, Schreiben *n; ~ d'amore* Liebesbrief *m; ~ di ringraziamento* Dankschreiben *n; ~ di risposta* Antwortschreiben *n; ~ di un lettore* Leserbrief *m; ~ monitoria* Mahnschreiben *n; ~ raccomandata* Einschreibebrief *m; per ~* schriftlich; *~ di vettura* Frachtbrief *m; 2. (la risposta ad un annuncio)* Zuschrift *f; 3. (dell'alfabeto)* Buchstabe *m; ~ iniziale* Anfangsbuchstabe *m; alla ~* wörtlich

letterale [lette'raːle] *adj 1.* buchstäblich, wörtlich; *2. (alla lettera)* wörtlich

letterario [lette'raːrio] *adj* literarisch

letterato [lette'raːto] *adj 1.* gebildet; *m 2.* gebildeter Mensch *m*, Gelehrter *m*

letteratura [lettera'tuːra] *f* Literatur *f; ~ dozzinale* Trivialliteratur *f; ~ specializzata* Fachliteratur *f; ~ amena* Belletristik *f*

letto ['lɛtto] *m 1.* Bett *n; ~ a due piazze* Doppelbett *n; ~ da bambini* Gitterbett *n; ~ di morte* Totenbett *n; ~ di piume* Daunenbett *n; ~ matrimoniale* Ehebett *n; ~ ribaltabile* Klappbett *n; ~ singolo* Einzelbett *n; ~ ungueale* Nagelbett *n; letti separati* getrennte Betten *pl; 2. (di fiume)* Bett *n*

lettore [let'toːre] *m 1.* Leser *m; 2. (di università, di una casa editrice)* Lektor *m; 3. ~ di dischetti INFORM* Diskettenlaufwerk *n*, Laufwerk *n; ~ compact* CD-Spieler *m*

lettura [let'tuːra] *f 1.* Lesung *f*, Vorlesung *f; 2. POL* Lesung *f; 3. (libro da leggere)* Lektüre *f*

leva ['lɛːva] *f 1. TECH* Hebel *m; ~ del cambio* Knüppel *m; ~ di comando* Schalthebel *m; 2. MIL* Einberufung *f*

levante [le'vante] *adj 1.* aufgehend; *m 2. GEO* Osten *m*
levare [le'vaːre] *v 1.* heben, aufheben; *2. (togliere)* abziehen; ~ *con violenza* herausbrechen; ~ *via* wegnehmen; *3.* ~ *di mezzo* beseitigen; *4. (raccattare)* aufheben
levarsi [le'varsi] *v 1.* aufstehen, sich erheben; ~ *dai piedi* abwimmeln; *2. (alzarsi)* aufkommen; *3.* ~ *i vestiti* sich auszuziehen; *4. (sole)* aufgehen
levata [le'vaːta] *f 1.* Aufstehen *n;* 2. *(del sole)* Sonnenaufgang *m*
levatrice [leva'triːtʃe] *f* Hebamme *f*
levatura [leva'tuːra] *f (fig)* Format *n*
levigare [levi'gaːre] *v 1.* polieren; *2. TECH* schleifen
lezione [letsi'oːne] *f 1.* Unterricht *m,* Unterrichtsstunde *f; 2. (avviso)* Lehre *f; 3. (capitolo)* Lektion *f*
lì [li] *adv* dahin, dorthin; ~ *dietro* dahinter; ~ *per* ~ im ersten Moment; *e giù di* ~ und so weiter *essere* ~ ~ *per fare qc* im Begriff sein, etw zu tun
Libano ['liːbano] *m GEO* Libanon *m*
libellula [li'bɛllula] *f ZOOL* Libelle *f*
liberale [libe'raːle] *adj 1.* liberal; *2. (generoso)* großzügig; *3. (di mente ~)* tolerant
liberalismo [libera'lizmo] *m POL* Liberalismus *m*
liberare [libe'raːre] *v 1.* befreien; *2. (lasciar libero)* loslassen; *3. (salvare)* erlösen; *4. (dispensare)* entbinden; *5. SPORT* abspielen
liberarsi [libe'rarsi] *v 1. (fam: disfarsi)* abschütteln; *2. (disimpegnarsi)* sich frei machen; *3. (fig)* ablegen
liberazione [liberatsi'oːne] *f 1.* Befreiung *f; 2. (da malattie)* Erlösung *f; 3. (rilascio)* Freigabe *f*
libero ['liːbero] *adj 1.* frei; ~ *dal gran caldo* hitzefrei; *E' ancora* ~ *un posto qui?* Ist hier noch ein Platz frei? *2. (vacante)* unbesetzt; *3. (gratis)* frei, kostenlos; *ingresso* ~ freier Eintritt *m; 4. (vuoto)* leer; *5. (indipendente)* unabhängig; ~ *professionista* Freiberufler *m; commercio* ~ Freihandel *m;* ~ *da impegni* abkömmlich; *6. (non vincolato) essere* ~ *da qc* einer Sache ledig sein
libertà [liber'ta] *f 1.* Freiheit *f;* ~ *di decidere* Entscheidungsfreiheit *f;* ~ *di movimento* Bewegungsfreiheit *f;* ~ *di stampa* Pressefreiheit *f;* ~ *di religione* Religionsfreiheit *f;* ~ *di pensiero* Gedankenfreiheit *f;* ~ *di sposta-*

mento Spielraum *m; 2. (liberalità)* Freizügigkeit *f; 3. (indipendenza)* Unabhängigkeit *f*
libertino [liber'tiːno] *m 1.* Wüstling *m; 2. (libero pensatore) HIST* Freigeist *m; adj 3.* ausschweifend
Libia ['liːbia] *f GEO* Libyen *n*
libidine [li'biːdine] *f 1.* Lüsternheit *f; 2. PSYCH* Libido *f*
libraio [li'braːio] *m* Buchhändler *m*
libreria [libre'riːa] *f 1.* Buchhandlung *f; 2. (mobile)* Bücherschrank *m,* Bücherregal *n*
libretto [li'bretto] *m 1.* ~ *degli assegni FIN* Scheckbuch *n;* ~ *di risparmio* Sparbuch *n; 2.* ~ *di circolazione* Kraftfahrzeugschein *m; 3. MUS* Operntextbuch *n*
libro [li'ːbro] *m* Buch *n;* ~ *di canzoni* Liederbuch *n;* ~ *di lettura* Lesebuch *n;* ~ *di preghiere* Gebetbuch *n;* ~ *genealogico* Stammbuch *n;* ~ *illustrato* Bilderbuch *n;* ~ *tascabile* Taschenbuch *n;* ~ *giallo* Kriminalroman *m; parlare come un* ~ *stampato (fam)* reden wie ein Buch
licenza [li'tʃɛntsa] *f* Lizenz *f,* Genehmigung *f;* ~ *d'importazione* Einfuhrgenehmigung *f;* ~ *di esercizio* Gewerbeschein *m;* ~ *di esportazione* Ausfuhrgenehmigung *f*
licenziamento [litʃentsia'mento] *m 1.* Kündigung *f; 2. (di un operaio)* Entlassung *f;* ~ *in massa* Massenentlassung *f*
licenziare [litʃentsi'aːre] *v 1.* kündigen; *2. (operaio)* entlassen
licenziarsi [litʃentsi'arsi] *v* kündigen
licenzioso [litʃentsi'oːso] *adj* zügellos
liceo [li'tʃɛːo] *m* Gymnasium *n*
lido ['liːdo] *m* Strand *m*
lietissimo [lie'tissimo] *adj* hocherfreut
lieto [li'ɛːto] *adj 1.* erfreut; *Lieto di conoscerla.* Es freut mich, Sie kennen zu lernen. *2. (contento)* heiter, froh; *un evento* ~ ein freudiges Ereignis *n*
lieve [li'ɛːve] *adj* leicht, geringfügig
lievitare [lievi'taːre] *v 1. (pasta) GAST* aufgehen; *2. ECO* ansteigen
lievito [li'ɛːvito] *m* Hefe *f*
lift [lift] *m* Lift *m*
lifting ['liftiŋg] *m* Lifting *n; fare il* ~ liften
lignite [li'ɲite] *f MIN* Braunkohle *f*
Liguria [li'guːria] *f GEO* Ligurien *n*
lilla ['lilla] *adj 1.* lila; *m 2. BOT* Flieder *m*
lima ['liːma] *f* Feile *f*
limare [li'maːre] *v* feilen
limatura [lima'tuːra] *f* Span *m*
limetta [li'metta] *f* ~ *da unghie* Nagelfeile *f*

limitare [limi'taːre] *v 1.* begrenzen; *2. (restringere)* beschränken, einschränken; *3. (fig)* zurückstecken

limitarsi [limi'tarsi] *v 1. (fam: fare economia)* kurz treten; *2. ~ a* sich beschränken auf

limitato [limi'taːto] *adj 1.* beschränkt; *~ nel tempo* befristet; *2. (ottuso)* borniert; *3. (gretto)* kleinlich

limitazione [limitatsi'oːne] *f* Begrenzung *f,* Beschränkung *f; ~ di vendita* ECO Absatzbeschränkung *f*

limite ['liːmite] *m 1.* Grenze *f; ~ d'età* Altersgrenze *f; 2. (fig)* Grenzbereich *m,* Grenze *f; ~ d'inibizione* Hemmschwelle *f; 3. ~ di velocità* Tempolimit *n; 4. limiti pl (di validità)* Geltungsbereich *m*

limitrofo [li'miːtrofo] *adj* benachbart

limo ['liːmo] *m 1.* Schlamm *m; 2.* GEO Schlick *m*

limonata [limo'naːta] *f* Zitronenlimonade *f*

limone [li'moːne] *m* Zitrone *f*

limousine [limǝ'ziːn] *f* Limousine *f*

limpidezza [limpi'dettsa] *f* Klarheit *f*

limpido ['limpido] *adj 1.* klar; *2. (suono)* hell; *3. (chiaro)* rein; *4. (tralucente)* glasklar

lince ['lintʃe] *f* ZOOL Luchs *m*

linciaggio [lin'tʃaddʒo] *m* Lynchjustiz *f*

linciare [lin'tʃaːre] *v* lynchen

lindo ['lindo] *adj* adrett

linea ['liːnea] *f 1.* Linie *f; ~ elettrica* elektrische Leitung *f; ~ ferroviaria* Bahnlinie *f; ~ d'aria* Luftlinie *f; Quale ~ parte per ...?* Welche Linie fährt nach ...? *2. (tratto)* Strich *m; 3. ~ retta* MATH Gerade *f; 4. (riga)* Zeile *f; 5. ~ telefonica* Telefonleitung *f*

lineamenti [linea'menti] *m/pl ~ del volto* Gesichtszüge *pl*

lineare [line'aːre] *adj 1.* linear; *2. (fig)* geradlinig

lineetta [line'etta] *f 1.* Bindestrich *m; 2. ~ di sospensione* Gedankenstrich *m*

lingotto [liŋ'gɔtto] *m (d'oro)* Barren *m*

lingua ['liŋgua] *f 1.* Sprache *f; ~ straniera* Fremdsprache *f; ~ corrente/~ parlata* Umgangssprache *f; ~ nazionale* Landessprache *f; ~ madre* Muttersprache *f; 2.* ANAT Zunge *f; dalla ~ biforcuta* doppelzüngig; *3. ~ di terra* GEO Landzunge *f*

linguaggio [liŋgu'addʒo] *m* Sprache *f; ~ tecnico* TECH Fachsprache *f; ~ di programmazione* INFORM Programmiersprache *f; ~ dei sordomuti* Taubstummensprache *f; ~ incomprensibile* Kauderwelsch *n*

linguetta [liŋgu'etta] *f 1.* Zunge *f; 2.* MUS Rohrblatt *n; 3.* TECH Feder *f*

linguista [liŋgu'ista] *m/f* Sprachforscher(in) *m/f*

linguistico [liŋgu'istiko] *adj* sprachlich, Sprach...

lino ['liːno] *m 1.* Leinen *n; 2.* BOT Flachs *m*

liquefare [likue'faːre] *v* verflüssigen

liquefarsi [likue'farsi] *v* flüssig werden

liquidare [likui'daːre] *v 1. (fig)* kalt stellen; *2. (sistemare)* erledigen; *3. (conto)* ECO ausgleichen; *4. (azienda)* ECO liquidieren; *5. (articolo)* ausverkaufen

liquidazione [likuidatsi'oːne] *f 1.* ECO Auflösung *f,* Liquidation *f; ~ totale* Räumungsverkauf *m; ~ di fine inverno* Winterschlussverkauf *m; 2. (di un conto)* ECO Abrechnung *f*

liquidità [likuidi'ta] *f 1.* ECO Liquidität *f; 2. (denaro in contanti)* ECO Bargeld *n; 3. (stato liquido)* Flüssigkeit *f*

liquido ['liːkuido] *adj 1.* flüssig; *soldi liquidi* flüssige Mittel *pl; m 2.* Flüssigkeit *f; ~ per freni* Bremsflüssigkeit *f*

liquirizia [likui'riːtsia] *f* Lakritze *f*

liquore [liku'oːre] *m* Likör *m*

lira¹ ['liːra] *f* FIN Lira *f; ~ sterlina* Pfund *n*

lira² ['liːra] *f* MUS Lyra *f*

lirica ['liːrika] *f 1. (poesia)* LIT Lyrik *f; 2.* MUS Opernmusik *f*

lirico ['liːriko] *adj 1.* LIT lyrisch; *2. cantante ~* Opernsänger *m; m 3. (poeta)* Lyriker *m*

lisca ['liska] *f ~ di pesce* Fischgräte *f*

lisciare [li'ʃaːre] *v* glätten

liscio ['liʃo] *adj 1. (senza pieghe)* glatt; *2. (fig: senza problemi)* reibungslos; *3. (senza aggiunte)* GAST pur; *4. passarla liscia (fig)* ungestraft bleiben

lista ['lista] *f 1.* Liste *f; ~ delle vivande* Speisekarte *f; 2. (elenco)* Verzeichnis *n*

listino [lis'tiːno] *m ~ dei prezzi* ECO Preisliste *f; prezzo di ~* Katalogpreis *m*

litania [lita'niːa] *f 1.* REL Litanei *f; 2. (fam)* Litanei *f*

lite ['liːte] *f 1. (disputa)* Krach *m,* Streit *m; 2. (oggetto della causa)* JUR Streitsache *f*

litigare [liti'gaːre] *v* streiten

litigarsi [liti'garsi] *v* sich zanken

litigio [li'tiːdʒo] *m 1.* Streit *m; 2. (alterco)* Gezanke *n,* Zank *m*

litigioso [liti'dʒoːso] *adj* streitsüchtig

litografia [litogra'fiːa] *f* ART Lithografie *f*

litorale [lito'raːle] *m* GEO Seeküste *f*

litoranea [lito'ra:nea] *f* Küstenstraße *f*
litro ['li:tro] *m* Liter *m*
liturgia [litur'dʒi:a] *f* REL Liturgie *f*
livella [li'vɛlla] *f* ~ *a bolla d'aria* Wasserwaage *f*
livellare [livel'la:re] *v* begradigen
livello [li'vɛllo] *m 1. (altezza)* Niveau *n;* ~ *del mare* Meeresspiegel *m;* 2. *(dell'acqua)* Pegel *m;* 3. *(fig)* Ebene *f;* a ~ *del suolo* ebenerdig; 4. *(fig: grado)* Niveau *n;* ~ *culturale* Bildungsstand *m*
livido ['li:vido] *adj* 1. blau angelaufen; 2. *(fig) LIT* gehässig; *m* 3. *(macchia)* blauer Fleck *m;* 4. *(di una frustata)* Strieme *f*
lo [lo] *art* 1. der; *pron* 2. *(oggetto diretto)* ihn
lobo ['lɔ:bo] *m* 1. ~ *auricolare* ANAT Ohrläppchen *n;* 2. ~ *oculare* Augapfel *m*
locale [lo'ka:le] *adj* 1. örtlich, lokal; *ora* ~ Ortszeit *f;* 2. *(di questo luogo)* hiesig; 3. *(residente sul luogo)* ortsansässig; *m* 4. Raum *m,* Räumlichkeit *f;* 5. *(bar, ristorante)* Lokal *n;* ~ *notturno* Nachtlokal *n*
località [lokali'ta] *f 1. (villaggio)* Ortschaft *f;* 2. ~ *balneare* Badeort *m; f/pl* 3. *(luoghi)* Örtlichkeiten *pl*
locanda [lo'kanda] *f* 1. Herberge *f;* 2. *(ristorante)* Wirtschaft *f*
locandiere [lokandi'ɛ:re] *m* Wirt *m*
locatario [loka'ta:rio] *m* 1. Mieter *m;* 2. *(di terreno)* Pächter *m*
locatore [loka'to:re] *m* 1. Vermieter *m;* 2. *(di terreno, di locale)* Verpächter *m*
locazione [lokatsi'o:ne] *f* 1. Pacht *f,* Miete *f;* 2. *(contratto d'affitto)* Mietvertrag *m*
locomotiva [lokomo'ti:va] *f* Lokomotive *f*
locutore [loku'to:re] *m* Sprechender *m*
locuzione [lokutsi'o:ne] *f* Ausdrucksweise *f*
lodare [lo'da:re] *v* 1. loben, preisen; 2. *(elogiare)* anpreisen; 3. *(apprezzare)* auszeichnen
lode ['lɔ:de] *f* 1. Lob *n;* ~ *di se stesso* Eigenlob *n;* 2. *(all'università)* Auszeichnung *f; con* ~ cum laude
lodevole [lo'de:vole] *adj* lobenswert
loggia ['lɔddʒa] *f* 1. Loggia *f;* 2. *(unione massonica)* Loge *f*
loggione [lod'dʒo:ne] *m* THEAT Galerie *f*
logica ['lɔ:dʒika] *f* Logik *f*
logico ['lɔ:dʒiko] *adj* logisch
logistica [lo'dʒistika] *f* Logistik *f*
logoramento [logora'mento] *m* 1. TECH Abnutzung *f;* 2. *(fig)* Zermürbung *f*
logorante [logo'rante] *adj* zermürbend

logorare [logo'ra:re] *v* 1. verschleißen, abnützen; 2. *(salute)* zerstören
logoro ['lo:goro] *adj (frusto)* schäbig
Lombardia [lombar'di:a] *f* GEO Lombardei *f*
lombata [lom'ba:ta] *f* GAST Lende *f;* ~ *di capriolo* Rehrücken *m*
lombo ['lombo] *m* GAST Lende *f*
lombrico [lom'bri:ko] *m* ZOOL Regenwurm *m*
long play ['lɔŋplei] *m* Langspielplatte *f*
longevità [londʒevi'ta] *f* Langlebigkeit *f*
longevo [lon'dʒɛ:vo] *adj* langlebig
longitudine [londʒi'tu:dine] *f* GEO Längengrad *m*
lontanamente [lontana'mente] *adv* entfernt; *ricordarsi* ~ sich ungefähr erinnern
lontananza [lonta'nantsa] *f* Ferne *f*
lontano [lon'ta:no] *adj* 1. entfernt; *alla lontana* weitläufig; 2. *(temporale)* fern; 3. *(distante)* weit, fern; 4. *(fig: esteso)* weitläufig; *prep* 5. *(lungi da)* fern
lontra ['lontra] *f* ZOOL Otter *m*
loquace [loku'a:tʃe] *adj* gesprächig
lordo ['lordo] *adj* 1. schmutzig; 2. FIN brutto; *peso* ~ Bruttogewicht *n; entrata lorda* Bruttoeinkommen *n*
loro ['lo:ro] *pron* 1. *(soggetto)* sie; *per* ~ ihretwegen; 2. *(oggetto indiretto)* ihnen, zu ihnen; *per* ~ ihretwegen
Loro ['lo:ro] *pron* 1. *(soggetto)* Sie; 2. *(oggetto diretto)* Sie; *per* ~ Ihretwegen; *a* ~ Ihnen
lotta ['lɔtta] *f* 1. Kampf *m;* ~ *anticendio* Brandbekämpfung *f;* ~ *antiparassitaria* Schädlingsbekämpfung *f;* ~ *contro i rumori* Lärmbekämpfung *f;* ~ *elettorale* Wahlkampf *m;* ~ *di classe* Klassenkampf *m;* 2. *(competizione)* Wettstreit *m;* 3. SPORT Ringkampf *m;* ~ *libera* Freistil *m;* 4. MIL Gefecht *n;* ~ *corpo a corpo* Nahkampf *m*
lottare [lot'ta:re] *v* 1. kämpfen; 2. *(combattere)* ankämpfen; 3. *(fig)* ringen; 4. SPORT ringen
lottatore [lotta'to:re] *m* Kämpfer *m*
lotteria [lotte'ri:a] *f* Lotterie *f*
lotto ['lɔtto] *m* 1. *(quantità)* Posten *m;* 2. *(gioco)* Lotteriespiel *n,* Lotto *n*
lozione [lotsi'o:ne] *f* 1. Gesichtswasser *n,* Haarwasser *n;* ~ *da barba* Rasierwasser *n;* 2. MED Einreibung *f*
lucchetto [luk'ketto] *m* Vorhängeschloss *n,* Vorlegeschloss *n*
luccicare [luttʃi'ka:re] *v* blinken, funkeln

luccio ['luttʃo] *m ZOOL* Hecht *m*
lucciola ['luttʃola] *f* Glühwürmchen *n*
luce ['lu:tʃe] *f* 1. Licht *n;* ~ *a largo fascio luminoso* Flutlicht *n;* ~ *al neon* Neonlicht *n;* ~ *del giorno* Tageslicht *n;* ~ *solare* Sonnenschein *m; far* ~ leuchten; 2. *TECH* Lichtschein *m;* 3. *(lampada)* Leuchte *f;* ~ *abbagliante* Fernlicht *n;* ~ *posteriore* Rücklicht *n*, Schlusslicht *n;* ~ *di posizione* Standlicht *n;* ~ *anabbagliante* Abblendlicht *n;* ~ *infrarossa* Infrarotlicht *n;* ~ *intermittente* Blinklicht *n;* ~ *d'arresto* Bremslicht *n;* 4. *luci pl THEAT* Rampenlicht *n*
lucente [lu'tʃɛnte] *adj (netto)* blank
lucertola [lu'tʃɛrtola] *f ZOOL* Eidechse *f*
lucidare [lutʃi'da:re] *v* 1. *(mobili, pavimenti)* glänzend machen, zum Glänzen bringen; 2. *(metalli)* polieren; 3. ~ *con la cera* bohnern
lucidatura [lutʃida'tu:ra] *f* Politur *f*
lucidità [lutʃidi'ta] *f* 1. Klarheit *f;* 2. ~ *mentale* Geistesgegenwart *f*
lucido ['lu:tʃido] *adj* 1. hell; 2. *(lucente)* glänzend; *m* 3. ~ *per scarpe* Schuhcreme *f;* 4. *(per pavimenti)* Bohnerwachs *n*
lucrativo [lukra'ti:vo] *adj* rentabel
lucro ['lu:kro] *m* Nutzen *m,* Gewinn *m*
luglio ['lu:ʎo] *m* Juli *m*
lugubre ['lu:gubre] *adj* 1. traurig; 2. *(fig)* finster, düster
lui ['lui] *pron* 1. *(oggetto diretto)* ihn; *per* ~ seinetwegen; *a* ~ ihm; 2. *(oggetto indiretto)* ihm; *per* ~ seinetwegen
lumaca [lu'ma:ka] *f ZOOL* Schnecke *f*
lume ['lu:me] *m* 1. Licht *n;* 2. *(lampada)* Leuchter *m;* 3. *(scintillio)* Schimmer *m;* ~ *di candela* Kerzenlicht *n;* 4. ~ *della ragione* Vernunft *f*
luminosità [luminosi'ta] *f* 1. Helligkeit *f,* Klarheit *f;* 2. *TECH* Leuchtkraft *f*
luminoso [lumi'no:so] *adj* hell, leuchtend
luna ['lu:na] *f* 1. Mond *m;* ~ *nuova* Neumond *m;* ~ *piena* Vollmond *m;* 2. *(umore)* Laune *f,* Stimmung *f;* 3. ~ *di miele* Flitterwochen *pl*
lunare [lu'na:re] *adj* Mond... *eclissi* ~ Mondfinsternis *f*
lunatico [lu'na:tiko] *adj* launenhaft
lunedì [lune'di] *m* Montag *m;* ~ *di Pasqua* Ostermontag *m; il* ~ montags
lungaggine [luŋ'gaddʒine] *f* 1. *(fig)* Langsamkeit *f;* 2. *(di stile)* Weitschweifigkeit *f;* 3. ~ *burocratica* Amtsschimmel *m*
lungamente [luŋga'mente] *adv* 1. lange; 2. *(a fondo)* reiflich

lunghezza [luŋ'gettsa] *f* 1. *(locale)* Länge *f;* ~ *d'onda* Wellenlänge *f;* ~ *eccessiva* Überlänge *f;* 2. *(estensione)* Weite *f*
lungimirante [lundʒimi'rante] *adj (fig)* weitsichtig
lungimiranza [lundʒimi'rantsa] *m* Weitblick *m*
lungo ['luŋgo] *adj* 1. *(locale)* lang; 2. *(temporale)* lang; *a* ~ lange; 3. *(distante)* weit; 4. *(di lunga lena)* langwierig; 5. *(caffè)* dünn, gestreckt; *prep* 6. entlang, längs
lungomare [luŋgo'ma:re] *m* Strandpromenade *f*
lungometraggio [luŋgome'traddʒo] *m CINE* Spielfilm *m*
lunotto [lu'nɔtto] *m* Heckscheibe *f*
luogo [lu'ɔ:go] *m* 1. Ort *m,* Stelle *f;* ~ *d'arrivo* Ankunftsort *m;* ~ *del reato* Tatort *m;* ~ *di adempimento* Erfüllungsort *m;* ~ *di cura* Kurort *m;* ~ *di destinazione* Bestimmungsort *m;* ~ *di nascita* Geburtsort *m;* ~ *di residenza* Wohnort *m;* ~ *di riposo* Erholungsort *m;* ~ *di villeggiatura* Ferienort *m; in un altro* ~ woanders; 2. *(fam: posto)* Fleck *m;* 3. *(località)* Stätte *f;* 4. *(scena)* Schauplatz *m;* 5. ~ *comune* Gemeinplatz *m;* 6. *avere* ~ stattfinden; *non avere* ~ ausfallen; 7. *in primo* ~ erstens, in erster Linie; 8. *essere fuori* ~ unangebracht sein
lupo ['lu:po] *m ZOOL* Wolf *m; fame da* ~ Wolfshunger *m;* ~ *mannaro* Werwolf *m*
luppolo ['luppolo] *m BOT* Hopfen *m*
lusinga [lu'ziŋga] *f* Schmeichelei *f*
lusingare [luziŋ'ga:re] *v* schmeicheln
lusingatore [luziŋga'to:re] *m* Schmeichler *m*
lusinghiero [luziŋgi'ɛ:ro] *adj* 1. schmeichelhaft; 2. *(soddisfacente)* befriedigend
lusso ['lusso] *m* 1. Luxus *m,* Pracht *f; albergo di* ~ Luxushotel *n;* 2. *(fasto)* Pracht *f*
lussuoso [lussu'o:so] *adj* luxuriös, Luxus...
lussureggiante [lussured'dʒante] *adj (vegetazione)* üppig, wuchernd
lussureggiare [lussured'dʒa:re] *v* wuchern
lussuria [lus'su:ria] *f* Unzucht *f*
lussurioso [lussuri'o:so] *adj* 1. unzüchtig; 2. *(lussureggiante)* üppig
lustro ['lustro] *adj* blitzblank
luterano [lute'ra:no] *adj REL* lutherisch
lutto ['lutto] *m* Trauer *f; caso di* ~ Trauerfall *m;* ~ *nazionale* Staatstrauer *f; portare il* ~ Trauer tragen

M

ma [ma] *konj 1.* aber; *2. (solo dopo una negazione)* sondern; *adv 3. (propriamente)* überhaupt

macabro ['maːkabro] *adj* makaber, grausig

macchia ['makkia] *f 1.* Fleck *m; ~ di grasso* Fettfleck *m; 2. (sgorbio)* Klecks *m; 3. (puntino)* Tupfen *m; 4. BOT* Dickicht *n,* Gebüsch *n*

macchiare [makki'aːre] *v 1.* beflecken; *2. (fam)* kleckern; *3. (fare delle macchie)* Flecken machen

macchiato [makki'aːto] *adj 1.* fleckig; *2. (colorato)* gefärbt; *caffè ~* Kaffee mit wenig Milch *m*

macchina ['makkina] *f 1.* Maschine *f; ~ da cucina* Küchenmaschine *f; ~ da scrivere* Schreibmaschine *f; ~ del caffè* Kaffeemaschine *f; ~ per cucire* Nähmaschine *f; 2. (auto)* Auto *n,* Wagen *m; ~ da corsa* Rennwagen *m; 3. ~ fotografica* Fotoapparat *m,* Kamera *f; ~ fotografica reflex* Spiegelreflexkamera *f; ~ da presa* Filmkamera *f*

macchinario [makki'naːrio] *m 1. TECH* Maschinenpark *m; 2. (complesso di meccanismi) TECH* Maschinerie *f*

macchinazione [makkinatsi'oːne] *f* Intrige *f*

macchinista [makki'nista] *m 1.* Maschinist *m; 2. (di un treno)* Lokführer *m*

macedonia [matʃe'dɔːnia] *f ~ di frutta GAST* Obstsalat *m*

macellaio [matʃel'laːio] *m* Metzger *m,* Schlächter *m*

macellare [matʃel'laːre] *v* schlachten

macelleria [matʃelle'riːa] *f* Metzgerei *f,* Schlächterei *f*

macello [ma'tʃɛllo] *m 1.* Schlachthof *m; 2. (fam)* Katastrophe *f; 3. (fig)* Gemetzel *m,* Blutbad *n*

macerare [matʃe'raːre] *v* aufweichen, einweichen

macerie [ma'tʃɛːrie] *f/pl* Trümmer *pl*

macigno [ma'tʃiːɲo] *m* großer Stein *m,* Felsblock *m*

macinacaffè [matʃinakaf'fe] *m* Kaffeemühle *f*

macinare [matʃi'naːre] *v 1.* zerreiben; *2. (caffè)* mahlen

macinino [matʃi'niːno] *m 1.* Mühle *f; ~ del pepe* Pfeffermühle *f; 2. (fam: vecchia automobile)* Klapperkiste *f*

Madonna [ma'dɔnna] *f REL* Madonna *f*

madre ['maːdre] *f* Mutter *f; ~ patria* Vaterland *n*

madrelingua [madre'liŋgua] *f* Muttersprache *f*

madreperla [madre'pɛrla] *f* Perlmutt *n*

madrevite [madre'viːte] *f TECH* Schraubenmutter *f*

madrina [ma'driːna] *f REL* Taufpatin *f*

maestà [maes'ta] *f* Majestät *f; Vostra Maestà* Eure Majestät

maestoso [maes'toːso] *adj 1.* majestätisch; *2. (valoroso)* altehrwürdig

maestra [ma'ɛstra] *f 1.* Lehrerin *f; 2. ~ d'asilo* Kindergärtnerin *f*

maestranze [maes'trantsa] *f/pl* Belegschaft *f*

maestro [ma'ɛstro] *m 1.* Könner *m,* Meister *m; 2. (di scuola elementare)* Lehrer *m; 3. ~ del coro MUS* Chorleiter *m*

mafia ['mafia] *f* Mafia *f*

maga [ma'ga] *f 1. (strega)* Hexe *f; 2. (che opera incantesimi)* Zauberin *f*

magari [ma'gaːri] *interj 1.* und ob; *adv 2.* sogar

magazzinaggio [magaddzi'naddʒo] *m ECO* Lagerung *f; spese di ~* Lagerungskosten *pl*

magazzino [magad'dziːno] *m 1. (deposito)* Magazin *n,* Speicher *m; ~ di merci* Warenlager *n; in ~* vorrätig; *2. grande ~* Warenhaus *n,* Kaufhaus *n*

maggio ['maddʒo] *m* Mai *m*

maggiolino [maddʒo'liːno] *m ZOOL* Maikäfer *m*

maggiorana [maddʒo'raːna] *f BOT* Majoran *m*

maggioranza [maddʒo'rantsa] *f* Mehrheit *f,* Überzahl *f; ~ di voti* Stimmenmehrheit *f; ~ delle persone* die meisten Leute *pl; ~ assoluta* absolute Mehrheit *f; ~ relativa* einfache Mehrheit *f*

maggiorare [maddʒo'raːre] *v (prezzi)* erhöhen, anheben

maggiore [mad'dʒoːre] *adj 1. (più grande)* größer; *2. (età)* älter; *~ età* Volljährigkeit *f; 3. (numero)* höher; *4. (principale, superiore)*

Haupt..., Ober... *forza* ~ höhere Gewalt *f; m*
5. *MIL* Major *m; f* 6. *andare per la* ~ große
Beliebtheit genießen
maggiorenne [maddʒo'rɛnne] *adj* volljährig, mündig
maggioritario [maddʒori'taːrio] *adj POL*
mehrheitlich, Mehrheits... *sistema elettorale*
~ Mehrheitswahlsystem *n*
magia [ma'dʒiːa] *f* Magie *f*, Zauber *m*
magico ['maːdʒiko] *adj* 1. magisch; 2. *(fig)*
zauberhaft
magistero [madʒis'tɛːro] *m* 1. Lehramt *n;*
2. *(università)* pädagogische Hochschule *f*
magistrale [madʒis'traːle] *adj* meisterhaft
magistrato [madʒis'traːto] *m JUR* Richter *m*
magistratura [madʒistra'tuːra] *f* Justizbehörde *f*
maglia ['maːʎa] *f* 1. Masche *f; lavorare a* ~
stricken; 2. *(vestiario)* Trikot *n*
maglieria [maʎe'riːa] *f* Strickerei *f; articoli di* ~ Strickwaren *pl*
maglietta [ma'ʎetta] *f* 1. Unterhemd *n;*
2. *(T-shirt)* T-Shirt *n*
maglio ['maːʎo] *m* 1. Hammer *m;* 2.
SPORT Schläger *m*
maglione [ma'ʎoːne] *m* Pullover *m*
magnanimo [ma'ɲaːnimo] *adj* edel,
großmütig
magnesio [ma'ɲɛːzio] *m* Magnesium *n*
magnete [ma'ɲɛːte] *m* Magnet *m*
magnetico [ma'ɲɛːtiko] *adj* magnetisch
magnetofono [maɲe'tɔːfono] *m* Tonbandgerät *n*
magnificenza [maɲifi'tʃɛntsa] *f* Herrlichkeit *f*, Pracht *f*
magnifico [ma'ɲiːfiko] *adj* 1. wunderbar;
2. *(fam: grandioso)* toll, prächtig
magno ['maːɲo] *adj* groß; *Carlo Magno*
Karl der Große *m*
mago ['maːgo] *m* 1. Zauberer *m*, Magier *m;*
2. ~ *Sabbiolino* Sandmännchen *n*
magro ['maːgro] *adj* 1. mager; ~ *come un
chiodo* klapperdürr; 2. *(ossuto)* hager;
3. *(scarso)* karg
mai [mai] *adv* 1. nie, niemals; *non* ... ~ niemals, nie; ~ *e poi* ~ nie und nimmer; *più che*
~ mehr denn je, erst recht; 2. *(talvolta)* je,
jemals, irgendwann; *Come* ~? Wieso?/
Warum? *konj* 3. *caso* ~ falls, gegebenenfalls
maiale [mai'aːle] *m* 1. *ZOOL* Schwein *n,*
Sau *f;* 2. *carne di* ~ Schweinefleisch *n*
maionese [maio'neːse] *f GAST* Majonäse *f*

mais [mais] *m BOT* Mais *m*
maiuscolo [mai'uskolo] *adj* 1. groß, gewaltig; *adv* 2. groß; *scrivere* ~ großschreiben
malandato [malan'daːto] *adj* heruntergekommen
malanno [ma'lanno] *m* 1. Krankheit *f;*
2. *(disgrazia)* Unglück *n*, Unheil *n;* 3. *(malessere)* Übel *n*
malaticcio [mala'tittʃo] *adj MED* gebrechlich; *essere* ~ kränkeln
malato [ma'laːto] *adj* 1. krank; ~ *di nervi*
nervenkrank; ~ *di petto* lungenkrank; ~ *grave*
schwer krank; ~ *di tubercolosi* lungenkrank;
m 2. Kranker *m*
malattia [malat'tiːa] *f* 1. Krankheit *f;* ~
infantile Kinderkrankheit *f;* ~ *ereditaria*
Erbkrankheit *f;* ~ *mentale* Geisteskrankheit *f;*
~ *renale* Nierenkrankheit *f;* ~ *tropicale*
Tropenkrankheit *f;* ~ *venerea* Geschlechtskrankheit *f;* 2. *MED* Leiden *n*
malavita [mala'viːta] *f* Unterwelt *f*, Verbrecherwelt *f*
malcontento [malkon'tɛnto] *adj* unzufrieden
maldestro [mal'dɛstro] *adj* unbeholfen
maldicenza [maldi'tʃɛntsa] *f* üble Nachrede *f*
male ['maːle] *adv* 1. *(cattivo)* schlecht;
2. *(sentirsi ~)* übel, unwohl; *sentirsi molto* ~
sich hundeelend fühlen; 3. *(non giusto)*
unrecht; 4. *(non appropriato)* unsachgemäß;
5. *(fig: misero)* schäbig; *m* 6. *MED* Schmerz
m, Krankheit *f; mal di denti* Zahnschmerzen
pl; ~ *di gola* Halsschmerzen *pl; mal di pancia*
Bauchschmerzen *pl; mal di testa* Kopfschmerzen *pl; mal di testa (dopo una sbronza)* Kater *m; avere il mal di mare* seekrank
sein; *Mi fa* ~. Es tut mir weh. 7. *(svantaggio)*
Übel *n;* 8. *(inconveniente)* Missstand *m;* 9.
(malanno) Unheil *n; andare a* ~ verderben;
Non c'è ~! Nicht übel! *Meno* ~! Zum Glück!
maledire [male'diːre] *v irr* verdammen,
verfluchen
maledizione [maleditsi'oːne] *f* Fluch *m,*
Verwünschung *f*
maleducato [maledu'kaːto] *adj* 1. unartig, ungezogen; *da* ~ unartig; *m* 2. Flegel *m,*
Lümmel *m*
maleducazione [maledukatsi'oːne] *f*
Unart *f*
maleficio [male'fiːtʃo] *m* 1. Verzauberung
f, Verhexung *f;* 2. *LIT* Schandtat *f*
maleodorante [maleodo'rante] *adj* übel
riechend

malessere [ma'lɛssere] *m* Unbehagen *n*, Unwohlsein *n*
malevolenza [malevo'lɛntsa] *f* 1. Abneigung *f,* Antipathie *f;* 2. *(cattiva intenzione)* böse Absicht *f,* Übelwollen *n*
malfamato [malfa'ma:to] *adj* berüchtigt, verrufen
malfattore [malfat'to:re] *m* Missetäter *m*, Übeltäter *m*
malfermo [mal'fermo] *adj (staccato)* locker
malfido [mal'fi:do] *adj* unzuverlässig
malformazione [malformatsi'o:ne] *f* Missbildung *f*
malgrado [mal'gra:do] *prep* 1. trotz, ungeachtet; ~ *ciò* dessen ungeachtet; *konj* 2. auch wenn, obwohl
malignamente [maliɲa'mente] *adv* hämisch
malignare [mali'ɲa:re] *v* 1. schlecht reden; 2. *(essere maligno)* boshaft sein
malignità [maliɲi'ta] *f* 1. Bosheit *f;* 2. *MED* Bösartigkeit *f*
maligno [ma'li:ɲo] *adj* 1. *(perfido)* hinterlistig; 2. *MED* bösartig
malinconia [maliŋko'ni:a] *f* Melancholie *f,* Schwermut *f*
malinconico [maliŋ'kɔ:niko] *adj* melancholisch, schwermütig
malinteso [malin'te:so] *m* Missverständnis *n; Vi è un* ~. Es ist ein Missverständnis.
malizia [ma'li:tsia] *f* 1. Heimtücke *f,* Tücke *f;* 2. *(astuzia)* List *f;* 3. *(scaltrezza)* Verschmitztheit *f*
malizioso [malitsi'o:so] *adj* 1. *(perfido)* heimtückisch; 2. *(scaltro)* verschmitzt
malleabile [malle'a:bile] *adj* 1. geschmeidig; 2. *(fig)* gefügig; 3. *(capace di adattarsi)* anpassungsfähig
malleabilità [malleabili'ta] *f* 1. Geschmeidigkeit *f;* 2. *TECH* Formbarkeit *f;* 3. *(capacità di adattamento)* Anpassungsfähigkeit *f*
malleolo [mal'lɛ:olo] *m ANAT* Knöchel *m*
malloppo [mal'lɔppo] *m* 1. Bündel *n;* 2. *(fig)* Diebesgut *n*
malmenare [malme'na:re] *v* misshandeln, übel zurichten
malmesso [mal'messo] *adj* 1. vernachlässigt; 2. *(malvestito)* schlecht gekleidet
malo ['ma:lo] *adj* schlecht, böse; *in* ~ *modo* übel; *di mala voglia* ungern; *per mala sorte* unglücklicherweise
malocchio [ma'lɔkkio] *m* böser Blick *m*

malora [ma'lo:ra] *f* Verderben *n; andare in* ~ zugrunde gehen; *mandare in* ~ zugrunde richten
malore [ma'lo:re] *m* Unwohlsein *n*
malsano [mal'sa:no] *adj (non sano)* ungesund
malta ['malta] *f* Mörtel *m*
maltempo [mal'tɛmpo] *m* Unwetter *n*
malto ['malto] *m* Malz *n*
maltrattamento [maltratta'mento] *m* Misshandlung *f;* ~ *di animali* Tierquälerei *f*
maltrattare [maltrat'ta:re] *v* misshandeln
malumore [malu'mo:re] *m* 1. *(malcontento)* Missmut *m;* 2. *(dissenso)* Missstimmung *f*
malvagio [mal'va:dʒo] *adj* 1. tückisch, niederträchtig; 2. *(cattivo)* böse, schlecht; *m* 3. Bösewicht *m*
malvagità [malvadʒi'ta] *f* Tücke *f,* Bosheit *f*
malvisto [mal'visto] *adj (impopolare)* unbeliebt; *l'essere* ~ Unbeliebtheit *f*
malvivente [malvi'vɛnte] *m* Verbrecher *m,* Gauner *m*
malvolentieri [malvolenti'ɛ:ri] *adv* widerwillig
malvolere [malvo'le:re] *v irr* übel wollen; *farsi* ~ sich unbeliebt machen
mamma ['mamma] *f (fam)* Mama *f*
mammella [mam'mɛlla] *f ZOOL* Euter *n*
mammifero [mam'mi:fero] *m ZOOL* Säugetier *n*
mammola ['mammola] *f BOT* Veilchen *n*
mammone [mam'mo:ne] *m* Muttersöhnchen *n*
manager ['mænidʒer] *m* Manager *m*
manata [ma'na:ta] *f* 1. Hand voll *f;* 2. *(colpo dato con la mano)* Handschlag *m*
mancanza [maŋ'kantsa] *f* 1. Mangel *m;* ~ *d'amore* Lieblosigkeit *f;* ~ *di equilibrio* Unausgeglichenheit *f;* ~ *di fidatezza* Unzuverlässigkeit *f;* ~ *di gravità* Schwerelosigkeit *f;* ~ *di scrupoli* Skrupellosigkeit *f;* ~ *di senso* Sinnlosigkeit *f;* ~ *di tatto* Taktlosigkeit *f;* 2. *(fallo)* Verfehlung *f;* 3. *(violazione)* Verstoß *m*
mancare [maŋ'ka:re] *v* 1. *(cosa assente)* fehlen; 2. *(persona assente)* fernbleiben; *Sono mancato all'appuntamento.* Ich habe den Termin versäumt. 3. *(pagamento) FIN* ausstehen; 4. *(difettare)* mangeln; 5. *(fig)* sterben; 6. *(violare)* verstoßen; 7. ~ *alla parola* sein Wort nicht halten, sein Wort brechen; 8. ~ *ai propri doveri* seinen Verpflichtungen

nicht nachkommen; *9. sentirsi* ~ ohnmächtig werden

mancato [maŋ'kaːto] *adj* Fehl..., Nicht...

pagamento ~ ausstehende Zahlung *f*

manchevole [maŋ'keːvole] *adj* mangelhaft, unzulänglich

manchevolezza [maŋkevo'lettsa] *f* 1. Mangelhaftigkeit *f;* 2. *(insufficienza)* Unzulänglichkeit *f; grave* ~ schwer wiegender Verstoß *m*

mancia ['mantʃa] *f* Trinkgeld *n*

manciata [man'tʃaːta] *f una* ~ *di* eine Hand voll von

mancino [man'tʃiːno] *m* 1. Linkshänder *m; adj* 2. listig, heimtückisch; *tiro* ~ übler Streich *m*

mandante [man'dante] *m/f* JUR Mandant(in) *m/f*

mandarancio [manda'rantʃo] *m* BOT Klementine *f*

mandare [man'daːre] *v* 1. schicken; ~ *una lettera* einen Brief schicken; ~ *via* wegschicken; 2. *(trasmettere)* senden; 3. *(inviare)* zuschicken; 4. *(impostare)* wegschicken; 5. ~ *a chiamare qd* jdn rufen lassen; 6. *(ordinare)* ~ *a prendere* herbestellen; 7. ~ *a prendere qd* jdn holen lassen; 8. ~ *qd all'altro mondo (fig)* jdn töten; 9. *(deglutire)* ~ *giù* hinunterschlucken; 10. ~ *in licenza* beurlauben; 11. *(fig)* ~ *all'aria/*~ *a monte* aufgeben; 12. *(paziente)* überweisen; *m* 13. ECO Überweisung *f*

mandarino [manda'riːno] *m* 1. BOT Mandarine *f;* 2. *albero di* ~ BOT Mandarinenbaum *m*

mandata [man'daːta] *f* Sendung *f*

mandatario [manda'taːrio] *m* 1. Bevollmächtiger *m;* 2. ECO Auftragnehmer *m*

mandato [man'daːto] *m* 1. JUR Mandat *n;* 2. POL Mandat *n;* ~ *diretto* Direktmandat *n;* 3. ~ *di cattura* Steckbrief *m;* 4. ECO Überweisung *f;* ~ *di pagamento* Anweisung *f;* 5. *(ordine)* Befehl *m;* ~ *di cattura/* ~ *di arresto* Haftbefehl *m;* ~ *di comparizione* gerichtliche Vorladung *f;* ~ *di perquisizione* Durchsuchungsbefehl *m*

mandibola [man'diːbola] *f* ANAT Unterkiefer *m*

mandolino [mando'liːno] *m* MUS Mandoline *f*

mandorla ['mandorla] *f* BOT Mandel *f*

mandria ['mandria] *f* Herde *f*

mandrino [man'driːno] *m* Spindel *f,* Winde *f*

maneggevole [maned'dʒeːvole] *adj (comodo a maneggiarsi)* griffig, handlich

maneggiare [maned'dʒaːre] *v* 1. handhaben; 2. *(manipolare)* hantieren

maneggio [ma'neddʒo] *m* 1. Handhabung *f;* 2. *(da circo)* Manege *f*

manette [ma'nette] *f/pl* Handschellen *pl*

manganare [maŋga'naːre] *v (biancheria)* mangeln

manganello [maŋga'nɛllo] *m* Gummiknüppel *m*

mangano ['maŋgano] *m* Mangel *m*

mangereccio [mandʒe'rettʃo] *adj* essbar; *fungo* ~ Speisepilz *m*

mangianastri [mandʒa'nastri] *m* Kassettenrekorder *m*

mangiare [man'dʒaːre] *v* 1. *(uomini)* essen, speisen; *dar da* ~ zu essen geben/füttern; *far da* ~ Essen machen/kochen; 2. *(divorare)* vertilgen; 3. *(animali)* fressen; 4. *(ingoiare)* verschlucken; ~ *le parole* die Worte undeutlich aussprechen; 5. ~ *la foglia* verstehen; *m* 6. Essen *n*

mangiarsi [man'dʒarsi] *v* 1. *(fig)* essen; 2. ~ *le parole* die Silben verschlucken; 3. ~ *il fegato dall'ira* vor Zorn in die Luft gehen

mangiatoia [mandʒa'toːia] *f* Futterkrippe *f*

mangime [man'dʒiːme] *m* Futter *n*

mania [ma'niːa] *f* 1. Manie *f;* 2. MED Sucht *f*

maniaco [ma'niːako] *adj* 1. wahnsinnig; 2. MED süchtig

manica ['maːnika] *f* Ärmel *m; a maniche lunghe* langärmelig; *E' un altro paio di maniche! (fig)* Das steht auf einem anderen Blatt!

manichino [mani'kiːno] *m* ~ *per vetrine* Schaufensterpuppe *f*

manico ['maːniko] *m* Griff *m,* Henkel *m*

manicomio [mani'kɔːmio] *m* Irrenanstalt *f*

manicure [mani'kuːre] *m* Maniküre *f*

maniera [mani'ɛːra] *f* 1. Weise *f,* Art *f;* 2. *(modo)* Weg *m;* 3. *(fig)* Tour *f;* 4. *maniere pl* Manieren *pl,* Umgangsformen *pl*

manifattura [manifat'tuːra] *f* 1. Herstellung *f;* 2. *(produzione a mano)* Manufaktur *f;* 3. *(fabbrica)* Fabrik *f*

manifestare [manifes'taːre] *v* 1. *(esprimere)* bemerken; 2. *(dire)* äußern; 3. *(rendere noto)* kundgeben, offenbaren; 4. POL demonstrieren

manifestarsi [manifes'tarsi] *v* sich zeigen, sich herausstellen

manifestazione [manifestatsi'oːne] *f*
1. Veranstaltung *f;* ~ *di beneficenza* Wohl-
tätigkeitsveranstaltung *f;* ~ *sportiva* Sportveranstaltung *f; 2. POL* Demonstration *f;* ~ *di
protesta* Protestkundgebung *f*
manifesto [mani'fɛsto] *adj 1.* offenkundig; *m 2. (avviso)* Plakat *n,* Anschlag *m;
3. POL* Manifest *n*
maniglia [ma'niːʎa] *f 1.* Griff *m;* ~ *della
porta* Türklinke *f; 2. (ansa)* Henkel *m*
manipolare [manipo'laːre] *v 1.* manipulieren, handhaben; *2. (persona)* manipulieren, beeinflussen; *3. (trattare)* behandeln;
4. (vino) panschen; *5. (manomettere)* frisieren, zurechtbiegen
manipolazione [manipolatsi'oːne] *f* Ma-
nipulation *f*
mano ['maːno] *f 1. ANAT* Hand *f; a portata
di* ~ griffbereit, in Reichweite; *a* ~ *libera*
freihändig; *dare una* ~ mit anfassen, helfen;
a ~ von Hand; *persona alla* ~ aufgeschlosse-
ner, kontaktfreudiger Mensch *m; fuori* ~
abgelegen; *sotto* ~ unter der Hand, heimlich;
fare ~ *bassa* rauben, ausplündern; *di
prima/seconda* ~ aus erster/zweiter Hand;
avere le mani bucate verschwenderisch sein;
chiedere la ~ *di una ragazza* um die Hand
eines Mädchens anhalten; *2.* ~ *d'opera ECO*
Arbeitskraft *f*
manomettere [mano'mɛttere] *v irr 1.* fälschen; *2. (violare)* anbrechen; *3. (* ~ *tagliando)*
anschneiden
manomissione [manomissi'oːne] *f 1.*
Anbruch *m; 2. (alterazione)* Entstellung *f; 3.
(lesione)* Verletzung *f; 4. (saccheggio)*
Plünderung *f*
manopola [ma'nɔːpola] *f* Drehknopf *m,*
Griff *m*
manoscritto [manos'kritto] *m 1.* Manus-
kript *n; adj 2.* handschriftlich
manovale [mano'vaːle] *m 1. (aiutante)*
Handlanger *m; 2. (operaio)* Hilfsarbeiter *m*
manovella [mano'vella] *f TECH* Kurbel *f*
manovra [ma'nɔːvra] *f 1.* Manöver *n;
2. TECH* Bedienung *f*
manovrabile [mano'vraːbile] *adj (di facile guida)* wendig
manovrare [mano'vraːre] *v 1.* manövrieren; *2. (macchina)* rangieren; *3. TECH* bedienen
mansarda [man'sarda] *f* Mansarde *f*
mansione [mansi'oːne] *f 1.* Aufgabe *f;
2. (carica, ufficio)* Amt *n; 3. (incarico)* Auftrag
m; 4. (dimora) LIT Wohnsitz *m*

mansueto [mansu'ɛːto] *adj* zahm, mild
mansuetudine [mansue'tuːdine] *f* Sanft-
heit *f,* Milde *f*
mantellina [mantel'liːna] *f* Umhang *m*
mantello [man'tɛllo] *m* Mantel *m,* Umhang *m*
mantenere [mante'neːre] *v irr 1. (provvedere)* unterhalten, versorgen; *2. (conservare)*
wahren, bewahren; *3. (tenere in buono stato)*
warten; *4. (promessa)* halten; *5. (tenere la
posizione)* behaupten
mantenersi [mante'nersi] *v* ~ *in salute*
gesund bleiben
mantenimento [manteni'mento] *m 1.*
Lebensunterhalt *m,* Unterhalt *m; 2. (sostentamento)* Versorgung *f; 3. (conservazione)*
Wahrung *f; 4. (di una promessa)* Einhaltung *f*
manto ['manto] *m 1.* Mantel *m; 2. (fig)*
Decke *f,* Mantel *m;* ~ *di neve* Schneeschicht
f; 3. ZOOL Fell *n*
manuale [manu'aːle] *m 1. (compendio)*
Handbuch *n; 2. (guida)* Leitfaden *m; adj
3.* manuell, handgemacht
manubrio [ma'nuːbrio] *m (della bicicletta)*
Lenkstange *f*
manufatto [manu'fatto] *adj* handgearbeitet
manutenzione [manutentsi'oːne] *f 1.
(conservazione)* Erhaltung *f,* Instandhaltung
f; 2. (cura) Pflege *f; di facile* ~ pflegeleicht;
3. TECH Wartung *f*
manzo ['mandzo] *m ZOOL* Rind *n*
mappa ['mappa] *f* Landkarte *f*
mappamondo [mappa'mondo] *m* Globus *m*
marasso [ma'rasso] *m ZOOL* Kreuzotter *f*
maratona [mara'toːna] *f SPORT* Marathonlauf *m;* ~ *sugli sci* Skirennen *n*
marcare [mar'kaːre] *v 1.* kennzeichnen,
markieren; *2. (fig)* betonen; *3. SPORT* decken
marcatura [marka'tuːra] *f* Kennzeichnung *f,* Markierung *f*
marchesa [mar'keːza] *f* Marquise *f*
marchese [mar'keːze] *m* Marquis *m*
marchiare [marki'aːre] *v* markieren
marchio ['markio] *m 1.* Marke *f;* ~ *di fabbrica* Warenzeichen *n; 2. (segno)* Zeichen *n;*
~ *di qualità* Gütezeichen *n;* ~ *per animali*
Brandmal *n; 3.* ~ *d'infamia* Schandfleck *m*
marcia ['martʃa] *f 1. (dell'auto)* Gang *m;* ~
avanti Vorwärtsgang *m;* ~ *indietro*
Rückwärtsgang *m; guidare a* ~ *indietro* rückwärts fahren; *fare* ~ *indietro* einen

Rückzieher machen; *2. MUS* Marsch *m;*
3. MIL Marsch *m*
marciapiede [martʃapi'ɛːde] *m 1. (della
strada)* Bürgersteig *m*, Trottoir *n; 2. (della
stazione)* Bahnsteig *m*
marciare [mar'tʃaːre] *v* marschieren
marcio ['martʃo] *adj 1. (guasto)* faul, ver-
fault; *avere torto* ~ völlig Unrecht haben;
2. (legno) morsch; *m 3.* Fäulnis *f*
marcire [mar'tʃiːre] *v* faulen, verfaulen
marciume [mar'tʃuːme] *m 1.* Fäulnis *f;
2. (fig: depravazione)* Verkommenheit *f*
marco ['marko] *m (moneta)* Mark *f;* ~ *tedesco* D-Mark *f*
mare ['maːre] *m* Meer *n*, See *f;* ~ *del Nord*
Nordsee *f;* ~ *Mediterraneo* Mittelmeer *n;* ~
Baltico Ostsee *f; in alto* ~ auf hoher See; *mal
di* ~ Seekrankheit *f; un* ~ *di ...* eine Unmenge
von ...
marea [ma'rɛːa] *f 1. (fig)* Masse *f,* Strom
m; 2. ~ *nera* Ölpest *f; 3. maree pl* Gezeiten
pl; alta ~ Flut *f; bassa* ~ Ebbe *f; Quando c'è
l'alta* ~? Wann ist Flut?
mareggiata [mared'dʒaːta] *f* Sturmflut *f*
margarina [marga'riːna] *f GAST* Margarine *f*
margherita [marge'riːta] *f BOT* Marge-
rite *f*
margheritina [margeri'tiːna] *f BOT* Gän-
seblümchen *n*
marginale [mardʒi'naːle] *adj* nebensächlich, Rand... *questione d'importanza* ~ Nebensache *f; annotazione* ~ Randbemerkung *f*
marginalmente [mardʒinal'mente] *adv*
peripher, am Rande
margine ['mardʒine] *m 1.* Rand *m*, Grenze
f; 2. ~ *di azione* Handlungsspielraum *m;
3. (sul prezzo) ECO* Spanne *f;* ~ *di oscillazione* Bandbreite *f;* ~ *di cambio* Kursspanne *f;* ~
di guadagno Gewinnspanne *f*
marina [ma'riːna] *f* Marine *f;* ~ *mercantile*
Handelsmarine *f;* ~ *militare* Kriegsmarine *f*
marinaio [mari'naːio] *m* Matrose *m*,
Seemann *m*
marinare [mari'naːre] *v 1.* marinieren;
2. (la scuola) schwänzen
marinaresco [marina'resko] *adj* See...,
Matrosen...
marinaro [mari'naːro] *adj* See... *città
marinara* Seestadt *f; zuppa alla marinara*
Suppe nach Seemannsart *f*
marinata [mari'naːta] *f GAST* Marinade *f*
marino [ma'riːno] *adj* See.., Meeres...
marionetta [mario'netta] *f* Marionette *f*

marionettista [marionet'tista] *m/f THEAT*
Puppenspieler(in) *m/f*
maritare [mari'taːre] *v (dare in sposo/
sposa)* verheiraten
maritarsi [mari'tarsi] *v 1.* sich verheiraten;
2. ~ *con qd* jdn heiraten
marito [ma'riːto] *m* Ehemann *m*, Mann *m*
marittimo [ma'rittimo] *adj* maritim
marmellata [marmel'laːta] *f GAST* Marmelade *f;* ~ *di prugne* Pflaumenmus *n*
marmitta [mar'mitta] *f 1. (dell'auto)
TECH* Auspufftopf *m; 2. (silenziatore) TECH*
Schalldämpfer *m*
marmo ['marmo] *m* Marmor *m*
marmotta [mar'mɔtta] *f ZOOL* Murmeltier *n*
Marocco [ma'rɔkko] *m GEO* Marokko *n*
marrone [mar'roːne] *adj 1. (colore)* braun;
m 2. GAST Esskastanie *f*
marsupio [mar'suːpio] *m 1. ZOOL* Beutel
m; 2. (borsa) Beutel *m*
martedì [marte'di] *m* Dienstag *m; al* ~/*di* ~
dienstags
martellare [martel'laːre] *v* hämmern
martellata [martel'laːta] *f (colpo)* Ham-
merschlag *m*
martello [mar'tɛllo] *m* Hammer *m;* ~
pneumatico Presslufthammer *m*
martire [mar'tiːre] *m* Märtyrer *m*
martirio [mar'tiːrio] *m 1. (sacrificio)*
Martyrium *n; 2. (fig)* Marter *m; 3. REL*
Märtyrertod *m*
martora ['martora] *f ZOOL* Marder *m*
martoriare [martori'aːre] *v* peinigen,
quälen
marxismo [mar'ksizmo] *m POL* Marxismus *m*
marxista [mar'ksista] *adj 1.* marxistisch;
m/f 2. Marxist(in) *m/f*
marziale [martsi'aːle] *adj 1. MIL* martia-
lisch; *legge* ~ Kriegsrecht *n*, Standrecht *n;
corte* ~ Kriegsgericht *n; 2. arte* ~ *SPORT*
Kampfsportart *f*
marziano [martsi'aːno] *adj 1.* Mars... *m
2.* Marsbewohner *m*, Marsmännchen *n*
marzo ['martso] *m* März *m*
mascalzone [maskal'tsoːne] *m* Schuft *m*
mascara [mas'kaːra] *m* Wimperntusche *f*
mascella [ma'ʃɛlla] *f ANAT* Kiefer *m;* ~
inferiore Unterkiefer *m;* ~ *superiore* Oberkiefer *m*
maschera ['maskera] *f 1.* Maske *f;* ~ *antigas* Gasmaske *f;* ~ *di bellezza* Schönheits-
maske *f; 2. THEAT* Platzanweiser *m*

mascheramento [maskera'mento] *m* 1. *(travestimento)* Verkleidung *f;* 2. *(fig: occultamento)* Verdunkelung *f*
mascherare [maske'raːre] *v* 1. *(camuffare)* tarnen; 2. *(fig: dissimulare)* verdunkeln; 3. *(truccare)* frisieren
mascherarsi [maske'rarsi] *v* sich maskieren, sich verkleiden
maschile [mas'kiːle] *adj* männlich
maschio ['maskio] *adj* 1. männlich; 2. *figlio* ~ Junge *m,* Sohn *m; m* 3. *(animale)* Männchen *n*
mascotte [mas'kɔt] *f* Maskottchen *n*
massa ['massa] *f* 1. *(folla)* Menge *f,* Masse *f;* 2. *(grande quantità)* Masse *f;* 3. *(materia)* PHYS Masse *f;* 4. *collegamento a* ~ TECH Erdung *f;* 5. ~ *fallimentare* JUR Konkursmasse *f*
massacrante [massa'krante] *adj* zermürbend; *lavoro* ~ Knochenarbeit *f* (fam)
massacro [mas'saːkro] *m* Gemetzel *n,* Massaker *n*
massaggiare [massad'dʒaːre] *v* massieren
massaggiatore [massaddʒa'toːre] *m* Masseur *m*
massaggiatrice [massaddʒa'triːtʃe] *f* Masseuse *f*
massaggio [mas'saddʒo] *m* Massage *f;* ~ *subacqueo* Unterwassermassage *f*
massaia [mas'saːia] *f* Hausfrau *f,* Haushälterin *f*
massiccio [mas'sittʃo] *adj* 1. *(solido)* massiv; 2. *(pesante)* plump; 3. *(grosso)* klobig; 4. *(in grande quantità)* massenhaft; *m* 5. GEOL Massiv *n*
massima ['massima] *f* Maxime *f,* Grundsatz *m; in linea di* ~ grundsätzlich, prinzipiell
massimo ['massimo] *adj* 1. maximal; *al* ~ höchstens, längstens, maximal; *Questo è il* ~. Das ist das Äußerste. 2. *(altitudine)* höchste(r,s); *m* 3. Maximum *n*
mass-media [mass'mɛːdia] *m/pl* Massenmedien *pl*
masso ['masso] *m* Fels *m,* Steinblock *m; caduta di massi* Steinschlag *m*
masticare [masti'kaːre] *v* 1. kauen; 2. *(storpiare)* radebrechen
mastino [mas'tiːno] *m* ZOOL Dogge *f*
mastro ['mastro] *m (mestiere)* Meister *m*
masturbazione [masturbatsi'oːne] *f* Selbstbefriedigung *f*
matassa [ma'tassa] *f* 1. Strähne *f;* 2. *(fig)* vertrackte Angelegenheit *f*

matematica [mate'maːtika] *f* Mathematik *f*
matematico [mate'maːtiko] *adj* 1. mathematisch; *m* 2. Mathematiker *m*
materassino [materas'siːno] *m* Luftmatratze *f*
materasso [mate'rasso] *m* Matratze *f;* ~ *pneumatico* Luftmatratze *f*
materia [ma'tɛːria] *f* 1. *(massa)* Masse *f,* Materie *f;* ~ *prima* Rohstoff *m;* ~ *plastica* Kunststoff *m;* ~ *sintetica* Kunststoff *m;* 2. *(tema)* Gegenstand *m;* 3. *(campo dello scibile)* Fach *n;* ~ *obbligatoria* Pflichtfach *n;* ~ *secondaria* Nebenfach *n;* 4. *(scolastica)* Lehrfach *n,* Unterrichtsfach *n*
materiale [materi'aːle] *adj* 1. materiell; 2. *(reale)* sachlich; *m* 3. Material *n;* ~ *di imballaggio* Verpackungsmaterial *n;* ~ *di medicazione* Verbandsmaterial *n;* ~ *di fabbricazione* Werkstoff *m;* ~ *vecchio* Altmaterial *n*
materialismo [materia'lizmo] *m* Materialismus *m*
materialistico [materia'listiko] *adj* materialistisch
maternità [materni'ta] *f* Mutterschaft *f; protezione della* ~ Mutterschutz *m*
materno [ma'tɛrno] *adj* mütterlich; *parenti di parte materna* Verwandte mütterlicherseits *pl*
matita [ma'tiːta] *f* Bleistift *m,* Stift *m;* ~ *colorata* Buntstift *m*
matrice [ma'triːtʃe] *f* 1. Matrize *f;* 2. MATH Matrix *f;* 3. TECH Stanze *f*
matricola [ma'triːkola] *f* Matrikel *f; numero di* ~ Immatrikulationsnummer *f*
matrigna [ma'triːɲa] *f* Stiefmutter *f*
matrimoniale [matrimoni'aːle] *adj* ehelich, Ehe... *camera da letto* ~ Doppelzimmer *n; agenzia* ~ Heiratsvermittlung *f*
matrimonio [matri'mɔːnio] *m* 1. Ehe *f; fittizio* Scheinehe *f;* ~ *bianco* nicht vollzogene Ehe *f;* 2. *(sposalizio)* Heirat *f,* Trauung *f;* ~ *civile* standesamtliche Trauung *f*
mattacchione [mattakki'oːne] *m* 1. Schalk *m;* 2. *(burlone)* Spaßvogel *m*
matteria [matte'riːa] *f* Verrücktheit *f*
mattina [mat'tiːna] *f* Morgen *m,* Vormitag *m; di* ~ vormittags, morgens
mattinata [matti'naːta] *f* Vormittag *m*
mattiniero [mattini'ɛːro] *m* 1. Frühaufsteher *m; adj* 2. *persona mattiniera* Frühaufsteher(in) *m/f*
mattino [mat'tiːno] *m* Morgen *m; sul* ~ gegen Morgen

matto ['matto] *adj 1.* verrückt, toll; *andare ~ per qc* in etw vernarrt sein; *m 2.* Verrückter *m*

mattone [mat'to:ne] *m* Ziegel *m*

mattonella [matto'nɛlla] *f 1.* Kachel *f,* Fliese *f; 2. (di carbone)* Brikett *n*

maturare [matu'ra:re] *v* reifen

maturazione [maturatsi'o:ne] *f 1. (della frutta)* Reife *f,* Reifen *n; f 2. ECO* Fälligkeit *f*

maturità [maturi'ta] *f 1. (fig)* Reife *f; 2. (a scuola)* Abitur *n*

maturo [ma'tu:ro] *adj 1.* reif; *2. (ponderato)* reiflich; *dopo matura riflessione* nach reiflicher Überlegung

mausoleo [mauzo'lɛ:o] *m* Mausoleum *n*

mazza ['mattsa] *f* Stock *m,* Stab *m; ~ da golf* Golfschläger *m*

mazzo ['mattso] *m 1. BOT* Strauß *m; 2. ~ di chiavi* Schlüsselbund *m*

me [me] *pron* mich, mir; *per ~* meinetwegen; *a ~* mir

meccanica [mek'ka:nika] *f* Mechanik *f; ~ di precisione* Feinmechanik *f*

meccanico [mek'ka:niko] *adj 1.* maschinell, mechanisch; *2. (automatico)* mechanisch; *m 3.* Mechaniker *m; ~ di precisione* Feinmechaniker *m; ~ per automobili* Automechaniker *m*

meccanismo [mekka'nizmo] *m 1.* Mechanismus *m; 2. (apparecchio)* Triebwerk *n; ~ dell'orologio* Uhrwerk *n; 3. (dell'auto) TECH* Getriebe *n*

mecenate [metʃe'na:te] *m* Mäzen *m*

medaglia [me'da:ʎa] *f* Medaille *f; ~ d'oro* Goldmedaille *f*

medaglione [meda'ʎo:ne] *m 1.* Medaillon *n; 2. (ciondolo)* Anhänger *m; 3. GAST* Medaillon *n*

media ['mɛ:dia] *f* Durchschnitt *m,* Mittel *n; superiore alla ~* überdurchschnittlich

mediano [medi'a:no] *adj* mittlere(r,s)

mediante [medi'ante] *prep (per mezzo di)* durch

mediatore [media'to:re] *m 1.* Unterhändler *m; 2. (intermediario)* Vermittler *m*

mediazione [mediatsi'o:ne] *f (intervenire)* Vermittlung *f; ~ di matrimoni* Heiratsvermittlung *f*

medicina [medi'tʃi:na] *f 1. (scienza medica) MED* Medizin *f; ~ classica* Schulmedizin *f; ~ legale* Gerichtsmedizin *f; ~ naturalista* Naturheilkunde *f; 2. (medicamento) MED* Medikament *n,* Medizin *f*

medicinale [meditʃi'na:le] *adj 1. (medicamenti)* medizinisch, heilkräftig; *m 2. MED* Medikament *n*

medico ['mɛ:diko] *m 1.* Arzt *m; ~ della mutua* Kassenarzt *m; ~ di casa* Hausarzt *m; ~ aziendale* Betriebsarzt *m; ~ capo* Oberarzt *m; ~ empirico* Heilpraktiker *m; ~ fiscale* Amtsarzt *m; ~ primario* Chefarzt *m; ~ specialista* Facharzt *m; ~ di turno* Notarzt *m; adj 2.* medizinisch

medio ['mɛ:dio] *adj 1.* durchschnittlich, Mittel... *ceto sociale ~* Mittelstand *m; m 2. ANAT* Mittelfinger *m*

mediocre [medi'ɔ:kre] *adj* mittelmäßig

medioevale [medioe'va:le] *adj* mittelalterlich

medioevo [medio'ɛ:vo] *m* Mittelalter *n*

meditare [medi'ta:re] *v 1.* meditieren; *2. (considerare)* bedenken, überlegen

meditazione [meditatsi'o:ne] *f 1.* Meditation *f; 2. (riflessione)* Überlegung *f*

mediterraneo [mediter'ra:neo] *adj GEO* Mittelmeer..., mediterran; *mar ~* Mittelmeer *n*

medium ['mɛ:dium] *m (nell'occultismo)* Medium *n*

medusa [me'du:za] *f ZOOL* Qualle *f*

megalomania [megaloma'ni:a] *f* Größenwahn *m*

meglio ['mɛ:ʎo] *adv 1. (comparativo)* besser; *2. (piuttosto)* eher, lieber; *E' ~ di no!* Lieber nicht! *adj 3. (superlativo)* am besten

mela ['me:la] *f* Apfel *m*

melanzana [melan'dza:na] *f BOT* Aubergine *f*

melenso [me'lɛnso] *adj (senza spirito)* witzlos

melo ['me:lo] *m BOT* Apfelbaum *m*

melodia [melo'di:a] *f 1.* Melodie *f; 2. (canzone)* Weise *f*

melodico [me'lɔ:diko] *adj* melodisch, wohlklingend

melone [me'lo:ne] *m BOT* Melone *f*

membrana [mem'bra:na] *f 1.* Membran *f; 2. ANAT* Membrane *f; ~ del timpano* Trommelfell *n*

membro ['mɛmbro] *m 1. (socio)* Mitglied *n; ~ del consiglio direttivo* Vorstandsmitglied *n; ~ di un club* Klubmitglied *n; ~ di un ordine* Ordensbruder *m; 2. ANAT* Glied *n*

memorabile [memo'ra:bile] *adj* denkwürdig

memoria [me'mɔ:ria] *f 1.* Gedächtnis *n; a ~* auswendig; *2. (ricordo)* Erinnerung *f;*

3. *(capacità di ricordarsi)* Erinnerungsvermögen *n;* 4. *INFORM* Speicher *m;* 5. *memorie pl* Memoiren *pl*
memorizzare [memorid'dza:re] *v IN-FORM* abspeichern
memorizzazione [memoriddzatsi'o:ne] *f (di dati) INFORM* Abspeicherung *f*
menare [me'na:re] *v* führen, leiten
mendace [men'da:tʃe] *adj* lügnerisch
mendacità [mendatʃi'ta] *f* Verlogenheit *f*
mendicante [mendi'kante] *m/f* Bettler(in) *m/f*
mendicare [mendi'ka:re] *v* betteln
menefreghismo [menefre'gizmo] *m* Interesselosigkeit *f,* Gleichgültigkeit *f*
meninge [me'nindʒe] *f ANAT* Hirnhaut *f; spremersi le meningi (fig)* scharf nachdenken/sein Gehirn anstrengen
meningite [menin'dʒi:te] *f MED* Gehirnhautentzündung *f*
menisco [me'nisko] *m ANAT* Meniskus *m*
meno ['me:no] *adv* 1. *(comparativo di poco)* weniger; *per lo ~* zumindest; *di ~* darunter/weniger; *in ~ che non si dica* im Nu; *fare a ~ di qc* auf etw verzichten; *a ~ che non ...* es sei denn, dass ... 2. *MATH* minus; *prep* 3. *~ di* unter
menomazione [menomatsi'o:ne] *f MED* Behinderung *f*
menopausa [meno'pa:uza] *f MED* Wechseljahre *pl*
mensa ['mɛnsa] *f* 1. Kantine *f;* 2. *(dell'università)* Mensa *f;* 3. *(desco)* Tafel *f*
mensile [men'si:le] *adj* monatlich
mensilità [mensili'ta] *f* Monatsrate *f,* Monatsgehalt *n*
mensola ['mensola] *f* 1. *(scaffale)* Bord *m;* 2. *(supporto)* Konsole *f*
menta ['menta] *f* 1. *BOT* Pfefferminze *f;* 2. *(bibita)* Pfefferminzgetränk *n*
mentale [men'ta:le] *adj* geistig; *malattia ~* Geisteskrankheit *f*
mentalità [mentali'ta] *f* Mentalität *f*
mente ['mente] *f* 1. *(intelletto)* Verstand *m; avere in ~* vorhaben; 2. *(memoria)* Gedächtnis *n; cacciarsi qc dalla ~* sich etw aus dem Sinn schlagen
mentire [men'ti:re] *v* lügen
mento ['mento] *m ANAT* Kinn *n*
mentre ['mentre] *konj* 1. indessen, während; 2. *(finché)* solange
menù [me'nu] *m* 1. *(lista delle vivande)* Speisekarte *f;* 2. *GAST* Speisenfolge *f,* Menü *n;* 3. *INFORM* Menü *n*

menzionare [mentsio'na:re] *v* erwähnen
menzione [mentsi'o:ne] *f* Erwähnung *f*
menzogna [men'tso:ɲa] *f* Lüge *f*
menzognero [mentso'ɲɛ:ro] *adj* 1. verlogen, falsch; 2. *(ingannevole)* trügerisch
meraviglia [mera'vi:ʎa] *f* 1. Verwunderung *f;* 2. *(ciò che desta ammirazione)* Wunder *n*
meravigliarsi [meravi'ʎarsi] *v* sich wundern
meraviglioso [meravi'ʎo:so] *adj* 1. wunderbar, wundervoll; 2. *(fig: insuperabile)* himmlisch
mercante(ssa) [mer'kante/merkan'tessa] *m/f* Händler(in) *m/f; ~ di roba vecchia* Altwarenhändler *m*
mercanteggiare [merkanted'dʒa:re] *v* feilschen, handeln
mercantile [merkan'ti:le] *adj* Handels..., kaufmännisch
mercanzia [merkan'tsi:a] *f* Handelsware *f*
mercato [mer'ka:to] *m* 1. Markt *m; a buon ~* preiswert; *~ delle pulci* Flohmarkt *m; ~ di anticaglie* Trödelmarkt *m; ~ nero* Schwarzmarkt *m; ~ settimanale* Wochenmarkt *m;* 2. *(zona di smercio) ECO* Absatzgebiet *n; ~ delle divise* Devisenmarkt *m; ~ di sbocco* Absatzmarkt *m; ~ interno* Binnenmarkt *m; ~ nazionale* Binnenmarkt *m; ~ azionario* Aktienmarkt *m; ~ internazionale* Weltmarkt *m*
merce ['mɛrtʃe] *f* 1. Ware *f,* Gut *n; ~ espresso* Expressgut *n; ~ ingombrante* Sperrgut *n;* 2. *(carico) ECO* Fracht *f; ~ a grande velocità* Eilgut *n; ~ venduta a pezzi* Stückgut *n;* 3. *merci pl (prodotti) ECO* Güter *pl*
mercé [mer'tʃe] *f* 1. Gnade *f; essere alla ~ di qd* jdm ausgeliefert sein; 2. *REL* Dank *m; Mercé Dio!* Gott sei Dank!
mercenario [mertʃe'na:rio] *m* Söldner *m*
merciaio [mer'tʃa:io] *m* Hausierer *m*
mercoledì [merkole'di] *m* Mittwoch *m; ~ delle Ceneri* Aschermittwoch *m; il ~* mittwochs
mercurio [mer'ku:rio] *m CHEM* Quecksilber *n*
merda ['mɛrda] *f* Scheiße *f*
merenda [me'rɛnda] *f* Vesper *f,* Brotzeit *f*
meridiana [meridi'a:na] *f* Sonnenuhr *f*
meridionale [meridio'na:le] *adj* südlich
meridione [meridi'o:ne] *m GEO* Süden *m; ~ d'Italia* Süditalien *n*
meringa [me'riŋga] *f* Baiser *n*

meritare [meri'taːre] *v 1.* verdienen; *2. (valere la pena)* sich lohnen

meritevole [meri'teːvole] *adj (degno)* wert

merito ['mɛːrito] *m 1.* Verdienst *n; 2. in ~ a* bezüglich; *3. per ~ di qd* dank jdm; *4. (virtù)* Vorzug *m*

merletto [mer'letto] *m (pizzo)* Spitze *f*

merlo ['mɛrlo] *m ZOOL* Amsel *f*

merluzzo [mer'luttso] *m ~ comune ZOOL* Dorsch *m*, Kabeljau *m*

meschinità [meskini'ta] *f (grettezza)* Engherzigkeit *f*, Armseligkeit *f*

meschino [mes'kiːno] *adj 1. (gretto)* engherzig; *2. (miserevole)* kläglich, armselig

mescolanza [mesko'lantsa] *f 1.* Mischung *f; 2. (miscuglio)* Gemisch *n*

mescolare [mesko'laːre] *v 1.* mischen; *2. (aggiungere)* beimischen, untermischen; *3. (mischiare)* vermengen; *4. (pasta)* anrühren

mescolarsi [mesko'larsi] *v (fig)* sich einmischen

mescolato [mesko'laːto] *adj (misto)* gemischt

mese ['meːse] *m* Monat *m; per molti mesi* monatelang

messa ['messa] *f 1. REL* Gottesdienst *m; ~ funebre* Totenmesse *f; ~ solenne* Hochamt *n; 2. ~ in servizio* Inbetriebnahme *f; 3. ~ in scena THEAT* Inszenierung *f*

messaggero [messad'dʒɛːro] *m 1.* Bote *m; 2. (annunziatore)* Vorbote *m*

messaggio [mes'saddʒo] *m 1. (informazione)* Botschaft *f; Posso lasciare un ~ per ...?* Kann ich eine Nachricht für ... hinterlassen? *C'è un ~ per me?* Ist eine Nachricht für mich da? *2. (comunicazione)* Nachricht *f*

messicano [messi'kaːno] *adj 1.* mexikanisch; *m 2.* Mexikaner *m*

Messico ['mɛssiko] *m GEO* Mexiko *n*

messo ['messo] *adj ben ~/mal ~* in gutem/schlechtem Zustand

mestiere [mesti'ɛːre] *m* Beruf *m*, Tätigkeit *f; essere del ~* fachkundig sein

mestizia [mes'tiːtsia] *f* Traurigkeit *f*

mesto ['mɛsto] *adj* traurig

mestolo ['mestolo] *m* Schöpflöffel *m*

mestruazione [mestruatsi'oːne] *f* Menstruation *f*, Periode *f*

meta ['mɛːta] *f (locale)* Ziel *n; ~ d'escursione* Ausflugsort *m; senza ~* ziellos

metà [me'ta] *adj 1.* halb; *a ~ strada* halbwegs; *f 2.* Hälfte *f; Dividiamo a metà.*

Machen wir halbe-halbe. *3. (temporale)* Mitte *f*

metabolismo [metabo'lizmo] *m BIO* Stoffwechsel *m*

metafisica [meta'fiːzika] *f PHIL* Metaphysik *f*

metafora [me'taːfora] *f GRAMM* Metapher *f*

metagenesi [meta'dʒɛːnezi] *f* Generationswechsel *m*

metallico [me'talliko] *adj* metallisch

metallo [me'tallo] *m* Metall *n; ~ vecchio* Altmetall *n; ~ leggero* Leichtmetall *n; ~ nobile /~ pregiato* Edelmetall *n*

metamorfosi [meta'mɔrfozi] *f 1.* Metamorphose *f; 2. (fig)* Umwandlung *f*

metano [me'taːno] *m CHEM* Methan *n*, Grubengas *n*

metastasi [me'tastazi] *f MED* Metastase *f*

meteora [me'tɛːora] *f* Meteor *m*

meteorologia [meteorolo'dʒiːa] *f* Meteorologie *f*

meteorologico [meteoro'lɔːdʒiko] *adj* Wetter... *bollettino ~* Wetterbericht *m; stazione meteorologica* Wetterwarte *f*

meticcio [me'tittʃo] *m* Mischling *m*

meticoloso [metiko'loːso] *adj* penibel, äußerst genau

metodico [me'tɔːdiko] *adj* methodisch

metodo ['mɛːtodo] *m 1.* Methode *f; 2. (procedura)* Verfahren *n; ~ di selezione* Ausleseverfahren *n*

metodologia [metodolo'dʒiːa] *f* Methodik *f*

metro ['mɛːtro] *m 1.* Meter *m; ~ cubo* Kubikmeter *m; ~ quadrato* Quadratmeter *m; 2. (misura)* Maßstab *m; 3. (misura metrica)* Metermaß *n; ~ pieghevole* Zollstock *m; ~ a nastro* Bandmaß *m*

metrologia [metrolo'dʒiːa] *f* Messtechnik *f*

metronotte [metro'nɔtte] *m* Nachtwächter *m*

metropoli [me'trɔːpoli] *f* Metropole *f*

metropolitana [metropli'taːna] *f* U-Bahn *f*, Untergrundbahn *f*

mettere ['mettere] *v irr 1.* legen; *2. (in piedi)* stellen; *3. (porre)* setzen; *4. (infilare)* stecken; *5. ~ in catene* fesseln; *6. ~ in comunicazione* verbinden; *7. ~ fuori parentesi* ausklammern; *8. ~ in conto* anrechnen, einkalkulieren; *9. ~ in dubbio* anzweifeln, bezweifeln; *~ in evidenza* betonen; *10. ~ in fila* aneinander reihen; *11. ~ in guardia* warnen; *12. ~ in liber-*

tà freilassen; *13. ~ in ombra* überschatten; *14. ~ in ordine* aufräumen, in Ordnung bringen; *15. ~ in scena THEAT* inszenieren; *16. ~ in onda* senden
mettersi ['mettersi] *v irr 1. (vestiti)* anziehen; *2. (gioielli)* sich umhängen; *3. ~ comodo* sich breit machen; *4. ~ d'accordo* absprechen, sich einigen; *5. ~ in fila* sich anstellen
mezzaluna [meddza'luːna] *f* Halbmond *m*
mezzanotte [meddza'nɔtte] *f* Mitternacht *f*
mezzo ['mɛddzo] *adj 1.* halb; *a mezza giornata* halbtags; *a mezza voce* halblaut; *m 2. (locale)* Mitte *f; via di ~* Mittelweg *m*, Mittelding *n; nel ~ di* inmitten; *3. (aiuto)* Hilfsmittel *n; ~ di conservazione* Konservierungsmittel *n; ~ di pressione* Druckmittel *n; ~ di trasporto* Transportmittel *n*, Verkehrsmittel *n; ~ per combattere* Bekämpfungsmittel *n; per ~ di* mittels; *per ~ di che cosa* wodurch; *per ~ di ciò* damit; *~ di pagamento* Zahlungsmittel *n; 4. ~ legale JUR* Rechtsmittel *n; 5. (fig)* Mittel *n; ~ di comunicazione* Kommunikationsmittel *n; 6. mezzi pl* Mittel *pl; mezzi di comunicazione di massa* Massenmedien *pl; 7. mezzi pl (denaro)* Mittel *pl; privo di mezzi* mittellos
mezzogiorno [meddzo'dʒorno] *m* Mittag *m; a ~* mittags, am Mittag
mi [mi] *pron* mich, mir
mia *(vedi „mio")*
miagolare [miago'laːre] *v* miauen
mica ['miːka] *adv (fam)* gar nicht; *~ male* gar nicht übel
miccia ['mittʃa] *f* Lunte *f*, Zündschnur *f*
micidiale [mitʃidi'aːle] *adj* verheerend, mörderisch
micio ['miːtʃo] *m 1. ZOOL* Mieze *f; 2. (gatto)* Kater *m*
micosi [mi'kɔːzi] *f MED* Pilzerkrankung *f; ~ del piede* Fußpilz *m*
microcosmo [mikro'kɔzmo] *m* Mikrokosmos *m*
microelementi [mikroele'menti] *m/pl BIO* Spurenelemente *pl*
microfilm [mikro'film] *m* Mikrofilm *m*
microfono [mi'krɔːfono] *m* Mikrofon *n*
microprocessore [mikroprotʃes'soːre] *m INFORM* Mikroprozessor *m*
microrganismo [mirkoorga'nizmo] *m* Mikroorganismus *m*
microscopico [mikros'kɔːpio] *adj* mikroskopisch

microscopio [mikros'kɔːpio] *m* Mikroskop *n*
midollo [mi'dollo] *m 1. ANAT* Mark *n; ~ osseo* Knochenmark *n; ~ spinale* Rückenmark *n; 2. BOT* Pflanzenmark *n; 3. (fig)* Wesen *n*
miele [mi'ɛːle] *m* Honig *m; ~ d'api* Bienenhonig *m*
mietere [mi'ɛːtere] *v 1.* mähen; *2. (fig: raccogliere)* ernten
mietitura [mieti'tuːra] *f* Mähen *n*
migliaio [mi'ʎaːio] *m* Tausend *n*
miglio¹ ['miːʎo] *m (misura lineare)* Meile *f; per miglia e miglia* meilenweit
miglio² ['miːʎo] *m BOT* Hirse *f*
miglioramento [miʎora'mento] *m* Besserung *f*, Verbesserung *f*
migliorare [miʎo'raːre] *v* verbessern
migliore [mi'ʎoːre] *adj 1. (comparativo)* besser; *2. (superlativo)* beste(r,s)
mignolo ['miːɲolo] *m ANAT* kleiner Finger *m*
migratore [migra'toːre] *m 1.* Wanderer *m; 2. uccello ~* Zugvogel *m*
migrazione [migratsi'oːne] *f* Wanderung *f; ~ di popoli* Völkerwanderung *f*
miliardo [mili'ardo] *m* Milliarde *f*
milionario [milio'naːrio] *m* Millionär *m*
milione [mili'oːne] *m* Million *f*
militante [mili'tante] *adj 1. MIL* militant; *2. POL* aktiv; *m/f 3.* Streiter(in) *m/f; 4. POL* Aktivist(in) *m/f*
militare [mili'taːre] *adj 1. MIL* militärisch; *v 2.* kämpfen; *3. (in un partito) POL* tätig sein; *m 4. MIL* Soldat *m; 5. militari pl* Militär *n*
milizia [mi'liːtsia] *f MIL* Miliz *f*
millantatore [millanta'toːre] *m (spaccone)* Aufschneider *m*
mille ['mille] *num* tausend, eintausend
millenario [mille'naːrio] *adj* tausendjährig
millennio [mil'lennio] *m* Jahrtausend *n*
millesimo [mil'lɛːzimo] *adj* tausendste(r,s)
millimetro [mil'liːmetro] *m* Millimeter *m*
milza ['miltsa] *f ANAT* Milz *f*
mimare [mi'maːre] *v* mimen
mimetismo [mime'tizmo] *m 1.* Tarnung *f*, Anpassung *f; 2. BIO* Mimikry *f*
mimetizzare [mimetid'dzaːre] *v* tarnen
mimetizzazione [mimetiddzatsi'oːne] *f* Tarnung *f*
mimica ['miːmika] *f* Mimik *f*
mimosa [mi'moːsa] *f 1. (fig)* Mimose *f; 2. BOT* Mimose *f*

mina ['mi:na] *f (ordigno esplosivo)* Mine *f*
minaccia [mi'nattʃa] *f 1.* Androhung *f,* Bedrohung *f; 2. (messa in pericolo)* Gefährdung *f*
minacciare [minat'tʃa:re] *v* bedrohen, drohen
minaccioso [minat'tʃo:so] *adj* bedrohlich
minatore [mina'to:re] *m MIN* Kumpel *m,* Bergarbeiter *m*
minerale [mine'ra:le] *m 1.* Mineral *n; 2. MIN* Erz *n; ~ ferroso* Eisenerz *n*
minestra [mi'nɛstra] *f 1. (in brodo)* Suppe *f; 2. GAST* Suppe *f; ~ di verdura* Gemüsesuppe *f*
miniatura [minia'tu:ra] *f ART* Miniatur *f*
minibus [mini'bus] *m* Kleinbus *m*
miniera [mini'ɛ:ra] *f 1. MIN* Mine *f,* Bergwerk *n; ~ d'argento* Silberbergwerk *n; ~ di carbone* Kohlebergwerk *n; 2. (fig)* Goldgrube *f*
minimizzare [minimid'dza:re] *v (pericolo)* bagatellisieren, verharmlosen
minimo ['mi:nimo] *m 1.* Minimum *n; ~ di esistenza* Existenzminimum *m; ~ salariale* Tariflohn *m; adj 2.* kleinste(r,s); *3. (minimale)* minimal; *4. (più piccolo)* mindeste(r,s), minimal; *misura minima* Mindestmaß *n*
ministeriale [ministeri'a:le] *adj* ministeriell
ministero [mini'stɛ:ro] *m POL* Ministerium *n; ~ degli affari esteri* Außenministerium *n; ~ degli interni* Innenministerium *n; ~ dei trasporti* Verkehrsministerium *n; ~ dell'agricoltura* Landwirtschaftsministerium *n; ~ della difesa* Verteidigungsministerium *n; ~ della giustizia* Justizministerium *n; ~ della pubblica istruzione* Kultusministerium *n*
ministro [mi'nistro] *m POL* Minister *m; ~ degli affari esteri* Außenminister *m; ~ delle finanze* Finanzminister *m; primo ~* Premierminister *m*
minoranza [mino'rantsa] *f* Minderheit *f*
minorato [mino'ra:to] *m 1.* Körperbehinderter *m; adj 2.* körperbehindert, behindert
minore [mi'no:re] *adj 1.* kleiner; *2. (più giovane)* jünger; *3. (minorenne)* minderjährig
minorenne [mino'rɛnne] *adj 1.* minderjährig, unmündig; *m/f 2.* Minderjährige(r) *m/f*
minorile [mino'ri:le] *adj* minderjährig; *delinquenza ~* Jugendkriminalität *f*
minuscola [mi'nuskola] *f* kleiner Buchstabe *m*

minuscolo [mi'nuskolo] *adj* winzig
minuto [mi'nu:to] *m 1.* Minute *f; per qualche ~* minutenlang; *2. commercio al ~ ECO* Einzelhandel *m; adj 3.* klein; *4. (in tutti i dettagli)* haarklein; *5. (sottile)* dünn, fein
minuzia [mi'nu:tsia] *f* Kleinigkeit *f*
minuzioso [minutsi'o:so] *adj 1. (troppo accurato)* peinlich; *2. (dettagliato)* eingehend
mio ['mi:o] *pron* mein(e); *da parte mia* meinerseits
miope ['mi:ope] *adj 1. MED* kurzsichtig; *2. (fig)* kurzsichtig
miopia [mio'pi:a] *f MED* Kurzsichtigkeit *f,* Myopie *f*
mira ['mi:ra] *f 1.* Zielscheibe *f,* Ziel *n; prendere la ~* zielen; *2. (fig)* Ziel *n,* Zweck *m*
mirabella [mira'bɛlla] *f BOT* Mirabelle *f*
miracolo [mi'ra:kolo] *m* Wunder *n; ~ economico* Wirtschaftswunder *n*
miracoloso [mirako'lo:so] *adj* wunderbar
miraggio [mi'raddʒo] *m 1.* Fata Morgana *f,* Luftspiegelung *f; 2. (fig)* Täuschung *f*
mirare [mi'ra:re] *v* abzielen, zielen
mirino [mi'ri:no] *m 1. MIL* Visier *n; 2. (fucile)* Korn *n*
mirtillo [mir'tillo] *m 1. BOT* Heidelbeere *f; 2. ~ rosso BOT* Preiselbeere *f*
misantropia [mizantro'pi:a] *f* Menschenfeindlichkeit *f*
miscela [mi'ʃɛ:la] *f* Gemisch *n*
miscelatura [miʃela'tu:ra] *f (mescolanza)* Mischung *f*
mischiare [miski'a:re] *v* vermengen, vermischen
mischiarsi [miski'arsi] *v* sich vermischen
misconoscere [misko'noʃere] *v 1.* verkennen; *2. (negare)* verleugnen
miscuglio [mis'ku:ʎo] *m 1. (accozzaglia)* Allerlei *n; 2. (mistura)* Mischung *f*
miserabile [mize'ra:bile] *adj 1.* arm, elend; *2. (pietoso)* miserabel
miseria [mi'zɛ:ria] *f 1. (calamità)* Elend *n,* Misere *f; 2. (povertà)* Not *f; 3. (calamità)* Jammer *m*
misericordia [mizeri'kordia] *f* Barmherzigkeit *f*
misericordioso [mizerikordi'o:so] *adj REL* gnädig
misero ['mi:zero] *adj 1. (scarso)* dürftig; *2. (in stato ~)* erbärmlich, jämmerlich; *3. (meschino)* schäbig
misfatto [mis'fatto] *m* Untat *f*
missile ['missile] *m MIL* Rakete *f; ~ a lungo raggio* Langstreckenrakete *m*

missionario [missio'naːrio] *m REL* Missionar *m*
missione [missi'oːne] *f 1. (compito)* Aufgabe *f; 2. (istituzione)* Mission *f*
missiva [mis'siːva] *f* Schreiben *n*
misterioso [misteri'oːso] *adj 1.* geheimnisvoll, mysteriös; *m 2. (soppiattone)* Heimlichtuer *m*
mistero [mis'tɛːro] *m 1.* Mysterium *n; 2. (segreto)* Geheimnis *n*
mistico ['mistiko] *adj* mystisch
mistificare [mistifi'kaːre] *v 1.* fälschen; *2. (ingannare)* täuschen
mistificazione [mistifikatsi'oːne] *f* Irreführung *f,* Täuschung *f*
misto ['misto] *adj 1.* gemischt; *m 2.* Mischung *f,* Gemisch *n*
misura [mi'zuːra] *f 1. (unità di ~)* Maß *n; 2. (dimensione)* Ausmaß *n; 3. (~zione)* Abmessung *f; 4. (disposizone)* Maßnahme *f; ~ d'economia* Sparmaßnahme *f; ~ di protezione* Schutzmaßnahme *f; ~ di razionalizzazione* Rationalisierungsmaßnahme *f; ~ coercitiva* Zwangsmaßnahme *f; ~ immediata* Sofortmaßnahme *f; ~ precauzionale* Vorsichtsmaßnahme *f; ~ preventiva* Präventivmaßnahme *f; 5. (provvedimento)* Vorkehrung *f; 6. misure di risanamento pl* Sanierungs-maßnahmen *pl; 7. misure di sicurezza pl* Sicherheitsmaßnahmen *pl*
misurabile [mizu'raːbile] *adj* messbar
misurare [mizu'raːre] *v 1.* messen, abmessen; *2. (dimensioni)* ausmessen, vermessen; *3. (stimare)* ermessen
misurarsi [mizu'rarsi] *v (fig) ~ con* sich messen mit
misurato [mizu'raːto] *adj* gemessen, maßvoll
misurazione [mizuratsi'oːne] *f 1.* Messen *n; 2. (processo)* Abmessung *f; 3. (dimensioni)* Vermessung *f*
misurino [mizu'riːno] *m* Messbecher *m*
mite ['miːte] *adj 1. (tempo)* mild; *2. (vento, aria)* lau; *3. (carattere)* sanftmütig
mitezza [mi'tettsa] *f 1. (tempo)* Milde *f; 2. (carattere)* Sanftmut *f*
mitico ['miːtiko] *adj* mythisch, sagenhaft
mitigamento [mitiga'mento] *m (di dolore)* Linderung *f*
mitigare [miti'gaːre] *v 1.* abmildern; *2. (dolore)* lindern; *3. (attenuare)* dämpfen
mito ['miːto] *m* Mythos *m*
mitologia [mitolo'dʒiːa] *f* Mythologie *f*
mitra ['miːtra] *f* Mitra *f*

mitragliatrice [mitraʎa'triːtʃe] *f* Maschinengewehr *n*
mittente [mit'tɛnte] *m 1.* Absender *m; 2. (speditore)* Einsender *m*
mnemonico [mne'mɔːniko] *adj* Gedächtnis..., mnemonisch
mobile ['mɔːbile] *adj 1.* mobil, beweglich; *beni mobili* bewegliche Güter *pl; m 2.* Möbelstück *n; ~ imbottito* Polstermöbel *pl; ~ a muro* Einbaumöbel *pl; ~ componibili* Anbaumöbel *pl*
mobiliare [mobili'aːre] *adj 1.* Mobiliar... *v 2.* möblieren
mobilità [mobili'ta] *f* Mobilität *f*
mobilitare [mobili'taːre] *v* mobilisieren
mobilitazione [mobilitatsi'oːne] *f MIL* Mobilmachung *f*
moccioso [mot'tʃoːso] *adj 1.* rotzig; *m 2.* kleiner Rotzkerl *m*
moda ['mɔːda] *f* Mode *f; non soggetto alla ~* zeitlos; *alla ~* modisch
modale [mo'daːle] *adj GRAMM* modal; *verbo ~* Modalverb *n,* modales Zeitwort *n*
modella [mo'dɛlla] *f 1.* Model *n; 2. (indossatrice)* Mannequin *n*
modellare [model'laːre] *v* modellieren
modellato [model'laːto] *adj 1. (formato)* gebildet; *m 2. (scultura) ART* Eigenart *f*
modello [mo'dɛllo] *adj 1.* vorbildlich; *m 2. (esempio)* Beispiel *n,* Muster *n; 3. (ideale)* Modell *n; ~ sperimentale* Versuchsmodell *n; ~ standard* Standardmodell *n; 4. (prototipo)* Prototyp *m*
moderare [mode'raːre] *v 1.* mäßigen; *2. (fig: richieste)* zurückstecken
moderarsi [mode'rarsi] *v 1.* sich mäßigen; *2. (osservare i limiti)* Maß halten
moderato [mode'raːto] *adj* mäßig, gemäßigt
moderatore [modera'toːre] *m* Diskussionsleiter *m*
modernità [moderni'ta] *f 1.* Modernität *f; 2. (indirizzo moderno nell'arte)* Moderne *f*
modernizzare [modernid'dzaːre] *v* modernisieren
moderno [mo'dɛrno] *adj 1. (vestiti)* modern; *2. (conforme ai gusti)* zeitgemäß
modestia [mo'dɛstia] *f 1.* Bescheidenheit *f; 2. (mancanza di pretese)* Anspruchslosigkeit *f*
modesto [mo'dɛsto] *adj 1.* bescheiden; *2. (virtuoso)* sittsam; *3. (misero)* unansehnlich
modico ['mɔːdiko] *adj 1.* mäßig, maßvoll; *2. (prezzo)* angemessen, niedrig

modifica [moˈdiːfika] *f* Änderung *f;* ~ *della costituzione* Verfassungsänderung *f*
modificazione [modifikatsiˈoːne] *f* Abänderung *f;* ~ *di legge* Gesetzesänderung *f*
modo [ˈmɔːdo] *m* 1. Art *f,* Weise *f;* ~ *d'agire* Handlungsweise *f;* ~ *d'applicazione* Anwendungsweise *f;* ~ *di dire* Redensart *f,* Redewendung *f;* ~ *di pensare* Denkart *f; nel miglior* ~ bestens; *nel miglior* ~ *possibile* bestmöglich; *in certo qual* ~ gewissermaßen; *ad ogni* ~ jedenfalls; *per* ~ *di dire* sozusagen; 2. *(fig: metodo)* Weg *m;* 3. ~ *maggiore MUS* Dur *n;* 4. *GRAMM* Modus *m;* 5. *(contegno)* Benehmen *n*
modulare [moduˈlaːre] *v* modulieren
modulo [ˈmɔːdulo] *m* 1. *(scheda)* Formular *n,* Vordruck *m;* ~ *di denuncia* Anmeldeformular *n;* ~ *di disdetta* Abmeldeformular *n;* ~ *in bianco* Blankoformular *n; Dove ci sono moduli per ciò?* Wo gibt es Formulare dafür? 2. *TECH* Modul *n*
mogano [ˈmɔːgano] *m* Mahagoni *n*
mogio [ˈmɔːdʒo] *adj (sconcertato)* kleinlaut
moglie [ˈmoːʎe] *f* Ehefrau *f,* Gattin *f; aver* ~ *e figli* Frau und Kinder haben
mola [ˈmoːla] *f* 1. *(d'arrotino)* Schleifstein *m;* 2. *(di mulino)* Mühlstein *m*
molare [moˈlaːre] *v* 1. *TECH* abschleifen; *m* 2. *(dente) ANAT* Backenzahn *m*
mole [ˈmɔːle] *f (fig: dimensione)* Umfang *m*
molecola [moˈlɛːkola] *f CHEM* Molekül *n*
molestare [molesˈtaːre] *v* belästigen
molestia [moˈlɛstia] *f* Verdruss *m,* Belästigung *f*
molesto [moˈlɛsto] *adj* lästig, störend
Molise [moˈliːze] *m GEO* Molise *n*
molla [ˈmɔlla] *f* 1. *TECH* Feder *f;* ~ *a spirale* Sprungfeder *f;* 2. *(fig: motivo)* Auslöser *m,* Beweggrund *m*
mollare [molˈlaːre] *v* 1. locker lassen, lockern; 2. *(cedere)* nachgeben
molle [ˈmɔlle] *adj* weich
molletta [molˈletta] *f* 1. Klemme *f;* 2. *(per la biancheria)* Wäscheklammer *f*
molo [ˈmɔːlo] *m* Mole *f,* Kai *m*
molteplice [molˈteːplitʃe] *adj* 1. mehrfach, vielfach; 2. *(vario)* vielfältig
molteplicità [molteplitʃiˈta] *f* Vielfalt *f*
moltiplicare [moltipliˈkaːre] *v* 1. vervielfältigen; 2. *MATH* multiplizieren
moltiplicatore [moltiplikaˈtoːre] *adj* 1. *MATH* multiplizierend; *m* 2. *MATH* Multiplikator *m*

moltiplicazione [moltiplikatsiˈoːne] *f* 1. *MATH* Multiplikation *f;* 2. *TECH* Übersetzung *f*
moltissimo [molˈtissimo] *adv (fam: molto)* wahnsinnig, sehr viel
moltitudine [moltiˈtuːdine] *f (grande quantità)* Menge *f*
molto [ˈmolto] *adv* 1. sehr; *da* ~ längst; 2. *(assai)* höchst; 3. *(particolarmente)* besonders; *adj* 4. viel
momentaneo [momenˈtaːneo] *adj* momentan, zeitweilig
momento [moˈmento] *m* 1. Augenblick *m,* Moment *m;* ~ *di sollievo* Lichtblick *m; del* ~ augenblicklich; *a momenti* manchmal; *A momenti sarei caduto.* Beinahe wäre ich hingefallen. 2. *(tratto di tempo)* Weile *f;* 3. *(punto)* Zeitpunkt *m; per il* ~ vorläufig; *dal* ~ *che* da; *sul* ~ im Augenblick; 4. ~ *di sospetto* Verdachtsmoment *n;* 5. *PHYS* Moment *n;* 6. *(circostanza)* Umstand *m,* Aspekt *m*
monaca [ˈmɔːnaka] *f REL* Nonne *f*
monaco [ˈmɔːnako] *m REL* Mönch *m*
monarca [moˈnarka] *m* Monarch *m*
monarchia [monarˈkiːa] *f* Monarchie *f*
monastero [monasˈtɛːro] *m REL* Kloster *n*
mondano [monˈdaːno] *adj* 1. weltlich, irdisch; 2. *(di eleganza ricercata)* mondän
mondiale [mondiˈaːle] *adj* weltweit, Welt...
mondo [ˈmondo] *m* Welt *f; in tutto il* ~ weltweit; *giro del* ~ Weltreise *f; mettere al* ~ in die Welt setzen; *venire al* ~ auf die Welt kommen; *Caschi il* ~. *(fam)* Mag kommen, was da will.
monello [moˈnello] *m* Bengel *m*
moneta [moˈneːta] *f* 1. *FIN* Münze *f,* Geldstück *n;* ~ *d'argento* Silbergeld *n; carta* ~ Papiergeld *n;* ~ *spicciola* Kleingeld *n;* 2. *(fig)* Währung *f;* ~ *nazionale* Landeswährung *f;* ~ *unica* Währungsunion *f*
monetario [moneˈtaːrio] *adj ECO* Währungs..., Geld... *fondo* ~ Geldbestand *m,* Fonds *m*
mongolfiera [moŋgolfiˈɛːra] *f* Heißluftballon *m*
monito [ˈmɔːnito] *m* Warnung *f,* Mahnung *f*
monitor [ˈmɔːnitor] *m* Monitor *m*
monocolore [monokoˈloːre] *adj* einfarbig
monogamia [monogaˈmiːa] *f* Monogamie *f*

monogramma [mono'gramma] *f* Monogramm *n*
monologo [mo'nɔːlogo] *m* Monolog *m*, Selbstgespräch *n*
monopattino [mono'pattino] *m 1. (per bambini)* Roller *m;* 2. *(skateboard)* Skateboard *n*
monopolio [mono'pɔːlio] *m 1. ECO* Alleinvertrieb *m;* 2. *(fig: prerogativa)* Monopol *n; ~ del commercio estero* Au-ßenhandelsmonopol *n*
monotonia [monoto'niːa] *f* Monotonie *f,* Einerlei *n*
monotono [mo'nɔːtono] *adj* eintönig, monoton
montacarichi [monta'kaːriki] *m* Lastenaufzug *m*
montaggio [mon'taddʒo] *m* Montage *f,* Zusammenbau *m*
montagna [mon'taːɲa] *f 1. GEOL* Berg *m; ~ di ghiaccio* Eisberg *m; alta ~* Hochgebirge *n;* 2. *montagne pl* Gebirge *n; montagne russe* Achterbahn *f*
montagnoso [monta'ɲoːso] *adj* gebirgig, hügelig
montante [mon'tante] *m ~ al mento* Kinnhaken *m*
montare [mon'taːre] *v 1. (installare)* aufbauen; *~ con forza* aufschlagen; 2. *(panna)* schlagen; 3. *(salire)* aufsteigen; 4. *ZOOL* decken
montarsi [mon'tarsi] *v ~ la testa* sich hineinsteigern
montatore [monta'toːre] *m 1.* Monteur *m;* 2. *CINE* Cutter *m*
montatura [monta'tuːra] *f 1. (di gioielli)* Fassung *f,* Einfassung *f; ~ degli occhiali* Brillengestell *n;* 2. *(montaggio)* Montage *f;* 3. *(fig: gonfiatura)* reine Erfindung *f,* Übertreibung *f*
monte ['monte] *m 1. GEOL* Berg *m;* 2. *~ di pietà* Pfandhaus *n;* 3. *andare a ~* nicht zustande kommen, sich zerschlagen; 4. *mandare a ~* annullieren, aufgeben
montone [mon'toːne] *m ZOOL* Bock *m,* Hammel *m*
montuoso [montu'oːso] *adj* bergig
monumentale [monumen'taːle] *adj 1.* monumental; 2. *(enorme)* gewaltig, riesig
monumento [monu'mento] *m* Denkmal *n; ~ commemorativo* Gedenkstätte *f,* Mahnmal *n; ~ onorario* Ehrenmal *n*
moquette [mo'kɛt] *f* Teppichboden *m*
mora[1] ['mɔːra] *f BOT* Brombeere *f*

mora[2] ['mɔːra] *f 1. (donna nera)* Schwarze *f;* 2. *(donna bruna)* Braunhaarige *f,* Brünette *f*
mora[3] ['mɔːra] *f FIN* Verzug *m; ~ nel pagamento* Zahlungsverzug *m*
morale [mo'raːle] *f 1.* Moral *f; adj* 2. moralisch, sittlich
moralità [morali'ta] *f* Moralität *f,* Moral *f*
morbidezza [morbi'dettsa] *f* Weichheit *f,* Zartheit *f*
morbido ['mɔrbido] *adj* weich, zart
morbillo [mor'billo] *m MED* Masern *pl*
morbo ['mɔrbo] *m* Krankheit *f*
morboso [mor'boːso] *adj (fig)* krankhaft
mordace [mor'daːtʃe] *adj 1.* bissig; 2. *(fig: ironia)* beißend; 3. *(fig: intelletto)* messerscharf
mordere ['mɔrdere] *v irr 1.* beißen; 2. *(abboccare)* anbeißen; 3. *(pungere)* stechen
morfina [mor'fiːna] *f CHEM* Morphium *n*
moria [mo'riːa] *f* Massensterben *n; ~ di alberi* Baumsterben *n*
moribondo [mori'bondo] *adj 1.* sterbend; *m 2.* Sterbender *m*
morigeratezza [moridʒera'tettsa] *f* Enthaltsamkeit *f*
morigerato [moridʒe'raːto] *adj* enthaltsam
morire [mo'riːre] *v irr 1.* sterben; *~ di fame* verhungern; *~ di freddo* erfrieren; *~ di sete* verdursten; *~ assiderato* erfrieren; 2. *(razza)* aussterben; 3. *(piante)* eingehen; 4. *(perire)* umkommen; 5. *(animale)* verenden, krepieren *(fam)*
mormorare [mormo'raːre] *v 1. (parlare a voce bassa)* murmeln; 2. *(sussurrare)* munkeln; 3. *(rivo)* rauschen
mormorio [mormo'riːo] *m 1.* Gemurmel *n,* Geflüster *n;* 2. *(brusio)* Rauschen *n,* Gebrumm *n*
moro ['mɔːro] *adj 1.* schwarz; 2. *(moresco)* maurisch; *m 3. (uomo nero)* Schwarzer *m*
moroso[1] [mo'roːso] *adj* rückständig
moroso[2] [mo'roːso] *m (amante)* Liebhaber *m*
morsa ['mɔrsa] *f TECH* Schraubstock *m*
morso ['mɔrso] *m 1.* Biss *m; dare un ~* anbeißen; *un ~ di pane* ein Bissen Brot *m;* 2. *~ d'insetto* Insektenstich *m*
mortale [mor'taːle] *adj 1. (che deve morire un giorno)* sterblich; 2. *(accidente)* tödlich; 3. *(pericoloso)* lebensgefährlich
mortalità [mortali'ta] *f* Sterblichkeit *f*

morte ['mɔrte] *f 1.* Tod *m;* ~ *apparente* Scheintod *m;* *condannare a* ~ zum Tode verurteilen; *mettere a* ~ hinrichten; *silenzio di* ~ Todesstille *f;* *pallido come la* ~ totenblass; *morire di* ~ *naturale* eines natürlichen Todes sterben; *pericolo di* ~ Todesgefahr *f;* *colpire a* ~ totschlagen; *in caso di* ~ im Todesfall; *2. (fine)* Ende *n*
mortificare [mortifi'kaːre] *v 1. (gli instinti)* unterdrücken; *2. (dominare)* überwinden; *3. (umiliare)* demütigen
mortificazione [mortifikatsi'oːne] *f 1.* Unterdrückung *f;* *2. (umiliazione)* Demütigung *f*
morto ['mɔrto] *adj 1.* tot, gestorben; *2. (membri)* abgestorben; *3.* stanco ~ todmüde; *m 4.* Toter *m,* Verstorbener *m*
mosaico [mo'zaːiko] *m* Mosaik *n*
mosca ['moska] *f* ZOOL Fliege *f*
moscerino [moʃe'riːno] *m* ZOOL Mücke *f*
moschea [mos'kɛːa] *f* Moschee *f*
moscio ['moʃo] *adj* schlaff, kraftlos
moscone [mos'koːne] *m 1.* ZOOL große Fliege *f;* *2. (pattino)* Ruderboot *n;* *3. (fig)* Verehrer *m,* Hofmacher *m*
mossa ['mɔssa] *f 1.* Bewegung *f;* *2. (impulso)* Anstoß *m;* *3. (gesto)* Geste *f*
mosso ['mɔsso] *adj 1. (mare)* bewegt; *2. (indotto)* veranlasst, bewogen
mostra ['mostra] *f 1. (esposizione)* Messe *f;* *2.* ~ *d'arte* Kunstausstellung *f*
mostrare [mos'traːre] *v 1.* zeigen; *2. (presentare)* aufweisen; *3. (dichiarare)* bekunden, beweisen; *4. (presentare)* vorführen
mostro ['mostro] *m 1.* Ungeheuer *n,* Ungetüm *n;* *2. (bruto)* Unmensch *m*
mostruosità [mostruosi'ta] *f 1.* Monstrosität *f,* Ungeheuerlichkeit *f;* *2. (enormità)* Enormität *f;* *3.* BIO Missbildung *f*
motel [mo'tɛl] *m* Motel *n,* Rathaus *n*
motivare [moti'vaːre] *v 1.* motivieren; *2. (causare)* verursachen; *3. (menzionare il motivo)* den Grund nennen
motivazione [motivatsi'oːne] *f 1.* Begründung *f;* *2. (argomento)* Argument *n;* *3.* PSYCH Motivation *f*
motivo [mo'tiːvo] *m 1. (occasione)* Anlass *m;* *2. (causa)* Veranlassung *f;* *3. (movente)* Beweggrund *m;* ~ *di divorzio* Scheidungsgrund *m;* *4.* ~ *conduttore* MUS Leitmotiv *n*
moto ['mɔːto] *m 1. (movimento)* Bewegung *f;* *mettere in* ~ anlassen, in Gang setzen; *2. (sentimento)* Regung *f;* ~ *dell'animo* Gefühlsregung *f*

motocicletta [mototʃi'kletta] *f* Motorrad *n*
motociclismo [mototʃi'klizmo] *m* Motorradsport *m*
motociclista [mototʃi'klista] *m/f* Motorradfahrer(in) *m/f*
motore [mo'toːre] *m* TECH Motor *m;* ~ *a ciclo Otto* Ottomotor *m;* ~ *a combustione* Verbrennungsmotor *m;* ~ *a iniezione* Einspritzmotor *m;* ~ *Diesel* Dieselmotor *m;* ~ *fuoribordo* Außenbordmotor *m;* ~ *posteriore* Heckmotor *m*
motoretta [moto'retta] *f* Motorroller *m*
motorino [moto'riːno] *m 1.* Moped *n;* *2.* ~ *di avviamento* TECH Anlasser *m*
motorizzato [motorid'dzaːto] *adj* motorisiert
motoscafo [motos'kaːfo] *m* Motorboot *n*
motoscooter [motos'kuːter] *m* Motorroller *m,* Roller *m*
motrice [mo'triːtʃe] *f 1.* Zugmaschine *f;* ~ *per semirimorchio* Sattelschlepper *m;* *adj 2.* Motor... *forza* ~ Triebkraft *f*
motto ['mɔtto] *m* Motto *n,* Spruch *m*
mouse [maus] *m* INFORM Maus *f*
movente [mo'vɛnte] *m 1. (causa)* Motiv *n;* *2. (motivo)* Ursache *f*
movibile [mo'viːbile] *adj* beweglich
movimentato [movimen'taːto] *adj 1.* bewegt; *2. (animato)* belebt; *3. (pieno di slancio)* schwungvoll
movimento [movi'mento] *m* Bewegung *f;* ~ *della mano* Handbewegung *f;* ~ *di capitali* Kapitalverkehr *m;* ~ *clandestino* Untergrundbewegung *f;* ~ *femminista* Frauenbewegung *f;* ~ *riflesso* Reflexbewegung *f;* ~ *liberista* Freiheitsbewegung *f;* ~ *organizzato* organisierte Bewegung *f;* ~ *di scorte* Bestandsveränderung *f;* ~ *d'orologio* Gang *m*
mozione [motsi'oːne] *f 1.* LIT Bewegung *f;* *2.* POL Antrag *m;* ~ *di sfiducia* Misstrauensantrag *m;* *presentare una* ~ *di sfiducia* einen Misstrauensantrag stellen
mozzare [mot'tsaːre] *v 1. (tagliare via)* abschneiden; *2. (mutilare)* verstümmeln; *3.* ~ *il fiato* den Atem verschlagen
mozzo[1] ['mottso] *adj 1. (accorciato)* verkürzt; *2. (mutilato)* verstümmelt
mozzo[2] ['mottso] *m 1.* NAUT Schiffsjunge *m;* *2. (della stalla)* Knecht *m,* Stalljunge *m*
mozzo[3] ['mottzo] *m* ~ *della ruota* TECH Radnabe *f*
mucca ['mukka] *f* ZOOL Kuh *f*

mucchio ['mukkio] *m* Haufen *m;* ~ *di cocci* Scherbenhaufen *m; a mucchi* haufenweise
muco ['muːko] *m* Schleim *m*
mucosa [mu'koːsa] *f ANAT* Schleimhaut *f*
mucoso [mu'koːso] *adj* schleimig
muffa ['muffa] *f BOT* Schimmel *m*
muggire [mud'dʒiːre] *v irr* brüllen
mughetto [mu'getto] *m BOT* Maiglöckchen *n*
mugnaio [mu'ɲaːio] *m* Müller *m*
mulatto [mu'latto] *m* Mulatte *m*
mulinello [muli'nɛllo] *m* 1. *(gorgo, vortice)* Wirbel *m;* 2. *TECH* Winde *f*
mulino [mu'liːno] *m* Mühle *f;* ~ *a vento* Windmühle *f*
mulo ['muːlo] *m ZOOL* Maulesel *m*
multa ['multa] *f* Geldstrafe *f*
multicolore [multiko'loːre] *adj* bunt
multilaterale [multilate'raːle] *adj* multilateral, vielseitig
multimediale [multimedi'aːle] *adj* multimedial; *mondo* ~ multimediale Welt *f*
multiplo ['multiplo] *adj* mehrfach, vielfach
mummia ['mummia] *f* Mumie *f*
mungere ['mundʒere] *v irr* melken
municipio [muni'tʃiːpio] *m* 1. Rathaus *n;* 2. *(comune)* Gemeinde *f;* 3. *(amministrazione)* Gemeindeverwaltung *f*
munire [mu'niːre] *v* ausrüsten, ausstatten; ~ *d'inferriata* vergittern
munizione [munitsi'oːne] *f* Munition *f*
muovere [mu'ɔːvere] *v irr* 1. bewegen; 2. *(toccare)* rühren
muoversi [mu'ɔːversi] *v irr* 1. sich bewegen; *Non si muova!* Nicht bewegen! 2. *(agitarsi)* sich regen
mura ['muːra] *f/pl* ~ *cittadine* Stadtmauer *f*
muraglia [mu'raːʎa] *f* Stadtmauer *f*
murale [mu'raːle] *adj* Mauer..., Wand... *pittura* ~ Wandmalerei *f*
muratore [mura'toːre] *m* Maurer *m*
muratura [mura'tuːra] *f (costruzione)* Backstein *m; opera di* ~ Mauerarbeit *f*
muro ['muːro] *m* Mauer *f,* Wand *f;* ~ *del suono* Schallmauer *f*
musa ['muːza] *f* Muse *f*
muschio ['muskio] *m* 1. *BOT* Moos *n;* 2. *(detto di profumo)* Moschus *m*
muscolatura [muskola'tuːra] *f* Muskulatur *f*
muscolo ['muskolo] *m ANAT* Muskel *m;* ~ *addominale* Bauchmuskel *m*
muscoloso [musko'loːso] *adj* muskulös

muse ['muːze] *adj delle* ~ musisch
museo [mu'zɛːo] *m* Museum *n*
museruola [muzeru'ɔːla] *f* Maulkorb *m*
musica ['muːzika] *f* Musik *f;* ~ *da ballo* Tanzmusik *f;* ~ *per archi* Streichmusik *f;* ~ *per strumenti a fiato* Blasmusik *f;* ~ *leggera* Unterhaltungsmusik *f;* ~ *zigana* Zigeunermusik *f*
musicale [muzi'kaːle] *adj* musikalisch
musicare [muzi'kaːre] *v* musizieren
musicassetta [muzikas'setta] *f* Musikkassette *f*
musicista [muzi'tʃista] *m/f* Musiker(in) *m/f*
muso ['muːzo] *m* 1. *(di persona)* Gesicht *n;* 2. *(dell'animale)* Schnauze *f*
musone [mu'zoːne] *m* Griesgram *m*
musulmano [musul'maːno] *adj* 1. moslemisch; *m* 2. Moslem *m*
muta ['muːta] *f* 1. *(cani) ZOOL* Meute *f;* 2. *(di serpenti)* Häutung *f;* 3. *(di uccelli)* Mauser *m*
mutamento [muta'mento] *m* Wandel *m*
mutande [mu'tande] *f/pl* Unterhose *f*
mutare [mu'taːre] *v* 1. verändern, ändern; 2. *(scambiare)* wechseln; 3. *(cambiare)* sich ändern
mutarsi [mu'tarsi] *v* 1. sich verändern; 2. ~ *d'abito* die Kleidung wechseln
mutazione [mutatsi'oːne] *f* 1. Änderung *f,* Veränderung *f;* 2. ~ *della voce* Stimmbruch *m;* 3. *BIO* Mutation *f*
mutevole [mu'teːvole] *adj* 1. veränderlich; 2. *(variabile)* wechselhaft
mutilare [muti'laːre] *v* verstümmeln
mutilato [muti'laːto] *adj* 1. verunstaltet, versehrt; *m* 2. Verstümmelter *m,* Versehrter *m*
mutilazione [mutilatsi'oːne] *f* Verstümmelung *f*
mutismo [mu'tizmo] *m* 1. Wortkargheit *f;* 2. *(silenzio ostinato)* verstockte Schweigsamkeit *f*
muto ['muːto] *adj* 1. *(non capace di parlare)* stumm; 2. *(senza parole)* wortlos; 3. *(fig: stupito)* sprachlos
mutua ['muːtua] *f* Krankenversicherung *f; essere in* ~ krankgeschrieben sein
mutualità [mutuali'ta] *f* Gegenseitigkeit *f,* gegenseitige Hilfe *f*
mutuo ['muːtuo] *adj* 1. *(scambievole)* gegenseitig; *m* 2. *ECO* Darlehen *n;* ~ *edilizio* Baudarlehen *n; concedere un* ~ ein Darlehen bewilligen

N

nacchere ['nakkere] *f/pl* Kastagnetten *pl*
nafta ['nafta] *f* 1. Dieselöl *n;* 2. *CHEM* Naphta *n;* 3. *(petrolio greggio)* Rohöl *n; riscaldamento a* ~ Ölheizung *f*
naftalina [nafta'liːna] *f* 1. *CHEM* Naphtalin *n;* 2. ~ *antitarme* Mottenkugel *f*
nanismo [na'nizmo] *m MED* Zwergwuchs *m*
nano ['naːno] *adj* 1. zwergenhaft, zwergartig; *m* 2. Zwerg *m*
nanna ['nanna] *f (fam: letto)* Heia *f; a* ~ in die Heia
nappa ['nappa] *f* Quaste *f*
narcisismo [nartʃi'zizmo] *m PSYCH* Narzissmus *m*
narciso [nar'tʃiːzo] *m BOT* Narzisse *f*
narcosi [nar'kɔːzi] *f MED* Narkose *f*
narcotico [nar'kɔːtiko] *adj* 1. narkotisch; *m* 2. *MED* Betäubungsmittel *n*
narice [na'riːtʃe] *f* 1. *ANAT* Nasenloch *n;* 2. *ZOOL* Nüster *f*
narrare [nar'raːre] *v* erzählen
narratore [narra'toːre] *adj* 1. Erzählungs... *m* 2. Erzähler *m*
narrazione [narratsi'oːne] *f* Erzählung *f,* Erzählen *n*
nasale [na'saːle] *adj* 1. nasal, Nasen... 2. *(voce)* näselnd; 3. *suono* ~ Nasallaut *m*
nascere ['naʃere] *v irr* 1. *(essere umano)* geboren werden, zur Welt kommen; 2. *(formarsi)* aufkommen; 3. *(fiume)* entspringen
nascita ['naʃita] *f* 1. Geburt *f;* 2. *(fig)* Entstehung *f*
nascondere [nas'kondere] *v irr* 1. verstecken; 2. *(celare)* verheimlichen; 3. *(sottrarre alla vista)* verbergen
nascondersi [nas'kondersi] *v irr* sich verstecken
nascondiglio [naskon'diːʎo] *m* 1. Versteck *n;* 2. *(covo)* Schlupfwinkel *m;* 3. *(rifugio)* Unterschlupf *m*
nascondino [naskon'diːno] *m* Versteckspiel *n*
nascosto [nas'kosto] *adj* 1. verborgen; 2. *(celato)* versteckt; 3. *(in segreto)* heimlich; *di* ~ klammheimlich; 4. *(remoto)* entfernt, entlegen
nasello [na'sɛllo] *m ZOOL* Seehecht *m*
naso ['naːso] *m* 1. *ANAT* Nase *f;* 2. *(fig: fiuto)* Witterung *f,* Spürsinn *m*

nastro ['nastro] *m* Streifen *m,* Band *n;* ~ *trasportatore continuo* Fließband *n;* ~ *magnetico* Tonband *n,* Band *n;* ~ *adesivo* Klebeband *n;* ~ *colorato* Farbband *n;* ~ *perforato* Lochstreifen *m*
nasturzio [nas'turtsio] *m BOT* Brunnenkresse *f*
natale [na'taːle] *adj* heimatlich, Geburts... *città* ~ Geburtsstadt *f*
Natale [na'taːle] *m REL* Weihnachten *n; vigilia di* ~ Heiliger Abend *m,* Weihnachtsabend *m; Buon* ~*!* Frohe Weihnachten! *babbo* ~ Nikolaus *m,* Weihnachtsmann *m*
natalità [natali'ta] *f* 1. Geburten *pl;* 2. *(tasso)* Geburtenzahl *f;* 3. *(livello delle nascite)* Geburtenstand *m*
natalizio [nata'liːtsio] *adj* weihnachtlich
natante [na'tante] *m* Schiff *n*
natica ['naːtika] *f* 1. *ANAT* Hinterbacke *f;* 2. *(sedere)* Hinterteil *m*
nativo [na'tiːvo] *adj* 1. gebürtig; *m* 2. Eingeborener *m*
nato ['naːto] *adj* geboren
natura [na'tuːra] *f* 1. Natur *f;* 2. *(carattere)* Wesen *n;* 3. *(qualità)* Beschaffenheit *f;* 4. ~ *morta ART* Stillleben *m*
naturale [natu'raːle] *adj* 1. naturell; 2. *(che s'intende da sé)* selbstverständlich, selbstredend; 3. *(conforme alla natura)* naturgemäß; 4. *(puro)* naturrein
naturalezza [natura'lettsa] *f* Natürlichkeit *f*
naturalista [natura'lista] *m/f* 1. Naturforscher(in) *m/f;* 2. *ART* Naturalist(in) *m/f*
naturalizzare [naturalid'dzaːre] *v* 1. naturalisieren; 2. *(concedere la cittadinanza)* einbürgern
naturalizzazione [naturaliddzatsi'oːne] *f* 1. Naturalisierung *f;* 2. *POL* Einbürgerung *f*
naufragare [naufra'gaːre] *v* 1. *NAUT* Schiffbruch erleiden; 2. *(fig: non riuscire)* scheitern
naufragio [nau'fraːdʒo] *m NAUT* Schiffbruch *m*
naufrago ['naːufrago] *m NAUT* Schiffbrüchiger *m*
nausea ['naːuzea] *f* 1. Übelkeit *f;* 2. *(conato di vomito)* Brechreiz *m*
nausearsi [nauze'arsi] *v* sich ekeln

nautica ['naːutika] *f* Nautik *f*
navale [na'vaːle] *adj NAUT* Schiffs...,
Marine...
navata [na'vaːta] *f* 1. *NAUT* Schiffsladung
f; 2. *ARCH* Schiff *n*
nave ['naːve] *f* Schiff *n;* ~ *da carico*
Frachter *m;* ~ *passeggeri* Passagierschiff *n;* ~
mercantile Handelsschiff *n;* ~ *transatlantica*
Überseedampfer *m;* ~ *portarei* Flugzeugträger *m*
navigabile [navi'gaːbile] *adj* 1. *NAUT*
schiffbar; 2. *(atto alla navigazione)* seetüchtig
navigato [navi'gaːto] *adj (versato)* weltgewandt
navigatore [naviga'toːre] *m NAUT* See-
fahrer *m*
navigazione [navigatsi'oːne] *f NAUT*
Navigation *f,* Schifffahrt *f;* ~ *a vapore*
Dampfschifffahrt *f;* ~ *interna* Binnenschifffahrt *f*
nazifascista [natsifa'ʃista] *adj* 1. *POL*
nazifaschistisch; *m/f* 2. *POL* Nazifa-
schist(in) *m/f*
nazionale [natsio'naːle] *adj* 1. national,
National... 2. *(interno)* inländisch
nazionalismo [natsiona'lizmo] *m POL*
Nationalismus *m*
nazionalità [natsionali'ta] *f* Nationalität
f, Staatsangehörigkeit *f*
nazionalizzazione [natsionaliddzat-
si'oːne] *f POL* Verstaatlichung *f*
nazionalsocialismo [natsionalsotʃa-
'lizmo] *m POL* Nationalsozialismus *m*
nazione [natsi'oːne] *f* 1. Nation *f;* 2.
Nazioni Unite pl Vereinte Nationen *pl*
nazista [na'tsista] *m/f POL* Nazional-
sozialist(in) *m/f,* Nazi *m*
ne [ne] *adv (parte di qc)* davon
né [ne] *konj* ~ ... ~ weder ... noch
neanche [ne'aŋke] *adv* 1. nicht einmal;
konj 2. auch nicht
nebbia ['nebbia] *f* Nebel *m*
nebuloso [nebu'loːso] *adj* nebelig
necessario [netʃes'saːrio] *adj* 1. erforderlich, nötig; *m* 2. Nötiges *n*
necessità [netʃessi'ta] *f* Notwendigkeit
f; ~ *di ricupero* Nachholbedarf *m;* per ~ notgedrungen
necrologio [nekro'lɔːdʒo] *m* Nachruf *m,*
Nekrolog *m*
necropoli [ne'krɔːpoli] *f* Totenstadt *f,*
Nekropolis *f*
nefando [ne'fando] *adj* frevelhaft, ruchlos
nefasto [ne'fasto] *adj* unheilvoll

nefrite [ne'friːte] *f MED* Nierenent-
zündung *f,* Nephrotis *f*
nefrolito [ne'frɔːlito] *m MED* Nierenstein *m*
nefropatia [nefropa'tiːa] *f MED* Nierenkrankheit *f*
negare [ne'gaːre] *v* 1. *(dire di no)* verneinen; 2. *(contestare)* leugnen, ableugnen;
3. *(condannare alla perdita di) JUR* absspre-
chen
negarsi [ne'garsi] *v* 1. *(rinunciare a qc)* sich
etw versagen; 2. ~ *al telefono* sich am Telefon
verleugnen lassen
negativo [nega'tiːvo] *adj* 1. negativ;
2. *(rifiuto)* abschlägig; 3. *PHYS* negativ;
m 4. *FOTO* Negativ *n*
negazione [negatsi'oːne] *f (il dire di no)*
Verneinung *f*
negligente [negli'dʒɛnte] *adj* nachlässig
negligenza [negli'dʒɛntsa] *f* Nachlässigkeit *f*
negoziabile [negotsi'aːbile] *adj* 1. *ECO*
marktfähig; 2. *(effetti) ECO* übertragbar
negoziante [negotsi'ante] *m/f* 1. *(commerciante) ECO* Kaufmann/Kauffrau *m/f;* ~
di tessuti Stoffhändler(in) *m/f;* 2. *(botte-
gaio/bottegaia) ECO* Ladenbesitzer(in) *m/f;*
3. ~ *all'ingrosso ECO* Großhändler(in) *m/f;* ~
al minuto Kleinhändler(in) *m/f*
negoziare [negotsi'aːre] *v* 1. handeln;
2. *(trattare) POL* verhandeln; 3. *(effetti) ECO*
übertragen
negoziato [negotsi'aːto] *adj* 1. verhan-
delt; *m* 2. Verhandlung *f*
negoziatore [negotsia'toːre] *m* Unterhändler *m*
negoziazione [negotsiatsi'oːne] *f* Verhandlung *f*
negozio [ne'gɔːtsio] *m (bottega)* Geschäft
n, Handlung *f;* ~ *di alimentari* Lebensmittelgeschäft *n;* ~ *di calzature* Schuhgeschäft *n;* ~
di giocattoli Spielwarengeschäft *n;* ~ *specializzato* Fachgeschäft *n*
negra ['neːgra] *f* Negerin *f,* Schwarze *f*
negro ['neːgro] *m* Neger *m,* Schwarzer *m*
nel [nel] *prep* 1. *(= in + il)* in; ~*l'appartamento* in der Wohnung; ~*la scuola* in der Schule;
~*la stanza* auf dem Zimmer; *versare* ~
bicchiere ins Glas gießen; ~ *corso della settimana* im Lauf der Woche; *konj* 2. indem
nembo ['nembo] *m* Gewitterwolke *f*
nemico [ne'miːko] *adj* 1. feindlich; 2. *(ostile)* feindselig; *m* 3. Feind *m;* ~ *giurato*
Erzfeind *m*

nemmeno [nem'me:no] *adv* nicht einmal

neo ['nɛ:o] *m* Muttermal *n*

neologismo [neolo'dʒizmo] *m* Neologismus *m*

neonato [neo'na:to] *adj* 1. neugeboren; *m* 2. Baby *n*, Neugeborenes *n*

nepotismo [nepo'tizmo] *m* Vetternwirtschaft *f*

nerbo ['nɛrbo] *m* 1. Peitsche *f;* 2. *(fig)* Kraft *f*

neretto [ne'retto] *adj* 1. schwärzlich; *m* 2. Fettdruck *m*

nero ['ne:ro] *adj* schwarz; ~ *come il carbone* kohlrabenschwarz; ~ *come un corvo* rabenschwarz

nerofumo [nero'fu:mo] *m* Ruß *m*

nervo ['nɛrvo] *m* ANAT Nerv *m;* *dare ai nervi* auf die Nerven gehen

nervosismo [nervo'sizmo] *m* Nervosität *f*

nervoso [ner'vo:so] *adj* 1. nervös; *stato* ~ Nervosität *f;* 2. *malattia nervosa* PSYCH Nervenkrankheit *f; m* 3. *(fam)* Nervosität *f, Ärger m; Mi viene il ~.* Das macht mich nervös.

nespola ['nɛspola] *f* BOT Mispel *f*

nesso ['nɛsso] *m* Zusammenhang *m,* Verknüpfung *f*

nessuno [nes'su:no] *adj* 1. kein; *Non ho ~.* Ich habe keinen. *da nessuna parte* nirgends; *pron* 2. keiner, niemand

nettare [net'ta:re] *m* Nektar *m*

nettarina [netta'ri:na] *f* BOT Nektarine *f*

nettezza [net'tettsa] *f* 1. Sauberkeit *f;* 2. ~ *urbana* öffentliche, städtische Müllabfuhr *f;* 3. *(chiarezza)* Klarheit *f*

netto ['netto] *adv* 1. ECO netto; *al ~ di* abzüglich; *adj* 2. *(fig: chiaro)* glatt; 3. *(pulito)* sauber

neurite [neu'ri:te] *f* MED Nervenentzündung *f*

neurologo [neu'rɔ:logo] *m* Nervenarzt *m,* Neurologe *m*

neutrale [neu'tra:le] *adj* neutral

neutralità [neutrali'ta] *f* Neutralität *f*

neutro ['nɛ:utro] *adj* 1. neutral; 2. POL parteilos; 3. GRAMM sächlich

neutrone [neu'tro:ne] *m* PHYS Neutron *n*

neve ['ne:ve] *f* Schnee *m;* ~ *farinosa* Pulverschnee *m; coperto di* ~ schneebedeckt

nevicare [nevi'ka:re] *v* schneien

nevicata [nevi'ka:ta] *f* Schneefall *m*

nevischio [ne'viskio] *m* Schneeregen *m*

nevoso [ne'vo:so] *adj* schneeig, Schnee...

nevralgia [nevral'dʒi:a] *f* MED Neuralgie *f*

nevralgico [nev'raldʒiko] *adj* 1. neuralgisch; 2. *punto* ~ heikler Punkt *m*

nevrosi [nev'rɔ:si] *f* MED Neurose *f*

nevrotico [nev'rɔ:tiko] *adj* MED neurotisch

nicchia ['nikkia] *f* Nische *f*

nichel ['ni:kel] *m* CHEM Nickel *n*

Nicola [ni'kɔ:la] *m* Nikolaus *m*

nicotina [niko'ti:na] *f* Nikotin *n; povero di* ~ nikotinarm

nidificare [nidifi'ka:re] *v (uccelli)* ZOOL nisten

nido ['ni:do] *m* Nest *n*

niente [ni'ɛnte] *pron* nichts; *per* ~ umsonst; *non metterci* ~ *(fam)* keine Mühe haben/nicht lange brauchen; ~ *meno che* sogar; *Sono cose da* ~. Das ist nicht der Rede wert./Das ist nur eine Kleinigkeit.

nientemeno [niente'me:no] *adv* sogar; ~ *che* nicht weniger als

Nilo ['ni:lo] *m* GEO Nil *m*

nimbo ['nimbo] *m* Nimbus *m,* Glanz *m*

ninfa ['ninfa] *f* Nixe *f*

ninfea [nin'fɛ:a] *f* BOT Seerose *f*

ninnananna [ninna'nanna] *f* Wiegenlied *n*

ninnoli ['ninnoli] *m/pl* Nippes *m*

nipote [ni'po:te] *m/f* 1. *(di zio, di zia)* Neffe/Nichte *m/f;* 2. *(di nonno, di nonna)* Enkel(in) *m/f*

nitidezza [niti'dettsa] *f* 1. Klarheit *f;* 2. FOTO Schärfe *f*

nitido ['ni:tido] *adj* 1. klar, rein; 2. FOTO scharf

nitrato [ni'tra:to] *m* CHEM Nitrat *n*

nitrire [ni'tri:re] *v* wiehern

no [nɔ] *adv* nein; *dire di* ~ nein sagen

nobile ['nɔ:bile] *adj* 1. adlig; 2. *(animo)* edel, nobel; *m/f* 3. Adlige(r) *m/f*

nobiltà [nobil'ta] *f* Adel *m*

nocca ['nɔkka] *f* ANAT Knöchel *m*

nocciola [not'tʃɔ:la] *f* BOT Haselnuss *f*

nocciolina [nottʃo'li:na] *f* ~ *americana* BOT Erdnuss *f*

nocciolo ['nɔttʃolo] *m* 1. Kern *m;* 2. *(della frutta)* Obstkern *m*

noce ['nɔ:tʃe] *f* 1. BOT Nuss *f;* ~ *del Parà* Paranuss *f;* ~ *di cocco* Kokosnuss *f;* ~ *moscata* Muskatnuss *f;* 2. *(frutto)* BOT Walnuss *f;* 3. *(albero)* Nussbaum

nocivo [no'tʃi:vo] *adj* 1. schädlich; 2. *(non sano)* ungesund

nodo ['nɔːdo] *m 1.* Knoten *m; 2. (nel traffico)* Knotenpunkt *m; 3. (gonfiatura) MED* Knoten *m; 4. (miglio) NAUT* Seemeile *f*
noi [noi] *pron 1. (soggetto)* wir; *2. (oggetto indiretto) a ~* uns; *3. (oggetto diretto) ~* uns
noia ['nɔːia] *f 1.* Langeweile *f; 2. (fastidio)* Unannehmlichkeit *f; dare ~* lästig sein
noioso [noi'oːso] *adj 1.* langweilig, fade; *2. (fam: monotono)* lahm; *3. (personaggio insopportabile)* ungenießbar, unangenehm
noleggiare [noled'dʒaːre] *v 1.* mieten; *2. (aereo)* chartern; *3. (dare a nolo)* verleihen; *4. (locazione)* vermieten
noleggiatore [nolddʒa'toːre] *m* Vermieter *m*
noleggio [no'leddʒo] *m* Verleih *m; ~ di automobili* Autovermietung *f*
nolente [no'lɛnte] *adj* widerwillig, ungern
nolo ['nɔːlo] *m 1. (prestito)* Miete *f; dare a ~* vermieten; *prendere a ~* mieten; *2. ~ marittimo* Seefracht *f*
nomade ['nɔːmade] *adj 1.* nomadisch; *m/f 2.* Nomade/Nomadin *m/f*
nome ['noːme] *m* Name *m; ~ d'arte* Künstlername *m; ~ della ditta* Firmenname *m; ~ di ragazza* Mädchenname *m; ~ di battesimo* Vorname *m; ~ usuale* Rufname *m; ~ colletivo* Sammelbegriff *m; ~ proprio* Eigenname *m; di ~* namens
nomea [no'mɛːa] *f* Leumund *m,* Ruf *m*
nomignolo [no'miːɲolo] *m* Spitzname *m*
nomina ['nɔːmina] *f (a un ufficio)* Berufung *f,* Bestellung *f*
nominale [nomi'naːle] *adj* namentlich, nominell; *valore ~* Nennwert *m*
nominare [nomi'naːre] *v 1. (dare un nome a)* nennen; *2. (a un ufficio)* ernennen, bestellen
nominativo [nomina'tiːvo] *m GRAMM* Nominativ *m*
non [non] *adv* nicht; *~ appena* sobald; *~ affatto* gar nicht; *~ residente* Gebietsfremde(r) *m/f*
nonappena [nonap'peːna] *konj* kaum
nonna ['nɔnna] *f* Großmutter *f,* Oma *f*
nonno ['nɔnno] *m 1.* Großvater *m,* Opa *m; 2. nonni pl* Großeltern *pl*
nono ['nɔːno] *adj* neunte(r,s)
nonostante [nonos'tante] *prep 1.* trotz; *adv 2.* trotzdem, dennoch
nonsenso [non'sɛnso] *m* Unsinn *m*
nontiscordardimé [nontiskor'dardime] *m BOT* Vergissmeinnicht *n*
nord [nɔrd] *m* Norden *m; a ~* nördlich

Nordamerica [norda'mɛːrika] *m GEO* Nordamerika *n*
nordico ['nɔrdiko] *adj 1. GEO* nördlich; *2. (dell'Europa del Nord)* nordisch
norma ['nɔrma] *f 1.* Vorschrift *f,* Norm *f; ~ di circolazione stradale* Verkehrsregel *f; 2. (fig: misura)* Maßstab *m*
normale [nor'maːle] *adj* normal
normalizzare [normalid'dzaːre] *v* normalisieren
norvegese [norve'dʒeːse] *adj 1.* norwegisch; *m/f 2.* Norweger(in) *m/f*
Norvegia [nor'vɛːdʒa] *f GEO* Norwegen *n*
nostalgia [nostal'dʒiːa] *f 1.* Heimweh *n; Soffro di ~.* Ich habe Heimweh. *2. (desiderio ardente)* Sehnsucht *f; avere ~* sich sehnen
nostalgico [nos'taldʒiko] *adj* sehnsuchtsvoll
nostro ['nɔstro] *pron* unser(e)
nota ['nɔːta] *f 1. (annotazione)* Anmerkung *f,* Notiz *f; ~ marginale* Randbemerkung *f; 2. ~ a piè di pagina* Fußnote *f; 3. (fig: lezione)* Denkzettel *m; 4. ~ di pegno FIN* Pfandbrief *m; 5. MUS* Note *f*
notabene [nota'bɛːne] *adv 1.* wohlgemerkt; *m 2.* Vermerk *m*
notabili [no'taːbili] *m/pl* Honoratioren *pl,* Prominenz *f*
notaio [no'taːio] *m JUR* Notar *m*
notare [no'taːre] *v 1. (percepire)* merken; *senza farsi ~* unauffällig; *2. (osservare)* bemerken; *3. (annotare)* aufschreiben, aufzeichnen; *4. (registrare)* eintragen
notarile [nota'riːle] *adj JUR* notariell
notazione [notatsi'oːne] *f 1.* Notierung *f; 2. (annotazione)* Anmerkung *f; 3. MUS* Notenschrift *f*
notebook ['nəutbuk] *m 1.* Notizbuch *n; 2. (computer) INFORM* Notebook *n*
notevole [no'teːvole] *adj 1. (che vale la pena di essere notata)* bemerkenswert; *2. (considerevole)* ziemlich, beträchtlich; *3. (appariscente)* markant; *4. (strano)* merkwürdig
notifica [no'tiːfika] *f JUR* Bescheid *m*
notificazione [notifikatsi'oːne] *f* Bekanntgabe *f*
notizia [no'tiːtsia] *f 1.* Nachricht *f; lieta ~* Freudensbotschaft *f; ~ tremenda* Schreckensbotschaft *f; 2. (informazione)* Bescheid *m; 3. (giornale)* Notiz *f,* Artikel *m; falsa ~* Ente *f; 4. notizie pl* Nachrichten *pl*
notiziario [notitsi'aːrio] *m 1.* Chronik *f; 2. ~ locale* Lokalnachrichten *pl; 3. ~ radiofo-*

nico Rundfunknachrichten *pl*, Radionachrichten *pl; 4.* ~ *televisivo* Fernsehnachrichten *pl; 5. (agenda)* Notizbuch *n*

noto ['nɔːto] *adj* namhaft, bekannt; ~ *in tutto il mondo* weltbekannt; *rendere* ~ veröffentlichen, bekannt geben; *ben* ~ altbekannt

notorietà [notorie'ta] *f 1.* Bekanntheit *f; 2. (evidenza)* Offenkundigkeit *f; 3. (celebrità)* Berühmtheit *f*

notorio [no'tɔːrio] *adj* notorisch

notte ['nɔtte] *f* Nacht *f; di* ~ nachts; *Buona* ~*!* Gute Nacht!

nottola ['nɔttola] *f ZOOL* Abendsegler *m*

notturno [not'turno] *adj* nächtlich

novanta [no'vanta] *num* neunzig

novantesimo [novan'tɛːzimo] *adj* neunzigste(r,s)

nove ['nɔːve] *num* neun

novecento [nove'tʃɛnto] *num 1.* neunhundert; *m 2.* 20. Jahrhundert *n*

novella [no'vɛlla] *f LIT* Novelle *f*

novellino [novel'liːno] *m* Neuling *m*

novembre [no'vɛmbre] *m* November *m*

novilunio [novi'luːnio] *m ASTR* Neumond *m*

novità [novi'ta] *f* Neuheit *f*, Neuigkeit *f*

nozione [notsi'oːne] *f* Kenntnis *f*, Begriff *m*

nozze ['nɔttse] *f/pl* Hochzeit *f; ~ d'argento* Silberhochzeit *f*

nubifragio [nubi'fraːdʒo] *m* Wolkenbruch *m*

nubile ['nuːbile] *adj (donna)* ledig, unverheiratet

nuca ['nuːka] *f ANAT* Genick *n*, Nacken *m*

nucleare [nukle'aːre] *adj* nuklear, atomar

nucleo ['nuːkleo] *m 1. (fig: centro)* Kern *m; 2. ~ atomico PHYS* Atomkern *m*

nudismo [nu'dizmo] *m* Freikörperkultur *f*, Nudismus *m*

nudità [nudi'ta] *f* Nacktheit *f*, Blöße *f*

nudo ['nuːdo] *adj 1.* nackt, bloß; ~ *come un verme* splitternackt; *2. (vuoto)* kahl; *m 3. ART* Akt *m*

nulla ['nulla] *pron 1.* nichts; *Non se ne fa* ~. Daraus wurde nichts. *m 2.* Nichts *n; buono a* ~ Nichtsnutz *m*, Tunichtgut *m*, Schlawiner *m*

nullità [nulli'ta] *f 1. (insussistenza)* Nichtigkeit *f; 2. (non validità)* Ungültigkeit *f*

nullo ['nullo] *adj (futile)* nichtig

numerare [nume'raːre] *v* nummerieren

numeratore [numera'toːre] *m MATH* Zähler *m*

numerazione [numeratsi'oːne] *f* Nummerierung *f*

numerico [nu'mɛːriko] *adj* numerisch

numero ['nuːmero] *m 1. (quantità)* Anzahl *f*, Stückzahl *f; ~ degli abitanti* Einwohnerzahl *f; ~ di giri* Tourenzahl *f*, Drehzahl *f*, Umdrehungszahl *f; ~ imprecisato* Dunkelziffer *f; 2. (cifra)* Nummer *f*, Zahl *f; ~ d'iscrizione* Aktenzeichen *n; ~ di conto* Kontonummer *f; ~ di matricola* Kennziffer *f; ~ guida bancario* Bankleitzahl *f; ~ telefonico* Telefonnummer *f*, Rufnummer *f; ~ colletivo* Sammelnummer *f; ~ fiscale* Steuernummer *f; ~ ordinale* Ordnungszahl *f; ~ vicente* Gewinnzahl *f; ~ binario* Binärzahl *f; Ha sbagliato* ~. Sie sind falsch verbunden. *3. (taglia)* Größe *f; ~ di scarpe* Schuhgröße *f*

numeroso [nume'roːso] *adj 1.* zahlreich; *2. (considerevole)* stattlich

numismatica [numiz'maːtika] *f* Münzkunde *f*, Numismatik *f*

nuocere [nu'ɔːtʃere] *v irr 1. (mettere in svantaggio)* benachteiligen; *2. (danneggiare)* schädigen

nuora [nu'ɔːra] *f* Schwiegertochter *f*

nuotare [nuo'taːre] *v* schwimmen

nuotata [nuo'taːta] *f* Schwimmen *n; fare una* ~ schwimmen

nuotatore [nuota'toːre] *m SPORT* Schwimmer *m; non* ~ Nichtschwimmer *m*

nuotatrice [nuota'triːtʃe] *f* Schwimmerin *f*

nuoto [nu'ɔːto] *m SPORT* Schwimmen *n; ~ a rana* Brustschwimmen *n; ~ a stile libero* Freistilschwimmen *n*

Nuova Zelanda [nu'ɔːva dze'landa] *f GEO* Neuseeland *n*

nuovo [nu'ɔːvo] *adj 1.* neu; *di* ~ wieder, erneut; ~ *fiammante* nagelneu; *2. (ripetuto)* nochmalig

nursery ['nɜːsəri] *f* Wickelraum *m*

nutriente [nutri'ɛnte] *adj* nahrhaft

nutrimento [nutri'mento] *m 1. (il nutrire)* Ernährung *f; 2. (cibo)* Nahrung *f*

nutrire [nu'triːre] *v irr* ernähren, nähren

nutrito [nu'triːto] *adj* ernährt, genährt

nutrizione [nutritsi'oːne] *f* Ernährung *f*, Nahrung *f*

nuvola ['nuːvola] *f* Wolke *f; cascare dalle nuvole (fig)* aus allen Wolken fallen

nuvoloso [nuvo'loːso] *adj* bewölkt, trüb

nuziale [nutsi'aːle] *adj* Hochzeits..., hochzeitlich

nylon ['naɪlən] *m* Nylon *n*

O

o [o] *konj* oder; ~ ... ~ entweder ... oder
oasi ['ɔːazi] *f* Oase *f*
obbligare [obbli'gaːre] *v* 1. *(costringere)* zwingen, nötigen; 2. *(impegnare)* verpflichten
obbligarsi [obbli'garsi] *v* ~ *di qc* zu etw verpflichten
obbligato [obbli'gaːto] *adj* 1. verpflichtet; *essere* ~ müssen, gezwungen sein; *essere* ~ *a qd* jdm zu Dank verpflichtet sein; 2. ~ *a rivalsa JUR* regresspflichtig
obbligatorio [obbliga'tɔːrio] *adj* obligatorisch, verpflichtend
obbligazione [obbligatsi'oːne] *f* 1. Verpflichtung *f,* Obligation *f;* 2. *ECO* Schuldverschreibung *f*
obbligo ['ɔbbligo] *m* 1. Pflicht *f,* Verpflichtung *f;* ~ *di denuncia* Anmeldepflicht *f; E' d'~?* Ist das Pflicht? ~ *scolastico* Schulpflicht *f;* con *l'~* unter der Bedingung; *servizio dell'~* Militärdienstpflicht *f;* 2. *(dovere)* Bindung *f;* 3. *(costrizione)* Zwang *m*
obeso [o'bɛːzo] *adj* 1. dick, korpulent; 2. *MED* fettsüchtig
obiettare [obiet'taːre] *v* einwenden, entgegenhalten
obiettività [obiettivi'ta] *f* Objektivität *f*
obiettivo [obiet'tiːvo] *adj* 1. objektiv; 2. *(non di parte)* unvoreingenommen, unparteiisch; 3. *(realistico)* nüchtern; *m* 4. *FOTO* Objektiv *n;* 5. *MIL* Ziel *n;* 6. *(fig)* Ziel *n,* Zweck *m*
obiezione [obietsi'oːne] *f* 1. Einspruch *m,* Einwand *m;* 2. ~ *di coscienza* Kriegsdienstverweigerung *f,* Wehrdienstverweigerung *f*
obitorio [obi'tɔːrio] *m* Leichenhalle *f*
obliare [obli'aːre] *v* vergessen
oblio [ob'liːo] *m* Vergessenheit *f; cadere nell'~* in Vergessenheit geraten
obliquità [oblikui'ta] *f* Schräge *f*
obliquo [ob'liːkuo] *adj* schräg
obliterare [oblite'raːre] *v* entwerten
obliterazione [obliteratsi'oːne] *f* 1. Entwertung *f;* 2. *MED* Verstopfung *f*
oblò [ob'lɔ] *m NAUT* Bullauge *n*
oblungo [o'bluŋgo] *adj* länglich
oboe ['ɔːboe] *m* Oboe *f*
obolo ['ɔːbolo] *m* 1. Obulus *m;* 2. *(offerta)* Spende *f*

obsoleto [obso'lɛːto] *adj* veraltet, obsolet
oca ['ɔːka] *f ZOOL* Gans *f*
occasionale [okkazio'naːle] *adj* gelegentlich
occasione [okkazi'oːne] *f* Gelegenheit *f,* Anlass *m; altra* ~ andermal; *in* ~ *di* anlässlich
occhiali [okki'aːli] *m/pl* Brille *f;* ~ *da neve* Schneebrille *f;* ~ *da sole* Sonnenbrille *f;* ~ *subacquei* Taucherbrille *f*
occhiata [okki'aːta] *f (guardare)* Blick *m; dare un'~ a qc* einen Blick auf etw werfen
occhiello [okki'ɛllo] *m* Knopfloch *n*
occhio ['ɔkkio] *m* 1. *ANAT* Auge *n;* ~ *d'aquila* Adlerauge *n; in un batter d'~* im Handumdrehen; *dagli occhi azzurri* blauäugig; ~ *esperto* Kennerblick *m; ad* ~ *nudo* mit bloßem Auge; *a* ~ *e croce* ungefähr; *dare nell'~* auffallen; *avere l'~ lungo per qc* den Blick für etw haben; *chiudere un* ~ ein Auge zudrücken; *estendersi a perdita d'~* sich ausdehnen, so weit das Auge reicht; 2. *BOT* Knospe *f; interj* 3. *Occhio!* Aufgepasst!
occidentale [ottʃiden'taːle] *adj* westlich
occidente [ottʃi'dɛnte] *m* 1. Westen *m;* 2. *(mondo occidentale)* Abendland *n*
occipite [ot'tʃiːpite] *m ANAT* Hinterkopf *m*
occlusione [okkluzi'oːne] *f* Verstopfung *f,* Verschluss *m*
occorrente [okkor'rɛnte] *adj* 1. erforderlich, notwendig; *m* 2. Nötiges *n;* ~ *per cucire* Nähzeug *n; il minimo* ~ gerade das Nötigste; 3. *(il necessario)* Notwendiges *n*
occorrenza [okkor'rɛntsa] *f* Bedarf *m,* Bedürfnis *n; all'* ~ notfalls
occorrere [ok'korrere] *v irr* 1. nötig sein; 2. *(avere bisogno)* brauchen, bedürfen
occultamento [okkulta'mento] *m* Verheimlichung *f*
occultismo [okkul'tizmo] *m* Okkultismus *m*
occulto [ok'kulto] *adj* 1. geheim; *scienze occulte* Okkultismus *m;* 2. *(nascosto, latente)* verborgen, latent
occupare [okku'paːre] *v* 1. besetzen; 2. ~ *qd* jdn beschäftigen; 3. *(corso)* belegen; 4. *(molto spazio)* sich breit machen
occuparsi [okku'parsi] *v* 1. sich beschäftigen; 2. *(mantenere)* sorgen für; 3. *(un problema)* sich befassen mit

occupato [okku'paːto] *adj* besetzt, belegt
occupazione [okkupatsi'oːne] *f 1.* Besetzung *f;* ~ *di case* Hausbesetzung *f;* 2. *(impiego, attività)* Beschäftigung *f; come* ~ *principale* hauptamtlich; ~ *preferita* Lieblingsbeschäftigung *f;* ~ *secondaria* Nebenbeschäftigung *f*
oceanico [otʃe'aːniko] *adj* ozeanisch
oceano [o'tʃɛːano] *m* Ozean *m;* ~ *Pacifico* Pazifik *m*
oceanografia [otʃeanogra'fiːa] *f* Meereskunde *f*
ocra ['ɔːkra] *f 1.* Ocker *m; adj 2.* ockergelb
oculare [oku'laːre] *adj* Augen... *testimone* ~ Augenzeuge *m*
oculatezza [okula'tettsa] *f* Klugheit *f,* Umsicht *f*
oculista [oku'lista] *m/f* Augenarzt/Augenärztin *m/f*
odiare [odi'aːre] *v* hassen, verabscheuen, nicht leiden können
odiato [odi'aːto] *adj* verhasst
odierno [odi'ɛrno] *adj 1.* heutig; *2. (attuale)* aktuell, gegenwärtig
odio ['ɔːdio] *m* Hass *m,* Abneigung *f* ~ *di razza* Rassenhass *m; pieno d'*~ hasserfüllt
odioso [odi'oːso] *adj 1.* verhasst; *2. (maligno)* gehässig
odissea [odis'sɛːa] *f* Odyssee *f*
odontoiatra [odontoi'aːtra] *m/f* Zahnarzt/Zahnärztin *m/f*
odontotecnico [odonto'tɛkniko] *m MED* Zahntechniker *m*
odorare [odo'raːre] *v 1.* riechen; *2. (sentire l'odore)* ~ *qc* an etw riechen; *3. (fiori)* duften; *4. (intuire)* ahnen, wittern
odorato [odo'raːto] *m 1.* Geruchssinn *m; 2. (fiuto)* Witterung *f*
odore [o'doːre] *m* Geruch *m; avere* ~ riechen; *buon* ~ Wohlgeruch *m,* Duft *m; sentire l'*~ *di qc* nach etw riechen; *aver cattivo* ~ stinken
odoroso [odo'roːso] *adj* duftig
offendere [of'fɛndere] *v irr 1.* beleidigen, kränken; *2. (fig: urtare)* verletzen
offendersi [of'fɛndersi] *v irr* ~ *di qc* wegen etw beleidigt sein
offensiva [offen'siːva] *f* Offensive *f*
offensivo [offen'siːvo] *adj 1.* offensiv; *2. (insultante)* ausfallend, beleidigend; *3. (lesivo)* verletzend

offerta [of'fɛrta] *f 1.* Angebot *n,* Anerbieten *n;* ~ *d'impiego* Stellenangebot *n;* ~ *speciale* Sonderangebot *n;* ~ *eccessiva* Überangebot *n; 2. (carità)* Spende *f; 3. (proposta)* Vorschlag *m;* Angebot *n; 4. ECO* Angebot *n;* Offerte *f*
offesa [of'feːsa] *f 1.* Beleidigung *f,* Kränkung *f; 2. (fig: umiliazione)* Verletzung *f*
officina [offi'tʃiːna] *f* Werkstatt *f;* ~ *del fabbro* Schlosserei *f;* ~ *del gas* Gaswerk *n;* ~ *di riparazioni* Reparaturwerkstatt *f;* ~ *automobilistica* Autowerkstatt *f*
officinale [offitʃi'naːle] *adj* Arznei..., arzneilich
offrire [of'friːre] *v irr 1.* anbieten, bieten; ~ *in giro* herumreichen; ~ *più di* überbieten; *che offre di più* meistbietend; *2. (pagare)* spendieren; *Offro un bicchiere.* Ich gebe einen aus. *3. (donare)* spenden; *4. (posto di lavoro)* ausschreiben; *5. (rappresentazione, concerto)* darbieten
offrirsi [of'frirsi] *v irr* ~ *a fare qc* sich anbieten, etw zu tun
offuscamento [offuska'mento] *m* Verdunkelung *f,* Verfinsterung *f*
offuscare [offus'kaːre] *v 1.* abdunkeln, verdunkeln, verfinstern; *2. (fig: atmosfera)* trüben
offuscarsi [offus'karsi] *v* dunkel werden, sich verdunkeln
oggettività [oddʒettivi'ta] *f* Sachlichkeit *f*
oggettivo [oddʒet'tiːvo] *adj* sachlich, objektiv
oggetto [od'dʒɛtto] *m 1.* Gegenstand *m;* ~ *d'uso comune* Gebrauchsgegenstand *m;* ~ *del contratto* Vertragsgegenstand *m;* ~ *di riscontro* Gegenstück *n;* ~ *di valore* Wertgegenstand *m; 2. (cosa)* Objekt *n; 3. (testata della lettera)* Betreff *m; 4. oggetti di cancelleria pl* Bürobedarf *m; 5. oggetti smarriti pl* Fundsachen *pl*
oggi ['ɔddʒi] *adv* heute; ~ *a mezzogiorno* heute Mittag; ~ *stesso* heute noch; ~ *come* ~ heutzutage
oggidì [oddʒi'diː] *adv (oggigiorno)* heutzutage
ogni ['oːɲi] *adj* jede(r,s); ~ *anno* jährlich; ~ *ora* stündlich; ~ *sei mesi* halbjährlich; ~ *volta* jedes Mal; ~ *specie di* allerlei
ogniqualvolta [oɲikual'vɔlta] *konj* sooft
Ognissanti [oɲis'santi] *m/pl REL* Allerheiligen *n*
ognuno [o'ɲuːno] *pron* jeder

oh [ɔ:] *interj* oh, ach
Olanda [o'landa] *f* GEO Holland *n*
olandese [olan'de:se] *adj* 1. holländisch, niederländisch; *m/f* 2. Holländer(in) *m/f*, Niederländer(in) *m/f*
oleandro [ole'andro] *m* BOT Oleander *m*
oleodotto [oleo'dotto] *m* Pipeline *m*, Ölleitung *f*
oleoso [ole'o:so] *adj* ölhaltig
olfatto [ol'fatto] *m* Geruchssinn *m*
oliare [oli'a:re] *v* ölen
oliera [oli'ɛ:ra] *f* Ölfläschchen *n*
olimpiade [olim'pi:ade] *f* SPORT Olympiade *f*
olimpico [o'limpiko] *adj* olympisch; *stadio ~* Olympiastadion *n*
olimpionico [olimpi'ɔ:niko] *adj* SPORT olympisch; *campione ~* Olympiasieger *m*
Olimpo [o'limpo] *m* Olymp *m*
olio ['ɔ:lio] *m* 1. *~ commestibile* Öl *n*, Speiseöl *n; ~ d'oliva* Olivenöl *n; ~ vegetale* Pflanzenöl *n; ~ di pesce* Tran *m; ~ solare* Sonnenöl *n;* 2. *(combustibile)* Heizöl *n*, Öl *n;* 3. *~ santo (estrema unzione)* REL Letzte Ölung *f*
oliva [o'li:va] *f* BOT Olive *f*
oliveto [oli've:to] *m* Olivenhain *m*
olivo [o'li:vo] *m* Olivenbaum *m*
olmo ['olmo] *m* BOT Ulme *f*
oltraggio [ol'traddʒo] *m* 1. Beschimpfung *f*, Beleidigung *f;* 2. *(violenza, profanazione)* Schändung *f*
oltraggioso [oltrad'dʒo:so] *adj* ehrenrührig
oltranza [ol'trantsa] *f ad ~* bis zum Letzten
oltre ['oltre] *prep* 1. außer, jenseits; *adv* 2. weiter; 3. *~ a ciò* dazu, überdies
oltreché [oltre'ke] *konj* außerdem
oltremare [oltre'ma:re] *m* Übersee *f*
oltremodo [oltre'mɔ:do] *adv (molto)* besonders, überaus
oltrepassare [oltrepas'sa:re] *v* überschreiten
oltretomba [oltre'tomba] *m* Jenseits *n*
omaggio [o'maddʒo] *m* 1. Ehrung *f*, Huldigung *f; ~ di propaganda* Werbegeschenk *n; rendere ~* huldigen; *I miei omaggi!* Meine Empfehlungen! 2. *(presente)* Geschenk *n*
omaro ['ɔ:maro] *m* ZOOL Hummer *m*
ombelico [ombe'li:ko] *m* ANAT Nabel *m*
ombra ['ombra] *f* 1. Schatten *m;* 2. *(piccola quantità)* Hauch *m*

ombreggiare [ombred'dʒa:re] *v* 1. Schatten werfen; 2. *(fig)* überwachen; 3. *(un disegno)* ART schattieren
ombreggiatura [ombreddʒa'tu:ra] *f* Schattierung *f*
ombrello [om'brɛllo] *m* Regenschirm *m*, Schirm *m; ~ pieghevole/~ tascabile* Taschenschirm *m*
ombrellone [ombrel'lo:ne] *m* Sonnenschirm *m*, Schirm *m*
ombretto [om'bretto] *m* Lidschatten *m*
ombroso [om'bro:so] *adj* 1. *(luogo)* schattig, sonnenlos; 2. *(persona)* reizbar; 3. *(sospettoso)* misstrauisch
omelette [ɔm'lɛt] *f* GAST Omelett *n*, Eierkuchen *m*
omeopatia [omeopa'ti:a] *f* MED Homöopathie *f*
omero ['ɔ:mero] *m* 1. ANAT Schulter *f;* 2. *(osso del braccio)* ANAT Oberarmknochen *m*
omertà [omer'ta] *f* Gesetz des Schweigens *n*
omettere [o'mettere] *v (lasciar via)* weglassen
omiciattolo [omi'tʃattolo] *m (piccolo uomo)* Knirps *m*
omicida [omi'tʃi:da] *adj* 1. Mörder..., mörderisch; *m* 2. Mörder *m*
omicidio [omi'tʃi:dio] *m* Mord *m; ~ volontario* Totschlag *m; ~ premeditato* vorsätzlicher Mord *m; ~ preterintenzionale* Totschlag *m; tentato ~* Mordversuch *m; ~ colposo* fahrlässige Tötung *f*
omissione [omissi'o:ne] *f* 1. *(tralasciamento)* Versäumnis *n*, Auslassung *f;* 2. *~ di soccorso* JUR unterlassene Hilfeleistung *f*
omogeneità [omodʒenei'ta] *f* Gleichartigkeit *f*
omogeneo [omo'dʒɛ:neo] *adj* homogen
omonimo [o'mɔ:nimo] *adj* 1. gleichnamig, homonym; *m* 2. Namensvetter *m*
omosessuale [omosessu'a:le] *adj* 1. homosexuell, schwul; *m* 2. Homosexueller *m*, Schwuler *m*
omosessualità [omosessuali'ta] *f* Homosexualität *f*
onda ['onda] *f* 1. *(d'acqua)* Welle *f*, Woge *f; ~ di marea* Flutwelle *f;* 2. PHYS Welle *m; ~ di pressione* Druckwelle *f; ~ sonora* Schallwelle *f; mandare in ~* senden
ondata [on'da:ta] *f (fig)* Woge *f; ~ di caldo* Hitzewelle *f*
onde ['onde] *adv (donde)* woher

ondeggiare [onded'dʒaːre] *v* wallen, wogen

ondoso [on'doːso] *adj* wellig; *moto ~* Wellenbewegung *f*

ondulare [ondu'laːre] *v* wellen, wogen

ondulatorio [ondula'tɔːrio] *adj* wellenförmig; *movimento ~* Wellenbewegung *f*

ondulazione [ondulatsi'oːne] *f* Wellung *f*; *~ permanente* Dauerwelle *f*

onerare [one'raːre] *v* belasten

onere ['ɔːnere] *m 1.* Last *f*; *~ della prova* Beweislast *f*; *2. oneri pl* Lasten *pl*; *oneri fiscali* Steuerbelastung *f*

oneroso [one'roːso] *adj* drückend, lastend

onestà [ones'ta] *f* Ehrlichkeit *f*

onestissimo [one'stissimo] *adj* hochanständig

onesto [o'nɛsto] *adj 1. (probo)* ehrlich, ehrenhaft; *2. (candido)* bieder

onnipresente [onnipre'zɛnte] *adj* allgegenwärtig

onnipresenza [onnipre'zɛntsa] *f* Allgegenwart *f*

onnisciente [onni'ʃɛnte] *adj* allwissend

onniscienza [onni'ʃɛntsa] *f* Allwissenheit *f*

onnivoro [on'niːvoro] *adj 1.* alles fressend; *m 2.* Allesfresser *m*

onomastico [ono'mastiko] *m* Namenstag *m*

onoranze [ono'rantse] *f/pl ~ funebri* Totenfeier *f*

onorare [ono'raːre] *v 1.* ehren; *2. (lodare)* honorieren

onorario [ono'raːrio] *m 1. (di libero professionista)* Honorar *n*; *adj 2. (gratuito)* ehrenamtlich; *cittadino ~* Ehrenbürger *m*; *console ~* Honorarkonsul *m*

onoratezza [onora'tettsa] *f* Ehrbarkeit *f*

onorato [ono'raːto] *adj* ehrbar

onore [o'noːre] *m 1.* Ehre *f*; *questione d'~* Ehrensache *f*; *2. (onoranza)* Ehrung *f*

onorevole [ono'reːvole] *adj 1.* ehrenvoll; *m 2.* Herr *m*; *3. POL* Abgeordneter *m*

onorifico [ono'riːfiko] *adj 1.* ehrenamtlich; *a titolo ~* ehrenamtlich; *carica onorifica* Ehrenamt *n*; *2. (che dà onore)* ehrend, Ehren... *titolo ~* Ehrentitel *m*

onta ['onta] *f* Schande *f*, Bloßstellung *f*

ontano [on'taːno] *m BOT* Erle *f*

opacità [opatʃi'ta] *f 1.* Mattheit *f*; *2. (non transparente)* Undurchsichtigkeit *f*

opaco [o'paːko] *adj (senza splendore)* trüb, matt

opera ['ɔːpera] *f 1.* Werk *n*; *~ di bene* Ehrentat *f*; *~ di consultazione* Nachschlagewerk *n*; *~ pia* Wohlfahrtsstiftung *f*, Stift *n*; *2. ~ d'arte* Kunstwerk *n*; *~ prima* Erstlingswerk *n*; *3. MUS* Oper *f*; *4. (rappresentazione) MUS* Aufführung *f*

operaio [ope'raːio] *m 1.* Arbeiter *m*; *~ specializzato* Facharbeiter *m*; *adj 2.* Arbeiter... *classe operaia* Arbeiterklasse *f*

operare [ope'raːre] *v 1.* wirken; *2. (agire)* handeln; *3. MED* operieren

operato [ope'raːto] *m 1.* Werk *n*; *2. (modo d'agire)* Handlungsweise *f*; *3. (azione)* Tat *f*; *4. MED* Operierter *m*

operatore [opera'toːre] *m 1.* Operateur *m*; *~ dello sviluppo* Entwicklungshelfer *m*; *~ cinematografico* Kameramann *m*; *~ economico* Geschäftsmann *m*; *2. (chirurgo) MED* Operateur *m*

operatorio [opera'tɔːrio] *adj* Operations... *sala operatoria* Operationssaal *m*

operazione [operatsi'oːne] *f 1.* Operation *f*; *~ in valuta* Devisengeschäft *n*; *2. MED* Operation *f*; *~ di bellezza* Schönheitsoperation *f*

operetta [ope'retta] *f* Operette *f*

opificio [opi'fiːtʃo] *m* Fabrik *f*

opinabile [opi'naːbile] *adj* diskutabel

opinione [opini'oːne] *f 1.* Ansicht *f*, Meinung *f*; *2. (punto di vista)* Auffassung *f*; *3. (parere)* Einstellung *f*

opporre [op'porre] *v irr 1. ~ resistenza* Widerstand leisten; *2. ~ un'opinione* eine Meinung entgegenhalten

opporsi [op'porsi] *v irr 1.* sich widersetzen; *2. (contraddire)* widersprechen

opportunismo [opportu'nizmo] *m* Opportunismus *m*

opportunista [opportu'nista] *m/f* Opportunist(in) *m/f*

opportunità [opportuni'ta] *f 1.* günstige Gelegenheit *f*; *2. (possibilità)* Möglichkeit *f*

opportuno [oppor'tuːno] *adj 1.* opportun, angebracht; *2. (appropriato)* zweckmäßig, opportun; *3. (fig)* günstig; *4. (conveniente)* angebracht

oppositore [oppozi'toːre] *m* Widersacher *m*

opposizione [oppozitsi'oːne] *f 1.* Opposition *f*; *2. (resistenza)* Widerstand *m*

opposto [op'posto] *adj 1. (locale)* entgegengesetzt; *2. (contrario)* entgegengesetzt; *3. (polo) GEO* gegenüberliegend; *m 4.* Gegenteil *n*

oppressione [oppressi'o:ne] *f 1. (soppressione)* Unterdrückung *f;* 2. *(fig: pressione)* Druck *m;* 3. *(fig: peso)* Belastung *f;* 4. *(angoscia)* Beklemmung *f*
oppresso [op'prɛsso] *adj 1.* bedrückt; 2. *(sottomesso)* unterdrückt; 3. *(sopraffatto)* überwältigt; *m 4.* Unterdrückter *m*
oppressore [oppres'so:re] *m* Unterdrücker *m*
opprimente [oppri'mente] *adj* beklemmend
opprimere [op'pri:mere] *v irr 1.* unterdrücken; 2. *(deprimere)* bedrücken, belasten
oppugnabile [oppu'ɲa:bile] *adj* anfechtbar
oppugnare [oppu'ɲa:re] *v* anfechten, bekämpfen
oppure [op'pu:re] *adv* oder, oder auch
optare [op'ta:re] *v* optieren, sich entscheiden
opulento [opu'lɛnto] *adj LIT* üppig
opuscolo [o'puskolo] *m* Broschüre *f;* ~ *pubblicitario* Werbeprospekt *m*
opzione [optsi'o:ne] *f* Option *f*
ora ['o:ra] *f 1. (tempo)* Zeit *f,* Uhrzeit *f;* ~ *d'arrivo* Ankunftszeit *f;* ~ *della partenza* Abfahrtszeit *f;* ~ *di punta del traffico* Hauptverkehrszeit *f;* ore *d'apertura* Öffnungszeiten *pl;* ~ *di chiusura* Sperrstunde *f;* ~ *legale* Sommerzeit *f;* ~ *locale* Ortszeit *f;* di *buon'*~ zeitig, früh; 2. *(60 minuti)* Stunde *f;* ~ *degli spiriti* Geisterstunde *f;* ~ *di guida* Fahrstunde *f;* per ore e ore stundenlang; all'~ stündlich; ~ *straordinaria* Überstunde *f;* quarto d'~ Viertelstunde *f;* Che ore sono? Wie spät ist es? ~ *flessibile* Gleitzeit *f;* adv 3. *(adesso)* jetzt, nun; per ~ vorerst; 4. *(attualmente)* derzeit
oracolo [o'ra:kolo] *m* Orakel *n*
orafo ['ɔ:rafo] *m* Goldschmied *m*
orale [o'ra:le] *adj 1.* mündlich; 2. *(della bocca)* MED oral
orario [o'ra:rio] *adj 1. (ad ogni ora)* stündlich; *m 2.* Zeit *f,* Zeitplan *m;* ~ *delle visite* Besuchszeit *f;* ~ *di apertura* Öffnungszeiten *pl;* ~ *di chiusura* Sperrstunde; ~ *di chiusura dell'ufficio* Büroschluss *m;* ~ *di lavoro* Arbeitszeit *f;* ~ *per il pubblico* Parteienverkehr *m;* ~ *flessibile* Gleitzeit *f;* 3. *(treno)* Fahrplan *m;* ~ *dell'aereo* Flugplan *m;* Ha un ~ *ferroviario?* Haben Sie einen Bahnplan? *arrivare in* ~ pünktlich eintreffen/pünktlich sein; 4. *(scolastico)* Stundenplan *m*
oratore [ora'to:re] *m* Redner *m*
orazione [oratsi'o:ne] *f REL* Gebet *n*

orbettino [orbet'ti:no] *m ZOOL* Blindschleiche *f*
orbita ['ɔrbita] *f ASTR* Umlaufbahn *f*
orbo ['ɔrbo] *adj (cieco)* blind
orchestra [or'kɛstra] *f MUS* Orchester *n;* ~ *filarmonica* Philharmoniker *pl;* ~ *sinfonica* Sinfonieorchester *n*
orchestrare [orkes'tra:re] *v 1. MUS* orchestrieren; 2. *(fig)* organisieren, vorbereiten
orchestrina [orkes'tri:na] *f MUS* ~ *di strumenti a fiato* Blaskapelle *f*
orcio ['ortʃo] *m* Tonkrug *m*
orda ['ɔrda] *f* Bande *f,* Horde *f*
ordigno [or'di:ɲo] *m* Gerät *n;* ~ *esplosivo* Sprengkörper *m*
ordinale [ordi'na:le] *adj 1.* Ordnungs... *m* 2. Ordnungszahl *f*
ordinamento [ordina'mento] *m 1.* Ordnung *f;* 2. *(sistema)* System *n;* 3. *(struttura)* Struktur *f*
ordinanza [ordi'nantsa] *f 1. (decreto)* Verordnung *f,* Erlass *m;* 2. *(penale)* JUR Verfügung *f*
ordinare [ordi'na:re] *v 1. (committere)* bestellen; 2. *(mettere in ordine)* ordnen, anordnen; 3. *(comandare)* verfügen, anordnen; 4. *(prescrivere)* vorschreiben; 5. *(sacerdote)* REL ordinieren; 6. ~ *la consegna* ECO ordern, bestellen, in Auftrag geben
ordinario [ordi'na:rio] *adj 1. (poco fine)* gewöhnlich; 2. *(persona)* ordinär
ordinato [ordi'na:to] *adj (regolato)* ordentlich
ordinatore [ordina'to:re] *m (persona)* Ordner *m*
ordinazione [ordinatsi'o:ne] *f* Bestellung *f,* Auftrag *m;* ~ *successiva* Nachbestellung *f;* ~ *sacerdotale* Priesterweihe *f*
ordine ['ordine] *m 1.* Ordnung *f;* ~ *del giorno* Tagesordnung *f;* ~ *di grandezza* Größenordnung *f;* 2. *(successione)* Reihenfolge *f;* 3. *(commissione)* Bestellung *f;* 4. *(comando)* Anordnung *f;* 5. *(parola energica)* Machtwort *n;* 6. ~ *al merito* Verdienstorden *m;* 7. ~ *permanente* ECO Dauerauftrag *m;* ~ *di consegna* Zulieferungsauftrag *m;* 8. *(di monaci)* REL Orden *m;* 9. *MED* Verordnung *f*
ordito [or'di:to] *m (tessuto)* Gewebe *n*
orecchino [orek'ki:no] *m* Ohrring *m*
orecchio [o'rekkio] *m ANAT* Ohr *n;* prestare ~ *a qd* jdn anhören/jdm Gehör schenken; avere molto ~ ein gutes musikalisches Gehör haben

orecchioni [orrekki'oːni] *m/pl* *MED* Mumps *m*

orefice [o're:fit∫e] *m* Goldschmied *m*

oreficeria [orefit∫e'riːa] *f* 1. *ART* Goldschmiedekunst *f;* 2. *(negozio)* Juweliergeschäft *n*

orfano ['ɔrfano] *m* Waise *f; ~ di un genitore* Halbwaise *f*

orfanotrofio [orfano'trɔːfio] *m* 1. Kinderheim *n;* 2. *(istituto per orfani)* Waisenhaus *n*

organetto [orga'netto] *m* Leierkasten *m*

organico [or'gaːniko] *adj* 1. *BIO* organisch; *m* 2. Belegschaft *f*

organismo [orga'nizmo] *m* Organismus *m*

organizzare [organid'dzaːre] *v (concerto)* organisieren, veranstalten

organizzarsi [organid'dzarsi] *v* sich zusammenschließen

organizzatore [organiddza'toːre] *adj* 1. organisatorisch, Organisations... *m* 2. Organisator *m*, Veranstalter *m*

organizzazione [organiddzatsi'oːne] *f* Organisation *f,* Veranstaltung *f*

organo ['ɔrgano] *m* 1. *ANAT* Organ *n; ~ di respirazione* Atemorgan *n; ~ sensoriale* Sinnesorgan *n; ~ genitale* Geschlechtsorgan *n;* 2. *(persona, ente con compiti specifici) ~ ispettivo* Aufsichtsbehörde *f;* 3. *MUS* Orgel *f*

orgasmo [or'gazmo] *m* Orgasmus *m*

orgia ['ɔrdʒa] *f* Orgie *f*

orgiastico [or'dʒastiko] *adj* 1. orgiastisch; 2. *(fig)* schwelgerisch, ausschweifend

orgoglio [or'goːʎo] *m* Stolz *m*

orgoglioso [orgo'ʎoːso] *adj* stolz

orientale [orien'taːle] *adj* 1. östlich, Ost... 2. *(del mondo orientale)* orientalisch; *m/f* 3. Orientale/Orientalin *m/f*

orientamento [orienta'mento] *m* Orientierung *f*

orientare [orien'taːre] *v* 1. orientieren; 2. *(dirigere)* lenken

orientarsi [orientarsi] *v (trovare la strada)* sich zurechtfinden

oriente [ori'ɛnte] *m* *GEO* Osten *m*

Oriente [ɔri'ɛnte] *m* *(levante)* *GEO* Morgenland *n,* Orient *m; l'Estremo ~* Ferner Osten *m; Medio ~* Mittlerer Osten *m*

orifizio [ori'fiːtsio] *m* Öffnung *f*

originale [oridʒi'naːle] *adj* 1. *(idea)* originell; 2. *(autentico)* original; *m* 3. Original *n;* 4. *(tipo stravagante)* Sonderling *m,* Kauz *m*

originalità [oridʒinali'ta] *f* 1. *(autenticità)* Originalität *f,* Echtheit *f;* 2. *(specialità)* Originalität *f,* Ursprünglichkeit *f*

originare [oridʒi'naːre] *v* 1. erzeugen; 2. *(provenire)* herstammen; 3. *(causare)* verursachen

originario [oridʒi'naːrio] *adj* ursprünglich; *essere ~ di* stammen aus

origine [o'riːdʒine] *f* 1. *(discendenza)* Abstammung *f,* Herkunft *f; di ~ tedesca* deutschstämmig; 2. *(inizio)* Nullpunkt *m;* 3. *(fig: sorgente)* Ursprung *m*

origliare [ori'ʎaːre] *v* 1. *(ascoltare)* lauschen; 2. *(segretamente)* belauschen

oriundo [ori'undo] *adj (nativo del luogo)* gebürtig

orizzontale [oriddzon'taːle] *adj* waagerecht

orizzonte [orid'dzonte] *m* Horizont *m*

orlatura [orla'tuːra] *f* 1. Umrandung *f;* 2. *(di vestito)* Saum *m*

orlo ['orlo] *m* 1. Rand *m,* Kante *f;* 2. *(di vestito)* Saum *m*

orma ['orma] *f* 1. *(traccia)* Spur *f;* 2. *(del piede)* Tritt *m,* Fußspur *f*

ormai [or'maːi] *adv* nunmehr, jetzt

ormeggio [or'meddʒo] *m* 1. *NAUT* Vertäuung *f;* 2. *(gomene)* Tauwerk *n*

ormone [or'moːne] *m* Hormon *n*

ornamento [orna'mento] *m* 1. Ornament *n;* 2. *(decorazione)* Schmuck *m,* Zierde *f*

ornare [or'naːre] *v* 1. schmücken, verzieren; 2. *(imbellire)* verschönern

ornarsi [or'narsi] *v* sich zieren

ornitologo [orni'tɔːlogo] *m* Ornithologe *m*

ornitorinco [ornito'riŋko] *m* *ZOOL* Schnabeltier *n*

oro ['ɔːro] *m* Gold *n; come l'~* goldig; *d'~* golden, aus Gold; *a peso d'~* unbezahlbar

orografia [orogra'fiːa] *f* *GEO* Gebirgsbeschreibung *f*

orologeria [orolodʒe'riːa] *f (meccanismo)* Uhrwerk *n*

orologiaio [orolo'dʒaːio] *m* Uhrmacher *m*

orologio [oro'lɔːdʒo] *m* Uhr *f; ~ a pendolo* Standuhr *f; ~ al quarzo* Quarzuhr *f; ~ da polso* Armbanduhr *f; ~ marcatempo* Stechuhr *f; ~ solare* Sonnenuhr *f*

oroscopo [o'rɔskopo] *m* Horoskop *n*

orrendo [or'rɛndo] *adj* 1. schauderhaft, grässlich; 2. *(storia)* schaurig

orribile [or'riːbile] *adj* grauenhaft, scheußlich

orrore [or'roːre] *m* 1. *(raccapriccio)* Grauen *n,* Entsetzen *n; con ~* entsetzt; 2. *(abominio)* Gräuel *m;* 3. *(disgusto)* Abscheu *m/f*

orsacchiotto [orsakki'ɔtto] *m 1. ZOOL* junger Bär *m;* 2. *(di stoffa)* Stoffbär *m,* Teddybär *m*

orso ['orso] *m ZOOL* Bär *m;* ~ *bruno* Braunbär *m;* ~ *bianco* Eisbär m

ortaggio [or'taddʒo] *m* Gemüse *n*

ortensia [or'tɛnsia] *f BOT* Hortensie *f*

ortica [or'tiːka] *f BOT* Brennnessel *f*

orticaria [orti'kaːria] *f MED* Orticaria *f*

orto ['ɔrto] *m* Gemüsegarten *m,* Nutzgarten *m*

ortodonzia [ortodon'tsiːa] *f MED* Kieferorthopädie *f*

ortodosso [orto'dɔsso] *adj 1.* linientreu; 2. *(fede)* orthodox

ortofrutticolo [ortofrut'tiːkolo] *adj BOT* Obst- und Gemüse... *mercato* ~ Obst- und Gemüsemarkt *m*

ortografia [ortogra'fiːa] *f* Orthografie *f,* Rechtschreibung *f*

ortolano [orto'laːno] *m* Gemüsegärtner *m*

ortopedico [orto'pɛːdiko] *m MED* Orthopäde *m*

orzaiolo [ordzai'ɔːlo] *m MED* Gerstenkorn *n*

orzo ['ɔrdzo] *m BOT* Gerste *f*

osare [o'zaːre] *v (avere il coraggio)* wagen

oscenità [oʃeni'ta] *f* Unanständigkeit *f,* Schlüpfrigkeit *f*

osceno [o'ʃɛːno] *adj* obszön

oscillare [oʃil'laːre] *v 1.* schwanken; 2. *(modo di camminare)* wanken

oscillazione [oʃillatsi'oːne] *f 1. (divergenza)* Schwankung *f;* 2. *(vibrazione)* Schwingung *f*

oscuramento [oskura'mento] *m* Verdunkelung *f*

oscurare [osku'raːre] *v (camera)* verdunkeln

oscurità [oskuri'ta] *f 1.* Finsternis *f,* Dunkelheit *f;* 2. *(questione aperta)* Unklarheit *f*

oscuro [o'skuːro] *adj 1.* dunkel; *camera oscura* Dunkelkammer *f;* 2. *(misterioso)* obskur, schleierhaft; 3. *(non chiarito)* ungeklärt

osmosi [oz'mɔːzi] *f BIO* Osmose *f*

ospedale [ospe'daːle] *m* Krankenhaus *n,* Hospital *n;* ~ *militare* Lazarett *n*

ospitale [ospi'taːle] *adj* gastfreundlich

ospitalità [ospitali'ta] *f* Gastfreundschaft *f*

ospitare [ospi'taːre] *v 1.* jdn gastfreundlich bei sich aufnehmen, bewirten; 2. *(dare*

da mangiare) bewirten; 3. *(alloggiare)* beherbergen

ospite ['ɔspite] *m/f 1. (visitatore/visitatrice)* Besucher(in) *m/f;* 2. *(cliente)* Gast *m;* ~ *d'onore* Ehrengast *m;* 3. *(persona che ospita)* Gastgeber(in) *m/f*

ossatura [ossa'tuːra] *f ANAT* Knochengerüst *n,* Knochenbau *m*

ossequiare [ossekui'aːre] *v 1. (con visita)* seine Aufwartung machen; 2. *(solennemente)* jdm huldigen

osservanza [osser'vantsa] *f (ubbidienza)* Einhaltung *f*

osservare [osser'vaːre] *v 1.* beobachten; 2. *(guardare)* anschauen; 3. *(personaggio)* observieren; 4. *(accorgersi)* bemerken; 5. *(rispettare)* befolgen

osservatorio [osserva'tɔːrio] *m* Beobachtungsstation *f;* ~ *astronomico* Sternwarte *f*

osservazione [osservatsi'oːne] *f 1.* Beobachtung *f,* Betrachtung *f;* 2. *(obiezione)* Einwand *m*

ossessionante [ossessio'nante] *adj* bedrückend, drückend

ossessione [ossessi'oːne] *f* Besessenheit *f*

ossesso [os'sɛsso] *adj 1.* ~ *da* besessen von; *m 2.* Besessener *m*

ossia [os'siːa] *konj* oder

ossidare [ossi'daːre] *v CHEM* oxidieren

ossidazione [ossidatsi'oːne] *f CHEM* Oxidation *f*

ossido ['ɔssido] *m* ~ *di carbonio CHEM* Kohlenmonoxyd *n*

ossidrico [os'siːdriko] *adj 1. CHEM* Sauerstoff... 2. *fiamma ossidrica TECH* Schweißbrenner *m*

ossigenare [ossidʒe'naːre] *v (capelli)* blond färben, bleichen

ossigenatore [ossidʒena'toːre] *m* Sauerstoffgerät *n*

ossigeno [os'siːdʒeno] *m 1. CHEM* Sauerstoff *m;* 2. *(aria)* Luft *f*

osso ['ɔsso] *m 1. ANAT* Knochen *m,* Bein *n;* ~ *sacro* Kreuzbein *n;* 2. *(fam) rompersi l'*~ sich das Genick brechen; 3. *(nocciolo)* Stein *m,* Kern *m;* 4. *ossa pl ANAT* Knochen *pl*

ossobuco [osso'buːko] *m GAST* Beinscheibe *f*

ossuto [os'suːto] *adj* starkknochig

ostacolare [ostako'laːre] *v* behindern

ostacolo [os'taːkolo] *m 1.* Hürde *f,* Hindernis *n; corsa ad ostacoli* Hürdenlauf *m;* 2. *(impedimento)* Behinderung *f*

ostaggio [os'taddʒo] *m* Geisel *f; presa in ~* Geiselnahme *f*
oste(ssa) ['ɔste/os'tessa] *m/f (di un ristorante)* Wirt(in) *m/f,* Gastwirt(in) *m/f*
osteggiare [osted'dʒaːre] *v (avversare)* bekämpfen
ostello [os'tɛllo] *m* ~ *della gioventù* Jugendherberge *f*
ostentare [osten'taːre] *v* zur Schau tragen, prahlen
osteria [oste'riːa] *f* 1. *(ristorante)* Wirtshaus *n,* Wirtschaft *f;* 2. *(bettola)* Kneipe *f*
ostetrica [os'tɛːtrika] *f MED* Hebamme *f,* Geburtshelferin *f*
ostetricia [oste'triːtʃa] *f MED* Geburtshilfe *f*
ostia ['ɔstia] *f REL* Hostie *f*
ostile [os'tiːle] *adj* feindselig
ostilità [ostili'ta] *f* 1. *(malevolenza)* Feindseligkeit *f;* 2. *(animosità)* Anfeindung *f*
ostinato [osti'naːto] *adj* 1. *(capriccioso)* eigenwillig; 2. *(persistente)* hartnäckig; 3. *(testardo)* störrisch, halsstarrig
ostinazione [ostinatsi'oːne] *f* 1. *(caparbietà)* Trotz *m;* 2. *(persistenza)* Hartnäckigkeit *f*
ostracismo [ostra'tʃizmo] *m* Ostrazismus *m,* Scherbengericht *n*
ostrica ['ɔstrika] *f ZOOL* Auster *f*
ostricoltura [ostrikol'tuːra] *f* Austernzucht *f*
ostruire [ostru'iːre] *v* verstopfen
ostruzione [ostrutsi'oːne] *f* 1. *POL* Obstruktion *f;* 2. *(occlusione)* Verschluss *m;* 3. *MED* Verstopfung *f*
otite [o'tiːte] *f MED* Mittelohrentzündung *f*
otorinolaringoiatra [otorinolariŋgoi'aːtra] *m/f MED* Hals-Nasen-Ohrenarzt/ Hals-Nasen-Ohrenärztin *m/f*
otre ['oːtre] *m* Schlauch *m*
ottagonale [ottago'naːle] *adj* achteckig
ottanta [ot'tanta] *num* achtzig
ottantesimo [ottan'tɛːzimo] *adj* achtzigste(r,s)
ottavo [ot'taːvo] *adj* 1. achte(r,s); *m* 2. Achtel *n*
ottetto [ot'tetto] *m* Oktett *n*
ottenere [otte'neːre] *v irr* 1. *(ricevere)* erlangen, erhalten; ~ *con la forza* erzwingen; 2. *(raggiungere)* erreichen; 3. *(fig: vittoria)* davontragen
ottica ['ɔttika] *f* Optik *f*
ottico ['ɔttiko] *adj* 1. optisch; *m* 2. Optiker *m*

ottimale [otti'maːle] *adj* optimal
ottimamente [ottima'mente] *adv (di prima qualità)* erstklassig
ottimismo [otti'mizmo] *m* Optimismus *m*
ottimista [otti'mista] *m/f* Optimist(in) *m/f*
ottimistico [otti'mistiko] *adj* optimistisch
ottimo ['ɔttimo] *adj* sehr gut, ausgezeichnet
otto ['ɔtto] *num* 1. acht; *m* 2. Acht *f;* 3. ~ *volante* Achterbahn *f*
ottobre [ot'toːbre] *m* Oktober *m*
ottocento [otto'tʃɛnto] *num* 1. achthundert; *m* 2. 19. Jahrhundert *n*
ottomila [otto'miːla] *num* achttausend
ottone [ot'toːne] *m* Messing *n*
ottuplo ['ɔttuplo] *adj* achtfach
otturare [ottu'raːre] *v* 1. verstopfen; 2. *(dente)* plombieren
otturazione [otturatsi'oːne] *f* Verstopfung *f*
ottusità [ottuzi'ta] *f* Stumpfsinn *m*
ovaia [o'vaːia] *f ANAT* Eierstock *m*
ovale [o'vaːle] *adj* eiförmig, oval
ovatta [o'vatta] *f* Watte *f; bastoncino d'~* Wattestäbchen *n; batuffolo di* ~ Wattebausch *m*
ovest ['ɔːvest] *m* Westen *m; a* ~ westlich
ovile [o'viːle] *m* 1. *ZOOL* Schafstall *m;* 2. *(fig)* Heim *n*
ovino[1] [o'viːno] *adj* 1. *ZOOL* Schafs... *m* 2. *ovini pl* Schafsherde *f*
ovino[2] [o'viːno] *m* kleines Ei *n*
ovolo ['ɔːvolo] *m* 1. *BOT* Kaiserling *m,* Kaiserschwamm *m;* 2. ~ *malefico BOT* Fliegenpilz *m*
ovulazione [ovula'tsioːne] *f MED* Eisprung *m,* Ovulation *f*
ovulo ['ɔːvulo] *m BIO* Eizelle *f*
ovunque [o'vuŋkue] *adv* wo auch immer, überall
ovvero [ov'veːro] *konj* 1. oder; 2. *(cioè)* das heißt
ovvio ['ɔvvio] *adj* 1. offensichtlich; 2. *(naturale)* nahe liegend
oziare [otsi'aːre] *v* faulenzen
ozio ['ɔːtsio] *m (agio)* Muße *f,* Müßiggang *m*
ozioso [otsi'oːso] *adj* 1. müßig; 2. *(superfluo)* überflüssig; 3. *(inerte)* untätig *m* 4. Müßiggänger *m*
ozono [o'dzɔːno] *m CHEM* Ozon *n; buco nell'~* Ozonloch *n*
ozonosfera [odzonos'fɛːra] *f* Ozonschicht *f*

P/Q

pacato [paˈkaːto] *adj* ruhig, gelassen
pacca [ˈpakka] *f* Schlag *m*
pacchetto [pakˈketto] *m 1.* Päckchen *n; 2. (scatola)* Packung *f; ~ di sigarette* Zigarettenpackung *f*
pacco [ˈpakko] *m* Paket *n*
pace [ˈpaːtʃe] *f 1.* Frieden *m; far ~* sich versöhnen; *2. (tranquillità)* Ruhe *f,* Stille *f; lasciare qd in ~* jdn in Ruhe lassen
pacemaker [ˈpeismeiker] *m MED* Herzschrittmacher *m*
pacifico [paˈtʃiːfiko] *adj 1.* friedlich; *2. (flemmatico)* behäbig; *3. (tranquillo)* ruhig
pacifismo [patʃiˈfizmo] *m 1. (idea)* Pazifismus *m; 2. (movimento)* Friedensbewegung *f*
padella [paˈdɛlla] *f* Pfanne *f,* Bratpfanne *f*
padiglione [padiˈʎoːne] *m (grande tenda)* Zelt *n; ~ da giardino* Gartenhaus *n; ~ auricolare* Ohrmuschel *f; ~ del ricevitore* Hörmuschel *f*
padre [ˈpaːdre] *m 1.* Vater *m; da parte di ~* väterlicherseits; *2. REL* Pater *m*
padrenostro [padreˈnɔstro] *m REL* Vaterunser *n*
padrino [paˈdriːno] *m* Pate *m; ~ di battesimo* Taufpate *m*
padronale [padroˈnaːle] *adj* herrschaftlich
padronanza [padroˈnantsa] *f (fig: capacità)* Beherrschung *f*
padrone [paˈdroːne] *m* Eigentümer *m,* Herr *m; ~ di casa* Hausherr *m; essere ~ di fare qc* frei sein, etw zu tun
paesaggio [paeˈzaddʒo] *m (regione)* Gegend *f,* Landschaft *f*
paesano [paeˈzaːno] *adj 1.* ländlich, Landes... *m 2.* Bauer *m,* Landmann *m*
paese [paˈeːze] *m 1. (villaggio)* Dorf *n,* Ort *m; Come arrivo in ~?* Wie komme ich ins Dorf? *2. (stato)* Land *n; ~ d'origine* Ursprungsland *n; ~ della Cuccagna* Schlaraffenland *n; ~ di provenienza* Herkunftsland *n; ~ in via di sviluppo* Entwicklungsland *n; ~ agricolo* Agrarland *n; ~ confinante* Grenzland *n; ~ industriale* Industrieland *n; ~ membro* Mitgliedsland *n; ~ emergente* Schwellenland *n*
paesistico [paeˈzistiko] *adj* landschaftlich

paffuto [pafˈfuːto] *adj* pausbackig, rundlich
paga [ˈpaːga] *f* Lohn *m; ~ minima* Mindestlohn *m; ~ misera* Hungerlohn *m; ~ oraria* Stundenlohn *m; ~ settimanale* Wochenlohn *m; ~ lorda* Bruttolohn *m*
pagabile [paˈgaːbile] *adj (non troppo caro)* erschwinglich, zahlbar
pagaia [paˈgaːia] *f* Paddel *n*
pagamento [pagaˈmento] *m 1.* Zahlung *f; ~ degli alimenti* Unterhaltszahlung *f; ~ degli interessi* Verzinsung *f; ~ in contanti* Barzahlung *f; ~ anticipato* Vorauszahlung *f; ~ parziale* Teilzahlung *f; ~ successivo* Nachzahlung *f; ~ rateale* Ratenzahlung *f; 2. (compenso)* Bezahlung *f; 3. (rate) ECO* Abzahlung *f; 4. (esborso)* Auszahlung *f*
paganesimo [pagaˈneːzimo] *m* Heidentum *n*
pagano [paˈgaːno] *adj 1.* heidnisch; *m 2.* Heide *m*
pagare [paˈgaːre] *v 1.* bezahlen, zahlen, blechen (fam); *~ a rate* abbezahlen, abstottern (fam); *~ in acconto* anzahlen; *~ in più* nachzahlen; *~ l'interesse su* Zinsen zahlen für, verzinsen; *~ le imposte per* versteuern; *ben pagato* gut bezahlt; *Posso ~ in marchi?* Kann ich in D-Mark bezahlen? *Posso ~ con franchi svizzeri?* Kann ich mit Schweizer Franken zahlen? *2. (stipendio, premio)* auszahlen; *3. (versare)* einzahlen; *4. (remunerare)* honorieren
pagarsi [paˈgarsi] *v* sich bezahlt machen
pagella [paˈdʒɛlla] *f* Zeugnis *n; ~ scolastica* Schulzeugnis *n*
paggio [ˈpaddʒo] *m* Page *m*
pagherò [pageˈrɔ] *m FIN* Solawechsel *m,* Eigenwechsel *m*
pagina [ˈpaːdʒina] *f (di un libro)* Seite *f; prima ~* Titelseite *f*
paglia [ˈpaːʎa] *f* Stroh *n*
pagliaccio [paˈʎattʃo] *m* Clown *m*
pagnotta [paˈɲɔtta] *f GAST* Brotlaib *m,* Laib *m*
paio [ˈpaːio] *m 1. un ~ di volte* ein paar Mal; *2. (di scarpe)* Paar *n*
paiolo [paiˈɔːlo] *m (da cucina)* Kessel *m*
Pakistan [ˈpaːkistan] *m GEO* Pakistan *n*
pala [ˈpaːla] *f* Schaufel *f,* Schippe *f*
palato [paˈlaːto] *m ANAT* Gaumen *m*

palazzo [pa'lattso] *m* Palast *m*, Schloss *n*, Hof *m*
palchetto [pal'ketto] *m (da pavimento)* Parkett *n*
palcoscenico [palko'ʃɛːniko] *m* Bühne *f*; ~ *ad elevatore* Hebebühne *f*
Palestina [pales'tiːna] *f GEO* Palästina *n*
palestinese [palesti'neːse] *adj 1.* palästinensisch; *m 2.* Palästinenser *m*
palestra [pa'lɛstra] *f SPORT* Turnhalle *f*
paletta [pa'letta] *f 1.* Kehrschaufel *f;* *2. (assortimento)* Palette *f*
paletto [pa'letto] *m 1.* Pflock *m; 2. (chiavistello)* Riegel *m*
palla ['palla] *f 1.* Ball *m; ~ a mano* Handball *m; ~ di neve* Schneeball *m; 2. (gioco)* Kugel *f*
pallacanestro [pallaka'nɛstro] *f SPORT* Basketball *m*
pallido ['pallido] *adj* blass, bleich; ~ *come un cencio* leichenblass; ~ *di terrore* schreckensbleich
palloncino [pallon'tʃiːno] *m* Luftballon *m*
pallone [pal'loːne] *m 1. (dell'aviazione)* Ballon *m; 2. (gioco)* Fußball *m; ~ da calcio* Fußball *m; giocare al ~* Ball spielen
pallore [pal'loːre] *m* Blässe *f*, Blässlichkeit *f*
pallottola [pal'lɔttola] *f* Kugel *f*
palma¹ ['palma] *f BOT* Palme *f*
palma² ['palma] *f ~ della mano ANAT* Handfläche *f; ~ del piede* Fußsohle *f*
palmipede [pal'miːpede] *m ZOOL* Schwimmvogel *m*
palo ['paːlo] *m 1.* Pfahl *m*, Pfosten *m; 2. (del telefono)* Telefonmast *m*
palombaro [palom'baːro] *m* Taucher *m*
palpare [pal'paːre] *v 1.* tasten; *2. MED* abtasten
palpebra ['palpebra] *f ANAT* Augenlid *n*
palpitare [palpi'taːre] *v 1.* zucken; *2. (cuore)* schlagen, klopfen
palpito ['palpito] *m 1.* Herzschlag *m; 2. (fig)* Herzklopfen *n*
palude [pa'luːde] *f 1.* Moor *n*, Ried *n; 2. (melma)* Morast *m*
paludoso [palu'doːso] *adj* sumpfig
panacea [pana'tʃɛːa] *f (fig)* Allheilmittel *n*
panca ['paŋka] *f (per sedersi)* Bank *f*
pancetta [pan'tʃetta] *f GAST* Bauchspeck *m*
pancia ['pan'tʃa] *f ANAT* Bauch *m*
panciotto [pan'tʃɔtto] *m* Weste *f*
panciuto [pan'tʃuːto] *adj* bauchig

pandemonio [pande'mɔːnio] *m 1.* furchtbares Durcheinander *n; 2. (fig: rumore infernale)* Höllenlärm *m*
pandispagna [pandis'paɲa] *m GAST* Biskuit *m*
pane ['paːne] *m* Brot *n; ~ bianco* Weißbrot *n; ~ croccante* Knäckebrot *n; ~ di segala* Roggenbrot *n; ~ integrale* Vollkornbrot *n; ~ nero* Schwarzbrot *n*
panetteria [panette'riːa] *f* Bäckerei *f*
panettiere [panetti'ɛːre] *m* Bäcker *m*
pangrattato [paŋgrat'taːto] *m GAST* Paniermehl *n*
panico ['paːniko] *m* Panik *f*
panino [pa'niːno] *m* Brötchen *n*, Semmel *f; ~ all'olio* Ölbrötchen *n; ~ integrale* Vollkornbrötchen *n*
panna¹ ['panna] *f GAST* Rahm *m; ~ montata* Schlagsahne *f*
panna² ['panna] *f panne pl (guasto)* Panne *f; Ho la macchina in panne.* Ich habe eine Panne.
pannellatura [pannella'tuːra] *f* Täfelung *f*
panno ['panno] *m 1. (canovaccio)* Tuch *n; 2. panni pl* Wäsche *f; essere nei panni di qd* an jds Stelle sein; *3. panni caldi pl (consolazione)* Trostpflaster *n*
pannocchia [pan'nɔkkia] *f (di mais)* Kolben *m; ~ di granturco* Maiskolben *m*
pannolino [panno'liːno] *m (per neonati)* Windel *f*
panorama [pano'raːma] *m 1.* Panorama *n*, Ausblick *m; 2. (veduta)* Überblick *m*
pantaloncini [pantalon'tʃiːni] *m/pl ~ corti* Shorts *pl*
pantaloni [panta'loːni] *m/pl* Hose *f*
pantano [pan'taːno] *m* Morast *m*, Schlamm *m*
pantera [pan'tɛːra] *f ZOOL* Panter *m*
pantofola [pan'tɔːfola] *f* Pantoffel *m*, Hausschuh *m*
pantomima [panto'miːma] *f THEAT* Pantomime *f*
paonazzo [pao'nattso] *adj* violett
papa ['paːpa] *m REL* Papst *m*
papà [pa'pa] *m* Papa *m*
papale [pa'paːle] *adj REL* päpstlich
papavero [pa'paːvero] *m BOT* Mohn *m*
papera ['paːpera] *f 1. ZOOL* Gans *f; 2. (errore, sbaglio)* Irrtum *m*
papero ['paːpero] *m 1. ZOOL* Gänserich *m; 2. (fig)* Einfaltspinsel *m*
pappa ['pappa] *f* Brei *m; ~ d'avena* Haferbrei *m*

pappagallo [pappa'gallo] *m* Papagei *m*
pappamolle [pappa'mɔlle] *m (fam: senza energia)* Schlappschwanz *m*
paprica ['paːprika] *f GAST* Paprika *f*
parabola [pa'raːbola] *f* 1. Parabel *f;* 2. *(fig) LIT* Gleichnis *n*
parabrezza [para'breddza] *f (della macchina)* Windschutzscheibe *f*
paracadute [paraka'duːte] *m* Fallschirm *m*
paradigma [para'digma] *m* 1. *GRAMM* Paradigma *n;* 2. *(modello)* Muster *n,* Beispiel *n*
paradisiaco [paradi'ziːako] *adj* paradiesisch
paradiso [para'diːzo] *m* Paradies *n*
paradossale [parados'saːle] *adj* paradox
parafango [para'faŋgo] *m* 1. *(della macchina)* Kotflügel *m;* 2. *(della bicicletta o moto)* Schutzblech *n*
parafulmine [para'fulmine] *m TECH* Blitzableiter *m*
paraggi [pa'raddʒi] *m/pl* Gegend *f; nei ~ di ...* in der Gegend von .../in der Nähe von ...
paragonabile [parago'naːbile] *adj* vergleichbar
paragonare [parago'naːre] *v* 1. vergleichen; 2. *(raffrontare)* gegenüberstellen
paragone [para'goːne] *m* 1. Vergleich *m;* 2. *(raffronto)* Gegenüberstellung
paragrafo [pa'raːgrafo] *m* 1. *(testo)* Abschnitt *m;* 2. *(di una legge) JUR* Paragraph *m; ~ sull'aborto* Abtreibungsparagraph *m*
paralisi [pa'raːlizi] *f MED* Lähmung *f*
paralitico [para'liːtiko] *adj (non capace di muoversi) MED* gelähmt
paralizzare [paralid'dzaːre] *v* lähmen, paralysieren
parallela [paral'lɛːla] *f* Parallele *f*
parallelo [paral'lɛːlo] *adj* 1. parallel; *m* 2. Parallele *f; fare un ~ (fig)* eine Parallele ziehen
paralume [para'luːme] *m* Lampenschirm *m*
parametro [pa'raːmetro] *m* Parameter *m*
parapetto [para'pɛtto] *m* 1. *(della scala)* Brüstung *f;* 2. *(della nave)* Reling *f*
paraplegia [paraple'dʒiːa] *f MED* Querschnittslähmung *f*
parapsicologia [parapsikolo'dʒiːa] *f* Parapsychologie *f*
parare [pa'raːre] *v SPORT* parieren
pararsi [pa'rarsi] *v* plötzlich erscheinen
parasole [para'soːle] *m* Sonnenschirm *m*

parassita [paras'siːta] *m* 1. Schädling *m,* Parasit *m; m/f* 2. *(fam: scroccone)* Schmarotzer(in) *m/f*
parata [pa'raːta] *f* Parade *f*
paraurti [para'urti] *m* 1. *(dell'auto)* Stoßstange *f;* 2. *(fig)* Prellbock *m*
parcella [par'tʃɛlla] *f* 1. Parzelle *f;* 2. *(onorario del medico, onorario dell'avvocato)* Rechnung *f*
parcheggiare [parked'dʒaːre] *v* parken
parcheggio [par'kedd3o] *m* Parkplatz *m; ~ a più piani* Parkhaus *n*
parchimetro [par'kiːmetro] *m* Parkuhr *f*
parco ['parko] *m* 1. Park *m,* Anlage *f; ~ dei divertimenti* Rummel *m,* Vergnügungspark *m; ~ nazionale* Nationalpark *m,* Naturschutzgebiet *n; ~ giochi* Spielplatz *m; adj* 2. *(sobrio)* sparsam, genügsam; 3. *~ di parole* wortkarg
pardon [par'dɔ̃] *interj* Pardon! Verzeihung!
parecchi [par'dɔ] *pron* mehrere
parecchio [pa'rekkio] *adj* ziemlich viel, ziemlich lange
pareggiare [pared'dʒaːre] *v* 1. *(rendere pari)* gleichmachen; 2. *SPORT* ausgleichen
pareggio [pa'reddʒo] *m SPORT* Ausgleich *m*
parente [pa'rɛnte] *adj* 1. verwandt; *m/f* 2. Verwandte(r) *m/f,* Angehörige(r) *m/f*
parentela [paren'tɛːla] *f* Verwandtschaft *f*
parentesi [pa'rɛntezi] *f (segno)* Klammer *f; fra ~* in Klammern
parere [pa'reːre] *v irr* 1. *(apparire)* erscheinen; *m* 2. *(opinione)* Meinung *f,* Ansicht *f; a mio ~* meiner Meinung nach
parete [pa'reːte] *f* Wand *f; ~ esterna* Außenwand *f*
pari ['paːri] *adj* 1. *(eguale)* ebenbürtig, gleichrangig; 2. *SPORT* unentschieden
parimenti [pari'menti] *konj* desgleichen
parità [pari'ta] *f* Gleichheit *f; ~ di diritti* Gleichberechtigung *f*
paritetico [pari'tɛːtiko] *adj* paritätisch
parlamentare [parlamen'taːre] *m* 1. *POL* Parlamentarier *m; adj* 2. *POL* parlamentarisch
parlamento [parla'mento] *m* 1. *POL* Parlament *n;* 2. *Parlamento europeo* Europaparlament *n*
parlantina [parlan'tiːna] *f* 1. Gesprächigkeit *f;* 2. *(facilità di parola)* Zungenfertigkeit *f*
parlare [par'laːre] *v* 1. reden, sprechen; 2. *(discutere) ~ di* besprechen; *~ di questioni tecniche* fachsimpeln

parlata [par'la:ta] *f* Sprechweise *f*, Redeweise *f*
parlatore [parla'to:re] *m* Redner *m*
parmigiano [parmi'dʒa:no] *m GAST* Parmesankäse *m*
parodia [paro'di:a] *f* Parodie *f*
parola [pa'rɔ:la] *f 1.* Wort *n;* ~ *d'onore* Ehrenwort *n;* ~ *d'ordine* Kennwort *n,* Schlagwort *n;* ~ *definitiva* Machtwort *n;* ~ *ingiuriosa* Schimpfwort *n; 2. (motto)* Parole *f; 3. (vocabolo) GRAMM* Vokabel *f; 4. parole incrociate pl* Kreuzworträtsel *n; 5. parole di conforto pl* Zuspruch *m*
parolaccia [paro'lattʃa] *f* Schimpfwort *n*
parquet [par'kɛ] *m (pavimento)* Parkett *n*
parrocchia [par'rɔkkia] *f REL* Pfarrei *f*
parroco ['parroko] *m REL* Pfarrer *m*
parrucca [par'rukka] *f* Perücke *f*
parrucchiera [parrukki'ɛ:ra] *f* Friseuse *f*, Friseurin *f*
parrucchiere [parrukki'ɛ:re] *m* Friseur *m*
parsimonioso [parsimoni'o:so] *adj* sparsam
parte ['parte] *f 1.* Teil *m; la maggior* ~ die meisten; ~ *del corpo* Körperteil *n;* ~ *di ricambio* Ersatzteil *n; da entrambe le parti* beiderseitig; *da quella* ~ daher; *da questa* ~ diesseits; ~ *contraente* Vetragspartner *m; da* ~ *di* seitens; *prendere le parti* eintreten; *presa di* ~ Parteinahme *f; Questo costa a* ~? Kostet das extra? *2. (lato)* Seite *f;* ~ *anteriore* Vorderfront *f*, Vorderseite *f*, Vorderteil *n;* ~ *davanti* Vordergrund *m;* ~ *inferiore* Unterteil *n;* ~ *interna* Innenseite *f;* ~ *posteriore* Rückseite *f;* ~ *superiore* Oberteil *n; d'altra* ~ andererseits; *da nessuna* ~ nirgends, nirgendwo; *a* ~ *di* abgesehen von; *3. (porzione)* Anteil *m;* ~ *del leone* Löwenanteil *m; 4. (pezzo)* Stück *n*
partecipante [partetʃi'pante] *m/f 1.* Teilnehmer(in) *m/f*, Beteiligte(r) *m/f;* ~ *a un corso* Kursteilnehmer(in) *m/f; 2.* ~ *al contratto* Vertragspartner(in) *m/f; 3. SPORT* Wettkämpfer(in) *m/f*
partecipare [partetʃi'pa:re] *v* teilnehmen; ~ *alla decisione di* mitbestimmen
partecipazione [partetʃipatsi'o:ne] *f 1.* Anzeige *f;* ~ *di matrimonio* Heiratsanzeige *f; 2. (il partecipare)* Beteiligung *f;* ~ *agli utili* Gewinnbeteiligung *f;* ~ *al mercato* Marktanteil *m;* ~ *alla votazione* Wahlbeteiligung *f; 3. (interesse)* Anteilnahme *f*
parteggiare [parted'dʒa:re] *v* Partei ergreifen

partenza [par'tɛntsa] *f 1.* Abfahrt *f*, Abreise *f; punto di* ~ Ansatzpunkt *m*, Ausgangspunkt *m; 2. (a piedi)* Abmarsch *m; 3. (mettersi in marcia)* Aufbruch *m; falsa* ~ Fehlstart *m*
particella [parti'tʃella] *f 1.* Teilchen *n; 2. GRAMM* Partikel *f*
participio [parti'tʃi:pio] *m GRAMM* Partizip *n*
particolare [partiko'la:re] *adj 1.* besondere(r,s); *2. (strano)* eigenartig, eigentümlich; *m 3. (dettaglio)* Einzelheit *f; 4. (cosa specifica)* Besonderheit *f; in* ~ besonders
particolarità [partikolari'ta] *f 1. (peculiarità)* Eigenheit *f; 2. (stranezza)* Eigentümlichkeit *f*
partigiano [parti'dʒa:no] *m POL* Partisan *m*
partire [par'ti:re] *v 1.* abfahren, abreisen; *Quando e dove parte l'autobus per il centro?* Wann und wo fährt der Bus in die City ab? *Quando partiamo?* Wann fahren wir ab? *2. (andare in viaggio)* verreisen
partirsi [par'tirsi] *v* sich trennen, auseinandergehen
partita [par'ti:ta] *f 1. (gioco)* Partie *f; 2. (quantità)* Satz *m; 3.* ~ *di merce ECO* Warenposten *m*
partito [par'ti:to] *m 1.* Partie *f; 2. POL* Partei *f;* ~ *di una coalizione* Koalitionspartner *pl; per* ~ *preso* voreingenommen; *interno di* ~ innerparteilich
partner ['pa:rtner] *m/f 1.* Partner(in) *m/f; 2. (nel matrimonio)* Ehepartner(in) *m/f*
parto ['parto] *m MED* Entbindung *f;* ~ *con feto morto* Totgeburt *f;* ~ *prematuro* Frühgeburt *f*
partoriente [partori'ɛnte] *f* Wöchnerin *f*
partorire [parto'ri:re] *v irr* gebären
parvenza [par'vɛntsa] *f* Schein *m*
parziale [partsi'a:le] *adj (non oggettivo)* parteiisch
parzialmente [partsial'mente] *adv (in parte)* teilweise
pascere ['paʃere] *v ZOOL* weiden
pascià [pa'ʃa] *m (fig)* Pascha *m*
pascolare [pasko'la:re] *v* grasen
pascolo ['paskolo] *m 1. (prato) BOT* Weide *f;* ~ *alpino* Alm *f; 2. (per cavalli)* Koppel *f*
Pasqua ['paskua] *f REL* Ostern *n*
pasquetta [pasku'etta] *f REL* Ostermontag *m*
passabile [pas'sa:bile] *adj (mediocre)* leidlich

passaggio [pas'saddʒo] *m 1. (passo)* Durchgang *m;* 2. *(traversata)* Durchfahrt *f;* ~ *dal confine* Ausreise *f,* Grenzübertritt *m; dare un ~ a qd* jdn mitnehmen; *Cerco un ~ fino a …* Ich suche eine Mitfahrgelegenheit bis …

passamano [passa'maːno] *m* Borte *f*

passante [pas'sante] *m/f* Passant(in) *m/f*

passaporto [passa'porto] *m* Pass *m,* Reisepass *m*

passare [pas'saːre] *v 1. (attraversare)* passieren, vorbeigehen, vorübergehen; ~ *all'altra sponda* übersetzen; ~ *di qua* herübersteigen; ~ *senza fermarsi* durchfahren; ~ *davanti* vorbeigehen; ~ *attraverso* durchfahren; ~ *al nemico* überlaufen; 2. *(tempo)* vergehen, vorbeigehen; ~ *il tempo* die Zeit verbringen; *Il tempo passa rapidamente.* Die Zeit verfliegt. 3. *(vacanze)* verbringen; ~ *l'inverno* überwintern; ~ *attraverso* durchgeben; *passarne delle brutte (fam)* sich in einer schlechten Lage befinden; 4. *(cosa)* durchziehen; 5. *(trasmettere)* weitergeben; 6. *(fig: omettere)* überspringen

passarsela [pas'sarsela] *v* ~ *bene* ein zufrieden stellendes Leben führen

passatempo [passa'tɛmpo] *m 1. (gioco)* Spielerei *f;* 2. *(divertimento)* Zeitvertreib *m*

passato [pas'saːto] *m 1.* Vergangenheit *f;* 2. GAST Mus *n,* Püree *n; adv 3. (temporale)* vorbei, vorüber; *adj 4. (scorso)* vorig

passeggero [passed'dʒɛːro] *adj 1.* vorübergehend; *m 2.* Fahrgast *m,* Passagier *m;* ~ *d'aereo* Fluggast *m;* ~ *clandestino* blinder Passagier *m*

passeggiare [passed'dʒaːre] *v 1.* spazieren gehen; 2. *(andare)* wandeln

passeggiata [passed'dʒaːta] *f* Spaziergang *m,* Bummel *m*

passeggio [pas'seddʒo] *m* Spaziergang *m; andare a ~* spazieren gehen; ~ *delle prostitute* Strich *m*

passerella [passe'rɛlla] *f 1.* ~ *d'imbarco (all'aeroporto)* Flugsteig *m;* 2. *(nella moda)* Laufsteg *m*

passero ['passero] *m* ZOOL Spatz *m*

passionato [passio'naːto] *adj (ap~)* leidenschaftlich

passione [passi'oːne] *f 1.* Leidenschaft *f;* 2. *(inclinazione)* Liebhaberei *f,* Hobby *n;* 3. *(fig)* Schwarm *m*

passività [passivi'ta] *f* Passivität *f*

passivo [pas'siːvo] *m 1.* GRAMM Passiv *n;* 2. ECO Passiva *pl; essere in ~* im Verlust sein; *adj 3.* passiv

passo ['passo] *m 1.* Tritt *m,* Schritt *m;* ~ *falso* Fehltritt *m;* 2. ~ *carrabile* Ausfahrt *f;* 3. *(modo di camminare)* Schritt *m;* ~ *di lumaca* Schneckentempo *n;* ~ *falso* Fehltritt *m;* 4. *(di montagna)* GEO Pass *m;* 5. *(di libro)* Stelle *f*

pasta ['pasta] *f 1.* Paste *f;* 2. GAST Nudeln *pl,* Teigwaren *pl;* 3. *(dolce)* Teig *m;* ~ *sfoglia* Blätterteig *m;* ~ *frolla* Mürbteig *m;* ~ *lievitata* Hefeteig *m;* 4. *paste pl (alimentari farinacei)* Teigwaren *pl;* 5. *paste pl (dolci)* Backwaren *pl*

pastasciutta [pasta'ʃutta] *f* GAST Nudelgericht *n*

pastello [pas'tɛllo] *adj 1.* ART pastell; *m 2.* ART Pastell *n*

pasticca [pas'tikka] *f* Tablette *f;* ~ *di sonnifero* Schlaftablette *f*

pasticceria [pastittʃe'riːa] *f* Konditorei *f,* Feinbäckerei *f*

pasticciare [pastit'tʃaːre] *v* pfuschen, klecksen

pasticciato [pastit'tʃaːto] *adj (non esperto)* stümperhaft

pasticciere [pastittʃi'ɛːre] *m* Konditor *m*

pasticcino [pastit'tʃiːno] *m (dolci)* Plätzchen *n*

pasticcio [pas'tittʃo] *m 1.* GAST Pastete *f;* ~ *di fegato d'oca* Gänseleberpastete *f;* 2. *(fig: dilemma)* Zwickmühle *f; essere in un ~* in der Klemme sitzen; *cacciarsi nei pasticci* in Teufels Küche kommen

pastiglia [pas'tiːʎa] *f* MED Tablette *f*

pasto ['pasto] *m* Mahlzeit *f,* Mahl *n*

pastore [pas'toːre] *m 1.* Hirt *m;* 2. REL Pastor *m*

pastorizia [pasto'riːtsia] *f (allevamento)* Viehzucht *f*

pastoso [pas'toːso] *adj 1.* teigig; 2. *(morbido)* weich

patata [pa'taːta] *f* BOT Kartoffel *f; patate arrostite* Bratkartoffeln *pl; patate fritte* Pommes frites *pl*

patatine [pata'tiːne] *f/pl* ~ *fritte* GAST Kartoffelchips *pl*

patente [pa'tɛnte] *f* ~ *di guida* Führerschein *m; sospensione della* ~ Führerscheinentzug *m*

paternità [paterni'ta] *f* Vaterschaft *f*

paterno [pa'tɛrno] *adj* väterlich; *da parte paterna* väterlicherseits

patetico [pa'tɛːtiko] *adj (solenne)* pathetisch, feierlich

patibolo [pa'tiːbolo] *m (forca)* Galgen *m*

patina ['paːtina] *f 1. MED* Belag *m;*
2. TECH Edelrost *m*
patire [pa'tiːre] *v irr* leiden; *~ la fame* hungern
patogeno [pa'tɔːdʒeno] *adj MED* krankheitserregend
patologia [patolo'dʒiːa] *f MED* Pathologie *f*
patria ['paːtria] *f* Heimat *f*
patriarca [patri'arca] *m* Patriarch *m*
patrigno [pa'triːɲo] *m* Stiefvater *m*
patrimoniale [patrimoni'aːle] *adj* Vermögens... *beni patrimoniali* Sachanlagen *pl*
patrimonio [patri'mɔːnio] *m 1. (proprietà)*
Vermögen *n; ~ in contanti* Barvermögen *n; 2.*
~ ereditario BIO Erbgut *n*
patrio ['paːtrio] *adj* heimisch
patriota [patri'ɔːta] *m/f* Patriot(in) *m/f*
patriottico [patri'ɔttiko] *adj* patriotisch
patriottismo [patriot'tizmo] *m* Patriotismus *m*
patrocinio [patro'tʃiːnio] *m JUR* Verteidigung *f*
patronato [patro'naːto] *m* Patronat *n,*
Schirmherrschaft *f*
patrono [pa'trɔːno] *m 1.* Patron *m,*
Schirmherr *m; 2. REL* Schutzpatron *m*
patteggiare [patted'dʒaːre] *v 1.* verhandeln; *2. (accordarsi)* übereinkommen, einen
Vertrag abschließen
pattinaggio [patti'naddʒo] *m ~ su ghiaccio SPORT* Schlittschuhlaufen *n; ~ a rotelle* Rollschuhlaufen *n; ~ artistico* Eiskunstlauf *m*
pattinatore [pattina'toːre] *m ~ su ghiaccio SPORT* Schlittschuhläufer *m; ~ a rotelle*
Rollschuläufer *m; ~ artistico* Eiskunstläufer *m*
pattino [pat'tiːno] *m SPORT* Schlittschuh
m; ~ a rotelle Rollschuh *m*
patto ['patto] *m* Pakt *m,* Vertrag *m; a ~ che*
unter der Bedingung, dass; *stare ai patti* sein
Wort halten
pattuglia [pat'tuːʎa] *f (della polizia)* Streife
f; ~ di ricerca Suchtrupp *m*
pattumiera [pattumi'ɛːra] *f* Mülleimer *m,*
Abfalleimer *m*
paura [pa'uːra] *f 1.* Angst *f,* Furcht *f; aver*
~ Angst haben; *aver ~ di* fürchten; *pieno di ~*
angsterfüllt; *Niente ~!* Kein Problem!
2. (timore angoscioso) Ängstlichkeit *f*
pauroso [pau'roːso] *adj 1.* ängstlich,
furchtsam; *2. (esitante)* zaghaft; *3. (che fa*
paura) gruselig

pausa ['pauːza] *f 1.* Pause *f; ~ di mezzogiorno* Mittagspause *f; ~ di riflessione*
Denkpause *f; 2. (riposo)* Rast *f*
pavimento [pavi'mento] *m* Fußboden *m;*
~ di cemento Estrich *m; ~ di legno*
Bretterboden *m; ~ di parquet* Parkett *n*
pavone [pa'voːne] *m ZOOL* Pfau *m*
paziente [patsi'ɛnte] *adj 1.* geduldig; *m/f*
2. Patient(in) *m/f; ~ mutuato* Kassenpatient *m*
pazienza [patsi'ɛntsa] *f* Geduld *f; ~ di un*
santo Engelsgeduld *f; Pazienza!* Ach du liebes bisschen!
pazzesco [pat'tsesko] *adj* verrückt
pazzia [pat'tsiːa] *f* Irrsinn *m,* Wahnsinn *m*
pazzo ['pattso] *adj 1.* verrückt, irre; *come*
un ~ verrückt; *2. (incredibile)* toll; *m 3. (folle)*
Narr *m; 4. (alienato) MED* Irrer *m,* Geisteskranker *m*
peccare [pek'kaːre] *v* sündigen
peccato [pek'kaːto] *adj 1.* schade; *Che ~!*
Wie schade! *m 2.* Sünde *f; ~ mortale*
Todsünde *f*
peccatore [pekka'toːre] *m* Sünder *m*
pece ['peːtʃe] *f* Pech *m*
pecora ['pɛːkora] *f ZOOL* Schaf *n*
pecorino [peko'riːno] *m GAST* Schafskäse *m*
peculiare [pekuli'aːre] *adj* eigentümlich
pecuniario [pekuni'aːrio] *adj* Geld... *pena*
pecuniaria Geldstrafe *f*
pedaggio [pe'daddʒo] *m* Mautgebühr *f; ~*
autostradale Autobahngebühr *f; Quanto*
costa il ~? Wie hoch ist die Autobahngebühr?
pedagogia [pedago'dʒiːa] *f* Pädagogik *f*
pedagogista [pedago'dʒista] *m/f* Pädagoge/Pädagogin *m/f*
pedale [pe'daːle] *m* Pedal *n; ~ del freno*
Bremspedal *n*
pedalò [peda'lɔ] *m* Tretboot *n*
pedana [pe'daːna] *f* Trittbrett *n; ~ dell'oratore* Rednerpult *n*
pedante [pe'dante] *adj* pedantisch
pedata [pe'daːta] *f* Fußtritt *m; dare una ~*
(fig) treten
pediatra [pedi'aːtra] *m/f* Kinderarzt/
Kinderärztin *m/f*
pedinare [pedi'naːre] *v* verfolgen, überwachen
pedonale [pedo'naːle] *adj* Fußgänger...
passaggio ~ Fußgängerübergang *m*
pedone [pe'doːne] *m* Fußgänger *m*
peggio ['pɛddʒo] *adv 1.* schlechter,
schlimmer; *m 2.* Schlimmstes *n; avere la ~*

den Kürzeren ziehen; *II ~ non muore mai.*
Unkraut verdirbt nicht.
peggioramento [peddʒora'mento] *m*
Verschlechterung *f*, Verschlimmerung *f*
peggiorare [peddʒo'raːre] *v 1.* verschlechtern; *2. ~ qc* etw verschlimmern;
3. (malattia) sich verschlimmern
peggiore [ped'dʒoːre] *adj* schlechter,
schlimmer
pegno ['peːɲo] *m* Pfand *n; dare in ~* verpfänden
pelare [pe'laːre] *v 1.* enthaaren, scheren;
2. (sbucciare) schälen
pelato [pe'laːto] *adj (senza capelli)* kahl
pelle ['pɛlle] *f 1.* ANAT Haut *f; 2. (di animali)* Leder *n; ~ scamosciata* Wildleder *n; 3. ~ d'oca* Gänsehaut *f; 4. amici per la ~ (fig)*
Freunde, die durch dick und dünn gehen
pellegrinaggio [pellegri'naddʒo] *m* REL
Pilgerfahrt *f*, Wallfahrt *f*
pellegrino [pelle'griːno] *m* REL Pilger *m*,
Wallfahrer *m*
pelletteria [pellette'riːa] *f 1. (negozio)*
Ledergeschäft *n*, Lederwarengeschäft *n;
2. pelletterie pl* Lederwaren *pl*
pellicano [pelli'kaːno] *m* ZOOL Pelikan *m*
pellicceria [pellittʃe'riːa] *f* Pelzgeschäft *n*
pelliccia [pel'littʃa] *f 1. (pelo)* Pelz *m; ~ d'agnello* Lammfell *n; 2. (mantello)*
Pelzmantel *m; ~ di visone* Nerzmantel *m*
pellicciaio [pellit'tʃaːio] *m 1.* Kürschner
m; 2. (venditore) Pelzverkäufer *m*
pellicola [pel'liːkola] *f 1. (membrana)*
ANAT Häutchen *n; 2. (rullino)* CINE Film *m;
~ a passo ridotto* Schmalfilm *m; Mi serve una ~ per diapositive.* Ich brauche einen Diafilm.
pellirossa [pelli'rossa] *m* Indianer *m*,
Rothaut *f* (fam)
pelo ['peːlo] *m 1.* Haar *n; per un ~* um ein
Haar/um Haaresbreite; *2. (pelliccia)* Pelz *m*,
Fell *n; ~ di cammello* Kamelhaar *n; contro ~*
gegen den Strich
peloso [pe'loːso] *adj* behaart
peluche [pə'lyʃ] *f* Plüsch *m*
pena ['peːna] *f 1.* JUR Strafe *f; ~ detentiva*
Gefängnisstrafe *f*, Freiheitsstrafe *f; 2. (tormento)* Pein *f*, Plage *f; 3. (angustia)*
Bedrängnis *f; 4. (preoccupazione)* Sorge *f;
5. (punizione)* Strafe *f; a mala ~* mit knapper
Not
penale [pe'naːle] *adj 1.* JUR Straf... *f 2.*
Konventionalstrafe *f*
penalità [penali'ta] *f 1.* JUR Strafe *f; 2.
punto di ~* SPORT Strafpunkt *m*

pendente [pen'dɛnte] *adj 1.* hängend,
schwebend; *2.* JUR anhängig
pendenza [pen'dɛntsa] *f 1.* Neigung *f;
2. (dislivello)* Gefälle *n*
pendere ['pɛndere] *v 1. ~ giù* hängen;
2. (fig: volare) schweben
pendio [pen'diːo] *m 1. (declivio)* Hang *m;
2. (strada)* Böschung *f*
pendolare [pendo'laːre] *v 1. (ciondolare)*
pendeln; *m 2.* Pendler *m*
pendolo ['pɛndolo] *m* Pendel *n*
pene ['pɛːne] *m* ANAT Penis *m*
penetrabile [pene'traːbile] *adj* durchlässig
penetrante [pene'trante] *adj* penetrant
penetrare [pene'traːre] *v 1.* durchdringen;
2. (spingersi dentro) eindringen; *3. (avanzare)* vordringen
penisola [pe'niːsola] *f* Halbinsel *f*
penitenza [peni'tɛntsa] *f* Buße *f*
penna ['penna] *f (per scrivere)* Schreibfeder *f; ~ a sfera* Kugelschreiber *m; amico di ~* Brieffreund *m; ~ stilografica* Füller *m*
pennarello [penna'rɛllo] *m* Filzstift *m*
pennellata [pennel'laːta] *f* Pinselstrich *m*
pennello [pen'nɛllo] *m* Pinsel *m*
penombra [pen'ombra] *f* Halbschatten *m*
penosità [penosi'ta] *f (imbarazzo)* Peinlichkeit *f*
penoso [pe'noːso] *adj (spiacevole)* peinlich
pensabile [pen'saːbile] *adj* denkbar
pensare [pen'saːre] *v 1.* denken, nachdenken; *2. (ritenere)* meinen
pensiero [pensi'ɛːro] *m 1.* Gedanke *m; ~ segreto* Hintergedanke *m; 2. (pensare)*
Denken *n; sopra ~* zerstreut; *3. (modo di pensare)* Denkart *f; 4. (preoccupazione)*
Sorge *f*
pensionante [pensio'nante] *m/f (in albergo, in una pensione)* Gast *m*
pensionato [pensio'naːto] *m 1. (persona)*
Rentner *m; 2. ~ per anziani (edificio)*
Altersheim *n*
pensione [pensi'oːne] *f 1. (l'essere a riposo)* Pension *f; 2. (somma di denaro)* Pension
f; ~ per la vecchiaia Altersrente *f; ~ vedovile*
Witwenrente *f; 3. (per turisti)* Pension *f; 4. ~ completa* Vollpension *f; mezza ~*
Halbpension *f; 5. ~ per animali* Tierheim *n*
pensosità [pensosi'ta] *f (fig)* Versunkenheit *f*
pensoso [pen'soːso] *adj 1. (meditativo)*
besinnlich; *2. (persona)* nachdenklich

pentagono [pen'ta:gono] *m* Fünfeck *n*
Pentecoste [pente'kɔste] *f REL* Pfingsten *n*
pentimento [penti'mento] *m* Reue *f*
pentirsi [pen'tirsi] *v ~ di qc* etw bereuen
pentito [pen'ti:to] *adj 1.* reumütig; *m 2. JUR* Kronzeuge *m*
pentola ['pentola] *f* Kochtopf *m; ~ a pressione* Dampfkochtopf *m,* Schnellkochtopf *m*
penultimo [pen'ultimo] *adj* vorletzte(r,s)
penzolare [pendzo'la:re] *v* baumeln, hängen
pepare [pe'pa:re] *v GAST* pfeffern
pepe ['pe:pe] *m GAST* Pfeffer *m*
peperoncino [peperon'tʃi:no] *m 1. BOT* Pfefferschote *f; 2. GAST* Chilipfeffer *m*
peperone [pepe'ro:ne] *m BOT* Paprika *f*
per [per] *prep 1.* für; *2. (causale)* vor, wegen; *3. (limitazione)* wegen, über; *~ cui* wodurch; *~ caso* zufällig; *Sono qui ~ affari.* Ich bin geschäftlich hier. *~ di qua* hier entlang; *4. (temporale)* durch; *~ anni* jahrelang; *5. (persona)* je; *6. (indicazione numerica)* per; *~ mille* Promille *n; 7. (distributivo)* pro; *~ giorno/~ notte* pro Tag/pro Nacht; *konj 8.* um; *~ cui* weshalb, wodurch; *9. (con l'infinito: finale)* um ... zu, zu; *adv 10. (moltiplicazione) MATH* mal
pera ['pe:ra] *f BOT* Birne *f*
perbene [per'bɛ:ne] *adj* ehrlich, anständig
percento [per'tʃento] *m* Prozent *n*
percentuale [pertʃentu'a:le] *adj 1.* prozentual; *f 2.* Prozentsatz *m*
percepire [pertʃe'pi:re] *v irr 1. (notare)* wahrnehmen; *2. (udire)* vernehmen; *3. (salario)* beziehen
percettibile [pertʃet'ti:bile] *adj* vernehmbar
percezione [pertʃetsi'o:ne] *f (osservazione)* Wahrnehmung *f*
perché [per'ke] *konj 1.* da, weil; *2. (poiché)* denn; *3. (infatti)* nämlich; *adv 4.* warum, wieso, weshalb
perciò [per'tʃo] *konj 1. (causale)* deshalb, daher, darum; *2. (per cui)* weshalb; *adv 3. (per conseguenza)* dadurch, folglich
percorrere [per'korrere] *v irr* entlangfahren
percorso [per'korso] *m 1.* Strecke *f,* Weg *m; ~ in cresta (fig)* Gratwanderung *f; ~ vita* Trimm-dich-Pfad *m; 2. (itinerario)* Route *f*
percossa [per'kɔssa] *f* Schlag *m,* Stoß *m*
percuotere [perku'ɔ:tere] *v irr* schlagen
perdente [per'dɛnte] *m/f* Verlierer(in) *m/f*

perdere ['pɛrdere] *v irr 1. (oggetto)* verlieren; *2. (fam: oggetti)* verschlampen; *3. (occasione)* versäumen
perdersi ['pɛrdersi] *v irr 1. (a piedi)* sich verlaufen; *2. (in macchina)* sich verfahren; *3. (svanire)* sich verlieren, verschwinden
perdigiorno [perdi'dʒorno] *m* Taugenichts *m*
perdita ['pɛrdita] *f 1.* Verlust *m; ~ della memoria* Gedächtnisschwund *m; ~ di tempo* Zeitverschwendung *f; subire una ~* einen Verlust erleiden; *rispondere della ~* für den Verlust aufkommen; *2. (deficit)* Defizit *n; 3. (scapito)* Einbuße *f; 4. (in nave)* Leck *n; 5. (disavanzo) ECO* Ausfall *m; ~ del profitto* Verdienstausfall *m; 6. a ~ d'occhio (fig)* unübersehbar, soweit das Auge reicht
perditempo [perdi'tɛmpo] *m* Zeitvergeudung *f*
perdizione [perditsi'o:ne] *f* Ruin *m; darsi alla ~* sich den Lastern hingeben
perdonabile [perdo'na:bile] *adj* verzeihlich
perdonare [perdo'na:re] *v 1.* verzeihen, vergeben; *2. (avere indulgenza)* nachsehen
perdono [per'do:no] *m* Verzeihung *f,* Vergebung *f*
perdurare [perdu'ra:re] *v 1.* dauern; *2. (perseverare)* überdauern; *3. (ostinarsi)* beharren; *4. (continuare)* andauern
peregrinare [peregri'na:re] *v 1.* wandern; *2. (vagabondare)* herumstreifen
peregrinazione [peregrinatsi'o:ne] *v* Wanderung *f*
peregrino [pere'gri:no] *adj 1. (non comune)* ungewöhnlich; *2. (strano)* seltsam; *3. (forestiero)* fremd; *m 4. (pellegrino)* Pilger *m*
perenne [pe'rɛnne] *adj 1. (eterno)* ewig, ohne Ende; *2. (continuo)* bleibend, dauernd
perfetto [per'fɛtto] *adj 1.* vollkommen, perfekt; *2. (eccellente)* vortrefflich
perfezionamento [perfetsiona'mento] *m 1.* Vervollkommnung *f; 2. (dell'istruzione, delle conoscenze)* Fortbildung *f,* Weiterbildung *f; corso di ~* Fortbildungskurs *m*
perfezionare [perfetsio'na:re] *v* vervollkommnen, verbessern
perfezionarsi [perfetsio'narsi] *v* sich fortbilden
perfezione [perfetsi'o:ne] *f* Perfektion *f,* Vollkommenheit *f*
perfezionista [perfetsio'nista] *m/f* Perfektionist(in) *m/f*

perfidia [per'fiːdia] *f* Falschheit *f,* Heimtücke *f*
perfido ['pɛrfido] *adj* böswillig, perfide
perfino [per'fiːno] *adv* sogar
perforare [perfo'raːre] *v 1.* durchbohren; *2. (schede, fogli)* perforieren
perforatrice [perfora'triːtʃe] *f 1.* Locher *m; 2. TECH* Bohrmaschine *f*
perforazione [perforatsi'oːne] *f TECH* Bohrung *f*
pergamena [perga'mɛːna] *f* Pergament *n*
pergola ['pɛrgola] *f* Laube *f*
pericolo [pe'riːkolo] *m 1.* Gefahr *f;* ~ *di caduta* Absturzgefahr *f;* ~ *di contagio* Ansteckungsgefahr *f;* ~ *di epidemie* Seuchengefahr *f;* ~ *di rabbia* Tollwutgefahr *f;* ~ *di valanghe* Lawinengefahr *f;* ~ *di vita* Lebensgefahr *f; correre il* ~ Gefahr laufen; *2. (frangente)* Not *f;* ~ *sul mare* Seenot *f*
pericolosissimo [perikolo'sissimo] *adj* lebensgefährlich
pericoloso [periko'loːso] *adj 1.* gefährlich; *E' troppo* ~. Das ist zu gefährlich. *2. (spericolato)* halsbrecherisch
periferia [perife'riːa] *f 1.* Peripherie *f; 2. (sobborgo)* Vorstadt *f*
periferico [peri'fɛːriko] *adj 1.* Rand... *2. (marginale)* peripher, nebensächlich
perimetro [pe'riːmetro] *m (superficie)* Umfang *m*
periodico [peri'ɔːdiko] *adj 1.* periodisch; *m 2.* Zeitschrift *f*
periodo [pe'riːodo] *m 1.* Spanne *f,* Zeitraum *m;* ~ *d'incubazione* Inkubationszeit *f;* ~ *delle ferie* Urlaubszeit *f;* ~ *di digiuno* Fastenzeit *f;* ~ *di prova* Probezeit *f;* ~ *di tirocinio* Lehrzeit *f;* ~ *di transizione* Übergangszeit *f;* ~ *classico* Klassik *f;* ~ *radioattivo* Halbwertzeit *f; 2. (spazio di tempo)* Abschnitt *m,* Periode *f; 3. GRAMM* Satz *m; 4. (capoverso)* Absatz *m*
peripezia [peripe'tsiːa] *f 1.* Wechselfall *m; 2. (vicenda fortunosa)* Schicksalsschlag *m*
periplo ['pɛːriplo] *m NAUT* Umsegelung *f*
perire [pe'riːre] *v irr 1. (morire)* sterben; *2. (in una disgrazia)* umkommen
perito [pe'riːto] *m 1.* Fachmann *m,* Sachverständiger *m; 2. (esperto)* Gutachter *m*
peritonite [perito'niːte] *f MED* Bauchfellentzündung *f*
perizia [pe'riːtsia] *f 1. (esperienza)* Erfahrung *f; 2. (abilità)* Geschicktheit *f; 3. (giudizio)* Expertise *f*
perla ['pɛrla] *f* Perle *f*

perlustrare [perlus'traːre] *v* durchsuchen
perlustrazione [perlustratsi'oːne] *f 1. (della polizia)* Streife *f; 2. MIL* Erkundung *f*
permaloso [perma'loːso] *adj 1.* nachtragend; *2. (suscettibile)* empfindlich, reizbar
permanente [perma'nɛnte] *adj 1.* ständig; *2. (perdurante)* permanent; *3. (impiego)* unkündbar; *f 4.* Dauerwelle *f*
permanenza [perma'nɛntsa] *f 1. (soggiorno)* Aufenthalt *m; 2. (continuazione)* Fortdauer *f; in* ~ ununterbrochen
permanere [perma'neːre] *v* verweilen, bleiben
permeabile [perme'aːbile] *adj* undicht, durchlässig
permesso [per'messo] *adj 1.* zulässig; ~ *ai giovani* jugendfrei; *m 2.* Erlaubnis *f;* ~ *d'espatrio* Ausreisegenehmigung *f;* ~ *di costruzione* Baugenehmigung *f;* ~ *di soggiorno* Aufenthaltsgenehmigung *f; Con* ~*!* Gestatten Sie! *Mi serve un* ~ *per ciò?* Brauche ich eine Genehmigung dafür? *3. (ammissione)* Zulassung *f*
permettere [per'mettere] *v 1.* erlauben, gestatten; *Permette?* Gestatten Sie? *Questo non me lo posso* ~. Das kann ich mir nicht leisten. *2. (approvare)* lassen, zulassen
permettersi [per'mettersi] *v (fig: arrogarsi)* sich herausnehmen
permutare [permu'taːre] *v* austauschen
perno ['pɛrno] *m (della porta, della finestra)* Angel *f*
pernottamento [pernotta'mento] *m* Übernachtung *f*
pernottare [pernot'taːre] *v* übernachten
pero ['peːro] *m BOT* Birnbaum *m*
però [pe'rɔ] *konj* jedoch
perorare [pero'raːre] *v 1.* ~ *la causa di qd* jds Sache befürworten; *2. (difendere)* verteidigen
perpendicolare [perpendiko'laːre] *adj 1.* senkrecht; *f 2.* Senkrechte *f*
perpetuare [perpetu'aːre] *v (propagare)* fortpflanzen
perpetuo [per'pɛːtuo] *adj* ewig
perplessità [perplessi'ta] *f* Unsicherheit *f,* Ratlosigkeit *f*
perplesso [per'plɛsso] *adj 1. (costernato)* perplex; *2. (disorientato)* ratlos
perquisire [perkui'ziːre] *v* durchsuchen
perquisizione [perkuizitsi'oːne] *f* Durchsuchung *f;* ~ *domiciliare* Hausdurchsuchung *f*
persecuzione [persekutsi'oːne] *f* Verfolgung *f;* ~ *degli ebrei* Judenverfolgung *f*

perseguire [persegu'iːre] *v 1.* verfolgen; *2. (fig: un fine)* anstreben
perseguitare [persegui'taːre] *v (fig)* ~ *qd* jdm nachstellen
perseverante [perseve'rante] *adj 1.* ausdauernd; *2. (tenace)* beharrlich
perseveranza [perseve'rantsa] *f* Beharrlichkeit *f*
perseverare [perseve'raːre] *v* ausharren
Persia ['pɛrsia] *f GEO* Persien *n*
persiana [persi'aːna] *f 1. (imposta della finestra)* Fensterladen *m;* ~ *avvolgibile* Rollladen *m; 2. (marquise)* Markise *f*
persiano [persi'aːno] *m 1. (persona)* Perser *m; 2. (tappeto)* Perserteppich *m*
persino [per'siːno] *adv* sogar
persistente [persis'tɛnte] *adj* nachhaltig
persistere [per'sistere] *v irr 1.* verharren, andauern; *2. (insistere)* ~ *su* beharren auf
persona [per'soːna] *f 1. (essere umano)* Mensch *m,* Person *f; di* ~ persönlich; *2. (corpo)* Körper *m*
personaggio [perso'naddʒo] *m* Person *f;* ~ *principale* Hauptperson *f*
personale [perso'naːle] *m 1.* Personal *n;* ~ *di aeroporto* Bodenpersonal *n; 2. (aspetto fisico)* Erscheinung *f; adj 3.* persönlich
personalità [personali'ta] *f* Persönlichkeit *f*
personificare [personifi'kaːre] *v* verkörpern
personificazione [personifikatsi'oːne] *f* Verkörperung *f*
perspicace [perspi'kaːtʃe] *adj 1.* scharfsinnig; *2. (fig: vigilante)* hellhörig
persuadere [persua'deːre] *v irr 1.* überreden; *2. (convincere)* überzeugen
persuasione [persuazi'oːne] *f 1.* Überredung *f; 2. (convinzione)* Überzeugung *f*
persuasivo [persua'ziːvo] *adj* überzeugend
pertanto [per'tanto] *konj* deswegen
pertica ['pɛrtika] *f 1.* Rute *f; 2. (stanga)* Stange *f*
pertinente [perti'nɛnte] *adj 1.* zugehörig; *2. (spettante)* zukommend
pertosse [per'tosse] *f MED* Keuchhusten *m*
perturbazione [perturbatsi'oːne] *f* Störung *f;* ~ *della quiete pubblica* Ruhestörung *f*
pervadere [per'vaːdere] *v 1.* erfüllen; *2. (compenetrare)* durchdringen
pervenire [perve'niːre] *v irr* gelangen, ankommen

perversione [perversi'oːne] *f* Perversion *f*
perverso [per'vɛrso] *adj* pervers
pervertire [perver'tiːre] *v irr* verderben
pervertito [perver'tiːto] *adj* pervers
pesa ['peːsa] *f* Waage *f;* ~ *pubblica* öffentliche Waage *f*
pesante [pe'sante] *adj 1. (opprimente)* schwer, drückend; *2. (fig: noioso)* unerträglich; *3. (goffo)* schwerfällig
pesantezza [pesan'tettsa] *f 1. (alla testa, allo stomaco) MED* Druck *m; 2. (stile)* Schwerfälligkeit *f*
pesare [pe'saːre] *v 1. (essere di molestia)* schwer wiegen; *2. (peso)* wiegen, abwiegen; *3. (fig: argomenti)* abwägen
pesca[1] ['peska] *f* Fischfang *m;* ~ *d'alto mare* Hochseefischerei *f*
pesca[2] ['pɛska] *f BOT* Pfirsich *m; noce* ~ Nektarine *f*
pescare [pes'kaːre] *v 1.* fischen; ~ *con l'amo* angeln; *E' concesso* ~ *qui?* Darf man hier angeln? *2. (fig: trovare)* auffischen; *3. (fam: impadronirsi)* kapern
pescatore [peska'toːre] *m 1.* Fischer *m; 2. (con la canna)* Angler *m*
pesce ['peʃe] *m 1. ZOOL* Fisch *m;* ~ *fritto* Bratfisch *m;* ~ *persico* Barsch *m;* ~ *spada* Schwertfisch *m; Questo* ~ *ha molte spine?* Hat dieser Fisch viele Gräten? *Chi dorme non piglia pesci.* Morgenstund hat Gold im Mund. *2.* ~ *d'aprile* Aprilscherz *m*
pescecane [peʃe'kaːne] *m ZOOL* Hai *m*
peschereccio [peske'rettʃo] *m* Fischerboot *n*
pescheria [peske'riːa] *f* Fischgeschäft *n*
pesciaiolo [peʃai'ɔːlo] *m (pescivendolo)* Fischverkäufer *m*
peso [pe'soː] *m 1.* Gewicht *n;* ~ *del corpo* Körpergewicht *n;* ~ *insufficiente* Untergewicht *n;* ~ *lordo* Bruttogewicht *n;* ~ *massimo* Maximalgewicht *n;* ~ *netto* Nettogewicht *n;* ~ *piuma* Federgewicht *n;* ~ *mosca* Fliegengewicht *n; a* ~ nach Gewicht; *2. (fig)* Last *f; Mi sono tolto un* ~ *dallo stomaco.* Mir ist ein Stein vom Herzen gefallen. *3. (fig: gravame)* Belastung *f*
pessimismo [pessi'mizmo] *m* Pessimismus *m*
pessimistico [pessi'mistiko] *adj* pessimistisch
pessimo ['pɛssimo] *adj* sehr schlecht
pestare [pes'taːre] *v 1.* zertreten; *2. (riempire di botte)* verprügeln, verhauen; *3. (fig: fare i capricci)* bocken; ~ *i piedi* bocken

peste ['pɛste] f MED Pest f
pestilenza [pesti'lɛntsa] f 1. (fig) Unheil n; 2. MED Seuche f
pesto ['pesto] adj 1. geschlagen; 2. buio ~ stockfinster; m 3. GAST Pesto n
petardo [pe'tardo] m Knallkörper m
petizione [petitsi'oːne] f POL Petition f
petroliera [petroli'ɛːra] f Öltanker m, Tanker m
petrolifero [petro'liːfero] adj 1. petroleumhaltig; 2. (di petrolio) Erdöl... pozzo ~ Bohrturm m
petrolio [pe'trɔːlio] m 1. (olio minerale) Erdöl n; 2. (nafta) Petroleum n
pettegolezzi [pettego'leddzi] m/pl (fam: chiacchiere) Tratsch m, Klatsch m
pettegolo [pet'teːgolo] adj 1. schwatzhaft, geschwätzig; m 2. Klatschmaul n
pettinare [petti'naːre] v kämmen, frisieren
pettinatrice [pettina'triːtʃe] f (parrucchiera) Friseuse f
pettinatura [pettina'tuːra] f Frisur f; Vorrei una nuova ~. Ich möchte eine neue Frisur.
pettine ['pɛttine] m (per capelli) Haarkamm m
petto ['pɛtto] m 1. ANAT Brust f; giro di ~ Oberweite f; 2. (delle donne) ANAT Busen m; 3. (di vestito, di giacca) doppio ~ Zweireiher m; 4. (fig) prendere di ~ entschlossen anpacken
pezza ['pɛttsa] f 1. Lappen m; 2. (stoffa) Stofffleck m
pezzato [pet'tsaːto] adj scheckig
pezzatura [pettsa'tuːra] f ~ delle merci Stückgröße f
pezzente [pet'tsɛnte] m/f Bettler(in) m/f; Sei vestito come un ~. Du bist wie ein Bettler angezogen.
pezzetto [pet'tsetto] m (di carta) Papierschnitzel n
pezzo ['pɛttso] m 1. Stück n; ~ da lavoro Werkstück n; ~ di ricambio Ersatzteil n; ~ fuori programma Zugabe f; a pezzi stückweise; ~ unico Einzelstück n; 2. MUS Musikstück n; 3. (di pane) Brocken m; 4. (di tempo) Weile f; Ti aspetto da un ~. Ich warte schon lange auf dich. 5. MIL Geschütz n
piacente [pia'tʃɛnte] adj 1. reizend; 2. (gradevole) gefällig; 3. (attraente) attraktiv
piacere [pia'tʃeːre] m 1. (favore) Gefallen m; per ~ bitte; a ~ nach Belieben; Piacere! Sehr erfreut! Il ~ è tutto mio. Ganz meiner-

seits. 2. (cortesia) Gefälligkeit f; v irr 3. (amare) mögen; A me non piace la carne. Ich mag kein Fleisch. 4. (gradire) gefallen, zusagen; non ~ missfallen; Non mi piace questo. Das gefällt mir nicht. 5. (avere un buon sapore) gut schmecken
piacevole [pia'tʃeːvole] adj 1. (interessante) ansprechend; 2. (confortevole) wohlig, angenehm
piacimento [piatʃi'mento] m Belieben n; a ~ nach Belieben
piaga [pi'aːga] f 1. (ferita) Wunde f; 2. (nella Bibbia) Plage f
piagnisteo [piaɲis'tɛːo] m Gewimmer n
piagnucolare [piaɲuko'laːre] v jammern, plärren
piagnucoloso [piaɲuko'loːso] adj wehleidig
pialla [pi'alla] f TECH Hobel m
piallaccio [pial'lattʃo] m Furnier n
piallare [pial'laːre] v TECH hobeln
pianeggiante [pianed'dʒante] adj flach, ziemlich eben
pianella [pia'nɛlla] f Pantoffel m
pianerottolo [piane'rɔttolo] m Treppenabsatz m
pianeta [pia'neːta] m Planet m
piangere [pi'andʒere] v irr 1. weinen; 2. (fam) heulen; 3. (deplorare) beweinen; 4. (singhiozzare) schluchzen
pianificare [pianifi'kaːre] v planen
pianificazione [pianifikatsi'oːne] f Planung f; ~ della famiglia Familienplanung f
piano¹ [pi'aːno] adv 1. leise; 2. (lentamente) langsam; adj 3. (senza elevazioni) eben, flach
piano² [pi'aːno] m 1. Fläche f; primo ~ Nahaufnahme f; primo ~ Großaufnahme f; 2. (di edificio) Etage f, Stock m
piano³ [pi'aːno] m Projekt n, Plan m; ~ di battaglia Schlachtplan m; ~ di studi Lehrplan m; ~ di disarmo Abrüstungsplan m
piano⁴ [pi'aːno] m MUS Piano n
pianoterra [piano'tɛrra] m Erdgeschoss n
pianta [pi'anta] f 1. BOT Pflanze f, Gewächs n; ~ medicinale Arzneipflanze f; ~ rampicante Kletterpflanze f; ~ sarmentosa Schlingpflanze f; 2. (del piede) ANAT Sohle f; 3. (mappa) Plan m; ~ della città Stadtplan m
piantagione [pianta'dʒoːne] f BOT Plantage f
piantare [pian'taːre] v 1. pflanzen, anpflanzen; 2. (chiodo) einschlagen; 3. (fig) ~

in asso hängen lassen; *4. (cessare)* aufhören;
Piantala! Hör auf damit!
piantarsi [pian'tarsi] *v* sich hinpflanzen
(fam), sich hinstellen
pianterreno [pianter're:no] *m* Erdgeschoss *n*, Parterre *n; a* ~ ebenerdig, im Erdgeschoss
pianto [pi'anto] *m 1.* Weinen *n*, Tränen *pl;*
2. essere un ~ *(fig)* eine Katastrophe sein
piantonare [pianto'na:re] *v* bewachen
piantone [pian'to:ne] *m MIL* Wache *f*
pianura [pia'nu:ra] *f 1. GEOL* Flachland *n;*
2. (terreno piano) Ebene *f*
pianuzza [pia'nuttsa] *f ZOOL* Scholle *f*
piastra [pi'astra] *f* Platte *f*
piastrella [pias'trɛlla] *f* Platte *f*, Fliese *f*,
Kachel *f*
piastrina [pias'tri:na] *f 1. TECH* Platine *f;*
2. ~ *di riconoscimento* Erkennungsmarke *f*
piattaforma [piatta'forma] *f* Plattform *f;*
~ *galleggiante* Bohrinsel *f;* ~ *girevole*
Drehscheibe *f;* ~ *di lancio* Abschussrampe *f*
piattino [piat'ti:no] *m 1.* Untertasse *f;*
2. (da dessert) Teller *m*
piatto [pi'atto] *adj 1.* platt; *2. (fig: conversazione)* seicht; *3. (piano)* flach, eben; *4. (liscio)* glatt; *m 5. (stoviglie)* Teller *m;* ~ *fondo*
Suppenteller *m;* ~ *della bilancia* Waagschale
f; ~ *piano* flacher Teller *m; 6. (portata)* Gang
m; 7. (vassoio) Platte *f; 8.* piatti *pl MUS*
Becken *n*
piazza [pi'attsa] *f 1.* Platz *m*, Marktplatz
m; ~ *principale* Hauptplatz *m;* ~ *del mercato*
Marktplatz *m; 2. ECO* Markt *m; su questa* ~
auf diesem Markt; *3. far* ~ *pulita (fig)* reinen
Tisch machen
piazzamento [piattsa'mento] *m* Platzierung *f*
piazzare [piat'tsa:re] *v 1. (collocare)*
unterbringen; *2. ECO* absetzen
piazzetta [piat'tsetta] *f* Plätzchen *n*
piazzista [piat'tsista] *m/f* Handels-
vertreter(in) *m/f*
piccante [pik'kante] *adj (aroma)* scharf
picchetto [pik'ketto] *m* ~ *armato MIL*
Bereitschaft *f*, Bereitschaftspolizei *f*
picchiare [pikki'a:re] *v 1.* verprügeln;
2. (rumore) klatschen
picchiarsi [pikki'arsi] *v* sich prügeln, einander verprügeln
picchiata [pikki'a:ta] *f* Sturzflug *m*
picchiettare [pikkiet'ta:re] *v* tupfen
picchio ['pikkio] *m ZOOL* Specht *m;* ~
rosso Buntspecht *m*

piccino [pit'tʃi:no] *adj 1.* klein; *2. (meschino, gretto)* kleinlich; *m 3.* kleiner Junge
m, Kleiner *m*
piccione [pit'tʃo:ne] *m ZOOL* Taube *f;* ~
viaggiatore Brieftaube *f; prendere due piccio-
ni con una fava (fig)* zwei Fliegen mit einer
Klappe schlagen
picco ['pikko] *m andare a* ~ untergehen;
mandare a ~ versenken
piccolezza [pikko'lettsa] *f* Kleinigkeit *f*
piccolissimo [pikko'lissimo] *adj* winzig
piccolo ['pikkolo] *adj 1.* klein; *2. (gretto)*
kleinlich; *3. (corto)* kurz; *4. (giovane)* jung; *m*
5. Kleiner *m; 6. ZOOL* Junges *n; 7.* ~ *borghese (fig)* Spießbürger *m*
piccone [pik'ko:ne] *m (utensile)* Pickel *m*,
Hacke *f*
piccozza [pik'kɔttsa] *f 1.* Hacke *f;*
2. (montagna) Eispickel *m*
picnic [pik'nik] *m* Picknick *n*
pidocchio [pi'dɔkkio] *m ZOOL* Laus *f*
pidocchioso [pidokki'o:so] *adj 1.* ver-
laust; *2. (avaro)* geizig; *3. (meschino)* kleinlich
piè [pi'ɛ] *m 1.* ~ *di porco TECH* Brecheisen
n; 2. nota a ~ *di pagina* Fußnote *f*
piede [pi'ɛ:de] *m 1. ANAT* Fuß *m;* ~ *piatto*
Plattfuß *m; essere fra i piedi di qd (fig)* jdm im
Weg herumstehen; *a piedi nudi* barfuß; *andare a piedi* zu Fuß gehen; *fare una gita a piedi*
wandern; *2. (misura)* Fuß *m*
piega [pi'ɛ:ga] *f 1.* Falte *f;* ~ *dei calzoni*
Bügelfalte *f; 2. (carta)* Knick *m; 3. prendere
una buona* ~ *(fig)* eine gute Wendung nehmen
piegabile [pie'ga:bile] *adj* faltbar
piegamento [piega'mento] *m* Biegung *f*
piegare [pie'ga:re] *v 1.* falten; *2. (curvare)*
verbiegen; *3. (inclinare)* biegen, beugen;
4. (biancheria) zusammenlegen; *5. (carta)*
umknicken; *6. (fig)* beugen
piegarsi [pie'garsi] *v 1.* sich verbiegen,
sich biegen; *2. (fig)* sich fügen
piegatura [piega'tu:ra] *f* Biegung *f*, Fal-
zen *n*
pieghevole [pie'ge:vole] *adj 1.* biegsam,
faltbar; *2. (ripiegare)* zusammenklappbar
Piemonte [pie'monte] *m GEO* Piemont *n*
piena [pi'ɛ:na] *f 1.* Überfülle *f; 2. (di fiume,
di lago)* Hochwasser *n; il fiume in* ~ der
Hochwasser führende Fluss *m*
pienezza [pie'nettsa] *f 1.* Fülle *f; 2. (della
vegetazione) BOT* Blüte *f*
pieno [pi'ɛ:no] *adj 1.* voll; überfüllt; *mezzo*
~ halb voll; *fare il* ~ voll tanken; *in piena notte*

mitten in der Nacht; *in ~ giorno* bei helllichtem Tage; *adv 2.* völlig; *in ~* völlig; *~ zeppo* voll gepfropft
pietà [pie'ta] *f 1.* Erbarmen *n; 2. REL* Pietät *f*
pietanza [pie'tantsa] *f GAST* Gericht *n; ~ d'uova* Eierspeise *f; ~ già pronta* Fertiggericht *n*
pietoso [pie'to:so] *adj 1.* pietätvoll, mitleidig; *2. (miserevole)* kümmerlich, kläglich
pietra [pi'ɛ:tra] *f* Stein *m; ~ da pavimentazione* Pflasterstein *m; ~ miliare* Meilenstein *m; ~ preziosa* Edelstein *m; ~ in rame* Kupferstein *m*
pietrificato [pietrifi'ka:to] *adj* versteinert
pietrisco [pie'trisko] *m* Schotter *m*
pietroso [pie'tro:so] *adj* steinig
pigiama [pi'dʒa:ma] *m* Pyjama *m,* Schlafanzug *m*
pigiapigia ['pi:dʒa'pi:dʒa] *f (fig)* Gedrängel *n*
pigiare [pi'dʒa:re] *v 1. (uva)* keltern; *2. (calcare, spingere)* drängen
pigiato [pi'dʒa:to] *adj* dicht gedrängt
pigione [pi'dʒo:ne] *f* Miete *f*
pigliare [pi'ʎa:re] *v 1.* einnehmen; *pigliarsela (fam)* sich aufregen; *2. (afferrare)* ergreifen, fassen
pigliarsi [pi'ʎarsi] *v ~ cura di qd* sich jds annehmen, sich um jdn kümmern
pigna ['pi:ɲa] *f BOT* Tannenzapfen *m*
pignatta [pi'ɲatta] *f* Kochtopf *m*
pignolo [pi'ɲo:lo] *adj* kleinlich
pignorare [piɲo'ra:re] *v JUR* pfänden
pigolare [pigo'la:re] *v 1.* piepsen, piepen; *2. (lamentarsi)* jammern
pigrizia [pi'gri:tsia] *f 1. (neghittosità)* Faulheit *f; 2. (comodità)* Bequemlichkeit *f*
pigro ['pi:gro] *adj 1.* bequem, träge; *~ di mente* denkfaul; *m 2.* Faulenzer *m,* Faulpelz *m*
pila ['pi:la] *f 1. TECH* Batterie *f; ~ tascabile* Taschenlampe *f; 2. (pilastro)* Pfeiler *m; 3. (colonna)* Säule *f; 4. ~ di libri* Bücherstoß *m,* Stoß Bücher *m*
pillola ['pillola] *f* Pille *f; ~ abortiva* Abtreibungspille *f; ~ anticoncezionale* Antibabypille *f*
pilone [pi'lo:ne] *m* Pfeiler *m*
pilota [pi'lɔ:ta] *m/f 1.* Pilot(in) *m/f; ~ collaudatore* Testpilot *m; 2. NAUT* Lotse/Lotsin *m/f*
pilotare [pilo'ta:re] *v 1.* steuern; *2. (guidare, dirigere)* lotsen

pineta [pi'ne:ta] *f BOT* Pinienhain *m*
ping-pong [piŋg'pɔŋg] *m SPORT* Tischtennis *n*
pingue ['piŋgue] *adj 1.* feist, fett; *2. (ricco)* reich
pinna ['pinna] *f ZOOL* Flosse *f*
pino ['pi:no] *m BOT* Kiefer *f,* Pinie *f*
pinolo [pi'nɔ:lo] *m BOT* Pinienkern *m*
pinza ['pintsa] *f* Zange *f; ~ da elettricista* Drahtzange *f*
pinzetta [pin'tsetta] *f* Pinzette *f*
pio ['pi:o] *adj REL* fromm
pioggerella [pioddʒe'rɛlla] *f* Nieselregen *m,* Sprühregen *m*
pioggia [pi'oddʒa] *f* Regen *m*
piolo [pi'ɔ:lo] *m* Pflock *m; ~ dell'attaccapanni* Kleiderhaken *m*
piombare [piom'ba:re] *v 1.* plombieren; *2. ~ addosso a qd* auf jdn stürzen
piombatura [piomba'tu:ra] *f (di un dente) MED* Plombe *f,* Füllung *f*
piombo [pi'ombo] *m 1.* Plombe *f; 2. (metallo)* Blei *n; con ~* bleihaltig, verbleit; *senza ~* bleifrei
pioniere [pioni'ɛ:re] *m 1.* Vorkämpfer *m; 2. MIL* Pionier *m,* Vorkämpfer *m*
pioppo [pi'ɔppo] *m BOT* Pappel *f*
piovere [pi'o:vere] *v irr* regnen; *Piove a catinelle.* Es gießt in Strömen.
piovigginare [piovidʒi'na:re] *v* nieseln
piovigginoso [piovidʒi'no:so] *adj (piovoso); tempo ~* Regenwetter *n*
pipa ['pi:pa] *f* Pfeife *f*
pipistrello [pipis'trɛllo] *m ZOOL* Fledermaus *f*
piramide [pi'ra:mide] *f* Pyramide *f*
pirata [pi'ra:ta] *m* Pirat *m*
pirateria [pirate'ri:a] *f* Piraterie *f*
piroscafo [pi'rɔskafo] *m* Dampfer *m*
piscina [pi'ʃi:na] *f* Schwimmbad *n; ~ all'aperto* Freibad *n; ~ coperta* Hallenbad *n*
pisello [pi'sɛllo] *m* Erbse *f*
pisolino [pizo'li:no] *m (fig)* Nickerchen *n,* Schläfchen *n*
pista ['pista] *f 1.* Piste *f; 2. (nel traffico)* Bahn *f; ~ di prova* Teststrecke *f; ~ ciclabile* Fahrradweg *m; 3. (per auto)* Rennbahn *f; 4. (per l'aereoplano)* Rollfeld *n; ~ di atterraggio* Landebahn *f; ~ di decollo* Startbahn *f*
pistacchio [pis'takkio] *m BOT* Pistazie *f*
pistola [pis'tɔ:la] *f* Pistole *f*
pitocco [pi'tɔkko] *m 1.* Knauser *m; 2. (mendicante)* Bettler *m*
pittore [pit'to:re] *m (d'arte)* Maler *m*

pittoresco [pitto'resko] *adj* malerisch
pittorico [pit'tɔːriko] *adj* malerisch
pittrice [pit'triːtʃe] *f* Malerin *f*
pittura [pit'tuːra] *f* Malerei *f;* ~ *a olio* Ölmalerei *f;* ~ *murale* Wandmalerei *f;* ~ *sul soffitto* Deckengemälde *n*
pitturare [pittu'raːre] *v 1.* malen; *2. (ornare con pitture)* bemalen; *3. (una sala)* ausmalen
più [pi'u] *adv 1.* mehr; *per lo* ~ meistens, zumeist; *un po' di* ~ etw mehr; ~ *nulla* nichts mehr; *non* ~ nicht mehr; *Si affretti* ~ *che può.* Gehen Sie so schnell Sie können. *2. MATH* plus; *m 3. ECO* Plus *n;* *4. il* ~ das Meiste *n; i* ~ die Meisten *pl; il* ~ *delle volte* meistens
piuma [pi'uːma] *f 1. ZOOL* Feder *f;* *2. (a letto)* Feder *f;* *3. (piumino)* Daune *f*
piumaggio [piu'maddʒo] *m 1. ZOOL* Gefieder *n;* *2. (insieme delle piume)* Flaum *m*
piumino [piu'miːno] *m 1.* Federbett *n;* *2. (fiocco per incipriarsi)* Puderquaste *f*
piuttosto [piut'tɔsto] *adv* lieber, einigermaßen, ziemlich
pizzicagnolo [pittsi'kaːɲolo] *m* Lebensmittelhändler *m*
pizzicare [pittsi'kaːre] *v* kneifen, zwicken
pizzico [pit'tsiko] *m 1. (misura)* Messerspitze *f,* Prise *f;* *2. (fig)* Spur *f*
pizzo ['pittso] *m 1. (barba)* Spitzbart *m;* *2. (merletto)* Spitze *f*
placare [pla'kaːre] *v* besänftigen
placca ['plakka] *f 1.* Metallplättchen *n;* *2. (per cani)* Hundemarke *f*
placchetta [plak'ketta] *f* Plakette *f*
placido ['plaːtʃido] *adj* ruhig, gelassen
plagiare [pla'dʒaːre] *v* abschreiben
plagio ['plaːdʒo] *m ART* Plagiat *n*
planetario [plane'taːrio] *adj 1.* planetarisch, Planeten... *sistema* ~ Planetensystem *n; m 2.* Planetarium *n*
plasma ['plazma] *m BIO* Plasma *n*
plasmare [plaz'maːre] *v 1.* gestalten; *2. (dar forma)* formen
plastica ['plastika] *f 1.* Plastik *n;* *2. ART* Plastik *f*
plastico ['plastiko] *adj 1.* plastisch; *m 2. ART* Modell *n*
platea [pla'tɛːa] *f THEAT* Parkett *n*
plateale [plate'aːle] *adj 1.* pöbelhaft; *2. (discorso)* platt, seicht; *3. (uscita)* platt
platino ['plaːtino] *m CHEM* Platin *n*
plausibile [plau'ziːbile] *adj* plausibel
plauso ['plaːuzo] *m* Beifall *m,* Zustimmung *f*

plebe ['plɛːbe] *f* Pöbel *m*
plebeo [ple'bɛːo] *adj* proletarisch
plenario [ple'naːrio] *adj* vollzählig
plenilunio [pleni'luːnio] *m* Vollmond *m*
plenum ['pleːnum] *m* Plenum *n*
plico ['pliːko] *m (pacchetto)* Päckchen *n*
plumbeo ['plumbeo] *adj 1.* bleiern; *2. (opprimente)* drückend
plurale [plu'raːle] *m GRAMM* Mehrzahl *f,* Plural *m*
pluralismo [plura'lizmo] *m* Pluralismus *m*
pluralità [plurali'ta] *f* Vielzahl *f*
pluriennale [plurien'naːle] *adj* langjährig
plusvalore [plusva'loːre] *m ECO* Mehrwert *m*
plutonio [plu'tɔːnio] *m CHEM* Plutonium *n*
pneumatico [pneu'maːtiko] *m 1.* Pneumatik *f;* *2. (d'auto)* Reifen *m;* ~ *di scorta* Ersatzreifen *m;* ~ *invernale* Winterreifen *m;* ~ *sgonfio* Plattfuß *m*
poco ['pɔːko] *adj 1.* wenig, bisschen, gering; *Solo un* ~ *per me.* Nur ganz wenig für mich. *adv 2.* wenig, geringfügig; *3.* ~ *fa* vorhin; *fra* ~ bald, in Kürze; *A fra* ~*!* Auf bald!/Bis bald! *Si è arrabbiato per così* ~*.* Er hat sich wegen einer Kleinigkeit geärgert.
podere [po'deːre] *m 1.* Anwesen *n;* ~ *coltivato a vite* Weingut *n;* *2. poderi pl (tenuta)* Güter *pl*
poderoso [pode'roːso] *adj (forte)* mächtig
podio ['pɔːdio] *m* Podest *n,* Podium *n*
podismo [po'dizmo] *m SPORT* Gehen *n*
podista [po'dista] *m/f SPORT* Geher(in) *m/f*
poesia [poe'ziːa] *f 1. LIT* Gedicht *n,* Poesie *f;* *2. (categoria)* Dichtung *f*
poeta [po'ɛːta] *m* Dichter *m,* Poet *m*
poetessa [poe'tessa] *f* Dichterin *f*
poetico [po'ɛːtiko] *adj* poetisch
poggiare [pod'dʒaːre] *v 1.* ruhen; *2. (accostare)* anlehnen, lehnen; *3. (ap~)* stützen
poggiatesta [poddʒa'tɛsta] *m* Kopfstütze *f*
poggio ['pɔddʒo] *m GEO* Hügel *m*
poggiolo [pod'dʒɔːlo] *m 1.* kleine Terrasse *f;* *2. (balcone)* Balkon *m;* *3. (poggetto)* kleiner Hügel *m*
pogrom ['pɔːgrom] *m* Pogrom *n*
poi [pɔi] *adv 1. (tempo)* danach; *dalle cinque in* ~ ab fünf Uhr; *prima o* ~ früher oder später; *2. (dopo)* dann; *d'ora in* ~ von jetzt an; *E* ~*?* Und dann?

poiché [poi'ke] *konj* da, denn, weil
polacco [po'lakko] *adj 1.* polnisch; *m 2.* Pole *m*
polare [po'laːre] *adj* Polar... *Fa un freddo ~.* Es herrschte eine Eiseskälte.
polemica [po'lɛːmika] *f* Polemik *f*
polenta [po'lɛnta] *f GAST* Polenta *f,* Maisbrei *m*
policlinico [poli'kliːniko] *m MED* Poliklinik *f*
policromo [po'liːkromo] *adj* mehrfarbig
poligamia [poliga'miːa] *f* Polygamie *f*
poliglotta [poli'glɔtta] *adj* mehrsprachig, polyglott
poligono [po'liːgono] *m 1. MATH* Vieleck *n; 2. MIL* Schießplatz *m*
polipo ['pɔːlipo] *m 1. MED* Polyp *m; 2. ZOOL* Polyp *m*
polire [po'liːre] *v* polieren
politica [po'liːtika] *f POL* Politik *f; ~ agraria* Agrarpolitik *f; ~ commerciale/~ economica* Wirtschaftspolitik *f; ~ comunale* Kommunalpolitik *f; ~ di vendita* Handelspolitik *f; ~ estera* Außenpolitik *f; ~ finanziaria* Finanzpolitik *f; ~ interna* Innenpolitik *f; ~ valutaria* Währungspolitik *f*
politico [po'liːtiko] *adj 1.* politisch; *2. economia politica* Volkswirtschaft *f; 3. scienze politiche pl* Politikwissenschaften *pl; m 4.* Politiker *m,* Diplomat *m*
polivalente [poliva'lɛnte] *adj* mehrwertig
polizia [poli'tsiːa] *f* Polizei *f; ~ giudiziaria* Kriminalpolizei *f; ~ stradale* Verkehrspolizei *f*
poliziesco [politsi'esko] *adj* polizeilich, Polizei... *romanzo ~* Kriminalroman *m*
poliziotto [politsi'ɔtto] *m 1.* Polizist *m; 2. (fam)* Bulle *m*
polizza ['pɔːlittsa] *f* Police *f; ~ assicurativa* Versicherungspolice *f; ~ di carico* Frachtbrief *m*
pollaio [pol'laːio] *m* Hühnerstall *m*
pollame [pol'laːme] *m ZOOL* Geflügel *n*
pollice ['pɔllitʃe] *m 1. ANAT* Daumen *m; 2. (del piede)* große Zehe *f; 3. (misura)* Zoll *m*
polline ['pɔlline] *m* Blütenstaub *m*
pollo ['pollo] *m 1. ZOOL* Huhn *n; 2. GAST* Hähnchen *n; ~ arrosto* Brathuhn *n; 3. (fig)* Trottel *m,* Dummkopf *m*
polmone [pol'moːne] *m ANAT* Lunge *f; ~ d'accaio* eiserne Lunge *f*
polo[1] ['pɔːlo] *m* Pol *m; ~ negativo* Minuspol *m; ~ positivo* Pluspol *m; ~ Nord* Nordpol *m; ~ Sud* Südpol *m*

polo[2] ['pɔːlo] *m SPORT* Polo *n*
Polonia [po'loːnia] *f GEO* Polen *n*
polpa ['polpa] *f BOT* Fruchtfleisch *n*
polpaccio [pol'pattʃo] *m ANAT* Wade *f*
polpastrello [polpas'trɛllo] *m ANAT* Ballen *m*
polpetta [pol'petta] *f GAST* Frikadelle *f*
polpettone [polpet'toːne] *m 1. GAST* Hackbraten *m; 2. (fig)* dicker Schinken *m*
polpo ['polpo] *m ZOOL* Krake *f*
polsino [pol'siːno] *m (della camicia)* Manschette *f*
polso ['polso] *m 1. ANAT* Handgelenk *n; 2. MED* Puls *m; 3. (fig)* Energie *f; uomo di ~* energiegeladener Mensch *m*
poltiglia [pol'tiːʎa] *f 1. (melma)* Brei *m; 2. (mota)* Matsch *m*
poltiglioso [poltiʎoːso] *adj* matschig
poltrire [pol'triːre] *v* faulenzen
poltrona [pol'troːna] *f 1.* Sessel *m; 2. THEAT* Parkettsitz *m*
poltrone [pol'troːne] *m* Faulenzer *m*
polvere ['polvere] *f 1.* Pulver *n,* Staub *m; ~ da sparo* Schießpulver *n; ~ tarmicida* Mottenpulver *n; pieno di ~* staubig; *2. caffè in ~* gemahlener Kaffee *m,* Pulverkaffee *m; 3. alzare la ~ (fig)* Aufsehen erregen, Staub aufwirbeln
polverizzare [polverid'dzaːre] *v 1.* pulverisieren; *2. (fam)* lynchen
polverizzarsi [polverid'dzarsi] *v* zu Staub werden
polveroso [polve'roːso] *adj* staubig, pulverig
pomata [po'maːta] *f MED* Salbe *f*
pomeridiano [pomeridi'aːno] *adj* nachmittäglich, Nachmittags...
pomeriggio [pome'riddʒo] *m* Nachmittag *m; di ~* nachmittags
pomo ['poːmo] *m BOT* Apfel *m*
pomodoro [pomo'dɔːro] *m BOT* Tomate *f*
pompa[1] ['pompa] *f* Pracht *f,* Prunk *m; impresa di pompe funebri* Bestattungsinstitut *n*
pompa[2] ['pompa] *f TECH* Pumpe *f; ~ per bicicletta* Fahrradpumpe *f; ~ pneumatica* Luftpumpe *f*
pompare [pom'paːre] *v* pumpen, aufpumpen
pompelmo [pom'pɛlmo] *m BOT* Grapefruit *f*
pompetta [pom'petta] *f* Spritze *f*
pompiere [pompi'ɛːre] *m 1.* Feuerwehrmann *m; 2. pompieri pl* Feuerwehr *f*

pomposo [pom'po:so] *adj* pompös, prunkvoll
ponderare [ponde'ra:re] *v* abwägen
ponderazione [ponderatsi'o:ne] *f 1.* Abwägung *f; 2. (prudenza)* Vorsicht *f*
ponente [po'nɛnte] *m GEO* Westen *m; a ~* westlich
ponte ['ponte] *m* Brücke *f,* Deck *n; ~ superiore* Verdeck *n*
pontefice [pon'te:fitʃe] *m REL* Papst *m*
pontile [pon'ti:le] *m* Landungssteg *m*
poplite ['poplite] *m ANAT* Kniekehle *f*
popò [po'pɔ] *m (fam) ANAT* Po *m*
popolano [popo'la:no] *adj 1.* Volks...,
volkstümlich; *2. (per il popolo)* zugunsten des Volkes; *m 3.* Person aus dem Volk *f*
popolare [popo'la:re] *adj 1.* populär; *v 2. (abitare)* bewohnen, besiedeln
popolareggiante [popolared'dʒante] *adj* volkstümlich
popolaresco [popola'rɛsko] *adj* volkstümlich
popolarità [popolari'ta] *f* Beliebtheit *f,* Popularität *f*
popolazione [popolatsi'o:ne] *f* Bevölkerung *f,* Einwohnerschaft *f; ~ rurale* Landbevölkerung *f*
popolo ['pɔ:polo] *m* Volk *n*
poppa ['poppa] *f 1. ANAT* Brust *f; 2. (della nave) NAUT* Heck *n*
poppante [pop'pante] *m* Säugling *m*
porcellana [portʃel'la:na] *f* Porzellan *n*
porcellino [portʃel'li:no] *m 1. ZOOL* Ferkel *n; 2. ~ d'India* Meerschweinchen *n*
porcellone [portʃel'lo:ne] *m (fig)* Ferkel *n*
porcile [por'tʃi:le] *m* Schweinestall *m*
porco ['pɔrko] *m 1. ZOOL* Schwein *n; 2. (fig)* Sau *f; Porca miseria!* Verdammt noch mal!
porgere ['pɔrdʒere] *v irr 1. (dare)* reichen; *2. (passare una comunicazione)* durchgeben; *3. (fig: argomento, opinione)* entgegenhalten
porgersi ['pɔrdʒersi] *v irr (opportunità)* sich bieten
pornografia [pornogra'fi:a] *f* Pornografie *f*
poro ['pɔ:ro] *m ANAT* Pore *f*
porpora ['pɔrpora] *f* Purpur *m*
porre ['porre] *v irr 1.* legen; *2. (in piedi)* stellen; *3. (mettere in cima a qc)* aufsetzen; *4. ~ lì* hinlegen
porro ['pɔrro] *m 1. BOT* Lauch *m; 2. MED* Warze *f*
porsi ['porsi] *v* sich setzen, sich legen

porta ['pɔrta] *f 1.* Tür *f,* Tor *n; ~ girevole* Drehtür *f; ~ scorrevole* Schiebetür *f; 2. SPORT* Tor *n*
portabagagli [portaba'ga:ʎi] *m 1.* Kofferraum *m; 2. (sul tetto dell'auto)* Dachständer *m; 3. (di persona, facchino)* Gepäckträger *m; 4. (mezzi di trasporto)* Gepäcknetz *n*
portacenere [porta'tʃe:nere] *m* Aschenbecher *m*
portachiave [portaki'a:ve] *m* Schlüsselbund *m*
portaerei [porta'ɛ:rei] *m MIL* Flugzeugträger *m*
portafoglio [porta'fɔ:ʎo] *m 1.* Brieftasche *f; 2. ~ titoli ECO* Effektenbestand *m*
portafortuna [portafor'tu:na] *m* Glücksbringer *m*
portalampada [porta'lampada] *m* Fassung *f*
portale [por'ta:le] *m* Portal *n*
portalettere [porta'lɛttere] *m* Briefträger *m*
portamento [porta'mento] *m (del corpo)* Haltung *f*
portamonete [portamo'ne:te] *m* Geldbeutel *m,* Portemonnaie *n*
portantina [portan'ti:na] *f 1.* Tragbahre *f; 2. (fattorino)* Bürobote *m*
portaombrelli [porta'om'brɛlli] *m* Schirmständer *m*
portapenne [porta'penne] *m* Federhalter *m*
portare [por'ta:re] *v 1.* bringen; *~ a casa* heimbringen; *~ alla luce* aufdecken; *2. (qc a qd)* mitbringen; *3. (addosso)* tragen; *4. ~ via* davontragen, wegtragen; *5. ~ dietro* nachtragen, hinterhertragen; *6. (notizia)* überbringen; *7. (saluti)* ausrichten; *8. (materiale)* herbeischaffen; *~ su* heraufholen; *9. (guidare)* lotsen; *10. (imputato)* vorführen; *11. ~ fuori* ausführen; *~ avanti* weiterführen
portarsi [por'tarsi] *v 1.* sich begeben; *2. (comportarsi)* sich verhalten, sich betragen
portasapone [portasa'po:ne] *m* Seifenhalter *m*
portasciugamani [portaʃuga'ma:ni] *m* Handtuchhalter *m*
portata [por'ta:ta] *f 1.* Belastbarkeit *f; 2. TECH* Fördermenge *f; 3. (fig)* Tragweite *f,* Belastbarkeit *f; a ~ di mano* in Reichweite; *~ del trasmettitore* Sendebereich *m,* Reichweite *f; 4. GAST* Gang *m*
portatile [por'ta:tile] *adj (apparecchio)* tragbar

portatore [porta'to:re] *m (persona)* Träger *m*, Überbringer *m*

portauovo [portau'ɔ:vo] *m* Eierbecher *m*

portavivande [portavi'vande] *m 1. (carello)* Servierwagen *m*, Picknickwagen *m;* 2. *(cestino)* Esskorb *m*

portavoce [porta'vo:tʃe] *m* Sprecher *m*, Wortführer *m; ~ del governo* Regierungssprecher *m*

portento [por'tɛnto] *m (meraviglia)* Wunder *n; essere un ~ di bravura* sehr erfahren sein

porticato [porti'ka:to] *m ARCH* Säulengang *m*

portiere [porti'ɛ:re] *m 1.* Hausmeister *m*, Pförtner *m; ~ di notte* Nachtportier *m;* 2. *SPORT* Torwart *m*

portinaio [porti'na:io] *m* Pförtner *m*

portineria [portine'ri:a] *f* Pförtnerloge *f*

porto¹ ['pɔrto] *m 1.* Hafen *m; ~ interno* Binnenhafen *m;* 2. *condurre in ~* erfolgreich abschließen

porto² ['pɔrto] *m 1. ~ d'armi* Waffenschein *m;* 2. *ECO* Porto *n*

porto³ ['pɔrto] *m GAST* Portwein *m*

Portogallo [porto'gallo] *m GEO* Portugal *n*

portoghese [porto'ge:se] *adj 1.* portugiesisch; *m/f 2.* Portugiese/Portugiesin *m/f*

portone [porto:ne] *m* Tor *n*

portuale [portu'a:le] *adj 1. NAUT* Hafen... *m 2. NAUT* Hafenarbeiter *m*

porzione [portsi'o:ne] *f* Portion *f*

posa ['pɔ:sa] *f 1.* Pose *f*, Positur *f;* 2. *(quiete)* Pause *f; senza ~* pausenlos; 3. *(foto)* Aufnahme *f*

posare [po'sa:re] *v 1.* ablegen; 2. *(pittura) ART* Modell stellen; 3. *(fig)* posieren

posarsi [po'sarsi] *v* sich legen, sich hinsetzen

posate [po'sa:te] *f/pl* Besteck *n*, Essbesteck *n*

posato [po'sa:to] *adj 1.* bedachtsam; 2. *(tranquillo)* gesetzt

positiva [pozi'ti:va] *f FOTO* Positiv *n*

positivo [pozi'ti:vo] *adj 1.* positiv; *adv* 2. *(grado)* plus

posizione [pozitsi'o:ne] *f 1.* Lage *f*, Stellung *f; ~ chiave* Schlüsselposition *f; ~ eretta* Stand *m; presa di ~* Stellungnahme *f;* 2. *(luogo)* Standort *m*

posologia [pozolo'dʒi:a] *f MED* Dosierung *f*

possedere [posse'de:re] *v irr* besitzen

possedimento [possedi'mento] *m 1.* Besitz *m;* 2. *(podere)* Gut *n;* 3. *(colonia)* Kolonie *f*

possessivo [posses'si:vo] *adj GRAMM* Possessiv...

possesso [pos'sɛsso] *m* Habe *f*, Besitz *m*

possessore [posses'so:re] *m* Inhaber *m*, Eigentümer *m*

possibile [pos'si:bile] *adj 1.* möglich; *rendere ~* ermöglichen; *m 2.* Mögliches *n*

possibilità [possibili'ta] *f* Möglichkeit *f*, Chance *f; ~ di avanzamento* Aufstiegsmöglichkeit *f; ~ di scappatoia* Ausweichmöglichkeit *f; ~ di sopravvivenza* Überlebenschance *f; Questa è l'unica ~?* Ist das die einzige Möglichkeit?

posta ['pɔsta] *f 1.* Post *f; ~ aerea* Luftpost *f;* 2. *(in gioco)* Einsatz *m*

postale [pos'ta:le] *adj* Post... *cartolina ~* Postkarte *f; ufficio ~* Postamt *n; casella ~* Postfach *n*

postare [pos'ta:re] *v* aufstellen, postieren

postarsi [pos'tarsi] *v* sich aufstellen, sich postieren

postdatare [postda'ta:re] *v* nachdatieren

posteggiare [posted'dʒa:re] *v 1. (macchina)* parken, abstellen; 2. *(ciclomotori)* abstellen, unterstellen

posteggio [pos'teddʒo] *m 1.* Parkplatz *m;* 2. *~ di taxi* Taxistand *m*

posteri ['pɔsteri] *m/pl* Nachkommen *pl*

posteriore [posteri'o:re] *adj 1.* hintere(r,s); 2. *(tempo)* nachträglich

posticcio [pos'tittʃo] *m 1.* Toupet *n; adj* 2. fiktiv, erfunden

posticino [posti'tʃi:no] *m* Plätzchen *n*

postilla [pos'tilla] *f 1.* Glosse *f;* 2. *(nota marginale)* Randbemerkung *f*

postino [pos'ti:no] *m* Postbote *m*, Briefträger *m*

posto ['posto] *m 1.* Ort *m*, Platz *m; ~ di caricamento* Verladeplatz *m; ~ di riferimento* Anlaufstelle *f;* 2. *(di lavoro)* Posten *m*, Stelle *f; ~ di lavoro* Arbeitsstelle *f; ~ di apprendista* Lehrstelle *f;* 3. *(spazio)* Raum *m;* 4. *(sede)* Sitz *m; ~ a sedere* Sitzplatz *m; Un ~ accanto al finestrino, per favore!* Einen Fensterplatz, bitte!

potabile [po'ta:bile] *adj* trinkbar

potassio [po'tassio] *m CHEM* Kalium *n*

potente [po'tɛnte] *adj 1.* mächtig, gewaltig; *m/f 2.* Machthaber(in) *m/f*

potenza [po'tɛntsa] *f 1.* Potenz *f;* 2. *(stato)* Macht *f; ~ coloniale* Kolonialmacht *f; ~ mon-*

diale Weltmacht *f;* ~ *occupante* Besatzungs-macht *f;* ~ *protettrice* Schutzmacht *f; potenze occidentali* Westmächte *pl;* 3. *TECH* Leistung *f*
potenziale [potentsi'a:le] *adj 1.* potenziell; *m 2.* Potenzial *n*
potenziare [potentsi'a:re] *v* verstärken
potere [po'te:re] *v irr 1.* dürfen, können; *può darsi* es kann sein; *m 2. (autorità)* Macht *f,* Gewalt *f;* ~ *governativo* Regierungsgewalt *f;* ~ *statale* Staatsgewalt *f; poteri presidenziali* Präsidialgewalt *f;* ~ *esecutivo* Exekutive *f;* ~ *legislativo* Legislative *f;* 3. ~ *d'acquisto* ECO Kaufkraft *f;* 4. *(capacità)* Fähigkeit *f*
potestà [potes'ta] *f* Macht *f; patria* ~ väterliche Gewalt *f*
povero ['pɔːvero] *adj* arm, armselig
povertà [pover'ta] *f* Armut *f,* Not *f*
pozione [potsi'o:ne] *f* Trank *m*
pozza ['pottsa] *f* Pfütze *f,* Lache *f*
pozzanghera [pot'tsaŋgera] *f* Pfütze *f,* Lache *f*
pozzo ['pottso] *m* Schacht *m,* Brunnen *m;* ~ *nero* Sickergrube *f*
prammatica [pram'ma:tika] *f 1.* Pragmatik *f;* 2. *(usanza)* Brauch *m;* E' *di* ~. Es ist Brauch. 3. *(procedura)* Vorgehensweise *f*
prammatico [pram'ma:tiko] *adj* pragmatisch
pranzare [pran'dza:re] *v* zu Mittag essen
pranzo ['prandzo] *m* Mittagessen *n,* Mahl *n;* ~ *luculliano* Schlemmermahl *n; dopo* ~ nachmittags, am Nachmittag
prassi ['prassi] *f* Praxis *f*
prateria [prate'ri:a] *f* GEO Prärie *f*
pratica ['pra:tika] *f 1.* Praxis *f;* 2. *(routine)* Routine *f;* 3. *(atto)* Vorgang *m;* 4. *(esercizio)* Übung *f;* 5. *(esperienza)* Erfahrung *f*
praticabile [prati'ka:bile] *adj 1.* gängig, praktikabel; 2. *(strada)* befahrbar
praticante [prati'kante] *m/f* Praktikant-(in) *m/f*
praticare [prati'ka:re] *v 1.* praktizieren; 2. *(fig)* betreiben
pratico ['pra:tiko] *adj 1.* praktisch; 2. *(che non richiede particolari cure)* pflegeleicht; 3. *(essere* ~*)* bewandert
prato ['pra:to] *m* BOT Wiese *f,* Rasen *m*
preannunciare [preannun'tʃa:re] *v* vorhersagen, voraussagen
preavvertimento [preavverti'mento] *m* Vorwarnung *f*
preavviso [preav'vi:zo] *m* Voranmeldung *f*

precaricato [prekari'ka:to] *adj* vorbelastet
precarietà [prekarie'ta] *f 1.* Ungewissheit *f,* Unsicherheit *f;* 2. *(situazione preoccupante)* Bedenklichkeit *f,* Bedenken *pl*
precario [pre'ka:rio] *adj* ungewiss
precauzione [prekautsi'o:ne] *f* Vorsorge *f,* Behutsamkeit *f; per* ~ vorsichtshalber/vorsorglich
precedente [pretʃe'dɛnte] *adj 1.* vorhergehend, vorig; *m 2.* Präzedenzfall *m; senza precedenti* beispiellos
precedenza [pretʃe'dɛntsa] *f 1.* Vorzug *m,* Vorrang *m; avere la* ~ den Vorrang haben; 2. *(in auto)* Vorfahrt *f*
precedere [pre'tʃɛ:dere] *v* vorangehen, vorausgehen
precetto [pre'tʃɛtto] *m 1.* Vorschrift *f;* 2. *(comandamento)* Gebot *n;* 3. *(ordine)* Befehl *m;* 4. *(insegnamento)* Lehre *f*
precettore [pretʃet'to:re] *m* Privatlehrer *m*
precipitare [pretʃipi'ta:re] *v 1.* hinabstürzen; 2. *CHEM* abscheiden
precipitarsi [pretʃipi'tarsi] *v (gettarsi)* sich stürzen
precipitazione [pretʃipitatsi'o:ne] *f 1.* Überstürzung *f;* 2. *(fretta)* Eile *f,* Hast *f;* 3. ~ *atmosferica* METEO Niederschlag *m*
precipitoso [pretʃipi'to:so] *adj 1.* fluchtartig, voreilig; 2. *(affrettato)* eilig, hastig
precipizio [pretʃi'pi:tsio] *m* Schlucht *f*
precisamente [pretʃiza'mente] *interj 1.* genau; *adv 2.* präzise, fein
precisazione [pretʃizatsi'o:ne] *f 1.* Klärung *f,* Präzisierung *f;* 2. *(rettifica)* Richtigstellung *f,* Berichtigung *f*
preciso [pre'tʃi:zo] *adj 1.* genau, penibel; 2. *(di strumenti)* fein, präzise
precoce [pre'kɔ:tʃe] *adj 1.* frühzeitig; 2. *(fig)* frühreif
preconcetto [prekon'tʃɛtto] *adj 1.* vorgefasst; *m 2.* Vorurteil *m*
precorrere [pre'korrere] *v irr* vorwegnehmen, vorgreifen
precursore [prekur'so:re] *m* Vorläufer *m,* Vorreiter *m*
preda ['prɛ:da] *f* Beute *f*
predecessore [predetʃes'so:re] *m* Vorgänger *m*
predestinare [predesti'na:re] *v* vorherbestimmen
predica ['prɛ:dika] *f 1.* REL Predigt *f;* 2. *(fig)* Moralpredigt *f*

predicare [predi'kaːre] *v 1. REL* predigen; *2. (fig)* predigen
predicato [predi'kaːto] *m ~ verbale* GRAMM Prädikat *n*
predicazione [predikatsi'oːne] *f REL* Verkündigung *f*
prediletto [predi'lεtto] *adj 1.* bevorzugt, Lieblings... *m 2.* Liebling *m*
predilezione [prediletsi'oːne] *f* Vorliebe *f*
prediligere [predi'liːdʒere] *v irr (fig)* vorziehen
predire [pre'diːre] *v irr* vorhersagen
predisporre [predis'porre] *v irr 1. (preparare)* vorbereiten; *2. (disporre)* stimmen
predisposizione [predispozitsi'oːne] *f* Veranlagung *f*
predizione [preditsi'oːne] *f* Vorhersage *f*
predominare [predomi'naːre] *v* vorherrschen
predominio [predo'miːnio] *m* Vorherrschaft *f*
predone [pre'doːne] *m* Dieb *m*
prefabbricato [prefabbri'kaːto] *adj* Fertig... *casa prefabbricata* Fertighaus *n*
prefazione [prefatsi'oːne] *f* Vorwort *n*
preferenza [prefe'rεntsa] *f* Bevorzugung *f*, Vorliebe *f*
preferibilmente [preferibil'mente] *adv* vorzugsweise
preferire [prefe'riːre] *v irr 1.* bevorzugen; *2. (fig)* vorziehen
prefetto [pre'fεtto] *m (di provincia)* Präfekt *m*
prefiggersi [pre'fiddʒersi] *v irr ~ qc* sich etw vornehmen, etw ins Auge fassen
prefisso [pre'fisso] *m* Vorwahl *f; Qual'è il prefisso di ...?* Wie ist die Vorwahl von ...?
pregare [pre'gaːre] *v 1.* bitten; *2. REL* beten
pregevole [pre'dʒeːvole] *adj* wertvoll
preghiera [pregi'εːra] *f 1.* Bitte *f*, Anliegen *n; 2. REL* Gebet *n*
pregiato [pre'dʒaːto] *adj* wertvoll
pregio ['prεːdʒo] *m* Vorzug *m; di gran ~* hochwertig
pregiudicare [predʒudi'kaːre] *v 1.* vorgreifen; *2. (danneggiare)* schädigen
pregiudicato [predʒudi'kaːto] *adj 1. JUR* vorbestraft; *m 2. JUR* Vorbestrafter *m*
pregiudiziale [predʒuditsi'aːle] *adj 1. JUR* präjudizial; *2. (dannoso)* schädlich; *f 3. JUR* Vorfrage *f*
pregiudizievole [predʒuditsi'eːvole] *adj* abträglich

pregiudizio [predʒu'diːtsio] *m 1.* Vorurteil *n; avere pregiudizi* Vorurteile haben; *2. pregiudizi pl (prevenzione)* Voreingenommenheit *f*
pregnante [pre'ɲante] *adj* prägnant
pregno ['prεːɲo] *adj 1.* schwanger; *2. (animali)* trächtig
prego ['prεːgo] *adv* bitte
pregustare [pregus'taːre] *v (una cosa piacevole)* Vorfreude empfinden
preistoria [preis'tɔːria] *f HIST* Vorgeschichte *f*
preistorico [presi'tɔːriko] *adj* prähistorisch
prelevamento [preleva'mento] *m 1. MED* Abstrich *m; 2. (di denaro) ECO* Abhebung *f*
prelevare [prele'vaːre] *v 1.* entnehmen; *2. ECO* abheben
prelevazione [prelevatsi'oːne] *f* Entnahme *f*
prelibato [preli'baːto] *adj* köstlich
prelievo [preli'εːvo] *m 1. MED* Entnahme *f; ~ di sangue* Blutentnahme *f; 2. FIN* Abhebung *f*
preliminare [prelimi'naːre] *adj 1.* einleitend; *m 2.* Vorverhandlung *f; v 3. (preannunziare)* vorankündigen
preludio [pre'luːdio] *m 1. MUS* Präludium *n; 2. (fig)* Einleitung *f*
prematuro [prema'tuːro] *adj* verfrüht
premeditato [premedi'taːto] *adj* vorsätzlich
premeditazione [premeditatsi'oːne] *f 1.* Vorsatz *m; 2. (intenzione)* Absicht *f*
premere ['prεːmere] *v 1.* drücken; *~ giù* herunterdrücken; *2. (fig: stare a cuore)* bedrücken; *3. (urgere)* drängen
premessa [pre'messa] *f 1.* Voraussetzung *f; 2. (prefazione)* Vorwort *n*
premettere [pre'mettere] *v irr 1. (far precedere)* vorausschicken; *2. (presupporre)* voraussetzen
premiare [premi'aːre] *v (dare un premio)* prämieren, auszeichnen
premiato [premi'aːto] *adj 1.* preisgekrönt; *m 2.* Preisträger *m*
preminente [premi'nεnte] *adj 1. (principale)* Haupt... *2. (che eccelle)* herausragend
preminenza [premi'nεntsa] *f (ciò che ha precedenza)* Vorrang *m*
premio ['prεːmio] *m 1.* Preis *m*, Prämie *f; ~ di consolazione* Trostpreis *m; ~ letterario* Literaturpreis *m; ~ Nobel* Nobelpreis *m; 2. FIN* Bonus *m; 3. ~ d'assicurazione*

Versicherungsprämie *f; 4. (ricompensa)* Belohnung *f*

premonizione [premonitsi'oːne] *f* Vorwarnung *f*

premunirsi [premu'nirsi] *v ~ contro* sich verwahren gegen, zurückweisen

premura [pre'muːra] *f 1.* Eile *f; 2. (sollecitudine)* Bereitwilligkeit *f; con ~* zuvorkommend; *3. (attenzione)* Aufmerksamkeit *f; 4. (zelo)* Eifer *m,* Bemühung *f; 5. premure pl* Sorge *f*

premuroso [premu'roːso] *adj 1.* zuvorkommend; *2. (servizievole)* fürsorglich

prendere ['prɛndere] *v irr 1.* ergreifen, fangen; *~ alla leggera* leicht nehmen; *~ con sé* mitnehmen; *~ fuori* herausnehmen; *2. (ladro)* ergreifen, festnehmen; *3. (posto)* einnehmen; *4. MED* einnehmen; *5. (direzione)* einschlagen; *6. (venire a ~ qd o qc)* abholen; *Vorrei andare a ~ il mio cappotto.* Ich möchte meinen Mantel abholen. *Io vengo a prenderti.* Ich hole dich ab.

prendersi ['prɛndersi] *v irr ~ confidenza* sich anbiedern

prendisole [prendi'soːle] *m* Badebekleidung *f*

prenome [pre'noːme] *m* Vorname *m,* Rufname *m*

prenotare [preno'taːre] *v 1.* vorbestellen, vormerken; *Vorrei ~ un volo per ...* Ich möchte einen Flug nach ... buchen. *Mi prenoti, per piacere.* Merken Sie mich bitte vor. *2. (corso)* belegen

prenotazione [prenotatsi'oːne] *f (ordinazione)* Buchung *f,* Vorbestellung *f; disdire la ~* die Buchung rückgängig machen; *cambiare la ~* umbuchen

preoccupare [preokku'paːre] *v 1.* bekümmern; *2. (inquietare)* beunruhigen

preoccuparsi [preokku'parsi] *v* sich Sorgen machen, in Sorge sein; *Non si preoccupi!* Keine Sorge!

preoccupato [preokku'paːto] *adj* unruhig, kummervoll

preoccupazione [preokkupatsi'oːne] *f* Sorge *f; pieno di preoccupazioni* sorgenvoll

preparare [prepa'raːre] *v 1.* vorbereiten, richten; *2. (approntare)* bereiten, herrichten; *3. (mangiare)* anrichten

prepararsi [prepa'rarsi] *v* sich vorbereiten

preparativo [prepara'tiːvo] *m* Vorbereitung *f*

preparazione [preparatsi'oːne] *f* Vorbereitung *f,* Vorrichtung *f*

prepensionamento [prepensiona'mento] *m* Vorruhestand *m*

preponderante [preponde'rante] *adj* vorwiegend

preponderanza [preponde'rantsa] *f (fig)* Übergewicht *n*

preposizione [prepozitsi'oːne] *f GRAMM* Präposition *f*

prepotente [prepo'tɛnte] *adj 1.* arrogant, eingebildet; *2. (soverchiatore)* mächtig; *3. (dispotico)* herrisch

prepotenza [prepo'tɛntsa] *f 1. (sopruso)* Arroganz *f,* Einbildung *f; 2. (forza)* Gewalt *f*

prerogativa [preroga'tiːva] *f* Vorrecht *n*

presa ['preːsa] *f 1. TECH* Steckdose *f; 2. (manico)* Griff *m; 3. (pizzico)* Prise *f; 4. (il prendere)* Nehmen *n; 5. ~ in considerazione* Rücksichtnahme *f*

presagio [pre'zaːdʒo] *m 1.* Omen *n; 2. (sintomo)* Anzeichen *n,* Symptom *n; 3. (previsione)* Vorhersage *f*

presagire [preza'dʒiːre] *v (prevedere)* ahnen

presago [pre'zaːgo] *adj* ahnungsvoll

presbite ['prɛzbite] *adj MED* weitsichtig

prescindere [pre'ʃindere] *v irr* absehen

prescrivere [pres'kriːvere] *v irr 1. MED* verordnen, verschreiben; *2. (fig)* vorschreiben; *3. JUR* verjähren lassen

prescrizione [preskritsi'oːne] *f 1.* Vorschrift *f; 2. JUR* Verjährung *f; 3. MED* Verordnung *f*

presentare [prezen'taːre] *v 1. (mostrare)* vorzeigen, vorweisen; *2. (domanda)* eingeben, einreichen; *3. (candidato)* aufstellen; *4. (persona)* vorstellen; *Posso presentarle ...?* Darf ich ... vorstellen? *5. (classificare)* hinstellen

presentarsi [prezen'tarsi] *v 1.* sich vorstellen; *2. (in scena)* auftreten; *3. ~ candidato* kandidieren; *4. (lavoro)* anfallen

presentatore [prezenta'toːre] *m (in radio, in TV)* Ansager *m,* Sprecher *m*

presentatrice [prezenta'triːtʃe] *f (in radio, in TV)* Ansagerin *f,* Sprecherin *f*

presentazione [prezentatsi'oːne] *f 1.* Vorstellung *f; 2. (in un giornale, confezione)* Aufmachung *f; 3. (a teatro)* Auftritt *m; 4. (dimostrazione)* Präsentation *f,* Vorführung *f; 5. (del conto)* Vorlage *f; 6. (di candidati)* Aufstellung *f; 7. (di testimoni)* Vorführung *f*

presente [pre'zɛnte] *adj 1.* anwesend, vorhanden; *2. (tempo)* gegenwärtig; *tener ~ sich* erinnern/im Gedächtnis behalten; *3. far ~ qc* *a qd* jdn auf etw hinweisen; *m 4. GRAMM* Gegenwart *f*

presentimento [presenti'mento] *m* Ahnung *f*

presentire [presen'tiːre] *v* ahnen

presenza [pre'zɛntsa] *f 1.* Vorkommen *n; 2. (l'essere presente)* Anwesenheit *f,* Dasein *n; ~ di spirito* Geistesgegenwart *f; fare atto di ~* sich zeigen, sich sehen lassen; *aver una certa ~* ein besonderes Aussehen haben; *3. (esistenza)* Vorhandensein *n*

presenziare [prezentsi'aːre] *v* beiwohnen

presepio [pre'zɛːpio] *m REL* Krippe *f*

preservare [preser'vaːre] *v 1.* wahren; *2. (custodire)* erhalten

preservativo [preserva'tiːvo] *m 1.* Kondom *n,* Präservativ *n; 2. MED* Verhütungsmittel *n*

preside ['prɛːside] *m (di scuola)* Direktor *m*

presidente(ssa) [presi'dɛnte/presiden'tessa] *m/f 1.* Präsident(in) *m/f; 2. (chi presiede)* Vorsitzende(r) *m/f*

presidenza [presi'dɛntsa] *f* Präsidium *n,* Vorsitz *m*

presiedere [presi'ɛːdere] *v* den Vorsitz führen

pressa ['prɛssa] *f TECH* Presse *f*

pressappoco [pressap'pɔːko] *adv* beinahe, fast

pressare [pres'saːre] *v* pressen, drücken

pressione [pressi'oːne] *f 1.* Druck *m; ~ dell'aria* Luftdruck *m; ~ sanguigna* Blutdruck *m; 2. TECH* Druck *m; alta ~* Hochdruck *m; pentola a ~* Schnellkochtopf *m*

presso ['prɛsso] *prep 1. (accanto)* neben; *2. (luogo)* bei; *da ~* von nahem, aus der Nähe; *m 3. essere nei pressi* in der Umgebung sein

pressoché [presso'ke] *adv* fast, beinahe

prestabilire [prestabi'liːre] *v* vorherbestimmen

prestanza [pres'tantsa] *f 1.* Vortrefflichkeit *f; 2. ~ fisica* Stattlichkeit *f,* Ansehnlichkeit *f*

prestare [pres'taːre] *v 1.* verleihen; *2. (dare in prestito)* borgen, leihen; *farsi ~* sich ausleihen, sich pumpen (fam)

prestarsi [pres'tarsi] *v 1. (essere idoneo)* sich eignen, geeignet sein; *2. (concedersi)* sich hergeben; *3. (essere disponibile)* verfügbar sein

prestazione [prestatsi'oːne] *f 1.* Leistung *f; ~ agli orfani* Waisenrente *f; ~ individuale*

Alleingang *m; 2. ECO* Leistung *f; migliore ~* Bestleistung *f; ~ di servizio* Dienstleistung *f*

prestigio [pres'tiːdʒo] *m* Prestige *n*

prestigioso [presti'dʒoːso] *adj* brillant, hervorragend

prestito ['prɛstito] *m 1.* Verleih *m; prendere in ~* borgen, leihen; *ottenere in ~ (fam)* geliehen bekommen; *2. ECO* Anleihe *f; 3. ~ bancario FIN* Bankdarlehen *n; 4. (somma di denaro) ECO* Darlehen *n*

presto ['prɛsto] *adj 1.* früh, zeitig; *far ~* sich beeilen, sich sputen; *2. (sollecito)* schnell; *adv 3.* bald; *al più ~* schleunigst, schnellstens; *A ~!* Bis bald! *4. (di buon'ora)* früh

presumere [pre'zuːmere] *v irr* vermuten

presumibilmente [prezumibil'mente] *adv* angeblich

presunto [pre'zunto] *adj 1.* angeblich; *2. (supposto)* vermutlich

presuntuoso [prezuntu'oːso] *adj 1.* anmaßend; *2. (altezzoso)* überheblich

presunzione [prezuntsi'oːne] *f 1.* Anmaßung *f,* Überheblichkeit *f; con ~* überheblich; *2. (fig)* Angabe *f*

presupporre [presup'porre] *v* voraussetzen

presupposto [presup'posto] *adj 1.* angenommen, vorausgesetzt; *m 2.* Voraussetzung *f*

prete ['prɛːte] *m REL* Priester *m*

pretendente [preten'dɛnte] *m/f* Bewerber(in) *m/f*

pretendere [pre'tɛndere] *v irr 1. (esigere)* beanspruchen; *2. (persona)* zumuten

pretenzioso [pretentsi'oːso] *adj 1. (arrogante)* anmaßend, eingebildet; *2. (con molte pretese)* fordernd, anspruchsvoll

pretesa [pre'teːsa] *f (esigenza)* Anforderung *f,* Anspruch *m*

pretesto [pre'tɛsto] *m* Vorwand *m,* Ausrede *f*

pretore [pre'toːre] *m JUR* Amtsrichter *m*

pretura [pre'tuːra] *f JUR* Amtsgericht *n*

prevalente [preva'lɛnte] *adj* überwiegend, vorherrschend

prevalenza [preva'lɛntsa] *f 1.* Vorherrschaft *f; in ~* überwiegend; *2. (preponderanza)* Überlegenheit *f*

prevalere [preva'leːre] *v irr ~ su* überwiegen

prevedere [preve'deːre] *v irr 1.* absehen, voraussehen; *2. (progettare)* vorsehen; *La legge prevede che ...* Das Gesetz sieht vor, dass

... *Il viaggio prevede la visita della città.* Die Reise sieht die Besichtigung der Stadt vor.
prevedibile [preve'di:bile] *adj 1.* voraussichtlich, vorhersehbar; *2. (pronosticare)* absehbar
prevendita [preven'di:ta] *f* Vorverkauf *m*
prevenire [preve'ni:re] *v 1.* abwenden, verhüten; *2. (tempo)* vorwegnehmen, zuvorkommen
preventivare [preventi'va:re] *v* veranschlagen
preventivo [preven'ti:vo] *adj 1.* vorbeugend; *carcere* ~ Untersuchungshaft *f; m 2.* Kostenvoranschlag *m; 3.* ECO Überschlag *m*
prevenuto [preve'nu:to] *adj* voreingenommen
prevenzione [preventsi'o:ne] *f 1.* Verhütung *f; ~ del cancro* Krebsvorsorge *f; 2. (impedimento)* Abwehr *f; 3. (pregiudizi)* Voreingenommenheit *f*
previdente [previ'dɛnte] *adj* vorsorglich
previdenza [previ'dɛntsa] *f* Vorsorge *f; ~ sociale* Sozialhilfe *f*
previsione [previzi'o:ne] *f 1.* Vorhersage *f; previsioni meteorologiche* Wettervorhersage *f; 2. (annuncio di programmi)* Vorschau *f*
preziosità [pretsiosi'ta] *f 1.* Kostbarkeit *f; 2. (di stile)* Affektiertheit *f,* Unnatürlichkeit *f*
prezioso [pretsi'o:so] *adj* kostbar; *pietra preziosa* Edelstein *m*
prezzemolo [pret'tse:molo] *m* BOT Petersilie *f*
prezzo ['prɛttso] *m (valore)* Preis *m; a basso* ~ billig; ~ *d'acquisto* Kaufpreis *m,* Einkaufpreis *m; ~ di costo* Selbstkostenpreis *m; ~ di svendita* Schleuderpreis *m; ~ di vendita* Verkaufspreis *m; ~ fisso* Festpreis *m; ~ imposto* Richtpreis *m; ~ lordo* Buttopreis *m; ~ massimo* Höchstpreis *m*
prigione [pri'dʒo:ne] *f 1.* Gefängnis *n; 2. (fam)* Kittchen *n; 3.* JUR Strafanstalt *f*
prigioniero [pridʒoni'ɛ:ro] *adj 1.* gefangen; *m 2.* Gefangener *m; fare* ~ gefangen nehmen
prima ['pri:ma] *adv 1.* erst, zuerst; *2. (tempo)* eher, früher; *Vorremmo partire un giorno* ~. Wir möchten einen Tag früher abreisen. *E' possibile* ~. Geht es früher? ~ *o poi* irgendwann; *quanto* ~ so bald wie möglich, möglichst bald; *konj 3.* ~ *che* bevor, ehe; *prep 4.* ~ *di* vor; *f 5.* THEAT Premiere *f;* ~ *edizione* Erstauflage *f; 6. (della macchina)* TECH erster Gang *m*

primario [pri'ma:rio] *adj 1.* primär; *2. (principale)* hauptsächlich; *m 3. (medico)* MED Chefarzt *m*
primato [pri'ma:to] *m* Vorrang *m; ~ mondiale* Weltrekord *m*
primavera [prima'vɛ:ra] *f* Frühjahr *n,* Frühling *m*
primaverile [primave'ri:le] *adj* Frühlings...
primitivo [primi'ti:vo] *adj 1.* primitiv, urwüchsig; *2. (tempo)* anfänglich
primo ['pri:mo] *adj 1.* erste(r,s); *2. materia prima* Rohmaterial *n; 3. in* ~ *piano* im Vordergrund; *per prima cosa* zuerst; *di* ~ *pomeriggio* am frühen Nachmittag; *adv 4.* erstens, zuerst; *5. (tempo)* früh
primogenito [promi'dʒɛ:nito] *m* Erstgeborener *m*
primordiale [primordi'a:le] *adj* Anfangs..., anfänglich
primordio [pri'mɔrdio] *m* Anfang *m*
principale [printʃi'pa:le] *adj 1.* hauptsächlich, hauptamtlich; *2. (il più importante)* Haupt... *m 3.* Chef *m*
principato [printʃi'pa:to] *m* Fürstentum *n*
principe(ssa) ['printʃipe/printʃi'pessa] *m/f* Fürst(in) *m/f,* Prinz(essin) *m/f;* ~ *ereditario* Kronprinz *m*
principesco [printʃi'pesko] *adj* fürstlich
principiante [printʃipi'ante] *m/f* Anfänger(in) *m/f; Sono una* ~. Ich bin Anfängerin.
principio [prin'tʃi:pio] *m 1.* Anfang *m,* Anbeginn *m; 2. (regola)* Grundsatz *m,* Prinzip *n; per* ~ prinzipiell; *di* ~ grundsätzlich, prinzipiell
priorità [priori'ta] *f 1.* Priorität *f; 2. (precedenza)* Vorrang *m*
prioritario [priori'ta:rio] *adj* vorrangig
privare [pri'va:re] *v 1.* ~ *di* vorenthalten; *2. (sottrarre)* entziehen; *3. (diritti)* JUR aberkennen
privarsi [pri'varsi] *v 1. (rinunciare)* verzichten; *2. (fare a meno)* entbehren
privatizzazione [privatiddzatsi'o:ne] *f* ECO Privatisierung *f*
privato [pri'va:to] *adj* privat; *scuola privata* Privatschule *f*
privazione [privatsi'o:ne] *f 1.* Entbehrung *f; 2.* JUR Aberkennung *f*
privilegio [privi'lɛ:dʒo] *m* Vorrecht *n,* Privileg *n*
privo ['pri:vo] *adj 1.* beraubt; *2. (senza)* ohne, ...los; ~ *della patria* heimatlos; ~ *d'aiuto* hilflos

pro [prɔ] *prep 1. ~ forma* der Form halber, pro forma; *Ma a che ~?* Wozu? *m 2. (vantaggio)* Vorteil *m; valutare i ~ e i contro* die Vor- und Nachteile gegeneinander abwägen
probabile [pro'baːbile] *adj* wahrscheinlich, vermutlich
probabilità [probabili'ta] *f* Wahrscheinlichkeit *f; con tutta ~* höchstwahrscheinlich
probativo [proba'tiːvo] *adj* beweiskräftig
problema [pro'blɛːma] *m 1.* Problem *n; ~ di coscienza* Gewissensfrage *f; 2. (enigma)* Rätsel *n; 3. MATH* Aufgabe *f*
problematico [proble'maːtiko] *adj* problematisch
proboscide [pro'bɔːʃide] *f ZOOL* Rüssel *m*
procacciare [prokat'tʃaːre] *v* verschaffen
procace [pro'kaːtʃe] *adj 1.* frech, unverschämt; *2. (provocante)* provozierend
procedere [pro'tʃɛːdere] *v 1.* verfahren, vorgehen; *2. (svilupparsi)* verlaufen; *3. (continuare)* fortfahren; *4. ~ contro qd JUR* gegen jdn vorgehen
procedimento [protʃedi'mento] *m 1. (azione)* Verfahren *n,* Verfahrensweise *f; 2. (processo)* Prozess *m; 3. JUR* Verfahren *n; ~ disciplinare* Disziplinarverfahren *n; ~ fallimentare* Konkursverahren *n; ~ giudiziario* Gerichtsverfahren *n; ~ ingiunzionale* Mahnverfahren *n; 4. (lo svolgersi)* Entwicklung *f*
procedura [protʃe'duːra] *f 1.* Prozedur *f; 2. JUR* Verfahren *n; codice di ~* Prozessordnung *f*
processare [protʃes'saːre] *v JUR* prozessieren
processione [protʃessi'oːne] *f* Prozession *f*
processo [pro'tʃɛsso] *m 1.* Verfahren *n; 2. JUR* Prozess *m; ~ penale* Strafprozess *m; 3. (sviluppo)* Entwicklung *f*
proclama [pro'klaːma] *m* Proklamation *f*
proclamare [prokla'maːre] *v* erklären
proclamazione [proklamatsi'oːne] *f* Erklärung *f,* Verkündigung *f*
procura [pro'kuːra] *f 1.* Vollmacht *f; 2. JUR* Prokura *f; ~ generale* Generalvollmacht *f; ~ in bianco* Blankovollmacht *f*
procurare [proku'raːre] *v 1.* beschaffen, besorgen; *2. (un impiego)* vermitteln
procurarsi [proku'rarsi] *v* sich verschaffen, sich zulegen
procuratore [prokura'toːre] *m 1.* Generalbevollmächtigter *m; 2. JUR* Bevollmächtigter *m; 3. ECO* Prokurist *m*

prode ['prɔːde] *adj 1.* mutig, tapfer; *m 2.* Held *m*
prodezza [pro'dettsa] *f 1.* Tapferkeit *f,* Mut *m; 2. (ironicamente)* Heldentat *f*
prodigalità [prodigali'ta] *f* Vergeudung *f,* Verschwendung *f*
prodigarsi [prodi'garsi] *v 1.* sich verwenden; *~ per qd* sich für jdn einsetzen; *2. (impegnarsi a dismisura)* sich abmühen
prodigo ['prɔːdigo] *adj* verschwenderisch
prodotto [pro'dotto] *m* Erzeugnis *n,* Produkt *n; ~ agricolo* Agrarerzeugnis *n; ~ caseario* Milchprodukt *n; ~ chimico* Chemikalie *f; ~ naturale* Naturprodukt *n; prodotti naturali* Naturalien *pl; ~ nazionale lordo* Bruttosozialprodukt *n*
produrre [pro'durre] *v irr 1.* erzeugen, herstellen; *2. (cereali)* hervorbringen; *3. (causare)* bewirken; *4. (rendere)* ergeben
prodursi [pro'dursi] *v irr* auftreten, in Erscheinung treten
produttività [produttivi'ta] *f ECO* Ertragfähigkeit *f*
produttivo [produt'tiːvo] *adj 1.* produktiv; *2. (che dà un buon reddito)* ertragreich
produttore [produt'toːre] *m* Hersteller *m*
produzione [produtsi'oːne] *f 1.* Fertigung *f,* Herstellung *f; ~ cinematografica* Filmproduktion *f; ~ in serie* Serienproduktion *f; 2. (di un documento) JUR* Vorlegung *f*
profanare [profa'naːre] *v REL* entweihen
profanazione [profanatsi'oːne] *f* Schändung *f*
profano [pro'faːno] *adj 1.* weltlich; *da ~* laienhaft; *m 2.* Laie *m*
professare [profes'saːre] *v* bekennen
professarsi [profes'sarsi] *v* sich bekennen, sich öffentlich erklären
professionale [professio'naːle] *adj* professionell
professione [professi'oːne] *f* Beruf *m; come ~ principale* hauptberuflich
professionista [professio'nista] *m/f* Profi *m*
professorato [professo'raːto] *m* Professur *f*
professore(essa) [profes'soːre/professo'ressa] *m/f 1. (di scuola)* Lehrer(in) *m/f; 2. (di università)* Professor(in) *m/f*
profeta [pro'fɛːta] *m REL* Prophet *m*
profetizzare [profetid'dzaːre] *v* wahrsagen
profezia [profe'tsiːa] *f* Prophezeiung *f*
profilarsi [profi'larsi] *v* sich profilieren

profilato [profi'laːto] *m TECH* Profil *n*
profilo [pro'fiːlo] *m 1.* Kontur *f; 2. (disegno)* Profil *n; 3. (veduta di fianco)* Seitenansicht *f*
profittare [profit'taːre] *v* ~ *di* profitieren von, Nutzen ziehen aus
profitto [pro'fitto] *m ECO* Profit *m,* Gewinn *m*
profondere [pro'fondere] *v irr* verschwenden
profondersi [pro'fondersi] *v* sich erschöpfen
profondità [profondi'ta] *f* Tiefe *f*
profondo [pro'fondo] *adj 1.* tief; *poco* ~ seicht; *2. (pensieri)* tief schürfend
profugo [pro'fuːgo] *m* Flüchtling *m*
profumare [profu'maːre] *v* parfümieren
profumato [profu'maːto] *adj 1. (caro)* teuer; *2. (odoroso)* duftend, parfümiert
profumeria [profume'riːa] *f* Parfümerie *f*
profumo [pro'fuːmo] *m 1.* Parfüm *n; 2. (buon odore)* Duft *m,* Hauch *m*
progenitore [prodʒeni'toːre] *m* Ahn *m,* Urvater *m*
progettare [prodʒet'taːre] *v* planen, entwerfen
progettazione [prodʒettatsi'oːne] *f* Entwurf *m,* Planung *f*
progetto [pro'dʒetto] *m 1.* Plan *m; aver in* ~ planen, vorhaben; *2. TECH* Projekt *n;* ~ *pilota* Pilotprojekt *n; 3. (disegno) POL* Vorlage *f;* ~ *di legge* Gesetzesentwurf *m; 4. (idea)* Vorhaben *n,* Idee *f*
prognosi ['prɔːɲozi] *f* Prognose *f*
prognosticare [proɲosti'kaːre] *v* prognostizieren, im Voraus erkennen
programma [pro'gramma] *m 1.* Programm *n,* Konzept *n; 2. (lavoro)* Pensum *n; 3.* ~ *dell'utente INFORM* Anwenderprogramm *n; 4. THEAT* Spielplan *m*
programmare [program'maːre] *v* programmieren
programmazione [prgrammatsi'oːne] *f* Programmierung *f*
progredire [progre'diːre] *v* vorwärts kommen
progredito [progre'diːto] *adj* fortgeschritten
progressivamente [progessiva'mente] *adv* stufenweise
progressivo [progres'siːvo] *adj 1.* fortschrittlich, progressiv; *2. (con continuo e graduale incremento)* fortschreitend, zunehmend
progresso [pro'grɛsso] *m* Fortschritt *m*

proibire [proi'biːre] *v irr* verbieten
proibitivo [proibi'tiːvo] *adj 1. prezzo* ~ Wucherpreis *m; 2. tempo* ~ Hundewetter *n*
proibito [proi'biːto] *adj* verboten
proibizione [proibitsi'oːne] *f* Verbot *n*
proiettare [proiet'taːre] *v* vorführen
proiettile [proi'ɛttile] *m* Geschoss *n*
proiettore [proiet'toːre] *m 1.* Scheinwerfer *m; 2. CINE* Projektor *m*
proiezione [proietsi'oːne] *f 1.* Projektion *f; 2. FILM* Vorführung *f*
prole ['prɔːle] *f* Kinder *pl,* Nachwuchs *m; con numerosa* ~ kinderreich
proletariato [proletari'aːto] *m* Proletariat *n*
proliferare [prolife'raːre] *v* sich vermehren
prolificare [prolifi'kaːre] *v 1.* zeugen; *2. (moltiplicarsi)* sich vermehren, sich fortpflanzen
prolifico [pro'liːfiko] *adj 1. (fertile)* fruchtbar; *2. (con molti figli)* kinderreich
prolissità [prolissi'ta] *f* Umständlichkeit *f*
prolisso [pro'lisso] *adj* langatmig, ausgedehnt
prolunga [pro'luŋga] *f TECH* Verlängerungskabel *n*
prolungamento [proluŋga'mento] *m* Ausdehnung *f,* Verlängerung *f*
prolungare [proluŋ'gaːre] *v (tempo)* verlängern, ausdehnen
prolungarsi [proluŋ'garsi] *v* sich in die Länge ziehen
promemoria [prome'mɔːria] *m 1. POL* Denkschrift *f; 2. (ciò che è d'aiuto alla memoria)* Gedächtnisstütze *f*
promessa [pro'messa] *f* Versprechen *n,* Versprechung *f*
promesso [pro'messo] *adj 1.* versprochen; *2. (fidanzamento)* verlobt
promettente [promet'tɛnte] *adj* Erfolg versprechend, viel versprechend
promettere [pro'mettere] *v irr* versprechen, zusagen; ~ *solennemente* geloben
promettersi [pro'mettersi] *v* sich verloben
prominente [promi'nɛnte] *adj 1.* hervorstehend; *2. (eminente)* prominent
promiscuo [pro'miskuo] *adj* gemischt; *matrimonio* ~ Mischehe *f*
promontorio [promon'tɔːrio] *m GEO* Vorgebirge *n*
promotore [promo'toːre] *m* Förderer *m,* Mäzen *m*

promozione [promotsi'oːne] *f 1.* Förderung *f; 2. ECO* Werbung *f; 3. (a lavoro)* Beförderung *f; 4. (a scuola)* Versetzung *f*

promulgare [promul'gaːre] *v 1. (sostenere)* verkünden; *2. (render noto pubblicamente)* veröffentlichen; *3. (leggi) JUR* erlassen

promuovere [promu'ɔːvere] *v irr 1. (sostenere)* fördern; *2. (nella professione)* aufsteigen; *essere promosso* das Jahr bestehen; *3. (nel lavoro) ECO* befördern

pronipote [proni'poːte] *m/f* Urenkel(in) *m/f*

pronome [pro'noːme] *m GRAMM* Pronomen *n*

pronosticare [pronosti'kaːre] *v* vermuten

pronostico [pro'nɔstiko] *m (nel tempo, nello sport)* Vorhersage *f*

prontamente [pronta'mente] *adv* prompt

prontezza [pron'tettsa] *f 1.* Bereitwilligkeit *f,* Schlagfertigkeit *f; ~ nel soccorrere* Hilfsbereitschaft *f; 2. (di risposta)* Schlagfertigkeit *f; ~ di spirito* Geistesgegenwart *f*

pronto ['pronto] *adv 1.* schlagfertig; *adj 2.* fertig, bereit; *interj 3. (al telefono)* hallo

prontuario [prontu'aːrio] *m* Handbuch *n*

pronuncia [pro'nuntʃa] *f LING* Aussprache *f*

pronunciare [pronun'tʃaːre] *v 1.* verkünden; *2. LING* aussprechen; *3. LING* fällen

pronunciarsi [pronun'tʃarsi] *v* sich äußern, seine Meinung kundtun

propagandare [propagan'daːre] *v ~ qc* für etw werben, für etw Propaganda machen

propagare [propa'gaːre] *v* verbreiten

propagarsi [propa'garsi] *v* sich fortpflanzen, sich vermehren

propagazione [propagatsi'oːne] *f* Verbreitung *f*

propedeutico [prope'dɛːutiko] *adj* einführend; *corso ~* Einführungskurs *m,* Vorbereitungskurs *m*

propendere [pro'pɛndere] *v irr* neigen

propensione [propensio'ːne] *f* Neigung *f*

propizio [pro'piːtsio] *adj* geeignet, gelegen

proponimento [proponi'mento] *m* Vorsatz *m*

proporre [pro'porre] *v irr* vorschlagen

proporsi [pro'porsi] *v irr ~ qc* sich etw vornehmen, etw planen

proporzionale [proportsio'naːle] *adj* proportional

proporzione [proportsi'oːne] *f 1.* Proportion *f,* Verhältnis *n; 2. (misura)* Maß *n*

proposito [pro'pɔːzito] *m 1.* Vorhaben *n,* Absicht *f; 2. a ~* übrigens

proposizione [propozitsi'oːne] *f GRAMM* Satz *m; ~ principale* Hauptsatz *m; ~ secondaria* Nebensatz *m*

proposta [pro'posta] *f* Vorschlag *m,* Anregung *f; ~ di matrimonio* Heiratsantrag *m; ~ di modifica* Änderungsvorschlag *m*

propriamente [propria'mente] *adv* eigentlich

proprietà [proprie'ta] *f 1.* Besitz *m; ~ demaniale* Staatseigentum *n ~ terriera* Grundbesitz *m; 2. (possedimento)* Gut *n; ~ letteraria* Copyright *n; 3. (caratteristica)* Eigenschaft *f,* Besonderheit *f*

proprietario [proprie'taːrio] *m* Besitzer *m,* Eigentümer *m; ~ di autovetture* Fahrzeughalter *m; ~ terriero* Landbesitzer *m,* Gutsbesitzer *m*

proprio ['prɔːprio] *adj 1. (specifico, caratteristico)* besondere(r,s), charakteristisch; *2. (personale)* eigen, eigentlich; *3. nome ~* Eigenname *m; senso ~* eigentlicher Sinn *m; amor ~* Eigenliebe *f; Proprio adesso!* Jetzt gerade! *adv 4.* eben, ausgerechnet; *5. ~ così* geradeso; *6. ~ per questo* deshalb; *Non lo sapevo ~.* Das habe ich wirklich nicht gewusst.

propugnare [propu'ɲaːre] *v* verfechten

propulsione [propulsi'oːne] *f PHYS* Antrieb *m*

prora ['prɔːra] *f NAUT* Bug *m*

proroga ['prɔːroga] *f* Aufschub *m*

prorogabile [proro'gaːbile] *adj* verschiebbar, verlängerbar

prorogare [proro'gaːre] *v* verlängern

prosaicamente [prozaika'mente] *adv* prosaisch

prosaico [pro'zaiko] *adj 1.* prosaisch; *2. (ordinario)* alltäglich, nüchtern

prosciogliere [proʃ'ʃɔʎere] *v 1.* entbinden; *2. (da un'accusa) JUR* lossprechen

prosciugare [proʃu'gaːre] *v* entwässern

prosciutto [pro'ʃutto] *m GAST* Schinken *m*

prosecuzione [prosekutsi'oːne] *f* Folge *f,* Fortsetzung *f*

proseguire [prosegu'iːre] *v 1.* weitergehen; *~ il viaggio* weiterreisen; *2. (continuare)* fortsetzen; *Prosegui così!* Mach so weiter!

prosieguo [prosi'ɛːguo] *m* Folge *f,* Fortsetzung *f*

prosperare [prospe'raːre] *v 1.* wachsen, florieren; *2. (benedire)* segnen

prosperità [prosperi'ta] *f 1.* Wohlfahrt *f;* 2. *(fig: il fiorire)* Blühen *n,* Gedeihen *n;* 3. *(benessere)* Wohlstand *m*
prospero ['prɔspero] *adj 1. (fiorente)* blühend; 2. *(ricco)* reich
prospettare [prospet'taːre] *v (far presente)* zur Geltung bringen
prospettarsi [prospet'tarsi] *v* bevorstehen, nahen
prospettiva [prospet'tiːva] *f 1.* Perspektive *f;* 2. *(fig)* Aussicht *f,* Chance *f;* 3. *prospettive pl* Aussicht *f*
prospetto [pros'pɛtto] *m 1.* Anblick *m;* ~ *totale* Gesamtansicht *f;* 2. *(foglio informativo)* Prospekt *m;* 3. *(tabella)* Tabelle *f,* Überblick *m*
prossimamente [prossima'mente] *adv* demnächst
prossimità [prossimi'ta] *f* Nähe *f*
prossimo ['prɔssimo] *adj 1.* nächste(r,s); *m 2.* Mitmensch *m*
prosternare [proster'naːre] *v* niederstrecken, niederschmettern
prosternarsi [proster'narsi] *v* sich niederwerfen, auf die Knie fallen
prostituirsi [prostitu'irsi] *v* sich prostituieren
prostituta [prosti'tuːta] *f* Prostituierte *f,* Dirne *f,* Nutte *f* (fam)
prostituzione [prostitutsi'oːne] *f* Prostitution *f*
prostrarsi [pros'trarsi] *v 1.* sich niederwerfen, zu Boden fallen; 2. *(umiliarsi)* sich demütigen
prostrazione [prostratsi'oːne] *f (abbattimento psichico)* PSYCH Niedergeschlagenheit *f;* ~ *fisica* Erschöpfung *f*
proteggere [pro'tɛddʒere] *v irr 1.* beschützen, schützen; 2. *(fig)* abschirmen
proteggersi [pro'tɛddʒersi] *v irr* sich absichern
proteina [prote'iːna] *f* BIO Eiweiß *n; contenuto di proteine* Eiweißgehalt *m*
protesi ['prɔːtezi] *f* MED Prothese *f;* ~ *dentaria* Zahnersatz *m*
protesta [pro'tɛsta] *f* Protest *m*
protestante [protes'tante] *adj 1.* REL protestantisch; *m/f 2.* REL Protestant(in) *m/f*
protestare [protes'taːre] *v* protestieren
protestarsi [protes'tarsi] *v* ~ *un amico* seine Freundschaft versichern, seine Freundschaft unter Beweis stellen
protetto [pro'tɛtto] *adj 1.* geschützt; *m* 2. Schützling *m*

protettore [protet'toːre] *m 1.* Beschützer *m;* 2. POL Schirmherr *m;* 3. *(di prostitute)* Zuhälter *m;* 4. REL Patron *m; adj 5.* schützend, Protektions...
protezione [protetsi'oːne] *f 1.* Schutz *m,* Sicherheit *f; privo di* ~ schutzlos; ~ *della specie* Artenschutz *m;* 2. *(fig)* Abschirmung *f;* 3. ECO Sicherheit *f;* 4. ~ *delle bellezze naturali* Naturschutz *m;* ~ *dell'ambiente* Umweltschutz *m*
protezionismo [protetsio'nizmo] *m* ECO Protektionismus *m*
protocollare [protokol'laːre] *v* protokollieren
protocollo [proto'kɔllo] *m* Protokoll *n*
protrarsi [pro'trarsi] *v* sich hinziehen
protuberanza [protube'rantsa] *f 1.* Ausbuchtung *f;* 2. *(escrescenza)* Höcker *m;* 3. *(gobba)* Buckel *m*
prova ['prɔːva] *f 1.* Beweis *m,* Nachweis *m;* 2. *(di vestiti)* Anprobe *f;* 3. *(di nuove soluzioni)* Erprobung *f;* 4. *(esperimento)* Probe *f,* Test *m;* ~ *attitudinale* Eignungsprüfung *f;* ~ *generale* Generalprobe *f;* 5. *(in statistica)* Stichprobe *f;* 6. JUR Beweismittel *n*
provabile [pro'vaːbile] *adj* beweisbar
provare [pro'vaːre] *v 1.* beweisen, prüfen; ~ *la colpevolezza di* überführen; ~ *la propria identità* sich ausweisen; 2. *(un nuovo medicinale)* ausprobieren, probieren; 3. *(un metodo)* erproben; 4. *(dimostrare)* nachweisen; 5. THEAT proben; 6. *(sentire)* spüren; 7. *(cibo)* probieren, kosten
provato [pro'vaːto] *adj* bewährt
provenienza [proveni'ɛntsa] *f* Herkunft *f,* Ursprung *m*
provenire [prove'niːre] *v irr* entspringen, herrühren
provento [pro'vɛnto] *m* ECO Einahme *f*
proverbiale [proverbi'aːle] *adj* sprichwörtlich
proverbio [pro'vɛrbio] *m* Sprichwort *n*
provetta [pro'vetto] *f* Reagenzglas *n*
provincia [pro'vintʃa] *f* Provinz *f*
provinciale [provin'tʃaːle] *adj* provinziell, Provinz...
provino [pro'viːno] *m* CINE Probeaufnahme *f*
provocante [provo'kante] *adj* aufreizend, herausfordernd
provocare [provo'kaːre] *v 1.* provozieren, herausfordern; 2. *(produrre)* erzeugen
provocazione [provokatsi'oːne] *f* Herausforderung *f,* Provokation *f*

provvedere [provve'de:re] *v irr 1.* ~ *a* sorgen für, vorsorgen für; *2. (procurare)* besorgen, beschaffen

provvedimento [provvedi'mento] *m* Vorkehrung *f,* Maßnahme *f*

provvidente [provvi'dɛnte] *adj* vorsorglich

provvidenza [provvi'dɛntsa] *f 1.* Vorsorge *f; 2. (fortuna)* Glück *n*

provvidenziale [provvidentsi'a:le] *adj (tempestivo)* gelegen

provvido ['prɔvvido] *adj (previdente)* vorsorgend, fürsorglich

provvigione [provvi'dʒo:ne] *f FIN* Provision *f;* ~ *d'aquisto* Abschlussprovision *f*

provvisorio [provvi'zɔ:rio] *adj* vorläufig, behelfsmäßig

provvista [prov'vista] *f 1.* Verpflegung *f,* Verköstigung *f; 2. MIL* Vorrat *m; 3. provviste pl* Proviant *m*

prozio [pro'tsi:o] *m* Großonkel *m*

prudente [pru'dɛnte] *adj* vorsichtig

prudenza [pru'dɛntsa] *f* Vorsicht *f,* Vorsichtigkeit *f; per* ~ vorsichtshalber

prudere ['pru:dere] *v* jucken, prickeln

prugna ['pru:ɲa] *f BOT* Pflaume *f*

prurito [pru'ri:to] *m MED* Juckreiz *m*

psiche ['psi:ke] *f* Psyche *f*

psichiatra [psiki'a:tra] *m/f* Psychiater(in) *m/f*

psichiatria [psikia'tri:a] *f MED* Psychiatrie *f*

psichico ['psi:kiko] *adj* psychisch, seelisch

psicoanalisi [psikoa'na:lizi] *f* Psychoanalyse *f*

psicofarmaco [psiko'farmako] *m* Psychopharmakon *n*

psicologia [psikolo'dʒi:a] *f* Psychologie *f*

psicologico [psiko'lɔ:dʒiko] *adj* psychologisch

psicologo [psi'kɔ:logo] *m* Psychologe *m*

psicopatico [psiko'pa:tiko] *adj 1. MED* gemütskrank; *m 2.* Psychopath *m*

psicosi [pso'kɔ:zi] *f MED* Psychose *f*

psicoterapeuta [psikotera'pɛ:uta] *m/f* Psychotherapeut(in) *m/f*

psicoterapia [psikotera'pi:a] *f* Psychotherapie *f*

puah [pu'a] *interj* pfui

pubblicare [pubbli'ka:re] *v 1.* veröffentlichen; *2. (libro)* verlegen, herausbringen

pubblicazione [pubblikatsi'o:ne] *f 1.* Publikation *f;* ~ *della sentenza* Urteils-

verkündung *f; 2. pubblicazioni matrimoniali pl* Aufgebot *n*

pubblicista [pubbli'tʃista] *m/f* Publizist(in) *m/f*

pubblicità [pubblitʃi'ta] *f 1.* Reklame *f; fare* ~ werben; ~ *occulta* Schleichwerbung *f; piccola* ~ Kleinanzeigen *pl; 2. (opinione pubblica)* Öffentlichkeit *f*

pubblico ['pubbliko] *adj 1.* öffentlich; *rendere* ~ veröffentlichen, bekannt geben; ~ *ministero* Staatsanwalt *m; m 2.* Publikum *n; 3. (opinione pubblica)* Öffentlichkeit *f*

puberale [pube'ra:le] *adj* pubertär

pubertà [puber'ta] *f* Pubertät *f,* Entwicklungsjahre *pl*

pudico [pu'di:ko] *adj 1. (modesto)* bescheiden, genügsam; *2. (vergognoso)* verschämt, schamhaft; *3. (casto)* keusch

pudore [pu'do:re] *m* Scham *f*

puericultura [puerikul'tu:ra] *f* Säuglingspflege *f*

puerile [pue'ri:le] *adj* kindisch, albern

puerpera [pu'ɛrpera] *f* Wöchnerin *f*

pugilatore [pudʒila'to:re] *m SPORT* Boxer *m*

pugile ['pu:dʒile] *m SPORT* Boxer *m*

Puglia ['pu:ʎa] *f GEO* Apulien *n*

pugnalare [puɲa'la:re] *v* erstechen

pugnale [pu'ɲa:le] *m* Dolch *m*

pugno ['pu:ɲo] *m 1.* Faust *f; di proprio* ~ eigenhändig; *2. (colpo dato con la mano chiusa)* Faustschlag *m*

pulce ['pultʃe] *f ZOOL* Floh *m; mercato delle pulci* Flohmarkt *m*

pulcino [pul'tʃi:no] *m ZOOL* Küken *n*

puledro [pu'le:dro] *m ZOOL* Fohlen *n*

pulire [pu'li:re] *v 1.* putzen, reinigen; *2. (levare lo sporco sfregando)* abwischen, sauber machen

pulito [pu'li:to] *adj* rein, sauber

pulitura [puli'tu:ra] *f* Reinigung *f,* Säuberung *f;* ~ *a secco* chemische Reinigung *f*

pulizia [puli'tsi:a] *f* Sauberkeit *f; la* ~ *delle strade* Straßenreinigung *f*

pullover [pul'lɔ:ver] *m* Pullover *m*

pullulare [pullu'la:re] *v 1. (fig)* wimmeln; *2. (acqua) LIT* hervorquellen; *3. BOT* sprießen

pulpito ['pulpito] *m REL* Kanzel *f*

pulsante [pul'zante] *m TECH* Druckknopf *m*

pulsare [pul'za:re] *v* pulsieren

pulsazione [pulzatsi'o:ne] *f* Herzschlag *m*

pulviscolo [pul'viskolo] *m* feiner Staub *m*
pungente [pun'dʒɛnte] *adj 1. (odore)* beißend; *2. (freddo)* klirrend; *3. (riccio)* stachelig; *4. (fig)* messerscharf
pungere ['pundʒere] *v irr* stechen
pungiglione [pundʒi'ʎoːne] *m* ZOOL Stachel *m*
punibile [pu'niːbile] *adj* JUR unerlaubt
punire [pu'niːre] *v* strafen, bestrafen
punizione [punitsi'oːne] *f* Strafe *f*
punta ['punta] *f 1.* Spitze *f,* Zacke *f; ~ del coltello* Messerspitze *f; in ~ di piedi* auf Zehenspitzen; *2. (fig)* Höhepunkt *m*
puntare [pun'taːre] *v 1.* sich stemmen; *2. ~ verso* ansteuern
puntata [pun'taːta] *f 1. (al gioco)* Einsatz *m; 2. (di una serie)* Folge *f; film a puntate* Serie *f; 3. (ferita con oggetto a punta)* Stich *m; 4. (capatina)* Abstecher *m*
punteggiare [puntedd'dʒaːre] *v* tupfen
punteggiatura [puntedddʒa'tuːra] *f* GRAMM Zeichensetzung *f*
puntellare [puntel'laːre] *v* stützen
puntello [pun'tɛllo] *m* Stütze *f*
puntiglioso [punti'ʎoːso] *adj (ostinato)* starrsinnig
punto ['punto] *m 1.* Punkt *m; a questo ~* dazu; *due punti* Doppelpunkt *m; ~ e virgola* Strichpunkt *m; ~ esclamativo* Ausrufezeichen *n; ~ interrogativo* Fragezeichen *n; ~ neutro* Nullpunkt *m; ~ centrale* Mittelpunkt *m; ~ d'incontro* Treffpunkt *m; 2. (fig)* Schlussstrich *m; 3. (cucitura)* Stich *m; 4. (luogo)* Stelle *f; ~ cardinale* Hauptpunkt *m; 5.* ASTR Himmelsrichtung *f; 6. a buon ~* ziemlich weit; *7. fare il ~* zusammenfassen
puntuale [puntu'aːle] *adj* pünktlich, termingerecht
puntualità [puntuali'ta] *f* Pünktlichkeit *f*
puntualizzare [puntualid'dzaːre] *v* präzisieren
puntura [pun'tuːra] *f 1. (di vespa)* Stich *m; ~ d'ape* Bienenstich *m; ~ di zanzara* Mückenstich *m; 2.* MED Injektion *f*
punzecchiare [puntsekki'aːre] *v* necken
pupa ['puːpa] *f* Puppe *f*
pupazzo [pu'pattso] *m* Puppe *f*
pupilla [pu'pilla] *f* ANAT Pupille *f*
pupillo [pu'pillo] *m 1.* Pflegekind *n; 2.* JUR Mündel *n*
purché [pur'ke] *konj* wenn nur, wenn bloß
pure ['puːre] *adv 1.* auch; *2. (tuttavia)* dennoch, doch; *3. (ugualmente)* ebenfalls
purè [pu'rɛ] *m* GAST Püree *n*

purea [pu'rɛːa] *f* GAST Püree *n*
purezza [pu'rettsa] *f* Reinheit *f*
purgare [pur'gaːre] *v 1. (metalli)* TECH veredeln; *2. (pulire)* reinigen, säubern; *3.* MED abführen
purificare [purifi'kaːre] *v* klären, reinigen
purificato [purifi'kaːto] *adj 1.* gereinigt; *2. (fig)* geläutert
puritano [puri'taːno] *adj* puritanisch
puro ['puːro] *adj 1.* rein, echt; *2. (non alterato)* unverfälscht
purtroppo [pur'trɔppo] *adv* leider
purulento [puru'lɛnto] *adj* MED eitrig
pus [pus] *m* MED Eiter *m*
pusillanime [puzil'laːnime] *adj* kleinmütig
pustola ['pustola] *f* Pickel *m,* Pustel *f*
putativo [puta'tiːvo] *adj* JUR vermeintlich; *padre ~* Pflegevater *m*
putiferio [puti'fɛːrio] *m 1.* Eklat *m,* Krach *m; 2. (fig: gran baccano)* Höllenlärm *m*
putrefarsi [putre'farsi] *v* vermodern
putrefazione [putrefatsi'oːne] *f* Verwesung *f*
putrido ['puːtrido] *adj 1.* verwest; *2. (corruttibile)* bestechlich
puttana [put'taːna] *f* Hure *f*
puzza ['puttsa] *f* Gestank *m; Qui c'è ~ di bruciato.* Hier ist etw faul.
puzzare [put'tsaːre] *v* stinken
puzzo ['puttso] *m* Gestank *m*
puzzola ['puttsola] *f 1.* ZOOL Iltis *m; 2. (moffetta)* Stinktier *n*
puzzolente [puttso'lɛnte] *adj* stinkend
qua [kua] *adv (luogo)* da, her, hierher; *~ dentro* darin
quaderno [kua'dɛrno] *m* Heft *n*
quadrangolare [kuadraŋgo'laːre] *adj* viereckig
quadrante [kua'drante] *m* Zifferblatt *n; ~ luminoso* Leuchtzifferblatt *n*
quadrato [kua'draːto] *adj 1.* quadratisch; *m 2.* Quadrat *m*
quadretto [kua'dretto] *m* MATH kleines Quadrat *n; a quadretti* kariert
quadrilatero [kuadri'laːtero] *m* Viereck *n*
quadro ['kuaːdro] *m 1.* Bild *n; ~ elettrico* Schalttafel *f; ~ portapparecchi* Armaturenbrett *n; 2.* MATH Quadrat *n; 3. (fig)* Rahmen *m; 4. ~ del colesterolo* MED Cholesterinspiegel *m*
quaglia ['kuaʎa] *f* ZOOL Wachtel *f*
qualche ['kualke] *pron 1.* einige, etliche; *adv 2. ~ volta* manchmal, zuweilen

qualcosa [kual'kɔːsa] *pron 1.* etwas; *adj 2.* irgendetwas

qualcuno [kual'kuːno] *adj 1.* irgendjemand; *pron 2.* jemand; *3. (taluno)* manche(r,s)

quale ['kuaːle] *pron 1.* so; *2. (interr)* welche(r,s)

qualificarsi [kualifi'karsi] *v* sich qualifizieren

qualificazione [kualifikatsi'oːne] *f* Qualifikation *f*

qualità [kuali'ta] *f 1.* Eigenschaft *f; 2. (pregio, merito)* Qualität *f; 3. ECO* Güte *f*

qualitativo [kualita'tiːvo] *adj* qualitativ

qualsiasi [kual'siːasi] *adj* beliebig; *in ~ momento* jederzeit

qualunque [kua'luŋkue] *adj* beliebig

quando ['kuando] *adv 1.* wann; *konj 2.* als; *3. (tempo)* wenn; *da ~* seit/seitdem

quantità [kuanti'ta] *f 1.* Menge *f,* Quantität *f; 2. PHYS* Quantum *n*

quantitativo [kuantita'tiːvo] *adj* mengenmäßig, quantitativ

quanto ['kuanto] *adv 1.* möglichst; *2. (interr)* wie viel; *Quanto costa?* Wie viel kostet das? *3. ~ mai* allerhöchstens; *4. tanto ... ~ so* viel ... wie; *konj 5.* soviel; *per ~* insofern, sosehr; *per ~ riguarda* hinsichtlich

quaranta [kua'ranta] *num* vierzig

quarantena [kuaran'tɛːna] *f* Quarantäne *f*

quarantesimo [kuaran'tɛːzimo] *adj* vierzigste(r,s)

quaresima [kua'reːzima] *f REL* Fastenzeit *f*

quartetto [kuar'tetto] *m* Quartett *n*

quartiere [kuarti'eːre] *m* Viertel *n,* Stadtteil *m; ~ povero* Elendsviertel *n; ~ residenziale* Wohnviertel *n*

quarto ['kuarto] *adj 1.* vierte(r,s); *m 2.* Viertel *n; un ~ di pollo* ein Viertel Huhn *n; un ~ di litro* ein Viertelliter *m; ~ d'ora* Viertelstunde *f; tre quarti d'ora* Dreiviertelstunde *f; passare un brutto ~ d'ora (fig)* ein paar schlimme Augenblicke durchmachen

quarzo ['kuartso] *m MIN* Quarz *m*

quasi ['kuaːsi] *adv* beinahe, fast

quatto ['kuatto] *adv 1.* geduckt, gebückt; *2. (fig)* klammheimlich; *3. ~ ~* ganz still, sachte

quattordicesimo [kuattordi'tʃɛːzimo] *adj* vierzehnte(r,s)

quattordici [kuat'torditʃi] *num* vierzehn

quattrino [kuat'triːno] *m 1.* kleinstes Geldstück *n; non avere il becco di un ~* kei-

nen roten Heller besitzen; *2. quattrini pl* Geld *n*

quattro ['kuattro] *num* vier

quello ['kuello] *pron 1.* das; *2. (persona)* der; *E' sempre ~. (fam)* Er ist immer noch der Alte. *3. (colui che)* derjenige; *4. (persona lontana)* jene(r,s)

quercia [kuɛrtʃa] *f BOT* Eiche *f*

querela [kue'rɛːla] *f JUR* Klage *f*

querelante [kuere'lante] *m/f JUR* Kläger(in) *m/f*

querelare [kuere'laːre] *v JUR* verklagen

querulomane [kuerulo'maːne] *m/f* Querulant(in) *m/f*

quesito [kue'ziːto] *m* Frage *f; ~ a premi* Preisfrage *f*

questionario [kuestio'naːrio] *m* Fragebogen *m*

questione [kuesti'oːne] *f* Frage *f; ~ controversa* Streitfrage *f*

questo ['kuesto] *pron 1.* diese(r,s), der/die/das, dies; *Vorrei ~ qui.* Ich möchte das da. *2. (persona vicina)* diese(r,s); *per ~* dafür, daher, dazu; *per ~ motivo* dadurch; *di ~* davon; *Questa macchina è nuova.* Dieses Auto ist neu.

questore [kues'toːre] *m* Polizeipräsident *m*

questura [kues'tuːra] *f* Polizeipräsidium *n*

qui [kui] *adv (luogo)* da, her, hier; *di ~* hiesig; *E' già stato ~ una volta?* Waren Sie schon einmal hier?

quiete [kui'ɛːte] *f* Stille *f*

quieto [kui'ɛːto] *adj* still, ruhig

quindi ['kuindi] *konj* somit

quindicesimo [kuindi'tʃɛːzimo] *adj* fünfzehnte(r,s)

quindici ['kuinditʃi] *num* fünfzehn

quinta ['kuinta] *f THEAT* Kulisse *f*

quintale [kuin'taːle] *m* Doppelzentner *m; mezzo ~* Zentner *m*

quintessenza [kuintes'sɛntsa] *f* Inbegriff *m,* Quintessenz *f*

quinto [ku'into] *adj* fünfte(r,s)

quota ['kuo:ta] *f 1.* Quote *f; ~ d'investimento* Einlage *f; ~ di rincaro* Teuerungsrate *f; ~ di volo* Flughöhe *f; ~ sociale* Mitgliedsbeitrag *m; 2. (contributo)* Beitrag *m*

quotare [kuo'taːre] *v FIN* notieren

quotazione [kuotatsi'oːne] *f FIN* Kurs *m; ~ delle azioni* Aktiennotierung *f*

quotidiano [kuotidi'aːno] *adj 1.* täglich; *m 2.* Tageszeitung *f*

quoziente [kuotsi'ɛnte] *m MATH* Quotient *m; ~ d'intelligenza* Intelligenzquotient *m*

R

rabarbaro [ra'barbaro] *m* *BOT* Rhabarber *m*

rabbia ['rabbia] *f* 1. Zorn *m; con* ~ zornig; 2. *MED* Tollwut *f*

rabbino [rab'bi:no] *m* Rabbiner *m*

rabbioso [rabbi'o:so] *adj* zornig

rabbonire [rabbo'ni:re] *v* beruhigen

rabbonirsi [rabbo'nirsi] *v* wieder ruhig werden, sich beruhigen

rabbrividire [rabbrivi'di:re] *v* schaudern

rabbruscarsi [rabbrus'karsi] *v* trübe werden

rabbuffarsi [rabuf'farsi] *v* sich in die Haare geraten, sich streiten

rabbuiarsi [rabbui'arsi] *v* sich verfinstern

rabuffo [ra'buffo] *m* Ermahnung *f,* Rüffel *m*

raccapezzarsi [rakkapet'tsarsi] *v* sich zurechtfinden

raccapricciante [rakkaprit'tʃante] *adj* schlimm, entsetzlich

raccapriccio [rakka'prittʃo] *m* Entsetzen *n*

raccattapalle [rakkatta'palle] *m* Balljunge *m*

raccattare [rakkat'ta:re] *v* auflesen, aufheben

raccertarsi [rattʃer'tarsi] *v* sich vergewissern

racchetta [rak'ketta] *f* ~ *da tennis SPORT* Tennisschläger *m*

racchiudere [rakki'u:dere] *v* *(fig)* bergen

racchiudersi [rakki'u:dersi] *v* ~ *in se stesso* sich in sich gekehrt sein

raccogliere [rak'kɔ:ʎere] *v irr* 1. pflücken, ernten; 2. *(da terra)* aufheben; 3. *(collezionare, radunare)* sammeln, versammeln

raccogliersi [rak'kɔ:ʎersi] *v irr* 1. *(in un posto)* sich sammeln, sich vereinigen; 2. *(mentalmente)* sich sammeln, sich konzentrieren

raccoglimento [rakkoʎi'mento] *m* Andacht *f*

raccoglitore [rakkoʎi'to:re] *m* Sammelmappe *f*

raccolta [rak'kɔlta] *f* 1. Sammlung *f;* 2. *(dei frutti della terra)* Ernte *f;* ~ *dell'uva* Weinlese *f;* 3. ~ *di inni sacri REL* Gesangbuch *n;* 4. ~ *dati INFORM* Datei *f;* 5. ~ *di capitali FIN* Kapitalbeschaffung *f*

raccolto [rak'kɔlto] *adj* 1. andächtig; 2. *(riunito)* versammelt

raccomandare [rakkoman'da:re] *v* 1. empfehlen, raten; 2. *(affidare)* anvertrauen

raccomandarsi [rakkoman'darsi] *v* 1. sich empfehlen; 2. ~ *a qc* sich etw anvertrauen; 3. *(fare affidamento)* sich verlassen; *Mi raccomando, non dimenticarti di fare la spesa.* Ich verlasse mich darauf, dass du einkaufen gehst. *Mi raccomando, prendi la medicina fra un'ora.* Du musst das Medikament unbedingt in einer Stunde einnehmen.

raccomandata [rakkoman'da:ta] *f* Einschreibebrief *m*

raccomandazione [rakkomandatsi'o:ne] *f* Empfehlung *f*

raccontare [rakkon'ta:re] *v* 1. erzählen; ~ *con parole proprie* mit eigenen Worten nacherzählen; 2. ~ *fandonie (fig)* aufschneiden

racconto [rak'konto] *m* Geschichte *f,* Erzählung *f*

raccordo [rak'kɔrdo] *m* 1. Anschluss *m,* Verbindung *f;* 2. *TECH* Verbindungsstück *n;* 3. ~ *stradale* Zubringerstraße *f,* Verbindungsstraße *f*

raccostarsi [rakkos'tarsi] *v* sich wieder nähern

racimolare [ratʃimo'la:re] *v* aufsammeln

rada ['ra:da] *f* 1. *GEO* Meeresbucht *f;* 2. *NAUT* Reede *f*

radar ['ra:dar] *m* *PHYS* Radar *m*

raddensarsi [radden'sarsi] *v* dichter werden

raddolcire [raddol'tʃi:re] *v* 1. versüßen; 2. *(fig)* lindern, abmildern

raddolcirsi [raddol'tʃirsi] *v* milder werden

raddoppiare [raddoppi'a:re] *v* verdoppeln

raddrizzare [raddrit'tsa:re] *v* 1. aufrichten, gerade richten; 2. *(riparare)* ausbessern; 3. *(fig: rettificare)* richtig stellen

radente [ra'dɛnte] *adj* rasant; *volo* ~ Tiefflug *m*

radere ['ra:dere] *v irr* 1. rasieren; 2. *(tagliare)* abschneiden; 3. ~ *al suolo* kahl schlagen; 4. *(rasentare)* streifen

radersi ['ra:dersi] *v irr* sich rasieren

radiatore [radia'to:re] *m* 1. *TECH* Heizkörper *m;* 2. *(dell'auto) TECH* Kühler *m*

radiazione [radiatsi'oːne] *f PHYS* Strahlung *f; esposizione alle radiazioni* Strahlenbelastung *f*
radicale [radi'kaːle] *adj 1.* radikal; *m/f 2. POL* Radikale(r) *m/f*
radicalismo [radika'lizmo] *m* Radikalismus *m*
radice [ra'diːtʃe] *f 1. BOT* Wurzel *f; 2. (fig)* Ursprung *m,* Ausgangspunkt *m*
radio[1] ['raːdio] *f 1.* Radio *n,* Rundfunk *m;* ~ *della polizia* Polizeifunk *m;* ~ *di bordo* Bordfunk *m; 2. (ente)* Rundfunkanstalt *m; 3. (apparecchio)* Rundfunkempfänger *m;* ~ *a transistor* Transistorradio *n*
radio[2] ['raːdio] *f ANAT* Speiche *f*
radio[3] ['raːdio] *f CHEM* Radium *n*
radioattività [radioattivi'ta] *f PHYS* Radioaktivität *f*
radioattivo [radioat'tiːvo] *adj PHYS* radioaktiv; *periodo* ~ Halbwertszeit *f*
radiocomandare [radiokoman'daːre] *v TECH* fernsteuern
radiodiffusione [radioduffusi'oːne] *f TECH* Rundfunk *m*
radiografia [radiogra'fiːa] *f MED* Röntgenbild *n*
radiologo [radi'ɔːlogo] *m MED* Radiologe *m*
radiomessaggio [radiomes'saddʒo] *m* Funkspruch *m*
radiooperatore [radioopera'toːre] *m* Funker *m*
radioso [radi'oːso] *adj* funkelnd, strahlend
radiotelegrafista [radiotelegra'fista] *m/f* Funker(in) *m/f*
radioterapia [radiotera'piːa] *f MED* Strahlenbehandlung *f*
radiotrasmittente [radiotrasmit'tɛnte] *m TECH* Radiosender *m*
rado ['raːdo] *adj* licht, spärlich; *di* ~ selten
radunare [radu'naːre] *v* versammeln
radunarsi [radu'narsi] *v* sich versammeln
raduno [ra'duːno] *m* Versammlung *f*
radura [ra'duːra] *f* Lichtung *f*
rafano ['raːfano] *m BOT* Rettich *m;* ~ *tedesco* Meerrettich *m*
raffermarsi [raffer'marsi] *v* sich wieder verpflichten
raffica ['raffika] *f 1.* ~ *di vento* Bö *f,* Windstoß *m; 2.* ~ *di pioggia* Regenbö *f; 3.* ~ *di neve* Schneebö *f*
raffigurare [raffigu'raːre] *v* darstellen
raffigurazione [raffiguratsi'oːne] *f* Darstellung *f,* Versinnbildlichung *f*

raffinare [raffi'naːre] *v* raffinieren
raffinarsi [raffi'narsi] *v* sich verfeinern
raffinatezza [raffina'tettsa] *f* Raffinesse *f*
raffinato [raffi'naːto] *adj 1.* vornehm; *2. (fine)* raffiniert, verfeinert; *3. (scaltrito)* durchtrieben
raffinazione [raffinatsi'oːne] *f* Verfeinerung *f*
raffineria [raffine'riːa] *f* Raffinerie *f*
rafforzamento [raffortsa'mento] *m* Verstärkung *f*
rafforzare [raffor'tsaːre] *v 1. (fig)* verstärken; *2. (dubbi, opinioni)* bestärken
raffreddamento [raffredda'mento] *m* Kühlung *f,* Abkühlung *f*
raffreddare [raffred'daːre] *v 1.* abkühlen, kühlen; *2.* ~ *rapidamente TECH* abschrecken
raffreddarsi [raffred'darsi] *v 1. MED* sich erkälten, sich verkühlen; *2. (diventare freddo)* abkühlen, kalt werden
raffreddato [raffred'daːto] *adj 1. MED* erkältet, verkühlt; *Sono* ~. Ich bin erkältet. *2.* ~ *ad aria TECH* luftgekühlt
raffreddore [raffred'doːre] *m MED* Erkältung *f;* ~ *da fieno* Heuschnupfen *m; prendersi un bel* ~ *(fam)* sich eine schöne Erkältung zuziehen
raffrenarsi [raffre'narsi] *v* sich bremsen
raffrescarsi [raffres'karsi] *v* kühl werden
raffronto [raf'fronto] *m* Gegenüberstellung *f*
rafia ['raːfia] *f* Bast *m*
raganella [raga'nɛlla] *f ZOOL* Laubfrosch *m*
ragazza [ra'gattsa] *f* Mädchen *n*
ragazzo [ra'gattso] *m* Knabe *m,* Junge *m*
raggiante [rad'dʒante] *adj 1.* strahlend; *2. (fig: persona)* glückstrahlend
raggio ['raddʒo] *m 1.* Strahl *m;* ~ *di luce* Lichtstrahl *m;* ~ *laser* Laserstrahl *m; 2. MATH* Radius *m; 3. GEO* Umkreis *m,* Umfeld *n;* ~ *d'azione* Aktionsradius *m,* Reichweite *f; 4. TECH* Speiche *f; 5. raggi infrarossi pl PHYS* Infrarotstrahlen *pl*
raggirare [raddʒi'raːre] *v* hintergehen
raggirarsi [raddgi'rarsi] *v* herumlaufen
raggiro [rad'dʒiːro] *m* Betrug *m,* Schwindel *m*
raggiungere [rad'dʒundʒere] *v irr* erreichen, erzielen; *Come posso raggiungerla?* Wie kann ich Sie erreichen?
raggiungibile [raddʒun'dʒiːbile] *adj* erreichbar

raggiungimento [raddʒundʒi'mento] *m*
1. Einholen *n; 2. (realizzazione)* Verwirklichung *f*
raggranellare [raggranel'laːre] *v* zusam-
mentragen, anhäufen
raggrinzire [raggrin'tsiːre] *v* runzeln, zerknittern
raggrumarsi [raggru'marsi] *v* gerinnen
raggruppare [raggrup'paːre] *v* gruppieren
ragguaglio [raggu'aːʎo] *m 1.* Auskunft *f,*
Information *f; 2. (raffronto)* Vergleich *m*
ragguardevole [ragguar'deːvole] *adj*
1. angesehen; *2. (notevole)* ansehnlich
ragionamento [radʒona'mento] *m* Erläuterung *f*
ragionare [radʒo'naːre] *v* denken
ragione [ra'dʒoːne] *f 1.* Grund *m,* Ursache
f; per quale ~ weshalb; *che vuol sempre aver*
~ rechthaberisch; *senza* ~ grundlos; *farsi una*
~ zur Selbsthilfe schreiten; *2. (ratio)* Vernunft
f, Verstand *m; 3. (diritto)* Recht *n; a maggior*
~ umso mehr; *4. ragion d'essere* Existenzberechtigung *f*
ragioneria [radʒone'riːa] *f FIN* Rech-
nungswesen *n*
ragionevole [radʒo'neːvole] *adj 1.* vernünftig, zumutbar; *2. (fig)* billig
ragioniere [radʒoni'ɛːre] *m FIN* Buch-
halter *m*
ragnatela [raɲa'teːla] *f ZOOL* Spinnennetz *n*
ragno ['raːɲo] *m ZOOL* Spinne *f*
rallegrare [ralle'graːre] *v* erfreuen
rallegrarsi [ralle'grarsi] *v* sich freuen
rallentamento [rallenta'mento] *m* Verlangsamung *f*
rallentare [rallen'taːre] *v* verlangsamen,
vermindern; *Rallentare!* Langsamer fahren!
rallentatore [rallenta'toːre] *m CINE*
Zeitlupe *f*
ramaiolo [ramai'ɔːlo] *m* Schöpflöffel *m*
ramanzina [raman'dziːna] *f* Moralpredigt *f*
rame ['raːme] *m CHEM* Kupfer *n*
ramificazione [ramifikatsi'oːne] *f* Abzweigung *f,* Verzweigung *f*
ramino [ra'miːno] *m* Rommee *n*
rammaricarsi [rammari'karsi] *v 1.* ~ *di qc*
etw bedauern; *2. (essere afflitto)* betrübt sein,
bekümmert sein
rammendare [rammen'daːre] *v* stopfen
rammentare [rammen'taːre] *v* erinnern
an

rammollito [rammol'liːto] *adj 1.* schwächlich, degeneriert; *m 2.* Schwächling *m*
ramo ['raːmo] *m 1. BOT* Zweig *m,* Ast *m;*
rami secchi Reisig *m; 2. (fig)* Zweig *m;* ~
commerciale Geschäftszweig *m; 3. (campo)*
Sparte *f; 4. (di fiume)* Flussarm *m*
rampa ['rampa] *f 1.* Auffahrt *f; 2. (caricare)* Rampe *f*
rampicante [rampi'kante] *adj 1.* klet-
ternd; *m 2. BOT* Kletterpflanze *f*
rampollo [ram'pollo] *m (fig)* Sprössling *m*
rana ['raːna] *f ZOOL* Frosch *m; nuoto a* ~
Brustschwimmen *n*
rancido ['rantʃido] *adj* ranzig
rancore [raŋ'koːre] *m* Groll *m*
randagio [ran'daːdʒo] *adj* umherirrend
randello [ran'dɛllo] *m* Prügel *m,* Knüppel *m*
rango ['raŋgo] *m* Rang *m,* Stand *m*
rannicchiarsi [rannikki'arsi] *v* sich niederkauern; *stare rannicchiato* zusammenge-
kauert sitzen
rannuvolarsi [rannuvo'larsi] *v 1.* sich be-
wölken; *2. (fig)* sich verfinstern
ranuncolo [ra'nuŋkolo] *m BOT* Butter-
blume *f*
rapa ['raːpa] *f BOT* Rübe *f*
rapace [ra'paːtʃe] *adj* raffgierig; *uccello* ~
Raubvogel *m*
rapacità [rapatʃi'ta] *f* Raffsucht *f*
rapido ['raːpido] *adj 1.* rasch, zügig; *m*
2. Schnellzug *m,* D-Zug *m*
rapimento [rapi'mento] *m* Entführung *f,*
Raub *m*
rapina [ra'piːna] *f* Raub *m,* Diebstahl *m*
rapinare [rapi'naːre] *v* rauben
rapinatore [rapina'toːre] *m* Räuber *m*
rapire [ra'piːre] *v* rauben, entführen
rapitore [rapi'toːre] *m* Entführer *m,* Kid-
napper *m*
rappacificarsi [rappatʃifi'karsi] *v* sich
versöhnen
rappezzare [rappet'tsaːre] *v* stopfen, ausbessern
rapporto [rap'pɔrto] *m 1.* Beziehung *f,*
Verbindung *f,* Verhältnis *n; rapporti sessuali*
Geschlechtsverkehr *m; 2. (d'ufficio)* Referat
n; ~ *sulla situazione* Lagebericht *m;* ~ *di
gestione* Geschäftsbericht *m; 3.* ~ *di moltiplicazione TECH* Übersetzung *f; 4. (proporzione)* Proportion *f*
rapprendersi [rap'prɛndersi] *v* gerinnen
rappresaglia [rappre'saːʎa] *f* Vergeltungsmaßnahme *f*

rappresentante [rapprezen'tante] *m/f* Vertreter(in) *m/f;* ~ *di commercio* Handelsvertreter(in) *m/f;* ~ *in giudizio* Prozessbevollmächtigte(r) *m/f*
rappresentanza [rapprezen'tantsa] *f* Vertretung *f;* ~ *di genitori* Elternbeirat *m;* ~ *generale* Generalvertretung *f*
rappresentare [rapprezen'taːre] *v 1.* vertreten, repräsentieren; *2. (fig)* darstellen; *3. THEAT* aufführen; *4. CINE* darstellen
rappresentazione [rapprezentatsi'oːne] *f 1.* Abbild *n,* Bild *n; 2. THEAT* Aufführung *f,* Vorstellung *f;* ~ *serale* Abendvorstellung *f; 3. CINE* Darstellung *f*
raramente [rara'mente] *adv* selten
rarefazione [rarefatsi'oːne] *f* Verdünnung *f*
rarità [rari'ta] *f* Seltenheit *f,* Rarität *f*
raro ['raːro] *adj* selten
rasare [ra'saːre] *v* kahl scheren, rasieren
rasatura [rasa'tuːra] *f* Rasur *f*
raschiare [raski'aːre] *v* kratzen, auskratzen
raschiarsi [raski'arsi] *v* sich räuspern
rasentare [razen'taːre] *v 1.* streifen; *2. (fig)* angrenzen
raso ['raːso] *m 1.* Satin *m; adj 2.* rasiert
rasoio [ra'soːio] *m* Rasierapparat *m,* Rasiermesser *n*
raspa ['raspa] *f* Raspel *f*
rassegna [ras'seːɲa] *f 1.* Bericht *m; 2. (di giornali)* Rundschau *f; 3. (sfilata)* Parade *f;* ~ *di moda* Modenschau *f*
rassegnare [rasse'ɲaːre] *v 1.* zurücktreten; *2. (un incarico)* niederlegen; ~ *le proprie dimissioni* seinen Rücktritt einreichen
rassegnarsi [rasse'ɲarsi] *v* resignieren
rassegnazione [rasseɲatsi'oːne] *f* Resignation *f*
rasserenamento [rasserena'mento] *m* Aufheiterung *f*
rasserenare [rassere'naːre] *v* erheitern
rassicurante [rassiku'rante] *adj* Vertrauen erweckend, glaubwürdig
rassicurare [rassiku'raːre] *v 1.* trösten; *2. (assicurare)* versichern
rassicurarsi [rassiku'rarsi] *v* sich vergewissern, sich beruhigen
rassomigliare [rassomi'ʎaːre] *v 1.* gleichen; *2. (porre a confronto) LIT* gegenüberstellen, einen Vergleich anstellen
rassomigliarsi [rassomi'ʎarsi] *v* sich gleichen, sich ähneln
rastrello [ras'trɛllo] *m* Rechen *m*

rata ['raːta] *f ECO* Rate *f*
rateale [rate'aːle] *adj ECO* ratenweise
ratifica [ra'tiːfika] *f 1. POL* Ratifizierung *f; 2. (approvazione, conferma)* Genehmigung *f,* Bestätigung *f*
ratificare [ratifi'kaːre] *v POL* ratifizieren
ratificazione [ratifikatsi'oːne] *f POL* Ratifikation *f*
ratto ['ratto] *m ZOOL* Ratte *f*
rattoppare [rattop'paːre] *v* flicken
rattrappire [rattrap'piːre] *v* verkrampfen
rattrappirsi [rattrap'pirsi] *v* sich zusammenziehen
rattristare [rattris'taːre] *v* betrüben
rattristarsi [rattris'tarsi] *v* traurig werden
raucedine [rau'tʃɛːdine] *f MED* Heiserkeit *f*
rauco ['raːuko] *adj* rau
ravanello [rava'nɛllo] *m BOT* Radieschen *n*
ravvedersi [ravve'dersi] *v* sich bessern
ravvicinamento [ravvitʃina'mento] *m 1.* Annäherung *f; 2. (fig)* Versöhnung *f*
ravvicinare [ravvitʃi'naːre] *v* näher bringen
ravvicinarsi [ravvitʃi'narsi] *v 1.* sich nähern; *2. (fig)* sich annähern
ravvivamento [ravviva'mento] *m* Wiederbelebung *f*
ravvivare [ravvi'vaːre] *v* wieder beleben
raziocinante [ratsiotʃi'nante] *adj* vernünftig
razionale [ratsio'naːle] *adj 1.* rationell, zweckentsprechend; *2. (relativo alla ragione)* rational, vernünftig
razionalità [ratsionali'ta] *f* Rationalität *f*
razionalizzare [ratsionalid'dzaːre] *v* rationalisieren
razionamento [ratsiona'mento] *m* Rationierung *f*
razionare [ratsio'naːre] *v* rationieren
razione [ratsi'oːne] *f* Ration *f*
razza¹ ['rattsa] *f 1.* Rasse *f; di* ~ rassig; *di* ~ *pura* reinrassig; *2. (sorta)* Sorte *f*
razza² ['rattsa] *f (pesce)* Rochen *m*
razzia [rat'tsiːa] *f 1.* Plünderung *f; 2. (fig)* Razzia *f,* Streifzug *m*
razziale [rattsi'aːle] *adj* rassisch
razziare [rattsi'aːre] *v* ausplündern
razzismo [rat'tsizmo] *m* Rassismus *m*
razzista [rat'tsista] *m/f* Rassist(in) *m/f*
razzo ['raddzo] *m* Rakete *f;* ~ *di segnalazione* Leuchtrakete *f;* ~ *a lungo raggio* Langstreckenrakete *f*

razzolare [rattso'la:re] *v* scharren
re [re] *m* König
reagire [rea'dʒi:re] *v irr* reagieren
reale [re'a:le] *adj 1.* tatsächlich, wirklich; *2. POL* königlich; *3. (onesto)* reell, zuverlässig
realismo [rea'lizmo] *m* Realismus *m*
realista [rea'lista] *m/f* Realist(in) *m/f*
realistico [rea'listiko] *adj* realistisch, wirklichkeitsnah
realizzabile [realid'dza:bile] *adj* realisierbar
realizzare [realid'dza:re] *v 1.* verwirklichen, gestalten; *2. ECO* erzielen
realizzarsi [realid'dzarsi] *v* wahr werden, sich verwirklichen
realizzazione [realiddzatsi'o:ne] *f 1.* Gestaltung *f*, Verwirklichung *f; 2. (fig)* Herstellung *f*, Zustandekommen *n*
realtà [real'ta] *f* Wirklichkeit *f*, Realität *f*
reato [re'a:to] *m JUR* Tat *f*, Delikt *n*
reattività [reattivi'ta] *f* Reaktionsvermögen *n*, Geistesgegenwart *f*
reattore [reat'to:re] *m 1. PHYS* Reaktor *m; ~ di ricerche* Forschungsreaktor *m; ~ nucleare* Kernreaktor *m; 2. TECH* Düsenflugzeug *n*
reazionario [reatsio'na:rio] *adj 1. POL* reaktionär; *m 2.* Reaktionär *m*
reazione [reatsi'o:ne] *f* Reaktion *f; ~ a catena* Kettenreaktion *f*
rebus ['rɛ:bus] *m* Bilderrätsel *n*
recapitare [rekapi'ta:re] *v (lettere)* austragen
recapito [re'ka:pito] *m 1.* Adresse *f; 2. (domicilio)* Wohnort *m*
recare [re'ka:re] *v* bringen
recarsi [re'karsi] *v* sich begeben
recedere [re'tʃɛ:dere] *v 1.* nachgeben, weichen; *2. (fig)* zurücktreten
recensione [retʃensi'o:ne] *f* Literaturkritik *f*, Kritik *f*
recente [re'tʃɛnte] *adj* jüngst, neu; *le più recenti notizie* die allerneuesten Meldungen *pl; i più recenti avvenimenti* die jüngsten Vorkommnisse *pl*
recentemente [retʃente'mente] *adv* kürzlich
recessione [retʃessi'o:ne] *f 1. ECO* Rezession *f; 2. (riduzione)* Schrumpfung *f*
recezione [retʃetsi'o:ne] *f 1.* Empfang *m*, Aufnahme *f; 2. JUR* Übernahme *f*
recidere [re'tʃi:dere] *v irr* abhacken
recidivo [retʃi'di:vo] *adj* rückfällig

recingere [re'tʃindʒere] *v irr* umzäunen
recintare [retʃin'ta:re] *v* umzäunen
recinto [re'tʃinto] *m* Zaun *m*, Hürde *f; ~ delle grida* Börsenparkett *n*
recinzione [retʃintsi'o:ne] *f* Zaun *m*, Einzäunung *f*
recipiente [retʃipi'ɛnte] *m* Behälter *m*
reciprocità [retʃiprotʃi'ta] *f* Gegenseitigkeit *f*
reciproco [re'tʃi:proko] *adj* gegenseitig, wechselseitig
recita ['rɛ:tʃita] *f 1.* Vortrag *m; 2. THEAT* Vorstellung *f; ~ straordinaria* Gastspiel *n*
recitare [retʃi'ta:re] *v 1. (fig)* vortragen; *2. THEAT* gastieren, spielen
reclamare [rekla'ma:re] *v* reklamieren, anmahnen
reclame [re'klam] *f* Reklame *f*
reclamo [re'kla:mo] *m* Reklamation *f*
reclusione [rekluzi'o:ne] *f JUR* Inhaftierung *f*, Haft *f*
recluta ['rɛ:kluta] *f MIL* Rekrut *m*
reclutamento [rekluta'mento] *m* Rekrutierung *f*
reclutare [reklu'ta:re] *v* werben
recondito [re'kondito] *adj* hintergründig
record ['rɛ:kord] *m* Rekord *m*, Spitzenleistung *f; ~ mondiale* Weltrekord *m*
recriminare [rekrimi'na:re] *v 1.* beschuldigen, Gegenanschuldigungen erheben; *2. (lamentarsi)* sich beschweren
recriminazione [rekriminatsi'o:ne] *f 1.* Anschuldigung *f; 2. (reclamo, lagnanza)* Beanstandung *f*
recrudescenza [rekrude'ʃɛntsa] *f* Verschlechterung *f*
recuperare [rekupe'ra:re] *v 1.* aufholen, nachholen; *2. (riaquistare)* wiedererlangen
redarguire [redargu'i:re] *v irr ~ qd* jdm Vorhaltungen machen, jdn zurechtweisen
redattore [redat'to:re] *m* Redakteur *m; ~ capo* Chefredakteur *m*
redattrice [redat'tri:tʃe] *f* Redakteurin *f*
redazione [redatsi'o:ne] *f* Verfassung *f*
redditività [redditivi'ta] *f* Wirtschaftlichkeit *f*, Rentabilität *f*
redditizio [reddi'ti:tsio] *adj* Gewinn bringend, rentabel
reddito ['rɛddito] *m 1.* Einkommen *n*, Bezüge *pl; ~ nazionale* Volkseinkommen *n; ~ di capitale* Kapitalertrag *m; ~ lordo* Bruttoeinkommen *n; ~ netto* Nettoeinkommen *n; redditi di lavoro* Erwerbseinkünfte *pl; ~ non imponibile* Freibetrag *m; 2. (rendita)* Rente *f*

redentore [reden'to:re] *adj 1.* befreiend, erlösend; *m 2. REL* Heiland *m*
redenzione [redentsi'o:ne] *f REL* Erlösung *f*, Errettung *f*
redibizione [redibitsi'o:ne] *f JUR* Wandlung *f*
redigere [re'di:dʒere] *v irr 1.* aufsetzen, ausfertigen; *2. (un testo)* redigieren
redini ['rɛ:dini] *f/pl* Zügel *pl*
reduce ['rɛ:dutʃe] *adj 1.* zurückgekehrt, heimgekehrt; *m 2.* Heimkehrer *m; ~ di guerra* Kriegsheimkehrer *m*
referendum [refe'rɛntum] *m POL* Referendum *n*
referenza [refe'rɛntsa] *f 1.* Referenz *f*, Empfehlung *f; 2. (lettera di raccomandazione)* Empfehlungsschreiben *n*
referto [re'fɛrto] *m ~ medico MED* Befund *m*
refettorio [refet'tɔ:rio] *m* Speisesaal *m*
refrattario [refrat'ta:rio] *adj 1.* aufsässig; *2. (materiale)* feuerfest
refrigerante [refridʒe'rante] *adj* kühlend
refrigerio [refri'dʒɛ:rio] *m 1.* Kühlung *f*, Erfrischung *f; 2. (conforto)* Tröstung *f*
refurtiva [refur'ti:va] *f* Diebesgut *n*
regalare [rega'la:re] *v* schenken
regale [re'ga:le] *adj* königlich
regalo [re'ga:lo] *m* Geschenk *n*
regata [re'ga:ta] *f SPORT* Regatta *f*
reggente [red'dʒɛnte] *adj 1.* stellvertretend; *2. (regnante)* herrschend; *m/f 3.* Stellvertreter(in) *m/f*
reggere ['reddʒere] *v irr 1.* standhalten, aushalten; *2. (sostenere)* stützen, halten; *3. GRAMM* regieren
reggersi ['reddʒersi] *v irr* festhalten, sich aufrecht halten
reggimento [reddʒi'mento] *m MIL* Regiment *n*
reggiseno [reddʒi'se:no] *m* Büstenhalter *m*
regia [re'dʒi:a] *f CINE* Regie *f*
regime [re'dʒi:me] *m 1. POL* Regime *n; 2. MED* Diät *f; 3. TECH* Drehzahl *f*
regina [re'dʒi:na] *f* Königin *f*
regio ['rɛ:dʒo] *adj* königlich
regionale [redʒo'na:le] *adj* regional, Gebiets...
regione [re'dʒo:ne] *f 1. POL* Bezirk *m*, Region *f; ~ selvaggia* Wildnis *f; 2. (zona)* Zone *f*
regista [re'dʒista] *m/f CINE* Regisseur(in) *m/f*

registrare [redʒis'tra:re] *v 1.* buchen, eintragen; *2. (musica)* aufzeichnen, überspielen
registrato [redʒis'tra:to] *adj* eingetragen, registriert
registratore [redʒistra'to:re] *m ~ a nastro* Tonbandgerät *n*
registrazione [redʒistratsi'o:ne] *f 1.* Eintrag *m; 2. (di musica)* Aufzeichnung *f; ~ di prova* Probeaufnahme *f; 3. ECO* Buchung *f*
registro [re'dʒistro] *m 1.* Register *n*, Verzeichnis *n; ~ di commercio* Handelsregister *n; 2. ~ di voce MUS* Stimmlage *f*
regnare [re'ɲa:re] *v* regieren, herrschen
regno ['re:ɲo] *m* Königreich *n*, Reich *n*
regola ['rɛ:gola] *f 1.* Regel *f*, Leitlinie *f; in ~* in Ordnung; *a ~ d'arte* sachgerecht; *2. (mestruazione)* Menstruation *f; 3. regole del gioco pl* Spielregeln *pl*
regolabile [rego'la:bile] *adj* einstellbar
regolamento [regola'mento] *m 1.* Regeln *pl; 2. (ordinamento) POL* Satzung *f; 3. ~ di casa* Hausordnung *f; 4. (disposizione) POL* Verordnung *f; 5. ECO* Begleichung *f*
regolare [rego'la:re] *v 1. TECH* bedienen; *2. (apparecchi, meccanismi)* regeln, einstellen; *3. (debito) ECO* begleichen; *adj 4.* ordnungsgemäß, planmäßig; *5. (costante)* regelmäßig, regelrecht
regolarità [regolari'ta] *f 1.* Ordnung *f; per ~* der Ordnung halber; *2. (costanza)* Regelmäßigkeit *f*
regolarsi [rego'larsi] *v 1.* sich mäßigen; *~ nelle spese* sparen; *2. (comportarsi)* sich verhalten; *~ secondo qc* sich nach etw richten
regolato [rego'la:to] *adj 1.* ordentlich, regelrecht; *2. (senza eccessi)* mit Maß
regolatore [regola'to:re] *adj 1.* regulierend; *2. piano ~* Bebauungsplan *m; m 3. TECH* Regler *m*
regolazione [regolatsi'o:ne] *f* Einstellung *f*, Regulierung *f*
regolo ['rɛ:golo] *m 1.* Leiste *f; 2. (righello)* Lineal *n; 3. MATH* Rechenschieber *m*
regredire [regre'di:re] *v irr 1.* zurückbilden, zurückbewegen; *2. (non mantenere il passo)* zurückbleiben
regresso [re'grɛsso] *m 1. ECO* Abschwung *m; 2. JUR* Regress *m; 3. (diminuzione)* Rückgang *m*, Rückschritt *m*
reincarnazione [reinkarnatsi'o:ne] *f REL* Wiedergeburt *f*, Reinkarnation *f*
reintegrare [reinte'gra:re] *v* wiederherstellen, wieder gutmachen

reinvestimento [reinvesti'mento] *m* ECO Wiederanlage *f*
relais [rə'lɛː] *m TECH* Relais *n*
relativamente [relativa'mente] *adv* relativ, verhältnismäßig
relatività [relativi'ta] *f* Relativität *f*
relativo [rela'tiːvo] *adj* dazugehörig
relatore [rela'toːre] *m* Berichterstatter *m*
relazione [relatsi'oːne] *f* 1. Beziehung *f;* ~ *bancaria* Bankverbindung *f;* 2. *(rapporto)* Bericht *m*, Berichterstattung *f;* 3. *(resoconto)* Referat *n;* 4. *pubbliche relazioni pl* Öffentlichkeitsarbeit *f*
relè [re'lɛ] *m* Relais *n*
relegare [rele'gaːre] *v* 1. verbannen; 2. *(scostare)* wegschieben
religione [reli'dʒoːne] *f* Religion *f*
religiosità [relidʒosi'ta] *f REL* Gläubigkeit *f*
religioso [reli'dʒoːso] *adj* 1. religiös, geistlich; *d'altra opinione religiosa* andersgläubig; *m* 2. *REL* Geistlicher *m*
relitto [re'litto] *m* Wrack *n*
remare [re'maːre] *v SPORT* rudern
remissione [remissi'oːne] *f* 1. Vergebung *f;* 2. *JUR* Straferlass *m*
remissività [remissivi'ta] *f* Nachgiebigkeit *f*
remissivo [remis'siːvo] *adj* nachgiebig
remo ['rɛːmo] *m SPORT* Ruder *n*
remora ['rɛːmora] *f* 1. Rückhalt *m;* 2. *(indugio)* Zögern *n;* 3. *(fig)* Bremse *f*
remoto [re'mɔːto] *adj* 1. weit entfernt, abgelegen; 2. *(di una volta)* ehemalig; 3. *passato* ~ *GRAMM* vollendete Vergangenheit *f*
remunerazione [remuneratsi'oːne] *f FIN* Vergütung *f*, Arbeitsentgelt *m*
renale [re'naːle] *adj MED* Nieren... *calcolo* ~ Nierenstein *m*
rendere ['rɛndere] *v irr* 1. bringen; 2. *(produrre)* leisten; 3. *(restituire)* zurückgeben; 4. *(contraccambiare)* vergelten, entgegenbringen; ~ *testimonianza* bezeugen, Zeugnis ablegen; ~ *omaggio* Ehre erweisen; ~ *infelice* unglücklich machen
rendersi ['rɛndersi] *v irr* werden, sich machen; ~ *conto di qc* sich etw bewusst machen
rendiconto [rendi'konto] *m* 1. Berichterstattung *f;* 2. *ECO* Rechenschaftsbericht *m*
rendimento [rendi'mento] *m* 1. *ECO* Ausbeute *f;* 2. *(fig)* Leistung *f*, Leistungsfähigkeit *f;* ~ *massimo* Spitzenleistung *f; alto* ~ Hochleistung *f*

rendita ['rɛndita] *f* 1. *ECO* Ertrag *m*, Gewinn *m;* 2. *(di un investimento) ECO* Rendite *f;* 3. *(pensione) ECO* Rente *f;* 4. *(fig)* Profit *m*, Gewinn *m*
rene ['rɛːne] *m ANAT* Niere *f*
renna ['rɛnna] *f ZOOL* Rentier *n*, Ren *n*
Reno ['rɛːno] *m GEO* Rhein *m*
reparto [re'parto] *m* 1. Abteilung *f;* 2. *MED* Abteilung *f*, Station *f;* ~ *di terapia intensiva* Intensivstation *f;* ~ *maternità* Entbindungsstation *f*
repellente [repel'lɛnte] *adj* abstoßend
repentaglio [repen'taːʎo] *m* 1. Wagnis *n;* 2. *mettere qd a* ~ jdn einer Gefahr aussetzen, jdn gefährden
repentino [repen'tiːno] *adj* unvermittelt
reperire [repe'riːre] *v irr* auffinden, vorfinden
reperto [re'pɛrto] *m* 1. *MED* Diagnose *f*, Befund *m;* 2. *JUR* Beweismittel *n;* 3. ~ *archeologico* archäologischer Fund *m*
repertorio [reper'tɔːrio] *m* Spielplan *m*
replica ['rɛːplika] *f* 1. Gegendarstellung *f*, Widerrede *f;* 2. *(ripetizione)* Wiederholung *f;* 3. ~ *d'arte ART* Replik *f*
replicare [repli'kaːre] *v* 1. entgegnen, erwidern; 2. *(ripetere)* wiederholen; 3. *(imitare)* imitieren
reporter [rəpoːr'ter] *m* Reporter *m*
repressione [repressi'oːne] *f* 1. Unterdrückung *f;* 2. *(fig)* Verdrängung *f*
represso [re'prɛsso] *adj* verhalten
reprimere [re'priːmere] *v irr* 1. unterdrücken; 2. *(fig)* verdrängen
repubblica [re'pubblika] *f* Republik *f;* ~ *federale* Bundesrepublik *f;* ~ *popolare* Volksrepublik *f*
repubblicano [repubbli'kaːno] *adj* 1. *POL* republikanisch; *m* 2. *POL* Republikaner *m*
repulsivo [repul'siːvo] *adj* abweisend
reputare [repu'taːre] *v* meinen, für wahr halten
reputarsi [repu'tarsi] *v* sich halten für
reputazione [reputatsi'oːne] *f* Leumund *m*, Ruf *m*
requisire [rekui'ziːre] *v* sicherstellen
requisito [rekui'ziːto] *adj* 1. *LIT* notwendig; 2. *JUR* beschlagnahmt; *m* 3. Notwendigkeit *f*
requisitoria [rekuizi'tɔːria] *f* Anklagerede *f*
resa ['rɛːsa] *f* 1. Leistung *f;* ~ *dei conti* Abrechnung *f*, Rechenschaftsbericht *m;*

2. *FIN* Profit *m;* 3. *(restituzione)* Rückgabe *f;*
4. *MIL* Übergabe *f*
residente [resi'dɛnte] *adj 1.* ~ *nel luogo*
ortsansässig, wohnhaft; *m/f 2.* Gebietsan-
sässige(r) *m/f,* Ansässige(r) *m/f*
residenza [resi'dɛntsa] *f* Wohnsitz *m,*
Residenz *f*
residenziale [residentsi'aːle] *adj* den
Wohnsitz betreffend; *quartiere* ~ Wohnviertel *n*
residuo [re'siːduo] *adj 1.* übrig; *m 2.*
Residuum *n,* Überbleibsel *n;* 3. *CHEM*
Rückstand *m;* 4. *FIN* Reserve *f;* 5. *residui pl*
Abfallprodukt *n,* Rückstand *m*
resina ['rɛːzina] *f* Harz *m*
resinoso [rezi'noːso] *adj* harzig
resistente [resis'tɛnte] *adj 1.* beständig,
widerstandsfähig; ~ *al fuoco* feuerfest; ~
all'acqua wasserdicht; *m/f 2.* Widerstands-
kämpfer(in) *m/f*
resistenza [resis'tɛntsa] *f 1.* Widerstand
m; privo di ~ widerstandslos; 2. *TECH*
Widerstand *m;* 3. *(capacità di resistere)*
Beständigkeit *f,* Widerstandskraft *f*
resistere [re'sistere] *v irr 1.* durchhalten,
standhalten; 2. *(opporre resistenza)* widerstehen; 3. *(fig)* überstehen
resoconto [rezo'konto] *m ECO* Geschäftsbericht *m*
respingente [respin'dʒɛnte] *adj 1.* abstoßend, zurückstoßend, abweisend; *m 2.*
TECH Puffer *m*
respingere [re'spindʒere] *v irr 1.* abstoßen, abweisen; 2. *(rifiutare)* verneinen, ablehnen; 3. *(fig: desiderio)* abschlagen; 4.
(Post) zurücksenden
respirare [respi'raːre] *v* atmen, hauchen
respiratore [respira'toːre] *m* ~ *di superfi-*
cie Schnorchel *m*
respirazione [respiratsi'oːne] *f* Atem *m,*
Atmung *f;* *praticare la* ~ *artificiale su qd* jdn
beatmen; ~ *difficile* Atemnot *f*
respiro [res'piːro] *m 1.* Atem *m;* 2. *(riposo)*
Ruhe *f*
responsabile [respon'saːbile] *adj 1.* verantwortlich, federführend; *Rendo lei* ~ *per*
ciò. Ich mache Sie dafür verantwortlich. 2.
(conscio della propria responsabilità) verantwortungsbewusst; 3. *JUR* haftbar
responsabilità [responsabili'ta] *f 1.* Verantwortung *f; con* ~ verantwortungsvoll; ~
civile Haftpflicht *f;* 2. *JUR* Haftpflicht *f*
responso [res'ponso] *m 1.* Antwort *f;*
2. *JUR* Urteilsspruch *m*

ressa ['rɛssa] *f 1.* Gedränge *n,* Menschen-
gewimmel *n;* 2. *(affollamento)* Andrang *m,*
Ansturm *m*
restante [res'tante] *adj* restlich
restare [res'taːre] *v 1.* bleiben, übrig bleiben; 2. ~ *via* wegbleiben; 3. *(avanzare)* übrig
bleiben, übrig sein
restaurare [restau'raːre] *v* restaurieren
restauratore [restaura'toːre] *m ART*
Restaurator *m*
restaurazione [restauratsi'oːne] *f 1.*
ART Renovierung *f;* 2. *POL* Restauration *f*
restauro [res'taːuro] *m* Restaurierung *f,*
Sanierung *f;* ~ *del centro storico* Altstadtsanierung *f*
restio [res'tiːo] *adj* widerwillig
restituire [restitu'iːre] *v 1.* wiedergeben,
zurückgeben; 2. *(spedire indietro)* ausliefern
restituzione [restitutsi'oːne] *f 1.* Ausli-
ferung *f;* 2. *(il dare o mandare indietro)*
Rückgabe *f,* Rückerstattung *f*
resto ['rɛsto] *m 1.* Rest *m,* Rückstand *m;*
del ~ übrigens; 2. *FIN* Restbetrag *m*
restringere [res'trindʒere] *v irr* verengen
restringersi [res'trindʒersi] *v* kleiner
werden
restringimento [restrindʒi'mento] *m*
Verengung *f*
restrizione [restritsi'oːne] *f ECO* Ein-
schränkung *f;* ~ *delle importazioni ECO*
Einfuhrbeschränkung *f*
resurrezione [resurretsi'oːne] *f REL*
Auferstehung *f*
retaggio [re'taddʒo] *m* kulturelles Erbe *n,*
Tradition *f*
retata [re'taːta] *f 1. (pesca)* Fischfang *m;*
2. *(della polizia)* Razzia *f*
rete ['reːte] *f 1.* Netz *n;* ~ *ferroviaria*
Eisenbahnnetz *n;* ~ *metallica* Drahtnetz *m,*
Maschendraht *m,* Drahtzaun *m;* ~ *stradale*
Straßennetz *n;* 2. *(sistema di comunicazioni)*
Netz *n;* 3. *SPORT* Tor *n*
reticente [reti'tʃɛnte] *adj* verschwiegen
reticolato [retiko'laːto] *adj 1.* netzartig; *m*
2. Drahtgeflecht *n*
retina ['rɛːtina] *f ANAT* Netzhaut *f*
retorica [re'tɔːrika] *f* Redekunst *f,* Rhe-
torik *f*
retribuire [retribu'iːre] *v irr* vergüten
retribuzione [retributsi'oːne] *f 1.* Belohnung *f;* 2. *ECO* Entsoldung *f,* Besoldung *f;* ~
lorda Bruttolohn *m; retribuzioni in natura*
Sachbezüge *pl*
retro ['rɛːtro] *m* Rückseite *f*

retroattivo [retroat'ti:vo] *adj* rückwirkend

retrocedere [retro't ∫ ɛ:dere] *v 1.* weichen, zurückgehen; *2. (destituire)* absetzen; *3. MIL* degradieren; *4. SPORT* absteigen

retrogrado [re'trɔ:grado] *adj* rückläufig

retroguardia [retrogu'ardia] *f* Nachhut *f*

retromarcia [retro'mart ∫ a] *f* Rückwärtsgang *m*

retroscena [retro' ∫ ɛ:na] *m (fig)* Hintergrund *m*

retrospettivo [retrospet'ti:vo] *adj* rückblickend, retrospektiv; *sguardo* ~ Retrospektive *f,* Rückblick *m*

retrospetto [retro'spɛtto] *m* Rückansicht *f*

retroterra [retro'tɛrra] *m* Hinterland *n*

retta ['rɛtta] *f MATH* Linie *f; dare* ~ *a qd* jdm Gehör schenken

rettangolare [rettaŋgo'la:re] *adj* rechteckig

rettangolo [ret'taŋgolo] *adj 1.* rechtwinklig; *m 2.* Rechteck *n*

rettifica [ret'ti:fika] *f* Korrektur *f,* Berichtigung *f*

rettificare [rettifi'ka:re] *v 1.* berichtigen, richtig stellen; *2. TECH* schleifen

rettifilo [retti'fi:lo] *m 1.* Gerade *f; 2. (strada)* Landstraße *f; 3. (tram)* Straßenbahn *f*

rettile ['rɛttile] *m ZOOL* Reptil *n*

rettilineo [retti'li:neo] *adj 1.* geradlinig; *m 2.* gerade Strecke *f*

retto ['rɛtto] *adj 1.* rechtschaffen, gerade; *2. (fig)* geradeheraus, ehrlich

rettorato [retto'ra:to] *m* Rektorat *n*

rettore [ret'to:re] *m* Rektor *m*

reumatismo [reuma'tizmo] *m MED* Rheuma *n*

reverendo [reve'rɛndo] *m REL* Hochwürden *m*

reverenziale [reverentzi'a:le] *adj* ehrerbietig, ehrerweisend

reversibilità [reversibili'ta] *f 1.* Umkehrbarkeit *f; 2. ECO* Übertragbarkeit *f; 3. JUR* Rückfälligkeit *f*

revisionare [revizio'na:re] *v* überprüfen

revisione [revizi'o:ne] *f* Revision *f,* nachträgliche Prüfung *f; ~ contabile* Buchprüfung *f; ~ costituzionale* Verfassungsänderung *f*

revisore [revi'zo:re] *m* Prüfer *m; ~ dei conti* Wirtschaftsprüfer *m*

revoca ['rɛ:voka] *f 1.* Absage *f; 2. JUR* Widerruf *m*

revocabile [revoka:bile] *adj* widerrufbar, zurücknehmbar

revocare [revo'ka:re] *v* widerrufen

riabilitare [riabili'ta:re] *v* rehabilitieren

riabilitazione [riabilitatsi'o:ne] *f* Rehabilitation *f*

riaccendere [riat't ∫ ɛndere] *v* wieder in Gang bringen

riaccendersi [riat't ∫ ɛndersi] *v* sich wieder entzünden

riaffermarsi [riaffer'marsi] *v* sich erneut bestätigen, sich bewähren

rialzare [rial'tsa:re] *v* erhöhen, hochheben

rialzarsi [rial'tsarsi] *v* sich wieder erheben

rialzo [ri'a:ltso] *m* Erhöhung *f*

riammalarsi [riamma'larsi] *v* wieder erkranken, einen Rückfall haben

rianimare [riani'ma:re] *v* wieder beleben

rianimarsi [riani'marsi] *v (persona)* aufleben

rianimazione [rianimatsi'o:ne] *f 1. MED* Wiederbelebung *f; 2. (ripresa di animazione)* Aufleben *n*

riapertura [riaper'tu:ra] *f* Wiedereröffnung *f*

riarmare [riar'ma:re] *v MIL* aufrüsten

riarmo [ri'armo] *m MIL* Aufrüstung *f*

riarso [ri'arso] *adj 1.* vertrocknet, verdorrt; *2. (bruciato dal sole)* sonnenverbrannt

riassetto [rias'sɛtto] *m 1.* Neuordnung *f; 2. (ripristino dell'ordine)* Wiederherrichtung *f*

riassumere [rias'su:mere] *v irr* zusammenfassen

riassuntivo [riassun'ti:vo] *adj* zusammenfassend

riassunto [rias'sunto] *m 1.* Auszug *m,* Zusammenfassung *f; adj 2.* zusammengefasst, resümiert

riavere [ria've:re] *v 1.* wiederhaben; *2. (denaro)* herausbekommen

ribadire [riba'di:re] *v irr 1. TECH* vernieten; *2. (fig)* bestätigen

ribalta [ri'balta] *f 1.* Klappe *f; 2. THEAT* Rampe *f; luci della* ~ Rampenlicht *n*

ribaltarsi [ribal'tarsi] *v* umkippen

ribassare [ribas'sa:re] *v (prezzo)* nachlassen, ermäßigen

ribasso [ri'basso] *m 1.* Nachlass *m,* Abschlag *m; 2. ECO* Rabatt *m*

ribattere [ri'battere] *v* erwidern

ribellarsi [ribel'larsi] *v* sich auflehnen, meutern

ribelle [ri'bɛlle] *adj 1.* aufständisch, rebellisch; *m 2.* Rebell *m*

ribellione [ribelli'oːne] *f* Aufstand *m*
ribes ['riːbes] *m* BOT Johannisbeere *f;* ~
spinoso BOT Stachelbeere *f*
ribollire [ribol'liːre] *v* kochen
ribrezzo [ri'breddzo] *m* Widerwille *m,*
Abscheu *m/f*
ricaduta [rika'duːta] *f* Rückfall *m*
ricalcare [rikal'kaːre] *v* abpausen
ricalcitrante [rikaltʃi'trante] *adj* widerspenstig, widerborstig
ricamare [rika'maːre] *v* sticken
ricambio [ri'kambio] *m 1.* Ersatz *m,*
Austausch *m; pezzo di* ~ Ersatzteil *n; 2. BIO*
Stoffwechsel *m*
ricamo [ri'kaːmo] *m 1.* Stickerei *f; 2. (orna-*
mento) Verzierung *f,* Dekoration *f*
ricapitolare [rikapitolaːre] *v* rekapitulieren
ricaricare [rikari'kaːre] *v TECH* aufladen
ricattare [rikat'taːre] *v* erpressen
ricattatore [rikatta'toːre] *m* Erpresser *m*
ricatto [ri'katto] *m* Erpressung *f*
ricavare [rika'vaːre] *v 1.* ziehen; *2. (profit-*
to) verdienen; *3. MIN* fördern
ricavato [rika'vaːto] *m ECO* Erlös *m*
ricavo [ri'kaːvo] *m* Ertrag *m*
ricchezza [ri'kettsa] *f* Reichtum *m;* ~
nazionale Volksvermögen *n*
riccio¹ ['rittʃo] *adj* lockig
riccio² ['rittʃo] *m 1. ZOOL* Igel *m;* ~ *di*
mare Seeigel *m; 2. BOT* Kastanienschale *f*
ricciolo ['rittʃolo] *m* Locke *f*
riccioluto [rittʃo'luːto] *adj* lockig
ricco ['rikko] *adj 1.* reich, vermögend;
nuovo ~ neureich; *2. (fig)* fürstlich; *3. (in*
abbondanza) reichlich, vermögend
ricerca [ri'tʃerka] *f 1.* Nachforschung *f,*
Suche *f; 2. (scienza)* Forschung *f;* ~ *genetica*
Genforschung *f;* ~ *nucleare* Atomforschung
f; ~ *spaziale* Weltraumforschung *f; 3. JUR*
Fahndung *f*
ricercare [ritʃer'kaːre] *v* forschen, nachforschen
ricercato [ritʃer'kaːto] *adj 1.* gesucht;
2. (apprezzato) begehrt; *3. (parole)* ausge-
sucht, gewählt
ricercatore [ritʃerka'toːre] *m* Forscher *m*
ricetta [ri'tʃetta] *f 1. MED* Rezept *n; da*
vendersi dietro ~ *medica* rezeptpflichtig, apo-
thekenpflichtig; *2. GAST* Rezept *n*
ricettario [ritʃet'taːrio] *m* Kochbuch *n*
ricettatore [ritʃetta'toːre] *m* Schieber *m*
ricettazione [ritʃettatsi'oːne] *f* Schie-
berei *f,* Hehlerei *f*

ricevente [ritʃe'vɛnte] *adj 1. TECH* emp-
fangend; *apparecchio* ~ Empfangsgerät *n;*
m/f 2. Empfänger(in) *m/f*
ricevere [ri'tʃeːvere] *v 1.* empfangen,
erhalten; *2. TEL* empfangen; *3. (fig)* genießen
ricevimento [ritʃevi'mento] *m* Empfang *m*
ricevitore [ritʃevi'toːre] *m TEL* Telefonhörer *m*
ricevuta [ritʃe'vuːta] *f 1.* Empfangs-
bestätigung *f; 2. FIN* Quittung *f; Posso avere*
una ~ *fiscale?* Kann ich eine Quittung
haben?
ricezione [ritʃetsi'oːne] *f 1. (d'albergo)*
Empfang *m,* Rezeption *f; 2. TEL* Empfang *m*
richiamare [rikia'maːre] *v 1.* zurückrufen;
~ *alla mente* vergegenwärtigen; *2. INFORM*
aufrufen; *3. (indurre)* veranlassen, anhalten;
4. MIL einberufen
richiamarsi [rikia'marsi] *v* ~ *a qd* sich auf
jdn berufen
richiamo [riki'aːmo] *m 1.* Bemerkung *f;*
2. (rimprovero) Tadel *m; 3. MIL* Einberufung
f; 4. ~ *di uccelli* Lockvogel *m*
richiedente [rikie'dɛnte] *m/f* Antrag-
steller(in) *m/f;* ~ *asilo politico* Asylbewer-
ber(in) *m/f*
richiedere [riki'ɛːdere] *v irr 1.* fragen,
erfragen; *2. (pretendere)* anfordern; *3.*
(necessitare) erfordern
richiedersi [riki'ɛːdersi] *v* erforderlich
sein
richiesta [riki'ɛsta] *f 1.* Frage *f; 2. (esi-*
genza) Forderung *f,* Verlangen *n;* ~ *di dimis-*
sioni Abschiedsgesuch *n; 3. ECO* Nachfrage *f*
richiesto [riki'ɛsto] *adj* begehrt, gefragt
riciclaggio [ritʃi'kladdʒo] *m* Recycling *n;*
~ *dei dati* Datenrecycling *n*
ricino ['riːtʃino] *m MED* Rizinusöl *n*
ricognizione [rikoɲitsi'oːne] *f 1.* Anerkennung *f; 2. MIL* Suche *f,* Erkundigung *f*
ricollegare [rikolle'gaːre] *v* eine Verbindung herstellen
ricollegarsi [rikolle'garsi] *v 1.* sich verbinden, *2. (fig)* in Zusammenhang stehen
ricolmo [ri'kolmo] *adj* voll, angefüllt
ricompensa [rikom'pɛnsa] *f* Belohnung *f*
ricompensare [rikompen'saːre] *v* belohnen
riconciliazione [rikontʃiliatsi'oːne] *f*
Versöhnung *f*
ricondurre [rikon'durre] *v irr* zurückführen

riconoscente [rikono'ʃɛnte] *adj* dankbar
riconoscenza [rikono'ʃɛntsa] *f* Dankbarkeit *f*
riconoscere [riko'noʃere] *v irr* 1. wieder erkennen; 2. *(individuare)* erkennen; 3. *(legittimare)* anerkennen; 4. *(ammettere)* bekennen, zugeben
riconoscibile [rikono'ʃiːbile] *adj* erkennbar, erkenntlich
riconoscimento [rikonoʃi'mento] *m* 1. Anerkennung *f*; 2. *(di persone o cose già note)* Wiedererkennung *f*; *segno di* ~ Kennzeichen *n* Erkennungszeichen *n*; *documento di* ~ Personalausweis *m*; 3. *(ammissione)* Eingeständnis *n*
riconosciuto [rikono'ʃuːto] *adj* anerkannt
riconquistare [rikonkuis'taːre] *v* zurückerobern
ricoprire [riko'priːre] *v* 1. zudecken, beziehen; ~ *di gelatina* glasieren; 2. *(posto)* bekleiden
ricordanza [rikor'dantsa] *f* Andenken *n*, Erinnerung *f*
ricordare [rikor'daːre] *v* ~ *qc* an etw erinnern
ricordarsi [rikor'darsi] *v* 1. sich erinnern, sich entsinnen; 2. ~ *qc* sich etw merken
ricordo [ri'kɔrdo] *m* 1. Erinnerung *f*, Andenken *n*; ~ *d'infanzia* Kindheitserinnerung *f*; 2. *(fig)* Nachgeschmack *m*
ricorrenza [rikor'rɛntsa] *f* 1. Wiederkehr *f*; 2. *(giorno commemorativo)* Gedenktag *m*
ricorrere [ri'korrere] *v irr* 1. zurückgehen, zurücklaufen; 2. *(far ricorso)* zurückgreifen; 3. *(giorno festivo)* fallen auf
ricorso [ri'korso] *m* 1. Inanspruchnahme *f*; 2. *JUR* Berufung *f*
ricostituente [rikostitu'ɛnte] *adj* 1. stärkend; *m* 2. Stärkungsmittel *n*
ricostruire [rikostru'iːre] *v irr* 1. wieder aufbauen; 2. *(fig)* rekonstruieren
ricostruzione [rikostrutsi'oːne] *f* Wiederaufbau *m*, Umbau *m*
ricoverare [rikove'raːre] *v (ospedale)* einliefern, einweisen
ricoverarsi [rikove'rarsi] *v* sich flüchten
ricovero [ri'koːvero] *m* Pflegeheim *n*, Unterkunft *f*
ricrearsi [rikre'arsi] *v* sich erholen
ricreazione [rikreatsi'oːne] *f* Erholung *f*, Pause *f*
ricredersi [ri'kreːdersi] *v* sich neu besinnen

ricuperare [rikupe'raːre] *v* 1. bergen, heben; 2. *(fig: riguadagnare)* nachholen; 3. *(credito) ECO* einziehen
ricurvo [ri'kurvo] *adj* krumm, gebeugt
ricusare [riku'zaːre] *v* ablehnen
ridacchiare [ridakki'aːre] *v* kichern
ridare [ri'daːre] *v irr* zurückgeben
ridente [ri'dɛnte] *adj* froh
ridere ['riːdere] *v irr* lachen
ridicolo [ri'diːkolo] *adj* lächerlich; *cadere nel* ~ *(fam)* zum Gelächter werden
ridire [ri'diːre] *v irr* einwenden
ridondante [ridon'dante] *adj* sehr viel
ridotta [ri'dotta] *f MIL* Bunker *m*
ridotto [ri'dotto] *adj* 1. reduziert; 2. *(modificato)* abgeändert; 3. *mal* ~ verkommen; *m* 4. *THEAT* Foyer *n*
ridurre [ri'durre] *v irr* 1. beschränken, einschränken; 2. *(diminuire)* schmälern, vermindern
riduzione [ridutsi'oːne] *f* 1. Verminderung *f*, Abnahme *f*; ~ *d'imposta* Steuerermäßigung *f*; *C'è una* ~ *per studenti?* Gibt es eine Ermäßigung für Studenten? 2. *ECO* Rabatt *m*
riecheggiare [rieked'dʒaːre] *v* widerhallen
riedificazione [riedifikatsi'oːne] *f* Wiederaufbau *m*
rielaborare [rielabo'raːre] *v* umschreiben, ändern
rielezione [rieletsi'oːne] *f POL* Wiederwahl *f*
riempimento [riempi'mento] *m* Füllung *f*
riempire [riem'piːre] *v* füllen, auffüllen
riempitura [riempi'tuːra] *f GAST* Füllung *f*
rientrare [rien'traːre] *v* 1. erneut eintreffen; ~ *a casa* nach Hause zurückkehren; 2. *(essere compreso)* inbegriffen sein
riepilogo [rie'piːlogo] *m* Zusammenfassung *f*
riesaminare [riezami'naːre] *v* kontrollieren
rifacimento [rifatʃi'mento] *m* Überarbeitung *f*
rifare [ri'faːre] *v irr* 1. überarbeiten, umarbeiten; 2. *(fig)* umkrempeln; 3. *(fare di nuovo)* erneut machen; ~ *l'esame* die Prüfung wiederholen
riferimento [riferi'mento] *m* 1. Bezugnahme *f*; *con* ~ *a* bezüglich; 2. *(dato orientativo)* Bezugspunkt *m*, Anknüpfungspunkt *m*
riferire [rife'riːre] *v* berichten

riferirsi [rife'rirsi] *v ~ a qc* sich auf etw beziehen
rifinitura [rifini'tuːra] *f* Feinarbeit *f*
rifiutare [rifiu'taːre] *v 1.* ablehnen; *2. (negare)* verneinen, verweigern; *~ la deposizione* die Aussage verweigern; *3. (ricusare)* zurückweisen
rifiutarsi [rifiu'tarsi] *v* sich weigern
rifiuto [rifi'uːto] *m 1.* Ablehnung *f,* Abweisung *f; 2. (rinnegamento)* Abfall *m; 3. (ricusa)* Ablehnung *f; ~ di accettazione* Annahmeverweigerung *f; 4. (disdetta)* Absage *f; 5. rifiuti pl* Abfall *m,* Müll *m; rifiuti tossici* Giftmüll *m*
riflessione [riflessi'oːne] *f* Überlegung *f,* Betrachtung *f*
riflesso [ri'flɛsso] *adj 1.* spiegelbildlich; *m 2.* Reflex *m,* Spiegelung *f; avere riflessi* schillern
riflettere [ri'flɛttere] *v irr 1.* reflektieren, zurückwerfen; *2. (fig)* widerspiegeln; *3. ~ a lungo* gründlich überdenken
riflettersi [ri'flɛttersi] *v irr* sich spiegeln
riflettore [riflet'toːre] *m 1.* Reflektor *m; 2. TECH* Scheinwerfer *m*
riflusso [ri'flusso] *m 1. GEO* Ebbe *f; 2. FIN* Rückfluss *m*
riforma [ri'forma] *f 1. POL* Reform *f; ~ agraria* Agrarreform *f; ~ monetaria* Währungsreform *f; 2. REL* Reformation *f*
riformare [rifor'maːre] *v 1.* reformieren; *2. (formare di nuovo)* neu gestalten; *3. MIL* für nicht tauglich erklären
rifornimento [riforni'mento] *m* Versorgung *f,* Nachschub *m*
rifornirsi [rifor'nirsi] *v ~ di* sich versorgen mit
rifugiato [rifu'dʒaːto] *m* Flüchtling *m; ~ politico* politischer Flüchtling *m*
rifugio [ri'fuːdʒo] *m* Zuflucht *f,* Hort *m; ~ alpino* Berghütte *f; ~ antiaereo* Luftschutzkeller *m*
riga ['riːga] *f 1.* Zeile *f; ~ principale* Schlagzeile *f; distanza delle righe* Zeilenabstand *m; 2. (striscia)* Streifen *m; a righe* gestreift; *3. (regolo)* Lineal *n; 4. (tra i capelli)* Scheitel *m*
rigagnolo [ri'gaːɲolo] *m* Rinnsal *n,* kleiner Flusslauf *m*
rigattiere [rigatti'ɛːre] *m* Trödler *m*
rigenerare [ridʒene'raːre] *v 1.* erneuern; *2. PHYS* wieder aufbereiten
rigettare [ridʒet'taːre] *v 1.* zurückwerfen; *2. (rifiutare)* verwerfen

rigetto [ri'dʒɛtto] *m* Ablehnung *f*
righello [ri'gɛllo] *m* Lineal *n*
rigidezza [ridʒi'dettsa] *f 1.* Härte *f; 2. (di un corpo)* Starre *f*
rigido ['riːdʒido] *adj 1. (corpo)* starr, steif; *2. (rigoroso)* streng; *3. disco ~ INFORM* Festplatte *f*
rigo ['riːgo] *m 1.* Zeile *f; 2. (linea)* Linie *f*
rigoglioso [rigo'ʎoːso] *adj* üppig, verschwenderisch
rigonfiamento [rigonfia'mento] *m* Quellung *f*
rigonfiarsi [rigonfi'arsi] *v* wieder anschwellen
rigore [ri'goːre] *m 1.* Härte *f,* Strenge *f; a ~* genau genommen; *2. SPORT* Elfmeterschuss *m*
rigoroso [rigo'roːso] *adj* streng, rigoros
riguardante [riguar'dante] *prep* bezüglich; *~ ciò* diesbezüglich
riguardare [riguar'daːre] *v 1.* angehen, anbelangen; *per quanto mi riguarda* was mich angeht/was mich betrifft; *2. (rivedere)* erneut durchsehen; *3. (deliberare)* erwägen; *4. (considerare)* betrachten; *~ come un amico* als Freund betrachten
riguardarsi [riguar'darsi] *v 1.* sich schonen, sich erholen; *2. (stare attento, guardarsi)* sich in Acht nehmen
riguardo [rigu'ardo] *m 1.* Rücksicht *f; con ~* rücksichtsvoll; *senza ~* rücksichtslos; *senza riguardi* schonungslos; *2. (relazione)* Bezug *m; ~ a* bezüglich
riguardoso [riguar'doːso] *adj* rücksichtsvoll, ehrfürchtig
rilancio [ri'lantʃo] *m 1.* höherer Einsatz *m,* Gebot *n; 2. (di un prodotto)* Neueinführung *f*
rilasciare [rila'ʃaːre] *v 1.* ausstellen, ausfertigen; *~ una ricevuta* quittieren; *2. (carcerato)* entlassen, freilassen
rilascio [ri'laʃo] *m 1. (di un documento)* Ausstellung *f,* Ausstellen *n; 2. (di un carcerato)* Entlassung *f,* Freilassung *f*
rilassamento [rilassa'mento] *m 1.* Erholung *f; 2. (allentamento)* Erschlaffung *f,* Lockerung *f*
rilassante [rilas'sante] *adj* entspannend, erholsam
rilassare [rilas'saːre] *v 1.* lockern, entkrampfen; *2. (debilitare)* schwächen
rilassarsi [rilas'sarsi] *v 1.* sich entspannen, ausspannen; *2. (allentarsi)* sich entkrampfen, auflockern
rilassatezza [rilassa'tettsa] *f* Lockerung *f*

rilassato [rilas'sa:to] *adj* entspannt
rilegare [rile'ga:re] *v (libro)* einbinden
rilegatore [rilega'to:re] *m* ~ *di libri* Buchbinder *m*
rilegatura [rilega'tu:ra] *f (di un libro)* Einband *m*
rilevamento [rileva'mento] *m* Erfassung *f*, Erhebung *f*; ~ *dati* Datenerfassung *f*
rilevante [rile'vante] *adj* erheblich
rilevanza [rile'vantsa] *f* Bedeutsamkeit *f*
rilevare [rile'va:re] *v* 1. erfassen; 2. *(direzione)* peilen
rilievo [rili'ε:vo] *m* 1. Betonung *f*, Hervorhebung *f*; *dare* ~ hervorheben; 2. *GEO* Erhebung *f*; 3. *ART* Relief *n*
riluttante [rilut'tante] *adj* widerwillig, widerborstig
rima ['ri:ma] *f* 1. *LIT* Reim *m*; 2. *rime pl (versi) LIT* Verse *pl*
rimandare [riman'da:re] *v* 1. verweisen, zurückschicken; 2. *(rinviare)* verschieben, aufschieben; 3. *(lettura)* verweisen
rimando [ri'mando] *m* Verweis *m*
rimanente [rima'nεnte] *adj* 1. übrig; *m* 2. Rest *m*
rimanenza [rima'nεntsa] *f* Rest *m*
rimanere [rima'ne:re] *v irr* 1. bleiben, übrig bleiben; 2. *(trattenersi)* verweilen
rimarginare [rimard3i'na:re] *v* verheilen
rimarginarsi [rimard3i'narsi] *v* vernarben, sich schließen
rimasuglio [rima'su:ʎo] *m* Rest *m*
rimbalzare [rimbal'tsa:re] *v* 1. abprallen, aufprallen; 2. *SPORT* abschlagen
rimbalzo [rim'baltso] *m* 1. Aufprall *m*, Rückschlag *m*; 2. *SPORT* Abschlag *m*
rimboccare [rimbok'ka:re] *v* umkrempeln, hochkrempeln
rimbombare [rimbom'ba:re] *v (tuono)* dröhnen, grollen
rimborsabile [rimbor'sa:bile] *adj FIN* rückzahlbar
rimborsare [rimbor'sa:re] *v* 1. *FIN* zurückzahlen, wieder gutmachen; 2. *(risarcire) FIN* vergüten, zurückzahlen
rimborso [rim'borso] *m* 1. *FIN* Rückzahlung *f*, Rückvergütung *f*; ~ *di spese* Aufwandsentschädigung *f*; 2. *(risarcimento)* Wiedergutmachung *f*; 3. *(spedizione in contrassegno)* Nachnahme *f*
rimboschimento [rimboski'mento] *m* 1. Neuanpflanzung *f*; 2. *BOT* Aufforstung *f*
rimediare [rimedi'a:re] *v* 1. wieder gutmachen; 2. *(denaro)* aufbringen

rimedio [ri'mε:dio] *m* 1. *MED* Mittel *n*, Heilmittel *n*, Arznei *f*; ~ *universale* Allheilmittel *n*; 2. *(fig)* Mittel *n*, Hilfsmittel *n*; 3. *(ripiego)* Abhilfe *f*
rimembranza [rimem'brantsa] *f* Andenken *n*
rimescolare [rimesko'la:re] *v* vermischen
rimessa [ri'messa] *f* 1. Garage *f*; 2. *SPORT* Einwurf *m*
rimestare [rimes'ta:re] *v* rühren, umrühren
rimetterci [ri'mettertʃi] *v irr* 1. einbüßen, verlieren; 2. *(fig)* draufzahlen
rimettere [ri'mettere] *v irr* 1. übermitteln, schicken; 2. *(fig)* anheim stellen, anvertrauen; 3. *FIN* anweisen; 4. *(piede)* setzen, stellen; 5. *(vomitare)* sich übergeben
rimettersi [ri'mettersi] *v irr* 1. sich erholen; 2. *(accingersi di nuovo)* sich wieder anschicken
rimmel ['rimmel] *m* Wimperntusche *f*
rimodernare [rimoder'na:re] *v* modernisieren
rimorchiare [rimorki'a:re] *v* 1. schleppen, abschleppen; *Potrebbe* ~ *la mia macchina?* Können Sie mein Auto abschleppen? 2. *(fig)* mitziehen, ins Schlepptau nehmen; 3. *(fam)* aufreißen
rimorchio [ri'morkio] *m (di veicolo)* Anhänger *m*; *barra per* ~ Abschleppstange *f*; *cavo da* ~ Schlepptau *n*; *prendere a* ~ abschleppen
rimorso [ri'morso] *m* 1. *(pentimento)* Reue *f*; 2. *rimorsi di coscienza pl* Gewissensbisse *pl*
rimozione [rimotsi'o:ne] *f* Beseitigung *f*, Wegnahme *f*
rimpatriare [rimpatri'a:re] *v* nach Hause zurückkommen, heimkehren
rimpatrio [rim'pa:trio] *m* Heimkehr *f*
rimpiangere [rimpi'and3ere] *v irr* bedauern, beweinen
rimpianto [rimpi'anto] *adj* 1. beweint; *m* 2. Bedauern *n*
rimpiazzare [rimpiat'tsa:re] *v* ersetzen
rimpicciolimento [rimpittʃoli'mento] *m* Verkleinerung *f*
rimpicciolire [rimpittʃo'li:re] *v* verkleinern
rimpinzarsi [rimpin'tsarsi] *v* sich voll essen
rimproverare [rimprove'ra:re] *v* 1. vorwerfen, rügen; 2. *(sgridare)* schelten, zanken
rimprovero [rimpro:vero] *m* Rüge *f*, Verweis *m*; *con aria di* ~ vorwurfsvoll

rimuginare [rimudʒi'naːre] *v* 1. wälzen; 2. *(fig)* grübeln

rimunerare [rimune'raːre] *v* entlohnen, belohnen

rimunerazione [rimuneratsi'oːne] *f* Entlohnung *f*, Belohnung *f*

rimuovere [rimu'oːvere] *v* 1. abnehmen, beseitigen; 2. *(spostare)* fortbewegen; 3. *(fig: ostacolo)* ausräumen

rinascimento [rinaʃi'mento] *m* 1. Wiedergeburt *f*; 2. HIST Renaissance *f*

rincarare [riŋka'raːre] *v* 1. verteuern; 2. *(crescere di prezzo)* im Preis steigen

rincaro [riŋ'kaːro] *m* Verteuerung *f*; ~ *eccessivo* Überteuerung *f*

rinchiudere [riŋki'udere] *v* einsperren, einschließen

rinchiudersi [riŋki'uːdersi] *v* sich einsperren; *Si è rinchiuso in camera*. Er hat sich im Zimmer eingeschlossen.

rincorarsi [riŋko'rarsi] *v* wieder Mut fassen

rincorrere [riŋ'korrere] *v irr* verfolgen

rincorsa [riŋ'korsa] *f* Anlauf *m*

rincrescere [riŋ'kreʃere] *v* bemitleiden, Leid tun; *Mi rincresce*. Es tut mir Leid.

rincrescimento [riŋkreʃi'mento] *m* Bedauern *n*

rinfacciare [rinfat'tʃaːre] *v (fig)* vorhalten

rinforzamento [rinfortsa'mento] *m* Stärkung *f*, Festigung *f*

rinforzare [rinfor'tsaːre] *v* stärken, verstärken

rinforzo [rin'fɔrtso] *m* Verstärkung *f*

rinfrancare [rinfraŋ'kaːre] *v (fig)* aufrichten

rinfrancarsi [rinfraŋ'karsi] *v* neuen Mut schöpfen

rinfrescante [rinfres'kante] *adj* erfrischend

rinfrescare [rinfres'kaːre] *v* auffrischen

rinfrescarsi [rinfres'karsi] *v* 1. sich erfrischen; *Vorrei rinfrescarmi*. Ich möchte mich frisch machen. 2. *(tempo)* kühl werden

rinfrescata [rinfres'kaːta] *f* 1. Erfrischung *f*; 2. *(raffreddamento della temperatura)* Abkühlung *f*

rinfresco [rin'fresko] *m* Erfrischung *f*

rinfusa [rifu:za] *f alla* ~ durcheinander

ringalluzzirsi [riŋgallut'tsirsi] *v* sich brüsten

ringhiare [riŋgi'aːre] *v (cane)* knurren

ringhiera [riŋgi'ɛːra] *f* Geländer *n*; ~ *delle scale* Treppengeländer *n*

ringraziare [riŋgratsi'aːre] *v* danken, bedanken

rinnegare [rinne'gaːre] *v* verleugnen

rinnovamento [rinnova'mento] *m* Erneuerung *f*, Neuerung *f*

rinnovare [rinno'vaːre] *v* erneuern, renovieren

rinnovazione [rinnovatsi'oːne] *f* Erneuerung *f*, Renovierung *f*

rinnovo [rin'nɔːvo] *m* Erneuerung *f*, Verlängerung *f*

rinoceronte [rinotʃe'ronte] *m* ZOOL Nashorn *n*

rinomato [rino'maːto] *adj* renommiert, berühmt

rinsavire [rinsa'viːre] *v* zur Vernunft bringen

rinsavirsi [rinsa'virsi] *v* verständig werden, zur Vernunft kommen

rintanarsi [rinta'narsi] *v* sich verkriechen, sich verstecken

rintocco [rin'tokko] *m* Glockenschlag *m*

rintracciare [rintrat'tʃaːre] *v* 1. finden; 2. *(scoprire)* ermitteln

rinuncia [ri'nuntʃa] *f* Verzicht *m*, Aufgabe *f*

rinunciare [rinun'tʃaːre] *v* 1. verzichten, aufgeben; 2. ~ *a qc* auf etw verzichten, etw fallen lassen

rinvenire [rinve'niːre] *v* wieder finden, entdecken

rinviare [rinvi'aːre] *v* 1. verschieben, aufschieben; 2. *(in un testo)* verweisen

rinvio [rin'viːo] *m* 1. Verweis *m*; 2. *(differimento)* Aufschub *m*; 3. *(della posta)* Nachsendung *f*; 4. *(sospensione)* Aussetzung *f*

riorganizzare [riorganid'dzaːre] *v* umorganisieren, umstellen

riottenere [riotte'neːre] *v irr* zurückerhalten

ripagare [ripa'gaːre] *v* 1. zurückzahlen; 2. *(contraccambiare)* vergelten, heimzahlen

riparare [ripa'raːre] *v* 1. reparieren; 2. *(danno, torto)* wieder gutmachen; 3. *(difendere)* beschützen

riparazione [riparatsi'oːne] *f* 1. Reparatur *f*; 2. *(risarcimento)* Wiedergutmachung *f*, Entschädigung *f*

riparo [ri'paːro] *m* 1. Schutz *m*, Beschirmung *f*; 2. MIL Deckung *f*; 3. *(rimedio)* Erleichterung *f*, Abhilfe *f*

ripartizione [ripartitsi'oːne] *f* 1. Umlage *f*; 2. *(divisione)* Teilung *f*

ripassare [ripas'saːre] v durchschauen, durchlesen

ripensamento [ripensa'mento] m Überdenken n

ripensare [ripen'saːre] v 1. überdenken; 2. (cambiare idea) zu einer anderen Meinung gelangen; Avevo deciso di andarmene ma ci ripensai. Ich hatte beschlossen wegzugehen, aber dann habe ich es mir anders überlegt.

ripercorrere [riper'korrere] v 1. wieder begehen, wieder befahren; 2. (fig) durchgehen

ripercussione [riperkussi'oːne] f Nachwirkung f

ripetere [ri'pɛːtere] v wiederholen

ripetersi [ri'pɛːtersi] v sich wiederholen

ripetizione [ripetitsi'oːne] f 1. Wiederholung f; 2. (lezione) Nachhilfestunde f

ripetuto [ripe'tuːto] adj mehrmalig, wiederholt

ripido ['riːpido] adj steil, abschüssig

ripiegare [ripie'gaːre] v 1. zusammenlegen, falten; 2. MIL abziehen

ripiegarsi [ripie'garsi] v zurückweichen

ripiego [ripi'ɛːgo] m 1. Behelf m; 2. (pretesto) Vorwand m

ripieno [ripi'ɛːno] adj 1. voll, gefüllt; m 2. Füllung f

riportare [ripor'taːre] v 1. zurückbringen, zurückfahren; 2. (fig) davontragen, erleiden; 3. (conto) ECO umbuchen, übertragen

riporto [ri'pɔrto] m 1. Übertragung f; 2. ECO Übertrag m; 3. (conto) ECO Umbuchung f; 4. (del vestito) Applikation f

riposante [ripo'sante] adj 1. (gradevole) angenehm; 2. (distensivo) beruhigend

riposare [ripo'saːre] v ausruhen, ruhen

riposarsi [ripo'sarsi] v sich ausruhen

riposo [ri'pɔːso] m 1. Ruhe f; ~ serale Feierabend m; giorno di ~ Ruhetag m; 2. (condizione di chi non lavora più) Ruhestand m

ripostiglio [ripos'tiːʎo] m Rumpelkammer f

riprendere [ri'prɛndere] v irr 1. zurücknehmen, aufnehmen; 2. CINE drehen; 3. (proseguire) fortsetzen; 4. (rimproverare) schelten, tadeln

riprendersi [ri'prɛndersi] v irr sich erholen

ripresa [ri'preːsa] f 1. Aufnahme f; 2. ECO Aufschwung m; 3. TECH Beschleunigungsvermögen n; 4. SPORT zweite Halbzeit f; 5. CINE Aufnahme f

ripristinare [ripristi'naːre] v wiederherstellen

riprodurre [ripro'durre] v reproduzieren; ~ a stampa abdrucken

riproduzione [riprodutsi'oːne] f 1. Reproduktion f, Nachbildung f; 2. (copia) Abdruck m, Vervielfältigung f; 3. BIO Fortpflanzung f, Vermehrung f

ripromettere [ripro'mettere] v sich wieder ankündigen

ripromettersi [ripro'mettersi] v sich vornehmen

riprova [ri'prɔːva] f Bestätigung f

riprovare [ripro'vaːre] v 1. wieder versuchen; 2. (fam: bocciare) durchfallen lassen; 3. (disapprovare) nicht gutheißen, verwerfen

riprovevole [ripro'veːvole] adj verwerflich

ripudiare [ripudi'aːre] v 1. verleugnen; 2. ~ qd jdn verstoßen

ripugnante [ripu'ɲante] adj widerlich

ripugnanza [ripu'ɲantsa] f (avversione) Abneigung f, Widerwille m

ripugnare [ripu'ɲaːre] v zuwider sein

riqualificare [rikualifi'kaːre] v umschulen

risacca [ri'sakka] f Brandung f

risaia [ri'saːia] f Reisfeld n

risalire [risa'liːre] v zurückgehen

risaltare [risal'taːre] v 1. absetzen, sich absetzen; 2. (sporgere da una superficie) hervorspringen; 3. (fig) abstechen

risalto [ri'salto] m Auszeichnung f, Hervorhebung f; dar ~ betonen, hervorheben

risanamento [risana'mento] m Sanierung f

risanare [risa'naːre] v sanieren

risarcimento [risartʃi'mento] m Entschädigung f, Wiedergutmachung f; ~ dei danni Schadenersatz m; ~ dei danni morali Schmerzensgeld n

risarcire [risar'tʃiːre] v irr wieder gutmachen

risata [ri'saːta] f 1. Gelächter n; 2. risate pl Gekicher n

riscaldamento [riscalda'mento] m Heizung f; ~ a gas Gasheizung f; ~ centrale Zentralheizung f

riscaldare [riskal'daːre] v 1. heizen, wärmen; 2. (fig) erhitzen

riscaldarsi [riskal'darsi] v sich erwärmen

riscattare [riskat'taːre] v auslösen, loskaufen

riscattarsi [riskat'tarsi] v sich revanchieren

riscatto [ris'katto] *m 1.* Loskauf *m*, Freikauf *m; 2. (prezzo pagato o da pagare)* Lösegeld *n*
rischiare [riski'a:re] *v* riskieren, wagen
rischio ['riskio] *m* Risiko *n*, Wagnis *n; ~ di cambio* Wechselkursrisiko *n; ~ restante* Restrisiko *n*
rischioso [riski'o:so] *adj* riskant
risciacquare [riʃaku'a:re] *v* spülen
riscontrare [riskon'tra:re] *v* feststellen
riscossa [ris'kɔssa] *f* Revolte *f*
riscossione [riskossi'o:ne] *f 1.* Beschlagnahme *f; 2. (tasse) ECO* Einzug *m; ~ fiscale* Steuererhebung *f*
riscrivere [ris'kri:vere] *v 1.* umschreiben, neu schreiben; *2. (rispondere scrivendo)* zurückschreiben
riscuotere [risku'ɔ:tere] *v 1.* schütteln; *2. (tasse) ECO* erheben; *3. (fig)* ernten, erzielen
risedere [rise'de:re] *v* wieder sitzen
risentimento [risenti'mento] *m* Abneigung *f*
risentire [risen'ti:re] *v 1.* wieder fühlen; *2. (sentire di nuovo)* wieder hören; *3. (essere toccato intimamente)* sich getroffen fühlen
risentirsi [risen'tirsi] *v* sich betroffen fühlen
riserbare [riser'ba:re] *v* zurücklegen
riserbo [ri'sɛrbo] *m* Reserve *f*, Zurückhaltung *f*
riserva [ri'sɛrva] *f 1.* Vorbehalt *m; con ~ di* vorbehaltlich; *con le riserve d'uso* mit dem üblichen Vorbehalt; *senza riserve* ohne Vorbehalte; *2. (capitale) FIN* Reserve *f; 3. ~ da caccia* Jagdrevier *n*, Gehege *n; 4. (scorta)* Vorrat *m; tenere in ~* bereithalten, zurückhalten
riservare [riser'va:re] *v* reservieren, vorbestellen
riservarsi [riser'varsi] *v* vorbehalten
riservatezza [riserva'tettsa] *f 1.* Verschwiegenheit *f*, Vertraulichkeit *f; 2. (confidenza)* Vertraulichkeit *f; 3. (riserbo)* Reserviertheit *f*
riservato [riser'va:to] *adj 1.* zurückhaltend, verschlossen; *2. (fig)* vertraut; *3. (confidenziale)* vertraulich
riso¹ ['ri:so] *m* Lachen *n*
riso² ['ri:so] *m BOT* Reis *m*
risolutezza [risolu'tettsa] *f* Entschlossenheit *f*
risolutivo [risolu'ti:vo] *adj 1.* auflösend; *2. (conclusivo)* entscheidend

risoluto [riso'lu:to] *adj* resolut, zielbewusst
risoluzione [risolutsi'o:ne] *f 1. (chiarimento)* Lösung *f*, Auflösung *f; 2. (decisione)* Entschluss *m*, Beschluss *m*
risolvere [ri'sɔlvere] *v irr 1. (chiarire)* lösen, auflösen; *2. (decifrare)* enträtseln; *3. (definire)* entscheiden; *4. (finire)* beenden, enden
risonanza [riso'nantsa] *f 1.* Widerhall *m*, Resonanz *f; 2. (fig)* Nachklang *m*, Resonanz *f*
risonare [riso'na:re] *v 1.* hallen, klingen; *2. (echeggiare)* widerhallen
risorsa [ri'sorsa] *f 1. ~ finanziaria FIN* Geldquelle *f; 2. risorse pl (mezzi)* Mittel *pl*
risparmiare [risparmi'a:re] *v 1.* sparen, einsparen; *~ per l'edilizia* bausparen; *2. (mettere da parte)* zurücklegen; *3. (fare economia)* Haus halten; *4. (fig)* sich ersparen
risparmiarsi [risparmi'arsi] *v* sich ersparen
risparmio [ri'sparmio] *m 1.* Ersparnis *f; 2. cassa di ~* Sparkasse *f*
rispecchiare [rispekki'a:re] *v* widerspiegeln
rispedire [rispe'di:re] *v* zurücksenden
rispettabile [rispet'ta:bile] *adj* achtbar
rispettabilità [rispettabili'ta] *f* Achtbarkeit *f*
rispettare [rispet'ta:re] *v 1.* achten, respektieren; *2. (regole)* einhalten, befolgen
rispettivamente [rispettiva'mente] *adv* je, beziehungsweise
rispetto [ris'pɛtto] *m 1.* Achtung *f*, Respekt *m; 2. (timore reverenziale)* Ehrfurcht *f; 3. (riguardo)* Rücksicht *f; prep 4. ~ a (relazione)* hinsichtlich
rispettoso [rispet'to:so] *adj* ehrfürchtig, respektvoll
rispondere [ris'pondere] *v irr 1.* antworten, beantworten; *2. ~ di* verantworten
risposta [ris'posta] *f* Antwort *f; Sto aspettando una ~. Ich* warte auf eine Antwort.
rissa ['rissa] *f* Schlägerei *f*
rissoso [ris'so:so] *adj* streitsüchtig
ristabilire [ristabi'li:re] *v* wiederherstellen
ristabilirsi [ristabi'lirsi] *v* sich erholen
ristagnante [rista'ɲante] *adj* stockend
ristagnare [rista'ɲa:re] *v 1. ECO* abflauen; *2. (non avere sviluppo) ECO* stagnieren
ristagno [ris'ta:ɲo] *m 1.* Stau *m; 2. ECO* Flaute *f; ~ nelle vendite* Absatzflaute *f*

ristampa [ris'tampa] *f* Nachdruck *m*, neue Auflage *f*
ristorante [risto'rante] *m* Gasthaus *n*, Gaststätte *f*
ristoro [ris'tɔːro] *m* 1. Stärkung *f*, Erfrischung *f*; 2. *(fig)* Stärkung *f*, Erquickung *f*
ristrettezza [ristret'tettsa] *f* 1. Enge *f*; 2. *(fig)* Engstirnigkeit *f*
ristretto [ri'stretto] *adj* beengt
ristrutturazione [ristrutturatsi'oːne] *f* Umstrukturierung *f*
risucchio [ri'sukkio] *m* Sog *m*, Wirbel *m*
risultare [risul'taːre] *v* sich ergeben, sich herausstellen; *Mi risulta che ...* Mir ist bekannt, dass ...
risultato [risul'taːto] *m* Ergebnis *n*, Resultat *n*; *~ finale* Endergebnis *n*
risvegliare [rizve'ʎaːre] *v* hervorrufen
risvegliarsi [rizve'ʎarsi] *v* aufwachen, erwachen
risvolto [ri'zvɔlto] *m* *(dei vestiti)* Aufschlag *m*
ritagliare [rita'ʎaːre] *v* ausschneiden
ritaglio [ri'taːʎo] *m* Ausschnitt *m*; *~ di carta* Papierschnitzel *n*
ritardare [ritar'daːre] *v* 1. verzögern; 2. *(orologio)* nachgehen
ritardatario [ritarda'taːrio] *m* Nachzügler *m*
ritardo [ri'tardo] *m* Verspätung *f*, Verzug *m*; *essere in ~* Verspätung haben, zu spät kommen; *essere in ~ coi pagamenti* mit seinen Zahlungen im Rückstand sein
ritenere [rite'neːre] *v irr* 1. beibehalten, erachten; 2. *(considerare)* erachten; 3. *(credere)* glauben
ritenuta [rite'nuːta] *f* Nachlass *m*
ritenzione [ritentsi'oːne] *f* Zurückhaltung *f*
ritirare [riti'raːre] *v* 1. zurücknehmen, widerrufen; 2. *MIL* abziehen
ritirarsi [riti'rarsi] *v* 1. sich zurückziehen, weichen; 2. *(fig)* ausschalten
ritirata [riti'raːta] *f* Rückzug *m*
ritirato [riti'raːto] *adj* zurückgezogen
ritiro [ri'tiːro] *m* 1. Rücknahme *f*; 2. *(da scuola)* Abgang *m*; 3. *MIL* Abzug *m*
ritmico ['ritmiko] *adj* rhythmisch
ritmo ['ritmo] *m* Rhythmus *m*
rito ['riːto] *m* Ritus *m*
ritornare [ritor'naːre] *v* 1. wiederkommen; 2. *(tornare indietro)* zurückkommen; *Quando ritorniamo?* Wann sind wir zurück?
ritornello [ritor'nɛllo] *m* *(fig)* Ohrwurm *m*

ritorno [ri'tɔrno] *m* 1. Rückkehr *f*; 2. *(con un veicolo)* Rückfahrt *f*; *andata e ~* hin und zurück
ritrarre [ri'trarre] *v* 1. *ART* abbilden, darstellen; 2. *(descrivere)* beschreiben
ritrattare [ritrat'taːre] *v* widerrufen
ritrattazione [ritrattatsi'oːne] *f* Rückzieher *m*
ritratto [ri'tratto] *m* 1. *ART* Abbild *n*, Portrait *n*; 2. *(descrizione)* Schilderung *f*
ritroso [ri'troːso] *adj* 1. spröde, widerspenstig; *adv* 2. *a ~* zurück
ritrovamento [ritrova'mento] *m* Fund *m*
ritrovare [ritro'vaːre] *v* herausfinden, wieder finden
ritrovarsi [ritro'varsi] *v* sich wieder finden, sich treffen
rituale [ritu'aːle] *m* Ritual *n*
riunificazione [riunifikatsi'oːne] *f* *POL* Wiedervereinigung *f*
riunione [riuni'oːne] *f* Sitzung *f*, Versammlung *f*; *~ di famiglia* Familienzusammenführung *f*
riunire [riu'niːre] *v* vereinigen, versammeln
riuscire [riu'ʃiːre] *v irr* 1. gelingen; 2. *(mettere in atto con abilità)* bewerkstelligen, vermögen
riuscita [riu'ʃiːta] *f* Zustandekommen *n*, Erfolg *m*
riutilizzare [riutilid'dzaːre] *v* wieder verwerten
riutilizzazione [riutiliddzatsi'oːne] *f* Wiederverwertung *f*, Wiederverwendung *f*
riva ['riːva] *f* Ufer *n*; *~ del fiume* Flussufer *n*
rivaccinazione [rivattʃinatsi'oːne] *f* *MED* Nachimpfung *f*
rivale [ri'vaːle] *m* Nebenbuhler *m*, Rivale *m*
rivaleggiare [rivaled'dʒaːre] *v* rivalisieren
rivalità [rivali'ta] *f* Rivalität *f*
rivalutare [rivalu'taːre] *v* 1. neu bewerten; 2. *FIN* aufwerten
rivalutazione [rivalutatsi'oːne] *f* 1. *FIN* Aufwertung *f*; 2. *(nuova valutazione)* Neubeurteilung *f*
rivangare [rivaŋ'gaːre] *v* *(fig)* aufwärmen
rivedere [rive'deːre] *v irr* 1. wieder sehen; 2. *(riguardare)* durchsehen; 3. *(rettificare)* richtig stellen
rivedersi [rive'dersi] *v irr* sich wieder sehen; *Quando ci rivediamo?* Wann sehen wir uns wieder?

rivelare [rive'la:re] *v* offenbaren
rivelarsi [rive'larsi] *v* sich zeigen, sich erweisen
rivelazione [rivelatsi'o:ne] *f (fig)* Enthüllung *f*
rivendicare [rivendi'ka:re] *v 1.* zurückverlangen; *2. ~ per vie legali* einklagen
rivenire [rive'ni:re] *v* zurückkommen
riverbero [ri'vɛrbero] *m* Reflex *m*
riverenza [rive'rɛntsa] *f* Verneigung *f*, Knicks *m*
riverire [rive'ri:re] *v* schätzen
rivestimento [rivesti'mento] *m 1.* Bezug *m*, Überzug *m; 2. TECH* Mantel *m*
rivestire [rives'ti:re] *v 1.* verkleiden, überziehen; *~ di legno* täfeln; *2. TECH* beschichten
rivincita [ri'vintʃita] *f* Revanche *f*
rivista [ri'vista] *f 1.* Zeitschrift *f; ~ illustrata* Illustrierte *f; ~ specializzata* Fachzeitschrift *f; 2. (revisione)* Durchsicht *f; 3. MIL* Musterung *f; 4. THEAT* Revue *f*
rivolgere [ri'vɔldʒere] *v irr 1.* richten; *~ la parola a qd* das Wort an jdm richten/jdn ansprechen; *~ lo sguardo verso qc* den Blick auf etw richten; *2. (distogliere)* abwenden; *3. (capovolgere)* umdrehen; *4. (fig)* wälzen; *~ nella mente un'idea* hin und her überlegen
rivolgersi [ri'vɔldʒersi] *v irr 1.* sich wenden an; *2. (fig)* herantreten
rivolgimento [rivoldʒi'mento] *m 1.* Umsturz *m; 2. (fig)* Umbruch *m*
rivolta [ri'vɔlta] *f POL* Aufruhr *m*
rivoltare [rivol'ta:re] *v* umgraben, umdrehen
rivoltarsi [rivol'tarsi] *v 1. (rigirarsi)* sich umwälzen; *2. (ribellarsi)* sich erheben
rivoltella [rivol'tɛlla] *f* Revolver *m*
rivoltoso [rivol'to:so] *adj* aufsässig
rivoluzionario [rivolutsio'na:rio] *adj 1.* revolutionär; *m 2.* Revolutionär *m*
rivoluzione [rivolutsi'o:ne] *f 1. POL* Revolution *f; 2. ASTR* Umlauf *m*
rizzarsi [rit'tsarsi] *v* sich sträuben
roba ['rɔ:ba] *f* Zeug *n*, Sachen *pl; Roba da matti! (fam)* Das ist verrückt!
robaccia [ro'battʃa] *f* Schund *m*
robivecchi [robi'vɛkki] *m* Altwarenhändler *m*
robot [ro'bɔt] *m TECH* Roboter *m*
robustezza [robus'tettsa] *f* Stärke *f*
robusto [ro'busto] *adj* handfest, robust
rocca ['rɔkka] *f 1. (roccia)* Fels *m; 2. (fortezza)* Festung *f*

rocchetto [rok'ketto] *m* Spule *f*
roccia ['rɔttʃa] *f* Felsen *m*, Gestein *n*
roccioso [rot'tʃo:so] *adj* Felsen...
rodato [ro'da:to] *adj* eingefahren
rodere ['ro:dere] *v irr* abnagen
rodersi ['ro:dersi] *v irr* sich verzehren
roditore [rodi'to:re] *m ZOOL* Nagetier *n*
rogna ['ro:ɲa] *f MED* Krätze *f; cercare ~ con qd* Streit mit jdm suchen/sich mit jdm anlegen
rognone [ro'ɲo:ne] *m GAST* Niere *f*
rogo ['rɔ:go] *m* Scheiterhaufen *m*
Romania [roma'ni:a] *f GEO* Rumänien *n*
romanico [ro'ma:niko] *adj* romanisch
romano [ro'ma:no] *adj* römisch
romanticismo [romanti'tʃizmo] *m* Romantik *f*
romantico [ro'mantiko] *adj 1.* romantisch; *m 2.* Romantiker *m*
romanza [ro'mandza] *f* Romanze *f*
romanzo [ro'mandzo] *adj 1.* romanisch; *m 2. LIT* Roman *m; ~ a puntate* Fortsetzungsroman *m*
romeno [ro'mɛ:no] *m (persona)* Rumäne *m*
rompere ['rompere] *v irr 1.* brechen; *2. (vetri)* einwerfen, einschlagen; *3. (in due o più parti)* auseinander brechen; *4. (contratto)* brechen
rompersi ['rompersi] *v irr* auseinander fallen, zerbrechen
rompicapo [rompi'ka:po] *m 1.* Kopfzerbrechen *n*, Sorge *f; 2. (indovinello)* Rätsel *n*
ronda ['ronda] *f* Streife *f*
rondine ['rondine] *f ZOOL* Schwalbe *f*
ronzare [ron'dza:re] *v* brummen, summen
ronzio [ron'dzi:o] *m ~ auricolare* Ohrensausen *n*
rosa ['rɔ:za] *adj 1.* rosa; *f 2. BOT* Rose *f*
rosario [ro'za:rio] *m REL* Rosenkranz *m; recitare il ~* den Rosenkranz beten
roseo ['rɔ:zeo] *adj* rosig
roseto [ro'ze:to] *m* Lippenstift *m*
rosetta [ro'zetta] *f GAST* Semmel *f*
rosicchiare [rosikki'a:re] *v* nagen
rosmarino [rozma'ri:no] *m BOT* Rosmarin *m*
rosolare [rozo'la:re] *v* anbraten, rösten
rospo ['rɔspo] *m ZOOL* Kröte *f; ingoiare il ~ (fig)* die bittere Pille schlucken; *Butta fuori il ~!* Heraus mit der Sprache!
rossetto [ros'setto] *m* Lippenstift *m*
rosso ['rosso] *adj 1.* rot; *abete ~* Fichte *f; m 2.* Röte *f; 3. ~ d'uovo* Eidotter *m*

rossore [ros'so:re] *m* Röte *f*
rosticceria [rostittʃe'ri:a] *f* Schnellrestaurant *n*
rostro ['rɔstro] *m* 1. *(becco) ZOOL* Schnabel *m;* 2. *NAUT* Rammsporn *m*
rotaia [ro'ta:ia] *f* Schiene *f,* Gleis *n*
rotare [ro'ta:re] *v* 1. kreisen, rotieren; 2. *TECH* rotieren
rotatorio [rota'tɔ:rio] *adj* drehend
rotazione [rotatsi'o:ne] *f* 1. Drehung *f,* Umdrehung *f;* 2. *TECH* Rotation *f;* 3. *(ciclo)* Kreislauf *m;* 4. *AGR* Koppelwirtschaft *f*
rotella [ro'tɛlla] *f* 1. Rädchen *n;* 2. *ANAT* Kniescheibe *f*
rotocalco [roto'kalko] *m (giornale)* Illustrierte *f*
rotolare [roto'la:re] *v* rollen, wälzen
rotolo ['rɔːtolo] *m* Rolle *f; andare a rotoli* kaputtgehen, immer schlechter gehen
rotondo [ro'tondo] *adj* rund, rundlich
rotta ['rotta] *f* 1. *(direzione)* Kurs *m;* 2. *(fig: costume)* Brauch *m;* 3. *(d'un argine)* Durchbruch *m*
rottame [rot'ta:me] *m* 1. Fragment *n; m* 2. *(ferro)* Alteisen *n,* Schrott *m*
rotto ['rotto] *adj* kaputt, entzwei
rottura [rot'tu:ra] *f* 1. Bruch *m; ~ dell'asse* Achsenbruch *m;* 2. *(fig)* Abbruch *m;* 3. *(sfondamento)* Durchbrechen *n,* Durchbruch *m;* 4. *(strappo)* Riss *m*
rotula ['rɔːtula] *f ANAT* Kniescheibe *f*
roulotte [ru'lɔt] *f* Wohnwagen *m*
routine [ru'tin] *f* Routine *f*
rovesciamento [roveʃa'mento] *m* 1. *POL* Umsturz *m;* 2. *(capovolgimento)* Umkehrung *f;* 3. *(di liquidi)* Umschütten *n,* Ausschüttung *f*
rovesciare [rove'ʃa:re] *v* 1. vergießen, ausschütten; 2. *(persone, oggetti)* umstoßen
rovesciarsi [rove'ʃarsi] *v NAUT* kentern
rovesciato [rove'ʃa:to] *adj* seitenverkehrt
rovescio [ro'vɛʃo] *adj* 1. verkehrt; *a ~* verkehrt, umgekehrt; 2. *(fig)* Schattenseite *f;* 3. *(fig: aspetto peggiore)* Kehrseite *f;* 4. *~ di fortuna* Schicksalsschlag *m*
rovina [ro'vi:na] *f* 1. *(di castello)* Ruine *f;* 2. *(sfacelo)* Ruin *m,* Verderben *n;* 3. *(di edificio)* Verfall *m*
rovinare [rovi'na:re] *v* 1. verderben, ruinieren; 2. *(crollare)* zusammenbrechen, einstürzen; 3. *(fig)* verkorksen
rovinarsi [rovi'narsi] *v* kaputtgehen
rovistare [rovis'ta:re] *v* wühlen
rovo ['ro:vo] *m BOT* Brombeerstrauch *m*
rozzo ['roddzo] *adj* plump, grob

rubare [ru'ba:re] *v* 1. stehlen, einbrechen; 2. *(fam)* klauen
rubinetto [rubi'netto] *m* Hahn *m; ~ del gas* Gashahn *m; ~ dell'acqua* Wasserhahn *m*
rubrica [ru'bri:ka] *f* Rubrik *f,* Sparte *f*
rude ['ru:de] *adj* rau
rudere ['ru:dere] *m* 1. Ruine *f;* 2. *(fig)* Wrack *n; ~ di nervi* Nervenbündel *n*
rudimentale [rudimen'ta:le] *adj* rudimentär
ruffianeria [ruffiane'ri:a] *f (fig)* Kuppelei *f*
ruga ['ru:ga] *f (della pelle)* Falte *f,* Runzel *f; pieno di rughe* runzelig
ruggine ['ruddʒine] *f CHEM* Rost *m*
ruggito [rud'dʒi:to] *m* Gebrüll *n*
rugiada [ru'dʒa:da] *f* Tau *m*
rugoso [ru'go:so] *adj* faltig
rullo ['rullo] *m* Rolle *f,* Walze *f; ~ a vapore* Dampfwalze *f*
rumeno [ru'mɛ:no] *adj* rumänisch
ruminante [rumi'nante] *adj* 1. *ZOOL* wiederkäuend; *m* 2. *ZOOL* Wiederkäuer *m*
ruminare [rumi'na:re] *v* 1. wiederkäuen; 2. *(fig)* nachsinnen
rumore [ru'mo:re] *m* 1. Geräusch *n,* Lärm *m; fare ~* rumoren; *fare molto ~* sehr laut sein; *lotta contro i rumori* Lärmbekämpfung *f; protezione dai rumori* Lärmschutz *m;* 2. *(suono)* Laut *m*
rumoreggiare [rumored'dʒa:re] *v* tosen
rumoroso [rumo'ro:so] *adj* laut, geräuschvoll
ruolo [ru'ɔ:lo] *m* 1. Rolle *f; essere di ~* eine feste Anstellung haben; 2. *THEAT* Rolle *f*
ruota [ru'ɔːta] *f* Rad *n; ~ dell'arcolaio* Spinnrad *n; ~ dentata* Zahnrad *n*
ruotare [ruo'ta:re] *v (fig)* rotieren
rupe ['ru:pe] *f* Fels *m,* Felsen *m*
rurale [ru'ra:le] *adj* 1. ländlich; 2. *(contadinesco)* bäuerlich; *casa ~* Bauernhaus *n*
ruscello [ru'ʃello] *m* Bach *m*
russare [rus'sa:re] *v* schnarchen
Russia ['russia] *f GEO* Russland *n*
russo ['russo] *adj* 1. russisch; *m* 2. Russe *m*
rustico ['rustiko] *adj* bäuerlich, rustikal
ruttare [rut'ta:re] *v* aufstoßen, rülpsen *(fam)*
ruvidezza [ruve'dettsa] *f* Barschheit *f*
ruvido ['ru:vido] *adj* rau
ruzzolare [ruttso'la:re] *v* purzeln, sich überschlagen
ruzzolata [ruttso'la:ta] *f* 1. Sturz *m;* 2. *(capitombolo)* Purzelbaum *m*

S

sabato ['saːbato] *m* Samstag *m*, Sonnabend *m; di* ~ samstags, sonnabends
sabbia ['sabbia] *f* Sand *m*
sabbiera [sabbi'ɛːra] *f* Sandkasten *m*
sabbioso [sabbi'oːso] *adj* sandig
sabotaggio [sabo'taddʒo] *m* Sabotage *f*
sabotare [sabo'taːre] *v* sabotieren
sacca ['sakka] *f* Sack *m*
saccaride [sak'kaːride] *m* Kohlehydrat *n*
saccarina [sakka'riːna] *f CHEM* Saccharin *n*
saccheggiare [sakked'dʒaːre] *v* plündern
saccheggio [sak'keddʒo] *m* Plünderung *f*
sacchetto [sak'ketto] *m* Tüte *f*, Beutel *m;* ~ *di plastica* Plastiktüte *f*
sacco ['sakko] *m* Sack *m*, Tasche *f;* ~ *a pelo* Schlafsack *m; un* ~ *di* eine Menge *f; (s)vuotare il* ~ auspacken, sein Gewissen erleichtern; *cogliere qd con le mani nel* ~ jdn auf frischer Tat ertappen
sacerdote [satʃer'dɔːte] *m REL* Priester *m*
sacramento [sakra'mento] *m REL* Sakrament *n*
sacrestano [sakres'taːno] *m REL* Küster *m*
sacrestia [sakres'tiːa] *f REL* Sakristei *f*
sacrificare [sakrifi'kaːre] *v* ein Opfer bringen
sacrificarsi [sakrifi'karsi] *v* sich aufopfern
sacrificio [sakri'fiːtʃo] *m* Opfer *n*
sacrilegio [sakri'lɛːdʒo] *m REL* Sakrileg *n*
sacro ['saːkro] *adj* 1. *REL* sakral, heilig; *musica sacra* Kirchenmusik *f;* 2. *(santificato)* gottgeweiht
sadico ['saːdiko] *m* Sadist *m*
sadismo [sa'dizmo] *m* Sadismus *m*
saetta [sa'etta] *f* 1. *(freccia)* Pfeil *m;* 2. *(fulmine)* Blitz *m*
saga ['saːga] *f* Sage *f*
sagace [sa'gaːtʃe] *adj* scharfsinnig
saggezza [sad'dʒettsa] *f* Klugheit *f*, Weisheit *f*
saggio ['saddʒo] *adj* 1. klug, weise; *m* 2. *LIT* Essay *n;* 3. *(uomo anziano con esperienza)* Weiser *m;* 4. *(esame)* Probe *f; in* ~ probeweise; 5. *(assaggio) CHEM* Probe *f; un* ~ *di vino* Weinprobe *f;* 6. ~ *di sconto ECO* Diskontsatz *m*

saggistica [sad'dʒistika] *f LIT* Essayistik *f*
sagittario [sadʒit'taːrio] *m* 1. Schütze *m;* 2. *ASTR* Schütze *m*
sagoma ['saːgoma] *f* 1. Profil *n*, Form *f;* 2. *(stampo)* Schablone *f;* 3. *(fig)* Type *f*
sagra ['saːgra] *f* 1. *(consacrazione)* Weihe *f;* 2. *(festa)* Kirchweihfest *n*
sagrestano [sagres'taːno] *m REL* Messner *m*
sagrestia [sagres'tiːa] *f REL* Sakristei *f*
saio ['saːio] *m REL* Kutte *f*
sala ['saːla] *f* Saal *m*, Halle *f;* ~ *parto* Kreißsaal *m;* ~ *da pranzo* Speisesaal *m;* ~ *congressi* Kongresshalle *f;* ~ *operatoria* Operationssaal *m;* ~ *d'aspetto* Wartesaal *m*
salame [sa'laːme] *m* 1. *GAST* Salami *f*, Salamiwurst *f; affettato di* ~ Wurstaufschnitt *m;* 2. *(fig)* Tölpel *m; legato come un* ~ an Händen und Füßen gefesselt
salamoia [sala'mɔːia] *f* Salzlauge *f*
salare [sa'laːre] *v* salzen
salariato [salari'aːto] *adj* 1. bezahlt; 2. Lohnempfänger *m*
salario [sa'laːrio] *m* Lohn *m;* ~ *a cottimo* Stücklohn *m*, Akkordlohn *m;* ~ *massimo* Spitzenlohn *m;* ~ *in denaro* Geldlohn *m*
salassare [salas'saːre] *v (fig)* schröpfen
salatino [sala'tiːno] *m GAST* Salzstange *f*
salato [sa'laːto] *adj* salzig; *un conto* ~ *(fig)* eine gesalzene Rechnung *f*
saldamente [salda'mente] *adv (fig)* eisern
saldare [sal'daːre] *v* 1. *TECH* löten; 2. *(metalli) TECH* schweißen, anschweißen; 3. *ECO* abbezahlen; 4. *FIN* abbezahlen, abzahlen; 5. *(rafforzare)* verstärken
saldarsi [sal'darsi] *v* sich verbinden, vernarben
saldo ['saldo] *m* 1. Restbetrag *m;* 2. *ECO* Saldo *m*, Ausgleich *m; adj* 3. fest
sale ['saːle] *m* Salz *n;* ~ *da cucina* Kochsalz *m; sali da bagno* Badesalz *m*
salice ['saːlitʃe] *m BOT* Weide *f;* ~ *piangente* Trauerweide *f*
saliente [sali'ɛnte] *adj* 1. vorragend; 2. *(ripido)* steil; 3. *(fig)* bedeutsam; *punto* ~ springender Punkt *m*, Kernpunkt *m; m* 4. *(greppo)* Vorsprung *m*
saliera [sali'ɛːra] *f* Salzstreuer *m*
salinità [salini'ta] *f* Salzgehalt *m*

salino [sa'liːno] *adj* 1. salzhaltig; 2. *CHEM* Salz... *soluzione salina* Salzlösung *f*
salire [sa'liːre] *v irr* 1. steigen, einsteigen; 2. *(fig: sorgere)* heraufkommen
salita [sa'liːta] *f* 1. Aufgang *m*, Einstieg *m;* 2. *(di montagna)* Aufstieg *m*, Steigung *f;* 3. *(percorso ascendente)* Steigung *f*
saliva [sa'liːva] *f* Speichel *m*, Spucke *f*
salma ['salma] *f* Leiche *f*
salmì [sal'mi] *m GAST* Soße *f*
salmo ['salmo] *m REL* Psalm *m*
salmone [sal'moːne] *m ZOOL* Lachs *m*
salmonella [salmo'nɛlla] *f BIO* Salmonelle *f*
salnitro [sal'niːtro] *m CHEM* Salpeter *m*
salone [sa'loːne] *m* Salon *m*
salottiero [salotti'ɛːro] *adj* 1. Salon... *m* 2. Bonvivant *m*
salotto [sa'lɔtto] *m* Wohnzimmer *n*, Salon *m*
salpare [sal'paːre] *v (nave) NAUT* auslaufen
salsa ['salsa] *f GAST* Soße *f*, Tunke *f; ~ di pomodoro* Tomatensoße *f*
salsiccia [sal'sittʃa] *f GAST* Wurst *f*
salsiera [salsi'ɛːra] *f* Sauciere *f*
saltar [saltar] *v ~ giù* abspringen
saltare [sal'taːre] *v* 1. springen, hüpfen; *~ addosso* anspringen; *~ sopra* überspringen; 2. *(pagina)* überschlagen; 3. *(fig)* schwänzen; 4. *(fig: uscir fuori)* auffliegen
saltellare [saltel'laːre] *v* hüpfen
saltimbanco [saltim'baŋko] *m* 1. Seilkünstler *m;* 2. *(acrobata)* Akrobat *m*, Gaukler *m*
salto ['salto] *m* Sprung *m*, Absprung *m; a salti* sprunghaft; *~ con l'asta* Stabhochsprung *m; ~ dell'ovulo* Eisprung *m; Faccio un ~ da te.* Ich komme kurz vorbei. *~ in alto* Weitsprung *m*
saltuario [saltu'aːrio] *adj* gelegentlich
salubre [sa'luːbre] *adj* gesund
salumeria [salume'riːa] *f* Wurstwarenhandlung *f*, Metzgerei *f*
salumi [sa'luːmi] *m/pl GAST* Wurstwaren *pl*
salumiere [salumi'ɛːre] *m* Wurstwarenhändler *m*
salutare [salu'taːre] *v* 1. begrüßen, grüßen; *adj* 2. gesund, heilsam
salute [sa'luːte] *f* 1. Gesundheit *f*, Befinden *n; interj* 2. Zum Wohl!/Gesundheit!
saluto [sa'luːto] *m* Gruß *m*, Begrüßung *f; Tanti saluti a ...* Viele Grüße an ...

salva ['salva] *f* 1. *MIL* Ehrensalve *f; sparare a salve* Salven abgeben; 2. *~ di fischi* Pfeifkonzert *n*
salvadanaio [salvada'naːio] *m* Sparbüchse *f*
salvagente [salva'dʒɛnte] *m* 1. Rettungsring *m*, Schwimmring *m;* 2. *(marciapiede sopraelevato)* Verkehrsinsel *f*
salvaguardare [salvaguar'daːre] *v* 1. schützen; 2. *(custodire)* bewahren
salvaguardia [salvagu'ardia] *f* 1. Schutz *m;* 2. *(custodia)* Bewahrung *f*
salvare [sal'vaːre] *v* retten; *~ le apparenze* den Schein waren
salvarsi [sal'varsi] *v (fig)* davonkommen
salvataggio [salva'taddʒo] *m* Rettung *f*, Bergung *f; telo di ~* Sprungtuch *n*
salvatore [salva'toːre] *m* 1. Retter *m;* 2. *Salvatore REL* Erlöser *m*
salve ['salve] *interj* grüß dich
salvezza [sal'vettsa] *f* 1. Heil *n; ~ dell'anima* Seelenheil *n;* 2. *(salvataggio)* Rettung *f;* 3. *REL* Erlösung *f*
salvia ['salvia] *f BOT* Salbei *m*
salvietta [salvi'etta] *f* Serviette *f*
salvo ['salvo] *adj* 1. heil, unversehrt; 2. *(al sicuro)* geborgen; *prep* 3. *ECO* unter Vorbehalt; *~ errori ed omissioni* unter Vorbehalt; *~ buon fine* Eingang vorbehalten; 4. *(eccetto)* außer
sambuco [sam'buːko] *m BOT* Holunder *m*
san *(vedi „santo")*
sanare [sa'naːre] *v* 1. ausheilen; 2. *(edificio)* sanieren
sanatoria [sana'tɔːria] *f* Bestätigung *f*, öffentliche Genehmigung *f*
sanatorio [sana'tɔːrio] *m* Sanatorium *n*
sancire [san'tʃiːre] *v* 1. determinieren; 2. *(firmare)* unterzeichnen, gegenzeichnen; 3. *(sanzionare)* gutheißen
sandalo[1] ['sandalo] *m* Sandale *f*
sandalo[2] ['sandalo] *m* Sandelholz *n*
sandalo[3] ['sandalo] *m NAUT* Einer *m*
sangue ['saŋgue] *m* Blut *n; a ~ freddo* kaltblütig; *prova del ~* Blutprobe *f; trasfusione di ~* Bluttransfusion *f; Mi esce spesso ~ dal naso.* Ich habe häufig Nasenbluten.
sanguinare [saŋgui'naːre] *v* bluten
sanguinario [saŋgui'naːrio] *adj* blutrünstig
sanguisuga [saŋgui'suːga] *f ZOOL* Blutegel *m*
sanità [sani'ta] *f* 1. Gesundheit *f;* 2. *(organismo)* Gesundheitswesen *n*

sanitario [sani'taːrio] *adj* sanitär; *ufficiale* ~ Amtsarzt *m*

sano ['saːno] *adj 1.* gesund, heil; ~ *e salvo* unverletzt, wohlbehalten, unversehrt; ~ *come un pesce* kerngesund; *2. (benefico)* bekömmlich

santificare [santifi'kaːre] *v* heilig sprechen

santo ['santo] *adj 1. REL* heilig; *m 2. REL* Heiliger *m*

santuario [santu'aːrio] *m 1.* Heiligtum *n,* Kultstätte *f; 2. REL* Wallfahrtskirche *f*

sanzionare [santsio'naːre] *v 1.* gutheißen; *2. (sottoscrivere)* unterzeichnen; *3. (confermare)* bescheinigen

sanzione [santsi'oːne] *f 1.* Sanktion *f; 2. (misura coercitiva)* Zwangsmaßnahme *f*

sapere [sa'peːre] *v irr 1.* wissen; *Non si sa mai.* Man kann nie wissen. *2. (essere capace)* können; *3. (conoscere)* beherrschen; ~ *molte lingue* viele Sprachen beherrschen; *4. (gusto)* schmecken; ~ *di* schmecken nach; *m 5.* Wissen *n*

sapiente [sapi'ɛnte] *adj 1.* weise; *2. (dotto)* gelehrt; *m/f 3.* Weise(r) *m/f*

sapienza [sapi'entsa] *f 1.* Weisheit *f,* Klugheit *f; 2. (conoscenze)* Kenntnisse *pl,* Wissen *n; 3. (cultura generale)* Allgemeinbildung *f*

sapone [sa'poːne] *m* Seife *f*

sapore [sa'poːre] *m* Geschmack *m*

saporito [sapo'riːto] *adj 1.* würzig, wohlschmeckend; *2. (fig)* tief

saracinesca [saratʃi'neska] *f 1.* Rollladen *m; 2. (botola)* Falltür *f*

sarcastico [sar'kastiko] *adj* sarkastisch

sarcofago [sar'kɔːfago] *m* Steinsarg *m*

Sardegna [sar'deːɲa] *f GEO* Sardinien *n*

sardina [sar'diːna] *f ZOOL* Sardine *f; ~ sott'olio* Ölsardine *f*

sarto ['sarto] *m* Schneider *m*

sartoria [sarto'riːa] *f* Schneiderei *f*

sasso ['sasso] *m* Stein *m; duro come un* ~ steinhart

sassofono [sas'sɔːfono] *m MUS* Saxophon *n*

sassone ['sassone] *m/f* Sachse/Sächsin *m/f*

sassoso [sas'soːso] *adj* steinig

Satana ['saːtana] *m REL* Satan *m*

satellite [sa'tɛllite] *m 1.* Satellit *m; trasmissione per via* ~ Satellitenübertragung *f; ~ da ricognizione* Aufklärungssatellit *m; 2. ASTR* Trabant *m; 3. POL* Satellitenstaat *m*

satin [sa'tɛ̃] *m* Satin *m*

satira ['saːtira] *f LIT* Satire *f*

satirico [sa'tiːriko] *m* Satiriker *m*

satollo [sa'tollo] *adj* übersättigt

saturare [satu'raːre] *v CHEM* sättigen

saturazione [saturatsi'oːne] *f 1. CHEM* Sättigung *f; 2.* ~ *del mercato ECO* Marktsättigung *f*

saturo ['saːturo] *adj 1. CHEM* gesättigt; *non* ~ ungesättigt; *2. ECO* gesättigt

sauna ['saːuna] *f* Sauna *f*

sauro ['saːuro] *adj 1. CHEM* fuchsrot; *m 2. ZOOL* Echse *f; 3. (cavallo)* Fuchs *m*

savana [sa'vaːna] *f GEO* Savanne *f*

savio ['saːvio] *adj 1.* weise; *m 2.* Weiser *m*

saziare [satsi'aːre] *v* sättigen

saziarsi [satsi'arsi] *v* satt werden

sazietà [satsie'ta] *f* Sättigung *f,* Übersättigung *f; a* ~ genug, mehr als genug, im Überfluss

sazio ['saːtsio] *adj* satt, gesättigt

sbadato [zba'daːto] *adj 1.* achtlos, schusselig; *2. (distratto)* zerstreut

sbadigliare [zbadi'ʎaːre] *v* gähnen

sbafo ['zbaːfo] *m* Schmarotzertum *n; a* ~ kostenlos, umsonst

sbagliare [zba'ʎaːre] *v* einen Fehler machen; ~ *il conto* sich verrechnen

sbagliarsi [zba'ʎarsi] *v* sich irren

sbagliato [zba'ʎaːto] *adj* falsch

sbaglio ['zbaːʎo] *m* Irrtum *m,* Versehen *n; per* ~ versehentlich, unbeabsichtigt

sballottare [zballot'taːre] *v* durchschütteln

sbalordimento [zbalordi'mento] *m* Fassungslosigkeit *f,* Verblüffung *f*

sbalorditivo [zbalordi'tiːvo] *adj* verblüffend, außergewöhnlich

sbalordito [zbalor'diːto] *adj (fig)* platt

sbalzo ['zbaltso] *m* Ruck *m,* Stoß *m*

sbandamento [zbanda'mento] *m 1. (della macchina)* Schleudern *n; 2. (fig: morale)* Verfehlung *f*

sbandare [zban'daːre] *v 1. (auto)* schleudern, wegrutschen; *2. (fig)* eine Verfehlung begehen

sbandieramento [zbandiera'mento] *m 1. (sventolio)* Fahnenschwenken *n; 2. (fig)* Ausplaudern *n*

sbandierare [zbandie'raːre] *v 1. (sventolare)* schwingen; *2. (fig)* ausplaudern

sbaragliare [zbara'ʎaːre] *v 1.* zersprengen; *2. (mettere in fuga)* in die Flucht schlagen

sbarazzare [zbarat'tsaːre] *v (sgombrare)* wegräumen

sbarazzarsi [zbarat'tsarsi] *v ~ di qd* sich jds entledigen, jdn loswerden

sbarazzino [zbarat'tsiːno] *adj 1.* keck; *2. (voluto, spavaldo)* absichtlich; *m 3.* Lausbub *m*

sbarbarsi [zbar'barsi] *v* sich rasieren

sbarbatello [zbarba'tɛllo] *m 1. (principiante)* Anfänger *m; 2. (fam)* Grünschnabel *m*

sbarcare [zbar'kaːre] *v 1.* landen; *2. (merci)* ausladen

sbarco ['zbarko] *m 1. NAUT* Landung *f; 2. (di merci)* Löschung *f*

sbarra ['zbarra] *f 1.* Schranke *f,* Eisenbahnschranke *f; 2. (spranga)* Stange *f*

sbarramento [zbarra'mento] *m 1. (bloccaggio)* Sperrung *f; 2. (chiusura)* Schranke *f*

sbarrare [zbar'raːre] *v 1.* sperren, absperren; *2. (conto) ECO* sperren

sbattere ['zbattere] *v* schlagen

sbattuto [zbat'tuːto] *adj 1.* geschlagen; *2. (depresso)* deprimiert; *3. (esaurito)* ausgelaugt

sbavare [zba'vaːre] *v* geifern

sbellicarsi [zbelli'karsi] *v* sich wälzen; *~ dalle risa* sich kaputtlachen

sberla ['zbɛrla] *f* Ohrfeige *f*

sberleffo [zber'lɛffo] *m 1. MED* Narbe *f; 2. (smorfia)* Fratze *f*

sbiadito [zbia'diːto] *adj 1.* ausgebleicht, ausgeblichen; *2. (fig)* farblos

sbiancare [zbiaŋ'kaːre] *v* bleichen

sbiancarsi [zbiəŋ'karsi] *v* blass werden

sbieco [zbi'ɛːko] *adj* schief

sbilanciarsi [zbilan'tʃarsi] *v* aus dem Gleichgewicht kommen

sbloccare [zblok'kaːre] *v* freigeben

sboccare [zbok'kaːre] *v 1.* abgießen; *2. (fiume)* münden

sbocciare [zbot'tʃaːre] *v* aufblühen

sbocco ['zbokko] *m 1. GEO* Einfluss *m; 2. (uscita)* Ausgang *m; 3. ECO* Absatzmarkt *m*

sbollentare [zbollen'taːre] *v* aufkochen

sbollire [zbol'liːre] *v* vergehen

sbornia ['zbɔrnia] *f* Rausch *m*

sborsare [zbor'saːre] *v (denaro)* auslegen

sbottonare [zbotto'naːre] *v* aufknöpfen

sbriciolare [zbritʃo'laːre] *v* bröckeln, zerkrümeln

sbrigare [zbri'gaːre] *v 1.* bearbeiten, erledigen; *2. (fig)* absolvieren

sbrigarsi [zbri'garsi] *v* sich beeilen

sbrigativo [zbriga'tiːvo] *adj 1.* schnell; *2. (superficiale)* oberflächlich; *3. (fig: breve)* kurz

sbrinare [zbri'naːre] *v* abtauen

sbronzo ['zbrontso] *adj* angetrunken

sbucciare [zbut'tʃaːre] *v* schälen

sbuffare [zbuf'faːre] *v* schnauben

scabroso [ska'broːso] *adj 1.* holperig; *2. (fig)* heikel

scacchiera [skakki'ɛːra] *f* Schachbrett *n*

scacciare [skat'tʃaːre] *v 1.* fortjagen, verjagen; *2. (allontanare)* vertreiben

scacco ['skakko] *m 1.* Schach *n; ~ matto* schachmatt; *2. (pedina)* Schachfigur *f; 3. (sconfitta)* Niederlage *f; 4. scacchi pl* Schach *n; a scacchi* im Schachbrettmuster

scadente [ska'dɛnte] *adj 1.* minderwertig; *2. (che scade)* fällig

scadenza [ska'dɛntsa] *f 1.* Verfall *m,* Fristablauf *m; a ~ befristet; a lunga ~* langfristig; *a media ~* mittelfristig; *2. ECO* Fälligkeit *f; ~ del credito* Kreditfrist *f; data di ~* Verfallsdatum *n*

scadenzario [skaden'tsaːrio] *m* Terminkalender *m*

scadere [ska'deːre] *v irr 1. (prezzo)* verfallen, sinken; *2. ECO* ablaufen

scaduto [ska'duːto] *adj* überfällig

scafandro [ska'fandro] *m SPORT* Taucheranzug *m*

scaffale [skaf'faːle] *m* Regal *n; ~ per libri* Bücherregal *n*

scafo ['skaːfo] *m TECH* Rumpf *m*

scagionarsi [skadʒo'narsi] *v* sich rechtfertigen

scaglia ['skaːʎa] *f 1.* Splitter *m; 2. ZOOL* Schuppe *f*

scagliare [ska'ʎaːre] *v* schleudern

scagliarsi [ska'ʎarsi] *v ~ contro* sich stürzen auf

scala ['skaːla] *f 1.* Treppe *f,* Leiter *f; ~ a chiocciola* Wendeltreppe *f; ~ d'emergenza* Feuerleiter *f; ~ mobile* Rolltreppe *f; 2. (in disegno)* Maßstab *m,* Skala *f*

scalare [ska'laːre] *v 1.* besteigen; *adj 2.* stufenförmig, Staffel...

scalatore [skala'toːre] *m* Bergsteiger *m*

scaldabagno [skalda'baːɲo] *m TECH* Boiler *m*

scaldabile [skal'daːbile] *adj* beheizbar

scaldacqua [skal'dakkua] *m TECH* Warmwasserbereiter *m*

scaldare [skal'daːre] *v* wärmen

scalfittura [skalfit'tuːra] *f* Schramme *f*

scalo ['skaːlo] *m 1.* ~ *intermedio* Zwischenlandung *f;* 2. ~ *merci* Güterbahnhof *m;* 3. *(posto di scarico)* Ausladeplatz *m*
scaloppina [skalop'piːna] *f* Schnitzel *n*
scalpellino [skalpel'liːno] *m* Steinmetz *m*
scalpello [skal'pɛllo] *m 1.* Meißel *m;* 2. *MED* Skalpell *n*
scalpicciare [skalpit't ʃaːre] *v* zertrampeln
scalpore [skal'poːre] *m* Eklat *m*
scaltrezza [skal'trettsa] *f* Verschlagenheit *f*
scaltro ['skaltro] *adj* verschmitzt
scalzare [skal'tsaːre] *v 1. (fig)* untergraben; 2. *(scarpe e calze)* ausziehen
scalzo ['skaltso] *adj* barfuß
scambiare [skambi'aːre] *v* vertauschen, verwechseln; ~ *qualche parola con qd* einige Worte mit jdm wechseln
scambio ['skambio] *m 1.* Austausch *m,* Wechsel *m;* ~ *d'idee* Gedankenaustausch *m;* ~ *di esperienze* Erfahrungsaustausch *m;* ~ *di studenti* Schüleraustausch *m;* 2. *(di merce, di valuta)* Umtausch *m; scambi commerciali con l'estero* Außenhandelsverkehr *m;* 3. *(errore)* Verwechslung *f; per* ~ aus Versehen; *libero* ~ *ECO* Freihandel *m; zona di* ~ Freihandelszone *f*
scampagnata [skampa'ɲaːta] *f* Landausflug *m*
scampanio [skampa'niːo] *m* Glockengeläute *n*
scampare [skam'paːre] *v* retten
scamparsi [skam'parsi] *v* entrinnen, entkommen
scampo¹ ['skampo] *m* Ausweg *m; Non c`è via di* ~. Es nützt nichts.
scampo² ['skampo] *m ZOOL* Riesengarnele *f*
scanalatura [skanala'tuːra] *f* Rille *f*
scandalizzarsi [skandalid'dzarsi] *v* sich empören
scandalo ['skandalo] *m 1.* Skandal *m; soffocare uno* ~ einen Skandal vertuschen; 2. *(provocando suscettibilità)* Anstoß *m*
scandaloso [skanda'loːso] *adj* skandalös
Scandinavia [skandi'naːvia] *f GEO* Skandinavien *n*
scandinavo [skandi'naːvo] *adj 1. GEO* skandinavisch; *m 2.* Skandinavier *m*
scandire [skan'diːre] *v* skandieren
scannare [skan'naːre] *v* schlachten
scansafatiche [skansafa'tiːke] *m* Faulenzer *m*

scansare [skan'saːre] *v* ausweichen, vermeiden
scantinato [skanti'naːto] *m* Untergeschoss *n*
scapaccione [skappat'tʃoːne] *m* Ohrfeige *f*
scapigliato [skapi'ʎaːto] *adj 1.* zerrupft; 2. *(fig)* hemmungslos, ausschweifend
scapigliatura [skapiʎa'tuːra] *f* Ausschweifung *f,* Zügellosigkeit *f*
scapola ['skaːpola] *m ANAT* Schulterblatt *n*
scapolo ['skaːpolo] *adj 1.* unverheiratet; *m 2.* Junggeselle *m*
scappamento [skappa'mento] *m TECH* Auspuff *m*
scappare [skap'paːre] *v 1.* entkommen, davonlaufen; 2. *(fig)* durchgehen
scappata [skap'paːta] *f 1.* Abstecher *m;* 2. *(fam)* Seitensprung *m*
scappatella [skappa'tɛlla] *f 1.* Eskapade *f;* 2. *(fig)* Seitensprung *m; fare una* ~ fremdgehen
scappatoia [skappa'toːia] *f 1.* Ausweg *m;* 2. *(pretesto)* Ausflüchte *pl*
scarabeo [skara'bɛːo] *m* Mistkäfer *m*
scarabocchiare [skarabokki'aːre] *v* kritzeln, bekritzeln
scarafaggio [skara'faddʒo] *m ZOOL* Schabe *f*
scaraventare [skaraven'taːre] *v* schleudern
scaraventarsi [skaraven'tarsi] *v* ~ *addosso a qd* auf jdn losgehen
scarcerazione [skartʃeratsi'oːne] *f JUR* Haftentlassung *f*
scarica ['skaːrika] *f 1. (salva) MIL* Garbe *f,* Salve *f;* 2. *(colpo)* Schuss *m;* 3. *(fig)* Flut *f;* 4. *TECH* Entladung *f;* 5. *(di sentimenti)* Ausbruch *m*
scaricare [skari'kaːre] *v 1.* abladen, ausladen; 2. *(vapore)* ablassen; 3. *(merce)* löschen
scaricarsi [skari'karsi] *v* ~ *di (fig)* abwälzen auf
scarico ['skaːriko] *m* Abfluss *m*
scarlattina [skarlat'tiːna] *f MED* Scharlach *m*
scarlatto [skar'latto] *adj 1.* scharlachrot; *m 2.* Scharlachrot *n*
scarno ['skarno] *adj 1. (macilento)* ausgezehrt; 2. *(fig)* einfach
scalogna [ska'roːɲa] *f* Missgeschick *n*
scarpa ['skarpa] *f* Schuh *m;* ~ *da ginnastica* Turnschuh *m*

scarpata [skar'pa:ta] *f* Böschung *f*
scarpone [skar'po:ne] *m* 1. *SPORT*
Bergschuh *m;* 2. ~ *da sci* Skischuh *m*, Ski-
stiefel *m*
scarrozzata [skarrot'tsa:ta] *f* Spazierfahrt *f*
scarseggiare [skarsed'dʒa:re] *v* 1. knapp
sein; *m* 2. Verknappung *f*
scarsità [skarsi'ta] *f* Mangel *m*, Knappheit *f;* ~ *di acqua potabile* Trinkwasser-
knappheit *f*
scarso ['skarso] *adj* mager, knapp
scartabellare [skartabel'la:re] *v* *(libro)*
wälzen
scartare [skar'ta:re] *v* 1. *(deviare)* abweichen; 2. *(spacchettare)* auspacken; 3. *(mettere da parte)* weglegen
scarto ['skarto] *m* 1. Ausschuss *m;* 2. *(differenza)* Spanne *f;* 3. *scarti pl* Ramsch *m*
scassinare [skassi'na:re] *v* *(fig)* knacken,
aufbrechen
scassinatore [skassina'to:re] *m* Einbre-
cher *m*
scasso ['skasso] *m* Einbruch *m*, Diebstahl
m; a prova di ~ einbruchsicher
scatenare [skate'na:re] *v* verursachen
scatenarsi [skate'narsi] *v* toben, tollen
scatola ['ska:tola] *f* 1. Schachtel *f;* ~ *di
cartone* Karton *m;* 2. *(barattolo)* Dose *f;* ~ *di
conserva* Konservendose *f;* ~ *di latta*
Blechdose *f;* 3. ~ *cranica* ANAT Schädel *m*
scatolame [skato'la:me] *m* Konserve *f*
scattare [skat'ta:re] *v* 1. *FOTO* fotografieren, knipsen; 2. *(molla)* springen, losschnel-
len; 3. *(persone)* hochfahren, aufspringen
scatto ['skatto] *m* 1. Gebühreneinheit *f;*
2. *FOTO* Auslöser *m;* 3. *(di collera)* Wutanfall
m; 4. *SPORT* Spurt *m*
scaturirsi [skatu'rirsi] *v* sich entwickeln
scavalcare [skaval'ka:re] *v* 1. erklettern;
2. *(superare)* überholen; ~ *qd* jdn aus-
lassen/jdn überspringen
scavare [ska'va:re] *v* 1. graben, wühlen;
2. *(sterrare)* ausheben, ausschachten
scegliere [ʃɛ:ʎere] *v irr* auswählen, aussuchen
sceicco [ʃe'ikko] *m* Scheich *m*
scellerato [ʃelle'ra:to] *adj* 1. verrucht; *m*
2. Schuft *m*, Gauner *m*
scellino [ʃel'li:no] *m* Schilling *m*
scelta ['ʃelta] *f* 1. Wahl *f,* Auswahl *f; a* ~
wahlweise; 2. *(fig)* Entscheidung *f*
scemenze [ʃe'mɛntse] *f/pl* Unfug *m,*
Quatsch *m*

scempiaggine [ʃempi'addʒine] *f* Albernheit *f*
scena ['ʃɛ:na] *f* 1. *THEAT* Bühne *f,*
Schauplatz *f; andare in* ~ auf die Bühne
gebracht werden; *messa in* ~ Inszenierung *f;*
~ *politica (fig)* politisches Leben *n;* 2. *(lite)*
Szene *f;* 3. *CINE* Bild *n,* Szene *f;* 4. *(sceneggiatura) CINE* Drehbuch *n*
scenario [ʃe'na:rio] *m* 1. Szenerie *f;*
2. *THEAT* Bühnenbild *n*
scendere ['ʃendere] *v irr* 1. absteigen,
hinuntergehen; 2. *(alloggio)* absteigen; 3. *(da
un veicolo)* aussteigen; 4. *(calare)* zurückgehen, sinken
sceneggiatura [ʃeneddʒa'tu:ra] *f* 1.
Drehbuch *n;* 2. *(drammaturgia)* Dramatur-
gie *f*
scenografo [ʃe'nɔ:grafo] *m* *THEAT* Büh-
nenbildner *m*
scervellarsi [ʃervel'larsi] *v* ~ *di qc* sich
etw durch den Kopf gehen lassen
scetticismo [ʃetti'tʃizmo] *m* Skepsis *f*
scettico ['ʃettiko] *adj* skeptisch
scettro ['ʃettro] *m* 1. Szepter *n;* 2. *(influenza)* Einfluss *m*
scheda ['skɛ:da] *f* Karteikarte *f;* ~ *perforata* Lochkarte *f;* ~ *elettorale* Stimmzettel *m*
schedario [ske'da:rio] *m* Kartei *f*
schedato [ske'da:to] *adj* 1. registriert;
2. *(pregiudicato)* vorbestraft; 3. Vorbestrafter *m*
scheggia ['skeddʒa] *f* Span *m,* Splitter *m*
scheggiare [sked'dʒa:re] *v* splittern
scheggiarsi [sked'dʒarsi] *v* zersplittern
scheletro ['skɛ:letro] *m* ANAT Gerippe *n,*
Skelett *n*
schema ['skɛ:ma] *m* Schema *n;* ~ *elettrico*
Schaltbild *n*
schematico [ske'ma:tiko] *adj* schematisch
scherma ['skerma] *f* SPORT Fechten *n;*
tirare di ~ fechten
schermare [sker'ma:re] *v* abschirmen
schermatura [skerma'tu:ra] *f* 1. Abschirmung *f;* 2. *TECH* Entstörung *f*
schermo ['skermo] *m* 1. Blende *f,* Schutz
m; ~ *di proiezione* Leinwand *f;* 2. *INFORM*
Bildschirm *m;* 3. *(filtro)* Filter *m*
schernire [sker'ni:re] *v* verspotten
scherno ['skerno] *m* Gespött *n,* Hohn *m*
scherzare [sker'tsa:re] *v* spaßen, scherzen
scherzo ['skertso] *m* 1. Scherz *m,* Spaß *m;*
2. *(burla)* Posse *f,* Ulk *m*

scherzoso [skertso:so] *adj* scherzhaft
schiaccianoci [skiattʃa'no:tʃi] *m* Nussknacker *m*
schiacciante [skiat'tʃante] *adj 1. (fig)* umwerfend, überwältigend; *2. (ultrapotente)* übermächtig
schiacciare [skiat'tʃa:re] *v 1.* zerdrücken, erdrücken; *2. (fig)* verdrängen
schiaffeggiare [skiaffed'dʒa:re] *v* ohrfeigen
schiaffo [ski'affo] *m* Ohrfeige *f*
schiamazzo [skia'mattso] *m 1.* Geschrei *n; 2. schiamazzi pl (disturbo)* Ruhestörung *f*
schiantarsi [skian'tarsi] *v 1.* bersten; *2. (macchina) ~ contro* prallen auf
schianto [ski'anto] *m* Knall *m*
schiarire [skia'ri:re] *v* aufhellen
schiarirsi [skia'rirsi] *v ~ la voce* sich räuspern
schiavitù [skiavi'tu] *f* Sklaverei *f*
schiavo [ski'a:vo] *m* Sklave *m*
schiena [ski'ɛ:na] *f* ANAT Rücken *m*
schienale [skie'na:le] *m* Rückenlehne *f*
schiera [ski'ɛ:ra] *f 1.* Schwarm *m; a ~* scharenweise; *2. MIL* Reihe *f*
schieramento [skiera'mento] *m 1. MIL* Aufstellung *f; 2. POL* Fraktion *f*
schierare [skie'ra:re] *v* aufstellen
schierarsi [skie'rarsi] *v* sich aufstellen
schietto [ski'ɛtto] *adj* rein, echt
schifarsi [ski'farsi] *v* sich ekeln
schifo [ski:fo] *m* Ekel *m*
schifoso [ski'fo:so] *adj* Ekel erregend
schioccare [skiok'ka:re] *v* knallen; *~ le labbra* schmatzen
schioppo [ski'ɔppo] *m* Schusswaffe *f*
schiuma [ski'u:ma] *f* Schaum *m*
schiumaiola [skiuma'jɔ:la] *f* Schaumlöffel *m*
schiumare [skiu'ma:re] *v* schäumen
schivare [ski'va:re] *v (scansare)* sich entziehen, ausweichen
schivo [ski:vo] *adj* menschenscheu, verschlossen
schizofrenia [skidzofre'ni:a] *f MED* Schizophrenie *f*
schizofrenico [skidzo'frɛ:niko] *adj 1. MED* schizophren, gespalten; *m 2.* Schizophrener *m*
schizzare [skit'tsa:re] *v 1. (saltare)* springen, abspringen; *2. (liquido)* spritzen; *3. ART* entwerfen, skizzieren
schizzinoso [skittsi'no:so] *adj* wählerisch

schizzo ['skittso] *m 1.* Spritzer *m; 2. (abbozzo)* Skizze *f*
schnauzer ['ʃnautser] *m ZOOL* Schnauzer *m*
schricchiolare [skrikkio'la:re] *v* ächzen
sci [ʃi] *m* Ski *m; ~ acquatico* Wasserski *m; ~ da fondo* Skilanglauf *m*
scia ['ʃi:a] *f 1. (fig)* Kielwasser *n; 2. (traccia)* Spur *f*
sciabola ['ʃa:bola] *f* Säbel *m*
sciacallo [ʃa'kallo] *m ZOOL* Schakal *m*
sciacquare [ʃak'kua:re] *v* abspülen
sciacquone [ʃak'kuo:ne] *m* Spülung *f*
sciagura [ʃa'gu:ra] *f* Verhängnis *n*
scialacquare [ʃalak'kua:re] *v 1.* verschwenden; *2. (fig)* verpulvern
scialare [ʃa'la:re] *v 1.* prassen, schlemmen; *2. (sprecare)* verschwenden
scialbo ['ʃalbo] *adj 1.* blässlich, blass; *2. (incolorato)* farblos; *3. (fig)* seicht
scialle ['ʃalle] *m* Schal *m*
scialuppa [ʃa'luppa] *f ~ di salvataggio* Rettungsboot *n*
sciame ['ʃa:me] *m ZOOL* Schwarm *m; ~ d'api* Bienenschwarm *m*
sciare ['ʃa:re] *v SPORT* Ski fahren
sciarpa ['ʃarpa] *f* Schal *m*
sciatore [ʃa'to:re] *m* Skifahrer *m*
sciattezza [ʃa'tettsa] *f* Schlamperei *f*
scientifico ['ʃien'ti:fiko] *adj* wissenschaftlich
scienza ['ʃɛntsa] *f* Wissenschaft *f; scienze umanistiche* Geisteswissenschaften *pl; scienze naturali* Naturwissenschaften *pl*
scienziato [ʃentsi'a:to] *m* Wissenschaftler *m*
scimmia ['ʃimmia] *f ZOOL* Affe *m*
scimmiottare [ʃimmiot'ta:re] *v* nachahmen
scimpanzé [ʃimpan'tse] *m ZOOL* Schimpanse *m*
scimunito [ʃimu'ni:to] *adj 1.* lächerlich; *2. (fam)* dämlich; *m 3.* Dummkopf *m*
scindere ['ʃindere] *v irr (fig)* spalten
scintilla [ʃin'tilla] *f* Funke *m*
scintillare [ʃintil'la:re] *v* funkeln
scintillio [ʃintil'li:o] *m* Geflimmer *n*
scioccare [ʃok'ka:re] *v* schockieren
sciocchezza [ʃok'kettsa] *f 1.* Albernheit *f; 2. sciocchezze pl* Firlefanz *m,* Dummheiten *pl; fare sciocchezze* herumalbern
sciocco ['ʃɔkko] *adj* dumm, affig
sciogliere ['ʃɔʎere] *v irr 1.* lösen, auflösen; *2. (filo)* losbinden

sciogliersi ['ʃɔːʎersi] *v irr 1.* zergehen, zerrinnen; *2. (sale)* sich auflösen; *3. (pregiudizio)* sich befreien

scioglilingua [ʃoʎi'lingua] *m* Zungenbrecher *m*

scioltezza [ʃol'tettsa] *f 1.* Wendigkeit *f; 2. (agilità)* Gewandtheit *f; 3. (destrezza)* Kunstfertigkeit *f; 4. (naturalezza)* Frische *f,* Natürlichkeit *f*

sciolto ['ʃɔlto] *adj 1.* lose; *2. (fig)* gewandt

scioperare [ʃope'raːre] *v* streiken

sciopero ['ʃɔːpero] *m* Streik *m,* Ausstand *m; ~ della fame* Hungerstreik *m; ~ d'avvertimento* Warnstreik *m*

sciovia [ʃo'viːa] *f* Skilift *m*

sciovinismo [ʃovi'nizmo] *m* Chauvinismus *m*

sciovinistico [ʃovi'nistiko] *adj* chauvinistisch

sciroppo [ʃi'rɔppo] *m 1. GAST* Sirup *m; 2. ~ per la tosse MED* Hustensaft *m*

scissione [ʃissi'oːne] *f 1.* Spaltung *f; 2. CHEM* Anspaltung *f*

sciupare [ʃu'paːre] *v 1.* abnutzen; *2. (rovinare)* ruinieren; *3. (danneggiare)* schädigen; *4. (scialare)* verschwenden

sciupio [ʃu'piːo] *m 1.* Verschleiß *m; 2. (spreco)* Vergeudung *f*

scivolare [ʃivo'laːre] *v 1.* rutschen, ausrutschen; *2. (scorrere su qc di liscio)* gleiten; *che scivola* gleitend

scivolo ['ʃiːvolo] *m* Rutschbahn *f*

scivolosità [ʃivolosi'ta] *f* Glätte *f*

scivoloso [ʃivo'loːso] *adj* rutschig

scocciarsi [skot'tʃarsi] *v* sich ärgern

scocciatura [skottʃa'tuːra] *f 1.* Unannehmlichkeit *f; 2. (fastidio)* Verdruss *m; 3. (seccatura)* Belästigung *f*

scodella [sko'dɛlla] *f* Schüssel *f,* Schale *f,* Teller *m*

scodinzolare [skodintso'laːre] *v* wedeln

scogliera [sko'ʎɛːra] *f GEO* Riff *n*

scoglio ['skɔːʎo] *m GEO* Klippe *f*

scoiattolo [skoi'attolo] *m ZOOL* Eichhörnchen *n*

scolapasta [skola'pasta] *f* Nudelsieb *n*

scolare [sko'laːre] *v 1.* seihen; *2. (cose non liquide)* sieben; *3. (colare giù)* auslaufen

scolaro [sko'laːro] *m* Schüler *m*

scollatura [skolla'tuːra] *f* Ausschnitt *m*

scolorire [skolo'riːre] *v* abfärben, entfärben

scolorirsi [skolo'rirsi] *v* die Farbe verlieren

scolpire [skol'piːre] *v 1. (marmo)* meißeln; *2. (legno)* schnitzen; *3. (incidere)* eingravieren

scombussolare [skombusso'laːre] *v* durcheinander bringen

scommessa [skom'messa] *f* Wette *f; fare una ~* einen Einsatz machen

scommettere [skom'mettere] *v* wetten, tippen

scomodo ['skɔːmodo] *adj* unbequem

scomparire [skompa'riːre] *v irr 1.* verschwinden; *2. (fig)* untertauchen

scomparso [skom'parso] *adj 1.* verschollen; *m 2.* Toter *m*

scompartimento [skomparti'mento] *m* Abteil *n; ~ ferroviario* Zugabteil *n*

scomparto [skom'parto] *m 1.* Fach *n; 2. (pentola)* Einsatz *m*

scompigliare [skompi'ʎaːre] *v* verwirren

scompiglio [skom'piːʎo] *m* Verwirrung *f*

scomporre [skom'porre] *v irr 1.* zerlegen; *2. CHEM* abbauen

scomposizione [skompozitsi'oːne] *f CHEM* Abbau *m*

scomunicare [skomuni'kaːre] *v REL* exkommunizieren

sconcertante [skontʃer'tante] *adj* beunruhigend

sconcertarsi [skontʃer'tarsi] *v* aus der Fassung geraten

sconcertato [skontʃer'taːto] *adj* fassungslos

sconcezza [skon'tʃettsa] *f 1.* Anstößigkeit *f; 2. (vergogna)* Schmach *f,* Schande *f*

sconcio ['skontʃo] *adj 1. (indecente)* anstößig; *2. (osceno)* obszön; *3. (schifoso)* eklig

sconclusionato [skonkluzio'naːto] *adj 1. (persona)* unaufmerksam; *2. (senso)* unsinnig, sinnlos

sconfessare [skonfes'saːre] *v* abstreiten, leugnen

sconfiggere [skonfid'dʒere] *v irr* besiegen

sconfinato [skonfi'naːto] *adj* grenzenlos

sconfitta [skon'fitta] *f 1.* Niederlage *f; 2. (fig)* Schlappe *f*

sconfortante [skonfor'tante] *adj* bedrückend

sconforto [skon'fɔrto] *m* Trostlosigkeit *f*

scongelarsi [skondʒe'larsi] *v* tauen

scongiurare [skondʒu'raːre] *v 1.* beschwören, anflehen; *2. (esorcizzare)* beschwören, bannen

scongiuro [skodʒuːro] *m 1.* Beschwörung *f; 2. (giuramento)* Schwur *m*

sconnesso [skon'nɛsso] *adj 1.* zerlegt, auseinander genommen; *2. (confuso)* zusammenhanglos, durcheinander

sconosciuto [skono'ʃuːto] *adj 1.* fremd; *m 2.* Unbekannter *m*

sconquassato [sonkuas'saːto] *adj* klapperig

sconsacrare [skonsa'kraːre] *v* entweihen

sconsiderato [skonside'raːto] *adj* unbedacht, unbesonnen

sconsigliare [skonsi'ʎaːre] *v* abraten

sconsolato [skonso'laːto] *adj* trostlos

scontare [skon'taːre] *v 1.* büßen, verbüßen; *2. ECO* diskontieren

scontento [skon'tɛnto] *adj 1.* unzufrieden; *m 2.* Unzufriedener *m*

sconto ['skonto] *m 1. ECO* Rabatt *m; ~ sulla quantità* Mengenrabatt *m; Quanto ~ fa?* Wie viel Rabatt gibt es? *tasso di ~* Diskontsatz *m; 2. (su pronta cassa) ECO* Skonto *n*

scontrarsi [skon'trarsi] *v 1.* aneinander geraten, zusammenstoßen; *2. (imbattersi)* treffen

scontrino [skon'triːno] *m* Bon *m,* Bescheinigung *f; ~ di cassa* Kassenzettel *m*

scontro ['skontro] *m* Zusammenstoß *m*

scontroso [skon'troːso] *adj* kratzbürstig

sconveniente [skonveni'ɛnte] *adj* unanständig

sconvolgente [skonvol'dʒɛnte] *adj* überwältigend

sconvolgere [skon'voldʒere] *v irr 1.* revolutionieren, umwälzen; *2. (scompigliare)* durcheinander bringen, verwirren

sconvolto [skon'vɔlto] *adj* verstört

scopa ['skoːpa] *f* Besen *m,* Kehrbesen *m*

scopare [sko'paːre] *v 1.* kehren; *2. (fam)* bumsen

scoperchiare [skoperki'aːre] *v* abdecken

scoperta [sko'pɛrta] *f* Entdeckung *f*

scoperto [sko'pɛrto] *adj 1. (non coperto)* unbedeckt; *2. (aperto)* offen; *3. (nudo)* nackt; *4. (svelato)* aufgedeckt, enthüllt; *5. FIN* überzogen

scopo ['skoːpo] *m* Zweck *m,* Bestimmung *f; a questo ~* dazu; *allo ~ di* zwecks

scoppiare [skoppi'aːre] *v* platzen, ausbrechen; *~ a ridere* in Lachen ausbrechen

scoppiettare [skoppiet'taːre] *v* knistern

scoppio ['skɔppio] *m 1.* Ausbruch *m,* Explosion *f; ~ di un tubo* Rohrbruch *m;*

2. (detonazione) Knall *m; 3. (l'aprirsi)* Aufbrechen *n*

scoprire [sko'priːre] *v irr 1.* entdecken, dahinter kommen; *2. (rendere visibile)* enthüllen; *3. (conto) ECO* überziehen

scoprirsi [sko'prirsi] *v irr* sich abdecken; *~ il capo* den Hut abnehmen

scopritore [skopri'toːre] *m* Entdecker *m*

scoraggiante [skorad'dʒante] *adj* entmutigend

scoraggiare [skorad'dʒaːre] *v* abschrecken, entmutigen

scoraggiarsi [skorad'dʒarsi] *v* verzagen

scoraggiato [skorad'dʒaːto] *adj* mutlos

scorciatoia [skortʃa'toːia] *f* Abkürzung *f; Esiste una ~ per andare al mare?* Gibt es eine Abkürzung zum Meer?

scorcio ['skortʃo] *m* Verkürzung *f; in questo ~ di tempo* in diesem Zeitraum

scordare [skor'daːre] *v 1. MUS* verstimmen; *2. (dimenticare)* vergessen

scordarsi [skor'darsi] *v ~ di qd* jdn vergessen

scordato [skor'daːto] *adj MUS* verstimmt

scordatura [skorda'tuːra] *f 1.* Verstimmung *f; 2. MUS* Verstimmen *n*

scorgere ['skɔrdʒere] *v irr* sehen

scoria ['skɔːria] *f* Schlacke *f*

scorpione [skorpi'oːne] *m ZOOL* Skorpion *m*

scorrazzare [skorrat'tsaːre] *v 1.* herumstreunen; *2. (saccheggiare)* plündern

scorrere ['skorrere] *v irr 1.* fließen, laufen; *2. (colare)* rinnen, rieseln; *~ via* zerrinnen; *3. (fluire)* strömen

scorretto [skor'rɛtto] *adj 1.* falsch, fehlerhaft; *2. (sleale, indiscreto)* unfair

scorrevole [skor're:vole] *adj 1. (fluido)* flüssig; *2. (stile)* flüssig; *3. (rapido)* zügig

scorribanda [skorri'banda] *f* Streifzug *m*

scorsa ['skorsa] *f (occhiata)* Blick *m; dare una ~* überfliegen

scorso ['skorso] *adj* vorig

scorta ['skɔrta] *f 1. (riserva)* Vorrat *m; 2. ruota di ~ TECH* Reserverad *n; 3. MIL* Eskorte *f; 4. scorte pl ECO* Bestand *m*

scortese [skor'teːze] *adj* unfreundlich, unhöflich

scortesia [skorte'ziːa] *f* Unhöflichkeit *f*

scorza ['skɔrdza] *f* Rinde *f,* Schale *f*

scosceso [sko'ʃeːso] *adv* schroff

scossa ['skɔssa] *f* Stoß *m,* Schlag *m; a scosse* ruckweise, stoßweise; *~ elettrica* Schlag *m; ~ morale (fig)* Erschütterung *f*

scosso ['skɔsso] *adj 1. (eccitato)* aufgeregt; *2. (sconvolto)* ablehnend
scostante [skos'tante] *adj* ablehnend
scostarsi [skos'tarsi] *v* zur Seite gehen
scostumatezza [skostuma'tettsa] *f 1. (immoralità)* Unzüchtigkeit *f,* Sittenlosigkeit *f;* 2. *(scorrettezza)* Anstößigkeit *f;* 3. *(cattiva educazione)* Ungezogenheit *f*
scostumato [skostu'maːto] *adj* lasterhaft
scottante [skot'tante] *adj* heiß, brennend
scottare [skot'taːre] *v 1.* brennen, verbrennen; *2. (fig)* enttäuschen
scottarsi [skot'tarsi] *v* sich verbrühen
scottatura [skotta'tuːra] *f MED* Verbrennung *f,* ~ *solare* Sonnenbrand *m*
scovare [sko'vaːre] *v* stoßen auf
Scozia ['skɔːtsia] *f GEO* Schottland *n*
scozzese [skot'tseːse] *adj 1.* schottisch; *m/f* 2. Schotte/Schottin *m/f*
screanzato [skrean'tsaːto] *adj* frech
screditare [skredi'taːre] *v 1.* herabsetzen; 2. *(fig)* entwerten
screditarsi [skredi'tarsi] *v* in Verruf geraten, nicht mehr kreditwürdig sein
scremare [skre'maːre] *v* entrahmen; *latte scremato* Magermilch *f,* fettarme Milch *f*
screpolarsi [skrepo'larsi] *v (superfice)* aufspringen
screpolatura [skrepola'tuːra] *f* Riss *m*
screziato [skretsi'aːto] *adj* gefleckt
screzio ['skreːtsio] *m* Zerwürfnis *n*
scricchiare [skrikki'aːre] *v* knistern
scricchiolare [skrikkio'laːre] *v* knacken, knarren
scritta ['skritta] *f 1. (iscrizione)* Inschrift *f;* 2. *(insegna)* Aufschrift *f*
scritto ['skritto] *adj 1.* schriftlich; ~ *a mano* handschriftlich; ~ *a macchina* maschinengeschrieben; *m 2.* Schreiben *n,* Schriftstück *n*
scrittoio [srit'toːio] *m* Schreibtisch *m,* Sekretär *m*
scrittore [skrit'toːre] *m* Schriftsteller *m*
scrittura [skrit'tuːra] *f 1.* Schrift *f,* Handschrift *f;* 2. *(scritto)* Schreiben *f; f 3. (carattere)* Schriftart *f;* ~ *Braille* Blindenschrift *f*
scrivania [skriva'niːa] *f* Schreibtisch *m*
scrivere ['skriːvere] *v irr 1.* schreiben, anschreiben; ~ *sopra* überschreiben; *Me lo scrive, per piacere?* Schreiben Sie mir das bitte auf? *Come si scrive questo?* Wie schreibt man das? ~ *musica* komponieren; ~ *poesie* dichten; *m 2.* Niederschrift *f*
scroccare [skrok'kaːre] *v* schmarotzen

scroccone [skrok'koːne] *m* Parasit *m*
scrofa ['skrɔːfa] *f ZOOL* Sau *f*
scrollare [skrol'laːre] *v* zucken
scroscio ['skrɔːʃo] *m 1.* ~ *di pioggia* Regenguss *m,* Schauer *m;* 2. *(tamburellare)* Platschen *n;* 3. *(ribollimento)* Aufwallung *f*
scrupolo ['skruːpolo] *m* Skrupel *m*
scrupoloso [skrupo'loːso] *adj 1. (accurato)* gewissenhaft, sorgfältig; *2. (pieno di scrupoli)* voller Skrupel, voll Bedenken
scrutatore [skruta'toːre] *m 1.* Erforscher *m;* 2. *POL* Wahlhelfer *m,* Wahlprüfer *m*
scuderia [skude'riːa] *f* Gestüt *n,* Rennstall *m*
scudiere [skudi'ɛːre] *m* Stallmeister *m*
scudo ['skuːdo] *m* Schild *n*
scultore [skul'toːre] *m* Bildhauer *m*
scultura [skul'tuːra] *f ART* Skulptur *f*
scuoiare [skuoi'aːre] *v* häuten
scuola [sku'ɔːla] *f* Schule *f;* ~ *a tempo pieno* Ganztagsschule *f;* ~ *elementare* Grundschule *f;* ~ *guida* Fahrschule *f;* ~ *professionale* Berufsschule *f;* ~ *serale* Abendschule *f;* ~ *superiore* Oberschule *f*
scuotere [sku'ɔːtere] *v irr 1.* schütteln; 2. *(fig)* ergreifen
scuotimento [skuoti'mento] *m* Erschütterung *f*
scure ['skuːre] *f* Beil *n*
scuro ['skuːro] *adj* düster
scurrile [skur'riːle] *adj 1. (buffonesco)* närrisch, skurril; 2. *(triviale)* trivial
scusa ['skuːza] *interj 1.* Verzeihung, verzeih; *f 2. (perdono)* Entschuldigung *f,* Abbitte *f;* 3. *(pretesto)* Vorwand *m*
scusabile [sku'zaːbile] *adj* entschuldbar
scusare [sku'zaːre] *v* ~ *qc* etw entschuldigen
scusarsi [sku'zarsi] *v* sich entschuldigen
scusi ['skuːzi] *interj* Verzeihung, verzeihen Sie
sdegnare [zde'ɲaːre] *v* verschmähen
sdegnarsi [zde'ɲarsi] *v* sich empören
sdegno ['zdeːɲo] *m 1.* Wut *f,* Zorn *m;* 2. *(disprezzo)* Verachtung *f*
sdoganare [zdoga'naːre] *v* verzollen
sdolcinato [zdoltʃi'naːto] *adj 1.* süßlich; 2. *(fig)* künstlich, geziert
sdoppiamento [zdoppia'mento] *m* Aufteilung *f*
sdraiare [zdrai'aːre] *v* sich ausstrecken
sdraiarsi [zdrai'arsi] *v* sich ausstrecken, sich hinlegen
sdraio ['zdraːio] *m* Liegestuhl *m*

sdrucciolevole [zdruttʃo'leːvole] *adj*
1. glatt, rutschig; *2. (scivoloso)* glitschig
sdrucire [zdru'tʃiːre] *v* auftrennen
sdrucirsi [zdru'tʃirsi] *v* aufgehen, platzen
se [se] *konj* falls, ob
sé [se] *pron* sich
sebbene [se'bɛːne] *konj* obgleich, obwohl
sebo ['sɛːbo] *m* Talg *m*
secca ['sekka] *f 1.* Dürre *f; 2. (d'acqua)*
Untiefe *f; 3. (sabbia)* Sandbank *f*
seccare [sek'kaːre] *v 1.* trocknen, austrocknen; *2. (infastidire)* belästigen
seccarsi [sek'karsi] *v 1.* trocknen; *2. (fig)*
sich ärgern
seccato [sek'kaːto] *adj* verdrießlich
seccatore [sekka'toːre] *m* Quälgeist *m*
seccatura [sekka'tuːra] *f* Schererei *f,*
Unannehmlichkeit *f*
secchezza [sek'kettsa] *f* Dürre *f*
secchio ['sekkio] *m* Eimer *m,* Kübel *m; a*
secchi (fig) eimerweise
secco ['sekko] *adj 1.* dürr, trocken; *capelli*
secchi trockene Haare *pl; vino* ~ trockener
Wein *m; 2. (aspro)* herb
secernere [se'tʃɛrnere] *v* abscheiden
secolare [seko'laːre] *adj 1.* hundertjährig,
jahrhundertealt; *2. (profano)* profan, säkular
secolo ['sɛːkolo] *m* Jahrhundert *n*
secondario [secon'daːrio] *adj* sekundär,
nebensächlich
secondo[1] [se'kondo] *prep* gemäß, nach
secondo[2] [se'kondo] *adj 1.* zweite(r,s); *di*
seconda mano aus zweiter Hand; *m 2.* Sekunde *f*
secrezione [sekretsi'oːne] *f MED* Ausfluss *m*
sedano ['sɛːdano] *m BOT* Sellerie *m*
sedativo [seda'tiːvo] *adj 1.* lindernd, beruhigend; *m 2. MED* Beruhigungsmittel *n*
sede ['sɛːde] *f 1.* Sitz *m; 2. ECO* Sitz *m;* ~
del governo Regierungssitz *m;* ~ *della presidenza* Präsidium *n*
sedentario [seden'taːrio] *adj* sesshaft
sedere [se'deːre] *v irr 1.* sitzen; *m 2. ANAT*
Po *m,* Hintern *m*
sedersi [se'dersi] *v irr* sich hinsetzen
sedia ['sɛːdia] *f* Stuhl *m;* ~ *a braccioli*
Sessel *m;* ~ *a dondolo* Schaukelstuhl *m;* ~ *a*
rotelle Rollstuhl *m; handicappato in* ~ *a rotelle* Rollstuhlfahrer *m*
sedicente [sedi'tʃɛnte] *adj* so genannt
sedicesimo [sedi'tʃɛːzimo] *adj* sechzehnte(r,s)

sedici ['seːditʃi] *num* sechzehn
sedile [se'diːle] *m* Sitz *n*
sedimento [sedi'mento] *m GEOL* Ablagerung *f*
seducente [sedu'tʃɛnte] *adj* verführerisch
sedurre [se'durre] *v irr* verführen
seduta [se'duːta] *f* Sitzung *f;* ~ *di gabinetto* Kabinettssitzung *f; tenere una* ~ tagen
seduzione [sedutsi'oːne] *f* Verführung *f*
sega ['seːga] *f TECH* Säge *f;* ~ *circolare*
Kreissäge *f;* ~ *da traforo* Laubsäge *f*
segale ['seːgale] *f BOT* Roggen *m*
segaligno [sega'liːɲo] *adj* mager
segare [se'gaːre] *v* sägen
segatura [sega'tuːra] *f* Sägemehl *n,*
Span *m*
seggio ['sɛddʒo] *m 1. POL* Sitz *m; 2.* ~
elettorale POL Wahllokal *n*
seggiovia [seddʒo'viːa] *f* Sessellift *m*
segheria [sege'riːa] *f* Sägewerk *n*
segmento [seg'mento] *m* Segment *n*
segnalare [seɲa'laːre] *v 1. (additare)* hinweisen auf; *2. (comunicare)* signalisieren
segnalatore [seɲala'toːre] *m* ~ *d'incendio*
Feuermelder *m*
segnale [se'ɲaːle] *m (indizio)* Signal *n;* ~
acustico akustisches Signal *n;* ~ *d'allarme*
Alarmsignal *n;* ~ *di pericolo* Warnsignal *n;* ~
luminoso Leuchtsignal *n;* ~ *orario* Zeitzeichen *n;* ~ *stradale* Straßenschild *n*
segnaletica [seɲa'lɛːtika] *m* Verkehrszeichen *n*
segnalibro [seɲa'liːbro] *m* Lesezeichen *n*
segnare [se'ɲaːre] *v 1.* bezeichnen; *2.*
(indicare) zeigen; *3. SPORT* Tor schießen
segnato [se'ɲaːto] *adj (fig)* gezeichnet
segnatura [seɲa'tuːra] *f* Bezeichnung *f,*
Signatur *f*
segnavia [seɲa'viːa] *m* Wegweiser *m*
segno ['seːɲo] *m 1.* Merkmal *n,* Zeichen *n;*
2. (cenno) Wink *m,* Zeichen *n; 3. (fig)* Omen
n; 4. (distintivo) Abzeichen *n; 5. MATH* Vorzeichen *n; 6. (bersaglio)* Ziel *n; cogliere nel* ~
ins Schwarze treffen
segregarsi [segre'garsi] *v* sich absondern
segretamente [segreta'mente] *adv*
heimlich, insgeheim
segretaria [segre'taːria] *f* Sekretärin *f;*
prima ~ Chefsekretärin *f*
segretariato [segretari'aːto] *m* Sekretariat *n*
segretario [segre'taːrio] *m* Schriftführer
m, Sekretär *m*

segretaria [segrete'riːa] *f 1.* Kanzlei *f;* *2.* ~ *telefonica* Anrufbeantworter *m;* *3.* *(segretariato)* Sekretariat *n*
segretezza [segre'tettsa] *f* Heimlichkeit *f,* Verborgenheit *f*
segreto [se'greːto] *adj 1.* geheim, heimlich; *m 2.* Geheimnis *n;* ~ *aziendale* Betriebsgeheimnis *n;* ~ *confessionale* Beichtgeheimnis *n;* ~ *epistolare* Briefgeheimnis *n;* ~ *bancario* Bankgeheimnis *n;* *3. (obbligo)* Pflicht *f;* ~ *professionale* Schweigepflicht *f*
seguace [segu'aːt∫e] *m/f* Anhänger(in) *m/f*
seguente [segu'ɛnte] *adj 1.* folgende(r,s); *adv 2.* nachfolgend, folgend
seguire [segu'iːre] *v 1. (andare dietro)* folgen; *Mi segua!* Folgen Sie mir! *2. (attenersi)* befolgen; *3. (risultare)* erfolgen; *4. (dare ascolto)* beherzigen
seguito [segu'iːto] *m 1.* Folge *f,* Fortsetzung *f; di* ~ pausenlos, hintereinander; *in* ~ *a* gemäß, angesichts, infolge; *2. (fig)* Nachspiel *n*
sei ['sɛːi] *num* sechs
selciato [sel't∫aːto] *m* Pflaster *n*
selettivo [selet'tiːvo] *adj* selektiv
selezione [seletsi'oːne] *f* Auswahl *f*
self-service [self'səːvɪs] *m* Selbstbedienung *f,* Selbstbedienungsladen *m*
sella ['sɛlla] *f* Sattel *m*
sellare [sel'laːre] *v* satteln
selva ['selva] *f 1. BOT* Wald *m;* *2. Selva Nera GEO* Schwarzwald *m;* *3. (moltitudine)* Fülle *f*
selvaggina [selvad'dʒiːna] *f ZOOL* Wild *n*
selvaggio [sel'vaddʒo] *adj 1.* wild; *m 2.* Wilder *m*
selvatico [sel'vaːtiko] *adj* wild
semaforo [se'maːforo] *m* Ampel *f,* Verkehrsampel *f;* ~ *rosso* Rotlicht *n*
sembrare [sem'braːre] *v 1.* aussehen; *2. (parere)* scheinen
seme ['seːme] *m 1. (fig)* Keim *m;* *2. BIO* Samen *m;* *3. (carta da gioco)* Farbe *f*
sementa [se'menta] *f AGR* Saat *f*
semente [se'mente] *m* Samen *m*
semestrale [semes'traːle] *adj* halbjährlich
semestre [se'mɛstre] *m* Halbjahr *n*
semicerchio [semi't∫erkio] *m* Halbkreis *m*
semiconduttore [semikondut'toːre] *m INFORM* Halbleiter *m*

semifinale [semifi'naːle] *f SPORT* Halbfinale *n*
semifinito [semifi'niːto] *adj* halb fertig
semina ['seːmina] *f* Saat *f*
seminare [semi'naːre] *v* aussäen, säen
seminario [semi'naːrio] *m* Seminar *n*
seminterrato [seminter'raːto] *m* Kellergeschoss *n*
seminudo [semi'nuːdo] *adj* halb nackt
semisfera [semis'fɛːra] *f* Halbkugel *f*
semolino [semo'liːno] *m GAST* Grieß *m*
semplice ['semplit∫e] *adj 1.* einfach, schlicht; *2. (ingenuo)* einfältig
semplicione [sempli't∫oːne] *m* Einfaltspinsel *m*
semplicità [semplit∫i'ta] *f 1.* Anspruchslosigkeit *f;* *2. (modestia)* Einfachheit *f,* Schlichtheit *f*
semplificare [semplifi'kaːre] *v* vereinfachen
sempre ['sɛmpre] *adv* immer, stets
senape ['sɛːnape] *f* Senf *m*
senato [se'naːto] *m POL* Senat *m*
senatore [sena'toːre] *m POL* Senator *m*
senile [se'niːle] *adj* senil, greisenhaft
senior ['sɛːnior] *m* Senior *m*
senno ['senno] *m* Vernunft *f*
seno ['seːno] *m 1. (grembo) ANAT* Busen *m,* Schoß *m;* *2. (fig: intimità della coscienza)* Busen *m;* *3. (di mare)* Bucht *f;* *4. MATH* Sinus *m*
senonché [senoŋ'ke] *konj* allerdings
sensale [sen'saːle] *m* Makler *m*
sensato [sen'saːto] *adj* sinnvoll
sensazionale [sensatsio'naːle] *adj* Aufsehen erregend, sensationell
sensazione [sensatsi'oːne] *f 1.* Gefühl *n,* Empfindung *f;* ~ *d'angoscia* Angstgefühl *n;* *2. (viva impressione, stupore)* Aufsehen *n*
sensibile [sen'siːbile] *adj 1.* empfindlich, sensibel; ~ *al dolore* schmerzempfindlich; *2. (fig)* weich; *3. (avvertibile)* spürbar
sensibilità [sensibili'ta] *f 1.* Sensibilität *f;* *2. (senso)* Gefühl *n,* Sinn *m;* ~ *linguistica* Sprachgefühl *n*
sensibilizzare [sensibilid'dzaːre] *v 1.* sensibilisieren; *2. FOTO* lichtempfindlich machen
sensitiva [sensi'tiːva] *f BOT* Mimose *f*
sensitivo [sensi'tiːvo] *adj* empfindsam
senso ['sɛnso] *m 1.* Sinn *m,* Gespür *n;* ~ *d'orientamento* Orientierungssinn *m;* ~ *di colpa* Schuldgefühl *n;* ~ *di felicità* Glücksgefühl *n; a doppio* ~ doppeldeutig, zweideu-

tig; *perdere i sensi* ohnmächtig werden; *privo di sensi* bewusstlos; *privo di* ~ sinnlos; 2. *(coscienza)* Bewusstsein *n;* 3. *(significato)* Sinn *m*
sensore [sen'soːre] *m TECH* Sensor *m*
sensorio [sen'sɔːrio] *adj* 1. Sinnes... *m* 2. Sinnesorgan *n*
sensuale [sensu'aːle] *adj* sinnlich
sensualità [sensuali'ta] *f* Sinnlichkeit *f*
sentenza [sen'tɛntsa] *f JUR* Spruch *m;* ~ *arbitrale* Schiedsspruch *m*
sentiero [senti'ɛːro] *m* Pfad *m;* ~ *di campagna* Feldweg *m;* ~ *ginnico* Trimm-dich-Pfad *m;* ~ *percorribile a piedi* Wanderweg *m*
sentimentale [sentimen'taːle] *m* 1. Gefühlsmensch *m; adj* 2. sentimental
sentimentalismo [sentimenta'lizmo] *m* Gefühlsduselei *f*
sentimentalità [sentimentali'ta] *f* Sentimentalität *f*
sentimento [senti'mento] *m* Gefühl *n*, Gemüt *n; pieno di* ~ gefühlvoll
sentinella [senti'nɛlla] *f* Posten *m*
sentire [sen'tiːre] *v* 1. fühlen, empfinden; ~ *il sapore di qc* etw schmecken; ~ *la mancanza di qd* jdn vermissen; 2. *(presentire)* vorhersehen, fühlen; 3. *(col naso)* riechen; 4. *(udire)* hören, verstehen
sentirsi [sen'tirsi] *v* sich fühlen
sentore [sen'toːre] *m* 1. Indiz *n;* 2. *(voce, voci)* Gerücht *n*
senza ['sɛntsa] *prep* ohne; ~ *di me* ohne mich; *senz'altro* sicher, bestimmt; ~ *impegno* frei bleibend
senzatetto [sentsa'tetto] *m/f* Obdachlose(r) *m/f; asilo per i* ~ Obdachlosenasyl *n*
separare [sepa'raːre] *v* 1. trennen, absondern; 2. *(fig)* abzweigen; 3. *TECH* abscheiden
separarsi [sepa'rarsi] *v* auseinander gehen, sich trennen
separatamente [separata'mente] *adv* auseinander; *Vorremmo pagare ~.* Wir wollen getrennt zahlen.
separatismo [separa'tizmo] *m POL* Separatismus *m*
separato [sepa'raːto] *adj* geschieden, getrennt
separazione [separatsi'oːne] *f* 1. Trennung *f,* Ablösung *f;* ~ *dei beni* Gütertrennung *f;* 2. *POL* Abspaltung *f*
sepolcro [se'polkro] *m* Gruft *f*
sepoltura [sepol'tuːra] *f* Begräbnis *n*
seppellire [seppel'liːre] *v irr* beerdigen, begraben

seppia ['seppia] *f ZOOL* Tintenfisch *m*
seppure [sep'puːre] *konj* 1. falls, wenn nur; 2. *(benché)* obwohl
sequenza [se'kuɛntsa] *f* Sequenz *f,* Folge *f*
sequestrare [sekues'traːre] *v* 1. sicherstellen; 2. *(rapire)* entführen
sequestro [se'kuɛstro] *m* 1. *JUR* Zwangsvollstreckung *f;* 2. ~ *di persona* Entführung *f*
sera ['seːra] *f* Abend *m; di* ~ abends; *questa* ~ heute Abend; *domani* ~ morgen Abend; *verso* ~ gegen Abend; *Buona ~!* Guten Abend!
serale [se'raːle] *adj* abendlich, Abend...
seralmente [seral'mente] *adv* allabendlich
serata [se'raːta] *f* Abend *m; per serate intere* abendelang
serbare [ser'baːre] *v* 1. *(conservare)* wahren; 2. *(fig)* bewahren; ~ *rancore* nachtragen
serbatoio [serba'tɔːio] *m* Tank *m*
serenata [sere'naːta] *f* Ständchen *n*, Serenade *f*
sereno [se'reːno] *adj* 1. *(tempo)* klar; 2. *(soleggiato)* heiter
serie ['sɛːrie] *f* 1. Reihe *f,* Kette *f;* 2. *ECO* Serie *f; di* ~ serienmäßig, seriell; *in* ~ serienmäßig; ~ *di trasmissioni* Sendereihe *f; pronto per la costruzione in* ~ serienreif
serietà [serie'ta] *f* Ernst *m*
serio ['sɛːrio] *adj* 1. *(importante)* ernst, ernstlich; *molto* ~ todernst; 2. *(grave)* ernst; 3. *(complicato)* kompliziert; 4. *(solenne)* seriös, ernsthaft
serpeggiare [serped'dʒaːre] *v* sich schlängeln
serpente [ser'pɛnte] *m ZOOL* Schlange *f;* ~ *a sonagli* Klapperschlange *f*
serpentina [serpen'tiːna] *f* Serpentine *f*
serra ['sɛrra] *f* Gewächshaus *n,* Treibhaus *n; effetto* ~ Treibhauseffekt *m*
serranda [ser'randa] *f* Jalousie *f*
serrare [ser'raːre] *v* 1. zuschließen, abdrehen; 2. *(vite)* nachziehen, anziehen
serrata [ser'raːta] *f ECO* Aussperrung *f*
serratura [serra'tuːra] *f* Schloss *n;* ~ *della porta* Türschloss *n*
serva ['sɛrva] *f* Magd *f*
servile [ser'viːle] *adj* unterwürfig
servire [ser'viːre] *v* 1. *(cliente)* abfertigen, dienen; 2. *(mangiare)* servieren, anrichten; 3. *(essere utile)* nützen; *Ti serve la bicicletta?* Brauchst du das Fahrrad? 4. ~ *qd* jdn bedienen

servirsi [ser'virsi] *v* 1. sich bedienen; *Si serve dei libri.* Er benützt die Bücher. 2. *(sfruttare)* ~ *di qd* jdn ausnutzen
servitore [servi'to:re] *m* Diener *m*
servitù [servi'tu] *f* 1. Knechtschaft *f;* 2. *(domestici)* Personal *n,* Dienerschaft *f*
servizievole [servitsi'e:vole] *adj* dienstbeflissen, dienstbereit
servizio [ser'vi:tsio] *m* 1. Dienst *m; di* ~ Dienst habend; *prendere* ~ antreten; *fuori* ~ außer Betrieb; ~ *civile* Zivildienst *m;* ~ *di controspionaggio* Abwehr *f;* ~ *di soccorso alpino* Bergwacht *f;* ~ *militare* Wehrdienst *m;* ~ *segreto* Geheimdienst *m;* ~ *d'emergenza* Notdienst *m;* 2. *(di cibi e bevande)* Bewirtung *f,* Service *m;* compreso il ~ Bedienung inbegriffen; ~ *in camera* Zimmerservice *m;* 3. *(in un ristorante o bar)* Bedienung *f;* ~ *clienti* Kundendienst *m;* ~ *pubblico* öffentlicher Dienst *m;* ~ *stampa* Bericht *m;* 4. *(per un cliente)* Abfertigung *f*
servo ['sɛrvo] *m* Knecht *m*
servosterzo [servo'stɛrtso] *m* Servolenkung *f*
sesamo ['sɛ:zamo] *m BOT* Sesam *m*
sessanta [ses'santa] *num* sechzig
sessantesimo [sessan'tɛ:zimo] *adj* sechzigste(r,s)
sessione [sessi'o:ne] *f* Sitzung *f; essere in* ~ konferieren, eine Sitzung abhalten
sesso ['sɛsso] *m* 1. Geschlecht *n;* 2. *(attività sessuale)* Sex *m*
sessuale [sessu'a:le] *adj* sexuell
sessualità [sessuali'ta] *f* Sexualität *f*
sesto ['sɛsto] *adj* sechste(r,s)
seta ['se:ta] *f* Seide *f;* ~ *grezza* Rohseide *f*
setacciare [setat't ʃa:re] *v* sieben
setaccio [se'tatt ʃo] *m* Sieb *n*
sete ['se:te] *m* Durst *m*
setola ['se:tola] *f* Borste *f*
setta ['sɛtta] *f REL* Sekte *f*
settanta [set'tanta] *num* siebzig
settantesimo [settan'tɛ:zimo] *adj* siebzigste(r,s)
sette ['sɛtte] *num* sieben
settembre [set'tɛmbre] *m* September *m*
settentrionale [settentrio'na:le] *adj* nördlich
settentrione [settentri'o:ne] *m GEO* Norden *m*
setticemia [settit ʃe'mi:a] *f MED* Blutvergiftung *f*
settimana [setti'ma:na] *f* Woche *f;* ~ *santa* Karwoche *f; per settimane* wochen-

lang; *fine* ~ Wochenende *n; tre volte la* ~ dreimal wöchentlich
settimanale [settima'na:le] *adj* 1. wöchentlich; *m* 2. Wochenblatt *n,* Zeitschrift *f*
settimo ['sɛttimo] *adj* siebte(r,s)
settore [set'to:re] *m* 1. Abschnitt *m,* Bereich *m;* 2. *TECH* Fachbereich *m,* Sektor *m;* 3. ~ *cinematografico* Filmbranche *f;* ~ *bancario* Bankgewerbe *n*
severo [se'vɛ:ro] *adj* hart, streng
seviziare [sevitsi'a:re] *v* peinigen
sezionare [setsio'na:re] *v* 1. *MED* sezieren; 2. *(scomporre)* zerlegen
sezione [setsi'o:ne] *f* 1. Schnitt *m;* 2. *(di piano trasversale)* Querschnitt *m;* 3. *(reparto)* Abteilung *f*
sfaccendato [sfatt ʃen'da:to] *adj* 1. unbeschäftigt; *m* 2. Faulenzer *m*
sfacchinare [sfakki'na:re] *v* sich abmühen
sfacciataggine [sfatt ʃa'taddʒine] *f* Unverfrorenheit *f,* Unverschämtheit *f*
sfacciato [sfat't ʃa:to] *m* 1. Frechdachs *m; adj* 2. unverschämt, patzig
sfacelo [sfa't ʃɛ:lo] *m* Verfall *m*
sfamare [sfa'ma:re] *v* den Hunger stillen
sfarzo ['sfartso] *m* Prunk *m; con* ~ prunkvoll
sfarzoso [sfar'tso:so] *adj* prunkvoll
sfasciarsi [sfa'ʃarsi] *v* 1. *(fasce)* aufgehen; 2. *(rompersi)* kaputtgehen
sfatto ['sfatto] *adj* 1. *(stanco)* erschöpft; 2. *(non fatto)* unerledigt
sfavore [sfa'vo:re] *m* Ungunst *f,* Nachteil *m*
sfavorevole [sfavo're:vole] *adj* nachteilig
sfegatato [sfega'ta:to] *adj* keck
sfera ['sfɛ:ra] *f* 1. Sphäre *f;* ~ *d'attività* Tätigkeitsbereich *m;* ~ *di competenza* Aufgabenbereich *m;* ~ *d'azione* Wirkungsbereich *m;* ~ *intima* Intimspähre *f;* ~ *terrestre* Erdkugel *f;* 2. *MATH* Kugel *f*
sferico ['sfɛ:riko] *adj* sphärisch, kugelförmig
sferza ['sfɛrtsa] *f* Peitsche *f*
sferzata [sfer'tsa:ta] *f* 1. Peitschenhieb *m;* 2. *(fig)* Tadel *m*
sfiancare [sfiaŋ'ka:re] *v* entkräften
sfiatato [sfia'ta:to] *adj* außer Atem
sfibrare [sfi'bra:re] *v* schwächen
sfida ['sfi:da] *f* Herausforderung *f*
sfidante [sfi'dante] *m* Herausforderer *m*
sfidare [sfi'da:re] *v* herausfordern

sfiducia [sfi'duːtʃa] f Argwohn m; voto di ~ Misstrauensvotum n

sfiduciarsi [sfidu'tʃarsi] v 1. den Mut verlieren; 2. (diventare diffidente) misstrauisch werden

sfiduciato [sfidu'tʃaːto] adj enttäuscht

sfigurare [sfigu'raːre] v 1. verunstalten, verschandeln; 2. (fare una brutta figura) sich bloßstellen

sfilacciato [sfilat'tʃaːto] adj ausgefranst

sfilata [sfi'laːta] f ~ di moda Modenschau f

sfilza ['sfiltsa] f große Menge f

sfinimento [sfini'mento] m Entkräftung f

sfinito [sfi niːto] adj erschöpft, todmüde

sfiorare [sfio'raːre] v streifen

sfioratore [sfiora'toːre] m Überlauf m

sfiorire [sfio'riːre] v verblühen

sfitto ['sfitto] adj nicht vermietet

sfocato [sfo'kaːto] adj 1. verschwommen, undeutlich; 2. (foto) unscharf

sfociare [sfo'tʃaːre] v münden

sfogarsi [sfo'garsi] v sich abreagieren

sfoggiare [sfod'dʒaːre] v ausstellen

sfoglia [sfɔ':ʎa] f 1. (metallica) Metallblättchen n; 2. pasta ~ GAST Blätterteig m

sfogliare [sfo'ʎaːre] v 1. blättern, durchblättern; ~ libri schmökern, ein Buch wälzen; 2. (in modo frettoloso) durchblättern, wälzen

sfogo ['sfo:go] m 1. (scarico) Abzug m; 2. ECO Absatz m; 3. (fig) Linderung f

sfollagente [sfolla'dʒɛnte] m Gummiknüppel m

sfollamento [sfolla'mento] m Evakuierung f, Räumung f

sfoltirsi [sfol'tirsi] v schütter werden

sfondo ['sfondo] m 1. Hintergrund m, Kulisse f; 2. THEAT Kulisse f

sformato [sfor'maːto] adj 1. klobig; 2. (deformato) verunstaltet; m 3. ~ di verdure GAST Gemüsepastete f

sfornare [sfor'naːre] v 1. aus dem Backofen nehmen; 2. (fig) in Massen produzieren

sfortuna [sfor'tuːna] f Unglück n

sfortunato [sfortu'naːto] adj unglücklich; persona sfortunata Pechvogel m

sforzare [sfor'tsaːre] m Bestreben n

sforzarsi [sfor'tsarsi] v sich anstrengen

sforzo ['sfɔrtso] m Anstrengung f, Bemühung f

sfracellarsi [sfratʃel'larsi] v zerschellen

sfrattare [sfrat'taːre] v kündigen

sfrecciare [sfret'tʃaːre] v brausen, rasen

sfregamento [sfrega'mento] m Reibung f

sfregare [sfre'gaːre] v reiben

sfregio ['sfreːdʒo] m 1. Verstümmelung f; 2. (graffiatura) Schramme f, Narbe f; 3. (insulto) Beleidigung f

sfrenato [sfre'naːto] adj ausgelassen, hemmungslos

sfrontato [sfron'taːto] adj unverschämt

sfruttamento [sfrutta'mento] m 1. Ausbeutung f, Ausnutzung f; 2. (utilizzazione) Erschließung f

sfruttare [sfrut'taːre] v 1. ausbeuten; 2. (fig) auspressen; 3. (rendere utilizzabile) erschließen

sfruttatore [sfrutta'toːre] adj 1. ausbeuterisch; m 2. Ausbeuter m

sfuggire [sfud'dʒiːre] v 1. entfliehen; 2. (fig) entfallen; 3. (passare inavvertito) entgehen; Questo film mi è sfuggito. Dieser Film ist mir entgangen. 4. (parola) herausrutschen

sfumare [sfu'maːre] v 1. (rabbia) vergehen, verrauchen; 2. (progetto) sich zerschlagen

sfumato [sfu'maːto] adj verschwommen

sfuriata [sfuri'aːta] f (fig) Donnerwetter n

sgabello [zga'bɛllo] m Hocker m

sgabuzzino [zgabud'dziːno] m Abstellkammer f

sgambetto [zgam'betto] m Trippeln n; fare lo ~ a qd jdm ein Bein stellen

sganciare [zgan'tʃaːre] v abhaken, loslösen; ~ qc etw abhängen

sganciarsi [zgan'tʃarsi] v (fig) sich absetzen

sgarbato [zgar'baːto] adj (fig) kaltschnäuzig, unhöflich

sgelo ['zdʒɛːlo] m 1. Abtauen n; 2. (tempo) Tauwetter n

sghembo ['zgembo] adj schief

sghignazzare [zgiɲat'tsaːre] v (fig) grinsen

sgomberare [zgombe'raːre] v 1. ausräumen, wegräumen; 2. (sloggiare) ausziehen; 3. (andarsene) abziehen; 4. (città, paese) evakuieren

sgombero ['zgombero] adj 1. (libero) frei; 2. (sgomberato) freigeräumt; m 3. (trasloco) Umzug m; 4. (evacuazione) Räumung f, Evakuierung f

sgombro ['zgombro] m ZOOL Makrele f

sgomento [zgo'mento] m 1. Bestürzung f; adj 2. bestürzt, betroffen

sgonfiare [zgonfi'aːre] v 1. MED abschwellen; 2. (pallone) die Luft auslassen; 3. (fig) entdramatisieren

sgonfiarsi [zgonfi'arsi] v abschwellen

sgorgare [zgor'ga:re] *v* hervorquellen, sprudeln
sgradevole [zgra'de:vole] *adj* unangenehm
sgradito [zgra'di:to] *adj* unangenehm
sgraffignare [zgraffi'ɲa:re] *v* klauen *(fam)*
sgraffio ['zgraffio] *m MED* Kratzwunde *f*
sgranare [zgra'na:re] *v (occhi)* weit öffnen
sgranocchiare [zgranokki'a:re] *v* knabbern
sgraziato [zgratsi'a:to] *adj (goffo)* unbeholfen, ungeschickt
sgridare [zgri'da:re] *v* schimpfen, zanken
sgridata [zgri'da:ta] *f (fig)* Anpfiff *m*
sgualcire [zgual'tʃi:re] *v* verknittern
sgualdrina [zgual'dri:na] *f* Dirne *f*
sguardo [zgu'ardo] *m* Blick *m; al primo ~* auf den ersten Blick; *sollevare lo ~* aufblicken
sguazzare [zguat'tsa:re] *v* plantschen
sguinzagliare [zguintsa'ʎa:re] *v* losbinden
sgusciare [zgu'ʃa:re] *v 1.* schälen, öffnen; *2. (uscire dall' uovo)* schlüpfen
shampoo ['ʃampo] *m* Shampoo *n*
si [si] *pron* man
sì [si] *adv 1.* ja; *Sì, grazie!* Ja, bitte! *2. (dopo domanda negativa)* doch
sia ['si:a] *adv ~ ... ~* sowohl ... als auch; *~ questo che quello* ob dieser oder jener
sibilante [sibi'lante] *adj* pfeifend
sibilare [sibi'la:re] *v* zischen
sibilo ['si:bilo] *m 1. (fischio)* Pfiff *m; 2. (rumore)* Pfeifen *n*
sicario [si'ka:rio] *m* gedungener Mörder *m*
sicché [sik'ke] *konj 1.* folglich, also; *2. (così che)* so dass
siccità [sittʃi'ta] *f* Dürre *f*
Sicilia [si'tʃi:lia] *f GEO* Sizilien *n*
sicura [si'ku:ra] *f* Sicherung *f; mettere la ~* sichern
sicurezza [siku'rettsa] *f 1.* Sicherheit *f,* Geborgenheit *f; 2. (fusibile) TECH* Sicherung *f; valvola di ~* Sicherheitsventil *n; 3. (assicurazione, salvaguardia)* Sicherung *f; cassetta di ~* Safe *m; 4. uscita di ~* Notausgang *m*
sicuro [si'ku:ro] *adj* sicher, zuverlässig; *al ~* sicher; *~ di sé* selbstsicher, zielbewusst; *essere ~* sicher sein
siderurgia [siderur'dʒi:a] *f* Eisenindustrie *f*
sidro ['si:dro] *m 1. (di mele)* Apfelwein *m; 2. (di pere)* Birnenmost *m*

siepe [si'ɛ:pe] *f* Busch *m*
siero [si'ɛ:ro] *m BIO* Serum *n*
sieropositivo [sie:ropozi'ti:vo] *adj* HIV-positiv
siesta [si'ɛsta] *f* Mittagsruhe *f*
sifone [si'fo:ne] *m* Siphon *m*
sigaretta [sidʒa'retta] *f* Zigarette *f; ~ con filtro* Filterzigarette *f; ~ leggera* milde Zigarette *f; ~ forte* starke Zigarette *f*
sigaro ['si:garo] *m* Zigarre *f*
sigillare [sidʒil'la:re] *v* versiegeln
sigillo [si'dʒillo] *m* Siegel *n*
sigla ['si:ʎa] *f 1.* Aktenzeichen *n,* Diktatzeichen *n; ~ editoriale* Impressum *n; 2. (contrassegno)* Erkennungszeichen *n; 3. ~ musicale MUS* Erkennungsmelodie *f*
significare [siɲifi'ka:re] *v 1.* bedeuten; *Che significa?* Was heißt das? *2. (fig)* darstellen
significativo [siɲifika'ti:vo] *adj 1. (importante)* wichtig, bedeutsam; *2. (pieno di significato)* viel sagend
significato [siɲifi'ka:to] *m* Bedeutung *f,* Sinn *m*
signora [si'ɲo:ra] *f 1.* Dame *f; 2. (titolo)* Frau *f*
signore [si'ɲo:re] *m* Herr *m*
signoresco [siɲo'resko] *adj* herrisch
signoria [siɲo'ri:a] *m* Herrschaft *f*
signorina [siɲo'ri:na] *f* Fräulein *n*
silenziatore [silentsia'to:re] *m TECH* Schalldämpfer *m*
silenzio [si'lɛntsio] *m 1.* Ruhe *f,* Stille *f; 2. (il tacere)* Schweigen *n*
silenzioso [silentsi'o:so] *adj* leise, ruhig, still
silfide ['silfide] *f* Elfe *f*
silhouette [silu'ɛt] *f* Silhouette *f*
silicato [sili'ka:to] *m* Silikat *n*
silice ['si:litʃe] *f* Kieselerde *f,* Kiesel *m*
silicio [si'li:tʃo] *m CHEM* Silizium *n*
sillaba ['sillaba] *f* Silbe *f*
sillabare [silla'ba:re] *v* buchstabieren
silo ['si:lo] *m AGR* Silo *m*
silofono [si'lɔ:fono] *m MUS* Xylophon *n*
silurare [silu'ra:re] *v (fig)* torpedieren
silvia ['silvia] *f BOT* Osterglocke *f*
silvicoltura [silvikol'tu:ra] *f* Forstwesen *n*
simbiosi [simbi'ɔ:zi] *f* Symbiose *f*
simbolico [sim'bɔ:liko] *adj* sinnbildlich, symbolisch
simbolo ['simbolo] *m* Sinnbild *n,* Symbol *n*

simile ['siːmile] *adj 1.* dergleichen, ähnlich; *2. (di tale specie)* derartig, so; *m/f 3.* Nächste(r) *m/f*
similitudine [simili'tuːdine] *f 1. (somiglianza)* Gleichartigkeit *f,* Ähnlichkeit *f; 2. (paragone)* Gleichnis *n*
simmetria [simme'triːa] *f* Symmetrie *f*
simmetrico [sim'mɛːtriko] *adj* symmetrisch
simpatia [simpa'tiːa] *f 1.* Mitgefühl *n; 2. (inclinazione)* Sympathie *f*
simpatico [simpaːtiko] *adj* sympathisch, angenehm
simpatizzante [simpatid'dzante] *m/f* Sympathisant(in) *m/f*
simposio [sim'pɔːsio] *m* Symposium *n*
simulare [simu'laːre] *v* simulieren, vortäuschen
simulatore [simula'toːre] *m* Simulant *m*
simulazione [simulatsi'oːne] *f* Vortäuschung *f,* Simulation *f*
simultaneo [simul'taːneo] *adj* simultan, gleichzeitig
sinagoga [sina'gɔːga] *f 1.* Synagoge *f; 2. (giudaismo)* Judentum *n*
sincerarsi [sintʃe'rarsi] *v* sich überzeugen, sich vergewissern
sincerità [sintʃeri'ta] *f 1.* Aufrichtigkeit *f; 2. (schiettezza)* Offenherzigkeit *f*
sincero [sin'tʃɛːro] *adj* wahrheitsliebend, aufrichtig
sincronismo [siŋkro'nizmo] *m* Gleichzeitigkeit *f*
sincronizzare [siŋkronid'dzaːre] *v CINE* synchronisieren
sincrono ['siŋkrono] *adj* synchron
sindacale [sinda'kaːle] *adj* gewerkschaftlich
sindacalista [sindaka'lista] *m/f* Gewerkschaftler(in) *m/f*
sindacato [sinda'kaːto] *m* Gewerkschaft *f*
sindaco ['sindako] *m* Bürgermeister *m*
sinfonia [sinfo'niːa] *f MUS* Sinfonie *f*
singhiozzare [siŋgiot'tsaːre] *v* schluchzen
singhiozzo [siŋgi'ottso] *m 1.* Schluckauf *m; 2. (il piangere singhiozzando)* Schluchzen *n*
single ['singol] *m/f* Alleinstehende(r) *m/f*
singolare [siŋgo'laːre] *adj 1. (sporadico)* sporadisch, vereinzelt; *2. (strano)* seltsam; *3. (straordinario)* außergewöhnlich, außerordentlich; *m 4. (singolo) SPORT* Einzel *n; 5. GRAMM* Singular *m*

singolarità [siŋgolari'ta] *f 1.* Sonderbarkeit *f; 2. (unicità)* Einzigartigkeit *f*
singolarmente [siŋgolar'mente] *adv* einzeln
singolo ['siŋgolo] *adj 1. (uno)* einzeln; *m 2.* Einzelner *m*
sinistra [si'nistra] *f 1.* linke Seite *f,* linke Hand *f; a ~* links; *2. POL* Linke *f*
sinistro [si'nistro] *adj 1.* link; *2. (malvagio)* boshaft; *3. (tetro)* düster, finster; *m 4. (disgrazia)* Unglück *n; 5. (incidente)* Unfall *m; luogo del ~* Unfallstelle *f*
sinonimo [si'nɔːnimo] *m 1.* Synonym *n; adj 2.* gleichbedeutend
sinottico [si'nɔttiko] *adj* überschaubar
sintesi ['sintezi] *f* Überblick *m,* Zusammenfassung *f*
sintetico [sin'tɛːtiko] *adj 1.* synthetisch; *2. (riassuntivo)* zusammenfassend
sintomo ['sintomo] *m* Symptom *n*
sintonizzare [sintonidza:re] *v* abstimmen
sinuoso [sinu'oːso] *adj* gedreht
sipario [si'paːrio] *m THEAT* Vorhang *m*
sirena [si'rɛːna] *f* Sirene *f*
siringa [si'riŋga] *f MED* Spritze *f*
sismico ['sizmiko] *adj* seismisch; *scossa sismica* Erdbeben *n*
sismografo [siz'mɔːgrafo] *m* Seismograph *m*
sistema [sis'tɛːma] *m* System *n,* Ordnung *f; ~ antiblocco* Antiblockiersystem *n; ~ operativo* Betriebssystem *n; ~ di allarme* Alarmanlage *f; ~ elettorale maggioritario* Mehrheitswahlrecht *n; ~ immunitario* Immunsystem *n; ~ monetario* Währungssystem *n; ~ nervoso* Nervensystem *n; ~ proporzionale* Verhältniswahlrecht *n; ~ creditizio* Kreditwesen *n; ~ del governo* Regierungssystem *n; ~ copernicano* koperikanisches System *n; Sistema Monetario Europeo (SME)* Europäisches Währungssystem (EWS) *n*
sistemare [siste'maːre] *v 1.* bereinigen; *2. (in uno spazio piuttosto stretto)* verstauen; *3. (regolare)* regeln; *4. (mettere in ordine)* aufräumen, in Ordnung bringen
sistemarsi [siste'marsi] *v* sich etablieren, sich einrichten
sistematico [siste'maːtiko] *adj* systematisch
sistemazione [sistematsi'oːne] *f 1.* Ordnung *f,* Unterbringung *f; 2. (regolazione, regolamento)* Regelung *f; 3. (collocazione)* Anbringung *f,* Unterbringung *f; 4. (impiego)* Anstellung *f*

sistole ['sistole] *f MED* Herzschlag *m*
sito ['si:to] *m* Ort *m*
situare [situ'a:re] *v* platzieren
situato [situ'a:to] *adj* gelegen, situiert
situazione [situatsi'o:ne] *f* Lage *f,* Situation *f; ~ di emergenza* Notlage *f*
slacciare [zlat'tʃa:re] *v* aufknoten, aufschnüren
slalom ['zla:lom] *m SPORT* Slalom *m*
slanciato [zlan'tʃa:to] *adj* schlank, schnittig
slancio ['zlantʃo] *m* 1. Schwung *m,* Elan *m; con molto ~* schwungvoll; *pieno di ~* schwungvoll; 2. *ECO* Aufschwung *m;* 3. *(rincorsa)* Anlauf *m*
slavato [zla'va:to] *adj* 1. verblasst, verwaschen; 2. *(incolore)* farblos
slavo ['zla:vo] *adj* 1. slawisch; *m* 2. Slawe *m*
sleale [zle'a:le] *adj (scorretto)* unlauter, unehrlich; *concorrenza ~* unlauterer Wettbewerb *m*
slegare [zle'ga:re] *v* losbinden, abbinden
slitta ['zlitta] *f* Schlitten *m*
slittamento [zlitta'mento] *m* 1. *(della macchina)* Schleudern *n;* 2. *ECO* Absinken *n*
slittare [zlit'ta:re] *v* 1. *SPORT* rodeln; 2. *(scivolare)* gleiten, rutschen; 3. *(auto)* schleudern
slogarsi [zlo'garsi] *v ~ qc MED* sich etw ausrenken
slogatura [zloga'tu:ra] *f MED* Verrenkung *f*
sloggiare [zlod'dʒa:re] *v* ausquartieren, ausziehen
smacchiatore [zmakkia'to:re] *m* Fleckenentferner *m*
smagliante [zma'ʎante] *adj* blendend
smagliatura [zmaʎa'tu:ra] *f* 1. Laufmasche *f;* 2. *MED* Dehnungsstreifen *m*
smaltare [zmal'ta:re] *v* 1. emaillieren; 2. *~ a vetro TECH* glasieren
smaltire [zmal'ti:re] *v irr* 1. *(cibi)* verdauen; 2. *(vendere)* absetzen; *~ e trattare* entsorgen
smalto ['zmalto] *m* 1. Email *n,* Lack *m; ~ per unghie* Nagellack *m; ~ vitreo* Glasur *f; solvente per ~* Nagellackentferner *m;* 2. *MED* Zahnschmelz *m*
smania ['zma:nia] *f* 1. *MED* Sucht *f,* krankhaftes Verlangen *n;* 2. *(forte desiderio)* Verlangen *n*
smarrimento [zmarri'mento] *m* 1. Verlust *m;* 2. *(confusione)* Verwirrung *f*

smarrire [zmar'ri:re] *v irr* 1. verlieren; 2. *(perdere)* verlegen
smarrirsi [zmar'rirsi] *v irr* sich verfahren, sich verirren
smascherare [zmaske'ra:re] *v* entlarven
smembrare [zmem'bra:re] *v* zerreißen
smembrarsi [zmem'brarsi] *v* auseinander fallen
smemoratezza [zmemora'tettsa] *f* Vergesslichkeit *f*
smemorato [zmemo'ra:to] *adj* 1. vergesslich, durcheinander; *m* 2. vergesslicher Mensch *m,* Zerstreuter *m*
smentire ['zmen'ti:re] *v* 1. widerrufen, dementieren; 2. *(correggere)* berichtigen
smentita [zmen'ti:ta] *f* 1. Dementi *n,* Widerruf *m;* 2. *(correzione)* Berichtigung *f*
smeraldo [zme'raldo] *m MIN* Smaragd *m*
smerciare [zmer'tʃa:re] *v ECO* vertreiben
smercio ['zmertʃo] *m ECO* Absatz *m; ristagno dello ~* Absatzflaute *f,* Absatzkrise *f; di facile ~* absatzfähig
smerigliare [zmeri'ʎa:re] *v TECH* schleifen
smettere ['zmettere] *v* aufhören, lassen
smidollato [zmidol'la:to] *m (fam)* Schlappschwanz *m*
smilzo ['zmiltso] *adj* schwächlich
sminuire [zminu'i:re] *v* herabsetzen
sminuzzare [zminut'tsa:re] *v* zerkleinern
smistamento [zmista'mento] *m* Sortierung *f*
smistare [zmis'ta:re] *v* 1. rangieren; 2. *(distribuire)* sortieren, verteilen
smisuratezza [zmizura'tettsa] *f* Maßlosigkeit *f*
smisurato [zmizu'ra:to] *adj* 1. maßlos; 2. *(fig)* grenzenlos
smobilitazione [zmobilitatsi'o:ne] *f* 1. *MIL* Abrüstung *f;* 2. *(fig)* Abbau *m*
smodato [zmo'da:to] *adj* unmäßig
smoking ['zmɔkɪŋ] *m* Smoking *m*
smontaggio [zmon'taddʒo] *m* 1. Abbau *m;* 2. *(fig)* Demontage *f*
smontare [zmon'ta:re] *v* 1. abbauen, abmontieren; 2. *(rimuovere)* ausbauen; 3. *(scomporre)* zerlegen
smorfia ['zmɔrfia] *m* Grimasse *f*
smorfioso [zmorfi'o:so] *adj* 1. empfindlich, zimperlich; 2. *(manierato)* affektiert
smorzamento [zmortsa'mento] *m* Dämpfung *f*
smorzare [zmor'tsa:re] *v* 1. dämpfen; 2. *(spegnere)* löschen

smottamento [zmotta'mento] *m* Erdrutsch *m*
smunto ['zmunto] *adj 1.* fahl; *2. (consumato)* ausgemergelt
smuovere [zmu'ɔːvere] *v 1.* aufwühlen; *2. (mettere in movimento)* in Bewegung setzen
smussarsi [zmus'sarsi] *v* abstumpfen
smussato [zmus'saːto] *adj* stumpf
snaturato [znatu'raːto] *adj 1.* entartet; *2. (deturpato)* verunstaltet
snellire [znel'liːre] *v 1. (semplificare)* erleichtern, vereinfachen; *2. (fig)* vorantreiben, beschleunigen
snello ['znɛllo] *adj* schlank; ~ *come un giunco* gertenschlank
snervante [zner'vante] *adj* nervenaufreibend
snidare [zni'daːre] *v (fig)* ausheben
snodato [zno'daːto] *adj* beweglich
soave [so'aːve] *adj 1. (piacevole)* angenehm; *2. (mite)* sanft; *3. (grazioso)* graziös, anmutig
sobbalzare [sobbal'tsaːre] *v* aufspringen
sobbarcarsi [sobbar'karsi] *v 1.* auf sich nehmen, sich aufbürden; *2. (addossarsi)* sich aussetzen
sobborgo [sob'borgo] *m* Vorort *m*
sobrietà [sobrie'ta] *f 1. (moderatezza)* Mäßigung *f;* *2. (semplicità)* Schlichtheit *f*
sobrio ['sɔːbrio] *adj 1.* nüchtern; *2. (moderato)* mäßig; *3. (semplice)* einfach
socchiudere [sokki'uːdere] *v* ~ *gli occhi* blinzeln
soccorrevole [sokko'reːvole] *adj* hilfreich
soccorritore [sokkori'toːre] *m* Helfer *m*
soccorso [sok'korso] *m 1.* Hilfe *f,* Bergung *f;* ~ *stradale* Abschleppdienst *m;* ~ *alpino* Bergrettungsdienst *m; venire in* ~ zu Hilfe eilen; *2. pronto* ~ erste Hilfe *f; stazione di* ~ Unfallstation *f;* ~ *d'urgenza* Nothilfe *f*
socialdemocratico [sotʃaldemo'kraːtiko] *adj POL* sozialdemokratisch
socialdemocrazia [sotʃaldemokra-'tsiːa] *f POL* Sozialdemokratie *f*
sociale [so'tʃaːle] *adj 1.* sozial; *2. (mondano, di società)* gesellschaftlich
socialismo [sotʃa'lizmo] *m POL* Sozialismus *m*
socialista [sotʃa'lista] *m/f POL* Sozialist-(in) *m/f*
socializzare [sotʃalid'dzaːre] *v 1.* sozialisieren; *2. (statalizzare)* verstaatlichen

società [sotʃe'ta] *f 1.* Gesellschaft *f;* ~ *di consumi* Konsumgesellschaft *f;* ~ *del benessere* Wohlstandsgesellschaft *f;* *2. (associazione)* Verein *m;* *3. ECO* Gesellschaft *f;* ~ *affiliata* Tochtergesellschaft *f;* ~ *commerciale* Vertriebsgesellschaft *f;* ~ *per azioni* Aktiengesellschaft *f;* ~ *di persone* Personengesellschaft *f;* ~ *fiduciaria* Treuhandgesellschaft *f;* ~ *di capitali* Kapitalgesellschaft *f*
socievole [so'tʃeːvole] *adj* gesellig, umgänglich
socio ['sɔːtʃo] *m 1.* Partner *m;* *2. ECO* Gesellschafter *m;* *3. (membro)* Mitglied *n*
sociologia [sotʃolo'dʒiːa] *f* Soziologie *f*
sociologico [sotʃo'lɔːdʒiko] *adj* soziologisch
sociologo [so'tʃɔːlogo] *m* Soziologe *m*
sodalizio [soda'liːtsio] *m* Verein *m*
soddisfacente [soddisfa'tʃɛnte] *adj* befriedigend
soddisfacimento [soddisfatʃi'mento] *m* Befriedigung *f,* Zufriedenstellung *f*
soddisfare [soddis'faːre] *v irr* befriedigen, zufrieden stellen
soddisfatto [soddis'fatto] *adj* zufrieden
soddisfazione [soddisfatsi'oːne] *f 1.* Zufriedenheit *f,* Erfüllung *f;* *2. (gioia)* Genugtuung *f;* *3. (compiacenza)* Wohlgefallen *n*
sodio ['sɔːdio] *m CHEM* Natrium *n*
sodo ['sɔːdo] *adj* hart, fest
sofferenza [soffe'rɛntsa] *f 1.* Leiden *n;* *2. (dolore)* Schmerz *m*
soffermarsi [soffer'marsi] *v* sich aufhalten
sofferto [sof'fɛrto] *adj 1.* erlitten; *2. (afflitto)* betrübt, niedergeschlagen
soffiare [soffi'aːre] *v 1.* blasen; *2. (fam: togliere)* klauen, stehlen
soffiarsi [soffi'arsi] *v* ~ *il naso* sich schnäuzen
soffice ['sɔffitʃe] *adj* weich
soffietto [soffi'etto] *m* Blasebalg *m*
soffio ['soffio] *m 1.* Hauch *m;* *2. (respiro)* Atem *m*
soffione [soffi'oːne] *m BOT* Löwenzahn *m*
soffitta [sof'fitta] *f* Dachboden *m*
soffitto [sof'fitto] *m* Decke *f*
soffocamento [soffoka'mento] *m* Ersticken *n*
soffocante [soffo'kante] *adj* stickig
soffocare [soffo'kaːre] *v* ersticken
soffrire [sof'friːre] *v irr 1.* leiden; *2. (sopportare)* erdulden

sofisticare [sofisti'ka:re] *v 1. (cavillare)* austüfteln; *2. (adulterare)* verfälschen
sofisticato [sofisti'ka:to] *adj 1.* verfälscht; *2. (vino)* gepanscht; *3. (manierato)* gekünstelt
sofistico [so'fistiko] *adj* spitzfindig, wortklauberisch
software ['softwer] *m INFORM* Software *f; ~ aggiuntivo* zusätzliche Software *f*
soggettivo [soddʒet'ti:vo] *adj* subjektiv
soggetto [sod'dʒɛtto] *m 1. GRAMM* Subjekt *n; 2. (tema)* Thema *n,* Gegenstand *m; adj 3. (sottomesso)* unterworfen; *4. (a malattie) MED* nicht immun gegen, anfällig für
soggiornare [soddʒor'na:re] *v* sich aufhalten
soggiorno [sod'dʒorno] *m 1.* Aufenthalt *m,* Verbleib *m; permesso di ~* Aufenthaltsberechtigung *f; Vorrei interrompere il mio ~.* Ich möchte meinen Aufenthalt abbrechen. *2. (camera)* Wohnzimmer *n*
soglia ['sɔ:ʎa] *f* Schwelle *f,* Türschwelle *f*
sogliola ['sɔ:ʎola] *f GAST* Seezunge *f*
sognare [so'ɲa:re] *v* träumen
sognatore [soɲa'to:re] *m* Träumer *m*
sogno ['so:ɲo] *m* Traum *m; come in un ~ (fig)* traumhaft; *da ~ (fig)* traumhaft
solaio [so'la:io] *m (soffitta)* Speicher *m*
solamente [sola'mente] *adv* allein, lediglich
solario [so'la:rio] *m* Solarium *n*
solcare [sol'ka:re] *v 1.* durchpflügen; *2. (nave)* durchfahren
solco ['solko] *m* Furche *f,* Rille *f*
soldato [sol'da:to] *m* Soldat *m*
soldo ['sɔldo] *m 1. (denaro)* Geld *n; 2. MIL* Besoldung *f*
sole ['so:le] *m* Sonne *f; prendere il ~* sich sonnen; *al ~* in der Sonne
soleggiato [soled'dʒa:to] *adj* sonnig
solenne [so'lɛnne] *adj* feierlich
solennità [solenni'ta] *f* Feierlichkeit *f; ~ civile* weltlicher Feiertag *m; ~ religiosa* kirchlicher Feiertag *m*
solerte [so'lɛrte] *adj* strebsam, emsig, fleißig
soletta [so'letta] *f* Einlegesohle *f,* Einlage *f*
solidale [soli'da:le] *adj* solidarisch
solidarietà [solidarie'ta] *f 1.* Solidarität *f; 2. (senso di appartenenza comune)* Zusammengehörigkeitsgefühl *n*
solidità [solidi'ta] *f* Festigkeit *f,* Dauerhaftigkeit *f*

solido ['sɔ:lido] *adj 1.* dauerhaft, solide; *m 2.* Festkörper *m*
solista [so'lista] *m/f MUS* Solist(in) *m/f*
solitario [soli'ta:rio] *adj 1.* einsam, öde; *2. (persona che vive da sola)* allein stehend; *m 3. (gioco)* Patience *f; 4. (brillante)* Solitär *m*
solito ['sɔ:lito] *adj* gewöhnlich, üblich; *di ~* gewöhnlich, meistens; *come al ~* wie immer
solitudine [soli'tu:dine] *f* Einsamkeit *f*
sollecitare [solletʃi'ta:re] *v* mahnen
sollecitarsi [solletʃi'tarsi] *v* sich beeilen
sollecitazione [solletʃitatsi'o:ne] *f 1.* Mahnung *f; 2. TECH* Beanspruchung *f*
sollecito [sol'le:tʃito] *adj 1. (pronto)* sofortig, baldig; *2. (premuroso)* sorgfältig; *m 3. ECO* Mahnung *f*
sollecitudine [solletʃi'tu:dine] *f 1. (premura)* Bemühung *f,* Sorge *f; 2. (sveltezza)* Gewandtheit *f; 3. (cura)* Sorgfältigkeit *f*
solletico [sol'le:tiko] *m* Reiz *m*
sollevamento [solleva'mento] *m 1.* Hub *m; 2. (dell'ancora) NAUT* Lichtung *f*
sollevare [solle'va:re] *v 1.* heben, anheben; *2. (responsabilità)* entheben; *3. (una questione)* in den Raum stellen; *4. (alleviare)* erleichtern
sollievo [solli'ɛ:vo] *m 1.* Erleichterung *f; 2. (conforto)* Tröstung *f*
solo ['so:lo] *adj 1.* allein, einzeln; *da ~* allein; *~ soletto* mutterseelenallein; *2. (solitario)* allein stehend; *adv 3. (soltanto)* bloß, nur
solstizio [sols'ti:tsio] *m* Sonnwende *f*
solubile [so'lu:bile] *adj 1.* löslich; *2. (fig)* lösbar
soluzione [solutsi'o:ne] *f 1.* Lösung *f,* Bewältigung *f; 2. CHEM* Lösung *f; ~ alcalica* Lauge *f; 3. (superamento)* Bewältigung *f; 4. (di un enigma)* Auflösung *f*
solvibile [sol'vi:bile] *adj ECO* zahlungsfähig
solvibilità [solvibili'ta] *f ECO* Solvenz *f,* Zahlungsfähigkeit *f*
somaro [so'ma:ro] *m ZOOL* Esel *m*
somigliante [somi'ʎante] *v* ähnlich
somiglianza [somi'ʎantsa] *f* Ähnlichkeit *f*
somigliarsi [somi'ʎarsi] *v* sich ähneln; *I clienti si somigliano.* Die Kunden sehen sich ähnlich.
somma ['somma] *f 1.* Summe *f,* Betrag *m; ~ di acconto* Abschlagsumme *f; ~ di danaro* Geldbetrag *m; 2. (risultato)* Ergebnis *n; 3. (quintessenza)* Inbegriff *m; 4. somme pl* Fazit *n*

sommare [som'maːre] *v 1.* summieren, zusammenzählen; *tutto sommato* alles in allem; *2. (aggiungere)* dazuzählen, hinzurechnen

sommario [som'maːrio] *m 1.* Inhaltsangabe *f; 2. (indice)* Inhaltsverzeichnis *n; adj 3.* summarisch; *processo ~* Schnellverfahren *n*

sommergere [som'mɛrdʒere] *v irr 1.* überschwemmen, überfluten; *2. (affondare)* versenken

sommergibile [sommer'dʒiːbile] *m NAUT* U-Boot *n*

somministrare [somminis'traːre] *v MED* eingeben

sommità [sommi'ta] *f* Gipfel *m*

sommo ['sommo] *adj (il più alto)* höchste(r,s), größte(r,s); *per sommi capi* zusammengefasst, knapp

sommozzatore [sommottsa'toːre] *m* Taucher *m*

sonaglio [so'naːʎo] *m* Schelle *f; serpente a sonagli* Klapperschlange *f*

sonata [so'naːta] *f MUS* Sonate *f*

sonda ['sonda] *f TECH* Sonde *f; ~ lunare* Mondsonde *f; ~ spaziale* Raumsonde *f*

sondaggio [son'daddʒo] *m 1.* Stichprobe *f; 2. ~ dell'opinione pubblica* Meinungsumfrage *f; 3. (esame)* Untersuchung *f*

sondare [son'daːre] *v 1.* sondieren; *2. (fig: persona)* aushorchen

sonnambulo [son'nambulo] *adj* mondsüchtig; *essere ~* schlafwandeln

sonnecchiare [sonnekki'aːre] *v irr* schlummern, ein Nickerchen machen

sonnellino [sonnel'liːno] *m (fig)* Nickerchen *n*, Schläfchen *n*

sonnifero [son'niːfero] *m* Schlafmittel *n; pastiglia di ~* Schlaftablette *f; prendere un ~* eine Schlaftablette einnehmen

sonno ['sonno] *m* Schlaf *m; pieno di ~* schlaftrunken; *aver ~* müde sein

sonnolento [sonno'lɛnto] *adj* schlaftrunken

sonoro [so'nɔːro] *adj 1.* klangvoll, melodisch; *2. (fonetica)* stimmhaft; *colonna sonora* Tonstreifen *m*

sontuoso [sontu'oːso] *adj* prachtvoll, prunkvoll

soperchieria [soperkie'riːa] *f 1. (frode)* Hintergehung *f; 2. (sopruso)* Niedertracht *f; 3. (sopraffazione)* Überwältigung *f*

soppesare [soppe'saːre] *v* vergleichsweise beurteilen

soppiatto [soppi'atto] *adv di ~* heimlich, insgeheim

soppiattone [soppiat'toːne] *m* Heimlichtuer *m*

sopportabile [soppor'taːbile] *adj 1.* erträglich; *2. (fig)* tragbar

sopportare [soppor'taːre] *v 1.* aushalten, ertragen; *2. (tollerare)* hinnehmen

soppressione [soppressi'oːne] *f 1.* Abschaffung *f; 2. (di legge)* Aufhebung *f,* Annullierung *f; 3. (uccidere)* Tötung *f*

sopprimere [sop'priːmere] *v irr 1.* abschaffen, aufheben; *2. (interdire)* verbieten; *3. (uccidere)* töten

sopra ['soːpra] *prep 1.* über; *al di ~* darüber; *al di ~ di* oberhalb; *~ zero* plus, über null; *2. (con contatto)* auf; *adv 3.* oben

sopracciglio [soprat'tʃiːʎo] *m ANAT* Augenbraue *f*

sopraelevato [sopraele'vaːto] *adj* überhöht

sopraffare [sopraf'faːre] *v* überwältigen

sopraffino [sopraf'fiːno] *adj* extrem fein

sopraggiungere [soprad'dʒundʒere] *v 1. (all'improvviso)* aufkreuzen, plötzlich auftauchen; *2. (aggiungersi)* dazutreten

soprammobile [sopram'mɔːbile] *m* Tand *m,* Nippes *pl*

soprannaturale [soprannatu'raːle] *adj 1.* übernatürlich; *m 2.* Übersinnliches *n*

soprannome [sopran'noːme] *m* Spitzname *m*

soprano [so'praːno] *m MUS* Sopran *m; mezzo ~* Mezzosopran *m*

soprasensibile [soprasen'siːbile] *adj* übersinnlich

soprassalto [sopras'salto] *m* plötzlicher Anfall *m; di ~* plötzlich

soprassaturazione [soprassaturatsi'oːne] *f* Übersättigung *f*

soprassaturo [sopras'saːturo] *adj* übersättigt

soprattassa [sopra'tassa] *f* Nachgebühr *f,* Strafporto *n*

soprattutto [soprat'tutto] *adv* besonders, zumal

sopravanzo [sopra'vantso] *m 1.* Überzahl *f; 2. ECO* Überschuss *m*

sopravvalutare [sopravvalu'taːre] *v* überbewerten, überschätzen

sopravvalutazione [sopravvalutatsi'oːne] *f* Überbewertung *f*

sopravvenire [sopravve'niːre] *v irr 1.* dazukommen; *2. (fig)* hereinbrechen

sopravvento [soprav'vɛnto] *m 1. (superiorità)* Überlegenheit *f; 2. (fig)* Oberwasser *n*
sopravvissuto [sopravvis'suːto] *m* Überlebender *m*
sopravvivere [soprav'viːvere] *v* überleben
sopruso [so'pruːzo] *m* Missbrauch *m*
soqquadro [sokku'aːdro] *m 1. (disordine)* Unordnung *f; 2. (confusione)* Verwirrung *f*
sorbire [sor'biːre] *v irr* schlürfen
sorbirsi [sor'birsi] *v irr* erdulden müssen
sorcio ['sortʃo] *m ZOOL* Maus *f*
sordido ['sɔrdido] *adj (fig)* schmierig
sordina [sor'diːna] *f 1. MUS* Sordine *f,* Dämpfer *m; 2. (fig) in* ~ heimlich, im Geheimen
sordità [sordi'ta] *f MED* Taubheit *f*
sordo ['sordo] *adj 1.* taub; *cantare ai sordi (fig)* tauben Ohren predigen; *2. MED* gehörlos; *3. (cupo)* gedämpft; *4. (consonante)* stimmlos
sordomuto [sordo'muːto] *adj* taubstumm
sorella [so'rɛlla] *f* Schwester *f*
sorellastra [sorel'lastra] *f* Stiefschwester *f,* Halbschwester *f*
sorgente [sor'dʒɛnte] *f* Quelle *f*
sorgere ['sordʒere] *v irr 1.* aufgehen; ~ *del sole* Sonnenaufgang *m; 2. (fig)* aufbrechen; *3. (nascere)* aufkommen, entstehen; *far* ~ *dubbi* Zweifel erwecken
sormontare [sormon'taːre] *v* überwinden
sorpassare [sorpas'saːre] *v* überholen
sorpassato [sorpas'saːto] *adj* überholt
sorpasso [sor'passo] *m 1.* Überholung *f,* Überholmanöver *n; divieto di* ~ Überholverbot *n; 2.* ~ *di un giro SPORT* Überrundung *f*
sorprendente [sorpren'dɛnte] *adj 1.* erstaunlich, überraschend; *2. (che suscita stupore)* verwunderlich
sorprendere [sor'prɛndere] *v irr 1.* überraschen, erwischen; *2. (stupire)* in Erstaunen versetzen
sorpresa [sor'preːsa] *f 1.* Überraschung *f; 2. (il sorprendere qd impreparato)* Überrumpelung *f*
sorpreso [sor'preːso] *adj* überrascht, stutzig
sorreggere [sor'rɛddʒere] *v irr* stützen
sorreggersi [sor'rɛddʒersi] *v irr* sich festhalten
sorridere [sor'riːdere] *v* lächeln; ~ *di* belächeln
sorriso [sor'riːso] *m* Lächeln *n*
sorseggiare [sorsed'dʒaːre] *v* schlürfen

sorso ['sorso] *m* Schluck *m; a sorsi* Schluck für Schluck
sorta ['sɔrta] *f* Sorte *f; di ogni* ~ jeder Art
sorte ['sɔrte] *f* Geschick *n; nella buona e nella mala* ~ in guten und in schlechten Zeiten; *Per buona* ~! Zum Glück!
sorteggiare [sorted'dʒaːre] *v* auslosen, verlosen
sorteggio [sor'teddʒo] *m* Verlosung *f*
sortilegio [sorti'lɛːdʒo] *m* Zauber *m,* Zauberei *f*
sorvegliante [sorve'ʎante] *m/f* Aufseher(in) *m/f*
sorveglianza [sorve'ʎantsa] *f* Aufsicht *f,* Bewachung *f*
sorvegliare [sorve'ʎaːre] *v* beaufsichtigen, überwachen
sorvolare [sorvo'laːre] *v* überfliegen
sosia ['sɔːzia] *m* Doppelgänger *m*
sospendere [sos'pɛndere] *v irr 1.* aufhängen; *2. (pagamenti)* einstellen; *3. (giudizio) JUR* aussetzen; *4. (macchina)* stilllegen
sospensione [sospensi'oːne] *f 1. (di pagamenti)* Einstellung *f; 2. JUR* Aussetzung *f;* ~ *condizionale* Bewährung *f; 3. TECH* Aufhängung *f;* ~ *elastica* Federung *f,* Aufhängung *f*
sospeso [sos'peːso] *adj 1.* ~ *dal servizio* vom Dienst befreit; ~ *dalla scuola* vom Unterricht ausgeschlossen; *2. (pagamenti)* eingestellt; *3. (pendente)* hängend
sospettare [sospet'taːre] *v* verdächtigen
sospetto [sos'pɛtto] *adj 1.* verdächtig; *persona sospetta* Verdächtige(r) *m/f; 2. (poco rassicurante)* unheimlich; *m 3.* Verdacht *m,* Argwohn *m;* ~ *d'omicidio* Mordverdacht *m*
sospettoso [sospet'toːso] *adj* argwöhnisch
sospirare [sospi'raːre] *v* seufzen, stöhnen
sospiro [sos'piːro] *m* Seufzer *m*
sospirone [sospi'roːne] *m* Stoßseufzer *m*
sosta ['sɔsta] *f 1. (fermata)* Halt *m; 2. (della macchina)* Parken *n; divieto di* ~ Parkverbot *n; 3. (del treno)* Fahrtunterbrechung *f; 4. (riposo)* Pause *f,* Rast *f*
sostantivo [sostan'tiːvo] *m GRAMM* Substantiv *n*
sostanza [sos'tantsa] *f 1.* Stoff *m,* Substanz *f;* ~ *inquinante* Schadstoff *m; 2. (carattere)* Wesen *n; 3. (nutrimento)* Nährwert *m*
sostanziale [sostantsi'aːle] *adj 1.* bedeutsam, wesentlich; *m 2.* Kern *m*
sostanzioso [sostantsi'oːso] *adj* gehaltvoll

sostare [sos'taːre] *v 1. (per riposare)* ruhen, ausruhen; *2. (restare)* verweilen
sostegno [sos'teːɲo] *m 1. (fig)* Unterstützung *f,* Stütze *f; 2. (promozione)* Förderung *f; 3. (supporto)* Stütze *f*
sostenere [soste'neːre] *v irr 1.* stützen; *2. (sopportare)* tragen; *3. (fig: appoggiare)* unterstützen
sostenibile [soste'niːbile] *adj* vertretbar
sostenitore [sosteni'toːre] *m* Verfechter *m,* Befürworter *m*
sostentamento [sostenta'mento] *m* Unterhalt *m*
sostituire [sostitu'iːre] *v irr 1.* ersetzen, vertreten; *2. (servizio)* ablösen
sostituto [sosti'tuːto] *adj 1.* stellvertretend; *m 2. (surrogato)* Ersatz *m; 3. (rappresentante)* Stellvertreter *m*
sostituzione [sostitutsi'oːne] *f 1.* Ersatz *m; 2. (rappresentanza)* Vertretung *f*
sottana [sot'taːna] *f 1.* Unterrock *m; 2. REL* Soutane *f*
sotterfugio [sotter'fuːdʒo] *m* Ausflucht *f*
sotterraneo [sotter'raːneo] *adj 1.* unterirdisch; *m 2.* Keller *m*
sotterrare [sotter'raːre] *v* vergraben
sottigliezza [sotti'ʎettsa] *f 1.* Dünne *f; 2. (delicatezza)* Feinheit *f*
sottile [sot'tiːle] *adj 1. (cosa)* dünn, fein; *2. (fig)* fadenscheinig; *3. (cavilloso)* spitzfindig
sottilissimo [sotti'lissimo] *adj* hauchdünn
sottilizzare [sottilid'dzaːre] *v* grübeln
sottintendere [sottin'tɛndere] *v irr* einbeziehen
sotto ['sotto] *adv 1. (luogo)* darunter, unten; *al di ~* unter; *al di ~ di* unterhalb von; *2. (fig)* dahinter, hinter; *~ i 40* unter 40; *~ voce* leise; *~ giuramento* eidlich; *~ chiave* hinter Schloss und Riegel; *C'è qc ~.* Da steckt etw dahinter. *prep 3. (luogo)* unter; *4. (meno di)* unter
sottobanco [sotto'baŋko] *adv* heimlich, unter der Hand
sottobosco [sotto'bosko] *m* Unterholz *n*
sottocapo [sotto'kaːpo] *m* stellvertretender Direktor *m*
sottoccupazione [sottokkupatsi'oːne] *f ECO* Unterbeschäftigung *f*
sottocoppa [sotto'kɔppa] *m* Untersetzer *m*
sottofondo [sotto'fondo] *m 1.* Hintergrund *m; 2. ~ stradale* Straßenunterbau *m*

sottolineare [sottoline'aːre] *v 1.* unterstreichen; *2. (a voce)* unterstreichen
sottomarino [sottoma'riːno] *adj 1.* unterseeisch; *m 2.* U-Boot *n*
sottomesso [sotto'messo] *adj* unterwürfig
sottomettere [sotto'mettere] *v irr 1.* unterwerfen; *2. (sottoporre)* vorlegen
sottomettersi [sotto'mettersi] *v irr* sich fügen
sottopassaggio [sottopas'saddʒo] *m* Unterführung *f*
sottopentola [sotto'pentola] *f* Untersetzer *m*
sottoporre [sotto'porre] *v irr 1.* unterbreiten; *2. (fig)* herantragen
sottoporsi [sotto'porsi] *v irr* sich beugen, sich unterwerfen
sottoprodotto [sottopro'dotto] *m* Abfallprodukt *n*
sottoscritto [sotto'skritto] *m 1.* Unterschreibender *m; 2. (firmatario)* Unterzeichneter *m*
sottoscrivere [sotto'skriːvere] *v irr (firmare)* unterzeichnen
sottoscrizione [sottoskritsi'oːne] *f 1. (pubblicazione)* Subskription *f; 2. (di azioni, di prestiti)* Unterzeichnung *f*
sottosegretario [sottosegre'taːrio] *m ~ di stato* Staatssekretär *m*
sottosopra [sotto'soːpra] *adv* drunter und drüber; *essere ~* in großer Verwirrung sein, durcheinander sein; *mettere ~* auf den Kopf stellen
sottospecie [sotto'spɛːtʃe] *f* Unterart *f,* Untergattung *f*
sottostante [sotto'stante] *adj* unten befindlich, unten stehend
sottosuolo [sottosu'ɔːlo] *m* Untergrund *m; le ricchezze del ~* Bodenschätze *pl*
sottosviluppato [sottozvilup'paːto] *adj* unterentwickelt
sottotazza [sotto'tattsa] *f* Untertasse *f*
sottotenente [sottote'nɛnte] *m* Leutnant *m*
sottotetto [sotto'tetto] *m* Dachboden *m,* Speicher *m*
sottotitolo [sotto'tiːtolo] *m* Untertitel *m*
sottovalutare [sottovalu'taːre] *v* unterbewerten, unterschätzen
sottoveste [sotto'vɛste] *f* Unterrock *m*
sottrarre [sot'trarre] *v irr 1.* entwenden; *2. MATH* abziehen
sottrarsi [sot'trarsi] *v* sich entziehen

sottrazione [sottratsi'oːne] *f MATH* Abzug *m*

souvenir [suve'nir] *m* Andenken *n*, Reiseandenken *n*

sovente [so'vɛnte] *adv* oft

soverchiare [soverki'aːre] *v* 1. überstimmen; 2. *(abbondare)* im Überfluss vorhanden sein; 3. *(essere superiore)* überrunden

sovietico [sovi'ɛːtiko] *adj HIST* sowjetisch

sovrabbondanza [sovrabbon'dantsa] *f* Überfluss *m*

sovraccaricare [sovrakkari'kaːre] *v* überladen

sovraccarico [sovrak'kaːriko] *m* Überlastung *f*

sovraffollato [sovraffol'laːto] *adj* überlaufen, überfüllt

sovranità [sovrani'ta] *f POL* Souveränität *f*; ~ *territoriale* Gebietshoheit *f*

sovrano [so'vraːno] *adj* 1. selbstherrlich, souverän; *m* 2. Herrscher *m*

sovrappeso [sovra'peːso] *m* Übergewicht *n*

sovrappiù [sovrappi'u] *m* Plus *n*

sovrappopolazione [sovrappopolatsi'oːne] *f* Überbevölkerung *f*

sovrapporre [sovra'porre] *v irr* übereinander legen

sovrapposizione [sovrappositsi'oːne] *f* Überlagerung *f*

sovrappressione [spvrappressi'oːne] *f TECH* Überdruck *m*

sovrapprezzo [sovrap'prɛttso] *m ECO* Aufpreis *m*

sovrapproduzione [sovrapprodutsi'oːne] *f ECO* Überproduktion *f*, Überschussproduktion *f*

sovreccitato [sovrettʃi'taːto] *adj* überreizt

sovrumano [sovru'maːno] *adj* übermenschlich

sovvenzione [sovventsi'oːne] *f* 1. Zuschuss *m*; 2. *JUR* Beihilfe *f*; 3. *ECO* Subvention *f*; ~ *all'agricoltura* Agrarsubvention *f*

sovversivo [sovver'siːvo] *adj* 1. umstürzlerisch, aufständisch; *m* 2. Aufständischer *m*

sozzo ['sottso] *adj* schmutzig

spaccare [spak'kaːre] *v* 1. *(legna)* hacken; 2. *(scindere)* spalten; 3. *(rompere)* zerschlagen

spaccata [spak'kaːta] *f SPORT* Spagat *m*

spaccato [spak'kaːto] *adj* 1. gesprungen; *m* 2. Riss *m*; 3. *ARCH* Aufriss *m*

spaccatura [spakka'tuːra] *f* 1. Aufspaltung *f*; 2. *(fenditura)* Spalte *f*, Sprung *m*

spacciatore [spattʃa'toːre] *m* ~ *di droga* Drogenhändler *m*

spaccio ['spattʃo] *m* 1. *GAST* Ausschank *m*; 2. ~ *di droga* Drogenhandel *m*

spacconata [spakko'naːta] *f (fig)* Angeberei *f*

spaccone [spak'koːne] *m (fig)* Angeber *m*

spada ['spaːda] *f* Degen *m*, Schwert *n*

spadroneggiare [spadroned'dʒaːre] *v* sich aufspielen

spaesato [spae'zaːto] *adj* 1. orientierungslos, desorientiert; 2. *(fig: mentalmente)* verwirrt; *essere* ~ durcheinander sein

Spagna ['spaːɲa] *f GEO* Spanien *n*

spagnolo [spa'ɲɔːlo] *adj* 1. spanisch; *m* 2. *(persona)* Spanier *m*; 3. *(lingua)* Spanisch *n*

spago ['spaːgo] *m* 1. Schnur *f*; 2. *(cordoncino)* Bindfaden *m*

spalancare [spalaŋ'kaːre] *v* aufreißen

spalancarsi [spalaŋ'karsi] *v* klaffen

spalare [spa'laːre] *v* schippen

spalla ['spalla] *f* 1. *ANAT* Achsel *f*, Schulter *f*; 2. *dietro le spalle (fig)* heimlich

spalliera [spalli'ɛːra] *f* 1. Lehne *f*, Rückenlehne *f*; 2. *SPORT* Sprossenwand *f*

spallina [spal'liːna] *f* 1. *(del vestito)* Träger *m*; 2. *(imbottitura)* Schulterpolster *n*

spalmare [spal'maːre] *v* streichen, bestreichen

spanciarsi [span'tʃarsi] *v* ~ *dalle risate* sich totlachen (fam)

spandere ['spandere] *v irr* 1. *(dicerie)* verbreiten; 2. *(liquidi)* vergießen

sparare [spa'raːre] *v* 1. schießen; 2. *(far fuoco)* abfeuern, abschießen

sparato [spa'raːto] *m (vestito)* Schlitz *m*

sparatoria [spara'tɔːria] *f* Schießerei *f*

sparecchiare [sparekki'aːre] *v (tavola)* abdecken

spareggio [spa'reddʒo] *m SPORT* Entscheidungsspiel *n*

spargere ['spardʒere] *v irr* 1. streuen, verstreuen; 2. *(liquido)* vergießen, verschütten; 3. *(notizie)* übermitteln

spargimento [spardʒi'mento] *m* Streuung *f*; ~ *di sangue* Blutvergießen *n*

sparire [spa'riːre] *v irr* verschwinden; *E' sparito.* Es ist weg.

sparlare [spar'laːre] *v (parlare negativamente)* klatschen

sparo ['spaːro] *m* Schuss *m*, Abschuss *m*

sparpagliare [sparpa'ʎaːre] *v* zerstreuen
spartano [spar'taːno] *adj* spartanisch
spartiacque [sparti'akkue] *m* GEO Wasserscheide *f*
spartire [spar'tiːre] *v* 1. *(dividere)* verteilen; 2. *(settori)* abteilen
spartito [spar'tiːto] *m* MUS Partitur *f*
spartitraffico [sparti'traffiko] *m* Verkehrsinsel *f*
spartizione [spartitsi'oːne] *f* 1. Abteilung *f*, Verteilung *f*; 2. *(distribuzione)* Verteilung *f*
spasimante [spazi'mante] *m/f* 1. Verehrer(in) *m/f*, Bewunderer(in) *m/f*; *adj* 2. schmachtend
spasmo ['spazmo] *m* MED Krampf *m*, Spasmus *m*
spasmodico [spaz'mɔːdiko] *adj* krampfhaft
spasso ['spasso] *m* Zeitvertreib *m*, Vergnügen *n*; *andare a ~* spazieren gehen; *essere a ~ (fig)* arbeitslos sein
spassoso [spas'soːso] *adj* spaßig, lustig
spauracchio [spau'rakkio] *m* Scheusal *n*
spavaldo [spa'valdo] *adj* kühn
spaventapasseri [spaventa'passeri] *m* Vogelscheuche *f*
spaventare [spaven'taːre] *v* *~ qd* jdn erschrecken
spaventarsi [spaven'tarsi] *v* sich erschrecken
spaventato [spaven'taːto] *adj* verängstigt
spavento [spa'vɛnto] *m* Schreck *m*
spaventoso [spaven'toːso] *adj* erschreckend
spaziale [spatsi'aːle] *adj* räumlich
spazialità [spatsiali'ta] *f* Räumlichkeit *f*
spazientirsi [spatsien'tirsi] *v* die Geduld verlieren
spazio ['spaːtsio] *m* 1. *(ambiente libero)* Platz *m*, Raum *m*; *~ interlineare* Zeilenabstand *m*; *~ di frenata* Bremsweg *m*; 2. *(universo)* Weltraum *m*; 3. *(periodo di tempo)* Zeitraum *m*; 4. *(distanza)* Abstand *m*
spazioso [spatsi'oːso] *adj* weitläufig, breit
spazzacamino [spattsaca'miːno] *m* Kaminkehrer *m*, Schornsteinfeger *m*
spazzare [spat'tsaːre] *v* fegen, kehren
spazzatura [spattsa'tuːra] *f* Müll *m*; *bidone della ~* Mülleimer *m*
spazzino [spat'tsiːno] *m* Straßenkehrer *m*
spazzola ['spattsola] *f* Bürste *f*; *~ per i capelli* Haarbürste *f*

spazzolare [spattso'laːre] *v* bürsten
spazzolino [spattso'liːno] *m* *~ da denti* Zahnbürste *f*
spazzolone [spattso'loːne] *m* Schrubber *m*
specchiarsi [spekki'arsi] *v* sich spiegeln
specchietto [spekki'etto] *m* 1. *~ retrovisore (dell'auto)* Rückspiegel *m*; 2. *(del libro)* Tabelle *f*
specchio ['spɛkkio] *m* Spiegel *m*
speciale [spe't ʃaːle] *adj* besondere(r,s), speziell
specialista [spet ʃa'lista] *m/f* Spezialist(in) *m/f*; *medico ~* Facharzt *m*
specialità [spet ʃali'ta] *f* Besonderheit *f*, Spezialität *f*; *E' una ~ di questa regione?* Ist das eine Spezialität aus dieser Gegend?
specializzarsi [spet ʃalid'dzarsi] *v* sich spezialisieren
specializzazione [spet ʃaliddzatsi'oːne] *f* Fachausbildung *f*, Spezialisierung *f*
specie ['spɛːt ʃe] *f* 1. Sorte *f*; 2. ZOOL Art *f*; 3. *(sorta, tipo)* Art *f*
specificare [spet ʃifi'kaːre] *v* spezifizieren
specificazione [spet ʃifikatsi'oːne] *f* Spezifizierung *f*
specifico [spe't ʃiːfiko] *adj* 1. spezifisch; 2. *(proprio)* eigenartig
speculare [speku'laːre] *v* 1. intensiv überlegen, sich überlegen; *~ su qc* etw überlegen, über etw nachdenken; 2. FIN spekulieren
speculatore [spekula'toːre] *m* Spekulant *m*
speculazione [spekulatsi'oːne] *f* Spekulation *f*; *~ in cambi* Devisenspekulation *f*
spedire [spe'diːre] *v irr* 1. *(lettera)* senden, aufgeben; *Lo spedisca a questo indirizzo.* Schicken Sie es an diese Adresse. 2. *(inviare)* einsenden, verschicken; 3. *(merce)* ECO befördern
spedito [spe'diːto] *adj* 1. schnell; 2. *(abile)* fähig
spedizione [speditsi'oːne] *f* 1. Sendung *f*, Absendung *f*; 2. *(viaggio a scopo di ricerca)* Expedition *f*; 3. *(di merce)* ECO Beförderung *f*
spedizioniere [speditsioni'ɛːre] *m* Spediteur *m*
spegnere ['spɛːɲere] *v irr* 1. ausschalten, abstellen; *~ la luce* das Licht ausmachen; 2. *~ soffiando* auspusten; 3. *(fig)* auslöschen
spegnersi ['spɛːɲersi] *v irr* 1. *~ lentamente* verglühen; 2. *(morire)* sterben

spegnimento [speɲi'mento] *m 1.* Löschen *n; 2. (il chiudere)* Abschalten *n; 3. (morte)* Sterben *n*
spelacchiarsi [spelakki'arsi] *v (animale)* die Haare verlieren
spellare [spel'laːre] *v 1. (scorticare)* quälen; *2. (fig)* rupfen
spellarsi [spel'larsi] *v* sich häuten
spendere ['spɛndere] *v irr 1.* aufwenden; *2. (fig)* aufwenden; *3. (fig: impiegare)* benutzen, gebrauchen
spennare [spen'naːre] *v 1.* rupfen; *2. (fig)* ausnehmen
spennarsi [spen'narsi] *v* die Federn verlieren
spensieratezza [spensiera'tettsa] *f 1.* Sorglosigkeit *f; 2. (leggerezza)* Leichtfertigkeit *f,* Gedankenlosigkeit *f*
spensierato [spensie'raːto] *adj 1.* leichtsinnig; *2. (senza preoccupazioni)* sorglos, sorgenfrei
speranza [spe'rantsa] *f* Hoffnung *f; pieno di* ~ hoffnungsvoll; *senza* ~ aussichtslos, hoffnungslos, ausweglos
sperare [spe'raːre] *v* hoffen, erhoffen
spergiuro [sper'dʒuːro] *m JUR* Meineid *m*
spericolatamente [sperikolata'mente] *adv* waghalsig
spericolato [speriko'laːto] *adj 1.* waghalsig; *m 2.* Leichtsinniger *m,* Draufgänger *m*
sperimentale [sperimen'taːle] *adj* experimentell; *in via* ~ probeweise
sperimentare [sperimen'taːre] *v* experimentieren, ausprobieren
sperma ['spɛrma] *m BIO* Sperma *n*
sperone [spe'roːne] *m* Sporn *m*
sperperare [sperpe'raːre] *v 1.* verschwenden; *2. (fig)* verplempern
sperpero ['spɛrpero] *m* Verschwendung *f*
spesa ['speːsa] *f 1. (costi) ECO* Aufwand *m; 2. spese pl* Ausgaben *pl,* Kosten *pl;* ~ *pubblica* Staatsausgaben *pl; spese di assistenza* Behandlungskosten *pl; spese di costruzione* Baukosten *pl; spese di esercizio* Betriebskosten *pl; spese giudiziarie* Gerichtskosten *pl*
spesso ['spesso] *adj 1.* dick; *2. (denso)* dicht; *adv 3.* häufig
spessore [spes'soːre] *m* Stärke *f,* Dicke *f*
spettabile [spet'taːbile] *adj (rispettabile)* stattlich
spettacolare [spettako'laːre] *adj* spektakulär

spettacolo [spet'taːkolo] *m 1.* Show *f; 2. THEAT* Vorstellung *f;* ~ *di gala* Galavorstellung *f; 3. (vista)* Anblick *m*
spettare [spet'taːre] *v* angemessen sein
spettatore [spetta'toːre] *m* Zuschauer *m,* Theaterbesucher *m*
spettrale [spet'traːle] *adj 1.* gespenstisch, schemenhaft; *2. PHYS* Spektral...
spettro ['spɛttro] *m 1. PHYS* Spektrum *n; 2. (fantasma)* Gespenst *n,* Geist *m; 3. (fig)* Gespenst *n*
spezie ['spɛːtsie] *f/pl* Gewürze *pl*
spezzare [spet'tsaːre] *v 1.* zerbrechen, zerreißen; *2. (far saltare)* sprengen; *3. (rompere parzialmente)* anbrechen, knicken
spezzato [spet'tsaːto] *adj* geknickt
spezzettare [spettset'taːre] *v* zerkleinern
spia ['spiːa] *f 1.* Spion *m,* Spitzel *m; 2. TECH* Warnleuchte *f*
spiacere [spia'tʃeːre] *v irr* Leid tun
spiacevole [spia'tʃeːvole] *adj* unangenehm, unerfreulich
spiaggia [spi'addʒa] *f* Strand *m*
spianare [spia'naːre] *v (fig)* ebnen, glätten
spianarsi [spia'narsi] *v* sich glätten
spianata [spia'naːta] *f* freier Platz *m*
spiantato [spian'taːto] *adj* bedürftig
spiare [spi'aːre] *v 1.* nachspionieren, spionieren; *2. (fig)* schnüffeln
spiattellare [spiattel'laːre] *v* preisgeben
spiccare [spik'kaːre] *v (fig)* hervorstechen
spiccato [spik'kaːto] *adj* ausgeprägt
spicchio ['spikkio] *m* Scheibe *f;* ~ *d'aglio* Knoblauchzehe *f*
spicciarsi [spit'tʃarsi] *v* sich beeilen
spicciativo [spittʃa'tiːvo] *adj 1.* eilig; *2. (energico)* energisch
spiccioli ['spittʃoli] *m/pl* Kleingeld *n,* Wechselgeld *n*
spiedo [spi'ɛːdo] *m* Bratspieß *m*
spiegabile [spie'gaːbile] *adj* erklärbar
spiegamento [spiega'mento] *m 1.* Entwicklung *f,* Entfaltung *f; 2. MIL* Aufstellung *f*
spiegare [spie'gaːre] *v 1.* erklären, erläutern; *2. (chiarire)* klarmachen, verdeutlichen; *3. (vele, ali)* ausbreiten
spiegarsi [spie'garsi] *v* sich erklären
spiegazione [spiegatsi'oːne] *f 1.* Erläuterung *f,* Erklärung *f; 2. (chiarimento)* Aufklärung *f*
spiegazzare [spiegat'tsaːre] *v* zerknittern
spiegazzarsi [spiegat'tsarsi] *v* knittern
spietatezza [spiega'tettsa] *f* Unbarmherzigkeit *f,* Erbarmungslosigkeit *f*

spietato [spie'ta:to] *adj* erbarmungslos, gnadenlos

spifferare [spiffe'ra:re] *v* ausplaudern

spiffero ['spiffero] *m* Luftzug *m*

spiga ['spi:ga] *f* BOT Ähre *f*

spigliato [spi'ʎa:to] *adj* 1. burschikos; 2. *(disinvolto)* zwanglos

spigolatura [spigola'tu:ra] *f* LIT Nachlese *f*

spigolo ['spi:golo] *m* Kante *f*, Grat *m*

spilla ['spilla] *f* Brosche *f*; ~ *di sicurezza* Sicherheitsnadel *f*

spillare [spil'la:re] *v* 1. *(botti)* anzapfen; 2. *(fam: danaro)* abnehmen, abknöpfen

spillo ['spillo] *m* Anstecknadel *f*, Stecknadel *f*

spilorcio [spi'lortʃo] *adj* 1. geizig, knickerig; *m* 2. *(fig)* Pfennigfuchser *m*

spilungone [spiluŋ'go:ne] *m (fig)* Hopfenstange *f*

spina ['spi:na] *f* 1. BOT Dorn *m*, Stachel *m*; *uva* ~ Stachelbeere *f*; 2. ZOOL Stachel *m*; ~ *di pesce* Fischgräte *f*, Gräte *f*; 3. TECH Stecker *m*; ~ *di raccordo* Verbindungsstecker *m*; ~ *doppia* Doppelstecker *m*; ~ *di adattamento* Zwischenstecker *m*; 4. *(fig)* Sorgenkind *n*; 5. ~ *dorsale* ANAT Wirbelsäule *f*; 6. *(zaffo)* Zapfen *m*; *birra alla* ~ Bier vom Fass *n*

spinacio [spi'na:tʃo] *m* BOT Spinat *m*

spinale [spi'na:le] *adj* ANAT Rücken... *midollo* ~ Rückenmark *n*

spingere ['spindʒere] *v irr* 1. schieben, rücken; 2. *(fig: incalzare)* drängen; 3. *(farsi avanti tra la folla spingendo)* drängeln; 4. *(urtare)* anstoßen

spinoso [spi'no:so] *adj* dornig, stachelig

spinta ['spinta] *f* 1. Schub *m*; *dare una* ~ anstoßen; ~ *aerostatica* Auftrieb *m*; *Mi può dare una* ~? Können Sie mir Starthilfe geben? 2. *(fig)* Anstoß *m*

spinto ['spinto] *adj* 1. angetrieben, vorwärts geschoben; *essere* ~ *da qd* von jdm getrieben sein; 2. *(rischioso)* riskant

spintone [spin'to:ne] *m* heftiger Stoß *m*

spionaggio [spio'naddʒo] *m* Spionage *f*

spioncino [spion'tʃi:no] *m* Guckloch *n*

spiovere [spi'ɔ:vere] *v* aufhören zu regnen

spira ['spi:ra] *f* Windung *f*

spiraglio [spi'ra:ʎo] *m* 1. Spalte *f*; *uno* ~ *di luce* Lichtschein *m*; 2. *(fig)* Ausweg *m*

spirale [spi'ra:le] *f* Spirale *f*; *a* ~ spiralförmig

spirare [spi'ra:re] *v (fig)* sterben

spiritismo [spiri'tizmo] *m* Spiritismus *m*

spirito ['spi:rito] *m* 1. Geist *m*, Sinn *m*; ~ *d'avventura* Abenteuerlust *f*; ~ *d'osservazione* Beobachtungsgabe *f*; *con presenza di* ~ geistesgegenwärtig; 2. *(anima)* Seele *f*; 3. *(umorismo)* Witz *m*; *pieno di* ~ humorvoll; *privo di* ~ humorlos; 4. *(fantasma)* Geist *m*; 5. CHEM Spiritus *m*

spiritosaggine [spirito'saddʒine] *f* Humor *m*

spiritoso [spiri'to:so] *adj* witzig, geistreich

spirituale [spiritu'a:le] *adj* geistig

spiritualità [spirituali'ta] *f* Geistigkeit *f*, Spiritualität *f*

spiumarsi [spiu'marsi] *v* die Federn verlieren

spizzicare [spittsi'ka:re] *v* naschen, knabbern

splendere ['splɛndere] *v* glänzen, scheinen

splendido ['splɛndido] *adj* 1. glänzend; 2. *(fig)* herrlich

splendore [splen'do:re] *m* 1. *(fig)* Pracht *f*; 2. *(fulgore)* Glanz *m*

spogliare [spo'ʎa:re] *v* 1. *(vestito)* ausziehen; 2. *(derubare)* ausrauben, berauben

spogliarello [spoʎa'rɛllo] *m* Striptease *m*

spogliarsi [spo'ʎarsi] *v (svestirsi)* sich freimachen, sich ausziehen

spogliatoio [spoʎa'to:io] *m* Umkleidekabine *f*

spoglio ['spɔ:ʎo] *adj* 1. *(senza foglie)* kahl; 2. *(nudo)* nackt, entblößt

spola ['spɔ:la] *f* Spule *f*

spolmonarsi [spolmo'narsi] *v* sich die Seele aus dem Leib schreien

spolverare [spolve'ra:re] *v* abstauben

sponda ['sponda] *f* 1. Ufer *n*; 2. *(orlo)* Rand *m*; ~ *del letto* Bettrand *m*

spontaneità [spontanei'ta] *f* Spontaneität *f*

spontaneo [spon'ta:neo] *adj* spontan

spopolamento [spopola'mento] *m* Entvölkerung *f*

spopolarsi [spopo'larsi] *v* sich entvölkern

sporadico [spo'ra:diko] *adj* sporadisch, vereinzelt

sporcaccione [sporkat'tʃio:ne] *m* Dreckspatz *m*, Dreckfink *m*

sporcare [spor'ka:re] *v* beschmutzen, verschmutzen

sporcarsi [spor'karsi] *v* sich schmutzig machen

sporcizia [spor'tʃiːtsia] *f* Schmutz *m*, Dreck *m*

sporco ['spɔrko] *adj* dreckig, schmutzig

sporgente [spor'dʒɛnte] *adj* abstehend, hervorragend

sporgenza [spor'dʒɛntsa] *f* Vorsprung *m*, Hervorstehen *n*

sporgere ['spɔrdʒere] *v irr* 1. vorstehen, erheben; 2. *(denuncia)* JUR erheben; 3. ~ *querela* JUR klagen

sporgersi ['spɔrdʒersi] *v irr* sich herausbeugen; ~ *in avanti* sich vorbeugen

sport [spɔrt] *m* Sport *m; ~ di competizione* Leistungssport *m; ~ invernale* Wintersport *m*

sportello [spor'tɛllo] *m (in banca)* Schalter *m; ~ automatico* Geldautomat *m*

sportivo [spor'tiːvo] *m* 1. Sportler *m; adj* 2. sportlich, Sport...

sporto ['spɔrto] *m* ARCH Vorsprung *m*

sposa ['spɔːza] *f* Braut *f*

sposalizio [spoza'liːtsio] *m* Hochzeit *f*, Hochzeitsfeier *f*

sposare [spo'zaːre] *v* 1. heiraten; 2. *(sacerdote)* trauen

sposarsi [spo'zarsi] *v* heiraten

sposato [spo'zaːto] *adj* verheiratet

sposo ['spɔːzo] *m* Bräutigam *m*

spossatezza [spossa'tettsa] *f* Übermüdung *f*

spossato [spos'saːto] *adj* übermüdet

spostabile [spos'taːbile] *adj* verstellbar

spostamento [sposta'mento] *m* 1. Verlegung *f*, Änderung *f;* 2. *(rimozione)* Verdrängung *f*, Verlagerung *f*

spostare [spos'taːre] *v* 1. verlegen; 2. *(rimuovere)* verschieben, umstellen; 3. *(cambiare posizione)* verrücken, verstellen; 4. ~ *avanti* vorverlegen

spostato [spos'taːto] *adj* verrückt

spranga ['spraŋga] *f* Stange *f*, Querstange *f*

sprangare [spraŋ'gaːre] *v* verriegeln

sprecare [spre'kaːre] *v* vergeuden

sprecarsi [spre'karsi] *v* sich übernehmen; *Non ti sprecare!* Überanstrenge dich bloß nicht!

spreco ['sprɛːko] *m* Vergeudung *f*

spregevole [spre'dʒeːvole] *adj* 1. *(abietto)* abschätzig, verächtlich; 2. *(vile)* gemein, verworfen

spregiativo [spredʒa'tiːvo] *adj* abschätzig, verächtlich

spregiudicato [spredʒudi'caːto] *adj* vorurteilslos, liberal

spremere ['sprɛːmere] *v* ausdrücken, auspressen

spremuta [spre'muːta] *f ~ di frutta* GAST Fruchtsaft *m*

sprezzante [spret'tsante] *adj* verächtlich, herabsetzend

sprigionare [spridʒo'naːre] *v* 1. freilassen, entlassen; 2. *(emettere)* ausströmen

sprigionarsi [spridʒo'narsi] *v* 1. frei werden; 2. *(uscir fuori)* ausströmen

sprizzare [sprit'tsaːre] *v* besprtizen

sprizzo ['sprittso] *m* Spritzer *m*

sprofondare [sprofon'daːre] *v* 1. einbrechen, einsinken; 2. *(nave)* sinken; 3. *(casa)* einstürzen

sprofondarsi [sprofon'darsi] *v* 1. einsinken; 2. *(fig)* sich versenken

sproloquio [spro'lɔːkuio] *m* Unsinn *m*

spronare [spro'naːre] *v (fig)* anfachen

sprone ['sproːne] *m* 1. Sporn *m;* 2. *(fig)* Antrieb *m*

sproporzione [sproportsi'oːne] *f* Missverhältnis *m*

sproposito [spro'pɔːzito] *m* 1. Irrtum *m;* 2. *(sciocchezza)* Blödheit *f;* 3. *(esagerazione)* Übertreibung *f*, Unangemessenheit *f; a ~* unangebracht; *parlare a ~* drauflosreden

sprovveduto [sprovve'duːto] *m* weltfremd, unbeholfen

spruzzare [sprut'tsaːre] *v* spritzen, abspritzen

spruzzatore [spruttsa'toːre] *m* Spray *n*

spudoratezza [spudora'tettsa] *f* Frechheit *f*, Unverschämtheit *f*

spudorato [spudo'raːto] *adj* 1. frech, unverschämt; 2. *(svergognato)* schamlos

spugna ['spuːɲa] *f* Schwamm *m; bere come una ~* wie ein Loch saufen; *dare un colpo di ~ (fig)* für immer vergessen

spugnoso [spu'ɲoːso] *adj* schwammig

spumante [spu'mante] *m* GAST Sekt *m*

spumeggiante [spumed'dʒante] *adj* schäumend

spuntare [spun'taːre] *v* 1. *(apparire)* erscheinen; 2. ~ *fuori* herausschauen; 3. *(sole)* herausschauen, hervorkommen; *allo ~ del sole* bei Sonnenaufgang; 4. BOT hervorsprießen

spuntarsi [spun'tarsi] *v* abstumpfen, die Spitze verlieren

spuntino [spun'tiːno] *m* GAST Imbiss *m*, Zwischenmahlzeit *f*

spunto ['spunto] *m* 1. *(suggerimento)* LIT Anstoß *m;* 2. THEAT Stichwort *n*

sputare [spu'taːre] *v* spucken, ausspeien
sputo ['spuːto] *m* Speichel *m*, Spucke *f*
squadra [sku'aːdra] *f 1. (gruppo)* Equipe *f;* ~ *mobile* Überfallkommando *n; 2. (ginnastica)* Riege *f; 3. MATH* Geodreieck *n; 4. SPORT* Mannschaft *f;* ~ *nazionale* Nationalmannschaft *f*
squadriglia [skua'driːʎa] *f MIL* Staffel *f*
squadrone [skua'droːne] *m MIL* Schwadron *f*
squagliarsi [skua'ʎarsi] *v* zergehen
squalifica [skua'liːfika] *f SPORT* Disqualifikation *f*
squallido [sku'allido] *adj 1. (desolante)* trist, trostlos; *2. (deserto)* verlassen; *3. (misero)* erbärmlich, elend; *4. (oscuro)* finster, düster
squalo [sku'aːlo] *m ZOOL* Haifisch *m*
squama [sku'aːma] *f (di pesce)* Schuppe *f*
squamoso [skua'moːso] *adj* schuppig
squarciare [skuar'tʃaːre] *v* zerreißen
squartare [skuar'taːre] *v* ausschlachten
squattrinato [skuattri'naːto] *adj 1.* mittellos; *m 2. (persona)* armer Teufel *m*
squilibrarsi [skuili'brarsi] *v* aus dem Gleichgewicht kommen, das Gleichgewicht verlieren
squilibrato [skuili'braːto] *m MED* Geisteskranker *m*
squilibrio [skui'liːbrio] *m MED* Gleichgewichtsstörung *f*
squillante [skuil'lante] *adj (stridulo)* gellend
squisito [skui'ziːto] *adj* köstlich, erlesen
sradicamento [zradika'mento] *m (fig)* Entwurzelung *f*
sradicare [zradi'kaːre] *v 1. BOT* entwurzeln; *2. (fig)* entwurzeln, ausrotten
sregolatezza [zregola'tettsa] *f 1. (dissolutezza)* Verdorbenheit *f; 2. (eccesso)* Exzess *m*
stabile ['staːbile] *adj 1. (fisso)* ständig; *2. (robusto)* stabil, dauerhaft; *m 3.* Gebäude *n*
stabilimento [stabili'mento] *m 1.* Fabrik *f*, Werk *n; 2. ECO* Betrieb *m; 3. (impianto)* Anlage *f*, Anstalt *f;* ~ *balneare* Badeanstalt *f;* ~ *di pena* Strafanstalt *f*
stabilire [stabi'liːre] *v 1.* festsetzen, bestimmen; *2. (fissare)* fixieren
stabilirsi [stabi'lirsi] *v* sich etablieren, sich häuslich niederlassen
stabilità [stabili'ta] *f* Stabilität *f*
stabilizzare [stabilid'dzaːre] *v* stabilisieren

stabilizzazione [stabiliddzatsi'oːne] *f FIN* Stabilisierung *f*
staccare [stak'kaːre] *v 1. (liberare)* trennen, lösen; *2. (separare)* trennen; *3. (togliere via)* ablösen; *4. (con taglio)* abschneiden
staccarsi [stak'karsi] *v 1. (saltar via)* abspringen; *2. (separarsi)* sich lossagen; *3. (fig)* sich abnabeln
staccionata [stattʃo'naːta] *f* Bretterzaun *m*
stadera [sta'deːra] *f 1.* Schnellwaage *f; 2. (di un ponte)* Brückenwaage *f*
stadio ['staːdio] *m 1. (fase)* Stufe *f*, Stadium *n; 2.* ~ *intermedio* Zwischenstufe *f; 3.* ~ *preparatorio* Vorbereitungsstadium *n; 4. SPORT* Stadion *n*
staffa ['staffa] *f 1. (del cavallo)* Steigbügel *m*, Bügel *m; 2. TECH* Klammer *f*
staffetta [staf'fetta] *f 1. SPORT* Stafette *f; corsa a* ~ Staffellauf *m; 2. (corriere)* Eilbote *m*
stagionato [stadʒo'naːto] *adj 1. (frutta)* reif; *2. (posato)* ruhig; *3. (vino)* abgelagert; *legno* ~ trockenes Holz *n*
stagione [sta'dgoːne] *f* Jahreszeit *f*, Saison *f; alta* ~ Hochsaison *f*, Hauptsaison *f; bassa* ~ Vorsaison *f*, Nachsaison *f;* ~ *balneare* Badesaison *f*
stagnaio [sta'ɲaio] *m* Klempner *m*, Installateur *m*
stagnante [sta'ɲante] *adj* stagnierend; *acqua* ~ stehende Gewässer *pl*
stagnare [sta'ɲaːre] *v 1. ECO* stagnieren; *2. (acqua)* stillstehen
stagno ['staːɲo] *m 1.* Teich *m*, Weiher *m; 2. CHEM* Zinn *n; adj 3. CHEM* wasserdicht
stalla ['stalla] *f* Stall *m*
stallone [stal'loːne] *m ZOOL* Hengst *m*
stamattina [stamat'tiːna] *adv* heute früh, heute Morgen
stambecco [stam'bekko] *m ZOOL* Steinbock *m*
stampa ['stampa] *f 1.* Buchdruck *m; 2. (giornalismo)* Presse *f; addetto al servizio* ~ Pressesprecher *m;* ~ *finanziaria* Finanzpresse *f; 3. (riproduzione)* Reproduktion *f*
stampante [stam'pante] *f (apparecchio) INFORM* Drucker *m;* ~ *ad aghi* Nadeldrucker *m;* ~ *laser* Laserdrucker *m*
stampare [stam'paːre] *v* ausdrucken, drucken
stampatello [stampa'tɛllo] *m* Blockschrift *f*
stampato [stam'paːto] *m* Drucksache *f*

stampatore [stampa'to:re] *m (persona)* Drucker *m*
stampella [stam'pɛlla] *f 1.* Kleiderbügel *m; 2. MED* Krücke *f*
stampo ['stampo] *m 1.* Stempeleisen *n; 2. (forma)* Form *f; 3. (fig)* Wesen *n*, Schlag *m*
stanare [sta'na:re] *v* aufstöbern
stancare [staŋ'ka:re] *v* ermüden
stancarsi [staŋ'karsi] *v* sich abhetzen, sich abmühen
stanchezza [stan'kettsa] *f* Müdigkeit *f*
stanco ['staŋko] *adj 1.* müde, übernächtigt; ~ *morto* hundemüde, todmüde; *2. (stufo)* überdrüssig
standardizzazione [standardiddzatsi-'o:ne] *f* Standardisierung *f*
stanga ['staŋga] *f* Stange *f*
stanotte [sta'nɔtte] *adv* heute Nacht
stantío [stan'ti:o] *adj* alt
stantuffo [stan'tuffo] *m TECH* Kolben *m*
stanza ['stantsa] *f* Zimmer *n;* ~ *da bagno* Badezimmer *n;* ~ *dei bambini* Kinderzimmer *n; essere di* ~ stationiert sein
stanziamento [stantsia'mento] *m ECO* Bereitstellung *f*
stanziare [stantsi'a:re] *v* bereitstellen
stappare [stap'pa:re] *v* entkorken
stare ['sta:re] *v irr 1.* stehen; *Come sta/stai?* Wie geht es Ihnen/dir? *Sto bene.* Mir geht es gut. *Ciao, stammi bene!* Ciao, mach's gut! *2. (rimanere)* sein, bleiben; ~ *attento* Acht geben; ~ *per fare qc* im Begriff sein, etw zu tun; *3. (confarsi)* passen, stehen
starna ['starna] *f ZOOL* Rebhuhn *n*
starnutire [starnu'ti:re] *v* niesen
stasera [sta'se:ra] *adv* heute Abend
stasi ['sta:zi] *f MED* Stauung *f*, Stasis *f*
statale [sta'ta:le] *adj 1. POL* staatlich; *m/f 2.* Staatsbeamter/Staatsbeamtin *m/f*
statalizzazione [stataliddzatsi'o:ne] *f POL* Verstaatlichung *f*
statica ['sta:tika] *f ARCH* Statik *f*
statista [sta'tista] *m* Staatsmann *m*
statistica [sta'tistika] *f* Statistik *f*
statistico [sta'tistiko] *adj* statistisch
stativo [sta'ti:vo] *m* Stativ *n*
stato ['sta:to] *m 1. POL* Staat *m;* ~ *confinante* Nachbarstaat *m;* ~ *pontificio* Kirchenstaat *m; Stati Uniti* Vereinigte Staaten *pl; 2. (condizione)* Zustand *m*, Verfassung *f;* ~ *d'animo* Stimmung *f;* ~ *di emergenza* Notstand *m;* ~ *di fatto* Tatbestand *m;* ~ *mentale* Geisteszustand *m; 3. (situazione)* Stand *m;* ~ *civile* Familienstand *m*

statua ['sta:tua] *f* Standbild *n*, Statue *f*
statura [sta'tu:ra] *f 1.* Körpergröße *f*, Statur *f; 2. (fig)* Format *n*
statuto [sta'tu:to] *m* Statut *n*
stazionario [statsio'na:rio] *adj 1.* stationär; *2. (immutato)* unverändert
stazione [statsi'o:ne] *f* Bahnhof *m*, Station *f;* ~ *autoservizi* Busbahnhof *m;* ~ *centrale* Hauptbahnhof *m;* ~ *climatica* Luftkurort *m;* ~ *intermedia* Zwischenstation *f*
stazza ['stattsa] *f NAUT* Tonnengehalt *m*
stecca ['stekka] *f 1.* Stab *m*, Stange *f;* ~ *di sigarette* Zigarettenstange *f; 2.* ~ *da biliardo* Billardstock *m; 3. MED* Schiene *f*
steccato [stek'ka:to] *m* Bretterzaun *m*
stecchito [stek'ki:to] *adj 1. (secco)* ausgedörrt; *2. (morto)* starr
stella ['stella] *f 1. ASTR* Stern *m;* ~ *cadente* Sternschnuppe *f; 2. (astro) ASTR* Gestirn *n; 3.* ~ *del cinema CINE* Filmstar *m*
stellare [stel'la:re] *adj* Sternen...
stellato [stel'la:to] *adj* sternenklar
stelo ['stɛ:lo] *m* Stiel *m*, Stängel *m*
stemma ['stɛmma] *m* Wappen *n*
stempiatura [stempia'tu:ra] *f (fig)* Geheimratsecke *f*
stendardo [sten'dardo] *m* Banner *n*
stendere ['stɛndere] *v irr 1.* strecken, herausstrecken; *2. (distendere)* dehnen; *3.* ~ *qc* etw ausbreiten, etw ausstrecken; *4. (redigere)* aufsetzen; *5. (biancheria)* aufhängen
stendersi ['stɛndersi] *v irr* sich ausstrecken
stendibiancheria [stendibiaŋke'ri:a] *m* Wäscheständer *m*
stenodattilografa [stenodatti'lɔ:grafa] *f* Stenotypistin *f*
stenografia [stenogra'fi:a] *f* Stenografie *f;* ~ *abbreviata* Eilschrift *f*
stentare [sten'ta:re] *v* ~ *a fare qc* Mühe haben, etw zu tun
stentato [sten'ta:to] *adj* holperig
stento ['stɛnto] *m* Not *f*, Bedrängnis *n*
steppa ['steppa] *f GEO* Steppe *f*
sterco ['stɛrko] *m* Mist *m*
stereotipo [stere'ɔ:tipo] *adj* stereotyp
sterile ['stɛ:rile] *adj* steril, unfruchtbar
sterilizzare [sterilid'dza:re] *v* sterilisieren
sterilizzato [sterilid'dza:to] *adj* keimfrei
sterilizzazione [steriliddzatsi'o:ne] *f BIO* Sterilisierung *f*
sterminare [stermi'na:re] *v* ausrotten
sterminato [stermi'na:to] *adj 1.* ausgerottet, ausgemerzt; *2. (senza limiti)* unendlich

sterminio [ster'miːnio] *m* Zerstörung *f*
sterno ['stɛrno] *m ANAT* Brustbein *n*
sterpaglia [ster'paːʎa] *f BOT* Gestrüpp *n*
sterzare [ster'tsaːre] *v* umlenken
sterzo ['stɛrtso] *m (dell'auto) TECH* Lenkung *f*
stesso ['stesso] *pron* selbst; *lo ~* derselbe, dasselbe; *la stessa* dieselbe; *allo ~* demselben; *Per me fa proprio lo ~.* Das ist mir ganz egal. *Lo ~ ancora una volta!* Das Gleiche noch mal!
stesura [ste'suːra] *f (di un testo)* Aufsetzen *n*
stigmatizzare [stigmatid'dzaːre] *v* stigmatisieren
stile ['stiːle] *m* Stil *m; ~ architettonico* Baustil *m*
stilista [sti'lista] *m/f* Stylist(in) *m/f*
stilla ['stilla] *f* Tropfen *m*
stima ['stiːma] *f* Achtung *f,* Hochachtung *f; con tutta ~* hochachtungsvoll
stimare [sti'maːre] *v 1.* schätzen, abschätzen; *2. (avere grande considerazione)* achten, hoch schätzen
stimolante [stimo'lante] *adj 1.* anregend; *m 2.* Aufputschmittel *n*
stimolare [stimo'laːre] *v* reizen, aufputschen
stimolo ['stiːmolo] *m* Reiz *m,* Anreiz *m*
stinco ['stiŋko] *m ANAT* Schienbein *n*
stipendio [sti'pɛndio] *m* Gehalt *n,* Vergütung *f*
stipite ['stiːpite] *m 1.* Pfosten *m; 2. (dell'albero)* Stamm *m*
stipo ['stiːpo] *m* Schrein *m*
stipsi ['stiːpsi] *f MED* Verstopfung *f*
stipulare [stipu'laːre] *v JUR* abschließen
stipulazione [stipulatsi'oːne] *f JUR* Abschluss *m; ~ di contratto* Vertragsabschluss *m*
stiramento [stira'mento] *m MED* Zerrung *f; ~ muscolare* Muskelzerrung *f*
stirare [sti'raːre] *v* bügeln
stirarsi [sti'rarsi] *v* sich recken, sich strecken
stirpe ['stirpe] *f* Geschlecht *n; ~ nobile* Adelsgeschlecht *n*
stitichezza [stiti'kettsa] *f MED* Darmverstopfung *f*
stiva ['stiːva] *f NAUT* Laderaum *m*
stivale [sti'vaːle] *m* Stiefel *m; ~ di gomma* Gummistiefel *m*
stivare [sti'vaːre] *v* verstauen
stizza ['stittsa] *f* Ärger *m*

stoccafisso [stokka'fisso] *m GAST* Stockfisch *m*
stoccaggio [stok'kaddʒo] *m* Lagerung *f; ~ finale* Endlagerung *f*
stoccata [stok'kaːta] *f 1.* Degenstoß *m; 2. (fig)* Seitenhieb *m*
stoffa ['stɔffa] *f* Stoff *m*
stolto ['stolto] *m* Tor *m,* Dummkopf *m*
stomachevole [stoma'keːvole] *adj* unappetitlich
stomaco ['stɔːmako] *m 1. ANAT* Magen *m; 2. (fam: coraggio)* Mut *m,* Bereitschaft *f*
stoppino [stop'piːno] *m* Docht *m*
stopposo [stop'poːso] *adj (fig)* zäh
storcere ['stɔrtʃere] *v irr 1.* umknicken, verstauchen; *2. (bocca)* den Mund verziehen
storcersi ['stɔrtʃersi] *v irr ~ un piede* sich den Fuß verstauchen
stordire [stor'diːre] *v irr* betäuben
storia ['stɔːria] *f 1.* Geschichte *f; ~ contemporanea* Zeitgeschichte *f; ~ dell'arte* Kunstgeschichte *f; 2. (racconto, novella) LIT* Erzählung *f,* Geschichte *f*
storico ['stɔːriko] *adj 1.* geschichtlich, historisch; *m 2.* Historiker *m*
storiografia [storiogra'fiːa] *f* Geschichtsschreibung *f*
stormire [stor'miːre] *v* rauschen
stormo ['stormo] *m 1. ZOOL* Schwarm *m; 2. MIL* Geschwader *n*
stornare [stor'naːre] *v* stornieren
storno¹ ['storno] *m ZOOL* Star *m*
storno² ['storno] *m ECO* Storno *m*
storpiare [storpi'aːre] *v MED* entstellen
storpio ['stɔrpio] *adj 1. MED* verkrüppelt; *m 2.* Krüppel *m*
storta ['stɔrta] *f 1.* Retorte *f; 2. MED* Verstauchung *f*
storto ['stɔrto] *adj* krumm, schief; *andare ~* schief gehen
stoviglie [sto'viːʎe] *f/pl* Geschirr *n*
strabico ['straːbiko] *adj* schielend
strabiliante [strabili'ante] *adj* außergewöhnlich, erstaunlich
strabismo [stra'bizmo] *m ~ di Venere* Silberblick *m*
stracarico [stra'kaːriko] *adj* überladen
stracciare [strat'tʃaːre] *v* zerreißen
straccio ['strattʃo] *m* Lappen *m,* Lumpen *m*
straccione [strat'tʃoːne] *m 1. (pezzente)* Bettler *m; 2. (miserabile)* Elender *m*
stracco ['strakko] *m* erschöpft
stracotto [stra'kɔtto] *adj* verkocht

strada ['straːda] *f* Straße *f; a metà* ~ halbwegs; *falsa* ~ *(fig)* Abweg *m;* ~ *a senso unico* Einbahnstraße *f;* ~ *principale* Hauptstraße *f;* ~ *d'accesso* Auffahrtsstraße *f; Ho sbagliato* ~. Ich habe mich verfahren. ~ *statale* Staatsstraße *f; farsi* ~ sich durchsetzen, sich behaupten; *cambiare* ~ einen anderen Weg einschlagen

stradale [stra'daːle] *adj* Straßen..., Verkehrs... *codice* ~ Straßenverkehrsgesetz *n; incidente* ~ Verkehrsunfall *m; indicatore* ~ Wegweiser *m*

strafalcione [strafal'tʃoːne] *m* grober Fehler *m*, Schnitzer *m*

strafottente [strafot'tɛnte] *adj* hochnäsig

strafottenza [strafot'tɛntsa] *f* Hochnäsigkeit *f*

strage ['straːdʒe] *f* Blutbad *n*, Gemetzel *n*

stralunato [stralu'naːto] *adj (occhi)* verdreht

stramazzare [stramat'tsaːre] *v* zusammenfallen

strambo ['strambo] *adj* 1. *(strano)* seltsam, wunderlich; 2. *(bizzarro)* sonderbar

stranamente [strana'mente] *adv* sonderbar, wunderlich

stranezza [stra'nettsa] *f* Seltsamkeit *f*

strangolare [straŋgo'laːre] *v* erdrosseln, würgen

straniero [strani'ɛːro] *adj* 1. ausländisch, fremd; *m* 2. Ausländer *m*, Fremder *m*

strano ['straːno] *adj* 1. eigenartig, komisch; 2. *(bizzarro)* absonderlich, kurios; 3. *(comico)* lustig

straordinario [straordi'naːrio] *adj* außergewöhnlich, außerordentlich

strapazzare [strapat'tsaːre] *v* strapazieren, überanstrengen

strapazzarsi [strapat'tsarsi] *v* sich plagen

strapazzo [stra'pattso] *m* Strapaze *f*, Überanstrengung *f*

strapieno [strapi'ɛːno] *adj* übervoll, randvoll

strappare [strap'paːre] *v* reißen

strappo ['strappo] *m* 1. Riss *m; a strappi* ruckartig, stoßweise; 2. *MED* Zerrung *f*

straricco [stra'rikko] *adj* steinreich

straripare [strari'paːre] *v* austreten, übertreten

strascicato [straʃi'kaːto] *adj* schleppend

strascico ['straːʃiko] *m* 1. Nachspiel *n*; 2. *(coda)* Schleppe *f*

stratagemma [strata'dʒɛmma] *m* List *f*

strategia [strate'dʒiːa] *f* Strategie *f*

strategico [stra'tɛːdʒiko] *adj* 1. *MIL* strategisch; 2. *(fig)* strategisch

stratificazione [stratifika'tsi'oːne] *f* *GEOL* Schichtenbildung *f*

strato ['straːto] *m* 1. Lage *f*, Belag *m*; 2. *(sedimentazione)* Ablagerung *f;* 3. *(classe)* Schicht *f;* ~ *sociale* Gesellschaftsschicht *f*

stravagante [strava'gante] *adj* extravagant

stravaganza [strava'gantsa] *f* Überdrehtheit *f*

straviziare [stravitsi'aːre] *v* ausschweifen

stravizio [stra'viːtsio] *m* Ausschweifung *f*

stravolgere [stra'vɔldʒere] *v* 1. aufwühlen; 2. *(occhi)* verdrehen; 3. *(mente)* irritieren

straziante [stratsi'ante] *adj* qualvoll

strazio ['straːtsio] *m* 1. Quälerei *f;* 2. *(dolore)* Schmerz *m*

strega ['streːga] *f* Hexe *f*

stregare [stre'gaːre] *v* verzaubern, hexen

strepitare [strepi'taːre] *v* klappern, lärmen

strepitoso [strepi'toːso] *adj* 1. lärmend; 2. *(grandioso)* großartig, grandios

stretta ['stretta] *f* ~ *di mano* Händeschütteln *n*

strettezza [stret'tettsa] *f* 1. Enge *f;* 2. *(povertà)* Kärglichkeit *f*

stretto ['stretto] *adj* 1. eng, knapp; *Il vestito mi è troppo* ~. Das Kleid ist mir zu eng. 2. *(rigoroso)* streng, rigoros; 3. *(intimo)* nah, intim; *m* 4. Meerenge *f*

strettoia [stret'toːia] *f* Engpass *m*

striatura [stria'tuːra] *f* Streifen *pl*

stridere ['striːdere] *v* 1. *(suono)* kreischen; 2. *(colori)* grell sein; 3. *(fiamma)* knistern

stridulo ['striːdulo] *adj* grell, schrill

strigliata [stri'ʎaːta] *f* 1. *(cavallo)* Striegeln *n;* 2. *(fig)* Tadel *m*, Zurechtweisung *f*

strillare [stril'laːre] *v* keifen, schreien

strillone [stril'loːne] *m* Schreihals *m;* ~ *di giornali* Zeitungsverkäufer *m*

strimpellare [strimpel'laːre] *v* klimpern

stringa ['striŋga] *f* Schuhband *n*, Schnürsenkel *m*

stringere ['strindʒere] *v irr* 1. *(abbracciare)* drücken; 2. *(vestito)* einengen; 3. *(fig: relazione)* knüpfen; ~ *amicizia con* sich anfreunden mit

striscia ['striːʃa] *f* 1. *(nastro)* Streifen *m;* 2. *(linea)* Streifen *m;* ~ *di terra* Land *n*, Landstrich *m*

strisciante [stri'ʃante] *adj 1.* schleichend; *2. (fig)* schmierig
strisciare [stri'ʃaːre] *v 1.* krabbeln, kriechen; *2. (adulare)* umschmeicheln
striscione [stri'ʃoːne] *m 1.* Spruchband *n;* *2. (manifesto)* Plakat *n; 3. (nastro di arrivo, nastro di partenza)* Zielband *n,* Startband *n*
stritolare [strito'laːre] *v 1.* zerdrücken, zerquetschen; *2. (tritare)* zerstückeln
strizzare [strit'tsaːre] *v 1. (spremere)* auspressen; *2. (panni)* auswringen; *3. ~ l'occhio a qd* jdm zuzwinkern
strofa ['strɔːfa] *f* Strophe *f*
strofinaccio [strofi'nattʃo] *m* Putzlumpen *m,* Scheuerlappen *m*
strofinare [strofi'naːre] *v* abreiben, schrubben
strombazzare [strombat'tsaːre] *v 1. MUS* trompeten; *2. (macchina)* hupen; *3. (divulgare a gran voce)* herumerzählen, ausposaunen
stroncare [stroŋ'kaːre] *v 1. (fig: dubbio)* niederschlagen, beseitigen; *2. (troncare)* abreißen, abbrechen; *3. (sopprimere)* unterdrücken
strozzare [strot'tsaːre] *v 1.* würgen; *2. TECH* drosseln
strozzinaggio [strottsi'naddʒo] *m* Wucher *m*
struggersi ['struddʒersi] *v irr (fig)* sich verzehren
strumento [stru'mento] *m 1.* Instrument *n; ~ a fiato* Blasinstrument *n; ~ musicale* Musikinstrument *n; 2. (mezzo)* Mittel *n; 3. TECH* Instrument *n; ~ di misurazione* Messinstrument *n*
strutto ['strutto] *m GAST* Schmalz *n*
struttura [strut'tuːra] *f 1.* Aufbau *m,* Gefüge *n; 2. (composizione)* Gliederung *f,* Struktur *f; 3. (fig)* Gerüst *n*
strutturale [struttu'raːle] *adj* strukturell
strutturare [struttu'raːre] *v* strukturieren
struzzo ['struttso] *m ZOOL* Strauß *m*
stuccare [stuk'kaːre] *v* stuckieren
stucco ['stukko] *adv 1. rimanere di ~* wie vom Donner gerührt sein, perplex sein; *m 2. (materiale)* Stuck *m; 3. (mastice)* Kitt *m*
studente(ssa) [stu'dɛnte/studen'tessa] *m/f* Student(in) *m/f*
studentesco [studen'teska] *adj* Studenten...
studiare [studi'aːre] *v 1.* studieren; *2. (imparare)* lernen; *3. (fam: sgobbare)* büffeln, pauken; *~ qc a memoria* etw auswendig

lernen; *4. (fig)* beobachten; *5. ~ a fondo* nachgehen; *5. (esaminare)* untersuchen
studio ['stuːdio] *m 1.* Studium *n; 2. (ufficio)* Büroraum *m,* Atelier *n; 3. ~ legale* Anwaltsbüro *n; 4. (di un medico)* Sprechzimmer *n; 5. (progetto)* Studie *f*
studioso [studi'oːso] *adj 1.* gelehrig; *2. (scienziato)* Wissenschaftler *m*
stufa ['stuːfa] *f* Ofen *m*
stufare [stu'faːre] *v 1. GAST* dämpfen; *2. (fig: stancare)* langweilen
stufarsi [stu'farsi] *v* sich langweilen; *~ di qc* von etw genug haben
stufato [stu'faːto] *m GAST* Schmorbraten *m*
stufo ['stuːfo] *adj* überdrüssig; *essere ~ di qc* etw satt haben; *Sono ~ di questo lavoro.* Ich habe diese Arbeit satt.
stuoia [stu'ɔːia] *f* Matte *f*
stuolo [stu'ɔːlo] *m* Schar *f*
stupefacente [stupefa'tʃɛnte] *adj 1.* ungewöhnlich, erstaunlich; *m 2. (droga)* Rauschgift *n*
stupefatto [stupe'fatto] *adj* überrascht
stupendo [stu'pɛndo] *adj* wundervoll, toll
stupidaggine [stupi'daddʒine] *f* Dummheit *f*
stupidità [stupidi'ta] *f* Dummheit *f*
stupido ['stuːpido] *adj 1.* doof, dumm; *m 2.* Dummkopf *m*
stupire [stu'piːre] *v irr* erstaunen, überraschen
stupirsi [stu'pirsi] *v irr* staunen, sich wundern; *~ di qc* von etw überrascht sein
stupito [stu'piːto] *adj* erstaunt, verdutzt
stupore [stu'poːre] *m* Staunen *n*
stupro ['stuːpro] *m* Vergewaltigung *f*
sturare [stu'raːre] *v 1. (bottiglia)* entkorken; *2. (barile)* anstechen
stuzzicadenti [stuttsika'dɛnti] *m* Zahnstocher *m*
stuzzicare [stuttsi'kaːre] *v (punzecchiare) ~ qd* jdn verrückt machen
su [su] *prep 1. (luogo)* an, auf, über; *~ per giù* ungefähr; *~ misura* nach Maß; *adv 2.* herauf
sua (vedi „suo")
subacqueo [su'bakkueo] *m* Taucher *m; equipaggiamento da ~* Taucherausrüstung *f*
subaffittare [subaffit'taːre] *v* untervermieten
subaffitto [subaf'fitto] *m* Untermiete *f*
subaffittuario [subaffittu'aːrio] *m* Untermieter *m*

subalterno [subal'tɛrno] *m* Untergebener *m*

subbuglio [sub'buːʎo] *m* 1. Chaos *n*, Durcheinander *n*; 2. *(tumulto)* Aufruhr *m*

subcosciente [subko'ʃɛnte] *m PSYCH* Unterbewusstsein *n*

subdolo ['subdolo] *adj* hinterhältig

subentrare [suben'traːre] *v* ~ *a qd* an jds Stelle treten

subire [su'biːre] *v* erdulden, erleiden

subito ['suːbito] *adv* sofort

sublime [su'bliːme] *adj* erhaben

subodorare [subodo'raːre] *v* wittern

subordinare [subordi'naːre] *v* unterordnen

subordinazione [subordinatsi'oːne] *f* Unterstellung *f*

suburbano [subur'baːno] *adj* Vorstadt...

succedaneo [suttʃe'daːneo] *adj* 1. *(sostitutivo)* stellvertretend; *m* 2. Ersatz *m*

succedere [sut'tʃɛːdere] *v irr* 1. vorkommen, widerfahren; 2. *(in serie)* folgen

successione [suttʃessi'oːne] *f (serie)* Folge *f*, Nachfolge *f*

successivo [suttʃes'siːvo] *adj* folgend, anschließend

successo [sut'tʃɛsso] *m* Erfolg *m*; *uomo di* ~ erfolgreicher Mann *m*; *la persona/cosa con il maggiore* ~ Spitzenreiter *m*; *Il pezzo ottenne successo.* Das Stück hatte Erfolg.

successore [suttʃes'soːre] *m* Nachfolger *m*

succhiare [sukki'aːre] *v* lutschen, saugen

succhietto [sukki'etto] *m* Schnuller *m*

succo ['sukko] *m* 1. Saft *m*; 2. *(senso)* Sinn *m*, Bedeutung *f*

succoso [suk'koːso] *adj* 1. saftig; 2. *(fig)* gehaltvoll, inhaltsreich

succube ['sukkube] *adj* hörig

succursale [sukkur'saːle] *f* Zweigstelle *f*

sud [sud] *m* Süden *m*; *a* ~ südlich; *del* ~ südlich

Sud Africa [sud'aːfrika] *m GEO* Südafrika *n*

Sudamerica [suda'mɛːrika] *m GEO* Südamerika *n*

sudare [su'daːre] *v* schwitzen

suddetto [sud'detto] *adj* oben genannt

suddito ['suddito] *adj* 1. untertänig; *m* 2. Untertan *m*, Staatsangehöriger *f*

suddividere [suddi'videre] *v* unterteilen, untergliedern

suddividersi [suddi'vidersi] *v* sich unterteilen

suddivisione [suddivisi'oːne] *f* Unterteilung *f*

sudicio ['suːditʃo] *adj* 1. schmutzig, dreckig; *m* 2. Schmutz *m*

sudicione [sudi'tʃoːne] *m (fig)* Schmutzfink *m*

sudiciume [sudi'tʃuːme] *f* Geschmier *n*

sudore [su'doːre] *m* Schweiß *m*

sufficiente [suffi'tʃɛnte] *adj* ausreichend, hinlänglich

suffragetta [sufra'dʒetta] *f* Frauenrechtlerin *f*

suffragio [suf'fraːdʒo] *m POL* Wahlrecht *n*; ~ *universale* allgemeines Wahlrecht *n*

suggellare [suddʒel'laːre] *v* 1. versiegeln; 2. *(fig)* bestätigen

suggerimento [suddʒeri'mento] *m* Rat *m*, Empfehlung *f*

suggerire [suddʒe'riːre] *v* 1. einsagen, vorsagen; 2. *(consigliare)* raten

suggeritore [suddʒeri'toːre] *m* 1. *THEAT* Souffleur *m*; 2. *(consigliere)* Ratgeber *m*

suggestione [suddʒesti'oːne] *f* Suggestion *f*, Beeinflussung *f*

sughero ['suːgero] *m BOT* Kork *m*

sugo ['suːgo] *m* Saft *m*, Soße *f*

sugoso [su'goːso] *adj* saftig

suicida [sui'tʃiːda] *adj* 1. selbstmörderisch; *m/f* 2. Selbstmörder(in) *m/f*

suicidarsi [suitʃi'darsi] *v* sich umbringen, sich das Leben nehmen

suicidio [sui'tʃiːdio] *m* Selbstmord *m*

suino [su'iːno] *adj* 1. *ZOOL* Schweine... *m* 2. *ZOOL* Schwein *n*

sunto ['sunto] *m* 1. Zusammenfassung *f*, Resümee *n*; 2. *(estratto)* Extrakt *m*

suo ['suːo] *pron* sein(e); *da parte sua* seinerseits/ihrerseits

Suo ['suːo] *pron (forma di cortesia)* Ihr(e); *da parte Sua* Ihrerseits

suocera [su'ɔːtʃera] *f* Schwiegermutter *f*

suocero [su'ɔːtʃero] *m* 1. Schwiegervater *m*; 2. *suoceri pl* Schwiegereltern *pl*

suola [su'ɔːla] *f* 1. Sohle *f*; 2. *MIN* Sohle *f*

suonare [suo'naːre] *v* 1. *MUS* spielen; ~ *il violino* geigen, die Geige spielen; 2. *(disco)* abspielen; 3. *(emettere un suono)* läuten; ~ *il clacson* hupen

suono [su'ɔːno] *m* 1. Klang *m*; 2. *(tono)* Laut *m*; 3. *PHYS* Schall *m*

suora [su'ɔːra] *f REL* Nonne *f*

superamento [supera'mento] *m* 1. *(di un problema)* Bewältigung *f*, Überwindung *f*; 2. *(fig)* Überbrückung *f*

superare [supe'ra:re] *v 1. (lavoro)* überbieten, überflügeln; *2. (esame)* bestehen;
3. (concludere) absolvieren; *4. (malattia)*
überwinden
superato [supe'ra:to] *adj* überholt
superbia [su'pɛrbia] *f* Hochmut *m,* Überheblichkeit *f*
superbo [su'pɛrbo] *adj 1.* hochmütig,
überheblich; *2. (magnifico)* herrlich
superdimensionale [superdimensio-
'na:le] *adj* überdimensional
superficiale [superfi't ʃa:le] *adj 1.* oberflächlich; *2. (sfuggevole, rapido)* flüchtig;
dare un'occhiata ~ a qc einen flüchtigen
Blick auf etw werfen
superficialità [superfitʃali'ta] *f* Oberflächlichkeit *f*
superficie [super'fi:tʃe] *f* Fläche *f,*
Oberfläche *f*
superfluo [su'pɛrfluo] *adj 1.* überflüssig;
m 2. Überflüssiges *n*
superiora [superi'o:ra] *f REL* Oberin *f*
superiore [superi'o:re] *adj 1.* großzügig;
2. (di numero, di forza) überlegen; *3. (di
importanza)* überragend, höher; *4. (nella funzione)* übergeordnet; *m 5.* Chef *m,* Vor-
gesetzter *m*
superiorità [superiori'ta] *f* Überlegenheit
f, Übermacht *f*
superlativo [superla'ti:vo] *m* Superlativ *m*
supermercato [supermer'ka:to] *m* Supermarkt *m*
superstite [su'pɛrstite] *adj 1.* überlebend;
m/f 2. Überlebende(r) *m/f; 3. (chi sopravvive
ad altri)* Hinterbliebene(r) *m/f*
superstizione [superstitsi'o:ne] *f REL*
Aberglaube *m*
superstizioso [superstitsi'o:so] *adj REL*
abergläubisch
superstrada [super'stra:da] *f* Schnellstraße *f*
supervisione [supervizio':ne] *f* Ober-
leitung *f*
supervisore [supervi'zo:re] *m* Ober-
leiter *m*
supino [su'pi:no] *adj 1.* auf dem Rücken;
2. (fig) ergeben
suppellettile [suppel'lɛttile] *f* Hausrat *m*
suppergiù [supper'dʒu] *adv* ungefähr
supplementare [supplemen'ta:re] *adj*
zusätzlich, ergänzend
supplemento [supple'mento] *m 1.* Zuschlag *m; con ~* zuschlagpflichtig; *2. (di una*

retribuzione) Zulage *f; 3. (di un giornale)*
Beilage *f*
supplenza [sup'plɛntsa] *f* Aushilfe *f,*
Vertretung *f*
supplica ['supplika] *f* Gesuch *n,* Bitte *f*
supplicare [suppli'ka:re] *v* flehen
supplichevole [suppli'ke:vole] *adj* flehentlich
supplire [sup'pli:re] *v irr* vertreten; *per ~*
aushilfsweise
supplizio [sup'pli:tsio] *m 1. (punizione)*
Bestrafung *f; 2. (tortura)* Folter *f,* Qual *f*
supporre [sup'porre] *v irr 1.* schätzen,
vermuten; *2. (stabilire relazioni mentalmente)*
kombinieren
supporto [sup'pɔrto] *m 1.* Stütze *f,*
Ständer *m; 2. ~ dati INFORM* Datenträger *m;*
3. TECH Träger *m*
supposizione [suppozitsi'o:ne] *f* Vermutung *f,* Schätzung *f*
supposta [sup'posta] *f MED* Zäpfchen *n*
supposto [sup'posto] *adj* angeblich, vermeintlich
suppurato [suppu'ra:to] *v MED* vereitert
supremazia [suprema'tsi:a] *f* Ober-
gewalt *f*
supremo [su'prɛ:mo] *adj* oberste(r,s),
höchste(r,s)
surclassare [surklas'sa:re] *v* ausstechen
surf [sɔ:rf] *m SPORT* Surfing *n; fare il
~/praticare il ~* surfen
surgelato [surdʒe'la:to] *adj 1.* tiefge-
kühlt; *m 2. surgelati pl* Tiefkühlkost *f*
surrealismo [surrea'lizmo] *m ART*
Surrealismus *m*
surriscaldare [surriskal'da:re] *v* überhei-
zen
surrogato [surro'ga:to] *m* Ersatz *m*
suscettibile [suʃet'ti:bile] *adj* empfindlich
suscitare [suʃi'ta:re] *v (fig)* hervorrufen
susina [su'si:na] *f BOT* Pflaume *f*
susseguire [sussegu'i:re] *v* darauf folgen
susseguirsi [sussegu'irsi] *v* aufeinander
folgen
sussidiario [sussidi'a:rio] *adj* Hilfs...
sussidio [sus'si:dio] *m 1.* Beihilfe *f,*
Zuwendung *f; 2. (denaro)* Unterstützung *f; ~*
mortuario Sterbegeld *n*
sussistenza [sussis'tɛntsa] *f 1.* Auskommen *n; 2. (esistenza)* Bestehen *n;*
3. (mantenimento) Unterhalt *m; 4. MIL*
Proviant *m*
sussistere [sus'sistere] *v* bestehen

sussurrare [sussur'raːre] *v* wispern
sutura [su'tuːra] *f* Naht *f*
suturare [sutu'raːre] *v* nähen
svagato [zva'gaːto] *adj* fahrig
svago ['zvaːgo] *m* Abwechslung *f*
svalutante [zvalu'tante] *adj* abwertend
svalutare [zvalu'taːre] *v* 1. abwerten; ~ *una persona* eine Person abwerten; 2. *(denaro) ECO* entwerten
svalutazione [zvalutatsi'oːne] *f* 1. Abwertung *f;* 2. *ECO* Entwertung *f*
svanire [zva'niːre] *v* 1. verfliegen; 2. *(sentimenti)* vergehen
svantaggio [zvan'taddʒo] *m* Nachteil *m*
svantaggioso [zvantad'dʒoːso] *adj* nachteilig
svaporare [zvapo'raːre] *v* dampfen
svariato [zvari'aːto] *adj* unterschiedlich
svarione [zvari'oːne] *m* Irrtum *m*
svastica ['zvastika] *f (insegna nazista) POL* Hakenkreuz *n*
svedese [zve'deːse] *adj* 1. schwedisch; *m/f* 2. Schwede/Schwedin *m/f*
sveglia ['zveːʎa] *f* Wecker *m*
svegliare [zve'ʎaːre] *v* 1. wecken, aufwecken; 2. *(destare)* ermuntern
svegliarsi [zve'ʎarsi] *v* erwachen, aufwachen
sveglio ['zveːʎo] *adj* 1. munter, wach; 2. *(fig)* wendig, aufgeweckt
svelare [zve'laːre] *v (fig)* enthüllen
sveltezza [zvel'tettsa] *f (agilità)* Unbeschwertheit *f,* Leichtigkeit *f*
sveltire [zvel'tiːre] *v (accelerare)* beschleunigen
svelto ['zvɛlto] *adj* flink, flott
svendere ['zvendere] *v* 1. vermarkten; 2. *(a prezzo di realizzo)* verramschen
svendita ['zvendita] *f* 1. Ausverkauf *m;* 2. *ECO* Schlussverkauf *m*
svenimento [zveni'mento] *m* Ohnmacht *f,* Bewusstlosigkeit *f*
sventare [zven'taːre] *v* 1. vereiteln; 2. *(fig)* torpedieren
sventato [zven'taːto] *adj* 1. unbedacht; 2. *(volubile)* unbeständig
sventolare [zvento'laːre] *v* schwenken, flattern
sventrare [zven'traːre] *v (animale)* ausnehmen
sventura [zven'tuːra] *f* Unheil *n*
sventurato [zventu'raːto] *adj* 1. unglücklich; *m* 2. Unglücklicher *m*
svenuto [zve'nuːto] *adj* ohnmächtig

svergognato [zvergo'ɲaːto] *ad* 1. frech, schamlos; *m* 2. Schamloser *m*
svestire [zves'tiːre] *v* ausziehen
svestirsi [zves'tirsi] *v* sich ausziehen
Svezia ['zveːtsia] *f GEO* Schweden *n*
sviare [zvi'aːre] *v* ablenken
sviarsi [zvi'arsi] *v* sich verirren
svignare [zvi'ɲare] *v* sich davonmachen; *svignarsela (fam)* sich verziehen/sich aus dem Staub machen
sviluppare [zvilup'paːre] *v* 1. entwickeln; *Mi può ~ questa pellicola?* Können Sie diesen Film entwickeln? 2. *(fig)* entwickeln, entfalten
svilupparsi [zvilup'parsi] *v* verlaufen, sich entwickeln
sviluppo [zvi'luppo] *m* 1. Entwicklung *f;* 2. *(corso, svolgimento)* Verlauf *m*
svincolarsi [zviŋko'larsi] *v* sich entfesseln
svincolo ['zviŋkolo] *m* Zubringerstraße *f*
sviscerato [zviʃe'raːto] *adj* inbrünstig
svista ['zvista] *f* Flüchtigkeitsfehler *m,* Versehen *n; per ~* aus Versehen, versehentlich
svitare [zvi'taːre] *v TECH* abschrauben
svitato [zvi'taːto] *adj (fig)* schrullig
svizzera ['zvittsera] *f* Schweizerin *f*
Svizzera ['zvittsera] *f GEO* Schweiz *f*
svizzero ['zvittsero] *adj* 1. schweizerisch; *m* 2. Schweizer *m*
svogliatezza [zvoʎa'tettsa] *f* Widerwille *m*
svogliato [zvo'ʎaːto] *adj* lustlos, widerwillig
svolazzare [zvolattsaːre] *v* flattern
svolazzo [zvo'lattso] *m* Schnörkel *m*
svolgere ['zvɔldʒere] *v irr* 1. abwickeln; 2. *(disfare)* auswickeln; 3. *(praticare)* ausüben; 4. *(sviluppare)* ausarbeiten, voranbringen
svolgersi ['zvɔldʒersi] *v irr* verlaufen, ablaufen
svolgimento [zvoldʒi'mento] *m* 1. *(sviluppo)* Entwicklung *f;* 2. *(trattazione)* Erörterung *f;* 3. *(esecuzione)* Durchführung *f*
svolta ['zvɔlta] *f* Knick *m,* Wende *f*
svoltare [zvol'taːre] *v* abbiegen, einbiegen
svuotamento [zvuota'mento] *m* Leerung *f*
svuotare [zvuo'taːre] *v* 1. leeren; ~ *il sacco (fig)* auspacken/sein Gewissen erleichtern/sein Herz erleichtern; 2. *(derubare)* ausnehmen

T

tabaccheria [tabakke'riːa] *f* Tabakwarenladen *m*
tabacco [ta'bakko] *m 1.* Tabak *m; 2. tabacchi pl* Tabakwaren *pl*
tabella [ta'bɛlla] *f* Tabelle *f*
tabellare [tabel'laːre] *adj* tabellarisch
tabernacolo [taber'naːkolo] *m REL* Tabernakel *m*
tabù [ta'bu] *m* Tabu *n*
tabulatore [tabula'toːre] *m* Tabulator *m*
tacca ['takka] *f* Einkerbung *f*
tacchino [tak'kiːno] *m ZOOL* Truthahn *m*
tacco ['takko] *m* Absatz *m; Mi servono nuovi tacchi.* Ich brauche neue Absätze.
taccuino [takku'iːno] *m* Notizbuch *n*
tacere [ta'tʃeːre] *v irr 1.* schweigen; *2. (nascondere)* verschweigen
tachigrafo [ta'kiːgrafo] *m* Fahrtenschreiber *m*
tachimetro [ta'kiːmetro] *m* Tachometer *m*
tacito ['taːtʃito] *adj* stillschweigend
taciturnità [tatʃiturni'ta] *f* Schweigsamkeit *f*
taciturno [tatʃi'turno] *adj* schweigsam
tafano [ta'faːno] *m ZOOL* Bremse *f*
tafferuglio [taffe'ruːʎo] *m* Streiterei *f*
taglia ['taːʎa] *f* Größe *f; ~ di confezione* Konfektionsgröße *f; Che ~ è questa?* Welche Größe ist das? *Questa ~ non è giusta.* Das ist die falsche Größe.
taglialegna [taʎa'leːɲa] *m* Holzfäller *m*
tagliando [taʎ'ʎando] *m* Kupon *m*
tagliare [taʎ'ʎaːre] *v 1.* schneiden; *2. (recidere)* kappen; *~ corto* beenden, abkürzen
tagliarsi [taʎ'ʎarsi] *v* sich schneiden
tagliente [taʎ'ʎɛnte] *adj* scharf
tagliere [taʎ'ʎɛːre] *m* Holzbrett *n*
taglio ['taːʎo] *m* Schnitt *m,* Durchschnitt *m; ~ cesareo* Kaiserschnitt *m; ~ di capelli* Haarschnitt *m; arma da ~* Stichwaffe *f*
tagliuzzare [taʎut'tsaːre] *v* zerschneiden, zerteilen
Tailandia [tai'landia] *f GEO* Thailand *n*
tailleur [ta'jøʀ] *m* Kostüm *n*
talare [ta'laːre] *f REL* Talar *m*
talco ['talko] *m* Puder *m*
tale ['taːle] *pron 1.* solche(r,s); *adj 2.* derartig, dergleichen
talento [ta'lɛnto] *m 1.* Begabung *f,* Talent *n; avere ~* talentiert sein; *~ linguistico*

Sprachbegabung *f; 2. (disposizione)* Veranlagung *f*
talismano [taliz'maːno] *m* Talisman *m*
tallonare [tallo'naːre] *v* bedrängen
talloncino [tallon'tʃiːno] *m 1.* Gutschein *m; 2. (ricevuta)* Quittung *f*
tallone [tal'loːne] *m ANAT* Ferse *f; ~ d'Achille* Achillesferse *f*
talmente [tal'mente] *adv* dergestalt, so sehr
talora [ta'loːra] *adv* mitunter, manchmal
talpa ['talpa] *f ZOOL* Maulwurf *m*
talvolta [tal'vɔlta] *adv* mitunter
tambureggiare [tambured'dʒaːre] *v* trommeln
tamburo [tam'buːro] *m MUS* Trommel *f; ~ del freno* Bremstrommel *f*
tamponamento [tampona'mento] *m* Auffahrunfall *m*
tamponare [tampo'naːre] *v* anfahren; *Ha tamponato la mia macchina.* Sie haben mein Auto angefahren.
tampone [tam'poːne] *m* Tampon *m,* Stempelkissen *n*
tana ['taːna] *f ZOOL* Bau *m*
tanfo ['tanfo] *m* Modergeruch *m*
tangibile [tan'dʒiːbile] *adj 1.* gegenständlich, greifbar; *2. (fig)* anschaulich, konkret
tanica ['taːnika] *f* Kanister *m*
tanto ['tanto] *adv 1.* so viel, viel; *~ più che* zumal; *adj 2.* viel; *tante cose* allerhand, vielerlei; *konj 3. ~ ... quanto* sowohl ... als auch
tapino [ta'piːno] *m* elender Kerl *m*
tappa ['tappa] *f* Etappe *f; a tappe* etappenweise; *bruciare le tappe (fam)* aufs Ziel zusteuern
tappabuchi [tappa'buːki] *m* Lückenbüßer *m*
tappare [tap'paːre] *v* verstopfen
tappeto [tap'peːto] *m* Teppich *m; ~ persiano* Perserteppich *m*
tappezzare [tappet'tsaːre] *v* tapezieren
tappezzeria [tappettse'riːa] *f* Tapeten *pl*
tappo ['tappo] *m* Korken *m,* Stöpsel *m*
tarare [ta'raːre] *v TECH* eichen
tarchiato [tarki'aːto] *adj* gedrungen
tardare [tar'daːre] *v* zögern, sich verspäten
tardezza [tar'dettsa] *f* Trägheit *f*
tardi ['tardi] *adv* spät; *al più ~* längstens, spätestens

tardivo [tar'diːvo] *adj* verspätet
tardo ['tardo] *adj 1.* spät; *2. (lento) LIT* langsam; *3. (di mente)* begriffsstutzig
targa ['targa] *f 1.* Nummernschild *n,* Kennzeichen *n; 2. (insegna, lapide)* Schild *n,* Gedenktafel *f*
targhetta [tar'getta] *f* Schild *n*
tariffa [ta'riffa] *f* Tarif *m; ~ daziaria* Zolltarif *m; ~ generale* Manteltarif *m*
tariffario [tarif'faːrio] *m 1.* Preisliste *f; adj 2.* Tarif...
tarlarsi [tar'larsi] *v* wurmstichig werden
tarlo ['tarlo] *m ZOOL* Holzwurm
tarma ['tarma] *f ZOOL* Motte *f*
tartagliare [tarta'ʎaːre] *v* stammeln, stottern
tartaro ['tartaro] *m ~ dentario* Zahnstein *m*
tartaruga [tarta'ruːga] *f ZOOL* Schildkröte *f*
tartassare [tartas'saːre] *v* misshandeln, peinigen
tartufo [tar'tuːfo] *m BOT* Trüffel *m*
tasca ['taska] *f* Tasche *f*
tascabile [tas'kaːbile] *adj* Taschen... *lampadina ~* Taschenlampe *f; coltello ~* Taschenmesser *m; dizionario ~* Taschenwörterbuch *n; calcolatrice ~* Taschenrechner *m*
tassa ['tassa] *f* Gebühr *f,* Steuer *f; ~ di circolazione* Kraftfahrzeugsteuer *f; ~ di registrazione* Anmeldegebühr *f; ~ di soggiorno* Kurtaxe *f; ~ sul salario* Lohnsteuer *f; ~ amministrativa* Verwaltungsgebühr *f; esente da tasse* gebührenfrei; *~ protettiva* Schutzgebühr *f*
tassabile [tas'saːbile] *adj* gebührenpflichtig
tassametro [tas'saːmetro] *m* Taxameter *m*
tassare [tas'saːre] *v* besteuern
tassativo [tassa'tiːvo] *adj* abgemacht
tassazione [tassatsi'oːne] *f* Besteuerung *f*
tassello [tas'sɛllo] *m TECH* Dübel *m*
tassì [tas'si] *m* Taxi *n*
tassista [tas'sista] *m/f* Taxifahrer(in) *m/f*
tasso¹ ['tasso] *m* Quote *f; ~ d'inflazione* Inflationsrate *f; ~ di crescita* Wachstumsrate *f; ~ di natalità* Geburtenrate *f; ~ d'incremento* Zuwachsrate *f; ~ d'interesse* Zinssatz *m*
tasso² ['tasso] *m BOT* Eibe *f*
tasso³ ['tasso] *m ZOOL* Dachs *m*
tastare [tas'taːre] *v 1.* tasten; *2. (palpare) MED* abtasten, betasten
tastiera [tasti'ɛːra] *f* Tastatur *f*

tasto ['tasto] *m* Taste *f*
tattica ['tattika] *f* Taktik *f; ~ di camuffamento* Verschleierungstaktik *f*
tattico ['tattiko] *adj* taktisch
tattile ['tattile] *adj* Gefühls...
tatto ['tatto] *m 1.* Takt *m; con ~* taktvoll; *pieno di ~* taktvoll; *2. (senso)* Gefühl *n; senso del ~* Taktgefühl *n*
tatuaggio [tatu'addʒo] *m* Tätowierung *f*
tatuare [tatu'aːre] *v* tätowieren
taurino [tau'riːno] *adj* bullig; *collo ~* Stiernacken *m*
taverna [ta'vɛrna] *f* Wirtshaus *n*
taverniere [taverni'ɛːre] *m* Wirt *m*
tavola ['taːvola] *f 1.* Brett *n,* Latte *f; 2. (tavolo)* Tisch *m; a ~* bei Tisch; *~ fredda* kaltes Buffet *n; ~ rotonda* Konferenztisch *m,* Podiumsdiskussion *f; 3. ~ calda GAST* Cafeteria *f,* Imbissstube *f*
tavolaccio [tavo'lattʃo] *m* Pritsche *f*
tavolata [tavo'laːta] *f* Tischgesellschaft *f*
tavoletta [tavo'letta] *f* Tafel *f*
tavoliere [tavoli'ɛːre] *m 1.* Schachbrett *n; 2. GEO* Ebene *f*
tavolo ['taːvolo] *m* Tisch *m*
tavolozza [tavo'lɔttsa] *f ART* Palette *f*
tazza ['tattsa] *f* Tasse *f*
te [te] *pron* dich, dir; *per ~* deinetwegen; *a ~* dir
tè [tɛ] *m* Tee *m*
teatro [te'aːtro] *m* Theater *n*
tecnica ['tɛknika] *f* Technik *f; ~ analogica* Analogietechnik *f*
tecnico ['tɛkniko] *adj 1.* technisch; *m 2.* Techniker *m,* Fachmann *m*
tecnologia [teknolo'dʒiːa] *f* Technologie *f*
tecnologico [tekno'lɔːdʒiko] *adj* technologisch
tedesco [te'desko] *adj 1.* deutsch; *m 2. (persona)* Deutscher *m; 3. (lingua)* Deutsch *n*
tedio ['tɛːdio] *m* Überdruss *m*
tedioso [tedi'oːso] *adj 1.* uninteressant; *2. (noioso)* langweilig; *3. (stancante)* ermüdend
tegame [te'gaːme] *m* Bratpfanne *f*
tegola ['teːgola] *f* Ziegel *m,* Dachziegel *m*
teiera [tei'ɛːra] *f* Teekanne *f*
tela ['teːla] *f 1. ART* Leinwand *f; 2. (dipinto)* Gemälde *n*
telaio [te'laːio] *m 1.* Rahmen *m; 2. (intelaiatura, armatura)* Gestell *n; 3. (dell'auto)* Fahrgestell *n*

telecomandare [telekoman'da:re] *v* fernsteuern

telecomando [teleko'mando] *m* Fernbedienung *f*

telefax [tele'faks] *m* Telefax *n; inviare un ~* faxen

teleferica [tele'fɛ:rika] *f* Seilbahn *f*

telefonare [telefo'na:re] *v* telefonieren, anrufen

telefonata [telefo'na:ta] *f* Telefonanruf *m*, Telefongespräch *n; ~ urbana* Ortsgespräch *n; ~ interurbana* Ferngespräch *n; ~ all' estero* Auslandsgespräch *n; ~ a carico del ricevente* R-Gespräch *n; Vorrei fare una ~ interurbana.* Ich möchte ein Ferngespräch führen.

telefonico [tele'fɔ:niko] *adj* telefonisch

telefono [te'lɛ:fono] *m* Telefon *n*, Fernsprecher *m; ~ a gettoni* Münztelefon *n; ~ a scheda* Kartentelefon *n*

telegiornale [teledʒor'na:le] *m* Nachrichtensendung *f*

telegrafare [telegra'fa:re] *v* telegrafieren

telegrafo [te'lɛ:grafo] *m* Telegraf *m*

telegramma [tele'gramma] *m* Telegramm *n*

teleguidato [telegui'da:to] *adj* ferngesteuert

telescopio [teles'kɔ:pio] *m* Fernrohr *n*, Teleskop *n*

telescrivente [teleskri'vɛnte] *f* 1. Fernschreiber *m; 2. (telex)* Telex *n*

telespettatore [telespetta'to:re] *m* Fernsehzuschauer *m*

televideo [tele'vi:deo] *m INFORM* Bildschirmtext *m*

televisione [televizi'o:ne] *f* Fernsehen *n; ~ via cavo* Kabelfernsehen *n*

televisivo [televi'zi:vo] *adj* Fernseh...

televisore [televi'zo:re] *m* Fernsehgerät *n; ~ a colori* Farbfernseher *m*

tellurico [tel'lu:riko] *adj* Erd...

telone [te'lo:ne] *m* Plane *f*

tema ['tɛ:ma] *m* 1. Thema *n*, Gegenstand *m; 2. (composizione)* Aufsatz *m*

tematica [te'ma:tika] *f* Thematik *f*

temerario [teme'ra:rio] *adj* tollkühn, verwegen

temere [te'me:re] *v* befürchten, fürchten

temperamatite [temperama'ti:te] *m* Bleistiftspitzer *m*, Spitzer *m*

temperamento [tempera'mento] *m* Temperament *n; ricco di ~* temperamentvoll

temperante [tempe'rante] *adj* ruhig

temperanza [tempe'rantsa] *f* 1. Fassung *f; 2. (equilibrio)* Ausgeglichenheit *f*

temperare [tempe'ra:re] *v* spitzen, zuspitzen

temperato [tempe'ra:to] *adj* 1. *TECH* gehärtet; 2. *(matita)* spitz; 3. *(clima)* gemäßigt

temperatura [tempera'tu:ra] *f* Temperatur *f*

tempesta [tem'pɛsta] *f* Sturm *m*

tempestivo [tempes'ti:vo] *adj* rechtzeitig, termingerecht

tempestoso [tempes'to:so] *adj* stürmisch

tempia ['tɛmpia] *f ANAT* Schläfe *f*

tempio ['tɛmpio] *m ARCH* Tempel *m*

tempo ['tɛmpo] *m* 1. Zeit *f; nello stesso ~* zugleich; *per altrettanto ~* ebenso lang; *per ~* beizeiten; *allo stesso ~* zur gleichen Zeit, gleichzeitig; *che richiede molto ~* zeitraubend; *~ libero* Freizeit *f; ~ morto* Leerlauf *m; ~ di incubazione* Inkubationszeit *f; 2. (condizioni atmosferiche)* Wetter *n; Fa bel ~.* Es ist schönes Wetter. 3. *(velocità, ritmo)* Tempo *n;* 4. *MUS* Takt *m;* 5. *SPORT* Halbzeit *f*

temporale¹ [tempo'ra:le] *adj* zeitlich

temporale² [tempo'ra:le] *m* Gewitter *n; Si prepara un ~.* Ein Gewitter zieht auf.

temporaneo [tempo'ra:neo] *adj* 1. vorübergehend; 2. *(provvisorio)* vorläufig

temporeggiare [tempored'dʒa:re] *v* zögern

tenace [te'na:tʃe] *adj* 1. zäh; 2. *(risoluto)* zielstrebig

tenaglia [te'na:ʎa] *f TECH* Zange *f*

tenda ['tɛnda] *f* 1. Vorhang *m;* 2. *(da camping)* Zelt *n*

tendenza [ten'dɛntsa] *f* 1. Tendenz *f*, Trend *m; ~ al ribasso* Abwärtsentwicklung *f; ~ unitaria* Einheitsbestrebung *f;* 2. *(fig)* Hang *m*

tendenzioso [tendentsi'o:so] *adj* 1. tendenziös, voreingenommen; 2. *(finalizzato)* zweckbestimmt

tendere ['tɛndere] *v irr* 1. strecken; 2. *(porgere)* hinhalten; *~ la mano a qd* jdm die Hand reichen; 3. *(tirare, mettere in tensione)* spannen; *~ su* bespannen; 4. *(essere incline)* tendieren; 5. *(mirare a)* zielen

tendersi ['tɛndersi] *v irr* sich ausstrecken

tendina [ten'di:na] *f* Gardine *f*

tendine ['tɛndine] *m ANAT* Sehne *f*

tenebre ['tɛ:nebre] *pl* Dunkelheit *f*

tenere [te'ne:re] *v irr* halten, behalten; *~ a bada* hinhalten

tenerezza [tene'rettsa] *f* Zärtlichkeit *f*
tenero ['tɛːnero] *adj 1.* zart; *La carne è
tenera.* Das Fleisch ist zart. *2. (fig: sensibile)*
zärtlich; *3. (fig)* weich
tenersi [te'nersi] *v* sich festhalten; ~ *fuori*
sich heraushalten
tenore [te'noːre] *m 1. MUS* Tenor *m;
2. (modo)* Art *f; 3. (di un discorso)* Inhalt *m*
tensione [tensi'oːne] *f 1.* Dehnung *f;
2. (fig)* Spannung *f; ~ nervosa* Gereiztheit *f,*
Nervenbelastung *f,* Nervosität *f; 3. TECH*
Spannung *f; alta ~* Hochspannung *f; ~ d'e-
sercizio* Betriebsspannung *f; ~ di rete*
Netzspannung *f*
tentacolo [ten'taːkolo] *m ZOOL* Fang-
arm *m*
tentare [ten'taːre] *v* versuchen, verlocken
tentativo [tenta'tiːvo] *m 1.* Versuch *m; 2.
(fig)* Vorstoß *m*
tentato [ten'taːto] *m 1. ~ omicidio* Mordanschlag *m; 2. ~ suicidio* Selbstmordversuch *m*
tentazione [tentatsi'oːne] *f* Versuchung *f*
tentennamento [tentenna'mento] *m
1.* Unschlüssigkeit *f; 2. (esitazione)* Zögern *n*
tentennare [tenten'naːre] *v* wackeln
tenue ['tɛːnue] *adj 1.* kraftlos, schwach;
2. intestino ~ MED Dünndarm *m*
tenuta [te'nuːta] *f 1.* Dienstkleidung *f;
2. (impermeabilità)* Undurchlässigkeit *f; 3. ~
di cassa FIN* Kassenhaltung *f*
tenuto [te'nuːto] *adj* genötigt
teologia [teolo'dʒiːa] *f REL* Theologie *f*
teologo [te'ɔːlogo] *m* Theologe *m*
teoretico [teo'rɛːtiko] *adj* theoretisch
teoria [teo'riːa] *f* Theorie *f*
tepore [te'poːre] *m* angenehme Temperatur *f*
teppista [tep'pista] *m* Rabauke *m*
terapeuta [tera'pɛːuta] *m/f* Thera-
peut(in) *m/f*
terapia [tera'piːa] *f* Therapie *f; ~ di gruppo*
Gruppentherapie *f*
tergicristallo [terdʒikris'tallo] *m (dell'auto)* Scheibenwischer *m*
tergiversare [terdʒiver'saːre] *v (esitare)*
zaudern
tergo ['tɛrgo] *m* Kehrseite *f,* Rückseite *f;
Vedi a ~!* Bitte wenden!
termale [ter'maːle] *adj* Thermal...
terminare [termi'naːre] *v 1.* beenden, vollenden; *2. (fig)* auslaufen
termine ['tɛrmine] *m 1. (fine)* Ausgang *m,*
Beendigung *f; volgere a ~* dem Ende entge-

gen; *2. (di scadenza)* Termin *m; ~ di consegna* Liefertermin *m; ~ di denuncia*
Anmeldefrist *f; ~ di disdetta* Kündigungsfrist
f; ~ prescrizionale Verjährungsfrist *f; 3.
(espressione)* Ausdruck *m; ~ generico*
Oberbegriff *m; ~ tecnico* Fachausdruck *m*
terminologia [terminolo'dʒiːa] *f* Terminologie *f*
termite [ter'miːte] *f ZOOL* Termite *f*
termocoperta [termoko'pɛrta] *f* Heiz-
decke *f*
termoforo [ter'mɔːforo] *m* Heizkissen *n*
termometro [ter'mɔːmetro] *m* Thermometer *n*
termos ['tɛrmos] *m* Thermosflasche *f*
termosifone [termosi'foːne] *m* Heizkörper *m*
termostato [ter'mɔːstato] *m* Thermostat *m*
terra ['tɛrra] *f 1.* Erde *f; La gomma è a ~.*
Der Reifen ist platt. *2. (terreno)* Land *n;
3. (pavimento)* Boden *m; 4. (suolo)* Erdboden
m; 5. (paese) Land *n; ~ d'origine* Herkunftsland *n*
terraferma [terra'ferma] *f* Festland *n*
terrapieno [terrapi'ɛːno] *m* Wall *m*
terrazza [ter'tattsa] *f* Terrasse *f; ~ sul
tetto* Dachterrasse *f*
terremotato [terremo'taːto] *m 1.* Erd-
bebenopfer *n; adj 2.* erdbebengeschädigt
terremoto [terre'mɔːto] *m* Erdbeben *n*
terreno [ter'reːno] *m 1.* Boden *m,* Grund
m; 2. (area) Gelände *n; 3. (podere)* Grundstück *n; adj 4.* irdisch
terrestre [ter'rɛstre] *adj* irdisch, weltlich
terribile [ter'riːbile] *adj 1.* fürchterlich,
schrecklich; *2. (fig)* heillos; *3. (fam: pazzesco)* wahnsinnig
terrina [ter'riːna] *f* Terrine *f*
territoriale [territori'aːle] *adj* Land...
territorio [terri'tɔːrio] *m* Gebiet *n,* Territorium *n*
terrore [ter'roːre] *m 1.* Terror *m; 2. (grande spavento)* Entsetzen *n,* Schrecken *m*
terrorismo [terro'rizmo] *m* Terrorismus *m*
terrorista [terro'rista] *m/f* Terrorist(in)
m/f
terzo ['tɛrtso] *adj 1.* dritte(r,s); *m 2.* Drittel
n; 3. ~ incomodo (fig) Anstandswauwau *m*
tesa ['teːsa] *f 1. (del cappello)* Krempe *f;
2. (del berretto)* Schirm *m*
tesaurizzare [tezaurid'dzaːre] *v* horten
teschio ['tɛskio] *m* Totenkopf *m,* Schädel *m*

tesi ['tɛːzi] *m* These *f;* ~ *di laurea* Magisterarbeit *f,* Doktorarbeit *f*
teso ['teːso] *adj* gespannt, angespannt
tesoreria [tezore'riːa] *f* Schatzkammer *f*
tesoriere [tezori'ɛːre] *m* Schatzmeister *m*
tesoro [te'zɔːro] *m 1.* Schatz *m; 2. (persona amata, persona cara)* Liebling *m*
tessera ['tɛssera] *f* Ausweis *m,* Karte *f;* ~ *del partito* Parteibuch *n;* ~ *di studente* Schülerausweis *m;* ~ *mensile* Monatskarte *f;* ~ *annuale* Jahresabonnement *n*
tesseramento [tessera'mento] *m 1. (iscrizione)* Einschreibung *f; 2. (razionamento)* Rationalisierung *f*
tesserato [tesse'raːto] *m* Teilnehmer *m*
tessere ['tɛssere] *v 1.* weben; *2. (istigare)* anstacheln; *3. (macchinare)* intrigieren
tessile ['tɛssile] *adj 1.* Gewebe... *prodotti tessili* Textilien *pl; fibra* ~ Textilfaser *f; m 2. tessili pl* Textilien *pl*
tessitura [tessi'tuːra] *f* Weberei *f*
tessuto [tes'suːto] *adj 1.* gewebt; *m 2. (stoffa)* Gewebe *n,* Stoff *m; 3. BIO* Gewebe *n;* ~ *connettivo* Bindegewebe *n; 4. tessuti pl* Textilien *pl*
testa ['tɛsta] *f ANAT* Kopf *m; essere in* ~ führend sein, ganz vorne sein; ~ *in giù* kopfüber; *cacciarsi qc in* ~ sich etw in den Kopf setzen; *lavorare di* ~ mit dem Kopf arbeiten
testamentario [testamen'taːrio] *adj* testamentarisch
testamento [testa'mento] *m* Testament *n,* Vermächtnis *n*
testardo [tes'tardo] *adj 1.* stur, trotzig; *m 2.* Dickkopf *m,* Trotzkopf *m*
teste ['tɛste] *m* ~ *principale JUR* Kronzeuge *m*
testicoli [tes'tiːkoli] *m/pl ANAT* Hoden *pl*
testimone [testi'mɔːne] *m/f* Zeuge/Zeugin *m/f;* ~ *a discarico* Entlastungszeuge *m;* ~ *di nozze* Trauzeuge *m;* ~ *oculare* Augenzeuge *m*
testimonianza [testimoni'antsa] *f 1.* Zeugnis *n; 2. JUR* Zeugenaussage *f*
testimoniare [testimoni'aːre] *v JUR* bezeugen
testo ['tɛsto] *m* Text *m,* Wortlaut *m*
testone [tes'toːne] *m* Dickkopf *m*
testuale [testu'aːle] *adj* wörtlich
testuggine [tes'tuddʒine] *f ZOOL* Schildkröte *f*
tetano ['tɛːtano] *m MED* Tetanus *m*
tetro ['teːtro] *adj* düster

tetto ['tetto] *m* Dach *n;* ~ *scorrevole* Schiebedach *n*
tettoia [tet'toːia] *f* Vordach *n*
ti [ti] *pron 1.* dich; *2. (a te)* dir
tibia ['tiːbia] *f 1. ANAT* Schienbein *n; 2. MUS* Flöte *f*
tic [tik] *m* Tick *m,* Zucken im Gesicht *n*
ticchettare [tikket'taːre] *v* ticken
ticchio ['tikkio] *m* Einfall *m,* Laune *f*
tiepido [ti'ɛːpido] *adj* lauwarm, lau
tifo ['tiːfo] *m 1. MED* Typhus *m; 2. SPORT* Begeisterung *f*
tifoso [ti'foːso] *adj 1.* sportbegeistert; *m 2.* Fan *m*
tiglio ['tiːʎo] *m BOT* Linde *f*
tigre ['tiːgre] *f ZOOL* Tiger *m*
timbrare [tim'braːre] *v (francobollo)* stempeln, abstempeln
timbro ['timbro] *m 1.* Timbre *n;* ~ *di voce* Klangfarbe *f; 2. (marchio, bollo)* Stempel *m;* ~ *d'arrivo* Eingangsstempel *m;* ~ *postale* Poststempel *m*
timidezza [timi'dettsa] *f* Scheu *f,* Schüchternheit *f*
timido ['tiːmido] *adj* scheu, schüchtern
timo ['tiːmo] *m BOT* Thymian *m*
timone [ti'moːne] *m 1. (dell'imbarcazione)* Ruder *n; 2. (della carrozza)* Deichsel *f*
timoniere [timoni'ɛːre] *m* Steuermann *m*
timore [ti'moːre] *m* Befürchtung *f*
timoroso [timo'roːso] *adj* schreckhaft
timpano ['timpano] *m 1. MUS* Pauke *f; 2. ANAT* Trommelfell *n*
tinello [ti'nɛllo] *m* Essecke *f*
tingere ['tindʒere] *v irr (colorare)* tönen
tinta ['tinta] *f* Farbe *f,* Malerfarbe *f; a tinte solide/a tinte resistenti* farbecht
tintarella [tinta'rɛlla] *f* Sonnenbräune *f*
tintinnare [tintin'naːre] *v* klirren
tintoria [tinto'riːa] *f* Reinigung *f*
tintura [tin'tuːra] *f 1.* Tönung *f,* Färbung *f; 2. MED* Tinktur *f;* ~ *di iodio* Jodtinktur *f*
tipico ['tiːpiko] *adj* typisch; *Vorremmo andare a mangiare della cucina tipica italiana.* Wir möchten gerne typisch italienisch essen gehen.
tipo ['tiːpo] *m 1.* Art *f,* Sorte *f; 2. (persona)* Typ *m;* ~ *solitario* Einzelgänger *m*
tipografia [tipogra'fiːa] *f* Druckerei *f*
tipografo [ti'pɔːgrafo] *m* Setzer *m*
tipologia [tipolo'dʒiːa] *f* Typologie *f*
tip-tap [tip'tap] *m* Stepptanz *m*
tiranneggiare [tiranned'dʒaːre] *v* tyrannisieren

tirannia [tiran'niːa] *f POL* Gewaltherrschaft *f*
tirannico [ti'ranniko] *adj* tyrannisch
tiranno [ti'ranno] *m* Tyrann *m*
tirante [ti'rante] *adj 1.* zäh; *m 2. ARCH* Hauptanker *m*
tirare [ti'raːre] *v 1.* ziehen; ~ *a sorte* losen; ~ *qc per le lunghe* etw hinauszögern; *2. (strappare)* reißen; *3. (sparare)* schießen
tirarsi [ti'rarsi] *v ~ indietro* sich weigern; ~ *su* neuen Mut schöpfen
tirato [ti'raːto] *adj (fig)* knauserig
tirchieria [tirkie'riːa] *f* Geiz *m*
tiro ['tiːro] *m 1.* Schuss *m;* ~ *al piattello* Tontaubenschießen *n;* ~ *con l'arco* Bo-genschießen *n;* 2. *(lancio)* Wurf *m*
tirocinio [tiro'tʃiːnio] *m* Praktikum *n*
tisana [ti'zaːna] *f GAST* Kräutertee *m*
titolare [tito'laːre] *m/f* Inhaber(in) *m/f;* ~ *di una carica* Amtsinhaber(in) *m/f*
titolo ['tiːtolo] *m 1.* Titel *m;* 2. *(del libro)* Titel *m;* 3. *(effetto) FIN* Wertpapier *n;* ~ *di credito* Wertpapier *n; titoli di Stato* Staatsanleihen *pl;* 4. *(di studio)* Grad *n*
titubare [titu'baːre] *v* zaudern
tizzone [tit'tsoːne] *m* brennendes Holzscheit *n*
toast [toːst] *m GAST* Toast *m*
toccare [tok'kaːre] *v 1.* berühren, anfassen; *2. (fig)* rühren; *3. (turno) Tocca a me.* Ich komme dran./Ich bin an der Reihe.
tocco ['tokko] *m 1.* Schlag *m,* Glockenschlag *m; adj 2.* leicht bekloppt
toga ['tɔːga] *f* Robe *f*
togliere ['tɔːʎere] *v irr 1.* entfernen, räumen; *2. (sgombrare)* räumen; *3. (levare)* wegnehmen; *4. (vestito)* ablegen
togliersi ['tɔːʎersi] *v irr ~ di torno (fig)* abhauen
toilette [twa'lɛt] *f* Toilette *f*
tollerante [tolle'rante] *adj* tolerant
tolleranza [tolle'rantsa] *f* Toleranz *f,* gegenseitige Akzeptanz *f; casa di ~* Bordell *n;* ~ *di decisione* Ermessensspielraum *m*
tollerare [tolle'raːre] *v* dulden, tolerieren
tomba ['tomba] *f* Grab *n;* ~ *di famiglia* Familiengruft *f*
tombino [tom'biːno] *m* Gully *m,* Abfluss *m*
tombola ['tombola] *f* Tombola *f*
tonaca ['tɔːnaka] *f REL* Kutte *f*
tonalità [tonali'ta] *f 1. MUS* Tonart *f;* 2. ~ *dei colori* Farbtöne *pl;* ~ *di colore dei capelli* Haartönung *f*

tonare [to'naːre] *v* donnern
tondeggiante [tonded'dʒante] *adj* rundlich
tonico ['tɔːniko] *adj 1. (corroborante)* kräftigend, stärkend; *2. accento* ~ *MUS* Hauptton *m*
tonificare [tonifi'kaːre] *v* stärken, kräftigen
tonnellata [tonnel'laːta] *f (unità di misura)* Tonne *f*
tonno ['tonno] *m ZOOL* Thunfisch *m*
tono ['tɔːno] *m 1. (maniere)* Ton *m,* Tonfall *m;* 2. *MUS* Ton *m;* ~ *di voce* Stimmlage *f;* 3. *(di colore)* Färbung *f*
tonsilla [ton'silla] *f ANAT* Mandel *f*
tonto ['tonto] *adj 1.* dumm, einfältig; *m* 2. Tollpatsch *m*
topo ['tɔːpo] *m ZOOL* Maus *f;* ~ *campagnolo* Feldmaus *f*
toporagno [topo'raːɲo] *m ZOOL* Spitzmaus *f*
toppa ['tɔppa] *f 1. (della serratura)* Türschloss *n;* 2. *(di stoffa)* Fleck *m,* Flicken *m*
torace [to'raːtʃe] *m ANAT* Brustkorb *m*
torba ['torba] *f* Torf *m*
torbido ['torbida] *adj* trüb
torcere ['tortʃere] *v irr* abdrehen, verdrehen; ~ *i panni bagnati* die nassen Kleider auswringen
torchiare [torki'aːre] *v* keltern
torcia ['tortʃa] *f* Fackel *f*
tordo ['tɔrdo] *m ZOOL* Drossel *f*
tormenta [tor'menta] *f ~ di neve* Schneesturm *m*
tormentare [tormen'taːre] *v* quälen, schikanieren
tormentarsi [tormen'tarsi] *v* sich abquälen, sich plagen
tormento [tor'mento] *m 1.* Kummer *m,* Bedrängnis *f;* 2. *(piaga)* Schinderei *f*
tormentoso [tormen'toːso] *adj* qualvoll
tornaconto [torna'konto] *m* Nutzen *m,* Vorteil *m*
tornante [tor'nante] *m* Kurve *f; strada a tornanti* kurvige Straße *f*
tornare [tor'naːre] *v 1.* wiederkommen, zurückgehen; *2. (diventare di nuovo)* wieder ... werden; ~ *di moda* wieder in Mode kommen; *3. (conto)* stimmen
torneo [tor'nɛːo] *m SPORT* Turnier *n*
tornito [tor'niːto] *adj 1.* gedrechselt, gedreht; *2. (forma)* wohlgeformt, wohlgestaltet

toro ['tɔːro] *m ZOOL* Stier *m*
torpedone [torpe'doːne] *m* Reisebus *m*
torpore [tor'poːre] *m* Abgestumpftheit *f,* Verschlafenheit *f*
torre ['torre] *f* Turm *m; ~ di trivellazione* Bohrturm *m*
torrefare [torre'faːre] *v (caffè)* rösten
torrente [tor'rɛnte] *m* 1. Wildbach *m;* 2. *(fig)* Strom *m*
torrenziale [torrentsi'aːle] *adj* reißend
torrido ['tɔrrido] *adj* heiß
torsione [torsi'oːne] *f* Drehung *f*
torso ['torso] *m ANAT* Oberkörper *m*
torsolo ['torsolo] *m (della frutta)* Kerngehäuse *n*
torta ['torta] *f GAST* Torte *f*
torto ['tɔrto] *m* Unrecht *n*
tortuoso [tortu'oːso] *adj* gebogen
tortura [tor'tuːra] *f* Folter *f,* Tortur *f*
torturare [tortu'raːre] *v* foltern
torturarsi [tortu'rarsi] *v* sich quälen
tosaerba [toza'ɛrba] *m* Rasenmäher *m*
Toscana [tos'kaːna] *f GEO* Toskana *f*
tosse ['tosse] *f MED* Husten *m*
tossicità [tossitʃi'ta] *f* Giftigkeit *f,* Toxizität *f*
tossico ['tɔssiko] *adj* giftig
tossicomane [tossi'kɔːmane] *adj MED* süchtig
tossina [tos'siːna] *f* Gift *n*
tossire [tos'siːre] *v* husten
tostapane [tosta'paːne] *m* Toaster *m*
totale [to'taːle] *adj* 1. gesamt, total; *adv* 2. insgesamt; *m* 3. Ganzes *n,* Gesamtes *n*
totalità [totali'ta] *f* Gesamtheit *f*
tovaglia [to'vaʎa] *f ~ della tavola* Decke *f,* Tischdecke *f*
tovagliolo [tova'ʎɔːlo] *m* Serviette *f*
tozzo ['tɔttso] *adj* 1. *(senza forma)* plump; 2. *(taurino)* bullig
tra [tra] *prep* 1. zwischen, unter; *~ due settimane* heute in zwei Wochen; *~ due giorni* in zwei Tagen; *adv* 2. *~ questi (luogo)* dazwischen
traballare [trabal'laːre] *v* wackeln, kippen
traboccare [trabok'kaːre] *v* 1. *(recipiente)* überlaufen; 2. *(fiume)* übertreten, über das Ufer treten
trabocchetto [trabok'ketto] *m* Hinterhalt *m*
traccia ['trattʃa] *f* 1. *(impronta)* Fährte *f;* 2. *(pista)* Spur *f; ~ della frenata* Bremsspur *f*
tracciare [trat'tʃaːre] *v (marcare)* abstecken, markieren

tracciato [trat'tʃaːto] *m* Absteckung *f*
tracolla [tra'kɔlla] *f* Schulterriemen *m; a ~* über die Schulter gehängt, geschultert
tracollo [tra'kɔllo] *m* 1. Zusammenbruch *m;* 2. *(fig: caduta)* Sinken *n; ~ dei prezzi* Preisverfall *m*
tracotanza [trako'tantsa] *f* 1. Überheblichkeit *f;* 2. *(spavalderia)* Übermut *m*
tradimento [tradi'mento] *m* Verrat *m; alto ~* Landesverrat *m,* Hochverrat *m*
tradire [tra'diːre] *v* verraten, fremdgehen
tradirsi [tra'dirsi] *v (fig)* sich verplappern, sich verraten
traditore [tradi'toːre] *adj* 1. verräterisch; *m* 2. Verräter *m*
tradizionale [traditsio'naːle] *adj* 1. traditionell; 2. *(relativo agli usi e costumi)* herkömmlich, althergebracht
tradizionalista [traditsiona'lista] *adj* 1. traditionell, konservativ; *m* 2. Befürworter der Tradition *m*
tradizione [traditsi'oːne] *f* Tradition *f,* Überlieferung *f*
tradurre [tra'durre] *v irr* 1. übersetzen; 2. *(oralmente)* dolmetschen; 3. *(prigione)* einliefern
traduttore [tradut'toːre] *m* Übersetzer *m*
traduttrice [tradut'triːtʃe] *f* Übersetzerin *f*
traduzione [tradutsi'oːne] *f* 1. *(di una lingua)* Übersetzung *f;* 2. *JUR* Überführung *f*
trafficante [traffi'kante] *m/f* Händler(in) *m/f; ~ di stupefacenti* Rauschgifthändler *m; ~ di schiavi* Sklavenhändler *m*
traffico ['traffiko] *m* Verkehr *m; ~ di frontiera* Grenzverkehr *m; ~ di punta* Stoßverkehr *m; ~ di stupefacenti* Rauschgifthandel *m; ~ caotico* Verkehrschaos *n*
trafugare [trafu'gaːre] *v* heimlich entwenden
tragedia [tra'dʒɛːdia] *f* 1. *THEAT* Tragödie *f,* Trauerspiel *f;* 2. *(fatto tragico, doloroso)* Tragödie *f*
traghettare [traget'taːre] *v (acqua)* übersetzen
traghetto [tra'getto] *m* Fähre *f; ~ spaziale* Raumfähre *f*
tragico ['traːdʒiko] *adj* 1. tragisch; *m* 2. Tragik *f*
tragitto [tra'dʒitto] *m (percorso)* Weg *m*
traguardo [tragu'ardo] *m SPORT* Ziel *n*
traiettoria [traiet'tɔːria] *f (fig)* Schusslinie *f*
trainare [trai'naːre] *v* schleppen

tralasciare [trala'ʃaːre] *v 1.* auslassen, weglassen; *2. (omettere)* unterlassen

tram [tram] *m* Straßenbahn *f*

trama ['traːma] *f 1. LIT* Handlung *f; 2. (tessitura)* Einschlag *m*

tramandare [traman'daːre] *v* überliefern

tramare [tra'maːre] *v* intrigieren; ~ *un complotto* einen Komplott schmieden

trambusto [tram'busto] *m* Trubel *m*

tramezzino [tramed'dziːno] *m* belegtes Brötchen *n*

tramite ['traːmite] *m 1.* Vermittlung *f; per* ~ *di* durch; *prep 2.* durch

tramontana [tramon'taːna] *f* Nordwind *m*

tramontare [tramon'taːre] *v (sole, luna)* untergehen

tramonto [tra'monto] *m* Untergang *m; ~ del sole* Sonnenuntergang *m; ~ della luna* Monduntergang *m*

trampolino [trampo'liːno] *m 1. SPORT* Sprungbrett *n; 2. (per lo sci)* Sprungschanze *f*

trampolo ['trampolo] *m* Stelze *f*

tran tran [tran tran] *m (fig)* Trott *m*

trancia ['trantʃa] *f GAST* Scheibe *f*

tranciare [tran'tʃaːre] *v* zerlegen, auseinander schneiden

tranello [tra'nɛllo] *m* Falle *f*

tranne ['tranne] *prep 1.* außer; *2. (a prescindere da)* abgesehen von; *3. (eccetto)* ausgenommen

tranquillante [traŋkuil'lante] *m MED* Beruhigungsmittel *n*

tranquillità [traŋkuilli'ta] *f* Ruhe *f*

tranquillizzarsi [traŋkuillid'dzarsi] *v* sich beruhigen, ruhig werden

tranquillo [traŋku'illo] *adj* ruhig, unbesorgt

transatlantico [transat'lantiko] *m NAUT* Ozeandampfer *m*

transazione [transatsi'oːne] *f* Transaktion *f*, Ausgleich *m; ~ tra privati* Privatgeschäft *n*

transitabile [transi'taːbile] *adj* befahrbar; *La strada è ~?* Ist die Straße passierbar?

transito ['transito] *m 1.* Durchreise *f*, Transit *m; 2. ECO* Durchfuhr *f*

transitorio [transi'tɔːrio] *adj* vorübergehend

transizione [transitsi'oːne] *f (fig)* Übergang *m*

tranvia [tran'viːa] *f* Straßenbahn *f*

trapanare [trapa'naːre] *v* bohren

trapano ['traːpano] *m TECH* Bohrer *m*

trapassare [trapas'saːre] *v 1.* überschreiten; *2. (trafiggere)* durchbohren

trapezio [tra'pɛːtsio] *m* Trapez *n*

trapiantare [trapian'taːre] *v 1.* verpflanzen; *2. MED* transplantieren

trapianto [trapi'anto] *m MED* Transplantation *f; ~ cardiaco* Herztransplantation *f*

trappola ['trappola] *f* Falle *f*

trapunta [tra'punta] *f* Steppdecke *f*

trarre ['trarre] *v irr 1.* ziehen; *2. (derivare)* entnehmen; *3. (vantaggio)* gewinnen

trasandato [trazan'daːto] *adj* schlampig

trasbordare [trazbor'daːre] *v* umladen

trasbordo [traz'bordo] *m* Umschlag *m*

trascendenza [traʃen'dɛntsa] *f* Transzendenz *f*

trascinare [traʃi'naːre] *v 1.* schleifen, schleppen; *2. (fig)* hineinziehen

trascinatore [traʃina'toːre] *adj* mitreißend

trascorrere [tras'korrere] *v irr 1.* verbringen; *2. con il ~ del tempo* im Laufe der Zeit

trascorso [tras'korso] *m (passato)* Verlauf *m*

trascrivere [tra'skriːvere] *v irr* kopieren

trascrizione [traskritsi'oːne] *f 1.* Kopie *f; 2. LING* Transkription *f; 3. JUR* Überschreibung *f*

trascurabile [trasku'raːbile] *adj* belanglos, unerheblich

trascurare [trasku'raːre] *v* vernachlässigen

trascuratezza [traskura'tettsa] *f* Fahrlässigkeit *f*, Nachlässigkeit *f*

trascurato [trasku'raːto] *adj* fahrlässig, ungepflegt

trasferibile [trasfe'riːbile] *adj ECO* übertragbar

trasferimento [trasferi'mento] *m 1. (trasloco)* Umzug *m; 2. (in ospedale)* Verlegung *f*, Überführung *f; 3. (trasporto)* Überführung *f; 4. ECO* Transfer *m; ~ bancario* Banküberweisung *f; 5. (di persone)* Versetzung *f*

trasferire [trasfe'riːre] *v irr 1.* verlegen; *2. (proprietà)* übereignen; *3. (posto)* versetzen; *4. (documenti) ECO* übertragen; *5. (denaro) ECO* überweisen; *6. ~ dati su dischetto INFORM* Daten auf Diskette ziehen

trasferirsi [trasfe'rirsi] *v irr 1.* übersiedeln; *2. (traslocare)* umziehen

trasferta [tras'fɛrta] *f* Dienstreise *f*

trasformare [trasfor'maːre] *v 1.* umsetzen, umwandeln; *2. INFORM* konvertieren

trasformarsi [trasfor'marsi] *v* sich verwandeln
trasformatore [traforma'toːre] *m TECH*
Transformator *m*
trasformazione [trasformatsi'oːne] *f*
1. Verwandlung *f;* *2.* *(cambiamento)*
Veränderung *f;* ~ *completa* Umgestaltung *f*
trasfusione [trasfuzi'oːne] *f MED* Transfusion *f*
trasgredire [trazgre'diːre] *v irr (fig)* überschreiten
trasgressione [trazgressi'oːne] *f 1.*
Übertretung *f;* *2. JUR* Vergehen *n*
traslocare [trazlo'kaːre] *v* umziehen, ausziehen
trasloco [traz'lɔːko] *m* Umzug *m*
trasmettere [traz'mettere] *v irr 1.* übermitteln, übersenden; *2. TEL* ausstrahlen, senden
trasmissione [trazmissi'oːne] *f* Sendung
f, Übertragung *f;* ~ *diretta* Livesendung *f,*
Direktübertragung *f;* ~ *dei dati* Daten-
übertragung *f*
trasognato [traso'ɲaːto] *adj* verträumt
trasparente [traspa'rɛnte] *adj* durchsichtig, transparent
trasparenza [traspa'rɛntsa] *f* Transparenz *f*
trasportabile [traspor'taːbile] *adj* transportfähig
trasportare [traspor'taːre] *v 1.* transportieren; *2. (di merce)* verfrachten
trasporto [tras'pɔrto] *m* Transport *m,*
Abtransport *m;* ~ *collettivo* Sammeltransport
m; mezzo di ~ Transportmittel *n,* Verkehrsmittel *n;* ~ *pubblico* öffentliches Verkehrsmittel *n*
trastullarsi [trastul'larsi] *v* es sich gut
gehen lassen, sich eine schöne Zeit machen
trastullo [tras'tullo] *m* Zeitvertreib *m,*
Spielzeug *n*
trasversale [trazver'saːle] *adj* quer; *strada* ~ Querstraße *f; formato* ~ Querformat *n*
tratta ['tratta] *f ECO* Tratte *f*
trattamento [tratta'mento] *m 1.* Behandlung *f;* *2. MED* Behandlung *f;* *3. (di un ospite, di un cliente)* Bewirtung *f,* Verpflegung *f*
trattare [trat'taːre] *v 1.* behandeln; *2.
(negoziare)* verhandeln
trattarsi [trat'tarsi] *v* ~ *di* handeln von,
gehen um
trattativa [tratta'tiːva] *f* Verhandlung *f;
trattative sul disarmo* Abrüstungsverhand-
lungen *pl*

trattato [trat'taːto] *m 1.* Abhandlung *f;*
2. POL Vertrag *m;* ~ *di pace* Friedensvertrag
m; *3. (accordo, patto)* Abkommen *n;* *4.
(manuale)* Handbuch *n*
trattazione [trattatsi'oːne] *f* Behandlung *f*
tratteggiare [tratted'dʒaːre] *v (fig)* umreißen
trattenere [tratte'neːre] *v irr* einbehalten,
zurückbehalten; ~ *in carcere* gefangen halten; ~ *qd* jdn aufhalten
trattenersi [tratte'nersi] *v irr 1.* verweilen, sich zurückhalten; *2. (controllarsi)* sich
beherrschen
trattenuta [tratte'nuːta] *f* Gehaltsab-
zug *m*
trattenuto [tratte'nuːto] *adj* verhalten
trattino [trat'tiːno] *m* Bindestrich *m,*
Gedankenstrich *m*
tratto ['tratto] *m 1.* Strich *m;* *2. (di qualità)*
Zug *m;* *3. (di scrittura)* Zug *m;* *4. (parte)*
Stück *n;* *5. (di un libro)* Abschnitt *m*
trattore [trat'toːre] *m AGR* Traktor *m*
trattoria [tratto'riːa] *f* Gasthaus *n*
trauma ['traːuma] *m MED* Trauma *n*
travaglio [tra'vaːʎo] *m (fig)* Quälerei *f*
travasare [trava'zaːre] *v* abfüllen, um-
gießen
trave ['traːve] *f* Träger *m,* Balken *m*
traversa [tra'vɛrsa] *f* Querstraße *f,*
Querbalken *m*
traversata [traver'saːta] *f* Überfahrt *f,*
Passage *f*
traversia [traver'siːa] *f (fig)* Abscheu-
lichkeit *f,* Widerwärtigkeit *f*
traversina [traver'siːna] *f* Schwelle *f*
traverso [tra'vɛrso] *adv 1.* quer; *di* ~
schief; *m 2.* Quere *f*
travestimento [travesti'mento] *m* Verkleidung *f*
travestire [travesti'ːre] *v* verkleiden
travestito [traves'tiːto] *m* Transvestit *m*
traviamento [travia'mento] *m (fig)* Verirrung *f*
travisare [travi'zaːre] *v* verdrehen
travolgente [travol'dʒɛnte] *adj* unwiderstehlich, hinreißend
travolgere [tra'vɔldʒere] *v irr 1.* fort-
reißen; *2. (investire)* überfahren
trazione [tratsi'oːne] *f* Antrieb *m;* ~
posteriore Hinterradantrieb *m;* ~ *integrale*
Allradantrieb *m*
tre [tre] *num* drei; ~ *quarti* drei Viertel; ~
volte dreimal

trebbiare [trebbi'aːre] *v* dreschen
treccia ['trettʃa] *f* Zopf *m*
trecento [tre'tʃɛnto] *num 1.* dreihundert; *m 2. (secolo)* 14. Jahrhundert *n*
tredicesimo [treːdi'tʃɛːzimo] *adj* dreizehnte(r,s)
tredici ['treːditʃi] *num* dreizehn
tregua ['treːgua] *f 1.* Schonfrist *f; 2. (armistizio)* Waffenstillstand *m*
tremante [tre'mante] *adj* zitterig
tremare [tre'maːre] *v* zittern, beben
tremendo [tre'mɛndo] *adj (fam)* wahnsinnig, fürchterlich
trementina [tremen'tiːna] *f* Terpentin *n*
tremito ['trɛːmito] *m* Beben *n*, Zittern *n*
tremolante [tremo'lante] *adj* zitterig
tremolare [tremo'laːre] *v 1.* flackern, flimmern; *2. (tremare)* beben, zittern
tremore [tre'moːre] *m* Beben *n*
treno ['trɛːno] *m* Zug *m; ~ diretto* Eilzug *m; ~ locale* Nahverkehrszug *m; ~ merci* Güterzug *m*
trenta ['trenta] *num* dreißig
trentesimo [tren'tɛːzimo] *adj* dreißigste(r,s)
treppiede [treppi'ɛːde] *m FOTO* Stativ *n*
tresca ['treska] *f 1.* Intrige *f; 2. (legame amoroso illecito)* Liebelei *f*
trespolo ['trɛspolo] *m* Gestell *n*, Gerüst *n*
triangolare [triaŋgo'laːre] *adj* dreieckig
triangolo [tri'aŋgolo] *m MATH* Dreieck *n*
tribolare [tribo'laːre] *v* betrüben
tribolarsi [tribo'larsi] *v* leiden
tribolazione [tribolatsi'oːne] *f* Quälerei *f*, Qual *f*
tribù [tri'bu] *f* Stamm *m*
tribuna [tri'buːna] *f* Tribüne *f*
tribunale [tribu'naːle] *m 1. JUR* Gericht *n; ~ amministrativo* Verwaltungsgericht *n; ~ arbitrale* Schiedsgericht *n; ~ del lavoro* Arbeitsgericht *n; ~ distrettuale* Bezirksgericht *n; 2. (palazzo di giustizia)* Justizpalast *m*
tributare [tribu'taːre] *v* Tribut zollen, Tribut erweisen
tributario [tribu'taːrio] *adj* Steuer... *sistema ~* Steuersystem *n*
tributo [tri'buːto] *m* Steuer *f*
tricheco [tri'kɛːko] *m ZOOL* Walross *n*
triciclo [tri'tʃiːklo] *m* Dreirad *n*
tricolore [triko'loːre] *m* Trikolore *f*
tridimensionale [tridimensio'naːle] *adj* dreidimensional
triennale [trien'naːle] *adj* alle drei Jahre

trifoglio [tri'fɔːʎo] *m BOT* Klee *m*
trigemini [tri'dʒɛːmini] *m/pl* Drillinge *pl*
triglia ['triːʎa] *f ZOOL* Seebarbe *f; fare l'occhio di ~ (fig)* schmachten/verliebt schauen
trilogia [trilo'dʒiːa] *f LIT* Trilogie *f*
trimestrale [trimes'traːle] *adj* vierteljährlich
trimestre [tri'mɛstre] *m* Quartal *n*
trina ['triːna] *f* Spitze *f*
trincare [triŋ'kaːre] *v (fam)* saufen
trinciare [trin'tʃaːre] *v* tranchieren
Trinità [trini'ta] *f REL* Dreieinigkeit *f*
trionfale [trion'faːle] *adj* triumphal
trionfare [trion'faːre] *v* triumphieren
trionfo [tri'onfo] *m* Triumph *m*
triplicare [tripli'kaːre] *v* verdreifachen
triplice ['triːplitʃe] *adj 1.* dreifach; *~ alleanza* Dreibund *m; 2. REL* dreieinig
triplo ['triːplo] *adj 1.* dreifach; *m 2.* Dreifaches *n*
trippa ['trippa] *f GAST* Kuttel *f*
triste ['triste] *adj 1.* traurig; *2. (fig)* öde
tristezza [tris'tettsa] *f 1.* Trauer *f*, Traurigkeit *f; 2. (malinconia)* Wehmut *f*
tritacarne [trita'carne] *m* Fleischwolf *m*
tritare [tri'taːre] *v GAST* hacken
trivellare [trivel'laːre] *v* bohren
trivellazione [trivellatsi'oːne] *f TECH* Bohrung *f*
triviale [trivi'aːle] *adj 1.* trivial; *2. (ordinario, volgare)* ordinär
trofeo [tro'fɛːo] *m* Trophäe *f*
trogolo ['trɔːgolo] *m* Trog *m*
troia ['trɔːia] *f (fam)* Sau *f*
tromba ['tromba] *f 1. MUS* Trompete *f; 2. ~ delle scale* Treppenhaus *n; 3. ~ ovarica ANAT* Eileiter *m; 4. ~ d'aria* Windhose *f*
trombone [trom'boːne] *m MUS* Posaune *f*
troncare [troŋ'kaːre] *v 1. (fig)* abknicken; *2. (mozzare)* abschneiden
tronco ['troŋko] *adj 1.* abgebrochen; *2. GRAMM* endbetont; *m 3.* Baumstamm *m; 4. ANAT* Rumpf *m*
troncone [troŋ'koːne] *m* Stumpf *m*
trono ['trɔːno] *m* Thron *m*
tropicale [tropi'kaːle] *adj* Tropen...
tropico ['trɔːpiko] *adj 1.* tropisch; *m 2. tropici pl GEO* Tropen *pl*
troppo ['trɔppo] *adv 1.* zu, allzu; *2. (eccessivamente)* allzu, zu viel
trota ['trɔːta] *f ZOLL* Forelle *f; ~ lessa* blaue Forelle *f; ~ fritta* gebackene Forelle *f*
trottare [trot'taːre] *v* trotten, traben

trotterellare [trottel'laːre] v trippeln
trotto ['trɔtto] m Trab m; corsa al ~
Trabrennen n
trovare [tro'vaːre] v 1. finden; Non trovo ...
Ich vermisse ... 2. (scoprire) entdecken;
3. (fam: scovare) auftreiben; 4. (sorprendere)
überraschen; 5. (fig: ritenere) finden
trovarsi [tro'varsi] v sich befinden, stehen
trovatello [trova'tɛllo] m Findelkind n
truccare [truk'kaːre] v 1. schminken;
2. (falsificare) fälschen
truccarsi [truk'karsi] v sich schminken
truccatore [trukka'toːre] m Maskenbild-
ner m
trucco ['trukko] m 1. Schminke f, Make-up
n; 2. (inganno astuto) Trick m
truce ['truːtʃe] adj 1. (torvo) grimmig, finster; 2. (spietato) erbarmungslos
truciolo ['truːtʃolo] m Span m; trucioli di
legno Holzwolle f
truffa ['truffa] f Schwindel m
truffare [truf'faːre] v anschwindeln
truffatore [truffa'toːre] m Gauner m,
Betrüger m
truppa ['truppa] f MIL Truppe f
tu [tu] pron du; Ci diamo del ~? Duzen wir
uns?
tua (vedi „tuo")
tuba ['tuːba] f 1. (cappello) Zylinder m;
2. MUS Tuba f
tubare [tu'baːre] v turteln
tubatura [tuba'tuːra] f Rohrleitung f
tubercolosi [tuberko'lɔːsi] f MED Tuberkulose f
tubero ['tuːbero] m BOT Knolle f
tubetto [tu'betto] f Tube f
tubo ['tuːbo] m 1. Rohr n, Röhre f; ~ di
scappamento Auspuffrohr n; 2. (tubetto)
Tube f; 3. (flessibile) Schlauch m
tuffare [tuf'faːre] v tauchen
tuffarsi [tuf'farsi] v sich stürzen; ~ in
acqua ins Wasser springen
tuffo ['tuffo] m 1. SPORT Kopfsprung m;
2. (immersione) Tauchen n
tugurio [tu'guːrio] m armselige Unterkunft f
tulipano [tuli'paːno] m BOT Tulpe f
tumore [tu'moːre] m MED Tumor m; ~
cerebrale Gehirntumor m; ~ della pelle
Hautkrebs m
tumulto [tu'multo] m 1. Tumult m; 2. (atti
di violenza) Ausschreitung f, Krawall m
tumultuoso [tumultu'oːso] adj 1. stürmisch; 2. (impetuoso) ungestüm

tunnel ['tunnel] m Tunnel m
tuo ['tuːo] pron dein(e); E' ~ questo libro?
Ist das dein Buch?
tuonare [tuo'naːre] v donnern
tuono [tu'ɔːno] m Donner m
tuorlo [tu'ɔrlo] m Dotter m; ~ d'uovo
Eidotter m
turacciolo [tu'rattʃolo] m Korken m
turare [tu'raːre] v stopfen
turbamento [turba'mento] m 1. (disturbo)
Unterbrechung f, Störung f; 2. (agitazione)
Erregung f; 3. (inquietudine) Unruhe f
turbante [tur'bante] m Turban m
turbare [tur'baːre] v stören, verwirren
turbarsi [tur'barsi] v in Erregung geraten
turbina [tur'biːna] f Turbine f
turbinare [turbi'naːre] v wirbeln
turbolento [turbo'lɛnto] adj 1. turbulent;
2. (fig) stürmisch
turchese [tur'keːse] adj türkis
Turchia [tur'kiːa] f GEO Türkei f
turchino [tur'kiːno] adj blau
turco ['turko] adj 1. türkisch; m 2. Türke m
turismo [tu'rizmo] m Fremdenverkehr
m, Tourismus m; ~ di massa Massentouris-
mus m
turista [tu'rista] m/f Tourist(in) m/f
turistico [tu'ristiko] adj touristisch
turno ['turno] m 1. Schicht f; ~ medico
Bereitschaftsdienst m; ~ di notte Nachtschicht f; di ~ amtierend, Dienst habend;
2. (avvicendamento, volta) Turnus m; darsi il
~ sich ablösen; essere di ~ an der Reihe sein,
dran sein; a ~ abwechselnd
turpiloquio [turpi'lɔːkuio] m obszöne
Rede f
tuta ['tuːta] f Anzug m, Overall m; ~ sportiva Trainingsanzug m; ~ da sci Skianzug m
tutela [tu'tɛːla] f 1. Schutz m; ~ della natura Naturschutz m; 2. JUR Vormundschaft f
tutelare [tute'laːre] v (proteggere) wahren,
schützen
tutelarsi [tute'larsi] v sich schützen
tutore [tu'toːre] adj 1. erziehungsberech-
tigt; m 2. Vormund m, Erziehungsberechtig-
ter m
tuttavia [tutta'viːa] konj dennoch, dessen
ungeachtet
tutto ['tutto] adj 1. alle, alles, ganz; E' ~,
grazie. Das ist genug, danke. Quanto fa in ~?
Wie viel macht das zusammen? 2. (intero)
ganz, völlig; pron 3. alles
tuttora [tut'toːra] adv 1. noch immer;
2. (ancora) noch

U

ubbidiente [ubbidi'ɛnte] *adj* gehorsam, artig
ubbidienza [ubbidi'ɛntsa] *f* Gehorsam *m*, Gehorsamkeit *f*
ubbidire [ubbi'diːre] *v* gehorchen, folgen
ubertoso [uber'toːso] *adj* ertragreich, lukrativ
ubicazione [ubikatsi'oːne] *f* Position *f*
ubiquità [ubikui'ta] *f* Allgegenwart *f*
ubriacarsi [ubria'karsi] *v* sich betrinken
ubriacatura [ubriaka'tuːra] *f* Rausch *m*
ubriachezza [ubria'kettsa] *f* Trunkenheit *f*
ubriaco [ubri'aːko] *adj 1.* betrunken; ~ *fradicio* völlig betrunken, sternhagelvoll, sturzbesoffen (fam); *m 2.* Betrunkener *m*
uccello [ut'tʃɛllo] *m ZOOL* Vogel *m;* ~ *canoro* Singvogel *m*
uccidere [ut'tʃiːdere] *v irr* töten, umbringen
uccidersi [ut'tʃidersi] *v irr* sich umbringen, Selbstmord begehen
uccisione [uttʃizi'oːne] *f* Ermordung *f*, Mord *m*
uccisore [uttʃi'zoːre] *m* Mörder *m*
udibile [u'diːbile] *adj* hörbar, vernehmbar
udienza [udi'ɛntsa] *f 1.* Gehör *n; 2. JUR* Gerichtsverhandlung *f; 3. (permesso di essere ascoltato)* Anhörung *f*, Audienz *f*
udire [u'diːre] *v irr 1.* hören, vernehmen; *2. (ascoltare)* ~ *qd* jdm zuhören
udito [u'diːto] *m 1.* Gehör *n; di ~ fine* hellhörig; *2. JUR* Anhörung *f*
uditore [udi'toːre] *m* Hörer *m*, Zuhörer *m*
uditorio [udi'tɔːrio] *m 1.* Publikum *n; 2. (aula, auditorio)* Hörsaal *m*, Auditorium *n*
ufficiale [uffi'tʃaːle] *adj 1.* offiziell; *2. (d'ufficio)* amtlich; *m 3. MIL* Offizier *m; 4. (impiegato)* Beamter *m; ~ di stato civile* Standesbeamter *m; ~ giudiziario* Gerichtsvollzieher *m*
ufficiare [uffi'tʃaːre] *v (messa) REL* feiern
ufficio [uf'fiːtʃo] *m 1.* Büro *n*, Amt *n; ~ anagrafico* Einwohnermeldeamt *n; ~ brevetti* Patentamt *n; ~ d'assistenza sociale* Sozialamt *n; ~ d'igiene* Gesundheitsamt *m; ~ di collocamento* Arbeitsamt *n; ~ di stato civile* Standesamt *n; ~ oggetti smarriti* Fundbüro *n; ~ parrocchiale* Pfarramt *n; ~ postale* Postamt *n; ~ stranieri* Ausländerbehörde *f; ~ teleco-*

municazioni Fernmeldeamt *n; ~ delle finanze* Finanzamt *n; ~ conto correnti postali* Postscheckamt *n; 2. (luogo di un'attività)* Dienststelle *f; ~ informazioni* Auskunftsbüro *n; ~ cambi* Wechselstube *f; 3. (incarico)* Auftrag *m; per ragioni d'~* dienstlich
ugello [u'dʒɛllo] *m TECH* Düse *f*
uggioso [ud'dʒoːso] *adj 1. (noioso)* öde, uninteressant; *2. (cupo)* düster
ugola ['uːgola] *f 1. ANAT* Gaumenzäpfchen *n; 2. (fig: voce)* Stimme *f*
uguagliamento [uguaʎa'mento] *m* Gleichstellung *f*
uguaglianza [ugua'ʎantsa] *f 1.* Gleichheit *f; 2. (parità di diritti)* Gleichberechtigung *f; 3. MATH* Gleichung *f*
uguale [ugu'aːle] *adj* egal, gleich; *non aver l'~* ohnegleichen sein, ohne Vergleich dastehen, unvergleichlich sein
ugualmente [ugual'mente] *adv 1.* gleich, ebenfalls; *konj 2.* desgleichen
ulcera ['ultʃera] *f MED* Magengeschwür *n*
ulivo [u'liːvo] *m BOT* Olivenbaum *m*
ulna ['ulna] *f ANAT* Speiche *f*, Elle *f*
ulteriore [ulteri'oːre] *adj* weiter, anderweitig
ultimamente [ultima'mente] *adv* letztlich, kürzlich
ultimare [ulti'maːre] *v 1.* abschließen, beenden; *2. (finire di fare)* fertig stellen
ultimatum [ulti'maːtum] *m* Ultimatum *n*
ultimo ['ultimo] *adj 1.* letzte(r,s), jüngste(r,s); *per ~* zuletzt; ~ *nato* Nesthäkchen *n*, Letztgeborener *m; in ultima analisi* alles in allem; *m 2.* Letzte(r) *m/f*, Schlusslicht *n* (fig)
ultramoderno [ultramo'dɛrno] *adj* hypermodern
ultrasuono [ultrasu'ɔːno] *m* Ultraschall *m*
ultravioletto [ultravio'letto] *adj* ultraviolett
ululato [ulu'laːto] *m 1. (del cane)* Geheul *n; 2. (del vento)* Heulen *n*
umanesimo [uma'neːzimo] *m HIST* Humanismus *m*
umanista [uma'nista] *adj 1.* humanistisch; *m/f 2.* Humanist(in) *m/f*
umanità [umani'ta] *f 1.* Menschheit *f; 2. (benevolenza, bontà d'animo)* Humanität *f*, Menschlichkeit *f*

umanitario [umani'taːrio] *adj* Menschen..., humanitär; *persona umanitaria* Menschenfreund *m*
umano [u'maːno] *adj* menschlich, human
Umbria ['umbria] *f GEO* Umbrien *n*
umidità [umidi'ta] *f* Feuchtigkeit *f,* Nässe *f; ~ dell'aria* Luftfeuchtigkeit *f*
umido ['umido] *adj* feucht; *carne in ~* geschmortes Fleisch *n*
umile ['umile] *adj 1.* demütig; *2. (modesto)* bescheiden; *3. (sottomesso)* untertänig
umiliante [umili'ante] *adj* beschämend, blamabel
umiliare [umili'aːre] *v* demütigen, erniedrigen
umiliazione [umiliatsi'oːne] *f* Demütigung *f*
umiltà [umil'ta] *f* Demut *f,* Bescheidenheit *f*
umore [u'moːre] *m* Laune *f; di buon ~* gut gelaunt; *di cattivo ~* übel gelaunt, verstimmt, schlecht gelaunt
umorismo [umo'rizmo] *m* Humor *m; con molto senso dell'~* humorvoll; *~ nero* Galgenhumor *m,* schwarzer Humor *m*
umoristico [umo'ristiko] *adj* humoristisch; *giornale ~* Witzblatt *n*
unanime [u'naːnime] *adj* einstimmig
unanimità [unanimi'ta] *f* Einstimmigkeit *f*
uncinetto [untʃi'netto] *m* Häkelnadel *f; lavorare all'~* häckeln
undicesimo [undi'tʃɛːzimo] *adj* elfte(r,s)
undici ['unditʃi] *num* elf
ungere ['undʒere] *v irr 1.* schmieren, einschmieren; *2. (fig)* umschmeicheln
Ungheria [uŋge'riːa] *f GEO* Ungarn *n*
unghia ['uŋgia] *f ANAT* Fingernagel *m,* Nagel *m; tirare fuori le ~ (fig)* die Krallen zeigen
unghiata [uŋgi'aːta] *f 1.* Krallenhieb *m; 2. (graffio)* Kratzwunde *f,* Kratzer *m*
unguento [uŋgu'ɛnto] *m MED* Salbe *f; ~ contro le scottature* Brandsalbe *f*
unico ['uːniko] *adj 1.* einzig, alleinig; *2. (che non ha uguali)* beispiellos, einmalig
unificare [unifi'kaːre] *v 1.* vereinheitlichen; *2. (unire, associare)* vereinigen
unificato [unifi'kaːto] *adj* genormt
unificazione [unifikatsi'oːne] *f 1.* Vereinheitlichung *f; 2. (unione, associazione)* Vereinigung *f,* Einigung *f*
uniforme [uni'forme] *f 1.* Uniform *f; adj 2.* gleichmäßig

unilaterale [unilate'raːle] *adj 1.* einseitig; *2. (fig)* eingleisig
unione [uni'oːne] *f 1.* Einigung *f,* Verbindung *f; Unione Sovietica* Sowjetunion *f; Unione Europea* Europäische Union *f; 2. (associazione)* Union *f,* Vereinigung *f; ~ monetaria* Währungsunion *f; 3. (unità) POL* Einigung *f*
unire [u'niːre] *v 1.* vereinen, vereinigen; *2. (connettere)* zusammenfügen, zusammenlegen; *3. (congiungere)* verbinden
unirsi [u'nirsi] *v 1.* sich vereinigen, sich vereinen; *2. ~ a qd* sich jdm anschließen
unisono [u'niːsono] *m 1.* Einklang *m; adj 2.* einstimmig, unisono
unità [uni'ta] *f 1.* Einheit *f; ~ di memoria* Speicherplatz *m; 2. (fig)* Einigkeit *f; 3. Unità Monetaria Europea FIN* Europäische Währungseinheit *f*
unitamente [unita'mente] *adv* zusammen
unito [u'niːto] *adj* einig, einheitlich, homogen
universale [univer'saːle] *adj* universal
università [universi'ta] *f* Universität *f,* Hochschule *f*
universitario [universi'taːrio] *adj 1.* akademisch, Universitäts... *m 2.* Student *m,* Hochschüler *m*
universo [uni'vɛrso] *m* Weltall *n,* All *n*
univoco [u'niːvoko] *adj* eindeutig
uno ['uːno] *num 1.* eins; *pron 2.* einer/eine/ein(e)s; *~ a ~* eins zu eins; *l'~ l'altro* einander; *un'altra volta* abermals, erneut, ein anderes Mal; *~ dopo l'altro* Einer nach dem Anderen; *3. (uno qualunque)* irgendein; *4. (impersonale)* man; *art 5. (di numero)* ein
unto ['unto] *adj 1.* schmierig; *~ di grasso* fettig; *~ d'olio* ölig; *2. (sporco)* schmutzig
untuosità [untuosi'ta] *f 1.* Schmierigkeit *f; 2. (fig)* Schleimigkeit *f*
untuoso [untu'oːso] *adj 1. (grasso)* schmierig, fettig; *2. (fig)* schleimig
unzione [untsi'oːne] *f REL* Salbung *f,* Ölung *f; estrema ~* Letzte Ölung *f*
uomo [u'ɔːmo] *m 1.* Mensch *m; 2. (persona di sesso maschile)* Mann *m; ~ di stoppa (fig)* Pantoffelheld *m*
uovo [u'ɔːvo] *m* Ei *n; ~ strapazzato* Rührei *n; ~ sodo* hartes Ei *n; ~ à la coque* weiches Ei *n*
uragano [ura'gaːno] *m* Hurrikan *m,* Orkan *m*
Urali [u'raːli] *m/pl GEO* Ural *m*
uranio [u'raːnio] *m CHEM* Uran *n*

urbanesimo [urba'neːzimo] *m* Land-flucht *f*
urbanistica [urba'nistika] *f* Städtebau *m,* Stadtplanung *f*
urbano [ur'baːno] *adj* städtisch; *vigile* ~ Verkehrspolizist *m; nettezza urbana* städtische Müllabfuhr *f*
urgente [ur'dʒɛnte] *adj* dringend, eilig
urgenza [ur'dʒɛntsa] *f* Dringlichkeit *f; intervento chirurgico d'*~ Notoperation *f; chiamata d'*~ Notruf *m*
urico ['uːriko] *adj* Harn...
urina [u'riːna] *f* Urin *m,* Harn *m*
urlare [ur'laːre] *v* 1. brüllen; 2. *(sirena)* heulen
urlo ['urlo] *m* 1. Schrei *m;* 2. *urla pl* Geschrei *n*
urna ['urna] *f* Urne *f;* ~ *elettorale* Wahlurne *f*
urologo [u'rɔːlogo] *m MED* Urologe *m*
urtante [ur'tante] *adj (fig)* abstoßend, unangenehm
urtare [ur'taːre] *v* 1. anstoßen, anschlagen; 2. *(fig)* anecken, abstoßen
urtarsi [ur'tarsi] *v (macchina)* zusammenstoßen
urto ['urto] *m* Stoß *m,* Aufprall *m*
usanza [u'zantsa] *f* 1. Brauch *m,* Sitte *f,* Gepflogenheit *f;* ~ *di pagamento* gängige Zahlungsweise, Zahlungssitte *f;* 2. *(costume)* Brauchtum *n*
usare [u'zaːre] *v* 1. benutzen, brauchen; 2. *(solere)* pflegen, gewohnt sein; 3. *(stare in esercizio)* in Übung sein
usato [u'zaːto] *adj* gebraucht
uscente [u'ʃɛnte] *adj* austretend, auslaufend
usciere [uʃi'ɛːre] *m* 1. *(alla porta)* Türsteher *m;* 2. *(d'ufficio pubblico)* Amtsdiener *m*
uscio ['uʃo] *m* 1. *(uscita)* Ausgang *m;* 2. *(porta)* Tür *f*
uscire [u'ʃiːre] *v irr* 1. ausgehen, hinausgehen; 2. *(da un'associazione)* austreten; 3. *(venire fuori da un luogo chiuso)* herauskommen; 4. *(fig)* entgleisen; 5. *MED* abgehen; 6. *THEAT* abgehen, abtreten; 7. *ZOOL* schlüpfen
uscita [u'ʃiːta] *f* 1. Ausgang *m,* Austritt *m;* ~ *di sicurezza* Notausgang *f; via d'*~ Ausweg *m; Dov'è l'*~*?* Wo ist der Ausgang? 2. *(dell'autostrada)* Ausfahrt *f;* 3. *(fig)* Ausstieg *m;* 4. *THEAT* Abgang *m,* Abtritt *m;* 5. *(spesa)* Ausgabe *f;* 6. *(idea, trovata)* Einfall *m;* 7. *(di cose stampate)* Veröffentlichung *f*

uscito [u'ʃiːto] *adj (pubblicato)* herausgekommen, veröffentlicht; *appena* ~ soeben erschienen
usignolo [uzi'ɲɔːlo] *m ZOOL* Nachtigall *f*
uso ['uːzo] *m* Gebrauch *m,* Verwendung *f; pronto per l'*~ betriebsbereit; *è d'*~ es ist Sitte; *istruzioni per l'*~ Gebrauchsanweisung *f; fuori* ~ außer Gebrauch
ustionare [ustio'naːre] *v* brennen, verbrennen
ustione [usti'oːne] *f MED* Brandwunde *f*
usuale [uzu'aːle] *adj* 1. üblich, landläufig; 2. *(solito)* gewohnt
usualmente [uzual'mente] *adv* üblicherweise
usufruire [uzufru'iːre] *v (fare uso)* benutzen, ausnutzen
usufrutto [uzu'frutto] *m* Nutznießung *f,* Nießbrauch *m*
usufruttuario [uzufruttu'aːrio] *m* Nutznießer *m*
usura [u'zuːra] *f* Verschleiß *m,* Wucher *m*
usuraio [uzu'raːio] *m* Wucherer *m*
usurpare [uzur'paːre] *v* 1. usurpieren; 2. *(addebitarsi illecitamente di qc)* sich widerrechtlich aneignen
usurpatore [uzurpa'toːre] *m* Usurpator *m*
utensile [uten'siːle] *m* 1. Werkzeug *n;* 2. *utensili pl* Utensilien *pl; utensili da cucina* Küchengeräte *pl*
utente [u'tɛnte] *m/f* 1. Benutzer(in) *m/f;* 2. *(abbonato/abbonata)* Abonnent(in) *m/f;* 3. ~ *telefonico TEL* Teilnehmer(in) *m/f*
utenza [u'tɛntsa] *f* 1. Benutzung *f;* 2. *(utenti)* Benutzer *pl*
utero ['uːtero] *m ANAT* Gebärmutter *f*
utile ['uːtile] *adj* 1. dienlich, nützlich; *in tempo* ~ rechtzeitig; *m* 2. Nutzen *m;* 3. *(guadagno) FIN* Gewinn *m;* ~ *di borsa* Kursgewinn *m;* ~ *lordo* Bruttogewinn *m*
utilità [utili'ta] *f* Nutzen *m,* Nützlichkeit *f; di pubblica* ~ gemeinnützig
utilitaria [utili'taːria] *f* Kleinwagen *m*
utilizzabile [utilid'dzaːbile] *adj* brauchbar, verwendbar
utilizzare [utilid'dzaːre] *v* anwenden
utilizzazione [utilidzatsi'oːne] *f* 1. Verwertung *f;* 2. *(impiego)* Verwendung *f*
utopia [uto'piːa] *f* Utopie *f*
uva ['uːva] *f BOT* Traube *f,* Weintraube *f;* ~ *spina* Stachelbeere *f;* ~ *passa* Rosine *f*
uvetta [u'vetta] *f* Rosine *f*
uxoricidio [uksori'tʃiːdio] *m* Gattenmord *m*

V

vacante [va'kante] *adj* 1. *(libero)* unabhängig, ungebunden; 2. *(vuoto)* leer, nicht besetzt

vacanza [va'kantsa] *f* 1. Urlaub *m;* 2. *vacanze pl* Ferien *pl*, Urlaubszeit *f; ~ di studio* Bildungsurlaub *m; vacanze estive* Sommerferien *pl; vacanze scolastiche* Schulferien *pl; vacanze semestrali* Semesterferien *pl*

vacanziere [vakantsi'ɛːre] *m* Urlauber *m*, Tourist *m*

vacca ['vakka] *f* Kuh *f*

vaccinare [vattʃi'naːre] *v MED* impfen

vaccinazione [vattʃinatsi'oːne] *f MED* Impfung *f; ~ antitetanica* Tetanusimpfung *f; ~ antivaiolosa* Pockenimpfung *f; ~ preventiva* Schutzimpfung *f*

vaccino [vat'tʃiːno] *m MED* Impfstoff *m*

vacillare [vatʃil'laːre] *v* 1. schwanken, taumeln; 2. *(fig)* wanken

vacuo ['vaːkuo] *adj* 1. ideenlos, seicht; *m* 2. Vakuum *n*

vagabondare [vagabon'daːre] *v* vagabundieren

vagabondo [vaga'bondo] *m* Herumtreiber *m*, Landstreicher *m*

vagare [va'gaːre] *v* umherirren

vagheggiare [vaged'dʒaːre] *v* flirten, liebäugeln

vaghezza [va'gettsa] *f* 1. Unbestimmtheit *f;* 2. *(grazia)* Lieblichkeit *f;* 3. *(voglia) LIT* Lust *f*

vagina [va'dʒiːna] *f ANAT* Scheide *f*, Vagina *f*

vagito [va'dʒiːto] *m* Stöhnen *n*

vaglia ['vaʎʎa] *m ~ postale* Postanweisung *f; ~ espresso* Eilüberweisung *f*

vagliare [va'ʎaːre] *v* 1. sieben; 2. *(fig)* sichten; 3. *(ponderare)* erwägen

vago ['vaːgo] *adj* undeutlich, vage

vagone [va'goːne] *m* Waggon *m*, Wagen *m; ~ letto* Schlafwagen *m; ~ merci* Güterwagen *m; ~ postale* Postwagen *m; ~ ristorante* Speisewagen *m*

vaiolo [vai'ɔːlo] *m MED* Pocken *pl*

valanga [va'laŋga] *f* Lawine *f*

valente [va'lɛnte] *adj* patent, fleißig, arbeitsam

valere [va'leːre] *v irr* 1. gelten; *far ~* geltend machen; 2. *~ la pena* sich lohnen, sich

auszahlen; *Non ne vale la pena.* Es ist nicht der Mühe wert. 3. *(avere valore)* wert sein; *Non lo vale.* Das ist es nicht wert.

valeriana [valeri'aːna] *f MED* Baldrian *m*

valevole [va'leːvole] *adj (valido)* gültig

valico ['vaːliko] *m* 1. Übergang *m; ~ di frontiera* Grenzübergang *m;* 2. *GEO* Pass *m*

validità [validi'ta] *f* Gültigkeit *f*, Geltung *f*

valido ['vaːlido] *adj* 1. gültig, geltend; *Per quanto tempo è ~?* Wie lange ist es gültig? *E' ancora ~ questo?* Ist das noch gültig? 2. *(fig)* handfest

valigetta [vali'dʒetta] *f* Handkoffer *m*

valigia [va'liːdʒa] *f* Koffer *m; Devo ancora fare la ~.* Ich muss noch meinen Koffer packen.

valle ['valle] *f GEO* Tal *n*

valletto [val'letto] *m* Diener *m*, Page *m*

valore [va'loːre] *m* 1. Wert *m*, Preis *m; ~ affettivo* Erinnerungswert *m; ~ del punto di acidità* pH-Wert *m; ~ in causa* Streitwert *m; ~ indicativo* Richtwert *m; ~ limite* Grenzwert *m; ~ nominale* Nennwert *m; ~ posizionale* Stellenwert *m; d'alto ~* hochwertig; *di ~ costante* wertbeständig; 2. *(forza legale)* Gültigkeit *f;* 3. *(virtù)* Tapferkeit *f*

valorizzare [valorid'dzaːre] *v* 1. verwerten; 2. *(mettere in valore)* positiv bewerten

valorizzazione [valoriddzatsi'oːne] *f* 1. Verwertung *f;* 2. *(conferimento di valore)* Aufwertung *f*

valoroso [valo'roːso] *adj* tapfer, bravurös

valuta [va'luːta] *f* 1. *FIN* Währung *f; ~ forte* harte Währung *f; ~ libera* freie Währung *f;* 2. *(denaro) FIN* Valuta *f; ~ estera* Devisen *pl*, Sorten *pl*

valutabile [valu'taːbile] *adj* berechenbar

valutare [valu'taːre] *v* 1. schätzen, bewerten; 2. *(fig)* überblicken

valutazione [valutatsi'oːne] *f* 1. Bewertung *f*, Wertung *f;* 2. *FIN* Wertermittlung *f*

valvola ['valvola] *f* 1. *TECH* Ventil *n;* 2. *~ di sicurezza TECH* Sicherung *f*

vampata [vam'paːta] *f* Glut *f*

vampiro [vam'piːro] *m* Vampir *m*

vandalismo [vanda'lizmo] *m* Vandalismus *m*

vandalo ['vandalo] *m* Randalierer *m*, Vandale *m*

vaneggiamento [vaneddʒa'mento] *m* Phantasieren *n*

vanesio [va'nɛːzio] *adj* affig

vanga ['vaŋga] *f* Spaten *m*

vangelo [van'dʒɛːlo] *m REL* Evangelium *n*

vaniglia [va'niːʎa] *f BOT* Vanille *f*

vanità [vani'ta] *f* Eitelkeit *f*

vanitoso [vani'toːso] *adj* eitel

vano ['vaːno] *adj 1.* vergeblich; *m 2.* Raum *m*, Leerraum *m; ~ scale* Treppenhaus *n*

vantaggio [van'taddʒo] *m 1.* Vorteil *m*, Vorzug *m; 2. (fig)* Plus *n; 3. (utile)* Nutzen *m*

vantaggioso [vantad'dʒoːso] *adj* vorteilhaft

vantarsi [van'tarsi] *v 1.* sich brüsten, prahlen; *2. (fig)* angeben

vanteria [vante'riːa] *f* Angabe *f*, Prahlerei *f*

vanto ['vanto] *m 1. (gloria)* Ruhm *m; 2. (merito)* Verdienst *m*

vanvera ['vanvera] *f a ~* aufs Geratewohl, drauflos

vapore [va'poːre] *m* Dampf *m*, Dunst *m*

vaporizzatore [vaporiddza'toːre] *m* Zerstäuber *m*

vaporizzazione [vaporiddzatsi'oːne] *f* Verdampfung *f*

vaporoso [vapo'roːso] *adj 1.* dunstig; *2. (fig: vago)* hauchdünn; *3. (sfumato)* verschwommen

varare [va'raːre] *v 1. (legge)* verabschieden; *2. NAUT* vom Stapel lassen, vom Stapel laufen lassen

varcare [var'kaːre] *v* übertreten

varco ['varko] *m 1. (passaggio sopra)* Übergang *m; 2. (passaggio attraverso)* Durchgang *m; 3. (traversata)* Überfahrt *f*

variabile [vari'aːbile] *adj* veränderlich, unbeständig, variabel

variante [vari'ante] *f* Variante *f*

variare [vari'aːre] *v* verändern, variieren, wechseln

variazione [variatsi'oːne] *f 1.* Abwandlung *f*, Abwechslung *f; 2. MUS* Variation *f*

varice [va'riːtʃe] *f MED* Krampfader *f*

varicella [vari'tʃella] *f MED* Windpocken *pl*

varichina [vari'kiːna] *f CHEM* Chlorwasser *n*

varietà [varie'ta] *m 1. THEAT* Varieté *n; f 2. (diversità)* Verschiedenheit *f*, Verschiedenartigkeit *f; 3. BOT* Sorte *f; 4. (molteplicità)* Vielfalt *f; 5. (vasta scelta)* Mannigfaltigkeit *f; 6. (di specie) BIO* Gattung *f*

vario ['vaːrio] *adj 1.* abwechslungsreich; *2. (diverso)* unterschiedlich; *3. (molteplice)* vielfältig; *Il mondo è ~.* Die Welt ist bunt.

varo ['vaːro] *m* Stapellauf *m*, Verabschiedung *f*

Varsavia [var'saːvia] *f GEO* Warschau *f*

vasca ['vaska] *f* Becken *n*, Wanne *f; ~ da bagno* Badewanne *f*

vascello [va'ʃello] *m* Schiff *m*

vascolare [vasko'laːre] *adj 1. MED* Gefäß... *sistema ~* Blutgefäßsystem *n; 2. (antica) arte ~* Vasenkunst *f*

vaso ['vaːzo] *m 1.* Vase *f; 2. (contenitore)* Topf *m; ~ da fiori* Blumentopf *m; 3. ANAT* Gefäß *n; ~ capillare* Kapillargefäß *n*

vassoio [vas'soːio] *m* Tablett *n*, Essgeschirr *n*

vastità [vasti'ta] *f 1.* Weite *f; 2. (fig)* Weitläufigkeit *f*

vasto ['vasto] *adj 1.* groß, weit; *2. (molto ampio)* umfassend

Vaticano [vati'kaːno] *m REL* Vatikan *m*

vecchiaia [vekki'aːia] *f* Alter *n*, hohes Alter *n*

vecchio ['vɛkkio] *adj 1.* alt; *2. (fig)* altbacken

vecchissimo [vek'kissimo] *adj* steinalt, uralt

vece ['veːtʃe] *f* Stellvertretung *f; in sua ~* an seiner Stelle; *far le veci di qd* jdn vertreten

vedere [ve'deːre] *v irr 1.* sehen; *far ~* zeigen, herzeigen; *vedersela brutta* schlechte Aussichten haben; *2. (guardare)* schauen, zusehen, zuschauen

vedetta [ve'detta] *f* Wache *f*

vedova ['veːdova] *f* Witwe *f*

vedovo ['veːdovo] *adj 1.* verwitwet; *m 2.* Witwer *m*

veduta [ve'duːta] *f 1.* Ansicht *f*, Blick *m; 2. (panorama)* Aussicht *f; 3. (opionione)* Ansichten *pl*

vegetale [vedʒe'taːle] *m 1. BOT* Gewächs *n; adj 2.* pflanzlich, Pflanzen...

vegetare [vedʒe'taːre] *v* vegetieren

vegetariano [vedʒetari'aːno] *adj 1.* vegetarisch; *m 2.* Vegetarier *m*

vegetazione [vedʒetatsi'oːne] *f* Vegetation *f*

vegeto ['vɛːdʒeto] *adj (persone)* rüstig, gesund

veggente [ved'dʒɛnte] *m/f* Seher(in) *m/f*, Wahrsager(in) *m/f*

veglia ['veːʎa] *f* Wache *f; stato di ~* Wachzustand *m; ~ funebre* Totenwache *f*

vegliare [ve'ʎaːre] v wachen
veglione [ve'ʎoːne] m Ball m
veicolo [ve'iːkolo] m Fahrzeug n
vela ['veːla] f Segel n
velare [ve'laːre] v verhüllen, veschleiern
velatura [vela'tuːra] f Segelwerk n
veleggiare [veled'dʒaːre] v segeln
veleno [ve'leːno] m Gift n; ~ di serpente Schlangengift n; ~ per topi Rattengift n
velenoso [vele'noːso] adj giftig; sostanze velenose Giftstoffe pl
veliero [veli'ɛːro] m Segler m
velivolo [ve'liːvolo] m Flugzeug n
velleità [vellei'ta] f Allüre f
vello ['vɛllo] m Pelz m
velluto [vel'luːto] m Samt m, Velours n
velo ['veːlo] m 1. Schleier m; 2. (tulle) Tüll m; 3. (strato sottile) dünne Schicht f, Decke f; 4. ~ di cipolla BOT Zwiebelhaut f
veloce [ve'loːtʃe] adj schnell, geschwind, rasch
velocità [velot'ʃiːta] f Geschwindigkeit f, Schnelligkeit f; ~ massima Höchstgeschwindigkeit f, Spitzengeschwindigkeit f; ~ del suono Schallgeschwindigkeit f; ~ supersonica Überschallgeschwindigkeit f; a grande ~ rasant, mit hoher Geschwindigkeit
velodromo [ve'lɔːdromo] m Radrennbahn f, Radrennhalle f
vena ['veːna] f 1. ANAT Vene f; 2. (fig) Ader f; essere in ~ gut gelaunt sein, gut gestimmt sein
venale [ve'naːle] adj (fig) käuflich
venato [ve'naːto] adj 1. gemasert, geädert; 2. ~ di (fig) durchzogen von
venatura [vena'tuːra] f Maserung f
vendemmia [ven'demmia] f Weinlese f
vendemmiatore [vendemmia'toːre] m Winzer m
vendere ['vendere] v 1. verkaufen, veräußern; 2. (cedere, lasciare) überlassen; 3. (smerciare) umsetzen; 4. ECO vertreiben; 5. (spacciare) abstoßen, absetzen
vendetta [ven'detta] f Rache f
vendibile [ven'diːbile] adj 1. verkäuflich; 2. ECO absetzbar
vendibilità [vendibili'ta] f ECO Vermarktung f
vendicare [vendi'kaːre] v rächen
vendicarsi [vendi'karsi] v sich revanchieren; ~ di qd sich an jdm rächen
vendicativo [vendika'tiːvo] adj rachsüchtig
vendicatore [vendika'toːre] m Rächer m

vendita ['vendita] f 1. Verkauf m, Absatz m; ~ in contanti Barverkauf m; ~ all'asta Versteigerung f; ~ esclusiva Alleinvertrieb m; non in ~ unverkäuflich; 2. ECO Umsatz m
venditore [vendi'toːre] m Verkäufer m; ~ al minuto Einzelhändler m; ~ ambulante Straßenhändler m, Hausierer m
venerabile [vene'raːbile] adj ehrwürdig, altehrwürdig
venerare [verne'raːre] v verehren
veneratore [venera'toːre] m Verehrer m
venerazione [veneratsio:ne] f Verehrung f
venerdì [vener'di] m Freitag m; di ~ freitags; ~ Santo Karfreitag m
Veneto ['veːneto] m GEO Veneto n
venire [ve'niːre] v irr 1. kommen, mitkommen; ~ alla luce zum Vorschein kommen; ~ dopo nachkommen; ~ incontro entgegenkommen; 2. (avere un'idea) ~ in mente in den Sinn kommen, einfallen; 3. ~ alle mani handgreiflich werden
venoso [ve'noːso] adj MED aderig, venös
ventaglio [ven'taːʎo] m Fächer m; a ~ fächerförmig
ventesimo [ven'tɛːzimo] adj zwanzigste(r,s)
venti ['venti] num zwanzig
ventilato [venti'laːto] adj zugig
ventilatore [ventila'toːre] m TECH Ventilator m
vento ['vɛnto] m Wind m; Tira molto ~. Es ist sehr windig.
ventola ['vɛntola] m Wedel m
ventoso [ven'toːso] adj windig
ventre ['vɛntre] m ANAT Bauch m; basso ~ Unterleib m
ventricolo [ven'triːkolo] m ANAT Kammer f
venturo [ven'tuːro] adj zukünftig
venuta [ve'nuːta] f Ankunft f
venuto [ve'nuːto] adj ben ~ willkommen; il primo ~ der Erstbeste m
vera ['veːra] f Ehering m
verace [ve'raːtʃe] adj aufrichtig, ehrlich, offenherzig
veramente [vera'mente] adv 1. (realmente) wirklich, tatsächlich; 2. (per la verità) eigentlich; lo, ~, non ho voglia di ... Ich habe wirlich keine Lust zu ...
veranda [ve'randa] f Veranda f
verbale [ver'baːle] adj 1. mündlich; 2. LING verbal; m 3. JUR Protokoll n; stendere un ~ ein Protokoll aufnehmen

verbalizzare [verbalid'dzaːre] *v 1. JUR* beurkunden; *2. (esprimere con parole)* verbalisieren
verbalizzazione [verbaliddzatsi'oːne] *f 1. JUR* Beurkundung *f; 2. (stesura di un verbale)* Protokollierung *f*
verbo ['vɛrbo] *m 1. GRAMM* Verb *n; 2. (parola)* Wort *n*
verboso [ver'boːso] *adj (prolisso)* ausführlich
verde ['verde] *adj 1.* grün; *2. Sono al ~. (fig)* Ich bin pleite. *m 3. POL* Grüner *m*
verderame [verde'raːme] *m* Grünspan *m*
verdetto [ver'detto] *m JUR* Spruch *m;* Urteilsspruch *m*
verdura [ver'duːra] *f BOT* Gemüse *n*
verga ['verga] *f (ramo)* Rute *f*
vergare [ver'gaːre] *v* schreiben
vergine ['verdʒine] *adj 1.* unberührt, natürlich; *miele ~* reine Bienenhonig *m; foresta ~* Urwald *m; cassetta ~* Leerkassette *f; 2. (verginale)* jungfräulich; *f 3.* Jungfrau *f*
verginità [verdʒini'ta] *f* Unschuld *f,* Jungfräulichkeit *f*
vergogna [ver'goːɲa] *f 1.* Schande *f; 2. (come sentimento)* Scham *f,* Schamgefühl *n; 3. (pudore)* Schamgefühl *n*
vergognarsi [vergo'ɲarsi] *v* sich genieren, sich schämen
vergognoso [vergo'ɲoːso] *adj 1.* schamhaft; *2. (infame)* schändlich, beschämend
veridicità [veriditʃi'ta] *f* Wahrhaftigkeit *f*
verifica [ve'riːfika] *f 1. (ispezione)* Überprüfung *f; 2. (controllo)* Überprüfung *f; 3. (di pesi) TECH* Eichung *f*
verificare [verifi'kaːre] *v 1.* überprüfen; *2. (constatare)* feststellen
verificarsi [verifi'karsi] *v 1.* eintreffen, sich bewahrheiten; *2. (rivelarsi)* sich herausstellen, sich ergeben
verismo [ve'rizmo] *m LIT* Verismus *m*
verità [veri'ta] *f* Wahrheit *f*
veritiero [veri'tiˈɛːro] *adj* wahrhaftig, wahrheitsgetreu
verme ['vɛrme] *m 1. ZOOL* Made *f; 2. (baco)* Wurm *m*
vermiglio [ver'miːʎo] *adj* feuerrot, hochrot
vernice [ver'niːtʃe] *f 1.* Lack *m; 2. (fig)* Anstrich *m*
verniciare [verni'tʃaːre] *v* streichen, beizen
verniciatura [vernitʃa'tuːra] *f* Lackierung *f*

vero ['veːro] *adj 1.* wahr, eigentlich, echt; *2. (fig)* waschecht; *3. (giusto)* richtig; *a dire il ~* zwar, eigentlich; *m 4.* Wahrheit *f*
verosimile [vero'siːmile] *adj* wahrscheinlich
verruca [ver'ruːka] *f MED* Warze *f*
versamento [versa'mento] *m 1.* Zahlung *f; 2. MED* Ergießung *f,* Erguss *m*
versante [ver'sante] *m GEO* Abhang *m*
versare [ver'saːre] *v 1.* eingießen, einfüllen; *2. (far fuoriuscire da un recipiente)* gießen, schütten; *3. (rovesciare)* vergießen; *4. ECO* abführen; *5. (denaro)* einzahlen
versatile [ver'saːtile] *adj (eclettico)* vielseitig
versato [ver'saːto] *adj* versiert
versione [versi'oːne] *f 1.* Version *f; 2. (traduzione)* Übersetzung *f*
verso¹ ['vɛrso] *prep 1. (moto a luogo)* gegen, gegenüber, nach; *~ sud* nach Süden/gen Süden; *~ l'Italia* nach Italien; *2. (temporale)* um; *~ le diciotto* gegen achtzehn Uhr; *3. (nei confronti)* gegenüber; *essere gentile ~ gli ospiti* den Gästen gegenüber freundlich sein; *m 4. (direzione)* Richtung *f*
verso² ['vɛrso] *m (parte posteriore di un foglio)* Rückseite *f*
verso³ ['vɛrso] *m 1. (di una poesia)* Vers *m; 2. prendere qc per il ~ giusto (fig)* etw zu nehmen wissen; *3. (smorfia)* Fratze *f; fare i versi* Grimassen schneiden
vertebra ['vɛrtebra] *f ANAT* Wirbel *m;* Rückenwirbel *m*
verticale [verti'kaːle] *adj 1.* senkrecht, vertikal; *formato in ~* Hochformat *n; f 2.* Vertikallinie *f; 3. SPORT* Handstand *m*
vertice ['vɛrtitʃe] *m 1. POL* Gipfel *m; 2. (sommità)* Höhe *f; 3. (punto culminante)* Höhepunkt *m*
vertigini [ver'tiːdʒini] *m/pl MED* Schwindel *m; Ho le ~.* Mir ist schwindlig.
vertiginoso [vertidʒi'noːso] *adj* Schwindel erregend
verza ['vertsa] *f BOT* Wirsing *m*
vescica [ve'ʃiːka] *f ANAT* Blase *f; ~ da scottature* Brandblase *f*
vescovile [vesko'viːle] *adj REL* bischöflich
vescovo ['veskovo] *m REL* Bischof *m*
vespa ['vɛspa] *f ZOOL* Wespe *f*
vespaio [ves'paːio] *m (nido di vespe) ZOOL* Wespennest *n*
vespero ['vɛspero] *m 1. (sera) LIT* Abend *m; 2. REL* Vesper *f*

vessare [ves'saːre] v schikanieren
vessazione [vessatsi'oːne] f Quälerei f,
Niederträchtigkeit f
vessillo [ves'sillo] m Flagge f
vestaglia [ves'taːʎa] f Morgenrock m
veste ['vɛste] f Robe f, Kleid n; ~ da cerimonia Gewand n; in ~ di (fig) als
vestibolo [ves'tiːbolo] m Vestibül n,
Vorhalle f
vestire [ves'tiːre] v 1. bekleiden; 2. ~ qd
jdn ankleiden
vestirsi [ves'tirsi] v sich kleiden, sich
ankleiden
vestito [ves'tiːto] m 1. Anzug m, Kleid n;
~ da sposa Brautkleid n; 2. (fig) Kluft f,
Montur f; 3. vestiti pl Kleidung f
veterinario [veteri'naːrio] m Tierarzt m,
Veterinär m
vetraio [ve'traːio] m Glaser m
vetrina [ve'triːna] f 1. Schaufenster n;
2. (merce esposta) Auslage f; 3. (mobile)
Vitrine f
vetro ['veːtro] m 1. Glas n; di ~ gläsern; ~
antiproiettile Panzerglas m; ~ opalino
Milchglas n; ~ usato Altglas n; 2. (di finestra)
Scheibe f
vetta ['vetta] f (di montagna) Spitze f
vettore [vet'toːre] m 1. ECO Frachtführer
m; 2. MATH Vektor m
vettovagliamento [vettovaʎa'mento] m
Verpflegung f
vettovagliare [vettova'ʎaːre] v verpflegen
vettura [vet'tuːra] f Auto n, Wagen m; ~
da turismo Tourenwagen m; ~ familiare
Kombiwagen m
vezzeggiativo [vettseddʒa'tiːvo] m 1.
Kosewort m, Kosenamen m; adj 2. liebko-
send; 3. forma vezzeggiativa Verkleine-
rungsform f
vi [vi] pron 1. euch; adv 2. hinzu, dorthin
via ['viːa] adv 1. fort, weg; f 2. Weg m,
Straße f; ~ crucis Kreuzweg m; ~ di scampo
Fluchtweg m; ~ lattea Milchstraße f; 3. (possibilità) Möglichkeit f; 4. in ~ eccezionale
ausnahmsweise; 5. per ~ di ... wegen
viadotto [via'dotto] m Viadukt n
viaggiare [viad'dʒaːre] v reisen, bereisen
viaggiatore [viaddʒa'toːre] m Reisen-
der m
viaggio [vi'addʒo] m Reise f, Fahrt f; ~
d'affari Geschäftsreise f; ~ di esplorazione
Entdeckungsreise f; ~ di nozze Hochzeitsreise f; ~ di prova Probefahrt f; ~ di ritorno

Rückfahrt f; ~ inaugurale Jungfernfahrt f; ~
tutto compreso Pauschalreise f
viale [vi'aːle] m Allee f
viandante [vian'dante] m/f Wanderer/
Wanderin m/f
viavai [via'vai] m Hin und Her n
vibrare [vi'braːre] v 1. vibrieren; 2. (colpo)
versetzen
vibrazione [vibratsi'oːne] f Vibration f,
Schwingung f
vice ['viːtʃe] pref Vize...
vicenda [vi'tʃɛnda] f 1. (evento) Ereignis
n, Vorfall m; 2. (il succedersi) Abfolge f; ~
delle stagioni Jahreszeitenwechsel m;
3. (alternativo, fra di loro) a ~ gegenseitig
vicepresidente [vitʃepresi'dɛnte] m
Vizepräsident m
viceversa [vitʃe'vɛrsa] adv 1. umgekehrt;
2. (invece di ciò) stattdessen
vicinanza [vitʃi'nantsa] f 1. Nähe f;
2. vicinanze pl Gegend f, Umgebung f; nelle
vicinanze di in der Gegend von
vicinato [vitʃi'naːto] m Nachbarschaft f
vicino [vi'tʃiːno] adv 1. (luogo) nah, nebenan; E' andato qui ~. Er ist nach nebenan
gegangen. ~ a nahe bei, bei; 2. (tempo) nahe;
adj 3. nah; m 4. Nachbar m, Anlieger m
vicolo ['viːkolo] m Gasse f
video ['viːdeo] m INFORM Bildschirm m
videocassetta [videokas'setta] f Videokassette f
videofono [vide'ɔːfono] m Bildtelefon n
videoregistratore [videoredʒistra'toː-
re] m Videorekorder m
videotel [video'tɛl] m INFORM Bildschirmtext m
videotelefono [videote'lɛːfono] m Bildtelefon n
vietare [vie'taːre] v untersagen, verbieten
vietato [vie'taːto] adj verboten, unerlaubt
vigere ['viːdʒere] v gelten
vigilante [vidʒi'lante] adj wachsam
vigilanza [vidʒi'lantsa] f Wachsamkeit f
vigile ['viːdʒile] adj 1. wachsam; m 2. Polizist m; ~ urbano Stadtpolizist m, Verkehrspolizist m; ~ del fuoco Feuerwehrmann m;
Chiami i vigili del fuoco! Rufen Sie die
Feuerwehr!
vigilia [vi'dʒiːlia] f Vorabend m, Vortag m
vigliaccheria [viʎakke'riːa] f Feigheit f,
Niederträchtigkeit f
vigliacco [vi'ʎakko] adj 1. (fig) feige; m
2. Feigling m, Angsthase m
vigna ['viːɲa] f Weinberg m

vigneto [vi'ɲeːto] *m* Weinberg *m*
vignetta [vi'ɲetta] *f* Karikatur *f,* Witzbild *n*
vigore [vi'goːre] *m* Kraft *f*
vigoroso [vigo'roːso] *adj* kräftig, stark
vile ['viːle] *adj* 1. feig; 2. *(abietto)* gemein; *m/f* 3. Feigling *m*
vilipendio [vili'pɛndio] *m* 1. Geringschätzung *f;* 2. *(diffamazione)* Verunglimpfung *f*
villa ['villa] *f* 1. Villa *f;* 2. *(casa di campagna)* Landhaus *n*
villaggio [vil'laddʒo] *m* 1. Dorf *n;* 2. *(località)* Ort *m,* Ortschaft *f*
villano [vil'laːno] *adj* 1. flegelhaft, rüpelhaft; *m* 2. Flegel *m,* Grobian *m*
villeggiatura [villeddʒa'tuːra] *f* Sommerfrische *f*
viltà [vil'ta] *f* Feigheit *f*
vincere ['vintʃere] *v irr* 1. siegen, besiegen; 2. *(gara, premio)* gewinnen, siegen; ~ *un concorso* aus einem Wettbewerb als Sieger hervorgehen
vincita ['vintʃita] *f* 1. Gewinn *m;* 2. *(biglietto, numero vincente)* Treffer *m*
vincitore [vintʃi'toːre] *adj* 1. siegreich; *m* 2. Sieger *m,* Gewinner *m*
vincolante [viŋko'lante] *adj* verbindlich, verpflichtend
vincolato [viŋko'laːto] *adj* 1. *(conto)* ECO gesperrt; 2. *(obbligato)* gebunden; 3. *(limitato)* eingeschränkt
vincolo ['viŋkolo] *m* 1. Bindung *f;* 2. *(obbligo)* Verpflichtung *f*
vino ['viːno] *m* GAST Wein *m;* ~ *bianco* Weißwein *m;* *vin brûlé* Glühwein *m;* ~ *di qualità* Qualitätswein *m;* ~ *rosso* Rotwein *m*
viola [vi'ɔːla] *adj* 1. violett; *f* 2. MUS Bratsche *f;* 3. BOT Veilchen *n*
violare [vio'laːre] *v* 1. *(contratto)* brechen, verletzen; 2. *(infrangere)* verletzen; 3. *(profanare)* entweihen
violazione [violatsi'oːne] *f* 1. Verletzung *f;* 2. JUR Entweihung *f;* ~ *di domicilio* Nötigung *f,* Tätlichkeit *f*
violentare [violen'taːre] *v* 1. sich vergehen an; 2. *(stuprare)* vergewaltigen; 3. *(costringere)* nötigen
violento [vio'lɛnto] *adj* 1. gewaltig, gewaltsam; 2. *(manesco)* handgreiflich; *episodi violenti* Tätlichkeiten *pl;* 3. *(rumore)* lautstark; *m* 4. Gewaltmensch *m*
violenza [vio'lɛntsa] *f* 1. Gewalt *f,* Tätlichkeit *f;* 2. *(stupro)* Vergewaltigung *f;* 3. *(impeto)* Wucht *f*

violetto [vio'letto] *adj* violett
violinista [violo'nista] *m/f* MUS Geiger(in) *m/f*
violino [vio'liːno] *m* MUS Geige *f*
violoncellista [violontʃel'lista] *m/f* MUS Cellist(in) *m/f*
violoncello [violon'tʃello] *m* MUS Cello *n*
vipera ['viːpera] *f* ZOOL Otter *f,* Viper *f*
virgola ['virgola] *f* GRAMM Komma *n*
virgolette [virgo'lette] *f/pl* Anführungszeichen *n*
virile [vi'riːle] *adj* männlich, Mannes...
virtù [vir'tu] *f* 1. Tugend *f,* Tugendhaftigkeit *f;* 2. REL Tugend *f*
virtuale [virtu'aːle] *adj* 1. virtuell; *spazi virtuali* virtuelle Räume *pl;* 2. *(potenziale, possibile)* potenziell, möglich
virtuosità [virtuosi'ta] *f* Tugendhaftigkeit *f*
virtuoso [virtu'oːso] *adj* 1. tugendhaft; *m* 2. Virtuose *m*
virus ['viːrus] *m* MED Virus *n*
viscere ['viʃere] *f* ANAT Eingeweide *n*
vischio ['viskio] *m* BOT Mistel *f*
viscido ['viʃido] *adj* (fig) glatt, schleimig
visconte [vis'konte] *m* Vicomte *m*
viscoso [vis'koːso] *adj* zähflüssig
visibile [vi'ziːbile] *adj* 1. sichtbar; *ben* ~ übersichtlich; 2. *(evidente)* ersichtlich, erkennbar
visibilità [vizibili'ta] *f* Sicht *f,* Sichtbarkeit *f*
visione [vizi'oːne] *f* 1. Vision *f;* 2. *(punto di vista)* Schau *f;* 3. *(apparizione, fantasma)* Spuk *m;* 4. *(fig)* Durchblick *m*
visita ['viːzita] *f* 1. Besichtigung *f,* Visite *f;* ~ *ufficiale* Staatsbesuch *m; Quando ci sarà la prossima* ~? Wann ist die nächste Führung? 2. *(alla dogana)* Abfertigung *f;* 3. *(dal medico)* MED Untersuchung *f; risultato della* ~ Untersuchungsergebnis *n;* ~ *di leva* Musterung *f;* 4. *(di ospiti)* Besuch *m;* ~ *a un malato* Krankenbesuch *m*
visitare [vizi'taːre] *v* 1. besichtigen; 2. *(far visita)* besuchen; 3. MED untersuchen, diagnostizieren
visitatore [vizita'toːre] *m* Besucher *m*
viso ['viːzo] *m* Angesicht *n,* Gesicht *n; far buon* ~ *a cattivo gioco* gute Miene zum bösen Spiel machen
visone [vi'zoːne] *m* ZOOL Nerz *m*
vispo ['vispo] *adj* lebhaft
vista ['vista] *f* 1. Aussicht *f,* Ausblick *m; con* ~ *su* mit Blick auf; *punto di* ~ Standpunkt

m, Blickpunkt *m,* Gesichtspunkt *m; ~ latera-le* Seitenansicht *f; ~ posteriore* Rückansicht *f;* non in *~* außer Sicht; *a ~ d'occhio* zusehends; *mettersi in ~* sich hervortun; *conoscere di ~* vom Sehen kennen; *2. PHYS* Sehkraft *f,* Sichtweite *f*
visto ['visto] *adj 1.* gesehen, angesehen; *~ che* ... in Anbetracht dessen, dass .../*da* ... *m 2.* Sichtvermerk *m; 3. (permesso)* Visum *n*
vistoso [vis'to:so] *adj* auffallend
visuale [vizu'a:le] *adj 1. campo ~* Gesichtsfeld *n; f 2.* Ausblick *m*
vita ['vi:ta] *f 1.* Leben *n; a ~* lebenslänglich; *dalla ~ breve* kurzlebig; *segno di ~* Lebenszeichen *n; ~ di coppia* Partnerschaft *f;* condotta di *~* Lebenswandel *m; tenore di ~* Lebensstil *m; avere una ~ di stenti (fig)* ein kümmerliches Leben verbringen; *2. (del vestito)* Taille *f*
vitale [vi'ta:le] *adj 1.* lebenswichtig; *questione ~* Existenzfrage *f; 2. (pieno di vita)* vital
vitalizio [vita'li:tsio] *m* Leibrente *f*
vitamina [vita'mi:na] *f* Vitamin *n*
vite ['vi:te] *f 1.* Schraube *f; La ~ è lenta.* Diese Schraube ist locker. *giro di ~* Verschärfung *f; 2. BOT* Rebe *f*
vitello [vi'tɛllo] *m ZOOL* Kalb *n*
viticcio [vi'tittʃo] *m BOT* Ranke *f*
viticoltore [vitikol'to:re] *m* Weinbauer *m*
vitreo ['vi:treo] *adj* glasig
vittima ['vittima] *f* Opfer *n,* Verunglückter *m*
vitto ['vitto] *m* Verpflegung *f; dare il ~ a* verköstigen, verpflegen
vittoria [vit'tɔ:ria] *f* Sieg *m; cantar ~ su qc (fam)* über etw triumphieren
vittorioso [vittori'o:so] *adj* siegreich
vituperio [vitu'pɛ:rio] *m* Schimpf *m,* Schande *f*
viva ['vi:va] *interj* hurra, es lebe, hoch lebe; *Viva la libertà!* Hoch lebe die Freiheit!
vivace [vi'va:tʃe] *adj* lebendig, lebhaft
vivacemente [vivatʃe'mente] *adv* rege, keck
vivacità [vivatʃi'ta] *f* Munterkeit *f,* Lebendigkeit *f*
vivaio [vi'va:io] *m* Baumschule *f*
vivanda [vi'vanda] *f* Speise *f*
vivente [vi'vɛnte] *adj* lebendig, lebend; *essere ~* Lebewesen *n*
vivere ['vi:vere] *v irr 1.* leben, existieren; *2. (abitare)* wohnen
viveri ['vi:veri] *m/pl GAST* Lebensmittel *pl*

vivido ['vi:vido] *adj* rege, temperamentvoll, lebendig
vivissimo [vi'vissimo] *adj* quicklebendig
vivo ['vi:vo] *adj 1.* lebhaft, belebt; *2. (vivente)* lebend; *farsi ~* von sich hören lassen, sich melden; *rosso ~* feuerrot
viziare [vitsi'a:re] *v* verwöhnen
viziato [vitsi'a:to] *adj* verwöhnt, unerzogen
vizio ['vi:tsio] *m 1.* Untugend *f; 2. (fig)* Laster *n,* schlechte Angewohnheit *f; 3. ~ cardiaco MED* Herzfehler *m; 4. JUR* Mangel *m*
vizioso [vitsi'o:so] *adj 1.* lasterhaft, verdorben; *2. (difettoso, errato)* mangelhaft
vizzo ['vittso] *adj* welk
vocabolario [vokabo'la:rio] *m 1.* Vokabular *n,* Wörterbuch *n; 2. (lessico)* Wortschatz *m*
vocabolo [vo'ka:bolo] *m* Vokabel *f; ~ straniero* Fremdwort *n*
vocale [vo'ka:le] *adj 1.* vokalisch; *2. corde vocali ANAT* Stimmbänder *pl; f 3. GRAMM* Vokal *m*
vocazione [vokatsi'o:ne] *f* Berufung *f*
voce ['vo:tʃe] *f 1.* Stimme *f; ad alta ~* lautstark; *avere ~ in capitolo* Einfluss haben/wichtig sein; *~ bianca* Knabenstimme *f; 2. (notizia vaga)* Gerücht *n; Corre ~ che ...* Man sagt, dass .../Es geht das Gerücht um, dass ... *3. (elenco)* Posten *m; 4. ECC* Artikel *m*
vocio [vo'tʃi:o] *m* Murmeln *n,* Stimmengewirr *n*
voga ['vo:ga] *f* Schwung *m; essere in ~* modern sein
voglia ['vɔʎa] *f 1.* Lust *f; di buona ~/di mala ~* gerne/widerwillig; *2. (brama)* Verlangen *n; 3. (desiderio fisico, desiderio sensuale)* Gelüste *pl; 4. MED* Muttermal *n*
voi [voi] *pron 1.* ihr, euch; *per ~* euretwegen; *2. (dativo) a ~* euch
volante [vo'lante] *m 1.* Steuer *n; ~ di guida* Lenkrad *n; adj 2.* fliegend
volantino [volan'ti:no] *m* Flugblatt *n,* Handzettel *m*
volare [vo'la:re] *v 1.* fliegen; *2. (tempo)* verfliegen
volata [vo'la:ta] *f SPORT* Endspurt *m*
volatile [vo'la:tile] *m* Geflügel *n*
volenteroso [volente'ro:so] *adj* bereitwillig
volentieri [volenti'ɛ:ri] *adv* gern
volere [vo'le:re] *v irr 1.* wollen, mögen; *Vuol dire ...* Das bedeutet .../Das heißt ... *2.*

voler bene a lieb haben; *Ti voglio bene.* Ich habe dich gerne./Ich mag dich. *3. (avere bisogno)* benötigen; *Ci vuole un'ora.* Man braucht eine Stunde. *Qui ci vuole un dizionario.* Dazu braucht man ein Wörterbuch. *m 4.* Wille *m*

volgare [vol'ga:re] *adj* vulgär
volgarità [volgari'ta] *f* Gewöhnlichkeit *f,* Vulgarität *f*
volgere ['vɔldʒere] *v irr* kehren, lenken; *~ via* abwenden
volgersi ['vɔldʒersi] *v irr* sich abwenden, sich umdrehen
volitivo [voli'ti:vo] *adj* willensstark
volo ['vo:lo] *m 1.* Flug *m,* Fliegen *n; ~ radente* Tiefflug *m; ~ di ritorno* Rückflug *m; ~ a vela* Segelfliegen *n; Questo ~ ha ritardo?* Hat dieser Flug Verspätung? *C'è un ~ di linea per ...?* Gibt es einen Linienflug nach ...? *2. (fig)* Höhenflug *m*
volontà [volon'ta] *f* Wille *m; a ~* nach Belieben
volontariato [volontari'a:to] *m* Volontariat *n*
volontario [volon'ta:rio] *adj 1.* freiwillig, aus freien Stücken; *m 2.* Volontär *m,* Freiwilliger *m*
volonteroso [volonte'ro:so] *adj 1.* gutwillig; *2. (attivo)* fleißig
volpe ['volpe] *f ZOOL* Fuchs *m*
volpino [vol'pi:no] *m ZOOL* Spitz *m*
volt [volt] *m TECH* Volt *n*
volta¹ ['vɔlta] *f (tempo)* Mal *n; otto volte* achtmal; *per la prima ~* erstmals; *per l'ennesima ~* zum x-ten Mal; *un'altra ~* ein andermal; *di ~ in ~* jeweils; *due volte* zweimal; *questa ~* diesmal; *una ~* einmal, ehemals; *Un'altra ~, per favore!* Noch einmal, bitte! *l'ultima ~* das letzte Mal; *la prossima ~* das nächste Mal; *qualche ~* manchmal
volta² ['vɔlta] *f ARCH* Gewölbe *n,* Wendung *f*
voltafaccia [volta'fattʃa] *f 1.* Gesinnungswechsel *m; 2. (fig)* Kehrtwendung *f*
voltaggio [vol'taddʒo] *m TECH* Spannung *f*
voltare [vol'ta:re] *v 1.* herumdrehen, umdrehen; *~ pagina* umblättern; *~ pagina (fig)* neu anfangen; *2. (girare)* abbiegen; *Dove dobbiamo ~?* Wo müssen wir abbiegen? *~ a destra* nach rechts abbiegen; *~ a sinistra* nach links abbiegen; *3. (volgere)* wenden
voltarsi [vol'tarsi] *v* sich umdrehen
voltata [vol'ta:ta] *f* Wende *f*

volteggiare [volted'dʒa:re] *v* voltigieren
volto ['volto] *m* Gesicht *n*
volubile [vo'lu:bile] *adj* flatterhaft, wankelmütig
volume [vo'lu:me] *m 1.* Volumen *n; ~ d'affari* Geschäftsvolumen *n; 2. (rumore)* Lautstärke *f; 3. (libro)* Band *m; ~ illustrato* Bildband *m; primo ~* erster Band *m*
voluminoso [volumi'no:so] *adj* umfangreich
voluttà [volut'ta] *f* Lust *f,* Sinnlichkeit *f*
voluttario [volut'ta:rio] *adj* Genuss... *articoli voluttari* Genussartikel *pl*
voluttuoso [voluttu'o:so] *adj* genüsslich
vomitare [vomi'ta:re] *v* sich übergeben, brechen
vomito ['vo:mito] *m* Brechen *n*
vongola ['voŋgola] *f ZOOL* Muschel *f*
vorace [vo'ra:tʃe] *adj* gefräßig, verfressen
voracità [voratʃi'ta] *f* Gefräßigkeit *f,* Verfressenheit *f*
voragine [vo'ra:dʒine] *f (abisso) GEO* Abgrund *m*
vortice ['vɔrtitʃe] *m* Strudel *m,* Wirbel *m*
vostro ['vɔstro] *pron* euer, eure; *~ pari* euresgleichen
votante [vo'tante] *m/f POL* Wähler(in) *m/f*
votare [vo'ta:re] *v 1. POL* wählen; *2. (dare il proprio voto)* abstimmen, eine Abstimmung machen
votarsi [vo'tarsi] *v* sich widmen
votazione [votatsi'o:ne] *f 1. POL* Wahl *f; 2. (l'atto del votare)* Abstimmung *f*
voto ['vo:to] *m 1.* Note *f,* Zensur *f; dare un ~* benoten; *a pieni voti* mit der besten Note; *2. (valutazione)* Prädikat *n; 3. POL* Stimme *f; 4. (legislazione elettorale) POL* Wahlrecht *n*
vulcano [vul'ka:no] *m 1. GEO* Vulkan *m; 2. (fig)* Pulverfass *n*
vulnerabile [vulne'ra:bile] *adj* verletzbar, verwundbar
vulnerabilità [vulnerabili'ta] *f* Verletzbarkeit *f*
vuotamento [vuota'mento] *m* Räumung *f*
vuotare [vuo'ta:re] *v* leeren, ausleeren
vuotarsi [vuo'tarsi] *v* sich leeren
vuoto [vu'ɔ:to] *adj 1.* leer; *assegno a ~* ungedeckter Scheck *m; 2. (fig)* hohl; *3. (senza senso)* sinnlos; *m 4.* Leergut *n; ~ a perdere* Einwegflasche *f; ~ a rendere* Pfandflasche *f; 5. (spazio non occupato)* Leere *f; 6. (fig)* Lücke *f*

W/X/Y/Z

wafer ['vaːfer] *m GAST* Waffel *f*
warrant ['wɑrant] *m ECO* Optionsschein *m*
weekend ['wiːkend] *m* Wochenende *n*
western ['wɛstern] *m CINE* Western *m*
wurstel ['vurstəl] *m GAST* Würstchen *n*
xenofobia [ksenofo'biːa] *f* Ausländer-feindlichkeit *f,* Xenophobie *f*
xenofobo [kse'nɔːfobo] *adj* ausländer-feindlich, xenophob
xilofono [ksi'lɔːfono] *m MUS* Xylophon *n*
yacht [jɔt] *m* Jacht *f*
yen [jɛn] *m* Yen *m*
yogurt ['jɔːgurt] *m GAST* Joghurt *m*
ypsilon ['iːpsilon] *m/f* Ypsilon *n*
zabaione [tsabai'oːne] *m GAST* Wein-schaumcreme *f*
zafferano [dzaffe'raːno] *m BOT* Safran *m*
zaffiro [dzaf'fiːro] *m MIN* Saphir *m*
zaino ['dzaːino] *m* Rucksack *m*
zampa ['tsampa] *f ZOOL* Pfote *f,* Bein *n*
zampogna [tsam'poːɲa] *f* 1. *MUS* Hir-tenflöte *f;* 2. *(cornamusa) MUS* Dudelsack *m*
zanna ['tsanna] *f* 1. *(di cinghiali)* Hauer *m;* 2. *(di elefanti) ZOOL* Stoßzahn *m*
zanzara [dzan'dzaːra] *f ZOOL* Mücke *f*
zappa ['tsappa] *f* Hacke *f*
zapping ['tsappiŋ] *m* Zappen *n;* fare ~ zappen
zattera ['tsattera] *f* Floß *n*
zavorra [dza'vɔrra] *f* Ballast *m*
zebra ['dzɛːbra] *f ZOOL* Zebra *n*
zecca¹ ['tsekka] *f ZOOL* Zecke *f*
zecca² ['tsekka] *f* Münzstätte *f; nuovo di ~* nagelneu
zelante [dze'lante] *adj* eifrig
zelo ['dzeːlo] *m* Eifer *m; con ~* eifrig
zenzero ['dzɛndzero] *m* Ingwer *m*
zeppare [tsep'paːre] *v* füllen
zeppo ['tseppo] *adj pieno ~* bis oben voll
zerbino [dzer'biːno] *m* Fußabtreter *m*
zero ['dzɛːro] *num* 1. null; *m* 2. Null *f;* 3. *(fig)* Nullpunkt *m*
zia ['tsiːa] *f* Tante *f*
zibaldone [dzibal'doːne] *m* 1. Mischung *f;* 2. *(guazzabuglio)* Sammelsurium *n*
zibellino [dzibel'liːno] *m* Zobel *m*
zigano [tsi'gaːno] *m* Zigeuner *m*
zigomo ['dziːgomo] *m ANAT* Jochbein *n*
zigrinato [dzigri'naːto] *adj* narbig
zinco ['tsiŋko] *m CHEM* Zink *m*

zingaro ['tsiŋgaro] *m* Zigeuner *m*
zio ['tsiːo] *m* Onkel *m*
zip [tsip] *m* Reißverschluss *m*
zitella [tsi'tɛlla] *f* Jungfer *f*
zitto ['tsitto] *adj* still; *stare ~* schweigen
zizzania [dzid'dzaːnia] *f* 1. Zwietracht *f,* Streit *m;* 2. *(erba dannosa)* Unkraut *n*
zoccolo ['tsɔkkolo] *m* 1. *ZOOL* Huf *m;* 2. *(come calzatura)* Holzschuh *m;* 3. *(di un muro, di un mobile) ARCH* Sockel *m*
zodiacale [dzodia'kaːle] *m segno ~* Tierkreiszeichen *n*
zolfo ['tsolfo] *m CHEM* Schwefel *m*
zolla ['tsɔlla] *f* Erdscholle *f*
zolletta [tsol'letta] *f ~ di zucchero GAST* Zuckerwürfel *m*
zona ['dzɔːna] *f* Zone *f,* Gebiet *n; ~ d'inse-diamento* Siedlungsgebiet *n; ~ di tensione* Spannungsgebiet *n; ~ industriale* Industrie-gebiet *n,* Gewerbegebiet *n; ~ mediterranea* Mittelmeerraum *m; ~ pedonale* Fußgänger-zone *f; ~ di libero scambio* Freihandelszone *f*
zoo ['dzɔːo] *m* Zoo *m*
zoologia [dzoolo'dʒiːa] *f* Zoologie *f*
zoologico [dzoo'lɔːdʒiko] *adj* Tier... *giar-dino ~* Tierpark *m,* Tiergarten *m,* Zoo *m*
zootecnico [dzoo'tɛkniko] *adj* 1. Vieh-zucht... *m* 2. Tierzüchter *m*
zoppicare [tsoppi'kaːre] *v* hinken, hum-peln
zoppo ['tsɔppo] *adj* 1. *MED* lahm; *m* 2. Lahmer *m,* Hinkender *m*
zotico ['dzɔːtiko] *adj* 1. flegelhaft; 2. *(rozzo)* rau
zucca ['tsukka] *f* 1. *BOT* Kürbis *m;* 2. *(fig)* Dummkopf *m*
zuccherare [tsukke'raːre] *v* zuckern
zuccheriera [tsukkeri'ɛːra] *f* Zucker-dose *f*
zuccherino [tsukke'riːno] *adj* 1. zucker-haltig; *m* 2. Süßigkeit *f*
zucchero ['tsukkero] *m GAST* Zucker *m; ~ a velo* Puderzucker *m; essere uno ~ (fam)* sehr nett sein
zucchino [tsuk'kiːno] *m GAST* Zucchi-ni *pl*
zuffa ['tsuffa] *f* Handgemenge *n*
zuppa ['dzuppa] *f GAST* Suppe *f*
zuppiera [dzuppi'ɛːra] *f* Suppenschüssel *f*
zuppo ['dzuppo] *adj* nass, feucht

Deutsch – Italienisch

A

Aal [a:l] *m ZOOL* anguilla *f; sich winden wie ein* ~ divincolarsi come un'anguilla
ab [ap] *prep 1. (zeitlich)* da; ~ *heute* da oggi in poi; ~ *und zu* talvolta, di tanto in tanto, a volte; *2. (örtlich)* da; *3. Ab durch die Mitte!* Via di mezzo!/Levati di torno!/Via! *4. Bestellungen* ~ *20 DM* ordinazioni a partire da 20 DM *f/pl*
Abänderung ['apɛndəruŋ] *f* modificazione *f*
Abart ['apa:rt] *f* specie diversa *f*
abartig ['apa:rtɪç] *adj* anomalo, anormale
Abbau ['apbau] *m 1. (Zerlegung)* smontaggio *m; 2. (Verringerung)* diminuzione *f*
abbauen ['apbauən] *v 1. (zerlegen)* smontare; *2. (verringern)* diminuire
abberufen ['apbəru:fən] *v irr 1. (bestellte Ware)* richiamare un ordine; *2. (Amt)* revocare
abbestellen ['apbəʃtɛlən] *v* annullare; *einen Flug* ~ disdire un volo
Abbestellung ['apbəʃtɛluŋ] *f 1.* revoca *f; 2. (eines Fluges)* disdetta *f*
abbiegen ['apbi:gən] *v irr* svoltare; *nach rechts* ~ svoltare a destra
Abbild ['apbɪlt] *n 1. (Darstellung)* copia *f, rappresentazione *f; 2. (Ebenbild)* ritratto *m*
abbilden ['apbɪldən] *v* ritrarre, rappresentare, riprodurre
Abbildung ['apbɪlduŋ] *f* disegno *m, illustrazione *f*
abbinden ['apbɪndən] *v irr* slegare, slacciare
Abbitte ['apbɪtə] *f* scusa *f*
abblitzen ['apblɪtsən] *v jdn* ~ *lassen* rispondere picche a qd
abbrechen ['apbrɛçən] *v irr 1.* spezzare, staccare; *2. (fig)* interrompere; *eine Reise* ~ interrompere un viaggio
abbrennen ['apbrɛnən] *v irr* bruciare, ridurre in cenere
abbringen ['apbrɪŋən] *v irr* distogliere; *jdn von etw* ~ distogliere qd da qc
abbröckeln ['apbrœkəln] *v* sbriciolare, scrostarsi
Abbruch ['apbrux] *m 1. (eines Gebäudes)* demolizione *f; 2. (fig)* rottura *f, cessazione *f*
abdecken ['apdɛkən] *v 1.* scoprire, scoperchiare; *das Dach* ~ togliere il tetto; *2. (zudecken)* coprire; *3. (Tisch)* sparecchiare

abdichten ['apdɪçtən] *v* isolare, rendere ermetico
abdrehen ['apdre:ən] *v (zudrehen)* chiudere, isolare; *das Licht* ~ spegnere la luce
Abdruck ['apdruk] *m 1. (eines Textes)* stampa *f, edizione *f; 2. (Spur)* impronta *f; 3. (Nachbildung)* riproduzione *f*
abdrucken ['apdrukən] *v* riprodurre a stampa
abebben ['apɛbən] *v 1. (Wasser)* abbassarsi; *2. (fig: Unruhen)* calmarsi; *Der Tumult ist abgeebbt.* Il tumulto si è calmato.
Abend ['a:bənt] *m 1.* sera *f; Es ist noch nicht aller Tage* ~. Non è ancora detta l'ultima parola./Chi vivrà vedrà. *2. Heiliger* ~ vigilia di Natale *f; 3. heute* ~ questa sera; *gestern* ~ ieri sera
abendelang ['a:bəndəlaŋ] *adv* per serate intere
Abendessen ['a:bəntɛsən] *n* cena *f*
abendfüllend ['a:bəntfylənt] *adj* che occupa l'intera serata
Abendkleid ['a:bəntklaɪt] *n* abito da sera *m*
Abendkurs ['a:bəntkurs] *m* corso serale *m*
abendlich ['a:bəntlɪç] *adj* serale
Abendrot ['a:bəntro:t] *n* rosso di sera *m; ~, Gutwetterbot'.* Rosso di sera, bel tempo si spera.
abends ['a:bənts] *adv* di sera; *um neun Uhr* ~ alle nove di sera
Abendschule ['a:bəntʃu:lə] *f* scuola serale *f*
Abendvorstellung ['a:bəntfo:rʃtɛluŋ] *f THEAT* rappresentazione serale *f*
Abenteuer ['a:bəntɔyər] *n* avventura *f*
abenteuerlich ['a:bəntɔyərlɪç] *adj* avventuroso
Abenteuerlichkeit ['a:bəntɔyərlɪçkaɪt] *f* spirito d'avventura *m*
Abenteuerlust ['a:bəntɔyərlust] *f* desiderio d'avventura *m*
abenteuerlustig ['a:bəntɔyərlustɪç] *adj* avventuriero
Abenteuerroman ['a:bəntɔyerro'ma:n] *m LIT* romanzo d'avventura *m*
Abenteurer ['a:bəntɔyrər] *m* avventuriero *m*
aber ['a:bər] *konj* ma

abermals ['aːbərmaːls] *adv* un'altra volta
abfahren ['apfaːrən] *v irr* partire
Abfahrt ['apfaːrt] *f* 1. *(Abreise)* partenza *f;* 2. *SPORT* discesa *f*
Abfahrtszeit ['apfaːrtstsaɪt] *f* ora della partenza *f*
Abfall ['apfal] *m* 1. *(Müll)* rifiuti *m/pl;* 2. *(Rückgang)* caduta *f*
Abfalleimer ['apfalaɪmər] *m* pattumiera *f*
abfällig ['apfɛlɪç] *adj* sfavorevole, sprezzante
abfangen ['apfaŋən] *v irr (Brief)* intercettare
abfärben ['apfɛrbən] *v* 1. scolorirsi, stingere; 2. *auf jdn ~ (fig)* avere un ascendente su qd
abfertigen ['apfɛrtɪgən] *v* 1. *(Kunde)* servire, approntare, spedire; 2. *(am Zoll)* ispezionare; 3. *(fam)* sbrigare
Abfertigung ['apfɛrtɪguŋ] *f* 1. *(eines Kunden)* servizio *m,* invio *m;* 2. *(Zollabfertigung)* visita *f; zollamtliche ~* visita doganale *f,* sdoganamento *m*
abfinden ['apfɪndən] *v irr sich ~* rassegnarsi, contentarsi; *sich mit jdm ~* accordarsi con qd; *sich mit etw ~* contentarsi di qc
abflauen ['apflauən] *v* diminuire
abfliegen ['apfliːgən] *v irr (Flugzeug)* decollare
Abflug ['apfluːk] *m* decollo *m*
Abfluss ['apflus] *m* 1. scarico *m,* deflusso *m;* 2. *(von Geld) ECO* fuga *f*
abführen ['apfyːrən] *v* 1. *(Verbrecher)* arrestare; 2. *ECO* versare
abfüllen ['apfylən] *v* travasare
Abgabe ['apgaːbə] *f* 1. *(Ablieferung)* consegna *f;* 2. *(Steuer) ECO* imposta *f*
Abgang ['apgaŋ] *m* 1. *(von der Schule)* ritiro *m,* abbandono *m;* 2. *MED* evacuazione *f,* espulsione *f;* 3. *einen ~ machen* uscire di scena
Abgas ['apgaːs] *n TECH* gas di scarico *m*
abgeben ['apgeːbən] *v irr* consegnare, cedere, lasciare
abgehen ['apgeːən] *v irr* 1. *(fam: Knopf)* staccarsi; *Ein Knopf ist abgegangen.* Si è staccato un bottone. 2. *(verlaufen)* finire; 3. *Da geht der Bär ab.* Qui c'è aria di festa. 4. *(fehlen)* mancare
abgekartet ['apgəkartət] *adj eine ~e Sache* una faccenda truccata *f*
abgelegen ['apgəleːgən] *adj* sperduto, fuori mano, isolato
abgeneigt ['apgənaɪkt] *adj* contrario

abgesehen ['apgəzeːən] *adj ~ von* a parte
abgespannt ['apgəʃpant] *adj* spossato
abgestanden ['apgəʃtandən] *adj* stantío, vecchio
abgestorben ['apgəʃtɔrbən] *adj MED* insensibile, intorpidito
abgewöhnen ['apgəvøːnən] *v sich etw ~* disabituarsi a qc
abgrenzen ['apgrɛntsən] *v* segnare i confini, delimitare, circoscrivere
Abgrenzung ['apgrɛntsuŋ] *f* delimitazione *f*
Abgrund ['apgrunt] *m* abisso *m,* rovina *f*
abgründig ['apgryndɪç] *adj* abissale, profondo
abhacken ['aphakən] *v* recidere
abhaken ['aphaːkən] *v* 1. *(loslösen)* sganciare; 2. *(Liste)* segnare; *einen Namen auf der Liste ~* depennare un nome dalla lista
abhalten ['aphaltən] *v irr* 1. *(Versammlung)* tenere; *eine Versammlung ~* tenere una riunione; 2. *(hindern)* impedire, distogliere da
abhandeln ['aphandəln] *v* mercanteggiare
Abhandlung ['aphandluŋ] *f* trattato *m,* trattazione *f*
Abhang ['aphaŋ] *m* declivio *m,* pendio *m*
abhängen¹ ['aphɛŋən] *v von jdm ~* dipendere da qd
abhängen² ['aphɛŋən] *v* 1. *etw ~ (Waggon)* sganciare; 2. *jdn ~* distaccarsi da qd, superare qd
abhängig ['aphɛŋɪç] *adj* dipendente
Abhängigkeit ['aphɛŋɪçkaɪt] *f* dipendenza *f; ~ von* dipendenza da
abhärten ['aphɛrtən] *v* indurire, rendere resistente
abheben ['apheːbən] *v irr* 1. *(Hörer)* sollevare; 2. *sich von jdm ~* distinguersi da qd; 3. *(Geld) ECO* prelevare; 4. *(Flugzeug)* decollare
abhetzen ['aphɛtsən] *v sich ~* affannarsi
Abhilfe ['aphɪlfə] *f* rimedio *m*
abholen ['aphoːlən] *v* andare a prendere
abhorchen ['aphɔrçən] *v* 1. *TEL* intercettare; *ein Telefongespräch ~* intercettare la telefonata; 2. *MED* auscultare
abhören ['aphøːrən] *v* 1. *TEL* intercettare; 2. *(in der Schule)* ascoltare; *die Aufgabe ~* ascoltare la lezione
Abitur [abiˈtuːr] *n* esame di maturità *m*
Abiturient(in) [abituˈrjɛnt(ɪn)] *m/f* candidato all'esame di maturità/candidata all'esame di maturità *m/f*

abkaufen ['apkaufən] *v* 1. acquistare; 2. *(fam: glauben)* credere
Abklatsch ['apklatʃ] *m (fam)* imitazione *f*
abklingen ['apklɪŋən] *v irr (Lärm)* smorzarsi
abknöpfen ['apknøpfən] *v jdm etw* ~ soffiare qc a qd, fregare qc a qd
abkochen ['apkɔxən] *v* far bollire
abkommen ['apkɔmən] *v irr von einer Idee* ~ staccarsi da un'idea
Abkommen ['apkɔmən] *n* accordo *m*
abkömmlich ['apkœmlɪç] *adj* libero da impegni
abkühlen ['apky:lən] *v* raffreddare, raffredarsi
Abkühlung ['apky:luŋ] *f* raffreddamento *m*
abkürzen ['apkyrtsən] *v* 1. *(Weg)* accorciare; 2. *(Wort)* abbreviare
Abkürzung ['apkyrtsuŋ] *f* abbreviazione *f*
abladen ['apla:dən] *v irr* scaricare
Ablage ['apla:gə] *f* deposito *m*, pratica archiviata *f*
Ablagerung ['apla:gəruŋ] *f* 1. deposito *m;* 2. GEOL sedimento *m*
ablassen ['aplasən] *v irr* 1. *(Dampf)* scaricare; 2. *(Wasser)* far defluire
Ablauf ['aplauf] *m* 1. *(Abfluss)* deflusso *m;* 2. *(Geschehen)* decorso *m*
ablaufen ['aplaufən] *v irr* 1. *(abfließen)* defluire; 2. *(Geschehen)* svolgersi
ablegen ['aple:gən] *v* 1. *(Kleidung)* togliere; *die Kleidung* ~ togliersi i vestiti; 2. *(Karten)* posare; *die Karten* ~ posare le carte; 3. *(Akten)* archiviare; 4. *(fig)* liberarsi
ablehnen ['aple:nən] *v* declinare, rifiutare
Ablehnung ['aple:nuŋ] *f* rifiuto *m*
ableiten ['aplaɪtən] *v* 1. *(Wasser)* deviare; 2. *(fig: folgern)* dedurre
ablenken ['aplɛŋkən] *v* deviare, distrarre
Ablenkung ['aplɛŋkuŋ] *f* deviazione *f,* distrazione *f*
ablesen ['aple:zən] *v irr* rilevare
abliefern ['apli:fərn] *v* consegnare
Ablieferung ['apli:fəruŋ] *f* consegna *f*
ablösen ['aplø:zən] *v* 1. *(entfernen)* levare, togliere, staccare; 2. *(Dienst)* sostituire; 3. *(sich abwechseln)* alternarsi
Ablösung ['aplø:zuŋ] *f* 1. *(Entfernung)* separazione *f;* 2. *(im Dienst)* cambio *m; v* 3. *(Nachfolge)* sostituzione *f;* 4. *(Tilgung)* ECO ammortizzazione *f*
Abluft ['apluft] *f* TECH aria viziata *f*

abmachen ['apmaxən] *v* 1. *(entfernen)* togliere; 2. *(übereinkommen)* accordarsi
Abmachung ['apmaxuŋ] *f* accordo *m*
abmagern ['apma:gərn] *v* dimagrire
Abmagerungskur ['apma:gəruŋsku:r] *f* cura dimagrante *f*
abmahnen ['apma:nən] *v* JUR ammonire
Abmahnung ['apma:nuŋ] *f* JUR ammonimento *f*
Abmarsch ['apmarʃ] *m* partenza *f*
Abmeldeformular ['apmɛldəfɔrmula:r] *n* modulo di disdetta *m*
abmelden ['apmɛldən] *v* disdire
Abmeldung ['apmɛlduŋ] *f* disdetta *f*
abmessen ['apmɛsən] *v irr* misuare
Abmessung ['apmɛsuŋ] *f* 1. *(Vorgang)* misurazione *f;* 2. *(Maß)* misura *f*
abmildern ['apmɪldərn] *v* mitigare
abmontieren ['apmɔnti:rən] *v* smontare
abmühen ['apmy:ən] *v sich* ~ stancarsi
abmurksen ['apmurksən] *v (fam: töten)* ammazzare
abnabeln ['apna:bəln] *v* 1. tagliare il cordone ombelicale; 2. *(fig) sich* ~ staccarsi; *sich von jdm* ~ staccarsi da qd
abnagen ['apna:gən] *v* rodere
Abnahme ['apna:mə] *f* 1. *(Entgegennahme)* presa in consegna *f;* 2. *(Verminderung)* riduzione *f;* 3. TECH collaudo *m*
abnehmbar ['apne:mba:r] *adj* asportabile
abnehmen ['apne:mən] *v irr* 1. *(Gewicht)* dimagrire; 2. *(entfernen)* rimuovere; 3. *(entgegennehmen)* prendere in consegna; *jdm Arbeit* ~ togliere del lavoro a qd; 4. *(Brille)* togliere; 5. *(Führerschein)* ritirare
Abneigung ['apnaɪguŋ] *f* avversione *f*
abnorm [ab'nɔrm] *adj* anormale
Abnormität [apnɔrmi'tɛ:t] *f* anormalità *f*
abnutzen ['apnutsən] *v* consumare
Abnutzung ['apnutsuŋ] *f* logoramento *m*
Abnutzungserscheinung ['apnutsuŋsɛrʃaɪnuŋ] *f* sintomo di usura *m*
Abonnement [abɔnə'mã:] *n* abbonamento *m*
Abonnent(in) [abɔ'nɛnt(ɪn)] *m/f* abbonato/abbonata *m/f*
abonnieren [abɔ'ni:rən] *v* abbonarsi
abordnen ['apɔrdnən] *v* delegare
Abordnung ['apɔrdnuŋ] *f* delegazione *f*
Abort [ab'ɔrt] *m (Toilette)* latrina *f*
abpacken ['appakən] *v* imballare
abpflücken ['appflykən] *v* cogliere
abplagen ['appla:gən] *v sich* ~ arrabattarsi

abprallen ['apralən] *v 1. (Ball)* rimbalzare; *2. (fig)* rimanere senza effetto
abpumpen ['appumpən] *v* pompare
abputzen ['apputsən] *v* pulire
abquälen ['apkvɛ:lən] *v sich ~* tormentarsi
abrackern ['aprakərn] *v (fam) sich ~* affaticarsi molto
abraten ['apra:tən] *v irr* sconsigliare
abräumen ['aprɔymən] *v* sgombrare
abreagieren ['apreagi:rən] *v sich ~* sfogarsi
abrechnen ['aprɛçnən] *v 1. (abziehen)* detrarre; *2. (fig: Vergeltung) mit jdm ~* liquidare il conto con qd
Abrechnung ['aprɛçnuŋ] *f 1. (Abzug)* detrazione *f; 2. (fig: Vergeltung)* conto *m*
Abrede ['apre:də] *f etw in ~ stellen* contestare qc
abreiben ['apraibən] *v irr* strofinare
Abreise ['apraizə] *f* partenza *f*
abreisen ['apraizən] *v* partire
abreißen ['apraisən] *v irr 1. (Gebäude)* demolire; *2. (Papier)* stracciare
abrichten ['apriçtən] *v* ammaestrare; *einen Hund ~* ammaestrare un cane
abriegeln ['apri:gəln] *v (Gebiet)* sbarrare; *Die Polizei hat die Straße abgeriegelt.* La polizia ha sbarrato la strada.
Abriss ['apris] *m 1. (eines Gebäudes)* demolizione *f; 2. (Zusammenfassung)* compendio *m*
Abruf ['apru:f] *m 1. ECO* ordine di consegna *m; 2. INFORM* richiamo *m; 3. sich auf ~ bereithalten* tenersi pronto ad una chiamata
abrufen ['apru:fen] *v INFORM* richiamare
abrunden ['aprundən] *v* arrotondare
abrupt [ap'rupt] *adj 1.* improvviso; *adv 2.* all'improvviso
Abrüstung ['aprystuŋ] *f* disarmo *m*
Absage ['apza:gə] *f* revoca *f,* disdetta *f*
absagen ['apza:gən] *v* disdire
Absatz ['apzats] *m 1.* capoverso *m; 2. (einer Treppe)* gradino *m; 3. (bei Schuhen)* tacco *m*
absaugen ['apzaugən] *v irr 1.* aspirare; *2. (Staub saugen)* passare l'aspirapolvere
abschaffen ['apʃafən] *v* abrogare, abolire
Abschaffung ['apʃafuŋ] *f* abolizione *f*
abschalten ['apʃaltən] *v 1. etw ~* disinserire; *2. (fam)* distrarsi; *Er kann nie ~.* Non riesce mai a distrarsi.
abschätzen ['apʃɛtsən] *v* stimare

abschätzig ['apʃɛtsɪç] *adj* spregevole
Abschaum ['apʃaum] *m (fig)* feccia *f*
abscheiden ['apʃaidən] *v irr* dividere
Abscheu ['apʃɔy] *m/f* orrore *m*
abscheulich [ap'ʃɔyliç] *adj* disgustoso
abschicken ['apʃikən] *v* spedire
Abschied ['apʃi:t] *m* commiato *m,* addio *m,* distacco *m; von jdm ~ nehmen* prendere commiato da qd
Abschiedsbrief ['apʃi:tsbri:f] *m* lettera d'addio *f*
Abschiedsfeier ['apʃi:tsfaiər] *f* festa d'addio *f*
Abschiedsgesuch ['apʃi:tsgəzu:x] *n* richiesta di dimissioni *f*
Abschiedskuss ['apʃi:tskus] *m* bacio d'addio *m*
abschießen ['apʃi:sən] *v irr (schießen)* sparare
abschirmen ['apʃirmən] *v 1.* schermare; *2. (fig)* proteggere
Abschirmung ['apʃirmuŋ] *f 1.* schermatura *f; 2. (fig)* protezione *f*
abschlagen ['apʃla:gən] *v irr 1. (abschneiden)* staccare; *2. (fig: ablehnen)* respingere
abschlägig ['apʃlɛgiç] *adj* negativo
abschleppen ['apʃlɛpən] *v* rimorchiare
Abschleppseil ['apʃlɛpzail] *n* fune da rimorchio *f*
Abschleppstange ['apʃlɛpʃtaŋə] *f* barra per rimorchio *f*
Abschleppwagen ['apʃlɛpva:gən] *m* carro rimorchiatore *m*
abschließen ['apʃli:sən] *v irr 1. (zuschließen)* chiudere; *2. (beenden)* ultimare, finire, terminare; *3. (Vertrag) JUR* stipulare; *4. (Geschäft) ECO* concludere
abschließend ['apʃli:sənt] *adj 1.* definitivo, conclusivo, finale; *adv 2.* definitivamente, infine, in conclusione
Abschluss ['apʃlus] *m 1. (Beendigung)* fine *f; 2. (eines Vertrages)* stipulazione *f*
Abschlussbilanz ['apʃlusbilants] *m ECO* bilancio consuntivo *m*
Abschlussfeier ['apʃlusfaiər] *f* festa di chiusura *f*
Abschlussprüfung ['apʃluspry:fuŋ] *f (in der Schule)* esame finale *m*
Abschlusszeugnis ['apʃlustsɔyknis] *n* certificato finale *m*
abschmecken ['apʃmɛkən] *v* degustare
abschminken ['apʃmiŋkən] *v* struccarsi, togliere il trucco

abschnallen ['apʃnalən] *v 1.* togliere la cintura; *2. (fam) Da schnallst du ab!* Roba da non credere!
abschneiden ['apʃnaɪdən] *v irr 1. (fig)* tagliare; *2. (fam: bei einer Prüfung)* riuscire; *in einer Prüfung schlecht ~* riuscire male in un esame; *3. (gut ~)* avere un buon risultato; *4. (fig: Weg)* tagliare; *den Weg ~* tagliare la strada; *5. (fig: Wort)* troncare; *6. (Stadtteil, Truppen)* isolare
Abschnitt ['apʃnɪt] *m 1. (Kapitel)* paragrafo *m; 2. (Gebiet)* settore *m; 3. (Zeit)* periodo *m*
abschöpfen ['apʃœpfən] *v* scremare, sgrassare
abschrauben ['apʃraubən] *v TECH* svitare
abschrecken ['apʃrɛkən] *v (abhalten)* scoraggiare, intimorire; *sich nicht ~ lassen* non lasciarsi scoraggiare
abschreckend ['apʃrɛkənt] *adj* ripugnante, intimidatorio; *ein ~es Beispiel* un esempio ammonitore *m*
Abschreckung ['apʃrɛkuŋ] *f* intimorimento *m*
abschreiben ['apʃraibən] *v irr 1.* copiare; *2. ECO* ammortizzare
Abschrift ['apʃrɪft] *f* copia *f*
abschürfen ['apʃyrfən] *v (Haut)* escoriare
Abschuss ['apʃus] *m* sparo *m*
abschüssig ['apʃysɪç] *adj* ripido
abschütteln ['apʃytəln] *v 1.* scuotere; *2. (fam: loswerden)* liberarsi; *jdn ~* liberarsi di qd
abschwächen ['apʃvɛçən] *v* indebolire
Abschwächung ['apʃvɛçuŋ] *f* indebolimento *m*
abschweifen ['apʃvaifən] *v (fig)* divagare
abschwören ['apʃvøːrən] *v irr 1. (sich lossagen)* rinnegare, abiurare; *2. (negieren)* negare giurando
absehbar ['apzeːbaːr] *adj* prevedibile; *in ~er Zeit* in un prossimo futuro
absehen ['apzeːən] *v irr 1. (voraussehen)* prevedere; *2. (nicht beachten)* prescindere; *abgesehen davon* a prescindere da ciò; *3. es auf etw ~* prendere di mira qc
abseits ['apzaits] *adv* in disparte
absenden ['apzɛndən] *v* spedire, inviare, mandare
Absender ['apzɛndər] *m* mittente *m*
Absendung ['apzɛnduŋ] *f 1. (Verschickung)* spedizione *f; 2. (Abordnung)* delegazione *f*

Absendungsvermerk ['apzɛnduŋsfɛrmɛrk] *m* indicazione dell'avvenuta spedizione *f*
absenken ['apzɛŋkən] *v* abbassare
Absenkung ['apzɛŋkuŋ] *f* abbassamento *m*
absetzen ['apzɛtsən] *v 1. (hinstellen)* deporre, posare; *2. (eines Amtes entheben)* destituire; *3. (sich abheben)* risaltare; *4. sich ~ (fam: weggehen)* sganciarsi; *5. sich ~ CHEM* depositarsi
Absetzung ['apzɛtsuŋ] *f (Amtsenthebung)* destituzione *f*
absichern ['apzɪçərn] *v 1.* rendere sicuro; *2. sich ~* proteggersi
Absicht ['apzɪçt] *f* intenzione *f*
absichtlich ['apzɪçtlɪç] *adj* intenzionale, apposta; *etw ~ machen* far qc apposta
absolut [apzo'luːt] *adj* assoluto
Absolvent(in) [apzɔl'vɛnt(ɪn)] *m/f 1. (eines Gymnasiums)* diplomato/diplomata *m/f; 2. (einer Universität)* laureato/laureata *m/f*
absolvieren [apzɔl'viːrən] *v 1. (abschließen)* superare; *die Prüfung ~* superare l'esame; *2. (Universität)* laurearsi
absonderlich [ap'zɔndərlɪç] *adj* strano
absondern ['apzɔndərn] *v 1. sich ~* isolarsi; *sich von jdm ~* isolarsi da qd; *2. (trennen)* separare
Absonderung ['apzɔndəruŋ] *f (Trennung)* separazione *f*
absorbieren [apzɔr'biːrən] *v* assorbire
abspeichern ['apʃpaiçərn] *v INFORM* memorizzare
abspeisen ['apʃpaizən] *v 1. (verkösten)* dar da mangiare; *2. (fam)* liquidare con belle parole
absperren ['apʃpɛrən] *v 1. (zuschließen)* chiudere; *2. (Gebiet)* sbarrare
Absperrung ['apʃpɛruŋ] *f* chiusura *f*
abspielen ['apʃpiːlən] *v 1. (Schallplatte)* suonare; *2. sich ~* svolgersi
Absprache ['apʃpraːxə] *f* accordo *m*
absprechen ['apʃprɛçən] *v irr 1. (vereinbaren)* mettersi d'accordo; *2. (aberkennen) JUR* negare
abspringen ['apʃprɪŋən] *v irr 1. (herunterspringen)* saltar giù; *2. (sich lösen)* staccarsi; *Der Knopf springt ab.* Il bottone si stacca. *3. (fig)* staccarsi; *von einer Idee ~* staccarsi da un'idea
abspritzen ['apʃprɪtsən] *v* schizzare, spruzzare

Absprung ['apʃpruŋ] *m* salto *m*
abspülen ['apʃpy:lən] *v* sciacquare, lavare; *Geschirr* ~ lavare i piatti
abstammen ['apʃtamən] *v 1.* discendere; ~ *von* discendere da; *2. (Ursprung haben)* derivare
Abstammung ['apʃtamuŋ] *f 1. (Herkunft)* discendenza *f; 2. (Ursprung)* origine *f*
Abstammungsurkunde ['apʃtamuŋsu:rkundə] *f* certificato di discendenza *m*
Abstand ['apʃtant] *m 1.* distanza *f;* ~ *halten* mantenere le distanze; *2. (fig)* distanze *f/pl;* ~ *von etw* ~ *nehmen* prendere le distanze da qc; *Er war mit* ~ *der Beste.* Era di gran lunga il migliore.
Abstandssumme ['apʃtants'zumə] *f* indennizzo *m*
abstatten ['apʃtatən] *v 1. (Besuch)* rendere; *einen Besuch* ~ rendere una visita; *2. (Dank)* rendere grazie; *jdm Dank* ~ rendere grazie a qd
abstauben ['apʃtaubən] *v* spolverare
Abstecher ['apʃtɛçər] *m* scappata *f*
abstecken ['apʃtɛkən] *v 1. (markieren)* tracciare; *2. (Saum)* appuntare
abstehend ['apʃte:ənt] *adj* sporgente
Absteige ['apʃtaɪgə] *f* pensione a ore *f*
absteigen ['apʃtaɪgən] *v irr 1. (hinuntersteigen)* scendere; *2. (fam: einkehren)* scendere; *in einem Hotel* ~ prendere alloggio in un albergo
abstellen ['apʃtɛlən] *v 1. (ausschalten)* spegnere; *2. (hinstellen)* deporre; *3. (Wasser)* chiudere; *4. (unterstellen)* depositare
Abstellgleis ['apʃtɛlglaɪs] *n* binario morto *m; jdn auf das* ~ *schieben (fig)* ignorare qd
Abstellkammer ['apʃtɛlkamər] *f* ripostiglio *m*
abstempeln ['apʃtɛmpəln] *v 1. (Briefmarke)* timbrare; *2. (fam) jdn* ~ bollare qd; *jdn zum Feigling* ~ bollare qd di viltà
absterben ['apʃtɛrbən] *v 1. MED* atrofizzarsi; *2. BOT* morire; seccarsi
Abstieg ['apʃti:k] *m 1. (Hinuntersteigen)* discesa *f; 2. (fig: Niedergang)* decadenza *f,* declino *m*
abstimmen ['apʃtɪmən] *v 1. (wählen)* votare; *2. (fig: anpassen)* armonizzare
Abstimmung ['apʃtɪmuŋ] *f 1. (Wahl)* votazione *f; 2. (fig: Anpassung)* armonia *f*
abstinent [apsti'nɛnt] *adj 1.* astinente; *2. (auf Alkohol verzichtend)* astemio
Abstinenz [apsti'nɛnts] *f* astinenza *f*

abstoßen ['apʃto:sən] *v irr 1. (wegstoßen)* respingere; *2. (beschädigen)* rompere
abstoßend ['apʃto:sənt] *adj* respingente, repellente
abstottern ['apʃtɔtərn] *v (fam)* pagare a rate
abstrakt [ap'strakt] *adj* astratto
abstrampeln ['apʃtrampəln] *v sich* ~ *(fam)* affannarsi
abstreiten ['apʃtraɪtən] *v irr* contestare, negare
abstufen ['apʃtu:fən] *v 1.* degradare; *2. (Farben)* sfumare; *die Farben* ~ sfumare i colori; *3. (staffeln)* graduare
Abstufung ['apʃtu:fuŋ] *m 1. farbliche* ~ sfumatura di colori *f; 2. (Staffelung)* graduazione *f*
abstumpfen ['apʃtumpfən] *v 1.* spuntarsi, smussarsi; *2. (fig)* rendere insensibile, ottundere
Absturz ['apʃturts] *m* caduta *f*
abstürzen ['apʃtyrtsən] *v* precipitare
Absturzgefahr ['apʃturtsgəfa:r] *f* pericolo di caduta *m*
absurd [ap'zurt] *adj* assurdo
Absurdität [apzurdi'tɛ:t] *f* assurdità *f*
abtasten ['aptastən] *v* tastare
abtauen ['aptauən] *v 1.* disgelare; *2. (Kühlschrank)* sbrinare
Abteil [ap'taɪl] *n* scompartimento *m*
abteilen ['aptaɪlən] *v* spartire, dividere
Abteilung [ap'taɪluŋ] *f* spartizione *f,* reparto *m*
Abteilungsleiter(in) [ap'taɪluŋslaɪtər-(ɪn)] *m/f* direttore di reparto/direttrice di reparto *m/f*
abtippen ['aptɪpən] *v* copiare a macchina
abträglich ['aptrɛ:klɪç] *adj* pregiudizievole
Abtransport ['aptranspɔrt] *m* trasporto *m*
abtransportieren ['aptranspɔrti:rən] *v* trasportare via
abtrennen ['aptrɛnən] *v* separare
abtreten ['aptre:tən] *v irr 1. (überlassen)* cedere; *2. THEAT* uscire; *3. sich die Füße* ~ pulirsi i piedi
abtrocknen ['aptrɔknən] *v* asciugare
abtrünnig ['aptrynɪç] *adj* infedele
abverlangen ['apfɛrlaŋən] *v* esigere
abwägen ['apvɛ:gən] *v irr* ponderare, valutare
abwälzen ['apvɛ:ltsən] *v (fig: Schuld)* scaricarsi di, allontanare; *eine Schuld von sich* ~ scaricarsi di una colpa

abwandeln ['apvandəln] *v* variare
abwandern ['apvandərn] *v 1. emigrare;
2. ECO* trasferirsi
Abwanderung ['apvandəruŋ] *f 1.* emigrazione *f; 2. ECO* trasferimento *m*
Abwandlung ['apvandluŋ] *f* variazione *f*
abwarten ['apvartən] *v* attendere
abwärts ['apvɛrts] *adv* verso il basso
Abwärtsentwicklung ['apvɛrtsɛntvɪkluŋ] *f ECO* tendenza al ribasso *f*
Abwasch ['apvaʃ] *m* piatti sporchi *m/pl; den ~ machen* fare i piatti/lavare i piatti
abwaschen ['apvaʃən] *v irr* lavare
Abwasser ['apvasər] *n* acqua di scarico *f*
Abwasserbeseitigung ['apvasərbəzaɪtɪguŋ] *f* eliminazione dell'acqua di scarico
Abwasserkanal ['apvasərkanaːl] *m* canale di scarico *m,* fognatura *f*
Abwasserkläranlage ['apvasərklɛːranlaːgə] *f* impianto di depurazione d'acqua *m*
abwechseln ['apvɛksəln] *v sich ~* alternarsi
abwechselnd ['apvɛksəlnt] *adj* alternativamente
Abwechslung ['apvɛksluŋ] *f 1. (Wechsel)* variazione *f; 2. (Zerstreuung)* svago *m,* distrazione *f*
abwechslungsreich ['apvɛksluŋsraɪç] *adj* vario
Abweg ['apveːk] *m (fig)* falsa strada *f; jdn auf ~e bringen* condurre qd sulla cattiva strada
abwegig ['apveːgɪç] *adj* erroneo
Abwehr ['apveːr] *f 1. (Widerstand)* resistenza *f,* difesa *f; 2. (Abwendung)* prevenzione *f; die ~ von Krankheiten* la prevenzione delle malattie *f*
abwehren ['apvɛːrən] *v 1. (zurückschlagen)* respingere; *2. (fig)* scongiurare; *eine Gefahr ~* scongiurare un pericolo
abweichen ['apvaɪçən] *v irr* deviare, allontanarsi; *vom Thema ~* allontanarsi dall'argomento
Abweichung ['apvaɪçuŋ] *f 1.* deviazione *f; 2. (Unterschied)* divergenza *f*
abweisen ['apvaɪzən] *v irr* respingere, non accogliere
abweisend ['apvaɪzənt] *adj* scostante
Abweisung ['apvaɪzuŋ] *f* rifiuto *m*
abwenden ['apvɛndən] *v 1. (verhüten)* prevenire, evitare; *2. (fig) eine Gefahr ~* scongiurare un pericolo; *3. sich ~* girarsi, volgersi; *sich von jdm ~* distogliere lo sguardo da qd

abwerfen ['apvɛrfən] *v irr 1. (hinunterwerfen)* lanciare; *2. (einbringen) ECO* fruttare
abwerten ['apveːrtən] *v* svalutare
abwertend ['apveːrtənt] *adj* dispregiativo
Abwertung ['apveːrtuŋ] *f* svalutazione *f,* deprezzamento *m*
abwesend ['apveːzənt] *adj* assente
Abwesenheit ['apveːzənhaɪt] *f* assenza *f; durch ~ glänzen* brillare per la propria assenza
abwickeln ['apvɪkəln] *v (durchführen)* eseguire
Abwicklung ['apvɪkluŋ] *f* svolgimento *f,* esecuzione *f*
abwiegen ['apviːgən] *v irr* pesare, soppesare, valutare
abwimmeln ['apvɪməln] *v (fam)* togliersi di torno, levarsi dai piedi; *einen Besucher ~* levarsi dai piedi un visitatore
abwischen ['apvɪʃən] *v 1. (Staub)* levare, togliere; *2. (Tafel)* cancellare; *3. (trocknen)* asciugare; *4. (sauber machen)* pulire
Abwurf ['apvurf] *m (Herunterwerfen)* lancio *m*
abzahlen ['aptsaːlən] *v (Raten)* pagare a rate; *etw ~* pagare qc a rate
Abzeichen ['aptsaɪçən] *n* distintivo *m,* insegna *f*
abzeichnen ['aptsaɪçnən] *v 1. (abmalen)* riprodurre disegnando, ritrarre; *2. (unterschreiben)* firmare, sottoscrivere; *3. sich ~* delinearsi
abziehen ['aptsiːən] *v irr 1. (entfernen)* sfilare, togliere, sbucciare; *2. MATH* sottrarre; *3. MIL* ritirare; *die Truppen aus einem Gebiet ~* ritirare le truppe da un territorio; *Die Truppen ziehen ab.* Le truppe ripiegano.
abzielen ['aptsiːlən] *v* mirare
Abzug ['aptsuːk] *m 1. MIL* ritiro *m; 2. MATH* sottrazione *f; 3. ECO* detrazione *f; 4. (Kopie)* copia *f*
abzüglich ['aptsyːklɪç] *prep 1. ECO* al netto di, detratto; *adv 2.* meno
abzweigen ['aptsvaɪgən] *v 1. (abbiegen)* biforcare, diramare, deviare; *2. (fam)* mettere da parte
Abzweigung ['aptsvaɪguŋ] *f* diramazione *f,* biforcazione *f*
Accessoires [aksɛ'swaːrs] *pl* accessori *m/pl*
ach [ax] *interj* ah
Ach [ax] *n mit ~ und Krach* per un pelo
Achillesferse [a'xɪləsfɛrzə] *f* tallone d'Achille *m*

Achsel ['aksəl] *f ANAT* spalla *f*
Achselzucken ['aksəltsukən] *n* alzata di spalle *f*
acht [axt] *num* otto
Acht [axt] *f sich in ~ nehmen* badare a se stesso; *außer ~ lassen* non prendere in considerazione; *~ geben* prestare attenzione
achtbar ['axtbaːr] *adj* rispettabile
Achtbarkeit ['axtbaːrkaɪt] *f* rispettabilità *f*
achte(r,s) ['axtə(r,s)] *adj* ottavo/ottava
achteckig ['axtɛkɪç] *adj* ottagonale
Achtel ['axtəl] *n* ottavo *m*
achten ['axtən] *v* 1. *(hoch~)* stimare; 2. *(be~)* rispettare; 3. *~ auf* fare attenzione a, badare a
Achterbahn ['axtərbaːn] *f* montagne russe *f/pl*, otto volante *m*
achtfach ['axtfax] *adj* ottuplo
achthundert ['axthundərt] *num* ottocento
achtlos ['axtloːs] *adj* sbadato, disattento
Achtlosigkeit ['axtloːzɪçkaɪt] *f* disattenzione *f*
achtmal ['axtmaːl] *adv* otto volte
achtsam ['axtzaːm] *adj* attento, accurato
Achtsamkeit ['axtzaːmkaɪt] *f* attenzione *f*
achttausend ['axttauzənt] *num* ottomila
Achtung ['axtuŋ] *f* 1. *(Hochachtung)* stima *f*; 2. *(Beachtung)* attenzione *f*; *interj* 3. *(Ausruf)* ~! Attenzione!
achtzehn ['axtseːn] *num* diciotto
achtzehnte(r,s) ['axtseːntə(r,s)] *adj* diciottesimo/diciottesima
achtzig ['axtsɪç] *num* ottanta
achtzigste(r,s) ['axtsɪçstə(r,s)] *adj* ottantesimo/ottantesima
ächzen ['ɛçtsən] *v* 1. *(Person)* gemere; 2. *(Gegenstand)* schricchiolare
Acker ['akər] *m* campo *m*
Ackerbau ['akərbau] *m* agricoltura *f*
ad acta [at 'akta] *adv etw ~ legen* archiviare qc
adäquat [adɛ'kvaːt] *adj* adeguato
addieren [a'diːrən] *v MATH* addizionare
Adel ['aːdəl] *m* nobiltà *f*
Adelsgeschlecht ['aːdəlsgəʃlɛçt] *n* casato nobile *m*, stirpe nobile *f*
Adelstitel ['aːdəlstiːtəl] *m* titolo nobiliare *m*
Ader ['aːdər] *f* 1. *ANAT* vaso sanguigno *m*; 2. *(fig: Wesenszug)* vena *f*; *musikalische ~* vena musicale *f*; *eine ~ für etw haben* avere il pallino per qc/essere portato per qc

Adjektiv ['atjɛktiːf] *n* aggettivo *m*
Adler ['aːdlər] *m ZOOL* aquila *m*
Adlerauge ['aːdləraugə] *n* occhio d'aquila *m*
adlig ['aːdlɪç] *adj* nobile
Adlige(r) ['aːdlɪçə(r)] *m/f* nobile *m/f*
adoptieren [adɔp'tiːrən] *v* adottare
Adoption [adɔp'tsjoːn] *f* adozione *f*
Adoptiveltern [adɔp'tiːfɛltərn] *pl* genitori adottivi *m/pl*
Adoptivkind [adɔp'tiːfkɪnt] *n* figlio adottivo *m*
Adressant [adrɛ'sant] *m* mittente *m*
Adressat [adrɛ'saːt] *m* destinatario *m*
Adresse [a'drɛsə] *f* indirizzo *m*
adressieren [adrɛ'siːrən] *v* indirizzare
adrett [a'drɛt] *adj* abile, lindo
Advent [at'vɛnt] *m* Avvento *m*
Adventskalender [at'vɛntskalɛndər] *m* calendario d'Avvento *m*
Adventskranz [at'vɛntskrants] *m* ghirlanda d'Avvento *f*
Adventszeit [at'vɛntstsaɪt] *f* Avvento *m*
Adverb [at'vɛrp] *n GRAMM* avverbio *m*
Affäre [a'fɛːrə] *f* affare *m*, faccenda *f*
Affe ['afə] *m ZOOL* scimmia *f*; *Mich laust der ~. Che mi prenda un colpo. seinem ~n Zucker geben* darsi le arie
Affekt [a'fɛkt] *m* eccitazione *f*
affektiert [afɛk'tiːrt] *adj* affettato
Affenzahn [afən'tsaːn] *m mit einem ~* in un lampo
affig ['afɪç] *adj* sciocco, vanesio
Afrika ['afrika] *n GEO* Africa *f*
Afrikaner(in) [afri'kaːnər(ɪn)] *m/f* africano/africana *m/f*
afrikanisch [afri'kaːnɪʃ] *adj* africano
After ['aːftər] *m ANAT* ano *m*
Agent [a'gɛnt] *m* agente *m*
Aggregat [agrɛ'gaːt] *n* aggregato *m*
Aggression [agrɛ'sjoːn] *f* aggressione *f*
aggressiv [agrɛ'siːf] *adj* aggressivo
Agrarerzeugnis [a'graːrɛrtsɔygnɪs] *n* prodotto agricolo *m*
Agrarindustrie [a'graːrɪndustriː] *f* industria agricola *f*
Agrarland [a'graːrlant] *n* paese agricolo *m*
Ägypten [ɛ'gyptən] *n GEO* Egitto *m*
Ägypter(in) [ɛ'gyptər(ɪn)] *m/f* egiziano/egiziana *m/f*
aha [a'ha] *interj* ah, ecco
Ahne ['aːnə] *m/f* antenato/antenata *m/f*, avo/ava *m/f*
ähneln ['ɛːnəln] *v* assomigliare

ahnen ['a:nən] *v 1. (voraussehen)* presentire, presagire; *Als ob er es geahnt hätte.* Come se lo avesse presentito. *2. (befürchten)* temere; *etwas Schlimmes ~* temere il peggio
Ahnengalerie ['a:nəngaləri:] *f* galleria degli avi *f*
ähnlich ['ɛ:nlıç] *adj* somigliante
Ähnlichkeit ['ɛ:nlıçkaıt] *f* somiglianza *f*
Ahnung ['a:nuŋ] *f 1. (Vorgefühl)* presentimento *m; keine blasse ~ haben* non aver la più pallida idea; *2. (Befürchtung)* timore *m*
ahnungslos ['a:nuŋslo:s] *adj* ignaro, inconsapevole
ahnungsvoll ['a:nuŋsfɔl] *adj* presago *m*
Ahorn ['a:hɔrn] *m BOT* acero *m*
Aids [eıdz] *n MED* Aids *f*
Aidshilfe ['eıdzhılfə] *f* assistenza Aids *f*
Akademie [akade'mi:] *f* accademia *f*
Akademiker(in) [aka'de:mıkər(ın)] *m/f* accademico/accademica *m/f*
akademisch [aka'de:mıʃ] *adj* accademico, universitario
akklimatisieren [aklimati'zi:rən] *v sich ~* acclimatarsi
Akkord [a'kɔrt] *m 1. ECO* accordo *m; 2. MUS* accordo *m*
akkurat [aku'ra:t] *adj* accurato
Akkusativ ['akuzati:f] *m* accusativo *m*
Akt [akt] *m 1. (Tat)* atto *m,* azione *f; 2. (Zeremonie)* cerimonia *f; 3. THEAT* atto *m; 4. ART* nudo *m*
Akte ['aktə] *f* documento *m*
Aktenauszug ['aktənaustsu:k] *m* estratto di una pratica *m*
aktenkundig ['aktənkundıç] *adj JUR* evidente dagli atti
Aktenmappe ['aktənmapə] *f* cartella degli atti *f,* cartella delle pratiche *f*
Aktennotiz ['aktənnoti:ts] *f* annotazione *f*
Aktenzeichen ['aktəntsaıçən] *n* numero di protocollo *m*
Aktie ['aktsjə] *f FIN* azione *f*
Aktion [ak'tsjo:n] *f* attività *f,* azione *f*
Aktionsradius [ak'tsjo:nsra:djus] *m* raggio d'azione *m*
aktiv [ak'ti:f] *adj* attivo
aktivieren [akti'vi:rən] *v* attivare
Aktivierung [akti'vi:ruŋ] *f* attivazione *f*
Aktivität [aktivi'tɛ:t] *f* attività *f*
aktualisieren [aktuali'zi:rən] *v* aggiornare, attualizzare
Aktualität [aktuali'tɛ:t] *f* attualità *f*
aktuell [aktu'ɛl] *adj* attuale

akupunktieren [akupuŋk'ti:rən] *v* eseguire l'agopuntura
Akustik [a'kustık] *f* acustica *f*
akustisch [a'kustıʃ] *adj* acustico
akut [a'ku:t] *adj* acuto
Akzent [ak'tsɛnt] *m* accento *m*
akzentuieren [aktsɛntui':rən] *v* accentare
Akzeptanz [aktsɛp'tants] *f* accettazione *f*
akzeptieren [aktsɛp'ti:rən] *v* accettare
Alarm [a'larm] *m* allarme *m; blinder ~* falso allarme *m*
Alarmanlage [a'larmanla:gə] *f* sistema di allarme *m*
Alarmbereitschaft [a'larmbəraıtʃaft] *f* essere all'erta in caso di allarme; *sich in ~ befinden* esser pronto all'allarme
alarmieren [alar'mi:rən] *v* allarmare
Alarmsignal [a'larmzıgna:l] *n* segnale d'allarme *m*
Alarmstufe [a'larmʃtu:fə] *f* grado d'allarme *m*
albern ['albərn] *adj* sciocco *m*
Albernheit ['albərnhaıt] *f* scempiaggine *f,* sciocchezza *f*
Album ['album] *n* album *m*
Alge ['algə] *f BOT* alga *f*
alias ['aljas] *adv* altrimenti, alias
Alibi ['a:libi:] *n* alibi *m*
Alkohol ['alkoho:l] *m* alcool *m*
alkoholfrei ['alkoho:lfraı] *adj* senza alcool
Alkoholiker(in) [alko'ho:lıkər(ın)] *m/f* alcolizzato/alcolizzata *m/f*
alkoholisch [alko'ho:lıʃ] *adj* alcoolico
Alkoholmissbrauch [alko'ho:lmısbraux] *m* abuso d'alcool *m*
All [al] *n* universo *m,* cosmo *m*
allabendlich [al'a:bəntlıç] *adv 1.* di sera; *adj 2.* tutte le sere
alle ['alə] *adj 1.* tutto; *pron 2.* tutti; *~ sind gekommen.* Sono venuti tutti. *~ beide* tutti e due; *~ vier Jahre* ogni quattro anni
Allee [a'le:] *f* viale *m*
allein [a'laın] *adj* solo; *~ stehend* solo
Alleinerzieher(in) [a'laınɛrtsi:ər(ın)] *m/f* educatore unico/educatrice unica *m/f*
Alleingang [a'laıngaŋ] *m* prestazione individuale *f*
alleinig [a'laınıç] *adj* unico, assoluto
Alleinstehende(r) [a'laınʃte:əndə(r)] *m/f* single *m/f,* chi vive da solo *m/f*
allenfalls ['alən'fals] *adv* eventualmente
allerbeste(r,s) ['alərbɛstə] *adj* il migliore di tutti/la migliore di tutti

allerdings [alər'dıŋs] *adv* certo
allerhand ['alər'hant] *adj 1. (viel)* ogni specie di, ogni sorta di; *2. (vielerlei)* molto, tanto; *3. (fam)* troppo
allerhöchstens ['alər'hø:çstəns] *adv* tutt'al più, al massimo
allerlei ['alər'laı] *adj* ogni specie di
Allerlei ['alər'laı] *n* miscuglio *m*
allerliebst ['alər'li:pst] *adj* incantevole
alles ['aləs] *pron* tutto; *Das ist ~.* Questo è tutto. *~ in allem* tutto sommato; *vor allem* soprattutto
Allgegenwart [al'ge:gənvart] *f* onnipresenza *f*
allgegenwärtig [al'ge:gənvɛrtıç] *adj* onnipresente
allgemein [algə'maın] *adj 1.* generale; *~ verständlich* comprensibile a tutti; *adv 2.* generalmente; *~ gültig* generalmente valido
Allgemeinbefinden [algə'maınbəfındən] *n* stato generale *m*
Allgemeinbildung [algə'maınbılduŋ] *f* cultura generale *f*
Allgemeinheit [algə'maınhaıt] *f* comunità *f*
Allgemeinwohl [algə'maınvo:l] *n* bene comune *m*
Allheilmittel [al'haılmıtəl] *n* toccasana *m*
Allianz [al'jants] *f* alleanza *f*
alljährlich [al'jɛ:rlıç] *adj* annuale
allmählich [al'mɛ:lıç] *adj* graduale
allseits ['alzaıts] *adv* da ogni parte, a tutti
Alltag ['alta:k] *m* quotidiano *m*
alltäglich [al'tɛ:klıç] *adj* quotidiano
alltags ['alta:ks] *adj* quotidiano
Allüre [a'ly:rə] *f* atteggiamento *m*, comportamento *m*
allwissend ['al'vısənt] *adj* onnisciente
allzu ['altsu] *adv* troppo; *Du nimmst es ~ leicht.* La prendi troppo alla leggera.
Alm [alm] *f* pascolo alpino *m*
Almanach ['almanax] *m* almanacco *m*
Almhütte ['almhytə] *f* cascina alpestre *f*
Almosen ['almo:zən] *n* elemosina *f; jdn um ein ~ bitten* chiedere l'elemosina a qd
Alpen ['alpən] *pl GEO* alpi *f/pl*
Alpenveilchen ['alpənfaılçən] *n BOT* ciclamino *m*
Alphabet [alfa'be:t] *n* alfabeto *m*
alphabetisch [alfa'be:tıʃ] *adj 1.* alfabetico; *2. ~ geordnet* in ordine alfabetico
alpin [al'pi:n] *adj* alpino
Alptraum ['alptraum] *m* incubo *m*

als [als] *konj 1. (gleichzeitig)* quando; *2. (vorzeitig)* dopo che; *3. (Eigenschaft)* in qualità di, come; *4. (Komparativ)* di, che; *Er ist größer ~ du.* E' più alto di te. *Er ist intelligenter, ~ er vorgibt.* E' più intelligente di quanto sembri.
also ['alzo] *konj* dunque
alt [alt] *adj* vecchio; *~ aussehen* sembrare vecchio; *~es Haus* vecchia pellaccia *f*, vecchio amico *m; ~er Hut* storia vecchia *f*
Altar [al'ta:r] *m REL* altare *m*
Altbau ['altbau] *m* edificio d'epoca *m*
Altbauwohnung ['altbauvo:nuŋ] *f* appartamento in edificio d'epoca *m*
altbekannt ['altbə'kant] *adj* ben noto
altbewährt ['altbə've:rt] *adj* convalidato dall'esperienza
altdeutsch ['altdɔytʃ] *adj* tedesco antico
altehrwürdig ['alt'e:rvyrdıç] *adj* venerabile, maestoso
alteingesessen ['alt'aıngəzɛsən] *adj* aborigeno, indigeno
Alter ['altər] *n* età *f; Er ist im ~ von 50 Jahren.* Ha 50 anni.
ältere(r,s) [ɛltərə] *adj* il più anziano/la più anziana; *mein ~r Bruder* mio fratello maggiore *m*
altern ['altərn] *v* invecchiare
alternativ [altərna'ti:f] *adj* alternativo
Alternative [altərna'ti:fə] *f* alternativa *f*
altersbedingt ['altərsbədıŋkt] *adj* determinato dall'età
Alterserscheinung ['altərserʃaınuŋ] *f* sintomo di vecchiaia *m*
Altersgrenze ['altərsgrɛntsə] *f* limite d'età *m*
Altersheim ['altərshaım] *n* casa di riposo *f*, ospizio per anziani *m*
Altersklasse ['altərsklasə] *f* classe *f*, annata *f*
Altersrente ['altərsrɛntə] *f* pensione di vecchiaia *f*
altersschwach ['altərsʃvax] *adj* decrepito
Altersitz ['altərszıts] *m* sede di vecchiaia *f*
Altersunterschied ['altərsuntərʃi:t] *m* differenza d'età *f*
Altersversorgung ['altərsfɛrzɔrguŋ] *f* pensione per la vecchiaia *f*
Altertum ['altərtu:m] *n HIST* antichità *f*
Altertümer ['altərty:mər] *pl* antichità *f/pl*, anticaglie *f/pl*
altertümlich ['altərtymlıç] *adj* antico

Altglas ['altglaːs] *n* vetro usato *m*
Altglascontainer ['altglaːskɔnteɪnər] *m* contenitore per il vetro usato *m*
althergebracht [alt'heːrgəbraxt] *adj* tradizionale
altjüngferlich [alt'jʊŋfərlɪç] *adj* da zitellona
altklug ['altkluːk] *adj* saputello
Altmaterial ['altmaterjaːl] *n* materiale vecchio *m*
Altmeister ['altmaɪstər] *m* ex-campione *m*, luminare *m*
Altmetall ['altmetal] *n* metallo vecchio *m*
altmodisch ['altmoːdɪʃ] *adj* antiquato, fuori moda
Altpapier ['altpapiːr] *n* cartastraccia *f*
Altstadt ['altʃtat] *f* città vecchia *f*, centro storico *m*
Altstadtsanierung ['altʃtatzaniːruŋ] *f* restauro del centro storico *m*
Altwarenhändler ['altvarənhɛndlər] *m* robivecchi *m*, rigattiere *m*
Altweibersommer [alt'vaɪbərzɔmər] *m* estate di S. Martino *f*
Alufolie ['alufoːljə] *f* carta stagnola *f*, foglio di alluminio *m*
am (= an dem) (siehe „an")
Amateur [ama'tøːr] *m* amatore *m*
Amateursportler(in) [ama'tøːrʃpɔrtlər(ɪn)] *m/f* dilettante sportivo/dilettante sportiva *m/f*
ambulant [ambu'lant] *adj* ambulante
Ameise ['aːmaɪzə] *f* ZOOL formica *f*
Amen ['aːmən] *n* amen *m; zu allem ja und ~ sagen* chinare il capo/dire sempre di sì/acconsentire a tutto
Amerika [a'meːrika] *n* GEO America *f*
Amerikaner(in) [ameri'kaːnər(ɪn)] *m/f* americano/americana *m/f*
amerikanisch [ameri'kaːnɪʃ] *adj* americano
Amokläufer ['amɔklɔyfər] *m* pazzo sanguinario *m*
Ampel ['ampəl] *f* semaforo *m*
Ampere [am'pɛːr] *n* TECH ampere *m*
Amsel ['amzəl] *f* ZOOL merlo *m*
Amt [amt] *n* 1. *(Behörde)* ufficio *m;* 2. *(Stellung)* incarico *m;* 3. *(Telefonamt)* linea telefonica *f*
amtierend ['am'tiːrənt] *adj* in carica, in servizio effettivo
amtlich ['amtlɪç] *adj* ufficiale
Amtsantritt ['amtsantrɪt] *m* entrata in carica *f*

Amtsarzt ['amtsartst] *m* ufficiale sanitario *m*
Amtsbezirk ['amtsbətsɪrk] *m* circoscrizione *f*
Amtsblatt ['amtsblat] *n* gazzetta ufficiale *f*
Amtshandlung ['amtshandluŋ] *f* atto amministrativo *m*
Amtsinhaber(in) ['amtsɪnhaːbər(ɪn)] *m/f* titolare di una carica *m*
Amtsschimmel ['amtsʃɪməl] *m (fam)* burocrazia *f*
Amtsvermerk ['amtsfɛrmɛrk] *m* annotazione d'ufficio *f*
Amulett [amu'lɛt] *n* amuleto *m*
amüsant [amy'zant] *adj* divertente
Amüsement [amys'mãː] *n* divertimento *m*
amüsieren [amy'ziːrən] *v sich ~* divertirsi
an [an] *prep* 1. *(örtlich)* a, su; *am Fenster sitzen* sedere alla finestra; *die Fliege ~ der Wand* la mosca sulla parete; 2. *(zeitlich)* in, di; *~ einem schönen Abend* in una bella serata/una bella serata; *am Abend* di sera; *von diesem Zeitpunkt ~* d'ora in avanti/d'ora in poi; *am 1. Oktober* il primo Ottobre *m;* 3. *~ den Direktor* al direttore
Anachronismus [anakro'nɪsmus] *m* anacronismo *m*
analog [ana'loːk] *adj* analogo
Analogie [analo'giː] *f* analogia *f*
Analphabet ['analfabeːt] *m* analfabeta *m/f*
Analyse [ana'lyːzə] *f* analisi *f*
analysieren [analy'ziːrən] *v* analizzare
Ananas ['ananas] *f* BOT ananas *f*
anbahnen ['anbaːnən] *v* avviare, iniziare
Anbahnung ['anbaːnuŋ] *f* avviamento *m*
anbändeln ['anbɛndəln] *v (fam)* attaccare; *mit jdm ~* attaccare briga con qd
Anbau ['anbau] *m* edificio annesso *m*
anbauen ['anbauən] *v (Gebäude)* ingrandire
Anbaumöbel ['anbaumøːbəl] *pl* mobili componibili *m/pl*
Anbeginn ['anbəgɪn] *m* principio *m; seit ~* fin da principio
anbehalten ['anbəhaltən] *v irr* tenere; *ein Kleid ~* tenere addosso un vestito
anbei [an'baɪ] *adv* accluso, annesso
anbeißen ['anbaɪsən] *v irr* 1. *(beißen)* mordere, dare un morso; *den Apfel ~* dare un morso alla mela; *zum Anbeißen aussehen (fig)* sembrare appetitoso; 2. *(fam)* abboccare all'amo

anbelangen ['anbəlaŋən] v riguardare
anberaumen ['anbəraumən] v fissare; *einen Gerichtstermin* ~ fissare un termine giudiziario
anbeten ['anbe:tən] v adorare
Anbetracht ['anbətraxt] m considerazione f; *in* ~ *seines guten Willens* ... considerata la sua buona volontà ...
anbiedern ['anbi:dərn] v *sich* ~ cercare d'ingraziarsi, prendersi confidenza; *sich bei jdm* ~ cercare d'ingraziarsi qd
anbieten ['anbi:tən] v irr offrire
anbinden ['anbɪndən] v irr legare
Anblick ['anblɪk] m sguardo m
anblicken ['anblɪkən] v gettare uno sguardo, guardare; *etw* ~ gettare uno sguardo su qc
anbrechen ['anbrɛçən] v irr 1. *(brechen)* spezzare, cominciare; 2. *(fig)* mettere mano a, cominciare; *den Vorrat* ~ mettere mano alle provviste; *Der Tag ist angebrochen.* Il giorno è cominciato.
anbrennen ['anbrɛnən] v irr appiccare il fuoco; *nichts* ~ *lassen* non lasciarsi scappare nulla/non perdere un colpo
anbringen ['anbrɪŋən] v irr 1. *(befestigen)* fissare; 2. *(vortragen)* presentare; 3. *(fam: herbringen)* portare
Anbruch ['anbrux] m inizio m
anbrüllen ['anbrylən] v apostrofare gridando
andächtig ['andɛçtɪk] adj attento, tutto assorto
andauern ['andauərn] v durare, continuare
andauernd ['andauərnt] adj continuo
Andenken ['andɛŋkən] n 1. *(Erinnerung)* rimembranza f, ricordo m, memoria f; 2. *(Souvenir)* ricordo m, souvenir m
andere(r,s) ['andərə(r,s)] adj 1. altro/altra; *ein* ~s *Mal* un'altra volta; *unter* ~m tra l'altro; ; pron 2. altro
andererseits ['andərərzaɪts] adv d'altra parte
andermal ['andərma:l] adv altra volta, altra occasione; *ein* ~ un'altra volta
ändern ['ɛndərn] v 1. *etw* ~ cambiare qc; 2. *sich* ~ cambiare; *Das Wetter wird sich* ~. Il tempo cambierà.
andernfalls ['andərnfals] adv in caso contrario, altrimenti
anders ['andərs] adj 1. altro; ~ *denkend* dissenziente/alternativo; adv 2. altrimenti
andersartig ['andərsa:rtɪç] adj di altra specie, diverso

Andersartigkeit ['andərsa:rtɪçkaɪt] f eterogeneità f, diversità f
Andersdenkende(r) ['andərsdɛŋkəndə(r)] m/f dissenziente m/f, alternativo m
andersfarbig ['andərsfa:rbɪç] adj di altro colore
andersherum ['andərshɛrum] adv in senso opposto, d'altra parte
anderswo ['andərsvo:] adv altrove, in altro luogo
anderthalb ['andərthalp] num uno e mezzo
Änderung ['ɛndəruŋ] f cambiamento m
Änderungsvorschlag ['ɛndəruŋsforʃla:k] m proposta di modifica f
anderweitig ['andərvaɪtɪç] adj diverso, ulteriore
andeuten ['andɔytən] v accennare; *ein Problem* ~ accennare ad un problema
Andeutung ['andɔytuŋ] f accenno m, allusione f
andeutungsweise ['andɔytuŋsvaɪzə] adj per accenni
Andrang ['andraŋ] m ressa f, calca f
andrehen ['andre:ən] v 1. *(einschalten)* accendere; 2. *(fam)* appioppare; *jdm etw* ~ appioppare qc a qd
androhen ['andro:ən] v minacciare
Androhung ['andro:uŋ] f minaccia f
anecken ['anɛkən] v *(fam)* urtare
aneignen ['anaɪgnən] v *sich* ~ appropriarsi
Aneignung ['anaɪgnuŋ] f appropriazione f
aneinander [anaɪ'nandər] adv uno accanto all'altro, uno presso l'altro; *die Gedanken* ~ *fügen* connettere i pensieri; ~ *geraten* litigare; ~ *grenzend* confinante; ~ *reihen* mettere in fila/allineare; ~ *reihen (fig)* infilare
Anekdote [anɛk'do:tə] f aneddoto m
anekeln ['ane:kəln] v *(fam)* stuzzicare, disgustare, fare schifo
Anerbieten ['anɛrbi:tən] n offerta f
anerkannt ['anɛrkant] adj riconosciuto
anerkennen ['anɛrkɛnən] v irr riconoscere, approvare
anerkennend ['anɛrkɛnənt] adj di riconoscimento, di lode
anerkennenswert ['anɛrkɛnənsve:rt] adj degno di approvazione, lodevole
Anerkennung ['anɛrkɛnuŋ] f riconoscimento m
anfachen ['anfaxən] v 1. *(Feuer)* attizzare; 2. *(fig: anspornen)* spronare

anfahren ['anfaːrən] *v irr 1. (losfahren)* avviare; *2. (fahren gegen)* scontrarsi; *3. (fig: schimpfen)* assalire; *jdn mit Beleidigungen ~* assalire qd con ingiurie; *4. (Maschine) TECH* avviare

Anfahrt ['anfaːrt] *f 1. (Fahrt)* arrivo *m;* *2. (Zufahrt)* accesso *m*

anfallen ['anfalən] *v irr 1. (überfallen)* aggredire; *2. (befallen)* colpire; *3. (Arbeit)* presentarsi

anfällig ['anfɛlɪç] *adj* incline, predisposto

Anfälligkeit ['anfɛlɪçkaɪt] *f* disposizione *f*

Anfang ['anfaŋ] *m* principio *m;* *von ~ an* dall'inizio; *am ~* all'inizio; *~ November* all'inizio di novembre

anfangen ['anfaŋən] *v irr* incominciare

Anfänger(in) ['anfɛŋər(ɪn)] *m/f* principiante *m/f*

anfänglich ['anfɛŋlɪç] *adj 1.* iniziale, primitivo; *adv 2.* dapprima, in principio

Anfangsbuchstabe ['anfaŋsbuːxʃtaːbə] *m* lettera iniziale *f*

Anfangsgehalt ['anfaŋsgəhalt] *n* stipendio iniziale *m*

Anfangsstadium ['anfaŋsʃtaːdjum] *n* fase iniziale *f*

anfassen ['anfasən] *v 1. (berühren)* toccare; *2. (greifen)* prendere, afferrare; *3. (fam: helfen)* dare una mano, aiutare

anfechtbar ['anfɛçtbaːr] *adj* contestabile

anfechten ['anfɛçtən] *v irr* combattere

anfeinden ['anfaɪndən] *v* osteggiare

Anfeindung ['anfaɪnduŋ] *f* ostilità *f*

anfertigen ['anfɛrtɪgən] *v* fabbricare, produrre

Anfertigung ['anfɛrtɪguŋ] *f* fabbricazione *f*

anfeuchten ['anfɔʏçtən] *v* inumidire

anfeuern ['anfɔʏərn] *v (fig)* animare, esortare, accendere

Anfeuerung ['anfɔʏəruŋ] *f (fig)* incoraggiamento *f,* accensione *f*

anflehen ['anfleːən] *v* implorare

Anflug ['anfluːk] *m 1. (mit dem Flugzeug)* arrivo *m;* *2. (fig: Hauch)* accesso *m*

anfordern ['anfɔrdərn] *v* esigere, richiedere

Anforderung ['anfɔrdəruŋ] *f 1. (Anspruch)* pretesa *f,* richiesta *f;* *2. (Bestellung)* domanda *f*

Anfrage ['anfraːgə] *f ECO* richiesta *f*

anfragen ['anfraːgən] *v* domandare

anfreunden ['anfrɔʏndən] *v sich mit jdm ~* diventare amico di qd

anfügen ['anfyːgən] *v 1. (hinzufügen)* aggiungere; *2. (beilegen)* allegare, accludere

anfühlen ['anfyːlən] *v sich ~* toccare, sentire; *Es fühlt sich feucht an.* Si sente che è umida.

anführen ['anfyːrən] *v 1. (führen)* comandare; *2. (zitieren)* citare

Anführer(in) ['anfyːrər(ɪn)] *m/f* capo *m*

Anführungszeichen ['anfyːruŋstsaɪçən] *n* virgolette *f/pl*

Angabe ['angaːbə] *f 1.* affermazione *f,* indicazione *f,* dichiarazione *f;* *2. (fam: Prahlerei)* presunzione *f,* vanteria *f*

angeben ['angeːbən] *v irr 1.* indicare; *2. (fam: prahlen)* vantarsi

Angeber(in) ['angeːbər(ɪn)] *m/f* presuntuoso/presuntuosa *m/f,* spaccone *m (fam)*

Angeberei [angeːbə'raɪ] *f* presunzione *f,* spacconata *f (fam)*

Angebetete(r) ['angeːbətətə] *m/f* adorato/adorata *m/f*

angeblich ['angeːplɪç] *adj 1.* presunto, supposto; *adv 2.* presumibilmente; *die ~ versprochene Hilfe* l'aiuto che presumibilmente gli è stato promesso

angeboren ['angəboːrən] *adj* innato

Angebot ['angəboːt] *n* offerta *f*

angebracht ['angəbraxt] *adj* conveniente, opportuno

angebrannt ['angəbrant] *adj* bruciato

Angedenken ['angədɛŋkən] *n* ricordo *m,* rimembranza *f*

angeheitert ['angəhaɪtərt] *adj* alterato, alticcio; *vom Wein ~* alterato dal vino

angehen ['angeːən] *v irr 1. (beginnen)* cominciare; *2. (fam: Licht)* accendere; *Die Lichter gehen an.* I lumi si accendono. *3. (betreffen)* riguardare; *Das geht dich nichts an.* Questo non ti riguarda. *4. (bitten)* pregare

angehend ['angeːənt] *adj* esordiente

angehören ['angəhøːrən] *v* appartenere

Angehörige(r) ['angəhøːrɪgə(r)] *m/f* familiare *m/f,* parente *m/f*

Angel ['aŋəl] *f 1. SPORT* amo *m;* *2. (Türangel)* cardine *m; die Welt aus den ~n heben* rovesciare il mondo; *aus den ~n gehen* andare all'aria; *zwischen Tür und ~* tra il lusco e il brusco/di sfuggita

Angelegenheit ['angəleːgənhaɪt] *f* affare *m*

angeln ['aŋəln] *v* pescare con l'amo

Angelsachse ['aŋəlzaksə] *m* anglosassone *m*

angemessen ['angəmɛsən] *adj* adeguato

Angemessenheit ['angəmɛsənhaɪt] *f* conformità *f*
angenehm ['angəne:m] *adj* ameno, delizioso, piacevole
angenommen ['angənɔmən] *adj 1. (adoptiert)* adottato; *2. (geschätzt)* presunto
angeregt ['angəre:kt] *adj 1.* animato, vivace; *adv 2.* animatamente, vivacemente
angereichert ['angəraɪçərt] *adj* arricchito
angesehen ['angəze:ən] *adj* ~ *sein* essere visto, essere apprezzato, essere ben visto
Angesicht ['angəzɪçt] *n* faccia *f*
angesichts ['angəzɪçts] *prep 1.* al cospetto di; *2. (fig)* in considerazione di
angespannt ['angəʃpant] *adj* teso; *eine ~e Lage* una situazione tesa; *Die Schnur ist ~.* La corda è tesa.
angestellt ['angəʃtɛlt] *adj* impiegato
Angestellte(r) ['angəʃtɛltə(r)] *m/f* impiegato/impiegata *m/f*
Angestelltengewerkschaft ['angəʃtɛltəngəvɛrkʃaft] *f* sindacato degli impiegati *m*
angewandt ['angəvant] *adj* applicato
angewiesen ['angəvi:zən] *adj* ~ *sein* abbandonato, assegnato, destinato; *auf sich selbst* ~ *sein* essere abbandonato a se stesso
angewöhnen ['angəvø:nən] *v 1. jdm etw* ~ abituare qd a qc; *2. sich etw* ~ abituarsi a qc
Angewohnheit ['angəvo:nhaɪt] *f* abitudine *f*
angewurzelt ['angəwurtsəlt] *adj wie* ~ *dastehen* restare di sasso
angleichen ['anglaɪçən] *v irr* conformare, adeguare, armonizzare
Angleichung ['anglaɪçuŋ] *f* adeguamento *m*, adattamento *m*
Angler(in) ['aŋlər(in)] *m/f* pescatore/pescatrice *m/f*
angliedern ['angli:dərn] *v* aggregare, annettere
angreifen ['angraɪfən] *v irr 1.* afferrare; *2. (berühren)* toccare; *3.* offendere; *4. (beschädigen)* danneggiare
angrenzen ['angrɛntsən] *v* confinare
angrenzend ['angrɛntsənt] *adj* confinante
Angriff ['angrɪf] *m* attacco *m*
angriffslustig ['angrɪfslustɪç] *adj* aggressivo
Angriffspunkt ['angrɪfspuŋkt] *m (fig)* punto debole *m*
Angst [aŋst] *f* paura *f*; *Er hat ~.* Ha paura. *~ haben* avere paura; *jdm ~ machen* far paura a qd

angsterfüllt ['aŋstɛrfylt] *adj 1.* pieno di paura, impaurito; *adv 2.* paurosamente, timorosamente
Angstgefühl ['aŋstgəfy:l] *n* angoscia *f*
Angsthase ['aŋstha:zə] *m* vigliacco *m*, fifone *m*
ängstigen ['ɛŋstɪgən] *v 1. jdn* ~ spaventare qd; *jdn unnötig* ~ spaventare qd inutilmente; *2. sich* ~ aver paura, preoccuparsi
ängstlich ['ɛŋstlɪç] *adj* pauroso
Ängstlichkeit ['ɛŋstlɪçkaɪt] *f* paura *f*, timidezza *f*
anhaben ['anha:bən] *v irr* avere indosso, pigliare; *ein Kleid* ~ avere un vestito indosso
anhalten ['anhaltən] *v irr 1. (stehen bleiben)* fermare; *2. (fortdauern)* continuare
anhaltend ['anhaltənt] *adj* continuo
Anhalter(in) ['anhaltər(in)] *m/f* autostoppista *m/f*
Anhaltspunkt ['anhaltspuŋkt] *m* accenno *m*, riferimento *m*
anhand [an'hant] *prep* in base a
Anhang ['anhaŋ] *m* appendice *f*
anhängen ['anhɛŋən] *v 1.* appendere; *2. (hinzufügen)* aggiungere; *3. (fig) jdm etw* ~ implicare qd in qc
Anhänger ['anhɛŋər] *m 1. (eines Wagens)* rimorchio *m; 2. (Schild)* cartellino *m; 3. (Schmuck)* medaglione *m*, ciondolo *m; 4. (Befürworter)* seguace *m*, aderente *m*
anhänglich ['anhɛŋlɪç] *adj* attaccato, affezionato
Anhänglichkeit ['anhɛŋlɪçkaɪt] *f* attaccamento *m*
anhäufen ['anhɔyfən] *v* ammucchiare, accumulare, ammassare
Anhäufung ['anhɔyfuŋ] *f* accumulamento *m*
anheben ['anhe:bən] *v irr 1. (hochheben)* sollevare; *2. (erhöhen)* aumentare
anheften ['anhɛftən] *v* fissare
anheim [an'haim] *v* ~ *stellen* rimettere; *Ich stelle es Ihnen* ~ . Lo rimetto a Lei.
anheizen ['anhaɪtsən] *v 1.* accendere il fuoco; *2. ECO* incrementare
anheuern ['anhɔyərn] *v* ingaggiare
Anhieb ['anhi:p] *m auf* ~ al primo colpo
anhimmeln ['anhɪməln] *v* adorare, mettere su un piedistallo
Anhöhe ['anhø:ə] *f* altura *f*, colle *m*
anhören ['anhø:rən] *v 1.* ascoltare; *2. (anmerken)* prestare orecchio, dar retta; *3. (fig) sich* ~ suonare; *Es hört sich gut an.* Suona bene.

animalisch [ani'maːlɪʃ] *adj* animale, animalesco

Animateur(in) [anima'tøːr(ɪn)] *m/f* animatore/animatrice *m/f*

animieren [ani'miːrən] *v* animare

Anis [a'niːs] *n BOT* anice *m*

ankämpfen ['ankɛmpfən] *v* lottare

Ankauf ['ankauf] *m* acquisto *m*

ankaufen ['ankaufən] *v* acquistare

Anker ['aŋkər] *m* ancora *f*

Anklage ['anklaːgə] *f 1. (Beschuldigung)* accusa *f*, imputazione *f*; *2. JUR* accusa *f*, imputazione *f*

anklagen ['anklaːgən] *v 1. (beschuldigen)* accusare; *2. JUR* denunciare

Anklang ['anklaŋ] *m* primo accordo *m*

ankleben ['ankleːbən] *v* attaccare, aderire; *an etw ~* attaccare a qc

Ankleidekabine ['anklaɪdəkabiːnə] *f* spogliatoio *m*

ankleiden ['anklaɪdən] *v 1. jdn ~* vestire qd; *2. sich ~* vestirsi

anklopfen ['anklɔpfən] *v* battere, bussare

anknüpfen ['anknypfən] *v an etw ~* collegarsi a qualcosa; *an das Gespräch ~* collegarsi al discorso

ankommen ['ankɔmən] *v irr 1.* arrivare; *2. (Zustimmung finden)* essere accolto

ankündigen ['ankyndɪgən] *v* render noto, annunciare

Ankündigung ['ankyndɪguŋ] *f* comunicazione *f*

Ankunft ['ankunft] *f* arrivo *m*

Ankunftsort ['ankunftsɔrt] *m* luogo d'arrivo *m*

Ankunftszeit ['ankunftstsaɪt] *f* ora d'arrivo *f*

ankurbeln ['ankurbəln] *v (fig: beleben)* dare impulso a, incrementare; *die Produktion ~* incrementare la produzione

anlachen ['anlaxən] *v 1.* guardare ridendo; *2. (fig: anziehen)* allettare, attirare

Anlage ['anlaːgə] *f 1. (Fabrikanlage)* costruzione *f*, impianto *m*; *2.(Parkanlage)* parco *m*; *3. (Veranlagung)* attitudine *f*

Anlass ['anlas] *m 1. (Gelegenheit)* occasione *f*; *2. (Grund)* motivo *m*, causa *f*; *~ zu etw geben* dare origine a qc; *etw zum ~ nehmen* prendere spunto da qc

anlassen ['anlasən] *v irr 1. (Motor)* avviare; *2. (anbehalten)* tenere addosso; *3. (eingeschaltet lassen)* tenere avviato; *den Motor ~* tenere avviato il motore

anlässlich ['anlɛslɪç] *prep* in occasione di

Anlauf ['anlauf] *m (Beginn)* inizio *m*

anlaufen ['anlaufən] *v irr 1. (beginnen)* iniziare; *2. (beschlagen)* appannare; *Die Fensterscheibe läuft an.* La finestra si appanna. *3. (Maschine) TECH* avviare

Anlaufstelle ['anlaufʃtɛlə] *f* posto di riferimento *m*

Anlaufzeit ['anlauftsaɪt] *f* periodo iniziale *m*

anlegen ['anleːgən] *v 1. (Garten)* impiantare; *2. (Leiter)* appoggiare; *3. (Akte)* aprire; *eine Akte ~ aprire una pratica; 4. (Schiff)* approdare; *5. (Verband) MED* applicare

Anlegeplatz ['anleːgəplats] *m* approdo *m*

anlehnen ['anleːnən] *v 1. (Gegenstand)* appoggiare; *2. (Tür)* accostare; *3. sich ~* appoggiarsi

anlehnungsbedürftig ['anleːnuŋsbədyrftɪç] *adj* bisognoso d'affetto

anleiten ['anlaɪtən] *v* istruire, insegnare a

Anleitung ['anlaɪtuŋ] *f* istruzione *f*

anlernen ['anlɛrnən] *v* istruire

Anliegen ['anliːgən] *n* preghiera *f*, domanda *f*

anliegend ['anliːgənt] *adj* attiguo, adiacente

Anlieger ['anliːgər] *m* vicino *m*

anlocken ['anlɔkən] *v* adescare, attirare, attrarre

anlügen ['anlyːgən] *v irr* mentire; *jdn ~* mentire a qd

anmachen ['anmaxən] *v 1. (würzen)* condire; *2. (einschalten)* accendere; *3. (befestigen)* fissare; *4. (fam: ansprechen)* fare un approccio, agganciare

anmahnen ['anmaːnən] *v* reclamare

anmalen ['anmaːlən] *v* dipingere

anmaßen ['anmaːsən] *v sich ~* arrogarsi, usurpare; *sich ein Recht ~* arrogarsi un diritto

anmaßend ['anmaːsənt] *adj* presuntuoso, arrogante

Anmaßung ['anmaːsuŋ] *f* presunzione *f*, arroganza *f*

Anmeldeformular ['anmɛldəfɔrmulaːr] *n* modulo di denuncia *m*

Anmeldefrist ['anmɛldəfrɪst] *f* termine di denuncia *m*

Anmeldegebühr ['anmɛldəgəbyːr] *f* tassa di registrazione *f*

anmelden ['anmɛldən] *v 1.* annunciare; *2. (einschreiben)* iscrivere; *3. (amtlich) sich ~* denunciare; *sich amtlich ~* denunciare la pro-

pria residenza; *4. (einschreiben) sich ~* iscriversi; *sich für einen Kurs ~* iscriversi ad un corso
Anmeldepflicht ['anmɛldəpflɪçt] *f* obbligo di denuncia *m*
Anmeldung ['anmɛlduŋ] *f 1.* annuncio *m; 2. (Einschreibung)* iscrizione *f; 3. amtliche ~* denuncia *f*
anmerken ['anmɛrkən] *v (hinzufügen)* prendere nota; *jdm etw ~* accorgersi di qc in qd; *sich nichts ~ lassen* far finta di niente
Anmerkung ['anmɛrkuŋ] *f* annotazione *f*
Anmut ['anmuːt] *f* grazia *f*
anmutig ['anmuːtɪç] *adj* grazioso
annähen ['annɛːən] *v* attaccare cucendo
annähern ['annɛːərn] *v sich ~* avvicinarsi; *sich langsam an jdm ~* avvicinarsi lentamente a qd
annähernd ['annɛːərnt] *adj* approssimativo
Annäherung ['annɛːəruŋ] *f* avvicinamento *m*
Annäherungsversuch ['annɛːəruŋsfɛrzuːx] *m* avances *f/pl*
Annahme ['annaːmə] *f 1. (Entgegennahme)* accettazione *f; 2. (Zustimmung)* approvazione *f; 3. (fig: Vermutung)* supposizione *f*
Annahmeverweigerung ['annaːməfɛrvaɪgəruŋ] *f* rifiuto di accettazione *m*
annehmbar ['annɛːmbaːr] *adj* accettabile
annehmen ['annɛːmən] *v irr 1. (entgegennehmen)* accettare; *2. (zustimmen)* approvare, accogliere; *einen Antrag ~* accogliere una proposta; *3. (fig: vermuten)* supporre
Annehmlichkeit ['annɛːmlɪçkaɪt] *f* agio *m*, comodità *f*
Annonce [a'nɔ̃sə] *f* inserzione *f*, annuncio *m; eine ~ aufgeben* fare un'inserzione
annoncieren [anɔ̃'siːrən] *v* inserzionare
annullieren [anu'liːrən] *v* annullare
Annullierung [anu'liːruŋ] *f* annullamento *m*
anöden ['anøːdən] *v* annoiare
anomal [ano'maːl] *adj* anomalo
Anomalie [anoma'liː] *f* anomalia *f*
anonym [ano'nyːm] *adj* anonimo
Anonymität [anonymi'tɛːt] *f* anonimità *f*
Anorak ['anorak] *m* giacca a vento *f*
anordnen ['anɔrdnən] *v 1. (befehlen)* ordinare; *2. (ordnen)* ordinare
Anordnung ['anɔrdnuŋ] *f 1. (Befehl)* ordine *m; 2. (Ordnung)* disposizione *f*

anorganisch ['anɔrganɪʃ] *adj* inorganico
anpassen ['anpasən] *v 1. sich ~* adattarsi; *sich an eine Situation ~* adattarsi ad una situazione; *2. (fig)* adattare
Anpassung ['anpasuŋ] *f* adattamento *m*
anpassungsfähig ['anpasuŋsfɛːɪç] *adj* adattabile
Anpassungsfähigkeit ['anpasuŋsfɛːɪçkaɪt] *f* adattabilità *f*
anpfeifen ['anpfaɪfən] *v irr 1. SPORT* fischiare all'inizio; *2. (fam: schimpfen)* sgridare
anpflanzen ['anpflantsən] *v* piantare
Anpflanzung ['anpflantsuŋ] *f* coltivazione *f*, piantare *m*
anprangern ['anpraŋərn] *v* bollare, stigmatizzare
anpreisen ['anpraɪzən] *v irr* lodare
Anprobe ['anproːbə] *f* prova *f*
anprobieren ['anprobiːrən] *v* provare
anraten ['anraːtən] *v irr* consigliare, raccomandare
anrechnen ['anrɛçnən] *v* conteggiare, mettere in conto
Anrecht ['anrɛçt] *n* diritto *m*
Anrede ['anreːdə] *f* rivolgere la parola *m*, formula introduttiva *f*
anregen ['anreːgən] *v 1. (veranlassen)* incitare; *2. (vorschlagen)* proporre
anregend ['anreːgənt] *adj* eccitante, stimolante
Anregung ['anreːguŋ] *f 1. (Veranlassung)* impulso *m*, incitamento *m; 2. (Vorschlag)* proposta *f*
anreichern ['anraɪçərn] *v* arricchire, accrescere
Anreicherung ['anraɪçəruŋ] *f* arricchimento *m; ~sanlage* impianto di arricchimento *m*
Anreise ['anraɪzə] *f* viaggio di andata *m*
anreisen ['anraɪzən] *v* arrivare
Anreiz ['anraɪts] *m* impulso *m*, stimolo *m*
anrichten ['anrɪçtən] *v 1. (Essen)* preparare, servire; *2. (Schaden)* causare; *3. (fam: anstellen)* combinare; *Da hast du ja was schönes angerichtet.* L'hai combinata bella.
anrüchig ['anryːçɪç] *adj* di dubbia fama, equivoco
Anruf ['anruːf] *m* chiamata *f*
Anrufbeantworter ['anruːfbəantvɔrtər] *m* segreteria telefonica *f*
anrufen ['anruːfən] *v irr 1. (rufen)* chiamare; *2. (telefonieren)* telefonare; *jdn ~* telefonare a qd

anrühren ['anry:rən] *v 1. (berühren)* toccare; *2. (fig: rühren)* toccare; *3. (vermischen)* mescolare

ans (= an das)(siehe „an")

Ansage ['anza:gə] *f* annuncio *m*

ansagen ['anza:gən] *v* annunciare

Ansager(in) ['anza:gər(ın)] *m/f* annunciatore/annunciatrice *m/f*

ansammeln ['anzaməln] *v sich* ~ accumularsi; *Der Staub sammelt sich an.* La polvere si accumula.

Ansammlung ['anzamluŋ] *f* accumulamento *m*

Ansatz ['anzats] *m 1. (Anfang)* inizio *m; 2. (Ablagerung)* strato *m; 3. (Haaransatz)* radice *f; 4. (Anzeichen)* accenno *m; der* ~ *eines Lächelns* l'accenno di un sorriso *m; 5. (eines Problems)* approccio *m*

Ansatzpunkt ['anzatspuŋkt] *m* punto di partenza *m*

anschaffen ['anʃafən] *v* acquistare, comandare; *ein Fernsehgerät* ~ aquistare un televisore; *Der stärkere schafft an.* Il più forte comanda.

Anschaffung ['anʃafuŋ] *f* acquisto *m*

anschalten ['anʃaltən] *v* accendere

anschauen ['anʃauən] *v* guardare, osservare

anschaulich ['anʃaulıç] *adj* chiaro, evidente

Anschauung ['anʃauuŋ] *f* chiarezza *f*

Anschein ['anʃaın] *m* apparenza *f*

anscheinend ['anʃaınənt] *adv* evidentemente

anschicken ['anʃıkən] *v sich* ~ accingersi; *Er schickt sich an zu arbeiten.* Si accinge a lavorare.

anschieben ['anʃi:bən] *v irr* spingere

Anschlag ['anʃla:k] *m 1. (Plakat)* manifesto *m; 2. (mit der Schreibmaschine)* battuta *f; 3. (Attentat) POL* attentato *m*

Anschlagbrett ['anʃla:kbrɛt] *n* quadro per gli avvisi *m*

anschlagen ['anʃla:gən] *v irr 1. (anstoßen)* urtare; *2. (befestigen)* fissare; *3. (aushängen)* affiggere; *einen Aufruf* ~ affiggere un proclama

anschleichen ['anʃlaıçən] *v irr sich an jdn* ~ avvicinarsi di soppiatto a qd

anschließen ['anʃli:sən] *v irr 1. (verbinden)* collegare; *2. sich jdm* ~ unirsi a qd, associarsi a qd; *sich einer Gesellschaft* ~ unirsi a una comitiva; *3. (zustimmen)* aderire; *4. (fig: anfügen)* aggiungere

anschließend ['anʃli:sənt] *adj 1. (räumlich)* attiguo; *2. (zeitlich)* successivo

Anschluss ['anʃlus] *m 1. (fig: Bekanntschaft)* contatto *m*, conoscenza *f*, amicizia *f; 2. (Verbindung)* collegamento *m; 3. (Zuganschluss)* coincidenza *f; den* ~ *verpassen (fig)* perdere l'occasione giusta; *4. POL* annessione *f*

anschmiegsam ['anʃmi:kzam] *adj* dolce, affettuoso

anschnallen ['anʃnalən] *v* allacciare

Anschnallgurt ['anʃnalgurt] *m TECH* cintura di sicurezza *f*

Anschnallpflicht ['anʃnalpflıçt] *f* obbligo di cintura di sicurezza *m*

anschneiden ['anʃnaıdən] *v irr 1. (schneiden)* cominciare a tagliare; *2. (fig: Thema)* intavolare, affrontare; *eine Frage* ~ affrontare una questione

anschreiben ['anʃraıbən] *v irr 1. (schreiben)* scrivere; *2. (fam:* ~ *lassen)* far mettere in conto

Anschrift ['anʃrıft] *f* indirizzo *m*

anschuldigen ['anʃuldıgən] *v* accusare, imputare

Anschuldigung ['anʃuldıguŋ] *f* accusa *f*, imputazione *f*

anschwärzen ['anʃvɛrtsən] *v (fig)* denigrare, diffamare

anschwellen ['anʃvɛlən] *v irr (anwachsen)* crescere, aumentare

anschwindeln ['anʃvındəln] *v* truffare

ansehen ['anze:ən] *v irr* guardare; *jdm etw* ~ leggere qc in faccia a qd

Ansehen ['anze:ən] *n* stima *f*, credito *m*

ansehnlich ['anze:nlıç] *adj* considerevole, di bell'aspetto

anseilen ['anzaılən] *v* legare con una corda

Ansicht ['anzıçt] *f 1. (Meinung)* opinione *f; 2. (Aussicht)* veduta *f*

Ansichtskarte ['anzıçtskartə] *f* cartolina illustrata *f*

Ansichtssache ['anzıçtszaxə] *f* questione di opinione *f*

ansiedeln ['anzi:dəln] *v 1. etw* ~ insediare qc; *2. sich* ~ stabilirsi; *sich in einem Stadtviertel* ~ stabilirsi in un quartiere

Ansiedlung ['anzi:dluŋ] *f* insediamento *m*

ansonsten [an'zɔnstən] *adv* altrimenti

Anspannung ['anʃpanuŋ] *f 1.* impegno *m*, sforzo *m; 2. TECH* sollecitazione *f*

ansparen ['anʃpa:rən] *v* economizzare

Anspielung ['anʃpi:luŋ] f allusione f
anspitzen ['anʃpɪtsən] v jdn ~ (fig) pungolare qd
Ansporn ['anʃpɔrn] m stimolo m
anspornen ['anʃpɔrnən] v stimolare
Ansprache ['anʃpra:xə] f discorso m
ansprechen ['anʃprɛçən] v irr 1. rivolgere la parola; jdn ~ rivolgere la parola a qd; 2. (reagieren) reagire; 3. (fig: gefallen) essere gradito a
ansprechend ['anʃprɛçənt] adj piacevole
Ansprechpartner(in) ['anʃprɛçpartnər(ɪn)] m/f interlocutore/interlocutrice m/f
anspringen ['anʃprɪŋən] v irr 1. (Auto) avviare; 2. (hochspringen) saltare addosso
Anspruch ['anʃprux] m 1. pretesa f; 2. JUR diritto m; auf etw ~ haben aver diritto a qc; etw in ~ nehmen avvalersi di qc; Ansprüche stellen avanzare delle pretese
anspruchslos ['anʃpruxslo:s] adj 1. senza pretese, modesto, alla buona; adv 2. semplicemente
Anspruchslosigkeit ['anʃpruxslo:zɪçkaɪt] f modestia f, semplicità f
anspruchsvoll ['anʃpruxsfɔl] adj esigente
Anstalt ['anʃtalt] f istituto m
Anstaltsleiter ['anʃtaltslaɪtər] m direttore d'istituto m
Anstand ['anʃtant] m educazione f, decenza f, decoro m
anständig ['anʃtɛndɪç] adj decente
anstandslos ['anʃtantslo:s] adv senza esitazione
anstarren ['anʃtarən] v guardare fisso
anstatt [an'ʃtat] konj 1. invece di; prep 2. invece di
anstecken ['anʃtɛkən] v 1. (Brosche) appuntare; eine Brosche am Kleid ~ appuntare una spilla al vestito; 2. (anzünden) accendere
Anstecknadel ['anʃtɛkna:dəl] f spillo m
Ansteckung ['anʃtɛkuŋ] f contagio m
anstehen ['anʃte:ən] v irr 1. (Schlange stehen) fare la coda; 2. (bevorstehen) essere imminente
anstelle [an'ʃtɛlə] prep invece di
anstellen ['anʃtɛlən] v 1. (einschalten) accendere; 2. (beschäftigen) impiegare; 3. sich ~ mettersi in fila, comportarsi; sich an der Kasse ~ mettersi in fila alla cassa; sich gut ~ comportarsi bene; 4. (fig) etw ~ combinare qualcosa; etw Gutes ~ combinare qc di buono

Anstellung ['anʃtɛluŋ] f 1. (Einstellung) assunzione f; 2. (Stellung) impiego m
Anstellungsvertrag ['anʃtɛluŋsfertra:k] m contratto di assunzione m
ansteuern ['anʃtɔyərn] v puntare verso
Anstieg ['anʃti:k] m 1. (Steigung) inclinazione f; 2. (Erhöhung) aumento m
anstiften ['anʃtɪftən] v istigare
Anstoß ['anʃto:s] m 1. (Anregung) impulso m; 2. (Skandal) scandalo m
anstoßen ['anʃto:sən] v irr 1. (stoßen) urtare; 2. (zuprosten) brindare; auf die Gesundheit ~ brindare alla salute; 3. (in Bewegung setzen) etw ~ dare una spinta a qc
anstreben ['anʃtre:bən] v aspirare a
anstrengen ['anʃtrɛŋən] v sich ~ sforzarsi; sich ~ um etw zu tun sforzarsi di fare qc
anstrengend ['anʃtrɛŋənt] adj faticoso
Anstrengung ['anʃtrɛŋuŋ] f sforzo m
Ansturm ['anʃturm] m ressa f, affluenza f, assalto m
Anteil ['antaɪl] m parte f
Anteilnahme ['antaɪlna:mə] f partecipazione f
Antialkoholiker(in) [antialko'ho:lɪkər(ɪn)] m/f antialcolista m/f
antiautoritär [antiautori'tɛ:r] adj antiautoritario
antik [an'ti:k] adj antico
Antipathie [antipa'ti:] f antipatia f
Antiquitäten [antikvi'tɛ:tən] pl antichità f/pl
Antrag ['antra:k] m 1. domanda f, richiesta f; 2. POL trattato m
Antragsteller(in) ['antra:kʃtɛlər(ɪn)] m/f richiedente m/f
antreffen ['antrɛfən] v irr incontrare
antreten ['antre:tən] v irr 1. (Stelle) prendere servizio; 2. (Reise) intraprendere; eine Auslandsreise ~ intraprendere un viaggio all'estero
Antrieb ['antri:p] m 1. TECH azionamento m; 2. (fig) impulso m, stimolo m
Antriebskraft ['antri:pskraft] f (fig) forza f
Antwort ['antvɔrt] f risposta f
antworten ['antvɔrtən] v rispondere
Antwortschreiben ['antvɔrtʃraɪbən] n lettera di risposta f
anvertrauen ['anfɛrtrauən] v affidare, confidare; eine Aufgabe ~ affidare un compito; jdm ein Geheimnis ~ confidare un segreto a qd; sich jdm ~ confidarsi con qd
Anwalt ['anvalt] m avvocatessa m

Anwältin ['anvɛltɪn] *f* avvocata essa *f*
Anwaltsbüro ['anvaltsbyro:] *n* studio legale *m*
anweisen ['anvaɪzən] *v irr 1. (anordnen)* ordinare; *2. FIN* assegnare
Anweisung ['anvaɪzuŋ] *f 1. (Anordnung)* disposizione *f; 2. FIN* mandato di pagamento *m*
anwenden ['anvɛndən] *v* adoperare, utilizzare
Anwendung ['anvɛnduŋ] *f* applicazione *f*
Anwendungsweise ['anvɛnduŋsvaɪzə] *f* metodo di applicazione *m*
Anwesen ['anve:zən] *n* podere *m,* tenuta *f*
anwesend ['anve:zənt] *adj* presente
Anwesenheit ['anve:zənhaɪt] *f* presenza *f*
anwidern ['anvi:dərn] *v* disgustare
Anzahl ['antsa:l] *f* numero *m*
anzahlen ['antsa:lən] *v* pagare in acconto
Anzahlung ['antsa:luŋ] *f* acconto *m*
Anzeichen ['antsaɪçən] *n* indizio *m*
Anzeige ['antsaɪgə] *f 1. (in der Zeitung)* inserzione *f; 2. JUR* denuncia *f*
anzeigen ['antsaɪgən] *v 1.* indicare; *2. JUR* denunciare
anziehen ['antsi:ən] *v irr 1. (Kleidung)* indossare; *2. (fig)* attirare
Anziehungskraft ['antsi:uŋskraft] *f* forza d'attrazione *f*
Anzug ['antsu:k] *m* vestito *m*
anzüglich ['antsy:klɪç] *adj* insinuante
anzünden ['antsyndən] *v* accendere
anzweifeln ['antsvaɪfəln] *v* mettere in dubbio
apart [a'part] *adj* attraente; *Sie ist eine ~e Frau.* E' una donna attraente.
Apathie [apa'ti:] *f* apatia *f*
apathisch [a'pa:tɪʃ] *adj* apatico
Apfel ['apfəl] *m* mela *f; in den sauren ~ beißen müssen* dover inghiottire un boccone amaro
Apfelsaft ['apfəlzaft] *m* succo di mele *m*
Apfelsine [apfəl'zi:nə] *f* arancia *f*
Apostel [a'pɔstəl] *m* apostolo *m*
Apostroph [apɔ'stro:f] *m* apostrofo *m*
Apotheke [apo'te:kə] *f* farmacia *f*
Apotheker(in) [apo'te:kər(ɪn)] *m/f* farmacista *m/f*
Apparat [apa'ra:t] *m* apparecchio *m*
Appartement [apart'mɑ̃:] *n* appartamento *m*
Appell [a'pɛl] *m MIL appello m*
Appetit [ape'ti:t] *m* appetito *m*

appetitanregend [ape'ti:tanre:gənt] *adj* appetente
Appetitlosigkeit [ape'ti:tlo:zɪçkaɪt] *f* inappetenza *f*
applaudieren [aplau'di:rən] *v* applaudire
Applaus [a'plaus] *m* applauso *m*
Aprikose [apri'ko:zə] *f* albicocca *f*
April [a'prɪl] *m* aprile *m; jdn in den ~ schicken* fare un pesce d'Aprile a qd
Aquarium [a'kva:rjum] *n* acquario *m*
Äquator [ɛ'kva:tɔr] *m GEO* equatore *m*
Arbeit ['arbaɪt] *f* lavoro *m*
arbeiten ['arbaɪtən] *v* lavorare
Arbeiter(in) ['arbaɪtər(ɪn)] *m/f* lavoratore/lavoratrice *m/f*
Arbeitgeber(in) ['arbaɪtge:bər(ɪn)] *m/f* datore di lavoro/datrice di lavoro *m/f*
Arbeitnehmer(in) ['arbaɪtne:mər(ɪn)] *m/f* prestatore d'opera/prestatrice d'opera *m/f*
Arbeitsgemeinschaft ['arbaɪtsgəmaɪnʃaft] *f* comunità lavorativa *f*
Arbeitskraft ['arbaɪtskraft] *f* capacità lavorativa *f*
arbeitslos ['arbaɪtslo:s] *adj* disoccupato
Arbeitslosigkeit ['arbaɪtslo:zɪçkaɪt] *f* disoccupazione *f*
Arbeitsstelle ['arbaɪtsʃtɛlə] *f* posto di lavoro *m*
arbeitsunfähig ['arbaɪtsunfɛ:ɪç] *adj* inabile al lavoro
Arbeitszeit ['arbaɪtstsaɪt] *f* orario di lavoro *m*
Archäologe [arçeo'lo:gə] *m* archeologo *m*
Archäologin [arçeo'lo:gɪn] *f* archeologa *f*
Architekt(in) ['arçɪtɛkt(ɪn)] *m/f* architetto/architetta *m/f*
Architektur [arçɪtɛk'tu:r] *f* architettura *f*
Archiv [ar'çi:f] *n* archivio *m*
arg [arg] *adj* grave
Ärger ['ɛrgər] *m* collera *f*
ärgerlich ['ɛrgərlɪç] *adj 1. (Person)* irritato; *2. (Sache)* seccante
ärgern ['ɛrgərn] *v 1. jdn ~* irritare qualcuno; *2. sich ~* irritarsi
Ärgernis ['ɛrgərnɪs] *n* dispiacere *m*
arglos ['arglo:s] *adj* innocente
Arglosigkeit ['arglo:zɪçkaɪt] *f* innocenza *f*
Argument [argu'mɛnt] *n* argomento *m*
Argwohn ['arkvo:n] *m* sospetto *m*
argwöhnisch ['arkvø:nɪʃ] *adj* sospettoso, diffidente

Arie ['aːrjə] *f MUS* aria *f*
Aristokrat(in) [arɪsto'kraːt(ɪn)] *m/f* aristocratico/aristocratica *m/f*
Aristokratie [arɪstokra'tiː] *f* aristocrazia *f*
arm [arm] *adj* povero
Arm [arm] *m* 1. braccio *m; jdn auf den ~ nehmen* prendere per il naso qd; *jdm in die ~e laufen* finire in braccio a qd; *jdm unter die ~e greifen* dare una mano a qd; 2. *(Flußarm)* ramo *m*
Armband ['armbant] *n* bracciale *m*
Armbanduhr ['armbantuːr] *f* orologio da polso *m*
Armee [ar'meː] *f MIL* esercito *m*
Ärmel ['ɛrməl] *m* manica *f; etw aus dem ~ schütteln* tirare fuori qc dalla manica
Ärmelkanal ['ɛrməlkanaːl] *m GEO* canale della Manica *m*
ärmellos ['ɛrməlloːs] *adj* senza maniche
armselig ['armseːlɪç] *adj* povero
Armut ['armuːt] *f* povertà *f*
Aroma [a'roːma] *n* aroma *m*
aromatisch [aro'maːtɪʃ] *adj* aromatico
Arrangement [arɑ̃G'mɑ̃ː] *n* disposizione *f,* arrangiamento *m*
arrangieren [arɑ̃'Giːrən] *v* disporre, arrangiare
Arrest [a'rɛst] *m* arresto *m*
arrogant [aro'gant] *adj* arrogante
Arroganz [aro'gants] *f* arroganza *f*
Arsch [arʃ] *m (fam)* sedere *m*
Art [aːrt] *f* 1. modo *m; nach ~ des Hauses* alla maniera della casa; *auf diese ~ und Weise* in questo modo; *eine ~ von Frucht* un tipo di frutta; *der Mensch ist so geartet, dass ...* l'uomo è fatto in modo che ... 2. *BIO* specie *f;* 3. *(Wesen)* natura *f,* carattere *m; aus der ~ schlagen* essere fatto a modo proprio/essere speciale
Arterie [ar'teːrjə] *f ANAT* arteria *f*
artig ['artɪç] *adj* ubbidiente; *Er ist ein ~er Junge.* E' un ragazzo ubbidiente.
Artikel [ar'tɪkəl] *m* 1. *(in der Presse)* articolo *m;* 2. *GRAMM* articolo *m*
Artischocke [arti'ʃɔkə] *f BOT* carciofo *m*
Arznei [aːrts'naɪ] *f* farmaco *m*
Arzt [artst] *m* medico *m,* dottore *m*
Ärztin ['ɛrtstɪn] *f* dottoressa *f,* medico *m*
Arztpraxis ['artstpraksɪs] *f* studio medico *m*
Asbest [as'bɛst] *m MIN* amianto *m*
Asche ['aʃə] *f* cenere *f*
Aschenbecher ['aʃənbɛçər] *m* portacenere *m*

Aschermittwoch [aʃər'mɪtvɔx] *m* mercoledì delle Ceneri *m*
Asien ['aːzjən] *n GEO* Asia *f*
Aspekt [a'spɛkt] *m* aspetto *m*
Asphalt [as'falt] *m* asfalto *m*
Ass [as] *n* 1. *(im Kartenspiel)* asso *m; ein ~ im Ärmel haben* avere un asso nella manica; 2. *SPORT* asso *m,* campione *m*
Assistent(in) [asɪs'tɛnt(ɪn)] *m/f* assistente *m/f*
Ast [ast] *m* ramo *m; sich einen ~ lachen* piegarsi in due dalle risate/ridere a crepapelle; *auf dem absteigenden ~ sein* essere in declino/essere in cattive acque; *den ~ absägen, auf dem man sitzt* darsi la zappa sui piedi
Asthma ['astma] *n MED* asma *f*
Asyl [a'zyːl] *n* asilo *m*
Asylant(in) [azy'lant(ɪn)] *m/f* rifugiato politico/rifugiata politica *m/f,* extracomunitario/extracomunitaria *m/f*
Atelier [atəl'jeː] *n* studio *m*
Atem ['aːtəm] *m* respirazione *f,* respiro *m; einen schwachen ~ haben* avere una respirazione debole; *außer ~* col fiato grosso; *den ~ anhalten* trattenere il respiro; *jdm den ~ verschlagen* togliere il fiato a qd
atemlos ['aːtəmloːs] *adj* senza fiato, affannante; *~ sein* essere senza fiato; *in ~er Folge* a ritmo vertiginoso
Athlet(in) [at'leːt(ɪn)] *m/f* atleta *m/f*
Atlantik [at'lantɪk] *m GEO* Atlantico *m*
Atlas ['atlas] *m* atlante *m*
atmen ['aːtmən] *v* respirare
Atmosphäre [atmos'fɛːrə] *f* atmosfera *f*
Atmung ['aːtmuŋ] *f* respirazione *f*
atomar [ato'maːr] *adj* atomico, nucleare
Atombombe [a'toːmbɔmbə] *f* bomba atomica *f*
Atomenergie [a'toːmɛnɛrgiː] *f* energia atomica *f,* energia nucleare *f*
Atomforschung [a'toːmfɔrʃuŋ] *f* ricerca nucleare *f*
Atomkraft [a'toːmkraft] *f* energia atomica *f,* energia nucleare *f*
Atomkraftwerk [a'toːmkraftvɛrk] *n* centrale atomica *f,* impianto elettronucleare *m*
Atomkrieg [a'toːmkriːk] *m* guerra atomica *f*
Atomwaffe [a'toːmvafə] *f* arma atomica *f*
Attacke [a'takə] *f* attacco *m*
Attentat [atən'taːt] *n* attentato *m*
Attentäter(in) [atən'tɛːtər(ɪn)] *m/f* attentatore/attentatrice *m/f*
Attest [a'tɛst] *n* attesto *m*

Attraktion [atrak'tsjo:n] *f* attrazione *f*
attraktiv [atrak'ti:f] *adj* attraente
auch [aux] *konj 1. (ebenfalls)* anche;
2. (selbst, sogar) pure; *3. (überdies)* inoltre
audiovisuell [audjovizu'ɛl] *adj* audiovisivo
auf [auf] *prep* su; ~ *der Straße* in strada; ~
der Post alla posta; ~ *dem Fest* alla festa; ~
dem Land in campagna; ~ *eine Woche* per
una settimana; *von klein* ~ fin da piccolo/dal
nulla; ~ *jds Wunsch* a richiesta di qd
aufarbeiten ['aufarbaɪtən] *v 1. (erledigen)*
sbrigare; *2. (Material)* esaurire il materiale
aufatmen ['aufa:tmən] *v* respirare libera-
mente
Aufbau ['aufbau] *m 1. (Anordnung)* composizione *f,* costruzione *f,* edificazione *f;*
2. (Struktur) struttura *f*
aufbauen ['aufbauən] *v 1. (montieren)*
montare, costruire, edificare; *2. (fig)* fondare;
seine Arbeit ~ fondare il proprio lavoro
aufbauschen ['aufbauʃən] *v* esagerare,
ingrandire; *eine Nachricht* ~ esagerare una
notizia
aufbegehren ['aufbəge:rən] *v* protestare
vivacemente
aufbereiten ['aufbəraɪtən] *v* preparare,
trattare, arricchire
aufbewahren ['aufbəva:rən] *v* custodire
aufbieten ['aufbi:tən] *v irr* mobilitare,
impiegare
aufblasen ['aufbla:zən] *v irr* gonfiare
aufblenden ['aufblɛndən] *v* abbagliare
aufblicken ['aufblɪkən] *v* sollevare lo
sguardo
aufblühen ['aufbly:ən] *v* sbocciare
aufbrechen ['aufbrɛçən] *v irr 1. (öffnen)*
aprire con forza, forzare; *2. (fig)* sorgere
Aufbruch ['aufbrux] *m* partenza *f,* crepaccio *m; zum* ~ *drängen* sollecitare la partenza;
ein ~ *des Bodens* un crepaccio nel terreno
aufbrühen ['aufbry:ən] *v* versare acqua
bollente
aufbürden ['aufbyrdən] *v* caricare, ados-
sare a
aufdecken ['aufdɛkən] *v 1. (bloßlegen)*
portare alla luce; *die Wahrheit* ~ portare alla
luce la verità; *2. (fig: Geheimnis)* scoprire un
segreto
aufdrängen ['aufdrɛŋən] *v* imporre
aufdringlich ['aufdrɪŋlɪç] *adj* importuno,
invadente
Aufdruck ['aufdruk] *m* iscrizione *f,* scritta *f*

aufeinander [aufaɪn'andər] *adv 1. (örtlich)* l'uno sull'altro; *2. (gegenseitig)* l'uno
verso l'altro; *3. (zeitlich)* l'uno dopo l'altro
Aufenthalt ['aufɛnthalt] *m* soggiorno *m*
Aufenthaltsbescheinigung ['aufɛnt-
haltsbəʃaɪnɪguŋ] *f* certificato di residenza *m*
Aufenthaltsgenehmigung ['aufɛnt-
haltsgəne:mɪguŋ] *f POL* permesso di soggiorno *m*
auferlegen ['aufɛrle:gən] *v* imporre
Auffahrt ['auffa:rt] *f 1. (eines Hauses)*
rampa *f,* accesso *m; 2. (einer Autobahn)*
rampa di accelerazione *f*
Auffahrunfall ['auffa:runfal] *m* tamponamento *m*
auffallen ['auffalən] *v irr* battere, venire in
mente; *mit dem Kopf* ~ battere il capo; *Es ist
mir aufgefallen.* Me ne sono accorto.
auffallend ['auffalent] *adj* vistoso
auffangen ['auffaŋən] *v irr 1.* acchiappare; *2. (fig)* intercettare
Auffassung ['auffasuŋ] *f* opinione *f;
nach meiner* ~ secondo la mia opinione
auffordern ['auffordərn] *v* invitare, intimare
Aufforderung ['auffordəruŋ] *f* invito *m,*
intimazione *f*
aufführen ['auffy:rən] *v 1. THEAT* rappresentare; *2. (in einer Liste)* elencare; *3. sich* ~
comportarsi
Aufführung ['auffy:ruŋ] *f THEAT* rappresentazione *f*
Aufgabe ['aufga:bə] *f 1. (Arbeit)* compito
m; 2. (Versand) spedizione *f; 3. (Verzicht)*
rinuncia *f*
Aufgabenbereich ['aufga:bənbəraɪç] *m*
sfera di competenza *f*
Aufgang ['aufgaŋ] *m 1. (Treppe)* scala *f; 2.
(der Sonne)* sorgere *m*
aufgeben ['aufge:bən] *v irr 1. (versenden)*
spedire; *2. (verzichten)* rinunciare; *3. (beauftragen)* assegnare
Aufgebot ['aufgəbo:t] *n 1. (Anzahl)* impiego *m; das* ~ *an Menschen* l'impiego di uomini *m; 2. (Eheaufgebot)* pubblicazioni di
matrimonio *f/pl*
aufgedonnert ['aufgədonərt] *adj (fam)*
agghindato; ~ *sein* essere pacchiani/essere in
ghingheri
aufgehen ['aufge:ən] *v irr 1. (Teig)* lievitare; ~ *wie eine Dampfnudel* gonfiarsi come
una ciambella; *2. (Sonne)* sorgere; *3. (Blume)*
germogliare

aufgelegt ['aufgəle:kt] *adj* disposto
aufgeregt ['aufgəre:kt] *adj* eccitato
aufgeschlossen ['aufgəʃlɔsən] *adj* aperto
aufgreifen ['aufgraifən] *v irr* raccogliere
aufgrund [auf'grunt] *prep* in base a
aufhalten ['aufhaltən] *v irr 1. (Tür)* fermare; *2. jdn ~* trattenere qd; *Ich will Sie nicht länger ~.* Non voglio più trattenerla. *3. sich ~* trovarsi, soggiornare
aufhängen ['aufhɛŋən] *v 1.* sospendere, appendere; *2. sich ~* impiccarsi
aufheben ['aufhe:bən] *v irr 1. (vom Boden)* raccogliere; *2. (aufbewahren)* conservare; *3. (beenden)* finire; *die Sitzung ~* porre fine alla seduta
Aufhebung ['aufhe:buŋ] *f* abolizione *f*
aufheitern ['aufhaitərn] *v* allietare, rallegrare, rasserenare
Aufheiterung ['aufhaitəruŋ] *f* rasserenamento *m*, schiarita *f*
aufhellen ['aufhɛlən] *v* schiarire
aufhetzen ['aufhɛtsən] *v* aizzare, istigare
aufholen ['aufho:lən] *v* recuperare, riguadagnare, riprendere; *eine Verspätung ~* recuperare un ritardo
aufhören ['aufhø:rən] *v* finire
aufklappen ['aufklapən] *v* aprire
aufklären ['aufklɛ:rən] *v* chiarire
Aufklärung ['aufklɛ:ruŋ] *f 1.* spiegazione *f; 2. HIST* Illuminismo *m; 3. MIL* esplorazione *f*
Aufkleber ['aufkle:bər] *m* etichetta *f,* adesivo *m*
aufkochen ['aufkɔxən] *v* sbollentare
aufkommen ['aufkɔmən] *v irr 1. (heraufziehen)* levarsi; *2. (entstehen)* nascere
Aufkommen ['aufkɔmən] *n (Entstehung)* il sorgere *m*
aufladen ['aufla:dən] *v irr 1. (beladen)* caricare; *2. (Batterie) TECH* ricaricare; *3. (fig: aufbürden)* addossare; *die Schuld ~* addossare la colpa
Auflage ['aufla:gə] *f 1. (eines Buches)* edizione *f; 2. (Bedingung)* condizione *f,* compito *m,* incarico *m*
auflauern ['auflauərn] *v* appostare
Auflauf ['auflauf] *m 1. (von Menschen)* affollamento *m; 2. GAST* sufflé *m,* sformato *m*
aufleben ['aufle:bən] *v 1. (Person)* risorgere a nuova vita; *2. (Diskussion)* rianimarsi
auflegen ['aufle:gən] *v* mettere
auflehnen ['aufle:nən] *v sich ~* ribellarsi

Auflehnung ['aufle:nuŋ] *f* ribellione *f*
auflesen ['aufle:zən] *v* raccattare
aufleuchten ['auflɔyçtən] *v* illuminarsi, accendersi, risplendere
auflisten ['auflistən] *v* elencare
auflockern ['auflɔkərn] *v* dissodare; *die Erde ~* dissodare la terra
auflodern ['auflo:dərn] *v* divampare
auflösen ['auflø:zən] *v 1. (Pulver)* sciogliere; *2. (Rätsel)* risolvere
Auflösung ['auflø:zuŋ] *f 1.* scioglimento *m; 2. (eines Rätsels)* scioglimento *m,* risoluzione *f*
aufmachen ['aufmaxən] *v* aprire
Aufmachung ['aufmaxuŋ] *f* presentazione *f*
aufmerksam ['aufmɛrkza:m] *adj* attento, premuroso, gentile; *darauf ~ machen, dass ...* richiamare all'attenzione che ...
Aufmerksamkeit ['aufmɛrkza:mkait] *f 1. (Vorsicht)* attenzione *f; 2. (Geschenk)* piccolo regalo *m*
aufmöbeln ['aufmø:bəln] *v jdn ~* tirare su di morale qd
aufmuntern ['aufmuntərn] *v* rallegrare
Aufnahme ['aufna:mə] *f 1. (Empfang)* accoglienza *f; 2. (in Organisation)* ammissione *f; 3. (Nahrung)* ingestione *f*
Aufnahmeantrag ['aufna:məantra:k] *m* domanda d'ammissione *f*
Aufnahmeprüfung ['aufna:məpryfuŋ] *f* esame d'ammissione *m*
aufnehmen ['aufne:mən] *v irr 1. (empfangen)* accogliere; *2. (beginnen)* riprendere; *eine Arbeit ~* riprendere un lavoro; *3. (fotografieren)* fotografare; *4. (fassen)* alzare; *5. es mit jdm ~* essere all'altezza di qd
aufopfern ['aufɔpfərn] *v sich ~* sacrificarsi; *sich für etw ~* sacrificarsi per qc
Aufopferungsbereitschaft ['aufɔpfəruŋsbəraitʃaft] *f* spirito di sacrificio *m*
aufpassen ['aufpasən] *v* prestare attenzione
Aufprall ['aufpral] *m* rimbalzo *m,* urto *m*
aufprallen ['aufpralən] *v* rimbalzare, urtare
aufpumpen ['aufpumpən] *v* pompare
aufputschen ['aufputʃən] *v* stimolare
Aufputschmittel ['aufputʃmitəl] *n* stimolante *m*
aufraffen ['aufrafən] *v sich ~* alzarsi di scatto; *sich vom Boden ~* alzarsi di scatto da terra
aufräumen ['aufrɔymən] *v* mettere in ordine

aufrecht ['aufrɛçt] *adj* dritto
aufregen ['aufreːgən] *v 1. jdn ~* agitare qd; *2. sich ~* agitarsi; *sich über etw ~* agitarsi per qc
aufregend ['aufreːgənt] *adj* eccitante
Aufregung ['aufreːguŋ] *f* eccitazione *f*
aufreißen ['aufraɪsən] *v irr 1. (öffnen)* rompere; *2. (fam)* rimorchiare
aufreizend ['aufraɪtsənt] *adj* provocante
aufrichten ['aufrɪçtən] *v 1. (hochstellen)* sollevare; *2. (fig)* sollevare, rinfrancare; *jdn durch Worte ~* rinfrancare qd con parole
aufrichtig ['aufrɪçtɪç] *adj* sincero
Aufrichtigkeit ['aufrɪçtɪçkaɪt] *f* sincerità *f*
Aufruf ['aufruːf] *m* chiamata *f*
aufrufen ['aufruːfən] *v irr* chiamare
Aufrüstung ['aufrystuŋ] *f POL* riarmo *m*
aufsässig ['aufzɛsɪç] *adj* rivoltoso
Aufsatz ['aufzats] *m* componimento *m*, tema *m*
aufschieben ['aufʃiːbən] *v irr* rimandare
Aufschlag ['aufʃlaːk] *m 1. (bei Kleidung)* risvolto *m; 2. (Preisaufschlag)* aumento *m; 3. (Tennis)* battuta *f*
aufschlagen ['aufʃlaːgən] *v irr 1. (öffnen)* aprire; *ein Buch ~* aprire un libro; *2. (montieren)* montare con forza
aufschließen ['aufʃliːsən] *v irr* disserrare
Aufschluss ['aufʃlus] *m* spiegazione *f*
aufschlussreich ['aufʃlusraɪç] *adj* istruttivo
aufschneiden ['aufʃnaɪdən] *v irr 1. (schneiden)* aprire tagliando; *2. (fig: angeben)* raccontare fandonie
Aufschneider ['aufʃnaɪdər] *m* millantatore *m*, fanfarone *m*
Aufschnitt ['aufʃnɪt] *m* affettato *m*
Aufschnittmaschine ['aufʃnɪtmaʃiːnə] *f* affettatrice *f*
Aufschrei ['aufʃraɪ] *m* grido *m*
aufschreiben ['aufʃraɪbən] *v irr* scrivere
Aufschrift ['aufʃrɪft] *f* iscrizione *f*
Aufschub ['aufʃuːp] *m* proroga *f*
Aufsehen ['aufzeːən] *n* scalpore *m*, sensazione *f; ~ erregen* suscitare scalpore; *~ erregend* sensazionale
Aufseher(in) ['aufzeːər(ɪn)] *m/f* sorvegliante *m/f*, guardiano/guardiana *m/f*
aufsetzen ['aufzɛtsən] *v 1.* mettere, porre; *2. (Schreiben)* redigere
Aufsicht ['aufzɪçt] *f* sorveglianza *f*
Aufsichtsbehörde ['aufzɪçtsbəhœrdə] *f* organo ispettivo *m*

aufspalten ['aufʃpaltən] *v irr* fendere
aufsperren ['aufʃpɛrən] *v* disserrare
aufspielen ['aufʃpiːlən] *v sich ~* darsi delle arie
aufstacheln ['aufʃtaxəln] *v* stimolare, istigare, aizzare
Aufstand ['aufʃtant] *m* ribellione *f*
aufständisch ['aufʃtɛndɪʃ] *adj* ribelle
aufstehen ['aufʃtəːn] *v irr* alzarsi
aufsteigen ['aufʃtaɪgən] *v irr 1.* montare, salire; *2. (im Beruf)* promuovere
aufstellen ['aufʃtɛlən] *v 1. (montieren)* montare; *2. (Kandidaten)* presentare; *3. (Mannschaft)* mettere su; *eine Mannschaft ~* mettere su una squadra
Aufstellung ['aufʃtɛluŋ] *f* presentazione *f*, schieramento *m*
Aufstieg ['aufʃtiːk] *m 1. (auf einen Berg)* salita *m; 2. (Entwicklung)* ascesa *f; 3. (im Beruf)* carriera *f*
Aufstiegsmöglichkeit ['aufʃtiːksmøːklɪçkaɪt] *f* possibilità di avanzamento *f*
aufstoßen ['aufʃtoːsən] *v irr 1. (öffnen)* aprire; *2. (rülpsen)* ruttare
aufstützen ['aufʃtytsən] *v* appoggiare
aufsuchen ['aufzuːxən] *v* far visita a
auftakeln [auftaːkəln] *v aufgetakelt sein* mettersi in ghingheri, essere impavesati *(fam)*
Auftakt ['auftakt] *m* arsi *f*, inizio *m*
auftanken ['auftaŋkən] *v* rifornire di carburante, fare il pieno
auftauchen ['auftauxən] *v* emergere
auftauen ['auftauən] *v* disgelarsi
aufteilen ['auftaɪlən] *v* dividere
Aufteilung ['auftaɪluŋ] *f* divisione *f*
auftischen ['auftɪʃən] *v 1. (bewirten)* mettere in tavola; *2. (belügen)* sciorinare bugie
Auftrag ['auftraːk] *m 1. (Bestellung)* ordine *m; Ihrem ~ gemäß* come da Vostro ordine; *2. (Anweisung)* istruzione *f; 3. (Aufgabe)* incarico *m; im ~ von* per incarico di
auftragen ['auftraːgən] *v irr 1. (Speisen)* servire; *2. (be~)* incaricare; *3. (bestreichen)* applicare, dare; *4. dick ~* spararne delle grosse
auftrennen ['auftrɛnən] *v* disfare, scucire
auftreten ['auftreːtən] *v irr 1. (erscheinen)* presentarsi; *2. THEAT* entrare in scena
Auftrieb ['auftriːp] *m* spinta aerostatica *f*, forza ascensionale *f*
Auftritt ['auftrɪt] *m 1. (Erscheinen)* presentazione *f; 2. THEAT* entrata in scena *f*
aufwachen ['aufvaxən] *v* svegliarsi

aufwachsen ['aufvaksən] *v irr* crescere
Aufwand ['aufvant] *m (Einsatz)* dispendio
m; Energieaufwand dispendio di energia *m*
aufwändig ['aufvɛndıç] *adj* dispendioso *m*
aufwärmen ['aufvɛrmən] *v 1.* riscaldare;
2. (fig) rivangare; *eine alte Geschichte ~*
rivangare una vecchia storia
aufwärts ['aufvɛrts] *adv* verso l'alto
aufwecken ['aufvɛkən] *v* svegliare
aufweichen ['aufvaıçən] *v 1.* ammollare,
inzuppare; *2. (Farben)* stemperare
aufweisen ['aufvaızən] *v irr* mostrare
aufwenden ['aufvɛndən] *v 1. (Zeit)* spendere, impiegare; *viel Zeit aufwenden* spendere molto tempo; *2. (Geld)* spendere
aufwiegeln ['aufvi:gəln] *v* istigare
aufwühlen ['aufvy:lən] *v* smuovere
aufzählen ['auftsɛ:lən] *v* contare
aufzeichnen ['auftsaıçnən] *v 1. (zeichnen)* disegnare; *2. (Musik)* registrare; *3. (notieren)* annotare
Aufzeichnung ['auftsaıçnuŋ] *f 1. (Zeichnung)* disegno *m; 2. (von Musik)* registrazione *f; 3. (Notiz)* annotazione *f*
aufziehen ['auftsi:ən] *v irr 1. (öffnen)* tirare su, sollevare; *2. (Uhr)* caricare; *3. (großziehen)* allevare, crescere
Aufzug ['auftsu:k] *m 1. (Aufmachung)* corteo *m,* sfilate *f,* foggia *f; 2. TECH* ascensore *m*
Augapfel ['aukapfəl] *m ANAT* globo oculare *m; etw wie seinen ~ hüten* costudire qc come la pupilla dei propri occhi
Auge ['augə] *n 1. ANAT* occhio *m; große ~n machen* sgranare gli occhi; *Ihm gehen die ~n auf.* Gli si aprono gli occhi. *jdm etw vor ~n führen* porre qc sotto gli occhi di qd; *ein ~ zudrücken* chiudere un occhio; *ins ~ gehen* andare a finire male; *ein Dorn im ~ sein* essere una spina nel fianco; *sich die ~n ausweinen* piangere come una vite tagliata/piangere a calde lacrime; *ein ~ auf jdn werfen* mettere gli occhi addosso a qd; *etw ins ~ fassen* prendere in considerazione qc; *ins ~ stechen* dare nell'occhio; *die ~n vor etw verschließen* chiudere gli occhi davanti a qc; *seinen ~n nicht trauen können* non poter credere ai propri occhi; *mit offenen ~n ins Unglück rennen* cercare i mali come i medici; *mit einem lachenden und einen weinenden ~* non sapere se ridere o se piangere; *jdm etw aufs ~ drücken* appioppare qc a qd; *2. (Kartoffel)* gemma *f; m 3. (auf Würfel)* punto *m*

Augenblick ['augənblɪk] *m* momento *m,* attimo *m*
augenblicklich ['augənblɪklıç] *adj 1.* attuale, del momento; *adv 2.* momentaneamente
Augenbraue ['augənbrauə] *f ANAT* sopracciglio *m*
Augenlid ['augənli:t] *n ANAT* palpebra *f*
August [au'gust] *m* agosto *m*
Auktion [auk'tsjo:n] *f* asta pubblica *f*
Aula ['aula] *f* aula magna *f*
aus [aus] *adv 1. (beendet)* finito; *2. (nicht an)* spento; *prep 3. (von...her)* da; *von Mailand ~* da Milano; *von sich ~* per conto proprio; *von mir ~* per me; *von dort ~* da lì/da quel punto; *vom Fenster ~* dalla finestra; *4. (kausal)* per; *~ diesem Grund* per questo motivo; *~ Spaß* per scherzo
ausarbeiten ['ausarbaıtən] *v* compiere, terminare, ultimare
Ausarbeitung ['ausarbaıtuŋ] *f* compimento *m*
ausarten ['ausartən] *v* degenerare
ausatmen ['ausa:tmən] *v* espirare
ausbaden ['ausba:dən] *v etw ~* subire le conseguenze di qc
Ausbau ['ausbau] *m 1. (eines Gebäudes)* ampliamento *m; 2. (einer Beziehung)* approfondimento *m; 3. (eines Motors)* smontaggio *m*
ausbauen ['ausbauən] *v 1. (Gebäude)* ampliare; *2. (Beziehungen)* approfondire; *3. (Motor)* smontare
ausbessern ['ausbɛsərn] *v* riparare
ausbeulen ['ausbɔylən] *v* gonfiare
ausbeuten ['ausbɔytən] *v* sfruttare
ausbilden ['ausbɪldən] *v* istruire
Ausbildung ['ausbɪlduŋ] *f* formazione professionale *f*
Ausblick ['ausblɪk] *m* panorama *m,* vista *f*
ausbrechen ['ausbrɛçən] *v irr 1. (herausbrechen)* staccarsi; *2. (entfliehen)* fuggire; *3. (plötzliches Aufkommen)* scoppiare; *Ein Sturm ist ausgebrochen.* E' scoppiata una tempesta.
ausbreiten ['ausbraıtən] *v 1. etw ~* stendere qc; *2. sich ~* allargarsi, estendersi
Ausbruch ['ausbrux] *m 1. (Flucht)* evasione *f; 2. (plötzler Beginn)* scoppio *m*
ausbrüten ['ausbry:tən] *v* covare, tramare
Ausdauer ['ausdauər] *f* costanza *f,* perseveranza *f,* tenacia *f*
ausdauernd ['ausdauərnt] *adj* perseverante

ausdehnen ['ausde:nən] *v 1. (örtlich)* distendere, estendere, allargare; *2. (zeitlich)* prolungare
Ausdehnung ['ausde:nuŋ] *f 1. (örtlich)* distensione *f,* estensione *f; 2. (zeitlich)* prolungamento *m*
ausdenken ['ausdɛŋkən] *v irr sich ~* escogitare; *Ich denke mir etw aus.* Escogito qc.
Ausdruck ['ausdruk] *m 1. (Wort)* espressione *f; 2. (Gesichtsausdruck)* espressione del viso *f; 3. (Druck)* stampa *f*
ausdrucken ['ausdrukən] *v* stampare
ausdrücken ['ausdrykən] *v 1.* spremere; *2. (fig: äußern)* esprimere
ausdrücklich ['ausdryklıç] *adj* esplicito
ausdruckslos ['ausdrukslo:s] *adj* privo di espressione
ausdrucksvoll ['ausdruksfɔl] *adj* espressivo
auseinander [ausaın'andər] *adv* separatamente; *~ brechen* rompere; *~ fallen* rompersi; *~ gehen* separarsi; *~ halten* differenziare/distinguere; *~ nehmen* disfare/scomporre; *sich mit einer Frage ~ setzen* occuparsi di una questione
Auseinandersetzung [ausaın'andərzɛtsuŋ] *f* discussione *f*
ausfahren ['ausfa:rən] *v irr* uscire
Ausfahrt ['ausfa:rt] *f 1. (einer Autobahn)* uscita *f; 2. (eines Hauses)* passo carrabile *m*
Ausfall ['ausfal] *m 1. (Haarausfall)* caduta *f; der ~ der Haare* la caduta dei capelli; *2. (Störung)* guasto *m,* avaria *f; 3. (Verlust)* ECO perdita *f*
ausfallen ['ausfalən] *v irr 1. (Haare)* cadere; *2. (nicht stattfinden)* non aver luogo; *3. (Maschine)* arrestarsi
ausfallend ['ausfalənt] *adj* offensivo
ausfertigen ['ausfɛrtıgən] *v* redigere, stendere
Ausfertigung ['ausfɛrtıguŋ] *f* redazione *f,* copia *f; in dreifacher ~* in triplice copia
ausflippen ['ausflıpən] *v (fam)* perdere la testa
Ausflüchte ['ausflyçtə] *pl* scappatoia *f,* sotterfugio *m*
Ausflug ['ausflu:k] *m* gita *f,* escursione *f*
Ausflugsort ['ausflu:ksort] *m* meta dell'escursione *f*
Ausflugsverkehr ['ausflu:ksfɛrke:r] *m* traffico da gita *m*
ausfragen ['ausfra:gən] *v* interrogare
ausfressen ['ausfre:sən] *v irr 1.* vuotare, ripulire; *2. (fam)* combinare

ausführen ['ausfy:rən] *v 1. (durchführen)* eseguire; *2. (spazieren führen)* portare fuori, condurre a passeggio; *den Hund ~* portare fuori il cane
ausführlich ['ausfy:rlıç] *adj* dettagliato
Ausführung ['ausfy:ruŋ] *f* esecuzione *f*
ausfüllen ['ausfylən] *v* riempire
Ausgabe ['ausga:bə] *f 1.* distribuzione *f; 2. (Geldausgabe)* spesa *f,* uscita *f; 3. (Gepäckausgabe)* consegna *f; 4. (Buchausgabe)* edizione *f*
Ausgang ['ausgaŋ] *m 1.* uscita *f; 2. (Ende)* termine *m,* fine *f,* esito *m; am ~ des Jahrhunderts* alla fine del secolo; *3. (Ergebnis)* risultato *m*
Ausgangspunkt ['ausgaŋspuŋkt] *m* punto di partenza *m*
Ausgangssperre ['ausgaŋsʃpɛrə] *f* coprifuoco *m*
ausgeben ['ausge:bən] *v irr* distribuire, spendere
ausgebucht ['ausgəbu:xt] *adj* essere al completo, tutto esaurito
ausgefranst ['ausgəfranst] *adj* sfilacciato
ausgeglichen ['ausgəglıçən] *adj* equilibrato
Ausgeglichenheit ['ausgəglıçənhaıt] *f* equilibrio *m*
ausgehen ['ausge:ən] *v irr 1. (weggehen)* uscire; *2. (enden)* finire; *3. (erlöschen)* estinguersi; *4. (Vorräte)* finire
ausgelassen ['ausgəlasən] *adj* sfrenato, dissoluto
ausgenommen ['ausgənɔmən] *prep* ad eccezione di
ausgeprägt ['ausgəprɛ:kt] *adj* spiccato
ausgerechnet ['ausgərɛçnət] *adv* proprio
ausgeschlossen ['ausgəʃlɔsən] *adj* escluso
ausgezeichnet ['ausgətsaıçnət] *adj* eccellente
ausgiebig ['ausgi:bıç] *adj 1.* copioso; *adv 2.* abbondantemente
Ausgleich ['ausglaıç] *m 1.* ECO saldo *m; 2. (fig)* equilibrio *m*
ausgleichen ['ausglaıçən] *v irr 1.* compensare; *2. (fig)* equilibrare
ausgraben ['ausgra:bən] *v irr* dissotterrare
aushalten ['aushaltən] *v irr* sopportare
aushandeln ['aushandəln] *v* concordare
aushändigen ['aushɛndıgən] *v* consegnare

Aushang ['aushaŋ] *m* avviso *m*
Aushängeschild ['aushɛŋəʃɪlt] *n* insegna *f*
ausharren ['ausharən] *v* perseverare, resistere
ausheben ['ausheːbən] *v irr 1.* scavare; *2. (fig)* snidare
aushecken ['aushɛkən] *v* ideare, escogitare
ausheilen ['aushaɪlən] *v* guarire completamente
aushelfen ['aushɛlfən] *v irr* aiutare
Aushilfe ['aushɪlfə] *f* aiuto *m,* supplenza *f*
aushilfsweise ['aushɪlfsvaɪzə] *adv* per supplire
aushorchen ['aushɔrçən] *v* sondare
auskennen ['auskɛnən] *v irr sich* ~ conoscere bene, intendersi; *Ich kenne mich in der Stadt gut aus.* Conosco bene la città. *Er kennt sich mit der Informatik aus.* Lui s'intende di informatica.
ausklammern ['ausklamərn] *v* mettere fuori parentesi, eliminare
Ausklang ['ausklaŋ] *m* suono finale *m*
auskommen ['auskɔmən] *v irr* accordarsi, cavarsela; *mit wenig* ~ cavarsela con poco; *mit jdm gut* ~ andare d'accordo con qd; *ohne etw/jdn* ~ far senza qc/qd
Auskommen ['auskɔmən] *n* sussistenza *f; sein* ~ *haben* avere quanto basta per vivere
auskundschaften ['auskuntʃaftən] *v* esplorare
Auskunft ['auskunft] *f 1. (Information)* informazione *f; 2. (Büro)* ufficio informazioni *m,* centro informazioni *m*
auskurieren ['auskuriːrən] *v* curare completamente
auslachen ['auslaxən] *v* deridere
ausladen ['auslaːdən] *v irr 1. (Gepäck)* scaricare; *2. (fig: Gäste)* disdire; *die Gäste* ~ disdire l'invito agli ospiti
Auslage ['auslaːgə] *f 1. (im Schaufenster)* vetrina *f; 2. (von Geld)* denaro sborsato *m,* esborso *m*
Ausland ['auslant] *n* estero *m*
Ausländer(in) ['auslɛndər(ɪn)] *m/f* straniero/straniera *m/f*
ausländerfeindlich ['auslɛndərfaɪntlɪç] *adj* xenofobo
Ausländerfeindlichkeit ['auslɛndərfaɪntlɪçkaɪt] *f* xenofobia *f*
ausländisch ['auslɛndɪʃ] *adj* straniero
auslassen ['auslasən] *v irr 1. (unterlassen)* tralasciare; *2. (Zorn)* sfogarsi

auslaufen ['auslaufən] *v irr 1. (Flüssigkeit)* scolare, fuoriuscire; *2. (fig)* terminare
ausleben ['ausleːbən] *v* sviluppare
ausleeren ['ausleːrən] *v* vuotare
auslegen ['ausleːgən] *v 1. (Waren)* esporre; *2. (Geld)* sborsare, anticipare; *3. (deuten)* interpretare
ausleihen ['auslaɪən] *v irr. etw* ~ prestare qc; *Geld* ~ prestare denaro; *2. sich etw* ~ farsi prestare qc; *sich von jdm ein Buch* ~ farsi prestare un libro da qd
Auslese ['ausleːzə] *f* scelta *f*
Ausleseverfahren ['ausleːzəfɛrfaːrən] *n* metodo di selezione *m*
ausliefern ['ausliːfərn] *v 1. jdm ausgeliefert sein (fig)* essere in balìa di qd; *2. sich jdm* ~ costituirsi a qd; *3. (Verbrecher)* JUR estradare
Auslieferung ['ausliːfəruŋ] *f 1.* restituzione *f; 2.* JUR consegna *f*
auslöschen ['auslœʃən] *v* spegnere
auslösen ['auslø:zən] *v 1. (in Gang setzen)* azionare; *2. (fig: verursachen)* causare
auslosen ['ausloːzən] *v* sorteggiare
Auslöser ['auslø:zər] *m 1. (Ursache)* causa *f,* movente *m; 2.* FOTO scatto *m*
ausmachen ['ausmaxən] *v 1. (übereinkommen)* pattuire; *2. (bilden)* formare, rappresentare; *3. (ausschalten)* spegnere; *4. (sich belaufen auf)* ammontare; *Die Kosten machen 50 Mark aus.* Le spese ammontano a cinquanta marchi. *5. (bedeuten)* importare, spiacere; *Das macht mir nichts aus.* Non me ne importa niente. *Würde es Ihnen etw* ~? Le spiacerebbe? *Macht es dir etw aus, wenn ...* Ti dispiace se ... *6. (festsetzen)* stabilire
Ausmaß ['ausmaːs] *n* misura *f,* dimensione *f*
ausmessen ['ausmɛsən] *v irr* misurare
Ausnahme ['ausnaːmə] *f* eccezione *f*
Ausnahmefall ['ausnaːməfal] *m* caso eccezionale *m*
Ausnahmezustand ['ausnaːmətsuʃtant] *m* stato eccezionale *m,* stato di emergenza *m*
ausnahmslos ['ausnaːmsloːs] *adj 1.* senza eccezione, nessuno escluso; *adv 2.* senza eccezione
ausnahmsweise ['ausnaːmsvaɪzə] *adv* eccezionalmente, in via eccezionale
ausnehmen ['ausneːmən] *v irr 1. (ausschließen)* escludere; *2. jdn* ~ *(fig)* depredare qc; *ein Schwalbennest* ~ depredare un nido di rondine

ausnützen ['ausnytsən] *v* sfruttare, approfittare
Ausnutzung ['ausnutsuŋ] *f* sfruttamento *f*
auspacken ['auspakən] *v* disfare; *die Koffer* ~ disfare le valigie
auspeitschen ['auspaɪtʃən] *v* frustare
ausplaudern ['ausplaudərn] *v* spifferare, spiattellare
ausplündern ['ausplyndərn] *v* saccheggiare
ausprägen ['ausprɛːgən] *v* coniare
auspressen ['ausprɛsən] *v* 1. spremere; 2. *(fig)* sfruttare
auspusten ['auspuːstən] *v* spegnere soffiando
ausquartieren ['auskvartiːrən] *v* sloggiare
ausradieren ['ausradiːrən] *v* cancellare
ausrangieren ['ausraŋɡiːrən] *v* eliminare
ausrasten ['ausrastən] *v* 1. disinnestarsi; 2. *(fig: Fassung verlieren)* infuriarsi
ausrauben ['ausraubən] *v* derubare
ausräumen ['ausrɔymən] *v* 1. *(Gegenstände)* sgomberare; 2. *(fig: Zweifel)* rimuovere
ausrechnen ['ausreçnən] *v* calcolare
Ausrede ['ausreːdə] *f* scusa *f*, pretesto *m*
ausreichen ['ausraɪçən] *v* essere sufficiente, bastare
ausreichend ['ausraɪçənt] *adj* sufficiente
Ausreise ['ausraɪzə] *f* passaggio del confine *m*, espatrio *m*
ausreisen ['ausraɪzən] *v* andare all'estero
Ausreißer ['ausraɪsər] *m* fuggiasco *m*
ausrenken ['ausrɛŋkən] *v* sich etw ~ slogarsi qc; *sich einen Arm* ~ slogarsi un braccio
ausrichten ['ausrɪçtən] *v* 1. *(aufstellen)* allineare; 2. *(veranstalten)* allestire; 3. *(benachrichtigen)* portare; *jdm einen schönen Gruß* ~ portare un caro saluto a qd
ausrotten ['ausrɔtən] *v* 1. *(Pflanzen, Tiere)* estirpare, sterminare; 2. *(fig)* sradicare; *eine Unsitte* ~ sradicare un malcostume
Ausruf ['ausruːf] *m* esclamazione *f*, grido *m*
ausrufen ['ausruːfən] *v irr* gridare
Ausrufungszeichen ['ausruːfuŋstsaɪçən] *n* punto esclamativo *m*
ausruhen ['ausruːən] *v* riposare
ausrüsten ['ausrystən] *v* dotare, attrezzare
Ausrüstung ['ausrystuŋ] *f* dotazione *f*, equipaggiamento *m*

ausrutschen ['ausrutʃən] *v* scivolare
Aussage ['auszaːgə] *f* 1. asserzione *f*; 2. *JUR* deposizione *f*; 3. *(Bedeutung)* significato *m*
aussagen ['auszaːgən] *v* 1. asserire; 2. *JUR* deporre
ausschachten ['ausʃaxtən] *v* scavare
ausschalten ['ausʃaltən] *v* 1. *(beseitigen)* eliminare, rimuovere; 2. *(ausschließen)* escludere, eliminare; 3. *TECH* disinserire; 4. *(Automotor)* spegnere; 5. *(fig)* ritirarsi
Ausschank ['ausʃank] *m GAST* spaccio *m*; ~ *alkoholfreier Getränke* spaccio di bevande analcoliche *m*
ausscheiden ['ausʃaɪdən] *v irr* 1. *(ausschließen)* escludere; 2. *SPORT* eliminare; 3. *MED* espellere
ausscheren ['ausʃeːrən] *v* uscire dalla fila
ausschimpfen ['ausʃɪmpfən] *v* sgridare
ausschlachten ['ausʃlaxtən] *v* squartare
ausschlafen ['ausʃlaːfən] *v irr* dormire abbastanza
Ausschlag ['ausʃlaːk] *m* 1. *MED* eruzione *f*, esantema *f*; 2. *(fig) den* ~ *geben* dare il colpo di grazia
ausschlaggebend ['ausʃlaːkgeːbənt] *adj* decisivo
ausschließen ['ausʃliːsən] *v irr* 1. *jdn* ~ escludere qd; *jdn von etw* ~ escludere qd da qc; 2. *(aussperren)* chiudere fuori
ausschließlich ['ausʃliːslɪç] *adj* esclusivo, unico
Ausschluss ['ausʃlus] *m* esclusione *f*
ausschmücken ['ausʃmykən] *v* adornare, decorare
ausschneiden ['ausʃnaɪdən] *v irr* ritagliare
Ausschnitt ['ausʃnɪt] *m* 1. *(eines Kleides)* scollatura *f*; 2. *(einer Zeitung)* ritaglio *m*; 3. *(Detail)* dettaglio *m*
ausschöpfen ['ausʃœpfən] *v* cavar fuori, attingere
ausschreiben ['ausʃraɪbən] *v irr* 1. *(vollständig schreiben)* scrivere per intero; 2. *(Stelle)* offrire, bandire
Ausschuss ['ausʃus] *m* 1. *(Abfall)* scarto *m*; 2. *(Kommission)* commissione *f*
ausschütten ['ausʃytən] *v* rovesciare
ausschweifend ['ausʃvaɪfənt] *adj* eccessivo
aussehen ['ausze:ən] *v irr* avere l'aspetto di, sembrare; *Es sieht so aus, als ob daraus nichts wird.* Sembra che non se ne farà nien-

te. *Es sieht gut aus.* Sembra che le cose vadano bene. *Es sieht nach Regen aus.* Sembra che voglia piovere.
Aussehen ['ausze:ən] *n* aspetto *m*
außen ['ausən] *adv* fuori
Außenbordmotor ['ausənbɔrtmo:tɔr] *m* TECH motore fuoribordo *m*
Außendienst ['ausəndi:nst] *m* servizio esterno *m*
Außenseiter ['ausənzaɪtər] *m* outsider *m*, non favorito *m*
außer ['ausər] *prep 1. (räumlich)* all' infuori di; ~ *Atem* senza fiato; ~ *Landes* all'estero; ~ *sich sein* essere fuori di sé; *2. (abgesehen von)* ad eccezione di, tranne, all'infuori di; *konj 3.* ~ *wenn* a meno che; ~, *dass* salvo che
außerdem ['ausɔrde:m] *adv* oltre a ciò
äußere(r,s) ['ɔysərə(r,s)] *adj* esteriore, esterno/esterna; *die* ~ *Erscheinung* l'aspetto esteriore *m; ein* ~*r Anstoß* un impulso esterno *m*
Äußeres ['ɔysərəs] *n* esterno *m*
außergewöhnlich ['ausərgəvø:nlɪç] *adj* straordinario
außerhalb ['ausərhalp] *prep 1.* al di fuori di; *adv 2.* fuori
äußerlich ['ɔysərlɪç] *adj* esteriore
äußern ['ɔysərn] *v* manifestare
außerordentlich ['ausərɔrdəntlɪç] *adj* straordinario
äußerstenfalls ['ɔysərstənfals] *adv* in caso estremo
Äußerung ['ɔysəruŋ] *f* dichiarazione *f*
aussetzen ['auszɛtsən] *v 1. (Tier)* abbandonare; *2. (Arbeit)* interrompere
Aussicht ['auszɪçt] *f 1. (Ausblick)* vista *f; 2. (fig)* prospettive *f/pl*
aussichtslos ['auszɪçtslo:s] *adj* senza speranza
Aussichtspunkt ['auszɪçtspuŋkt] *m* belvedere *m*
aussiedeln ['auszi:dəln] *v* evacuare, trasferire
Aussiedler ['auszi:dlər] *m* chi evacua *m*
aussöhnen ['auszø:nən] *v* conciliare
aussondern ['auszɔndərn] *v* scegliere
aussortieren ['auszɔrti:rən] *v* assortire
aussparen ['ausʃpa:rən] *v* lasciare libero
ausspeien ['ausʃpaɪən] *v irr* sputare
aussperren ['ausʃpɛrən] *v 1. (ausschließen)* chiudere fuori; *2. (Streik)* effetuare la serrata
ausspielen ['ausʃpi:lən] *v 1. (Karten)* giocare; *2. (Geldprämie)* mettere in palio; *3. jdn*

gegen jdn ~ servirsi di qd contro qd; *ausgespielt haben (fig)* non contare più
ausspionieren ['ausʃpioni:rən] *v* carpire spiando
Aussprache ['ausʃpra:xə] *f 1. (Gespräch)* discussione *f; 2.* LING pronuncia *f*
aussprechen ['ausʃprɛçən] *v irr 1. (äußern)* esprimere; *2. sich* ~ esprimersi *3.* LING pronunciare
ausstatten ['ausʃtatən] *v 1. (einrichten)* arredare; *2. (versehen)* fornire, dotare
Ausstattung ['ausʃtatuŋ] *f 1. (Einrichtung)* arredamento *m; 2. (Ausrüstung)* equipaggiamento *m*
ausstechen ['ausʃtɛçən] *v irr jdn* ~ *(besser sein)* surclassare qd, soppiantare qd
ausstehen ['ausʃte:ən] *v irr 1. (ertragen)* sopportare; *jdn nicht* ~ *können* non poter sopportare qd; *2. (noch fehlen)* mancare, rimanere; *3. (ausgestanden sein)* essere superato
aussteigen ['ausʃtaɪgən] *v irr 1. (Fahrzeug)* scendere; *2. (fig)* ritirarsi
Aussteiger ['ausʃtaɪgər] *m* outsider *m*
ausstellen ['ausʃtɛlən] *v 1. (Waren)* esporre; *2. (Dokumente)* rilasciare
Ausstellung ['ausʃtɛluŋ] *f 1. (von Waren)* esposizione *f; 2. (von Dokumenten)* rilascio *m*
Ausstellungsdatum ['ausʃtɛluŋsda:tum] *n* data di emissione *f*
Ausstellungskatalog ['ausʃtɛluŋskatalo:k] *m* catalogo dell'esposizione *m*
aussterben ['ausʃtɛrbən] *v irr* morire, estinguersi
Aussteuer ['ausʃtɔyər] *f* corredo *m*
Ausstieg ['ausʃti:k] *m 1.* discesa *f; 2. (fig)* uscita *f*
ausstoßen ['ausʃtosən] *v irr 1. etw* ~ gettare fuori qc; *2. jdn* ~ escludere qd, espellere qd
ausstrahlen ['ausʃtra:lən] *v 1. (übertragen)* trasmettere; *2. (Wärme)* irradiare; *3. (fig: Gelassenheit)* emanare
Ausstrahlung ['ausʃtra:luŋ] *f (fig)* emanazione *f,* charme *m*
ausstrecken ['ausʃtrɛkən] *v* allungare, distendere
ausströmen ['ausʃtrø:mən] *v* scorrere, defluire
aussuchen ['auszu:xən] *v* scegliere
Austausch ['austauʃ] *m* scambio *m*
austauschbar ['austauʃba:r] *adj* scambiabile, sostituibile
austauschen ['austauʃən] *v* scambiare

austeilen ['austaɪlən] *v* distribuire
Auster ['austər] *f ZOOL* ostrica *f*
austoben ['austo:bən] *v 1. (Zorn)* sfogare;
2. sich ~ sfogarsi
austragen ['austra:gən] *v irr 1. (Streit)*
definire; *2. (Pakete)* recapitare; *3. SPORT*
disputare
Australien [au'stra:ljən] *n GEO* Australia *f*
austreten ['austre:tən] *v irr 1. (ausströmen)* straripare; *2. (aus einem Verein)* uscire
austrinken ['austrɪŋkən] *v irr* bere tutto,
finire di bere
Austritt ['austrɪt] *m* uscita *f*
austrocknen ['austrɔknən] *v* asciugare
austüfteln ['austyftəln] *v* escogitare
ausüben ['ausy:bən] *v* esercitare
Ausübung ['ausy:buŋ] *f* esercizio *m*
Ausverkauf ['ausfɛrkauf] *m* svendita *f*
ausverkauft ['ausfɛrkauft] *adj* esaurito
auswachsen ['ausvksən] *v* finir di crescere; *Das ist zum Auswachsen!* C'è da perdere la pazienza!/C'è da mettersi le mani nei capelli!
Auswahl ['ausva:l] *f* selezione *f*
auswählen ['ausvɛ:lən] *v* scegliere
auswandern ['ausvandərn] *v* emigrare
auswärts ['ausvɛrts] *adv* fuori
auswechselbar ['ausvɛksəlba:r] *adj*
cambiabile
auswechseln ['ausvɛksəln] *v* cambiare
Ausweg ['ausve:k] *m* via d'uscita *f,* scappatoia *f*
ausweglos ['ausve:klo:s] *adj* senza speranza
ausweichen ['ausvaɪçən] *v irr* scansare,
evitare; *einer Frage ~* evitare di rispondere ad
una domanda
ausweichend ['ausvaɪçənt] *adj* evasivo
Ausweichmöglichkeit ['ausvaɪçmø:klɪçkaɪt] *f* scappatoia *f*
ausweinen ['ausvaɪnən] *v sich ~* dispersarsi piangendo; *sich die Augen ~* piangere
fino all'ultima lacrima
Ausweis ['ausvaɪs] *m* documento *m*
ausweisen ['ausvaɪzən] *v irr 1. sich ~*
provare la propria identità; *2. (Land)* esiliare,
espellere
ausweiten ['ausvaɪtən] *v* allargare
auswendig ['ausvɛndɪç] *adj* a memoria
auswerten ['ausve:rtən] *v* interpretare,
analizzare
Auswertung ['ausve:rtuŋ] *f* interpretazione *f*

auswirken ['ausvɪrkən] *v sich ~* influire;
sich günstig ~ auf influire favorevolmente su
Auswirkung ['ausvɪrkuŋ] *f* effetto *m,*
influsso *m*
auswischen ['ausvɪʃən] *v jdm eins ~* giocare un brutto tiro a qd
auszahlen ['austsa:lən] *v 1.* pagare;
2. sich ~ meritare, valere la pena; *Es zahlt
sich nicht aus.* Non ne vale la pena.
Auszahlung ['austsa:luŋ] *f* pagamento *m*
auszehren ['austse:rən] *v* consumare
auszeichnen ['austsaɪçnən] *v (würdigen)*
lodare
Auszeichnung ['austsaɪçnuŋ] *f* distinzione *f*
ausziehbar ['austsi:ba:r] *adj* estraibile
ausziehen ['austsi:ən] *v irr 1. (Kleidung)*
spogliare, svestire; *2. (Wohnung wechseln)*
traslocare
Auszubildende(r) ['austsubɪldəndə(r)]
m/f apprendista *m/f*
Auszug ['austsu:k] *m 1. (Umzug)* trasloco
m; 2. (Zusammenfassung) riassunto *m;
3. (Kontoauszug)* estratto conto *m*
authentisch [au'tɛntɪʃ] *adj* autentico
Auto ['auto] *n* automobile *f*
Autobahn ['autoba:n] *f* autostrada *f*
Autobahngebühr ['autoba:ngəby:r] *f*
pedaggio autostradale *m*
Autodidakt [autodɪ'dakt] *m* autodidatta
m/f
autofahren ['autofa:rən] *v* andare in automobile
Autofahrer(in) ['autofa:rər(ɪn)] *m/f*
automobilista *m/f*
Autogramm [auto'gram] *n* autografo *m*
Autohändler(in) ['autohɛndlər(ɪn)] *m/f*
concessionario/concessionaria *m/f*
Automat [auto'ma:t] *m* distributore automatico *m*
Automobilindustrie [automo'bi:lɪndustri:] *f* industria automobilistica *f*
Autor(in) ['autɔr/au'to:rɪn] *m/f* autore/
autrice *m/f*
Autoradio ['autora:djo] *n* autoradio *f*
Autoreifen ['autoraɪfən] *m* pneumatico
d'auto *m*
Autounfall ['autounfal] *m* incidente automobilistico *m*
Autowaschanlage ['autovaʃanla:gə] *f*
impianto di autolavaggio *m*
Autowerkstatt ['autovɛrkʃtat] *f* officina
automobilistica *f,* fabbrica di automobili *f*
Axt [akst] *f* ascia *f*

B

Baby ['beːbi] *n* neonato *m*
Babysitter ['beːbisɪtər] *m* baby-sitter *f*
Babywiege ['beːbiviːgə] *f* culla per neonati *f*
Bach [bax] *m* ruscello *m; den ~ herunter sein* essere all'ultima spiaggia
Backblech ['bakblɛç] *n* teglia da forno *f*
Backe ['bakə] *f* guancia *f*
backen ['bakən] *v irr* cuocere al forno
Backenzahn ['bakəntsaːn] *m* ANAT molare *m*
Bäcker(in) ['bɛkər(ɪn)] *m/f* fornaio/fornaia *m/f,* panettiere/panettiera *m/f*
Bäckerei [bɛkə'raɪ] *f* panetteria *f*
Backobst ['bakoːpst] *n* frutta secca *f*
Backofen ['bakoːfən] *m* forno *m*
Backpulver ['bakpulfər] *n* lievito in polvere *m*
Backwaren ['bakvaːrən] *pl* dolci *m/pl,* paste *f/pl*
Bad [baːt] *n 1.* bagno *m; das ~ in der Menge nehmen* fare un bagno di folla/farsi acclamare dalla folla; *das Kind mit dem ~e ausschütten* fare di tutta l'erba un fascio/buttare il bambino insieme all'acqua del bagno; *2. (Raum)* bagno *m*
Badeanzug ['baːdəantsuːk] *m* costume da bagno *m*
Badehose ['baːdəhoːzə] *f* calzoncini da bagno *m/pl*
Badekappe ['baːdəkapə] *f* cuffia da bagno *f*
Bademantel ['baːdəmantəl] *m* accappatoio *m*
Bademeister ['baːdəmaɪstər] *m* bagnino *m*
baden ['baːdən] *v* fare il bagno
Badeort ['baːdɔort] *m* località balneare *f*
Badesaison ['baːdəzɛzɔ] *f* stagione balneare *f*
Badetuch ['baːdətuːx] *n* asciugamano da bagno *m*
Badewanne ['baːdəvanə] *f* vasca da bagno *f*
Badezimmer ['baːdətsɪmər] *n* stanza da bagno *f,* bagno *m*
Bagatelle [baga'tɛlə] *f* bagattella *f,* bazzecola *f*
bagatellisieren [bagatɛlɪ'ziːrən] *v* minimizzare

Bahn [baːn] *f 1. (Eisenbahn)* ferrovia *f,* treno *m; freie ~ haben* avere via libera; *auf die schiefe ~ kommen* prendere una cattiva strada; *aus der ~ werfen (fig)* buttare fuori strada/far prendere una sbandata; *etw in die richtige ~ lenken* mantenere qc sulla retta via; *2. (Straßenbahn)* tram *m; 3. (Fahrbahn)* pista *f*
Bahnbeamte(r) [baːnbɛamtə(r)] *m/f* impiegato delle ferrovie/impiegata delle ferrovie *m/f*
Bahnfahrkarte ['baːnfaːrkartə] *f* biglietto ferroviario *m*
Bahnhof ['baːnhoːf] *m* stazione *f; immer nur ~ verstehen* non capire mai un'acca/non capire mai un accidente
Bahnhofshalle ['baːnhoːfshalə] *f* atrio della stazione *m*
Bahnlinie ['baːnliːnjə] *f* linea ferroviaria *f*
Bahnsteig ['baːnʃtaɪk] *m* marciapiede *m*
Bahnübergang ['baːnyːbərgaŋ] *m* passaggio a livello *m*
Bahnunterführung ['baːnuntərfyːruŋ] *f* sottopassaggio *m*
Bahre ['baːrə] *f 1. (für Verletzte)* barella *f; 2. (für Tote)* bara *f,* feretro *m*
Bakterie [bak'teːrjə] *f* batterio *m*
Balance [ba'lãs] *f* equilibrio *m*
balancieren [balɑ'siːrən] *v* equilibrare
bald [balt] *adv* presto
baldmöglichst ['baltmøːklıçst] *adv* il più presto possibile
Balken ['balkən] *m* trave *f*
Balkon [bal'koːn] *m 1.* balcone *m; 2.* THEAT balconata *f*
Ball[1] [bal] *m 1.* palla *f; am ~ bleiben (fig)* non demordere; *sich die Bälle zuwerfen* compiacersi a vicenda; *2. (Fußball)* pallone *m*
Ball[2] [bal] *m (Tanz)* ballo *m*
Ballast ['balast] *m* zavorra *f*
Ballen ['balən] *m* ECO balla *f*
Ballett [ba'lɛt] *n* THEAT balletto *m*
Ballon [ba'lɔŋ] *m* pallone aereostatico *m*
Ballspiel ['balʃpiːl] *n* gioco con la palla *m*
Balte ['baltə] *m* abitante dei Paesi baltici *m*
Baltikum ['baltɪkum] *n* Paesi baltici *m/pl*
baltisch ['baltɪʃ] *adj* baltico
Balustrade [balus'traːdə] *f* ARCH balaustrata *f*
Bambus ['bambus] *m* BOT bambù *m*

banal [ba'naːl] *adj* banale
Banalität [banali'tɛːt] *f* banalità *f*
Banane [ba'naːnə] *f* banana *f*
Bananenstaude [ba'naːnənʃtaudə] *f* *BOT* casco di banane *m*
Banause [ba'nauzə] *m* uomo gretto *m*
Band [bant] *n 1. (Streifen)* nastro *m; Bände sprechen* dire di tutto; *am laufenden ~* a nastro/di continuo/ininterrottamente; *2. (Tonband)* nastro magnetico *m; 3. (fig)* legame *m; m 4. (Buch)* volume *m*
Bande ['bandə] *f (Gruppe)* banda *f*
bändigen ['bɛndɪgən] *v* domare, ammansire
Bandit(in) [ban'diːt(ɪn)] *m/f* bandito/bandita *m/f*
Bandscheibe ['bantʃaɪbə] *f* *ANAT* disco intervertebrale *m*
Bandwurm ['bantvurm] *m* *BIO* verme solitario *m*
bange ['baŋə] *adj* pauroso
Bank¹ [baŋk] *f 1. (Sitzbank)* panca *f*, panchina *f; 2. (Schulbank)* banco *m; 3. etw auf die lange ~ schieben (fig)* tirare qc per le lunghe; *durch die ~* tutto il mazzo/tutti quanti/nessuno escluso
Bank² [baŋk] *f* *FIN* banca *f*
Bankett [baŋ'kɛt] *n* banchetto *m*
Bankverbindung ['baŋkfɛrbɪnduŋ] *f* *FIN* relazione bancaria *f*, banca di riferimento *f*
Bann [ban] *m* *jdn in seinen ~ ziehen* gettare un incantesimo su qd, attrarre qd nella propria sfera
Bar [baːr] *f* bar *m*, night club *m*
Bär [bɛːr] *m* orso *m; jdm einen ~en aufbinden* darla a bere a qd; *Da ist der ~ los.* Qui c'è aria di festa.
barfuß ['barfuːs] *adv* a piedi nudi
Bargeld ['baːrgɛlt] *n* contanti *m/pl*
bargeldlos ['baːrgɛltloːs] *adj* *FIN* non in contanti
Bariton ['barɪtɔn] *m* *MUS* baritono *m*
Barkeeper ['baːrkiːpər] *m* barista *m*
barmherzig [barm'hɛrtsɪç] *adj* compassionevole
Barmherzigkeit [barm'hɛrtsɪçkaɪt] *f* misericordia *f*
Barock [ba'rɔk] *m/n* *ART* barocco *m*
Barometer [baro'meːtər] *m* *TECH* barometro *m*
Baron(in) [ba'roːn(ɪn)] *m/f* barone(ssa) *m/f*
Barriere [bar'jɛːrə] *f* barriera *f*

Barrikade [bari'kaːdə] *f* barricata *f*
barsch [barʃ] *adj* brusco
Barsch [barʃ] *m* *ZOOL* pesce persico *m*
Bart [baːrt] *m* barba *f; um des Kaisers ~ streiten* discutere sul sesso degli angeli
bärtig ['bɛːrtɪç] *adj* barbuto
basieren [ba'ziːrən] *v ~ auf* basare su
Basis ['baːzɪs] *f* base *f*
Basketball ['baskətbal] *m* *SPORT* basketball *m*
Bass [bas] *m 1. (Stimme) MUS* basso *m; 2. (Instrument)* contrabbasso *m*
Bassin [ba'sɛ] *n 1.* bacino *m; 2. (Schwimmbassin)* piscina *f*
Bastard ['bastart] *m* bastardo *m*
basteln ['bastəln] *v* fare lavori manuali per passatempo
Batterie [batə'riː] *f* *TECH* batteria *f*, pila *f*
Bau [bau] *m 1. (Konstruktion)* costruzione *f; 2. (Tierbau) ZOOL* tana *f*
Bauarbeiter ['bauarbaɪtər] *m* lavoratore edile *m*
Bauch [baux] *m* pancia *f; eine Wut im ~ haben* avere un diavolo per capello; *sich den ~ voll schlagen* rimpinzarsi/riempirsi la pancia; *sich den ~ vor Lachen halten* tenersi la pancia dal ridere; *auf den ~ fallen* andare gambe all'aria
Bauchschmerzen ['bauxʃmɛrtsən] *pl* mal di pancia *m*
bauen ['bauən] *v* costruire
Bauer ['bauər] *m* contadino *m*
Bäuerin ['bɔyərɪn] *f* contadina *f*
bäuerlich ['bɔyərlɪç] *adj* contadinesco, rustico
Bauernhof ['bauərnhoːf] *m* fattoria *f*
baufällig ['baufɛlɪç] *adj* cadente, pericolante
Baugewerbe ['baugəvɛrbə] *n* industria edilizia *f*
Bauholz ['bauhɔlts] *n* legname da costruzione *m*
Bauklötze ['bauklœtsə] *pl ~ staunen* rimanere di stucco
Bauland ['baulant] *n* area fabbricabile *f*
Baum [baum] *m* albero *m; Bäume ausreißen können* poter spostare le montagne/ poter buttare giù i muri; *Es ist zum auf die Bäume klettern.* E' come scrivere sull'acqua.
Baumstamm ['baumʃtam] *m* tronco *m*
Baumwolle ['baumvɔlə] *f* cotone *m*
Bausparkasse ['bauʃparkasə] *f* istituto di credito per la costruzione di alloggi privati *m*

Baustelle ['bauʃtɛlə] *f* cantiere *m*
Bautrupp ['bautrup] *m* squadra di operai edili *f*
Bauunternehmen ['bauuntərneːmən] *n* impresa edile *f*
Bauwerk ['bauvɛrk] *n* edificio *m*, costruzione *f*
Bayer(in) ['baɪər(ɪn)] *m/f* bavarese *m/f*
bayerisch ['baɪərɪʃ] *adj* bavarese
Bayern ['baɪərn] *n GEO* Baviera *f*
beabsichtigen [bə'apzɪçtɪgən] *v* proporsi di
beachten [bə'axtən] *v* fare attenzione a
beachtlich [bə'axtlɪç] *adj* considerevole
Beachtung [bə'axtuŋ] *f* attenzione *f*
Beamter [bə'amtər] *m* impiegato statale *m*, funzionario *m*
Beamtin [bə'amtɪn] *f* impiegata statale *f*, funzionaria *f*
beanspruchen [bə'anʃpruxən] *v 1. (verlangen)* pretendere; *Schadensersatz* ~ pretendere il risarcimento dei danni; *2. jdn* ~ impegnare qd
beanstanden [bə'anʃtandən] *v* biasimare
Beanstandung [bə'anʃtanduŋ] *f* reclamo *m*
beantragen [bə'antraːgən] *v* richiedere
beantworten [bə'antvɔrtən] *v* rispondere
bearbeiten [bə'arbaɪtən] *v 1.* lavorare; *2. INFORM* elaborare
Bearbeitung [bə'arbaɪtuŋ] *1. f* lavorazione *f; 2. INFORM* elaborazione *f*
beaufsichtigen [bə'aufzɪçtɪgən] *v* sorvegliare
beauftragen [bə'auftraːgən] *v* incaricare
bebauen [bə'bauən] *v 1. (Häuser)* costruire case su; *2. (Land)* coltivare
beben ['beːbən] *v* tremare; *vor Angst* ~ tremare dalla paura; *Die Erde bebt.* La terra trema.
Beben ['beːbən] *n (Erdbeben)* terremoto *m*
Becher ['bɛçər] *m* calice *m*, coppa *f*, bicchiere di carta *m*
bechern ['bɛçərn] *v (fam)* bere
Becken ['bɛkən] *n 1. (Waschbecken)* lavandino *m; 2. (Schwimmbecken)* vasca *f*, piscina *f; 3. ANAT* bacino *m*
bedächtig [bə'dɛçtɪç] *adj* avveduto
bedanken [bə'daŋkən] *v sich* ~ ringraziare; *sich bei jdm für etw* ~ ringraziare qd di qc
Bedarf [bə'darf] *m* fabbisogno *m*
Bedarfsartikel [bə'darfsartɪkəl] *m* articolo di prima necessità *m*
bedauerlich [bə'dauərlɪç] *adj* deplorevole

bedauern [bə'dauərn] *v* compatire, deplorare
Bedauern [bə'dauərn] *n* compassione *f*
bedauernswert [bə'dauərnsveːrt] *adj* compassionevole
bedecken [bə'dɛkən] *v* coprire
bedenken [bə'dɛŋkən] *v irr* considerare
bedenkenlos [bə'dɛŋkənloːs] *adj* senza esitazione
bedenklich [bə'dɛŋklɪç] *adj* dubbio, sospetto
bedeuten [bə'dɔytən] *v* significare
bedeutend [bə'dɔytənt] *adj* importante
bedeutsam [bə'dɔytzam] *adj* importante
Bedeutung [bə'dɔytuŋ] *f* significato *m*
bedienen [bə'diːnən] *v 1. jdn* ~ servire qd; *Der Wirt bedient seine Gäste.* L'oste serve i suoi clienti. *2. sich* ~ servirsi
bedient [bə'diːnt] *adj* ~ *sein* averne abbastanza
Bedienung [bə'diːnuŋ] *f 1.* servizio *m; 2. (Kellner)* cameriere *m; 3. (Verkäuferin)* commessa *f*
Bedienungsanleitung [bə'diːnuŋsanlaɪtuŋ] *f TECH* istruzioni per l' uso *m/pl*
Bedingung [bə'dɪŋuŋ] *f* condizione *f*
bedingungslos [bə'dɪŋuŋsloːs] *adj* incondizionato
bedrängen [bə'drɛŋən] *v* incalzare, assediare
Bedrängnis [bə'drɛŋnɪs] *f* pena *f*, tormento *f*
bedrohen [bə'droːən] *v* minacciare
bedrohlich [bə'droːlɪç] *adj* minaccioso
Bedrohung [bə'droːuŋ] *f* minaccia *f*
bedrucken [bə'drukən] *v* stampare
bedrücken [bə'drykən] *v* opprimere
bedürfen [bə'dyrfən] *v irr* aver bisogno
Bedürfnis [bə'dyrfnɪs] *n* bisogno *m*
bedürftig [bə'dyrftɪç] *adj* bisognoso
beeilen [bə'aɪlən] *v sich* ~ affrettarsi
beeindrucken [bə'aɪndrukən] *v* impressionare
beeinflussen [bə'aɪnflusən] *v* influenzare, influire
beeinträchtigen [bə'aɪntrɛçtɪgən] *v* danneggiare
Beeinträchtigung [bə'aɪntrɛçtɪguŋ] *f* danno *m*
beenden [bə'ɛndən] *v* finire
beengt [bə'ɛŋt] *adj* ristretto
beerben [bə'ɛrbən] *v* ereditare
beerdigen [bə'eːrdɪgən] *v* seppellire
Beerdigung [bə'eːrdɪguŋ] *f* funerale *m*

Beere ['be:rə] *f BOT* bacca *f*
Beet [be:t] *n* aiola *f*
Befähigung [bə'fɛ:ɪguŋ] *f* abilitazione *f*
befahrbar [bə'fa:rba:r] *adj* transitabile
befangen [bə'faŋən] *adj 1. (verlegen)* imbarazzato; *2. JUR* prevenuto
Befangenheit [bə'faŋənhaɪt] *f* imbarazzo *m*
befassen [be'fasən] *v sich ~ mit* occuparsi di
befehlen [bə'fe:lən] *v irr* comandare, ordinare
befestigen [bə'fɛstɪgən] *v* fissare
Befestigung [bə'fɛstɪguŋ] *f* fissaggio *m*
befeuchten [bə'fɔyçtən] *v* inumidire
befinden [bə'fɪndən] *v irr sich ~* trovarsi; *sich in einer schwierigen Situation ~* trovarsi in una situazione difficile
beflaggen [bə'flagən] *v* imbandierare
beflecken [bə'flɛkən] *v* macchiare
befolgen [bə'fɔlgən] *v* seguire
befördern [bə'fœrdərn] *v 1. (Waren) ECO* spedire; *Waren mit der Bahn ~* spedire merci per ferrovia; *; 2. (Beruf) ECO* promuovere
Beförderung [bə'fœrdəruŋ] *f 1. (von Waren) ECO* spedizione *f; 2. (im Beruf) ECO* promozione *f*
Beförderungsmittel [bə'fœrdəruŋsmɪtəl] *n* mezzo di trasporto *m*
befragen [bə'fra:gən] *v* interrogare
Befragung [bə'fra:guŋ] *f* interrogazione *f*
befreien [bə'fraɪən] *v* liberare
Befreiung [bə'fraɪuŋ] *f* liberazione *f*
befreunden [bə'frɔyndən] *v sich ~* stringere amicizia
befriedigen [bə'fri:dɪgən] *v* soddisfare
befriedigend [bə'fri:dɪgənt] *adj* soddisfacente
Befriedigung [bə'fri:dɪguŋ] *f* soddisfacimento *m*
befristet [bə'frɪstət] *adj* limitato nel tempo, a scadenza
Befugnis [bə'fu:knɪs] *f* diritto *m*
befugt [bə'fu:kt] *adj* autorizzato
befürchten [bə'fyrçtən] *v* temere
Befürchtung [bə'fyrçtuŋ] *f* timore *m*
befürworten [bə'fy:rvɔrtən] *v* raccomandare, esprimersi a favore di
Befürworter(in) [bə'fy:rvɔrtər(ɪn)] *m/f* sostenitore/sostenitrice *m/f*
begabt [bə'ga:pt] *adj* dotato
Begabung [bə'ga:buŋ] *f* talento *m*
begeben [bə'ge:bən] *v irr sich ~* recarsi; *sich an einen Ort ~* recarsi in un posto

Begebenheit [bə'ge:bənhaɪt] *f* avvenimento *m*
begegnen [bə'ge:gnən] *v 1. jdm ~* incontrare qd; *2. sich ~* incontrarsi; *Vorgestern sind wir uns begegnet.* Ci siamo incontrati l'altro ieri.
Begegnung [bə'ge:gnuŋ] *f* incontro *m*
begehen [bə'ge:ən] *v irr 1. (Verbrechen)* commettere; *ein Verbrechen ~* commettere un crimine; *2. (Fest)* celebrare; *ein Fest ~* celebrare una festa
begehren [bə'ge:rən] *v* chiedere, desiderare
begehrt [bə'ge:rt] *adj* richiesto
begeistern [bə'gaɪstərn] *v 1. jdn ~* entusiasmare qd; *2. sich ~* entusiasmarsi; *sich über etw ~* entusiasmarsi per qc
begeistert [bə'gaɪstərt] *adj ~ sein* essere entusiasta
Begeisterung [bə'gaɪstəruŋ] *f* entusiasmo *m*
Begierde [bə'gi:rdə] *f* desiderio *m*
begierig [bə'gi:rɪç] *adj* desideroso, bramoso
begießen [bə'gi:sən] *v irr* versare su
Beginn [bə'gɪn] *m* inizio *m*
beginnen [bə'gɪnən] *v irr* cominciare
beglaubigen [bə'glaubɪgən] *v* attestare
begleiten [bə'glaɪtən] *v* accompagnare
Begleiterscheinung [bə'glaɪtərʃaɪnuŋ] *f* fenomeno concomitante *m*
Begleitung [bə'glaɪtuŋ] *f* accompagnamento *m*
beglückwünschen [bə'glykvynʃən] *v jdn ~ zu* felicitarsi con qd per; *Ich beglückwünsche dich.* Mi felicito con te.
begnügen [bə'gny:gən] *v sich ~* contentarsi di
begraben [bə'gra:bən] *v irr 1. (beerdigen)* seppellire; *etw ~ können* poter mettere una pietra sopra a qc; *2. (fig)* abbandonare
Begräbnis [bə'grɛpnɪs] *n* sepoltura *f*
begreifen [bə'graɪfən] *v irr* comprendere
begreiflich [bə'graɪflɪç] *adj* comprensibile
begrenzen [bə'grɛntsən] *v* limitare
Begrenzung [bə'grɛntsuŋ] *f* limitazione *f*
Begriff [bə'grɪf] *m* concetto *m*
begründen [bə'gryndən] *v* fondare
begründet [bə'gryndət] *adj ~ sein* essere fondato; *Der Verdacht ist ~.* Il sospetto è fondato.
Begründung [bə'grynduŋ] *f* fondazione *f*

begrüßen [bə'gry:sən] *v* salutare
Begrüßung [bə'gry:suŋ] *f* saluto *m*
begünstigen [bə'gynstɪgən] *v* favorire
Begünstigung [bə'gynstɪguŋ] *f* favore *m,* favoreggiamento *m*
begutachten [bə'gu:taxtən] *v* giudicare, fare una perizia
behaart [bə'ha:rt] *adj* peloso
behäbig [bə'hɛ:bɪç] *adj* corpulento
behaglich [bə'ha:klɪç] *adj* comodo, confortevole
Behaglichkeit [bə'ha:klɪçkaɪt] *f* comodità *f*
behalten [bə'haltən] *v irr* tenere
Behälter [bə'hɛltər] *m* recipiente *m*
behände [bə'hɛndə] *adj* agile
behandeln [bə'handəln] *v* 1. trattare; *jdn als Freund* ~ trattare qd come un amico; 2. *MED* curare
Behändigkeit [bə'hɛndɪçkaɪt] *f* agilità *f*
Behandlung [bə'handluŋ] *f* 1. trattamento *m;* 2. *MED* trattamento *m,* cura *f*
behängen [bə'hɛŋən] *v* coprire
beharrlich [bə'harlɪç] *adj* perseverante, persistente
Beharrlichkeit [bə'harlɪçkaɪt] *f* perseveranza *f*
behaupten [bə'hauptən] *v* 1. sostenere; 2. *(Stellung)* mantenere, conservare; 3. *sich ~* affermarsi; *sich um jeden Preis* ~ affermarsi a tutti i costi
Behauptung [bə'hauptuŋ] *f* asserzione *f*
beheben [bə'he:bən] *v irr* togliere, rimuovere
beheizen [bə'haɪtsən] *v* riscaldare
Behelf [bə'hɛlf] *m* ripiego *m*
behelfen [bə'hɛlfən] *v irr sich* ~ accontentarsi; *sich mit wenig* ~ accontentarsi di poco
behelfsmäßig [bə'hɛlfsmɛ:sɪç] *adj* provvisorio
behelligen [bə'hɛlɪgən] *v* disturbare; *Du sollst mich nicht* ~. Non mi devi disturbare. *jdn* ~ molestare qd
beherrschen [bə'hɛrʃən] *v* 1. *sich* ~ dominarsi; *Er kann sich nicht* ~. Non riesce a dominarsi. 2. *(fig: können)* conoscere perfettamente; *Er beherrscht es sehr gut.* Lo conosce a pennello. *Er beherrscht die Sprache.* Conosce la lingua./Ha la padronanza della lingua.
Beherrschung [bə'hɛrʃuŋ] *f* 1. *(Selbstbeherrschung)* autocontrollo *m; Er hat keine* ~. E' privo di autocontrollo. 2. *(fig: Können)* padronanza *f*

beherzigen [bə'hɛrtsɪgən] *v* seguire, prendere a cuore
beherzt [bə'hɛrtst] *adj* animoso, coraggioso
behilflich [bə'hɪlflɪç] *adj jdm* ~ *sein* essere di aiuto a qualcuno
behindern [bə'hɪndərn] *v* ostacolare
Behinderte(r) [bə'hɪndərtə(r)] *m/f* handicappato/handicappata *m/f*
Behinderung [bə'hɪndəruŋ] *f* 1. ostacolo *m;* 2. *MED* menomazione *f*
Behörde [bə'hœːrdə] *f* autorità *f*
behüten [bə'hy:tən] *v* custodire
behutsam [bə'hu:tza:m] *adj* cauto, prudente, avveduto
Behutsamkeit [bə'hu:tza:mkaɪt] *f* precauzione *f,* cautela *f*
bei [baɪ] *prep* 1. *(örtlich)* presso; ~*m Fluss* vicino al fiume; *Ich war* ~ *ihm.* Ero da lui. ~ *uns* da noi; 2. *(zeitlich)* di, a, in; ~ *Ankunft des Zuges* all' arrivo del treno; ~ *Tag* di giorno; 3. *(während)* durante, in; ~ *der Arbeit* sul lavoro; ~*m Fahren* guidando; ~*m Auswählen der Artikel* in sede di scelta dell'articolo; 4. *(Begleitumstand)* con; ~ *aller Vorsicht* con tutte le precauzioni; *etw* ~ *sich haben* avere qc con sé
beibehalten ['baɪbəhaltən] *v irr* ritenere, conservare
beibringen ['baɪbrɪŋən] *v irr* 1. *(lehren)* insegnare; 2. *(beschaffen)* procurare, fornire; *einen Beweis* ~ addurre una prova
Beichte ['baɪçtə] *f REL* confessione *f*
beichten ['baɪçtən] *v REL* confessarsi; *etw* ~ confessare qc
beide ['baɪdə] *adj* 1. entrambi; *pron* 2. entrambi; *die ersten* ~*n* i primi due; *wir* ~ noi due; *einer von* ~*n* uno dei due
beiderlei ['baɪdərlaɪ] *adj* di entrambe le specie
beiderseitig ['baɪdərzaɪtɪç] *adj* da ambo le parti
beieinander [baɪaɪn'andər] *adv* uno accanto all'altro
Beifahrer(in) ['baɪfa:rər(ɪn)] *m* passeggero a fianco del guidatore/passeggera a fianco del guidatore *m/f*
Beifahrersitz ['baɪfa:rərzɪts] *m* sedile a fianco del guidatore *m*
Beifall ['baɪfal] *m* 1. *(Applaus)* applauso *m;* 2. *(Billigung)* approvazione *f*
beifügen ['baɪfy:gən] *v* aggiungere
beigeben ['baɪge:bən] *v irr* aggiungere; *klein* ~ gettare la spugna, darsi per vinto

Beigeschmack ['baɪgəʃmak] *m* sapore *m; eigenartiger* ~ sapore strano *m*
Beihilfe ['baɪhɪlfə] *f 1. JUR* complicità; *2. (finanzielle Unterstützung) JUR* contributo *m,* sovvenzione *f*
Beil [baɪl] *n* scure *f,* ascia *f*
Beilage ['baɪlaːgə] *f 1. GAST* contorno *m; 2. (einer Zeitung)* supplemento *m*
beiläufig ['baɪlɔyfɪç] *adj* accidentale
beilegen ['baɪleːgən] *v 1. (hinzufügen)* accludere; *2. (fig: schlichten)* comporre; *einen Rechtsstreit* ~ comporre una controversia giudiziaria
Beileid ['baɪlaɪt] *n* condoglianze *f/pl*
beiliegend ['baɪliːgənt] *adj* allegato
beim *(= bei dem)(siehe „bei")*
beimessen ['baɪmɛsən] *v irr* attribuire
beimischen ['baɪmɪʃən] *v* mescolare a
Bein [baɪn] *n* gamba *f; jdm auf die* ~*e helfen* aiutare qd a rimettersi in sesto; *mit einem* ~ *im Grabe stehen* avere un piede nella fossa; *mit den* ~*en fest im Leben stehen* stare con i piedi ben per terra; *auf eigenen* ~*en stehen* camminare con le proprie gambe/essere indipendente; *sich auf die* ~*e machen* mettersi in cammino; *jdm* ~*e machen* buttare fuori qd; *die* ~*e unter den Arm nehmen* mettere le gambe in spalla; *sich die* ~*e in den Leib stehen* fare le ragnatele/aspettare a lungo; *sich kein* ~ *ausreißen* non ammazzarsi di lavoro; *sich die* ~*e vertreten* sgranchirsi le gambe; *von einem* ~ *auf das andere treten* essere impazienti
beinahe [baɪ'naːə] *adv* quasi
beisammen [baɪ'zamən] *adv* insieme
Beischlaf ['baɪʃlaːf] *m* coito *m*
beiseite [baɪ'zaɪtə] *adv* da parte
Beispiel ['baɪʃpiːl] *n* esempio *m,* modello *m; jdm mit gutem* ~ *vorangehen* dare il buon esempio a qd; *sich ein* ~ *an jdm nehmen* prendere l'esempio da qd; *ohne* ~ *sein* essere senza precedenti
beispielhaft ['baɪʃpiːlhaft] *adj* illustrativo
beispiellos ['baɪʃpiːlloːs] *adj* senza precedenti, unico
beispielsweise ['baɪʃpiːlzvaɪsə] *adv* per esempio, a mo d'esempio
beißen ['baɪsən] *v irr* mordere
beißend ['baɪsənt] *adj 1. (Geruch)* pungente; *2. (fig: Spott)* mordace
Beistand ['baɪʃtant] *m* assistenza *f,* aiuto *m*
beistehen ['baɪʃteːən] *v irr* assistere, aiutare; *Gott steh' mir bei!* Dio m'assista!

beisteuern ['baɪʃtɔyərn] *v* contribuire con
Beitrag ['baɪtraːk] *m 1.* contributo *m; 2. (Zeitungsartikel)* articolo *m*
beitragen ['baɪtraːgən] *v irr* contribuire
beitreten ['baɪtreːtən] *v irr* aderire
Beitritt ['baɪtrɪt] *m* ingresso *m*
beizeiten [baɪ'tsaɪtən] *adv* per tempo
bejahen [bə'jaːən] *v 1. (Frage)* rispondere affermativamente; *2. (billigen)* approvare
bejahrt [bə'jaːrt] *adj* attempato
bejammern [bə'jamərn] *v* deplorare
bejubeln [bə'juːbəln] *v* accogliere con giubilo
bekämpfen [bə'kɛmpfən] *v* combattere
bekannt [bə'kant] *adj* conosciuto; *mit jdm* ~ *machen* conoscere qd; *Sie kommt mir* ~ *vor.* Mi sembra di conoscerla già. *jdn mit jdm* ~ *machen* presentare qd a qd; ~ *geben* rendere noto
Bekannte(r) [bə'kantə(r)] *m/f* conoscente *m/f*
Bekanntgabe [bə'kantgaːbə] *f* notificazione *f*
bekanntlich [bə'kantlıç] *adv* notoriamente
Bekanntmachung [bə'kantmaxuŋ] *f* comunicato *m*
Bekanntschaft [bə'kantʃaft] *f* conoscenza *f*
bekennen [bə'kɛnən] *v irr (zugeben)* riconoscere
Bekenntnis [bə'kɛntnıs] *n (Zugeben)* confessione *f; ein* ~ *ablegen* fare una confessione
beklagen [bə'klaːgən] *v 1. etw* ~ rammaricarsi di qc; *einen Misserfolg* ~ rammaricarsi di un insuccesso; *2. sich* ~ lamentarsi; *sich über das Mittagessen* ~ lamentarsi del pranzo
bekleiden [bə'klaɪdən] *v 1.* vestire; *2. (Amt)* investire; *jdn mit einer Würde* ~ investire qd di una carica; *ein Amt* ~ ricoprire una carica; *einen Posten* ~ ricoprire una carica
Bekleidung [bə'klaɪduŋ] *f* vestiti *m/pl.*
beklemmend [bə'klɛmənt] *adj* opprimente, angoscioso
Beklemmung [bə'klɛmuŋ] *f* oppressione *f*
bekommen [bə'kɔmən] *v irr 1. (erhalten)* ricevere; *2. (finden)* trovare; *3. (erlangen)* conseguire; *adj irr 4.(bekömmlich sein)* far bene; *gut* ~ far bene; *schlecht* ~ far male
bekömmlich [bə'kœmlıç] *adj* sano; *ein* ~*es Essen* un cibo sano
bekräftigen [bə'krɛftɪgən] *v* confermare, consolidare

bekritzeln [bə'krɪtsəln] *v* scarabocchiare; *das Heft* ~ scarabocchiare sul quaderno
bekümmern [bə'kymərn] *v* inquietare
bekunden [bə'kundən] *v* mostrare
belächeln [bə'lɛçəln] *v* sorridere di
beladen [bə'la:dən] *v irr* caricare
Belag [bə'la:k] *m* 1. *(Schicht)* strato *m;* 2. *(Brotbelag)* companatico *m;* 3. *TECH* guarnizione *f;* 4. *MED* patina *f*
belanglos [bə'laŋlo:s] *adj* senza importanza, irrilevante
Belanglosigkeit [bə'laŋlo:zɪçkaɪt] *f* irrilevanza *f*
belastbar [bə'lastba:r] *adj* gravabile
Belastbarkeit [bə'lastba:rkaɪt] *f* portata *f*
belasten [bə'lastən] *v* 1. *(beanspruchen)* caricare, gravare; 2. *(bedrücken)* opprimere; *Sorgen* ~ *ihn.* E' oppresso dalle preoccupazioni. 3. *JUR* accusare; 4. *(Konto)* addebitare su; 5. *(Haus)* gravare
belästigen [bə'lɛstɪgən] *v* seccare
Belästigung [bə'lɛstɪguŋ] *f* seccatura *f*
Belastung [bə'lastuŋ] *f* 1. caricamento *m*, carico *m;* 2. *(Beanspruchung)* aggravio *m;* 3. *(Druck)* oppressione *f*, peso *m*
belauschen [bə'lauʃən] *v* origliare
belebt [bə'le:pt] *adj* vivo
Belebung [bə'le:buŋ] *f* animazione *f*
Beleg [bə'le:k] *m FIN* pezza giustificativa *f*, bolletta *f*, ricevuta *f*
belegen [bə'le:gən] *v* 1. *(Brot)* imbottire, riempire; 2. *(Kurs)* prenotare, occupare; 3. *(Platz)* riservare, occupare
Belegschaft [bə'le:kʃaft] *f* maestranze *f/pl*
belehren [bə'le:rən] *v* istruire
Belehrung [bə'le:ruŋ] *f* insegnamento *m*
beleibt [bə'laɪpt] *adj* corpulento
beleidigen [bə'laɪdɪgən] *v* offendere
Beleidigung [bə'laɪdɪguŋ] *f* offesa *f*
belesen [bə'le:zən] *adj* istruito; *in etw* ~ *sein* conoscere qc a fondo
beleuchten [bə'lɔyçtən] *v* illuminare
Beleuchtung [bə'lɔyçtuŋ] *f* illuminazione *f*
Belgien ['bɛlgjən] *n* Belgio *m*
Belgier(in) ['bɛlgjər(ɪn)] *m/f* belga *m/f*
belgisch ['bɛlgɪʃ] *adj* belga
Belieben [bə'li:bən] *n nach* ~ a volontà *f*, a piacere *m; Obst nach* ~ frutta a volontà; *nach* ~ *zuckern* zuccherare a piacere
beliebig [bə'li:bɪç] *adj* qualsiasi
beliebt [bə'li:pt] *adj* benvoluto, amato

Beliebtheit [bə'li:pthaɪt] *f* popolarità *f*
beliefern [bə'li:fərn] *v* fornire
bellen ['bɛlən] *v* abbaiare
belohnen [bə'lo:nən] *v* ricompensare
Belohnung [bə'lo:nuŋ] *f* retribuzione *f*, ricompensa *f*
Belüftung [bə'lyftuŋ] *f* aerazione *f*
belügen [bə'ly:gən] *v irr* dire bugie a
belustigen [bə'lustɪgən] *v* divertire
bemalen [bə'ma:lən] *v* dipingere
bemängeln [bə'mɛŋəln] *v* trovare da ridire su, biasimare
bemerken [bə'mɛrkən] *v* 1. *(wahrnehmen)* osservare; 2. *(äußern)* manifestare
bemerkenswert [bə'mɛrkənsvɛ:rt] *adj* notevole
Bemerkung [bə'mɛrkuŋ] *f* 1. *(Äußerung)* manifestazione *f;* 2. *(Anmerkung)* nota *f*
bemitleiden [bə'mɪtlaɪdən] *v* compatire
bemitleidenswert [bə'mitlaɪdənsvɛ:rt] *adj* compassionevole
bemühen [bə'my:ən] *v sich* ~ sforzarsi; *sich um Besseres* ~ sforzarsi di dare il meglio
Bemühung [bə'my:uŋ] *f* fatica *f*, sforzo *m*
benachbart [bə'naxbart] *adj* limitrofo
benachrichtigen [bə'na:xrɪçtɪgən] *v* informare
benachteiligen [bə'na:xtaɪlɪgən] *v* nuocere, pregiudicare
benehmen [bə'ne:mən] *v irr sich* ~ comportarsi; *sich beispielhaft* ~ comportarsi esemplarmente
Benehmen [bə'ne:mən] *n* condotta *f*
beneiden [bə'naɪdən] *v* invidiare
beneidenswert [bə'naɪdənsvɛ:rt] *adj* invidiabile
Bengel ['bɛŋəl] *m* ragazzaccio *m*
benommen [bə'nɔmən] *adj* ~ *sein* essere stordito, essere oppresso
benoten [bə'no:tən] *v* dare un voto
benötigen [bə'nø:tɪgən] *v* aver bisogno di
benutzen [bə'nutsən] *v* usare
Benutzer(in) [bə'nutsər(ɪn)] *m/f* utente *m/f*, consumatore/consumatrice *m/f*
benutzerfreundlich [bə'nutsərfrɔyntlɪç] *adj* facile da usare
Benutzung [bə'nutsuŋ] *f* uso *m*
Benzin [bɛn'tsi:n] *n* benzina *f*
Benzinkanister [bɛn'tsi:nkanɪstər] *m* tanica di benzina *f*
Benzintank [bɛn'tsi:ntaŋk] *m* distributore di benzina *m*
beobachten [bə'o:baxtən] *v* osservare

Beobachtung [bə'o:baxtuŋ] *f 1.* osservazione *f; 2. (Feststellung)* constatazione *f*
bepflanzen [bə'pflantsən] *v* piantare
Bepflanzung [bə'pflantsuŋ] *f* piantagione *f*
bequem [bə'kve:m] *adj 1. (behaglich)* comodo; *2. (träge)* pigro
Bequemlichkeit [bə'kve:mlıçkaıt] *f 1. (Behaglichkeit)* comodità *f; 2. (Trägheit)* pigrizia *f*
beraten [bə'ra:tən] *v irr 1. (Rat erteilen)* consigliare; *2. (besprechen)* discutere su; *3. sich* ~ consigliarsi; *sich mit jdm* ~ chiedere consiglio a qd
Berater(in) [bə'ra:tər(ın)] *m/f* consigliere *m/f*
Beratung [bə'ra:tuŋ] *f* discussione *f,* dibattito *m*
berauben [bə'raubən] *v* derubare, defraudare
berechenbar [bə'reçənba:r] *adj (abschätzbar)* valutabile
berechnen [bə'reçnən] *v* calcolare
berechnend [bə'reçnənt] *adj (fig)* calcolatore
Berechnung [bə'reçnuŋ] *f* calcolo *m*
berechtigen [bə'reçtıgən] *v* autorizzare
berechtigt [bə'reçtıçt] *adj 1. (befugt)* autorizzato; *2. (begründet)* giustificato
Berechtigung [bə'reçtıguŋ] *f 1. (Befugnis)* autorizzazione *f; 2. (Begründetsein)* giustificazione *f*
Bereich [bə'raıç] *m 1. (Gebiet)* campo *m; 2. (Fachbereich)* settore *m*
bereinigen [bə'raınıgən] *v* sistemare, regolare; *eine Angelegenheit* ~ sistemare una faccenda
bereisen [bə'raızən] *v* viaggiare
bereit [bə'raıt] *adj* ~ *sein* essere pronto; ~ *sein etw, zu tun* essere pronto a far qc; *sich* ~ *erklären* dichiararsi disposto; *sich* ~ *machen* prepararsi; *sich* ~ *halten* tenersi pronto
bereiten [bə'raıtən] *v 1. (zubereiten)* preparare; *2. (zufügen)* causare, procurare
bereithalten [bə'raıthaltən] *v irr* tener pronto
bereits [bə'raıts] *adv* già
Bereitschaft [bə'raıtʃaft] *f 1.* disponibilità *f; 2. (Polizei) MIL* picchetto armato *m*
bereitstellen [bə'raıtʃtɛlən] *v* apprestare, preparare
bereitwillig [bə'raıtvılıç] *adj* volenteroso
Bereitwilligkeit [bə'raıtvılıçkaıt] *f* premura *f*

bereuen [bə'rɔyən] *v* pentirsi di; *Er wird es nicht* ~. Non se ne pentirà.
Berg [bɛrk] *m* monte *m,* montagna *f; über alle* ~*e sein* essere uccel di bosco; *über den* ~ *sein* aver superato il peggio; *mit etw hinter dem* ~ *halten* nascondere qc
bergab [bɛrk'ap] *adv* in giù, in discesa
Bergarbeiter ['bɛrkarbaıtər] *m MIN* minatore *m*
bergauf [bɛrk'auf] *adv* in salita, in su
Bergbahn ['bɛrkba:n] *f* ferrovia di montagna *f*
Bergbau ['bɛrkbau] *m MIN* industria mineraria *f*
Bergführer(in) ['bɛrkfy:rər(ın)] *m/f* guida alpina *f*
Berghütte ['bɛrkhytə] *f* rifugio alpino *m*
bergig ['bɛrgıç] *adj* montuoso, montagnoso
Bergkette ['bɛrkkɛtə] *f* catena montuosa *f*
Bergwerk ['bɛrkvɛrk] *n MIN* miniera *f*
Bericht [bə'rıçt] *m* relazione *f*
berichten [bə'rıçtən] *v* riferire
Berichterstatter(in) [bə'rıçtɛrʃtatər(ın)] *m/f* relatore/relatrice *m/f*
berichtigen [bə'rıçtıgən] *v* rettificare, correggere
bersten ['bɛrstən] *v irr* fendersi
berüchtigt [bə'ryçtıçt] *adj* famigerato, malfamato
berücksichtigen [bə'rykzıçtıgən] *v* considerare
Beruf [bə'ru:f] *m* professione *f*
beruflich [bə'ru:flıç] *adj* professionale
Berufsausbildung [bə'ru:fsausbılduŋ] *f* formazione professionale *f*
berufsbedingt [bə'ru:fsbədıŋkt] *adj* condizionato dal lavoro; ~*e Krankheit* malattia professionale *f*
Berufsschule [bə'ru:fsʃu:lə] *f* scuola professionale *f*
berufstätig [bə'ru:fstɛ:tıç] *adj* che lavora
Berufung [bə'ru:fuŋ] *f 1. (Lebensaufgabe)* vocazione *f; 2. (Ernennung)* nomina *f,* designazione *f; 3. JUR* appello *m*
beruhen [bə'ru:ən] *v* ~ *auf* basarsi su; *etw auf sich* ~ *lassen* lasciare una cosa com'è
beruhigen [bə'ru:ıgən] *v 1. jdn* ~ calmare qd; *2. sich* ~ calmarsi
beruhigend [bə'ru:ıgənt] *adj* calmante
Beruhigung [bə'ru:ıguŋ] *f 1.* acquietamento *m; 2.(Trost)* conforto *m*
berühmt [bə'ry:mt] *adj* celebre
Berühmtheit [bə'ry:mthaıt] *f* fama *f*

berühren [bə'ry:rən] *v* 1. *(anfassen)* toccare; 2. *(fig: bewegen)* commuovere
Berührung [bə'ry:ruŋ] *f* tocco *m*, contatto *m*
besagen [bə'za:gən] *v* dire
besänftigen [bə'zɛnftɪgən] *v* placare
beschädigen [bə'ʃɛ:dɪgən] *v* danneggiare
Beschädigung [bə'ʃɛ:dɪguŋ] *f* danno *m*
beschaffen [bə'ʃafən] *v* procurare
Beschaffenheit [bə'ʃafənhaɪt] *f* natura *f*, carattere *m*
beschäftigen [bə'ʃɛftɪgən] *v* 1. jdn ~ occupare qd; 2. sich ~ occuparsi; *Er beschäftigt sich mit Astrologie.* Si occupa di astrologia.
Beschäftigung [bə'ʃɛftɪguŋ] *f* attività *f*, occupazione *f*
beschämend [bə'ʃɛ:mənt] *adj* umiliante
Bescheid [bə'ʃaɪt] *m* 1. *(Auskunft)* informazione *f*; 2. *(Nachricht)* notizia *f*
bescheiden [bə'ʃaɪdən] *adj* modesto
Bescheidenheit [bə'ʃaɪdənhaɪt] *f* modestia *f*
bescheinigen [bə'ʃaɪnɪgən] *v* attestare
Bescheinigung [bə'ʃaɪnɪguŋ] *f* attestato *m*
beschenken [bə'ʃɛŋkən] *v* regalare
beschimpfen [bə'ʃɪmpfən] *v* insultare
Beschlag [bə'ʃla:k] *m* borchia *f*
beschlagen [bə'ʃla:gən] *adj* in etw gut ~ sein essere ben ferrato in qc
Beschlagnahme [bə'ʃla:kna:mə] *f* confisca *f*
beschlagnahmen [bə'ʃla:kna:mən] *v* confiscare
beschleunigen [bə'ʃlɔynɪgən] *v* accelerare, affrettare
Beschleunigung [bə'ʃlɔynɪguŋ] *f* acceleramento *m*, accelerazione *f*
beschließen [bə'ʃli:sən] *v irr* 1. *(entscheiden)* decidere; 2. *(beenden)* chiudere
Beschluss [bə'ʃlus] *m* decisione *f*
beschlussfähig [bə'ʃlusfɛ:ɪç] *adj* atto a deliberare
beschmutzen [bə'ʃmutsən] *v* sporcare
beschränken [bə'ʃrɛŋkən] *v* 1. *(einschränken)* limitare, ridurre; 2. sich ~ auf limitarsi a; *sich auf das Nötigste ~* limitarsi allo stretto necessario
beschränkt [bə'ʃrɛŋkt] *adj* limitato
beschreiben [bə'ʃraɪbən] *v irr* descrivere
Beschreibung [bə'ʃraɪbuŋ] *f* descrizione *f*; *Das spottet jeder ~!* Questo supera ogni descrizione!

beschriften [bə'ʃrɪftən] *v* mettere una scritta su
beschuldigen [bə'ʃuldɪgən] *v* incolpare
Beschuldigung [bə'ʃuldɪguŋ] *f* imputazione *f*
Beschuss [bə'ʃus] *m* fuoco *m*, tiro *m*; *unter ~ geraten* essere nel mirino/essere sotto tiro
beschützen [bə'ʃytsən] *v* proteggere
Beschützer(in) [bə'ʃytsər(ɪn)] *m/f* protettore/protettrice *m/f*
Beschwerde [bə'ʃve:rdə] *f* 1. lagnanza *f*, rimostranza *f*, reclamo *f*; 2. ~n *pl (Schmerzen)* dolore *m*
beschweren [bə'ʃve:rən] *v* sich ~ lagnarsi, lamentarsi; *sich über das schlechte Wetter ~* lagnarsi del maltempo
beschwerlich [bə'ʃve:rlɪç] *adj* faticoso
beschwipst [bə'ʃvɪpst] *adj* brillo
beschwören [bə'ʃvø:rən] *v irr (anflehen)* scongiurare; *Ich beschwöre es.* Lo scongiuro.
beseitigen [bə'zaɪtɪgən] *v* 1. *(entfernen)* rimuovere; 2. *(Zweifel)* dissipare; *die Zweifel ~* dissipare i dubbi; 3. *(fam: töten)* eliminare
Beseitigung [bə'zaɪtɪguŋ] *f* rimozione *f*, eliminazione *f*
Besen ['be:zən] *m* scopa *f*; *Wenn das wahr ist, fresse ich einen ~!* Se è vero mi mangio il cappello!
besessen [bə'zɛsən] *adj* ~ von ossessionato da
besetzen [bə'zɛtsən] *v* occupare
besetzt [bə'zɛtst] *adj* 1. *TEL* occupato; 2. *(WC)* occupato
besichtigen [bə'zɪçtɪgən] *v* visitare
Besichtigung [bə'zɪçtɪguŋ] *f* visita *f*
besiegen [bə'zi:gən] *v* vincere
besinnen [bə'zɪnən] *v irr* sich eines anderen ~ cambiare idea
besinnlich [bə'zɪnlɪç] *adj* pensoso
besinnungslos [bə'zɪnuŋslo:s] *adj* privo di sensi
Besitz [bə'zɪts] *m* proprietà *f*
besitzen [bə'zɪtsən] *v irr* possedere
Besitzer(in) [bə'zɪtsər(ɪn)] *m/f* proprietario/proprietaria *m/f*
besondere [bə'zɔndərə] *adj* speciale, particolare
Besonderheit [bə'zɔndərhaɪt] *f* specialità *f*, particolarità *f*
besonders [bə'zɔndərs] *adv* 1. *(sehr)* molto, oltremodo; 2. *(außergewöhnlich)* straordinariamente, particolarmente; 3. *(vor*

allem) particolarmente, soprattutto; *4. (ausdrücklich)* espressamente
besonnen [bə'zɔnən] *adj* avveduto
besorgen [bə'zɔrgən] *v 1. (beschaffen)* procurare, provvedere a, comprare; *2. (ausführen)* eseguire; *einen Auftrag ~* eseguire una commissione; *3. es jdm ~* dare una lezione a qd
Besorgnis [bə'zɔrknɪs] *f* apprensione *f; ~ erregend* inquietante/preoccupante
besorgt [bə'zɔrkt] *adj ~ sein* essere preoccupato
Besorgung [bə'zɔrguŋ] *f 1. (Kauf)* acquisto *m; 2. (Erledigung)* disbrigo *m*
besprechen [bə'ʃprɛçən] *v irr* parlare di
Besprechung [bə'ʃprɛçuŋ] *f* colloquio *m*, riunione *f*
besser ['bɛsər] *adj 1.* migliore; *die ~e Hälfte* la dolce metà *f; adv 2.* meglio
Besserung ['bɛsəruŋ] *f* miglioramento *m*
Bestand [bə'ʃtant] *m 1. (Vorhandenes)* entità *f; 2. von ~ sein* essere duraturo
beständig [bə'ʃtɛndɪç] *adj 1. (dauerhaft)* durevole; *2. (widerstandsfähig)* resistente
Beständigkeit [bə'ʃtɛndɪçkaɪt] *f 1. (Dauer)* durevolezza *f; 2. (Widerstandskraft)* resistenza *f*
Bestandteil [bə'ʃtanttaɪl] *m* parte *f*
bestärken [bə'ʃtɛrkən] *v* rafforzare
bestätigen [bə'ʃtɛːtɪgən] *v* confermare
Bestätigung [bə'ʃtɛːtɪguŋ] *f* conferma *f*
bestatten [bə'ʃtatən] *v* seppellire
bestaunen [bə'ʃtaunən] *v* guardare con stupore
beste(r,s) ['bɛstə(r,s)] *adj 1.* migliore; *mein ~r Freund* il mio migliore amico; *adv 2.* meglio; *Sie singt am ~n.* Canta meglio di tutti. *jdn zum Besten halten* prendere in giro qd; *etw zum Besten geben* raccontare qc/narrare qc; *Mit ihm steht es nicht zum Besten.* A lui le cose non vanno per il meglio.
bestechen [bə'ʃtɛçən] *v irr* corrompere
bestechlich [bə'ʃtɛçlɪç] *adj* corruttibile
Bestechung [bə'ʃtɛçuŋ] *f* corruzione *f*
Besteck [bə'ʃtɛk] *n* posate *f/pl*
bestehen [bə'ʃteːən] *v irr 1. (vorhanden sein)* esistere, sussistere; *Bestehen noch Zweifel?* Sussistono ancora dei dubbi? *2. ~ aus* constare di, consistere di; *die Diät besteht aus...* la dieta consta di... *3. ~ auf* insistere su; *auf einer Ansicht ~* insistere su un'opinione; *4. (Prüfung)* superare
bestehlen [bə'ʃteːlən] *v irr* derubare
besteigen [bə'ʃtaɪgən] *v irr* scalare

bestellen [bə'ʃtɛlən] *v 1. (Auftrag geben)* ordinare; *wie bestellt und nicht abgeholt* con aria smarrita; *nicht viel zu bestellen haben* non avere molto da dire; *2. (ernennen)* nominare
Bestellung [bə'ʃtɛluŋ] *f 1. (Auftrag)* ordine *f; 2. (Ernennung)* nomina *f*
bestenfalls ['bɛstən'fals] *adv* nel migliore dei casi
bestens ['bɛstəns] *adv* nel miglior modo
besteuern [bə'ʃtɔyərn] *v* tassare
Besteuerung [bə'ʃtɔyəruŋ] *f* tassazione *f*
bestialisch [bɛstj'aːlɪʃ] *adj* bestiale
Bestie ['bɛstjə] *f* bestia *f*
bestimmen [bə'ʃtɪmən] *v 1. (festlegen)* stabilire, determinare; *2. (definieren)* definire; *3. (zuweisen)* assegnare
bestimmt [bə'ʃtɪmt] *adj 1. (entschieden)* deciso; *2. (gewiss)* determinato; *adv 3. (sicherlich)* sicuramente
Bestimmtheit [bə'ʃtɪmthaɪt] *f 1. (Gewissheit)* certezza *f; 2. (Entschiedenheit)* decisione *f*
Bestimmung [bə'ʃtɪmuŋ] *f 1. (Zweck)* fine *m*, scopo *m; 2. (Schicksal)* destino *m; 3. (Vorschrift)* disposizione *f; 4. (Festlegung)* fissazione *f*
bestmöglich ['bɛstmøːklɪç] *adj 1.* il migliore possibile; *adv 2.* nel miglior modo possibile
bestrafen [bə'ʃtraːfən] *v* punire
Bestrafung [bə'ʃtraːfuŋ] *f* punizione *f*
bestrahlen [bə'ʃtraːlən] *v irr 1.* irradiare; *2. MED* curare con i raggi
Bestrahlung [bə'ʃtraːluŋ] *f* irradiazione *f*
bestreichen [bə'ʃtraɪçən] *v* spalmare
bestreiken [bə'ʃtraɪkən] *v* scioperare
bestreiten [bə'ʃtraɪtən] *v irr 1. (streitig machen)* contestare; *2. (Unterhalt)* sostenere
Bestseller ['bɛstzɛlər] *m* bestseller *m*
bestürmen [bə'ʃtyrmən] *v* assalire
bestürzt [bə'ʃtyrtst] *adj ~ sein* essere costernato
Bestürzung [bə'ʃtyrtsuŋ] *f* sgomento *m*, costernazione *f*
Bestzeit ['bɛsttsaɪt] *f* tempo migliore *m*
Besuch [bə'zuːx] *m 1. (von Gästen)* visita *f; 2. (in der Schule)* frequenza *f*
besuchen [bə'zuːxən] *v 1. jdn ~* andare a trovare qd; *2. (besichtigen)* visitare; *3. (Schule)* frequentare
Besucher(in) [bə'zuːxər(ɪn)] *m/f 1. GAST* ospite *m/f; 2. (einer Ausstellung)* visitatore/visitatrice *m/f*

Besuchszeit [bə'zu:xstsaɪt] *f (im Krankenhaus)* orario delle visite *m*
betagt [bə'ta:kt] *adj* attempato
betanken [bə'taŋkən] *v* rifornire di combustibile
betasten [bə'tastən] *v* tastare
betätigen [bə'tɛ:tɪgən] *v 1. sich ~* essere attivo, occuparsi di; *2. TECH* azionare
Betätigung [bə'tɛ:tɪguŋ] *f 1. (Aktivität)* attività *f; 2. TECH* azionamento *m*
beteiligen [bə'taɪlɪgən] *v 1. sich ~* partecipare; *sich an einem Geschäft ~* partecipare ad un affare; *2. jdn ~* rendere partecipe qd, associare qd; *jdn an einem Geschäft ~* rendere partecipe qd in un affare
Beteiligte(r) [bə'taɪlɪçtə(r)] *m/f 1.* partecipante *m/f; 2. (Betroffene(r))* interessato/interessata *m/f*
Beteiligung [bə'taɪlɪguŋ] *f* partecipazione *f*
beten ['be:tən] *v REL* pregare
beteuern [bə'tɔyərn] *v* asserire, affermare
Beton [be'tɔ̃ŋ] *m* calcestruzzo *m*
betonen [bə'to:nən] *v 1. (Aussprache)* accentare; *2. (hervorheben)* mettere in evidenza, accentuare
Betonung [bə'to:nuŋ] *f 1. (Aussprache)* accentazione *f; 2. (Hervorhebung)* rilievo *m; 3. (Tonfall)* accento *m*
betrachten [bə'traxtən] *v 1. (anschauen)* contemplare, guardare; *2. (fig: beurteilen)* considerare
beträchtlich [bə'trɛçtlɪç] *adj 1.* considerevole; *adv 2.* considerevolmente
Betrachtung [bə'traxtuŋ] *f 1. (Anschauen)* contemplazione *f; 2. (fig: Überlegung)* considerazione *f*
Betrag [bə'tra:k] *m* importo *m*
betragen [bə'tra:gən] *v irr 1. (belaufen auf)* ammontare; *2. sich ~* comportarsi; *sich musterhaft ~* comportarsi in modo esemplare
Betragen [bə'tra:gən] *n* comportamento *m*
Betreff [bə'trɛf] *m* oggetto *m*
betreffen [bə'trɛfən] *v irr* concernere
betreten [bə'tre:tən] *v irr 1. (hineingehen)* entrare; *adj 2. ~ sein (fig)* essere imbarazzato; *über etw ~ sein* essere imbarazzato per qc
Betreten [bə'tre:tən] *n* accesso *m*
betreuen [bə'trɔyən] *v* accudire, aver cura di
Betreuung [bə'trɔyuŋ] *f* cura *f*, assistenza *f*

Betrieb [bə'tri:p] *m 1. (Treiben)* attività *f; 2. (Firma) ECO* impresa *f*
betriebsam [bə'tri:pza:m] *adj* industrioso
Betriebsausflug [bə'tri:psausflu:k] *m* gita aziendale *f*
betrinken [bə'trɪŋkən] *v irr sich ~* ubriacarsi; *Er betrinkt sich, weil er unglücklich ist.* Si ubriaca perché è infelice.
betroffen [bə'trɔfən] *adj ~ sein* essere colpito, esere sgomento
betrübt [bə'try:pt] *adj ~ sein* essere afflitto
Betrug [bə'tru:k] *m* inganno *m*, imbroglio *m*
betrügen [bə'try:gən] *v irr* ingannare, imbrogliare
Betrüger(in) [bə'try:gər(ɪn)] *m/f* imbroglione/imbrogliona *m/f*, traditore/traditrice *m/f*
betrügerisch [bə'try:gərɪʃ] *adj 1. (Person)* ingannatore, imbroglione; *2. (Dinge)* doloso
betrunken [bə'truŋkən] *adj ~ sein* essere ubriaco
Bett [bɛt] *n 1.* letto *m; 2. (eines Flusses)* letto *m*
Bettdecke ['bɛtdɛkə] *f* coperta *f*
bettelarm ['bɛtəl'arm] *adj* povero in canna
betteln ['bɛtəln] *v 1. (Almosen)* mendicare; *2. (bitten)* chiedere insistentemente
bettlägerig ['bɛtlɛ:gərɪç] *adj* degente
Bettlaken ['bɛtla:kən] *n* lenzuolo *m*
Bettler(in) ['bɛtlər(ɪn)] *m/f* mendicante *m/f*
Bettnässer ['bɛtnɛsər] *m* chi soffre di enuresi notturna *m*
Bettschwere ['bɛtʃve:rə] *f die nötige ~ haben* essere pronto per il letto
Bettvorleger ['bɛtfo:rle:gər] *m* scendiletto *m*
Bettwäsche ['bɛtvɛʃə] *f* biancheria da letto *f*
betucht [bə'tu:xt] *adj* agiato
beugen ['bɔygən] *v 1. (biegen)* piegare; *2. sich ~* piegarsi, chinarsi; *3. (fig: brechen)* piegare; *4. (fig: sich fügen)* piegarsi; *sich den Tatsachen ~* piegarsi all'evidenza dei fatti
Beule ['bɔylə] *f 1. MED* bernoccolo *m; 2. TECH* rigonfiamento *m*
beunruhigen [bə'unru:ɪgən] *v 1. jdn ~* preoccupare qd; *2. sich ~* allarmarsi; *sich unnötig ~* allarmarsi inutilmente
beunruhigend [bə'unru:ɪgənt] *adj* allarmante

beurlauben [bə'uːrlaubən] v mandare in licenza
beurteilen [bə'urtaɪlən] v giudicare
Beurteilung [bə'urtaɪluŋ] f giudizio m
Beute ['bɔytə] f preda f; bottino m
Beutel ['bɔytəl] m borsa f; tief in den ~ greifen müssen doversi svenare/dover spendere molto/dover tirar fuori gli ultimi quattrini
Bevölkerung [bə'fœlkəruŋ] f popolazione f
bevor [bə'foːr] konj prima che
bevormunden [bə'foːrmundən] v fare da tutore
Bevormundung [bə'foːrmunduŋ] f tutela f
bevorstehen [bə'foːrʃteːən] v irr incombere
bevorzugen [bə'foːrtsuːgən] v etw gegenüber etw anderem ~ preferire qc a qualcos'altro
Bevorzugung [bə'foːrtsuːguŋ] f preferenza f
bewachen [bə'vaxən] v sorvegliare
Bewachung [bə'vaxuŋ] f sorveglianza f
bewaffnen [bə'vafnən] v armare
Bewaffnung [bə'vafnuŋ] f armamento m
bewahren [bə'vaːrən] v 1. (aufheben) conservare; 2. (fig: beibehalten) mantenere, serbare; Stillschweigen ~ mantenere il riserbo
bewähren [bə'vɛːrən] v sich ~ dimostrarsi; sich als guter Freund ~ dimostrarsi un buon amico
bewahrheiten [bə'vaːrhaɪtən] v sich ~ dimostrarsi vero
bewährt [bə'vɛːrt] adj 1. (Sache) provato; 2. (Person) esperto
bewältigen [bə'vɛltɪgən] v 1. (Problem) superare, risolvere; 2. (Aufgabe) compiere, svolgere
Bewältigung [bə'vɛltɪguŋ] f 1. (eines Problems) superamento m; 2. (einer Aufgabe) disbrigo m
bewandert [bə'vandərt] adj ~ sein essere pratico
bewegen [bə'veːgən] v 1. muovere, mettere in moto; 2. sich ~ muoversi; sich mit Eleganz ~ muoversi con eleganza; 3. (fig: rühren) commuovere; zu Tränen ~ commuovere fino alle lacrime
bewegend [bə'veːgənt] adj (fig) commovente
Beweggrund [bə'veːkgrunt] m motivo m
beweglich [bə'veːklɪç] adj 1. movibile; 2. (flink) vivace; 3. (fig: flexibel) flessibile

bewegt [bə'veːkt] adj 1. (Meer) mosso; 2. (Leben) movimentato; ein ~es Leben führen condurre una vita movimentata
Bewegung [bə'veːguŋ] f movimento m; Keine ~! Fermi tutti!
Bewegungsfreiheit [bə'veːguŋsfraɪhaɪt] f libertà di movimento f
bewegungslos [bə'veːguŋsloːs] adj immobile
bewegungsunfähig [bə'veːguŋsunfɛːɪç] adj incapace di muoversi
beweinen [bə'vaɪnən] v piangere; einen Toten ~ piangere un morto
Beweis [bə'vaɪs] m prova f
beweisbar [bə'vaɪsbaːr] adj dimostrabile
beweisen [bə'vaɪzən] v irr 1. provare; 2. (fig: zeigen) dimostrare
bewerben [bə'vɛrbən] v irr sich ~ chiedere, fare domanda; sich um die Hand von jdm ~ chiedere la mano a qd
Bewerber(in) [bə'vɛrbər(ɪn)] m/f aspirante m/f, candidato/candidata m/f
Bewerbung [bə'vɛrbuŋ] f candidatura f, richiesta f
Bewerbungsschreiben [bə'vɛrbuŋsʃraɪbən] n domanda di assunzione f
bewerkstelligen [bə'vɛrkʃtɛlɪgən] v 1. (durchführen) attuare; 2. (erreichen) riuscire
bewerten [bə'veːrtən] v valutare
Bewertung [bə'veːrtuŋ] f valutazione f
bewilligen [bə'vɪlɪgən] v concedere
Bewilligung [bə'vɪlɪguŋ] f concessione f
bewirken [bə'vɪrkən] v produrre, causare
bewirten [bə'vɪrtən] v ospitare
Bewirtung [bə'vɪrtuŋ] f servizio m
bewohnen [bə'voːnən] v abitare
Bewohner(in) [bə'voːnər(ɪn)] m/f abitante m/f
bewölkt [bə'vœlkt] adj nuvoloso
bewundern [bə'vundərn] v ammirare
bewundernswert [bə'vundərnsveːrt] adj ammirevole
Bewunderung [bə'vundəruŋ] f ammirazione f
bewusst [bə'vust] adj 1. cosciente; Das wurde mir plötzlich ~. Me ne sono reso conto tutto d'un tratto. adv 2. (absichtlich) intenzionalmente; 3. (absichtlich) di proposito
bewusstlos [bə'vustloːs] adj privo di sensi
Bewusstsein [bə'vustzaɪn] n conscienza f
bezahlen [bə'tsaːlən] v pagare

Bezahlung [bə'tsa:luŋ] *f* pagamento *m*
bezähmen [bə'tsɛ:mən] *v* domare
bezaubern [bə'tsaubərn] *v* incantare
bezaubernd [bə'tsaubərnt] *adj* incantevole
bezeichnen [bə'tsaɪçnən] *v* segnare
bezeichnend [bə'tsaɪçnənt] *adj* caratteristico
Bezeichnung [bə'tsaɪçnuŋ] *f* segnatura *f*, denominazione *f*
bezeugen [bə'tsɔygən] *v JUR* testimoniare
beziehen [bə'tsi:ən] *v irr* 1. *(überziehen)* ricoprire; 2. *(einziehen)* andare ad abitare in; 3. *(abonnieren)* abbonarsi, essere abbonato a; 4. *(Gehalt)* percepire; 5. *(Meinung)* riferire; 6. *sich auf etw ~* riferirsi a qc
Beziehung [bə'tsi:uŋ] *f* rapporto *m*, relazione *f*
beziehungsweise [bə'tsi:uŋsvaɪzə] *konj* cioè
Bezirk [bə'tsɪrk] *m* distretto *m*
Bezug [bə'tsu:k] *m* 1. *(Kissenbezug)* federa *f*; 2. *(öberzug)* rivestimento *m*; 3. *(Einkauf)* acquisto *m*
bezüglich [bə'tsy:klɪç] *prep* riguardo a, relativo a
Bezugnahme [bə'tsu:kna:mə] *f* riferimento *m*; *unter ~ auf* in riferimento a
bezuschussen [bə'tsu:ʃusən] *v* dare un contributo
bezweifeln [bə'tsvaɪfəln] *v* mettere in dubbio; *Das bezweifle ich!* Ne dubito!
bezwingen [bə'tsvɪŋən] *v irr* vincere, sottomettere
bibbern ['bɪbərn] *v* tremare
Bibel ['bi:bəl] *f REL* Bibbia *f*
Biber ['bi:bər] *m ZOOL* castoro *m*
Bibliografie [bibliogra'fi:] *f* bibliografia *f*
Bibliothek [biblio'te:k] *f* biblioteca *f*
Bibliothekar [bibliote'ka:r] *m* bibliotecario *m*
bieder ['bi:dər] *adj* onesto, probo
Biedermeier ['bi:dərmaɪər] *n ART* Biedermeier *m*
biegen ['bi:gən] *v irr* piegare
biegsam ['bi:kza:m] *adj* pieghevole
Biegung ['bi:guŋ] *f* piegamento *m*
Biene ['bi:nə] *f* 1. *ZOOL* ape *f*; 2. *(fam: Mädchen)* ragazzotta sveglia *f*
Bier [bi:r] *n* birra *f*; *Das ist nicht mein ~!* Non sono fatti miei!
Bierkrug ['bi:rkru:k] *m* boccale per birra *m*

Biest [bi:st] *n* 1. *(Tier)* bestia *f*; 2. *(Person)* carogna *f*
bieten ['bi:tən] *v irr* offrire
Bikini [bi'ki:ni] *m* bikini *m*, due pezzi *m*
Bilanz [bɪ'lants] *f* bilancio *m*
Bild [bɪlt] *n* 1. *(Gemälde)* quadro *m*; *ein ~ für die Götter* una scena spassosa; *im ~e über etw sein* essere aggiornato su qc/*farsi un'idea di qc*; *sich ein ~ von jdm machen* farsi un'idea di qd; 2. *FOTO* fotografia *f*; 3. *CINE* immagine *f*, scena *f*
Bildband ['bɪltbant] *m* banda di quadro *f*
Bildbericht ['bɪltbərɪçt] *m* documentario fotografico *m*
bilden ['bɪldən] *v* 1. *(gestalten)* formare; 2. *sich ~* formarsi
Bilderbuch ['bɪldərbu:x] *n* libro illustrato *m*; *wie aus dem ~* da manuale
Bilderrahmen ['bɪldərra:mən] *m* cornice *f*
Bildfläche ['bɪltflɛçə] *f von der ~ verschwinden* scomparire dalla scena
bildhübsch ['bɪlthypʃ] *adj* bellissimo
bildlich ['bɪltlɪç] *adj* figurato, metaforico
Bildschirm ['bɪltʃɪrm] *m INFORM* video *m*, schermo *m*
Bildung ['bɪlduŋ] *f* 1. *(Gestaltung)* formazione *f*; 2. *(Schulbildung)* educazione *f*
Bildungsurlaub ['bɪlduŋsu:rlaup] *m* vacanze studio *f/pl*
Billiarde [bɪl'jardə] *f* biliardo *m*
billig ['bɪlɪç] *adj* 1. *(preiswert)* conveniente, economico; 2. *(fig)* ragionevole, giusto
billigen ['bɪlɪgən] *v* approvare; *eine Entscheidung ~* approvare una decisione
Billigung ['bɪliguŋ] *f* approvazione *f*
Billion [bɪl'jo:n] *f* bilione *m*
Binde ['bɪndə] *f* 1. *MED* fascia *f*; 2. *(Damenbinde)* assorbente *m*; 3. *sich einen hinter die ~ gießen* bagnarsi il becco, farsi un bicchierino
Bindehaut ['bɪndəhaut] *f ANAT* congiuntiva *f*
binden ['bɪndən] *v irr* legare
bindend ['bɪndənt] *adj* impegnativo
Bindestrich ['bɪndəʃtrɪç] *m GRAMM* trattino *m*, lineetta *f*
Bindfaden ['bɪndfa:dən] *m* spago *m*, cordicella *f*; *Es regnet Bindfäden.* Piove a catinelle.
Bindung ['bɪnduŋ] *f* 1. *(Verpflichtung)* obbligo *m*; 2. *(Verbundenheit)* vincolo *m*
binnen ['bɪnən] *prep* entro
Binsen ['bɪnzən] *pl in die ~ gehen* andare a monte

Binsenweisheit ['bɪnzənvaɪshaɪt] *f* verità ovvia *f*
Biografie [biogra'fiː] *f* biografia *f*
Biologe [bio'loːgə] *m* biologo *m*
Biologin [bio'loːgɪn] *f* biologa *f*
Birke ['bɪrkə] *f* BOT betulla *f*
Birne ['bɪrnə] *f* 1. *(Obst)* pera *f;* 2. *(Glüh-birne)* lampadina *f*
bis [bɪs] *prep* 1. *(zeitlich)* fino a; ~ *heute* fino ad oggi; 2. *(örtlich)* fino a; *Bis dorthin sind es zwei km.* Sino a là sono due km. *konj* 3. fino a
Bischof ['bɪʃɔf] *m* REL vescovo *m*
bisexuell ['biːzɛksuɛl] *adj* bisessuale
bisher [bɪs'heːr] *adv* finora
bisherig [bɪs'heːrɪç] *adj* fino ad ora
bislang [bɪs'laŋ] *adv* finora
Biss [bɪs] *m* morso *m*
bisschen ['bɪsçən] *adj* 1. poco; *ein* ~ *Geduld* un poco di pazienza; *Ach du liebes ~!* Santo Cielo!/Ma come è possibile!/Che spavento! *adv* 2. un poco
Bissen ['bɪsən] *m* boccone *m; jdm keinen* ~ *gönnen* non lasciare spazio a qd; *keinen* ~ *anrühren* non toccare un boccone/non toccare cibo
bissig ['bɪsɪç] *adj* che morde, mordace
Bit [bit] *n* INFORM bit *m*
bitte ['bɪtə] *adv* 1. *(bittend)* prego, per favore, per piacere; 2. *(Antwort auf Dank)* prego; 3. *(fragend)* prego; *Wie* ~? Come prego? 4. *(Bejahung)* grazie; *Möchten Sie einen Kafee? Ja,* ~. Vuole un caffè! Si, grazie.
Bitte ['bɪtə] *f* preghiera *f*
bitten ['bɪtən] *v irr* pregare
bitter ['bɪtər] *adj* 1. *(Geschmack)* amaro; 2. *(fig: schmerzlich)* amaro, doloroso
Bitter ['bɪtər] *m (Getränk)* amaro *m*
Bitterkeit ['bɪtərkaɪt] *f* amarezza *f*
blamabel [bla'maːbəl] *adj* umiliante
Blamage [bla'maːɡə] *f* figuraccia *f*
blamieren [bla'miːrən] *v* 1. *jdn* ~ far fare una brutta figura a qualcuno; 2. *sich* ~ fare una figuraccia
blank [blaŋk] *adj* lucente
Blase ['blaːzə] *f* 1. *(auf der Haut, in der Luft)* bolla *f;* 2. ANAT vescica *f*
blasen ['blaːzən] *v irr* 1. soffiare; 2. MUS suonare
blass [blas] *adj* pallido
Blässe ['blɛsə] *f* pallidezza *f*
Blatt [blat] *n* 1. *(Papier)* foglio *m;* 2. BOT foglia *f;* 3. *(fig)* kein ~ *vor den Mund nehmen*

non avere peli sulla lingua; *ein unbeschrie-benes* ~ un punto interrogativo *m,* un'incognita *f; Das* ~ *hat sich gewendet.* Il quadro è mutato.
blättern ['blɛtərn] *v* sfogliare; *in einem Buch* ~ sfogliare un libro
blau [blau] *adj* 1. blu, azzurro; *jdm das Blaue vom Himmel versprechen* promettere mari e monti a qd/fare promesse da marinaio a qd; 2. *(Lippen, Augen)* livido; 3. *(fam: betrunken)* sbronzo
blauäugig ['blauɔygɪç] *adj* dagli occhi azzurri
Blech [blɛç] *n* lamiera *f,* latta *f*
Blechdose ['blɛçdoːzə] *f* scatola di latta *f,* barattolo di latta *m*
blechen ['blɛçən] *v (fam: bezahlen)* pagare
Blei [blaɪ] *n* piombo *m; wie* ~ *in den Gliedern* come piombo nelle membra
Bleibe ['blaɪbə] *f* rifugio *m*
bleiben ['blaɪbən] *v irr* restare
bleich ['blaɪç] *adj* pallido
bleichen ['blaɪçən] *v irr* impallidire, sbiadire
Bleichmittel ['blaɪçmɪtəl] *n* candeggiante *m*
bleifrei ['blaɪfraɪ] *adj (Benzin)* senza piombo
bleihaltig ['blaɪhaltɪç] *adj (Benzin)* con piombo
Bleistift ['blaɪʃtɪft] *m* matita *f*
Blende ['blɛndə] *f* 1. *(Abschirmung)* schermo *m;* 2. FOTO diaframma *m*
blenden ['blɛndən] *v* 1. *(Licht)* abbagliare; 2. *(fig: täuschen)* ingannare
blendend ['blɛndənt] *adj* 1. *(leuchtend)* abbagliante, smagliante; 2. *(fig: bezaubernd)* brillante, affascinante; *ein* ~*er Redner* un brillante oratore *m*
Blick [blɪk] *m* 1. *(Schauen)* sguardo *m,* occhiata *f; einen* ~ *in etw tun* dare un'occhiata a qc; *einen bösen* ~ *haben* avere lo sguardo di Medusa/fare il malocchio; *einen* ~ *hinter die Kulissen werfen* gettare uno sguardo dietro le quinte; *einen* ~ *für etw haben* avere occhio per qc; *jdn keines* ~*es würdigen* non degnare qd di uno sguardo; *auf den ersten* ~ a prima vista/al primo sguardo; 2. *(Aussicht)* veduta *f;* 3. *(Augenausdruck)* occhiata *f*
blicken ['blɪkən] *v* guardare
Blickfang ['blɪkfaŋ] *m* attrazione *f*
Blickpunkt ['blɪkpuŋkt] *m* punto prospettico *m*
blind [blɪnt] *adj* cieco

Blinde(r) ['blɪndə(r)] *m/f* cieco/cieca *m/f*
Blindenhund ['blɪndənhunt] *m* cane guida per ciechi *m*
Blindenschrift ['blɪndənʃrɪft] *f* scrittura Braille *f*
Blindheit ['blɪnthaɪt] *f* cecità *f*
blinken ['blɪŋkən] *v 1.* luccicare; *2. TECH* lampeggiare
blinzeln ['blɪntsəln] *v* socchiudere gli occhi, ammiccare
Blitz [blɪts] *m* lampo *m,* fulmine *m; wie ein ~ einschlagen* abbattersi come un fulmine; *wie der ~* come il lampo; *wie ein ~ aus heiterem Himmel* come un fulmine a ciel sereno
Blitzableiter ['blɪtsaplaɪtər] *m TECH* parafulmine *m*
blitzblank ['blɪtsblaŋk] *adj* lustro
blitzen ['blɪtsən] *v* lampeggiare
blitzschnell ['blɪtsʃnɛl] *adj* fulmineo
Block [blɔk] *m 1.* blocco *m; 2. (Gebäude)* isolato *m,* blocco *m; 3. (Papier)* blocco *m*
Blockflöte ['blɔkfløːtə] *f MUS* flauto dolce *m*
blockieren [blɔ'kiːrən] *v* bloccare
Blockschrift ['blɔkʃrɪft] *f* stampatello *m*
blöd [bløːt] *adj* deficiente
Blödsinn ['bløːtzɪn] *m* idiozia *f,* stupidaggine *f*
blond [blɔnt] *adj* biondo; *~ gefärbt* tinto di biondo
bloß [bloːs] *adj 1.* nudo; *mit ~em Auge* ad occhio nudo; *adv 2.* solo; *Er denkt ~ an sich.* Pensa solo a sé.
Bluff [blœf] *m* bluff *m*
blühen ['blyːən] *v 1. (Blume)* fiorire; *2. (fam: widerfahren)* succedere
blühend ['blyːənt] *adj* in fiore
Blume ['bluːmə] *f* fiore *m; durch die ~ sprechen* parlare con diplomazia/parlare eufemisticamente
Blumenhändler ['bluːmənhɛndlər] *m* fioraio *m*
Blumenkohl ['bluːmənkoːl] *m* cavolfiore *m*
Blumentopf ['bluːməntɔpf] *m* vaso da fiori *m*
Bluse ['bluːzə] *f* blusa *f,* camicetta *f*
Blut [bluːt] *n* sangue *m; blaues ~ haben* avere sangue blu; *~ geleckt haben* averci preso gusto; *~ und Wasser schwitzen* sudar sangue; *~ sehen wollen* voler vedere sangue; *ins ~ gehen* entrare nel sangue; *Das liegt ihm im ~.* Questo ce l'ha nel sangue. *Ruhig ~!* Calma e sangue freddo!

blutarm ['bluːtarm] *adj MED* anemico
Blüte ['blyːtə] *f* fiore *m; in der ~ seiner Jahre* nel fiore degli anni
bluten ['bluːtən] *v* sanguinare
blutig ['bluːtɪç] *adj* insanguinato
blutjung [bluːt'juŋ] *adj* giovanissimo
Blutvergießen ['bluːtfɛrgiːsən] *n* spargimento di sangue *m*
Bö [bøː] *f* raffica di vento *f,* folata *f*
Bock [bɔk] *m ZOOL* montone *m,* pecora *f; den ~ zum Gärtner machen* affidare la pecora al lupo; *einen ~ schießen* prendere un granchio/prendere una cantonata
Boden ['boːdən] *m 1. (Erde)* terra *f,* terreno *m; 2. (Fußboden)* pavimento *m; 3. (Grund)* terreno *m; 4. (fig) am ~ zerstört sein* essere a terra; *festen ~ unter den Füßen haben* avere terreno solido sotto i piedi; *den ~ unter den Füßen verlieren* sentirsi mancare il terreno sotto i piedi; *an ~ gewinnen* guadagnare terreno; *wie Pilze aus dem ~ schießen* spuntare come funghi; *vor Scham im ~ versinken* sprofondare per la vergogna
bodenlos ['boːdənloːs] *adj* senza fondo
Bodensee ['boːdənzeː] *m* lago di Costanza *m*
Bogen ['boːgən] *m 1. (Kurve)* curva *f; einen ~ um etw machen* girare a largo da qc; *den ~ heraushaben* sapere il fatto proprio; *jdn in hohem ~ hinauswerfen* sbatter fuori qd; *2. (Waffe)* arco *m; 3. (Papier)* foglio *m*
Bohle ['boːlə] *f* pancone *m*
böhmisch ['bøːmɪʃ] *adj (fig) Das sind für mich ~e Dörfer.* Questo per me è arabo./Questo per me è turco./Non ci capisco niente. *Das kommt mir ~ vor.* Questo non lo capisco.
Bohne ['boːnə] *f 1. (Hülsenfrucht)* fagiolo *m; ~n in den Ohren haben* avere i tappi nelle orecchie; *Nicht die ~!* Un cavolo! *m,* Un corno! *m,* Per niente, non è vero! *2. (Kaffeebohne)* chicco *m*
bohren ['boːrən] *v* trapanare
Bombe ['bɔmbə] *f MIL* bomba *f*
Bombenerfolg ['bɔmbənɛr'fɔlk] *m* successo clamoroso *m*
Bombenexplosion ['bɔmbənɛksploːzjoːn] *f* esplosione di bomba *f*
Bombengeschäft ['bɔmbəngəʃɛft] *n (fam)* affare d'oro *m*
bombensicher [bɔmbən'zɪçər] *adj (fam)* certissimo
Bon [bɔŋ] *m 1.* buono *m; 2. (Kassenbon)* scontrino *m*

Bonbon [bõ'bõ] *n* caramella *f*
Bonze ['bɔntsə] *m (fam)* bonzo *m*
Boot [boːt] *n* barca *f*
Bord¹ [bɔrt] *n (Brett)* mensola *f*
Bord² [bɔrt] *m 1.* bordo *m; an ~ a* bordo; *Mann über ~* uomo a mare; *etw über ~ werfen (fig)* buttare a mare qc; *2. (Rand)* bordo *m*
Bordell [bɔr'dɛl] *n* bordello *m*
Bordkarte ['bɔrtkartə] *f* carta d'imbarco *f*
borgen ['bɔrgən] *v 1. (verleihen)* prestare; *2. (entleihen)* prendere in prestito
Borke ['bɔrkə] *f* corteccia *f*
borniert [bɔr'niːrt] *adj* limitato
Börse ['bœrzə] *f 1. (Geldbörse)* borsellino *m; 2. FIN* borsa *f*
Borste ['bɔrstə] *f* setola *f*
Borte ['bɔrtə] *f* passamano *m*
bösartig ['bøːsartɪç] *adj 1.* cattivo; *2. MED* maligno
Bösartigkeit ['bøːsartɪçkaɪt] *f* cattiveria *f*
böse ['bøːzə] *adj 1. (verärgert)* arrabbiato; *2. (schlimm)* cattivo
boshaft ['boːshaft] *adj* cattivo
Bosheit ['boːshaɪt] *f* malignità *f*, cattiveria *f*
böswillig ['bøːsvɪlɪç] *adj* perfido
Bote ['boːtə] *m* messaggero *m*
Botin ['boːtɪn] *f* messaggera *f*
Botschaft ['boːtʃaft] *f 1. (Nachricht)* messaggio *m; 2. POL* ambasciata *f*
Botschafter(in) ['boːtʃaftər(ɪn)] *m/f POL* ambasciatore/ambasciatrice *m/f*
Boulevardzeitung [bulə'vaːrtsaɪtuŋ] *f* giornale scandalistico *m*
Bowle ['boːlə] *f* bowle *f*
boxen ['bɔksən] *v* boxare
Boxer ['bɔksər] *m 1. SPORT* pugile *m; 2. (Hund)* boxer *m*
Boykott [bɔy'kɔt] *m* boicottaggio *m*
boykottieren [bɔykɔ'tiːrən] *v* boicottare
Branche ['braʃə] *f ECO* campo *m*
Branchenverzeichnis ['braʃənfɛrtsaɪçnɪs] *n* elenco per categorie *m*
Brand [brant] *m 1.* incendio *m; 2. (Durst)* gran sete *f*, arsura *f*
Brandbekämpfung ['brantbəkɛmpfuŋ] *f* prevenzione degli incendi *f*
brandmarken ['brantmarkən] *v jdn ~* marchiare a fuoco qd, bollare qd
Brandschaden ['brantʃaːdən] *m* danno provocato da incendio *m*
Brandstiftung ['brantʃtɪftuŋ] *f* incendio doloso *m*

Brandung ['branduŋ] *f* frangente *m*, onde *f/pl*
Branntwein ['brantvaɪn] *m* acquavite *f*
Brasilien [bra'ziːljən] *n GEO* Brasile *m*
braten ['braːtən] *v irr 1. (im Ofen)* arrostire; *2. (in Fett)* friggere
Braten ['braːtən] *m* arrosto *m; den ~ riechen* sentire odore di bruciato
Bratenfett ['braːtənfɛt] *n* grasso dell'arrosto *m*
Bratenfleisch ['braːtənflaɪʃ] *n* carne arrosto *m*
Bratensoße ['braːtənzoːsə] *f* sugo dell'arrosto *m*
Brathuhn ['braːthuːn] *n* pollo arrosto *m*
Bratkartoffeln ['braːtkartɔfəln] *pl* patate arrosto *f/pl*
Bratpfanne ['braːtpfanə] *f* padella *f*, teglia *f*
Bratspieß ['braːtʃpiːs] *m* spiedo *m*
Bratwurst ['braːtvurst] *f* salsiccia arrosta *f*
Brauch [braux] *m* uso *m*, usanza *f; nach altem ~* secondo una vecchia usanza
brauchbar ['brauxbaːr] *adj* utilizzabile
brauchen ['brauxən] *v 1. (nötig haben)* aver bisogno di, occorrere; *2. (müssen)* dovere; *Du brauchst es nur zu sagen.* Devi solo dirlo. *3. (benutzen)* usare, adoperare
Brauchtum ['brauxtuːm] *n* usi e costumi *m/pl*
Braue ['brauə] *f* sopracciglio *m*
brauen ['brauən] *v* fabbricare birra
Brauerei [brauə'raɪ] *f* birreria *f*, fabbrica di birra *f*
braun [braun] *adj 1. (Farbe)* marrone; *2. (sonnengebräunt)* abbronzato
Bräune ['brɔynə] *f* tintarella *f*
bräunen ['brɔynən] *v* colorare di marrone, abbronzare
Braunkohle ['braunkoːlə] *f MIN* lignite *f*
Brause ['brauzə] *f 1. (Dusche)* doccia *f; 2. (Getränk)* gassosa *f*
brausen ['brauzən] *v 1.* mugghiare, rumoreggiare, scrosciare; *2. (duschen)* fare la doccia; *3. (rasen)* sfrecciare, correre
Brausepulver ['brauzəpulvər] *n* polverina effervescente *f*
Braut [braut] *f* sposa *f*
Brautführer ['brautfyːrər] *m* testimone della sposa *m*
Bräutigam ['brɔytɪgam] *m* sposo *m*
Brautjungfer ['brautjuŋfər] *f* damigella d'onore della sposa *f*

Brautkleid ['brautklaɪt] *n* vestito da sposa *m*
Brautpaar ['brautpaːr] *n* coppia di sposi *f*
brav [braːf] *adj* buono, bravo
bravo ['braːvo] *interj* bravo
bravurös [bravu'røːs] *adj* coraggioso
Brechbohne ['brɛçboːnə] *f* BOT fagiolino *m*
Brecheisen ['brɛçaɪzən] *n* TECH palanchino *m*, piè di porco *m*
brechen ['brɛçən] *v irr 1. (abbrechen)* rompere; *2. (Knochen) MED* rompere, fratturare; *3. (Widerstand)* vincere; *4. (fig: Vertrag)* infrangere, violare; *5. (sich übergeben)* vomitare, rimettere
Brei [braɪ] *m* purè *m*, pappa *f; um den heißen ~ herumreden* menare il can per l'aia; *jdm ~ ums Maul schmieren* leccare qd/essere mellifluo con qd
breit [braɪt] *adj 1.* largo; *sich ~ machen* mettersi comodo/occupare molto spazio; *2. (Stoffe)* alto; *3. (ausgedehnt)* ampio
breitbeinig ['braɪtbaɪnɪç] *adj* a gambe larghe
Breite ['braɪtə] *f* larghezza *f; in die ~ gehen* allargarsi/ingrassare
Breitengrad ['braɪtəngraːt] *m* GEO grado di latitudine *m*
breittreten ['braɪttreːtən] *v irr* trattare diffusamente, esporre dettagliamente
Bremse ['brɛmzə] *f 1.* TECH freno *m; 2.* ZOOL tafano *m*
bremsen ['brɛmzən] *v* frenare; *sich ~ können* potersi tenere
brennbar ['brɛnbaːr] *adj* combustibile
brennen ['brɛnən] *v irr 1.* bruciare, ardere; *2. (Licht)* essere acceso; *Das Licht brennt.* La luce è accesa. *3. (Wunde)* bruciare; *4. (Schnaps)* distillare
Brennnessel ['brɛnnɛsəl] *f* BOT ortica *f*
Brennmaterial ['brɛnmaterjaːl] *n* combustibile *m*
Brennpunkt ['brɛnpuŋkt] *m* fuoco *m*
Brennstoff ['brɛnʃtɔf] *m* combustibile *m*
brenzlig ['brɛntslɪç] *adj* bruciaticcio
Brett [brɛt] *n* asse *f,* tavola *f; ein ~ vor dem Kopf haben* non vedere più in là del proprio naso/avere i paraocchi/avere gli occhi foderati di prosciutto
Brezel ['breːtsəl] *f* ciambella salata *f*
Brief [briːf] *m* lettera *f; jdm ~ und Siegel auf etw geben* metter qc per iscritto a qd/dare a qd la parola d'onore su qc; *blauer ~* foglio di via/lettera di licenziamento

Briefblock ['briːfblɔk] *m* blocco di carta da lettera *m*
Briefkasten ['briːfkastən] *m* cassetta postale *f,* buca delle lettere *f*
Briefkopf ['briːfkɔpf] *m* intestazione della lettera *f*
Briefmarke ['briːfmarkə] *f* francobollo *m*
Briefpapier ['briːfpapiːr] *n* carta da lettere *f*
Brieftasche ['briːftaʃə] *f* portafoglio *m*
Briefträger(in) ['briːftrɛːgər(ɪn)] *m/f* postino/postina *m/f,* portalettere *m/f*
Briefumschlag ['briːfumʃlaːk] *m* busta *f*
Briefwechsel ['briːfvɛksəl] *m* corrispondenza *f*
Brikett [bri'kɛt] *n* bricchetta *f*
brillant [brɪl'jant] *adj* brillante
Brillant [brɪl'jant] *m* brillante *m*
Brille ['brɪlə] *f* occhiali *m/pl*
Brillengestell ['brɪləngəʃtɛl] *n* montatura degli occhiali *f*
Brillengläser ['brɪlənglɛzər] *pl* lenti da occhiali *f/pl*
Brillenträger(in) ['brɪləntrɛːgər(ɪn)] *m/f* chi porta gli occhiali *m/f*
bringen ['brɪŋən] *v irr 1.* portare; *Sie hat es zu etw gebracht.* E' riuscita a portarlo a buon fine. *2. (mitnehmen)* portare; *3. (begleiten)* accompagnare, portare; *jdn nach Hause ~* portare a casa qd; *4. (Gewinn)* rendere; *5. (veröffentlichen)* pubblicare
brisant [bri'zant] *adj* esplosivo
Brise ['briːzə] *f* brezza *f*
Brite ['briːtə] *m* britanno *m*, inglese *m*
britisch ['briːtɪʃ] *adj* britannico, inglese
Britische Inseln ['briːtiʃə 'inzəln] *pl* GEO Isole britanniche *f/pl*
bröckeln ['brœkəln] *v* sbriciolare
Brocken ['brɔkən] *m 1.* pezzo *m; 2. (fam: Bissen)* boccone *m*
brodeln ['broːdəln] *v* gorgogliare
Brokat [bro'kaːt] *m* broccato *m*
Brokkoli ['brɔkolɪ] *m* BOT broccolo *m*
Brombeere ['brɔmbeːrə] *f* BOT mora di rovo *f*
Bronchien ['brɔnçiə] *pl* ANAT bronchi *m/pl*
Bronze ['brɔsə] *f* bronzo *m*
Brosche ['brɔʃə] *f* spilla *f,* fermaglio *m*
Broschüre [bro'ʃyːrə] *f* opuscolo *m*, fascicolo *m*
Brot [broːt] *n* pane *m*
Brotaufstrich ['broːtaufʃtrɪç] *m* companatico *m*

Brötchen ['brøːtçən] *n* panino *m*
Brotkruste ['broːtkrustə] *f* crosta del pane *f*
Brotlaib ['broːtlaɪp] *m* pagnotta *f*
brotlos ['broːtloːs] *adj (fig)* poco lucrativo
Browser ['braʊzər] *m INFORM* browser *m*
Bruch [brux] *m 1.* rottura *f; zu ~ gehen* andare a pezzi; *2. (von Knochen) MED* frattura *f; 3. MATH* frazione *f*
brüchig ['bryçɪç] *adj* frangibile, fragile
Bruchlandung ['bruxlanduŋ] *f* atterraggio con un'avaria a terra *m*
Bruchschaden ['bruxʃaːdən] *m* danno di rottura *m*
Bruchstelle ['bruxʃtɛlə] *f* punto di rottura *m*
Bruchteil ['bruxtaɪl] *m* frazione *f,* minima parte *f*
Brücke ['brykə] *f 1.* ponte *m; alle ~n hinter sich abbrechen* tagliare tutti i ponti dietro le spalle; *2. (Teppich)* passatoia *f*
Bruder ['bruːdər] *m* fratello *m*
brüderlich ['bryːdərlɪç] *adj* fraterno
Brüderschaft ['bryːdərʃaft] *f mit jdm ~ trinken* bagnare l'amicizia
Brühe ['bryːə] *f* brodo *m*
brüllen ['brylən] *v 1. (Löwe)* ruggire; *2. (Rind)* muggire; *3. (Menschen)* urlare; *zum Brüllen sein* essere da urlo; *~ wie am Spieß* urlare come un maiale scannato
brummen ['brumən] *v* ronzare, brontolare
brummig ['brumɪç] *adj* brontolone
Brummschädel ['brumʃɛːdəl] *m einen ~ haben* avere un cerchio alla testa, avere la testa pesante
brünett [bry'nɛt] *adj* castano
Brunnen ['brunən] *m* fontana *f*
Brunst [brunst] *f* fregola *f; in der ~sein* essere in fregola
brüsk ['brysk] *adj* brusco
brüskieren [brys'kiːrən] *v* trattare bruscamente
Brust [brust] *f* petto *m; mit geschwellter ~* con il petto in fuori/con grande orgoglio; *sich einen zur ~ nehmen* bersi un bicchierino
brüsten ['brystən] *v sich ~* vantarsi
Brustkorb ['brustkɔrp] *m ANAT* torace *m*
Brustwarze ['brustvartsə] *f ANAT* capezzolo *m*
Brüstung ['brystuŋ] *f* parapetto *m*
brutal [bru'taːl] *adj* brutale
Brutalität [brutalɪ'tɛːt] *f* brutalità *f*
brüten ['bryːtən] *v* covare
brutto ['bruto] *adj* lordo

Buch [buːx] *n* libro *m; wie ein ~ reden* parlare come un libro stampato/parlare come un disco; *wie es im ~e steht* da favola/da manuale; *ein ~ mit sieben Siegel* un libro chiuso/un'incognita/un vero mistero; *ein offenes ~ für jdn sein* essere un libro aperto per qd
Buchbinder ['buːxbɪndər] *m* rilegatore di libri *m*
buchen ['buːxən] *v* registrare, annotare
Bücherei [byːçə'raɪ] *f* biblioteca *f*
Bücherregal ['byːçərregaːl] *n* scaffale per libri *m*
Bücherschrank ['byːçərʃraŋk] *m* libreria *f*
Bücherwurm ['byːçərvurm] *m* bibliomane *m*
Buchhalter(in) ['buːxhaltər(ɪn)] *m/f* contabile *m/f,* ragioniere/ragioniera *m/f*
Buchhaltung ['buːxhaltuŋ] *f* contabilità *f*
Buchhändler(in) ['buːxhɛndlər(ɪn)] *m/f* libraio/libraia *m/f*
Buchhandlung ['buːxhandluŋ] *f* libreria *f*
Büchse ['byksə] *f* barattolo *m*
Büchsenöffner ['byksənœfnər] *m* apriscatole *m*
Buchstabe ['buːxʃtaːbə] *m* lettera *f; sich auf seine vier ~n setzen* sedersi/stare seduti
buchstabieren [buːxʃta'biːrən] *v* compitare, sillabare
buchstäblich ['buːxʃtɛːplɪç] *adj* letterale; *im ~en Sinn* in senso letterale
Bucht [buxt] *f* baia *f*
Buchtitel ['buːxtiːtəl] *m* titolo di libro *m*
Buchung ['buːxuŋ] *f (Bestellung)* prenotazione *f*
bücken ['bykən] *v sich ~* chinarsi
Bude ['buːdə] *f* bugigattolo *m; jdm di ~ einrennen* seccare qd con continue visite; *eine sturmfreie ~ haben* avere la casa libera; *die ~ auf den Kopf stellen* fare baldoria/mettere la casa sottosopra; *Mir fällt die ~ auf den Kopf.* Mi sento soffocare dai muri.
Büfett [by'feː] *n* buffet *m*
Büffel ['byfəl] *m ZOOL* bufalo *m*
büffeln ['byfəln] *v* studiare, sgobbare
Bügel ['byːgəl] *m* gruccia *f*
Bügelbrett ['byːgəlbrɛt] *n* asse da stiro *m*
Bügeleisen ['byːgəlaɪzən] *n* ferro da stiro *m*
Bügelfalte ['byːgəlfaltə] *f* piega dei calzoni *f*
bügelfrei ['byːgəlfraɪ] *adj* che non si stira
bügeln ['byːgəln] *v* stirare

Bühne ['byːnə] *f* scena *f,* palcoscenico *m; etw glatt über die ~ bringen* condurre in porto qc; *über die ~ sein* essere in porto
Bühnenbild ['byːnənbɪlt] *n THEAT* scenario *m*
Buhruf ['buːruːf] *m* grido di sdegno *m*
Bulle ['bulə] *m* 1. *ZOOL* toro *m;* 2. *(fam: Polizist)* piedipiatti *m,* pula *f*
bullig ['bulɪç] *adj* taurino, tozzo
Bummel ['buməl] *m* passeggiata *f*
bummeln ['buməln] *v* gironzolare
Bummelzug ['buməltsuːk] *m (fam)* treno lumaca *m*
Bund [bunt] *m* 1. *POL* unione *f,* alleanza *f; mit jdm im ~e stehen* essere in relazione con qd; 2. *(Ehe) den ~ fürs Leben schließen* contrarre il vincolo matrimoniale; 3. *(von Blumen, von Schlüsseln)* mazzo *m;* 4. *(Rockbund)* cintura *f*
Bündchen ['byntçən] *n* fascetto *m*
Bündel ['byndəl] *n* fascio *m*
Bundes... ['bundəs] *pref* federale
Bundesbahn ['bundəsbaːn] *f* ferrovie dello Stato *f/pl*
Bundesbank ['bundəsbaŋk] *f* Banca federale *f*
Bundesgebiet ['bundəsgəbiːt] *n* territorio dello stato federale *m*
Bundesgrenze ['bundəsgrɛntsə] *f POL* confine del territorio federale *m*
Bundesland ['bundəslant] *n POL* regione *f,* Land *m*
Bundesrat ['bundəsraːt] *m POL* camera alta *f,* consiglio federale *m*
Bundestag ['bundəstaːk] *m POL* camera bassa *f*
Bundeswehr ['bundəsveːr] *f* forze armate *f/pl*
bündig ['byndɪç] *adj* 1. *(kurz)* conciso; 2. *~ abschließen* tagliare corto
Bunker ['buŋkər] *m* rifugio *m*
bunt [bunt] *adj* colorato; *Mir wird es jetzt zu ~!* Ora ne ho abbastanza!
Buntstift ['buntʃtɪft] *m* matita colorata *f*
Buntwäsche ['buntvɛʃə] *f* biancheria colorata *f*
Burg [burk] *f* castello *m*
bürgen ['byrgən] *v* garantire
Bürger(in) ['byrgər(ɪn)] *m/f* cittadino/cittadina *m/f*
Bürgerkrieg ['byrgərkriːk] *m* guerra civile *f*
bürgerlich ['byrgərlɪç] *adj* 1. *(mittelständisch)* borghese; 2. *(gesetzlich) JUR* civile

Bürgermeister(in) ['byrgərmaɪstər(ɪn)] *m/f* sindaco *m*
Bürgersteig ['byrgərʃtaɪk] *m* marciapiede *m*
Bürgerversammlung ['byrgərfɛrzamluŋ] *f* assemblea dei cittadini *f*
Büro [by'roː] *n* ufficio *m*
Büroangestellte(r) [by'roːangəʃtɛltə(r)] *m/f* impiegato d'ufficio/impiegata d'ufficio *m/f*
Büroarbeit [by'roːarbaɪt] *f* lavoro d'ufficio *m*
Büroklammer [by'roːklamər] *f* fermaglio *m*
Bürokratie [byrokra'tiː] *f* burocrazia *f*
bürokratisch [byro'kraːtɪʃ] *adj* burocratico
Büroraum [by'roːraum] *m* ufficio *m,* studio *m*
Büroschluss [by'roːʃlus] *m* orario di chiusura dell'ufficio *m*
Bursche ['burʃə] *m* ragazzo *m*
Burschenschaft ['burʃənʃaft] *f* goliardica *f*
burschikos [burʃi'koːs] *adj* spigliato
Bürste ['byrstə] *f* spazzola *f*
bürsten ['byrstən] *v* spazzolare
Bus [bus] *m* autobus *m*
Busbahnhof ['busbaːnhoːf] *m* stazione autolinee *f*
Busch [buʃ] *m* 1. siepe *f,* cespuglio *m;* 2. *(Urwald)* bosco *m;* 3. *(fig) Da ist etw im ~.* Qui c'è del marcio./Qui gatta ci cova.
Busen ['buːzən] *m ANAT* seno *m,* petto *m; am ~ der Natur* all'aperto
Busfahrer(in) ['busfaːrər(ɪn)] *m/f* conducente d'autobus *m/f*
Bushaltestelle ['bushaltəʃtɛlə] *f* fermata d'autobus *f*
Buße ['buːsə] *f* penitenza *f*
büßen ['byːsən] *v* scontare
Bußgeld ['buːsgɛlt] *n* ammenda *f*
Büste ['byːstə] *f* busto *m*
Büstenhalter ['byːstənhaltər] *m* reggiseno *m,* reggipetto *m*
Butter ['butər] *f* burro *m; sich nicht die ~ vom Brot nehmen lassen (fig)* non lasciarsi tagliar l'erba sotto i piedi; *Alles in ~.* Tutto liscio come l'olio.
Butterbrot ['butərbroːt] *n* pane e burro *m,* pane imburrato *m; für ein ~ arbeiten (fig)* lavorare per la gloria; *jdm etw aufs ~ schmieren* rinfacciare qc a qd
Butterdose ['butərdoːzə] *f* burriera *f*

C

Café [ka'fe:] *n* caffè *m*
Cafeteria [kafete'ri:a] *f* mensa *f*
campen ['kɛmpən] *v* campeggiare
Camper ['kɛmpər] *m* campeggiatore *m*
Camping ['kɛmpɪŋ] *n* camping *m*
Campingplatz ['kɛmpɪŋplats] *m* camping *m*
CD [tse'de:] *f* CD *m*
CD-ROM [tsede:'rɔm] *f INFORM* CD-ROM *m*
CD-Spieler [tse'de:ʃpi:lər] *m* lettore compact *m*
Cello ['tʃɛlo:] *n MUS* violoncello *m*
Celsiusgrad ['tsɛlzjusgra:t] *m PHYS* grado centigrado *m*
Cembalo ['tʃɛmbalo] *n MUS* cembalo *m*
Chamäleon [ka'mɛːljon] *n ZOOL* camaleonte *m*
Champagner [ʃam'panjər] *m* champagne *m*
Champignon ['ʃampɪnjɔ] *m BOT* fungo prataiolo *m*
Champion ['tʃæmpɪən] *m SPORT* campione *m*
Chance ['ʃɑ̃sə] *f* possibilità *f*
Chaos ['ka:ɔs] *n* caos *m*
Chaot [ka'o:t] *m* estremista *m*, anarchico *m*
Charakter [ka'raktər] *m* carattere *m*
charakterisieren [karaktəri'zi:rən] *v* caratterizzare
charakteristisch [karaktər'ɪstɪʃ] *adj* caratteristico
Charakterstärke [ka'raktərʃtɛrkə] *f* forza di carattere *f*
Charakterzug [ka'raktərtsu:k] *m* caratteristica *f*
charmant [ʃar'mant] *adj* affascinante
Charme ['ʃarm] *m* grazia *f*
Charterflug ['tʃartərflu:k] *m* volo charter *m*
chartern ['tʃartərn] *v* noleggiare
Chauffeur [ʃɔ'føːr] *m* autista *m*
Chauvinismus [ʃovi'nɪsmus] *m* sciovinismo *m*
Chef(in) [ʃɛf/'ʃɛfɪn] *m/f* capo *m*, superiore *m*
Chefarzt ['ʃɛfartst] *m* medico primario *m*
Chefredakteur(in) ['ʃɛfredaktøːr(ɪn)] *m/f* redattore capo/redattrice capo *m/f*
Chefsekretär(in) ['ʃɛfzekretɛːr(ɪn)] *m/f* primo segretario/prima segretaria *m/f*

Chemie [çe'mi:] *f* chimica *f*
Chemikalie [çemɪ'ka:ljə] *f* prodotto chimico *m*
chemisch ['çeːmɪʃ] *adj* chimico *m; ~e Reinigung* pulitura a secco *f*
chiffrieren [ʃɪ'fri:rən] *v* cifrare
Chile ['tʃiːle] *n GEO* Cile *m*
China ['çi:na] *n GEO* Cina *f*
Chinese [çɪ'neːzə] *m* cinese *m*
Chinesisch [çɪ'neːzɪʃ] *n* cinese *m*
Chip [tʃɪp] *m* 1. *(Kartoffelchip)* chips *f/pl*, patatine fritte *f/pl*; 2. *(Spielchip)* fiche *f/pl*; 3. *INFORM* chip *m*
Chipkarte ['tʃɪpkartə] *f INFORM* carta con microchip *f*
Chirurg(in) [çi'rurg(ɪn)] *m/f* chirurgo/chirurga *m/f*
Chirurgie [çirur'gi:] *f* chirurgia *f*
Chlor [klo:r] *n CHEM* cloro *m*
Chor [ko:r] *m* coro *m*
Christ [krɪst] *m REL* cristiano *m*
Christbaum ['krɪstbaum] *m* albero di Natale *m*
christlich ['krɪstlɪç] *adj REL* cristiano
Christus ['krɪstus] *m REL* Cristo *m*
Chrom [kro:m] *m CHEM* cromo *m*
Chronik ['kro:nɪk] *f* cronaca *f*
chronisch ['kro:nɪʃ] *adj* cronico
chronologisch [krono'lo:gɪʃ] *adj* cronologico
circa ['tsɪrka] *adv* circa
Clou [klu:] *m* clou *m*
Clown [klaun] *m* pagliaccio *m*, clown *m*
Cocktail ['kɔkteɪl] *m* cocktail *m*
Code [ko:d] *m INFORM* codice *m*
Comic ['kɔmɪk] *m* fumetto *m*
Computer [kom'pju:tər] *m INFORM* computer *m*
Computervirus [kom'pju:tərvi:rus] *n INFORM* virus del computer *m*
Container [kɔn'teɪnər] *m* container *m*
Coup [ku:p] *m einen ~ landen* fare un colpo
Cousin(e) [ku'zɛ/ku'zi:nə] *m/f* cugino/cugina *m/f*
Creme ['kre:mə] *f* crema *f; zur ~ der Gesellschaft gehören* appartenere alla crema della società
Cursor ['køːrsər] *m INFORM* cursore *m*
Cyberspace ['saɪbərspeɪs] *m INFORM* ciberspazio *m*, cyberspace *m*

D

da [da:] *adv 1. (örtlich)* qui, qua; ~ *sein* esserci, essere presente; *2. (zeitlich)* allora; *konj 3.* poiché, perché

dabei [da'baɪ] *adv 1. (örtlich)* accanto, vicino; *2. (zeitlich)* allo stesso tempo

dableiben ['da:blaɪbən] *v irr* restare

Dach [dax] *n* tetto *m;* *kein ~ über dem Kopf haben* non avere un tetto sopra la testa; *mit jdm unter einem ~ leben* vivere sotto lo stesso tetto con qd; *eins aufs ~ bekommen* prendersi una bella lavata di capo; *jdm aufs ~ steigen* dare addosso a qd

Dachs [daks] *m ZOOL* tasso *m*

Dachständer ['daksʃtɛndər] *m (eines Autos)* portabagagli sul tetto *m*

Dachstuhl ['daksʃtuːl] *m* armatura del tetto *f*

Dachterrasse ['daxtɛrasə] *f* terrazza sul tetto *f*

Dachziegel ['daxtsiːgəl] *m* tegola *f*

Dackel ['dakəl] *m* cane bassotto *m*

dadurch [da'durç] *adv 1. (örtlich)* attraverso quel luogo, per di là; ['da:durç] *2. (folglich)* perciò, per questo motivo; *3. (auf diese Weise)* in tal modo, così

dafür [da'fyːr] *adv 1.* per questo; *2. (anstatt)* invece; *3. (als Ausgleich)* in compenso

dagegen [da'geːgən] *adv 1. (örtlich)* contro questo; *2. (im Vergleich)* in confronto, invece; *3. (dafür)* in cambio; *konj 4.* al contrario

daheim [da'haɪm] *adv* a casa

Daheim [da'haɪm] *n* focolare domestico *m*

daher [da'heːr] *adv 1. (örtlich)* da quella parte; *2. (kausal)* per questo; *konj 3.* perciò

dahin [da'hɪn] *adv 1. (zeitlich)* fino allora; *2.* lì, là

dahingegen [dahɪn'geːgən] *konj* invece

dahingehend ['da:hɪngeːənt] *adv* in tal senso

dahingestellt [da'hɪngəʃtɛlt] *adj* etw ~ *sein lassen* lasciar qc in sospeso

dahinter [da'hɪntər] *adv 1. (örtlich)* lì dietro; *2. (fig)* sotto, qui sotto; ~ *kommen* scoprire

dahinterstecken [da'hɪntərʃtɛkən] *v 1. (örtlich)* esserci sotto, nascondersi; *2. (fig)* esserci sotto, covare; *Es steckt etw dahinter.* Qui c'è sotto qc./Qui gatta ci cova.

dalassen ['da:lasən] *v irr* lasciare qui

damalig ['da:malıç] *adj* di allora

damals ['da:mals] *adv* allora

Dame ['da:mə] *f* signora *f; eine ~ von Welt sein* essere una donna di mondo

Damenbinde ['da:mənbɪndə] *f* assorbente igienico *m*

damit [da'mɪt] *adv 1.* con questo; *Was ist ~?* Come va la faccenda? *Was meint er ~?* Cosa intende dire con ciò? *Genug ~!* Basta così! *Her ~!* Dammi qui! *2. (dadurch)* per mezzo di ciò; *konj 3.* affinché

dämlich ['dɛːmlıç] *adj (fam)* sciocco

Damm [dam] *m* argine *m; auf dem ~ sein* essere in forma

dämmen ['dɛmən] *v* arginare

dämmerig ['dɛmərıç] *adj* crepuscolare

dämmern ['dɛmərn] *v* albeggiare

Dämmerung ['dɛmərʊŋ] *f 1. (Abenddämmerung)* crepuscolo *m; 2. (Morgendämmerung)* alba *f*

Dämon ['dɛːmɔn] *m* demone *m*

dämonisch [dɛ'moːnıʃ] *adj* demoniaco

Dampf [dampf] *m* vapore *m; ~ hinter etw machen* darsi da fare per qc; ~ *ablassen* sbottare/aprire il libro

dampfen ['dampfən] *v* esalare vapori, svaporare

dämpfen ['dɛmpfən] *v 1.* smorzare; *2. GAST* cuocere a vapore

Dampfer ['dampfər] *m* piroscafo *m; auf dem falschen ~ sein (fig)* essere sul binario sbagliato

Dämpfer ['dɛmpfər] *m jdm einen ~ aufsetzen* fare una doccia fredda a qd (fig); *einen ~ bekommen* prendere una lavata di capo/prendere una doccia fredda

Dämpfung ['dɛmpfʊŋ] *f (Verringerung)* smorzamento *m,* attenuazione *f*

danach [da'naːx] *adv 1. (zeitlich)* poi; *2. (dementsprechend)* conformemente

Däne ['dɛːnə] *m* danese *m*

daneben [da'neːbən] *adv 1. (örtlich)* accanto; *2. (fig: außerdem)* inoltre

danebenbenehmen [da'neːbənbəneːmən] *v irr sich ~* comportarsi male

danebentreffen [da'neːbəntrɛfən] *v irr (fig)* non cogliere nel segno

Dänemark ['dɛːnəmark] *n GEO* Danimarca *f*

Dänin ['dɛːnɪn] *f* danese *f*

dänisch ['dɛːnɪʃ] *adj* danese

dank [daŋk] *prep* grazie a
Dank [daŋk] *m* gratitudine *f*
dankbar ['daŋkbaːr] *adj 1.* grato, riconoscente; *adv 2.* con riconoscenza
Dankbarkeit ['daŋkbaːrkaɪt] *f* gratitudine
f, riconoscenza *f*
danke ['daŋkə] *interj* grazie
danken ['daŋkən] *v* ringraziare
dankenswert ['daŋkənsveːrt] *adj* degno
di riconoscenza
dann [dan] *adv* dopo, poi
daran [da'ran] *adv* a riguardo, ci; *das Beste
~* la cosa migliore nella faccenda; *gut ~ tun*
fare bene a; *~ denken* pensarci; *dran glauben
müssen (fam)* rimetterci la pelle/andarci di
mezzo; *Da ist etw dran.* C'è qc di vero.
darangehen [da'rangeːən] *v irr* cominciare
daranhalten [da'ranhaltən] *v irr sich ~*
affrettarsi
daransetzen [da'ranzɛtsən] *v 1.* metterci;
2. (Leben) arrischiare
darauf [da'rauf] *adv 1. (örtlich)* su questo;
gut drauf sein essere su di morale/essere di
buon umore; *nichts drauf haben* non poter
fare molto/non farcela più; *2. (zeitlich)* dopo;
3. (folglich) seguente; *die Tage ~* i giorni
seguenti; *~ folgend* successivo
daraufhin [darauf'hɪn] *adv 1. (zeitlich)*
dopo; *2. (folglich)* in conseguenza
daraus [da'raus] *adv* da ciò; *Was ist ~
geworden?* Com'è andata a finire? *Mach dir
nichts draus* Non prendertela!
darbieten ['daːrbiːtən] *v irr 1. (anbieten)*
offrire; *2. (aufführen)* presentare
Darbietung ['daːrbiːtuŋ] *f 1. (Angebot)*
offerta *f; 2. (Aufführung)* esecuzione *f*
darin [da'rɪn] *adv 1. (örtlich)* qua dentro;
2. (diesbezüglich) in questo senso, in quanto
a ciò
darlegen ['daːrleːgən] *v* esporre
Darlegung ['daːrleːguŋ] *f* esposizione *f*
Darm [darm] *m ANAT* intestino *m*
darstellen ['daːrʃtɛlən] *v 1. (beschreiben)*
descrivere; *2. (fig: bedeuten)* significare; *3.
CINE* rappresentare
Darstellung ['daːrʃtɛluŋ] *f 1. CINE* rappresentazione *f,* interpretazione *f; 2. (Beschreibung)* descrizione *f*
darüber [dar'yːbər] *adv (örtlich)* al di
sopra, sopra; *~ hinaus* oltre a ciò; *~ stehen
(fig)* essere superiore a ciò
darum [da'rum] *adv 1. (örtlich)* intorno;
['darum] *konj 2. (kausal)* perciò

darunter [da'runtər] *adv 1. (örtlich)* sotto;
drunter und drüber su e giù/confusione;
2. (dabei) fra questi; *3. (mengenmäßig)* al di
sotto
darunterfallen [da'runtərfalən] *v irr (fig)*
appartenervi, farne parte
das [das] *art 1.* il/la; *pron 2. (demonstrativ)*
questo/questa, codesto/codesta, quello/quel-
la; *3. (relativ)* che
Dasein ['daːzaɪn] *n* presenza *f*
dass [das] *konj* che; *ohne ~* senza che;
anstatt ~ anziché
dasselbe [das'zɛlbə] *pron* lo stesso
Datei [da'taɪ] *f 1.* archivio dati *m;
2. INFORM* archivio dati *m,* raccolta dati *f*
Daten ['daːtən] *pl* dati *m/pl*
Datenautobahn ['daːtənautobaːn] *f
INFORM* via per la circolazione dei dati *f*
Datenbank ['daːtənbaŋk] *f INFORM*
banca dati *f*
Datenschutz ['daːtənʃuts] *m* protezione
dei dati *f*
Datenträger ['daːtəntreːgər] *m INFORM*
supporto dati *m*
Datenverarbeitung ['daːtənfɛrarbaɪ-
tuŋ] *f INFORM* elaborazione dei dati *f*
datieren [da'tiːrən] *v* datare
Dativ ['daːtiːf] *m* dativo *m*
Dattel ['datəl] *f BIO* dattero *m*
Datum ['daːtum] *n* data *f*
Dauer ['dauər] *f* durata *f*
dauerhaft ['dauərhaft] *adj 1. (anhaltend)*
duraturo; *2. (widerstandsfähig)* resistente,
solido
Dauerkarte ['dauərkartə] *f* tessera permanente *f*
dauern ['dauərn] *v* durare
dauernd ['dauərnt] *adj 1.* durevole; *adv
2.* continuamente
Dauerwelle ['dauərvɛlə] *f* permanente *f*
Dauerzustand ['dauərtsuːʃtant] *m* condizione permanente *f*
Däumchen ['dɔymçən] *n ~ drehen* girare i
pollici
Daumen ['daumən] *m ANAT* pollice *m*
Daune ['daunə] *f* piuma *f*
davon [da'fɔn] *adv 1. (örtlich)* di là, di lì;
2. (Teil von etw) di questo, ne; *nicht viel ~
essen* non mangiarne molto; *Was habe ich
~?* Che cosa ne ricavo? *Das kommt ~.* Ecco
cosa succede.
davonfahren [da'fɔnfaːrən] *v irr* partire
davongehen [da'fɔngeːən] *v irr* andare
via

davonkommen [da'fɔnkɔmən] *v irr (fig)* salvarsi, sfuggire ad un pericolo; *um ein Haar* ~ cavarsela per un pelo

davonlaufen [da'fɔnlaufən] *v irr* correre via, scappare

davontragen [da'fɔntra:gən] *v irr* 1. *(wegtragen)* portare via; 2. *(fig: Schaden)* riportare; *Schaden* ~ riportare un danno; 3. *(fig: Sieg)* riportare, ottenere; *einen Sieg* ~ riportare una vittoria

davor [da'fo:r] *adv* 1. *(örtlich)* davanti; *Hüte dich* ~! Guardatene bene! 2. *(zeitlich)* prima; *das Jahr* ~ l'anno prima

dazu [da'tsu:] *adv* 1. *(Sache)* a questo punto; 2. *(Zweck)* per questo, a questo scopo; 3. *(außerdem)* oltre a ciò, per giunta; *dumm und frech* ~ per giunta stupido ed impertinente

dazugehören [da'tsu:gəhø:rən] *v* appartenervi

dazugehörig [da'tsu:gəhø:rɪç] *adj* appartenente, relativo

dazukommen [da'tsu:kɔmən] *v irr* sopravvenire

dazutun [da'tsu:tu:n] *v irr* aggiungere

dazuverdienen [da'tsu:fɛrdi:nən] *v* guadagnare in più

dazwischen [da'tsvɪʃən] *adv* 1. *(örtlich)* tra questi, in mezzo; 2. *(zeitlich)* frattanto, intanto

dazwischenkommen [da'tsvɪʃənkɔmən] *v irr (fig)* esserci in mezzo

dazwischenliegen [da'tsvɪʃənli:gən] *v irr* stare in mezzo

dazwischenrufen [da'tsvɪʃənru:fən] *v irr* interrompere chiamando

dazwischentreten [da'tsvɪʃəntre:tən] *v irr* intervenire

Debatte [de'batə] *f* dibattito *m*

debattieren [deba'ti:rən] *v* discutere

Debüt [de'by:] *n* debutto *m*, esordio *m*

Deck [dɛk] *n* ponte *m*, coperta *f; Alle Mann an* ~! Tutti in coperta.

Deckblatt ['dɛkblat] *n* foglio del titolo *m*

Decke ['dɛkə] *f* 1. *(Bettdecke)* coperta *f; sich nach der* ~ *strecken* adattarsi; 2. *(Tischdecke)* tovaglia *f;* 3. *(Zimmerdecke)* soffitto *m; vor Freude an die* ~ *springen (fig)* fare salti di gioia; *an die* ~ *gehen* inferocirsi; *Mir fällt langsam die* ~ *auf den Kopf.* Mi sento soffocare dai muri./Comincio a impensierirmi./Comincio a spazientirmi.

Deckel ['dɛkəl] *m* coperchio *m; eins auf den* ~ *bekommen* ricevere un rimprovero/ricevere una lavata di capo

decken ['dɛkən] *v* 1. *(zu~)* coprire; 2. *(Tisch)* apparecchiare; *den Tisch* ~ apparecchiare la tavola; 3. *(fig)* coprire; *jdm den Rücken* ~ coprire le spalle a qd

Deckung ['dɛkuŋ] *f* 1. SPORT difesa *f;* 2. ECO copertura *f;* 3. *(fig: Schutz)* protezione *f*

deckungsgleich ['dɛkuŋsglaiç] *adj* congruente

defekt [de'fɛkt] *adj* difettoso, danneggiato

Defekt [de'fɛkt] *m* danno *m*

defensiv [defɛn'zi:f] *adj* 1. difensivo; *adv* 2. difensivo

Defensive [defɛn'zivə] *f* difensiva *f*

definieren [defɪ'ni:rən] *v* definire

Definition [defɪnɪ'tsjo:n] *f* definizione *f*

definitiv [defɪnɪ'ti:f] *adj* 1. definitivo; *adv* 2. definitivamente

Defizit ['de:fɪtsɪt] *n* perdita *f*

Deflation [deflats'jo:n] *f* deflazione *f*

Deformation [defɔrma'tsjo:n] *f* deformazione *f*

deformieren [defɔr'mi:rən] *v* deformare

deftig ['dɛftɪç] *adj* bravo

Degen [de:gən] *m* spada *f*

Degeneration [degenera'tsjo:n] *f* degenerazione *f*

degenerieren [degenə'ri:rən] *v* degenerare

dehnbar ['de:nba:r] *adj* 1. dilatabile; 2. *(fig)* elastico; *ein* ~*er Begriff* un concetto elastico

Dehnbarkeit ['de:nba:rkait] *f* 1. dilatabilità *f;* 2. *(fig)* elasticità *f*

dehnen ['de:nən] *v* 1. *(strecken)* stendere; 2. *(verlängern)* allungare; 3. *(erweitern)* allargare

Dehnung ['de:nuŋ] *f* 1. *(Strecken)* tensione *f;* 2. *(Verlängerung)* allungamento *m;* 3. *(Erweiterung)* allargamento *m*

Deich [daiç] *m* diga *f*

Deichsel ['daiksəl] *f* timone *m*

dein [dain] *pron* tuo

deinerseits ['dainərzaits] *adv* da parte tua

deinesgleichen ['dainəs'glaiçən] *pron* par tuo, tuo pari

deinetwegen ['dainətve:gən] *adv* per te

deinige ['dainigə] *adj* tuo

dekadent [deka'dɛnt] *adj* decadente

Dekadenz [deka'dɛnts] *f* decadenza *f*

Dekan [de'ka:n] *m* decano *m*

deklarieren [dekla'ri:rən] *v* dichiarare

deklassieren [dekla'si:rən] *v* declassare

Deklination [deklina'tsjoːn] *f* declinazione *f*
deklinieren [dekli'niːrən] *v* declinare
Dekolleté [dekɔl'teː] *n* decolleté *m*
dekontaminieren [dekɔntamɪ'niːrən] *v* decontaminare
Dekor [de'koːr] *n* decorazione *f*
Dekorateur(in) [dekɔra'tøːr(ɪn)] *m/f* decoratore/decoratrice *m/f*
Dekoration [dekɔra'tsjoːn] *f* decorazione *f*
dekorativ [dekɔra'tiːf] *adj* decorativo
dekorieren [deko'riːrən] *v* decorare
Delegation [delega'tsjoːn] *f* 1. *(von Personen)* delegazione *f;* 2. *(Übertragung)* delega *f*
delegieren [dele'giːrən] *v* delegare
Delfin [dɛl'fiːn] *m* ZOOL delfino *m*
delikat [delɪ'kaːt] *adj* delicato
Delikatesse [delɪka'tɛsə] *f* 1. GAST leccornia *f*, ghiottoneria *f;* 2. *(fig)* finezza *f*
Delinquent [delɪŋ'kvɛnt] *m* delinquente *m*
Delirium [de'liːrɪum] *n* delirio *m*
dem [deːm] *art (Dativ von der, das)* al, allo, alla
Dementi [de'mɛnti] *n* smentita *f*
dementieren [demɛn'tiːrən] *v* smentire
dementsprechend ['deːmɛnt'ʃpreçənt] *adj* 1. corrispondente, conforme; *adv* 2. corrispondentemente, conformemente
demgemäß ['deːmgəmɛːs] *adv* in modo corrispondente
demnach ['deːmnax] *adv* dunque
demnächst ['deːmnɛːçst] *adv* prossimamente
Demographie [demogra'fiː] *f* demografia *f*
demographisch [demo'grafɪʃ] *adj* demografico
demolieren [demo'liːrən] *v* demolire
Demonstration [demɔnstra'tsjoːn] *f* 1. *(Darlegung)* dimostrazione *f;* 2. POL manifestazione *f*, dimostrazione *f*
demonstrativ [demɔnstra'tiːf] *adj* dimostrativo
demonstrieren [demɔn'striːrən] *v* 1. *(darlegen)* dimostrare; 2. POL manifestare
demontieren [demɔn'tiːrən] *v* smontare
demoralisieren [demoralɪ'ziːrən] *v* demoralizzare
demselben [deːm'zɛlbən] *pron* allo stesso
Demut ['deːmuːt] *f* umiltà *f*
demütigen ['deːmyːtɪgən] *v* umiliare

Demütigung ['deːmyːtɪguŋ] *f* umiliazione *f*
demzufolge ['deːmtsu'fɔlgə] *adv* dunque
den [deːn] *art* 1. *(Akkusativ von der, das)* il/lo *m*, 2. *(Dativ plural)* ai/agli/alle
Denkart ['dɛŋkaːrt] *f* modo di pensare *m*, pensiero *m*
denkbar ['dɛŋkbaːr] *adj* pensabile
denken ['dɛŋkən] *v irr* pensare; *jdm zu ~ geben* dare da pensare a qd; *Wo denkst du hin? Cosa credi? Ich denke nicht daran!* Non ci penso nemmeno!
Denken ['dɛŋkən] *n* pensiero *m*
Denkfähigkeit ['dɛŋkfɛːɪçkaɪt] *f* capacità di pensare *f*
denkfaul ['dɛŋkfaul] *adj* pigro di mente
Denkfehler ['dɛŋkfeːlər] *m* errore di ragionamento *m*
Denkmal ['dɛŋkmaːl] *n* monumento *m; sich ein ~ setzen* farsi un monumento
Denkvermögen ['dɛŋkfərmøːgən] *n* facoltà intellettive *f*
denkwürdig ['dɛŋkvyrdɪç] *adj* memorabile
Denkzettel ['dɛŋktsetəl] *m (fig)* nota *f; jdm einen ~ verpassen* appioppare una lezione a qd
denn [dɛn] *konj* perché, poiché
dennoch ['dɛnɔx] *konj* tuttavia
Deodorant [deodɔ'rant] *n* deodorante *m*
Deponie [depo'niː] *f* discarica pubblica *f*
deponieren [depo'niːrən] *v* depositare, scaricare
deportieren [depɔr'tiːrən] *v* deportare
Depot [de'poː] *n* deposito *m*
Depression [deprɛs'joːn] *f* depressione *f*
depressiv [deprə'siːf] *adj* depresso
deprimieren [depri'miːrən] *v* deprimere
deprimierend [depri'miːrənt] *adj* deprimente
der [deːr] *art* 1. il, lo; 2. *(Genitiv/Dativ von die)* della/alla *f; pron* 3. *(demonstrativ)* questo; 4. *(relativ)* il qual/che
derart ['deːraːrt] *adv* così
derartig ['deːraːrtɪç] *adj* 1. tale; *adv* 2. talmente
derb [dɛrp] *adj* grezzo
dergleichen [deːr'glaɪçən] *adj* 1. tale, simile; *pron* 2. tale, simile
derjenige ['deːrje:nɪgə] *pron* colui, quello
Dermatologin [dɛrmato'logɪn] *f* Dermatologa *f*
derselbe [deːr'zɛlbə] *pron* lo stesso
derzeit ['deːrtsaɪt] *adv* ora, attualmente

des [dɛs] *art (Genitiv von der, das)* del/dello
desgleichen [dɛs'glaiçən] *konj* parimenti, ugualmente
deshalb ['dɛshalp] *konj 1.* perciò; *adv 2.* proprio per questo, perciò
Desinteresse ['desıntərɛsə] *n* disinteresse *m*
dessen ['dɛsən] *pron (Genitiv von der, das)* di cui, del quale; ~ *ungeachtet* malgrado cio, tuttavia
Dessert [dɛ'sɛːr] *n* dessert *m*
destruktiv [destruk'tiːf] *adj* distruttivo
deswegen ['dɛsveːgən] *konj* perciò
Detail [de'tai] *n* dettaglio *m*
detailliert [deːta'jiːrt] *adj 1.* dettagliato; *adv 2.* dettagliatamente
Detektiv [detɛk'tiːf] *m* investigatore *m*, detective *m*
deuten ['dɔytən] *v 1. (auslegen)* interpretare; *2. (zeigen auf etw)* indicare; *mit dem Finger auf etw* ~ indicare qc col dito
deutlich ['dɔytlıç] *adj* chiaro
Deutlichkeit ['dɔytlıçkait] *f* chiarezza *f*
deutsch [dɔytʃ] *adj* tedesco
Deutsch [dɔytʃ] *n* tedesco *m; auf gut* ~ in altre parole/ossia
Deutsche(r) ['dɔytʃə(r)] *m/f* tedesco/tedesca *m/f*
Deutschland ['dɔytʃlant] *n GEO* Germania *f*
deutschsprachig ['dɔytʃʃpraːxıç] *adj* di lingua tedesca
Deutung ['dɔytuŋ] *f* interpretazione *f*
Devise [de'viːzə] *f 1. (Wahlspruch)* divisa *f; 2. FIN* divisa *f*
Dezember [de'tsɛmbər] *m* dicembre *m*
dezent [de'tsɛnt] *adj* decente
dezentralisieren [detsɛntralı'ziːrən] *v* decentralizzare
Diagnose [dia'gnoːzə] *f* diagnosi *f*
diagnostizieren [diagnɔstı'tsiːrən] *v* diagnosticare
diagonal [diago'naːl] *adj* diagonale
Diagonale [diago'naːlə] *f* diagonale *f*
Diagramm [dia'gram] *n* diagramma *m*
Dialekt [dia'lɛkt] *m* dialetto *m*
Dialog [dia'loːk] *m* dialogo *m*
Diamant [dia'mant] *m MIN* diamante *m*
Diät [di'ɛːt] *f 1.* dieta *f*
dich [dıç] *pron* ti, te
dicht [dıçt] *adj 1. (kompakt)* compatto; ~ *bevölkert* densamente popolato; ~ *bewachsen* coperto di una fitta vegetazione; ~ *gedrängt* pigiato; *2. (undurchlässig)* ermetico

Dichte ['dıçtə] *f 1. (Kompaktheit)* compattezza *f; 2. (Undurchlässigkeit)* tenuta stagna *f*
dichten ['dıçtən] *v 1. (Poesie)* comporre; *2. TECH* turare
Dichter(in) ['dıçtər(ın)] *m/f* poeta/poetessa *m/f*
dichtmachen ['dıçtmaxən] *v (Haus)* chiudere i battenti
Dichtung ['dıçtuŋ] *f 1. LIT* poesia *; 2. TECH* guarnizione *f*
dick [dık] *adj 1. (Gegenstand)* grosso; *2. (Flüssigkeit)* denso; *3. (Person)* grasso; *4. etw* ~ *haben* averne abbastanza di qc; *5. mit jdm durch* ~ *und dünn gehen* attraversare l'inferno con qd
Dickdarm ['dıkdarm] *m ANAT* intestino crasso *m*
dickflüssig ['dıkflyːsıç] *adj* denso
Dickicht ['dıkıçt] *n* folto
Dickkopf ['dıkkɔpf] *m* testardo *m*
dicklich ['dıklıç] *adj* grassoccio
die [diː] *art 1.* la; *2. (Plural)* le, i/gli; *pron 3.* che, la quale, i quali/le quali
Dieb [diːp] *m* ladro *m*
Diebesgut ['diːbəsguːt] *n* refurtiva *f*
Diebstahl ['diːpʃtaːl] *m* furto *m*
Diebstahlversicherung ['diːpʃtaːlfɛrzıçəruŋ] *f* assicurazione contro il furto *f*
Diele ['diːlə] *f* entrata *f*, atrio *m*
dienen ['diːnən] *v* servire
Diener ['diːnər] *m* servitore *m*
dienlich ['diːnlıç] *adj* utile
Dienst ['diːnst] *m 1.* servizio *m; sich in den* ~ *einer Sache stellen* mettersi al servizio di una cosa; *gute* ~*e leisten* rendere un buon servizio; ~ *habend* di servizio/in servizio; *2. Öffentlicher* ~ servizio pubblico *m*
Dienstag ['diːnstaːk] *m* martedì *m; am* ~ martedì
dienstags ['diːnstaːks] *adv* di martedì, al martedì
dienstbereit ['diːnstbərait] *adj* servizievole
Dienstbote ['diːnstboːtə] *m* domestico *m*, servitore *m*
Dienstgeheimnis ['diːnstgəhaimnıs] *n* segreto d'ufficio *m*
Dienstleistung ['diːnstlaistuŋ] *f* servizio *m*, prestamento di servizio *m*
dienstlich ['diːnstlıç] *adj 1.* d'ufficio; *adv 2.* per ragioni d'ufficio
Dienstreise ['diːnstraizə] *f* viaggio di lavoro *m*

Dienststelle ['diːnstʃtɛlə] *f* ufficio *m*
Dienstweg ['diːnstvɛk] *m* via gerarchica *f*
diesbezüglich ['diːsbətsyːklɪç] *adj* riguardante ciò
diese(r,s) [diːsə(r,s)] *pron* questo, questa, questi
dieselbe [diːˈzɛlbə] *pron* la stessa
diesig ['diːzɪç] *adj* caliginoso
diesjährig ['diːsjɛːrɪç] *adj* di quest'anno
diesmal ['diːsmaːl] *adv* questa volta
diesseits ['diːszaɪts] *adv* di qua, da questa parte, al di qua
Diesseits ['diːszaɪts] *n* vita terrena *f*
Dietrich ['diːtrɪç] *m* grimaldello *m*
Differenz [dɪfəˈrɛnts] *f* 1. *(Unterschied)* differenza *f;* 2. *(Streit)* dissenso *m,* controversia *f*
differenzieren [dɪfərɛnˈtsiːrən] *v* differenziare
digital [dɪgɪˈtaːl] *adj* digitale
Diktaphon [dɪktaˈfoːn] *n* dittafono *m*
Diktat [dɪkˈtaːt] *n* 1. dettato *m;* 2. *(Zwang)* imposizione *f*
Diktatur [dɪktaˈtuːr] *f* dittatura *f*
diktieren [dɪkˈtiːrən] *v* 1. dettare; 2. *(aufzwingen)* imporre
Dilemma [dɪˈlɛma] *n* dilemma *m*
Dilettant [dɪlɛˈtant] *m* dilettante *m*
dilettantisch [dɪlɛˈtantɪʃ] *adj* 1. dilettantesco; *adv* 2. di dilettante
Dill [dɪl] *m* BOT aneto *m*
Dimension [dɪmɛnˈzjoːn] *f* dimensione *f*
Ding [dɪŋ] *n* cosa *f; ein ~ drehen* fare un colpo; *jdm ein ~ verpassen* appioppare una cosa a qd/giocare un brutto tiro a qd; *nicht mit rechten ~en zugehen* non essere normale; *guter ~e sein* essere una buona pasta; *unverrichteter ~e* con le pive nel sacco/senza aver concluso nulla; *über den ~en stehen* essere al di sopra delle cose; *Aller guten ~e sind drei.* Non c'è due senza tre.
dingfest ['dɪŋfɛst] *adj jdn ~ machen* mettere le manette a qd, arrestare qd
Dingsda ['dɪŋsdaː] *n* quella cosa là
Dinosaurier [dinoˈzauriər] *m* ZOOL dinosauro *m*
Diplom [diˈploːm] *n* diploma *m*
Diplomarbeit [diˈploːmarbaɪt] *f* tesi di diploma *f*
diplomatisch [diploˈmaːtɪʃ] *adj* 1. diplomatico; *adv* 2. diplomaticamente
dir [diːr] *pron* a te, ti
direkt [diˈrɛkt] *adj* 1. diretto; *adv* 2. direttamente

Direktion [dirɛkˈtsjoːn] *f* direzione *f*
Direktor [diˈrɛktɔr] *m* direttore *m*
Direktorium [dirɛkˈtoːrjum] *n* consiglio di amministrazione *m*
dirigieren [diriˈgiːrən] *v* dirigere
Disharmonie [dɪsharmoˈniː] *f* disarmonia *f*
Diskette [dɪsˈkɛtə] *f* INFORM dischetto *m*
Diskothek [dɪskɔˈteːk] *f* discoteca *f*
Diskrepanz [dɪskreˈpants] *f* discrepanza *f*
diskret [dɪsˈkreːt] *adj* discreto
Diskretion [dɪskreˈtsjoːn] *f* discrezione *f*
diskriminieren [dɪskrɪmɪˈniːrən] *v* discriminare
Diskussion [dɪskusˈjoːn] *f* discussione *f*
diskutabel [dɪskuˈtaːbəl] *adj* discutibile
diskutieren [dɪskuˈtiːrən] *v* discutere
Display ['dɪspleː] *n* TECH display *m*
disponieren [dɪspoˈniːrən] *v* disporre
Dissertation [dɪsɛrtaˈtsjoːn] *f* dissertazione *f*
Distanz [dɪsˈtants] *f* distanza *f*
distanzieren [dɪstanˈtsiːrən] *v sich ~* distanziarsi; *sich von einer Meinung ~ distanziarsi da un'opinione
Distel ['dɪstəl] *f* BOT cardo *m*
Disziplin [dɪstsiˈpliːn] *f* disciplina *f*
divers [diˈvɛrs] *adj* diverso
Division [dɪvɪˈzjoːn] *f* 1. MATH divisione *f;* 2. MIL divisione *f*
D-Mark ['deːmark] *f* FIN marco tedesco *m*
doch [dɔx] *konj* 1. *(aber)* però, tuttavia; 2. *(trotzdem)* ciò nonostante; *adv* 3. sì, certo; *Das ist ~ schön!* Questa sì che è bella! *Kommst du nicht? Doch!* Non vieni? Certo!
Docht [dɔxt] *m* stoppino *m*
Doktor(in) ['dɔktɔr(ɪn)] *m/f* dottore(ssa) *m/f*
Doktorarbeit ['dɔktɔrarbaɪt] *f* tesi di laurea *f*
Dokument [dokuˈmɛnt] *n* documento *m*
dokumentarisch [dokumɛnˈtaːrɪʃ] *adj* documentale
dokumentieren [dokumɛnˈtiːrən] *v* documentare
Dolch [dɔlç] *m* pugnale *m*
Dollar ['dɔlar] *m* dollaro *m*
dolmetschen ['dɔlmɛtʃən] *v* tradurre
Dolmetscher(in) ['dɔlmɛtʃər(ɪn)] *m/f* interprete *m/f*
Dom [doːm] *m* duomo *m*
Domäne [doˈmɛːnə] *f* demanio *m*
dominant [domɪˈnant] *adj* dominante
dominieren [domiˈniːrən] *v* dominare

Dompteur [domp'tø:r] *m* domatore *m*
Dompteuse [domp'tø:zə] *f* domatrice *f*
Donau ['do:nau] *f GEO* Danubio *m*
Donner ['dɔnər] *m* tuono *m; wie vom ~ gerührt* come folgorato
donnern ['dɔnərn] *v* tonare; *Es donnert in der Ferne.* Tuona in lontananza.
Donnerstag ['dɔnərsta:k] *m* giovedì *m*
donnerstags ['dɔnərsta:ks] *adv* al giovedì, di giovedì
Donnerwetter ['dɔnərvɛtər] *n (fam)* sfuriata *f*
doof [do:f] *adj (fam)* stupido
Doppel ['dɔpəl] *n 1. (Duplikat)* copia *f,* duplicato *m; 2. SPORT* doppio *m*
Doppelbett ['dɔpəlbɛt] *n* letto a due piazze *m*
doppeldeutig ['dɔpəldɔytɪç] *adj* a doppio senso
Doppelgänger(in) ['dɔpəlgɛŋər(ɪn)] *m/f* sosia *m/f,* controfigura *f*
Doppelpunkt ['dɔpəlpuŋkt] *m GRAMM* due punti *m/pl,* doppio punto *m*
doppelt ['dɔpəlt] *adj* doppio; *~ sehen* vedere doppio
Doppelzimmer ['dɔpəltsɪmər] *n* camera matrimoniale *f*
Dorf [dɔrf] *n* villaggio *m,* paese *m; auf dem ~ wohnen* vivere in paese
Dorn [dɔrn] *m* spina *f; jdm ein ~ im Auge sein* essere una spina nel fianco per qd
dornig ['dɔrnɪç] *adj* spinoso
Dörrobst ['dœro:pst] *n* frutta secca *f*
dort [dɔrt] *adv* là
dorthin ['dɔrthɪn] *adv* lì, là
Dose ['do:zə] *f* scatola *f*
Dosenöffner ['do:zənœfnər] *m* apriscatole *m*
dosieren [do'zi:rən] *v* dosare
Dosis ['do:zɪs] *f* dose *f; jdm eine ~ verabreichen* somministrare a qd una dose
dotieren [dɔ'ti:rən] *v* dotare
Dotter ['dɔtər] *m* tuorlo *m*
Dozent [do'tsɛnt] *m* docente *m*
Drache ['draxə] *m ZOOL* drago *m*
Drachen ['draxən] *m* aquilone *m*
Draht [dra:t] *m* filo *m; auf ~ sein* essere sulla breccia/essere in gamba; *einen guten ~ zu jdm haben* avere una buona intesa con qd; *jdn auf ~ bringen* mettere qd in riga/mettere qd in carreggiata
drahtig ['dra:tɪç] *adj (fig)* muscoloso
Drahtseilbahn ['dra:tzaɪlba:n] *n TECH* funicolare *f*

Drahtzange ['dra:ttsaŋə] *f* pinza da elettricista *f*
Drahtzaun ['dra:ttsaun] *m* rete metallica *f*
Drahtzieher ['dra:ttsi:ər] *m (fig)* mandante *m*
Drama ['dra:ma] *n LIT* dramma *m*
dramatisch [dra'ma:tɪʃ] *adj 1.* drammatico; *adv 2.* drammaticamente
dramatisieren [dramatɪ'zi:rən] *v* drammatizzare
dran *(siehe „daran")*
Drang [draŋ] *m* impulso *m,* pressione *f*
drängeln ['drɛŋəln] *v* spingere
drängen ['drɛŋən] *v* spingere
drankommen ['drankɔmən] *v irr 1. (an der Reihe sein)* toccare a; *2. (abgefragt werden)* essere interrogato
drastisch ['drastɪʃ] *adj* drastico
drauf *(siehe „darauf")*
Draufgänger ['draufgɛŋər] *m* persona impetuosa *f*
drauflos [drauf'lo:s] *adv* sconsideratamente
draufmachen ['draufmaxən] *v einen ~* fare una festa
draufzahlen ['drauftsa:lən] *v (fig)* rimetterci
draußen ['drausən] *adv* fuori
Dreck [drɛk] *m* sporcizia *f; ~ am Stecken haben (fig)* avere la coda di paglia/avere la coscienza sporca; *der letzte ~ sein* essere l'ultima ruota del carro; *jdn aus dem ~ ziehen* tirare qd fuori dai guai/aiutare qd; *stehen vor ~* essere malridotto/essere ridotto uno straccio
dreckig ['drɛkɪç] *adj* sporco
drehbar ['dre:ba:r] *adj* girevole
Drehbuch ['dre:bu:x] *n CINE* sceneggiatura *f*
drehen ['dre:ən] *v 1.* girare; *2. sich ~ girarsi; 3. (fig) sich um etw ~* trattarsi di qc
Drehtür ['dre:ty:r] *f* porta girevole *f*
Drehung ['dre:uŋ] *f* giro *m*
Drehwurm ['dre:vurm] *m (fam)* avere le vertigini; *Ich habe einen ~.* Ho le vertigini.
drei [draɪ] *num* tre; *~ viertel* tre quarti
dreidimensional ['draɪdimɛnzjona:l] *adj* tridimensionale
Dreieck ['draɪɛk] *n MATH* triangolo *m*
dreieckig ['draɪɛkɪç] *adj* triangolare
Dreiecksverhältnis ['draɪɛksfɛrhɛltnɪs] *n* triangolo familiare *m*
dreifach ['draɪfax] *adj* triplo

dreihundert ['draɪhundərt] *num* trecento
Dreikäsehoch ['draɪkɛːzəhoːx] *m* nanerottolo/nanerottola *m/f*
dreimal ['draɪmaːl] *adv* tre volte; *Dreimal darfst du raten.* Prova a indovinare.
Dreirad ['draɪraːt] *n* triciclo *m*
dreißig ['draɪsɪç] *num* trenta
dreißigste(r,s) ['draɪsɪçstə(r,s)] *adj* trentesimo/trentesima
dreist [draɪst] *adj* arrogante
dreizehn ['draɪtseːn] *num* tredici; *Jetzt schlägt's ~!* Questo è troppo!/Adesso basta!
dreizehnte(r,s) ['draɪtseːntə(r,s)] *adj* tredicesimo/tredicesima
dreschen ['drɛʃən] *v irr* trebbiare
Dressing ['drɛsɪŋ] *n* condimento per l'insalata *m*, dressing *m*
driften ['drɪftən] *v* andare alla deriva
drillen ['drɪlən] *v* far girare
Drillinge ['drɪlɪŋə] *pl* trigemini *m/pl*
dringend ['drɪŋənt] *adj* urgente
Dringlichkeit ['drɪŋlɪçkaɪt] *f* urgenza *f*
drinnen ['drɪnən] *adv* dentro
dritte(r,s) ['drɪtə(r,s)] *adj* terzo/terza; *der lachende Dritte* il terzo che gode *m*
Drittel ['drɪtəl] *n* terzo *m*
drittens ['drɪtəns] *adv* in terzo luogo
Droge ['droːgə] *f* 1. *(Rauschgift)* droga *f*; 2. *MED* droga *f*
Drogenhändler(in) ['droːgənhɛndlər-(ɪn)] *m/f* spacciatore di droga/spacciatrice di droga *m/f*
drogensüchtig ['droːgənzyxtɪç] *adj* drogato
Drogerie [droːgə'riː] *f* drogheria *f*
drohen ['droːən] *v* minacciare
dröhnen ['drøːnən] *v* rimbombare
Drohung ['droːuŋ] *f* minaccia *f*
drollig ['drɔlɪç] *adj* faceto
Drossel ['drɔsəl] *f* *ZOOL* tordo *m*
drüben ['dryːbən] *adv* di là
drüber *(siehe „darüber")*
Druck [druk] *m* 1. *TECH* pressione *f*; 2. *(fig)* oppressione *f*
drucken ['drukən] *v* stampare
drücken ['drykən] *v* 1. premere; 2. *(umarmen)* stringere, abbracciare; 3. *(fig: be~)* deprimere
Drucker ['drukər] *m* *(Gerät) INFORM* stampante *f*
Drucker(in) ['drukər(ɪn)] *m/f* *(Person)* tipografo/tipografa *m/f*, stampatore/stampatrice *m/f*
Druckerei [drukə'raɪ] *f* tipografia *f*

Druckfehler ['drukfeːlər] *m* errore di stampa *m*
Druckknopf ['drukknɔpf] *m* 1. *(am Kleid)* bottone *m*; 2. *TECH* pulsante *m*
Druckmittel ['drukmɪtəl] *n* mezzo di pressione *m*
Drucksache ['drukzaxə] *f* stampato *m*
Druckschrift ['drukʃrɪft] *f* caratteri tipografici *m/pl*
drum *(siehe „darum")*
drunter *(siehe „darunter")*
Drüse ['dryːzə] *f* *ANAT* ghiandola *f*
Dschungel ['dʒuŋəl] *m* giungla *f*
du [duː] *pron* tu
ducken ['dukən] *v* abbassare
Duell [du'ɛl] *n* duello *m*
Duett [du'ɛt] *n* *MUS* duetto *m*
Duft [duft] *m* odore *m*
duften ['duftən] *v* odorare
duftig ['duftɪç] *adj* odoroso
dulden ['duldən] *v* 1. *(hinnehmen)* tollerare; 2. *(ertragen)* sopportare
dumm [dum] *adj* sciocco; *jdn für ~ verkaufen* prendere per scemo qd/prendere in giro qd; *jdm ~ kommen* fare lo scemo con qd; *Das ist mir zu ~.* Adesso basta.
Dumme(r) ['dumə(r)] *m/f* imbecille *m*; *der ~ sein* essere lo scemo del villaggio/essere un pollo; *einen ~n finden* trovare un pollo
Dummheit ['dumhaɪt] *f* stupidità *f*
Dummkopf ['dumkɔpf] *m* stupido *m*
dumpf [dumpf] *adj* stantio, cupo
Düne ['dyːnə] *f* duna *f*
dunkel ['duŋkəl] *adj* buio, oscuro
Dunkel ['duŋkəl] *n* buio *m*; *im ~n tappen* brancolare nel buio; *Im ~n ist nicht gut munkeln.* Di notte tutti i gatti sono bigi.
Dunkelheit ['duŋkəlhaɪt] *f* oscurità *f*
dünn [dyn] *adj* 1. *(Sache)* sottile; *~ gesät sein* essere merce rara; 2. *(Person)* snello; 3. *(Flüssigkeit)* diluito
Dünndarm ['dyndarm] *m* *ANAT* intestino tenue *m*
Dunst [dunst] *m* foschia *f*, vapore *m*; *keinen blassen ~ von etw haben* non avere la più pallida idea di qc
Dur [duːr] *n* *MUS* tono maggiore *m*
durch [durç] *prep* 1. *MATH* diviso; *~ drei geteilt* diviso per tre; *neun ~ drei* nove diviso tre; 2. *(vollkommen)* ~ *und* ~ completamente; *Das geht mir ~ und ~!* Ciò mi tocca profondamente! 3. *(örtlich)* attraverso; *hier ~* per di quà; *~ die Straßen gehen* andare per le strade; *~ die ganze Welt* per tutto il mondo;

Hier darf man nicht ~! Qui non si passa!
4. (zeitlich) per, durante; *5. (mittels)* mediante,
per, per mezzo di; *6. (kausal)* con, a causa di;
7. bei jdm unten ~ sein giocarsi la benevolenza di qd
durchaus [durç'aus] *adv* assolutamente
durchblättern ['durçblɛtərn] *v* sfogliare
Durchblick ['durçblɪk] *m (fig)* visione *f,*
sguardo *m*
durchboxen ['durçbɔksən] *v sich ~ (fam)*
affermarsi
durchbrennen ['durçbrɛnən] *v irr 1.
(Sicherung)* fulminarsi, bruciarsi; *2. (fig:
davonlaufen)* scappare
Durchbruch ['durçbrux] *m 1. (Öffnung)*
apertura *f,* varco *m; 2. (fig)* risultato *m*
durchdrehen ['durçdre:ən] *v 1. (Räder)*
girare a vuoto; *Die Räder drehen durch.* Le
ruote girano a vuoto. *2. (fam)* impazzire, dare
di volta il cervello; *Er ist durchgedreht.* Gli
ha dato di volta il cervello.
durchdringen [durç'drɪŋən] *v irr* penetrare
durcheinander [durçaɪn'andər] *adj 1.
(unordentlich)* disordinato; *2. (fam: verwirrt)*
confuso; *adv 3.* disordinatamente, confusamente; *~ rufen* gridare tutti insieme; *~ werfen*
mettere sottosopra; *~ werfen (fig)* confondere
Durcheinander [durçaɪn'andər] *n* disordine *m*
durchfahren [durç'fa:rən] *v irr 1.* passare
attraverso; ['durçfa:rən] *2. (ohne Stopp)*
passare senza fermarsi
Durchfahrt ['durçfa:rt] *f* transito *m*
Durchfall ['durçfal] *m MED* diarrea *f*
durchfallen ['durçfalən] *v irr (Prüfung)*
essere bocciato
durchfluten [durç'flutən] *v* inondare
durchführen ['durçfy:rən] *v 1. (leiten)*
condurre; *2. (ausführen)* eseguire
Durchführung ['durçfy:ruŋ] *f* esecuzione *f*
Durchgang ['durçgaŋ] *m 1. (Weg)* passaggio *m; 2. (Wahldurchgang)* turno *m*
durchgängig ['durçgɛŋɪç] *adj 1.* corrente; *adv 2.* normalmente
durchgeben ['durçge:bən] *v irr* porgere,
passare attraverso
durchgehen ['durçge:ən] *v irr 1. (überprüfen)* controllare; *2. (genehmigt werden)*
essere accettato; *Das Gesuch wird ~.* La
domanda sarà accettata. *3. (fam: weglaufen)*
scappare
durchgehend ['durçge:ənt] *adj* continuo

durchgreifen ['durçgraɪfən] *v irr* passare
la mano attraverso
durchhalten ['durçhaltən] *v irr* resistere
durchlässig ['durçlɛsɪç] *adj* permeabile
durchlaufen ['durçlaufən] *v irr* passare
correndo
durchleuchten ['durçlɔyçtən] *v 1. (fig:
überprüfen)* esaminare; *2. MED* fare una
radiografia, radiografare
Durchmesser ['durçmɛsər] *m* diametro *m*
durchnässen [durç'nɛsən] *v* trasudare
durchqueren [durç'kve:rən] *v* attraversare
Durchreise ['durçraɪzə] *f* transito *m*
Durchsage ['durçza:gə] *f* comunicazione *f*
durchschauen [durç'ʃauən] *v 1.* guardare attraverso; [durç'ʃauən] *2. (fig)* capire,
vederci chiaro; *Ich habe dich längst durch-
schaut.* E' da un po' che ho capito le tue
intenzioni.
Durchschlag ['durçʃla:k] *m* copia *f*
Durchschnitt ['durçʃnɪt] *m* taglio *m,*
intersezione *f,* media *f*
durchschnittlich ['durçʃnɪtlɪç] *adj 1.*
medio; *adv 2.* in media
durchsetzen ['durçzɛtsən] *v sich ~* imporsi
durchsichtig ['durçzɪçtɪç] *adj* trasparente
durchstreichen ['durçʃtraɪçən] *v irr* cancellare; *Nichtzutreffendes ~!* Cancellare ciò
che non interessa!
durchsuchen [durç'zu:xən] *v* perquisire
Durchwahl ['durçva:l] *f TEL* numero
diretto *m*
durchweg ['durçve:k] *adv* senza eccezione, del tutto
dürfen ['dyrfən] *v irr* potere
dürftig ['dyrftɪç] *adj* misero, scarso
dürr [dyr] *adj* secco
Dürre ['dyrə] *f* secchezza *f,* siccità *f*
Durst [durst] *m* sete *f*
durstig ['durstɪç] *adj* assetato
Dusche ['du:ʃə] *f* doccia *f*
düster ['dy:stər] *adj 1.* scuro; *adv 2.* in
modo sinistro
duzen ['du:tsən] *v* dare del tu
Dutzend ['dutsənt] *n* dozzina *f*
DVD-ROM [de:faude'rɔm] *f INFORM*
DVD-ROM *m*
dynamisch [dy'na:mɪʃ] *adj* dinamico
Dynamit [dyna'mi:t] *n* dinamite *f*
D-Zug ['de:tsu:k] *m* treno direttissimo *m*

E

Ebbe ['ɛbə] f bassa marea f; Es herrscht ~ in meinem Geldbeutel. Sono rimasto al verde./Nel mio portafogli ci sono le ragnatele.

eben ['e:bən] adj 1. piano; adv 2. appena, proprio; 3. (bestätigend) appunto, infatti

Ebenbild ['e:bənbɪlt] n immagine f

ebenbürtig ['e:bənbyrtɪç] adj pari

Ebene ['e:bənə] f 1. (fig) livello m; 2. GEOL pianura f; Die Stadt liegt in der ~. La città è in pianura.

ebenerdig ['e:bəne:rdɪç] adj a pianterreno

ebenfalls ['e:bənfals] adv altrettanto

ebenso ['e:bənzo:] adv egualmente, altrettanto; ~ lang per altrettanto tempo

Eber ['e:bər] m ZOOL cinghiale m

ebnen ['e:bnən] v 1. appianare; 2. (fig) spianare

Echo ['ɛço] n eco m

Echse ['ɛksə] f ZOOL sauro m

echt [ɛçt] adj vero, puro

Echtheit ['ɛçthaɪt] f genuinità f

Ecke ['ɛkə] f angolo m; jdn um die ~ bringen (fig) far sparire qd/ammazzare qd; an allen ~n und Enden dappertutto/completamente; mit jdm um fünf ~n verwandt sein essere imparentati con qd alla lontana

eckig ['ɛkɪç] adj 1. angoloso; 2. (fig: unbeholfen) goffo

edel ['e:dəl] adj nobile

Edelstein ['e:dəlʃtaɪn] m MIN pietra preziosa f

Efeu ['e:fɔy] m BOT edera f

Effekt [ɛ'fɛkt] m 1. effetto m

effektiv [ɛfɛk'ti:f] adj 1. effettivo, efficace; adv 2. effettivamente

effektvoll [ɛ'fɛktfɔl] adj di grande effetto

egal [e'ga:l] adj uguale

Egoismus [ego'ɪsmus] m egoismo m

Egoist(in) [ego'ɪst(ɪn)] m/f egoista m/f

egoistisch [ego'ɪstɪʃ] adj 1. egoistico; adv 2. egoisticamente

ehe ['e:ə] konj prima che

Ehe ['e:ə] f matrimonio m

Ehebett ['e:əbɛt] n letto matrimoniale m

Ehebruch ['e:əbrux] m adulterio m

Ehefrau ['e:əfrau] f moglie f

ehelich ['e:əlɪç] adj 1. matrimoniale; 2. JUR legittimo; ~e Kinder figli legittimi

ehemalig ['e:əma:lɪç] adj ex

ehemals ['e:əma:ls] adv già, una volta

Ehemann ['e:əman] m marito m

Ehepaar ['e:əpa:r] n coppia di coniugi f

eher ['e:ər] adv 1. (früher) prima; Ich konnte nicht ~ kommen. Non potevo venire prima. 2. (lieber) meglio

Ehering ['e:ərɪŋ] m fede f, anello matrimoniale m

Ehescheidung ['e:əʃaɪduŋ] f divorzio m

Ehevertrag ['e:əfɛrtra:k] m contratto di matrimonio m

ehrbar ['e:rba:r] adj onorato, rispettabile

Ehrbarkeit ['e:rba:rkaɪt] f onorabilità f

Ehre ['e:rə] f onore m; etw in ~n halten tenere qc in grande considerazione; sich alle ~ machen farsi onore; jdm die letzte ~ erweisen porgere l'estremo saluto a qd; jdn bei seiner ~ packen fare appello al senso dell'onore di qd

ehren ['e:rən] v onorare

ehrenamtlich ['e:rənamtlɪç] adj 1. onorifico, onorario; adv 2. a titolo onorifico

Ehrenbürger ['e:rənbyrgər] m cittadino onorario m

Ehrengast ['e:rəngast] m ospite d'onore m

ehrenhaft ['e:rənhaft] adj onesto; eine ~e Tat un'azione onesta f

Ehrenmal ['e:rənma:l] n monumento onorario m

ehrenrührig ['e:rənry:rɪç] adj oltraggioso

Ehrensache ['e:rənzaxə] f questione d'onore f

Ehrenurkunde ['e:rənu:rkundə] f attestato di benemerenza m

ehrenvoll ['e:rənfɔl] adj onorevole

Ehrenwort ['e:rənvɔrt] n parola d'onore f; auf mein ~ sul mio onore

ehrerbietig ['e:rɛrbi:tɪç] adj deferente

Ehrfurcht ['e:rfurçt] f timore referenziale m

ehrfürchtig ['e:rfyrçtɪç] adj rispettoso

Ehrgeiz ['e:rgaɪts] m ambizione f

ehrgeizig ['e:rgaɪtsɪç] adj ambizioso

ehrlich ['e:rlɪç] adj 1. onesto; adv 2. onestamente

Ehrlichkeit ['e:rlɪçkaɪt] f onestà f

Ehrung ['e:ruŋ] f onore m, omaggio m; mit ~en überhäufen colmare di onori

ehrwürdig ['e:rvyrdɪç] adj venerabile

Ei [aɪ] *n* uovo *m;* wie aus dem ~ gepellt come dipinto; *sich gleichen wie ein ~ dem anderen* assomigliarsi come due gocce d'acqua; *jdn wie ein rohes ~ behandeln* trattare qd con i guanti; *wie auf ~ern gehen* camminare come sulle uova; *nicht das Gelbe vom ~ sein* non essere il massimo
Eiche ['aɪçə] *f BOT* quercia *f*
Eichhörnchen ['aɪçhœrnçən] *n ZOOL* scoiattolo *m*
Eidechse ['aɪdɛksə] *f ZOOL* lucertola *f*
Eidotter ['aɪdɔtər] *m* tuorlo d'uovo *m,* rosso d'uovo *m*
Eierbecher ['aɪərbɛçər] *m* portauovo *m*
Eierschale ['aɪərʃaːlə] *f* guscio d'uovo *m*
Eierstock ['aɪərʃtɔk] *m ANAT* ovaia *f*
Eifer ['aɪfər] *m* zelo *m*
Eifersucht ['aɪfərzuxt] *f* gelosia *f*
eifersüchtig ['aɪfərzyçtɪç] *adj* geloso
eiförmig ['aɪfœrmɪç] *adj* ovale
eifrig ['aɪfrɪç] *adj 1.* zelante; *adv 2.* zelantemente
eigen ['aɪgən] *adj* proprio
eigenartig ['aɪgənaːrtɪç] *adj* strano, particolare; *ein ~es Gefühl* una strana sensazione
Eigenbrötler ['aɪgənbrøːtlər] *m* asociale *m*
eigenhändig ['aɪgənhɛndɪç] *adj* fatto con le proprie mani, di proprio pugno
Eigenheim ['aɪgənhaɪm] *n* casa propria *f*
Eigenheit ['aɪgənhaɪt] *f* particolarità *f*
Eigeninitiative ['aɪgəninitsjatiːvə] *f* propria iniziativa *f*
Eigenkapital ['aɪgənkapitaːl] *n ECO* capitale proprio *m*
eigenmächtig ['aɪgənmɛçtɪç] *adj* dispotico, arbitrario; *adv* arbitrariamente
Eigenname ['aɪgənnaːmə] *m* nome proprio *m*
eigens ['aɪgəns] *adv* appositamente, proprio
Eigenschaft ['aɪgənʃaft] *f* qualità *f*
Eigensinn ['aɪgənzɪn] *m* caparbietà *f,* testardaggine *f*
eigensinnig ['aɪgənzɪnɪç] *adj* ostinato
eigenständig ['aɪgənʃtɛndɪç] *adj 1.* autonomo; *adv 2.* autonomamente
eigentlich ['aɪgəntlɪç] *adj 1.* proprio, vero; *adv 2.* propriamente
Eigentum ['aɪgəntuːm] *n* proprietà *f*
Eigentümer(in) ['aɪgəntyːmər(ɪn)] *m/f* proprietario/proprietaria *m/f*
eigentümlich ['aɪgəntyːmlɪç] *adj* particolare

eigentümlicherweise ['aɪgəntyːmlɪçərvaɪzə] *adv* stranamente
Eigentümlichkeit ['aɪgəntyːmlɪçkaɪt] *f* particolarità *f*
Eigentumswohnung ['aɪgəntuːmsvoːnuŋ] *f* appartamento di proprietà *m*
eigenwillig ['aɪgənvɪlɪç] *adj* ostinato
eignen ['aɪgnən] *v sich ~* adattarsi
Eignung ['aɪgnuŋ] *f* attitudine *f,* idoneità *f*
Eilbote ['aɪlboːtə] *m* corriere espresso *m*
Eilbrief ['aɪlbriːf] *m* espresso *m*
Eile ['aɪlə] *f* fretta *f*
Eileiter ['aɪlaɪtər] *m ANAT* ovidótto *m*
eilen ['aɪlən] *v* andare in fretta, correre
eilig ['aɪlɪç] *adj* frettoloso, urgente
eiligst ['aɪlɪçst] *adv* in fretta
Eilschrift ['aɪlʃrɪft] *f* stenografia *f*
Eilzug ['aɪltsuːk] *m* treno diretto *m*
Eilzustellung ['aɪltsuːʃtɛluŋ] *f* consegna rapida *f*
Eimer ['aɪmər] *m* secchio *m; im ~ sein* essere rovinato/essere cestinato
ein [aɪn] *art* uno
einander [aɪnˈandər] *pron* l'un l'altro
einarbeiten ['aɪnarbaɪtən] *v 1. etw ~* inserire qc; *2. sich ~* far pratica
Einarbeitung ['aɪnarbaɪtuŋ] *f* insegnamento di un lavoro *m*
einatmen ['aɪnaːtmən] *v* inspirare
Einbahnstrasse ['aɪnbaːnʃtraːsə] *f* strada a senso unico *f*
Einband ['aɪnbant] *m* copertina *f*
Einbau ['aɪnbau] *m* installazione *f*
einbauen ['aɪnbauən] *v* installare
einbehalten ['aɪnbəhaltən] *v irr* trattenere
einberufen ['aɪnbəruːfən] *v irr 1. (Versammlung)* convocare; *2. MIL* chiamare alle armi
Einberufung ['aɪnbəruːfuŋ] *f 1. (Versammlung)* convocazione *f; 2. MIL* chiamata alle armi *f*
einbeziehen ['aɪnbətsiːən] *v irr* includere
Einbeziehung ['aɪnbətsiːuŋ] *f* inclusione *f*
einbiegen ['aɪnbiːgən] *v irr* svoltare
einbilden ['aɪnbɪldən] *v sich ~* immaginarsi; *sich etw ~* immaginarsi qc
Einbildung ['aɪnbɪlduŋ] *f* immaginazione *f*
Einbildungskraft ['aɪnbɪlduŋskraft] *f* immaginazione *f*
einbinden ['aɪnbɪndən] *v irr 1. (Buch)* rilegare; *2. (fig)* legare

Einblick ['aɪnblɪk] m sguardo m, occhiata f

einbrechen ['aɪnbrɛçən] v irr 1. (stehlen) fare un furto, rubare; 2. (durchbrechen) crollare; 3. (fig: beginnen) sopravvenire

Einbrecher(in) ['aɪnbrɛçər(ɪn)] m/f scassinatore/scassinatrice m/f

einbringen ['aɪnbrɪŋən] v irr 1. (Gewinn) fruttare; 2. (Ernte) riporre; 3. (Gesetz) presentare

Einbruch ['aɪnbrux] m 1. (Diebstahl) scasso m; 2. (Einsturz) crollo m; 3. (Beginn) il sopravvenire m

einbruchsicher ['aɪnbruxzɪçər] adj a prova di scasso

Einbuße ['aɪnbuːsə] f perdita f

einbüßen ['aɪnbyːsən] v perdere, rimetterci; sein Leben ~ rimetterci la pelle

einchecken ['aɪntʃɛkən] v controllare

eincremen ['aɪnkreːmən] v spalmare la crema

eindämmen ['aɪndɛmən] v arginare

eindeutig ['aɪndɔytɪç] adj 1. chiaro; adv 2. chiaramente

Eindeutigkeit ['aɪndɔytɪçkaɪt] f chiarezza f

eindringen ['aɪndrɪŋən] v irr penetrare

eindringlich ['aɪndrɪŋlɪç] adj 1. insistente; adv 2. insistentemente

Eindringling ['aɪndrɪŋlɪŋ] m intruso m

Eindruck ['aɪndruk] m 1. impronta f; 2. (fig) impressione f

eindrucksvoll ['aɪndruksfɔl] adj 1. impressionante, imponente; eine ~e Persönlichkeit una personalità imponente f; adv 2. efficacemente

eine(r,s) ['aɪnə(r,s)] art un/uno/una; Du bist vielleicht ~r Che tipo che sei!

eineiig ['aɪnaɪg] adj omozigote

eineinhalb [aɪnaɪn'halp] num uno e mezzo

einengen ['aɪnɛŋən] v stringere

einerlei [aɪnər'laɪ] adj 1. dello stesso genere; 2. (gleichgültig) indifferente

einerseits ['aɪnərzaɪts] adv da un lato

einfach ['aɪnfax] adj 1. semplice; adv 2. una volta, semplicemente

einfädeln ['aɪnfɛːdəln] v 1. infilare; 2. (fig) avviare

Einfahrt ['aɪnfaːrt] f 1. (Ankunft) arrivo m; Vorsicht bei ~ des Zuges. Attenzione in caso di treno in arrivo. 2. (Zufahrt) entrata f, accesso m

Einfall ['aɪnfal] m 1. (Idee) idea f; 2. MIL invasione f

einfallen ['aɪnfalən] v irr 1. (Idee haben) venire in mente; 2. MIL invadere

einfallslos ['aɪnfalsloːs] adj senza immaginazione

einfallsreich ['aɪnfalsraɪç] adj ricco di idee

einfältig ['aɪnfɛltɪç] adj sempliciotto

Einfaltspinsel ['aɪnfaltspɪnzəl] m semplicione m

Einfamilienhaus ['aɪnfamiːljənhaus] n villino unifamiliare m

einfarbig ['aɪnfarbɪç] adj di un solo colore, monocolore

einfassen ['aɪnfasən] v 1. (Zaun) recintare; 2. contornare, delimitare

Einfassung ['aɪnfasuŋ] f recinzione f

einfinden ['aɪnfɪndən] v irr sich ~ presentarsi; sich vor Gericht ~ presentarsi in tribunale

einflechten ['aɪnflɛçtən] v irr 1. intrecciare; 2. (fig) inserire; ein Zitat in die Unterhaltung ~ inserire una citazione nel discorso

Einfluss ['aɪnflus] m influsso m; der politische ~ l'influsso politico

Einflussnahme ['aɪnflusnaːmə] f influenza f

einflussreich ['aɪnflusraɪç] adj influente

einfrieren ['aɪnfriːrən] v irr 1. (Nahrungsmittel) congelare; 2. (Verhandlung) ECO congelare

einfügen ['aɪnfyːgən] v inserire

einfühlsam ['aɪnfyːlzaːm] adj empatico

Einfühlungsvermögen ['aɪnfyːluŋsfɛrmøːgən] n capacità d'immedesimazione f

einführen ['aɪnfyːrən] v 1. (etw Neues ~) iniziare, avviare; 2. (hineinschieben) introdurre

Einführung ['aɪnfyːruŋ] f 1. (von etw Neuem) introduzione f; die ~ neuer Maßnahmen l'introduzione di nuove misure; 2. (Hineinschieben) introduzione f

einfüllen ['aɪnfylən] v versare

Eingang ['aɪngaŋ] m 1. entrata f; 2. (Wareneingang) ECO arrivo m

eingangs ['aɪngaŋs] adv 1. all'inizio; prep 2. all'inizio di

eingeben ['aɪngeːbən] v irr 1. (einreichen) presentare; 2. MED somministrazione f; 3. (Daten) INFORM immettere; 4. (Idee) suggerire

eingebildet ['aɪngəbɪldət] adj 1. (überheblich) presuntuoso; 2. (unwirklich) immaginario

eingeboren ['aɪngəboːrən] *adj* innato, congenito
Eingeborene(r) ['aɪngəboːrənə(r)] *m/f* indigeno/indigena *m/f,* nativo/nativa *m/f*
Eingebung ['aɪngeːbuŋ] *f (fig)* ispirazione *f; einer plötzlichen ~ folgen* seguire un'ispirazione improvvisa
eingefahren ['aɪngəfaːrən] *adj* rodato
eingehen ['aɪngeːən] *v irr 1. (ankommen)* arrivare; *2. (fam)* entrare; *3. (auf Vorschlag)* aderire; *4. (Verpflichtung)* contrarre; *5. (kleiner werden)* restringersi; *6. (sterben, absterben)* morire
eingehend ['aɪngeːənt] *adj (ausführlich)* minuzioso
eingekeilt ['aɪngəkaɪlt] *adj* incuneato
eingespielt ['aɪngəʃpiːlt] *adj* accordato
Eingeständnis ['aɪngəʃtɛntnɪs] *n* ammissione *f*
eingestehen ['aɪngəʃteːən] *v irr* ammettere, riconosere
eingetragen ['aɪngətraːgən] *adj* registrato, iscritto
Eingeweide ['aɪngəvaɪdə] *pl* viscere *f/pl*
eingewöhnen ['aɪngəvøːnən] *v sich ~* abituarsi; *sich in eine Lebenslage ~* abituarsi ad un sistema di vita
eingießen ['aɪngiːsən] *v irr* versare
eingleisig ['aɪnglaɪzɪç] *adj 1. (Strecke)* a un binario; *2. (fig)* unilaterale
eingreifen ['aɪngraɪfən] *v irr (einschreiten)* intervenire
Eingriff ['aɪngrɪf] *m 1. (Einschreiten)* intervento *m; 2.* MED intervento *m*
einhalten ['aɪnhaltən] *v irr 1. (befolgen)* rispettare; *2. (beibehalten)* mantenere; *3. (anhalten)* fermarsi
Einhaltung ['aɪnhaltuŋ] *f 1. (Befolgung)* osservanza *f; 2. (Beibehaltung)* mantenimento *m*
einheimisch ['aɪnhaɪmɪʃ] *adj* indigeno
Einheimische(r) ['aɪnhaɪmɪʃə(r)] *m/f* indigeno/indigena *m/f*
Einheit ['aɪnhaɪt] *f* unità *f*
einheitlich ['aɪnhaɪtlɪç] *adj* unito
einhundert ['aɪnhundərt] *num* cento
einig ['aɪnɪç] *adj* unito, d'accordo
einige ['aɪnɪgə] *pron* qualche
einigen ['aɪnɪgən] *v sich ~* unirsi; *sich auf einen Vorschlag ~* accordarsi su una proposta
einigermaßen [aɪnɪgər'maːsən] *adv* in complesso; *Mir geht es ~ gut.* Nel complesso sto bene.
Einigkeit ['aɪnɪçkaɪt] *f* unità *f*

Einigung ['aɪnɪguŋ] *f* unione *f*
einkalkulieren ['aɪnkalkuliːrən] *v* mettere in conto
einkassieren ['aɪnkasiːrən] *v* incassare
Einkauf ['aɪnkauf] *m* acquisto *m*
einkaufen ['aɪnkaufən] *v* acquistare
Einkaufsbummel ['aɪnkaufsbuməl] *m* giro dei negozi *m*
Einkaufstasche ['aɪnkaufstaʃə] *f* borsa della spesa *f*
einklagen ['aɪnklaːgən] *v* rivendicare per vie legali
Einklang ['aɪnklaŋ] *m 1. (fig.)* armonia *f; in ~ bringen* armonizzare; *2.* unisono *m*
Einkommen ['aɪnkɔmən] *n* reddito *m,* guadagno *m; ~ aus Grundbesitz* reddito da beni immobili *m; monatliches ~* guadagno mensile *m*
einkreisen ['aɪnkraɪzən] *v* accerchiare
Einkünfte ['aɪnkynftə] *pl* entrate *f/pl*
einladen ['aɪnlaːdən] *v irr 1. (Gäste)* invitare; *2. (Gepäck)* caricare
Einladung ['aɪnlaːduŋ] *f* invito *m*
Einlage ['aɪnlaːgə] *f 1. (Schuhe)* plantare *m; 2. (Brief)* allegato *m; 3. (Programmeinlage)* inserto *m; 4. (Suppeneinlage)* minestra *f; Suppe mit ~* minestra in brodo *f*
einlagern ['aɪnlaːgərn] *v* immagazzinare
einlassen ['aɪnlasən] *v irr 1. (fig)* ammettere; *2. (hereinlassen)* fare entrare; *3. sich mit jdm auf etw ~* impegolarsi con qd in qc
einleben ['aɪnleːbən] *v sich ~* abituarsi, ambientarsi
einleiten ['aɪnlaɪtən] *v 1. (einführen)* introdurre; *2. (beginnen)* iniziare
Einleitung ['aɪnlaɪtuŋ] *f 1. (eines Buches)* prefazione *f; 2. (Einführung)* introduzione *f; 3. (Beginn)* inizio *m*
einleuchtend ['aɪnlɔyçtənt] *adj* comprensibile, plausibile
einliefern ['aɪnliːfərn] *v 1. (Krankenhaus)* ricoverare; *2. (Gefängnis)* tradurre
einloggen ['aɪnlogən] *v sich ~* INFORM inserirsi nella rete
einlösen ['aɪnløːzən] *v 1. (Scheck)* incassare; *2. (Versprechen)* mantenere; *ein Versprechen ~* mantenere una promessa
einmal ['aɪnmaːl] *adv 1. (irgendwann)* un giorno; *2.* una volta; *noch ~* ancora una volta; *nicht ~* nemmeno una volta; *alles auf ~* tutto in una volta; *auf ~* ad un tratto
einmalig ['aɪnmaːlɪç] *adj* unico
einmischen ['aɪnmɪʃən] *v sich ~* immischiarsi

Einnahme ['aɪnnaːmə] *f 1. (Ertrag)* guadagno *m; 2. MIL* conquista *f*
einnehmen ['aɪnneːmən] *v irr 1. (besetzen)* occupare; *2. (verdienen)* guadagnare; *3. (Arznei)* prendere; *eine Arznei ~* prendere una medicina; *4. (Platz)* prendere, occupare; *einen Platz an der Sonne ~* prendere un posto al sole
einordnen ['aɪnɔrdnən] *v 1.* ordinare; *2. sich ~* inserirsi; *sich in die Gemeinschaft ~* inserirsi nella comunità
einpacken ['aɪnpakən] *v* impacchettare; *Damit kannst du ~.* Con ciò hai chiuso./Sei finito.
einprägen ['aɪnprɛːgən] *v sich etw ~* imprimersi qc; *sich etw ins Gedächtnis ~* imprimersi qc nella mente
einrahmen ['aɪnraːmən] *v* incorniciare
einreichen ['aɪnraɪçən] *v* presentare
Einreise ['aɪnraɪzə] *f* entrata
einreisen ['aɪnraɪzən] *v* entrare
einrichten ['aɪnrɪçtən] *v* allestire
Einrichtung ['aɪnrɪçtuŋ] *f* allestimento *m*, arredamento *m*
eins [aɪns] *num* uno
einsam ['aɪnzaːm] *adj* solitario
Einsamkeit ['aɪnzaːmkaɪt] *f* solitudine *f*
Einsatz ['aɪnzats] *m 1. (Glücksspiel)* puntata *f; 2. (Aufwand)* impegno *m; 3. (Anwendung)* impiego *m; 4. (Topfeinsatz)* scomparto *m*
einschalten ['aɪnʃaltən] *v 1.* inserire; *2. (Gerät)* accendere; *3. (hinzuziehen)* far intervenire; *4. sich ~* inserirsi
einschätzen ['aɪnʃɛtsən] *v* stimare, valutare
einschenken ['aɪnʃɛŋkən] *v* versare
einschlafen ['aɪnʃlaːfən] *v irr* addormentarsi
einschlagen ['aɪnʃlaːgən] *v irr 1. (Nagel)* piantare; *einen Nagel in die Wand ~* piantare un chiodo nella parete; *2. (Fenster)* frantumare; *eine Scheibe ~* frantumare un vetro; *3. (Richtung)* prendere; *die richtige Richtung ~* prendere la direzione giusta; *4. (Blitz)* cadere; *Der Blitz hat ~.* Il fulmine è caduto. *wie ein Blitz ~* abbattersi come un fulmine
einschlägig ['aɪnʃlɛːgɪç] *adj* competente
einschließen ['aɪnʃliːsən] *v irr 1.* chiudere; *2. (fig)* includere
einschließlich ['aɪnʃliːslɪç] *prep 1.* comprensivo di; *adv 2.* incluso
einschneidend ['aɪnʃnaɪdənt] *adj (fig)* incisivo

Einschnitt ['aɪnʃnɪt] *m 1. (Schnitt)* incisione *f; 2. (fig)* svolta *f*
einschränken ['aɪnʃrɛŋkən] *v* limitare
Einschreibebrief ['aɪnʃraɪbəbriːf] *m* lettera raccomandata *f*
einschreiben ['aɪnʃraɪbən] *v irr sich ~* iscriversi; *sich an der Universität ~* iscriversi all'università
Einschreibung ['aɪnʃraɪbuŋ] *f* iscrizione *f*
einsehen ['aɪnzeːən] *v irr 1. (Einblick nehmen)* prendere visione di; *2. (fig: verstehen)* comprendere
Einsehen ['aɪnzeːən] *n ein ~ haben* avere comprensione
einseitig ['aɪnzaɪtɪç] *adj* unilaterale
einsenden ['aɪnzɛndən] *v* spedire
Einsender ['aɪnzɛndər] *m* mittente *m*
einsetzen ['aɪnzɛtsən] *v 1. (einfügen)* introdurre; *2. (anwenden)* adoperare; *3. (Amt übertragen)* insediare; *4. (riskieren)* rischiare
Einsicht ['aɪnzɪçt] *f (fig)* idea *f*
einsichtig ['aɪnzɪçtɪç] *adj* comprensivo, assennato
Einsiedler ['aɪnziːdlər] *m* eremita *f*
einsparen ['aɪnʃpaːrən] *v* risparmiare
einsperren ['aɪnʃpɛrən] *v* rinchiudere
einspringen ['aɪnʃprɪŋən] *v irr für jdn ~* supplire qd
Einspruch ['aɪnʃprux] *m* obiezione *f*
einspurig ['aɪnʃpuːrɪç] *adj 1. (Straße)* ad una corsia; *2. (Gleis)* a un binario
einst [aɪnst] *adv 1. (Vergangenheit)* in passato; *2. (Zukunft)* in avvenire, in futuro
einsteigen ['aɪnʃtaɪgən] *v irr* salire
einstellbar ['aɪnʃtɛlbaːr] *adj* regolabile
einstellen ['aɪnʃtɛlən] *v 1. (Arbeitskräfte)* assumere; *2. (regulieren)* regolare; *3. (beenden)* terminare, cessare; *4. (Zahlungen)* sospendere; *5. (Rekord)* battere; *einen Rekord ~* battere un primato
Einstellung ['aɪnʃtɛluŋ] *f 1.* atteggiamento *m*, disposizione *f; eine falsche ~ zum Leben haben* avere un atteggiamento sbagliato nei confronti della vita; *eine kritische ~* uno spirito critico *m; 2. (Gesinnung)* mentalità *f; eine fortschrittliche ~* una mentalità progressiva *f; 3. CINE* inquadratura *f; 4. (von Arbeitskräften)* assunzione *f*, collocamento *m; 5. (Beendigung)* termine *m*, cessazione *f; 6. (von Zahlungen)* sospensione *f; 7. (eines Rekords)* il battere un record *m; 8. (Regulierung)* regolazione *f*
Einstieg ['aɪnʃtiːk] *m* salita *f*

einstimmig ['aɪnʃtɪmɪç] *adj 1.* unanime;
adv 2. (fig) all'unanimità
Einstimmigkeit ['aɪnʃtɪmɪçkaɪt] *f (fig)*
unanimità *f*
einstufen ['aɪnʃtuːfən] *v 1.* graduare, classificare; *2. (fig)* valutare
Einsturz ['aɪnʃturts] *m* caduta *f,* crollo *m*
einstürzen ['aɪnʃtyrtsən] *v* crollare
eintauschen ['aɪntauʃən] *v* cambiare
eintausend ['aɪntauzənt] *num* mille
einteilen ['aɪntaɪlən] *v* dividere
Einteilung ['aɪntaɪluŋ] *f* divisione *f*
eintönig ['aɪntøːnɪç] *adj* monotono
einträchtig ['aɪntrɛçtɪç] *adj 1.* concorde;
adv 2. concordemente
Eintrag ['aɪntraːk] *m* registrazione *f*
eintragen ['aɪntraːgən] *v irr* registrare
eintreffen ['aɪntrɛfən] *v irr (ankommen)*
arrivare
eintreten ['aɪntreːtən] *v irr 1. (hineinge-*
hen) entrare; *2. (beitreten)* entrare; *3. (eintref-*
fen) avverarsi, aver luogo; *Eine Rezession*
tritt ein. Ha luogo una recessione. *4. (sich ein-*
setzen für) prendere le parti; *für jdn ~* prendere le parti di qd/intercedere in favore di qd
Eintritt ['aɪntrɪt] *m 1. (Beitritt)* ingresso *m;*
2. (Betreten) entrata *f,* ingresso *m*
Eintrittskarte ['aɪntrɪtskartə] *f* biglietto
d'ingresso *m*
einverleiben ['aɪnfɛrlaɪbən] *v 1.* incorporare; *2. ECO* inglobare
Einvernehmen ['aɪnfɛrneːmən] *n* concordia *f*
einverstanden ['aɪnfɛrʃtandən] *adj* d'accordo; *mit etw ~ sein* essere d'accordo su qc
Einverständnis ['aɪnfɛrʃtɛntnɪs] *n* consenso *m*
Einwand ['aɪnvant] *m* obiezione *f*
Einwanderer(in) ['aɪnvandərər(ɪn)] *m/f*
immigrante *m/f*
einwandern ['aɪnvandərn] *v* immigrare
Einwanderung ['aɪnvandəruŋ] *f* immigrazione *f*
einwandfrei ['aɪnvantfraɪ] *adj* irreprensibile, perfetto
Einwegverpackung ['aɪnveːkfɛrpakuŋ]
f imballaggio a perdere *m*
einweihen ['aɪnvaɪən] *v* inaugurare
Einweihung ['aɪnvaɪuŋ] *f* inaugurazione *f*
einweisen ['aɪnvaɪzən] *v irr 1. (anleiten)*
introdurre; *2. (einliefern)* ricoverare
einwenden ['aɪnvɛndən] *v* obiettare, ridire; *Dagegen lässt sich nichts ~.* Non c'è nulla
da ridire.

einwerfen ['aɪnvɛrfən] *v irr 1. (einschla-*
gen) rompere; *2. (Post)* imbucare; *3. (Münze)*
introdurre, inserire; *4. (fig)* interloquire
einwickeln ['aɪnvɪkəln] *v* avvolgere; *jdn ~*
abbindolare qd/turlupinare qd
einwilligen ['aɪnvɪlɪgən] *v* consentire
Einwilligung ['aɪnvɪlɪguŋ] *v* consenso *m*
Einwohner(in) ['aɪnvoːnər(ɪn)] *m/f* abitante *m/f*
Einwohnermeldeamt [aɪnvoːnər'mɛl-
dəamt] *n* ufficio anagrafico *m*
Einwohnerzahl ['aɪnvoːnərtsaːl] *f* numero degli abitanti *m*
einzahlen ['aɪntsaːlən] *v* pagare
Einzelfall ['aɪntsəlfal] *m* caso singolo *m,*
caso isolato *m*
Einzelgänger(in) ['aɪntsəlgɛŋər(ɪn)] *m/f*
solitario/solitaria *m/f,* originale *m/f*
Einzelhaft ['aɪntsəlhaft] *f JUR* cella d'i-
solamento *f*
Einzelheit ['aɪntsəlhaɪt] *f* particolare *m,*
dettaglio *m*
einzeln ['aɪntsəln] *adj 1.* solo; *adv 2.* singolarmente
Einzelner ['aɪntsəlnər] *m* singolo *m*
Einzelstück ['aɪntsəlʃtyk] *n* pezzo unico *m*
Einzelzimmer ['aɪntsəltsɪmər] *n* camera
singola *f*
einziehen ['aɪntsiːən] *v irr 1. (in eine*
Wohnung) andare ad abitare; *2. (beschlag-*
nahmen) confiscare; *3. (Informationen)* raccogliere informazioni; *4. (einbauen)* inserire
einzig ['aɪntsɪç] *adj 1.* unico; *adv 2.* unica-
mente
einzigartig ['aɪntsɪçartɪç] *adj 1.* straordinario; *adv 2.* straordinariamente
Einzug ['aɪntsuːk] *m 1. (in eine Wohnung)*
ingresso *m; 2. (von Informationen)* raccolta di
informazioni *f; 3. (Beschlagnahme)* confisca
f; 4. (Einbau) inserimento *m*
Eis [aɪs] *n 1.* ghiaccio *m; etw auf ~ legen*
congelare qc; *das ~ brechen* rompere il
ghiaccio; *2. (Speiseeis) GAST* gelato *m*
Eisbär ['aɪsbɛːr] *m ZOOL* orso bianco *m*
Eisberg ['aɪsbɛrk] *m GEOL* iceberg *m*
Eisen ['aɪzən] *n* ferro *m; zum alten ~*
gehören essere un ferrovecchio/essere da
buttare via; *mehrere ~ im Feuer haben* avere
molte freccie al proprio arco
Eisenbahn ['aɪzənbaːn] *f* ferrovia *f; Es ist*
höchste ~! E' ora!
Eisenbahnnetz ['aɪzənbaːnnɛts] *n* rete
ferroviaria *f*

Eisenbahnwagen ['aɪzənbaːnvaːgən] *m* vagone ferroviario *m*

Eisenwaren ['aɪzənvaːrən] *pl* ferramenta *f/pl*

eisern ['aɪzərn] *adj 1. (aus Eisen)* di ferro; *2. (fig)* di ferro; *adv 3. (fig)* saldamente

Eisheilige ['aɪshaɪlɪgə] *pl* METEO gelo di maggio *m*

Eishockey ['aɪshɔkeɪ] *n* SPORT hockey su ghiaccio *m*

eisig ['aɪzɪç] *adj 1. (kalt)* gelido; *2. (fig)* gelido; *ein ~er Blick* uno sguardo gelido *m*

eiskalt ['aɪskalt] *adj 1. (kalt)* gelato; *2. (fig)* freddo

Eisscholle ['aɪsʃɔlə] *f* lastrone di ghiaccio *m*

Eisschrank ['aɪsʃraŋk] *m* frigorifero *m*

Eiswürfel ['aɪsvyrfəl] *m* cubetto di ghiaccio *m*

Eiszapfen ['aɪstsapfən] *m* ghiacciolo *m*

Eiszeit ['aɪstsaɪt] *f* GEOL epoca glaciale *f*

eitel ['aɪtəl] *adj* vanitoso

Eitelkeit ['aɪtəlkaɪt] *f* vanità *f*

Eiter ['aɪtər] *m* MED pus *m*

Eiweiß ['aɪvaɪs] *n 1. (vom Ei)* albume *m; 2.* BIO proteina *f*

Ekel ['eːkəl] *m* schifo *m; ~ erregend* schifoso

ekeln ['eːkəln] *v sich ~* nausearsi; *sich vor etw ~* aver nausea per qc

Eklat [e'klaː] *m* scalpore *m*

Ekzem [ɛk'tseːm] *n* MED eczema *m*

elastisch [e'lastɪʃ] *adj* elastico

Elastizität [elastɪtsiˈtɛːt] *f* elasticità *f*

Elch [ɛlç] *m* ZOOL alce *m*

Elchtest ['ɛlçtəst] *m* prova dell'alce *f* (di un auto in caso di sterzata improvvisa)

Elefant [eleˈfant] *m* elefante *m; wie ein ~ im Porzellanladen* come un elefante in un negozio di porcellane

elegant [eleˈgant] *adj* elegante

Eleganz [eleˈgants] *f* eleganza *f*

Elektriker [eˈlɛktrɪkər] *m* elettricista *m*

elektrisch [eˈlɛktrɪʃ] *adj* elettrico

Elektrizität [elɛktritsiˈtɛːt] *f* elettricità *f*

Elektrizitätswerk [elɛktritsiˈtɛːtsvɛrk] *n* centrale elettrica *f*

Elektronik [elɛkˈtroːnɪk] *f* elettronica *f*

elektronisch [elɛkˈtroːnɪʃ] *adj* elettronico

Element [eleˈmɛnt] *n* elemento *m; in seinem ~ sein* trovarsi nel proprio elemento

elementar [elemɛnˈtaːr] *adj* elementare

Elend ['eːlɛnt] *n* miseria *f; wie ein Häufchen ~ sein* essere ridotto uno straccio

Elendsviertel ['eːlɛntsfɪrtəl] *n* quartiere povero *m*

elf [ɛlf] *num* undici

Elfe ['ɛlfə] *f* silfide *f*

Elfenbein ['ɛlfənbaɪn] *n* avorio *m*

elfte(r,s) ['ɛlftə(r,s)] *adj* undicesimo/undicesima

elitär [eliˈtɛːr] *adj* d'élite

Elite [eˈliːtə] *f* élite *f*

Ellbogen ['ɛlboːgən] *m* ANAT gomito *m*

Ellbogenfreiheit ['ɛlboːgənfraɪhaɪt] *f (fig)* libertà di movimento *f*

Elster ['ɛlstər] *f* ZOOL gazza *f*

Eltern ['ɛltərn] *pl* genitori *m/pl; nicht von schlechten ~ sein* non essere niente male

Elternabend ['ɛltərnaːbənt] *m* serata dei genitori *f*

Elternhaus ['ɛltərnhaus] *n* casa paterna *f*

Email [eˈmaːj] *n* smalto *m*

E-Mail ['iːmeːl] *f* E-Mail *m*

Emanze [eˈmantsə] *f (fam)* femminista *f*

Emanzipation [emantsɪpaˈtsjoːn] *f* emancipazione *f*

emanzipieren [ɛmantsɪˈpiːrən] *v sich ~* emanciparsi

Emigrant [emiˈgrant] *m* emigrante *m*

Emigration [emigraˈtsjoːn] *f* emigrazione *f*

Emission [emɪsˈjoːn] *f 1.* ECO emissione *f; 2.* PHYS emissione *f*

Empfang [ɛmˈpfaŋ] *m 1. (Erhalt)* ricezione *f; 2. (Begrüßung)* accoglienza *f; 3. (Veranstaltung)* ricevimento *m; 4. (Rezeption)* reception *f*

empfangen [ɛmˈpfaŋən] *v irr 1. (erhalten)* ricevere; *2. (begrüßen)* accogliere

Empfänger(in) [ɛmˈpfɛŋər(ɪn)] *m/f (von Post)* destinatario/destinataria *m/f*

Empfängnis [ɛmˈpfɛŋnɪs] *f* BIO concezione *f; Unbefleckte ~* REL Immacolata Concezione *f*

empfehlen [ɛmˈpfeːlən] *v irr* raccomandare; *es empfielt sich, etw zu tun* è raccomandabile fare qc

empfehlenswert [ɛmˈpfeːlənsveːrt] *adj* raccomandabile

Empfehlung [ɛmˈpfeːluŋ] *f* raccomandazione *f*

Empfehlungsschreiben [ɛmˈpfeːluŋsʃraɪbən] *n* lettera di referenza *f*

empfinden [ɛmˈpfɪndən] *v irr* sentire

empfindlich [ɛmˈpfɪntlɪç] *adj* sensibile

Empfindung [ɛmˈpfɪnduŋ] *f* sensazione *f*

empor [ɛmˈpoːr] *adv* all'insù

empören [ɛm'pøːrən] *v sich* ~ indignarsi; *sich über etw* ~ indignarsi per qc
empört [ɛm'pøːrt] *adj* indignato
Empörung [ɛm'pøːrʊŋ] *f* indignazione *f,* ribellione *f*
emsig ['ɛmzɪç] *adj* diligente
Ende ['ɛndə] *n 1. (Schluss)* conclusione *f; das ~ vom Lied* la morale della favola; *zu ~ gehen* avvicinarsi alla fine; *das dicke ~* il difficile; *am ~ sein* essere alla fine/essere sfinito; *kein ~ finden* non avere fine; *Mit ihm geht es zu ~.* Per lui è finita./Si avvia alla fine. 2. *(zeitlich)* fine *f;* 3. *(eines Wegs)* termine *m;* 4. *(äußerster Punkt)* estremità *f*
enden ['ɛndən] *v* finire
Endergebnis ['ɛndɛrgeːpnɪs] *n* risultato finale *m*
endgültig ['ɛntgyltɪç] *adj* definitivo; *Es ist ~ aus.* La faccenda è chiusa una volta per tutte.
Endlagerung ['ɛntlaːgərʊŋ] *f* stoccaggio finale *m*
endlich ['ɛntlɪç] *adj 1.* finito; *eine ~e Größe* una grandezza finita *f; adv 2.* finalmente
endlos ['ɛntloːs] *adj 1.* infinito; *adv 2.* interminabilmente
Endspiel ['ɛntʃpiːl] *n SPORT* finale *f*
Endstation ['ɛntʃtatsjoːn] *f* capolinea *f*
Energie [enɛr'giː] *f* energia *f*
Energieverbrauch [enɛr'giːfɛrbraux] *m* consumo di energia *m*
energisch [e'nɛrgɪʃ] *adj* energico
eng [ɛŋ] *adj* stretto; *etw nicht so ~ sehen* tollerare qc; *~ befreundet* legato da stretta amicizia
Engagement [ãŋgaʒ'mã] *n 1. (Einsatz)* impegno *m;* 2. *(Anstellung) f,* ingaggio *m; ~ beim Film* scrittura cinematografica *f*
engagieren [ãŋga'ʒiːrən] *n 1. jdn ~* ingaggiare qd; 2. *sich ~* impegnarsi; *sich ernsthaft ~* impegnarsi seriamente
Enge ['ɛŋə] *f* strettezza *f; jdn in die ~ treiben* mettere qd alle strette
Engel ['ɛŋəl] *m* angelo *m*
Engelsgeduld ['ɛŋəlsgədult] *f* pazienza di un santo *f*
engherzig ['ɛŋhɛrtsɪç] *adj* gretto, meschino
Engherzigkeit ['ɛŋhɛrtsɪçkaɪt] *f* grettezza *f,* meschinità *f*
England ['ɛŋlant] *n GEO* Inghilterra *f*
Engländer(in) ['ɛŋlɛndər(ɪn)] *m/f* inglese *m/f*

englisch ['ɛŋlɪʃ] *adj* inglese
Englisch ['ɛŋlɪʃ] *n* inglese *m*
Engpass ['ɛŋpas] *m* impasse *f*
engstirnig ['ɛŋʃtɪrnɪç] *adj* di vedute limitate
Enkel ['ɛŋkəl] *m* nipote *m*
enorm [e'nɔrm] *adj* enorme
entbehren [ɛnt'beːrən] *v* sentire la mancanza di
entbehrlich [ɛnt'beːrlɪç] *adj* di cui si può fare a meno, non necessario
Entbehrung [ɛnt'beːrʊŋ] *f* privazione *f,* rinuncia *f*
entbinden [ɛnt'bɪndən] *v irr 1. (befreien)* liberare; 2. *MED* far partorire
Entbindung [ɛnt'bɪndʊŋ] *f 1. (Befreiung)* dispensa *f;* 2. *MED* parto *m*
entdecken [ɛnt'dɛkən] *v* scoprire
Entdecker(in) [ɛnt'dɛkər(ɪn)] *m/f* scopritore/scopritrice *m/f*
Entdeckung [ɛnt'dɛkʊŋ] *f* scoperta *f*
Entdeckungsreise [ɛnt'dɛkʊŋsraɪzə] *f* viaggio di esplorazione *m; auf ~ gehen* andare in esplorazione
Ente ['ɛntə] *f 1. ZOOL* anatra *f; eine lahme ~* una lumaca *f,* un posapiano *m;* 2. *(fig: Zeitungsente)* falsa notizia *f,* fandonia *f*
entehren [ɛnt'eːrən] *v* disonorare
enteignen [ɛnt'aɪgnən] *v JUR* espropriare
enterben [ɛnt'ɛrbən] *v* diseredare
entfallen [ɛnt'falən] *v irr 1. (fallen lassen)* sfuggire di mano; 2. *(ausfallen)* cadere; 3. *(fig: vergessen)* sfuggire; *Sein Name ist mir ~.* Il suo nome mi è sfuggito.
entfärben [ɛnt'fɛrbən] *v* decolorare
entfernen [ɛnt'fɛrnən] *v 1. (weggehen)* allontanare; 2. *(wegnehmen)* togliere
entfernt [ɛnt'fɛrnt] *adj* lontano
Entfernung [ɛnt'fɛrnʊŋ] *f 1. (Distanz)* distanza *f;* 2. *(Wegnahme)* rimozione *f*
entfliehen [ɛnt'fliːən] *v irr* sfuggire
Entfremdung [ɛnt'frɛmdʊŋ] *f* allontanamento *m,* alienazione *f*
entführen [ɛnt'fyːrən] *v* rapire
Entführer(in) [ɛnt'fyːrər(ɪn)] *m/f* rapitore/rapitrice *m/f*
Entführung [ɛnt'fyːrʊŋ] *f* rapimento *m*
entgegen [ɛnt'geːgən] *prep 1. (örtlich)* contro; 2. *(wider)* contro
entgegengehen [ɛnt'geːgəngeːən] *v irr* andare incontro
entgegengesetzt [ɛnt'geːgəngəzɛtst] *adj 1. (örtlich)* opposto; 2. *(gegensätzlich)* opposto

entgegenhalten [ɛnt'geːgənhaltən] *v irr*
1. porgere; *2. (fig: einwenden)* obiettare
entgegenkommen [ɛnt'geːgənkɔmən] *v*
1. venire incontro; *2. (fig: eingehen)* avvicinarsi
Entgegenkommen [ɛnt'geːgənkɔmən]
n compiacenza *f,* cortesia *f*
entgegennehmen [ɛnt'geːgənneːmən] *v*
irr ricevere
entgegnen [ɛnt'geːgnən] *v* rispondere
entgehen [ɛnt'geːən] *v irr* sfuggire
entgeistert [ɛnt'gaɪstərt] *adj 1.* sbalordito; *adv 2.* di stucco
Entgelt [ɛnt'gɛlt] *n* compenso *m*
entgleisen [ɛnt'glaɪzən] *v (Zug)* deragliare
enthaaren [ɛnt'haːrən] *v* depilare
enthalten [ɛnt'haltən] *v irr 1. (beeinhalten)* contenere; *2. sich ~* rinunciare, astenersi; *sich des Alkohols ~* astenersi dall'alcool
enthaltsam [ɛnt'haltzaːm] *adj* morigerato, astinente
Enthaltsamkeit [ɛnt'haltzaːmkaɪt] *f*
morigeratezza *f,* astinenza *f*
Enthaltung [ɛnt'haltuŋ] *f* astensione *f*
entheben [ɛnt'heːbən] *v irr 1. (Verantwortung)* esentare, sollevare; *der Verantwortung ~* sollevare dalla responsabilità; *2. (eines Amtes)* destituire
enthüllen [ɛnt'hylən] *v 1. (Denkmal)* scoprire; *ein Denkmal ~* scoprire un monumento; *2. (fig)* svelare; *die Wahrheit ~* svelare la verità
Enthüllung [ɛnt'hyluŋ] *f 1. (eines Denkmals)* inaugurazione *f; 2. (fig)* rivelazione *f; ~ eines Geheimnisses* rivelazione di un segreto *f*
entkalken [ɛnt'kalkən] *v* decalcificare
Entkalkungsmittel [ɛnt'kalkuŋsmɪtəl] *n*
decalcificante *m*
entkernen [ɛnt'kɛrnən] *v* togliere i semi a, snocciolare
entkleiden [ɛnt'klaɪdən] *v* spogliare
entkommen [ɛnt'kɔmən] *v irr* scappare
entkorken [ɛnt'kɔrkən] *v* stappare
entkräften [ɛnt'krɛftən] *v 1.* indebolire;
2. (widerlegen) confutare
entladen [ɛnt'laːdən] *v irr 1. (abladen)*
scaricare; *2. (fig: befreien)* scaricare
entlang [ɛnt'laŋ] *prep* lungo; *die Straße ~*
lungo la strada
entlangfahren [ɛnt'laŋfaːrən] *v irr* percorrere
entlarven [ɛnt'larfən] *v* smascherare

entlassen [ɛnt'lasən] *v irr 1. (Arbeitskräfte)* licenziare; *2. (Gefangene)* rilasciare;
3. (Kranke) dimettere; *4. MIL* congedare
Entlassung [ɛnt'lasuŋ] *f 1. (Arbeitskräfte)*
licenziamento *m; 2. (Gefangene)* rilascio *m;*
3. (Kranke) dimissione *f; 4. MIL* congedo *m*
entlasten [ɛnt'lastən] *v 1.* alleggerire;
2. JUR deporre a discarico
entlastend [ɛnt'lastənt] *adj* a discarico
entlohnen [ɛnt'loːnən] *v* rimunerare
Entlohnung [ɛnt'loːnuŋ] *f* rimunerazione *f*
entmutigen [ɛnt'muːtɪgən] *v* scoraggiare
entmutigend [ɛnt'muːtɪgənt] *adj* scoraggiante
Entnahme [ɛnt'naːmə] *f* prelevazione *f*
entnehmen [ɛnt'neːmən] *v irr 1. (herausnehmen)* prelevare; *2. (fig: schließen)* apprendere; *Ich entnehme Ihrem Schreiben ...*
Apprendo dalla Sua lettera ...
entpuppen [ɛnt'pupən] *v (fig)* rivelarsi; *Er
entpuppte sich als Lügner.* Si rivelò un bugiardo.
enträtseln [ɛnt'rɛːtsəln] *v* risolvere
entrüsten [ɛnt'rystən] *v sich ~* indignarsi
Entrüstung [ɛnt'rystuŋ] *f* indignazione *f*
entschädigen [ɛnt'ʃɛːdɪgən] *v* risarcire
entscheiden [ɛnt'ʃaɪdən] *v irr* decidere
entscheidend [ɛnt'ʃaɪdənt] *adj* decisivo
Entscheidung [ɛnt'ʃaɪduŋ] *f* decisione *f*
Entscheidungsfreiheit [ɛnt'ʃaɪduŋsfraɪhaɪt] *f* libertà di decisione *f*
entschieden [ɛnt'ʃiːdən] *adj* deciso
Entschiedenheit [ɛnt'ʃiːdənhaɪt] *f* carattere deciso *m,* decisione *f*
entschließen [ɛnt'ʃliːsən] *v irr sich ~*
decidersi; *Ich entschließe mich zu dieser
Lösung.* Mi decido per questa soluzione.
entschlossen [ɛnt'ʃlɔsən] *adj* deciso
Entschluss [ɛnt'ʃlus] *m* decisione *f*
Entschlusskraft [ɛnt'ʃluskraft] *f* capacità decisionale *f*
entschuldbar [ɛnt'ʃultbaːr] *adj* scusabile
entschuldigen [ɛnt'ʃuldɪgən] *v 1. sich ~*
scusarsi; *Ich entschuldige mich für die
Verspätung.* Mi scuso per il ritardo. *2. etw ~*
scusare qc; *Entschuldigen Sie die Störung.*
Scusi il disturbo.
Entschuldigung [ɛnt'ʃuldɪguŋ] *f* scusa *f*
entsetzen [ɛnt'zɛtsən] *v* inorridire
Entsetzen [ɛnt'zɛtsən] *n* terrore *m*
entsetzlich [ɛnt'zɛtslɪç] *adj* spaventoso
entsetzt [ɛnt'zɛtst] *adj 1.* inorridito; *adv
2.* con orrore

entsinnen [ɛnt'zınən] *v irr sich* ~ ricordarsi; *sich einer Verabredung* ~ ricordarsi di un appuntamento
entsorgen [ɛnt'zɔrgən] *v* smaltire e trattare
Entsorgung [ɛnt'zɔrguŋ] *f* smaltimento e trattamento rifiuti *m*
entspannen [ɛnt'ʃpanən] *v sich* ~ rilassarsi; *Er entspannt sich nach der Arbeit.* Si rilassa dopo il lavoro.
entspannend [ɛnt'ʃpanənt] *adj* rilassante
Entspannung [ɛnt'ʃpanuŋ] *f 1.* rilassamento *m; 2. POL* distensione *f*
entsprechen [ɛnt'ʃprɛçən] *v irr* corrispondere
entsprechend [ɛnt'ʃprɛçənt] *adj* corrispondente
entspringen [ɛnt'ʃprıŋən] *v irr 1. (Fluss)* nascere; *2. (herrühren)* provenire
entstehen [ɛnt'ʃteːən] *v irr* formarsi
Entstehung [ɛnt'ʃteːuŋ] *f* nascita *f,* origine *f*
entstellt [ɛnt'ʃtɛlt] *adj* alterato
enttäuschen [ɛnt'tɔyʃən] *v* deludere
enttäuscht [ɛnt'tɔyʃt] *adj* deluso; *Ich bin von dir* ~. Mi hai deluso.
Enttäuschung [ɛnt'tɔyʃuŋ] *f* delusione *f*
entwaffnen [ɛnt'vafnən] *v 1. MIL* disarmare; *2. (fig)* disarmare
entwaffnend [ɛnt'vafnənt] *adj* disarmante
Entwarnung [ɛnt'varnuŋ] *f* segnale di cessato allarme *m*
entwässern [ɛnt'vɛsərn] *v 1. (Sumpf)* prosciugare; *2. MED* drenare
entweder ['ɛntveːdər] *konj* ~ ... *oder* o ... o; *Entweder du oder ich!* O tu o io!
entwenden [ɛnt'vɛndən] *v* sottrarre
entwerfen [ɛnt'vɛrfən] *v irr* progettare
entwerten [ɛnt'vɛrtən] *v 1. (Fahrkarte)* obliterare, timbrare; *2. (Geld) ECO* svalutare; *3. (fig)* screditare
entwickeln [ɛnt'vıkəln] *v* sviluppare
Entwicklung [ɛnt'vıkluŋ] *f* sviluppo *m*
Entwicklungshelfer [ɛnt'vıkluŋshɛlfər] *m* operatore dello sviluppo *m*
Entwicklungshilfe [ɛnt'vıkluŋshılfə] *f* aiuto ai paesi in via di sviluppo *m*
Entwicklungsjahre [ɛnt'vıkluŋsjaːrə] *pl* pubertà *f,* età dello sviluppo *f*
entwürdigend [ɛnt'vyrdıgənt] *adj* degradante
Entwurf [ɛnt'vurf] *m* progettazione *f*
entwurzeln [ɛnt'vurtsəln] *v (fig)* sradicare

Entwurzelung [ɛnt'vurtsəluŋ] *f (fig)* sradicamento *m*
entziffern [ɛnt'tsıfərn] *v* decifrare
Entzücken [ɛnt'tsykən] *n* incantare *m*
entzückend [ɛnt'tsykənt] *adj* incantevole
entzückt [ɛnt'tsykt] *adj* incantato
entzünden [ɛnt'tsyndən] *v 1. (Feuer)* accendere; *2. MED sich* ~ imfiammarsi
entzwei [ɛnt'tsvaı] *adj* rotto
entzweien [ɛnt'tsvaıən] *v* dividere
entzweigehen [ɛnt'tsvaıgeːən] *v irr* andare in pezzi
Enzyklopädie [ɛntsyklopɛ'diː] *f* enciclopedia *f*
Episode [epi'zoːdə] *f* episodio *m*
Equipe [e'kiːp] *f* squadra *f*
er [eːr] *pron 1. (Person)* egli; *2. (Sache)* esso
erachten [ɛr'axtən] *v* ritenere
erarbeiten [ɛr'arbaıtən] *v* elaborare
erbarmen [ɛr'barmən] *v sich* ~ impietosirsi
Erbarmen [ɛr'barmən] *n* pietà *f*
erbärmlich [ɛr'bɛrmlıç] *adj* misero
erbarmungslos [ɛr'barmuŋsloːs] *adj* spietato
erbauen [ɛr'bauən] *v* costruire
Erbauer(in) [ɛr'bauər(ın)] *m/f* costruttore/costruttrice *m/f*
erbaulich [ɛr'baulıç] *adj* edificante
Erbe ['ɛrbə] *n 1.* eredità *f; m 2.* erede *m*
erben ['ɛrbən] *v* ereditare
Erbfolge ['ɛrpfɔlgə] *f* successione *f*
erbittert [ɛr'bıtərt] *adj 1.* esacerbato, esasperato; *adv 2.* astiosamente
Erblasser ['ɛrplasər] *m* testatore *m*
erblich ['ɛrplıç] *adj* ereditario
erblinden [ɛr'blındən] *v* diventare cieco
erbrechen [ɛr'brɛçən] *v irr 1.* forzare; *das Schloss* ~ forzare la serratura; *2. sich* ~ vomitare
Erbrechen [ɛr'brɛçən] *n bis zum* ~ fino alla nausea, fino al vomito
Erbschaft ['ɛrpʃaft] *f* eredità *f*
Erbschaftssteuer ['ɛrpʃaftsʃtɔyər] *f* imposta di successione *f*
Erbschleicher ['ɛrpʃlaıçər] *m* cacciatore d'eredità *m*
Erbse ['ɛrpsə] *f* pisello *m*
Erdanziehungskraft ['eːrdantsiːuŋskraft] *f* forza di gravità *f*
Erdbeben ['eːrtbeːbən] *n* terremoto *m*
Erdbeere ['eːrtbeːrə] *f BOT* fragola *f*
Erdboden ['eːrtboːdən] *m* terra *f; etw dem* ~ *gleichmachen* radere al suolo qc; *vom* ~

verschwinden scomparire dalla faccia della terra

Erde ['eːrdə] *f* terra *f; jdn unter die ~ bringen (fig)* portare qd alla tomba; *auf der ~ bleiben* restare coi piedi per terra; *etw aus der ~ stampfen* creare qc dal nulla

erdenklich [ɛr'dɛŋklɪç] *adj* immaginabile

Erdgas ['eːrtgaːs] *n* gas naturale *m*

Erdgeschoss ['eːrtgəʃɔs] *n* pianterreno *m*

erdichten [ɛr'dɪçtən] *v* escogitare

erdig ['eːrdɪç] *adj* di terra

Erdkugel ['eːrtkuːgəl] *f ASTR* sfera terrestre *f*

Erdkunde ['eːrtkundə] *f* geografia *f*

Erdnuss ['eːrtnus] *f* arachide *m*, nocciolina americana *f*

Erdöl ['eːrtøːl] *n* petrolio *m*

Erdreich ['eːrtraɪç] *n* terra *f*

erdrosseln [ɛr'drɔsəln] *v* strangolare

erdrücken [ɛr'drykən] *v* schiacciare

Erdrutsch ['eːrtrutʃ] *m* frana *f*

Erdteil ['eːrttaɪl] *n* continente *m*

erdulden [ɛr'duldən] *v* subire

ereifern [ɛr'aɪfərn] *v sich ~* accalorarsi

ereignen [ɛr'aɪgnən] *v* avvenire, accadere

Ereignis [ɛr'aɪgnɪs] *n* avvenimento *m*

Eremit [ere'miːt] *m* eremita *m*

erfahren [ɛr'faːrən] *v irr 1.* sapere, venire a sapere; *Ich habe es von ihm ~.* Sono venuto a saperlo da lui. *adj 2.* esperto

Erfahrung [ɛr'faːruŋ] *f* esperienza *f*

erfahrungsgemäß [ɛr'faːruŋsgəmɛːs] *adv* secondo l'esperienza

Erfahrungssache [ɛr'faːruŋszaxə] *f* questione di esperienza *f*

erfassen [ɛr'fasən] *v 1. (greifen)* afferrare; *2. (in Statistik)* rilevare; *3. (fig: verstehen)* afferrare; *Ich habe das Konzept erfasst.* Ho afferrato il concetto.

Erfassung [ɛr'fasuŋ] *f (in der Statistik)* rilevamento *m*

erfinden [ɛr'fɪndən] *v irr* inventare

Erfinder(in) [ɛr'fɪndər(ɪn)] *m/f* inventore/inventrice *m/f*

erfinderisch [ɛr'fɪndərɪʃ] *adj* ingegnoso, pieno di inventiva

Erfindung [ɛr'fɪnduŋ] *f 1.* invenzione *f; 2. (Lüge)* bugia *f*

Erfolg [ɛr'fɔlk] *m* successo *m; ~ versprechend* promettente

erfolgen [ɛr'fɔlgən] *v* seguire, avvenire

erfolglos [ɛr'fɔlkloːs] *adj 1.* infruttuoso; *adv 2.* senza successo

Erfolglosigkeit [ɛr'fɔlkloːzɪçkaɪt] *f* insuccesso *m*

erfolgreich [ɛr'fɔlkraɪç] *adj* pieno di successi

erforderlich [ɛr'fɔrdərlɪç] *adj* necessario

erfordern [ɛr'fɔrdərn] *v* esigere

Erfordernis [ɛr'fɔrdərnɪs] *n* esigenza *f*

erforschen [ɛr'fɔrʃən] *v 1.* esplorare; *2. (prüfen)* esaminare

Erforschung [ɛr'fɔrʃuŋ] *f 1.* esplorazione *f; 2. (prüfen)* esame *m*

erfreuen [ɛr'frɔyən] *v* rallegrare

erfreulich [ɛr'frɔylɪç] *adj* lieto, rallegrante

erfreulicherweise [ɛr'frɔylɪçərvaɪzə] *adv* fortunatamente

erfreut [ɛr'frɔyt] *adj* lieto

erfrieren [ɛr'friːrən] *v irr 1. (Person)* morire di freddo, morire assiderato; *2. (Pflanze)* gelare

erfrischen [ɛr'frɪʃən] *v sich ~* rinfrescarsi

erfrischend [ɛr'frɪʃənt] *adj* rinfrescante

Erfrischung [ɛr'frɪʃuŋ] *f* rinfrescata *f*, rinfresco *m*

erfüllen [ɛr'fylən] *v 1.* appagare; *erfüllt sein* essere appagato; *2. (Pflicht)* adempiere; *3. (Wunsch)* appagare; *einen Wunsch ~* appagare un desiderio

Erfüllung [ɛr'fyluŋ] *f 1. (Befriedigung)* soddisfazione *f; ~ finden* trovare soddisfazione; *2. (Pflicht)* adempimento *m; 3. (Wunsch)* appagamento *m*

Erfüllungsort [ɛr'fyluŋsɔrt] *m ECO* luogo di adempimento *m*

ergänzen [ɛr'gɛntsən] *v* completare

Ergänzung [ɛr'gɛntsuŋ] *f* completamento *m*, supplemento *m*

ergebenst [ɛr'geːbənst] *adj* devotissimo

Ergebnis [ɛr'geːpnɪs] *n* risultato *m*

ergebnislos [ɛr'geːpnɪsloːs] *adj* senza risultato

ergiebig [ɛr'giːbɪç] *adj* fruttuoso

ergrauen [ɛr'grauən] *v (fig: altern)* invecchiare

ergreifen [ɛr'graɪfən] *v irr 1. (greifen)* prendere; *2. (anwenden)* prendere; *3. (festnehmen)* afferrare; *4. (fig: bewegen)* scuotere, commuovere

ergreifend [ɛr'graɪfənt] *adj (fig)* commovente

erhalten [ɛr'haltən] *v irr 1. (bekommen)* ricevere; *2. (bewahren)* conservare

erhältlich [ɛr'hɛltlɪç] *adj* disponibile, in vendita; *in jedem Kaufhaus ~* disponibile in tutti i grandi magazzini

Erhaltung [ɛr'haltuŋ] f 1. (Erhalt) ricevimento m; 2. (Bewahrung) conservazione f; 3. (Instandhaltung) manutenzione f
erhängen [ɛr'hɛŋən] v irr sich ~ impiccarsi
erheben [ɛr'he:bən] v irr1. (hochheben) sollevare; 2. sich ~ alzarsi; 3. (Steuern) ECO riscuotere; 4. (Klage) JUR sporgere; eine Klage ~ sporgere una querela; 5. Ansprüche ~ avanzare pretese
erheblich [ɛr'he:plɪç] adj rilevante
Erhebung [ɛr'he:buŋ] f 1. (Berg) elevazione f; 2. (Statistik) rilevamento m
erheitern [ɛr'haɪtərn] v rallegrare
Erheiterung [ɛr'haɪtəruŋ] f divertimento m
erhitzen [ɛr'hɪtsən] v riscaldare
erhoffen [ɛr'hɔfən] v sperare
erhöhen [ɛr'hø:ən] v 1. alzare; 2. (Preise) ECO aumentare
Erhöhung [ɛr'hø:uŋ] f 1. rialzamento m; 2. (der Preise) ECO aumento m
erholen [ɛr'ho:lən] v sich ~ rimettersi
Erholung [ɛr'ho:luŋ] f rilassamento m
erholungsbedürftig [ɛr'ho:luŋsbədyrftɪç] adj bisognoso di riposo
Erholungsort [ɛr'ho:luŋsɔrt] m luogo di riposo m
erinnern [ɛr'ɪnərn] v 1. jdn ~ ricordare qd; 2. sich ~ ricordarsi
Erinnerung [ɛr'ɪnəruŋ] f memoria f
Erinnerungsstück [ɛr'ɪnəruŋsʃtyk] n ricordo m
Erinnerungsvermögen [ɛr'ɪnəruŋsfɛrmø:gən] n memoria f, capacità mnemonica f
erkälten [ɛr'kɛltən] v sich ~ raffreddarsi
Erkältung [ɛr'kɛltuŋ] f MED raffreddore m
erkennbar [ɛr'kɛnba:r] adj riconoscibile
erkennen [ɛr'kɛnən] v irr riconoscere
erkenntlich [ɛr'kɛntlɪç] adj riconoscibile
Erkenntnis [ɛr'kɛntnɪs] f conoscenza f
erklärbar [ɛr'klɛ:rba:r] adj spiegabile
erklären [ɛr'klɛ:rən] v 1. (verdeutlichen) spiegare; 2. (verkünden) proclamare
Erklärung [ɛr'klɛ:ruŋ] f 1. (Verdeutlichung) spiegazione f; 2. (Verkündung) proclamazione f
erkranken [ɛr'kraŋkən] v ammalarsi
erkundigen [ɛr'kundɪgən] v sich ~ chiedere informazioni, informarsi
Erkundigung [ɛr'kundɪguŋ] f informazione f
Erkundung [ɛr'kunduŋ] f esplorazione f

erlangen [ɛr'laŋən] v ottenere
Erlass [ɛr'las] m 1. (Verordnung) emanazione f; 2. (Befreiung) esenzione f
erlassen [ɛr'lasən] v irr 1. (verordnen) emanare; 2. (befreien) esonerare
erlauben [ɛr'laubən] v permettere; Was ~ Sie sich? Come si permette?
Erlaubnis [ɛr'laupnɪs] f permesso m
erläutern [ɛr'lɔytərn] v spiegare
Erläuterung [ɛr'lɔytəruŋ] f spiegazione f
erleben [ɛr'le:bən] v vivere, sperimentare
Erlebnis [ɛr'le:pnɪs] n esperienza f
erledigen [ɛr'le:dɪgən] v sbrigare, eseguire
Erledigung [ɛr'le:dɪguŋ] f disbrigo m
erlegen [ɛr'le:gən] v abbattere, ammazzare
erleichtern [ɛr'laɪçtərn] v 1. alleggerire; 2. (fig) sollevare, alleviare
erleichtert [ɛr'laɪçtərt] adj sollevato
Erleichterung [ɛr'laɪçtəruŋ] f sollievo m
erleiden [ɛr'laɪdən] v irr subire
erlernen [ɛr'lɛrnən] v imparare
erlesen [ɛr'le:zən] adj squisito
erleuchten [ɛr'lɔyçtən] v illuminare
erlöschen [ɛr'lœʃən] v irr spegnersi
erlösen [ɛr'lø:zən] v liberare, salvare
Erlöser [ɛr'lø:zər] m REL Salvatore m
Erlösung [ɛr'lø:zuŋ] f liberazione f
ermächtigen [ɛr'mɛçtɪgən] v autorizzare
Ermächtigung [ɛr'mɛçtɪguŋ] f autorizzazione f
ermahnen [ɛr'ma:nən] v esortare
Ermahnung [ɛr'ma:nuŋ] f esortazione f
ermäßigen [ɛr'mɛ:sɪgən] v diminuire, ridurre; den Preis ~ ribassare il prezzo
Ermäßigung [ɛr'mɛ:sɪguŋ] f diminuzione f, riduzione f
ermessen [ɛr'mɛsən] v irr misurare
Ermessen [ɛr'mɛsən] n discrezione f; nach menschlichen ~ per quanto umanamente possibile
Ermessensspielraum [ɛr'mɛsənsʃpi:lraum] m tolleranza di decisione f
ermitteln [ɛr'mɪtəln] v rintracciare
Ermittlung [ɛr'mɪtluŋ] f 1. accertamento m; 2. JUR indagine f
ermöglichen [ɛr'mø:klɪçən] v rendere possibile
ermorden [ɛr'mɔrdən] v uccidere, assassinare
Ermordung [ɛr'mɔrduŋ] f assassinio m, uccisione f
ermüden [ɛr'my:dən] v stancare

ermüdend [ɛr'myːdənt] *adj* faticoso
Ermüdung [ɛr'myːduŋ] *f* affaticamento *m*
ermuntern [ɛr'muntərn] *v* svegliare, incoraggiare
ermutigen [ɛr'muːtɪgən] *v* incoraggiare
ernähren [ɛr'nɛːrən] *v* nutrire
Ernährung [ɛr'nɛːruŋ] *f* nutrizione *f*
Ernährungsweise [ɛr'nɛːruŋsvaɪzə] *f* alimentazione *f*
ernennen [ɛr'nɛnən] *v irr* nominare
Ernennung [ɛr'nɛnuŋ] *f* nomina *f*
erneuern [ɛr'nɔyərn] *v* rinnovare
Erneuerung [ɛr'nɔyəruŋ] *f* rinnovamento *m*
erneut [ɛr'nɔyt] *adj* 1. rinnovato; *adv* 2. di nuovo
erniedrigen [ɛr'niːdrɪgən] *v* abbassare
erniedrigend [ɛr'niːdrɪgənt] *adj* degradante
Erniedrigung [ɛr'niːdrɪguŋ] *f* 1. abbassamento *m* 2. *(Demütigung)* umiliazione *f*
ernst [ɛrnst] *adj* 1. serio; *adv* 2. seriamente; *Nimm es nicht so ~!* Non prenderla troppo seriamente!
Ernst [ɛrnst] *m* serietà *f; der ~ des Lebens* il lato serio della vita *m; mit etw ~ machen* fare sul serio con qc
Ernstfall ['ɛrnstfal] *m* caso di emergenza *m*
ernstlich ['ɛrnstlɪç] *adj* serio
Ernte ['ɛrntə] *f* 1. *(Tätigkeit)* raccolta *f*; 2. *(Ertrag)* ricavato del raccolto *m*
ernten ['ɛrntən] *v* raccogliere
ernüchtern [ɛr'nyçtərn] *v* 1. far passare la sbornia; 2. *(fig)* disincantare, disilludere
Ernüchterung [ɛr'nyçtəruŋ] *f (fig)* disincantamento *m*
Eroberer [ɛr'oːbərər] *m* conquistatore *m*
erobern [ɛr'oːbərn] *v* conquistare
Eroberung [ɛr'oːbəruŋ] *f* conquista *f*
eröffnen [ɛr'œfnən] *v* aprire
Eröffnung [ɛr'œfnuŋ] *f* 1. apertura *f*; 2. *(Einweihung)* inaugurazione *f*; 3. *(Mitteilung)* comunicazione *f*
erörtern [ɛr'œrtərn] *v* discutere
Erörterung [ɛr'œrtəruŋ] *f* discussione *f*
Erotik [e'roːtɪk] *f* erotismo *m*
erotisch [e'roːtɪʃ] *adj* erotico
erpressen [ɛr'prɛsən] *v jdn ~* ricattare qd
Erpresser(in) [ɛr'prɛsər(ɪn)] *m/f* ricattatore/ricattatrice *m/f*
Erpressung [ɛr'prɛsuŋ] *f* ricatto *m*
erproben [ɛr'proːbən] *v* provare
Erprobung [ɛr'proːbuŋ] *f* prova *f*

erquickend [ɛr'kvɪkənt] *adj* ristoratore
erraten [ɛr'raːtən] *v irr* indovinare
errechnen [ɛr'rɛçnən] *v* calcolare
erregen [ɛr'reːgən] *v* 1. *(Aufsehen ~)* suscitare; 2. *(aufregen)* irritare; 3. *sich ~* eccitarsi
erreichbar [ɛr'raɪçbaːr] *adj* raggiungibile
erreichen [ɛr'raɪçən] *v* raggiungere
errichten [ɛr'rɪçtən] *v* 1. erigere; 2. *(gründen)* fondare
Errichtung [ɛr'rɪçtuŋ] *f* 1. erezione *f*; 2. *(Gründung)* fondazione *f*
Errungenschaft [ɛr'ruŋənʃaft] *f* 1. conquista *f*; 2. acquisto *m*
Ersatz [ɛr'zats] *m* 1. sostituzione *f*, ricambio *m*; 2. *(Entschädigung)* indennizzo *m*
Ersatzreifen [ɛr'zatsraɪfən] *m* pneumatico di scorta *m*, gomma di scorta *f*
Ersatzteil [ɛr'zatstaɪl] *n (beim Auto)* pezzo di ricambio *f*
erscheinen [ɛr'ʃaɪnən] *v irr* 1. *(sich sehen lassen)* apparire; 2. *(veröffentlicht werden)* essere pubblicato; 3. *(scheinen)* parere
Erscheinung [ɛr'ʃaɪnuŋ] *f* 1. *(Phänomen)* apparizione *f*; 2. *(Aussehen)* aspetto *m*
erschießen [ɛr'ʃiːsən] *v irr* sparare
erschließen [ɛr'ʃliːsən] *v irr* 1. *sich ~* aprirsi; *sich neue Horizonte ~* schiudersi nuovi orizzonti; 2. *(Baugelände)* sfruttare
Erschließung [ɛr'ʃliːsuŋ] *f (von Baugelände)* sfruttamento *m*
erschöpft [ɛr'ʃœpft] *adj* sfinito, esaurito
Erschöpfung [ɛr'ʃœpfuŋ] *f* esaurimento *m*
erschrecken [ɛr'ʃrɛkən] *v* spaventare
erschreckend [ɛr'ʃrɛkənt] *adj* spaventoso
erschüttern [ɛr'ʃytərn] *v* 1. scuotere; 2. *(fig: bewegen)* sconvolgere, commuovere
Erschütterung [ɛr'ʃytəruŋ] *f* 1. scuotimento *m*; 2. *(fig)* scossa morale *f*
erschweren [ɛr'ʃveːrən] *v* 1. appesantire; 2. *(fig)* rendere difficoltoso, ostacolare
Erschwernis [ɛr'ʃveːrnɪs] *f* aggravamento *m*
erschwinglich [ɛr'ʃvɪŋlɪç] *adj* pagabile
ersetzen [ɛr'zɛtsən] *v* 1. *(austauschen)* sostituire; 2. *(entschädigen)* risarcire
ersichtlich [ɛr'zɪçtlɪç] *adj* visibile, ovvio
ersparen [ɛr'ʃpaːrən] *v* 1. risparmiare; 2. *(fig)* risparmiare
Ersparnis [ɛr'ʃpaːrnɪs] *f* risparmio *m*
erst [eːrst] *adv* prima; *~ morgen* solo domani

Erstauflage ['eːrstauflaːgə] f prima edizione f
erstaunen [ɛr'ʃtaunən] n stupire m
erstaunlich [ɛr'ʃtaunlıç] adj sorprendente
erste(r,s) ['eːrstə(r,s)] adj primo/prima
erstens ['eːrstəns] adv primo
Erstgeborene(r) ['eːrstgəboːrənə(r)] m/f primogenito/primogenita m/f
ersticken [ɛr'ʃtıkən] v soffocare
erstklassig ['eːrstklasıç] adj 1. di prima classe; adv 2. ottimamente
Erstlingswerk ['eːrstlıŋsvɛrk] n opera prima f
erstmals ['eːrstmaːls] adv per la prima volta
erstreben [ɛr'ʃtreːbən] v aspirare a
erstrebenswert [ɛr'ʃtreːbənsvert] adj desiderabile
Erstwähler(in) ['eːrstvɛːlər(ın)] m/f POL primo votante/prima votante m/f
Ersuchen [ɛr'zuːxən] n richiesta f
erteilen [ɛr'taılən] v 1. (geben) dare; Unterricht ~ dare lezione; 2. (gewähren) accordare
ertragen [ɛr'traːgən] v irr sopportare
erträglich [ɛr'trɛːklıç] adj sopportabile
ertragreich [ɛr'traːkraıç] adj produttivo
ertrinken [ɛr'trıŋkən] v irr affogare
erwachen [ɛr'vaxən] v svegliarsi
erwachsen [ɛr'vaksən] adj cresciuto, adulto
Erwachsene(r) [ɛr'vaksənə(r)] m/f adulto/adulta m/f
Erwachsenenbildung [ɛr'vaksənənbıldung] f istruzione per adulti f
erwägen [ɛr'vɛːgən] v irr considerare, ponderare
Erwägung [ɛr'vɛːgung] f considerazione f; in ~ ziehen prendere in considerazione
erwähnen [ɛr'vɛːnən] v menzionare
Erwähnung [ɛr'vɛːnung] f menzione f
erwärmen [ɛr'vɛrmən] v riscaldare
erwarten [ɛr'vaːrtən] v aspettare
Erwartung [ɛr'vartung] f attesa f
erwartungsvoll [ɛr'vartungsfɔl] adj pieno di aspettative
erweitern [ɛr'vaıtərn] v allargare
Erweiterung [ɛr'vaıtərung] f allargamento m
erweiterungsfähig [ɛr'vaıtərungsfɛːıç] adj estensibile
Erwerb [ɛr'vɛrp] m 1. (Beruf) guadagno m; 2. (Kauf) acquisto m
erwerben [ɛr'vɛrbən] v irr acquistare

erwerbsfähig [ɛr'vɛrpsfɛːıç] adj abile al lavoro
erwerbslos [ɛr'vɛrpsloːs] adj disoccupato
Erwerbstätige(r) [ɛr'vɛrpʃtɛːtıgə(r)] m/f persona che esercita una professione f, impiegato/impiegata m/f
erwerbsunfähig [ɛr'vɛrpsunfɛːıç] adj inabile al lavoro
erwidern [ɛr'viːdərn] v 1. (antworten) rispondere; 2. (Gleiches zurückgeben) ripagare
erwünschen [ɛr'vynʃən] v desiderare
erwünscht [ɛr'vynʃt] adj desiderato
erzählen [ɛr'tsɛːlən] v raccontare
Erzählung [ɛr'tsɛːlung] f racconto m
erzeugen [ɛr'tsɔygən] v 1. (herstellen) produrre; 2. (hervorrufen) provocare
Erzeugnis [ɛr'tsɔyknıs] n prodotto m
Erzfeind ['ɛrtsfaınt] m nemico giurato m
erziehen [ɛr'tsiːən] v irr educare
Erzieher(in) [ɛr'tsiːər(ın)] m/f educatore/educatrice m/f
erzieherisch [ɛr'tsiːərıʃ] adj educativo
Erziehung [ɛr'tsiːung] f educazione f
erzielen [ɛr'tsiːlən] v raggiungere
erzkonservativ ['ɛrtskɔnzɛrvatiːf] adj accanito conservatore m
erzwingen [ɛr'tsvıŋən] v irr ottenere con la forza
es [ɛs] pron 1. (Person) egli/ella, lui/lei; 2. (Sache) esso/essa
Esche ['eʃə] f BOT frassino m
Esel ['eːzəl] m asino m
Eskapade [ɛska'paːdə] f scappatella f
Eskimo ['ɛskimo] m eschimese m
Eskorte [ɛs'kɔrtə] f scorta f
Esoterik [ezo'teːrık] f esoterismo m
Essay ['ɛseː] n saggio m
essbar ['ɛsbaːr] adj commestibile
Essbesteck ['ɛsbəʃtɛk] n posate f/pl
Essecke ['ɛsɛkə] f zona pranzo f
essen ['ɛsən] v irr mangiare
Essen ['ɛsən] n mangiare m
Essgeschirr ['ɛsgəʃır] n stoviglie f/pl
Essig ['ɛsıç] m aceto m
Essiggurke ['ɛsıçgurkə] f GAST cetriolo sott'aceto m
Esskastanie ['ɛskastːanjə] f BOT castagna f
Esslöffel ['ɛslœfəl] m cucchiaio m
Esstisch ['ɛstıʃ] m tavolo da pranzo m
Esswaren ['ɛsvaːrən] pl alimentari m/pl
Esszimmer ['ɛstsımər] n sala da pranzo f
Estrich ['ɛstrıç] m pavimento di cemento m

etablieren [eta'bli:rən] *v sich ~* stabilirsi
Etage [e'ta:Gə] *f* piano *m*
Etagenheizung [e'ta:Gənhaitsuŋ] *f* riscaldamento autonomo *m*
Etagenkellner [e'ta:Gənkɛlnər] *m* cameriere del piano *m*
Etagenwohnung [e'ta:Gənvo:nuŋ] *f* appartamento su un piano *m*
Etappe [e'tapə] *f* tappa *f*
etappenweise [e'tapənvaizə] *adj* a tappe
Etat [e'ta:] *m* bilancio *m*
Etatkürzung [e'ta:kyrtsuŋ] *f* riduzione del bilancio *f*
Ethik ['e:tɪk] *f* etica *f*
ethisch ['e:tɪʃ] *adj* etico
ethnisch ['e:tnɪʃ] *adj* etnico
Ethnologie [etnolo'gi:] *f* etnologia *f*
Etikett [eti'kɛt] *n* etichetta *f*
Etikette [eti'kɛtə] *f* etichetta *f*
etliche ['ɛtlɪçə] *pron* parecchi
Etui [e'tvi:] *n* astuccio *m*
etwa ['ɛtva] *adv* circa
etwaig ['ɛtvaiç] *adj* eventuale
etwas ['ɛtvas] *pron* 1. qualcosa; *adv* 2. alquanto, un po'
euch [ɔyç] *pron* 1. *(direktes Objekt)* voi; vi; 2. *(indirektes Objekt)* a voi, vi
euer ['ɔyər] *pron* vostro
Eule ['ɔylə] *f ZOOL* civetta *f*
eure(r,s) ['ɔyrə(r,s)] *pron* vostro/vostra, vostri/vostre
euresgleichen ['ɔyrəsglaiçən] *pron* vostro pari, vostri pari
euretwegen ['ɔyrətve:gən] *adv* per voi
Euro ['ɔyro] *m FIN* Euro *m*
Eurocheque ['ɔyroʃɛk] *m* eurocheque *m*
Europa [ɔy'ro:pa] *n GEO* Europa *f*
Europäer(in) [ɔyro'pɛ:ər(ın)] *m/f* europeo/europea *m/f*
europäisch [ɔyro'pɛ:ɪʃ] *adj* europeo
Europaparlament [ɔy'ro:paparlamɛnt] *n POL* Parlamento europeo *m*
Europarat [ɔy'ro:para:t] *m POL* Consiglio d'Europa *m*
Eurotunnel ['ɔyrotunəl] *m* tunnel d'Europa *m*
Euter ['ɔytər] *n ZOOL* mammella *f*
Evakuierung [evaku'i:ruŋ] *f* evacuazione *f*
eventuell [evɛntu'ɛl] *adj* eventuale
Evolution [evolu'tsjo:n] *f* evoluzione *f*
ewig ['e:vɪç] *adj* eterno; *~ und drei Tage* un'eternità
Ewigkeit ['e:vɪçkait] *f* eternità *f*

exakt [ɛ'ksakt] *adj* esatto
Exaktheit [ɛ'ksakthait] *f* esattezza *f*
Examen [ɛ'ksa:mən] *f* esame *m*
Exempel [ɛ'ksɛmpəl] *n* esempio *m; ein ~ statuieren* cerare un monito
Exemplar [ɛksɛm'pla:r] *n* esemplare *m*
exemplarisch [ɛksɛm'pla:rɪʃ] *adj* esemplare
Exhibitionist(in) [ɛkshıbɪtsjo'nɪst(ın)] *m/f* esibizionista *m/f*
Existenz [ɛksɪs'tɛnts] *f* esistenza *f*
Existenzangst [ɛksɪs'tɛntsaŋst] *f* angoscia esistenziale *f*
Existenzberechtigung [ɛksɪs'tɛntsbəreçtɪguŋ] *f* ragion d'essere *f*
Existenzfrage [ɛksɪs'tɛntsfra:gə] *f* questione vitale *f*
Existenzminimum [ɛksɪs'tɛntsminimum] *n* minimo di sussistenza *m*
existieren [ɛksɪs'ti:rən] *v* 1. *(leben)* vivere; 2. *(bestehen)* esistere
exklusiv [ɛksklu'zi:f] *adj* esclusivo
Exkursion [ɛkskur'sjo:n] *f* escursione *f*
exotisch [ɛ'kso:tɪʃ] *adj* esotico
Expansion [ɛkspan'zjo:n] *f* espansione *f*
Expedition [ɛkspedɪ'tsjo:n] *f* spedizione *f*
Experiment [ɛkspɛrɪ'mɛnt] *n* esperimento *m*
experimentieren [ɛkspɛrɪmɛn'ti:rən] *v* sperimentare
Experte [ɛks'pɛrtə] *m* esperto *m*
Expertin [ɛks'pɛrtɪn] *f* esperta *f*
Expertise [ɛkspɛr'ti:zə] *f* perizia *f*
explodieren [ɛksplo'di:rən] *v* esplodere
Explosion [ɛksplo'zjo:n] *f* esplosione *f*
explosiv [ɛksplo'zi:f] *adj* esplosivo
Expressgut [ɛks'prɛsgu:t] *n* merce espresso *f*
extern [ɛks'tɛrn] *adj* esterno
extra ['ɛkstra] *adv* extra, straordinariamente
Extrakt [ɛks'trakt] *m* estratto *m*
extravagant [ɛkstrava'gant] *adj* stravagante
extrem [ɛks'tre:m] *adj* estremo
Extrem [ɛks'tre:m] *n* estremo *m; von einem ~ ins andere fallen* andare da un estremo all'altro
extremistisch [ɛkstre'mɪstɪʃ] *adj POL* estremistico
exzellent [ɛkstsɛ'lɛnt] *adj* eccellente
exzentrisch [ɛks'tsɛntrɪʃ] *adj* eccentrico
Exzess [ɛks'tsɛs] *m* eccesso *m*

F

Fabel ['faːbəl] *f* favola *f*
fabelhaft ['faːbəlhaft] *adj 1.* favoloso; *adv 2.* enormemente
Fabrik [faˈbriːk] *f* fabbrica *f*, stabilimento *m*
Fabrikant(in) [fabriˈkant(ɪn)] *m/f* fabbricante *m/f*
Fabrikat [fabriˈkaːt] *n* prodotto *m*
Fabrikgelände [faˈbriːkgəlɛndə] *n* zona industriale *f*
Fach [fax] *n 1. (Ablagefach)* scomparto *m;* 2. *(Unterrichtsfach)* materia *f;* 3. *(Wissensgebiet)* materia *f,* disciplina *f,* specializzazione *f*
Facharbeiter(in) ['faxarbaɪtər(ɪn)] *m/f* operaio specializzato/operaia specializzata *m/f*
Fachausbildung ['faxausbɪlduŋ] *f* specializzazione *f*
Fachausdruck ['faxausdruk] *m* termine tecnico *m*
Fachbereich ['faxbəraɪç] *m* settore *m*
Fachgeschäft ['faxgəʃɛft] *n* negozio specializzato *m*
Fachhochschule ['faxhoːxʃuːlə] *f* istituto superiore *m*
fachlich ['faxlɪç] *adj* professionale
Fachliteratur ['faxlitəratuːr] *f* letteratura specializzata *f*
Fachmann ['faxman] *m* esperto *m*, specialista *m*
fachsimpeln ['faxzɪmpəln] *v* parlare di questioni tecniche
Fachwerkhaus ['faxvɛrkhaus] *n* costruzione a traliccio *f*
Fachzeitschrift ['faxtsaɪtʃrɪft] *f* rivista specializzata *f*
Fackel ['fakəl] *f* fiaccola *f*
fade ['faːdə] *adj 1. (geschmacklos)* insipido; 2. *(langweilig)* noioso
Faden ['faːdən] *m* filo *m; den ~ verlieren* perdere il filo del discorso
fadenscheinig ['faːdənʃaɪnɪç] *adj (fig)* sottile, poco plausibile, sospetto
fähig ['fɛːɪç] *adj* capace
Fähigkeit ['fɛːɪçkaɪt] *f* capacità *f*
fahl [faːl] *adj* sbiadito
Fahndung ['faːnduŋ] *f* ricerca *f*
Fahndungsbuch ['faːnduŋsbuːx] *n* lista dei ricercati *f*

Fahne ['faːnə] *f* bandiera *f; die ~ hochhalten* tenere alta la bandiera; *die ~ nach dem Winde drehen* cambiare bandiera a seconda del vento che tira; *mit fliegenden ~n zu etw übergehen* cambiare qc a bandiere spiegate
Fahrbahn ['faːrbaːn] *f* carreggiata *f*
Fähre ['fɛːrə] *f* traghetto *m*
fahren ['faːrən] *v irr 1.* andare; *nach Italien ~* andare in Italia; *mit dem Auto ~* andare in macchina; *Der Wagen fährt 240 km in der Stunde.* L' auto fa 240 km orari. 2. *(steuern)* guidare
Fahrer(in) ['faːrər(ɪn)] *m/f* conducente *m/f*
Fahrgast ['faːrgast] *m* passeggero *m*
Fahrgeld ['faːrgɛlt] *n* prezzo della corsa *m*
Fahrgestell ['faːrgəʃtɛl] *n* telaio *m*
Fahrkarte ['faːrkartə] *f* biglietto *m*
Fahrkartenschalter ['faːrkartənʃaltər] *m* biglietteria *f*
fahrlässig ['faːrlɛsɪç] *adj 1.* trascurato; 2. *JUR* colposo
Fahrlässigkeit ['faːrlɛsɪçkaɪt] *f 1.* trascuratezza *f;* 2. *JUR* colpevolezza *f*
Fahrlehrer(in) ['faːrleːrər(ɪn)] *m/f* istruttore di guida/istruttrice di guida *m/f*
Fahrplan ['faːrplaːn] *m* orario *m*
fahrplanmäßig ['faːrplaːnmɛːsɪç] *adj* in orario
Fahrpreis ['faːrpraɪs] *m* prezzo del biglietto *m*
Fahrprüfung ['faːrpryːfuŋ] *f* esame di guida *m*
Fahrrad ['faːraːt] *n* bicicletta *f*
Fahrradpumpe ['faːraːtpumpə] *f* pompa per bicicletta *f*
Fahrradweg ['faːraːtveːk] *m* pista ciclabile *f*
Fahrschein ['faːrʃaɪn] *m* biglietto *m*
Fahrschule ['faːrʃuːlə] *f* scuola guida *f*
Fahrschüler(in) ['faːrʃyːlər(ɪn)] *m/f* allievo di un'autoscuola/allieva di un'autoscuola *m/f*
Fahrspur ['faːrʃpuːr] *f* corsia *f*
Fahrstuhl ['faːrʃtuːl] *m* ascensore *m*
Fahrstunde ['faːrʃtundə] *f* lezione di guida *f*
Fahrt [faːrt] *f* viaggio *m*
Fährte ['fɛːrtə] *f* traccia *f; jdn auf die falsche ~ führen* mettere qd su una falsa pista

Fahrtenschreiber ['faːrtənʃraɪbər] *m (eines Autos)* tachigrafo *m*

Fahrtrichtung ['faːrtrɪçtuŋ] *f* direzione di marcia *f*

fahrtüchtig ['faːrtyçtɪç] *adj 1. (Person)* in grado di guidare; *2. (Auto)* in grado di partire

Fahrverbot ['faːrfɛrboːt] *n 1. (Durchfahrverbot)* divieto di transito *m; 2. (Führerscheinentzug)* sospensione della patente *f*

Fahrverhalten ['faːrfɛrhaltən] *n 1. (einer Person)* comportamento alla guida *m; 2. (eines Autos)* comportamento dell'automobile *m*

Fahrwasser ['faːrvasər] *n in jds ~ schwimmen* seguire la corrente di qd; *in jds ~ geraten* venire travolti dalla corrente di qd

Fahrzeug ['faːrtsɔyk] *n* veicolo *m*

Fahrzeugbrief ['faːrtsɔykbriːf] *m* carta di proprietà *f*

Fahrzeughalter ['faːrtsɔykhaltər] *m* proprietario di autovettura *m*

Fahrzeugschein ['faːrtsɔykʃaɪn] *m* libretto di circolazione *m*

fair [fɛːr] *adj* corretto

Fairness ['fɛːrnɛs] *f* correttezza *f*

Faktor ['faktɔr] *m* fattore *m*

Fakultät [fakulˈtɛːt] *f* facoltà *f*

Falke ['falkə] *m ZOOL* falco *m*

Fall[1] [fal] *m 1. (Sturz)* caduta *f; 2. (fig: Niedergang)* decadenza *f; jdn zu ~ bringen* rovinare qd/rovesciare qd/far cader qd

Fall[2] [fal] *m 1. (Umstand)* circostanza *f,* caso *m; 2. JUR* caso *m; Es ist ein ~ von höherer Gewalt.* E' un caso di forza maggiore. *ein hoffnungsloser ~* un caso senza speranze *m; jds ~ sein* fare al caso di qd

Falle ['falə] *f* trappola *f*

fallen ['falən] *v irr 1. (stürzen)* cadere; *2. (fig: sinken)* decadere; *3. etw ~ lassen* lasciar cadere qc; *einen Plan ~ lassen* abbandonare un piano; *4. jdn ~ lassen* lasciar cadere qd; *sich ~ lassen (fig)* lasciarsi andare/scoraggiarsi; *Du sollst dich nicht ~ lassen.* Non lasciarti cadere le braccia./Non avvilirti.

fällen ['fɛlən] *v 1. (Baum)* abbattere; *2. (Entscheidung)* prendere

falls [fals] *konj* se

falsch [falʃ] *adj 1. (unwahr)* falso; *an den Falschen geraten* giungere a conclusioni sbagliate/imbattersi nella persona sbagliata; *2. (fehlerhaft)* errato, sbagliato; *3. (unecht)* finto

fälschen ['fɛlʃən] *v* falsificare

Falschgeld ['falʃgɛlt] *n* denaro falso *m*

fälschlich ['fɛlʃlɪç] *adj* falso

fälschlicherweise ['fɛlʃlɪçərvaɪzə] *adv* falsamente

Fälschung ['fɛlʃuŋ] *f* falsificazione *f,* contraffazione *f*

faltbar ['faltbaːr] *adj* pieghevole, piegabile

Faltblatt ['faltblat] *n* foglio piegato *m*

Falte ['faltə] *f 1.* piega *f; 2. (der Haut)* ruga *f,* grinza *f*

falten ['faltən] *v 1.* piegare; *2. (Hände)* congiungere; *Er faltet die Hände zum Gebet.* Egli congiunge le mani in preghiera.

familiär [familˈjɛːr] *adj* familiare

Familie [faˈmiːljə] *f* famiglia *f; in der ~ bleiben* restare in famiglia; *Das kommt in den besten ~n vor.* Questo succede nelle migliori famiglie.

Familienfeier [faˈmiːljənfaɪər] *f* festa familiare *f*

Familienleben [faˈmiːljənleːbən] *n* vita di famiglia *f*

Familienname [faˈmiːljənnaːmə] *m* cognome *m*

Familienoberhaupt [faˈmiːljənoːbərhaupt] *n* capofamiglia *m*

Familienplanung [faˈmiːljənplaˈnuŋ] *f* pianificazione della famiglia *f*

Familienpolitik [faˈmiːljənpolitiːk] *f* politica familiare *f*

Familienstand [faˈmiːljənʃtant] *m* stato civile *m*

Familienzusammenführung [faˈmiːljəntsuzamənfyːruŋ] *f* riunione della famiglia *f*

famos [faˈmoːs] *adj* eccellente

Fan [fɛn] *m* fan *m*

Fanatiker(in) [faˈnatɪkər(ɪn)] *m/f* fanatico/fanatica *m/f*

fanatisch [faˈnatɪʃ] *adj* fanatico

fangen ['faŋən] *v irr* prendere

Fantasie [fantaˈziː] *f* fantasia *f*

fantasielos [fantaˈziːloːs] *adj* privo di fantasia

fantasieren [fantaˈziːrən] *v* fantasticare

fantasievoll [fantaˈziːvɔl] *adj* ricco di fantasia

fantastisch [fanˈtastɪʃ] *adj 1.* fantastico; *adv 2.* fantasticamente

Farbband ['farpbant] *n* nastro colorato *m*

Farbe ['farbə] *f* colore *m; Blut hat die ~ rot* il sangue non è acqua

farbecht ['farpɛçt] *adj* a tinte solide

färben ['fɛrbən] *v* colorare

farbenblind ['farbənblɪnt] *adj* daltonico
farbenfreudig ['farbənfrɔydɪç] *adj* dai colori vivaci
Farbenspiel ['farbənʃpiːl] *n* gioco di colori *m*
Farbfernseher ['farpfɛrnzeːər] *m* televisore a colori *m*
farbig ['farbɪç] *adj* colorato
farblos ['farploːs] *adj* 1. *(Sache)* senza colore; 2. *(Person)* incolore
Färbung ['fɛrbuŋ] *f* colorazione *f*
Farn [farn] *m* BOT felce *f*
Fasan [fa'zaːn] *m* ZOOL fagiano *m*
Fasching ['faʃɪŋ] *m* carnevale *m*
Faschingsball ['faʃɪŋsbal] *m* ballo di carnevale *m*
Faschingskostüm ['faʃɪŋskostyːm] *n* costume di carnevale *m*
Faser ['faːzər] *f* fibra *f; mit jeder ~ ihres Herzens* con ogni fibra del suo cuore
Fass [fas] *n* botte *f; ein ~ ohne Boden sein* essere un pozzo senza fondo; *Das schlägt dem ~ den Boden aus!* Questo è il colmo!/Questo è troppo!/La misura è colma!
Fassade [fa'saːdə] *f* facciata *f*
fassen ['fasən] *v* 1. *(greifen)* afferrare; 2. *(beinhalten)* contenere; 3. *(fig)* sich ~ calmarsi; *Fasse dich!* Calmati!
Fasson [fa'sɔŋ] *f aus der ~ geraten* andare fuori forma/andare fuori dei gangheri
Fassung ['fasuŋ] *f* 1. *(einer Lampe)* portalampada *m;* 2. *(von Schmuck)* montatura *f;* 3. *(Selbstbeherrschung)* controllo *m*
fassungslos ['fasuŋsloːs] *adj* sconcertato
Fassungslosigkeit ['fasuŋsloːzɪçkaɪt] *f* sbalordimento *m*
Fassungsvermögen ['fasuŋsfɛrmøː-gən] *n* capacità *f,* capienza *f*
fast [fast] *adv* quasi
fasten ['fastən] *v* digiunare
Faszination [fastsɪna'tsjoːn] *f* fascinazione *f*
faszinierend [fastsɪ'niːrənt] *adj* affascinante
Fatalismus [fata'lɪsmus] *m* fatalismo *m*
faul [faul] *adj* 1. *(verdorben)* marcio; 2. *(träge)* pigro; 3. *(fam: bedenklich)* fasullo; 4. *eine ~e Ausrede* una debole scusa *f*
faulen ['faulən] *v* marcire
faulenzen ['faulɛntsən] *v* oziare
Faulenzer ['faulɛntsər] *m* poltrone *m*
Faulheit ['faulhaɪt] *f* pigrizia *f; vor ~ stinken* trasudare pigrizia
Faulpelz ['faulpɛlts] *m* poltrone *m*

Fauna ['fauna] *f* fauna *f*
Faust [faust] *f* pugno *m; die ~ im Nacken spüren (fig)* sentirsi il nemico alle spalle; *auf eigene ~* a proprio rischio e pericolo/di propria iniziativa; *mit der ~ auf den Tisch hauen* battere il pugno sul tavolo; *passen wie die ~ aufs Auge* starci come un pugno negli occhi
faustdick ['faust'dɪk] *adj es ~ hinter den Ohren haben* essere un furbo di tre cotte
Fäustling ['fɔystlɪŋ] *m* guanto a manopola *m*
Favorit [favo'riːt] *m* favorito *m*
Fax [faks] *n* fax *m,* telefax *m*
faxen ['faksən] *v* inviare un telefax, spedire per fax
Faxen ['faksən] *pl (fam)* buffonate *f/pl; ~ im Kopf haben* avere grilli per la testa
Fazit ['faːtsɪt] *n* somme *f/pl*
Februar ['feːbruar] *m* febbraio *m*
fechten ['fɛçtən] *n irr* SPORT combattere di scherma
Feder ['feːdər] *f* 1. ZOOL piuma *f; ~n lassen müssen (fig)* doverci rimettere le penne; *sich mit fremden ~n schmücken* farsi belli con le penne degli altri; 2. *(Schreibfeder)* penna *f;* 3. *(Bettfeder)* piuma *f; aus den ~n dalle coltri; in den ~n* tra le coltri
Federbett ['feːdərbɛt] *n* piumino *m*
Federhalter ['feːdərhaltər] *m* cannello della penna *m*
federleicht ['feːdər'laɪçt] *adj* leggero come una piuma
Fee [feː] *f* fata *f*
fegen ['feːgən] *v* spazzare
fehl [feːl] *adv ~ am Platz* fuori posto
Fehlanzeige ['feːlantsaɪgə] *f* rapporto negativo *m*
fehlen ['feːlən] *v* mancare; *Was fehlt ihr? (fig)* Cosa ha? *Das fehlt mir gerade noch!* Ci mancava anche questa! *Weit gefehlt!* Tutto sbagliato!
Fehlentscheidung ['feːlɛntʃaɪduŋ] *f* decisione sbagliata *f*
Fehlentwicklung ['feːlɛntvɪkluŋ] *f* evoluzione sbagliata *f*
Fehler ['feːlər] *m* 1. errore *m;* 2. *(Defekt)* difetto *m*
fehlerhaft ['feːlərhaft] *adj* difettoso, scorretto
fehlerlos ['feːlərloːs] *adj* senza difetti
Fehltritt ['feːltrɪt] *m* passo falso *m*
Fehlzündung ['feːltsynduŋ] *f (beim Auto)* accensione irregolare *f*
Feier ['faɪər] *f* festa *f*

Feierabend ['faɪəraːbənt] *m* serata libera *f*, riposo serale *m; Damit ist ~!* Con questo basta!/Adesso basta!

feierlich ['faɪərlɪç] *adj 1.* festivo; *Das ist schon nicht mehr ~!* La festa è finita!/Questo è troppo! *adv 2.* a festa

feiern ['faɪərn] *v* festeggiare

Feiertag ['faɪərtaːk] *m* giorno festivo *m*

feig [faɪk] *adj* vile

Feige ['faɪgə] *f* BOT fico *m*

Feigheit ['faɪkhaɪt] *f* viltà *f*

Feigling ['faɪklɪŋ] *m* vigliacco *m*

Feile ['faɪlə] *f* lima *f*

feilen ['faɪlən] *v* limare

feilschen ['faɪlʃən] *v* mercanteggiare; *Er feilscht um den Preis.* Egli mercanteggia sul prezzo.

fein [faɪn] *adj 1. (dünn)* sottile; *2. (zart)* delicato; *3. (vornehm)* fine; *4. (präzise)* preciso; *5. ~ heraus sein* essere uscito bene, essere fortunato

Feind [faɪnt] *m* nemico *m*

feindlich ['faɪntlɪç] *adj 1.* nemico; *adv 2.* da nemico

Feindschaft ['faɪntʃaft] *f* inimicizia *f*

feindselig ['faɪntzeːlɪç] *adj* nemico, ostile

Feindseligkeit ['faɪntzeːlɪçkaɪt] *f* inimicizia *f*, ostilità *f*

feinfühlig ['faɪnfyːlɪç] *adj* di sentimenti delicati, sensibile

Feinkost ['faɪnkɔst] *f* GAST specialità gastronomiche *f/pl*

Feinmechaniker ['faɪnmeçaːnɪkər] *m* meccanico di precisione *m*

Feinschmecker(in) ['faɪnʃmɛkər(ɪn)] *m/f* buongustaio/buongustaia *m/f*

Feld [fɛlt] *n* AGR campo *m; ein weites ~ sein* essere un campo molto vasto; *das ~ behaupten* tenere il campo; *das ~ räumen* sgombrare il campo; *jdm das ~ überlassen* cedere il campo a qd; *gegen jdn zu ~e ziehen* scendere in campo contro qd

Feldsalat ['fɛltzalaːt] *m* lattughella *f*

Feldweg ['fɛltveːk] *m* sentiero di campagna *m*, carraia *f*

Felge ['fɛlgə] *f (eines Rades)* cerchio *m*

Fell [fɛl] *n* pelo *m; ein dickes ~ haben* avere la pelle dura; *jdm das ~ gerben* conciare qd per le feste; *Mir juckt das ~.* Mi prude la pelle.

Fels [fɛls] *m* roccia *f; ein ~ in der Brandung sein* essere una roccia tra le onde

Felsen ['fɛlzən] *m* roccia *f*

felsenfest ['fɛlzenfɛst] *adj 1.* incrollabile; *adv 2.* saldo come una roccia

Felsenküste ['fɛlzənkystə] *f* costa rocciosa *f*

Felsspalte ['fɛlsʃpaltə] *f* crepa *f*

feminin [femɪ'niːn] *adj* femminile

Feminismus [femɪ'nɪsmus] *m* femminismo *m*

Feministin [femɪ'nɪstɪn] *f* femminista *f*

Fenchel ['fɛnçəl] *m* BOT finocchio *m*

Fenster ['fɛnstər] *n* finestra *f*

Fensterbank ['fɛnstərbaŋk] *f* davanzale *m*

Fensterladen ['fɛnstərlaːdən] *m* persiana *f*

Fensterputzer ['fɛnstərputsər] *m* pulitore di vetri *m*

Fensterrahmen ['fɛnstərraːmən] *m* telaio della finestra *m*

Fensterscheibe ['fɛnstərʃaɪbə] *f* vetro della finestra *m*

Ferien ['feːrjən] *pl* vacanze *f/pl*

Ferienhaus ['feːrjənhaus] *n* casa per le vacanze *f*, seconda casa *f*

Ferienort ['feːrjənɔrt] *m* luogo di villeggiatura *m*

Ferienwohnung ['feːrjənvoːnuŋ] *f* appartamento per le vacanze *m*

Ferkel ['fɛrkəl] *n 1.* ZOOL porcellino *m; 2. (fig)* porcellone *m*

fern [fɛrn] *adj 1. (örtlich)* lontano; *2. (zeitlich)* lontano; *prep 3.* lontano

Fernamt ['fɛrnamt] *n* centralino interurbano *m*

Fernbedienung ['fɛrnbədiːnuŋ] *f* telecomando *m*

fernbleiben ['fɛrnblaɪbən] *v irr* mancare, essere assente; *unentschuldigt ~* mancare ingiustificatamente

Ferne ['fɛrnə] *f* lontananza *f*

ferner ['fɛrnər] *konj* inoltre; *unter ~ liefen* tra gli ultimi

Fernfahrer ['fɛrnfaːrər] *m* camionista *m*

Ferngespräch ['fɛrngəʃprɛːç] *n* comunicazione interurbana *f*

Fernglas ['fɛrnglaːs] *n* binocolo *m*, cannocchiale *m*

Fernheizung ['fɛrnhaɪtsuŋ] *f* riscaldamento centrale a distanza *m*

Fernkurs ['fɛrnkurs] *m* corso per corrispondenza *m*

Fernlicht ['fɛrnlɪçt] *n (eines Autos)* luce abbagliante *f*

Fernmeldeamt ['fɛrnmɛldəamt] *n* ufficio telecomunicazioni *m*

Fernost ['fɛrn'ɔst] *m* Estremo Oriente *m*

Fernrohr ['fɛrnroːr] *n* cannocchiale *m*
Fernsehantenne ['fɛrnzeːantɛnə] *f* antenna televisiva *f*
fernsehen ['fɛrnzeːən] *v irr* guardare la televisione
Fernsehen ['fɛrnzeːən] *n* televisione *f*
Fernsehgerät ['fɛrnzeːgərɛːt] *n TECH* televisore *m*
Fernsprecher ['fɛrnʃprɛçər] *m* telefono *m*
Fernsteuerung ['fɛrnʃtɔyəruŋ] *f* telecomando *m*
Ferse ['fɛrzə] *f ANAT* tallone *m; sich an jds ~n heften* incollarsi alle calcagna di qd; *jdm auf den ~n bleiben* stare alle calcagna di qd
fertig ['fɛrtıç] *adj 1. (beendet)* finito; *mit jdm ~ sein* averne abbastanza di qd; *2. (bereit)* pronto; *3. (fam: erschöpft)* sfinito; *4. ~ machen* terminare, ultimare; *etw ~ machen* approntare qc/finire qc; *jdn ~ machen* sgridare qd
Fertigung ['fɛrtıguŋ] *f* fabbricazione *f*, produzione *f*
fesseln ['fɛsəln] *v* incatenare
fesselnd ['fɛsəlnt] *adj* avvincente
fest [fɛst] *adj 1. (hart)* duro; *2. (stark)* forte; *3. (dicht)* compatto; *4. (gleich bleibend)* fermo
Fest [fɛst] *n* festa *f*
Festangestellte(r) ['fɛstangəʃtɛltə(r)] *m/f* impiegato fisso/impiegata fissa *m/f*
Festessen ['fɛstɛsən] *n* banchetto *m*
festhalten ['fɛsthaltən] *v irr 1.* tenere fermo; *2. (merken)* tenere a mente; *3. sich ~* tenersi, reggersi
festigen ['fɛstıgən] *v 1. (stärken)* fortificare; *2. sich ~* consolidarsi
Festival ['fɛstıval] *n* festival *m*
Festland ['fɛstlant] *n* terraferma *f*
festlich ['fɛstlıç] *adj* festivo
festnageln ['fɛstnaːgəln] *v jdn auf etw ~* inchiodare qd a qc
festnehmen ['fɛstneːmən] *v irr* prendere, fermare; *jdn vorläufig ~* fermare qd, arrestare qd
Festplatte ['fɛstplatə] *f INFORM* disco a memoria fissa *m*
festsetzen ['fɛstzɛtsən] *v* fissare, stabilire
feststehen ['fɛstʃteːən] *v irr* stare fermo
feststellen ['fɛstʃtɛlən] *v* constatare
fett [fɛt] *adj* grasso
Fett [fɛt] *n* grasso *m; das ~ abschöpfen* fare la parte da leone/tenere per sé il meglio; *sein*

~ abbekommen ricevere la propria parte/ricevere il fatto proprio; *sein ~ weghaben* ricevere ciò che si merita
fettarm ['fɛtarm] *adj* povero di grassi, scremato; *~e Milch* latte scremato *m*
Fettfleck ['fɛtflɛk] *m* macchia d'unto *f*
Fettnäpfchen ['fɛtnɛpfçən] *n ins ~ treten* fare una gaffe
feucht [fɔyçt] *adj* umido
Feuchtigkeit ['fɔyçtıçkaıt] *f* umidità *f*
Feuer ['fɔyər] *n* fuoco *m; ~ und Flamme sein* essere entusiasti; *~ fangen (fig)* entusiasmarsi/prendere fuoco; *~ hinter etw machen* accelerare qc; *für jdn durchs ~ gehen* buttarsi nel fuoco per qd; *mit dem ~ spielen* giocare col fuoco
Feueralarm ['fɔyəralaːrm] *m* allarme in caso d'incendio *m*
Feuerbestattung ['fɔyərbəʃtatuŋ] *f* cremazione *f*
feuerfest ['fɔyərfɛst] *adj* resistente al fuoco
feuergefährlich ['fɔyərgəfɛːrlıç] *adj* infiammabile
Feuerleiter ['fɔyərlaıtər] *f* scala d'emergenza *f*
Feuerlöscher ['fɔyərlœʃər] *m* estintore *m*
feuern ['fɔyərn] *v 1. jdm eine ~* dare una sberla a qd; *2. jdn ~* buttare fuori qd, licenziare qd
Feuerprobe ['fɔyərproːbə] *f die ~ bestehen* superare la prova del fuoco
Feuerwehr ['fɔyərveːr] *f* pompieri *m/pl*, vigili del fuoco *m/pl*
Feuerwehrmann ['fɔyərveːrman] *m* pompiere *m*
Feuerwerk ['fɔyərvɛrk] *n* fuochi artificiali *m/pl*, fuochi del Bengala *m/pl*
Feuerzeug ['fɔyərtsɔyk] *n* accendino *m*
Fichte ['fıçtə] *f BOT* abete rosso *m*
Fieber ['fiːbər] *n* febbre *f*
Fieberthermometer ['fiːbərtɛrmomeːtər] *n* termometro *m*
Figur [fi'guːr] *f 1. (Körper)* figura *f; eine schöne ~ haben* avere un bel corpo; *2. (Statue) ART* figura *f*
Filet [fi'leː] *n GAST* filetto *m*
Filiale [fil'jaːlə] *f ECO* filiale *f*, succursale *f*
Film [fılm] *m 1. (dünne Schicht)* pellicola *f; 2. CINE* film *f*, pellicola *f*
filmen ['fılmən] *v* filmare
Filmfestspiele ['fılmfɛstʃpiːlə] *pl* festival del cinema *m*

Filmkamera ['fɪlmkamǝra] *f* cinepresa *f*
Filter ['fɪltǝr] *m/n* filtro *m*
Filterkaffee ['fɪltǝrkafeː] *m* caffè passato al filtro *m*
filtern ['fɪltǝrn] *v* filtrare
Filterpapier ['fɪltǝrpapiːr] *n* carta da filtro *f*
Filz [fɪlts] *m* feltro *m*
Filzstift ['fɪltsʃtɪft] *m* pennarello *m*
Finale [fi'naːlǝ] *n* finale *m*
Finanzamt [fɪ'nantsamt] *n* intendenza di finanza *f,* ufficio imposte dirette *m/pl*
Finanzbeamter [fɪ'nantsbǝamtǝr] *m* impiegato alle imposte *m*
Finanzen [fɪ'nantsǝn] *pl* finanze *f/pl*
finanziell [fɪnan'tsjɛl] *adj* finanziario
finanzieren [fɪnan'tsiːrǝn] *v* finanziare
Finanzierung [fɪnan'tsiːruŋ] *f* finanziamento *m*
finden ['fɪndǝn] *v irr* trovare
Finderlohn ['fɪndǝrloːn] *m* compenso a chi trova un oggetto smarrito *m*
Finger ['fɪŋɡǝr] *m ANAT* dito *m; keinen ~ krumm machen* non muovere un dito; *lange ~ machen* allungare le mani; *den ~ draufhaben* controllare; *die ~ im Spiel haben* avere le mani in pasta; *die ~ von jdm lassen* togliere le mani da qd; *sich nicht die ~ schmutzig machen* non sporcarsi le mani; *sich die ~ verbrennen* scottarsi le dita; *etw an zehn ~n abzählen können* prevedere facilmente qc/poter contare qc sulle dita di una mano; *jdm auf die ~ klopfen* bacchettare qd sulle dita; *jdm auf die ~ schauen* controllare qd; *sich etw aus den ~n saugen* escogitare qc; *etw mit dem kleinen ~ machen* fare qc con la mano sinistra/fare qc con il mignolo; *mit dem ~ auf jdn zeigen* segnare a dito qd; *nur mit dem kleinen ~ zu winken brauchen* dover solo fare un cenno; *jdn zwischen die ~ bekommen* acchiappare qd
Fingerabdruck ['fɪŋǝrapdruk] *m* impronta digitale *f*
Fingerfertigkeit ['fɪŋǝrfɛrtɪçkaɪt] *f* destrezza di mano *f*
Fingerhut ['fɪŋǝrhuːt] *m* ditale *m*
Fingernagel ['fɪŋǝrnaːɡǝl] *m ANAT* unghia *f*
fingieren [fɪŋ'ɡiːrǝn] *v* fingere
Fink [fɪŋk] *m ZOOL* fringuello *m*
finnisch ['fɪnɪʃ] *adj* finlandese
Finnland ['fɪnlant] *n GEO* Finlandia *f*
finster ['fɪnstǝr] *adj 1. (dunkel)* buio; *2. (grimmig)* truce; *3. (fig)* tetro

Finsternis ['fɪnstǝrnɪs] *f* oscurità *f*
Firma ['fɪrma] *f ECO* ditta *f*
Fisch [fɪʃ] *m ZOOL* pesce *m; ein dicker ~* un pesce grosso *m; weder ~ noch Fleisch sein* non essere né carne né pesce; *Das sind kleine ~e.* Questi sono pesci piccoli./Queste sono noccioline./*Queste sono minuzie.*
fischen ['fɪʃǝn] *v* pescare; *im Trüben ~* pescare nel torbido
Fischer ['fɪʃǝr] *m* pescatore *m*
Fischerboot ['fɪʃǝrboːt] *n* peschereccio *m,* barca da pesca *f*
Fischfang ['fɪʃfaŋ] *m* pesca *f*
Fischgeschäft ['fɪʃɡǝʃɛft] *n* pescheria *f*
Fischgräte ['fɪʃɡreːtǝ] *f* lisca *f*
Fiskus ['fɪskus] *m* fisco *m*
Fitnesscenter ['fɪtnɛssɛntǝr] *n SPORT* palestra *f*
Fittich ['fɪtɪç] *m jdn unter seine ~e nehmen* prendere qd sotto la propria ala
Fixer ['fɪksǝr] *m* drogato *m*
fixieren [fɪ'ksiːrǝn] *v 1. (festmachen)* fissare; *2. (festlegen)* stabilire; *3. (anstarren)* fissare
Fixum ['fɪksum] *n* fisso *m*
flach [flax] *adj* piano
Fläche ['flɛçǝ] *f* superficie *f,* piano *m*
flächendeckend ['flɛçǝndɛkǝnt] *adj* di tutta la superficie
Flachland ['flaxlant] *n* pianura *f*
Flachs [flaks] *m BOT* lino *m*
flackern ['flakǝrn] *v* guizzare, tremolare
Flagge ['flaɡǝ] *f* bandiera *f; ~ zeigen* prendere posizione; *unter falscher ~ segeln* agire sotto mentite spoglie
Flaggschiff ['flaɡʃɪf] *n* nave ammiraglia *f*
Flamme ['flamǝ] *f* fiamma *f; in ~n stehen* essere in fiamme
Flanell [fla'nɛl] *m* flanella *f*
Flasche ['flaʃǝ] *f 1.* bottiglia *f; zu tief in die ~ schauen* vedere il fondo della bottiglia/alzare il gomito; *2. (fam: Trottel)* schiappa *f,* incapace *m*
Flaschenöffner ['flaʃǝnœfnǝr] *m* apribottiglia *m*
Flaschenpfand ['flaʃǝnpfant] *n* vuoto a rendere *m*
flatterhaft ['flatǝrhaft] *adj* volubile
flattern ['flatǝrn] *v* svolazzare, sventolare
flau [flau] *adj 1.* debole; *adv 2.* male; *Er fühlt sich ~!* Sta male!
Flausen ['flauzǝn] *pl* frottole *f/pl; ~ im Kopf haben* avere grilli per la testa
Flaute ['flautǝ] *f (Windstille)* bonaccia *f*

flechten ['flɛçtən] *v irr* intrecciare
Fleck [flɛk] *m 1. (Schmutzfleck)* macchia *f;
einen ~ auf der weißen Weste haben (fig)*
avere una macchia sulla propria reputazione;
2. (blauer ~) livido *m; 3. (Stoffstück)* pezza *f,*
toppa *f; 4. (Ort)* luogo *m; am falschen ~* fuori
luogo; *vom ~ weg* su due piedi; *nicht vom ~
kommen* non andare avanti/non riuscire a
procedere
Fleckentferner ['flɛkɛntfɛrnər] *m* smacchiatore *m*
fleckig ['flɛkɪç] *adj* macchiato
Fledermaus ['fle:dərmaus] *f ZOOL* pipistrello *m*
Flegel ['fle:gəl] *m* villano *m*
flegelhaft ['fle:gəlhaft] *adj* zotico, villano
flehen ['fle:ən] *v* supplicare
flehentlich ['fle:əntlıç] *adj* supplichevole
Fleisch [flaɪʃ] *n* carne *f; sein eigen ~ und
Blut* carne della propria carne *f; in ~ und Blut
übergehen* entrare nel sangue/diventare un'a-
bitudine; *sich ins eigene ~ schneiden* rovinarsi con le proprie mani; *vom ~ fallen* ridur-
si pelle e ossa/dimagrire/deperire
Fleischbrühe ['flaɪʃbry:ə] *f GAST* brodo
di carne *m*
Fleiß [flaɪs] *m* diligenza *f*
fleißig ['flaɪsɪç] *adj* diligente
flexibel [flɛk'si:bəl] *adj* flessibile
Flexibilität [flɛksibili'tɛ:t] *f* flessibilità *f*
flicken ['flɪkən] *v* rattoppare
Flieder ['fli:dər] *m BOT* lillà *m*
Fliege ['fli:gə] *f 1. ZOOL* mosca *f; zwei ~n
mit einer Klappe schlagen* prendere due pic-
cioni con una fava; *2. (Bekleidungsstück)* farfalla *f; 3. eine ~ machen (fam)* alzare i tacchi,
sparire
fliegen ['fli:gən] *v irr* volare
Fliegengitter ['fli:gəngɪtər] *n* retina
metallica contro le mosche *f*
Fliegeralarm ['fli:gəralarm] *m MIL* allarme aereo *m*
fliehen ['fli:ən] *v irr* fuggire
Fliese ['fli:zə] *f* piastrella *f*
Fließband ['fli:sbant] *n* catena di montaggio *f*
fließen ['fli:sən] *v irr* scorrere
flimmern ['flɪmərn] *v* tremolare
flink [flɪŋk] *adj* svelto
Flirt [flɪrt] *m* flirt *m*
flirten ['flɪrtən] *v* amoreggiare
Flittchen ['flɪtçən] *n (fam)* fraschetta *f*
Flitterwochen ['flɪtərvɔxən] *pl* luna di
miele *f*

Flocke ['flɔkə] *f* fiocco *m*
Floh [flo:] *m ZOOL* pulce *f; jdm einen ~ ins
Ohr setzen (fig)* mettere una pulce nell'orec-
chio a qd
Flohmarkt ['flo:markt] *m* mercato delle
pulci *m*
Florenz [flo'rɛnts] *n GEO* Firenze *f*
florieren [flo'ri:rən] *v* fiorire, prosperare;
Das Geschäft floriert. Gli affari prosperano.
Florist(in) [flo'rɪst(ɪn)] *m/f* fiorista *m/f*
Floskel ['flɔskəl] *f* frase retorica *f*
Floß [flo:s] *n* zattera *f*
Flosse ['flɔsə] *f 1. (Taucherflosse)* pinna *f;
2. ZOOL* pinna *f*
Flöte ['flø:tə] *f* flauto *m*
flöten ['flø:tən] *v ~ gehen* andare in fumo
flott [flɔt] *adj 1. (schnell)* svelto, spigliato,
disinvolto; *2. (schick)* chic
Flotte ['flɔtə] *f* flotta *f*
Fluch [flu:x] *m* maledizione *f,* bestemmia *f*
fluchen ['flu:xən] *v* maledire
Flucht [fluxt] *f* fuga *f; auf der ~ sein* essere in fuga; *die ~ ergreifen* prendere il volo;
jdn in die ~ schlagen fare prendere il volo a
qd/mettere in fuga qd
fluchtartig ['fluxtartıç] *adj* precipitoso
flüchten ['flyçtən] *v* fuggire
flüchtig ['flyçtıç] *adj 1. (fliehend)* fuggen-
te; *2. (kurz)* breve; *3. (oberflächlich)* superficiale
Flüchtigkeitsfehler ['flyçtıçkaɪtsfe:lər]
m svista *f*
Flüchtling ['flyçtlɪŋ] *m* fuggitivo *m*
Flüchtlingslager ['flyçtlɪŋsla:gər] *n*
campo profughi *m*
Fluchtweg ['fluxtve:k] *m* via di scampo *f*
Flug [flu:k] *m* volo *m; wie im ~e* in un baleno
Flugblatt ['flu:kblat] *n* volantino *m*
Flügel ['fly:gəl] *m 1.* ala *f; die ~ stutzen*
tagliare le ali; *2. (Klavier)* pianoforte a coda *m*
Flügeltür ['fly:gəlty:r] *f* porta a battenti *f*
Fluggast ['flu:kgast] *m* passeggero d'ae-
reo *m*
Fluggesellschaft ['flu:kgəzɛlʃaft] *f*
compagnia aerea *f*
Flughafen ['flu:kha:fən] *m* aeroporto *m*
Flughöhe ['flu:khø:ə] *f* quota di volo *f,*
altezza di volo *f*
Fluglotse ['flu:klo:tsə] *m* controllore di
volo *m*
Flugplan ['flu:kpla:n] *m* orario aereo *m*
Flugsteig ['flu:kʃtaɪk] *m* passerella d'im-
barco *f*

Flugverbindung ['flu:kvɛrbɪnduŋ] *f* collegamento aereo *m*
Flugverkehr ['flu:kvɛrke:r] *m* traffico aereo *m*
Flugwesen ['flu:kve:zən] *n* aviazione *f*
Flugzeug ['flu:ktsɔyk] *n* aeroplano *m*, aereo *m*
Flugzeugabsturz ['flu:ktsɔykapʃturts] *m* caduta di un aereo *f*
Flugzeugbau ['flu:ktsɔykbau] *m* costruzioni aeronautiche *m/pl*
Flugzeugträger ['flu:ktsɔyktrɛ:gər] *m* portaerei *f*
Flur[1] [flu:r] *m* corridoio *m; der ~ der Wohnung* il corridoio dell'appartamento *m*
Flur[2] [flu:r] *f* campo *m; über die ~en gehen* andare per i campi; *allein auf weiter ~* completamente solo
Fluss [flus] *m* 1. *GEO* fiume *m;* 2. *(Fließen)* flusso *m*
flüssig ['flysɪç] *adj* 1. *(nicht fest)* liquido; 2. *(fig: fließend)* fluido *m*
Flüssigkeit ['flysɪçkait] *f* liquido *m*
Flussmündung ['flusmynduŋ] *f* foce *f*
Flussufer ['flusu:fər] *n* riva del fiume *f*
flüstern ['flystərn] *v* bisbigliare
Flut [flu:t] *f* 1. *(Wasserhochstand)* alta marea *f;* 2. *(fig: große Menge)* diluvio *m*
Flutlicht ['flu:tlɪçt] *n* luce a largo fascio luminoso *f*
Flutwelle ['flu:tvɛlə] *f* onda di marea *f*
Fohlen ['fo:lən] *n ZOOL* puledro *m*
Föhn [fø:n] *m* 1. *(Fallwind)* föhn *m;* 2. *(Haartrockner)* asciugacapelli *m*
föhnen ['fø:nən] *v* asciugare con l'asciugacapelli
Folge ['fɔlgə] *f* 1. *(Auswirkung)* conseguenza *f; zur ~ haben* avere come conseguenza; 2. *(Reihenfolge)* successione *f;* 3. *(Fortsetzung)* puntata *f*
folgen ['fɔlgən] *v* 1. *(hinterhergehen)* seguire; 2. *(aufeinander ~)* succedere; 3. *(gehorchen)* ubbidire; *Das Kind folgt den Eltern.* Il bambino ubbidisce ai genitori.
folgend ['fɔlgənt] *adj* successivo
folgendermaßen ['fɔlgəndər'ma:sən] *adv* così
folgerichtig ['fɔlgərɪçtɪç] *adj* conseguente
folgern ['fɔlgərn] *v* dedurre
folglich ['fɔlklɪç] *konj* per conseguenza, perciò
folgsam ['fɔlkza:m] *adj* ubbidiente
Folie ['fo:ljə] *f* foglio *m*, pellicola *f*

Folklore ['fɔlklo:rə] *f* folclore *m*
Folter ['fɔltər] *f* tortura *f*
foltern ['fɔltərn] *v* torturare
fordern ['fɔrdərn] *v* chiedere
fördern ['fœrdərn] *v* 1. *(unterstützen)* promuovere; 2. *(abbauen)* estrarre
Forderung ['fɔrdəruŋ] *f* 1. *(Verlangen)* richiesta *f;* 2. *(Geld)* credito *m*
Förderung ['fœrdəruŋ] *f* 1. *(Unterstützung)* promozione *f,* sostegno *m;* 2. *(Abbau)* estrazione *f*
Forelle [fo'rɛlə] *f ZOOL* trota *f*
Form [fɔrm] *f* 1. forma *f; zu großer ~ auflaufen* raggiungere una forma migliore; 2. *(Stil)* forma *f; neue ~en der Kunst* nuove forme artistiche *f/pl; in aller ~* in pompa magna/formalmente; 3. *(Gussform)* forma *f*
formal [fɔr'ma:l] *adj* formale
Formalität [fɔrmali'tɛ:t] *f* formalità *f*
Format [fɔr'ma:t] *n* 1. *(Maß)* formato *m;* 2. *(fig)* statura *f,* levatura *f*
formatieren [fɔrma'ti:rən] *v INFORM* formattare
Formation [fɔrma'tsjo:n] *f* formazione *f*
formbar ['fɔrmba:r] *adj* plasmabile
Formel ['fɔrməl] *f* formula *f*
formell [fɔr'mɛl] *adj* formale
formen ['fɔrmən] *v* formare
förmlich ['fœrmlɪç] *adj* formale
Förmlichkeit ['fœrmlɪçkait] *f* formalità *f*
formlos ['fɔrmlo:s] *adj* 1. informe; 2. *(fig)* senza cerimonie; *adv* 3. *(fig)* con disinvoltura
Formular [fɔrmu'la:r] *n* modulo *m; ein ~ ausfüllen* riempire un modulo
formulieren [fɔrmu'li:rən] *v* formulare
formvollendet ['fɔrmfɔlɛndət] *adj* 1. di forma perfetta; *adv* 2. perfettamente
forschen ['fɔrʃən] *v* ricercare
Forscher(in) ['fɔrʃər(ɪn)] *m/f* ricercatore/ricercatrice *m/f*
Forschung ['fɔrʃuŋ] *f* ricerca *f*
Forst [fɔrst] *m* foresta *f*
Förster ['fœrstər] *m* guardia forestale *f*
Forstwesen ['fɔrstve:zən] *n* silvicoltura *f*
fort [fɔrt] *adv* via
fortbestehen ['fɔrtbəʃte:ən] *v irr* continuare ad esistere
fortbewegen ['fɔrtbəve:gən] *v* rimuovere
fortbilden ['fɔrtbɪldən] *v* sich ~ perfezionarsi; *sich in einem Fach ~* perfezionarsi in una materia
Fortbildung ['fɔrtbɪlduŋ] *f* perfezionamento *m; berufliche ~* perfezionamento professionale *m*

Fortdauer ['fɔrtdauər] f continuità f
fortfahren ['fɔrtfa:rən] v irr 1. (wegfahren) portar via, allontanarsi; 2. (fortsetzen) continuare
fortgehen ['fɔrtge:ən] v irr andare via
fortgeschritten ['fɔrtgəʃrɪtən] adj progredito
Fortgeschrittene(r) ['fɔrtgəʃrɪtənə(r)] m/f avanzato/avanzata m/f
fortjagen ['fɔrtja:gən] v scacciare
fortlaufen ['fɔrtlaufən] v irr correre via
fortlaufend ['fɔrtlaufənt] adj continuo
fortpflanzen ['fɔrtpflantsən] v sich ~ riprodursi; sich geschlechtlich ~ riprodursi sessualmente
Fortpflanzung ['fɔrtpflantsuŋ] f riproduzione f
fortschreiten ['fɔrtʃraɪtən] v irr avanzare
Fortschritt ['fɔrtʃrɪt] m progresso m
fortschrittlich ['fɔrtʃrɪtlɪç] adj progressivo
fortsetzen ['fɔrtzɛtsən] v continuare
Fortsetzung ['fɔrtzɛtsuŋ] f continuazione f
fortwährend ['fɔrtvɛ:rənt] adv continuamente
Forum ['fo:rum] n (fig) foro m
fossil [fɔ'si:l] adj fossile
Foto ['fo:to] n fotografia f
Fotoapparat ['fo:toapara:t] m macchina fotografica f
Fotograf [fo:to'gra:f] m fotografo m
fotografieren [fo:togra'fi:rən] v fotografare
Fotokopie [fo:toko'pi:] f fotocopia f
fotokopieren [fo:toko'pi:rən] v fotocopiare
Fotokopierer [fo:toko'pi:rər] m fotocopiatrice f
Foyer [fɔ'je:] n THEAT ridotto m
Frachter ['fraxtər] m nave da carico f
Frack [frak] m frac m
Frage ['fra:gə] f 1. domanda f, richiesta f, quesito m; 2. (Angelegenheit) questione f; eine ~ der Zeit sein essere una questione di tempo; außer ~ stehen essere fuori discussione
Fragebogen ['fra:gəbo:gən] m questionario m
fragen ['fra:gən] v domandare
fragend ['fra:gənt] adj interrogativo
Fragezeichen ['fra:gətsaɪçən] n punto interrogativo m
fraglich ['fra:klɪç] adj dubbio

Fragment [frak'mɛnt] n frammento m
fragwürdig ['fra:kvyrdɪç] adj dubbio, discutibile
Fragwürdigkeit ['fra:kvyrdɪçkaɪt] f incertezza f
frankieren [fraŋ'ki:rən] v affrancare
Frankreich ['fraŋkraɪç] n Francia f
Franzose [fran'tso:zə] m francese m
Französin [fran'tsø:zɪn] f francese f
französisch [fran'tsø:zɪʃ] adj francese
Französisch [fran'tsø:zɪʃ] n francese m
Frau [frau] f 1. donna f; eine ~ von Welt sein essere una donna di mondo; 2. (Ehefrau) moglie f; 3. (Anrede) Signora f
Frauenarzt ['frauənartst] m ginecologo m
Frauenbewegung ['frauənbəve:guŋ] f movimento femminista m
Frauenklinik ['frauənkli:nɪk] f clinica ginecologica f
Frauenrechtlerin ['frauənrɛçtlərɪn] f femminista f
Fräulein ['frɔylaɪn] n signorina f
fraulich ['fraulɪç] adj femminile
frech [frɛç] adj impertinente
Frechheit ['frɛçhaɪt] f impertinenza f
frei [fraɪ] adj 1. (ungebunden) libero; sich ~ machen liberarsi; 2. (nicht besetzt) libero; 3. (kostenlos) gratuito, libero, gratis
Freibad ['fraɪba:t] n piscina all'aperto f
freiberuflich ['fraɪbəru:flɪç] adj libero professionista
Freibetrag ['fraɪbətra:k] m reddito non imponibile m
freihändig ['fraɪhɛndɪç] adv a mano libera
Freiheit ['fraɪhaɪt] f libertà f
Freikarte ['fraɪkartə] f biglietto gratuito m
Freikörperkultur ['fraɪkœrərkultu:r] f nudismo m
freilassen ['fraɪlasən] v irr mettere in libertà
freilich ['fraɪlɪç] adv 1. (einräumend) a dire il vero; 2. (bestätigend) certamente
freimachen ['fraɪmaxən] v 1. (frankieren) affrancare; 2. (sich entkleiden) sich ~ spogliarsi
freimütig ['fraɪmy:tɪç] adj franco
Freitag ['fraɪta:k] m venerdì m
freitags ['fraɪta:ks] adv di venerdì
freiwillig ['fraɪvɪlɪç] adj volontario
Freizeit ['fraɪtsaɪt] f tempo libero m
Freizeitbeschäftigung ['fraɪtsaɪtbəʃɛftɪguŋ] f attività ricreative f/pl

Freizügigkeit ['fraɪtsyːgiçkaɪt] *f* libertà *f*
fremd [frɛmt] *adj 1. (unbekannt)* sconosciuto; *2. (andern gehörig)* estraneo; *3. (ausländisch)* straniero
Fremde(r) ['frɛmdə(r)] *m/f* straniero/straniera *m/f*
Fremdenführer(in) ['frɛmdənfyːrər(ɪn)] *m/f 1. (Person)* guida turistica *f; m 2. (Buch)* guida turistica *f*
Fremdenverkehr ['frɛmdənfɛrkeːr] *m* turismo *m*
Fremdenzimmer ['frɛmdəntsɪmər] *n* camera per turisti *f*
fremdgehen ['frɛmtgeːən] *v irr (fam)* commettere adulterio, fare una scappatella
Fremdsprache ['frɛmtʃpraːxə] *f* lingua straniera *f*
Fremdwort ['frɛmtvɔrt] *n* vocabolo straniero *m*
fressen ['frɛsən] *v irr* mangiare
Fressen ['frɛsən] *n 1.* cibo *m; ein gefundenes ~* un'occasione propizia *f; 2. (Tätigkeit)* mangiare *m; jdn zum ~ gern haben* volere molto bene a qd
Freude ['frɔydə] *f* gioia *f*
Freudenbotschaft ['frɔydənboːtʃaft] *f* lieta notizia *f*
Freudenhaus ['frɔydənhaus] *n* bordello *m*, casa di piacere *f*
freudig ['frɔydɪç] *adj* gioioso
freudlos ['frɔytloːs] *adj* infelice
freuen ['frɔyən] *v sich ~* rallegrarsi; *Er freut sich über eine Nachricht.* Egli si rallegra di una notizia.
Freund [frɔynt] *m* amico *m*
freundlich ['frɔyntlɪç] *adj* gentile
Freundlichkeit ['frɔyntlɪçkaɪt] *f* gentilezza *f*
Freundschaft ['frɔyntʃaft] *f* amicizia *f*
Frieden ['friːdən] *m* pace *f; dem ~ nicht trauen* non fidarsi; *jdn in ~ lassen* lasciare in pace qd
Friedhof ['friːthoːf] *m* cimitero *m*
friedlich ['friːtlɪç] *adj* pacifico
frieren ['friːrən] *v irr 1. (Person)* aver freddo; *2. (Wasser)* congelarsi
Frikadelle [frɪka'dɛlə] *f GAST* polpetta *f*
frisch [frɪʃ] *adj* fresco
Frische ['frɪʃə] *f* freschezza *f; in alter ~* nelle stesse condizioni
Frischhaltebeutel ['frɪʃhaltəbɔytəl] *m* sacchetto di conservazione *m*
Friseur [frɪ'zøːr] *m* parrucchiere *m*
Friseuse [fri'zøːzə] *f* parrucchiera *f*

frisieren [frɪ'ziːrən] *v 1.* pettinare, acconciare; *2. (fig)* mascherare
Frist [frɪst] *f* tempo fissato *m; wenige Tage ~ haben* avere pochi giorni di tempo
fristlos ['frɪstloːs] *adj* senza avviso
Frisur [fri'zuːr] *f* pettinatura *f*
froh [froː] *adj* allegro, contento
fröhlich ['frøːlɪç] *adj* allegro
Fröhlichkeit ['frøːlɪçkaɪt] *f* allegria *f*
fromm [frɔm] *adj* pio, devoto
Frömmigkeit ['frœmɪçkaɪt] *f REL* devozione *f*
Front [frɔnt] *f 1. (eines Gebäudes)* facciata *f; 2. MIL* fronte *m*
Frontalzusammenstoß [frɔn'taːltsuzamənʃtoːs] *m* collisione frontale *f*
Frosch [frɔʃ] *m ZOOL* rana *f; einen ~ im Hals haben (fig)* avere la voce roca; *Sei kein ~!* Non fare il guastafeste!
Frost [frɔst] *m* gelo *m*
frostig ['frɔstɪç] *adj 1. (kalt)* freddo; *2. (fig)* freddo
Frostschutz ['frɔstʃuts] *m* difesa antigelo *f*
Frottee [frɔ'teː] *n* tessuto a spugna *m*
Frucht [fruxt] *f* frutto *m*
fruchtbar ['fruxtbaːr] *adj* fertile
Fruchtbarkeit ['fruxtbaːrkaɪt] *f* fertilità *f*
Fruchtsaft ['fruxtzaft] *m GAST* succo di frutta *m*, spremuta di frutta *f*
früh [fryː] *adj 1.* presto; *adv 2.* presto
Frühaufsteher ['fryːaufʃteːər] *m* persona mattiniera *f*
früher ['fryːər] *adj 1.* di prima; *adv 2.* prima; *Ich kam ~ als sie.* Arrivai prima di lei.
Frühjahr ['fryːjaːr] *n* primavera *f*
frühreif ['fryːraɪf] *adj (fig)* precoce
Frühstück ['fryːʃtyk] *n* colazione *f*
frühstücken ['fryːʃtykən] *v* fare colazione
frühzeitig ['fryːtsaɪtɪç] *adj* precoce
Fuchs [fuks] *m ZOOL* volpe *f*
fügen ['fyːgən] *v sich ~* ubbidire, sottomettersi; *sich dem Willen ~* sottomettersi alla volontà
fügsam ['fyːkzaːm] *adj* arrendevole
fühlen ['fyːlən] *v* sentire
führen ['fyːrən] *v* condurre
Führer(in) ['fyːrər(ɪn)] *m/f 1. (Chef(in))* capo *m/f*, dirigente *m/f; 2. (Fahrer(in))* autista *m/f; 3. (Fremdenführer(in))* guida *f*
Führerschein ['fyːrərʃaɪn] *m* patente di guida *f*

Führung ['fy:ruŋ] *f 1. (Leitung)* direzione *f; 2. (Fremdenführung)* visita guidata *f; 3. (Benehmen)* condotta *f*
Führungskraft ['fy:ruŋskraft] *f* dirigente *m*
füllen ['fylən] *v* riempire
Füller ['fylər] *m* penna stilografica *f*
Füllung ['fyluŋ] *f 1. (das Füllen)* riempimento *m; 2. (Polsterung)* imbottitura *f; 3. (Zahnfüllung)* otturazione *f; 4. GAST* ripieno *m*
Fund [funt] *m* ritrovamento *m*
Fundament [funda'mɛnt] *n 1. (eines Hauses)* fondamenta *f/pl; 2. (fig: Grundlage)* base *f*
fundamental [fundamɛn'ta:l] *adj* fondamentale
Fundamentalist(in) [fundamɛnta'lɪst-(ɪn)] *m/f POL* fondamentalista *m/f*
Fundbüro ['funtbyro:] *n* ufficio oggetti smarriti *m*
fundiert [fun'di:rt] *adj* fondato
fünf [fynf] *num* cinque; *alle ~e gerade sein lassen* non guardare troppo per il sottile/chiudere un occhio; *~ Minuten vor zwölf* l'ultima occasione/l'ultimo minuto
fünfte(r,s) ['fynftə(r,s)] *adj* quinto/quinta
fünftens ['fynftəns] *adv* in quinto luogo
fünfzehn ['fynftse:n] *adj* quindici
fünfzehnte(r,s) ['fynftse:ntə(r,s)] *adj* quindicesimo/quindicesima
fünfzig ['fynftsɪç] *num* cinquanta
fünfzigste(r,s) ['fynftsɪçstə(r,s)] *adj* cinquantesimo/cinquantesima
Funk [funk] *m* radio *f; über ~ vermitteln* trasmettere via radio
Funke ['funkə] *m* scintilla *f*
funkeln ['funkəln] *v* scintillare
funken ['funkən] *v 1.* radiotelegrafare; *2. (fig)* accendere; *Es hat gefunkt.* E' scoccata la scintilla.
Funkgerät ['funkgərɛ:t] *n* apparecchio radio *m*
Funkspruch ['funkʃprux] *m* radiomessaggio *m*
Funktion [funk'tsjo:n] *f* funzione *f*
funktional [funktsjo'na:l] *adj 1.* funzionale; *adv 2.* in modo funzionale
funktionell [funktsjo'nɛl] *adj 1.* funzionale; *adv 2.* in modo funzionale
funktionieren [funktjo'ni:rən] *v* funzionare
für [fy:r] *prep 1.* per; *Was ~ ein Auto!* Che macchina! *das Für und Wider* il pro e il con-

tro; *2. Tag ~ Tag* giorno dopo giorno; *3. an und ~ sich* di per sé/in sé; *eine Sache ~ sich* una cosa a sé/una cosa in sé
Furche ['furçə] *f* solco *m*
Furcht [furçt] *f* paura *f*
furchtbar ['furçtba:r] *adj* terribile
fürchten ['fyrçtən] *v* temere, aver paura di
fürchterlich ['fyrçtərlɪç] *adj* terribile
furchtsam ['furçtza:m] *adj* pauroso
Furnier [fur'ni:r] *n* piallaggio *m*
Furore [fu'ro:rə] *f/n ~ machen* fare furore
fürs (= *für das) (siehe „für")*
Fürsorge ['fy:rzɔrgə] *f* assistenza *f*
fürsorglich ['fy:rzɔrglɪç] *adj* premuroso
Fürsprecher(in) ['fy:rʃprɛçər(ɪn)] *m/f* intercessore/interceditrice *m/f,* difensore/difenditrice *m/f*
Fürst(in) [fyrst/'fyrstɪn] *m/f* principe(ssa) *m/f*
Fürstentum ['fyrstəntu:m] *n* principato *m*
fürstlich ['fyrstlɪç] *adj 1.* principesco; *2. (fig: üppig)* ricco
Fuß [fu:s] *m 1. ANAT* piede *m; ~ fassen* prendere piede; *auf freiem ~ sein* essere a piede libero; *auf großem ~ leben* vivere alla grande; *mit einem ~ im Grabe stehen* avere un piede nella fossa; *mit dem linken ~ zuerst aufstehen* alzarsi con il piede sbagliato/alzarsi con il piede sinistro; *sich die Füße nach etw wund laufen* mettere le ali ai piedi per qc; *kalte Füße bekommen (fig)* avere dei ripensamenti; *sich die Füße vertreten* sgranchirsi le gambe; *jdm auf die Füße treten* pestare i piedi a qd; *sich auf eigene Füße stellen* camminare con le proprie gambe; *etw mit Füßen treten* prendere a calci qc/trattare qc con i piedi; *jdm zu Füßen liegen* venerare qd/adorare qd; *2. (Zoll)* piede *m; 3. (Sockel)* piede *m*
Fußball ['fu:sbal] *m 1. SPORT* calcio *m; 2. (Ball)* pallone da calcio *m*
Fußboden ['fu:sbo:dən] *m* pavimento *m*
Fußgänger(in) ['fu:sgɛŋər(ɪn)] *m/f* pedone/pedona *m/f*
Fußgängerzone ['fu:sgɛŋərtso:nə] *f* zona pedonale *f*
Fußtritt ['fu:strɪt] *m* calcio *m*
Fußvolk ['fu:sfɔlk] *n* fanteria *f*
Fußweg ['fu:sve:k] *m* via pedonale *f*
Futter¹ ['futər] *n (Nahrung)* foraggio *m*
Futter² ['futər] *n (Material)* fodera *f*
füttern ['fytərn] *v* imboccare, dare da mangiare
futuristisch [futu'rɪstɪʃ] *adj* futuristico

G

Gabe ['ga:bə] *f 1. (Geschenk)* dono *m; 2. (fig: Talent)* talento *m*

Gabel ['ga:bəl] *f* forchetta *f*

Gabelstapler ['ga:bəlʃta:plər] *m TECH* carrello a forca *m*

Gabelung ['ga:bəluŋ] *f* biforcazione *f*

Gag [gæg] *m* battuta *f*, gag *f*

Gage ['ga:ɡə] *f* compenso *m,* ingaggio *m*

gähnen ['gɛ:nən] *v* sbadigliare

galant [ga'lant] *adj* galante

Galavorstellung ['ga:lafo:rʃtɛluŋ] *f* spettacolo di gala *m*

Galerie [galə'ri:] *f 1. (Passage)* galleria *f; 2. ART* galleria *f*

Galgen ['galgən] *m* forca *f;* jdn an den ~ bringen portare qd al patibolo

Galle ['galə] *f ANAT* bile *f; Da läuft mir die ~ über.* Mi scoppia la bile.

Galopp [ga'lɔp] *m* galoppo *m*

Gammler ['gamlər] *m (fam)* capellone *m*

Gämse ['gɛmzə] *f ZOOL* camoscio *m*

Gang [gaŋ] *m 1. (Gehen)* andatura *f; etw in ~ bringen* dar corso a qc; *2. (Verlauf)* andamento *m; in ~ sein* essere in moto/essere in movimento/essere in marcia; *in ~ kommen* mettersi in moto/mettersi in movimento; *etw in ~ setzen* mettere in moto; *seinen ~ gehen* andare come al solito; *im ~e sein* essere in corso; *3. (Flur)* corridoio *m; 4. (eines Autos)* marcia *f; einen ~ zulegen* accelerare; *einen ~ zurückschalten* scalare una marcia; *5. GAST* portata *f*

gängig ['gɛŋɪç] *adj* praticabile, comune; *eine ~e Redensart* una locuzione comune

Gans [gans] *f ZOOL* oca *f; eine dumme ~* un'oca *f,* una scema *f*

Gänsehaut ['gɛnzəhaut] *f* pelle d'oca *f; Ich habe eine ~ bekommen.* Mi è venuta la pelle d'oca.

ganz [gants] *adj 1.* intero, tutto; *2. (nicht kaputt)* intatto

Ganzes ['gantsəs] *n* intero *m; aufs Ganze gehen* rischiare il tutto per tutto/rischiare tutto; *ums Ganze gehen* mettere tutto in gioco/essere tutto o niente

ganztägig ['gantstɛ:gɪç] *adj* che dura tutto il giorno

gar [ga:r] *adj 1. (gekocht)* cotto; *adv 2. ~ nicht* affatto; *Das gefällt mir ~ nicht.* Questo non mi piace affatto.

Garantie [garan'ti:] *f* garanzia *f; unter ~* sotto garanzia/sicuramente

garantieren [garan'ti:rən] *v* garantire per

Garaus [ga:raus] *m jdm den ~ machen* fare la pelle a qd

Gardasee ['gardaze:] *m GEO* lago di Garda *m*

Garderobe [gardə'ro:bə] *f* guardaroba *f*

Gardine [gar'di:nə] *f* tendina *f; hinter schwedischen ~n* dietro le sbarre

Gardinenpredigt [gar'di:nənpre:dɪgt] *f* ramanzina *f; jdm eine ~ halten* fare una ramanzina a qd

gären ['gɛ:rən] *v irr* fermentare; *Es gärt im Volk.* Il popolo è in fermento.

Garn [garn] *n* filato *m*

Garnele [gar'ne:lə] *f ZOOL* gambero *m*

garnieren [gar'ni:rən] *v* guarnire

Garnitur [garni'tu:r] *f 1. (von Wäsche)* parure *f; 2. (von Geschirr)* servizio *m*

Garten ['gartən] *m* giardino *m*

Gartenbau ['gartənbau] *m* giardinaggio *m*

Gartenfest ['gartənfɛst] *n* festa in giardino *f*

Gartenhaus ['gartənhaus] *n* padiglione nel giardino *m*

Gartenzaun ['gartəntsaun] *m* recinto del giardino *m*

Gärtner ['gɛrtnər] *m* giardiniere *m*

Gärtnerei [gɛrtnə'rai] *f* giardinaggio *m*

Gärung ['gɛ:ruŋ] *f* fermentazione *f*

Gas [ga:s] *n* gas *m*

Gasflasche ['ga:sflaʃə] *f* bombola di gas *f*

Gasheizung ['ga:shaitsuŋ] *f* riscaldamento a gas *m*

Gasherd ['ga:she:rt] *m* cucina a gas *f*

Gasmaske ['ga:smaskə] *f* maschera antigas *f*

Gaspedal ['ga:speda:l] *n* il pedale dell'acceleratore *m*

Gasse ['gasə] *f* vicolo *m*

Gast [gast] *m* ospite *m*

Gastarbeiter(in) ['gastarbaitər(ɪn)] *m/f* lavoratore straniero/lavoratrice straniera *m/f*

Gästehaus ['gɛstəhaus] *n* locanda *f*

Gästezimmer ['gɛstətsɪmər] *n* camera per gli ospiti *f*

gastfreundlich ['gastfrɔyntlɪç] *adj* ospitale

Gastfreundschaft ['gastfrɔyntʃaft] *f* ospitalità *f*
Gastgeber(in) ['gastgeːbər(ɪn)] *m/f* ospite *m/f*
Gasthaus ['gasthaus] *n* trattoria *f*
Gasthörer(in) ['gasthøːrər(ɪn)] *m/f* uditore/uditrice *m/f*
Gaststätte ['gastʃtɛtə] *f* ristorante *m*
Gaststättengewerbe ['gastʃtɛtəngəverbə] *n* industria alberghiera *f*
Gastwirt ['gastvɪrt] *m* oste *m*
Gaswerk ['gaːsverk] *n* officina del gas *f*
Gaszähler ['gaːstsɛːlər] *m* contatore del gas *m*
Gatte ['gatə] *m* marito *m*
Gattin ['gatɪn] *f* moglie *f*
Gattung ['gatuŋ] *f* genere *m*
Gaukler ['gauklər] *m* buffone *m*
Gaul [gaul] *m* cavallo da strapazzo *m*, ronzino *m*
Gaumen ['gaumən] *m* ANAT palato *m; einen feinen ~ haben* avere un palato fine
Gauner ['gaunər] *m* imbroglione *m*
Gebäck [gəˈbɛk] *n* biscotto *m*
Gebärde [gəˈbɛːrdə] *f* gesto *m; eine feierliche ~* un gesto solenne *m*
gebärden [gəˈbɛːrdən] *v sich ~* atteggiarsi
gebären [gəˈbɛːrən] *v irr* partorire
Gebärmutter [gəˈbɛːrmutər] *f* ANAT utero *m*
Gebäude [gəˈbɔydə] *n* edificio *m*
geben ['geːbən] *v irr* 1. dare; *viel darum geben* dare molto/dare tutto; *Wo gibt's denn so was?* Come ti salta in mente? 2. *es gibt* c'è, ci sono; *Das gibt es nicht!* Non può essere! 3. *es jdm ~* darle a qd; *auf etw nichts ~* non dare valore a qc
Gebet [gəˈbeːt] *n* REL preghiera *f; jdn ins ~ nehmen* fare la predica a qd/tenere a freno qd
Gebiet [gəˈbiːt] *n* 1. territorio *m;* 2. *(fig: Sachgebiet)* campo *m*
gebieterisch [gəˈbiːtərɪʃ] *adj* imperioso
Gebilde [gəˈbɪldə] *n* forma *f*
gebildet [gəˈbɪldət] *adj* modellato; *schön ~e Hände* mani ben modellate; *eine ~e Person* una persona istruita
Gebirge [gəˈbɪrgə] *n* montagna *f*
Gebirgskette [gəˈbɪrgskɛtə] *f* GEO catena montuosa *f*
Gebiss [gəˈbɪs] *n* 1. ANAT dentatura *f;* 2. *(künstliches ~)* dentiera *f*
geboren [gəˈboːrən] *adj* nato
Geborgenheit [gəˈbɔrgənhaɪt] *f* sicurezza *f*

Gebot [gəˈboːt] *n* 1. *(Befehl)* comando *m;* 2. REL comandamento *m*
gebraten [gəˈbraːtən] *adj* arrostito
Gebrauch [gəˈbraux] *m* impiego *m; in ~ kommen* entrare in uso
gebrauchen [gəˈbrauxən] *v* adoperare, usare
gebräuchlich [gəˈbrɔyçlɪç] *adj* usato
Gebrauchsanweisung [gəˈbrauxsanvaɪzuŋ] *f* istruzioni per l'uso *f/pl*
gebraucht [gəˈbrauxt] *adj* usato
Gebrauchtwagen [gəˈbrauxtvaːgən] *m* automobile usata *f*
Gebrüll [gəˈbryl] *n* ruggito *m*
Gebühr [gəˈbyːr] *f* tassa *f*
Gebühreneinheit [gəˈbyːrənaɪnhaɪt] *f* scatto *m*
gebührenfrei [gəˈbyːrənfraɪ] *adj* esente da tasse
gebührenpflichtig [gəˈbyːrənpflɪçtɪç] *adj* tassabile
Geburt [gəˈburt] *f* nascita *f; eine schwere ~* un parto difficile *m*
Geburtenrate [gəˈburtənraːtə] *f* tasso di natalità *m*
gebürtig [gəˈbyrtɪç] *adj* nativo; *Er ist ein ~er Italiener.* E' un oriundo italiano.
Geburtsanzeige [gəˈburtsantsaɪgə] *f* denuncia di nascita *f*
Geburtsjahr [gəˈburtsjaːr] *n* anno di nascita *m*
Geburtsort [gəˈburtsɔrt] *m* luogo di nascita *m*
Geburtstag [gəˈburtstaːk] *m* giorno di nascita *m*, compleanno *m*
Geburtstagsfeier [gəˈburtstaːksfaɪər] *f* festa di compleanno *f*
Geburtstagskind [gəˈburtstaːkskɪnt] *n* chi festeggia il proprio compleanno *m*
Geburtsurkunde [gəˈburtsuːrkundə] *f* atto di nascita *m*
Gebüsch [gəˈbyʃ] *n* boscaglia *f*
Gedächtnis [gəˈdɛçtnɪs] *n* memoria *f; ein ~ wie ein Sieb* una memoria come un colabrodo *f*
Gedächtnislücke [gəˈdɛçtnɪslykə] *f* vuoto di memoria *m*
Gedanke [gəˈdaŋkə] *m* pensiero *m; ~n lesen können* poter leggere il pensiero; *mit den ~n spielen* accarezzare l'idea; *seine ~n beisammen haben* raccogliere le idee; *etw in ~n tun* fare qc soprappensiero
Gedankenaustausch [gəˈdaŋkənaustauʃ] *m* scambio d'idee *m*

gedankenlos [gə'daŋkənlo:s] *adj* spensierato

Gedankenlosigkeit [gə'daŋkənlo:zıçkait] *f* spensieratezza *f*

Gedankensprung [gə'daŋkənʃpruŋ] *m* volo pindarico *m*

Gedankenstrich [gə'daŋkənʃtrıç] *m* trattino *m*

Gedankenübertragung [gə'daŋkəny:bərtra:guŋ] *f* telepatia *f*

gedankenverloren [gə'daŋkənfɛrlo:rən] *adj* assente

Gedeck [gə'dɛk] *n* coperto *m*

gedeihen [gə'daiən] *v irr* attecchire

gedenken [gə'dɛŋkən] *v irr* 1. *(erinnern)* ricordarsi; 2. *(vorhaben)* proporsi

Gedenkfeier [gə'dɛŋkfaiər] *f* commemorazione *f*

Gedenkstätte [gə'dɛŋkʃtɛtə] *f* monumento commemorativo *m*

Gedicht [gə'dıçt] *n* poesia *f; ein ~ sein* essere una poesia/essere un sogno

Gedränge [gə'drɛŋə] *n* calca *f*

Gedrängel [gə'drɛŋəl] *n (fam)* pigia pigia *m*

gedrungen [gə'druŋən] *adj* tarchiato

Geduld [gə'dult] *f* pazienza *f; Ich habe die ~ verloren.* Ho perso la pazienza.

geduldig [gə'duldıç] *adj* paziente

Geduldsfaden [gə'dultsfa:dən] *m Mir reißt der ~!* Sto perdendo la pazienza!

Geduldsspiel [gə'dultsʃpi:l] *n* gioco di pazienza *m; Das ist ein ~.* Ci vuole proprio pazienza.

geeignet [gə'aignət] *adj* adatto

Gefahr [gə'fa:r] *f* pericolo *m; ~ laufen* correre il rischio; *auf eigene ~* a proprio rischio e pericolo

gefährden [gə'fɛ:rdən] *v* mettere in pericolo

Gefährdung [gə'fɛ:rduŋ] *f* minaccia *f*

Gefahrenzone [gə'fa:rəntso:nə] *f* zona pericolosa *f*

Gefahrenzulage [gə'fa:rəntsu:la:gə] *f* indennità di lavoro pericoloso *f*

gefährlich [gə'fɛ:rlıç] *adj* pericoloso

gefahrlos [gə'fa:rlo:s] *adj* senza pericolo

Gefälle [gə'fɛlə] *n* pendenza *f*

gefallen [gə'falən] *v irr* 1. piacere; *sich etw ~ lassen* sopportare qc; *adj* 2. *(im Kampf)* caduto

Gefallen [gə'falən] *m* piacere *m; ~ finden an* trovare diletto a

Gefallener [gə'falənər] *m* caduto *m*

gefällig [gə'fɛlıç] *adj* 1. *(zuvorkommend)* cortese; 2. *(angenehm)* piacevole

Gefälligkeit [gə'fɛlıçkait] *f* piacere *m*

gefangen [gə'faŋənhaltən] *adj ~ halten* trattenere in carcere; *~ nehmen* fare prigioniero

Gefangene(r) [gə'faŋənə(r)] *m/f MIL* prigioniero/prigioniera *m/f;* carcerato/carcerata *m/f*

Gefangenenlager [gə'faŋənənla:gər] *n MIL* campo di prigionia *m*

Gefangenschaft [gə'faŋənʃaft] *f MIL* prigionia *f*

Gefängnis [gə'fɛŋnıs] *n* prigione *f*

Gefängnisstrafe [gə'fɛŋnısʃtra:fə] *f* pena detentiva *f*

Gefäß [gə'fɛ:s] *n* 1. recipiente *m;* 2. *ANAT* vaso *m*

gefasst [gə'fast] *adj ~ sein* essere preparato

Gefecht [gə'fɛçt] *n MIL* combattimento *m*

gefeit [gə'fait] *adj ~ sein* immune; *gegen Versuchungen ~ sein* essere immune da tentazioni

Geflimmer [gə'flımər] *n* scintillio *m*

geflissentlich [gə'flısəntlıç] *adj* intenzionale

Geflügel [gə'fly:gəl] *n ZOOL* pollame *m*

Geflügelfarm [gə'fly:gəlfarm] *f* azienda avicola *f*

Geflüster [gə'flystər] *n* bisbiglio *m*

Gefolge [gə'fɔlgə] *n* seguito *m*

gefragt [gə'fra:kt] *adj ~ sein* essere richiesto

gefrieren [gə'fri:rən] *v* gelare, congelarsi

Gefrierfach [gə'fri:rfax] *n* congelatore *m*

Gefriertruhe [gə'fri:rtru:ə] *f* cassone frigorifero *m*

Gefüge [gə'fy:gə] *n* struttura *f*

gefügig [gə'fy:gıç] *adj* docile

Gefühl [gə'fy:l] *n* 1. *(körperlich)* sensibilità *f; mit gemischten ~en* con sentimenti contrastanti; *das höchste der ~e* il massimo; 2. *(seelisch)* sentimento *m;* 3. *(Ahnung)* sensazione *f; etw im ~ haben* avere qc nel sangue/sapere qc per istinto

gefühllos [gə'fy:llo:s] *adj* 1. *(körperlich)* insensibile; 2. *(seelisch)* insensibile

Gefühlsausbruch [gə'fy:lsausbrux] *m* sfogo sentimentale *m*

Gefühlsduselei [gəfy:lsduzə'lai] *f* sentimentalismo *m*

gefühlsmäßig [gə'fy:lsmɛ:sıç] *adv* emotivo

Gefühlsmensch [gə'fy:lsmɛnʃ] *m* sentimentale *m*
gefühlvoll [gə'fy:lfɔl] *adj* pieno di sentimento
gegebenenfalls [gə'ge:bənənfals] *adv* in caso
Gegebenheit [gə'ge:bənhaɪt] *f* dato di fatto *m*
gegen ['ge:gən] *prep 1. (zeitlich)* verso; *2. (örtlich)* contro; *3. (wider)* contro; *etw ~ jdn haben* avere qc contro qd; *4. (im Austausch)* contro; *~ Quittung* contro ricevuta
Gegend ['ge:gənt] *f 1. (Landschaft)* paesaggio *m; 2. (Nähe)* vicinanze *f/pl; die ~ unsicher machen* andare in giro a fare danni/girovagare
Gegendarstellung ['ge:gəndarʃtɛluŋ] *f* replica *f*
gegeneinander ['ge:gənaɪnandər] *adv* l'uno contro l'altro
Gegenfahrbahn ['ge:gənfa:rba:n] *f* corsia contraria *f*
Gegengewicht ['ge:gəngəvɪçt] *n* contrappeso *m*
gegenläufig ['ge:gənlɔyfɪç] *adj* contromarcia
Gegenleistung ['ge:gənlaɪstuŋ] *f* contraccambio *m*
Gegenlicht ['ge:gənlɪçt] *n* controluce *m*
Gegenmaßnahme ['ge:gənmasna:mə] *f* contromisura *f*
Gegensatz ['ge:gənzats] *m* contrario *m*
gegensätzlich ['ge:gənzɛtslɪç] *adj* contrario
Gegensätzlichkeit ['ge:gənzɛtslɪçkaɪt] *f* contraddizione *f*
gegenseitig ['ge:gənzaɪtɪç] *adj* reciproco; *sich ~ helfen* aiutarsi reciprocamente
Gegenseitigkeit ['ge:gənzaɪtɪçkaɪt] *f* reciprocità *f*
Gegenspieler(in) ['ge:gənʃpi:lər(ɪn)] *m/f* avversario/avversaria *m/f*
Gegensprechanlage [ge:gənʃprɛçanla:gə] *f* telefono di servizio *m*
Gegenstand ['ge:gənʃtant] *m 1.* oggetto *m; 2. (Thema)* materia *f*
gegenstandslos ['ge:gənʃtantslo:s] *adj* inconsistente
Gegenstück ['ge:gənʃtyk] *n* oggetto di riscontro *m*
Gegenteil ['ge:gəntaɪl] *n* contrario *m*
gegenüber [ge:gən'y:bər] *prep 1. (örtlich)* di fronte; *2. (im Hinblick)* verso, nei riguardi di; *3. (Vergleich)* nei confronti di, rispetto a

gegenüberliegen [ge:gən'y:bərli:gən] *v* essere di fronte
gegenüberstehen [ge:gən'y:bərʃte:ən] *v 1.* stare dirimpetto; *2. (fig)* comportarsi; *3. (fig) einer Sache skeptisch ~* avere dei dubbi nei riguardi di qc
gegenüberstellen [ge:gən'y:bərʃtɛlən] *v 1. (vergleichen)* paragonare; *2. (konfrontieren)* confrontare
Gegenüberstellung [ge:gən'y:bərʃtɛluŋ] *f 1. (Vergleich)* paragone *m; 2. (Konfrontation)* confronto *m*
Gegenverkehr ['ge:gənfɛrke:r] *m* traffico in senso contrario *m*
Gegenwart ['ge:gənvart] *f 1.* GRAMM presente *m; 2. (Anwesenheit)* presenza *f*
gegenwärtig ['ge:gənvɛrtɪç] *adj 1. (jetzig)* presente; *2. (anwesend)* presente
Gegenwehr ['ge:gənve:r] *f* difensiva *f*
Gegenwert ['ge:gənvɛrt] *m* controvalore *m*
Gegenwind ['ge:gənvɪnt] *m* vento contrario *m*
gegenzeichnen ['ge:gəntsaɪçnən] *v* controfirmare
Gegner ['ge:gnər] *m* avversario *m*
gegnerisch ['ge:gnərɪʃ] *adj* avversario; *die ~e Partei* il partito avversario *m*
Gehalt [gə'halt] *n 1. (Lohn)* stipendio *m; 2. (Inhalt)* contenuto *m*
Gehaltserhöhung [gə'haltsɛrhø:uŋ] *f* aumento di stipendio *m*
Gehaltsgruppe [gə'haltsgrupə] *f* categoria di stipendio *f*
Gehaltszulage [gə'haltstsu:la:gə] *f* indennità *f*
gehaltvoll [gə'haltfɔl] *adj* di valore; *eine ~e Mahlzeit* un pasto sostanzioso *m*
gehässig [gə'hɛsɪç] *adj* astioso
Gehässigkeit [gə'hɛsɪçkaɪt] *f* astiosità *f*
Gehäuse [gə'hɔyzə] *n* involucro *m*
gehbehindert [ge:bəhɪndərt] *adj* handicappato nel camminare
Gehege [gə'he:gə] *n* riserva di caccia *f*
geheim [gə'haɪm] *adj* segreto; *~ halten* tener segreto
Geheimagent [gə'haɪmagɛnt] *m* POL agente segreto *m*
Geheimbund [gə'haɪmbunt] *m* POL associazione segreta *f*
Geheimdienst [gə'haɪmdi:nst] *m* POL servizio segreto *m*
Geheimfach [gə'haɪmfax] *n* cassetto segreto *m*

Geheimnis [gə'haɪmnɪs] *n* segreto *m; ein offenes ~* un segreto di Pulcinella *m*
Geheimniskrämer [gə'haɪmnɪskrɛːmər] *m* uomo misterioso *m*
geheimnisvoll [gə'haɪmnɪsfɔl] *adj* misterioso
Geheimratsecken [gə'haɪmratsɛkən] *pl (fam)* stempiature *f/pl*
Geheimtipp [gə'haɪmtɪp] *m* consiglio segreto *m*
gehemmt [gə'hɛmt] *adj ~ sein* essere frenato
gehen ['geːən] *v irr 1.* andare; *~ in* entrare; *Wie geht's?* Come va? *Das geht nicht.* Così non va. *Es geht um ...* Si tratta di ... *in sich ~* tornare in sé/tornare sui propri passi; *Das kann nicht gut ~.* La cosa non può finire bene. *2. (weg~, abfahren)* partire; *3. (dauern)* durare; *4. ~ lassen (in Ruhe lassen)* lasciar stare, lasciar in pace; *5. sich ~ lassen* lasciarsi andare
geheuer [gə'hɔyər] *adj nicht ~ sein* essere sospetto
Gehilfe [gə'hiːlfə] *m* aiuto *m*
Gehirn [gə'hɪrn] *n* ANAT cervello *m*
Gehirnwäsche [gə'hɪrnvɛʃə] *f* lavaggio del cervello *m*
Gehör [gə'høːr] *n* udito *m; ~ finden* trovare ascolto; *jdm ~ schenken* prestare ascolto a qd/prestare attenzione a qd; *sich ~ verschaffen* assicurarsi ascolto/farsi ascoltare; *um ~ bitten* chiedere udienza
gehorchen [gə'hɔrçən] *v* ubbidire
gehören [gə'høːrən] *v* appartenere; *Das gehört sich nicht!* Questo non si fa!
gehorsam [gə'hoːrzaːm] *adj* ubbidiente
Gehtnichtmehr ['geːtniçtmeːr] *n bis zum ~* sino alla nausea
Gehweg ['geːveːk] *m* marciapiede *m*
Geier ['gaɪər] *m* ZOOL avvoltoio *m; Weiß der ~!* Sa il diavolo!
Geige ['gaɪgə] *f* MUS violino *m; die erste ~ spielen (fig)* essere il numero uno/avere il ruolo principale; *nach jds ~ tanzen* farsi comandare da qd; *Der Himmel hängt ihm voller ~n.* Vede tutto rose e fiori.
geigen ['gaɪgən] *v* sonare il violino
Geisel ['gaɪzəl] *f* ostaggio *m*
Geiselnahme ['gaɪzəlnaːmə] *f* presa in ostaggio *f*
Geiselnehmer(in) ['gaɪzəlneːmər(ɪn)] *m/f* rapitore/rapitrice *m/f*
Geist [gaɪst] *m 1. (Seele)* anima *f; 2. (Verstand)* ingegno *m; 3. (Gespenst)* spirito *m; von allen guten ~ern verlassen sein*

essere abbandonato dalla buona stella; *4. seinen ~ aufgeben* rendere l'anima a Dio
Geisterbahn ['gaɪstərbaːn] *f* treno fantasma *m*
Geisterbeschwörung ['gaɪstərbəʃvøːruŋ] *f* esorcismo *m*
Geisterfahrer(in) ['gaɪstərfaːrər(ɪn)] *m/f* automobilista che marcia contromano *m/f*
Geisterhand ['gaɪstərhant] *f wie von ~* come per magia
Geisterstunde ['gaɪstərʃtundə] *f* ora degli spiriti *f*
geistesabwesend ['gaɪstəsapveːzənt] *adj 1.* assente; *adv 2.* distrattamente
Geistesblitz ['gaɪstəsblɪts] *m* lampo di genio *m*
geistesgegenwärtig ['gaɪstəsgeːgənvɛrtɪç] *adj* che ha presenza di spirito
Geisteswissenschaften ['gaɪstəsvɪsənʃaftən] *f/pl* scienze umanistiche *f/pl*
Geisteszustand ['gaɪstəstsuːʃtant] *m* stato mentale *m*
geistig ['gaɪstɪç] *adv ~ arbeiten* lavorare intellettualmente
geistlich ['gaɪstlɪç] *adj* religioso
geistlos ['gaɪstloːs] *adj* senza spirito
geistreich ['gaɪstraɪç] *adj* pieno di spirito
Geiz [gaɪts] *m* avarizia *f*
geizig ['gaɪtsɪç] *adj* avaro
Geizkragen ['gaɪtskraːgən] *m* avaraccio *m*
Gejammer [gə'jamər] *n* lamenti *m/pl*
Gekicher [gə'kɪçər] *n* risate *f/pl*
geknickt [gə'knɪkt] *adj 1. (abgebrochen)* spezzato; *2. (fig)* affranto
gekünstelt [gə'kynstəlt] *adj* innaturale
Gelächter [gə'lɛçtər] *n* risata *f*
geladen [gə'laːdən] *adj 1.* caricato; *2. (fig) ~ sein* essere carico; *mit Energie ~ sein* essere carico di energia
Gelände [gə'lɛndə] *n* terreno *m*
Geländer [gə'lɛndər] *n* ringhiera *f*
Geländewagen [gə'lɛndəvaːgən] *m* jeep fuoristrada *f*
gelangen [gə'laŋən] *v* arrivare
gelangweilt [gə'laŋvaɪlt] *adj* annoiato
gelassen [gə'lasən] *adj ~ sein* essere calmo
Gelassenheit [gə'lasənhaɪt] *f* calma *f*
geläufig [gə'lɔyfɪç] *adj* comune
gelaunt [gə'launt] *adj schlecht ~ sein* essere di cattivo umore; *gut ~ sein* essere di buon umore
geläutert [gə'lɔytərt] *adj (fig)* purificato

gelb [gɛlp] *adj* giallo
Geld [gɛlt] *n* denaro *m;* ~ *wie Heu haben* avere denaro a palate; *das* ~ *unter die Leute bringen* sperperare il denaro; *etw zu* ~ *machen* trasformare qc in denaro; *ins* ~ *gehen* diventare una spesa; *nicht mit* ~ *zu bezahlen sein* essere impagabile; *in* ~ *schwimmen* nuotare nel denaro; ~ *stinkt nicht.* Il denaro non puzza.
Geldautomat ['gɛltautomaːt] *m* sportello automatico *m*
Geldbetrag ['gɛltbətraːk] *m* somma di danaro *m*
Geldbeutel ['gɛltbɔytəl] *m* borsellino *m*
Geldgeber ['gɛltgeːbər] *m* finanziatore *m*
geldgierig ['gɛltgiːrɪç] *adj* avido di denaro
Geldhahn ['gɛlthaːn] *m jdm den* ~ *zudrehen* tagliare i viveri a qd
Geldquelle ['gɛltkvɛlə] *f* fonte di guadagno *f*
Geldschein ['gɛltʃaɪn] *m* banconota *f*
Geldstrafe ['gɛltʃtraːfə] *f* ammenda *f*
Geldstück ['gɛltʃtyk] *m* moneta *f*
Geldverschwendung ['gɛltfɛrʃvɛnduŋ] *f* spreco di denaro *m*
Geldwäsche ['gɛltvɛʃə] *f* riciclaggio di denaro *m*
Geldwechsel ['gɛltvɛksəl] *m* cambio monetario *m*
gelegen [gə'leːgən] *adj* 1. *(liegend)* situato; 2. ~ *kommen (fig)* essere opportuno
Gelegenheit [gə'leːgənhaɪt] *f* occasione *f; die* ~ *beim Schopfe packen* prendere l'occasione al volo
Gelegenheitsarbeit [gə'leːgənhaɪtsarbaɪt] *f* lavoro occasionale *m*
gelegentlich [gə'leːgəntlɪç] *adj* occasionale
gelehrig [gə'leːrɪç] *adj* studioso
gelehrt [gə'leːrt] *adj* erudito
Gelehrte(r) [gə'leːrtə(r)] *m/f* erudito/erudita *m/f*
Geleit [gə'laɪt] *n* accompagnamento *m*
Geleitschutz [gə'laɪtʃuts] *m* scorta *f*
Gelenk [gə'lɛŋk] *n* 1. *TECH* giunto *m;* 2. *ANAT* articolazione *f*
gelenkig [gə'lɛŋkɪç] *adj* articolato
Geliebte(r) [gə'liːptə(r)] *m/f* amato/amata *m/f*
geliefert [gə'liːfərt] *adj* ~ *sein (fig)* essere rovinato
gelingen [gə'lɪŋən] *v irr* riuscire; *Das Werk wird* ~. L'opera riuscirà.

gellend ['gɛlənt] *adj* 1. squillante; *adv* 2. in modo stridulo
geloben [gə'loːbən] *v* promettere solennemente
gelockt [gə'lɔkt] *adj* ricciuto
gelten ['gɛltən] *v irr* valere; ~ *als* passare per
geltend ['gɛltənt] *adj* valido
Geltung ['gɛltuŋ] *f* 1. *(Gültigkeit)* validità *f;* 2. *(Ansehen)* considerazione *f; jdm* ~ *verschaffen* far rispettare qd; *etw zur* ~ *bringen* mettere qc nella giusta luce/far risaltare qc; *zur* ~ *kommen* essere nella giusta luce/risaltare
Geltungsbedürfnis ['gɛltuŋsbədyrfnɪs] *n* ambizione *f*
Geltungsbereich ['gɛltuŋsbəraɪç] *m* limiti di validità *m/pl*
gelungen [gə'luŋən] *adj* 1. riuscito; *adv* 2. bene
Gelüste [gə'lystə] *pl* voglia *f*
gemächlich [gə'mɛːçlɪç] *adj* calmo
Gemahl(in) [gə'maːl(ɪn)] *m/f* consorte *m/f*
Gemälde [gə'mɛːldə] *n* dipinto *m*
gemäß [gə'mɛːs] *prep* secondo
gemäßigt [gə'mɛːsɪçt] *adj* moderato
gemein [gə'maɪn] *adj* 1. comune; 2. *(böse)* cattivo
Gemeinde [gə'maɪndə] *f* 1. *(Gemeinschaft)* comunità *f;* 2. *POL* comune *m*
gemeingefährlich [gə'maɪngəfɛːrlɪç] *adj* che costituisce un pericolo pubblico
Gemeingut [gə'maɪnguːt] *n* bene comune *m*
Gemeinheit [gə'maɪnhaɪt] *f* cattiveria *f*
gemeinnützig [gə'maɪnnytsɪç] *adj* di pubblica utilità
Gemeinplatz [gə'maɪnplats] *m* luogo comune *m*
gemeinsam [gə'maɪnzaːm] *adj* 1. comune; *adv* 2. in comune
Gemeinsamkeit [gə'maɪnzaːmkaɪt] *f* comunanza *f*
Gemeinschaft [gə'maɪnʃaft] *f* comunità *f*
Gemeinwesen [gə'maɪnveːzən] *n* comunità *f*
Gemeinwohl [gə'maɪnvoːl] *n* bene comune *m*
Gemetzel [gə'mɛtsəl] *n* massacro *m*
Gemisch [gə'mɪʃ] *n* miscela *f*
gemischt [gə'mɪʃt] *adj* 1. mescolato; 2. *(fig)* misto; *mit ~en Gefühlen* con sentimenti contrastanti

Gemüse [gə'my:zə] *n* verdura *f*
Gemüsegarten [gə'my:zəgartən] *m* orto *m*
gemustert [gə'mustərt] *adj* disegnato
Gemüt [gə'my:t] *n* sentimento *m*, animo *m; sich etw zu ~e führen* prendersi a cuore qc/mangiare qc di gusto/bere volentieri qc; *ein sonniges ~ haben* essere un'anima solare; *aufs ~ schlagen* colpire nell'animo/colpire nel profondo
gemütlich [gə'my:tlɪç] *adj 1. (Person)* calmo; *2. (Sache)* accogliente; *adv 3.* confortevolmente
Gemütlichkeit [gə'my:tlɪçkaɪt] *f* comodità *f*
Gemütsruhe [gə'my:tsru:ə] *f* calma *f*
Gen [ge:n] *n BIO* gene *m*
genau [gə'nau] *adj 1.* esatto; *adv 2.* precisamente; *~ genommen* a rigore/nel senso stretto della parola; *interj 3.* precisamente
Genauigkeit [gə'nauɪçkaɪt] *f* esattezza *f*
genauso [gə'nauzo:] *adv* altrettanto
genehmigen [gə'ne:mɪgən] *v 1.* autorizzare, gradire; *2. (Gesetz)* approvare; *3. sich einen ~* concedersene uno
Genehmigung [gə'ne:mɪguŋ] *f* autorizzazione *f*
General [genə'ra:l] *m MIL* generale *m*
Generalprobe [genə'ra:lpro:bə] *f* prova generale *f*
Generalstreik [genə'ra:lʃtraɪk] *m* sciopero generale *m*
Generation [genəra'tsjo:n] *f* generazione *f*
generell [gɛnə'rɛl] *adj* generale
Genesung [gə'ne:zuŋ] *f* guarigione *f*
Genforschung ['ge:nfɔrʃuŋ] *f* ricerca genetica *f*
genial [gen'ja:l] *adj* geniale
Genialität [genjalɪ'tɛ:t] *f* genialità *f*
Genick [gə'nɪk] *n ANAT* nuca *f; das ~ brechen* rompere l'osso del collo
Genie [ʒe'ni:] *n* genio *m*
genieren [ʒe'ni:rən] *v sich ~* vergognarsi
genießbar [gə'ni:sba:r] *adj* commestibile
genießen [gə'ni:sən] *v irr 1. etw ~* gustare qc; *2. (fig: erhalten)* ricevere
Genießer [gə'ni:sər] *m* gaudente *m*
Genitalien [geni'ta:ljən] *pl ANAT* genitali *m/pl*
Genmanipulation ['ge:nmanipulatsjo:n] *f BIO* manipolazione genetica *f*
genormt [gə'nɔrmt] *adj* unificato
Genosse [gə'nɔsə] *m* compagno *m*

Genossenschaft [gə'nɔsənʃaft] *f* cooperativa *f*
Gentechnologie ['gɛntɛçnologi:] *f* tecnologia genetica *f*
genug [gə'nu:k] *adv* abbastanza
genügen [gə'ny:gən] *v* bastare
genügsam [gə'ny:kza:m] *adj* sobrio
Genugtuung [gə'nu:ktu:uŋ] *f* soddisfazione *f*
Genuss [gə'nus] *m* godimento *m; in den ~ von etw kommen* godere di qc
genüsslich [gə'nyslɪç] *adj* voluttuoso
geöffnet [gə'œfnət] *adj* aperto
Geograf [geo'gra:f] *m* geografo *m*
Geografie [geogra'fi:] *f* geografia *f*
Geologe [geo'lo:gə] *m* geologo *m*
Geologie [geolo'gi:] *f* geologia *f*
Geometrie [geome'tri:] *f* geometria *f*
geometrisch [geo'me:trɪʃ] *adj* geometrico
Gepäck [gə'pɛk] *n* bagaglio *m*
Gepäckannahme [gə'pɛkanna:mə] *f* accettazione bagagli *f*
Gepäckausgabe [gə'pɛkausga:bə] *f* consegna del bagaglio *f*
Gepäckkontrolle [gə'pɛkkɔntrɔlə] *f* controllo dei bagagli *m*
Gepäckträger [gə'pɛktrɛ:gər] *m* facchino *m*
Gepard [gə'part] *m ZOOL* gheopardo *m*
gepflegt [gə'pfle:kt] *adj 1. (Person)* curato; *2. (Sache)* curato; *3. (fig: Sprache)* scelto; *Er hat eine ~e Ausdrucksweise.* Egli ha un modo di esprimersi scelto.
Gepflogenheit [gə'pflo:gənhaɪt] *f* abitudine *f*
Geplauder [gə'plaudər] *n* chiacchierata *f*
gerade [gə'ra:də] *adj 1.* diritto; *2. (Zahl)* pari; *adv 3. (ausgerechnet)* precisamente; *4. (in diesem Moment)* in questo momento
geradeaus [gəra:də'aus] *adv* diritto; *immer ~* sempre diritto
geradeso [gə'ra:dəzo:] *adv* proprio così
geradestehen [gə'ra:dəʃte:ən] *v irr für etw ~* assumersi le responsabilità per qc
geradewegs [gə'ra:dəve:ks] *adv* diritto
geradezu [gə'ra:dətsu:] *adv* addirittura
geradlinig [gə'ra:tli:nɪç] *adj (fig)* lineare; *Er hat einen ~en Charakter.* Ha un carattere leale.
Gerät [gə'rɛ:t] *n* apparecchio *m*, attrezzo *m*
geraten [gə'ra:tən] *v irr 1. (ausfallen)* risultare; *2. (zufällig gelangen)* capitare, incappare; *in jds Hände ~* cadere nelle mani di

qd; *3. (stoßen auf)* ~ *an* imbattersi in; *an den Richtigen* ~ imbattersi nella persona giusta
Geratewohl [gə'ra:tɘvo:l] *n aufs* ~ a caso
geräumig [gə'rɔymɪç] *adj* ampio
Geräusch [gə'rɔyʃ] *n* rumore *m*
geräuschlos [gə'rɔyʃlo:s] *adj* silenzioso
geräuschvoll [gə'rɔyʃfɔl] *adj* rumoroso
gerecht [gə'rɛçt] *adj* giusto
gerechtfertigt [gə'rɛçtfɛrtɪçt] *adj* giustificato
Gerechtigkeit [gə'rɛçtɪçkaɪt] *f* giustizia *f*
Gerede [gə're:də] *n 1.* chiacchiere *f/pl; 2. (Gerücht)* dicerie *f/pl; jdn ins* ~ *bringen* portare il discorso su qd; *ins* ~ *kommen* essere oggetto di pettegolezzi
gereizt [gə'raɪtst] *adj* irritato
Gereiztheit [gə'raɪtsthaɪt] *f* irritazione *f*
Gericht [gə'rɪçt] *n 1.* JUR tribunale *m; mit jdm ins* ~ *gehen (fig)* andare in causa con qd; *2.* GAST pietanza *f*
gering [gə'rɪŋ] *adj 1. (wenig)* poco; *2. (niedrig)* basso; *3. (kurz)* breve; *kein Geringerer als* nientemeno che/nientepopodimenoche
geringfügig [gə'rɪŋfy:gɪç] *adj* futile; *adv* poco
Geringfügigkeit [gə'rɪŋfy:gɪçkaɪt] *f* futilità *f*
Geringschätzung [gə'rɪŋʃɛtsuŋ] *f* disistima *f*
gerinnen [gə'rɪnən] *v irr* coagulare
gern [gɛrn] *adv* volentieri; ~ *tun* fare volentieri; *jdn* ~ *haben* voler bene a qd; *etw* ~ *mögen* piacersi qc; *Der kann mich* ~ *haben.* Può andare a quel paese.
Gerste ['gɛrstə] *f* BOT orzo *m*
gertenschlank ['gɛrtən'ʃlaŋk] *adj* snello come un giunco
Geruch [gə'rux] *m* odore *m*
geruchlos [gə'ruxlo:s] *adj* inodoro
Geruchssinn [gə'ruxzɪn] *m* olfatto *m*
Gerücht [gə'ryçt] *n* voce *f; Das* ~ *geht um, dass ...* Corre voce che ...
gerührt [gə'ry:rt] *adj (fig)* commosso; *zu Tränen* ~ commosso fino alle lacrime
geruhsam [gə'ru:za:m] *adj* tranquillo
Gerüst [gə'ryst] *n 1. (Baugerüst)* impalcatura *f; 2. (fig)* struttura *f*
gesamt [gə'zamt] *adj* totale
Gesamtansicht [gə'zamtanzɪçt] *f* prospetto totale *m*
Gesamtbetrag [gə'zamtbɘtra:k] *m* importo totale *m*

Gesamtheit [gə'zamthaɪt] *f* totalità *f*
Gesang [gə'zaŋ] *m* canto *m*
gesättigt [gə'zɛtɪçt] *adj 1. (satt)* sazio; *2.* ECO saturo
Geschäft [gə'ʃɛft] *n 1. (Laden)* negozio *m; 2.* ECO affari *m/pl; in ~en* in affari
geschäftig [gə'ʃɛftɪç] *adj* attivo
geschäftlich [gə'ʃɛftlɪç] *adj 1.* affaristico; *adv 2.* per affari
Geschäftsfrau [gə'ʃɛftsfrau] *f* donna d'affari *f*
Geschäftsführer(in) [gə'ʃɛftsfy:rər(ɪn)] *m/f* amministratore/amministratrice *m/f*
geschäftstüchtig [gə'ʃɛftstyçtɪç] *adj* abile negli affari
Geschäftszweig [gə'ʃɛftstsvaɪg] *m* ramo commerciale *m*
geschehen [gə'ʃe:ən] *v irr* accadere
Geschehen [gə'ʃe:ən] *n* avvenimento *m*
gescheit [gə'ʃaɪt] *adj* assennato; *Du bist wohl nicht recht* ~*!* Ti ha dato di volta il cervello!/Hai battuto la testa da piccolo!
Geschenk [gə'ʃɛŋk] *n* regalo *m*, dono *m; ein* ~ *des Himmels* un dono del cielo *m*
Geschichte [gə'ʃɪçtə] *f 1. (Vergangenheit)* storia *f*, passato *m;* ~ *machen* fare storia/fare epoca; *2. (Erzählung)* storia *f*, racconto *m*
geschichtlich [gə'ʃɪçtlɪç] *adj* storico
Geschick [gə'ʃɪk] *n* destino *m*
Geschicklichkeit [gə'ʃɪklɪçkaɪt] *f* abilità *f*
geschickt [gə'ʃɪkt] *adj* abile
geschieden [gə'ʃi:dən] *adj* divorziato
Geschirr [gə'ʃɪr] *n* stoviglie *f/pl; sich ins* ~ *legen* mettersi alla frusta
Geschirrspülmaschine [gə'ʃɪrʃpy:lmaʃi:nə] *f* lavastoviglie *f*
Geschlecht [gə'ʃlɛçt] *n 1.* sesso *m*, genere *m; 2. (Adelsgeschlecht)* stirpe *f*
Geschlechtsverkehr [gə'ʃlɛçtsfɛrke:r] *m* rapporti sessuali *m/pl*
geschlossen [gə'ʃlɔsən] *adj* chiuso
Geschmack [gə'ʃmak] *m 1. (Speisen)* sapore *m; 2. (Sinn für Schönes)* gusto *m; Er hat einen guten* ~*.* Ha un buon gusto. ~ *an etw finden* provare gusto a qc; *auf den* ~ *kommen* prenderci gusto
geschmacklos [gə'ʃmaklo:s] *adj 1. (fade)* insipido; *2. (fig: hässlich)* brutto; *3. (fig: taktlos)* senza tatto
Geschmacklosigkeit [gə'ʃmaklo:zɪçkaɪt] *f 1. (fig: Hässlichkeit)* mancanza di gusto *f; 2. (fig: Taktlosigkeit)* mancanza di tatto *f*

Geschmacksache [gə'ʃmakzaxə] f questione di gusti f

geschmackvoll [gə'ʃmakfɔl] adj (fig) di buon gusto

Geschmier [gə'ʃmiːr] n sudiciume f

Geschöpf [gə'ʃœpf] n creatura f

Geschrei [gə'ʃraɪ] n grida f/pl; Die Kinder machen ein lautes ~. I bambini levano alte grida.

geschützt [gə'ʃytst] adj protetto

geschwätzig [gə'ʃvɛtsɪç] adj chiacchierone

geschweige [gə'ʃvaɪgə] konj ~ denn e ancor meno

geschwind [gə'ʃvɪnt] adj veloce

Geschwindigkeit [gə'ʃvɪndɪçkaɪt] f velocità f

Geschwindigkeitsbeschränkung [gə-'ʃvɪndɪçkaɪtsbəʃrɛŋkuŋ] f limite di velocità m

Geschwindigkeitsüberschreitung [gə-'ʃvɪndɪçkaɪtsyːbərʃraɪtuŋ] f eccesso di velocità m

Geschwister [gə'ʃvɪstər] pl fratelli e sorelle m/f/pl

geschwollen [gə'ʃvɔlən] adj gonfio

Geselle [gə'zɛlə] m lavorante m/f

Gesellenprüfung [gə'zɛlənpryːfuŋ] f esame artigianale m

gesellig [gə'zɛlɪç] adj 1. (Person) socievole; 2. ~es Beisammensein incontro fra amici

Gesellschaft [gə'zɛlʃaft] f 1. società f; 2. (Begleitung) compagnia f; jdm ~ leisten fare compagnia a qd; sich in guter ~ befinden trovarsi in buona compagnia

gesellschaftlich [gə'zɛlʃaftlɪç] adj sociale

Gesellschaftsschicht [gə'zɛlʃaftsʃɪçt] f strato sociale m

Gesetz [gə'zɛts] n legge f

gesetzlich [gə'zɛtslɪç] adj legale

gesetzlos [gə'zɛtsloːs] adj senza legge

gesetzmäßig [gə'zɛtsmɛːsɪç] adj conforme alla legge

gesetzwidrig [gə'zɛtsviːdrɪç] adj illegale

Gesicht [gə'zɪçt] n faccia f; den Tatsachen ins ~ sehen guardare in faccia la realtà; jdm nicht ins ~ sehen können non poter guardare in faccia qd; das ~ verlieren perdere la faccia; jdm ins ~ springen saltare agli occhi di qd; sein wahres ~ zeigen mostrare la propria vera faccia; im ~ geschrieben stehen essere scritto in faccia; jdm etw ins ~ sagen dire qc in faccia a qd; sein ~ wahren salvare la faccia;

ein langes ~ machen fare la faccia lunga/tenere il muso; jdm wie aus dem ~ geschnitten sein assomigliare a qd come una goccia d'acqua

Gesichtsausdruck [gə'zɪçtsausdruk] m espressione del volto f

Gesichtspunkt [gə'zɪçtspuŋkt] m punto di vista m

Gesichtszüge [gə'zɪçtstsyːgə] pl lineamenti del volto m/pl

Gesindel [gə'zɪndəl] n gentaglia f

Gesinnung [gə'zɪnuŋ] f animo m

Gesinnungswechsel [gə'zɪnuŋsvɛksəl] m cambiamento d'opinione m

Gespann [gə'ʃpan] n 1. (Pferdegespann) tiro m; 2. (fig) coppia f; ein seltsames ~ una strana coppia f

gespannt [gə'ʃpant] adj 1. teso; 2. (fig: Beziehung) teso; ~e Beziehungen rapporti tesi m/pl; 3. (fig: erwartungsvoll) ansioso; mit ~er Erwartung in ansiosa attesa

Gespenst [gə'ʃpɛnst] n spettro m, fantasma m; ~er sehen vedere fantasmi

gespenstisch [gə'ʃpɛnstɪʃ] adj spettrale

gesperrt [gə'ʃpɛrt] adj 1. (verboten) vietato; 2. (Konto) vincolato

Gespött [gə'ʃpœt] n scherno m; jdm zum ~ machen fare di qd uno zimbello/rendere ridicolo qd; zum ~ werden rendersi ridicolo/ diventare uno zimbello

Gespräch [gə'ʃprɛːç] n 1. (Unterhaltung) conversazione f; im ~ sein essere in discussione; mit jdm im ~ bleiben mantenere i contatti con qd; 2. (Unterredung) colloquio m; 3. (Dialog) dialogo m

gesprächig [gə'ʃprɛːçɪç] adj loquace

Gesprächspartner [gə'ʃprɛːçspartnər] m interlocutore m

gesprungen [gə'ʃpruŋən] adj spaccato; Die Mauer ist ~. Il muro è spaccato. Das Pferd ist ~. Il cavallo è saltato.

Gespür [gə'ʃpyːr] n senso m

Gestalt [gə'ʃtalt] f 1. (Figur) figura f; 2. (Aussehen) aspetto m; 3. (fig) forma f; in ~ von sotto forma di

gestalten [gə'ʃtaltən] v 1. (formen) formare; 2. (verwirklichen) realizzare; 3. (einrichten) arredare

Gestaltung [gə'ʃtaltuŋ] f 1. (Formgebung) forma f; 2. (Verwirklichung) realizzazione f; 3. (Einrichtung) arredamento m

Geständnis [gə'ʃtɛntnɪs] n confessione f

Gestank [gə'ʃtaŋk] m puzzo m

gestatten [gə'ʃtatən] v permettere

Geste ['gɛstə] f gesto m
gestehen [gə'ʃteːən] v irr confessare
Gestein [gə'ʃtaɪn] n roccia f
Gestell [gə'ʃtɛl] n sostegno m, telaio m
gestern ['gɛstərn] adv ieri; *nicht von ~ sein* non essere nato ieri
gestikulieren [gɛstɪku'liːrən] v gesticolare
gestohlen [gə'ʃtoːlən] adj *jdm ~ bleiben können* poter fare a meno di qd
Gestrüpp [gə'ʃtryp] n BOT sterpaglia f
Gestüt [gə'ʃtyːt] n scuderia f
Gesuch [gə'zuːx] n domanda f, richiesta f
gesund [gə'zunt] adj 1. *(Person)* sano; *~ werden* guarire; 2. *(Nahrungsmittel)* salutare
Gesundheit [gə'zunthaɪt] f salute f
Gesundheitsamt [gə'zunthaɪtsamt] n ufficio d'igiene m
Gesundheitsapostel [gə'zunthaɪtsapostəl] m *(fam)* salutista m
Gesundheitszustand [gə'zunthaɪtstsuʃtant] m stato di salute m
gesundstoßen [gə'zuntʃtoːsən] v *sich ~* arricchirsi
Getränk [gə'trɛŋk] n bevanda f
Getränkeautomat [gə'trɛŋkəautomaːt] m distributore automatico di bevande m
getrauen [gə'trauən] v *sich ~* osare
Getreide [gə'traɪdə] n cereali m/pl
getrennt [gə'trɛnt] adj diviso
Getriebe [gə'triːbə] n 1. TECH ingranaggio m; 2. *(fig)* viavai m; *ein ~ von Leuten* un viavai di gente m
Gewächs [gə'vɛks] n 1. BOT pianta f; 2. MED tumore m
gewachsen [gə'vaksən] adj 1. cresciuto; 2. *jdm ~ sein* essere all'altezza di qd
Gewächshaus [gə'vɛkshaus] n serra f
gewagt [gə'vaːkt] adj audace, rischioso
gewählt [gə'vɛːlt] adj scelto
Gewähr [gə'vɛːr] f garanzia f
gewähren [gə'vɛːrən] v concedere
gewährleisten [gə'vɛːrlaɪstən] v garantire
Gewahrsam [gə'vaːrzaːm] m custodia f; *jdn in ~ nehmen* prendere in custodia qd
Gewalt [gə'valt] f 1. violenza f, forza f; *mit aller ~* con tutte le proprie forze; 2. *(Macht)* potere m; *höhere ~* forza maggiore; *sich in der ~ haben* avere il controllo di sé
Gewaltanwendung [gə'valtanvɛnduŋ] f uso della forza m
gewaltig [gə'valtɪç] adj potente, violento

gewaltsam [gə'valtzaːm] adj violento
gewalttätig [gə'valttɛtɪç] adj brutale
Gewaltverbrecher [gə'valtfərbrɛçər] m criminale m
gewandt [gə'vant] adj abile
Gewässer [gə'vɛsər] n acque f/pl
Gewebe [gə'veːbə] n tessuto m
Gewehr [gə'veːr] n fucile m; *~ bei Fuß stehen* stare sul chi va là
Geweih [gə'vaɪ] n corna f/pl
gewerblich [gə'vɛrblɪç] adj ECO industriale
Gewerkschaft [gə'vɛrkʃaft] f sindacato m; *freie ~* sindacato libero
Gewerkschaftsbund [gə'vɛrkʃaftsbunt] m confederazione del lavoro f
Gewicht [gə'vɪçt] n 1. peso m; 2. *(fig: Wichtigkeit)* importanza f; *ins ~ fallen* avere peso; *auf etw ~ legen* dare peso a qc
gewillt [gə'vɪlt] v *~ sein* essere disposto
Gewimmer [gə'vɪmər] n piagnisteo m
Gewinde [gə'vɪndə] n 1. *(einer Schraube)* filettatura f; 2. *(Blumengewinde)* ghirlanda f
Gewinn [gə'vɪn] m 1. *(Spiel)* vincita f; 2. *(fig: Nutzen)* profitto m; 3. ECO guadagno; *~ bringend* redditizio
gewinnen [gə'vɪnən] v irr 1. *(verdienen)* guadagnare; 2. *(siegen)* vincere; 3. *(fig: profitieren)* guadagnare
gewinnend [gə'vɪnənt] adj attraente
Gewinner [gə'vɪnər] m vincitore m
Gewinnzahl [gə'vɪntsaːl] f numero vincente m
Gewirr [gə'vɪr] n 1. *(Durcheinander)* groviglio m; 2. *(Stimmengewirr)* brusio m; 3. *(Labyrinth)* labirinto m
gewiss [gə'vɪs] adj certo; *das ~e Etwas* il certo nonsoché m
Gewissen [gə'vɪsən] n coscienza f; *jdm ins ~ reden* parlare in coscienza a qd; *ein gutes ~* una coscienza pulita f; *etw auf dem ~ haben* avere qc sulla coscienza
gewissenhaft [gə'vɪsənhaft] adj coscienzioso
Gewissenhaftigkeit [gə'vɪsənhaftɪçkaɪt] f coscienziosità f
gewissenlos [gə'vɪsənloːs] adj privo di scrupoli
Gewissensbisse [gə'vɪsənsbɪsə] pl rimorsi m/pl
Gewissenskonflikt [gə'vɪsənskɔnflɪkt] m conflitto di coscienza m
gewissermaßen [gə'vɪsərmaːsən] adv in certo qual modo

Gewissheit [gə'vɪshaɪt] *f* certezza *f*
Gewitter [gə'vɪtər] *n* temporale *m*
Gewitterschauer [gə'vɪtərʃauər] *m* acquazzone temporalesco *m*
Gewitterstimmung [gə'vɪtərʃtɪmuŋ] *f* 1. aria di temporale *f;* 2. *(fig)* aria di tempesta *f*
gewöhnen [gə'vøːnən] *v sich* ~ abituarsi
Gewohnheit [gə'voːnhaɪt] *f* abitudine *f*
gewohnheitsmäßig [gə'voːnhaɪtsmɛsɪç] *adj* abituale
Gewohnheitsmensch [gə'voːnhaɪtsmenʃ] *m* abitudinario *m*
gewöhnlich [gə'vøːnlɪç] *adj* 1. *(gebräuchlich)* solito; 2. *(normal)* comune; 3. *(unfein)* ordinario; *adv* 4. *(üblicherweise)* di solito
gewohnt [gə'voːnt] *adj* abituato
Gewöhnung [gə'vøːnuŋ] *f* abitudine *f*
Gewölbe [gə'vœlbə] *n* volta *f*
Gewürz [gə'vyrts] *n* aromi *m/pl,* spezia *f*
gezackt [gə'tsakt] *adj* dentellato
Gezanke [gə'tsaŋkə] *n* litigio *m*
gezeichnet [gə'tsaɪçnət] *adj (fig)* segnato; *vom Schicksal* ~ segnato dal destino
Gezeiten [gə'tsaɪtən] *pl* maree *f/pl*
gezielt [gə'tsiːlt] *adj* 1. programmato; *adv* 2. con un programma
geziert [gə'tsiːrt] *adj (fig)* affettato
Gezwitscher [gə'tsvɪtʃər] *n* cinguettio *m*
gezwungenermaßen [gə'tsvuŋənərmaːsən] *adv* forzatamente
Giebel [ˈgiːbəl] *m* timpano *m*
Gier [giːr] *f* avidità *f*
gierig [ˈgiːrɪç] *adj* avido
gießen [ˈgiːsən] *v irr* 1. *(einschenken)* versare; *in Strömen* ~ piovere a catinelle/diluviare; 2. *(Blumen)* annaffiare
Gießkanne [ˈgiːskanə] *f* annaffiatoio *m*
Gift [gɪft] *n* veleno *m;* ~ *für jdn sein* essere veleno per qd; ~ *und Galle spucken* sputare veleno; *Darauf kannst du* ~ *nehmen!* Puoi starne certo!
giftig [ˈgɪftɪç] *adj* velenoso
Giftmüll [ˈgɪftmyl] *m* rifiuti tossici *m/pl*
Giftstoffe [ˈgɪftʃtɔfə] *m* sostanze velenose *f/pl*
gigantisch [giˈgantɪʃ] *adj* gigantesco
Gipfel [ˈgɪpfəl] *m* 1. *GEO* cima *f;* 2. *POL* vertice *m;* 3. *(fig: Höhepunkt)* apice *m*
Gips [gɪps] *m* gesso *m*
Gipsbein [ˈgɪpsbaɪn] *n* gamba ingessata *f*
Giraffe [giˈrafə] *f ZOOL* giraffa *f*
Girlande [ˈgɪrlandə] *f* festone per l'albero di natale *m,* ghirlanda *f*

Gitarre [gɪˈtarə] *f MUS* chitarra *f*
Gitter [ˈgɪtər] *n* grata *f; hinter* ~*n sitzen* stare dietro le sbarre; *jdn hinter* ~ *bringen* metter qd dietro le sbarre
Gitterbett [ˈgɪtərbɛt] *n* letto con le sponde *m*
Glanz [glants] *m* splendore *m; mit* ~ *und Gloria* con tutti i crismi/in pompa magna
glänzen [ˈglɛntsən] *v* splendere
glänzend [ˈglɛntsənt] *adj* 1. splendido; *adv* 2. magnificamente; *Das hast du* ~ *gemacht.* Lo hai fatto magnificamente.
Glanzleistung [ˈglantslaɪstuŋ] *f* prestazione splendida *f*
Glanzzeit [ˈglantstsaɪt] *f* periodo aureo *m*
Glas [glaːs] *n* 1. *(Material)* vetro *m;* 2. *(Trinkglas)* bicchiere *m; zu tief ins* ~ *schauen (fig)* alzare il gomito
Glasbaustein [ˈglaːsbauʃtaɪn] *m* mattonella per vetrocemento *f*
Glaser [ˈglaːzər] *m* vetraio *m*
gläsern [ˈglɛːzərn] *adj* di vetro
Glasfaser [ˈglaːsfaːzər] *f* fibra di vetro *f*
Glasflasche [ˈglaːsflaʃə] *f* bottiglia di vetro *f*
glasieren [glaˈziːrən] *v* 1. *TECH* smaltare a vetro; 2. *GAST* ricoprire di gelatina
glasig [ˈglaːzɪç] *adj* vitreo
glasklar [ˈglaːsklaːr] *adj* limpido
Glasscheibe [ˈglaːsʃaɪbə] *f* lastra di vetro *f*
Glaswolle [ˈglaːsvɔlə] *f* lana di vetro *f*
glatt [glat] *adj* 1. *(faltenlos)* liscio; 2. *(rutschig)* sdrucciolevole; 3. *(fig: mühelos)* facile; 4. *(fig: heuchlerisch)* viscido
Glätte [ˈglɛtə] *f* scivolosità *f*
Glatteis [ˈglataɪs] *n* strato di ghiaccio *m; jdn aufs* ~ *führen (fig)* menare qd per il naso
glätten [ˈglɛtən] *v* 1. *(glattmachen)* lisciare; 2. *(fig: beruhigen)* calmare
Glatze [ˈglatsə] *f* testa calva *f*
glatzköpfig [ˈglatskœpfɪç] *adj* calvo
Glaube [ˈglaubə] *m REL* fede *f; in gutem* ~*n* in buona fede
glauben [ˈglaubən] *v* credere, aver fede; *jdm etw* ~ *machen* far credere qc a qd; *Das ist doch nicht zu* ~*!* Questa è roba da non credere!
glaubhaft [ˈglauphaft] *adj* degno di fede
glaubwürdig [ˈglaupvyrdɪç] *adj* credibile
Glaubwürdigkeit [ˈglaupvyrdɪçkaɪt] *f* credibilità *f*
gleich [glaɪç] *adj* 1. uguale; *aufs Gleiche hinauslaufen* andare a finire allo stesso

modo; *Gleiches mit Gleichem vergelten* rendere pan per focaccia; ~ *bleibend* invariabile; ~ *gesinnt* che ha idee affini; *adv 2.* ugualmente, altrettanto
gleichberechtigt ['glaɪçbərɛçtɪçt] *adj* equiparato nei diritti
Gleichberechtigung ['glaɪçbərɛçtɪguŋ] *f* equiparazione dei diritti *f*
gleichen ['glaɪçən] *v irr* rassomigliare
gleichfalls ['glaɪçfals] *adv* altrettanto; *Danke ~!* Grazie altrettanto!
gleichgestellt ['glaɪçgəʃtɛlt] *adj* equiparato
Gleichgewicht ['glaɪçgəvɪçt] *n* equilibrio *m; im ~* in stato di equilibrio; *aus dem ~ bringen* squilibrare/portare fuori equilibrio
gleichgültig ['glaɪçgyltɪç] *adj* indifferente
Gleichgültigkeit ['glaɪçgyltɪçkaɪt] *f* indifferenza *f*
gleichmäßig ['glaɪçmɛːsɪç] *adj* uniforme
gleichnamig ['glaɪçnaːmɪç] *adj* omonimo
Gleichnis ['glaɪçnɪs] *n* paragone *m*
gleichrangig ['glaɪçraŋɪç] *adj* pari
Gleichstellung ['glaɪçʃtɛluŋ] *f* equiparazione *f*
gleichzeitig ['glaɪçtsaɪtɪç] *adj* contemporaneo
Gleis [glaɪs] *n* binario *m; jdn aus dem ~ werfen* sconvolgere completamente qd; *etw ins rechte ~ bringen* portare qc sul binario giusto
gleiten ['glaɪtən] *v irr* scivolare
Gleitzeit ['glaɪtsaɪt] *f* orario flessibile *m*
Gletscher ['glɛtʃər] *m* ghiacciaio *m*
Glied [gliːt] *n 1. (Bestandteil)* elemento *m; 2. (Kettenglied)* elemento *m; 3. (Körperteil)* membro *m; in den ~ern stecken* tormentare; *jdm in die ~er fahren* colpire qd al cuore; *4. (männliches ~)* membro *m; 5. (Mitglied)* membro *m*
gliedern ['gliːdərn] *v 1. (aufteilen)* articolare; *2. (anordnen)* disporre
Gliederung ['gliːdəruŋ] *f 1. (Aufbau)* struttura *f; 2. (Anordnung)* disposizione *f*
glimpflich ['glɪmpflɪç] *adj 1.* riguardoso; *adv 2.* con riguardo; *jdn ~ behandeln* trattare qd con riguardo; *~ davonkommen* cavarsela senza gravi danni
glitschig ['glɪtʃɪç] *adj (fam)* sdrucciolevole
glitzern ['glɪtsərn] *v* scintillare
global [glo'baːl] *adj* globale
Globus ['gloːbus] *m* globo *m*

Glocke ['glɔkə] *f* campana *f; etw an die große ~ hängen* raccontare qc a tutti
Glockengeläute ['glɔkəngələɔytə] *n* scampanio *m*
glockenhell ['glɔkənhɛl] *adj* squillante
Glockenspiel ['glɔkənʃpiːl] *n* carillon *m*
Glockenturm ['glɔkənturm] *m* campanile *m*
glorreich ['gloːrraɪç] *adj 1. (ruhmreich)* glorioso; *2. (glanzvoll)* illustre
Glossar [glɔ'saːr] *n* glossario *m*
Glosse ['glɔsə] *f* commento *m*
Glück [glyk] *n 1.* fortuna *f; sein ~ versuchen* tentare la propria fortuna/cercare la propria fortuna; *mehr ~ als Verstand* più fortuna che intelligenza; *auf gut ~* a casaccio; *noch nichts von seinem ~ wissen* non sapere ancora della propria fortuna; *2. (Glücklichsein)* felicità *f*
glücken ['glykən] *v* andare bene
glücklich ['glyklɪç] *adj 1.* felice; *2. (Glück habend)* fortunato
glücklicherweise [glyklɪçər'vaɪzə] *adv* fortunatamente
Glücksbringer ['glyksbrɪŋər] *m* portafortuna *m*
glückselig [glyk'zeːlɪç] *adj* felice
Glücksfall ['glyksfal] *m* colpo di fortuna *m*
Glückskind ['glykskɪnt] *n* figlio/figlia della fortuna *m/f*
Glückssache ['glykszaxə] *f* questione di fortuna *f*
Glücksspiel ['glyksʃpiːl] *n* gioco d'azzardo *m*
Glückwunsch ['glykvunʃ] *m* augurio *m*
Glückwunschkarte ['glykvunʃkartə] *f* cartolina d'auguri *f*
Glühbirne ['glyːbɪrnə] *f* lampadina *f*
glühen ['glyːən] *v 1.* essere incandescente; *2. (Zigarette)* ardere
glühend ['glyːənt] *adj 1.* rovente; *adv 2.* ardentemente
Glut [gluːt] *f 1. (Feuer)* brace *f; 2. (Hitze)* gran caldo *m; 3. (fig)* ardore *m*
Gnade ['gnaːdə] *f (Nachsicht)* indulgenza *f; ~ vor Recht ergehen lassen* usare clemenza
gnadenlos ['gnaːdənloːs] *adj* spietato
Gnadenstoß ['gnaːdənʃtoːs] *m jdm den ~ geben* dare a qd il colpo di grazia
gnädig ['gnɛːdɪç] *adj 1. (nachsichtig)* indulgente; *adv 2. (wohlwollend)* benevolmente

Gold [gɔlt] *n* oro *m; ~ wert sein* valere oro/essere prezioso

golden ['gɔldən] *adj* d'oro

Goldgehalt ['gɔltgəhalt] *m* fino *m*

Goldgrube ['gɔltgruːbə] *f (fig)* miniera d'oro *f*

goldig ['gɔldɪç] *adj* 1. dorato; *adv* 2. come l'oro

Goldmedaille ['gɔltmedaljə] *f* medaglia d'oro *f*

Goldreserve ['gɔltrəzɛrvə] *f ECO* riserva aurea *f*

Goldschmied ['gɔltʃmiːt] *m* orafo *m*

Goldschmuck ['gɔltʃmuk] *m* gioielli d'oro *m/pl*

Goldwaage ['gɔltvaːgə] *f jedes Wort auf die ~ legen* pesare ogni parola col bilancino

Golf¹ [gɔlf] *m GEO* golfo *m*

Golf² [gɔlf] *n SPORT* golf *m*

Golfplatz ['gɔlfplats] *m SPORT* campo da golf *m*

Golfschläger ['gɔlfʃlɛːgər] *m SPORT* mazza da golf *f*

Gondel ['gɔndəl] *f* gondola *f*

gönnen ['gœnən] *v* 1. *sich etw ~* concedersi qc; 2. *jdm etw ~* concedere qc a qd, lasciare qc a qd

gönnerhaft ['gœnərhaft] *adj* benevolo

Gosse ['gɔsə] *f* 1. cunetta *f*; 2. *(fig)* fango *m; jdn aus der ~ auflesen* raccogliere qd dal fango

Gott [gɔt] *m REL* Dio *m; wie ein junger ~* come un Dio; *von allen Göttern verlassen sein* essere usciti di senno; *den lieben ~ einen frommen Mann sein lassen* lasciare fare al buon Dio; *Leider ~es!* Purtroppo! *In ~es Namen!* E amen! *Bei ~!* Assolutamente! *~ bewahre!* Dio ne scampi! *Gnade dir ~!* Dio abbia pietà di te! *~ und die Welt* il cielo e la terra; *Grüß ~!* Buongiorno!

Gottesdienst ['gɔtəsdiːnst] *m* messa *f*

gottesfürchtig ['gɔtəsfyrçtɪç] *adj REL* timorato di Dio

Gottesgabe ['gɔtəsgaːbə] *f* dono divino *m*

göttlich ['gœtlɪç] *adj* 1. divino; 2. *(köstlich)* squisito

gottlob [gɔt'loːp] *interj* grazie a Dio

gottlos ['gɔtloːs] *adj* senza Dio

Götze ['gœtsə] *m* idolo *m*

Götzendienst ['gœtsəndiːnst] *m* idolatria *f*

Grab [graːp] *n* tomba *f; sich sein eigenes ~ schaufeln* scavarsi la tomba con le proprie mani; *jdn ins ~ bringen* portare qd alla tomba; *etw mit ins ~ nehmen* portare qc con sé nella tomba; *sich im ~ umdrehen* rivoltarsi nella tomba

graben ['graːbən] *v irr* scavare

Graben ['graːbən] *m* fosso *m*

Grabesstille ['graːbəsʃtɪlə] *f* silenzio sepolcrale *m*

Grabstein ['graːpʃtain] *m* lapide *f*

Grad [graːt] *m* 1. grado *m; sich um hundertachtzig ~ drehen* girarsi di centottanta gradi; 2. *(Abstufung)* graduazione *f*; 3. *(Maßeinheit)* grado *m*

graduell [gradu'ɛl] *adj* graduale

graduiert [gradu'iːrt] *adj* laureato

Graf [graːf] *m* conte *m*

Graffiti [gra'fɪti] *pl* graffiti *m/pl*

Grafik ['graːfik] *f* grafica *f*

Grafiker ['graːfikər] *m* grafico *m*

grafisch ['graːfɪʃ] *adj* grafico

Gram [graːm] *f* pena *f*

grämen ['grɛːmən] *v sich ~* affliggersi

Gramm [gram] *n* grammo *m*

Grammatik [gra'matɪk] *f* grammatica *f*

grammatisch [gra'matɪʃ] *adj* grammaticale

Granate [gra'naːtə] *f MIL* granata *f*

grandios [grandɪ'oːs] *adj* grandioso

Grapefruit ['greɪpfruːt] *f* pompelmo *m*

Gras [graːs] *n* erba *f; ins ~ beißen (fig)* tirare le cuoia; *~ über etw wachsen lassen* lasciare crescere l'erba su qc

grasen ['graːzən] *v* pascolare

grassieren [gra'siːrən] *v* infierire

grässlich ['grɛslɪç] *adj* orrendo

Grat [graːt] *m* 1. *(Bergkamm)* cresta *f*; 2. *(fig)* filo del rasoio *m*

Gräte ['grɛːtə] *f* lisca di pesce *f*, spina di pesce *f*

Gratifikation [gratɪfɪka'tsjoːn] *f* gratificazione *f*

gratis ['graːtɪs] *adj* gratis, gratuito

Gratulation [gratula'tsjoːn] *f* congratulazioni *f/pl*

gratulieren [gratu'liːrən] *v* congratularsi; *sich ~ können* potersi rallegrare

Gratwanderung ['graːtvandəruŋ] *f* 1. percorso in cresta *m*; 2. *(fig)* filo del rasoio *m*

grau [grau] *adj* grigio

Gräuel ['grɔyəl] *m* orrore *m; jdm ein ~ sein* fare orrore a qd

Gräueltat ['grɔyəltaːt] *f* atrocità *f*

Grauen ['grauən] *n* orrore *m*

grauenhaft ['grauənhaft] *adj* orrendo

grauhaarig ['grauhaːrɪç] *adj* dai capelli grigi
grausam ['grauzaːm] *adj* crudele
Grausamkeit ['grauzaːmkaɪt] *f* crudeltà *f*
gravierend [gra'viːrənt] *adj* aggravante
Gravur [gra'vuːr] *f* incisione *f*
Grazie ['graːtsjə] *f* grazia *f*
graziös [gra'tsjøːs] *adj* grazioso
greifbar ['graɪfbaːr] *adj (fig)* concreto
greifen ['graɪfən] *v irr* afferrare; *zum Greifen nah sein* essere a portata di mano
Greis [graɪs] *m* vecchio *m*
grell [grɛl] *adj* 1. acuto, stridulo; *eine ~e Stimme* una voce stridula *f*; 2. *(fig)* forte
Grenzbeamter ['grɛntsbəamtər] *m* impiegato della polizia di frontiere *m*
Grenzbereich ['grɛntsbəraɪç] *m (fig)* limite *m*
Grenzbezirk ['grɛntsbətsɪrk] *m* distretto di frontiera *m*
Grenze ['grɛntsə] *f* 1. confine *m*; 2. *(fig)* limite *m*; *keine ~n kennen* non conoscere limiti; *sich in ~n halten* mantenersi nei limiti
grenzen ['grɛntsən] *v* 1. confinare; 2. *(fig)* rasentare
grenzenlos ['grɛntsənloːs] *adj* 1. sconfinato; 2. *(fig)* smisurato
Grenzkontrolle ['grɛntskɔntrɔlə] *f* controllo doganale *m*
Grenzland ['grɛntslant] *n* paese confinante *m*
Grenzübertritt ['grɛntsyːbərtrɪt] *m* passaggio del confine *m*
Grenzverkehr ['grɛntsfɛrkeːr] *m* traffico di frontiera *m*
Grenzwert ['grɛntsveːrt] *m* valore limite *m*
Grieche ['griːçə] *m* greco *m*
Griechenland ['griːçənlant] *n GEO* Grecia *f*
Griechin ['griːçɪn] *f* greca *f*
griechisch ['griːçɪʃ] *adj* greco
griesgrämig ['griːsgrɛːmɪç] *adj* burbero
Grieß [griːs] *m* semolino *m*
Griff [grɪf] *m* 1. *(Stiel)* manico *m*; *etw in den ~ bekommen* fare la mano a qc/abituarsi a qc; 2. *(Türgriff)* maniglia *f*; 3. *(Zugriff)* presa *f*; 4. *(fig)* pugno; *etw im ~ haben* avere qc in pugno/conoscere qc a menadito
griffbereit ['grɪfbəraɪt] *adj* a portata di mano
griffig ['grɪfɪç] *adj* 1. *(handlich)* maneggevole; 2. *(nicht rutschig)* antisdrucciolevole

Grill [grɪl] *m* grill *m*
grillen ['grɪlən] *v* grigliare
Grimasse [grɪ'masə] *f* smorfia *f*
grinsen ['grɪnzən] *v (fam)* ghignare
Grippe ['grɪpə] *f MED* influenza *f*
grob [groːp] *adj* 1. *(derb)* grossolano; *aus dem Gröbsten heraus sein* essere fuori dal peggio/aver passato il peggio; 2. *(rau)* grezzo; 3. *(fig: unhöflich)* sgarbato, rozzo; *eine ~e Person* una persona rozza *f*; 4. *(fig: ungefähr)* approssimativo
Grobian ['groːbiaːn] *m* villano *m*
Groll [grɔl] *m* rancore *m*
grollen ['grɔlən] *v* rimbombare
groß [groːs] *adj* 1. grande; 2. *(~ gewachsen)* alto; 3. *(fig: älter)* maggiore; 4. *(fig: ernst)* grave; 5. *(fig: berühmt)* famoso
großartig ['groːsaːrtɪç] *adj* grandioso
Größe ['grøːsə] *f* 1. grandezza *f*; 2. *(Körpergröße)* altezza *f*; 3. *(Kleidergröße)* taglia *f*; 4. *(fig: Wichtigkeit)* importanza *f*
Großeltern ['groːsɛltərn] *pl* nonni *m/pl*
Größenordnung ['grøːsənɔrtnuŋ] *f* ordine di grandezza *m*
Größenwahn ['grøːsənvaːn] *m* megalomania *f*
großflächig ['groːsflɛçɪç] *adj* grande
Großgrundbesitzer ['groːsgruntbəzɪtsər] *m* latifondista *m*
Großindustrie ['groːsɪndustriː] *f* grande industria *f*
Großmutter ['groːsmutər] *f* nonna *f*
Großstadt ['groːsʃtat] *f* grande città *f*
größtenteils ['grøːstəntaɪls] *adv* in massima parte
Großvater ['groːsfaːtər] *m* nonno *m*
großzügig ['groːstsyːgɪç] *adj* magnanimo, generoso, di larghe vedute
Grube ['gruːbə] *f* fossa *f*
grübeln ['gryːbəln] *v* lambiccarsi il cervello
Gruft [gruft] *f* tomba di famiglia *f*
grün [gryːn] *adj* verde
Grünanlage ['gryːnanlaːgə] *f* zona verde *f*
Grund [grunt] *m* 1. *(Erdboden)* terreno *m*; *festen ~ unter den Füßen haben* avere terreno solido sotto i piedi; 2. *(Meeresboden)* fondo marino *m*; *einer Sache auf den ~ gehen* andare al fondo di una cosa; 3. *(Motiv)* motivo *m*
Grundbesitz ['gruntbəzɪts] *m* proprietà terriera *f*
gründen ['gryndən] *v* fondare

Gründer ['gryndər] *m* fondatore *m*
Grundfläche ['gruntflɛçə] *f* base *f*
Grundlage ['gruntla:gə] *f* fondamento *m*
grundlegend ['gruntle:gənt] *adj 1.* basilare; *eine ~e Arbeit* un'opera basilare *f; adv 2.* a fondo
gründlich ['gryntlıç] *adj 1.* approfondito; *adv 2.* a fondo
grundlos ['gruntlo:s] *adj 1.* senza fondo; *adv 2. (fig)* senza ragione
Grundriss ['gruntrıs] *m* abbozzo *m*
Grundsatz ['gruntzats] *m* principio *m*
grundsätzlich ['gruntzɛtslıç] *adj* di principio
Grundschule ['gruntʃu:lə] *f* scuola elementare *f*
Grundstein ['gruntʃtaın] *m den ~ zu etw legen* mettere la base a qc
Grundsteuer ['gruntʃtɔyər] *f* imposta fondiaria *f*
Grundstück ['gruntʃtyk] *n* terreno *m*
Gründung ['gryndʊŋ] *f* fondazione *f*
Gruppe ['grupə] *f* gruppo *m*
Gruppentherapie ['grupənterapi:] *f* terapia di gruppo *f*
gruppieren [gru'pi:rən] *v* raggruppare
gruselig ['gru:zəlıç] *adj* pauroso, orrido, orripilante
Gruß [gru:s] *m* saluto *m; mit freundlichen Grüßen* cordiali saluti *m/pl*
grüßen ['gry:sən] *v* salutare; *Grüß Gott!* Buongiorno!/Buonasera! *Grüß dich!* Salve!
Grütze ['gry:tsə] *f* tritello *m; ~ im Kopf haben* avere sale in zucca
gültig ['gyltıç] *adj* valido
Gültigkeit ['gyltıçkaıt] *f* validità *f*
Gummi ['gumi] *m* gomma *f*
Gummierung [gu'mi:rʊŋ] *f* gommatura *f*
Gummistiefel ['gumiʃti:fəl] *m* stivale di gomma *m*
Gunst [gunst] *f* favore *m,* benevolenza *f; zu jds ~en* a favore di qd
günstig ['gynstıç] *adj* favorevole
Gurke ['gurkə] *f BOT* cetriolo *m*
Gurt [gurt] *m 1.* cinghia *f; 2. (Sicherheitsgurt)* cintura di sicurezza *f*
Gürtel ['gyrtəl] *m* cintura *f; den ~ enger schnallen (fig)* tirare la cinghia
Guss [gus] *m 1. (Gießen)* getto *m; 2. (Regenguss)* acquazzone *m,* scroscio di pioggia *m; 3. (Zuckerguss)* glassa *f*
Gusseisen ['gusaızən] *n* ghisa *f*
gut [gu:t] *adj 1.* buono; *es mit etw ~ sein lassen* chiuder il discorso; *~ lachen haben* far

presto a ridere; *~ daran tun* fare bene a/essere consigliabile che; *~ und gern* buono/per lo meno; *für etw ~ sein* essere buono per qc; *sein Gutes haben* avere i propri vantaggi; *zu viel des Guten sein* essere troppo; *Du bist ~!* Sei un bel tipo! *adv 2.* bene; *~ aussehend* di bell'aspetto; *~ bezahlt* ben pagato; *~ gelaunt* di buon umore
Gut [gu:t] *n 1. (Gutshof)* podere *m; 2. (Besitz)* proprietà *f; 3. (Ware) ECO* merce *f*
Gutachten ['gu:taxtən] *n* perizia *f*
Gutachter ['gu:taxtər] *m* perito *m*
gutartig ['gu:ta:rtıç] *adj 1.* buono; *2. MED* benigno
gutbürgerlich ['gu:tbyrgərlıç] *adj* ammodo
Gutdünken ['gu:tdyŋkən] *n* discrezione *f,* arbitrio *m,* avviso *m; nach eigenem ~ handeln* agire a propria discrezione
Güte ['gy:tə] *f 1.* bontà *f; 2. (Qualität)* qualità *f*
Gutenachtlied [gu:tə'naxtli:t] *n* ninnananna *f,* canzone della buonanotte *f*
Güterbahnhof ['gy:tərba:nho:f] *m* scalo merci *m*
Gütergemeinschaft ['gy:tərgəmainʃaft] *f JUR* comunione dei beni *f*
Güterstand ['gy:tərʃtant] *m JUR* stato patrimoniale *m*
Güterverkehr ['gy:tərfɛrke:r] *m* traffico merci *m*
Güterwagen ['gy:tərva:gən] *m* vagone merci *m*
gutgläubig ['gu:tglɔybıç] *adj* in buona fede, ingenuo
Guthaben ['gu:tha:bən] *n ECO* credito *m*
gutheißen ['gu:thaısən] *v irr* approvare; *einen Plan ~* approvare un piano
gutherzig ['gu:thɛrtsıç] *adj* buono
gutmütig ['gu:tmy:tıç] *adj* bonario
Gutschein ['gu:tʃaın] *m* buono *m*
gutschreiben ['gu:tʃraıbən] *v irr* accreditare
Gutschrift ['gu:tʃrıft] *f* accredito *m*
Gutshof ['gu:tsho:f] *m* podere *m*
gutwillig ['gu:tvılıç] *adj* volonteroso
Gymnasium [gym'na:zjum] *n* ginnasio *m,* liceo *m*
Gymnastik [gym'nastık] *f SPORT* ginnastica *f*
Gynäkologe [gynɛkɔ'lo:gə] *m* ginecologo *m*
Gynäkologin [gynɛkɔ'lo:gın] *f* ginecologa *f*

H

Haar [haːr] *n* capello *m;* ~*e auf den Zähnen haben* avere il pelo sullo stomaco/essere un attaccabrighe; *ein* ~ *in der Suppe finden* trovare un pelo nell'uovo; *sich die* ~*e raufen* strapparsi i capelli; *jdm kein* ~ *krümmen* non torcere un capello a qd; *sich keine grauen* ~*e wachsen lassen* non preoccuparsi troppo; *an einem* ~ *hängen* essere sospeso a un capello; *jdm die* ~*e vom Kopf fressen* succhiare il sangue a qd; *etw an den* ~*en herbeiziehen* tirare qc per i capelli; *sich in die* ~*e geraten* prendersi per i capelli; *sich in den* ~*en liegen* essere ai ferri corti; *um ein* ~ per un pelo; *Mir stehen die* ~*e zu Berge.* Mi si rizzano i capelli in testa.

Haarbürste [ˈhaːrbyrstə] *f* spazzola per i capelli *f*

Haarschnitt [ˈhaːrʃnɪt] *m* taglio di capelli *m*, pettinatura *f*

Haarspalterei [haːrʃpaltəˈraɪ] *f* pedanteria *f*

Haarspange [ˈhaːrʃpaŋə] *f* fermaglio per i capelli *m*

Haarspray [ˈhaːrspreɪ] *n* lacca *f*

Habe [ˈhaːbə] *f* possesso *m*

haben [ˈhaːbən] *v irr* avere; *etw an sich* ~ avere qc di particolare; *etw für sich* ~ avere qc di buono; *noch zu* ~ *sein* essere ancora libero; *für etw zu* ~ *sein* essere disponibile per qc; *etw gegen jdn* ~ aver qc contro qd; *etw hinter sich* ~ essersi lasciato qc alle spalle; *etw mit jdm* ~ avere una relazione con qd; *etw von etw* ~ avere un vantaggio da qc; *wie gehabt* come sempre

Haben [ˈhaːbən] *n ECO* avere *m*

Habgier [ˈhaːpgiːr] *f* avidità *f*

habgierig [ˈhaːpgiːrɪç] *adj* avido

Habseligkeiten [ˈhaːpzeːlɪçkaɪtən] *pl* averi *m/pl*

Hacke [ˈhakə] *f* 1. *(Absatz)* tacco *m;* 2. *(Werkzeug)* zappa *f*

hacken [ˈhakən] *v* 1. *(Holz)* spaccare; *Holz* ~ spaccare la legna; 2. *(Erde)* zappare; 3. *(picken)* beccare

Hacker [ˈhakər] *m INFORM* hacker *m*

Hackfleisch [ˈhakflaɪʃ] *n* carne tritata *f; aus jdm* ~ *machen* fare polpette di qd

Hafen [ˈhaːfən] *m* porto *m; in den* ~ *der Ehe einlaufen* convolare a giuste nozze

Hafenstadt [ˈhaːfənʃtat] *f* città portuale *f*

Hafer [ˈhaːfər] *m BOT* avena *f*

Haferflocken [ˈhaːfərflɔkən] *pl* fiocchi d'avena *m/pl*

Haft [haft] *f JUR* detenzione *f*

haftbar [ˈhaftbaːr] *adj* 1. ~ *sein* essere responsabile; 2. ~ *machen* rendere responsabile, dare la responsabilità

haften [ˈhaftən] *v* 1. *(kleben)* rimanere attaccato; 2. *(bürgen)* garantire

Haftpflicht [ˈhaftpflɪçt] *f JUR* responsabilità civile *f*

Haftpflichtversicherung [ˈhaftpflɪçtfɛrzɪçəruŋ] *f JUR* assicurazione contro i rischi di responsabilità civile *f*

Haftstrafe [ˈhaftʃtraːfə] *f JUR* pena detentiva *f*

Haftung [ˈhaftuŋ] *f JUR* garanzia *f*

Hagebutte [ˈhaːgəbutə] *f BOT* cinorrodo *m*

hageln [ˈhaːgəln] *v* grandinare

hager [ˈhaːgər] *adj* magro

Hahn [haːn] *m* 1. *(Wasserhahn)* rubinetto *m;* 2. *ZOOL* gallo *m*

Hähnchen [ˈhɛːnçən] *n GAST* pollo *m*

Hai [haɪ] *m ZOOL* pescecane *m*

häkeln [ˈhɛːkəln] *v* lavorare all'uncinetto

Häkelnadel [ˈhɛkəlnaːdəl] *f* uncinetto *m*

Haken [ˈhaːkən] *m* gancio *m*, uncino *m; einen* ~ *schlagen* fare una curva a gomito/cambiare improvvisamente direzione

Hakenkreuz [ˈhaːkənkrɔyts] *n POL* croce uncinata *f*

halb [halp] *adj* 1. mezzo, metà; *eine* ~*e Portion sein* essere una mezza porzione/essere un mezzo uomo; *nichts Halbes und nichts Ganzes* neppure sufficiente per cominciare; *adv* 2. mezzo, a metà; ~ *fertig* semifinito; ~ *voll* mezzo pieno

halber [ˈhalbər] *prep* a causa; *der Einfachheit* ~ per la semplicità

Halbfinale [ˈhalpfɪnaːlə] *n SPORT* semifinale *f*

halbherzig [ˈhalphɛrtsɪç] *adj* 1. poco entusiasta; *adv* 2. senza molto interesse

halbieren [halˈbiːrən] *v* dividere in due

Halbinsel [ˈhalpɪnzəl] *f* penisola *f*

Halbjahr [ˈhalpjaːr] *n* mezz'anno *m*

halbjährlich [ˈhalpjɛːrlɪç] *adj* 1. semestrale; *adv* 2. ogni sei mesi

Halbkreis [ˈhalpkraɪs] *m* semicerchio *m*

Halbkugel ['halpkuːgəl] *f* semisfera *f,* emisfero *m;* nördliche ~ emisfero boreale *m*
halblaut ['halplaut] *adj* a mezza voce
Halbmond ['halpmoːnt] *m* mezzaluna *f*
Halbpension ['halppɛnsjoːn] *f* mezza pensione *f*
Halbschlaf ['halpʃlaːf] *m* dormiveglia *m*
halbtags ['halptaːks] *adv* a mezza giornata
Halbwaise ['halpvaɪzə] *f* orfano di un genitore/orfana di un genitore *m/f*
halbwegs ['halpveːks] *adv* a metà strada
Halbwertszeit ['halpveːrtstsaɪt] *f* PHYS periodo radioattivo *m*
Halbzeit ['halptsaɪt] *f* SPORT tempo *m;* erste ~ primo tempo *m*
Hälfte ['hɛlftə] *f* metà *f*
Halle ['halə] *f* sala *f*
hallen ['halən] *v* risonare
Hallenbad ['halənbaːt] *n* piscina coperta *f*
hallo ['haloː] *interj 1.* salve, ohè; *2. (am Telefon)* pronto
Halluzination [halutsɪnaˈtsjoːn] *f* allucinazione *f*
Halm [halm] *m* BOT filo *m*
Halogen [haloˈgeːn] *n* CHEM alogeno *m*
Hals [hals] *m 1.* ANAT collo *m;* den ~ kosten costare il collo; den ~ aus der Schlinge ziehen tirare il collo fuori dal cappio; den ~ nicht vollkriegen essere insaziabile; sich jdm an den ~ werfen buttarsi in braccio a qd; bis über den ~ in Schulden stecken essere nei debiti fino al collo; jdm jdn auf den ~ schicken mettere qd alle calcagna di qd; etw in den falschen ~ bekommen prendere qc per il verso sbagliato; jdm vom ~ bleiben stare alla larga da qd; sich etw vom ~ halten tenersi alla larga da qc; jdm zum ~ heraushängen uscire dagli occhi a qd; jdm bis zum ~ stehen stare sullo stomaco; ~ über Kopf a rotta di collo; jdm den ~ umdrehen torcere il collo a qd; *2. (Flaschenhals)* collo *m*
Halsband ['halsbant] *n 1. (Hundehalsband)* collare *m; 2. (Schmuck)* collana *f*
halsbrecherisch ['halsbrɛçərɪʃ] *adj 1.* pericoloso; *adv 2.* a rotta di collo
Halskette ['halskɛtə] *f* collana *f*
Hals-Nasen-Ohrenarzt [hals-naːzən-oːrənartst] *m* MED otorinolaringoiatra *m*
Halsschmerzen ['halsʃmɛrtsən] *pl* MED mal di gola *m*
Halstuch ['halstuːx] *n* foulard *m,* fazzoletto *m*
halt [halt] *interj* stop, alt

Halt [halt] *m 1. (Stütze)* sostegno *m; 2. (~en)* fermata *f;* ~ machen fermarsi; vor etw nicht ~ machen non fermarsi davanti a qc
haltbar ['haltbaːr] *adj* durevole
Haltbarkeit ['haltbaːrkaɪt] *f* durevolezza *f,* conservazione *f*
Haltbarkeitsdatum ['haltbaːrkaɪtsdaːtum] *n* data di conservazione *f,* data di scadenza *f*
halten ['haltən] *v irr 1. (fest~)* tenere; ~ für prendere per; jdn für jdn ~ confondere qd con qd; jdn für dumm ~ considerare qd uno stupido; sich vor Lachen nicht ~ können non potersi trattenere dalle risate; *2. (Rede)* tenere; eine Rede ~ tenere un discorso; *3. (dauern)* mantenere
Haltestelle ['haltəʃtɛlə] *f* fermata *f*
Halteverbot ['haltəfɛrboːt] *n* divieto di sosta *m*
haltlos ['haltloːs] *adj 1. (unbeständig)* debole; *2. (unbegründet)* infondato
Haltung ['haltuŋ] *f 1. (Körperhaltung)* portamento *m;* ~ annehmen stare sull'attenti; *2. (Verhalten)* atteggiamento *m; 3. (Selbstbeherrschung)* autocontrollo *m*
Halunke [haˈluŋkə] *m (fam)* farabutto *m*
hämisch ['hɛːmɪʃ] *adj 1.* maligno; *adv 2.* malignamente
Hammel ['haməl] *m* ZOOL montone *m*
Hammer ['hamər] *m* martello *m; unter den ~ kommen* andare all'asta/andare all'incanto; einen ~ haben avere preso un colpo in testa
hämmern ['hɛmərn] *v* martellare
Hämoglobin [hɛmogloˈbiːn] *n* BIO emoglobina *f*
Hämorriden [hɛmɔroˈiːdən] *pl* MED emorroidi *f/pl*
Hamster ['hamstər] *m* ZOOL criceto *m*
Hand [hant] *f* ANAT mano *f;* eine ~ voll una manciata *f;* zu Händen von all'attenzione di; jds rechte ~ sein essere il braccio destro di qd; ~ in ~ mano nella mano; sich für etw die ~ abhacken lassen lasciarsi tagliare una mano per qc; selbst mit ~ anlegen darsi una mano; seine ~ aufhalten stendere la mano; ~ und Fuß haben avere solide basi; die ~ auf etw halten avere le mani su qc; die ~ für etw ins Feuer legen mettere la mano sul fuoco per qc; freie ~ haben avere mano libera; eine glückliche ~ haben avere una mano fortunata; auf der ~ liegen essere sotto gli occhi di tutti; aus erster ~ di prima mano; mit der linken ~ senza sforzo; sich in der ~ haben tenersi a freno; sich nicht von der ~ weisen lassen non

avere bisogno di spi; *jdm zur ~ gehen* andare in aiuto di qd; *etw zur ~ haben* avere qc in mano; *etw gegen jdn in der ~ haben* aver qc in mano contro qd; *hinter vorgehaltener ~* in via ufficiosa/in camera charitatis; *in jds Hände fallen* capitare in mano di qd; *in guten Händen sein* essere in buone mani; *sich mit Händen und Füßen wehren* difendersi con le unghie e con i denti; *seine Hände in Unschuld waschen* lavarsene le mani; *jdn auf Händen tragen* portare qd nel palmo della mano

Handarbeit ['hantarbaɪt] *f* lavoro manuale *m*

Handball ['hantbal] *m SPORT* palla a mano *f*

Handbewegung ['hantbəve:guŋ] *f* movimento della mano *m*

Handbremse ['hantbrɛmzə] *f* freno a mano *m*

Handbuch ['hantbu:x] *n* manuale *m*

Handel ['handəl] *m ECO* commercio *m*

handeln ['handəln] *v 1. (tätig sein)* agire; *2. (Handel treiben)* commerciare; *3. (feilschen)* mercanteggiare; *4. sich ~ um* trattarsi di; *Es handelt sich um einen Scherz.* Si tratta di uno scherzo.

Handelsabkommen ['handəlsapkɔmən] *n POL* accordo commerciale *m*

Handelsbilanz ['handəlsbilants] *f ECO* bilancia commerciale *f*

Handelskammer ['handəlskamər] *f ECO* camera di commercio *f*

Handelspolitik ['handəlspoliti:k] *f POL* politica commerciale *f*

händeringend ['hɛndərɪŋənt] *adv* torcendo le mani

Händeschütteln ['hɛndəʃytəln] *n* stretta di mano *f*

handfest ['hantfɛst] *adj 1. (robust)* robusto; *2. (fig)* valido

handgearbeitet ['hantgəarbaɪtət] *adj* lavorato a mano

Handgemenge ['hantgəmɛŋə] *n* zuffa *f*

Handgepäck ['hantgəpɛk] *n* bagaglio a mano *m*

handgreiflich ['hantgraɪflɪç] *adj ~ werden* diventare violento

Handgriff ['hantgrɪf] *m 1. (Griff)* manico *m*, maniglia *f*; *2. (kleine Mühe)* lavoretto *m*

handhaben ['hantha:bən] *v* maneggiare, utilizzare

Handhabung ['hantha:buŋ] *f* maneggio *m*

Handkuss ['hantkus] *m* baciamano *m*

Handlanger ['hantlaŋər] *m* manovale *m*

Händler(in) ['hɛndlər(ɪn)] *m/f* commerciante *m/f*

handlich ['hantlɪç] *adj* maneggevole

Handlung ['handluŋ] *f 1. (Tat)* azione *f;* *2. (Laden)* negozio *m*

Handlungsbevollmächtigte(r) ['handluŋsbəfɔlmɛçtɪçtə(r)] *m/f JUR* procuratore/procuratrice *m/f*

handlungsfähig ['handluŋsfɛ:ɪç] *adj JUR* capace di agire

Handlungsspielraum ['handluŋsʃpi:lraum] *m* margine di azione *m*

Handlungsweise ['handluŋsvaɪzə] *f* modo d'agire *m*

Handschellen ['hantʃɛlən] *pl* manette *f/pl*

handschriftlich ['hantʃrɪftlɪç] *adj 1.* scritto a mano; *adv 2.* per iscritto

Handschuh ['hantʃu:] *m* guanto *m*

Handstreich ['hantʃtraɪç] *m* colpo di mano *m*

Handtasche ['hanttaʃə] *f* borsa *f*

Handtuch ['hanttu:x] *n* asciugamano *m; das ~ werfen* gettare la spugna

Handumdrehen ['hantumdre:ən] *n im ~* in un batter d'occhio

Handwäsche ['hantvɛʃə] *f* bucato a mano *m*

Handwerk ['hantvɛrk] *n* artigianato *m; jdm ins ~ pfuschen* rovinare il lavoro di qd

Handwerker ['hantvɛrkər] *m* artigiano *m*

handwerklich ['hantvɛrklɪç] *adj* artigianale

Handy ['hɛndi:] *n* telefono cellulare *m*

Handzeichen ['hanttzaɪçən] *n* segno della mano *m*

Hanf [hanf] *m BOT* canapa *f*

Hang [haŋ] *m 1. (Abhang)* pendio *m; 2. (fig: Neigung)* tendenza *f*

Hängematte ['hɛŋəmatə] *f* amaca *f*

hängen ['hɛŋən] *v irr 1. (befestigt sein)* essere attaccato; *2. (herab~)* pendere; *3. (auf~)* appendere; *4. ~ an (fig: gern haben)* essere affezionato a; *5. mit Hängen und Würgen* per un pelo; *6. ~ lassen (fig)* piantare in asso

Hängeschrank ['hɛŋəʃraŋk] *m* armadietto pensile *m*

hantieren [han'ti:rən] *v* maneggiare

Happen ['hapən] *m* boccone *m*

Hardware ['ha:rdwɛːr] *f INFORM* hardware *m*

Harfe ['harfə] *f MUS* arpa *f*

harmlos ['harmlo:s] *adj 1. (ungefährlich)* innocuo; *adv 2.* innocentemente
Harmlosigkeit ['harmlo:zıçkaıt] *f (Ungefährlichkeit)* innocuità *f*
Harmonie [harmo'ni:] *f* armonia *f*
harmonieren [harmo'ni:rən] *v* armonizzare
harmonisch [har'mo:nıʃ] *adj* armonico
harmonisieren [harmonı'zi:rən] *v* armonizzare
Harn [harn] *m* urina *f*
Harnisch ['harnıʃ] *m* corazza *f*
Harpune [har'pu:nə] *f* arpione *m*
harren ['harən] *v* attendere
hart [hart] *adj 1.* duro; *2. (streng)* severo
Härte ['hɛrtə] *f 1.* durezza *f; 2. (Strenge)* rigore *m*
hartherzig ['harthɛrtsıç] *adj 1.* inumano; *adv 2.* spietatamente
hartnäckig ['hartnɛkıç] *adj* ostinato
Harz [harts] *m* resina *f*
harzig ['hartsıç] *adj* resinoso
Hase ['ha:zə] *m ZOOL* lepre *m; ein alter ~ sein* essere una vecchia volpe; *Mein Name ist ~, ich weiß von nichts.* Io non c'ero, e se c'ero dormivo.
Haselnuss ['ha:zəlnus] *f BOT* nocciola *f*
Hass [has] *m* odio *m*
hassen ['hasən] *v* odiare
hasserfüllt ['hasɛrfylt] *adj* pieno d'odio
hässlich ['hɛslıç] *adj* brutto
Hässlichkeit ['hɛslıçkaıt] *f* bruttezza *f*
Hast [hast] *f* fretta *f*
hastig ['hastıç] *adj 1.* affrettato; *adv 2.* in fretta
hätscheln ['hɛtʃəln] *v* carezzare
Haube ['haubə] *f* cuffia *f; jdn unter die ~ bringen* portare qd all'altare
Hauch [haux] *m 1. (Atem)* fiato *m; 2. (Luft)* soffio *m; 3. (Duft)* profumo *m; 4. (geringe Menge)* ombra *f*
hauchdünn ['hauxdyn] *adj* sottilissimo
hauchen ['hauxən] *v* respirare
hauen ['hauən] *v irr* percuotere
Haufen ['haufən] *m* mucchio *m; jdn über den ~ fahren* mandare qd a gamba all'aria; *etw über den ~ werfen* mandare qc a monte
häufen ['hɔyfən] *v* ammucchiare
haufenweise ['haufənvaızə] *adv* a mucchi
häufig ['hɔyfıç] *adj 1.* frequente; *adv 2.* spesso
Häufigkeit ['hɔyfıçkaıt] *f* frequenza *f*
Häufung ['hɔyfuŋ] *f* ammucchiamento *m*

Haupt [haupt] *n* capo *m; das ~ der Familie* il capofamiglia *m*
hauptamtlich ['hauptamtlıç] *adj 1.* principale; *adv 2.* come occupazione principale
Hauptanschluss ['hauptanʃlus] *m 1. TECH* attacco principale *m; 2. TEL* linea diretta *f*
Hauptbahnhof ['hauptba:nho:f] *m* stazione centrale *f*
hauptberuflich ['hauptbəru:flıç] *adj* di professionale principale
Haupteingang ['hauptaıngaŋ] *m* ingresso principale *m*
Hauptgericht ['hauptgərıçt] *n* secondo *m*
Hauptgewinn ['hauptgəvın] *m* guadagno principale *m*
Häuptling ['hɔyptlıŋ] *m* capo *m*
Hauptperson ['hauptpɛrzo:n] *f* personaggio principale *m*
Hauptsache ['hauptzaxə] *f* cosa principale *f*
hauptsächlich ['hauptzɛçlıç] *adj* principale
Hauptsaison ['hauptzɛzɔ̃] *f* alta stagione *f*
Hauptstadt ['hauptʃtat] *f* capitale *f*
Hauptstraße ['hauptʃtra:sə] *f* strada principale *f*
Hauptverkehrszeit ['hauptfɛrke:rstsaıt] *f* ora di punta del traffico *f*
Hauptversammlung ['hauptfɛrzamluŋ] *f* assemblea generale *f*
Haus [haus] *n* casa *f; jdm das ~ einrennen* importunare qd; *jdm das ~ verbieten* sbarrare la casa a qd; *mit der Tür ins ~ fallen* piombare in casa con tutta la porta; *ins ~ stehen* essere imminente; *jdm ins ~ schneien* piombare in casa a qd; *außer ~ sein* essere fuori casa; *zu ~e* a casa; *nach ~e* a casa
Hausangestellte(r) ['hausangəʃtɛltə(r)] *m/f* domestico/domestica *m/f*
Hausarrest ['hausarɛst] *m* arresto domiciliare *m*
Hausarzt ['hausartst] *m* medico di famiglia *m*
Hausaufgaben ['hausaufga:bən] *pl* compiti a casa *m/pl*
hausbacken ['hausbakən] *adj (fig)* comune
Hausbesetzung ['hausbəzɛtsuŋ] *f* occupazione di case *f*
Hausbesitzer(in) ['hausbəzıtsər(ın)] *m/f* proprietario di una casa/proprietaria di una casa *m/f*

Häuschen ['hɔysçən] *n* casetta *f; aus dem ~ sein* essere fuori di sé dalla gioia
Hausdurchsuchung ['hausdurçzu:çuŋ] *f JUR* perquisizione domiciliare *f*
Hausflur ['hausflu:r] *m* corridoio *m*
Hausfrau ['hausfrau] *f* casalinga *f*
Hausfriedensbruch ['hausfri:dənsbrux] *m JUR* violazione di domicilio *f*
hausgemacht ['hausgəmaxt] *adj* casalingo *m*
Haushalt ['haushalt] *m 1.* governo della casa *m; 2. (Staatshaushalt)* bilancio *m; öffentlicher ~* bilancio pubblico *m*
haushalten ['haushaltən] *v 1.* governare; *2. (sparsam sein)* risparmiare
Haushaltsgerät ['haushaltsgərε:t] *n* utensile domestico *m*
hausieren [hau'zi:rən] *v* vendere porta a porta
Hausierer(in) [hau'zi:rər(ın)] *m/f* venditore ambulante/venditrice ambulante *m/f*
häuslich ['hɔyslıç] *adj* domestico
Hausmädchen ['hausmεdçən] *n* domestica *f*
Hausmann ['hausman] *m* portiere *m*
Hausmannskost ['hausmanskɔst] *f* cucina casalinga *f*
Hausmeister(in) ['hausmaıstər(ın)] *m/f* portiere/portiera *m/f,* bidello/bidella *m/f; ~ eines Gebäudes* portiere di un edificio *m; ~ einer Schule* bidello di una scuola *m*
Hausordnung ['hausɔrdnuŋ] *f* regolamento della casa *m*
Hausratversicherung ['hausra:tfεrzıçəruŋ] *f* assicurazione sulle suppellettili domestiche *f*
Hausschuh ['hausʃu:] *m* pantofola *f*
Haustier ['hausti:r] *n* animale domestico *m*
Hausverbot ['hausfεrbo:t] *n* divieto di entrare in casa *m*
Haut [haut] *f ANAT* pelle *f; nur noch ~ und Knochen sein* essere pelle e ossa; *seine eigene ~ retten* salvare la propria pelle; *sich seiner ~ wehren* difendere la propria pelle; *sich auf die faule ~ legen* stare a poltrire; *aus der ~ fahren* uscire dai gangheri; *nicht aus seiner ~ können* non poter cambiare pelle; *nicht in jds ~ stecken mögen* non volere essere nei panni di qd; *mit heiler ~ davon kommen* cavarsela per il rotto della cuffia; *mit ~ und Haaren* con tutti i crismi; *unter die ~ gehen* toccare profondamente
Hautarzt ['hautartst] *m* dermatologo *m*

häuten ['hɔytən] *v* scuoiare
Hautkrebs ['hautkre:ps] *m MED* carcinoma epidermoide *m*
Hebamme ['he:bamə] *f* levatrice *f*
Hebel ['he:bəl] *m TECH* leva *f; alle ~ in Bewegung setzen* tentare tutto il possibile; *am längeren ~ sitzen* avere il coltello dalla parte del manico
heben ['he:bən] *v irr 1. (hochheben)* sollevare; *einen ~* farsi un goccio/bere un goccetto; *2. (bergen)* recuperare; *ein gesunkenes Schiff ~* recuperare una nave affondata; *3. (steigern)* accrescere
hebräisch [he'brε:ıʃ] *adj* ebreo
Hecht [heçt] *m ZOOL* luccio *m*
Heck [hεk] *n 1. (eines Autos)* parte posteriore *f; 2. (eines Schiffes)* poppa *f*
Hecke¹ ['hεkə] *f BOT* siepe *f*
Hecke² ['hεkə] *f* covata *f*
Heckenschütze ['hεkənʃytsə] *m* franco tiratore *m*
Heckscheibe ['hεkʃaıbə] *f (eines Autos)* lunotto *m*
Heer [he:r] *n MIL* esercito *m*
Hefe ['he:fə] *f* lievito *m*
Hefeteig ['he:fətaık] *m* pasta lievitata *f*
Heft [hεft] *n* quaderno *m*
heften ['hεftən] *v 1. (befestigen)* attaccare; *2. (nähen)* cucire; *ein Buch ~* rilegare un libro
Hefter ['hεftər] *m* cartella *f*
heftig ['hεftıç] *adj* violento
Heftklammer ['hεftklamər] *f* punto metallico *m,* fermaglio *m*
Hehl [he:l] *m keinen ~ aus etw machen* non fare mistero di qc
Hehler ['he:lər] *m* ricettatore *m*
Heide¹ ['haıdə] *m* pagano *m*
Heide² ['haıdə] *f GEOL* brughiera *f*
Heidelbeere ['haıdəlbe:rə] *f BOT* mirtillo *m*
Heidentum ['haıdəntum] *n* paganesimo *m*
heikel ['haıkəl] *adj* delicato, scabroso; *ein heikles Thema* un argomento scabroso *m*
heil [haıl] *adj* sano
Heil [haıl] *n* salvezza *f*
Heiland ['haılant] *m REL* Salvatore *m*
heilbar ['haılba:r] *adj* curabile, guaribile
heilen ['haılən] *v* guarire
Heilgymnastik ['haılgymnastık] *f* cinesiterapia *f,* ginnastica curativa *f*
heilig ['haılıç] *adj REL* santo; *~ sprechen* canonizzare/santificare
Heiligabend [haılıç'a:bənt] *m REL* vigilia di Natale *f*

Heiliger ['haɪlɪgər] *m REL* santo *m*
Heiligtum ['haɪlɪgtu:m] *n* santuario *m*
Heilkunde ['haɪlkundə] *f MED* medicina *f*
heillos ['haɪlo:s] *adj (fam)* terribile
Heilmittel ['haɪlmɪtəl] *n* medicina *f*
Heilpraktiker(in) ['haɪlpraktɪkər(ɪn)] *m/f*
medico empirico *m/f*, guaritore/guaritrice *m/f*
heilsam ['haɪlza:m] *adj* salutare
Heilsarmee ['haɪlsarme:] *f* esercito della
salvezza *m*
Heilung ['haɪluŋ] *f MED* cura *f*
heim [haɪm] *adv* a casa
Heim [haɪm] *n* casa *f*
Heimarbeit ['haɪmarbaɪt] *f* lavoro a domicilio *m*
Heimat ['haɪmat] *f* patria *f*
Heimatkunde ['haɪmatkundə] *f* storia e
geografia della propria regione *f*
heimatlos ['haɪmatlo:s] *adj* senza patria
heimbringen ['haɪmbrɪŋən] *v irr* portare
a casa
Heimfahrt ['haɪmfa:rt] *f* viaggio verso
casa *m*
heimisch ['haɪmɪʃ] *adj* 1. *(heimatlich)*
patrio; 2. *(vertraut)* abituale
Heimkehrer ['haɪmke:rər] *m* reduce *m*
Heimkind ['haɪmkɪnt] *n* bambino abbandonato in un asilo *m*
heimleuchten ['haɪmlɔyçtən] *v jdm ~* rispondere a qd per le rime
heimlich ['haɪmlɪç] *adj* segreto
Heimlichkeit ['haɪmlɪçkaɪt] *f* segretezza *f*
Heimlichtuer ['haɪmlɪçtu:ər] *m* soppiattone *m*, misterioso *m*
Heimspiel ['haɪmʃpi:l] *n SPORT* partita
disputata in casa *f*
Heimsuchung ['haɪmzu:xuŋ] *f* tribolazione *f*
Heimtücke ['haɪmtykə] *f* malizia *f*
heimtückisch ['haɪmtykɪʃ] *adj* malizioso
Heimweg ['haɪmve:k] *m* ritorno a casa *m*
Heimweh ['haɪmve:] *n* nostalgia *f*
heimzahlen ['haɪmtsa:lən] *v* rendere,
ripagare; *Das werde ich ihm ~.* Gliela farò
pagare.
Heirat ['haɪra:t] *f* matrimonio *m*
heiraten ['haɪra:tən] *v* sposare
Heiratsantrag ['haɪra:tsantra:k] *m* proposta di matrimonio *f*
Heiratsurkunde ['haɪra:tsu:rkundə] *f*
JUR atto di matrimonio *m*
heiser ['haɪzər] *adj* rauco
Heiserkeit ['haɪzərkaɪt] *f MED* raucedine *f*

heiß [haɪs] *adj* 1. caldo; *ein ~es Eisen* un
argomento scottante *m; ~e Luft* aria calda *f;
Da läuft es einem ~ und kalt über den Rücken.*
Ciò fa venire i brividi. 2. *(heftig)* accanito;
~er Kampf combattimento accanito; *~ geliebt*
amatissimo; *~ umstritten* molto dibattuto
heißblütig ['haɪsblytɪç] *adj* focoso
heißen ['haɪsən] *v irr* 1. chiamarsi; *Ich
heiße Anna.* Mi chiamo Anna. 2. *(bezeichnen)* nominare; 3. *das heißt* cioè
Heißhunger ['haɪshuŋər] *m* fame da lupi *f*
heiter ['haɪtər] *adj* 1. *(fröhlich)* contento,
gaio; 2. *(sonnig)* sereno; *Das kann ja ~ werden!* Ne vedremo delle belle!
Heiterkeit ['haɪtərkaɪt] *f* allegria *f*
heizen ['haɪtsən] *v* riscaldare
Heizkeller ['haɪtskɛlər] *m* locale caldaia *m*
Heizkessel ['haɪtskɛsəl] *m* caldaia *f*
Heizkissen ['haɪtskɪsən] *n* termoforo *m*
Heizkörper ['haɪtskœrpər] *m* termosifone
m, calorifero *m*
Heizkosten ['haɪtskɔstən] *pl* spese di ri-
scaldamento *f/pl*
Heizkraftwerk ['haɪtskraftvɛrk] *n* centra-
le termoelettrica *f*
Heizöl ['haɪtsø:l] *n* olio combustibile *m*
Heizung ['haɪtsuŋ] *f* riscaldamento *m*
Hektar ['hɛktar] *n* ettaro *m*
Hektik ['hɛktɪk] *f* agitazione *f*, fretta *f*
hektisch ['hɛktɪʃ] *adj* 1. febbrile; *adv*
2. febbrilmente
Held(in) [hɛlt/'hɛldɪn] *m/f* eroe/eroina *m/f*
heldenhaft ['hɛldənhaft] *adj* eroico
helfen ['hɛlfən] *v irr* aiutare
Helfer(in) ['hɛlfər(ɪn)] *m/f* soccorritore/
soccorritrice *m/f*
hell [hɛl] *adj* 1. chiaro; 2. *(Klang)* limpido;
3. *(fig: aufgeweckt)* lucido
hellblau ['hɛlblau] *adj* celeste
Heller ['hɛlər] *m auf ~ und Pfennig* sino
all'ultimo centesimo; *seinen letzten ~ wegge-
ben* dare via sino all'ultimo centesimo
hellhörig ['hɛlhø:rɪç] *adj* 1. di udito fine;
2. *(fig: wachsam)* perspicace
Helligkeit ['hɛlɪçkaɪt] *f* chiarezza *f*
Hellseher(in) ['hɛlze:ər(ɪn)] *m/f* chiaroveggente *m/f*
hellwach ['hɛlvax] *adj* sveglio
Helm [hɛlm] *m* 1. *(Sturzhelm)* casco *m;*
2. *MIL* elmo *m*
Hemd [hɛmt] *n* camicia *f; sein letztes ~
hergeben* dare via anche la camicia; *kein ~
mehr auf dem Leib haben* rimanere in brache
di tela/non avere più un soldo

Hemdbluse [hɛmtbluːzə] *f* camicetta *f*
hemdsärmelig ['hɛmtsɛrməlɪç] *adj (fam)* scomposto
hemmen ['hɛmən] *v* frenare
Hemmung ['hɛmʊŋ] *f PSYCH* inibizione *f*
hemmungslos ['hɛmʊŋsloːs] *adj* sfrenato
Hengst [hɛŋgst] *m ZOOL* stallone *m*
Henkel ['hɛŋkəl] *m* ansa *f,* maniglia *f*
Henker ['hɛŋkər] *m* carnefice *m,* boia *m*
Henne ['hɛnə] *f ZOOL* gallina *f*
her [heːr] *adv* 1. *(örtlich)* qua, qui; *Zu mir ~!* Vieni qui da me! *Wo hat sie das ~?* Da chi l'ha avuto? *hinter jdm ~ sein* stare dietro a qd; 2. *(zeitlich)* da; *es ist vier Jahre ~* sono quattro anni; *lange ~* molto tempo fa; 4. *Mit ihm ist es nicht viel ~.* Con lui non c'è molto da stare allegri.
herab [hɛ'rap] *adv* giù
herablassen [hɛ'raplasən] *v irr* 1. calare, abbassare; 2. *sich ~* degnarsi
herablassend [hɛ'raplasənt] *adj* condiscendente
herabsehen [hɛ'rapzeːən] *v irr* guardare dall'alto in basso
herabsetzen [hɛ'rapzɛtsən] *v* 1. diminuire; 2. *(herabwürdigen)* screditare
herabsetzend [hɛ'rapzɛtsənt] *adj* sprezzante
herabsteigen [hɛ'rapʃtaɪgən] *v irr* scendere
herabstürzen [hɛ'rapʃtyrtsən] *v* cadere
heran [hɛ'ran] *adv* 1. *(örtlich)* avanti; 2. *(zeitlich)* vicino
herankommen [hɛ'rankɔmən] *v irr* avvicinarsi
heranmachen [hɛ'ranmaxən] *v (fam: sich nähern)* avvicinarsi
heranschleichen [hɛ'ranʃlaɪçən] *v irr* avvicinarsi strisciando
herantragen [hɛ'rantraːgən] *v irr* 1. apportare; 2. *(fig)* sottoporre
herantreten [hɛr'antreːtən] *v irr (fig) an jdn ~* rivolgersi
heranwachsen [hɛ'ranvaksən] *v irr* crescere
Heranwachsende(r) [hɛ'ranvaksəndə(r)] *m/f* adolescente *m/f*
herauf [hɛ'rauf] *adv* su
heraufbeschwören [hɛ'raufbəʃvøːrən] *v irr* evocare
heraufholen [hɛ'raufhoːlən] *v* portare su
heraufkommen [hɛ'raufkɔmən] *v irr* salire

heraufsetzen [hɛ'raufzɛtsən] *v irr* aumentare
heraufsteigen [hɛ'raufʃtaɪgən] *v irr* salire
heraus [hɛ'raus] *adv* fuori
herausbekommen [hɛ'rausbəkɔmən] *v irr* 1. *(Geld)* riavere; 2. *(fig: herausfinden)* riuscire a indovinare, scoprire
herausbeugen [hɛ'rausbɔygən] *v sich ~* sporgersi; *sich aus dem Fenster ~* sporgersi dalla finestra
herausbrechen [hɛ'rausbrɛçən] *v irr* levare con violenza
herausbringen [hɛ'rausbrɪŋən] *v irr* 1. portare fuori; 2. *(veröffentlichen)* pubblicare; 3. *(fig: herausfinden)* riuscire a indovinare; 4. *(fam: entfernen)* riuscire a togliere
herausfinden [hɛ'rausfɪndən] *v irr* ritrovare, scoprire
herausfordernd [hɛ'rausfɔrdərnt] *adj* provocatorio
Herausforderung [hɛ'rausfɔrdərʊŋ] *f* sfida *f,* provocazione *f*
Herausgeber(in) [hɛ'rausgeːbər(ɪn)] *m/f* editore/editrice *m/f*
heraushalten [hɛ'raushaltən] *v irr* 1. tenere fuori; 2. *sich ~* tenersi fuori; *sich aus einem Streit ~* tenersi fuori da una lite
herauskommen [hɛ'rauskɔmən] *v irr* 1. venire fuori, uscire; 2. *(veröffentlichen)* essere pubblicato; 3. *(fig: erscheinen)* apparire; 4. *aufs Gleiche ~* essere la stessa cosa
herausnehmen [hɛ'rausneːmən] *v irr* 1. *(nehmen)* prendere fuori; 2. *(fig) sich ~* permettersi
herausragend [hɛ'rausraːgənt] *adj* eminente
herausreden [hɛ'rausreːdən] *v sich ~* discolparsi con belle parole
herausreißen [hɛ'rausraɪsən] *v irr* strappare
herausschauen [hɛ'rausʃauən] *v* 1. guardare fuori; 2. *(hervorschauen)* spuntare fuori
herausstrecken [hɛ'rausʃtrɛkən] *v* stendere
heraussuchen [hɛ'rauszuːxən] *v* cercare
herauswerfen [hɛ'rausvɛrfən] *v irr* gettare fuori
herausziehen [hɛ'raustsiːən] *v irr* tirare fuori
herb [hɛrp] *adj* 1. *(Geschmack)* aspro; 2. *(fig)* amaro; *eine ~e Enttäuschung* un'amara delusione *f*

herbei [hɛr'baɪ] *adv* qui
herbeieilen [hɛr'baɪaɪlən] *v* accorrere
herbeiführen [hɛr'baɪfy:rən] *v* cagionare
herbeischaffen [hɛr'baɪʃafən] *v* portare
herbeisehnen [hɛr'baɪze:nən] *v* desiderare
herbestellen ['he:rbəʃtɛlən] *v* mandare a chiamare
herbringen ['he:rbrɪŋən] *v irr* portare
Herbst [hɛrpst] *m* autunno *m*
herbstlich ['hɛrpstlɪç] *adj* autunnale
Herd [he:rt] *m* focolare *m*, cucina *f*
Herde ['he:rdə] *f* mandria *f*, gregge *m*; *eine ~ von Pferden* una mandria di cavalli *f*; *eine ~ von Schafen* un gregge di pecore *m*
herein [hɛ'raɪn] *adv* 1. dentro; *interj* 2. avanti
hereinbitten [hɛ'raɪnbɪtən] *v irr* pregare d'entrare
hereinbrechen [hɛ'raɪnbrɛçən] *v irr* 1. crollare; 2. *(fig)* sopravvenire
hereinfallen [hɛ'raɪnfalən] *v irr* 1. cadere dentro; 2. *(fig)* farsi imbrogliare
hereinkommen [hɛ'raɪnkɔmən] *v irr* venir dentro
hereinlassen [hɛ'raɪnlasən] *v irr* lasciar entrare
hereinlegen [hɛ'raɪnle:gən] *v jdn ~* imbrogliare qd
hereintreten [hɛ'raɪntre:tən] *v irr* andare a finire dentro
Hergang ['he:rgaŋ] *m* andamento *m*
hergeben ['he:rge:bən] *v irr* 1. dare; *Gib mir den Kugelschreiber her.* Dammi la penna. 2. *sich ~* prestarsi
Hering ['he:rɪŋ] *m* ZOOL aringa *f*
herkommen ['he:rkɔmən] *v irr* 1. venire qui; 2. *(herstammen)* provenire
herkömmlich ['he:rkœmlɪç] *adj* tradizionale
Herkunft ['he:rkunft] *f* origine *f*
Herkunftsland ['he:rkunftslant] *n* paese di provenienza *m*
Heroin [hero'i:n] *n* CHEM eroina *f*
Herr [hɛr] *m* signore *m*; *der ~ im Haus sein* essere il padrone di casa; *über jdn ~ werden* comandare su qd/essere padrone di qd
herrichten ['he:rrɪçtən] *v* preparare
herrlich ['hɛrlɪç] *adj* splendido
Herrlichkeit ['hɛrlɪçkaɪt] *f* magnificenza *f*
Herrschaft ['hɛrʃaft] *f* signoria *m*
herrschaftlich ['hɛrʃaftlɪç] *adj* patronale
herrschen ['hɛrʃən] *v* 1. *(regieren)* regnare; 2. *(bestehen)* sussistere

Herrscher(in) ['hɛrʃər(ɪn)] *m/f* sovrano/sovrana *m/f*
Herrschsucht ['hɛrʃzuxt] *f* ambizione *f*, avidità di dominio *f*
herrühren ['he:rry:rən] *v* derivare
herstellen ['he:rʃtɛlən] *v* 1. *(erzeugen)* fabbricare; 2. *(fig: realisieren)* realizzare
Hersteller(in) ['he:rʃtɛlər(ɪn)] *m/f* fabbricante *m/f*, produttore/produttrice *m/f*
Herstellung ['he:rʃtɛluŋ] *f* 1. *(Erzeugung)* fabbricazione *f*, produzione *f*; 2. *(Realisierung)* realizzazione *f*
Hertz [hɛrts] *n* PHYS hertz *m*
herüber [hɛ'ry:bər] *adv* di qua
herüberblicken [hɛ'ry:bərblɪkən] *v* guardare di qua
herübersteigen [hɛ'ry:bərʃtaɪgən] *v irr* passare di qua
herum [hɛ'rum] *adv* intorno
herumbekommen [hɛ'rumbəkɔmən] *v irr* 1. *jdn ~* riuscire a persuadere qd; 2. *(Zeit)* passare
herumdrehen [hɛ'rumdre:ən] *v* girare
herumführen [hɛ'rumfy:rən] *v* condurre in giro
herumgehen [hɛ'rumge:ən] *v irr* 1. *um etw ~* girare intorno a qc; 2. *(umherlaufen)* andare in giro
herumkommen [hɛ'rumkɔmən] *v irr* 1. viaggiare; 2. *um etw ~ (fig)* evitare qc
herumreichen [hɛ'rumraɪçən] *v* offrire in giro
herumsprechen [hɛ'rumʃprɛçən] *v irr* *sich ~* diffondersi
Herumtreiber [hɛ'rumtraɪbər] *m* vagabondo *m*
herunter [hɛ'runtər] *adv* giù
herunterdrücken [hɛ'runtərdrykən] *v* 1. premere giù; 2. *(fig: herabsetzen)* ribassare
herunterfallen [hɛ'runtərfalən] *v irr* cadere giù
heruntergekommen [hɛ'runtərgəkɔmən] *adj* malandato
herunterklappen [hɛ'runtərklapən] *v* abbassare
herunterschlucken [hɛ'runtərʃlukən] *v* inghiottire
herunterwerfen [hɛ'runtərvɛrfən] *v irr* gettare giù
hervor [hɛr'fo:r] *adv* fuori
hervorbringen [hɛr'fo:rbrɪŋən] *v irr* 1. *(erzeugen)* produrre; 2. *(sagen)* dire
hervorragend [hɛr'fo:rra:gənt] *adj* 1. sporgente; 2. *(fig)* eccellente

hervorrufen [hɛr'foːrruːfən] *v irr (fig)* suscitare
hervorstechen [hɛr'foːrʃtɛçən] *v irr (fig)* spiccare
Herz [hɛrts] *n ANAT* cuore *m; ein ~ und eine Seele* un cuore e un'anima/due anime in un nocciolo; *jdm sein ~ ausschütten* aprire il proprio cuore a qd; *jdm das ~ brechen* spezzare il cuore a qd; *sich ein ~ nehmen* prendere il coraggio a due mani; *das ~ auf der Zunge tragen* metter il cuore in mano; *jdm sein ~ schenken* dare il proprio cuore a qd; *jdm das ~ schwer machen* piagare il cuore a qd; *seinem ~en Luft machen* levarsi un peso dal cuore; *jdm am ~en liegen* stare a cuore a qd; *jdm ans ~ gewachsen sein* essere molto amati da qd; *etw auf dem ~en haben* avere qc sul cuore; *jdm aus dem ~en sprechen* parlare a qd dal cuore; *auf tiefstem ~en* dal profondo del cuore; *jdn in sein ~ schließen* avere a cuore qd/voler bene a qd; *jdn ins ~ treffen* colpire al cuore qd; *es nicht übers ~ bringen* non avere la minima intenzione; *sich etw zu ~en nehmen* prendersi a cuore qc; *leicht ums ~ werden* sentirsi allargare il cuore; *Das ~ ist ihm in die Hose gerutscht.* Il cuore gli è andato nei calcagni. *Das ~ wurde ihr schwer.* Ha il cuore pesante.
Herzanfall ['hɛrtsanfal] *m MED* attacco cardiaco *m*
Herzensbrecher(in) ['hɛrtsənsbrɛçər(ɪn)] *m/f* rubacuori *m/f*
Herzfehler ['hɛrtsfeːlər] *m MED* vizio cardiaco *m*
herzhaft ['hɛrtshaft] *adj 1. (Geschmack)* forte; *2. (Lachen)* cordiale
Herzinfarkt ['hɛrtsɪnfarkt] *m MED* infarto cardiaco *m*
Herzklopfen ['hɛrtsklɔpfən] *n* batticuore *m*
herzlich ['hɛrtslɪç] *adj* cordiale
herzlos ['hɛrtsloːs] *adj* senza cuore
Herzog(in) ['hɛrtsoːk/hɛrtsoːgɪn] *m/f* duca/duchessa *m/f*
Herzschlag ['hɛrtsʃlaːk] *m 1.* pulsazione *f; 2. MED* battito cardiaco *m*, sistole *f*
heterogen [hetero'geːn] *adj* eterogeneo
hetzen ['hɛtsən] *v 1. (eilen)* correre; *2. (fig)* aizzare
Heu [hɔy] *n BOT* fieno *m*
Heuchelei [hɔyçə'laɪ] *f* ipocrisia *f*
heucheln ['hɔyçəln] *v* simulare
heulen ['hɔylən] *v 1.* piangere; *zum Heulen sein* essere da piangere; *2. (Sirene)* urlare

Heuschnupfen ['hɔyʃnupfən] *m MED* febbre da fieno *f*
heute ['hɔytə] *adv* oggi; *von ~ auf morgen* dall'oggi al domani
heutzutage ['hɔytsutaːgə] *adv* oggigiorno
Hexe ['hɛksə] *f* strega *f*
Hexenschuss ['hɛksənʃus] *m MED* colpo della strega *m*
Hieb [hiːp] *m* colpo *m*
hier [hiːr] *adv* qui; *~ bleiben* restare qui
Hierarchie [hiːerar'çiː] *f* gerarchia *f*
hierauf ['hiːrauf] *adv* dopo di ciò
hierbei ['hiːrbaɪ] *adv* in quest'occasione
hierdurch ['hiːrdurç] *adv (kausal)* in tal modo
hierher ['hiːrheːr] *adv* qua
hiermit ['hiːrmɪt] *adv* con questo
hiervon ['hiːrfɔn] *adv* di ciò
hierzu ['hiːrtsuː] *adv* a ciò, perciò
hiesig ['hiːzɪç] *adj* locale, di qui
Hilfe ['hɪlfə] *f 1.* aiuto *m; 2. (~leistung)* soccorso *m; erste ~* primo soccorso *m; 3. (sozial)* assistenza *f*
hilflos ['hɪlfloːs] *adj 1. (fig)* perplesso; *2. (ohne Hilfe)* privo d'aiuto
hilfreich ['hɪlfraɪç] *adj* soccorrevole
Hilfsarbeiter(in) ['hɪlfsarbaɪtər(ɪn)] *m/f* manovale *m/f*
hilfsbereit ['hɪlfsbəraɪt] *adj* soccorrevole
Hilfsbereitschaft ['hɪlfsbəraɪtʃaft] *f* prontezza a soccorrere *f*
Hilfsmittel ['hɪlfsmɪtəl] *n* aiuto *m*
Himbeere ['hɪmbeːrə] *f BOT* lampone *m*
Himmel ['hɪməl] *m* cielo *m; der ~ auf Erden* il Paradiso in terra; *jdm den ~ auf Erden versprechen* promettere a qd il paradiso in terra; *aus heiterem ~* a ciel sereno; *im siebten ~ sein* essere al settimo cielo; *zum ~ schreien* gridare vendetta al cospetto di Dio; *Ach du lieber ~!* Cielo!/Giusto Cielo! *Weiß der ~!* Sa il cielo! *Um ~s willen!* Per l'amor del cielo!
Himmelfahrt ['hɪməlfaːrt] *f 1. Christi ~ REL* Ascensione *f; 2. Mariä ~ REL* Assunzione *f*
himmlisch ['hɪmlɪʃ] *adj 1. REL* celeste; *2. (fig)* meraviglioso
hin [hɪn] *adv* la; *Wo geht sie ~?* Dove va? *~ und her* su e giù/via vai/andirivieni; *~ und zurück* andata e ritorno; *~ und wieder* di quando in quando; *~ und hergerissen sein* essere indeciso; *nach langem Hin und Her* dopo matura riflessione
hinab [hɪn'ap] *adv* in giù

hinauf [hɪn'auf] *adv* in su; *ein bisschen weiter* ~ un po' più su
hinaufsteigen [hɪn'aufʃtaɪgən] *v irr* salire
hinaus [hɪn'aus] *adv* fuori
hinausgehen [hɪn'ausgeːən] *v irr* uscire
hinausschieben [hɪn'ausʃiːbən] *v irr* 1. spingere fuori; 2. *(fig)* rimandare
Hinblick ['hɪnblɪk] *m im* ~ *auf etw* con riguardo a qc
hindern ['hɪndərn] *v* impedire qc
Hindernis ['hɪndərnɪs] *n* impedimento *m*
hindurch [hɪn'durç] *adv* attraverso
hinein [hɪn'aɪn] *adv* dentro
hineingehen [hɪn'aɪngeːən] *v irr* andare dentro
hineingeraten [hɪn'aɪngəraːtən] *v irr* capitare dentro
hineinpassen [hɪn'aɪnpasən] *v* adattarsi
hineinplatzen [hɪn'aɪnplatsən] *v* arrivare improvvisamente
hineinreden [hɪn'aɪnreːdən] *v* intromettersi
hineinstecken [hɪn'aɪnʃtɛkən] *v* 1. infilare; 2. *(fig: investieren)* investire
hineinversetzen [hɪn'aɪnfɛrzɛtsən] *v sich* ~ immedesimarsi
hineinziehen [hɪn'aɪntsiːən] *v irr* 1. tirare dentro; 2. *jdn in etw* ~ *(fig)* trascinare qd in qc
Hinfahrt ['hɪnfaːrt] *f* andata *f*
hinfallen ['hɪnfalən] *v irr* cadere
Hingabe ['hɪngaːbə] *f* dedizione *f*
hingegen [hɪn'geːgən] *konj* al contrario
hinhalten ['hɪnhaltən] *v irr* 1. tendere; 2. *jdn* ~ tenere a bada
hinken ['hɪŋkən] *v* zoppicare
hinlegen ['hɪnleːgən] *v* 1. *etw* ~ porre lì; 2. *sich* ~ sdraiarsi; *Er legt sich auf der Wiese hin.* Si sdraia sul prato.
hinnehmen ['hɪnneːmən] *v irr* accettare
Hinrichtung ['hɪnrɪçtuŋ] *f* esecuzione capitale *f*
hinsetzen ['hɪnzɛtsən] *v sich* ~ sedersi
hinsichtlich ['hɪnzɪçtlɪç] *prep* rispetto a, per quanto riguarda
hinstellen ['hɪnʃtɛlən] *v* 1. mettere là; 2. *(fig)* far passare; *jdn als dumm* ~ far passare qc per stupido
hinten ['hɪntən] *adv* dietro; *Ich weiß nicht mehr wo* ~ *und wo vorne ist!* Non so più da che parte girarmi!
hinter ['hɪntər] *prep* dietro; *etw* ~ *sich lassen* lasciare qc dietro le spalle; ~ *den anderen zurückbleiben* rimanere indietro rispetto

agli altri; ~ *jdm zurückstehen* essere indietro rispetto a qd
Hinterachse ['hɪntəraksə] *f (eines Autos)* assale posteriore *m*
Hinterbliebene(r) [hɪntər'bliːbənə(r)] *m/f* superstite *m/f*
hintere(r,s) ['hɪntərə(r,s)] *adj* posteriore
hintereinander [hɪntəraɪ'nandər] *adv* uno dietro l'altro, uno dopo l'altro
Hintergedanke ['hɪntərgədaŋkə] *m* secondo fine *m*, pensiero segreto *m*
hintergehen ['hɪntərgeːən] *v irr jdn* ~ raggirare
Hintergrund ['hɪntərgrunt] *m* 1. sfondo *m*; *in den* ~ *treten* passare in secondo piano; 2. *(fig)* retroscena *m*
hintergründig ['hɪntərgryndɪç] *adj* recondito
hinterhältig ['hɪntərhɛltɪç] *adj* subdolo
Hinterhand ['hɪntərhant] *f etw in der* ~ *haben* avere qc in serbo
hinterher ['hɪntərheːr] *adv* 1. *(zeitl.)* dopo; 2. *(örtl.)* dietro
hinterherlaufen [hɪntər'heːrlaufən] *v irr* correre dietro
Hinterkopf ['hɪntərkɔpf] *m etw im* ~ *haben* avere qc che gira nel cervello
Hinterland ['hɪntərlant] *n* retroterra *m*
hinterlassen [hɪntər'lasən] *v irr* lasciare; *Die Tante hinterlässt eine Erbschaft.* La zia lascia un'eredità.
Hinterlassenschaft [hɪntər'lasənʃaft] *f* eredità *f*
hinterlegen [hɪntər'leːgən] *v* depositare
hinterlistig ['hɪntərlɪstɪç] *adj* maligno
Hintern ['hɪntərn] *m (fam)* sedere *m*
Hintertreffen ['hɪntərtrɛfən] *n* avere la peggio; *ins* ~ *geraten* passare in cavalleria; *im* ~ *sein* essere nelle retrovie
Hintertreppe ['hɪntərtrɛpə] *f* scala sul retro *f*, scala di servizio *f*
Hintertür ['hɪntərtyːr] *f sich eine* ~ *offen halten* lasciarsi una porta aperta alle spalle; *durch die* ~ in confidenza
hinterziehen [hɪntər'tsiːən] *v irr (Steuern)* evadere; *Steuern* ~ evadere il fisco
hinüber [hɪ'nyːbər] *adv* di là
hinuntergehen [hɪ'nuntərgeːən] *v irr* scendere
hinunterschlucken [hɪ'nuntərʃlukən] *v* 1. mandare giù; 2. *(fig)* inghiottire, ingoiare; *einen Ärger* ~ ingoiare un'amarezza
hinunterwerfen [hɪ'nuntərvɛrfən] *v irr* gettare giù

hinwegsetzen ['hɪn'vɛkzɛtsən] *v sich über etw* ~ non tener conto di qc
Hinweis ['hɪnvaɪs] *m* indicazione *f*
hinweisen ['hɪnvaɪzən] *v irr* indicare a
hinziehen ['hɪntsi:ən] *v irr sich* ~ protrarsi
hinzu [hɪn'tsu:] *adv* ivi, vi
hinzufügen [hɪn'tsu:fy:gən] *v* aggiungere
hinzuziehen [hɪn'tsu:tsi:ən] *v irr* chiamare
Hirn [hɪrn] *n ANAT* cervello *m*
Hirsch [hɪrʃ] *m ZOOL* cervo *m*
Hirse ['hɪrzə] *f BOT* miglio *m*
Hirt [hɪrt] *m* pastore *m*
hissen ['hɪsən] *v* issare
Historiker [hɪ'sto:rɪkər] *m* storico *m*
historisch [hɪ'sto:rɪʃ] *adj* storico
Hitze ['hɪtsə] *f* caldo *m; in der* ~ *des Gefechts* nella confusione del momento
hitzebeständig ['hɪtsəbəʃtɛndɪç] *adj* resistente al calore
Hitzewelle ['hɪtsəvɛlə] *f* ondata di caldo *f*
hitzig ['hɪtsɪç] *adj* violento; *ein* ~*er Wortwechsel* un violento battibecco *m*
Hitzschlag ['hɪtsʃla:k] *m MED* colpo di calore *m*
Hobel ['ho:bəl] *m 1. (Küchenhobel)* affettaverdure *m; 2. TECH* pialla *f*
hobeln ['ho:bəln] *v 1. (Gemüse)* affettare; *2. TECH* piallare
hoch [ho:x] *adj* alto; *jdm etw* ~ *und heilig versprechen* promettere solennemente qc a qd; *Das ist mir zu* ~! Non ci arrivo!/Non capisco! ~ *entwickelt* altamente sviluppato
Hochachtung ['ho:xaxtuŋ] *f* stima *f*
hochachtungsvoll ['ho:xaxtuŋsfɔl] *adv (im Brief)* con tutta stima
Hochamt ['ho:xamt] *n REL* messa solenne *f*
Hochbau ['ho:xbau] *m* costruzioni fuori terra *f/pl*
Hochbetrieb ['ho:xbətri:p] *m* grande movimento *m*
Hochdeutsch ['ho:xdɔytʃ] *n* alto tedesco *m*
Hochdruck ['ho:xdruk] *m* alta pressione *f*
Hochebene ['ho:xe:bənə] *f* altopiano *m*
hocherfreut ['ho:xɛrfrɔyt] *adj 1.* lietissimo; *adv 2.* con grande gioia
Hochgebirge ['ho:xgəbɪrgə] *n* alta montagna *f*
Hochgenuss ['ho:xgənus] *m* godimento grandissimo *m*
Hochglanz ['ho:xglants] *m etw auf* ~ *bringen* lucidare qc a specchio

hochgradig ['ho:xgra:dɪç] *adj 1.* di alto grado; *2. (fig)* forte
Hochhaus ['ho:xhaus] *n* grattacielo *m*
hochklappen ['ho:xklapən] *v* alzare
hochleben ['ho:xle:bən] *v jdn* ~ *lassen* festeggiare qd con un brindisi
Hochleistung ['ho:xlaɪstuŋ] *f* alto rendimento
Hochmut ['ho:xmu:t] *m* superbia *f*
hochmütig ['ho:xmy:tɪç] *adj* superbo
Hochofen ['ho:xo:fən] *m TECH* altoforno *m*
Hochrechnung ['ho:xrɛçnuŋ] *f* calcolo stimativo *m*, calcolo revisionale *m*
Hochsaison ['ho:xzɛzɔ̃] *f* alta stagione *f*
Hochschule ['ho:xʃu:lə] *f* istituto superiore *m*, università *f*
Hochsommer ['ho:xzɔmər] *m* piena estate *f*
Hochspannung ['ho:xʃpanuŋ] *f TECH* alta tensione *f*
höchst [hø:çst] *adv* molto
höchste ['hø:çstə] *adj* massimo/a
höchstens ['hø:çstəns] *adv* al massimo
Höchstpreis ['hø:çstpraɪs] *m* prezzo massimo *m*
höchstwahrscheinlich ['hø:çstva:rʃaɪnlɪç] *adv* con tutta probabilità
höchstzulässig ['hø:çstsu:lɛsɪç] *adj* massimo ammesso, massimo consentito
hochtrabend ['ho:xtra:bənt] *adj* altisonante
Hochverrat ['ho:xfɛra:t] *m POL* alto tradimento *m*
Hochwasser ['ho:xvasər] *n* piena *f*
hochwertig ['ho:xvertɪç] *adj* di gran pregio, d'alto valore
Hochwürden ['ho:xvyrdən] *m REL* reverendo *m*
Hochzeit ['hɔxtsaɪt] *f* nozze *f/pl auf allen* ~*en tanzen* avere le mani in pasta dappertutto
Hochzeitsfeier ['hɔxtsaɪtsfaɪər] *f* cerimonia nuziale *f*
Hochzeitsnacht ['hɔxtsaɪtsnaxt] *f* prima notte di nozze *f*
Hochzeitsreise ['hɔxtsaɪtsraɪzə] *f* viaggio di nozze *m*
Hocker ['hɔkər] *m* sgabello *m*
Hoden ['ho:dən] *pl ANAT* testicoli *m/pl*
Hof [ho:f] *m 1. (Hinterhof)* cortile *m; 2. (Königshof)* corte *f; 3. (Bauernhof)* fattoria *f; 4. jdm den* ~ *machen (fig)* fare la corte a qd
hoffen ['hɔfən] *v* sperare

hoffentlich ['hɔfəntlıç] *adv* speriamo che
Hoffnung ['hɔfnuŋ] *f* speranza *f; guter ~
sein* essere in attesa di un lieto evento
hoffnungslos ['hɔfnuŋsloːs] *adj* senza
speranza, disperato
hoffnungsvoll ['hɔfnuŋsfɔl] *adj* pieno di
speranza, speranzoso; *adv* pieno di speranza
höflich ['høːflıç] *adj 1.* cortese; *adv 2.* cortesemente
Höflichkeit ['høːflıçkaıt] *f* cortesia *f*
Höhe ['høːə] *f* altezza *f; auf der ~ sein* essere in piena forma; *in die ~ gehen* andare in
orbita/infuriarsi; *Das ist doch die ~!* Questo è
il colmo!
Hoheit ['hoːhaıt] *f 1.* POL sovranità *f;*
2. (Anrede) altezza *f*
Hoheitsgebiet ['hoːhaıtsgəbiːt] *n* POL
territorio nazionale *m*
Höhepunkt ['høːəpuŋkt] *m* punta *f*
höher ['høːər] *adj 1.* più alto, superiore;
adv 2. più in alto
hohl [hoːl] *adj 1.* cavo; *2. (fig: gehaltlos)*
vuoto
Höhle ['høːlə] *f* caverna *f; sich in die ~ des
Löwens wagen (fig)* cacciarsi nella tana del
lupo
Hohlraum ['hoːlraum] *m* cavità *f*
Hohn [hoːn] *m* scherno *m,* derisione *f; der
reinste ~* una vera beffa *f*
höhnisch ['høːnıʃ] *adj* beffardo; *ein ~es
Lachen* una risata beffarda *f*
holen ['hoːlən] *v* andare a prendere, andare
a chiamare; *Holen Sie den Arzt.* Vada a chiamare il medico. *Bei ihm ist nichts zu ~.* Da lui
non si cava fuori niente.
Holland ['hɔlant] *n* GEO Olanda *f*
Holländer(in) ['hɔlɛndər(ın)] *m/f* olandese *m/f*
Hölle ['hœlə] *f* inferno *m; jdm die ~ heiß
machen* fare fuoco e fiamme con qd/non
dare tregua a qd; *die ~ auf Erde* l'inferno in
terra *m; jdm das Leben zu ~ machen* rendere
la vita un inferno a qd; *Zur ~ mit ihm!* Vada
all'inferno!
holperig ['hɔlpərıç] *adj 1.* scabroso, accidentato; *eine ~e Straße* una strada accidentata *f; 2. (fig: stockend)* stentato
Holunder [ho'lundər] *m* BOT sambuco *m*
Holz [hɔlts] *n 1.* legno *m; ~ in den Wald tragen (fig)* portare vasi a Samo/portare nottole
ad Atene; *2. (Brennholz)* legna *f*
hölzern ['hœltsərn] *adj 1.* di legno; *2. (fig)*
legnoso
Holzfäller ['hɔltsfɛlər] *m* taglialegna *m*

Holzkohle ['hɔltskoːlə] *f* carbone di legna *m*
Holzschnitzer(in) ['hɔltsʃnıtsər(ın)] *m/f*
intagliatore del legno/intagliatrice del legno *m/f*
Homepage ['hoʊmpeıdɡ] *f INFORM*
homepage *f*
Homöopathie [homøopa'tiː] *f MED*
omeopatia *f*
homosexuell [homozɛksu'ɛl] *adj* omosessuale
Honig ['hoːnıç] *m* miele *m; jdm ~ ums Maul
schmieren (fig)* leccare i piedi a qd
Honorar [hono'raːr] *n* onorario *m*
Honoratioren [honora'tsjoːrən] *pl* notabili *m/pl*
honorieren [hono'riːrən] *v 1. (bezahlen)*
compensare, pagare; *2. (anerkennen)* onorare
Hopfen ['hɔpfən] *m* BOT luppolo *m; Bei ihr
ist ~ und Malz verloren.* Con lei si perde l'olio
e l'opera.
hörbar ['høːrbaːr] *adj* udibile
hören ['høːrən] *v 1.* udire; *sich ~ lassen können* lasciarsi guardare; *etw von sich ~ lassen*
farsi vivo; *von jdm ~* sentire qd; *Du bekommst
von mir etw zu ~!* Sentirai ancora parlar di me!
Da vergeht einem Hören und Sehen! Non ci si
capisce più niente! *2. (zu~)* ascoltare
Hörer ['høːrər] *m 1. (Person)* ascoltatore *m;*
2. (Telefonhörer) ricevitore *m*
Hörgerät ['høːrgərɛːt] *n* apparecchio acustico *m*
hörig ['høːrıç] *adj* succube
Horizont [hori'tsɔnt] *m* orizzonte *m*
horizontal [horitsɔn'taːl] *adj* orizzontale
Hormon [hɔr'moːn] *n* ormone *m*
Horn [hɔrn] *n 1. (Material)* corno *m;*
2. ZOOL corna *f/pl; Der Stier senkt die
Hörner.* Il toro abbassa le corna. *sich die
Hörner abstoßen* farsi le ossa; *jdm Hörner
aufsetzen* fare le corna a qd; *3.* MUS corno
m; das ~ blasen sonare il corno; *ins gleiche ~
blasen (fig)* suonare la stessa campana
Hörnchen ['hœrnçən] *n* GAST cornetto *m*
Hornhaut ['hɔrnhaut] *f 1. (Schwiele)* callosità *f; 2. (Auge)* ANAT cornea *f*
Horoskop [horos'koːp] *n* oroscopo *m*
Hörsaal ['høːrsaːl] *m* aula *f*
Hörspiel ['høːrʃpiːl] *n* radiocommedia *f*
Hort [hɔrt] *m 1. (Zuflucht)* rifugio *m;*
2. (Kinderhort) asilo *m*
horten ['hɔrtən] *v* tesaurizzare
Hose ['hoːzə] *f* pantaloni *m/pl; die ~n
anhaben* portare i pantaloni; *jdm die ~n*

stramm ziehen raddrizzare la schiena a qd; *in die ~ gehen* finire male/venire male; *sich in die ~ machen* farsela addosso

Hosenträger ['ho:zəntrɛ:gər] *m* bretella *f*

Hospital [hɔspɪ'ta:l] *n* ospedale *m*

Hostie ['hɔstjə] *f* REL ostia *f*

Hotel [ho'tɛl] *n* hotel *m*, albergo *m*

Hotelier [hotəl'je:] *m* albergatore/albergatrice *m/f*

Hotelzimmer [ho'tɛltsɪmər] *n* camera d'albergo *f*

Hub [hu:p] *m* 1. *(Heben)* sollevamento *m;* 2. TECH corsa *f*

Hubraum ['hu:praum] *m* cilindrata *f*

hübsch [hypʃ] *adj* carino; *Sie ist ein ~es Mädchen.* E' una ragazza carina.

Hubschrauber ['hu:pʃraubər] *m* elicottero *m*

Huf [hu:f] *m* ZOOL zoccolo *m*

Hufeisen ['hu:faɪzən] *n* ferro di cavallo *m*

Hüfte ['hyftə] *f* ANAT fianco *m*

Hügel ['hy:gəl] *m* collina *f*

hügelig ['hy:gəlɪç] *adj* collinoso

Huhn [hu:n] *n* ZOOL pollo *m*

Hühnerauge ['hy:nəraugə] *n* MED callo *m*

Hühnersuppe ['hy:nərzupə] *f* GAST brodo di pollo *m*

huldigen ['huldɪgən] *v* rendere omaggio

Huldigung ['huldɪguŋ] *f* omaggio *m*

Hülle ['hylə] *f* involucro *m*

Hülse ['hylzə] *f* 1. *(Behälter)* astuccio *m;* 2. *(Patronenhülse)* bossolo *m;* 3. BOT baccello *m*

human [hu'ma:n] *adj* umano

Humanismus [huma'nɪsmus] *m* HIST umanesimo *m*

humanistisch [huma'nɪstɪʃ] *adj* umanista

Humanität [humanɪ'tɛ:t] *f* umanità *f*

Hummel ['huməl] *f* ZOOL bombo *m*

Hummer ['humər] *m* ZOOL astice *m*

Humor [hu'mo:r] *m* umorismo *m*

humorvoll [hu'mo:rfɔl] *adj* pieno di umorismo

humpeln ['humpəln] *v* zoppicare

Hund [hunt] *m* ZOOL cane *m;* *auf den ~ kommen* cadere in basso

Hundehütte ['hundəhytə] *f* cuccia *f*

hundert ['hundərt] *num* cento

hundertste(r,s) ['hundərtstə(r,s)] *adj* centesimo/centesima

hundertprozentig ['hundərtprotsɛntɪç] *adj* al cento per cento

Hunger ['huŋər] *m* fame *f*

Hungerlohn ['huŋərlo:n] *m* paga misera *f*

hungern ['huŋərn] *v* 1. patire la fame; 2. *(fig) ~ nach* essere assetato di; *nach Liebe ~* essere assetato d'amore

Hungersnot ['huŋərsno:t] *f* carestia *f*

Hungerstreik ['huŋərʃtraɪk] *m* sciopero della fame *m*

hungrig ['huŋrɪç] *adj* affamato; *~ wie ein Wolf* affamato come un lupo

Hupe ['hu:pə] *f* *(eines Autos)* clacson *m*

hupen ['hu:pən] *v* suonare il clacson

hüpfen ['hypfən] *v* saltellare; *Das Kind hüpft auf einem Bein.* Il bambino saltella su una gamba.

Hürde ['hyrdə] *f* recinto *m*, ostacolo *m*

Hürdenlauf ['hyrdənlauf] *m* SPORT corsa a ostacoli *f*

Hure ['hu:rə] *f* prostituta *f*

hurra [hu'ra:] *interj* Hurra! Hurrà!

Hurrikan ['hœrɪkən] *m* uragano *m*

hurtig ['hurtɪç] *adj* svelto

huschen ['huʃən] *v* guizzare

husten ['hu:stən] *v* tossire; *jdm etw ~* rifiutare qc a qd

Husten ['hu:stən] *m* MED tosse *f*

Hustensaft ['hustənzaft] *m* sciroppo contro la tosse *m*

Hut [hu:t] *m* cappello *m;* *ein alter ~ sein* essere una storia vecchia; *vor jdm den ~ ziehen* togliersi il cappello davanti a qd; *sich etw an den ~ stecken* potersi tenere qc/potersi riprendere qc; *mit jdm nichts am ~ haben* non voler avere niente a che fare con qd; *etw unter einen ~ bringen* mettere d'accordo qc

hüten ['hy:tən] *v* guardare, sorvegliare

Hütte ['hytə] *f* 1. *(Häuschen)* capanna *f;* 2. *(Eisenhütte)* ferriera *f*, acciaiera *f*

Hydrant [hy'drant] *m* idrante *m*

Hydraulik [hy'draulɪk] *f* PHYS idraulica *f*

Hydrokultur [hydrokul'tu:r] *f* idrocoltura *f*

Hygiene [hyg'je:nə] *f* igiene *m*

hygienisch [hyg'je:nɪʃ] *adj* igienico

Hymne ['hymnə] *f* inno *m*

hypermodern [hypərmo'dɛrn] *adj* ultramoderno

Hypnose [hyp'no:zə] *f* ipnosi *f;* *jdn in ~ versetzen* far cadere qd in ipnosi

hypnotisieren [hypno:ti'zi:rən] *v* ipnotizzare

Hypothek [hypo'te:k] *f* ipoteca *f;* *eine ~ aufnehmen* accendere un'ipoteca

Hypothese [hypo'te:zə] *f* ipotesi *f*

Hysterie [hyste'ri:] *f* PHYS isteria *f*

I

ich [ɪç] *pron* io
ideal [ide'aːl] *adj* ideale
Ideal [ide'aːl] *n* ideale *m*
Idealismus [idea'lɪsmus] *m* idealismo *m*
idealistisch [idea'lɪstɪʃ] *adj* idealistico
Idee [i'deː] *f* idea *f; nicht die leiseste ~ von etw haben* non aver la più pallida idea di qc
ideell [ide'ɛl] *adj* ideale
Identifikation [idɛntifika'tsjoːn] *f* identificazione *f*
identisch [i'dɛntɪʃ] *adj* identico
Identität [idɛnti'tɛːt] *f* identità *f*
Identitätskrise [idɛnti'tɛːtskriːzə] *f* crisi d'identità *f*
Ideologie [ideolo'giː] *f* ideologia *f*
ideologisch [ideo'loːgɪʃ] *adj* ideologico
Idiot(in) [id'joːt(ɪn)] *m/f* idiota *m/f*
idiotisch [id'joːtɪʃ] *adj* idiota
Idol [i'doːl] *n* idolo *m*
Idyll [i'dyl] *n* idillio *m*
idyllisch [i'dylɪʃ] *adj* idillico
Igel ['iːgəl] *m ZOOL* porcospino *m*
Ignoranz [igno'rants] *f* ignoranza *f*
ignorieren [igno'riːrən] *v* ignorare
ihm [iːm] *pron* a lui
ihn [iːn] *pron* lui, lo
ihnen ['iːnən] *pron* a loro
Ihnen ['iːnən] *pron* a Lei, a Loro
ihr [iːr] *pron* 1. voi; 2. *(Dativ)* a lei
ihr(e) [iːr/'iːrə] *pron* 1. *(possessiv, weiblich, Singular)* suo/sua, suoi/sue; 2. *(possessiv, dritte Person Plural)* il loro/la loro, i loro/le loro
Ihr(e) [iːr/'iːrə] *pron* Suo/Sua, Suoi/Sue
ihrerseits ['iːrərzaɪts] *adv* da parte sua, da parte loro
Ihrerseits ['iːrərzaɪts] *adv* da parte Sua
ihretwegen ['iːrətveːgən] *adv* per lei, per loro
Ihretwegen ['iːrətveːgən] *adv* per Lei, per Loro
illegal [ɪle'gaːl] *adj* illegale
illegitim [ɪlegi'tiːm] *adj* illegittimo
Illusion [ɪluz'joːn] *f* illusione *f*
Illustration [ɪlustra'tsjoːn] *f* illustrazione *f*
illustrieren [ɪlu'striːrən] *v* illustrare
Illustrierte [ɪlu'striːrtə] *f* rivista illustrata *f*
im *(= in dem)(siehe „in")*

Image ['ɪmɪdʒ] *n* immagine *f*
imaginär [imagi'nɛːr] *adj* immaginario
Imbiss ['ɪmbɪs] *m* spuntino *m*
Imbissstube ['ɪmbɪsʃtuːbə] *f* tavola calda *f*
Imitation [ɪmita'tsjoːn] *f* imitazione *f*
imitieren [ɪmi'tiːrən] *v* imitare
Imker ['ɪmkər] *m* apicoltore *m*
immens [ɪ'mɛns] *adj* immenso
immer ['ɪmər] *adv* sempre; ~ *noch* ancora; *auf ~ und ewig* per sempre; *wie auch ~* comunque
immerhin ['ɪmərhɪn] *adv* almeno
Immobilie [ɪmo'biːljə] *f* immobile *m*
Immobilienmakler(in) [ɪmo'biːljənmaːklər(ɪn)] *m/f* agente immobiliare *m/f*
immun [ɪ'muːn] *adj* immune
Immunität [ɪmuni'tɛːt] *f MED* immunità *f*
Immunschwäche [ɪ'muːnʃvɛçə] *f MED* debolezza immunitaria *f*
Immunsystem [ɪ'muːnsystɛm] *n* sistema immunitario *m*
Imperialismus [ɪmperja'lɪsmus] *m POL* imperialismo *m*
Imperium [ɪm'pɛrjum] *n* impero *m*
impfen ['ɪmpfən] *v* vaccinare
Impfschein ['ɪmpfʃaɪn] *m* certificato di vaccinazione *m*
Impfstoff ['ɪmpfʃtɔf] *m* vaccino *m*
Impfung ['ɪmpfuŋ] *f* vaccinazione *f*
imponieren [ɪmpo'niːrən] *v* impressionare
imponierend [ɪmpo'niːrənt] *adj* imponente
Import [ɪm'pɔrt] *m* importazione *f*
Importeur [ɪmpɔr'tøːr] *m* importatore *m*
importieren [ɪmpɔr'tiːrən] *v* importare
imposant [ɪmpo'zant] *adj* impressionante, imponente
impotent ['ɪmpotɛnt] *adj* impotente
Impotenz ['ɪmpotɛnts] *f MED* impotenza *f*
imprägnieren [ɪmprɛg'niːrən] *v* impregnare
Impressum [ɪm'prɛsum] *n* sigla editoriale *f*
Improvisation [ɪmproviza'tsjoːn] *f* improvvisazione *f*
improvisieren [ɪmprovi'ziːrən] *v* improvvisare

Impuls [ɪm'puls] *m* impulso *m*
impulsiv [ɪmpul'siːf] *adj* impulsivo
imstande [im'ʃtandə] *adj* ~ *sein* essere capace; *Dazu bin ich nicht ~.* Non sono nelle condizioni di fare ciò.
in [in] *prep 1. (örtlich)* in; ~ *die Stadt gehen* andare in città; *2. (zeitlich)* in; ~ *zwei Wochen (nach Ablauf von)* tra due settimane; ~ *zwei Wochen (innerhalb von)* in due settimane
Inangriffnahme [in'angrɪfnaːmə] *f* intraprendere *m*
Inanspruchnahme [in'anʃpruxnaːmə] *f* ricorso *m*
Inbegriff ['inbəgrɪf] *m* quintessenza *f*
inbegriffen ['inbəgrɪfən] *adj* compreso; *Das Trinkgeld ist ~.* La mancia è compresa.
Inbrunst ['inbrunst] *f* fervore *m*
inbrünstig ['inbrynstɪç] *adj* fervido; *adv* fervidamente
indem [in'deːm] *konj* nel
indessen [in'dɛsən] *adv 1.* intanto; *konj 2.* mentre
Index ['indɛks] *m* indice *m*
Indianer(in) [in'djaːnər(in)] *m/f* indiano/indiana *m/f*
Indien ['indjən] *n GEO* India *f*
indirekt ['indɪrɛkt] *adj 1.* indiretto; *adv 2.* indirettamente
indiskret ['indɪskreːt] *adj 1.* indiscreto; *eine ~e Person* una persona indiscreta *f*; *adv 2.* indiscretamente
Indiskretion [indɪskrɛ'tsjoːn] *f* indiscrezione *f*
indiskutabel ['indɪskutaːbəl] *adj* indiscutibile
Individualismus [individua'lɪsmus] *m* individualismo *m*
Individualist(in) [individua'lɪst(in)] *m/f* individualista *m/f*
individuell [individu'ɛl] *adj 1.* individuale; *adv 2.* individualmente
Individuum [indi'viːduum] *n* individuo *m*
Indiz [in'diːts] *n* indizio *m*
Indonesien [indo'neːzjən] *n GEO* Indonesia *f*
Industrialisierung [industriali'ziːruŋ] *f* industrializzazione *f*
Industrie [indus'triː] *f* industria *f*
Industriegebiet [indus'triːgəbiːt] *n* zona industriale *f*
Industrieland [indus'triːlant] *n* paese industriale *m*
industriell [industri'ɛl] *adj 1.* industriale; *adv 2.* industrialmente

Industrielle(r) [industri'ɛlə(r)] *m/f* industriale *m/f*
Industrie- und Handelskammer [industriːunt'handəlskamər] *f* camera di commercio e industria *f*
Industrieunternehmen [industriːuntərneːmən] *n* impresa industriale *f*
Industriezweig [indus'triːtsvaɪk] *m* branca dell'industria *f*, settore industriale *f*
ineinander [inai'nandər] *adj* l'uno nell'altro; ~ *greifen* ingranare/intrecciarsi
Infarkt [in'farkt] *m MED* infarto *m*
Infektion [infek'tsjoːn] *m MED* infezione *f*
infizieren [infi'tsiːrən] *v* infettare
Inflation [inflats'joːn] *f* inflazione *f*
inflationär [inflatsjo'nɛːr] *adj* inflazionare
Inflationsrate [infla'tsjoːnsraːtə] *f* tasso d'inflazione *m*
infolge [in'fɔlgə] *prep* in seguito a
infolgedessen [infɔlgə'dɛsən] *konj* perciò
Informatik [infor'maːtɪk] *f* informatica *f*
Informatiker(in) [infor'maːtɪkər(in)] *m/f* informatico/informatica *m/f*
Information [informa'tsjoːn] *f* informazione *f*
Informationsquelle [informa'tsjoːnskvɛlə] *n* fonte d'informazioni *f*
informativ [informa'tiːf] *adj* informativo
informieren [infor'miːrən] *v* informare
Infrarotlicht ['infra'roːtlɪçt] *n TECH* luce infrarossa *f*
Infrastruktur ['infraʃtruktuːr] *f* infrastruttura *f*
Infusion [infus'joːn] *f MED* fleboclisi *f*
Ingenieur(in) [inɡɛn'jøːr(in)] *m/f* ingegnere *m/f*
Ingenieurwesen [inɡən'jøːrveːzən] *n* ingegneria *f*
Inhaber(in) ['inhaːbər(in)] *m/f 1. (Eigentümer(in))* proprietario/proprietaria *m/f*; *2. (Besitzer(in))* possessore/posseditrice *m/f*; *3. (Amtsinhaber(in))* titolare *m/f*
inhaftieren [inhaf'tiːrən] *v* arrestare
inhalieren [inha'liːrən] *v MED* inalare
Inhalt ['inhalt] *m 1.* contenuto *m*; *2. (fig)* contenuto *m*
inhaltlich ['inhaltlɪç] *adv* di contenuto
Inhaltsangabe ['inhaltsangaːbə] *f* sommario *m*
inhaltslos ['inhaltsloːs] *adj* privo di contenuto

Inhaltsverzeichnis ['ınhaltsfɛrtsaıçnıs] *n* indice *m*
Initiative [ınıtsja'ti:və] *f* iniziativa *f*
Initiator(in) [ınıts'ja:to:r(ın)] *m/f* iniziatore/iniziatrice *m/f*
Injektion [ınjɛk'tsjo:n] *f* MED iniezione *f*
inklusive [ınklu'zi:və] *prep* incluso
inkognito [ın'kɔgnito:] *adv* in incognito
Inkompetenz [ınkɔmpə'tɛnts] *f* incompetenza *f*
Inkonsequenz [ınkɔnzə'kvɛnts] *f* incoerenza *f*, incongruenza *f*, inconseguenza *f*
In-Kraft-Treten [ın'krafttre:tən] *n* entrata in vigore *f*
Inkubationszeit [ınkuba'tsjo:nstsaıt] *f* MED periodo d'incubazione *m*
Inland ['ınlant] *n* territorio nazionale *m*, interno *m*
inländisch ['ınlɛndıʃ] *adj* nazionale, interno
Inline-Skates ['ınlaınskeıts] *pl* SPORT Inline-Skates *m/pl*
inmitten [ın'mıtən] *prep* nel mezzo di
innehaben ['ınəha:bən] *v irr* detenere, possedere; *ein Amt ~* occupare una carica
innehalten ['ınəhaltən] *v irr* interrompersi, osservare, mantenere
innen ['ınən] *adv* internamente
Innenarchitekt(in) ['ınənarçıtɛkt(ın)] *m/f* arredatore/arredatrice *m/f*
Innendienst ['ınəndi:nst] *m* servizio interno *m*
Innenministerium ['ınənmınıste:rjum] *n* POL ministero degli interni *m*
Innenpolitik ['ınənpoliti:k] *f* POL politica interna *f*
innenpolitisch ['ınənpoli:tıʃ] *adj* POL di politica interna
Innenseite ['ınənzaıtə] *f* parte interna *f*
Innenstadt ['ınənʃtat] *f* centro città *m*
innerbetrieblich ['ınərbətri:plıç] *adj* interno all'azienda
innere ['ınər] *adj* 1. interno; 2. *(fig)* interiore
Innereien [ınər'aıən] *pl* GAST interiora *f/pl*
innerhalb ['ınərhalp] *prep* 1. *(örtlich)* all'interno di; 2. *(zeitlich)* entro
innerlich ['ınərlıç] *adj* interiore
innerparteilich ['ınərpartaılıç] *adj* POL interno di partito
innig ['ınıç] *adj* 1. cordiale, intimo, fervido; *adv* 2. cordialmente, fervidamente
Innovation [ınnova'tsjo:n] *f* innovazione *f*

innovativ [ınnova'ti:f] *adj* innovativo
Innung ['ınuŋ] *f* corporazione artigianale *f*
inoffiziell [ınɔfi'tsjɛl] *adj* non ufficiale, ufficioso
inoperabel [ınɔpə'ra:bəl] *adj* inoperabile
ins *(= in das)(siehe „in")*
Insasse ['ınzasə] *m* 1. *(einer Anstalt)* abitante *m*; 2. *(Fahrgast)* passeggiero *m*
Insassenversicherung ['ınzasənfɛrzıçəruŋ] *f* assicurazione delle persone trasportate *f*
insbesondere [ınsbə'zɔndərə] *adv* particolarmente
Inschrift ['ınʃrıft] *f* iscrizione *f*, epigrafe *f*
Insekt [ın'zɛkt] *n* insetto *m*
Insektenkunde [ın'zɛktənkundə] *f* entomologia *f*
Insektenstich [ın'zɛktənʃtıç] *m* puntura d'insetto *f*
Insektenvertilgungsmittel [ın'zɛktənfɛrtılguŋsmıtəl] *f* insetticida *f*
Insel ['ınzəl] *f* isola *f; reif für die ~ sein* avere bisogno di una vacanza
Inselwelt ['ınzəlvɛlt] *f* mondo insulare *m*
Inserat [ınzə'ra:t] *n* inserzione *f*
inserieren [ınzə'ri:rən] *v* fare un'inserzione
insgeheim [ınsgə'haım] *adv* segretamente
insgesamt [ınsgə'zamt] *adv* complessivamente
Insider ['ınsaıdər] *m* iniziato/iniziata *m/f*, addetto ai lavori/addetta ai lavori *m/f*
insofern [ınzo'fɛrn] *konj* 1. in quanto che; *adv* 2. in questo; *Insofern hat er Recht.* In questo ha ragione.
Inspektion [ınspɛk'tsjo:n] *f* ispezione *f*
inspirieren [ınspi'ri:rən] *v* ispirare
Installateur(in) [ınstala'tø:r(ın)] *m/f* installatore/installatrice *m/f*
Installation [ınstala'tsjo:n] *f* installazione *f*
installieren [ınsta'li:rən] *v* installare
Instandhaltung [ın'ʃtanthaltuŋ] *f* manutenzione *f*
inständig ['ınʃtɛndıç] *adj* insistente
Instandsetzung [ın'ʃtantzɛtsuŋ] *f* riparazione *f*
Instanz [ın'stants] *f* JUR istanza *f*
Instinkt [ın'stıŋkt] *m* istinto *m*
instinktiv [ınstıŋk'ti:f] *adj* istintivo
Institut [ınsti'tu:t] *n* istituto *m*
Institution [ınstitu'tsjo:n] *f* istituzione *f*
Instrument [ınstru'mɛnt] *n* strumento *m*
inszenieren [ınstse'ni:rən] *v* inscenare

Integration [ɪntegraˈtsjoːn] *f* integrazione *f*
integrieren [ɪnteˈgriːrən] *v* integrare
Intellekt [ɪntɛˈlɛkt] *m* intelletto *m*
intellektuell [ɪntɛlɛktuˈɛl] *adj* intellettuale
Intellektuelle(r) [ɪntɛlɛktuˈɛlə(r)] *m/f* intellettuale *m/f*
intelligent [ɪnteliˈgɛnt] *adj* intelligente
Intelligenz [ɪnteliˈgɛnts] *f* intelligenza *f*
Intelligenzquotient [ɪnteliˈgɛntskvotsjənt] *m* quoziente intellettivo *m*
Intendant [ɪntɛnˈdant] *m* direttore *m*
intensiv [ɪntɛnˈziːf] *adj* intenso
Intensivstation [ɪntɛnˈziːfʃtatsjoːn] *f* MED reparto di terapia intensiva *m*
interessant [ɪntərɛˈsant] *adj* 1. interessante; *adv* 2. in modo interessante
interessanterweise [ɪntərɛsantərˈvaizə] *adv* in modo interessante
Interesse [ɪntəˈrɛsə] *n* interesse *m*
interesselos [ɪntəˈrɛsəloːs] *adj* senza interesse, indifferente
Interessent [ɪntərɛˈsɛnt] *m* persona interessata *f*
interessieren [ɪntərɛˈsiːrən] *v* interessare
interkontinental [ɪntərkɔntinɛnˈtaːl] *adj* intercontinentale
intern [ɪnˈtɛrn] *adj* interno
Internat [ɪntɛrˈnaːt] *n* collegio *m*
international [ɪntɛrnatsjoˈnaːl] *adj* internazionale
Internet [ˈɪntərnɛt] *n* INFORM Internet *m*
Interpret(in) [ɪntɛrˈpreːt(ɪn)] *m/f* interprete *m/f*
Interpretation [ɪntɛrpretaˈtsjoːn] *f* interpretazione *f*
interpretieren [ɪntɛrpreˈtiːrən] *v* interpretare
Intervall [ɪntɛrˈval] *m* intervallo *m*, pausa *f*
intervenieren [ɪntɛrveˈniːrən] *v* intervenire
Intervention [ɪntɛrvenˈtsjoːn] *f* intervento *m*
Interview [ɪntɛrˈvjuː] *n* intervista *f*
interviewen [ɪntɛrˈvjuːən] *v* intervistare
Interviewer [ɪntɛrˈvjuːər] *m* intervistatore *m*
intim [ɪnˈtiːm] *adj* intimo
Intimität [ɪntimiˈtɛːt] *f* intimità *f*
Intimsphäre [ɪnˈtiːmsfɛːrə] *f* sfera intima *f*
intolerant [ɪntoləˈrant] *adj* intollerante
Intoleranz [ɪntoləˈrants] *f* intolleranza *f*

Intrige [ɪnˈtriːgə] *f* intrigo *m*
intus [ˈɪntus] *adv* etw ~ haben avere capito qc
Invalide [ɪnvaˈliːdə] *m* invalido *m*
Invalidin [ɪnvaˈliːdɪn] *f* invalida *f*
Invasion [ɪnvasˈjoːn] *f* POL invasione *f*
Inventar [ɪnvɛnˈtaːr] *n* inventario *m*
Inventur [ɪnvɛnˈtuːr] *f* inventario *m*
investieren [ɪnvɛˈstiːrən] *v* investire
Investition [ɪnvɛstiˈtsjoːn] *f* investimento *m*
Investmentfonds [ɪnˈvɛstmɛntfɔ̃] *m* ECO fondo d'investimento *m*
inzwischen [ɪnˈtsvɪʃən] *adv* nel frattempo
Irak [iˈraːk] *m* GEO Iraq *m*
Iran [iˈraːn] *m* GEO Iran *m*
irdisch [ˈɪrdɪʃ] *adj* terrestre
irgend [ˈɪrgənt] *adv* in qualche modo
irgendein [ˈɪrgəntain] *adj* uno qualsiasi
irgendetwas [ˈɪrgəntɛtvas] *adj* qualcosa
irgendjemand [ˈɪrgəntjeːmant] *pron* qualcuno
irgendwie [ˈɪrgəntviː] *adv* in qualche modo
irgendwo [ˈɪrgəntvoː] *adv* in qualche posto
Irland [ˈɪrlant] *n* GEO Irlanda *f*
Ironie [iroˈniː] *f* ironia *f*
irre [ˈɪrə] *adj* 1. (verwirrt) confuso, pazzo; 2. (fam: großartig) splendido, magnifico
Irre [ˈɪrə] *f* jdn in die ~ führen mandare fuori strada qd
Irre(r) [ˈɪrə(r)] *m/f* pazzo/pazza *m/f*
irreführen [ˈɪrəfyːrən] *v* fuorviare, ingannare
irren [ˈɪrən] *v* 1. (umher~) errare; 2. sich ~ sbagliarsi
Irrsinn [ˈɪrzɪn] *m* pazzia *f*
Irrtum [ˈɪrtum] *m* errore *m*, sbaglio *m*; sich im ~ befinden essere in errore
irrtümlich [ˈɪrtyːmlɪç] *adj* errato, sbagliato
ISDN [iːɛsdeːˈɛn] *n* (Integrated Services Digital Network) ISDN *m*
Islam [ɪsˈlaːm] *m* REL Islam *m*
islamisch [ɪsˈlaːmɪʃ] *adj* REL islamico
Island [ˈiːslant] *n* GEO Islanda *f*
Isolation [izolaˈtsjoːn] *f* isolamento *m*
isolieren [izoˈliːrən] *v* isolare
Israel [ˈɪsraeːl] *n* GEO Israele *m*
Italien [iˈtaːljən] *n* GEO Italia *f*
Italiener(in) [italˈjeːnər(ɪn)] *m/f* italiano/italiana *m/f*
italienisch [italˈjeːnɪʃ] *adj* italiano
Italienisch [italˈjeːnɪʃ] *n* italiano *m*

J

ja [ja:] *adv* sì
Jacke ['jakə] *f 1. (Stoffjacke)* giacca *f;* ~
wie Hose sein essere zuppa o pan bagnato; *2.
(Wolljacke)* golf *m*
Jagd [ja:kt] *f* caccia *f*
jagen ['ja:gən] *v* cacciare; *jdn mit etw ~
können* fare schifo a qd con qc
Jäger(in) ['jɛːgər(ɪn)] *m/f* cacciatore/cac-
ciatrice *m/f*
Jahr [ja:r] *n* anno *m; in die ~e kommen*
andare in là con gli anni/invecchiare; *in den
besten ~n* nel fiore degli anni
jahrelang ['ja:rəlaŋ] *adj 1.* di anni; *adv
2.* per anni; *Er war ~ krank.* E' stato ammala-
to per anni.
Jahrestag ['ja:rəsta:k] *m* anniversario *m*
Jahreszeit ['ja:rəstsait] *f* stagione *f*
Jahrgang ['ja:rgaŋ] *m* annata *f,* anno *m*
Jahrhundert [ja:r'hundərt] *n* secolo *m*
jährlich ['jɛːrlɪç] *adj* annuo
Jahrtausend [ja:r'tauzənt] *n* millennio *m*
Jahrzehnt [ja:r'tse:nt] *n* decennio *m*
Jähzorn ['jɛːtsɔrn] *m* iracondia *f*
Jalousie [ʒalu'zi:] *f* persiana *f*
Jammer ['jamər] *m 1. (Klagen)* lamento *m;
2. (Elend)* miseria *f; ein ~ sein* essere un pec-
cato/essere spiacevole
jammern ['jamərn] *v* lamentarsi
Januar ['janua:r] *m* gennaio *m*
Japan ['ja:pan] *n GEO* Giappone *m*
jäten ['jɛːtən] *v* estirpare
jauchzen ['jauxtsən] *v* esultare, giubilare
je [je:] *adv 1.* mai; *Hast du das ~ gehört?*
L'hai mai sentito? *prep 2.* a, per; *Je Person
eine Karte!* Un biglietto a persona! *konj 3. ~
... desto ...* quanto più ... tanto più ... *4. ~
nachdem* secondo, secondo che
jede(r,s) ['je:də(r,s)] *adj 1.* ogni; *~s Mal*
ogni volta; *pron 2.* ognuno
jedenfalls ['je:dənfals] *adv* in ogni caso
jederzeit ['je:dərtsait] *adv* sempre
jedoch [je'dɔx] *konj* però
jemals ['je:mals] *adv* mai; *Hast du dies ~
gesehen?* Hai mai visto questo?
jemand ['je:mant] *pron* qualcuno
jene(r,s) ['je:nə(r,s)] *pron* quel/quello/
quella
jenseits ['je:nzaits] *prep* al di là di
jetzt [jɛtst] *adv* ora
jeweils ['je:vails] *adv* di volta in volta

Jod [jo:t] *n CHEM* iodio *m*
Joghurt ['jo:gurt] *n GAST* joghurt *m*
Johannisbeere [jo'hanɪsbe:rə] *f* ribes *m*
Jongleur [ʒɔŋ'glø:r] *m* giocoliere *m*
Journalist(in) [ʒurna'lɪst(ɪn)] *m/f* gior-
nalista *m/f*
jovial [jo'vja:l] *adj* gioviale
jubeln ['ju:bəln] *v* giubilare, esultare
Jubiläum [ju:bi'lɛ:um] *n* giubileo *m*
jucken ['jukən] *v* prudere
Juckreiz ['jukraits] *m MED* prurito *m*
Jude ['ju:də] *m* ebreo *m*
Judentum ['ju:dəntu:m] *n* giudaismo *m*
Jugend ['ju:gənt] *f* gioventù *f*
Jugendherberge ['ju:gənthɛrbɛrgə] *f*
ostello della gioventù *m*
jugendlich ['ju:gəntlɪç] *adj* giovanile
Jugendliche(r) ['ju:gəntlɪçə(r)] *m/f* gio-
vane *m/f*
Jugoslawe [ju:go'sla:və] *m* jugoslavo *m*
Jugoslawien [ju:go'sla:vjən] *n GEO*
Jugoslavia *f*
Juli ['ju:li] *m* luglio *m*
jung [juŋ] *adj* giovane; *~es Gemüse* pivel-
li; *der Jüngste Tag* il giorno del Giudizio
Junge ['juŋə] *m* ragazzo *m*
jungenhaft ['juŋənhaft] *adj* da ragazzo
Jünger ['jyŋər] *m REL* discepolo *m*
Junges ['juŋəs] *n ZOOL* piccolo *m*
Jungfrau ['juŋfrau] *f* vergine *f*
Junggeselle ['juŋgəzɛlə] *m* scapolo *m*
jüngst ['jyŋst] *adv* ultimo
jüngste(r,s) ['jyŋstə(r,s)] *adj* il più giova-
ne, il più giovane; *das Jüngste Gericht* il
Giudizio universale *m*
Juni ['ju:ni] *m* giugno *m*
Jura ['ju:ra] *n* diritto *m,* legge *f*
Jurist(in) [ju:'rɪst(ɪn)] *m/f* giurista *m/f*
juristisch [ju'rɪstɪʃ] *adj* giuridico
Jury [ɢy'ri:] *f* giuria *f*
justieren [jus'ti:rən] *v* aggiustare
Justiz [jus'ti:ts] *f* giustizia *f*
Justizbeamter [jus'ti:tsbəamtər] *m* fun-
zionario dell'ordine giudiziario *m*
Justizbehörde [jus'ti:tsbəhø:rdə] *f* au-
torità giudiziaria *f*
Justizministerium [jus'ti:tsminɪster-
jum] *n* ministero della giustizia *m*
Juwelier(in) [juvə'li:r(ɪn)] *m/f* gioiellie-
re/gioielliera *m/f*

K

Kabel ['ka:bəl] *n* cavo *m*
Kabelfernsehen ['ka:bəlfɛrnze:ən] *n* televisione via cavo *f*
Kabine [ka'bi:nə] *f* cabina *f*
Kabinett [kabi'nɛt] *n POL* gabinetto *m*
Kabinettsitzung [kabi'nɛtzɪtsuŋ] *f POL* seduta di gabinetto *f*
Kabriolett [ka:brio'lɛt] *n (Auto)* decappottabile *f*
Kachel ['kaxel] *f* piastrella *f*, maiolica *f*
kacheln ['kaxəln] *v* piastrellare
Kachelofen ['kaxəlo:fən] *m* stufa di ceramica *f*
Kadaver [ka'da:vər] *m* cadavere *m*
Kadmium ['katmium] *n CHEM* cadmio *m*
Käfer ['kɛ:fər] *m ZOOL* coleottero *m*
Kaffee ['kafe:] *m* caffè *m; Das ist alles kalter ~!* Questa è tutta storia vecchia!
Kaffeebohne ['kafebo:nə] *f* chicco di caffè *m*
Kaffeekanne ['kafekanə] *f* caffettiera *f*
Kaffeelöffel ['kafelœfəl] *m* cucchiaino da caffè *m*
Kaffeemaschine ['kafemaʃi:nə] *f* macchina del caffè *f*
Kaffeeservice ['kafezɛrvi:s] *n* servizio da caffè *m*
Kaffeetasse ['kafetasə] *f* tazza da caffè *f*
Käfig ['kɛ:fɪç] *m* gabbia *f; im goldenen ~ sitzen* essere in una gabbia dorata
kahl [ka:l] *adj 1. (unbewachsen)* brullo; *2. (glatzköpfig)* pelato, calvo; *3. (ohne Blätter)* spoglio *m; Im Winter sind die Bäume ~.* D'inverno gli alberi sono spogli. *4. (leer)* nudo
Kahn [ka:n] *m* barca *f; einen im ~ haben* avere fatto il pieno/essere ubriaco
Kai [kaɪ] *m* banchina *f*, molo *m*
Kaiser(in) ['kaɪzər(ɪn)] *m/f* imperatore/imperatrice *m/f*
kaiserlich ['kaɪzərlɪç] *adj* imperiale
Kaiserreich ['kaɪzərraɪç] *n* impero *m*
Kaiserschnitt ['kaɪzərʃnɪt] *m MED* taglio cesareo *m*
Kajüte [ka'jy:tə] *f* cabina *f*
Kakao [ka'kau] *m* cacao *m; jdn durch den ~ ziehen (fig)* trascinare qd nel ridicolo
Kaktus ['kaktus] *m BOT* cactus *m*
Kalauer ['ka:lauər] *m (fam)* freddura *f*
Kalb ['kalp] *n ZOOL* vitello *m*

Kalbfleisch ['kalpflaɪʃ] *n GAST* carne di vitello *f*
Kalender [ka'lɛndər] *m* calendario *m; etw rot im ~ anstreichen* segnare qc in rosso nel calendario
Kalenderjahr [ka'lɛndərja:r] *n* anno solare *m*
Kalium ['ka:ljum] *n CHEM* potassio *m*
Kalk [kalk] *m CHEM* calce *f*
Kalkmangel ['kalkmaŋəl] *m MED* mancanza di calcio *f*
Kalkulation [kalkula'tsjo:n] *f* calcolo *m*
kalkulieren [kalku'li:rən] *v* calcolare
Kalorie [kalo'ri:] *f PHYS* caloria *f*
kalorienarm [kalo'ri:ənarm] *adj* povero di calorie
kalt [kalt] *adj* freddo; *Kalter Krieg* guerra fredda *f*
kaltblütig ['kaltbly:tɪç] *adj 1.* di sangue freddo; *adv 2.* freddamente
Kälte ['kɛltə] *f 1.* freddo *m; 2. (fig)* freddezza *f*
Kaltluft ['kaltluft] *f* aria fredda *f*
Kalzium ['kaltsjum] *n CHEM* calcio *m*
Kamel [ka'me:l] *n ZOOL* cammello *m*
Kamelhaar [ka'me:lha:r] *n* pelo di cammello *m*
Kamera ['kamərа] *f 1. (Fotokamera)* macchina fotografica *f; 2. (Fernsehkamera) CINE* telecamera *f; 3. (Filmkamera) CINE* cinepresa *f*
Kamerad [kamə'ra:t] *m* camerata *m*
Kameradschaft [kamə'ra:tʃaft] *f* cameratismo *m*
kameradschaftlich [kamə'ra:tʃaftlɪç] *adj* cameratesco
Kamille [ka'mɪlə] *f BOT* camomilla *f*
Kamillentee [ka'mɪləntе:] *m* camomilla *f*
Kamin [ka'mi:n] *m* camino *m*
Kamm [kam] *m 1. (Haarkamm)* pettine *m; alles über einen ~ scheren* fare di tutta l'erba un fascio; *Mir schwillt der ~!* Mi girano le scatole! *2. (Bergkamm)* cresta *f*
kämmen ['kɛmən] *v* pettinare
Kammer ['kamər] *f 1.* camera *f; 2. POL* camera *f; 3. (Herzkammer) ANAT* ventricolo *m*
Kammerkonzert ['kamərkɔntsɛrt] *n MUS* concerto da camera *m*
Kammersänger ['kamərzɛŋər] *m MUS* cantante di camera *m*

Kampagne [kam'panjə] *f* campagna *f*
Kampf [kampf] *m 1.* combattimento *m*, battaglia *f; 2. (Wettkampf)* gara *f*
kämpfen ['kɛmpfən] *v* combattere
Kämpfer(in) ['kɛmpfər(ɪn)] *m/f 1.* combattente *m/f; 2. (Wettkämpfer(in))* atleta *m/f*
kämpferisch ['kɛmpfərɪʃ] *adj* combattivo
Kampfrichter(in) ['kampfrɪçtər(ɪn)] *m/f* SPORT arbitro/arbitra *m/f*
kampfunfähig ['kampfunfɛːɪç] *adj* incapace di combattere
Kanada ['kanada] *n* GEO Canadà *m*
Kanadier [ka'naːdjər] *m* canadese *m*
kanadisch [ka'naːdɪʃ] *adj* canadese
Kanal [ka'naːl] *m* canale *m; den ~ voll haben* averne le scatole piene/avere fatto il pieno; *sich den ~ volllaufen lassen* bere come una spugna
Kanalisation [kanaliza'tsjoːn] *f* canalizzazione *f,* fognatura *f*
Kandidat(in) [kandi'daːt(ɪn)] *m/f* candidato/candidata *m/f*
Kandidatur [kandida'tuːr] *f* candidatura *f*
kandidieren [kandi'diːrən] *v* presentarsi candidato
kandiert [kan'diːrt] *adj* candito
Kandiszucker ['kandɪstsukər] *m* GAST zucchero candito *m*
Känguru ['kɛŋguruː] *n* ZOOL canguro *m*
Kaninchen [ka'niːnçən] *n* coniglio *m*
Kanister [ka'nɪstər] *m* bidone *m*
Kanne ['kanə] *f* bricco *m*
Kannibale [kani'baːlə] *m* cannibale *m*
Kanone [ka'noːnə] *f 1.* MIL cannone *m; 2. (fig)* asso *m*
Kante ['kantə] *f 1.* spigolo *m; etw auf die hohe ~ legen* mettere qc sotto il materasso/mettere qc da parte/risparmiare qc; *etw auf der hohen ~ haben* avere qc sotto il materasso/avere qc da parte/risparmiare qc; *2. (Rand)* orlo *m*
kantig ['kantɪç] *adj* angoloso
Kantine [kan'tiːnə] *f* mensa *f*
Kanu ['kaːnu] *n* canoa *f*
Kanüle [ka'nyːlə] *f* MED ago *m*
Kanzel ['kantsəl] *f* REL pulpito *m*
Kanzlei [kants'laɪ] *f 1.* cancelleria *f; 2. (eines Anwalts)* ufficio *m*
Kanzler(in) ['kantslər(ɪn)] *m/f* POL cancelliere *m/f*
Kanzleramt ['kantsləramt] *n* POL ufficio di cancelliere *m*
Kap [kap] *n* GEO capo *m*
Kapazität [kapatsi'tɛːt] *f* capacità *f*

Kapelle [ka'pɛlə] *f 1.* REL cappella *f; 2.* MUS banda *f*
Kaper ['kaːpər] *f* BOT cappero *m*
kapern ['kaːpərn] *v 1.* catturare; *2. (fam)* pescare; *sich einen Ehemann ~* pescare un marito
kapieren [ka'piːrən] *v (fam)* comprendere
Kapital [kapi'taːl] *n* capitale *m; aus etw ~ schlagen* sfruttare qc/trarre profitto da qc
Kapitalanlage [kapi'taːlanlaːgə] *f* ECO investimento di capitale *m*
Kapitalgesellschaft [kapi'taːlgəzɛlʃaft] *f* ECO società di capitali *f*
Kapitalismus [kapita'lɪsmus] *m* capitalismo *m*
Kapitalist(in) [kapita'lɪst(ɪn)] *m/f* capitalista *m/f*
kapitalistisch [kapita'lɪstɪʃ] *adj* capitalistico
Kapitalverbrechen [kapi'taːlfɛrbrɛçən] *n* JUR delitto capitale *m*
Kapitän [kapi'tɛːn] *m 1. (Schiffskapitän)* capitano *m; 2. (Flugkapitän)* comandante *m*
Kapitel [ka'pɪtəl] *n* capitolo *m*
Kapitulation [kapitula'tsjoːn] *f* capitolazione *f*
kapitulieren [kapitu'liːrən] *v* capitolare
Kaplan [kap'laːn] *m* REL cappellano *m*
Kappe ['kapə] *f 1. (Kopfbedeckung)* berretto *m; etw auf seine ~ nehmen* (fig) prendere qc sotto la propria egida; *2. (Verschlusskappe)* coperchio *m; 3. (Haube)* cuffia *f*
kappen ['kapən] *v* tagliare
kapriziös [kapri'tsjøːs] *adj* capriccioso
Kapsel ['kapsəl] *f* capsula *f*
kaputt [ka'put] *adj 1. (entzwei)* rotto; *2. (fam: müde)* sfinito, esausto
kaputtgehen [ka'putgeːən] *v irr 1.* rovinarsi, andare in rovina; *2.* rompersi
kaputtlachen [ka'putlaxən] *v (fam) sich ~* sbellicarsi dalle risa, ridere a crepapelle
kaputtmachen [ka'putmaxən] *v 1. etw ~* rompere qc; *Mach die chinesische Vase nicht kaputt!* Non rompere il vaso cinese! *2. sich ~* rovinarsi; *Durch sein Verhalten macht er sich kaputt.* Si rovina con il suo comportamento.
Kapuze [ka'puːtsə] *f* cappuccio *m*
Karaffe [ka'rafə] *f* caraffa *f*
Karambolage [karambo'laːgə] *f (fam)* carambola *f,* collisione *f,* scontro *m; Am Wochenende ereignete sich eine ~ auf der Autobahn.* Al fine-settimana c'è stato uno scontro sull'autostrada.

Karat [ka'ra:t] *n* carato *m*
Karate [ka'ratə] *n* SPORT karatè *m*
Karawane [kara'va:nə] *f* carovana *f*
Kardanwelle [kar'danvɛlə] *f* TECH albero cardanico *m*
Kardinal [kardi'na:l] *m* REL cardinale *m*
Kardinalfehler [kardi'na:lfe:lər] *m* errore sostanziale *m*
Kardinaltugend [kardi'na:ltu:gənt] *f* virtú cardinale
Kardinalzahl [kardi'na:ltsa:l] *f* MATH numero cardinale *m*
Kardiologie [kardjolo'gi:] *f* MED cardiologia *f*
Karfreitag [ka:r'fraita:k] *m* REL venerdì santo *m*
karg [kark] *adj* 1. scarso, magro; *eine ~e Mahlzeit* un pasto magro *m;* 2. *(wort~)* laconico, taciturno
kariert [ka'ri:rt] *adj* a quadretti
Karies ['ka:riɛs] *f* MED carie *f*
Karikatur [karika'tu:r] *f* caricatura *f*
Karikaturist(in) [karikatu'rɪst(ɪn)] *m/f* caricaturista *m/f*
karikieren [kari'ki:rən] *v* caricaturare
Karneval ['karnəval] *m* carnevale *m*
Karnevalsverein ['karnəvalsfɛraɪn] *m* comitato organizzativo del carnevale *m*
Karnevalszug ['karnəvalstsu:k] *m* corteo carnevalesco *m*, corso mascherato *m*
Karosserie [karɔsə'ri:] *f* TECH carrozzeria *f*
Karotte [ka'rɔtə] *f* BOT carota *f*
Karpfen ['karpfən] *m* ZOOL carpa *f*
Karren ['karən] *m* carrello *m;* den ~ aus dem Dreck ziehen cavare le castagne dal fuoco; *jdm an den ~ fahren* parlare male di qd
Karriere [ka'rjɛːrə] *f* carriera *f; ~ machen* fare carriera
Karte ['kartə] *f* 1. *(Eintrittskarte)* biglietto *m; Die ~ ist verfallen.* Il biglietto d'ingresso è scaduto. 2. *(Ansichtskarte)* cartolina *f;* 3. *(Speisekarte)* menù *m; nach der ~ essen* mangiare alla carta; 4. *(Landkarte)* carta geografica *f;* 5. *(Spielkarte)* carta *f; alle ~n in der Hand haben* avere tutte le carte in mano; *schlechte ~n haben* avere pessime carte/non avere speranze di successo; *seine ~n offen auf den Tisch legen* mettere le proprie carte in tavola; *alles auf eine ~ setzen* puntare tutto su una sola carta; *jdm in die ~n schauen* guardare le carte di qd; *mit offenen ~n spielen* giocare a carte scoperte; *mit gezinkten ~n spielen* giocare con carte truccate

Kartei [kar'taɪ] *f* schedario *m*
Karteikarte [kar'taɪkartə] *f* scheda *f*
Kartell [kar'tɛl] *n* ECO cartello *m*
Kartenspiel ['kartənʃpi:l] *n* gioco delle carte *m*
Kartoffel [kar'tɔfəl] *f* BOT patata *f; jdn fallen lassen wie eine heiße ~* lasciar cadere qd come una patata bollente
Kartoffelbrei [kar'tɔfəlbraɪ] *m* GAST purè di patate *m*
Kartoffelchips [kar'tɔfəltʃips] *pl* GAST patatine fritte *f/pl*
Karton [kar'tɔŋ] *m* 1. *(Material)* cartone *m;* 2. *(Schachtel)* scatola di cartone *f*
Karussell [karu'sɛl] *n* carosello *m*, giostra *f; mit dem ~ fahren* andare in giostra
Karwoche ['ka:rvɔxə] *f* settimana santa *f*
kaschieren [ka'ʃi:rən] *v* coprire
Käse ['kɛ:zə] *m* 1. GAST formaggio *m;* 2. *(fam: Unsinn)* sciocchezze *f/pl*
Kaserne [ka'zernə] *f* caserma *f*
Kasino [ka'zi:no:] *n* casinò *m*
Kasse ['kasə] *f* 1. cassa *f; gut bei ~ sein* stare bene a quattrini; *bei ~ sein* essere in grana; *tief in die ~ greifen müssen* doversi svenare; *jdn zur ~ bitten* far passare qd alla cassa; 2. *(Krankenkasse)* cassa mutua *f;* 3. *(Sparkasse)* cassa di risparmio *f*
Kassenarzt ['kasənartst] *m* medico della mutua *m*
Kassenbestand ['kasənbəʃtant] *m* fondo di cassa *m*
Kassenzettel ['kasəntsɛtəl] *m* scontrino di cassa *m*
Kassette [ka'sɛtə] *f* cassetta *f*
Kassettenrekorder [ka'sɛtənrekɔrdər] *m* mangianastri *m*
kassieren [ka'si:rən] *v* incassare
Kassierer(in) [ka'si:rər(ɪn)] *m/f* cassiere/cassiera *m/f*
Kastanie [kas'ta:njə] *f* 1. BOT castagno *m;* 2. *(Frucht)* castagna *f*
Kasten ['kastən] *m* cassetta *f; etw auf dem ~ haben* avere del sale in zucca; *etw im ~ haben* CINE avere qc su pizza
kastrieren [kas'tri:rən] *v* MED castrare
Katalog [kata'lo:k] *m* catalogo *m*
katalogisieren [katalogi'zi:rən] *v* catalogare
Katalysator [kataly'za:tɔr] *m* TECH catalizzatore *m*
Katarr [ka'tar] *m* MED catarro *m*
katastrophal [katastro'fa:l] *adj* catastrofico

Katastrophe [kata'stroːfə] *f* catastrofe *f*
Katechismus [katɛ'çısmus] *m REL* catechismo *m*
Kategorie [katego'riː] *f* categoria *f*
kategorisch [kate'goːrıʃ] *adj* categorico
Kater[1] ['kaːtər] *m ZOOL* gatto *m*
Kater[2] ['kaːtər] *m (fam)* postumi della sbronza *m/pl*
Kathedrale [kate'draːlə] *f REL* cattedrale *f*
Katheter [ka'teːtər] *m MED* catetere *m*
katholisch [ka'toːlıʃ] *adj REL* cattolico
Katholizismus [katoli'tsısmus] *m REL* cattolicesimo *m*
Katze ['katsə] *f ZOOL* gatto *m; die ~ im Sack kaufen (fig)* fare un acquisto a scatola chiusa; *die ~ aus dem Sack lassen* sputare il rospo; *mit jdm Katz und Maus spielen* giocare con qd come al gatto col topo; *für die Katz sein* essere inutile
Katzenjammer ['katsənjamər] *m* mal di testa dopo la sbronza *m*
Katzensprung ['katsənʃpruŋ] *m (fam)* salto *m; Man erreicht es in einem ~.* Si arriva là in men che non si dica.
Katzenwäsche ['katsənvɛʃə] *f (fam)* pulizia superficiale *f; eine ~ machen* lavarsi come i gatti/lavarsi superficialmente
Kauderwelsch ['kaudərvɛlʃ] *n* linguaggio incomprensibile *m*
kauen ['kauən] *v* masticare
kauern ['kauərn] *v* stare rannicchiato
Kauf [kauf] *m* acquisto *m; etw in ~ nehmen* mettere in conto qc
kaufen ['kaufən] *v* acquistare, comprare; *sich jdn ~* comprarsi qd
Käufer(in) ['kɔyfər(ın)] *m/f* acquirente *m/f*
Kauffrau ['kauffrau] *f* commerciante *f*
Kaufhaus ['kaufhaus] *n* grande magazzino *m*
Kaufkraft ['kaufkraft] *f ECO* potere d'acquisto *m*
käuflich ['kɔyflıç] *adj* 1. acquistabile; *2. (fig: bestechlich)* venale
Kaufmann ['kaufman] *m* commerciante *m*
kaufmännisch ['kaufmɛnıʃ] *adj* commerciale
Kaufpreis ['kaufprais] *m* prezzo d'acquisto *m*
Kaufvertrag ['kauffɛrtraːk] *m* contratto di compravendita *m*
Kaugummi ['kaugumi] *m* gomma da masticare *f*

kaum [kaum] *adv* 1. appena; *konj* 2. non appena
Kaution [kau'tsjoːn] *f* cauzione *f*
Kauz [kauts] *m* 1. *(fig)* originale *m*, tipo *m; ein komischer ~* un tipo strano *m;* 2. *ZOOL* civetta *f*
Kavalier [kava'liːr] *m* cavaliere *m*
Kavaliersdelikt [kava'liːrsdelıkt] *n* mancanza perdonabile *f*
Kaviar ['kaːviaːr] *m GAST* caviale *m*
keck [kɛk] *adj* vivace
Kegel ['keːgəl] *m* 1. *(Spielzeug)* birillo *m;* 2. *MATH* cono *m*
Kegelbahn ['keːgəlbaːn] *f SPORT* pista dei birilli *f*
kegeln ['keːgəln] *v* giocare a birilli
Kehle ['keːlə] *f ANAT* gola *f*
Kehrbesen ['keːrbeːzən] *m* scopa *f*
Kehre ['keːrə] *f* curva *f*
kehren[1] ['keːrən] *v* spazzare; *den Fußboden ~* spazzare il pavimento
kehren[2] ['keːrən] *v* 1. *(wenden)* volgere; *jdm den Rücken ~* voltare le spalle a qd; 2. *in sich gekehrt* assorto in se stesso
Kehrschaufel ['keːrʃaufəl] *f* paletta *f*
Kehrseite ['keːrzaitə] *f* 1. *(Rückseite)* tergo *m;* 2. *(fig)* rovescio *m; die ~ der Medaille* il rovescio della medaglia *m*
kehrtmachen ['keːrtmaxən] *v* fare dietro front
Kehrtwendung ['keːrtvɛnduŋ] *f (fig)* voltafaccia *m*
Keil [kail] *m* cuneo *m*
Keilerei [kailə'rai] *f (fam)* baruffa *f*
Keilriemen ['kailriːmən] *m (eines Autos)* cinghia trapezoidale *f*
Keim [kaim] *m* 1. *BIO* germe *m;* 2. *MED* germe *m;* 3. *(fig)* seme *m; etw im ~ ersticken* soffocare qc sul nascere
keimen ['kaimən] *v* germogliare
keimfrei ['kaimfrai] *adj* asettico
Keimzelle ['kaimtsɛlə] *f* 1. *BIO* cellula germinale *f;* 2. *(fig)* germe *m*
kein(e) [kain/'kainə] *adj* nessuno/nessuna; *Ich habe ~ Brot mehr.* Non ho più pane.
keine(r,s) ['kainə(r,s)] *pron* nessuno/nessuna
keinerlei ['kainərlai] *adj* di nessuna specie
keinesfalls ['kainəsfals] *adv* in nessun caso
keineswegs ['kainəsveːks] *adv* assolutamente no, nel modo più assoluto
Keks [keːks] *m* 1. *GAST* biscotto *m;* 2. *jdm auf den ~ gehen* rompere le scatole a qd

Kelch [kɛlç] *m* calice *m*
Kelle ['kɛlə] *f 1. (Schöpfkelle)* ramaiolo *m;* 2. *(Maurerkelle)* cazzuola *f*
Keller ['kɛlər] *m* cantina *f*
Kellerei [kɛlə'raɪ] *f* cantina *f*
Kellner(in) ['kɛlnər(ɪn)] *m/f* cameriere/cameriera *m/f*
keltern ['kɛltərn] *v* torchiare, pigiare
Kenndaten ['kɛndaːtən] *pl* dati indicativi *m/pl,* dati caratteristici *m/pl*
kennen ['kɛnən] *v irr 1.* conoscere; *Da kennt er gar nichts!* Non guarda in faccia nessuno! *2.* ~ *lernen* fare conoscenza
Kenner(in) ['kɛnər(ɪn)] *m/f* conoscitore/conoscitrice *m/f,* intenditore/intenditrice *m/f*
Kennkarte ['kɛnkartə] *f* tessera di riconoscimento *f,* carta d'identità *f*
Kenntnis ['kɛntnɪs] *f* conoscenza *f; zur* ~ per conoscenza; *etw zur* ~ *nehmen* prender conoscenza di qc; *sich jds* ~ *entziehen* cancellare la faccia di qd/scordarsi di qd; *jdn von etw in* ~ *setzen* portare qd a conoscenza di qc
Kenntnisnahme ['kɛntnɪsnaːmə] *f* presa in atto *f,* conoscenza *f*
Kennwort ['kɛnvɔrt] *n* parola d'ordine *f*
Kennzeichen ['kɛntsaɪçən] *n 1. (Merkmal)* contrassegno *m; 2. (eines Autos)* targa *f*
kennzeichnen ['kɛntsaɪçnən] *v 1.* contrassegnare; *2. (fig)* caratterizzare
Kennzeichnung ['kɛntsaɪçnuŋ] *f* marcatura *f*
Kennziffer ['kɛntsɪfər] *f* numero di matricola *m,* cifra *f*
kentern ['kɛntərn] *v* capovolgersi
Keramik [ke'raːmɪk] *f* ceramica *f*
Kerbe ['kɛrbə] *f* intaccatura *f; in die gleiche* ~ *hauen* battere sullo stesso tasto
Kerbholz ['kɛrbhɔlts] *n etw auf dem* ~ *haben* avere qc sulla coscienza
Kerker ['kɛrkər] *m* carcere *m*
Kerl [kɛrl] *m (fam)* tipo *m*
Kern [kɛrn] *m 1. (Obstkern)* nocciolo *m; 2. (fig: Mittelpunkt)* nucleo *m; der harte* ~ lo zoccolo duro *m; 3. (fig: Wesentliches)* nocciolo *m; der* ~ *der Frage* il nocciolo della questione *m*
Kernenergie ['kɛrnenɛrgiː] *f PHYS* energia nucleare *f*
Kernforschung ['kɛrnfɔrʃuŋ] *f PHYS* ricerca nucleare *f*
kerngesund [kɛrngə'zunt] *adj* sano come un pesce
Kernkraft ['kɛrnkraft] *f PHYS* energia nucleare *f*

Kernkraftwerk ['kɛrnkraftvɛrk] *n* centrale atomica *f*
Kernphysik ['kɛrnfyziːk] *f* fisica nucleare *f*
Kernreaktor ['kɛrnreaktor] *m* reattore nucleare *m*
Kernseife ['kɛrnzaɪfə] *f* sapone duro *m*
Kernspaltung ['kɛrnʃpaltuŋ] *f PHYS* fissione nucleare *f*
Kernzeit ['kɛrntsaɪt] *f* orario obbligatorio di lavoro *m*
Kerze ['kɛrtsə] *f* candela *f*
kerzengerade ['kɛrtsəngəraːdə] *adj* diritto come un fuso
Kerzenlicht ['kɛrtsənlɪçt] *n* lume di candela *m*
Kerzenständer ['kɛrtsənʃtɛndər] *m* candeliere *m*
kess ['kɛs] *adj* sfacciato
Kessel ['kɛsəl] *m 1. (Kochgefäß)* paiolo *m; 2. (Heizkessel)* caldaia *f; 3. (der Polizei)* accerchiamento *m*
Kette ['kɛtə] *f 1.* catena *f; jdn an die* ~ *legen* mettere qd in catene; *an der* ~ *liegen* essere in catene; *2. (Halskette)* catenina *f,* collana *f; 3. (Serie)* serie *f*
Kettenraucher(in) ['kɛtənrauxər(ɪn)] *m/f* fumatore accanito/fumatrice accanita *m/f*
Kettenreaktion ['kɛtənreaktsjoːn] *f PHYS* reazione a catena *f*
Ketzer ['kɛtsər] *m REL* eretico *m*
ketzerisch ['kɛtsərɪʃ] *adj REL* eretico
keuchen ['kɔyçən] *v* ansimare
Keuchhusten ['kɔyçhuːstən] *m MED* pertosse *f*
Keule ['kɔylə] *f 1.* clava *f; 2. GAST* coscia *f*
keusch ['kɔyʃ] *adj* casto
Kichererbse ['kɪçərɛrpsə] *f 1. (fig, fam)* cece *m; 2. BOT* cece *m*
kichern ['kɪçərn] *v* ridacchiare
kidnappen ['kɪtnɛpən] *v* rapire
Kiefer¹ ['kiːfər] *f BOT* pino *m*
Kiefer² ['kiːfər] *m ANAT* mascella *f*
Kieferorthopädie ['kiːfərɔrtopɛdiː] *f MED* ortodonzia *f*
Kieme ['kiːmə] *f ZOOL* branchia *f*
Kies [kiːs] *m* ghiaia *f*
Kieselstein ['kiːzəlʃtaɪn] *m* ciottolo *m*
Kilogramm ['kilogram] *n* chilo *m*
Kilometer [kilo'meːtər] *m* chilometro *m*
Kilometerzähler [kiːlo'meːtərtsɛːlər] *m (eines Autos)* contachilometri *m*

Kilowatt ['kilovat] *n* chilowatt *m*
Kimme ['kɪmə] *f jdn auf der ~ haben* prendere di mira qd
Kind [kɪnt] *n* bambino *m; kein ~ von Traurigkeit sein* non essere un musone; *bei jdm lieb ~ sein* essere il cocco di qd; *das ~ beim richtigen Namen nennen* chiamare le cose con il loro nome/dire pane al pane e vino al vino; *mit ~ und Kegel* con armi e bagagli; *Wir werden das ~ schon schaukeln!* Sistemeremo tutto!
Kinderarzt ['kɪndərartst] *m* pediatra *m*
Kindergarten ['kɪndərgartən] *m* asilo infantile *m*
Kindergärtnerin ['kɪndərgɛrtnərɪn] *f* maestra d'asilo *f*
Kindergeld ['kɪndərgɛlt] *n* assegno familiare *m*
Kinderheim ['kɪndərhaɪm] *n* orfanotrofio *m*
Kinderhort ['kɪndərhɔrt] *m* doposcuola *m*
Kinderkrankheit ['kɪndərkraŋkhaɪt] *f* malattia infantile *f*
Kinderlähmung ['kɪndərlɛːmuŋ] *f MED* poliomielite *f*
Kindermädchen ['kɪndərmɛːtçən] *n* bambinaia *f*
kinderreich ['kɪndərraɪç] *adj* con molti figli
Kinderschuhe ['kɪndərʃuːə] *pl noch in den ~n stecken* essere ancora in embrione
Kinderwagen ['kɪndərvaːgən] *m* carrozzina *f*
Kindheit ['kɪnthaɪt] *f* infanzia *f; von ~ an* fin dall'infanzia
Kindheitserinnerung ['kɪnthaɪtsɛrɪnəruŋ] *f* ricordo d'infanzia *m*
kindisch ['kɪndɪʃ] *adj 1.* puerile; *adv 2.* in modo puerile, puerilmente
kindlich ['kɪndlɪç] *adj 1.* infantile; *adv 2.* in modo infantile
Kinn [kɪn] *n ANAT* mento *m*
Kinnhaken ['kɪnhaːkən] *m* montante al mento *m*
Kino ['kiːno] *n 1. CINE* cinema *m; m 2. CINE* cinematografo *m*
Kiosk ['kiɔsk] *m* chiosco *m*
kippen ['kɪpən] *v* ribaltarsi
Kippschalter ['kɪpʃaltər] *m TECH* interruttore a leva *m*
Kirche ['kɪrçə] *f* chiesa *f; die ~ im Dorf lassen* mantenere il senso delle proporzioni; *die ~ ums Dorf tragen* fare il giro di Peppe/dilungarsi inutilmente

Kirchenchor ['kɪrçənkoːr] *m* coro di chiesa *m*
Kirchenlied ['kɪrçənliːt] *n* canto religioso *m*
Kirchenstaat ['kɪrçənʃtaːt] *m* stato pontificio *m*
Kirchhof ['kɪrçhoːf] *m* cimitero *m*
kirchlich ['kɪrçlɪç] *adj* ecclesiastico
Kirchturm ['kɪrçturm] *m* campanile *m*
Kirchweih ['kɪrçvaɪ] *f* consacrazione di una chiesa *f*
Kirsche ['kɪrʃə] *f BOT* ciliegia *f; Mit ihm ist nicht gut ~n essen!* Con lui non sono tutte rose e fiori!/E' meglio perderlo che trovarlo!
Kirschwasser ['kɪrʃvasər] *n* acquavite di ciliege *f*
Kissen ['kɪsən] *n 1.* cuscino *m; 2. (Kopfkissen)* guanciale *m*
Kissenbezug ['kɪsənbətsuːk] *m* federa *f*
Kiste ['kɪstə] *f* cassa *f*
Kitsch [kɪtʃ] *m* arte di cattivo gusto *f*, kitsch *m*
kitschig ['kɪtʃɪç] *adj* di cattivo gusto, pacchiano
Kittchen ['kɪtçən] *n (fam)* prigione *f; jdn ins ~ bringen* mettere al fresco qd
Kittel ['kɪtəl] *m* camice *m*
kitten ['kɪtən] *v 1.* stuccare; *2. (fig)* accomodare
kitzelig ['kɪtsəlɪç] *adj* sensibile al solletico
kitzeln ['kɪtsəln] *v* solleticare
Kiwi ['kiːviː] *f BOT* kivi *m*
klaffen ['klafən] *v* spalancarsi, divergere
kläffen ['klɛfən] *v* abbaiare
Klage ['klaːgə] *f 1.* lamento *m; 2. JUR* querela *f*
klagen ['klaːgən] *v 1.* lamentare; *2. JUR* sporgere querela
Kläger(in) ['klɛːgər(ɪn)] *m/f JUR* querelante *m/f*
Klageschrift ['klaːgəʃrɪft] *f JUR* citazione *f*
kläglich ['klɛːklɪç] *adj* lamentevole
klamm [klam] *adj 1. (Wetter)* umido e freddo; *2. (Finger)* irrigidito
Klammer ['klamər] *f 1. (Büroklammer)* fermaglio *m; 2. (Heftklammer)* graffetta *f; 3. (Wäscheklammer)* molletta *f*
Klamotten [kla'mɔtən] *pl 1.* stracci *m/pl*, cenci *m/pl; 2. (fam)* abiti *m/pl*, vestiti *m/pl*
Klang [klaŋ] *m* suono *m*
klangvoll ['klaŋfɔl] *adj 1.* sonoro; *2. (fig)* famoso
Klappbett ['klapbɛt] *n* letto ribaltabile *m*

Klappe ['klapə] *f 1.* ribalta *f; 2. (Luft-klappe)* registro dell'aria *m,* valvola *f; 3. (fam)* becco *m; Halt die ~!* Chiudi il becco! *eine große ~ haben* avere la lingua lunga/avere la bocca grande; *jdm eins auf die ~ geben* dare uno schiaffo a qd
klappen ['klapən] *v 1. (auf~)* aprire; *2. (fig: gelingen)* andare bene; *Wenn alles klappt.* Se tutto va bene.
klapperdürr ['klapərdyr] *adj* magro come un chiodo
klapperig ['klapəriç] *adj 1. (Sache)* sconquassato; *2. (Person)* decrepito
klappern ['klapərn] *v* strepitare
Klappmesser ['klapmɛsər] *m* coltello a serramanico *m*
Klappstuhl ['klapʃtu:l] *m* sedia pieghevole *f*
Klapptisch ['klaptiʃ] *m* tavolo ribaltabile *m*
klar [kla:r] *adj 1. (Flüssigkeit)* limpido; *Das ist ~ wie Kloßbrühe!* Questo è chiaro come il sole! *2. (Luft)* limpido; *Es ist eine gute ~e Luft.* C'è una bell'aria limpida. *3. (Aussage)* chiaro
Kläranlage ['klɛ:ranla:gə] *f* impianto di depurazione *m*
klären ['klɛ:rən] *v 1. (reinigen)* purificare; *2. (Situation)* chiarire; *Es hat sich geklärt.* Si è chiarito.
Klarheit ['kla:rhait] *f 1. (einer Flüssigkeit)* limpidezza *f; 2. (der Luft)* limpidezza *f; 3. (des Verstandes)* chiarezza *f*
klarmachen ['kla:rmaxən] *v 1. (erklären)* spiegare; *2. (bereitmachen)* approntare
Klarsichtfolie ['kla:rziçtfo:ljə] *f* foglio trasparente *m*
klarstellen ['kla:rʃtɛlən] *v* chiarire
Klarstellung ['kla:rʃtɛluŋ] *f* chiarimento *m*
Klartext ['kla:rtɛkst] *m ~ sprechen* parlare chiaro
Klärung ['klɛ:ruŋ] *f 1. (Reinigung)* depurazione *f; 2. (Klarstellung)* chiarimento *m,* delucidazione *f*
Klasse ['klasə] *f 1. (Kategorie)* categoria *f,* classe *f; 2. (Schulklasse)* classe *f; 3. (soziale ~)* classe *f*
Klassensprecher(in) ['klasənʃprɛçər-(in)] *m/f* capoclasse *m/f*
Klassentreffen ['klasəntrɛfən] *n* incontro di compagni di classe *m*
Klassifikation [klasifika'tsjo:n] *f* classificazione *f*

Klassik ['klasik] *f 1. (Zeitabschnitt)* periodo classico *m; 2. (Stil)* classico *m; 3. MUS* classico *m*
Klassiker ['klasikər] *m 1. (Person)* classico *m; 2. (Werk)* classico *m*
klassisch ['klasiʃ] *adj* classico
Klassizismus [klasi'tsismus] *m* classicismo *m*
Klatsch [klatʃ] *m (fam)* pettegolezzi *m/pl*
klatschen ['klatʃən] *v 1. (Geräusch)* picchiare; *jdm eine ~* dare uno schiaffo a qd; *2. (Beifall ~)* applaudire, battere le mani; *3. (negativ reden)* sparlare
Klatschspalte ['klatʃʃpaltə] *f* pagina di cronaca rosa *f*
klauen ['klauən] *v (fam)* rubare
Klausel ['klauzəl] *f JUR* clausola *f*
Klausur [klau'zu:r] *f 1. (Abgeschiedenheit)* clausura *f; 2. (Prüfung)* esame *m*
Klavier [kla'vi:r] *n MUS* pianoforte *m*
Klavierkonzert [kla'vi:rkɔntsɛrt] *n* concerto per pianoforte *m*
Klebeband ['kle:bəbant] *n* nastro adesivo *m*
kleben ['kle:bən] *v 1. (haften)* aderire; *jdm eine ~* dare uno schiaffo a qd; *2. (ankleben)* attaccare
klebrig ['kle:briç] *adj* colloso, appiccicoso
Klebstoff ['kle:pʃtɔf] *m* colla *f*
kleckern ['klɛkərn] *v (fam)* macchiare
Klecks [klɛks] *m* macchia *f*
Klee [kle:] *m BOT* trifoglio *m; etw über den grünen ~ loben* lodare sperticatamente qc
Kleeblatt ['kle:blat] *n* foglia di trifoglio *f*
Kleid [klait] *n* vestito *m*
kleiden ['klaidən] *v 1. sich ~* vestirsi; *2. (gut aussehen)* stare bene a/donare a
Kleiderbügel ['klaidərby:gəl] *m* stampella *f,* gruccia *f*
Kleiderhaken ['klaidərha:kən] *m* piolo dell'attaccapanni *m*
Kleiderschrank ['klaidərʃraŋk] *m* armadio guardaroba *m*
Kleiderständer ['klaidərʃtɛndər] *m* attaccapanni *m*
Kleidung ['klaiduŋ] *f* vestiti *m/pl,* abbigliamento *m*
Kleie ['klaiə] *f BOT* crusca *f*
klein [klain] *adj (nicht alt, nicht groß)* piccolo
kleinbürgerlich ['klainbyrgərliç] *adj* piccolo borghese, della piccola borghesia
Kleingedrucktes ['klaingədruktəs] *n* stampato a caratteri piccoli *m*

Kleingeld ['klaɪngɛlt] *n* spiccioli *m/pl,* monete *f/pl; Ich habe kein ~ zum Telefonieren.* Non ho monete per telefonare.
Kleinigkeit ['klaɪnɪçkaɪt] *f* cosa da nulla *f,* piccolezza *f*
kleinlaut ['klaɪnlaut] *adj* mogio mogio
kleinlich ['klaɪnlɪç] *adj 1. (engstirnig)* limitato; *2. (geizig)* avaro
kleinmütig ['klaɪnmyːtɪç] *adj* pusillanime; *adv* in modo pusillanime
Kleinod ['klaɪnoːt] *n* gioiello *m*
Kleinstadt ['klaɪnʃtat] *f* cittadina *f*
Kleinwagen ['klaɪnvaːgən] *m* macchina utilitaria *f*
Klemme ['klɛmə] *f 1.* molletta *f; 2. (fig)* guaio *m; in der ~ sitzen* essere nei guai/essere nei pasticci
klemmen ['klɛmən] *v 1. (festsitzen)* bloccare; *2. (einzwängen)* incastrare
Klempner ['klɛmpnər] *m* stagnaio *m,* lamierista *m*
Klerus ['kleːrus] *m* REL clero *m*
Klette ['klɛtə] *f 1.* BOT lappola *f; 2. (fam)* importuno *m*
klettern ['klɛtərn] *v* arrampicarsi
Klient [kli'ɛnt] *m* cliente *m*
Klima ['kliːma] *n* clima *m*
Klimaanlage ['kliːmaanlaːgə] *f* impianto di condizionamento dell'aria *m*
klimatisch [kli'maːtɪʃ] *adj* climatico
Klimaveränderung ['kliːmaferɛndəruŋ] *f* variazione climatica *f*
Klinge ['klɪŋə] *f* lama *f; eine scharfe ~ führen* avere la lingua tagliente; *jdn über die ~ springen lassen* uccidere freddamente qd/far uccidere freddamente qd/annientare economicamente qd
Klingel ['klɪŋəl] *f* campanello *m; auf die ~ drücken* suonare il campanello
Klingelbeutel ['klɪŋəlbɔytəl] *m* REL borsa delle elemosine *f*
klingeln ['klɪŋəln] *v* suonare; *Es hat an der Tür geklingelt.* Hanno suonato alla porta. *Jetzt klingelt es bei mir!* Ora ho capito!
klingen ['klɪŋən] *v irr* risonare
Klinik ['kliːnɪk] *f* clinica *f*
klinisch ['kliːnɪʃ] *adj 1.* clinico; *adv 2.*clinicamente
Klinke ['klɪŋkə] *f* maniglia *f; sich die ~ in die Hand geben* andare e venire in continuazione; *~n putzen* andare porta a porta/bussare a tutte le porte
Klippe ['klɪpə] *f* scoglio *m*
klirren ['klɪrən] *v (Ton)* tintinnare

klirrend ['klɪrənt] *adj 1. (Ton)* tintinnante; *2. (Kälte)* pungente, intenso; *Es war ~ kalt.* C'era un freddo pungente.
Klischee [klɪ'ʃeː] *n* cliché *m*
Klo [kloː] *n (fam)* gabinetto *m*
klobig ['kloːbɪç] *adj (Sache)* massiccio
klonen ['kloːnən] *v* BIO clonare
klopfen ['klɔpfən] *v 1.* bussare; *2. (Herz)* battere; *3. (Motor)* detonare
Klosett [klo'zɛt] *n* gabinetto *m*
Kloß [kloːs] *m 1.* GAST gnocco *m; 2.* AGR zolla *f; ein ~ Erde* una zolla di terra *f; einen ~ im Hals haben* (fig) avere un groppo in gola
Kloster ['kloːstər] *n 1. (Frauenkloster)* REL convento *m; 2. (Mönchskloster)* REL monastero *m*
Klosterschule ['kloːstərʃuːlə] *f* convitto *m,* collegio *m*
Klotz [klɔts] *m 1.* ceppo *m; einen ~ am Bein haben* avere una palla al piede; *2. (Spielklotz)* cubetto *m; 3. (Mensch)* gaglioffo *m*
Klub [klup] *m* club *m*
Klubhaus ['kluphaus] *n* circolo *m,* club *m*
Klubmitglied ['klupmɪtgliːt] *n* membro di un club *m*
Kluft [kluft] *f 1. (Abgrund)* baratro *m; 2. (fam: Kleidung)* divisa *f; 3. (fig: Gegensatz)* abisso *m*
klug [kluːk] *adj* intelligente, saggio; *aus jdm nicht ~ werden* non riuscire a capire qd
Klugheit ['kluːkhaɪt] *f* intelligenza *f,* saggezza *f*
knabbern ['knabərn] *v* sgranocchiare; *an etw zu ~ haben* (fig) avere qc da digerire/dover penare per qc; *etw zu ~ haben* avere qc da sgranocchiare
Knabe ['knaːbə] *m* ragazzo *m*
knabenhaft ['knaːbənhaft] *adj* di ragazzo
Knäckebrot ['knɛkəbroːt] *n* GAST galetta integrale *f*
knacken ['knakən] *v 1. (knarren)* scricchiolare; *2. (Nüsse)* schiacciare; *3. (fam: aufbrechen)* scassinare
Knacks [knaks] *m 1. (Sprung)* incrinatura *f; Das Glas hat einen ~.* Il bicchiere ha un'incrinatura. *2. (fig)* guasto *m*
Knall [knal] *m 1.* schianto *m,* detonazione *f; 2. (Peitschenknall)* schiocco *m; ~ auf Fall* di punto in bianco
knallen ['knalən] *v* schioccare, detonare; *jdm eine ~* dare uno schiaffo a qd
knalleng [knal'ɛŋ] *adj (fam)* attillatissimo
knallhart [knal'hart] *adj 1.* violento; *2. adv* violentemente

Knallkörper ['knalkœrpər] *m* petardo *m*
knapp [knap] *adj* 1. *(gering)* scarso;
2. *(eng)* stretto; 3. *(Zeit)* poco
Knappheit ['knaphaɪt] *f* scarsità *f*
knarren ['knarən] *v* scricchiolare
Knast [knast] *m (fam)* galera *f*
knattern ['knatərn] *v* scoppiettare
Knäuel ['knɔyəl] *n* 1. *(Wollknäuel)* gomitolo *m;* 2. *(fig: Menschenknäuel)* groviglio *m*
knauserig ['knauzərɪç] *adj (fam)* avaro
Knautschzone ['knautʃtsoːnə] *f (Auto)*
zona deformabile *f*
Knebel ['kneːbəl] *m* bavaglio *m*
Knecht [knɛçt] *m* bracciante *m,* servo *m*
Knechtschaft ['knɛçtʃaft] *f* servitù *f*
kneifen ['knaɪfən] *v irr* 1. *(zwicken)* pizzi-
care; 2. *(fam: sich drücken)* evitare
Kneifzange ['knaɪftsaŋə] *f* tenaglia *f*
Kneipe ['knaɪpə] *f* osteria *f,* birreria *f*
kneten ['kneːtən] *v* impastare
Knick [knɪk] *m* 1. svolta *f; einen ~ in der
Optik haben* avere una rotella fuori posto/non
vederci; 2. *(Papierknick)* piega *f*
knicken ['knɪkən] *v* 1. *(falten)* piegare;
2. *(abknicken)* spezzare
Knicks [knɪks] *m* riverenza *f,* inchino *m*
Knie [kniː] *n* ANAT ginocchio *m; weiche ~
bekommen (fig)* avere le gambe molli; *jdn auf
die ~ zwingen* mettere in ginocchio qd; *vor
jdm auf den ~n rutschen* mettersi in ginocchio davanti a qd; *jdn übers ~ legen* suonar-
le a qd/dare una manica di botte a qd;
etw übers ~ brechen fare qc affrettatamente
knien ['kniːən] *v* 1. stare in ginocchio;
2. *sich ~* inginocchiarsi; *sich vor den Altar ~*
inginocchiarsi davanti all'altare
Kniestrumpf ['kniːʃtrumpf] *m* calzettone *m*
kniffelig ['knɪfəlɪç] *adj (fam)* difficoltoso
knipsen ['knɪpsən] *v* 1. *(fotografieren)*
fotografare, scattare; 2. *(Fahrkarte)* forare
Knirps [knɪrps] *m* 1. *(Kind)* bambino piccolo *m;* 2. *(kleiner Mensch)* omiciattolo *m*
knirschen ['knɪrʃən] *v* stridere
knistern ['knɪstərn] *v* 1. *(Papier)* scricchiolare, crepitare; 2. *(Feuer)* scoppiettare; 3. *(fig:
Spannung)* elettrizzare; *Die Atmosphäre kni-
stert.* L'atmosfera è elettrizzata.
knittern ['knɪtərn] *v* spiegazzarsi
Knoblauch ['knoːblaux] *m* BOT aglio *m*
Knöchel ['knœçəl] *m* ANAT malleolo *m*
Knochen ['knɔxən] *m* ANAT osso *m; bis
auf die ~* sino all'osso; *in die ~ fahren* colpire
al cuore; *jdm in den ~ stecken* albergare nel

cuore di qd; *über die ~ gehen* essere fatico-
so/essere impegnativo
Knochenmark ['knɔxənmark] *n* midollo
osseo *m*
Knödel ['knøːdəl] *m* GAST gnocco *m*
Knolle ['knɔlə] *f* BOT tubero *m,* bulbo *m*
Knopf [knɔpf] *m* bottone *m*
knöpfen ['knœpfən] *v* abbottonare
Knopfloch ['knɔpflɔx] *n* occhiello *m*
Knorpel ['knɔrpəl] *m* cartilagine *f*
Knospe ['knɔspə] *f* BOT bocciolo *m*
knoten ['knoːtən] *v* annodare
Knoten ['knoːtən] *m* 1. nodo *m; sich einen
~ ins Taschentuch machen* farsi un nodo al
fazzoletto; *Der ~ ist geplatzt.* Il nodo è sciolto. 2. MED nodulo *m*
Knotenpunkt ['knoːtənpuŋkt] *m* nodo *m*
Knüller ['knylər] *m (fam)* successo *m*
knüpfen ['knypfən] *v* 1. legare; 2. *(Teppich)* intrecciare; 3. *(fig: Beziehung)* stringere
Knüppel ['knypəl] *m* 1. *(Stock)* bastone *m;
jdm einen ~ zwischen die Beine werfen* mettere i bastoni tra le ruote a qd; 2. *(Schalt-
knüppel)* leva del cambio *f*
knurren ['knurən] *v* 1. *(Hund)* ringhiare;
2. *(fig: meckern)* brontolare; 3. *(fig: Magen)*
brontolare; *Mein Magen knurrt.* Il mio stomaco brontola.
knusprig ['knuspriç] *adj* croccante
knutschen ['knuːtʃən] *v* sbaciucchiare
Koalition [koali'tsjoːn] *f* POL coalizione *f*
Kobold ['koːbɔlt] *m* folletto *m*
Koch [kɔx] *m* cuoco *m*
Kochbuch ['kɔxbuːx] *n* ricettario *m*
kochen ['kɔxən] *v* 1. *(zubereiten)* cucinare;
2. *(garen)* cuocere; 3. *(sieden)* bollire; *Das
Blut kocht in den Adern.* Il sangue ribolle
nelle vene.
kochend ['kɔxənt] *adj* bollente
Kocher ['kɔxər] *m* fornello *m*
Köchin ['kœçɪn] *f* cuoca *f*
Kochlöffel ['kɔxlœfəl] *m* mestolo *m*
Kochrezept ['kɔxretsɛpt] *n* ricetta di
cucina *f*
Kochtopf ['kɔxtɔpf] *m* pentola *f*
Köder ['køːdər] *m* 1. esca *f;* 2. *(fig)* esca *f*
kodieren [ko'diːrən] *v* INFORM codificare
Koffein [kɔfe'iːn] *n* caffeina *f*
Koffer ['kɔfər] *m* valigia *f; die ~ packen*
fare le valigie/fare i bagagli
Kofferradio ['kɔfərraːdjo] *n* radio portati-
le *f*
Kofferraum ['kɔfərraum] *m (eines Autos)*
portabagagli *m*

Kohl [ko:l] *m BOT* cavolo *m*

Kohle ['ko:lə] *f 1.* carbone *m; wie auf glühenden ~n sitzen* stare seduto sui carboni ardenti; *2. (fam: Geld)* quattrini *m/pl;* grana *f*

Kohlenbergwerk ['ko:lənbɛrkvɛrk] *n* miniera di carbone *f*

Kohlendioxyd [ko:lən'djɔksy:t] *n CHEM* anidride carbonica *f*

Kohlenhydrat ['ko:lənhydra:t] *n CHEM* carboidrato *m*

Kohlenmonoxyd [ko:lən'monɔksy:t] *n CHEM* ossido di carbonio *m*

Kohlensäure ['ko:lənsɔyrə] *f CHEM* acido carbonico *m*

Kohlenwasserstoff [ko:lən'vasərʃtɔf] *m CHEM* idrocarburo *m*

Kohlepapier ['ko:ləpapi:r] *n* carta carbone *f*

kohlrabenschwarz [ko:lrabən'ʃvarts] *adj* nero come il carbone

Kohlrabi [ko:l'ra:bi] *m BOT* cavolo rapa *m*

Koje ['ko:jə] *f* cuccetta *f*

Kokain [koka'i:n] *n* cocaina *f*

kokett [ko'kɛt] *adj* civettuolo

kokettieren [kokɛ'ti:rən] *v* civettare

Kokosnuss ['ko:kɔsnus] *f BOT* noce di cocco *m*

Kolben ['kɔlbən] *m 1. (eines Motors)* stantuffo *m,* pistone *m; 2. (eines Gewehrs)* calcio del fucile *m; 3. (Maiskolben)* pannocchia *f*

Kolibakterie ['ko:libaktɛriə] *f* colibatterio *m*

Kolik [ko:'lɪk] *f MED* colica *f*

Kollaps [kɔ'laps] *m MED* collasso *m*

Kollege [kɔ'le:gə] *m* collega *m*

kollegial [kɔle'gjal] *adj* collegiale

Kollegium [kɔ'le:gjum] *n* collegio *m*

Kollekte [kɔ'lɛktə] *f REL* colletta *f*

Kollektion [kɔlɛk'tsjo:n] *f* collezione *f*

kollektiv [kɔlɛk'ti:f] *adj* collettivo

Kollektor [kɔ'lɛkto:r] *m TECH* collettore *m*

Kollision [kɔlizj'o:n] *f* collisione *f*

Kolonialismus [kolonja'lɪsmus] *m POL* colonialismo *m*

Kolonialmacht [kolo'nja:lmaxt] *f POL* potenza coloniale *f*

Kolonie [kolo'ni:] *f POL* colonia *f*

Kolonne [ko'lɔnə] *f* colonna *f*

Koloss [ko'lɔs] *m* colosso *m*

kolossal [kolo'sa:l] *adj 1.* colossale; *adv 2. (fam)* moltissimo, enormemente

Kolumne [ko'lumnə] *f (in der Zeiutng)* colonna *f*

Kombination [kɔmbina'tsjo:n] *f 1. (Verknüpfung)* combinazione *f; 2. (Vermutung)* supposizione *f; 3. (von Kleidung)* coordinato *m*

kombinieren [kɔmbi'ni:rən] *v 1. (verknüpfen)* combinare; *2. (vermuten)* supporre; *3. (zusammenstellen)* combinare

Komet [ko'met] *m* cometa *f*

Komfort [kɔm'fo:r] *m* comodità *f*

komfortabel [kɔmfɔr'ta:bəl] *adj* comodo, confortevole

Komik ['ko:mɪk] *f* comicità *f,* comico *m*

Komiker(in) ['ko:mɪkər(ɪn)] *m/f* comico/comica *m/f*

komisch ['ko:mɪʃ] *adj 1. (spaßig)* comico; *eine ~e Lage* una situazione comica *f; 2. (eigenartig)* strano; *Ich habe ein ~es Gefühl.* Ho una strana sensazione.

Komitee [kɔmi'te:] *n* comitato *m*

Komma ['kɔma] *n* virgola *f*

kommandieren [kɔman'di:rən] *v* comandare

Kommanditgesellschaft [kɔman'ditgəzɛlʃaft] *f ECO* società in accomandita semplice *f*

Kommando [kɔ'mando] *n* comando *m*

kommen ['kɔmən] *v irr* venire; *auf jdn nichts ~ lassen* non lasciar parlare male di qd; *im Kommen sein* essere in arrivo/venire alla ribalta; *wieder zu sich ~* tornare in sé; *wenn's hoch kommt* al massimo; *Das kommt davon!* Ecco cosa può capitare!

Kommentar [kɔmen'ta:r] *m* commento *m*

kommentarlos [kɔmen'ta:rlo:s] *adj* senza commenti

Kommentator [kɔmen'ta:tor] *m* commentatore *m*

kommentieren [kɔmen'ti:rən] *v* commentare

kommerziell [kɔmɛrts'jɛl] *adj* commerciale

Kommilitone [kɔmili'to:nə] *m* compagno di studi *m,* collega *m*

Kommissar(in) [kɔmɪ'sa:r(ɪn)] *m/f* commissario/commissaria *m/f*

Kommission [kɔmɪs'jo:n] *f 1. (Ausschuss)* commissione *f; 2. (Auftrag) ECO* incarico *m*

Kommode [kɔ'mo:də] *f* comò *m*

kommunal [kɔmu'na:l] *adj* comunale

Kommunalpolitik [kɔmu'na:lpoliti:k] *f POL* politica comunale *f*

Kommunalwahl [kɔmu'na:lva:l] *f POL* elezione comunale *f*

Kommune [kɔ'muːnə] *f 1. (Gemeinde)* POL comune *m; 2. (Wohngemeinschaft)* comune *f*

Kommunikation [kɔmunika'tsjoːn] *f* comunicazione *f*

Kommunion [kɔmun'joːn] *f REL* comunione *f*

Kommunismus [kɔmu'nɪsmus] *m POL* comunismo *m*

kommunistisch [kɔmu'nɪstɪʃ] *adj POL* comunista

kommunizieren [kɔmuni'tsiːrən] *v 1.* comunicare; *2. REL* confessarsi

Komödiant [kɔmød'jant] *m* commediante *m*

Komödie [kɔ'møːdjə] *f* commedia *f*

Kompagnon [kɔmpa'njõ] *m ECO* socio *m*

kompakt [kɔm'pakt] *adj* compatto

Kompanie [kɔmpa'niː] *f MIL* compagnia *f*

Kompass ['kɔmpas] *m* bussola *f*

Kompatibilität [kɔmpatibili'tɛːt] *f* compatibilità *f*

Kompensation [kɔmpenza'tsjoːn] *f* compensazione *f*

kompensieren [kɔmpen'ziːrən] *v* compensare

kompetent [kɔmpə'tɛnt] *adj* competente

Kompetenz [kɔmpə'tɛnts] *f* competenza *f*

komplett [kɔm'plɛt] *adj* completo

Komplex [kɔm'plɛks] *m 1.* complesso *m; 2. PSYCH* complesso *m*

Komplikation [kɔmplika'tsjoːn] *f* complicazione *f*

Kompliment [kɔmpli'mɛnt] *n* complimento *m*

Komplize [kɔm'pliːtsə] *m* complice *m*

kompliziert [kɔmpli'tsiːrt] *adj* complicato

Komplott [kɔm'plɔt] *n POL* complotto *m; ein ~ schmieden* montare un complotto

Komponente [kɔmpo'nɛntə] *f* componente *f*

Komposition [kɔmpozɪ'tsjoːn] *f 1. (Zusammenstellung)* composizione *f; 2. MUS* composizione *f*

Kompost [kɔm'pɔst] *m AGR* impianto di compostaggio *m*

Kompott [kɔm'pɔt] *n GAST* composta di frutta *f*

Kompresse [kɔm'prɛsə] *f MED* compressa *f*

Kompressor [kɔm'prɛsɔr] *m TECH* compressore *m*

Kompromiss [kɔmpro'mɪs] *m* compromesso *m; einen ~ schließen* scendere a un compromesso

Kompromissbereitschaft [kɔmpro'mɪsbəraitʃaft] *f* l'essere favorevole a un compromesso *m*

kompromisslos [kɔmpro'mɪsloːs] *adj 1.* che non ammette compromessi *adv 2.* senza compromessi

kompromittieren [kɔmpromɪ'tiːrən] *v* compromettere; *jdn politisch ~* compromettere qd politicamente

Kondensator [kɔnden'zaːtor] *m TECH* condensatore *m*

Kondensmilch [kɔn'dɛnsmɪlç] *f GAST* latte condensato *m*

Kondenswasser [kɔn'dɛnsvasər] *n* condensa *f*

Kondition [kɔndi'tsjoːn] *f 1. (Bedingung)* condizione *f; 2. SPORT* forma *f*

Konditor [kɔn'diːtɔr] *m* pasticciere *m*

Konditorei [kɔndito'rai] *f* pasticceria *f*

kondolieren [kɔndo'liːrən] *v* fare le condoglianze

Kondom [kɔn'doːm] *n* preservativo *m*

Konfekt [kɔn'fɛkt] *n GAST* confetteria *f*

Konfektion [kɔnfɛk'tsjoːn] *f* confezione *f*

Konfektionsgröße [kɔnfɛk'tsjoːnsgrøːsə] *f* taglia di confezione *f*

Konferenz [kɔnfe'rɛnts] *f* conferenza *f*

Konferenztisch [kɔnfe'rɛntstɪʃ] *m* tavolo della conferenza *m*

Konfession [kɔnfɛs'joːn] *f* confessione *f*

konfessionslos [kɔnfɛs'joːnsloːs] *adj* senza confessione

Konfirmand(in) [kɔnfɪr'mant(ɪn)] *m/f REL* cresimando/cresimanda *m/f*

Konfirmation [kɔnfɪrma'tsjoːn] *f REL* cresima *f*

Konfitüre [kɔnfi'tyːrə] *f GAST* confettura *f*

Konflikt [kɔn'flɪkt] *m* conflitto *m*

Konföderation [kɔnfødəra'tsjoːn] *f POL* confederazione *f*

konform [kɔn'fɔrm] *adj* conforme

Konfrontation [kɔnfrɔnta'tsjoːn] *f* confronto *m*

konfrontieren [kɔnfrɔn'tiːrən] *v* confrontare

konfus [kɔn'fuːs] *adj* confuso

Kongress [kɔn'grɛs] *m* congresso *m*

Kongresshalle [kɔn'grɛshalə] *f* sala dei congressi *f*

König(in) ['køːnɪç/'køːnɪgɪn] *m/f* re-
(gina) *m/f*
königlich ['køːnɪklɪç] *adj* regale, reale
Königreich ['køːnɪkraɪç] *n* regno *m*
konjugieren [kɔnju'giːrən] *v* coniugare
Konjunktur [kɔnjuŋk'tuːr] *f* congiuntura *f*
konkret [kɔn'kreːt] *adj* concreto
Konkurrent(in) [kɔnku'rɛnt(ɪn)] *m/f* concorrente *m/f*
Konkurrenz [kɔnku'rɛnts] *f* 1. *(Wettbewerb)* concorso *m;* 2. *ECO* concorrenza *f*
konkurrenzfähig [kɔnku'rɛntsfɛːɪç] *adj*
concorrenziale
konkurrenzlos [kɔnku'rɛntsloːs] *adj* che
non ha concorrenti
konkurrieren [kɔnku'riːrən] *v* concorrere,
far concorrenza; *miteinander* ~ farsi concorrenza
Konkurs [kɔn'kurs] *m JUR* fallimento *m*
Konkurseröffnung [kɔn'kursɛrœfnuŋ] *f*
JUR apertura del fallimento *f*
Konkursmasse [kɔn'kursmasə] *f JUR*
massa fallimentare *f*
Konkursverfahren [kɔn'kursfɛrfaːrən]
n JUR procedimento fallimentare *m*
können ['kœnən] *v irr* 1. *(in der Lage sein)*
potere, essere in grado; 2. *(beherrschen, wissen)* sapere, conoscere; 3. *(dürfen)* potere;
4. *Du kannst mich mal!* Puoi scordartelo!
5. *für etw nichts* ~ non potere niente di qc
Können ['kœnən] *n* capacità *f*
Könner ['kœnər] *m* competente *m*
konsequent [kɔnze'kvɛnt] *adj* coerente
Konsequenz [kɔnze'kvɛnts] *f* 1. *(Folge)*
conseguenza *f;* 2. *(Folgerichtigkeit)* logica *f;*
3. *(fig)* risultato *m; aus etw ~en ziehen* trarre
le conseguenze di qc
konservativ ['kɔnzɛrva'tiːf] *adj* 1. conservatore, tradizionalista; *adv* 2. tradizional-
mente
Konserve [kɔn'zɛrvə] *f* conserva *f*
Konservendose [kɔn'zɛrvəndoːzə] *f*
scatola di conserva *f*
konservieren [kɔnzɛr'viːrən] *v* conservare
Konservierungsmittel [kɔnzɛr'viːruŋs-
mɪtəl] *n* conservanti *m/pl*
Konsole [kɔn'zoːlə] *f* consolle *f*
Konsolidierung [kɔnzoli'diːruŋ] *f ECO*
consolidamento *m*
konstant [kɔns'tant] *adj* costante
Konstellation [kɔnstɛla'tsjoːn] *f* combinazione di circostanze *f*

konstruieren [kɔnstru'iːrən] *v* costruire
Konstruktion [kɔnstruk'tsjoːn] *f* costruzione *f*
konstruktiv [kɔnstruk'tiːf] *adj* costruttivo
Konsul(in) ['kɔnzuːl(ɪn)] *m/f POL* console *m/f*
Konsulat [kɔnzu'laːt] *n POL* consolato *m*
konsultieren [kɔnzul'tiːrən] *v* consultare;
den Arzt ~ consultare un medico
Konsum [kɔn'zuːm] *m* consumo *m*
Konsument [kɔnzu'mɛnt] *m* consumatore *m*
Konsumgesellschaft [kɔn'zuːmgəzɛl-
ʃaft] *f* società dei consumi *f*
Konsumgüter [kɔn'zuːmgyːtər] *pl* beni
di consumo *m/pl*
konsumieren [kɔnzu'miːrən] *v* consumare
Kontakt [kɔn'takt] *m* contatto *m*
kontaktfreudig [kɔn'taktfrɔydɪç] *adj*
comunicativo
Kontaktlinsen [kɔn'taktlɪnzən] *pl* lenti a
contatto *m/pl*
Kontaktperson [kɔn'taktpɛrzoːn] *f* tra-
mite *f*
Kontamination [kɔntamina'tsjoːn] *f* contaminazione *f*
kontern ['kɔntərn] *v* controbattere; *auf
eine Provokation* ~ controbattere ad una provocazione
Kontext ['kɔntɛkst] *m* contesto *m*
Kontinent [kɔnti'nɛnt] *m* continente *m*
kontinental [kɔntinɛn'taːl] *adj* continentale
Kontingent [kɔntɪŋ'gɛnt] *n* contingente *m*
kontinuierlich [kɔntinu'iːrlɪç] *adj* continuo
Konto ['kɔnto] *n* conto *m; auf jds* ~ *gehen*
andare sul conto di qd
Kontoauszug ['kɔntoaustsuːk] *m* estratto conto *m*
Kontonummer ['kɔntonumər] *f* numero
di conto *m*
Kontostand ['kɔntoʃtant] *m* situazione
del conto *f*
Kontra ['kɔntra] *n* contro *m*
Kontrahent [kɔntra'hɛnt] *m JUR* contraente *m*
konträr [kɔn'trɛːr] *adj* contrario
Kontrast [kɔn'trast] *m* contrasto *m*
kontrastreich [kɔn'trastraɪç] *adj* contrastato
Kontrollbehörde [kɔn'trɔlbəhøːrdə] *f*
autorità di controllo *f*

Kontrolle [kɔn'trɔlə] *f* controllo *m*
Kontrolleur(in) [kɔntrɔ'løːr(ɪn)] *m/f* controllore *m*
kontrollieren [kɔntrɔ'liːrən] *v* controllare
kontrovers [kɔntro'vɛrs] *adj* controverso
Kontroverse [kɔntro'vɛrzə] *f* controversia *f*, disputa *f*, lite *f*
Kontur [kɔn'tuːr] *f* contorno *m*, profilo *m*
Konvention [kɔnvɛn'tsjoːn] *f* 1. *(Brauch)* convenzione *f; die ~ einhalten* osservare le convenzioni; 2. *POL* convenzione *f*
konventionell [kɔnvɛntsjo'nɛl] *adj* convenzionale
Konversation [kɔnvɛrza'tsjoːn] *f* conversazione *f*
konvertieren [kɔnver'tiːrən] *v* 1. *FIN* convertire; 2. *REL* convertire; *zum Christentum ~* convertirsi al cristianesimo; 3. *(Daten)* *INFORM* convertire
Konzentrat [kɔntsɛn'traːt] *n* concentrato *m*
Konzentration [kɔntsɛntra'tsjoːn] *f* *(Zusammendrängung)* concentrazione *f*
Konzentrationslager [kɔntsɛntra'tsjoːnslaːgər] *n* POL campo di concentramento *m*
konzentrieren [kɔntsɛn'triːrən] *v* 1. concentrare; 2. *sich ~* concentrarsi; *Er muss sich beim Autofahren ~.* Deve concentrarsi nella guida.
Konzept [kɔn'tsɛpt] *n* concetto *m*, programma *m; jdm nicht ins ~ passen* non andare a genio a qd; *jdn aus dem ~ bringen* portare fuori strada qd/far perdere il filo del discorso a qd; *aus dem ~ kommen* perdere il filo del discorso
Konzern [kɔn'tsɛrn] *m* ECO complesso *m*
Konzert [kɔn'tsɛrt] *n* MUS concerto *m*
konzertiert [kɔntsɛr'tiːrt] *adj* POL concertato
Konzession [kɔntsɛ'sjoːn] *f* 1. concessione *f;* 2. *(Zugeständnis)* concessione *f*
Konzil [kɔn'tsiːl] *n* REL concilio *m*
konzipieren [kɔntsi'piːrən] *v* concepire
Kooperation [koɔpəra'tsjoːn] *f* cooperazione *f*
kooperativ [koɔpəra'tiːf] *adj* cooperativo
Koordination [koɔrdina'tsjoːn] *f* coordinazione *f*
koordinieren [koɔrdi'niːrən] *v* coordinare
Kopf [kɔpf] *m* ANAT testa *f; den ~ kosten* costare la testa; *den ~ aus der Schlinge ziehen* tirarsi fuori da un inghippo; *sich den ~ einrennen* rompersi la testa; *seinen ~ durch-*

setzen puntare i piedi/affermare la propria volontà; *den ~ hängen lassen* scoraggiarsi/demoralizzarsi; *sich die Köpfe heißreden* discutere animatamente/infervorarsi; *seinen ~ hinhalten* giocarsi la testa/offrirsi; *den ~ in den Sand stecken* nascondere la testa sotto la sabbia; *~ und Kragen riskieren* rischiare la testa/rischiare la camicia; *jdm ~ und Kragen kosten* costare la testa a qd/costare la camicia a qd; *jdm den ~ verdrehen* far girare la testa a qd; *den ~ voll haben* avere la testa piena; *sich einen ~ um etw machen* pensare a qc; *jdm den ~ zurechtrücken* far mettere la testa a posto a qd/rimettere qd in riga; *einen kühlen ~ bewahren* mantenere la calma/mantenere il sangue freddo; *nicht auf den ~ gefallen sein* non essere scemo/essere molto furbo; *etw auf den ~ hauen* gettare qc dalla finestra; *aus dem ~* a memoria; *jdm nicht aus dem ~ gehen* non uscire dalla testa a qd; *sich etw aus dem ~ schlagen* togliersi qd dalla testa; *jdm in den ~ steigen* andare alla testa di qd; *über jds ~ hinweg* all'insaputa di qd/senza chiedere il permesso a qd; *über den ~ wachsen* arrivare fin sopra la testa; *von ~ bis Fuß* dalla testa ai piedi; *jdn vor den ~ stoßen* colpire qd frontalmente; *jdm den ~ waschen* dare una lavata di testa a qd/rimproverare qd; *jdm etw an den ~ werfen* buttare qc in faccia a qd; *sich etw durch den ~ gehen lassen* riflettere su qc; *etw im ~ haben* avere qc in mente; *etw im ~ behalten* tenere a mente qc; *Mir schwirrt den Kopf!* Mi gira la testa! *~ hoch!* Su la testa!
Kopfhörer ['kɔpfhøːrər] *m* cuffia *f*
Kopfkissen ['kɔpfkɪsən] *n* cuscino *m*
kopflos ['kɔpfloːs] *adj* 1. sbadato; *adv* 2. sbadatamente
Kopfrechnen ['kɔpfrɛçnən] *n* MATH calcolo mentale *m*
Kopfsalat ['kɔpfzalaːt] *m* BOT lattuga cappuccina *f*
Kopfschmerzen ['kɔpfʃmɛrtsən] *pl* MED mal di testa *m; jdm ~ bereiten* causare il mal di testa a qd
Kopfsprung ['kɔpfʃpruŋ] *m* tuffo *m*
Kopfstütze ['kɔpfʃtytsə] *f* poggiatesta *m*
Kopftuch ['kɔpftuːx] *n* fazzoletto da testa *m*, foulard *m*
kopfüber [kɔpf'yːbər] *adv* testa in giù
Kopfzerbrechen ['kɔpftsɛrbrɛçən] *n* rompicapo *m*
Kopie [ko'piː] *f* copia *f*
kopieren [ko'piːrən] *v* copiare

Kopierer [ko'piːrər] *m* fotocopiatrice *f*
Kopilot ['koːpiloːt] *m* copilota *m*
Koppel ['kɔpəl] *f* 1. *(Weide)* pascolo *m;* 2. *(Gürtel)* cintura *f*
Koproduktion ['koproduktsjoːn] *f* coproduzione *f*
Korb [kɔrp] *m* cesto *m*, cesta *f; jdm einen ~ geben* fare il bidone a qd, rispondere picche a qd
Korbmöbel ['kɔrpmøːbəl] *pl* mobili di vimini *m/pl*
Kord [kɔrt] *m* velluto a coste *m*
Kordel ['kɔrdəl] *f* cordoncino *m*
Kork [kɔrk] *m BOT* sughero *m*
Korken ['kɔrkən] *m* turacciolo *m*, tappo *m*
Korkenzieher ['kɔrkəntsiːər] *m* cavatappi *m*
Korn [kɔrn] *n* 1. *(Getreide)* grano *m;* 2. *(Krümchen)* grano *m*, granello *m;* 3. *jdn aufs ~ nehmen* prendere di mira qd
Kornfeld ['kɔrnfɛlt] *n* campo di grano *m*
körnig ['kœrnɪç] *adj* a grani
Kornkammer ['kɔrnkamər] *f* granaio *m*
Körper ['kœrpər] *m ANAT* corpo *m*
Körperbau ['kœrpərbau] *m* corporatura *f*
Körpergewicht ['kœrpərgəvɪçt] *n* peso corporeo *m*
Körpergröße ['kœrpərgrøːsə] *f* statura *f*
körperlich ['kœrpərlɪç] *adj* fisico
Körperpflege ['kœrpərpfleːgə] *f* igiene del corpo *f*
Körperschaft ['kœrpərʃaft] *f* corporazione *f*, ente *m*
Körperteil ['kœrpərtail] *n* parte del corpo *f*, membro del corpo *m*
korrekt [kɔ'rɛkt] *adj* corretto, giusto
Korrektheit [kɔ'rɛkthait] *f* correttezza *f*
Korrektur [kɔrɛk'tuːr] *f* correzione *f*
Korrespondent(in) [kɔrɛspɔn'dɛnt(ɪn)] *m/f* corrispondente *m/f*
Korrespondenz [kɔrɛspɔn'dɛnts] *f* corrispondenza *f*
Korridor ['kɔridoːr] *m* corridoio *m*
korrigieren [kɔri'giːrən] *v* correggere
Korrosion [kɔro'zjoːn] *f CHEM* corrosione *f*
korrupt [kɔ'rupt] *adj* corrotto
Korruption [kɔrup'tsjoːn] *f* corruzione *f*
Korsett [kɔr'zɛt] *n* busto *m*
Kortison [kɔrti'zoːn] *n MED* cortisone *m*
Kosewort ['koːzəvɔrt] *m* vezzeggiativo *m*
Kosmetik [kɔs'meːtɪk] *f* estetica *f*
Kosmetikerin [kɔs'meːtɪkərɪn] *f* estetista *f*

kosmetisch [kɔs'meːtɪʃ] *adj* cosmetico
kosmisch ['kɔzmɪʃ] *adj* cosmico
Kosmopolit [kɔsmopo'liːt] *m* cosmopolita *m*
kosmopolitisch [kɔsmopo'liːtɪʃ] *adj* cosmopolitico
Kosmos ['kɔsmɔs] *m* cosmo *m*, universo *m*
Kost [kɔst] *f* alimentazione *f*
kostbar ['kɔstbaːr] *adj* prezioso
Kostbarkeit ['kɔstbaːrkait] *f* preziosità *f*
kosten¹ ['kɔstən] *v* 1. *(Preis)* costare; *Koste es, was es wolle!* Costi quel che costi! *sich eine Sache etw ~ lassen* non badare a spese; 2. *(wert sein)* aver valore
kosten² ['kɔstən] *v (versuchen)* assaggiare; *einen guten Wein ~* assaggiare del buon vino
Kosten ['kɔstən] *pl* spese *f/pl; auf seine ~ kommen* rimanere soddisfatto
kostenlos ['kɔstənloːs] *adj* gratuito
Kostenvoranschlag ['kɔstənvoːranʃlaːk] *m* preventivo *m*
köstlich ['kœstlɪç] *adj* 1. *(hervorragend)* squisito; 2. *(amüsant)* divertente
Kostprobe ['kɔstproːbə] *f* assaggio *m*
kostspielig ['kɔstʃpiːlɪç] *adj* caro, oneroso, costoso
Kostüm [kɔ'styːm] *n* 1. *(Kleidungsstück)* tailleur *m;* 2. *(Maskenkostüm)* costume *m*
Kostümball [kɔ'styːmbal] *m* ballo in maschera *m*
Kot [koːt] *m* feci *f/pl*, escrementi *m/pl*
Kotelett [kɔt'lɛt] *n GAST* costoletta *f*
Kotflügel ['koːtflyːgəl] *m* parafango *m*
Krabbe ['krabə] *f* 1. *ZOOL* granchio *m;* 2. *~n pl GAST* gamberetti *m/pl*
krabbeln ['krabəln] *v* strisciare
Krach [krax] *m* 1. *(Lärm)* chiasso *m*, rumore *m;* 2. *(Streit)* lite *f*
krachen ['kraxən] *v* 1. *(knallen)* scoppiare; 2. *(fam: streiten) sich ~* litigare; *Sie ~ sich.* Si stanno litigando.
kraft [kraft] *prep* in virtù di
Kraft [kraft] *f* forza *f; außer ~* non in vigore/non valido/abrogato; *in ~* in vigore/valido; *über jds Kräfte gehen* andare al di là delle forze di qd; *die treibende ~ sein* essere la forza trainante; *mit jdm seine Kräfte messen* misurare le proprie forze con qd; *zu Kräften kommen* tornare in forze; *bei Kräften sein* essere in forze
Kraftaufwand ['kraftaufvant] *m* impiego di forza *m*

Kraftausdruck ['kraftausdruk] *m* espressione forte *f*
Kraftfahrer(in) ['kraftfa:rər(ın)] *m/f* autista *m/f*
Kraftfahrzeug ['kraftfa:rtsɔyk] *n* autoveicolo *m*
Kraftfahrzeugschein ['kraftfa:rtsɔykʃaın] *m* libretto di circolazione *m*
Kraftfahrzeugsteuer ['kraftfa:rtsɔykʃtɔyər] *f* tassa di circolazione *f*
Kraftfahrzeugversicherung ['kraftfa:rtsɔykfɛrzıçəruŋ] *f* assicurazione automobilistica *f*
kräftig ['krɛftıç] *adj* forte
kraftlos ['kraftlo:s] *adj* debole
Kraftprobe ['kraftpro:bə] *f* prova di forza *f*
Kraftstoff ['kraftʃtɔf] *m* carburante *m*
Kraftwagen ['kraftva:gən] *m* autoveicolo *m*
Kraftwerk ['kraftvɛrk] *n* PHYS centrale elettrica *f*
Kragen ['kra:gən] *m* colletto *m; jdn den ~ kosten* costare la vita a qd/costare la camicia a qd/costare la pelle a qd; *jdn beim ~ packen* prendere qd per il bavero/esigere una spiegazione da qd; *jdm an den ~ wollen* voler prendere per il collo qd/voler dare una manica di botte a qd; *Jetzt geht es ihm an den ~!* Adesso verrà per lui la resa dei conti! *Ihm ist der ~ geplatzt.* Ha perso la pazienza.
Krähe ['krɛ:ə] *f* ZOOL cornacchia *f*
krähen ['krɛ:ən] *v* 1. *(Hahn)* cantare; 2. *(fig)* sbraitare
Krake ['kra:kə] *f* ZOOL piovra *f*, polpo *m*
Kralle ['kralə] *f* ZOOL artiglio *m; jdm die ~n zeigen (fig)* mostrare gli artigli a qd
Kram [kra:m] *m (fam)* ciarpame *m; jdm nicht in den ~ passen* non andare a genio a qd
kramen ['kra:mən] *v* darsi da fare, frugare
Krampf [krampf] *m* MED crampo *m*
Krampfader ['krampfa:dər] *f* MED vena varicosa *f*
krampfhaft ['krampfhaft] *adj* 1. spasmodico, convulsivo *f/pl; ~e Zuckungen* contrazioni convulsive *f/pl; adv* 2. spasmodicamente
Kran [kra:n] *m* gru *f*
krank [kraŋk] *adj* ammalato
Kranke(r) ['kraŋkə(r)] *m/f* malato/malata *m/f*
kränkeln ['krɛŋkəln] *v* essere malaticcio
kränken ['krɛŋkən] *v* offendere
Krankengeld ['kraŋkəngɛlt] *n* indennità di malattia *f*

Krankengymnastik ['kraŋkəngymnastık] *f* ginnastica medica *f*
Krankenhaus ['kraŋkənhaus] *n* MED ospedale *m*
Krankenkasse ['kraŋkənkasə] *f* cassa mutua *f,* cassa malattia *f*
Krankenpfleger ['kraŋkənpfle:gər] *m* infermiere *m*
Krankenschein ['kraŋkənʃaın] *m* certificato di malattia *m*
Krankenschwester ['kraŋkənʃvɛstər] *f* infermiera *f*
Krankenversicherung ['kraŋkənfɛrzıçəruŋ] *f* assicurazione sanitaria *f*
Krankenwagen ['kraŋkənva:gən] *m* autoambulanza *f*
krankhaft ['kraŋkhaft] *adj* 1. MED patologico; 2. *(fig)* morboso; *~e Eifersucht* gelosia morbosa *f; adv* 3. *(fig)* morbosamente
Krankheit ['kraŋkhaıt] *f* malattia *f*
krankschreiben ['kraŋkʃraıbən] *v irr* rilasciare un certificato di malattia; *sich ~ lassen* farsi mettere in malattia
Kränkung ['krɛŋkuŋ] *f* offesa *f,* umiliazione *f*
Kranz [krants] *m* corona *f,* ghirlanda *f*
krass [kras] *adj* forte, estremo, tremendo; *~er Gegensatz* forte contrasto *m; ~e Haltung* comportamento estremo *m; ein ~er Fall* un caso terribile *m*
kratzbürstig ['kratsbyrstıç] *adj* scontroso
kratzen ['kratsən] *v* grattare
kraulen ['kraulən] *v* 1. *(schwimmen)* fare il crawl; 2. *(streicheln)* accarezzare
kraus [kraus] *adj* 1. *(gelockt)* crespo; 2. *(fig)* intricato
Kraut [kraut] *n* 1. *(Würzkraut, Heilkraut)* erba *f; Dagegen ist kein ~ gewachsen.* A questo non c'è rimedio. 2. *(Kohl)* crauti *m/pl; wie ~ und Rüben* tutto sottosopra; *das ~ nicht fett machen* non fare né caldo né freddo; *ins ~ schießen* crescere a dismisura/allargarsi a macchia d'olio
Kräuteressig ['krɔytərɛsıç] *m* aceto aromatico *m*
Krawall [kra'val] *m* tumulto *m*
Krawatte [kra'vatə] *f* cravatta *f*
Kreation [krea'tsjo:n] *f* creazione *f*
kreativ [krea'ti:f] *adj* creativo
Kreativität [kreativi'tɛ:t] *f* creatività *f*
Kreatur [krea'tu:r] *f* creatura *f*
Krebs [kre:ps] *m* 1. MED cancro *m; ~ erregend* cancerogeno; 2. ZOOL granchio *m*
Kredit [kre'di:t] *m* ECO credito *m*

Kreditaufnahme [kre'di:taufna:mǝ] *f*
ECO accensione di un credito *f*
Kreditkarte [kre'di:tkartǝ] *f ECO* carta di
credito *f*
Kreide ['kraɪdǝ] *f 1. (Schreibkreide)* gesso
m, gessetto *m; 2. GEOL* creta *f; 3. (fig) in der*
~ stehen essere indebitati/avere debiti; *in die*
~ geraten indebitarsi/fare debiti
Kreis [kraɪs] *m 1.* cerchio *m; sich im ~*
bewegen girare in circolo; *immer weitere ~e*
ziehen allargarsi a macchia d'olio; *Mir dreht*
sich alles im ~! Mi gira tutto! *2. (Verwaltung)*
distretto *m; 3. (Freundeskreis)* cerchia *f*
kreisen ['kraɪzǝn] *v* rotare, girare
Kreislauf ['kraɪslauf] *m 1. MED* circolazione *f; 2. (fig)* giro *m*
Kreissäge ['kraɪszɛ:gǝ] *f* sega circolare *f*
Kreißsaal ['kraɪsza:l] *m* sala da parto *f*
Kreisstadt ['kraɪsʃtat] *f* capoluogo distrettuale *m*
Kreisverkehr ['kraɪsfɛrke:r] *m* circolazione rotatoria *f*
krempeln ['krɛmpǝln] *v* rimboccare
Kresse ['krɛsǝ] *f BOT* lepidio *m*
Kreuz [krɔyts] *n* croce *f; sein ~ auf sich*
nehmen sopportare la propria croce; *drei ~e*
machen fare il segno della croce; *aufs ~ fal-*
len rimanere secco/essere stupito; *jdn aufs ~*
legen cogliere qd di sorpresa; *sich etw aus*
dem ~ leiern ottenere qc con molta fatica
kreuzen ['krɔytsǝn] *v 1. (verschränken)*
incrociare; *2. BIO* incrociare
Kreuzer ['krɔytsǝr] *m* incrociatore *m*
Kreuzfahrt ['krɔytsfa:rt] *f* crociera *f*
Kreuzigung ['krɔytsɪguŋ] *f REL* crocifissione *f*
Kreuzung ['krɔytsuŋ] *f 1. (Straßenkreu-*
zung) incrocio *m; 2. BIO* incrocio *m*
Kreuzverhör ['krɔytsfɛrhø:r] *n JUR*
interrogatorio incrociato
Kreuzweg ['krɔytsve:k] *m 1. REL* via crucis *f; 2. (fig)* via crucis *f*
Kreuzworträtsel ['krɔytsvɔrtrɛ:tsǝl] *n*
parole crociate *f/pl,* cruciverba *f*
Kreuzzeichen ['krɔytstsaɪçǝn] *n REL*
segno della croce *m*
Kreuzzug ['krɔytstsu:k] *m 1. HIST* crociata *f; 2. (fig)* crociata *f*
kribbelig ['krɪbǝlɪç] *adj (fam)* impaziente,
nervoso
kriechen ['kri:çǝn] *v irr* strisciare
Krieg [kri:k] *m* guerra *f*
kriegen ['kri:gǝn] *v 1. (bekommen)* ricevere; *2. (fangen)* acchiappare

kriegerisch ['kri:gǝrɪʃ] *adj* guerresco
Kriegserklärung ['kri:ksɛrklɛ:ruŋ] *f*
dichiarazione di guerra *f*
Kriegsgefangene(r) ['kri:ksgǝfaŋǝnǝ-
(r)] *m/f* prigioniero di guerra/prigioniera di
guerra *m/f*
Kriegsverbrecher ['kri:ksfɛrbrɛçǝr] *m*
criminale di guerra *m*
kriegsversehrt ['kri:ksvɛrze:rt] *adj* invalido di guerra
Krimi ['krɪmi] *m* giallo *m*
Kriminalität [krɪminali'tɛ:t] *f* criminalità *f*
Kriminalpolizei [krɪmi'na:lpolitsaɪ] *f*
polizia giudiziaria *f*
kriminell [krɪmi'nɛl] *adj* criminale
Kriminelle(r) [krɪmi'nɛlǝ(r)] *m/f* criminale *m/f*
Krippe ['krɪpǝ] *f 1. (Kinderkrippe)* asilo-
nido *m; 2. (Futterkrippe)* greppia *f; 3. REL*
presepio *m*
Krise ['kri:zǝ] *f* crisi *f*
kriseln ['kri:zǝln] *v* essere tempo di crisi
krisenfest ['kri:zǝnfɛst] *adj* senza pericolo di crisi
Krisenstab ['kri:zǝnʃta:p] *m* crisis mana-
gement *m*
Kristall [krɪs'tal] *n 1.* cristallo *m; m 2. MIN*
cristallo *m*
Kriterium [kri'te:rjum] *n* criterio *m*
Kritik [kri'ti:k] *f 1. (Tadel)* critica *f;*
2. (Beurteilung) critica *f*
Kritiker(in) ['kri:tikǝr(ɪn)] *m/f* critico *m/f*
kritiklos [kri'ti:klo:s] *adj 1.* acritico; *adv*
2. in modo acritico
kritisch ['kri:tɪʃ] *adj* critico
kritisieren [kriti'zi:rǝn] *v* criticare
kritzeln ['krɪtsǝln] *v* scarabocchiare
Krokant [kro'kant] *m GAST* croccante *m*
Krokodil [kroko'di:l] *n* coccodrillo *m*
Krone ['kro:nǝ] *f* corona *f; etw die ~ auf-*
setzen mettere la ciliegina su qc
krönen ['krø:nǝn] *v 1.* incoronare; *2. (fig)*
coronare
Kronprinz ['kro:nprɪnts] *m* principe ereditario *m*
Krönung ['krø:nuŋ] *f* incoronazione *f*
Kronzeuge ['kro:ntsɔygǝ] *m JUR* teste
principale *m*
Kröte ['krø:tǝ] *f ZOOL* rospo *m*
Krücke ['krykǝ] *f* cruccia *f*
Krug [kru:k] *m* brocca *f*
Krümel ['kry:mǝl] *m* briciola *f*
krümeln ['kry:mǝln] *v* sbriciolare

krumm [krum] *adj* storto; *jdm etw ~ neh-men* prendersela con qd per qc; *sich ~ und schief lachen* ridere a crepapelle; *~ nehmen (fam)* prendersela/aversela a male
krümmen ['krymən] *v* curvare
Krümmung ['krymuŋ] *f 1. (Wölbung)* curvatura *f; 2. (Biegung)* curvatura *f*
Krüppel ['krypəl] *m* storpio *m*
Kruste ['krustə] *f 1. (Rinde)* crosta *f; 2. (Schicht)* crosta *f*
Kruzifix [krutsi'fɪks] *n* REL crocifisso *m*
Kübel ['ky:bəl] *m* secchio *m*
Kubikmeter [ku'bi:kme:tər] *m* MATH metro cubo *m*
Küche ['kyçə] *f 1. (Raum)* cucina *f; 2. (Kochkunst)* cucina *f*
Kuchen ['ku:xən] *m* GAST dolce *m*
Kuchengabel ['ku:xənga:bəl] *f* forchetta da dessert *f*
Küchenmaschine ['kyçənmaʃi:nə] *f* robot da cucina *m*
Küchenschrank ['kyçənʃraŋk] *m* credenza *f*
Kuckuck ['kukuk] *m* ZOOL cuculo *m; Das weiß der ~!* Lo sa il diavolo!
Kuckucksuhr ['kukuksu:r] *f* orologio a cucù *m*
Kugel ['ku:gəl] *f 1. (Spiel)* palla *f; eine ruhige ~ schieben* prendersela comoda/non sforzarsi troppo; *2. MATH* sfera *f; 3. MIL* palla *f*
Kugellager ['ku:gəlla:gər] *n* TECH cuscinetto a sfere *m*
Kugelschreiber ['ku:gəlʃraibər] *m* penna a sfera *f*, biro *f*
kugelsicher ['ku:gəlzɪçər] *adj* blindato
Kuh [ku:] *f* ZOOL mucca *f*
kühl [ky:l] *adj 1. (kalt)* fresco; *2. (fig)* freddo
kühlen ['ky:lən] *v* raffreddare
Kühler ['ky:lər] *m (eines Autos)* radiatore *m*
Kühlerhaube ['ky:lərhaubə] *f* cofano *m*
Kühlfach ['ky:lfax] *n* congelatore *m*, freezer *m*
Kühlschrank ['ky:lʃraŋk] *m* frigorifero *m*
Kühltruhe ['ky:ltru:ə] *f* congelatore *m*, freezer *m*
Kühlung ['ky:luŋ] *f* raffreddamento *m*
Kühlwasser ['ky:lvasər] *n (im Auto)* acqua di raffreddamento *f*
Kuhmilch ['ku:mɪlç] *f* latte di mucca *m*
kühn [ky:n] *adj 1.* audace; *adv 2.* audacemente
Küken ['ky:kən] *n* ZOOL pulcino *m*

Kulanz [ku'lants] *f* correntezza *f*
kulinarisch [kuli'na:rɪʃ] *adj* culinario
Kulisse [ku'lɪsə] *f 1. (fig)* sfondo *m; 2. THEAT* quinta *f; hinter den ~n* dietro le quinte
kullern ['kulərn] *v* rotolare
Kult [kult] *m* culto *m*
Kultfigur ['kultfigu:r] *f* idolo *m*
kultivieren [kulti'vi:rən] *v* coltivare
kultiviert [kulti'vi:rt] *adj* colto
Kultur [kul'tu:r] *f 1.* cultura *f; 2. BIO* coltura *f*
Kulturaustausch [kul'tu:raustauʃ] *m* scambi culturali *m/pl*
kulturell [kultu'rɛl] *adj* culturale
Kulturgut [kul'tu:rgu:t] *n* patrimonio culturale *m*
Kulturinstitut [kul'tu:rɪnstitu:t] *n* istituto di cultura *m*
Kultusministerium ['kultusmɪniste:rjum] *n* POL ministero della pubblica istruzione *m*
Kümmel ['kyməl] *m* BOT cumino *m*
Kummer ['kumər] *m* dolore *m*, tormento *m*
kümmerlich ['kymərlɪç] *adj* misero
kümmern ['kymərn] *v sich ~ um* curarsi di
kummervoll ['kumərfɔl] *adj 1.* preoccupato; *adv 2.* preoccupato
Kumpel ['kumpəl] *m 1. (Bergmann)* minatore *m; 2. (fam)* compagno *m*
Kunde ['kundə] *m* cliente *m*
Kundendienst ['kundəndi:nst] *m* servizio assistenza clienti *m*
Kundgebung ['kuntge:buŋ] *f* annuncio *m*
kündigen ['kyndɪgən] *v 1. (Vertrag)* disdire; *den Mietvertrag ~* disdire il contratto d'affitto; *2. (Arbeitgeber)* licenziare; *3. (Arbeitnehmer)* dare le dimissioni
Kündigung ['kyndɪguŋ] *f 1. (eines Vertrages)* disdetta *f; 2. (einer Stellung)* dimissioni *f/pl*
Kündigungsfrist ['kyndɪguŋsfrɪst] *f* termine di disdetta *m*
Kundschaft ['kuntʃaft] *f* clientela *f*
künftig ['kynftɪç] *adj 1.* futuro; *adv 2.* nel futuro
Kunst [kunst] *f* arte *f; eine brotlose ~* un impegno non redditizio; *mit seiner ~ am Ende sein* non avere più frecce al proprio arco/non sapere più cosa fare; *Das ist keine ~!* Non è poi così difficile!
Kunstausstellung ['kunstausʃtɛluŋ] *f* mostra d'arte *f*

Kunstfaser ['kunstfaːzər] *f* fibra sintetica *f*
Kunstgeschichte ['kunstɡəʃɪçtə] *f* storia dell'arte *f*
Kunstgewerbe ['kunstɡəvɛrbə] *n* artigianato artistico *m*, arte applicata *f*
Kunstleder ['kunstleːdər] *n* similpelle *f*
Künstler ['kynstlər] *m* artista *m*
künstlerisch ['kynstlərɪʃ] *adj 1.* artistico; *adv 2.* artisticamente
Künstlername ['kynstlərnaːmə] *m* nome d'arte *m*
künstlich ['kynstlɪç] *adj 1.* artificiale; *adv 2.* artificialmente
Kunstsammlung ['kunstzamluŋ] *f* collezione di oggetti d'arte *f*
Kunststoff ['kunstʃtɔf] *m* materia sintetica *f*, materia plastica *f*
Kunststück ['kunstʃtyk] *n* gioco d'abilità *m*
Kunstwerk ['kunstvɛrk] *n* opera d'arte *f*
Kupfer ['kupfər] *n* CHEM rame *m*
Kupferstein ['kupfərʃtaɪn] *m* pietra in rame *f*
Kuppel ['kupəl] *f* cupola *f*
Kuppelei [kupə'laɪ] *f 1. (fam)* ruffianeria *f; 2.* JUR lenocinio *m*
kuppeln ['kupəln] *v 1. (Auto)* innestare la frizione; *2. (verbinden)* agganciare; *3. (fam)* accoppiare
Kupplung ['kupluŋ] *f (beim Auto)* frizione *f*
Kur [kuːr] *f* MED cura *f*
Kurbel ['kurbəl] *f* manovella *f*
kurbeln ['kurbəln] *v* girare una manovella
Kurbelwelle ['kurbəlvɛlə] *f* TECH albero a gomiti *m*
Kürbis ['kyrbɪs] *m* BOT zucca *f*
Kurier [ku'riːr] *m* corriere *m*
kurieren [ku'riːrən] *v* guarire, curare
kurios [kur'joːs] *adj 1.* strano; *adv 2.* stranamente
Kurort ['kuːrɔrt] *m* luogo di cura *m*
Kurs [kurs] *m 1. (Kursus)* corso *m; 2. (Richtung)* rotta *f; 3. (Aktienkurs)* FIN quotazione *f*, corso *m; Die ~e sind gefallen.* Le quotazioni sono cadute.
Kürschner ['kyrʃnər] *m* pellicciaio *m*
kursieren [kur'ziːrən] *v* circolare
Kursteilnehmer(in) ['kurstaɪlneːmər-(ɪn)] *m/f* partecipante a un corso *m/f*
Kurswechsel ['kursvɛksəl] *m* POL cambiamento di rotta *m*
Kurtaxe ['kuːrtaksə] *f* tassa di soggiorno *f*

Kurve ['kurfə] *f* curva *f; die ~ kratzen* svignarsela/sparire; *die ~ kriegen* fare in tempo/sbrigarsi
kurvenreich ['kurfənraɪç] *adj* pieno di curve
kurz [kurts] *adj 1. (zeitlich)* breve; *~ und bündig* chiaro e netto; *~ und gut* in breve/in altre parole; *~ und schmerzlos* in modo rapido e indolore; *seit ~em* da poco; *vor ~em* poco prima/poco tempo fa; *2. (räumlich)* corto; *den Kürzeren ziehen* tirare lo stecchino più corto/essere in svantaggio/essere il più debole; *etw ~ und klein schlagen* ridurre in frantumi; *~ treten (fam)* limitarsi; *3. zu ~ kommen* rimetterci
Kurzarbeit ['kurtsarbaɪt] *f* lavoro a orario ridotto *m; auf ~ stellen* mettere in cassa integrazione
Kürze ['kyrtsə] *f 1. (zeitlich)* brevità *f; 2. (räumlich)* cortezza *f*
kürzen ['kyrtsən] *v 1. (kürzer machen)* accorciare; *2. (zeitlich)* abbreviare; *die Zeit ~* abbreviare i tempi; *3. (herabsetzen)* ridurre; *4. (Geld)* decurtare
kurzerhand ['kurtsərhant] *adv* di colpo, senza lasciarsi pregare
kurzfristig ['kurtsfrɪstɪç] *adj 1.* a breve termine; *adv 2.* rapidamente; *etw ~ erledigen* sbrigare qc rapidamente
Kurzgeschichte ['kurtsɡəʃɪçtə] *f* storia breve *f*
kurzlebig ['kurtsleːbɪç] *adj* dalla vita breve
kürzlich ['kyrtslɪç] *adv* recentemente
kurzschließen ['kurtsʃliːsən] *v irr sich mit jdm ~* mettersi in contatto con qd
Kurzschluss ['kurtsʃlus] *m 1.* TECH corto circuito *m; 2. (fig)* panico *m*
kurzsichtig ['kurtszɪçtɪç] *adj 1.* MED miope; *2. (fig)* miope
Kürzung ['kyrtsuŋ] *f* accorciamento *m*, abbreviazione *f*
kurzzeitig ['kurtstsaɪtɪç] *adj 1.* di breve tempo; *adv 2.* a breve tempo
Kusine [ku'ziːnə] *f* cugina *f*
Kuss [kus] *m* bacio *m*
küssen ['kysən] *v* baciare
Küste ['kystə] *f* costa *f*
Küster ['kystər] *m* REL sacrestano *m*
Kutsche ['kutʃə] *f* carrozza *f*
Kutscher ['kutʃər] *m* cocchiere *m*
Kutte ['kutə] *f* REL saio *m*
Kuvert [ku'veːr] *n* busta da lettere *f*
Kybernetik [kybɛr'neːtɪk] *f* cibernetica *f*

L

labil [la'bi:l] *adj* labile
Labilität [labili'tɛ:t] *f* labilità *f*
Labor [la'bo:r] *n* laboratorio *m*
Laborant(in) [labo'rant(ɪn)] *m/f* assistente di laboratorio *m/f*
Labsal ['la:pza:l] *n* ristoro *m*
Labyrinth [laby'rɪnt] *n* labirinto *m*
Lache ['laxə] *f* 1. *(Pfütze)* pozzanghera *f;* 2. *(fam: Lachen)* risata *f*
lächeln ['lɛçəln] *v* sorridere
Lächeln ['lɛçəln] *n* sorriso *m*
lachen ['laxən] *v* ridere; *nichts zu ~ haben* avere poco da ridere
Lachen ['laxən] *n* riso *m; zum ~ sein* essere da ridere; *sich vor ~ biegen* piegarsi in due dal ridere; *Dir wird das ~ noch vergehen!* Ti passerà la voglia di ridere!
lächerlich ['lɛçərlɪç] *adj* ridicolo; *Er macht sich ~.* Si rende ridicolo.
Lachgas ['laxga:s] *n MED* gas esilarante *m*
Lachs [laks] *m ZOOL* salmone *m*
Lack [lak] *m* vernice *f*
lackieren [la'ki:rən] *v* verniciare
Lackierung [la'ki:ruŋ] *f* verniciatura *f*
Lackschuh ['lakʃu:] *m* scarpe di vernice *f/pl*
Ladebühne ['la:dəby:nə] *f* piattaforma di caricamento *f*
Ladehemmung ['la:dəhɛmuŋ] *f* inceppamento *m*
laden ['la:dən] *v irr* 1. caricare; *einen ge~ haben* avere bevuto un bicchierino; 2. *JUR* citare; *jdn vor Gericht ~* citare qd in giudizio
Laden ['la:dən] *m* negozio *m; den ~ schmeißen* mandare avanti la baracca; *Er kann seinen ~ dichtmachen.* Può chiudere bottega.
Ladenhüter ['la:dənhy:tər] *m (fig)* fondo di magazzino *m*
Ladenschluss ['la:dənʃlus] *m* chiusura dei negozi *f*
Ladentisch ['la:dəntɪʃ] *m* banco di vendita *m; unter dem ~ verkaufen* vendere sottobanco
lädieren [lɛ'di:rən] *v* danneggiare
Ladung ['la:duŋ] *f* 1. carico *m;* 2. *(elektrische ~)* carica *f;* 3. *JUR* citazione *f*
Lage ['la:gə] *f* 1. *(Position)* posizione *f;* 2. *(Situation)* situazione *f; Herr der ~ sein* essere padrone della situazione; *die ~ peilen*

sondare il terreno/esaminare la situazione; *nach ~ der Dinge* allo stato delle cose; 3. *(Schicht)* strato *m*
Lagebericht ['la:gəbərɪçt] *m* rapporto sulla situazione *m*
Lager ['la:gər] *n* 1. *(Bett)* letto *m*, giaciglio *m;* 2. *(Warenlager) ECO* deposito *m;* 3. *TECH* cuscinetto *m*
Lagerbestand ['la:gərbəʃtant] *m ECO* scorte di magazzino *f/pl*
Lagerfeuer ['la:gərfɔyər] *n* fuoco di campo *m*
lagern ['la:gərn] *v ECO* essere depositato
Lagerung ['la:gəruŋ] *f ECO* magazzinaggio *m*
lahm [la:m] *adj* 1. *(gelähmt) MED* paralitico;* 2. *(hinkend) MED* zoppo; 3. *(fam: langweilig)* noioso
lähmen ['lɛ:mən] *v* paralizzare
Lähmung ['lɛ:muŋ] *f MED* paralisi *f*
Laib [laɪp] *m* 1. *(Brotlaib)* pagnotta *f;* 2. *(Käselaib)* forma *f; ein ~ Käse* una forma di formaggio *m*
Laie ['laɪə] *m* 1. profano *m;* 2. *REL* laico *m*
laienhaft ['laɪənhaft] *adj* da profano, dilettantesco
Laienspiel ['laɪənʃpi:l] *n THEAT* spettacolo filodrammatico *m*
Lake ['la:kə] *f GAST* salamoia *f*
Laken ['la:kən] *n* lenzuolo *m*
Lakritze [la'krɪtsə] *f* liquirizia *f*
lallen ['lalən] *v* balbettare
Lama ['la:ma] *n ZOOL* lama *m*
lamentieren [lamɛn'ti:rən] *v* lamentarsi
Lamm [lam] *n ZOOL* agnello *m*
Lammbraten ['lambra:tən] *m GAST* arrosto di agnello *m*
Lampe ['lampə] *f* lampada *f*
Lampenschirm ['lampənʃɪrm] *m* paralume *m*
Lampion ['lampjõ] *m* lampioncino *m*
lancieren [lã'si:rən] *v* lanciare
Land [lant] *n* 1. *(Staat)* paese *m;* 2. *(Grundstück)* terreno *m*, terra *f; ein Stück ~ besitzen* possedere un pezzo di terra; 3. *(ländliche Gegend)* campagna *f; auf dem ~ leben* vivere in campagna; 4. *(fig) wieder ~ sehen* vedere di nuovo la luce/tornare a sperare; *jdn an ~ ziehen* prendere nella rete qd/pescare qd; *~ gewinnen* sparire

Landbevölkerung ['lantbəfœlkərʊŋ] *f* popolazione rurale *f*
Landebahn ['landəba:n] *f* pista di atterraggio *f*
landen ['landən] *v 1. (Flugzeug)* atterrare; *2. (Schiff)* sbarcare; *3. (fam)* capitare, finire; *Wo bist du gelandet?* Dove sei andato a finire?
Ländereien [lɛndə'raɪən] *pl* grandi proprietà *m/pl*
Länderspiel ['lɛndərʃpi:l] *n SPORT* partita internazionale *f*
Landesgrenze ['landəsgrɛntsə] *f* confine di stato *m*
Landesregierung ['landəsregi:rʊŋ] *f POL* governo regionale *m*
Landessprache ['landəsʃpra:xə] *f* lingua nazionale *f*
Landeswährung ['landəsvɛ:rʊŋ] *f* moneta nazionale *f*
Landgericht ['lantgərɪçt] *n JUR* tribunale *m; Oberstes* ~ Corte suprema *f*
Landkarte ['lantkartə] *f* carta geografica *f*
Landkreis ['lantkraɪs] *m POL* distretto regionale *m*
landläufig ['lantlɔyfɪç] *adj* corrente, usuale
ländlich ['lɛndlɪç] *adj* rurale
Landrat ['lantra:t] *m POL* presidente della giunta provinciale *m*
Landschaft ['lantʃaft] *f* paesaggio *m*
landschaftlich ['lantʃaftlɪç] *adj* paesaggistico
Landsmann ['lantsman] *m* connazionale *m; Er ist ein ~ von mir.* E' un mio connazionale.
Landstraße ['lantʃtra:sə] *f* strada maestra *f*
Landstreicher ['lantʃtraɪçər] *m* vagabondo *m*
Landtag ['lantta:k] *m POL* dieta regionale *f*
Landung ['landʊŋ] *f 1. (eines Flugzeugs)* atterraggio *m; 2. (eines Schiffes)* sbarco *m*
Landungssteg ['landʊŋsʃte:k] *m* passerella *f*
Landweg ['lantve:k] *m* strada di campagna *f; auf dem* ~ sulla strada di campagna
Landwirt ['lantvɪrt] *m* agricoltore *m*
Landwirtschaft ['lantvɪrtʃaft] *f* agricoltura *f*
landwirtschaftlich ['lantvɪrtʃaftlɪç] *adj* agricolo

Landwirtschaftsministerium ['lantvɪrtʃaftsmɪnɪste:rjum] *n POL* ministero dell'agricoltura *m*
Landzunge ['lanttsʊŋə] *f GEO* lingua di terra *f*
lang [laŋ] *adj 1. (örtlich)* lungo; *2. (zeitlich)* lungo; *sein Leben* ~ per tutta la vita
langärmelig ['laŋɛrməlɪç] *adj* a maniche lunghe
langatmig ['laŋa:tmɪç] *adj* prolisso
lange ['laŋə] *adv* a lungo; *Es ist schon* ~ *her, dass ...* E' da molto che ... ~ *brauchen, um etw zu tun* avere bisogno di molto tempo per fare qc; *es nicht mehr* ~ *machen* non farla lunga/non averne per molto
Länge ['lɛŋə] *f 1. (örtlich)* lunghezza *f; 2. (zeitlich)* durata *f; etw in die* ~ *ziehen* tirare qc per le lunghe
langen ['laŋən] *v 1. (genügen)* bastare; *Jetzt langt es!* Adesso ne ho abbastanza! *2. (greifen)* prendere; *jdm eine* ~ *(fam)* allungare un ceffone a qd
Längengrad ['lɛŋəngra:t] *m GEO* longitudine *f*
Langeweile ['laŋəvaɪlə] *f* noia *f*
langfristig ['laŋfrɪstɪç] *adj* a lunga scadenza
langjährig ['laŋjɛ:rɪç] *adj* pluriennale
Langlauf ['laŋlauf] *m SPORT* corsa di fondo *f*
langlebig ['laŋle:bɪç] *adj* longevo
Langlebigkeit ['laŋle:bɪçkaɪt] *f* longevità *f*
länglich ['lɛŋlɪç] *adj* allungato
längs [lɛŋs] *prep 1.* lungo; *adv 2.* per lungo
langsam ['laŋza:m] *adj 1.* lento; *adv 2.* lentamente
Langschläfer ['laŋʃle:fər] *m* dormiglione *m*
Langspielplatte ['laŋʃpi:lplatə] *f* LP *m*, long play *m*
längst [lɛŋst] *adv (schon lange)* da molto; ~ *nicht* molto meno, di gran lunga; *Hier ist es* ~ *nicht so schön.* Qui è molto meno bello.
längstens ['lɛŋstəns] *adv 1. (höchstens)* al massimo; *2. (spätestens)* al più tardi
Languste [laŋ'gustə] *f ZOOL* aragosta *f*
langweilen ['laŋvaɪlən] *v sich* ~ annoiarsi; *Er hat sich auf dem Fest gelangweilt.* Si è annoiato alla festa.
langweilig ['laŋvaɪlɪç] *adj* noioso
langwierig ['laŋvi:rɪç] *adj* lungo
Lanze ['lantsə] *f* lancia *f*
Lappalie [la'pa:ljə] *f* bagattella *f*

Lappen ['lapən] *m 1.* straccio *m; 2. (fig)* jdm durch die ~ gehen sfuggire a qd
Lärm [lɛrm] *m* rumore *m; ~ schlagen* destare rumore/fare scalpore/dare l'allarme
Lärmbekämpfung ['lɛrmbəkɛmpfuŋ] *f* lotta contro i rumori *f*
Lärmbelästigung ['lɛrmbəlɛstɪguŋ] *f* inquinamento acustico *m*
lärmen ['lɛrmən] *v* far chiasso
Lärmschutz ['lɛrmʃuts] *m* protezione dai rumori *f*
Larve ['larvə] *f 1. (Maske)* maschera *f; 2. ZOOL* larva *f*
Laserstrahl ['leɪzərʃtraːl] *m* raggio laser *m*
lassen ['lasən] *v irr 1.* lasciare; *es nicht ~ können* fare sempre lo stesso errore/essere irrecuperabile; *Lass mich damit in Ruhe!* Lasciami in pace con ciò! *Lass es sein!* Lascia stare! *kalt ~ (fam)* lasciare indifferente; *2. (zu~)* permettere; *3. (über~)* lasciare; *Das muss man ihr ~.* Questo bisogna concederglielo. *4. (veran~)* fare; *5. (aufhören)* smettere
lässig ['lɛsɪç] *adj* indolente
Lässigkeit ['lɛsɪçkaɪt] *f* indolenza *f*, noncuranza *f*
Last ['last] *f* carico *m; jdm zur ~ fallen* essere a carico di qd/essere di peso a qd; *jdm etw zur ~ legen* mettere qc a carico di qd/accusare qd di qc; *mit jdm seine liebe ~ haben* avere il proprio bel daffare con qd
lasten ['lastən] *v (fig) ~ auf* gravare su
Lasten ['lastən] *pl* carichi *m/pl*, oneri *m/pl; steuerliche ~* oneri fiscali *m/pl*
Laster¹ ['lastər] *n* vizio *n*
Laster² ['lastər] *m* autocarro *m*
lasterhaft ['lastərhaft] *adj* vizioso, depravato
lästern ['lɛstərn] *v 1.* bestemmiare; *2. REL* bestemmiare
lästig ['lɛstɪç] *adj* fastidioso
Lastschrift ['lastʃrɪft] *f ECO* addebito *m*
Lastwagen ['lastvaːgən] *m* autocarro *m*, camion *m*
Latein [la'taɪn] *n* latino *m; mit seinem ~ am Ende sein* non sapere più che cosa fare
Lateinamerika [la'taɪnameːrɪka] *n GEO* America latina *f*
latent [la'tɛnt] *adj* latente
Laterne [la'tɛrnə] *f* lanterna *f*
Latschen ['laːtʃən] *m aus den ~ kippen* rimanere a bocca aperta
Latte ['latə] *f* tavola *f*
Lattenrost ['latənrɔst] *m* incannucciata *f*

Latz [lats] *m jdm einen vor den ~ donnern* darne uno sul muso a qd
Lätzchen ['lɛtsçən] *n* bavaglino *m*
lau [lau] *adj 1. (lauwarm)* tiepido; *2. (mild)* mite
Laub [laup] *n* fogliame *m*
Laubbaum ['laupbaum] *m BOT* latifoglia *f*
Laube ['laubə] *f* pergola *f*
Laubsäge ['laupzɛːgə] *f* sega da traforo *f*
Lauch [laux] *m BOT* porro *m*
Lauer ['lauər] *f sich auf die ~ legen* mettersi in agguato
lauern ['lauərn] *v* stare in agguato
Lauf [lauf] *m 1. (Laufen)* corsa *f; 2. (fig: Verlauf)* corso *m; 3. (Gewehrlauf)* canna *f*
Laufbahn ['laufbaːn] *f* carriera *f*
Laufbursche ['laufburʃə] *m* fattorino *m*
laufen ['laufən] *v irr 1. (rennen)* correre; *2. (gehen)* camminare; *3. (fließen)* scorrere
laufend ['laufənt] *adj* che corre, in corsa; *auf dem Laufenden sein* essere al corrente
Läufer ['lɔyfər] *m 1. SPORT* corridore *m; 2. (Teppich)* passatoia *f*
läufig ['lɔyfɪç] *adj ZOOL* in calore
Lauffeuer ['lauffɔyər] *n sich wie ein ~ ausbreiten* diffondersi in un lampo
Laufkundschaft ['laufkuntʃaft] *f ECO* clientela di passaggio *f*
Laufmasche ['laufmaʃə] *f* smagliatura *f*
Laufpass ['laufpas] *m den ~ bekommen* ricevere il benservito
Laufsteg ['laufʃteːk] *m* passerella *f*
Laufwerk ['laufverk] *n INFORM* lettore *m*
Lauge ['laugə] *f 1. (Seifenlauge)* lisciva *f; 2. CHEM* soluzione alcalina *f*
Laune ['launə] *f* umore *m*, luna *f* (fam); *Er hat schlechte ~.* Ha la luna storta. *~ machen* mettere di buonumore; *jdn bei ~ halten* tenere qd di buonumore; *jdm die ~ verderben* far passare il buonumore a qd
launenhaft ['launənhaft] *adj* lunatico
Laus [laus] *f ZOOL* pidocchio *m; Ihm ist eine ~ über die Leber gelaufen.* Ha la luna di traverso.
Lausbub ['lausbuːp] *m (fam)* birbone *m*
lauschen ['lauʃən] *v 1. (zuhören)* ascoltare; *2. (horchen)* origliare; *an der Tür ~* origliare alla porta
lauschig ['lauʃɪç] *adj* intimo
lausig ['lauzɪç] *adj 1. (armselig)* pidocchioso, miserabile; *2. ~e Kälte* gran freddo
laut¹ [laut] *adj 1.* forte; *2. (geräuschvoll)* rumoroso; *adv 3.* ad alta voce; *4. (geräuschvoll)* rumorosamente

laut² [laut] *prep gemäß* secondo
Laut [laut] *m 1. (Ton)* suono *m; 2. (Geräusch)* rumore *m*
lauten ['lautən] *v (besagen)* dire
läuten ['lɔytən] *v* suonare; *Die Glocke läutet.* La campana suona. *von etw ~ hören* sentir dire di qc
lauthals ['lauthals] *adj* a gola spiegata
lautlos ['lautloːs] *adj 1.* silenzioso; *adv 2.* silenziosamente
Lautsprecher ['lautʃprɛçər] *m* altoparlante *m*
lautstark ['lautʃtark] *adj 1.* alto, violento; *~ Protest* protesta violenta *f; adv 2.* ad alta voce, violentemente
Lautstärke ['lautʃtɛrkə] *f* volume *m*
lauwarm ['lauvarm] *adj* tiepido
Lavendel [la'vɛndəl] *m BOT* lavanda *f*
Lawine [la'viːnə] *f* valanga *f*
Lawinengefahr [la'viːnəngəfaːr] *f* pericolo di valanghe *m*
leben ['leːbən] *v* vivere; *wie er leibt und lebt* in tutto il suo splendore; *Sie hat noch ein Jahr zu leben.* Ha ancora un anno da vivere.
Leben ['leːbən] *n* vita *f; etw für sein ~ gern tun* fare qc molto volentieri; *etw ins ~ rufen* dare vita a qc/fondare qc; *mit dem ~ davon kommen* salvare la vita; *jdm nach dem ~ trachten* voler togliere la vita a qd/voler uccidere qd; *nie im ~* giammai/mai al mondo; *sich das ~ nehmen* togliersi la vita; *mit seinem ~ spielen* giocare con la propria vita; *jdm das ~ schenken* dare la vita a qd/mettere al mondo qd; *sein ~ lassen* perdere la vita; *auf ~ und Tod* all'ultimo sangue/vitale/mortale; *wie aus dem ~ gegriffen* come preso dalla vita/realistico; *zeit seines ~s* durante tutta vita
lebendig [le'bɛndɪç] *adj 1. (lebend)* vivente; *2. (lebhaft)* vivace
Lebensabend ['leːbənsaːbənt] *m* tramonto della vita *m*
Lebensbedingungen ['leːbənsbədɪŋuŋən] *pl* condizioni di vita *f/pl*
Lebensdauer ['leːbənsdauər] *f* durata della vita *f*
Lebensende ['leːbənsɛndə] *n* fine della vita *f; treu bis ans ~* fedele fino alla morte
Lebenserfahrung ['leːbənsɛrfaːruŋ] *f* esperienza di vita *f*
Lebenserwartung ['leːbənsɛrvartuŋ] *f* durata probabile della vita *f*
lebensfremd ['leːbənsfrɛmt] *adj* astratto, avvulso dalla realtà

Lebensfreude ['leːbənsfrɔydə] *f* gioia di vivere *f*
Lebensgefahr ['leːbənsgəfaːr] *f* pericolo di vita *m*
lebensgefährlich ['leːbənsgəfɛːrlɪç] *adj* pericolosissimo, mortale; *~e Krankheit* malattia mortale *f*
Lebensgefährte ['leːbənsgəfɛːrtə] *m* compagno per la vita *m*
Lebenshaltungskosten ['leːbənshaltuŋskɔstən] *pl* costo della vita *m*
Lebenskünstler(in) ['leːbənskynstlər(ɪn)] *m/f* chi sa vivere *m/f*
lebenslänglich ['leːbənslɛŋlɪç] *adj 1.* a vita; *2. JUR* a vita
Lebenslauf ['leːbənslauf] *m* curriculum vitae *m*
Lebenslicht ['leːbənslɪçt] *n jdm das ~ ausblasen* spegnere il soffio della vita a qd
Lebensmittel ['leːbənsmɪtəl] *n* alimento *m*, cibo *m*, viveri *m/pl*
Lebensmittelgeschäft ['leːbənsmɪtəlgəʃɛft] *n* negozio di alimentari *m*
lebensmüde ['leːbənsmyːdə] *adj* stanco della vita
Lebensretter(in) ['leːbənsrɛtər(ɪn)] *m/f* salvatore/salvatrice *m/f*
Lebensstandard ['leːbənsʃtandart] *m* tenore di vita *m*
Lebensunterhalt ['leːbənsuntərhalt] *m* mantenimento *m*
Lebensversicherung ['leːbənsfɛrzɪçəruŋ] *f* assicurazione sulla vita *f*
Lebenswandel ['leːbənsvandəl] *m* vita *f; einwandfreier ~* vita ineccepibile *f*
lebenswichtig ['leːbənsvɪçtɪç] *adj* di importanza vitale, vitale; *~es Organ* organo vitale *m*
Lebenszeichen ['leːbənstsaiçən] *n* segno di vita *m*
Leber ['leːbər] *f ANAT* fegato *m; frei von der ~ weg* senza peli sulla lingua
Leberknödel ['leːbərknøːdəl] *m GAST* gnocchetto di fegato *m*
Lebewesen ['leːbəveːzən] *n* essere vivente *m*, essere *m*
lebhaft ['leːphaft] *adj 1. (munter)* vivace; *2. (rege)* vivo; *3. (begeistert)* entusiastico
leblos ['leːploːs] *adj* senza vita
Leck [lɛk] *n* perdita *f*, falla *f*
lecken¹ ['lɛkən] *v (sch~)* leccare
lecken² ['lɛkən] *v (auslaufen)* perdere
lecker ['lɛkər] *adj 1.* appetitoso; *adv 2.* gustosamente

Leckerbissen ['lɛkərbɪsən] *m* ghiottoneria *f*
Leder ['le:dər] *n* pelle *f; jdm ans ~ wollen* voler afferrare qd/voler acchiappare qd
Lederwaren ['le:dərva:rən] *pl* pelletteria *f*
ledig ['le:dɪç] *adj 1. (Frau)* nubile; *2. (Mann)* celibe; *3. (einer Sache ~)* libero
lediglich ['le:dɪglɪç] *adv* solamente
leer [le:r] *adj 1. (nichts enthaltend)* vuoto; *2. (frei)* libero; *3. (unbeschrieben)* bianco
Leere ['le:rə] *f* vuoto *m*
leeren ['le:rən] *v* vuotare
Leergut ['le:rgu:t] *n* recipienti vuoti *m/pl*
Leerlauf ['le:rlauf] *m (eines Autos)* funzionamento in folle *m*
Leerung ['le:ruŋ] *f* svuotamento *m*
legal [le'ga:l] *adj* legale
legalisieren [legali'zi:rən] *v* legalizzare
Legalität [legali'tɛ:t] *f* legalità *f*
legen ['le:gən] *v 1.* mettere, porre; *2. sich ~* distendersi; *Er legte sich auf das Sofa.* Si distese sul divano.
legendär [legɛn'dɛ:r] *adj* leggendario
Legende [le'gɛndə] *f* leggenda *f*
Legierung [le'gi:ruŋ] *f* lega *f*
Legislative [legisla'ti:və] *f POL* legislazione *f*
Legislaturperiode [legisla'tu:rperjo:də] *f POL* legislatura *f*
legitim [le:gi'ti:m] *adj* legittimo
Legitimation [legitima'tsjo:n] *f* legittimazione *f*
legitimieren [legiti'mi:rən] *v sich ~* dimostrare; *sich ~* dimostrare la propria legittimità
Lehm [le:m] *m* argilla *f*
Lehmboden ['le:mbo:dən] *m* terreno argilloso *m*
Lehne ['le:nə] *f 1. (Armlehne)* bracciolo *m; 2. (Rückenlehne)* spalliera *f*, schienale *m*
lehnen ['le:nən] *v 1.* appoggiare; *2. sich ~* appoggiarsi
Lehre ['le:rə] *f 1. (Unterricht)* lezione *f*, insegnamento *m; 2. (Lehrsatz)* dottrina *f; 3. (Ausbildung)* apprendistato *m; bei jdm in die ~ gehen können* poter imparare da qd; *4. (fig: Ermahnung)* consiglio *m*, ammonimento *m; jdm eine ~ sein* essere di lezione per qd; *5. (Maßlehre) TECH* calibro *m*
lehren ['le:rən] *v* insegnare
Lehrer(in) ['le:rər(ɪn)] *m/f 1.* insegnante *m/f; 2. (einer Grundschule)* maestro/maestra *m/f; 3. (einer höheren Schule)* professore(ssa) *m/f*

Lehrfach ['le:rfax] *n* materia *f*
Lehrgang ['le:rgaŋ] *m* corso di lezioni *m*
Lehrgeld ['le:rgɛlt] *n* denaro *m; ~ zahlen* rimetterci
Lehrling ['le:rlɪŋ] *m* apprendista *m*
Lehrplan ['le:rpla:n] *m* piano di studi *m*
lehrreich ['le:rraɪç] *adj* istruttivo
Lehrstelle ['le:rʃtɛlə] *f* posto da apprendista *m*
Lehrstuhl ['le:rʃtu:l] *m* cattedra *f*
Lehrzeit ['le:rtsaɪt] *f* periodo di tirocinio *m*
Leib [laɪp] *m* corpo *m; etw zu ~e rücken* prendersi carico di qc; *jdm wie auf den ~ zugeschnitten sein* essere tagliato su misura per qd; *etw am eigenen ~ erfahren* sperimentare qc sulla propria pelle; *mit ~ und Seele* corpo e anima/in carne e ossa
Leibgericht ['laɪpgərɪçt] *n* piatto preferito *m*
leibhaftig ['laɪphaftɪç] *adj 1.* in persona; *adv 2.* in persona
Leibrente ['laɪprɛntə] *f* vitalizio *m*
Leibwächter ['laɪpvɛçtər] *m* guardia del corpo *f*
Leiche ['laɪçə] *f* cadavere *m*, salma *f; ~n im Keller haben* avere scheletri nell'armadio; *über ~n gehen* passare sul cadavere della gente/non avere scrupoli; *Nur über meine ~!* Solo passando sul mio cadavere!
leichenblass ['laɪçənblas] *adj* pallido come un cencio
Leichenhaus ['laɪçənhaus] *f* obitorio *m*
Leichenwagen ['laɪçənva:gən] *m* carro funebre *m*
leichtfertig ['laɪçtfɛrtɪç] *adv* spensieratamente
Leichtfertigkeit ['laɪçtfɛrtɪçkaɪt] *f* spensieratezza *f*
Leichnam ['laɪçnam] *m* cadavere *m*, salma *f*
leicht [laɪçt] *adj 1. (nicht schwer)* leggero; *~ nehmen* prendere alla leggera; *2. (nicht schwierig)* facile; *~ reden haben* far presto a parlare; *Das ist ~ gesagt.* Si fa presto a dire./E' presto detto. *ein Leichtes sein* non costare molta fatica; *3. (geringfügig)* leggero; *adv 4. (nicht schwierig)* facilmente; *5. (geringfügig)* leggermente
Leichtathletik ['laɪçtatle:tɪk] *f SPORT* atletica leggera *f*
leichtfertig ['laɪçtfɛrtɪç] *adj* spensierato
leichtgläubig ['laɪçtglɔybɪç] *adj 1.* credulone; *adv 2.* in modo credulone

Leichtigkeit ['laıçtıçkaıt] *f 1. (Ungezwungenheit)* leggerezza *f;* 2. *(Mühelosigkeit)* facilità *f*
Leichtsinn ['laıçtzın] *m* spensieratezza *f*
leichtsinnig ['laıçtzınıç] *adj* spensierato
Leid [laıt] *n 1.* pena *f;* 2. *~ tun (bedauern)* dispiacere, spiacere; *3. ~ tun (bemitleiden)* compatire
leiden ['laıdən] *v irr* soffrire
Leiden ['laıdən] *n 1. (Kummer)* dolore *m;* 2. *MED* malattia *f*
Leidenschaft ['laıdənʃaft] *f* passione *f*
leidenschaftlich ['laıdənʃaftlıç] *adj 1.* appassionato; *adv 2.* appassionatamente
Leidensgefährte ['laıdənsgəfɛːrtə] *m* compagno di sventura *m*
leider ['laıdər] *adv* purtroppo
leidlich ['laıdlıç] *adj 1.* discreto, passabile; *adv 2.* abbastanza
Leidtragende(r) ['laıttraːgəndə(r)] *m/f 1. (Trauernde(r))* familiare del defunto *m/f;* 2. *(Geschädigte(r))* vittima *f*
Leier ['laıər] *f die alte ~* la stessa solfa *f*
Leierkasten ['laıərkastən] *m* organetto *m*
Leihbibliothek ['laıbiblioteːk] *f* biblioteca con prestito esterno *f*
leihen ['laıən] *v irr 1. (verleihen)* prestare; 2. *sich etw ~* farsi prestare, prendere in prestito
Leihgebühr ['laıgəbyːr] *f* tariffa di prestito *f*
Leihwagen ['laıvaːgən] *m* automobile da noleggio *f*
Leim [laım] *m* colla *f; jdm auf den ~ gehen* cadere nella trappola di qd/farsi raggirare da qd; *aus dem ~ gehen* andare in pezzi
leimen ['laımən] *v 1. (kleben)* incollare; 2. *(fam)* ingannare
Leine ['laınə] *f 1.* corda *f;* 2. *(Hundeleine)* guinzaglio *m; an der langen ~* a briglia sciolta
Leinen ['laınən] *n* lino *m*
Leinwand ['laınvant] *f 1. ART* tela *f;* 2. *CINE* schermo di proiezione *m*
leise ['laızə] *adj 1. (nicht laut)* silenzioso; 2. *(ruhig)* silenzioso; *ein ~s Kind* un bambino silenzioso *m;* 3. *(schwach)* debole
Leiste ['laıstə] *f 1.* regolo *m;* 2. *ANAT* inguine *f*
leisten ['laıstən] *v 1.* rendere; 2. *sich etw ~* concedersi; *sich ein bisschen Entspannung ~* concedersi un po' di riposo
Leistenbruch ['laıstənbrux] *m MED* ernia inguinale *f*

Leistung ['laıstuŋ] *f 1. ECO* prestazione *f;* 2. *TECH* potenza *f*
leistungsfähig ['laıstuŋsfɛːıç] *adj* efficiente
Leistungsfähigkeit ['laıstuŋsfɛːıçkaıt] *f* efficienza *f*
Leistungsgesellschaft ['laıstuŋsgəzɛlʃaft] *f* società dell'efficienza *f*
Leistungssport ['laıstuŋsʃpɔrt] *m* sport di competizione *m*
Leitartikel ['laıtartıkəl] *m* editoriale *m*
Leitbild ['laıtbılt] *n* esempio *m*
leiten ['laıtən] *v 1. (führen)* condurre; 2. *(lenken)* guidare; *3. TECH* condurre
leitend ['laıtənt] *adj* dominante
Leiter[1] ['laıtər] *f* scala *f*
Leiter[2] ['laıtər] *m 1.* capo *m;* 2. *TECH* conduttore *m;* 3. *TECH* semiconduttore *m*
Leitfaden ['laıtfaːdən] *m* manuale *m*
Leitmotiv ['laıtmotiːf] *n 1. LIT* tema ricorrente *m;* 2. *MUS* motivo conduttore *m*
Leitplanke ['laıtplaŋkə] *f* guardavia *m*
Leitspruch ['laıtʃprux] *m* divisa *f*
Leitung ['laıtuŋ] *f 1. (Geschäftsleitung)* direzione *f;* 2. *(Rohrleitung)* conduttura *f;* 3. *(Kabel)* cavo *m,* linea elettrica *f; eine lange ~ haben* essere duro di comprendonio
Leitungswasser ['laıtuŋsvasər] *n* acqua del rubinetto *f*
Leitwerk ['laıtvɛrk] *n TECH* impennaggio *m*
Lektion [lɛk'tsjoːn] *f* lezione *f*
Lektor(in) ['lɛktor(ın)] *m/f* lettore/lettrice *m/f*
Lektüre [lɛk'tyːrə] *f* lettura *f*
Lende ['lɛndə] *f 1. GAST* lombo *m;* 2. *ANAT* fianchi *m/pl*
lenken ['lɛŋkən] *v 1. (steuern)* guidare; 2. *(leiten)* dirigere; *einen Betrieb ~* dirigere un'azienda; *3. (Aufmerksamkeit, Blick)* volgere; *den Blick auf etw ~* volgere lo sguardo verso qc
Lenkrad ['lɛŋkraːt] *n (eines Autos)* volante *m*
Lenkstange ['lɛŋkʃtaŋə] *f (eines Fahrrads)* manubrio *m*
Lenkung ['lɛŋkuŋ] *f* sterzo *m*
Leopard [leo'part] *m ZOOL* leopardo *m*
Lerneifer ['lɛrnaıfər] *m* diligenza *f*
lernen ['lɛrnən] *v* imparare, studiare
Lernprozess ['lɛrnprotsɛs] *m* processo di apprendimento *m*
lesbisch ['lɛsbıʃ] *adj* lesbico
Lesebuch ['leːzəbuːx] *n* libro di lettura *m*

lesen ['le:zən] *v irr* leggere
Leser(in) ['le:zər(ɪn)] *m/f* lettore/lettrice *m/f*
Leserbrief ['le:zərbri:f] *m* lettera di un lettore *f*
leserlich ['le:zərlɪç] *adj 1.* leggibile; *adv 2.* leggibilmente
Lesung ['le:zuŋ] *f 1.* lettura *f; 2. POL* lettura *f; 3. REL* lettura *f*
letzte(r,s) ['lɛtstə(r,s)] *adj 1.* ultimo/ultima; *zu guter Letzt* in buona fine; *das Letzte sein* essere l'ultimo/essere insopportabile; *bis aufs Letzte* sino in fondo/totalmente; *2. (vorig)* ultimo
letztens ['lɛtstəns] *adv* ultimamente
letztlich ['lɛtslɪç] *adv* infine
Leuchtanzeige ['lɔyçtantsaɪgə] *f* indicazione luminosa *f*
Leuchte ['lɔyçtə] *f 1.* luce *f; 2. (fig)* lume *m; keine große ~ sein* non essere una cima/non essere un'aquila
leuchten ['lɔyçtən] *v* illuminare, far luce; *Die Lampe leuchtet gut.* La lampada fa una bella luce.
Leuchter ['lɔyçtər] *m* candeliere *m*
Leuchtrakete ['lɔyçtrake:tə] *f* razzo illuminante *m*
Leuchtreklame ['lɔyçtrekla:mə] *f* réclame luminosa *f*
Leuchtsignal ['lɔyçtzɪgna:l] *n* segnale luminoso *m*
Leuchtturm ['lɔyçtturm] *m* faro *m*
leugnen ['lɔygnən] *v* negare
Leukämie [lɔykɛ'mi:] *f MED* leucemia *f*
Leukoplast [lɔyko'plast] *n* leucoplasto *m*
Leumund ['lɔymunt] *m* reputazione *f*
Leumundszeugnis ['lɔymuntstsɔyknɪs] *n* certificato di buona condotta *m*
Leute ['lɔytə] *pl* gente *f; unter ~ kommen* venire a contatto con la gente
leutselig ['lɔytze:lɪç] *adj 1.* affabile; *adv 2.* affabilmente
Leviten [le:'vi:tən] *pl jdm die ~ lesen* leggere la vita a qd
Lexikon ['lɛksɪkɔn] *n 1. (Wörterbuch)* dizionario *m; 2. (Enzyklopädie)* enciclopedia *f*
Libanon ['li:banɔn] *m GEO* Libano *m*
Libelle [li'bɛlə] *f ZOOL* libellula *f*
liberal [libə'ra:l] *adj 1.* liberale; *adv 2.* liberalmente
Liberalisierung [libərali'zi:ruŋ] *f POL* liberalizzazione *f*
Liberalismus [libəra'lɪsmus] *m POL* liberalismo *m*

Libyen ['li:bɪən] *n GEO* Libia *f*
licht [lɪçt] *adj 1. (hell)* chiaro; *2. (nicht dicht)* rado; *Seine Haare werden ~.* I suoi capelli si fanno radi.
Licht [lɪçt] *n* luce *f; kein großes ~ sein* non essere una cima/non essere un faro di scienza; *sich ins rechte ~ setzen* mettersi nella giusta luce; *sein ~ unter den Scheffel stellen* mettere la fiaccola sotto il moggio; *jdn hinters ~ führen* imbrogliare qd; *kein gutes ~ auf jdn werfen* non gettare una buona luce su qd; *Da geht mir ein ~ auf!* Ora comincio a capire!
Lichtbild ['lɪçtbɪlt] *n 1. (Foto)* fotografia *f; 2. (Dia)* diapositiva *f*
Lichtblick ['lɪçtblɪk] *m* momento di sollievo *m*
lichtempfindlich ['lɪçtɛmpfɪndlɪç] *adj* sensibile alla luce
Lichtgeschwindigkeit ['lɪçtgəʃvɪndɪçkaɪt] *f PHYS* velocità della luce *f*
Lichthupe ['lɪçthu:pə] *f (beim Auto)* lampeggiamento *m*
Lichtschalter ['lɪçtʃaltər] *m* interruttore della luce *m*
Lichtschranke ['lɪçtʃraŋkə] *f* cellula fotoelettrica *f*
Lichtschutzfaktor ['lɪçtʃutsfaktɔr] *m* fattore di protezione solare *m*
Lichtstrahl ['lɪçtʃtra:l] *m* raggio di luce *m*
Lichtung ['lɪçtuŋ] *f 1. (Waldlichtung)* radura *f; 2. (eines Ankers)* sollevamento *m*
Lid [li:t] *n ANAT* palpebra *f*
Lidschatten ['li:tsʃatən] *m* ombretto *m*
lieb [li:p] *adj* caro; *jdm ~ und teuer sein* essere molto caro a qd; *jdn ~ gewinnen* affezionarsi a qd; *jdn ~ haben* amare qd/voler bene a qd
liebäugeln ['li:pɔygəln] *v* fare l'occhiolino
Liebe ['li:bə] *f* amore *m; bei aller ~* con tutta la buona volontà; *~ auf den ersten Blick* amore a prima vista *f*
liebebedürftig ['li:bəbədyrftɪç] *adj* bisognoso d'amore
lieben ['li:bən] *v* amare
liebenswert ['li:bənsve:rt] *adj* amabile
liebenswürdig ['li:bənsvyrdɪç] *adj* gentile
Liebenswürdigkeit ['li:bənsvyrdɪçkaɪt] *f* gentilezza *f*
lieber ['li:bər] *adv* piuttosto
Liebesbrief ['li:bəsbri:f] *m* lettera d'amore *f*
Liebeserklärung ['li:bəsɛrklɛ:ruŋ] *f* dichiarazione d'amore *f*

Liebesgeschichte ['li:bəsgəʃɪçtə] *f* storia d'amore *f*
Liebeskummer ['li:bəskumər] *m* pene d'amore *f/pl*
Liebeslied ['li:bəsli:t] *n* canzone d'amore *f*
Liebespaar ['li:bəspa:r] *n* coppia d'innamorati *f*
liebevoll ['li:bəfɔl] *adj 1.* amorevole, amoroso; *adv 2.* con amore, amorevolmente
Liebhaber(in) ['li:pha:bər(ɪn)] *m/f 1. (Geliebte(r))* innamorato/innamorata *m/f,* amante *m/f; 2. (Kenner(in))* conoscitore/conoscitrice *m/f,* dilettante *m/f*
Liebhaberei [li:pha:bə'raɪ] *f* passione *f*
liebkosen ['li:pko:zən] *v* accarezzare, amoreggiare
Liebkosung ['li:pko:zuŋ] *f* carezza *f*
lieblich ['li:plɪç] *adj* grazioso
Liebling ['li:plɪŋ] *m 1.* tesoro *m; 2. (Anrede)* tesoro mio *m*
Lieblingsbeschäftigung ['li:plɪŋsbəʃɛftɪguŋ] *f* occupazione preferita *f*
Lieblingsspeise ['li:blɪŋsʃpaɪzə] *f* cibo preferito *m*
lieblos ['li:plo:s] *adj 1.* freddo; *adv 2.* senza amore, freddamente
Lieblosigkeit ['li:plo:zɪçkaɪt] *f* mancanza d'amore *f*
Liebreiz ['li:praɪts] *m* grazia *f*
Liebschaft ['li:pʃaft] *f* amoretto *m*
Liebste(r) ['li:pstə(r)] *m/f* amore *m/f,* caro/cara *m/f*
Lied [li:t] *n* canzone *f; immer wieder das alte ~ anstimmen* raccontare sempre la stessa storia
Liederabend ['li:dəra:bənt] *m* serata di canzoni *f*
Liederbuch ['li:dərbu:x] *n* libro di canzoni *m,* canzoniere *m*
liederlich ['li:dərlɪç] *adj 1.* trascurato; *adv 2.* disordinatamente
Liedermacher ['li:dərmaxər] *m* cantautore *m*
Lieferant(in) [li:fə'rant(ɪn)] *m/f* fornitore/fornitrice *m/f*
lieferbar ['li:fərba:r] *adj* disponibile
Lieferbedingung ['li:fərbədɪŋuŋ] *f* ECO condizione di consegna *f*
liefern ['li:fərn] *v* fornire; *geliefert sein* essere servito/essere rovinato
Lieferschein ['li:fərʃaɪn] *m* ECO bolletta di consegna *f*
Liefertermin ['li:fərtɛrmi:n] *m* ECO termine di consegna *m*

Lieferung ['li:fəruŋ] *f* fornitura *f,* consegna *f*
Lieferwagen ['li:fərva:gən] *m* autofurgone *m*
Liege ['li:gə] *f* divano *m*
liegen ['li:gən] *v irr 1.* giacere; *2. (sich befinden)* esserci; *3. richtig ~* venire accettato; *4. ~ lassen (vergessen)* dimenticare; *alles stehen und ~ lassen* piantare tutto in asso
Liegenschaften ['li:gənʃaftən] *pl* patrimonio fondiario *m,* immobili *m/pl*
Liegestuhl ['li:gəʃtu:l] *m* sedia a sdraio *f*
Liegewagen ['li:gəva:gən] *m* carrozza con cuccette *f*
Lift [lɪft] *m* ascensore *f,* lift *m*
liften ['lɪftən] *v* fare il lifting
Liga ['li:ga] *f* lega *f*
Likör [li'kø:r] *m* liquore *m*
lila ['li:la] *adj* lilla
Lilie ['li:ljə] *f* BOT giglio *m*
Limonade [limo'na:də] *f* gassosa *f*
Limousine [limu'zi:nə] *f* limousine *f*
Linde ['lɪndə] *f* BOT tiglio *m*
lindern ['lɪndərn] *v* mitigare
Linderung ['lɪndəruŋ] *f* mitigamento *m*
Lineal [line'a:l] *n* righello *m,* riga *f; ein ~ verschluckt haben* avere ingoiato un manico di scopa
linear [line'a:r] *adj* lineare
Linie ['li:njə] *f 1. (Strich)* linea *f; auf der ganzen ~* su tutta la linea; *2. (Zeile)* riga *f; 3. (Reihe)* fila *f; 4. in erster ~* in primo luogo
Linienflug ['li:njənflu:k] *m* volo di linea *m*
Linienverkehr ['li:njənfɛrke:r] *m* servizio di linea *m*
linke(r,s) ['lɪŋkə(r,s)] *adj 1.* sinistro/sinistra; *2. POL* di sinistra; *3. (Rückseite)* alla rovescia
Linke ['lɪŋkə] *f POL* sinistra *f*
Linke(r) ['lɪŋkə(r)] *m/f* uomo di sinistra/donna di sinistra *m/f*
links ['lɪŋks] *adv 1.* a sinistra; *etw mit ~ machen* fare qc con la mano sinistra/fare qc senza sforzo; *jdn ~ liegen lassen* metter da parte qd; *2. (Rückseite)* alla rovescia
Linkshänder ['lɪŋkshɛndər] *m* mancino *m*
Linse ['lɪnzə] *f 1. BOT* lenticchia *f; 2. (Optik)* lente *f*
Lippe ['lɪpə] *f* labbro *m; eine dicke ~ riskieren* fare il saccente/spararne di grosse; *etw nicht über die ~n bringen* non osare dire qc; *leicht von den ~n gehen* uscire facilmente dalla bocca

Lippenstift ['lɪpənʃtɪft] *m* rossetto *m*
Liquidation [lɪkvɪda'tsjoːn] *f ECO* liquidazione *f*
liquidieren [lɪkvɪ'diːrən] *v ECO* liquidare
lispeln ['lɪspəln] *v* bisbigliare
List [lɪst] *f* astuzia *f,* stratagemma *m; zu
einer ~ greifen* ricorrere ad uno stratagemma;
mit ~ und Tücke a gran fatica;
Liste ['lɪstə] *f* lista *f,* elenco *m*
Listenpreis ['lɪstənpraɪs] *m ECO* prezzo
di listino *m*
listig ['lɪstɪç] *adj 1.* astuto, furbo; *adv
2.* astutamente
Litanei [lita'naɪ] *f 1. (fam)* litania *f; 2. REL*
litania *f*
Liter ['liːtər] *m* litro *m*
literarisch [litə'raːrɪʃ] *adj* letterario
Literatur [litəra'tuːr] *f* letteratura *f*
Literaturpreis [litəra'tuːrpraɪʃ] *m* premio
letterario *m*
Litfaßsäule ['lɪtfaszɔylə] *f* colonna delle
affissioni *f*
Liturgie [litur'giː] *f REL* liturgia *f*
Livesendung ['laɪfzɛndʊŋ] *f* trasmissione diretta *f*
Lizenz [li'tsɛnts] *f* licenza *f*
Lob [loːp] *n* lode *f*
loben ['loːbən] *v* lodare
lobenswert ['loːbənsvɛrt] *adj* lodevole
Loch [lɔx] *n* buco *m,* foro *m; ein ~ bohren*
fare un foro; *aus dem letzten ~ pfeifen* essere
alla frutta/essere alla fine; *jdm ein ~ in den
Bauch reden* fare un elmetto a qd/fare una
testa così a qd; *ein ~ in die Luft starren*
guardare nel vuoto/avere la testa fra le
nuvole
lochen ['lɔxən] *v* bucare, forare
Locher ['lɔxər] *m* perforatrice *f*
löchern ['lœçərn] *v (fam)* bucare
Lochkarte ['lɔxkartə] *f* scheda perforata *f*
Locke ['lɔkə] *f* riccio *m*
locken¹ ['lɔkən] *v (Haare)* arricciare
locken² ['lɔkən] *v* attirare
Lockenwickler ['lɔkənvɪklər] *m* bigodino *m*
locker ['lɔkər] *adj 1. (lose)* malfermo,
lento; *eine ~e Schraube* una vite lenta *f;
2. (entspannt)* rilassato, spigliato; *3. (fig:
ungezwungen)* leggero
lockerlassen ['lɔkərlasən] *v irr nicht ~*
non mollare
lockig ['lɔkɪç] *adj* riccio
Lockvogel ['lɔkfoːgəl] *m (fig)* richiamo *m*
lodern ['loːdərn] *v* divampare

Löffel ['lœfəl] *m* cucchiaio *m*
Loge ['loːʒə] *f THEAT* palco *m*
Logik ['loːgɪk] *f* logica *f*
logisch ['loːgɪʃ] *adj 1.* logico; *adv 2.* logi-
camente
Logistik [lo'gɪstɪk] *f* logistica *f*
Lohn [loːn] *m 1. (Bezahlung)* paga *f,* salario
m; 2. (Belohnung) ricompensa *f*
Lohnausgleich ['loːnausglaɪç] *m* conguaglio salariale *m*
Lohnempfänger(in) ['loːnɛmpfɛŋər(ɪn)]
m/f salariato/salariata *m/f*
lohnen ['loːnən] *v sich ~* valere la pena; *Es
lohnt die Mühe nicht.* Non ne vale la pena.
Lohnerhöhung ['loːnɛrhøːʊŋ] *f* aumento
salariale *m*
Lohnfortzahlung ['loːnfɔrttsaːlʊŋ] *f ~
im Krankheitsfall* pagamento continuo di stipendio in caso di malattia *m*
Lohnsteuer ['loːnʃtɔyər] *f* tassa sul salario *f*
lokal [lo'kaːl] *adj* locale
Lokal [lo'kaːl] *n* locale *m*
Lokaltermin [lo'kaːltɛrmiːn] *m JUR*
sopralluogo della corte *m*
Lokomotive [lokomo'tiːvə] *f* locomotiva *f*
Lorbeer ['lɔrbeːr] *m BOT* alloro *m; ~en
ernten* mietere allori; *sich auf seinen ~en
ausruhen* dormire sugli allori
los [loːs] *interj 1.* avanti; *Los!*
Via!/Svelti!/Forza! *adv 2. Was ist ~?* Cosa
succede? *Was ist mit ihm ~?* Che cos'ha? *Mit
ihm ist nichts ~.* Non vale niente. *Dort ist nicht
viel ~.* Là non succede molto.
Los [loːs] *n 1. (Lotterielos)* biglietto della
lotteria *m; 2. (Schicksal)* destino *m*
losbinden ['loːsbɪndən] *v irr* sciogliere
löschen ['lœʃən] *v 1. (Feuer)* spegnere;
2. (Licht) spegnere; *3. (Fracht)* scaricare, sbarcare; *4. INFORM* cancellare
lose ['loːzə] *adj 1. (locker)* lento; *2. (unver-
packt)* sciolto; *3. (fig: leichtfertig)* frivolo
Lösegeld ['løːzəgɛlt] *n* prezzo del riscatto *m*
lösen ['løːzən] *v 1. (losbinden)* staccare;
2. (beenden) annullare; *die Verlobung ~*
annullare il fidanzamento; *3. (klären)* risolvere; *4. (zergehen lassen)* sciogliere; *5. (kaufen)* comprare
losen ['loːzən] *v* tirare a sorte
losfahren ['loːsfaːrən] *v irr* partire
loslassen ['loːslasən] *v irr* liberare, lasciar andare

löslich ['løːslıç] *adj* solubile
losreißen ['loːsraısən] *v irr* 1. strappare; 2. *(fig) sich ~* staccarsi
lossagen ['loːszaːgən] *v sich ~* staccarsi
lossprechen ['loːsʃprɛçən] *v irr* 1. dispensare; 2. *REL* assolvere
Lösung ['løːzuŋ] *f* 1. *(Losmachen)* distacco *m*; 2. *(Beendigung)* rottura *f*; 3. *(Klärung)* risoluzione *f*; 4. *CHEM* soluzione *f*
Lot [loːt] *n TECH* filo a piombo *m*; *etw wieder ins rechte ~ bringen* rimettere a piombo qc/sistemare qc; *ins ~ kommen* tornare a posto/tornare in ordine
löten ['løːtən] *v* saldare
Lötkolben ['løːtkɔlbən] *m* saldatoio *m*
Lotse ['loːtsə] *m* pilota *m*
lotsen ['loːtsən] *v* 1. pilotare; 2. *(fig)* portare
Lotterie [lɔtəˈriː] *f* lotteria *f*
Löwe ['løːvə] *m ZOOL* leone *m*
loyal [loˈjaːl] *adj* leale
Loyalität [lojaˈlıtɛːt] *f* lealtà *f*
Luchs [luks] *m ZOOL* lince *f*
Lücke ['lykə] *f* lacuna *f*
Lückenbüßer ['lykənbyːsər] *m* tappabuchi *m*
lückenhaft ['lykənhaft] *adj* lacunoso
lückenlos ['lykənloːs] *adj* 1. completo; *adv* 2. completamente
Luft [luft] *f* aria *f*; *dicke ~* aria di tempesta; *die ~ rauslassen* prendere fiato; *jdn wie ~ behandeln* trattare qd come se fosse trasparente/ignorare qd; *jdm die ~ abdrehen* togliere l'aria a qd; *die ~ anhalten* trattenere il fiato; *jdn an die frische ~ befördern* mandare qd a prendere aria/buttare fuori qd; *aus der ~ gegriffen sein* essere inventato di sana pianta; *in der ~ hängen* essere sospeso a mezz'aria; *in die ~ gehen* saltare in aria/andare su tutte le furie; *sich ~ machen* sfogar-si/dare sfogo alla propria rabbia; *Da bleibt mir die ~ weg!* Mi manca l'aria!/Sono stupito!
Luftballon ['luftbalɔn] *m* palloncino *m*
luftdicht ['luftdıçt] *adj* 1. ermetico, a tenuta d'aria; *adv* 2. ermeticamente
Luftdruck ['luftdruk] *m* pressione dell'aria *f*
lüften ['lyftən] *v* 1. *(Raum)* mettere all'aria; 2. *(Kleider)* areare; 3. *(fig: enthüllen)* svelare
Luftfahrt ['luftfaːrt] *f* aviazione *f*
Luftfeuchtigkeit ['luftfɔyçtıçkaıt] *f* umidità dell'aria *f*
Luftfracht ['luftfraçt] *f* trasporto merce per via aerea *m*, aerotrasporto *m*

Luftkurort ['luftkuːrɔrt] *m* stazione climatica *f*
luftleer ['luftleːr] *adj* vuoto d'aria
Luftlinie ['luftliːnjə] *f* linea d'aria *f*
Luftmatratze ['luftmatratsə] *f* materasso pneumatico *m*, materassino *m*
Luftpost ['luftpɔst] *f* posta aerea *f*
Luftpumpe ['luftpumpə] *f* pompa pneumatica *f*
Luftröhre ['luftrøːrə] *f ANAT* trachea *f*
Luftschiff ['luftʃıf] *n* dirigibile *m*
Luftschutzkeller ['luftʃutskɛlər] *m* rifugio antiaereo *m*
Lüftung ['lyftuŋ] *f* areazione *f*
Luftverschmutzung ['luftfɛrʃmutsuŋ] *f* inquinamento atmosferico *m*
Luftwaffe ['luftvafə] *f* aeronautica militare *f*
Luftzug ['lufttsuːk] *m* aria *f*, corrente d'aria *f*
Lüge ['lyːgə] *f* bugia *f*
lügen ['lyːgən] *v irr* mentire; *lügen, dass sich die Balken biegen* spararle grosse; *wie gedruckt ~* mentire spudoratamente
Lügner ['lyːgnər] *m* bugiardo *m*
Lümmel ['lyməl] *m* villano *m*
lumpen ['lumpən] *v* darsi alla bella vita; *sich nicht ~ lassen* non badare a spese
Lumpen ['lumpən] *m* straccio *m*
Lunge ['luŋə] *f ANAT* polmone *m*
Lupe ['luːpə] *f* lente *f*; *etw mit der ~ suchen können* poter cercare qc con il lanternino; *jdn unter die ~ nehmen* tenere qd sotto la lente/tenere qd sotto controllo
Lust [lust] *f* 1. *(Freude)* gioia *f*; *nach ~ und Laune* a piacere; 2. *(Verlangen)* voglia *f*
lüstern ['lystərn] *adj* avido
Lustgefühl ['lustgəfyːl] *n* sensazione di piacere *f*
lustig ['lustıç] *adj* 1. *(fröhlich)* allegro; 2. *(komisch)* strano; *sich über jdn ~ machen* prendere in giro qd
lustlos ['lustloːs] *adj* 1. svogliato; *adv* 2. svogliatamente
lutherisch ['lutərıʃ] *adj REL* luterano
lutschen ['lutʃən] *v* succhiare
Lutscher ['lutʃər] *m* lecca-lecca *m*
luxuriös [luksurˈjøːs] *adj* 1. lussuoso; *adv* 2. lussuosamente
Luxus ['luksus] *m* lusso *m*
Luxusartikel ['luksusartıkəl] *m* articolo di lusso *m*
Lynchjustiz ['lynçjustiːts] *f* linciaggio *m*
Lyrik ['lyːrık] *f* lirica *f*

M

machbar ['maxbar] *adj* fattibile
Mache ['maxə] *f jdn in die ~ nehmen* prendere qd tra le mani; *etw in der ~ haben* avere qc in cantiere
machen ['maxən] *v* fare; *sich wenig aus etw ~* farsene poco di qc; *es mit jdm ~ können* poter contare su qd/potersi approfittare di qd; *Mach dir nichts draus!* Non prendertela!
Machenschaften ['maxənʃaftən] *pl* intrighi *m/pl*, macchinazioni *f/pl*
Macht [maxt] *f* 1. *(Stärke)* potenza *f;* 2. *(Herrschaft)* potere *m;* 3. *(Einfluss)* influsso *m*
Machthaber ['maxtha:bər] *m* potente *m*
mächtig ['mɛçtɪç] *adj* 1. *(stark)* poderoso; 2. *(gewaltig)* potente; 3. *(fig: sehr groß)* grande, enorme; 4. *(einflussreich)* influente; *seiner selbst nicht mehr ~ sein* non essere più padrone di sé
machtlos ['maxtlo:s] *adj* impotente
Machtprobe ['maxtpro:bə] *f* prova di forza *f*
Machtübernahme ['maxty:bərna:mə] *f POL* assunzione del potere *f*
Machtwort ['maxtvɔrt] *n* ordine *m*, parola definitiva *f*
Mädchen ['mɛ:tçən] *n* ragazza *f; ~ für alles sein* essere il tuttofare/essere il jolly
Mädchenname ['mɛ:tçənna:mə] *m* nome da nubile *m*
Made ['ma:də] *f ZOOL* verme *m; wie die ~ im Speck leben* far vita da papi
Madonna [ma'dɔna] *f REL* Madonna *f*
Mafia ['mafia] *f* mafia *f*
Magazin [maga'tsi:n] *n* 1. magazzino *m;* 2. *(einer Waffe)* caricatore *m;* 3. *(Zeitschrift)* rivista *f*
Magen ['ma:gən] *m ANAT* stomaco *m; jdm auf den ~ schlagen* colpire qd allo stomaco; *Da dreht mir den ~ um!* Mi si rivolta lo stomaco!
Magenbitter ['ma:gənbɪtər] *m* amaro *m*
Magenschmerzen ['ma:gənʃmɛrtsən] *pl MED* dolori di stomaco *m/pl*
mager ['ma:gər] *adj* 1. *(dünn)* magro, secco; 2. *(dürftig)* scarso; *eine ~e Ernte* un raccolto scarso *m*
Magie [ma'gi:] *f* magia *f*
magisch ['ma:gɪʃ] *adj* 1. magico; *adv* 2. magicamente

Magnet [mag'ne:t] *m* magnete *m*
magnetisch [mag'ne:tɪʃ] *adj* magnetico
Magnetismus [magne'tɪsmus] *m* magnetismo *m*
Mahagoni [maha'go:ni] *n* mogano *m*
mähen ['mɛ:ən] *v* mietere
Mahl [ma:l] *n* pasto *m*, pranzo *m*
mahlen ['ma:lən] *v irr* macinare
Mahlzeit ['ma:ltsait] *f* pasto *m; ~!* Buon appetito!
mahnen ['ma:nən] *v* 1. *(warnen)* ammonire; 2. *(auffordern)* sollecitare
Mahnmal ['ma:nma:l] *n* monumento commemorativo *m*
Mahnschreiben ['ma:nʃraibən] *n* lettera monitoria *f*
Mahnung ['ma:nuŋ] *f* 1. *(Warnung)* ammonimento *m*, sollecito di pagamento *m;* 2. *(Aufforderung)* esortazione *f*
Mahnverfahren ['ma:nfɛrfa:rən] *n JUR* procedimento ingiunzionale *m*
Mai [mai] *m* maggio *m; im ~* in maggio/a maggio
Maibaum ['maibaum] *m* albero della cuccagna *m*
Maikäfer ['maikɛ:fər] *m ZOOL* maggiolino *m*
Mailbox ['meilbɔks] *f INFORM* mailbox *m*
Mais [mais] *m BOT* mais *m*
Maiskolben ['maiskɔlbən] *m BOT* pannocchia *f*
Majestät [majɛs'tɛ:t] *f* maestà *f*
majestätisch [majɛs'tɛ:tɪʃ] *adj* 1. maestoso; *adv* 2. maestosamente
Majonnäse [majɔ'nɛ:zə] *f GAST* maionese *f*
Majoran ['ma:jɔran] *m BOT* maggiorana *f*
makaber [ma'ka:bər] *adj* macabro
Makel ['ma:kəl] *m* difetto *m*, macchia *f*
makellos ['ma:kəllo:s] *adj* senza macchia; *von ~em Weiß* di un bianco immacolato
Make-up ['meikʊp] *n* trucco *m*
Makler ['ma:klər] *m* mediatore *m*
Makrele [ma'kre:lə] *f ZOOL* sgombro *m*
mal [ma:l] *adv* 1. *(ein~)* una volta; *Komm ~ her!* Vieni un po' qua! Das ist nun ~ so! E' così. *Schauen wir ~.* Vediamo un po'. *Warst du schon ~ in Paris?* Sei mai stato a Parigi? 2. *(früher)* una volta; 3. *(in Zukunft)* una volta; 4. *(multipliziert mit)* per

Mal [maːl] *n 1. (Zeichen)* segno *m;* 2. *(Zeitpunkt)* volta *f; mit einem ~* in un colpo solo/improvvisamente/di colpo; *von ~ zu ~* di volta in volta; *ein für alle ~* una volta per tutte
malen ['maːlən] *v* dipingere
Maler ['maːlər] *m 1. (Künstler)* pittore *m;* 2. *(Anstreicher)* imbianchino *m*
Malerei [maːlə'raı] *f* pittura *f*
malerisch ['maːlərıʃ] *adj 1.* pittoresco; *adv 2.* pittorescamente
malnehmen ['maːlneːmən] *v irr* moltiplicare
Malz [malts] *n* malto *m*
Mama ['mama] *f (fam)* mamma *f*
man [man] *pron* si
Manager ['mɛnɛdɡər] *m* manager *m*
manche ['mançə] *adj 1.* qualche; *pron 2.* qualcuno
manchmal ['mançmaːl] *adv* qualche volta, talvolta
Mandant(in) [man'dant(ın)] *m/f 1. JUR* cliente *m/f;* 2. *(Auftraggeber(in))* committente *m/f*
Mandarine [manda'riːnə] *f BOT* mandarino *m*
Mandat [man'daːt] *n 1. JUR* mandato *m;* 2. *POL* mandato *m*
Mandel ['mandəl] *f 1. BOT* mandorla *f;* 2. *ANAT* tonsilla *f*
Manege [ma'neːɡə] *f* arena *f,* pista *f*
Mangel¹ ['maŋəl] *m 1. (Fehlen)* scarsità *f,* mancanza *f;* 2. *(Fehler)* difetto *m*
Mangel² ['maŋəl] *f (Heißmangel)* mangano *m; jdn in die ~ nehmen* mettere qd sotto torchio
mangelhaft ['maŋəlhaft] *adj 1.* incompleto, carente; 2. *(fehlerhaft)* difettoso; 3. *(Schulnote)* insufficiente
mangeln¹ ['maŋəln] *v (fehlen)* mancare
mangeln² ['maŋəln] *v* manganare; *die Wäsche ~* manganare la biancheria
mangels ['maŋəls] *prep* in mancanza di
Manieren [ma'niːrən] *pl* maniere *f/pl*
manierlich [ma'niːrlıç] *adj 1.* educato; *adv 2.* educatamente
Manifest [manı'fɛst] *f POL* manifesto *m*
Maniküre [mani'kyːrə] *f* manicure *m*
manipulieren [manipu'liːrən] *v* manipolare
Mann [man] *m 1.* uomo *m; der kleine ~* l'uomo comune *m; der ~ auf der Straße* l'uomo della strada *m; ein ~ von Welt* un uomo di mondo *m; ein gemachter ~* un uomo arrivato *m; ein toter ~ sein* essere un uomo morto;

den starken ~ markieren fare il gradasso/fare il forzuto/fingersi forte; *seinen ~ stehen* essere affidabile/sapere il fatto proprio; *mit ~ und Maus untergehen* affondare con tutto il carico; *etw an den ~ bringen* smerciare qc/portare il discorso su qc; 2. *(Ehemann)* marito *m*
Mannequin [manə'kɛ̃] *n* indossatrice *f*
männlich ['mɛnlıç] *adj* maschile
Mannschaft ['manʃaft] *f 1. SPORT* squadra *f;* 2. *(Besatzung) NAUT* equipaggio *m;* 3. *MIL* corpo *m*
Manöver [ma'nøːvər] *n* manovra *f*
manövrieren [manø'vriːrən] *v* manovrare
Mansarde [man'zardə] *f* mansarda *f*
Manschette [man'ʃɛtə] *f 1. (Hemd)* polsino *m;* 2. *(Blumentopf)* fascia di carta *f;* 3. *(Dichtung)* anello di tenuta *m*
Manschettenknopf [man'ʃɛtənknɔpf] *m* gemello per polsini *m*
Mantel ['mantəl] *m 1. (Kleidung)* cappotto *m;* 2. *TECH* rivestimento *m*
manuell [manu'ɛːl] *adj 1.* manuale; *adv 2.* manualmente
Mappe ['mapə] *f 1.(Tasche)* cartella *f,* borsa *f;* 2. *(Sammelmappe)* raccoglitore *m*
Marathonlauf ['maːratɔnlauf] *m SPORT* maratona *f*
Märchen ['mɛːrçən] *n* favola *f*
märchenhaft ['mɛːrçənhaft] *adj 1.* favoloso; *adv 2.* favolosamente
Marder ['mardər] *m ZOOL* martora *f*
Margarine [marga'riːnə] *f GAST* margarina *f*
Marienkäfer [ma'riːənkɛːfər] *m ZOOL* coccinella *f*
Marine [ma'riːnə] *f* marina *f*
Marionette [mario'nɛtə] *f* marionetta *f*
maritim [mari'tiːm] *adj* marittimo
Mark¹ [mark] *f (Deutsche ~)* marco *m; keine müde ~* neanche l'ombra di un quattrino; *mit jeder ~ rechnen müssen* fare i conti alla lira; *jede ~ dreimal umdrehen* risparmiare gli spiccioli
Mark² [mark] *f (Gebiet)* territorio di confine *m,* marca *f*
Mark³ [mark] *n 1. ANAT* midollo *m; durch ~ und Bein dringen* raggelare il sangue; *jdm das ~ aus den Knochen saugen* succhiare il midollo dalle ossa a qd; *bis ins ~* sino al midollo; 2. *GAST* midollo *m;* 3. *(Fruchtmark)* polpa *f*
markant [mar'kant] *adj* notevole
Marke ['markə] *f* marchio *m*

Marketing ['markətiŋ] *n ECO* marketing *m*

markieren [mar'kiːrən] *v 1. (kennzeichnen)* contrassegnare; *2. (fam)* simulare

Markierung [mar'kiːruŋ] *f* contrassegno *m*

Markise [mar'kiːzə] *f* persiana *f*

Markt [markt] *m* mercato *m; Schwarzmarkt* mercato nero *m; etw auf den ~ bringen* mettere qc sul mercato

Marktanteil ['marktantaɪl] *m ECO* fetta di mercato *f*

Marktwirtschaft ['marktvɪrtʃaft] *f ECO* economia di mercato *f; freie ~* economia di mercato libera *f*

Marmelade [marmə'laːdə] *f* marmellata *f*

Marmor ['marmor] *m* marmo *m*

Marokko [ma'rɔko] *n GEO* Marocco *m*

Marsch [marʃ] *m 1. (Wanderung)* cammino *m; 2. MIL* marcia *f; 3. MUS* marcia *f; jdm den ~ blasen* suonare la marcia a qd

marschieren [mar'ʃiːrən] *v* marciare

Marschroute ['marʃruːtə] *f* itinerario di marcia

Marslandung ['marslanduŋ] *f* atterraggio su Marte *m*

Märtyrer ['mɛrtyrər] *m* martire *m*

Marxismus [mark'sɪsmus] *m POL* marxismo *m*

März [mɛrts] *m* marzo *m*

Marzipan ['martsipaːn] *n* marzapane *m*

Masche ['maʃə] *f 1. (in der Handarbeit)* maglia *f; 2. (fig)* trucco *m*

Maschendraht ['maʃəndraːt] *m* rete metallica *f*

Maschine [ma'ʃiːnə] *f* macchina *f; ~ schreiben* scrivere a macchina

maschinell [maʃi'nɛl] *adj 1.* meccanico; *adv 2.* meccanicamente

Maschinenbau [ma'ʃiːnənbau] *m* ingegneria meccanica *f*

Maschinengewehr [ma'ʃiːnəngəveːr] *n* mitragliatrice *f; wie ein ~ reden* parlare come una macchinetta

Maschinenschaden [ma'ʃiːnənʃaːdən] *m* danno al macchinario *m*

Maschinist [maʃi'nɪst] *m* macchinista *m*

Masern ['maːzərn] *pl MED* morbillo *m*

Maserung ['maːzəruŋ] *f* venatura *f*

Maske ['maskə] *f* maschera *f; die ~ fallen lassen* lasciar cadere la maschera; *jdm die ~ vom Gesicht reißen* strappare la maschera dal volto a qd

Maskenbildner(in) ['maskənbɪltnər(ɪn)] *m/f* truccatore/truccatrice *m/f*

maskieren [mas'kiːrən] *v sich ~* mascherarsi

Maskottchen [mas'kɔtçən] *n* mascotte *f*

Maß [maːs] *n 1.* misura *f; mit zweierlei ~ messen* usare due pesi e due misure; *über alle ~en* oltremisura; *nach ~* su misura *f; Das ~ ist voll!* La misura è colma! *~ halten* moderarsi; *2. (Abmessung)* dimensione *f*

Massage [ma'saːʒə] *f* massaggio *m*

Massaker [ma'saːkər] *n* massacro *m*

Maßarbeit ['maːsarbaɪt] *f* lavorazione su misura *f*

Masse ['masə] *f 1. (Stoff)* massa *f,* materia *f; 2. (große Menge)* massa *f; 3. PHYS* massa *f; 4. (Volksmenge)* massa *f*

Massenentlassung ['masənɛntlasuŋ] *f* licenziamento in massa *m*

massenhaft ['masənhaft] *adj 1.* massiccio; *adv 2.* in massa

Massenmedien ['masənmeːdjən] *pl* mezzi di comunicazione di massa *m/pl,* mass-media *m/pl*

Masseur(in) [ma'søːr(ɪn)] *m/f* massaggiatore/massaggiatrice *m/f*

maßgebend ['maːsgeːbənt] *adj 1.* determinante; *adv 2.* in modo determinante

massieren [ma'siːrən] *v* massaggiare

mäßig ['mɛːsɪç] *adj 1.* moderato; *adv 2.* moderatamente

mäßigen ['mɛːsigən] *v 1.* moderare; *2. sich ~* moderarsi

massiv [ma'siːf] *adj 1.* massiccio; *adv 2.* massicciamente

maßlos ['maːsloːs] *adj 1.* smisurato, eccessivo; *adv 2.* smodatamente

Maßlosigkeit ['maːsloːzɪçkaɪt] *f* smisuratezza *f*

Maßnahme ['maːsnaːmə] *f* misura *f*

maßregeln ['maːsreːgəln] *v* punire *f*

Maßstab ['maːsʃtaːp] *m 1.* metro *m,* scala *f; 2. (fig)* norma *f*

maßstabsgerecht ['maːsʃtaːpsgərɛçt] *adj* conforme alla scala, in scala; *adv* in scala

Mast [mast] *m 1. (Schiffsmast)* albero *m; 2. (Telefonmast)* palo *m; einen ~ aufrichten* piantare un palo; *3. (Fahnenmast)* asta *f*

mästen ['mɛstən] *v* ingrassare

Material [mate'rjaːl] *n* materiale *m*

Materialfehler [mate'rjaːlfeːlər] *m* materiale difettoso *m*

Materialismus [materja'lɪsmus] *m* materialismo *m*

materialistisch [materja'lɪstɪʃ] *adj 1.* materialistico; *adv 2.* materialisticamente

Materialkosten [mate'rjaːlkɔstən] *pl* costo del materiale *m*

Materie [ma'teːrjə] *f* materia *f*

materiell [mate'rjɛl] *adj 1.* materiale; *adv 2.* materialmente

Mathematik [matema'tiːk] *f* matematica *f*

mathematisch [mate'maːtiʃ] *adj 1.* matematico; *adv 2.* matematicamente

Matratze [ma'tratsə] *f* materasso *m*

Matrize [ma'triːtsə] *f* matrice *f*

Matrose [ma'troːzə] *m* marinaio *m*

matschig ['matʃɪç] *adj* poltiglioso

matt [mat] *adj 1.* debole; *2. (trübe)* opaco; *3. jdn ~ setzen* dare scacco matto a qd

Matte ['matə] *f* stuoia *f; jdn auf die ~ legen* mettere qd al tappeto; *auf der ~ stehen* essere in posizione

Mattscheibe ['matʃaɪbə] *f 1. (fam: Fernseher)* televisore *m; 2. eine ~ haben (fig)* avere la mente annebbiata

Mauer ['mauər] *f* muro *m; gegen eine ~ reden* parlare al muro

Mauerblümchen ['mauərblyːmçən] *n (fam)* ragazza che fa tappezzeria *f*

Maul [maul] *n 1. ZOOL* muso *m; 2. (fam)* bocca *f; den Leuten aufs ~ schauen* guardare la gente in faccia; *jdm das ~ stopfen* far chiudere il becco a qd

Maulaffen ['maulafən] *pl ~ feilhalten* stare lì con la bocca aperta

Maulwurf ['maulvurf] *m ZOOL* talpa *f*

Maurer ['maurər] *m* muratore *m*

Maus [maus] *f 1. ZOOL* topo *m; 2. IN-FORM* mouse *m*

Mäuschen ['mɔysçən] *n* topolino *m; ~ spielen* osservare di nascosto

Mausefalle ['mauzəfalə] *f* trappola per topi *f*

maximal [maksi'maːl] *adj 1.* massimo; *adv 2.* al massimo

Maxime [mak'siːmə] *f* massima *f*

Maximum ['maksimum] *n* massimo *m*

Mechanik [me'çaːnɪk] *f* meccanica *f*

Mechaniker(in) [me'çaːnɪkər(ɪn)] *m/f* meccanico *m*

mechanisch [me'çaːnɪʃ] *adj 1.* meccanico; *adv 2.* meccanicamente

Mechanismus [meça:'nɪsmus] *m* meccanismo *m*

meckern ['mɛkərn] *v 1. (Tier)* belare; *2. (fig: nörgeln)* brontolare

Medaille [me'daljə] *f* medaglia *f*

Medaillon [medal'jõ] *n 1. (Schmuck)* medaglione *m; 2. GAST* medaglione *m*

Medien ['meːdjən] *pl* mezzi di comunicazione *m/pl*, media *m/pl*

Medikament [medika'mɛnt] *n* medicina *f*

Meditation [medita'tsjoːn] *f* meditazione *f*

meditieren [medi'tiːrən] *v* meditare

Medium ['meːdjum] *n 1. (Mittel)* mezzo *m; 2. (Okkultismus)* medium *m*

Medizin [medi'tsiːn] *f 1. (Heilkunde)* medicina *f; 2. (Medikament)* medicina *f*

medizinisch [medi'tsiːnɪʃ] *adj 1. (arznei-lich)* medicinale; *2. (ärztlich)* medico

Meer [meːr] *n* mare *m*

Meerenge ['meːreŋə] *f* stretto *m*

Meeresfrüchte ['meːrəsfrʏçtə] *pl GAST* frutti di mare *m/pl*

Meeresspiegel ['meːrəsʃpiːgəl] *m* livello del mare *m*

Meerrettich ['meːrrɛtɪç] *m BOT* barbaforte *m*

Meerschweinchen ['meːrʃvaɪnçən] *n ZOOL* porcellino d'India *m*

Megabyte ['megabaɪt] *n INFORM* mega-byte *m*

Mehl [meːl] *n* farina *f*

mehlig ['meːlɪç] *adj* farinoso

mehr [meːr] *adv* più; *~ und ~* sempre più; *~ oder minder* più o meno; *nicht ~ und nicht weniger* niente di più e niente di meno

mehrdeutig ['meːrdɔytɪç] *adj* ambiguo

mehrere ['meːrərə] *pron* parecchi

mehrfach ['meːrfax] *adj 1.* molteplice, multiplo; *adv 2.* ripetutamente

mehrfarbig ['meːrfarbɪç] *adj* policromo

Mehrheit ['meːrhaɪt] *f* maggioranza *f*

mehrheitlich ['meːrhaɪtlɪç] *adj* maggioritario

Mehrheitsbeschluss ['meːrhaɪtsbəʃlus] *m* delibera della maggioranza *f*

Mehrheitswahlrecht ['meːrhaɪtsvaːlrɛçt] *n POL* sistema elettorale maggioritario *m*

mehrjährig ['meːrjɛːrɪç] *adj* pluriennale

mehrmalig ['meːrmaːlɪç] *adj* ripetuto

mehrmals ['meːrmaːls] *adv* più volte

Mehrpreis ['meːrpraɪs] *m* sovrapprezzo *m*

mehrsprachig ['meːrʃpraːxɪç] *adj* poliglotta

mehrstellig ['meːrʃtɛlɪç] *adj* di più cifre

Mehrwertsteuer ['meːrvɛrtʃtɔyər] *f* imposta sul valore aggiunto *f*

Mehrzahl ['meːrtsaːl] *f 1. GRAMM* plurale *m; 2. (Mehrheit)* maggioranza *f*

meiden ['maɪdən] *v irr* evitare

Meile ['maɪlə] *f* miglio *m*

Meilenstein ['maɪlənʃtaɪn] *m 1.* pietra miliare *f; 2. (fig)* pietra miliare *f; ein ~ der Geschichte* una pietra miliare nella storia *f*
meilenweit ['maɪlənvaɪt] *adv* per miglia e miglia
mein(e) ['maɪn(ə)] *pron* mio/mia
Meineid ['maɪnaɪt] *m JUR* spergiuro *m*
meinen ['maɪnən] *v* pensare, intendere; *Wie meinst du das?* In che senso? *Meinst du, dass ...* Credi che .../Ritieni che ... *ironisch gemeint* inteso in senso ironico
meinerseits ['maɪnərzaɪts] *adv* da parte mia
meinetwegen ['maɪnətveːgən] *adv* per me
Meinung ['maɪnuŋ] *f* opinione *f; jdm gehörig die ~ sagen* dirne quattro a qd/dire schiettamente la propria opinione a qd
Meinungsaustausch ['maɪnuŋsaustauʃ] *m* scambio d'idee *m*
Meinungsumfrage ['maɪnuŋsumfraːgə] *f* sondaggio d'opinione *m*
Meinungsverschiedenheit ['maɪnuŋsferʃiːdənhaɪt] *f* divergenza di opinione *f*
Meise ['maɪzə] *f ZOOL* cinciallegra *f*
Meißel ['maɪsəl] *m* scalpello *m*
meist [maɪst] *adj 1.* la maggior parte di; *adv 2.* più di tutto
meistbietend ['maɪstbiːtənt] *adj* che offre di più
meistens ['maɪstəns] *adv* per lo più
Meister ['maɪstər] *m 1. (im Handwerk)* mastro *m; 2. (Könner)* campione *m*
meisterhaft ['maɪstərhaft] *adj 1.* magistrale, esemplare; *adv 2.* magistralmente
meistern ['maɪstərn] *v* dominare
Meisterschaft ['maɪstərʃaft] *f SPORT* campionato *m*
Meisterstück ['maɪstərʃtyk] *n* capolavoro *m*
Melancholie [melaŋkɔ'liː] *f* malinconia *f*
melancholisch [melaŋ'koːlɪʃ] *adj 1.* malinconico; *adv 2.* malinconicamente
Meldebehörde ['mɛldəbəhœrdə] *f* anagrafe *f*
melden ['mɛldən] *v 1. (an~)* iscrivere; *2. (ankündigen)* annunciare; *3. (mitteilen)* informare; *nichts zu ~ haben* non avere voce in capitolo; *4. sich ~* farsi sentire; *Ich werde mich ~, wenn ich zurück bin.* Mi faccio sentire quando torno. *5. sich nicht ~* non rispondere; *Ich habe angerufen, aber niemand hat sich gemeldet.* Ho telefonato ma non risposto nessuno.

Meldepflicht ['mɛldəpflɪçt] *f* obbligo di denuncia *m*
Meldung ['mɛlduŋ] *f 1.* iscrizione *f; 2. (Ankündigung)* annuncio *m; 3. (Mitteilung)* comunicazione *f; 4. (Bericht)* rapporto *m*
melken ['mɛlkən] *v irr* mungere
Melodie [melo'diː] *f* melodia *f*
Melone [me'loːnə] *f 1. (Honigmelone)* melone *m; 2. (Wassermelone)* anguria *f*
Memoiren [me'mwaːrən] *pl* memorie *f/pl*
Menge ['mɛŋə] *f 1. (bestimmte Anzahl)* quantità *f; 2. (große Anzahl)* moltitudine *f; Ich habe jede ~ Kassetten zu Hause.* Ho un'infinità di cassette a casa. *3. (Volksmenge)* massa *f*, folla *f*
Mengenlehre ['mɛŋənleːrə] *f MATH* teoria degli insiemi *f*
mengenmäßig ['mɛŋənmeːsɪç] *adj 1.* quantitativo; *adv 2.* quantitativamente
Mensa ['mɛnza] *f* mensa *f*
Mensch [mɛnʃ] *m 1.* uomo *m; wie der erste ~* come un orango *m; nur noch ein halber ~ sein* essere un uomo a metà; *ein neuer ~ werden* diventare un uomo nuovo; *von ~ zu ~* da uomo a uomo; *2. (Person)* persona *f*
Menschenfreund ['mɛnʃənfrɔynt] *m* persona umanitaria *f*, filantropo *m*
Menschenkenntnis ['mɛnʃənkɛntnɪs] *f* conoscenza dell'uomo *f*
Menschenmenge ['mɛnʃənmɛŋə] *f* folla *f*
menschenmöglich [mɛnʃən'møklɪç] *adj alles Menschenmögliche tun* fare tutto l'umanamente possibile
Menschenrechte ['mɛnʃənrɛçtə] *pl* diritti dell'uomo *m/pl*
menschenscheu ['mɛnʃənʃɔy] *adj* timido
Menschenwürde ['mɛnʃənvyrdə] *f* dignità umana *f*
Menschheit ['mɛnʃhaɪt] *f* umanità *f*, genere umano *m*
menschlich ['mɛnʃlɪç] *adj 1.* umano; *adv 2.* umanamente; *nach ~em Ermessen* umanamente parlando
Menschlichkeit ['mɛnʃlɪçkaɪt] *f* umanità *f*
Menstruation [mɛnstrua'tsjoːn] *f* mestruazione *f*
Mentalität [mentali'tɛːt] *f* mentalità *f*
Menü [me'nyː] *n 1. GAST* menù *m; 2. INFORM* menù *m*
Merkblatt ['mɛrkblat] *n* foglio d'istruzioni *m*

merken ['mɛrkən] *v 1. (wahrnehmen)* notare; *2. sich etw* ~ ricordarsi di qc, memorizzare qc; *Wir* ~ *uns die italienischen Wörter.* Ci ricordiamo i vocaboli italiani.
merklich ['mɛrklıç] *adj 1.* sensibile, visibile; *adv 2.* sensibilmente, visibilmente
Merkmal ['mɛrkmaːl] *n* segno *m*
merkwürdig ['mɛrkvyrdıç] *adj* strano
messbar ['mɛsbaːr] *adj* misurabile
Messbecher ['mɛsbɛçər] *m* misurino *m*
Messdiener ['mɛsdiːnər] *m* chierichetto *m*
Messe ['mɛsə] *f 1. (Ausstellung)* fiera *f,* mostra *f; 2. REL* messa *f*
Messegelände ['mɛsəgəlɛndə] *n* area d'esposizione *f,* area della fiera *f*
messen ['mɛsən] *v irr 1.* misurare; *2. (fig) sich* ~ *mit* misurarsi con
Messer ['mɛsər] *n* coltello *m; auf des* ~*s Schneide stehen* stare sul filo del rasoio; *jdm ins* ~ *laufen* buttarsi fra le fauci del lupo; *bis aufs* ~ al coltello; *unters* ~ *kommen* andare sotto i ferri
messerscharf ['mɛsərʃarf] *adj 1.* affilato; *2. (fig: Verstand)* mordace, pungente
Messerspitze ['mɛsərʃpıtsə] *f 1.* punta del coltello *f; 2. (Maßangabe)* punta di coltello *f,* pizzico *m; eine* ~ *Salz* un pizzico di sale *m*
Messing ['mɛsıŋ] *n* ottone *m*
Messinstrument ['mɛsınstrumɛnt] *n* strumento di misurazione *m*
Messtechnik ['mɛstɛçnık] *f* metrologia *f*
Metall [me'tal] *n* metallo *m*
metallisch [me'talıʃ] *adj* metallico
Metastase [meta'staːzə] *f MED* metastasi *f*
Meteor [mete'oːr] *m* meteora *f*
Meter ['meːtər] *m* metro *m*
Metermaß ['meːtərmaːs] *n* metro *m*
Methode [me'toːdə] *f* metodo *m*
methodisch [me'toːdıʃ] *adj 1.* metodico; *adv 2.* metodicamente
Metropole [metro'poːlə] *f* metropoli *f*
Metzger ['mɛtsgər] *m* macellaio *m*
Metzgerei [mɛtsgə'raı] *f* macelleria *f*
Meute ['mɔytə] *f 1. (von Hunden)* muta *f; 2. (von Menschen)* banda *f*
Meuterei [mɔytə'raı] *f* ammutinamento *m,* ribellione *f*
meutern ['mɔytərn] *v 1. (Gehorsam verweigern)* ribellarsi; *2. (fig: murren)* brontolare
Mexikaner(in) [mɛksi'kaːnər(ın)] *m/f* messicano/messicana *m/f*

Mexiko ['mɛksikoː] *n GEO* Messico *m*
miauen [mi'auən] *v* miagolare
mich [mıç] *pron* mi
Miene ['miːnə] *f* espressione *f,* aspetto *m; keine* ~ *verziehen* non batter ciglio
mies [miːs] *adj (fam)* brutto; *eine* ~*e Laune haben* essere di cattivo umore; *Die Sache sieht* ~ *aus.* La cosa si mette male.
Miesmuschel ['miːsmuʃəl] *f BOT* cozza *f*
Miete ['miːtə] *f 1. (Mieten)* affitto *m; 2. (Mietzins)* canone d'affitto *m; die halbe* ~ *sein* essere a metà dell'opera
mieten ['miːtən] *v* affittare
Mieter(in) ['miːtər(ın)] *m/f* inquilino/inquilina *m/f*
Mieterschutz ['miːtərʃuts] *m* tutela del locatario *f*
Mietvertrag ['miːtfɛrtraːk] *m* contratto d'affitto *m*
Mietwagen ['miːtvaːgən] *m* automobile a noleggio *f*
Mietwohnung ['miːtvoːnuŋ] *f* appartamento in affitto *m*
Migräne [mi'grɛːnə] *f MED* emicrania *f*
Mikrofilm ['miːkrofılm] *m* microfilm *m*
Mikrofon [mi:kro'foːn] *n* microfono *m*
Mikrokosmos [mi:kro'koːsmos] *m* microcosmo *m*
Mikroskop [mikros'koːp] *n* microscopio *m*
mikroskopisch [mikros'koːpıʃ] *adj 1.* microscopico; *adv 2.* microscopicamente
Mikrowellenherd ['miːkrovɛlənheːrt] *m* forno a microonde *m*
Milch [mılç] *f* latte *m; Da wird bei mir aber langsam die* ~ *sauer.* Piano piano me ne sta passando la voglia.
Milchmixgetränk ['mılçmıksgətrɛŋk] *n GAST* frullato di latte *m*
Milchprodukt ['mılçprodukt] *n* latticino *m*
Milchstraße ['mılçʃtraːsə] *f* via lattea *f*
mild [mılt] *adj 1. (Wetter)* mite; *2. (Wesen)* dolce
Milde ['mıldə] *f 1. (Wetter)* mitezza *f; 2. (Wesen)* dolcezza
mildern ['mıldərn] *v 1. (abschwächen)* attenuare; *2. (lindern)* lenire; *den Schmerz* ~ lenire il dolore
Milieu [mı'ljøː] *n* ambiente *m*
Militär [mili'tɛːr] *n* militari *m/pl*
Militärputsch [mili'tɛːrputʃ] *m POL* colpo di stato militare *m*
Milliarde [mil'jardə] *f* miliardo *m*
Millimeter [mili'meːtər] *m* millimetro *m*

Million [mil'joːn] *f* milione *m*
Mimik ['miːmɪk] *f* mimica *f*
Mimose [mi'moːzə] *f 1. BOT* mimosa *f; 2. (fig)* persona esageratamente sensibile *f*
Minderheit ['mɪndərhaɪt] *f* minoranza *f*
minderjährig ['mɪndərjɛːrɪç] *adj* minorenne
Minderjährige(r) ['mɪndərjɛːrɪçə(r)] *m/f* minorenne *m/f*
mindern ['mɪndərn] *v 1. (verringern)* diminuire; *2. (mildern)* attenuare
Minderung ['mɪndəruŋ] *f* diminuzione *f*
minderwertig ['mɪndərveːrtɪç] *adj* inferiore
Minderwertigkeitskomplex ['mɪndərveːrtɪçkaɪtskɔmplɛks] *m* complesso d'inferiorità *m*
Mindestabstand ['mɪndəstapʃtant] *m* distanza minima *f*
Mindestalter ['mɪndəstaltər] *n* età minima *f*
mindeste(r,s) ['mɪndəstə] *adj* minimo/minima
mindestens ['mɪndəstəns] *adv* almeno
Mindestlohn ['mɪndəstloːn] *m* paga minima *f*
Mindestmaß ['mɪndəstmaːs] *n* minimo *m; ein ~ an Stolz* un minimo di orgoglio *m*
Mine ['miːnə] *f 1. (Sprengkörper)* mina *f; 2. (Bergwerk)* miniera *f; 3. (im Kugelschreiber)* mina *f*
Mineral [minə'raːl] *n* minerale *m*
Mineralwasser [minə'raːlvasər] *n* acqua minerale *f*
minimal [mɪni'maːl] *adj* minimo
Minimum ['mɪnimum] *n* minimo *m*
Minister [mi'nɪstər] *m POL* ministro *m*
Ministerium [mɪnɪ'steːrjum] *n* ministero *m*
minus ['miːnus] *adv* meno
Minus ['miːnus] *n ECO* ammanco *m*
Minuspol ['miːnuspoːl] *m* polo negativo *m*
Minuszeichen ['miːnustsaɪçən] *n MATH* segno negativo *m*
Minute [mi'nuːtə] *f* minuto *m; in wenigen ~en* tra pochi minuti; *in letzter ~* all'ultimo minuto; *auf die ~ genau* esatto al minuto
minutenlang [mi'nuːtənlaŋ] *adj 1.* di alcuni minuti; *adv 2.* per qualche minuto
mir [miːr] *pron* mi, a me
mischen ['mɪʃən] *v* mescolare
Mischling ['mɪʃlɪŋ] *m* meticcio *m*
Mischung ['mɪʃuŋ] *f 1. (Mischen)* miscuglio *m; 2. (Gemenge)* miscela *f*

Mischwald ['mɪʃvalt] *m* bosco misto *m*
miserabel [mizə'raːbəl] *adj* miserabile
Misere [mi'zeːrə] *f* miseria *f*
missachten [mɪs'axtən] *v* disprezzare
Missachtung [mɪs'axtuŋ] *f* disprezzo *m*
Missbildung ['mɪsbɪlduŋ] *f* malformazione *f*
missbilligen [mɪs'bɪlɪgən] *v* disapprovare
Missbilligung ['mɪsbɪlɪguŋ] *f* disapprovazione *f*
Missbrauch ['mɪsbraux] *m* abuso *m; ~ der Amtsgewalt* abuso d'autorità *m*
missbrauchen [mɪs'brauxən] *v* abusare di
missen ['mɪsən] *v* sentire la mancanza di
Misserfolg ['mɪsɛrfɔlk] *m* insuccesso *m*
Missetat ['mɪsətaːt] *f* misfatto *m*
Missetäter(in) ['mɪsətɛtər(ɪn)] *m/f* malfattore/malfattrice *m/f*, delinquente *m/f*
missfallen [mɪs'falən] *v irr* non piacere
Missfallen ['mɪsfalən] *n* disaccordo *m*
Missgeburt ['mɪsgəburt] *f* aborto *m*
Missgeschick ['mɪsgəʃɪk] *n* sfortuna *f*
missglücken [mɪs'glykən] *v* fallire
missgönnen [mɪs'gœnən] *v* invidiare
Missgriff ['mɪsgrɪf] *m* passo falso *m*
Missgunst ['mɪsgunst] *f* invidia *f*
missgünstig ['mɪsgynstɪç] *adj* invidioso
misshandeln [mɪs'handəln] *v* maltrattare
Misshandlung [mɪs'handluŋ] *f* maltrattamento *m*
Mission [mis'joːn] *f 1. (Auftrag)* missione *f; 2. (Einrichtung)* missione *f*
Missklang ['mɪsklaŋ] *m* cacofonia *f*
Misskredit ['mɪskrediːt] *m* discredito *m; in ~ kommen* essere screditato
misslingen [mɪs'lɪŋən] *v irr* fallire
Missmut ['mɪsmuːt] *m* malumore *m*
missraten [mɪs'raːtən] *v irr 1.* svilupparsi male; *2. (misslingen)* fallire, non riuscire
Missstand ['mɪsʃtant] *m* male *m*
Missstimmung ['mɪsʃtimuŋ] *f* malumore *m*
misstrauen [mɪs'trauən] *v* non fidarsi
Misstrauen ['mɪstrauən] *n* diffidenza *f*
Misstrauensvotum ['mɪstrauənsvoːtum] *n POL* voto di sfiducia *m*
misstrauisch ['mɪstrauɪʃ] *adj 1.* diffidente; *adv 2.* con diffidenza
Missverhältnis ['mɪsfɛrhɛltnɪs] *n* sproporzione *f*
Missverständnis ['mɪsfɛrʃtɛntnɪs] *n* malinteso *m*, equivoco *m; ein ~ beseitigen* chiarire un equivoco

missverstehen ['mɪsfɛrʃteːən] v irr fraintendere
Misswirtschaft ['mɪsvɪrtʃaft] f cattiva amministrazione f
Mist [mɪst] m 1. (Pferdemist) sterco m; Das ist nicht auf meinem ~ gewachsen. (fig) Questa non è farina del mio sacco. ~! Merda! 2. (fig: Unsinn) sciocchezze f/pl, fesserie f/pl; Rede keinen ~! Non dire fesserie! ~ bauen fare pasticci
Misthaufen ['mɪsthaufən] m letamaio m
mit [mɪt] prep con; Ich habe das ~ berücksichtigt. Ho preso in considerazione anche questo.
Mitarbeit ['mɪtarbaɪt] f collaborazione f
mitarbeiten ['mɪtarbaɪtən] v collaborare
Mitarbeiter(in) ['mɪtarbaɪtər(ɪn)] m/f collaboratore/collaboratrice m/f, collega m/f
mitbestimmen ['mɪtbəʃtɪmən] v partecipare alla decisione di
Mitbestimmung ['mɪtbəʃtɪmuŋ] f partecipazione alla decisione f
mitbringen ['mɪtbrɪŋən] v irr portare
Mitbürger(in) ['mɪtbyrgər(ɪn)] m/f concittadino/concittadina m/f
miteinander [mɪtaɪn'andər] adv insieme
miterleben ['mɪtɛrleːbən] v vivere, vedere
Mitesser ['mɪtɛsər] m MED comedone m
mitfahren ['mɪtfaːrən] v irr mit jdm ~ viaggiare con qd
mitfühlend ['mɪtfyːlənt] adj 1. compassionevole; adv 2. in modo compassionevole
Mitgefühl ['mɪtgəfyːl] n compassione f
mitgehen ['mɪtgeːən] v irr andare con, accompagnare; etw ~ lassen portarsi via qc
Mitgift ['mɪtgɪft] f dote f
Mitglied ['mɪtgliːt] n membro m
Mitgliedschaft ['mɪtgliːtʃaft] f appartenenza f
Mitgliedsland ['mɪtgliːtslant] n paese membro m
Mithilfe ['mɪthɪlfə] f collaborazione f
Mitinhaber(in) ['mɪtinhaːbər(ɪn)] m/f contitolare m/f
mitkommen ['mɪtkɔmən] v irr 1. venire; 2. (fam: begreifen) seguire
Mitläufer(in) ['mɪtlɔyfər(ɪn)] m/f simpatizzante m/f
Mitleid ['mɪtlaɪt] n compassione f; ~ erregend che desta compassione
Mitleidenschaft ['mɪtlaɪdənʃaft] f in ~ ziehen coinvolgere
mitleidig ['mɪtlaɪdɪç] adj 1. compassionevole, pietoso; adv 2. pietosamente

mitmachen ['mɪtmaxən] v 1. partecipare a; 2. (fig: leiden) soffrire
Mitmensch ['mɪtmɛnʃ] m prossimo m
mitnehmen ['mɪtneːmən] v irr 1. prendere con sé; 2. (fig: strapazieren) rovinare, sfruttare; Die Puppe sieht ganz mitgenommen aus. La bambola è tutta rovinata.
mitreißend ['mɪtraɪsənt] adj travolgente
mitschuldig ['mɪtʃuldɪç] adj corresponsabile
Mitschüler(in) ['mɪtʃyːlər(ɪn)] m/f compagno di scuola/compagna di scuola m/f
Mittag ['mɪtaːk] m mezzogiorno m; heute ~ oggi a mezzogiorno; gestern ~ ieri a mezzogiorno
Mittagessen ['mɪtaːkɛsən] n pranzo m
mittags ['mɪtaːks] adv a mezzogiorno
Mittagspause ['mɪtaːkspauzə] f pausa di mezzogiorno f
Mittäter(in) ['mɪtɛːtər(ɪn)] m/f complice m/f
Mitte ['mɪtə] f 1. (örtlich) mezzo m; die goldene ~ wählen scegliere il mezzo giusto; 2. (zeitlich) metà f
mitteilen ['mɪttaɪlən] v comunicare
mitteilsam ['mɪttaɪlzaːm] adj comunicativo
Mitteilung ['mɪttaɪluŋ] f comunicazione f
Mittel ['mɪtəl] n 1. (Hilfsmittel) mezzo m; ~ zum Zweck sein essere un mezzo per raggiungere lo scopo; ~ und Wege suchen cercare un modo; 2. (Heilmittel) rimedio m; 3. MATH media f; im ~ in media; das arithmetische ~ la media aritmetica f; pl 4. (Geld) mezzi m/pl, fondi m/pl
Mittelalter ['mɪtəlaltər] n medioevo m
mittelalterlich ['mɪtəlaltərlɪç] adj medioevale
mittelbar ['mɪtəlbaːr] adj 1. indiretto; adv 2. indirettamente
Mitteleuropa ['mɪtəlɔyroːpa] n GEO Europa centrale f
Mittelfinger ['mɪtəlfɪŋgər] m ANAT dito medio m
Mittelklasse ['mɪtəlklasə] f classe media f
mittellos ['mɪtəlloːs] adj privo di mezzi
mittelmäßig ['mɪtəlmeːsɪç] adj mediocre
Mittelmeer ['mɪtəlmeːr] n GEO Mare Mediterraneo m
Mittelpunkt ['mɪtəlpuŋkt] m punto centrale m
mittels ['mɪtəls] prep per mezzo di, con, mediante

Mittelsmann ['mɪtəlsman] *m* intermediario *m*
Mittelstand ['mɪtəlʃtant] *m* ceto medio *m*
mittelständisch ['mɪtəlʃtɛndɪʃ] *adj* del ceto medio
Mittelweg ['mɪtəlvɛːk] *m* via di mezzo *f;* den ~ einschlagen prendere una via di mezzo; der goldene ~ il mezzo giusto *m*
Mitternacht ['mɪtərnaxt] *f* mezzanotte *f*
mittlere(r,s) ['mɪtlərə(r,s)] *adj* medio/media, di mezzo
mittlerweile ['mɪtlərvaɪlə] *adv* intanto
Mittwoch ['mɪtvɔx] *m* mercoledì *m; am ~* mercoledì
mittwochs ['mɪtvɔxs] *adv* il mercoledì
mitunter [mɪt'untər] *adv* talvolta
mitwirken ['mɪtvɪrkən] *v* cooperare
Mitwirkung ['mɪtvɪrkuŋ] *f* cooperazione *f*
Mitwisser ['mɪtvɪsər] *m* connivente *m*
mixen ['mɪksən] *v* mescolare
Möbel ['møːbəl] *n* mobile *m*
mobil [mo'biːl] *adj* mobile; ~ machen mobilitare/mobilitarsi
Mobilfunk [mo'biːlfuŋk] *m* telefonia mobile *f*
mobilisieren [mobili'ziːrən] *v* mobilitare
Mobilität [mobili'tɛːt] *f* mobilità *f*
möblieren [mø'bliːrən] *v* arredare
möbliert [mø'bliːrt] *adj* arredato
Mode ['moːdə] *f* moda *f*
Modell [mo'dɛl] *n* 1. (Vorbild) modello *m;* 2. (Mannequin) modella *f*, indossatrice *f; 3.* ~ stehen posare
modellieren [modɛ'liːrən] *v* modellare
Modem ['moːdəm] *m/n INFORM* modem *m*
Modenschau ['moːdənʃau] *f* sfilata di moda *f*
modern [mo'dɛrn] *adj* moderno
modernisieren [modɛrni'ziːrən] *v* modernizzare
Modeschmuck ['moːdəʃmuk] *m* bigiotteria *f*
Modeschöpfer(in) ['moːdəʃœpfər(ɪn)] *m/f* creatore di moda/creatrice di moda *m/f*, stilista *m/f*
modisch ['moːdɪʃ] *adj* 1. alla moda; *adv* 2. alla moda
Modul [mo'duːl] *n* modulo *m*
Modus ['moːdus] *m* modo *m*
mögen ['møːgən] *v irr* 1. (gern haben) piacere; 2. (wollen) volere
möglich ['møːklɪç] *adj* possibile
möglicherweise ['møːklɪçərvaɪzə] *adv* forse, probabilmente

Möglichkeit ['møːklɪçkaɪt] *f* possibilità *f*
möglichst ['møːklɪçst] *adv* ~ bald quanto prima, il più presto possibile
Mohn [moːn] *m BOT* papavero *m*
Möhre ['møːrə] *f BOT* carota *f*
Mole ['moːlə] *f* molo *m*
Molekül [mole'kyːl] *n CHEM* molecola *f*
Molkerei [mɔlkə'raɪ] *f* caseificio *m*
mollig ['mɔlɪç] *adj* 1. (behaglich) comodo; 2. (dick) grassottello; Sie ist ein ~es Mädchen. E' una ragazza grassottella.
Moment [mo'mɛnt] *m* 1. momento *m; n* 2. PHYS momento *m; 3. (fig: Umstand)* momento *m*
momentan [momɛn'taːn] *adj* 1. momentaneo; *adv* 2. momentaneamente
Monarch [mo'narç] *m* monarca *m*
Monarchie [monar'çiː] *f* monarchia *f*
Monat ['moːnat] *m* mese *m*
monatelang ['moːnatəlaŋ] *adj* 1. di mesi; *adv* 2. per molti mesi
monatlich ['moːnatlɪç] *adj* mensile
Monatskarte ['moːnatskartə] *f* tessera mensile *f*, abbonamento mensile *m*
Mönch [mœnç] *m REL* monaco *m*
Mond [moːnt] *m* luna *f; jdn auf den ~ schießen* mandare qd a quel paese; *hinter dem ~ leben* vivere nel mondo della luna
mondän [mon'dɛːn] *adj* 1. mondano; *adv* 2. mondanamente
Mondfinsternis ['moːntfɪnstərnɪs] *f* eclissi lunare *f*
Mondschein ['moːntʃaɪn] *m* chiaro di luna *m*
Mondsonde ['moːntzɔndə] *f* sonda lunare *f*
Monitor ['moːnɪtoːr] *m* monitor *m*
Monogamie [monoga'miː] *f* monogamia *f*
Monogramm [mono'gram] *n* monogramma *m*
Monolog [mono'loːk] *m* monologo *m*
Monopol [mono'poːl] *n* monopolio *m*
monoton [mono'toːn] *adj* 1. monotono; *adv* 2. in maniera monotona
Monotonie [monoto'niː] *f* monotonia *f*
Montag ['moːntaːk] *m* lunedì *m*
Montage [mɔn'taːʒə] *f* montaggio *m*
montags ['moːntaks] *adv* il lunedì
Monteur(in) [mɔn'tøːr(ɪn)] *m/f* montatore/montatrice *m/f*, installatore/installatrice *m/f*
montieren [mɔn'tiːrən] *v* montare
Montur [mɔn'tuːr] *f* vestito *m*

Monument [monu'mɛnt] *n* monumento *m*
Moor [moːr] *n* palude *f*
Moorbad ['moːrbaːt] *n* bagno di fango *m*
Moos [moːs] *n BOT* muschio *m*
Moped ['moːpɛt] *n* motorino *m*
Moral [mo'raːl] *f* morale *f; die ~ von der Geschichte* la morale della favola *f*
moralisch [mo'raːlɪʃ] *adj* morale
Moralpredigt [mo'raːlpreːdɪkt] *f* ramanzina *f*
Morast [mo'rast] *m* palude *f*
Mord [mɔrt] *m* assassinio *m; ~ und Totschlag* pandemonio *m*
Mordanschlag ['mɔrtanʃlaːk] *m* tentato omicidio *m*
Mörder(in) ['mœrdər(ɪn)] *m/f* assassino/ assassina *m/f*
mörderisch ['mœrdərɪʃ] *adj 1.* assassino; *2. (fig: furchtbar)* feroce
mordsmäßig ['mɔrtsmɛːsɪç] *adj 1. (fam)* enorme; *adv 2. (fam)* enormemente
Mordverdacht ['mɔrtfɛrdaxt] *m* sospetto d'omicidio *m; Er steht unter ~.* Egli è sospettato di omicidio.
morgen ['mɔrgən] *adv* domani
Morgen ['mɔrgən] *m* mattino *m; am ~ il* mattino/al mattino
Morgengrauen ['mɔrgəngrauən] *n* alba *f*
Morgenland ['mɔrgənlant] *n* Oriente *m*
morgens ['mɔrgəns] *adv* di mattina
morsch [mɔrʃ] *adj* marcio, guasto
Mörtel ['mœrtəl] *m* malta *f*
Mosaik [moza'iːk] *n* mosaico *m*
Moschee [mo'ʃeː] *f* moschea *f*
Moslem ['mɔslɛm] *m* musulmano *m*
Motiv [mo'tiːf] *n* motivo *m*
Motivation [motiva'tsjoːn] *f* motivazione *f*
motivieren [moti'viːrən] *v* motivare
Motor ['moːtor] *m* motore *m*
Motorboot ['moːtorboːt] *n* motoscafo *m*
Motorrad ['moːtɔrraːt] *n* motocicletta *f*
Motorroller ['moːtɔrrɔlər] *m* motoscooter *m*, motoretta *f*
Motorschaden ['moːtɔrʃaːdən] *m* danni al motore *m/pl*
Motte ['mɔtə] *f ZOOL* tarma *f*
Motto ['mɔto] *n* motto *m; nach dem ~ „leben und leben lassen"* secondo il detto „vivi e lascia vivere"
Möwe ['møːvə] *f ZOOL* gabbiano *m*
Mücke ['mykə] *f ZOOL* zanzara *f; eine ~ machen* sparire; *aus einer ~ einen Elefanten machen* fare di una zanzara un elefante

Mucken ['mukən] *pl seine ~ haben* avere i propri difetti
Mückenstich ['mykənʃtɪç] *m* puntura di zanzara *f*
müde ['myːdə] *adj* stanco
Müdigkeit ['myːdɪçkaɪt] *f* stanchezza *f*
Mühe ['myːə] *f* fatica *f; sich ~ geben* darsi pena; *die ~ wert sein* valere la pena; *mit Müh und Not* con grande fatica/a malapena
mühelos ['myːəloːs] *adj 1.* senza fatica, agevole; *adv 2.* senza fatica, facilmente
mühen ['myːən] *v sich ~* affaticarsi; *Er darf sich nicht so viel ~.* Non deve affaticarsi troppo.
mühevoll ['myːəfɔl] *adj 1.* faticoso; *adv 2.* faticosamente
Mühle ['myːlə] *f* mulino *m*
Mühsal ['myːzaːl] *f* fatica *f*
mühsam ['myːzaːm] *adj 1.* faticoso; *adv 2.* a fatica; *sich ~ aufrichten* rizzarsi a fatica
Mulde ['muldə] *f* conca *f*
Müll [myl] *m* immondizia *f*, rifiuti *m/pl*
Müllabfuhr ['mylapfuːr] *f* ritiro delle immondizie *m*
Mullbinde ['mulbɪndə] *f* fascia di garza *f*
Mülldeponie ['myldeponiː] *f* deposito delle immondizie *m*
Mülleimer ['mylaɪmər] *m* pattumiera *f*
Müller ['mylər] *m* mugnaio *m*
Müllverbrennung ['mylfɛrbrɛnuŋ] *f* incenerimento rifiuti *m*
multimedial [multimed'jal] *adj INFORM* multimediale
Multiplikation [multiplika'tsjoːn] *f MATH* moltiplicazione *f*
multiplizieren [multipli'tsiːrən] *v MATH* moltiplicare
Mumie ['muːmjə] *f* mummia *f*
Mumps [mumps] *f MED* parotite *f*
Mund [munt] *m* bocca *f; sich den ~ verbrennen* fare una gaffe; *den ~ nicht aufbekommen* non aprire bocca; *den ~ voll nehmen* fare lo spaccone; *einen großen ~ haben* avere la bocca granole; *den ~ halten* tenere il becco chiuso; *sich den ~ fusselig reden* sprecare il fiato; *jdm den ~ verbieten* vietare a qd di parlare; *jdm den ~ wässrig machen* far venire l'acquolina in bocca a qd; *nicht auf den ~ gefallen sein* avere sempre la risposta pronta; *in aller ~e sein* essere sulla bocca di tutti; *jdm nach dem ~ reden* parlare per far piacere a qd; *jdm über den ~ fahren* togliere la parola a qd; *von ~ zu ~ gehen* andare di bocca in bocca

Mündel ['myndəl] *n JUR* pupillo *m*
münden ['myndən] *v* sfociare
mündig ['myndɪç] *adj* maggiorenne
mündlich ['myndlɪç] *adj 1.* verbale; *adv 2.* verbalmente
Mündung ['myndʊŋ] *f 1. (Flussmündung)* foce *f; 2. (Gewehrmündung)* bocca *f*
Munition [muni'tsjoːn] *f* munizione *f*
munkeln ['mʊŋkəln] *v* mormorare
Münster ['mynstər] *n* cattedrale *f*
munter ['mʊntər] *adj 1.* sveglio; *adv 2.* allegramente
Munterkeit ['mʊntərkaɪt] *f* vivacità *f*
Münze ['myntsə] *f* moneta *f; etw mit gleicher ~ heimzahlen* ripagare qc con la stessa moneta
Münzfernsprecher ['myntsfɛrnʃprɛçər] *m* telefono a gettoni *m*
Münzsammlung ['myntszamlʊŋ] *f* collezione di monete *f*
mürbe ['myrbə] *adj 1.* frollo; *2. (fig)* senza vigore
Mürbteig ['myrbətaɪk] *m GAST* pasta frolla *f*
murmeln ['mʊrməln] *v* mormorare
Murmeltier ['mʊrməltiːr] *n ZOOL* marmotta *f*
murren ['mʊrən] *v* brontolare; *Er murrt über die viele Arbeit.* Brontola per il troppo lavoro.
mürrisch ['myrɪʃ] *adj 1.* burbero; *adv 2.* burberamente; *Er macht ein ~es Gesicht.* Egli fa il muso.
Mus [muːs] *n* purè *m*, passato *m*
Muschel ['mʊʃəl] *f ZOOL* conchiglia *f*
Muse ['muːzə] *f* musa *f*
Museum [mu'zeːum] *n* museo *m*
Musik [mu'ziːk] *f* musica *f*
musikalisch [muzi'kaːlɪʃ] *adj* musicale
Musiker(in) ['muːzikər(ɪn)] *m/f* musicista *m/f*
Musikhochschule [mu'ziːkhoːxʃuːlə] *f* conservatorio *m*
Musikinstrument [mu'ziːkɪnstrumɛnt] *n* strumento musicale *m*
Musikkassette [mu'ziːkkasɛtə] *f* musicassetta *f*
musisch ['muːzɪʃ] *adj* delle muse; *Sie ist ~ veranlagt.* Lei ha talento per l'arte.
musizieren [muzi'tsiːrən] *v* fare musica
Muskatnuss ['muska:tnus] *f BOT* noce moscata *f*
Muskel ['mʊskəl] *m* muscolo *m; seine ~n spielen lassen* mostrare i propri muscoli

Muskelkater ['mʊskəlka:tər] *m* dolori muscolari *m/pl*
Muskelzerrung ['mʊskəltsɛrʊŋ] *f MED* stiramento muscolare *m*
Muße ['muːsə] *f* ozio *m*
müssen ['mysən] *v irr* dovere
müßig ['myːsɪç] *adj 1.* ozioso; *adv 2.* oziosamente; *Er steht ~ herum.* Egli se ne sta con le mani in mano.
Müßiggang ['myːsɪçgaŋ] *m* ozio *m*
Muster ['mustər] *n 1. (Vorlage)* modello *m; 2. (Probe)* campione *m*
mustergültig ['mustərgyltɪç] *adj 1.* esemplare; *adv 2.* in modo esemplare
Mut [muːt] *m* coraggio *m; frohen ~es sein* essere su di morale; *mit frohem ~* con fiducia/con ottimismo
mutig ['muːtɪç] *adj 1.* coraggioso; *adv 2.* coraggiosamente
mutlos ['muːtloːs] *adj 1.* scoraggiato; *adv 2.* senza coraggio
mutmaßen ['muːtmaːsən] *v* presumere
mutmaßlich ['muːtmaːslɪç] *adj 1.* presunto; *adv 2.* presumibilmente
Mutter ['mutər] *f 1.* madre *f; wie bei ~n* come a casa; *2. TECH* madrevite *f*
Muttergottes [mutər'gɔtəs] *f REL* Madonna *f*
Mutterleib ['mutərlaɪp] *m* grembo materno *m*
mütterlich ['mytərlɪç] *adj 1.* materno; *adv 2.* maternamente
Muttermal ['mutərma:l] *n* neo *m*, voglia *f*
Muttermilch ['mutərmɪlç] *f* latte materno *m; etw mit der ~ einsaugen (fig)* succhiare qc con il latte materno
Mutterschaft ['mutərʃaft] *f* maternità *f*
Mutterschutz ['mutərʃuts] *m* protezione della maternità *f*
mutterseelenallein [mutər'zeːləna'laɪn] *adj* solo soletto
Muttersprache ['mutərʃpra:xə] *f* madrelingua *f*
mutwillig ['muːtvɪlɪç] *adj 1.* intenzionale; *adv 2.* di proposito
Mütze ['mytsə] *f* berretto *m; eine ~ voll Schlaf bekommen* fare un pisolino
mysteriös [myster'jøːs] *adj 1.* misterioso; *adv 2.* misteriosamente
Mysterium [mys'teːrjum] *n* mistero *m*
mystisch ['mystɪʃ] *adj 1.* mistico; *adv 2.* misticamente
Mythologie [mytolo'giː] *f* mitologia *f*
Mythos ['myːtɔs] *m* mito *m*

N

na [na] *interj* dai

Nabel ['naːbəl] *m* ombelico *m; der ~ der Welt* l'ombelico del mondo *m*

nach [naːx] *prep 1. (örtlich)* a, verso; *Wir fahren ~ Köln.* Andiamo a Colonia. *Mir ~!* Seguitemi! *2. (zeitlich)* dopo; *~ der Party* dopo la festa; *3. (gemäß)* secondo; *meiner Meinung ~* secondo me

nachahmen ['naːxaːmən] *v* imitare

Nachahmung ['naːxaːmuŋ] *f* imitazione *f*

Nachbar(in) ['naxbaːr(ın)] *m/f* vicino/vicina *m/f*

Nachbarschaft ['naxbaːrʃaft] *f 1.* vicinato *m; 2. (Nähe)* vicinanza *f*

Nachbarstaat ['naːxbaːrʃtaːt] *m* stato confinante *m*

nachberechnen ['naːxbərɛçnən] *v* calcolare successivamente

nachbestellen ['naːxbəʃtɛlən] *v* ordinare successivamente

Nachbestellung ['naːxbəʃtɛluŋ] *f* ordinazione successiva *f*

nachbilden ['naːxbıldən] *v* copiare

Nachbildung ['naːxbılduŋ] *f* imitazione *f,* copiatura *f*

nachblicken ['naːxblıkən] *v* seguire con gli occhi

nachdem [naːx'deːm] *konj* dopo; *Nachdem sie die Kinder ins Bett gebracht hat, kann sie die Zeitung lesen.* Dopo che ha messo i bimbi a letto può leggere il giornale.

nachdenken ['naːxdɛŋkən] *v irr* pensare, meditare

nachdenklich ['naːxdɛŋklıç] *adj* pensoso

Nachdruck ['naːxdruk] *m 1. (Betonung)* accento *m; einer Sache ~ verleihen* mettere l'accento su qc; *2. (Kopie)* ristampa *f*

nachdrücklich ['naːxdryklıç] *adj* energico

nacheifern ['naːxaıfərn] *v* emulare

nacheinander [naːxaı'nandər] *adv* uno dopo l'altro

nachempfinden ['naːxɛmpfındən] *v irr* condividere i sentimenti

nacherzählen ['naːxɛrtsɛːlən] *v* raccontare con parole proprie

Nacherzählung ['naːxɛrtsɛːluŋ] *f* riassunto *m;* ripetizione con parole proprie *f*

Nachfahre ['naːxfaːrə] *m* discendente *m/f*

nachfahren ['naːxfaːrən] *v irr* seguire

Nachfolge ['naːxfɔlgə] *f* successione *f*

nachfolgen ['naːxfɔlgən] *v* seguire

Nachfolger(in) ['naːxfɔlgər(ın)] *m/f* successore/succeditrice *m/f*

nachforschen ['naːxfɔrʃən] *v* ricercare

Nachforschung ['naːxfɔrʃuŋ] *f* ricerca *f*

Nachfrage ['naːxfraːgə] *f 1. (Erkundigung)* domanda *f; 2. (Bedarf)* ECO richiesta *f*

nachfragen ['naːxfraːgən] *v* informarsi

nachfühlen ['naːxfyːlən] *v* sentire

nachgeben ['naːxgeːbən] *v irr 1. (erschlaffen)* cedere; *2. (fig)* cedere; *Er gibt einem Impuls nach.* Egli cede a un impulso.

Nachgebühr ['naːxgəbyːr] *f* soprattassa *f*

Nachgeburt ['naːxgəburt] *f* MED secondina *f*

nachgehen ['naːxgeːən] *v irr 1. (Uhr)* andare indietro, ritardare; *2. (folgen)* seguire; *3. (erforschen)* studiare a fondo

Nachgeschmack ['naːxgəʃmak] *m 1.* retrogusto *m; 2. (fig)* gusto amaro *m*

nachgiebig ['naːxgiːbıç] *adj (fig)* arrendevole

Nachgiebigkeit ['naːxgiːbıçkaıt] *f* cedevolezza *f,* arrendevolezza *f*

nachhaltig ['naːxhaltıç] *adj 1.* persistente; *adv 2.* durevolmente

nachhelfen ['naːxhɛlfən] *v irr* aiutare

nachher [naːx'heːr] *adv* dopo

Nachhilfe ['naːxhılfə] *f 1.* aiuto *m; 2. (in der Schule)* ripetizioni *f/pl*

Nachholbedarf ['naːxhoːlbədarf] *m* necessità di ricupero *f*

nachholen ['naːxhoːlən] *v* ricuperare

Nachimpfung ['naːxımpfuŋ] *f* MED rivaccinazione *f*

Nachkomme ['naːxkɔmə] *m* discendente *m*

nachkommen ['naːxkɔmən] *v irr 1.* venire dopo; *2. (fig)* mantenere, adempiere; *Er kommt seinen Verpflichtungen nach.* Egli adempie ai propri impegni.

Nachkriegszeit ['naːxkriːkstsaıt] *f* dopoguerra *m*

Nachlass ['naːxlas] *m 1. (Preisnachlass)* ribasso *m; 2. (Erbe)* eredità *f*

nachlassen ['naːxlasən] *v irr 1. (Preis)* ribassare; *2. (lockern)* allentare; *3. (aufhören)* cessare, smettere

nachlässig ['naːxlɛsɪç] *adj* trascurato
Nachlässigkeit ['naːxlɛsɪçkaɪt] *f* trascuratezza *f*
nachlaufen ['naːxlaufən] *v irr* correre dietro
nachliefern ['naːxliːfərn] *v* fornire dopo, fornire successivamente
Nachlieferung ['naːxliːfəruŋ] *f* fornitura supplementare *f*
- **nachmachen** ['naːxmaxən] *v* copiare
Nachmittag ['naːxmɪtaːk] *m* pomeriggio *m; am ~ nel pomeriggio*
nachmittags ['naːxmɪtaːks] *adv* di pomeriggio
Nachnahme ['naːxnaːmə] *f* rimborso *m*
Nachname ['naːxnaːmə] *m* cognome *m*
nachprüfen ['naːxpryːfən] *v* controllare
nachrechnen ['naːxrɛçnən] *v* controllare
Nachrede ['naːxreːdə] *f* üble ~ maldicenza *f, diffamazione f; Er ist in üble ~ geraten.* Egli è stato diffamato.
Nachricht ['naːxrɪçt] *f 1.* notizia *f; 2. ~en pl* notizie *f/pl*
Nachrichtenagentur ['naːxrɪçtənagɛntuːr] *f* agenzia di stampa *f*
Nachrichtentechnik ['naːxrɪçtəntɛçnɪk] *f* tecnica delle telecomunicazioni *f*
Nachruf ['naːxruːf] *m* elogio *m*
Nachsaison ['naːxzɛzɔŋ] *f* bassa stagione *f*
nachschlagen ['naːxʃlaːgən] *v irr* cercare; *in einem Buch ~* cercare in un libro
Nachschlagewerk ['naːxʃlaːgəvɛrk] *n* opera di consultazione *f*
Nachschlüssel ['naːxʃlysəl] *m* chiave falsa *f*
Nachschub ['naːxʃuːp] *m* rifornimento *m*
nachsehen ['naːxzeːən] *v irr 1. (nachblicken)* guardare dietro; *2. (kontrollieren)* controllare; *3. (fig: verzeihen)* perdonare
Nachsehen ['naːxzeːən] *n das ~ haben* restare a bocca asciutta
Nachsicht ['naːxzɪçt] *f* indulgenza *f*
nachsichtig ['naːxzɪçtɪç] *adj* indulgente
nachsitzen ['naːxzɪtsən] *v irr* dover rimanere a scuola per castigo
Nachspeise ['naːxʃpaɪzə] *f GAST* dessert *m*
Nachspiel ['naːxʃpiːl] *n* epilogo *m,* seguito *m; gerichtliches ~* strascico giudiziario *m*
nachspionieren ['naːxʃpioniːrən] *v* spiare
nächstbeste(r,s) ['nɛːçstˈbɛstə(r,s)] *adj* il primo che capita/ la prima che capita

nächste(r,s) ['nɛːçstə(r,s)] *adj* prossimo/prossima; *Der Nächste bitte!* Avanti il prossimo!
nachstellen ['naːxʃtɛlən] *v 1. (regulieren)* regolare; *2. (fig) jmd ~* perseguitare qd
nächstens ['nɛːçstəns] *adv* prossimamente
nächstmöglich ['nɛːçstmøːklɪç] *adj* il più vicino possibile
Nacht [naxt] *f* notte *f; die ~ zum Tage machen* scambiare la notte per il giorno/passare la notte in bianco; *sich die ~ um die Ohren schlagen* non chiudere occhio per tutta la notte; *jdm schlaflose Nächte bereiten* togliere il sonno a qd; *bei ~ und Nebel* tra il lusco e il brusco; *über* dall'oggi al domani
Nachtdienst ['naxtdiːnst] *m* servizio notturno *m*
Nachteil ['naːxtaɪl] *m* svantaggio *m*
nachteilig ['naːxtaɪlɪç] *adj* svantaggioso
Nachtfrost ['naxtfrɔst] *m* brinata *f*
Nachthemd ['naxthɛmt] *n* camicia da notte *f*
Nachtigall ['naxtɪgal] *f ZOOL* usignolo *m*
Nachtisch ['naxtɪʃ] *m GAST* dessert *m*
nächtlich ['nɛːçtlɪç] *adj* notturno
Nachtrag ['naːxtraːk] *m* aggiunta *f*
nachtragen ['naːxtraːgən] *v irr 1. (hintertragen)* portare dietro; *2. (ergänzen)* aggiungere; *3. (fig)* serbare rancore
nachträglich ['naːxtrɛːklɪç] *adj 1.* successivo; *2. (fig)* permaloso; *adv 3.* in seguito
nachts [naxts] *adv* di notte
Nachtschicht ['naxtʃɪçt] *f* turno notturno *m*
Nachttisch ['naxttɪʃ] *m* comodino da notte *m*
Nachtwächter ['naxtvɛçtər] *m* guardia notturna *f*
nachvollziehbar ['naːxfɔltsiːbaːr] *adj* facilmente comprensibile
Nachweis ['naːxvaɪs] *m* prova *f*
nachweisbar ['naːxvaɪsbaːr] *adj* dimostrabile
nachweisen ['naːxvaɪzən] *v irr* provare
Nachwelt ['naːxvɛlt] *f* posterità *f*
nachwirken ['naːxvɪrkən] *v* ripercuotersi
Nachwirkung ['naːxvɪrkuŋ] *f* ripercussione *f*
Nachwort ['naːxvɔrt] *n* epilogo *m*
Nachwuchs ['naːxvuːks] *m* nuova generazione *f*
nachzahlen ['naːxtsaːlən] *v* pagare successivamente, pagare in più

Nachzahlung ['naːxtsaːluŋ] *f* pagamento successivo *m*
nachziehen ['naːxtsiːən] *v irr 1. (hinterherziehen)* tirarsi dietro; *2. (Schraube)* serrare; *3. (nach sich ziehen)* cagionare
Nachzügler ['naːxtsyːglər] *m* ritardatario *m*
Nacken ['nakən] *m ANAT* nuca *f; jdm im ~ sitzen* stare alle costole di qd; *jdn im ~ haben* avere qd alle costole/avere qd alle calcagna; *jdm den ~ stärken* far rialzare la testa a qd/incoraggiare qd; *Ihm sitzt der Schalk im ~.* Lui ha uno spirito burlone.
nackt [nakt] *adj* nudo
Nadel ['naːdəl] *f* ago *m; an der ~ hängen* essere un tossicodipendente
Nadelöhr ['naːdələːr] *n* cruna dell'ago *f*
Nadelwald ['naːdəlvalt] *m BOT* bosco di conifere *m*
Nagel ['naːgəl] *m 1. TECH* chiodo *m; den ~ auf den Kopf treffen* cogliere nel segno; *etw an den ~ hängen* appendere qc al chiodo/abbandonare qc; *Nägel mit Köpfen machen* fare le cose a puntino; *2. (Fingernagel) ANAT* unghia *f; jdm unter den Nägeln brennen* mettere frette a qd
Nagelfeile ['naːgəlfaılə] *f* limetta da unghie *f*
Nagellack ['naːgəllak] *m* smalto per unghie *m*
nageln ['naːgəln] *v* inchiodare
Nagelschere ['naːgəlʃeːrə] *f* forbicine per unghie *f/pl*
nagen ['naːgən] *v 1.* rosicchiare; *Der Hund nagt an einem Knochen.* Il cane rosicchia un osso. *2. (fig)* rodere, tormentare; *Der Kummer nagt an ihr.* Il cruccio la tormenta.
Nagetier ['naːgətiːr] *n ZOOL* roditore *m*
nah(e) [naː(ə)] *adj 1.* vicino/vicina; *jdm zu ~ treten* violare la privacy di qd; *jdm ~ sein* essere vicino a qd; *~e bringen* far riconoscere; *~e gehen* toccare da vicino; *~e legen* raccomandare/consigliare; *~ liegend* evidente/ovvio; *aus ~e liegenden Gründen* per ovvi motivi; *adv 2.* vicino; *prep 3.* vicino a
Nähe ['nɛːə] *f* vicinanza *f*
nahen ['naːən] *v* avvicinarsi
nähen ['nɛːən] *v* cucire
nähern ['nɛːərn] *v sich ~* avvicinarsi
Nähgarn ['nɛːgarn] *n* filo per cucire *m*
Nähmaschine ['nɛːmaʃiːnə] *f* macchina per cucire *f*
Nähnadel ['nɛːnaːdəl] *f* ago per cucire *m*
nähren ['nɛːrən] *v* nutrire, alimentare

nahrhaft ['naːrhaft] *adj* nutriente
Nahrung ['naːruŋ] *f* alimentazione *f*
Nahrungsmittel ['naːruŋsmɪtəl] *n* alimento *m*
Naht [naːt] *f* cucitura *f; aus allen Nähten platzen* scoppiare tra le cuciture ingrassare
nahtlos ['naːtloːs] *adj 1.* senza cucitura; *2. (fig)* senza cucitura
Nähzeug ['nɛːtsɔyk] *n* occorrente per cucire *m*
naiv [na'iːf] *adj* ingenuo
Naivität [naivi'tɛːt] *f* ingenuità *f*
Name ['naːmə] *m* nome *m; etw beim ~n nennen* chiamare qc con il proprio nome; *in seinem ~n* in suo nome; *sich einen ~n machen* farsi un nome; *einen guten ~n haben* avere una buona reputazione/avere una buona nomea; *seinem ~n alle Ehre machen* fare onore al proprio nome
namenlos ['naːmənloːs] *adj* senza nome
namens ['naːməns] *prep* di nome
Namenstag ['naːmənstaːk] *m* onomastico *m*
namentlich ['naːməntlıç] *adj 1.* nominale; *adv 2.* nominalmente
namhaft ['naːmhaft] *adj* noto
nämlich ['nɛːmlıç] *adv 1.* cioè, vale a dire; *konj 2.* perché, siccome
Napf [napf] *m* ciotola *f*
Narbe ['narbə] *f* cicatrice *f*
narbig ['narbıç] *adj* zigrinato
Narkose [nar'koːzə] *f MED* narcosi *f*
Narr [nar] *m* pazzo *m; jdn zum ~en halten* prendere qd per scemo/prendersi gioco di qd; *an jdm einen ~en gefressen haben* andare pazzo per qd
närrisch ['nɛrɪʃ] *adj* buffonesco, folle
naschen ['naʃən] *v* spizzicare
Nase ['naːzə] *f* naso *m; die ~ rümpfen* storcere il naso/arricciare il naso; *sich an die eigene ~ fassen* guardare ai fatti propri; *jdm auf der ~ herumtanzen* permettersi qualsiasi cosa con qd; *jdn etw auf die ~ binden* spifferare qc a qd; *jdm etw unter die ~ reiben* fare serie rimostranze su qc a qd; *überall seine ~ hineinstecken* ficcare il proprio naso dappertutto; *jdm etw vor der ~ wegschnappen* portare via qc da sotto il naso a qd; *eine feine ~ haben* avere fiuto; *die ~ hoch tragen* avere una puzza sotto il naso; *die ~ vorn haben* riportare la vittoria; *sich eine goldene ~ verdienen* guadagnare un sacco di quattrini; *eins auf die ~ bekommen* prendere una manica di botte; *direkt vor deiner ~* davanti al tuo naso

Nasenbluten ['na:zənblu:tən] *n MED* sangue dal naso *m*
Nasenloch ['na:zə:nlɔx] *n ANAT* narice *f*
Nashorn ['na:ʃhɔrn] *n ZOOL* rinoceronte *m*
nass [nas] *adj* bagnato
Nässe ['nɛsə] *f* umidità *f*
nasskalt ['naskalt] *adj* freddo umido
Nation [na'tsjo:n] *f* nazione *f*
national [natsjo'na:l] *adj* nazionale
Nationalfeiertag [natsjo'na:lfaɪərta:k] *m* festa nazionale *f*
Nationalhymne [natsjo'na:lhymnə] inno nazionale *m*
Nationalismus [natsjona'lɪsmus] *m* nazionalismo *m*
Nationalität [natsjonali'tɛ:t] *f* nazionalità *f*
Nationalpark [natsjo'na:lpark] *m* parco nazionale *m*
Nationalsozialismus [natsjo'na:lzotsɪalɪsmus] *m POL* nazionalsocialismo *m*
Natrium ['na:trium] *n CHEM* sodio *m*
Natron ['na:trɔn] *n CHEM* bicarbonato di sodio *m*
Natur [na'tu:r] *f* natura *f; in der ~ von etw liegen* essere nella natura di qc
Naturalien [natu'ra:ljən] *pl* prodotti naturali *m/pl*
Naturereignis [na'tu:rɛraɪknɪs] *n* fenomeno naturale *m*
naturfarben [na'tu:rfarbən] *adj* di colore naturale
naturgemäß [na'tu:rgəmɛ:s] *adj 1.* naturale; *adv 2.* secondo natura
Naturheilkunde [na'tu:rhaɪlkundə] *f MED* medicina naturalista *f*
natürlich [na'ty:rlɪç] *adj 1.* naturale; *adv 2.* naturalmente
Natürlichkeit [na'ty:rlɪçkaɪt] *f* naturalezza *f*
Naturprodukt [na'tu:rprodukt] *n* prodotto naturale *m*
Naturschutz [na'tu:rʃuts] *m* tutela della natura *f*
Naturschutzgebiet [na'tu:rʃutsgəbi:t] *n* parco naturale *m*
Naturwissenschaft [na'tu:rvɪsənʃaft] *f* scienze naturali *f/pl*
Naturzustand [na'tu:rtsu:ʃtant] *m* stato naturale *m*
Nautik ['nautɪk] *f* nautica *f*
Navigation [naviga'tsjo:n] *f* navigazione *f*

Navigationsinstrumente [naviga'tsjo:nsɪnstrumɛntə] *n/pl* strumenti di navigazione *m/pl*
Nebel ['ne:bəl] *m* nebbia *f*
nebelig ['ne:bəlɪç] *adj* nebuloso
Nebelscheinwerfer ['ne:bəlʃaɪnvɛrfər] *m (eines Autos)* faro fendinebbia *m*
neben ['ne:bən] *prep 1.* accanto a; *2. (außer)* oltre a; *~ anderen Dingen* tra le altre cose
nebenan [ne:bən'an] *adv* vicino
Nebenanschluss ['ne:bənanʃlus] *m TEL* seconda linea *f*
Nebenausgang ['ne:bənausgaŋ] *m* uscita secondaria *f*
Nebenbeschäftigung ['ne:bənbəʃɛftɪguŋ] *f* occupazione secondaria *f*
nebeneinander ['ne:bənaɪnandər] *adv* l'uno accanto all'altro, fianco a fianco
Nebeneinkünfte ['ne:bənaɪnkynftə] *pl* entrate secondarie *f/pl*
Nebenfach ['ne:bənfax] *n* materia secondaria *f*
Nebenfluss ['ne:bənflus] *m* affluente *m*
nebenher [ne:bən'he:r] *adv* accanto
Nebenklage ['ne:bənkla:gə] *f JUR* costituzione di parte civile *f*
Nebenkosten ['ne:bənkɔstən] *pl* spese accessorie *f/pl*
Nebenraum ['ne:bənraum] *m* stanza laterale *f*
Nebensache ['ne:bənzaxə] *f* cosa secondaria *f; Das ist ~.* Ciò ha poca importanza.
nebensächlich ['ne:bənzɛçlɪç] *adj* di secondaria importanza
Nebenwirkung ['ne:bənvɪrkuŋ] *f* effetto secondario *m*
nebst [ne:pst] *prep* con
necken ['nɛkən] *v* punzecchiare
Neffe ['nɛfə] *m* nipote *m*
negativ ['ne:gati:f] *adj* negativo
Neger(in) ['ne:gər(in)] *m/f (abwertend)* negro/negra *m/f*
nehmen ['ne:mən] *v irr* prendere; *etw auf sich ~* prendere qc su di sé; *einen zur Brust ~* bere un bicchierino
Neid [naɪt] *m* invidia *f; vor ~ platzen* scoppiare d'invidia/crepare d'invidia
neidisch ['naɪdɪʃ] *adj* invidioso
neidlos ['naɪdlo:s] *adj* senza invidia
Neige ['naɪgə] *f* fine *f,* declino *m; zur ~ gehen* andare verso la fine
neigen ['naɪgən] *v 1.* inclinare; *2. (fig)* tendere

Neigung ['naɪɡuŋ] *f 1.* inclinazione *f,* pendenza *f; 2. (fig)* tendenza *f*
nein [naɪn] *adv* no
Nektarine [nɛkta'riːnə] *f BOT* nocepesca *f*
Nelke ['nɛlkə] *f BOT* garofano *m*
nennen ['nɛnən] *v irr 1. (be~)* nominare; *2. (heißen)* chiamare
nennenswert ['nɛnənsveːrt] *adj* degno di nota
Nenner ['nɛnər] *m MATH* denominatore *m;* **gemeinsamer ~** denominatore comune *m;* **einen gemeinsamen ~ finden** *(fig)* trovare un comune denominatore
Neonlicht ['neːɔnlɪçt] *n* luce al neon *f*
Nerv [nɛrf] *m ANAT* nervo *m; jdm auf die ~en gehen* dare sui nervi a qd; *den ~ haben* avere il nervo/il coraggio; *~en wie Drahtseile haben* avere nervi d'acciaio; *die ~en verlieren* perdere il controllo; *mit den ~en herunter sein* essere esaurito/essere giù di nervi
Nervenkitzel ['nɛrfənkɪtsəl] *m* brivido *m*
Nervenzusammenbruch ['nɛrfəntsuzamənbrux] *m MED* esaurimento nervoso *m*
nervös [nɛr'vøːs] *adj* nervoso
Nervosität [nɛrvozi'tɛːt] *f* nervosismo *m*
Nerz [nɛrts] *m ZOOL* visone *m*
Nerzmantel ['nɛrtsmantəl] *m* pelliccia di visone *f*
Nest [nɛst] *n* nido *m; sich ins gemachte ~ setzen* trovare la pappa pronta
Nesthäkchen ['nɛsthɛːkçən] *n* ultimo nato *m*
nett [nɛt] *adj* gentile, carino
netto ['nɛto] *adv ECO* netto
Nettoeinkommen ['nɛtoaɪnkɔmən] *n* reddito netto *m*
Nettogewicht ['nɛtogəvɪçt] *n* peso netto *m*
Nettopreis ['nɛtopraɪs] *m* prezzo netto *m*
Netz [nɛts] *n* rete *f; jdm ins ~ gehen* cadere nella rete di qd
Netzanschluss ['nɛtsanʃlus] *m* collegamento alla rete *m*
Netzhaut ['nɛtshaut] *f ANAT* retina *f*
Netzwerk ['nɛtsvɛrk] *n INFORM* lavoro in rete *m*
neu [nɔy] *adj* nuovo; *aufs ~e* di nuovo; *auf ein ~es* ancora una volta/alla prossima; *von ~em* da capo/nuovamente
neuartig ['nɔyaːrtɪç] *adj* di nuovo tipo
Neuausgabe ['nɔyausɡaːbə] *f* nuova edizione *f*
Neubau ['nɔybau] *m* nuova costruzione *f*

Neueröffnung ['nɔyɛrœfnuŋ] *f* riapertura *f*
Neuerung ['nɔyəruŋ] *f* rinnovamento *m*
Neugier ['nɔyɡiːr] *f* curiosità *f*
neugierig ['nɔyɡiːrɪç] *adj* curioso
Neuheit ['nɔyhaɪt] *f* novità *f*
Neuigkeit ['nɔyɪçkaɪt] *f* novità *f; die ~ des Tages* la novità del giorno *f*
Neujahr ['nɔyjaːr] *n* anno nuovo *m,* capodanno *m*
Neuland ['nɔylant] *n 1.* terra inesplorata *f; 2. (fig)* campo nuovo *m*
neulich ['nɔyərlɪç] *adv* recentemente
Neuling ['nɔylɪŋ] *m* novellino *m*
Neumond ['nɔymoːnt] *m* luna nuova *f*
neun [nɔyn] *num* nove
neunmalklug ['nɔynmaːlkluːk] *adj* saccente
neunte(r,s) ['nɔyntə(r,s)] *adj 1.* nono/nona; *2. (Datumsangabe)* nove
neunzehn ['nɔyntseːn] *num* diciannove
neunzehnte(r,s) ['nɔyntseːntə(r,s)] *adj 1.* diciannovesimo/diciannovesima; *2. (Datumsangabe)* diciannove
neunzig ['nɔyntsɪç] *num* novanta
neunzigste(r,s) ['nɔyntrɪçstə(r,s)] *adj* novantesimo/novantesima
Neuralgie [nɔyral'ɡiː] *f MED* nevralgia *f*
neureich ['nɔyraɪç] *adj* nuovo ricco
Neureiche(r) ['nɔyraɪçə(r)] *m/f* nuovo ricco *m,* parvenu *m*
Neurologe [nɔyro'loːɡə] *m* neurologo *m*
Neurose [nɔy'roːzə] *f MED* nevrosi *f*
neurotisch [nɔy'roːtɪʃ] *adj MED* nevrotico
Neuseeland ['nɔyzeːlant] *n GEO* Nuova Zelanda *f*
neutral [nɔy'traːl] *adj 1.* neutrale; *adv 2.* in modo neutrale; *sich ~ verhalten* rimanere neutrale
Neutralität [nɔytrali'tɛːt] *f* neutralità *f*
Neutron ['nɔytrɔn] *n PHYS* neutrone *m*
Neuwert ['nɔyveːrt] *m* nuovo valore *m*
Neuzeit ['nɔytsaɪt] *f* età moderna *f*
nicht [nɪçt] *adv* non; *~ rostend* inossidabile
Nichtbeachtung ['nɪçtbəaxtuŋ] *f* inosservanza *f*
Nichte ['nɪçtə] *f* nipote *f*
Nichterfüllung ['nɪçtɛrfyluŋ] *f* inadempienza *f,* mancata esecuzione *f*
nichtig ['nɪçtɪç] *adj* nullo
Nichtigkeit ['nɪçtɪçkaɪt] *f* nullità *f*
Nichtraucher(in) ['nɪçtrauxər(ɪn)] *m/f* non fumatore/non fumatrice *m/f*

nichts [nıçts] *pron* niente; ~ *für ungut* niente di male; *von* ~ *kommt* ~ il nulla non produce nulla; ~ *sagend* insignificante
Nichts [nıçts] *n* nulla *m;* *vor dem* ~ *stehen* avere il nulla davanti a sé/essere sul lastrico
Nichtschwimmer(in) ['nıçtʃvımər(ın)] *m/f* non nuotatore/non nuotatrice *m/f*
Nichtsnutz ['nıçtsnuts] *m* buono a nulla *m*
Nichtstun ['nıçtstuːn] *n* pigrizia *f*
Nickel ['nıkəl] *n CHEM* nichel *m*
nicken ['nıkən] *v* fare cenno
Nickerchen ['nıkərçən] *n* pisolino *m*
nie [niː] *adv 1.* mai; *Er war noch* ~ *hier.* Non era mai stato qui. *2.* ~ *und nimmer* mai e poi mai
nieder ['niːdər] *adj 1.* basso; *adv 2.* giù
Niedergang ['niːdərgaŋ] *m* decadenza *f*
niedergeschlagen ['niːdərgəʃlaːgən] *adj* abbattuto
Niedergeschlagenheit ['niːdərgəʃlaːgənhaɪt] *f* avvilimento *m*, abbattimento *m*
Niederlage ['niːdərlaːgə] *f* sconfitta *f*
Niederlande ['niːdərlandə] *pl GEO* Paesi Bassi *m/pl*
Niederländer(in) ['niːdərlɛndər(ın)] *m/f* olandese *m/f*
niederländisch ['niːdərlɛndıʃ] *adj* olandese
niederlassen ['niːdərlasən] *v irr 1. (herunterlassen)* calare, abbassare; *2. sich* ~ installarsi, aprire; *Er lässt sich als Arzt nieder.* Egli apre uno studio medico.
Niederlassung ['niːdərlasuŋ] *f* filiale *f,* succursale *f*
niederlegen ['niːdərleːgən] *v 1. (Arbeit)* interrompere; *2. (Kranz)* deporre; *3. (fig: Amt)* dimettersi, lasciare l'incarico; *Der Präsident legt sein Amt nieder.* Il presidente lascia l'incarico.
Niederschlag ['niːdərʃlaːk] *m 1.* precipitazione atmosferica *f; 2. (fig)* sconfitta *f*
niederschlagen ['niːdərʃlaːgən] *v irr 1. (Aufstand)* soffocare; *2. (Feind)* abbattere; *3. (Augen)* abbassare; *Sie schlug die Augen nieder.* Ella abbassò gli occhi. *4. (fig: Zweifel)* stroncare; *jeden Zweifel* ~ stroncare ogni dubbio
Niederschrift ['niːdərʃrıft] *f* lo scrivere *m*, protocollo *m*
Niedertracht ['niːdərtraxt] *f* infamia *f*
niederträchtig ['niːdərtrɛçtıç] *adj* infame
Niederung ['niːdəruŋ] *f* bassopiano *m*

niedlich ['niːtlıç] *adj* carino
niedrig ['niːdrıç] *adj* basso
niemals ['niːmaːls] *adv* mai
niemand ['niːmant] *pron* nessuno
Niemandsland ['niːmantslant] *n* terra di nessuno *f*
Niere ['niːrə] *f 1. ANAT* rene *m; jdm an die* ~*n gehen* colpire qd al cuore/colpire profondamente qd; *2. GAST* rognone *m*
Nierenstein ['niːrənʃtaın] *m MED* calcolo renale *m*
nieseln ['niːzəln] *v* piovigginare
Nieselregen ['niːzəlreːgən] *m* pioggerella *f*
niesen ['niːzən] *v* starnutire
Niete ['niːtə] *f 1. TECH* ribattino *m; 2. (Los)* biglietto bianco della lotteria *m; 3. (fig)* buono a nulla *m*
Nikolaus ['nıkolaus] *m* San Niccolò *m*
Nikotin [niko'tiːn] *n* nicotina *f*
nikotinarm [niko'tiːnarm] *adj* a basso contenuto di nicotina
Nilpferd ['niːlpfeːrt] *n ZOOL* ippopotamo *m*
nippen ['nıpən] *v* centellinare
nirgends ['nırgənts] *adv* da nessuna parte; *Ich habe ihn* ~ *gesehen.* Non l'ho visto da nessuna parte.
nirgendwo ['nırgəntvoː] *adv* da nessuna parte
Nische ['niːʃə] *f* nicchia *f*
nisten ['nıstən] *v* nidificare
Nitrat [nı'traːt] *n CHEM* nitrato *m*
Niveau [ni'voː] *n* livello *m*
Nixe ['nıksə] *f* ninfa *f*
nobel ['noːbəl] *adj* nobile
Nobelpreis [no'bɛlpraıs] *m* premio Nobel *m*
noch [nɔx] *adv 1.* ancora; ~ *nie* mai; *immer* ~ *ancora;* ~ *und* ~ continuamente; ~ *nicht* non ancora; *konj 2.* né; *Es ist weder Fleisch* ~ *Fisch.* Non è né carne né pesce.
nochmalig ['nɔxmaːlıç] *adj* nuovo
nochmals ['nɔxmaːls] *adv* ancora una volta
Nomade [no'maːdə] *m* nomade *m*
nominell [nomi'nɛl] *adj* nominale
Nonne ['nɔnə] *f REL* suora *f*
Nordamerika [nɔrta'meːrıka] *n GEO* America settentrionale *f*
Norden ['nɔrdən] *m* nord *m*
nördlich ['nœrtlıç] *adj 1.* settentrionale; *adv 2.* a nord
Nordpol ['nɔrtpoːl] *m GEO* Polo Nord *m*

Nordsee ['nɔrtzeː] f mare del Nord m
Nörgelei [nœrgə'laɪ] f brontolio m
nörgeln ['nœrgəln] v criticare, brontolare
Norm [nɔrm] f norma f
normal [nɔr'maːl] adj normale
Normalfall [nɔr'maːlfal] m caso normale m
normalisieren [nɔrmali'ziːrən] v normalizzare
Norwegen ['nɔrveːgən] n GEO Norvegia f
Not [noːt] f 1. (Armut) povertà f, miseria f; 2. (Mangel) bisogno m, mancanza f; ~ leidend bisognoso; 3. (Gefahr) pericolo m; 4. (fig) seine liebe ~ mit jdm haben avere un bel daffare con qd/avere problemi con qd; wo ~ am Mann ist dove ce n'è bisogno; mit knapper ~ a malapena/per il rotto della cuffia
Notar [no'taːr] m JUR notaio m
notariell [notar'jɛl] adj 1. JUR notarile; adv 2. JUR dal notaio; Das Dokument wird ~ beglaubigt. Il documento viene autenticato dal notaio.
Notarzt ['noːtartst] m guardia medica f, medico ti turno f
Notaufnahme ['noːtaufnaːmə] f pronto soccorso m
Notausgang ['noːtausgaŋ] m uscita di sicurezza f
Notbremse ['noːtbrɛmzə] f freno di emergenza m
Notdienst ['noːtdiːnst] m servizio d'emergenza m
Note ['noːtə] f 1. (in der Schule) voto m; 2. (Banknote) banconota f; 3. MUS nota f
Notenbank ['noːtənbaŋk] f ECO banca d'emissione f
Notfall ['noːtfal] m emergenza f
notfalls ['noːtfals] adv all'occorrenza
notgedrungen ['noːtgədruŋən] adj 1. costretto dalla necessità; adv 2. per necessità
notieren [no'tiːrən] v 1. annotare; 2. FIN quotare
nötig ['nøːtɪç] adj necessario; Du hast es gerade ~! Senti chi parla!
Nötigung ['nøːtɪguŋ] f violenza f, costrizione f
Notiz [no'tiːts] f 1. (Angabe) nota f; ~ von jdm nehmen prendere qd in considerazione; 2. (Zeitungsnotiz) notizia f
Notizbuch [no'tiːtsbuːx] n taccuino m
Notlage ['noːtlaːgə] f situazione di emergenza f
Notlandung ['noːtlanduŋ] f atterraggio di emergenza m

Notlösung ['noːtløːzuŋ] f soluzione di ripiego f
Notlüge ['noːtlyːgə] f bugia necessaria f
notorisch [no'toːrɪʃ] adj notorio
Notruf ['noːtruːf] m chiamata d'emergenza f
Notstand ['noːtʃtant] m stato di emergenza m
Notunterkunft ['noːtuntərkunft] f alloggio di fortuna m
Notwehr ['noːtveːr] f legittima difesa f; Er hat aus ~ gehandelt. Ha agito per legittima difesa.
notwendig ['noːtvɛndɪç] adj necessario; ein ~es Übel sein essere un male necessario
Novelle [no'vɛlə] f novella f
November [no'vɛmbər] m novembre m
nüchtern ['nyçtərn] adj 1. (ohne Alkohol) sobrio; 2. (ohne Essen) digiuno; 3. (sachlich) obiettivo
Nudeln ['nuːdəln] pl GAST pasta f
null [nul] num zero; gleich ~ sein essere pari a zero; in ~ Komma nichts in un batter d'occhio
Nullpunkt ['nulpuŋkt] m punto zero m
Nulltarif ['nultariːf] m gratis m, tariffa gratuita f
numerisch [nu'mɛrɪʃ] adj numerico
Nummer ['numər] f 1. (Zahl) numero m; 2. (Größe) numero m; 3. (Exemplar) numero m; 4. (fig) auf ~ sicher gehen andare sul sicuro; eine ~ zu groß für jdn sein essere al di sopra della portata di qd; eine ~ abziehen fare un numero/atteggiarsi
nummerieren [numə'riːrən] v numerare
Nummernschild ['numərnʃɪlt] n targa f
nun [nuːn] adv 1. (jetzt) ora; 2. (zur Fortsetzung der Rede) poi
nur [nuːr] adv solo
Nuss [nus] f BOT noce f; eine harte ~ zu knacken haben avere una gatta da pelare; jdm eine harte ~ zu knacken geben dare del filo da torcere a qd
Nussknacker ['nusknakər] m schiaccianoci m
Nutte ['nutə] f (fam) puttana f, prostituta f
nutzen ['nutsən] v giovare, servire
Nutzen ['nutsən] m utilità f
nützlich ['nytslɪç] adj utile
Nützlichkeit ['nytslɪçkaɪt] f utilità f
nutzlos ['nutsloːs] adj inutile
Nutzlosigkeit ['nutsloːzɪçkaɪt] f inutilità f
Nylon ['naɪlɔn] n nylon m

O

Oase [o'a:zə] *f* oasi *f*
ob [ɔp] *konj* se; *Ob das wohl wahr ist?* Sarà vero? *Und ~! Eccome!*
obdachlos ['ɔpdaxlo:s] *adj* senza tetto
Obdachlose(r) ['ɔpdaxlo:zə(r)] *m/f*, senzatetto *m/f*, persona senza alloggio *f*
Obduktion [ɔpduk'tsjo:n] *f* autopsia *f*
oben ['o:bən] *adv* di sopra; *nach ~* verso l'alto; *von ~* dall'alto; *~ ohne* in topless; *jdn von ~ bis unten ansehen* squadrare qd da capo a piedi; *~ an* a capotavola, in testa; *~ auf* alla superficie; *~ auf sein (fig)* essere di buon umore; *~ genannt* suddetto
obendrein [o:bən'draɪn] *adv* per giunta
Ober ['o:bər] *m* cameriere *m*
Oberarzt ['o:bərartst] *m* medico capo *m*
Oberbegriff ['o:bərbəgrɪf] *m* termine generico *m*
Oberbürgermeister [o:bər'byrgərmaɪstər] *m* borgomastro *m*, sindaco *m*
obere ['o:bərə] *adj* superiore
Oberfläche ['o:bərflɛçə] *f* superficie *f*
oberflächlich ['o:bərflɛçlɪç] *adj* superficiale
Oberflächlichkeit ['o:bərflɛçlɪçkaɪt] *f* superficialità *f*
oberhalb ['o:bərhalp] *prep 1.* al di sopra di; *adv 2.* di sopra
Oberhand ['o:bərhant] *f die ~ haben* avere il sopravvento
Oberhaupt ['o:bərhaupt] *n* capo *m*
Oberin ['o:bərɪn] *f 1. REL* superiora *f; 2. MED* prima infermiera *f*
Oberkiefer ['o:bərki:fər] *m ANAT* mascella superiore *f*
Oberkörper ['o:bərkœrpər] *m ANAT* busto *m*
Oberschenkel ['o:bərʃɛŋkəl] *m ANAT* coscia *f*
Oberschule ['o:bərʃu:lə] *f* scuola superiore *f*
Oberschwester ['o:bərʃvɛstər] *f* capoinfermiera *f*
oberste(r,s) ['o:bərstə(r,s)] *adj* il più alto
Oberteil ['o:bərtaɪl] *n* parte superiore *f*
obgleich [ɔp'glaɪç] *konj* sebbene
Obhut ['ɔphu:t] *f* custodia *f*
Objekt [ɔp'jɛkt] *n 1. (Gegenstand)* oggetto *m; 2. GRAMM* complemento *m*, oggetto m
objektiv [ɔpjɛk'ti:f] *adj* obiettivo

Objektivität [ɔpjɛktivi'tɛːt] *f* obiettività *f*
Obligation [ɔbliga'tsjo:n] *f ECO* obbligazione *f*
Obrigkeit ['o:brɪçkaɪt] *f* autorità *f*
obschon [ɔp'ʃo:n] *konj* sebbene
observieren [ɔpzɛr'vi:rən] *v* osservare
obskur [ɔps'ku:r] *adj* oscuro
Obst [o:pst] *n* frutta *f*
Obstsalat ['ɔpstzala:t] *m GAST* macedonia di frutta *f*
obszön [ɔps'tsøːn] *adj* osceno
obwohl [ɔp'vo:l] *konj* sebbene
Ochse ['ɔksə] *m ZOOL* bue *m; dastehen wie der Ochs vorm Berg* non sapere che pesci prendere
öde ['øːdə] *adj 1. (kahl)* brullo; *2. (verlassen)* solitario; *3. (langweilig)* noioso
oder ['o:dər] *konj* o, oppure
Ofen ['o:fən] *m 1. (Backhofen)* forno *m; 2. (Heizofen)* stufa *f; hinter dem ~ hocken (fig)* starsene rintanato in casa/essere un pantofolaio; *ein Schuss in den ~* un buco nell'acqua *m; Der ~ ist aus.* La misura è colma.
offen ['ɔfən] *adj 1.* aperto; *Er hat die Tür ~ gelassen.* Ha lasciato la porta aperta. *~ stehen* essere aperto; *Die Tür steht ~.* La porta è aperta. *2. (Stelle)* vacante; *3. (fig: unentschieden)* aperto; *~ lassen (fig)* lasciare aperto; *Die Rechnung steht ~.* Il conto non è state pagato. *Der Termin steht noch ~.* L'appuntamento deve ancora essere fissato. *4. (fig: aufrichtig)* aperto; *5. (fig: nicht besetzt)* libero; *~ stehen (fig)* essere libero; *Es steht Ihnen ~, es zu tun.* Dipende da lei se farlo o no.
offenbar ['ɔfənba:r] *adj* chiaro, evidente
offenbaren [ɔfən'ba:rən] *v* rivelare a
Offenheit ['ɔfənhaɪt] *f* lealtà *f*
offenherzig ['ɔfənhɛrtsɪç] *adj 1.* sincero; *2. adv* sinceramente
Offenherzigkeit [ɔfənhɛrtsɪçkaɪt] *f* sincerità *f*
offenkundig ['ɔfənkundɪç] *adj* evidente
offensichtlich ['ɔfənzɪçtlɪç] *adj* evidente
offensiv [ɔfən'zi:f] *adj 1.* offensivo; *adv 2.* in modo offensivo
Offensive [ɔfən'zi:və] *f* offensiva *f*
öffentlich ['œfəntlɪç] *adj 1.* pubblico; *adv 2.* in pubblico
Öffentlichkeit ['œfəntlɪçkaɪt] *f* pubblico *m; in aller ~* in pubblico

Öffentlichkeitsarbeit ['œfəntlɪçkaɪtsarbaɪt] *f* lavori pubblici *m/pl*
Offerte [ɔ'fertə] *f* offerta *f*
offiziell [ɔfi'tsjɛl] *adj* ufficiale
öffnen ['œfnən] *v 1. etw ~* aprire qc; *2. sich ~* aprirsi
Öffner ['œfnər] *m 1. (Büchsenöffner) GAST* apriscatole *m; 2. (Flaschenöffner) GAST* apribottiglie *m*
Öffnung ['œfnʊŋ] *f* apertura *f*
Öffnungszeiten ['œfnʊŋstsaɪtən] *pl* orari d'apertura *m/pl*
oft [ɔft] *adv* spesso
oftmals ['ɔftmaːls] *adv* spesso
ohne ['oːnə] *prep* senza; *Das ist nicht ~.* Non è male. *~ weiteres* senz'altro; *nicht ~ sein* non essere niente male
ohnehin ['oːnəhɪn] *adv* lo stesso
Ohnmacht ['oːnmaxt] *f* svenimento *m*
ohnmächtig ['oːnmɛçtɪç] *adj 1. (bewusstlos)* svenuto; *2. (fig: machtlos)* impotente
Ohr [oːr] *n ANAT* orecchio *m; jdm in den ~en liegen* continuare a importunare qd; *mit halbem ~ zuhören* ascoltare distrattamente; *ein offenes ~ haben* essere pronti ad ascoltare gli altri; *~en wie ein Luchs haben* avere un ottimo udito; *jdn übers ~ hauen* truffare qd; *die ~en steif halten* drizzare le orecchie; *die ~en hängen lassen* essere giù di corda; *es faustdick hinter den ~en haben* essere un furbo di tre cotte; *noch nicht trocken hinter den ~en sein* avere ancora il latte sulle labbra; *sich etw hinter die ~en schreiben* ficcarsi bene in testa qc; *jdm das Fell über die ~en ziehen* prendere la pelle a qd; *jdm die ~en lang ziehen* tirare le orecchie a qd; *sich aufs ~ hauen* mettersi a nanna; *viel um die ~en haben* avere molto da fare; *jdm zu ~en kommen* venire all'orecchio di qd; *nichts für fremde ~en sein* non essere per le orecchie di tutti; *Auf diesem ~ ist er taub.* Da questo orecchio è sordo.
Ohrenarzt ['oːrənartst] *m* otoiatra *m*
Ohrensausen ['oːrənzauzən] *n* ronzio auricolare *m*
Ohrenschmerzen ['oːrənʃmɛrtsən] *pl* dolore agli orecchi *m*
Ohrfeige ['oːrfaɪgə] *f* schiaffo *m*
Ohrläppchen ['oːrlɛpçən] *n ANAT* lobo auricolare *m*
Ohrring ['oːrrɪŋ] *m* orecchino *m*
Ohrwurm ['oːrvurm] *m (fam)* ritornello *m*
Okkultismus [ɔkul'tɪsmus] *m* occultismo *m*

Ökologie [økolo'giː] *f* ecologia *f*
ökologisch [øko'loːgɪʃ] *adj* ecologico
Ökonomie [øːkono'miː] *f* economia *f*
ökonomisch [øːko'noːmɪʃ] *adj* economico
Oktober [ɔk'toːbər] *m* ottobre *m*
Oktoberfest [ɔk'toːbərfɛst] *n (in München)* festa della birra *f,* Oktoberfest *f*
Öl [øːl] *n 1. (Speiseöl)* olio *m; 2. (Erdöl)* petrolio *m*
Oldtimer ['əʊldtaɪmər] *m* auto d'epoca *f*
ölen ['øːlən] *v* oliare
Ölfarbe ['øːlfarbə] *f* colore a olio *m*
Olive [o'liːvə] *f BOT* oliva *f*
Olivenöl [o'liːvənøːl] *n* olio d'oliva *m*
Ölsardine ['øːlzardiːnə] *f GAST* sardine sott'olio *f/pl*
Öltanker ['øːltaŋkər] *m* petroliera *f*
Ölung ['øːluŋ] *f Letzte ~ REL* estrema unzione *f; die Letzte ~ erteilen* dare l'estrema unzione/dare l'olio santo
Ölwechsel ['øːlvɛksəl] *m* cambio dell'olio *m*
Olympiamannschaft [o'lympjamanʃaft] *f* squadra olimpionica *f*
olympisch [o'lympɪʃ] *adj* olimpico
Oma ['oːma] *f* nonna *f*
Omen ['oːmən] *n* segno *m,* presagio *m; ein gutes ~* un buon segno *m*
Omnibus ['ɔmnibus] *m* autobus *m*
Onkel ['ɔŋkəl] *m* zio *m; über den großen ~ gehen* camminare con i piedi in dentro
online ['ɔnlaɪn] *adj INFORM* online
Opa ['oːpa] *m* nonno *m*
Oper ['oːpər] *f 1. (Gebäude)* teatro lirico *m,* opera *f; 2. (Werk)* opera *f*
Operation [opəra'tsjoːn] *f 1.* operazione *f; 2. MED* operazione *f*
Operette [ope'rɛtə] *f* operetta *f*
operieren [ope'riːrən] *v* operare
Opernglas ['oːpərnglaːs] *n* binocolo da teatro *m*
Opernsänger(in) ['oːpərnzɛŋər(ɪn)] *m/f* cantante lirico/cantante lirica *m/f*
Opfer ['ɔpfər] *n 1. (Verzicht)* sacrificio *m; 2. (Person)* vittima *f*
opfern ['ɔpfərn] *v 1.* rinunciare a; *2. (spenden)* donare; *3. (fig) sich ~* sacrificarsi
opportun [ɔpɔr'tuːn] *adj* opportuno
Opposition [ɔpozi'tsjoːn] *f* opposizione *f*
Optik ['ɔptɪk] *f* ottica *f*
Optiker(in) ['ɔptɪkər(ɪn)] *m/f* ottico *m*
optimal [ɔpti'maːl] *adj 1.* ottimale; *adv 2.* in modo ottimale

Optimismus [ɔpti'mɪsmus] *m* ottimismo *m*
Optimist [ɔpti'mɪst] *m* ottimista *m*
optimistisch [ɔpti'mɪstɪʃ] *adj 1.* ottimistico; *adv 2.* in modo ottimista
Option [ɔp'tsjoːn] *f* opzione *f*
optisch ['ɔptɪʃ] *adj* ottico
oral [o'raːl] *adj* orale
orange [o'rãːʒ] *adj* arancione
Orange [o'rãʒə] *f BOT* arancia *f*
Orangensaft [o'rãʒənzaft] *m GAST* succo d'arancia *m*
Orchester [ɔr'kɛstər] *n* orchestra *f*
Orden ['ɔrdən] *m 1. (Auszeichnung)* decorazione *f; 2. REL* ordine *m*
Ordensschwester ['ɔrdənsʃvɛstər] *f REL* suora religiosa *f*
ordentlich ['ɔrdəntlɪç] *adj 1. (ordnungsliebend)* ordinato; *2. (aufgeräumt)* ordinato; *3. (sorgfältig)* accurato
ordinär [ɔrdi'nɛːr] *adj 1.* ordinario; *adv 2.* ordinariamente
ordnen ['ɔrdnən] *v* ordinare
Ordner ['ɔrdnər] *m 1. (Hefter)* raccoglitore *m; 2. INFORM* cartella *f*
Ordnung ['ɔrdnuŋ] *f* ordinamento *m*, ordine *m; zur ~ rufen* richiamare all'ordine
ordnungsgemäß ['ɔrdnuŋsɡəmɛːs] *adj* regolare
Ordnungsstrafe ['ɔrdnuŋsʃtraːfə] *f JUR* ammenda *f*
ordnungswidrig ['ɔrdnuŋsviːdrɪç] *adj 1.* contrario alle norme; *adv 2.* contro le norme
Ordnungszahl ['ɔrdnuŋstsaːl] *f* numero ordinale *m*, numero atomico *m*
Organ [ɔr'ɡaːn] *n* organo *m*
Organisation [ɔrɡaniza'tsjoːn] *f* organizzazione *f*
Organisator(in) [ɔrɡani'zaːtɔr/ɔrɡaniza'ɪtoːrin] *m/f* organizzatore/organizzatrice *m/f*
organisatorisch [ɔrɡaniza'toːrɪʃ] *adj* organizzatore
organisch [ɔr'ɡaːnɪʃ] *adj* organico
organisieren [ɔrɡani'ziːrən] *v* organizzare
Organismus [ɔrɡa'nɪsmus] *m* organismo *m*
Orgasmus [ɔr'ɡasmus] *m* orgasmo *m*
Orgel ['ɔrɡəl] *f MUS* organo *m*
Orgie ['ɔrɡjə] *f* orgia *f*
Orient ['oːrjɛnt] *m GEO* oriente *m*
orientalisch [ɔrjɛn'taːlɪʃ] *adj* orientale

orientieren [ɔrjɛn'tiːrən] *v* orientare
Orientierung [ɔrjɛn'tiːruŋ] *f* orientamento *m*
original [oriɡi'naːl] *adj* originale
Originalität [oriɡinali'tɛːt] *f 1. (Echtheit)* originalità *f; 2. (Besonderheit)* originalità *f*
originell [oriɡi'nɛl] *adj* originale
Orkan [ɔr'kaːn] *m* uragano *m*
Ort [ɔrt] *m 1. (Stelle)* luogo *m*, posto *m; 2. (Ortschaft)* paese *m*
orthodox [ɔrto'dɔks] *adj* ortodosso
Orthografie [ɔrtoɡra'fiː] *f* ortografia *f*
Orthopäde [ɔrto'pɛːdə] *m* ortopedico *m*
örtlich ['øːrtlɪç] *adj* locale
Örtlichkeiten ['øːrtlɪçkaɪtən] *pl* località *f/pl*
Ortsangabe ['ɔrtsaŋɡaːbə] *f* indicazione del luogo *f*
Ortschaft ['ɔrtʃaft] *f* località *f*, paese *m*
ortsfremd ['ɔrtsfrɛmt] *adj* forestiero *m*
Ortsgespräch ['ɔrtsɡəʃprɛːç] *n* chiamata urbana *f*
ortskundig ['ɔrtskundɪç] *adj* esperto del posto *m*
Ortszeit ['ɔrtstsaɪt] *f* ora locale *f*
Osten ['ɔstən] *m 1.* est *m*, oriente *m; 2. Naher ~ GEO* Vicino Oriente *m; 3. Mittlerer ~* Medio Oriente *m; 4. Ferner ~* Estremo Oriente *m*
Osterei ['oːstəraɪ] *n* uovo di Pasqua *m*
Osterhase ['oːstərhaːzə] *m* coniglietto di Pasqua *m*
Ostermontag [oːstər'moːntaːk] *m* lunedì di Pasqua *m*, Pasquetta *f* (fam)
Ostern ['oːstərn] *n* Pasqua *f*
Österreich ['øːstərraɪç] *n GEO* Austria *f*
österreichisch ['øːstərraɪçɪʃ] *adj* austriaco
Ostersonntag [oːstər'zɔntaːk] *m* domenica di Pasqua *f*
Osteuropa ['ɔstɔyroːpa] *n GEO* Europa orientale *f*
östlich ['œstlɪç] *adj* orientale
Ostsee ['ɔstzeː] *f GEO* Mar Baltico *m*
Otter ['ɔtər] *m 1. (Fischotter)* lontra *f; f 2. (Schlange)* vipera *f*
oval [o'vaːl] *adj* ovale
Overall ['oːvərɔːl] *m* overall *m*
oxidieren [ɔksi'diːrən] *v CHEM* ossidare
Ozean ['oːtseaːn] *m* oceano *m*
Ozon [o'tsoːn] *n CHEM* ozono *m*
Ozonloch [o'tsoːnlɔx] *n* buco nell'ozono *m*
Ozonschicht [o'tsoːnʃɪçt] *f* ozonosfera *f*

P

paar [paːr] *adj* qualche, alcuni; *ein ~ Mal im Jahr* un paio di volte all'anno
Paar [paːr] *n 1. (ein ~ Schuhe)* paio *m; 2. (Ehepaar)* coppia *f*
paaren ['paːrən] *v* accoppiare, appaiare
paarweise ['paːrvaɪzə] *adv* a coppie
Pacht [paxt] *f 1. (Überlassung)* affitto *m,* locazione *f; 2. (Entgelt)* affitto *m*
pachten ['paxtən] *v* prendere in affitto
Pächter(in) ['pɛçtər(ɪn)] *m/f* affittuario/affitttuaria *m/f*
Pack [pak] *n (fam)* gentaglia *f*
Päckchen ['pɛkçən] *n* pacchetto *m*
packen ['pakən] *v 1.* prendere; *2. (greifen)* afferrare; *3. (ein~)* mettere; *4. (Paket)* fare
Packung ['pakuŋ] *f 1.* pacchetto *m,* confezione *f; 2. MED* impacco *m*
Pädagoge [peːda'goːgə] *m* pedagogista *m*
Pädagogik [pɛda'goːgɪk] *f* pedagogia *f*
pädagogisch [pɛda'goːgɪʃ] *adj* pedagogico
Paddel ['padəl] *n* pagaia *f*
Paddelboot ['padəlboːt] *n* canoa *f*
paddeln ['padəln] *v* remare con la pagaia
Page ['paːʒə] *m* paggio *m,* valletto *m*
Paket [pa'keːt] *n* pacco *m,* pacchetto *m*
Pakistan ['paːkɪstaːn] *n GEO* Pakistan *m*
Pakt [pakt] *m* patto *m*
Palast [pa'last] *m* palazzo *m*
Palästina [palɛ'stiːna] *n GEO* Palestina *f*
Palette [pa'lɛtə] *f 1. (Auswahl)* gamma *f; 2. TECH* paletta *f; 3. ART* tavolozza *f*
Palme ['palmə] *f BOT* palma *f; auf der ~ sein* essere infuriati/andare in bestia
Palmsonntag [palm'zɔnta:k] *m REL* domenica delle Palme *f*
panieren [pa'niːrən] *v GAST* impanare
Paniermehl [pa'niːrmeːl] *n* pangrattato *m*
Panik ['paːnɪk] *f* panico *m*
Panne ['panə] *f 1. (Schaden)* panne *f,* guasto *m; 2. (Missgeschick)* disavventura *f*
Pannenhilfe ['panənhɪlfə] *f* assistenza meccanica *f*
Panorama [pano'raːma] *n* panorama *m*
panschen ['panʃən] *v 1. (verfälschen)* annacquare; *2. (spielen)* sguazzare
Panther ['pantər] *m ZOOL* pantera *f*
Pantoffel [pan'tɔfəl] *m* pantofola *f; unter dem ~ stehen* essere dominato dalla moglie; *den ~ schwingen* dominare il marito

Pantomime [panto'miːmə] *f* pantomima *f*
Panzer ['pantsər] *m 1.* corazza *f; 2. MIL* carro armato *m; 3. ZOOL* corazza *f*
Papa ['papa] *v* papà *m,* babbo *m*
Papagei [papa'gaɪ] *m* pappagallo *m*
Papier [pa'piːr] *n 1.* carta *f; nur auf dem ~ stehen (fig)* esistere solo sulla carta; *etw zu ~ bringen* mettere sulla carta qc/mettere per iscritto qc; *2. (Dokument)* documento *m; 3. (Wertpapier) FIN* titolo *m*
Papiergeld [pa'piːrgɛlt] *n* cartamoneta *f*
Papierkorb [pa'piːrkɔrp] *m* cestino per la carta *m*
Pappbecher ['papbɛçər] *m* bicchiere di carta *m*
Pappe ['papə] *f* cartone *f*
Pappel ['papəl] *f BOT* pioppo *m*
Pappkarton ['papkartɔn] *m* cartone *m*
Paprika ['paprɪka] *m 1. (Gewürz)* peperoncino rosso *m; f 2. BOT* peperone *m*
Papst [paːpst] *m REL* papa *m; päpstlicher als der ~ sein* essere più realisti del re
päpstlich ['pɛːpstlɪç] *adj REL* papale
Parade [pa'raːdə] *f* parata *f*
Paradies [para'diːs] *n* paradiso *m; das ~ auf Erden* il Paradiso in Terra *m*
paradox [para'dɔks] *adj* paradossale
Paragraph [para'graːf] *m* paragrafo *m*
parallel [para'leːl] *adj* parallelo
Parallele [para'leːlə] *f* parallela *f*
Parasit [para'ziːt] *m* parassita *m*
parat [pa'raːt] *adj* pronto; *Du hast immer eine Antwort ~.* Hai sempre la risposta pronta.
Parfüm [par'fyːm] *n* profumo *m*
Parfümerie [parfymə'riː] *f* profumeria *f*
parieren [pa'riːrən] *v 1. SPORT* parare; *2. (fam)* ubbidire
Parität [pari'tɛːt] *f* parità *f*
paritätisch [pari'tɛːtɪʃ] *adj 1.* paritetico; *adv 2.* in modo paritetico
Park [park] *m* parco *m*
parken ['parkən] *v* parcheggiare
Parkett [par'kɛt] *n 1. (Bodenbelag)* parquet *m; 2. THEAT* platea *f*
Parkhaus ['parkhaus] *n* parcheggio a più piani *m*
Parkplatz ['parkplats] *m* parcheggio *m; Gebührenpflichtiger ~!* Parcheggio a pagamento!

Parkuhr ['parkuːr] *f* parchimetro *m*
Parkverbot ['parkfɛrboːt] *n* divieto di sosta *m*
Parlament [parla'mɛnt] *n POL* parlamento *m*
parlamentarisch [parlamɛn'taːrɪʃ] *adj POL* parlamentare
Parlamentswahlen [parla'mɛntsvaːlən] *pl POL* elezioni politiche *f/pl*
Parmesankäse [parme'zaːnkɛːzə] *m GAST* parmigiano *m*
Parodie [paro'diː] *f* parodia *f*
Parole [pa'roːlə] *f* parola d'ordine *f,* slogan *m; faschistische ~n* slogan fascisti *m/pl*
Partei [par'taɪ] *f 1. POL* partito *m; 2. JUR* parte *f*
parteiisch [par'taɪɪʃ] *adj* parziale
Parteitag [par'taɪtaːk] *m POL* congresso del partito *m*
Parterre [par'tɛrə] *n 1. (Erdgeschoss)* pianterreno *m; 2. THEAT* platea *f*
Partie [par'tiː] *f 1. eine gute ~ sein* essere un buon partito; *eine gute ~ machen* sposare un buon partito; *2. (Spiel)* partita *f; 3. (Teil)* parte *f*
Partner(in) ['partnər(ɪn)] *m/f 1. (Ehepartner(in))* partner *m/f,* compagno/compagna *m/f; 2. (Geschäftspartner(in)),* socio/socia *m/f; 3. (Vertragspartner(in))* socio/socia *m/f,* partecipante *m/f*
Partnerschaft ['partnərʃaft] *f* partecipazione *f,* vita di coppia *f*
Party ['paːrti] *f* party *m*
Pascha ['paʃa] *m (fig)* pascià *m*
Pass [pas] *m 1. (Ausweis)* passaporto *m; einen ~ ausstellen* rilasciare un passaporto; *2. (Bergpass)* passo *m*
Passage [pa'saːʒə] *f 1. (Durchgang)* passaggio *m; 2. (Überfahrt)* traversata *f*
Passagier [pasa'ʒiːr] *m* passeggero *m; blinder ~* passeggero clandestino *m*
Passagierschiff [pasa'ʒiːrʃɪf] *n* nave passeggeri *f*
Passant(in) [pa'sant(ɪn)] *m/f* passante *m/f*
Passbild ['pasbɪlt] *n* foto tessera *f*
passen ['pasən] *v 1. (Kleidung)* stare bene; *2. (angemessen sein)* essere adatto; *3. (recht sein)* andare bene; *Es passt mir nicht.* Non mi va. *4. ~ müssen (fig)* dover passare
passend ['pasənt] *adj* che va bene, adatto
passieren [pa'siːrən] *v 1. (geschehen)* accadere; *2. (vorbeigehen)* passare; *3. GAST* passare

passiv ['pasiːf] *adj* passivo
Passiva [pa'siːva] *pl ECO* passivo *m*
Passivität [pasivi'tɛːt] *f* passività *f*
Passkontrolle ['paskɔntrɔlə] *f* controllo dei passaporti *m*
Paste ['pastə] *f* pasta *f*
Pastete [pa'steːtə] *f GAST* pasticcio *m*
Pastor ['pastɔr] *m REL* pastore *m*
Pate ['paːtə] *m* padrino *m; bei etw ~ stehen* fare da padrino a qc
Patenkind ['paːtənkɪnt] *n* figlioccio *m*
Patenschaft ['paːtənʃaft] *f* condizione di padrino *f*
patent [pa'tɛnt] *adj* bravo, in gamba
Patent [pa'tɛnt] *n* brevetto *m*
Patentamt [pa'tɛntamt] *n* ufficio brevetti *m*
patentieren [patɛn'tiːrən] *v* brevettare
Pater ['paːtər] *m REL* padre *m*
Pathologie [patolo'giː] *f MED* patologia *f*
pathologisch [pato'loːgɪʃ] *adj MED* patologico
Pathos ['paːtɔs] *n* patos *m*
Patient(in) [pa'tsjɛnt(ɪn)] *m/f* paziente *m/f*
Patin ['paːtɪn] *f* madrina *f*
Patriarch [patri'arç] *m* patriarca *m*
Patriarchat [patriar'çaːt] *n* patriarcato *m*
Patriot(in) [patri'oːt(ɪn)] *m/f* patriota *m/f*
Patriotismus [patrio'tɪsmus] *m* patriottismo *m*
Patron(in) [pa'troːn(ɪn)] *m/f* patrono/patrona *m/f*
Patronat [patro'naːt] *n* patronato *m*
Patrone [pa'troːnə] *f 1. (einer Waffe)* cartuccia *f; 2. (Tintenpatrone)* cartuccia *f*
patzig ['patsɪç] *adj 1.* borioso, impertinente; *adv 2.* sfacciatamente
Pauke ['paukə] *f MUS* timpano *m; mit ~n und Trompeten* con tutti gli onori
pauken ['paukən] *v (fam)* studiare
Pauker ['paukər] *m (fam)* insegnante *m*
pauschal [pau'ʃaːl] *adj 1.* forfettario; *adv 2.* a forfait
Pauschale [pau'ʃaːlə] *f* forfait *m*
Pause ['pauzə] *f* pausa *f*
pausenlos ['pauzənloːs] *adj 1.* ininterrotto; *adv 2.* ininterrottamente
pausieren [pau'ziːrən] *v* fare una pausa
Pazifik [pa'tsifɪk] *m* Oceano Pacifico *m*
pazifistisch [patsɪ'fɪstɪʃ] *adj 1.* pacifistico; *adv 2.* in modo pacifistico
Pech [pɛç] *n 1.* pece *f; wie ~ und Schwefel zusammenhalten* essere come pane e bur-

ro/essere inseparabili; 2. *(fig: Missgeschick)*
sfortuna *f*
Pechsträhne ['pɛçʃtrɛːnə] *f* sequela di
guai *f; Die ~ reißt nicht ab.* I guai non sono
finiti.
Pedal [pe'daːl] *n* pedale *m*
Pedant(in) [pe'dant(ɪn)] *m/f* pedante *m/f*
pedantisch [pe'dantɪʃ] *adj* pedante
Pegel ['peːgəl] *m* livello *m*
peilen ['paɪlən] *v* 1. *(Richtung)* rilevare; 2.
(fig) calcolare approssimativamente; *über
den Daumen gepeilt* all'incirca
Pein [paɪn] *f* pena *f*
peinigen ['paɪnɪgən] *v* tormentare
peinlich ['paɪnlɪç] *adj* 1. penoso; 2. *(über-
genau)* minuzioso, meticoloso
Peinlichkeit ['paɪnlɪçkaɪt] *f* 1. *(Verlegenheit)* penosità *f;* 2. *(Genauigkeit)* precisione *f*
Peitsche ['paɪtʃə] *f* frusta *f*
peitschen ['paɪtʃən] *v* 1. *(schlagen)* frustare; 2. *(fig)* colpire
Pelle ['pɛlə] *f* pelle *f,* buccia *f; die
Kartoffeln mit der ~ kochen* cuocere le patate
con la buccia; *jdm auf die ~ rücken* stare alle
costole di qd
Pellkartoffel ['pɛlkartɔfəl] *f* GAST patata
lessa con la buccia *f*
Pelz [pɛlts] *m* 1. *(Fell)* pelo *m; jdm auf den
~ rücken* stare alle costole di qd; *jdm einen
auf den ~ brennen* piantare una palla in corpo
a qd; 2. *(~mantel)* pelliccia *f*
Pendel ['pɛndəl] *n* pendolo *m*
pendeln ['pɛndəln] *v* 1. *(baumeln)* pendolare; 2. *(fig)* fare la spola, pendolare; *zwischen
zwei Städten ~* fare la spola tra due città
Pendler(in) ['pɛndlər(ɪn)] *m/f* pendolare *m/f*
penetrant [penə'trant] *adj* 1. *(Menschen)*
invadente; 2. *(Gerüche)* penetrante; *adv* 3. in
modo invadente
penibel [pe'niːbəl] *adj* preciso
Penis ['peːnɪs] *m* ANAT pene *m*
Pension [pɛn'zjoːn] *f* 1. *(Ruhestand)* pensione *f;* 2. *(Rente)* pensione *f;* 3. *(Fremden-
heim)* pensione *f*
Pensum ['pɛnzum] *n* programma *m*
per [pɛr] *prep* per, con
perfekt [pɛr'fɛkt] *adj* perfetto
Perfektion [pɛrfɛk'tsjoːn] *f* perfezione *f*
Perfektionist(in) [pɛrfɛktsjo'nɪst(ɪn)]
m/f perfezionista *m/f*
Pergament [pɛrga'mɛnt] *n* pergamena *f*
Periode [per'joːdə] *f* 1. *(Zeitabschnitt)*
periodo *m;* 2. *(Menstruation)* mestruazione *f*

periodisch [per'joːdɪʃ] *adj* periodico
Peripherie [perife'riː] *f* periferia *f*
Perle ['pɛrlə] *f* perla *f*
Perlenkette ['pɛrlənkɛtə] *f* collana di
perle *f*
permanent [pɛrma'nɛnt] *adj* permanente
perplex [pɛr'plɛks] *adj* perplesso
Perser(in) ['pɛrzər(ɪn)] *m/f (Person)* per-
siano/persiana *m/f*
Persien ['pɛrziən] *n* GEO Persia *f*
Person [pɛr'zoːn] *f* persona *f; etw in ~
sein* essere qc in persona
Personal [pɛrzo'naːl] *n* personale *m*
Personalabteilung [pɛrzo'naːlaptaɪluŋ]
f reparto del personale *m*
Personalausweis [pɛrzo'naːlausvaɪs] *m*
carta d'identità *f*
Personalcomputer [pɛrzo'naːlkom-
pjuːtər] *m* INFORM personal computer *m*
Personalien [pɛrzo'naːljən] *pl* dati perso-
nali *m/pl,* generalità *f/pl*
Personenkraftwagen [pɛr'zoːnənkraft-
vaːgən] *m* autovettura *f,* automobile *f*
persönlich [pɛr'zøːnlɪç] *adj* 1. personale;
adv 2. personalmente; *etw ~ nehmen* prendere qc sul piano personale
Persönlichkeit [pɛr'zøːnlɪçkaɪt] *f* personalità *f*
Perspektive [pɛrspɛk'tiːvə] *f* prospettiva *f*
Peru [pɛ'ruː] *n* GEO Perù *m*
Perücke [pɛ'rykə] *f* parrucca *f*
pervers [pɛr'vɛrs] *adj* perverso, pervertito
Pessimismus [pɛsi'mɪsmus] *m* pessimismo *m*
Pessimist(in) [pɛsɪ'mɪst(ɪn)] *m/f* pessi-
mista *m/f*
pessimistisch [pɛsi'mɪstɪʃ] *adj* pessimistico
Pest [pɛst] *f* MED peste *f; jdn hassen wie
die ~* odiare qd a morte
Petersilie [petər'ziːljə] *f* prezzemolo *m*
Petition [peti'tsjoːn] *f* petizione *f*
Petroleum [pe'troːleum] *n* petrolio *m*
Pfad [pfaːt] *m* sentiero *m; ein steiler ~* un
sentiero ripido *m; auf dem ~ der Tugend wandeln* camminare sul sentiero della virtù; *auf
krummen ~en wandeln* camminare per sen-
tieri tortuosi
Pfadfinder(in) ['pfaːtfɪndər(ɪn)] *m/f* boy
scout *m/f*
Pfahl [pfaːl] *m* palo *m*
Pfand [pfant] *n* pegno *m,* cauzione *f; als ~
meiner Treue* come pegno della mia fedeltà

pfänden ['pfɛndən] v pignorare
Pfandflasche ['pfantflaʃə] f vuoto a rendere m
Pfändung ['pfɛnduŋ] f pignoramento m
Pfanne ['pfanə] f padella f; jdn in die ~ hauen rovinare qd
Pfannkuchen ['pfankuːxən] m GAST omelette f
Pfarramt ['pfaramt] n REL ufficio parrocchiale m
Pfarrer ['pfarər] m REL parroco m
Pfau [pfau] m ZOOL pavone m
Pfeffer ['pfɛfər] m pepe m; ~ im Hintern haben essere irrequieto
Pfefferminze ['pfɛfərmɪntsə] f BOT menta f
Pfeffermühle ['pfɛfərmyːlə] f macinino del pepe m
pfeffern ['pfɛfərn] v pepare
Pfeife ['pfaɪfə] f 1. (Trillerpfeife) fischio m; nach jds ~ tanzen farsi comandare a bacchetta da qd; 2. (Tabakpfeife) pipa f; jdn in der ~ rauchen tenere testa a qd facilmente
pfeifen ['pfaɪfən] v irr fischiare; auf etw ~ infischiarsene di qc; Ich werde dir was ~! Non ci penso nemmeno!
Pfeifkonzert ['pfaɪfkɔntsɛrt] n salva di fischi f
Pfeil [pfaɪl] m freccia f
Pfeiler ['pfaɪlər] m pilone m
Pfennig ['pfɛnɪç] m pfennig m; keinen ~ wert sein non valere un soldo; mit jedem ~ rechnen müssen dover contare il centesimo
Pferd [pfeːrt] n ZOOL cavallo m; das ~ beim Schwanz aufzäumen mettere il carro davanti ai buoi; mit jdm ~e stehlen können potersi fidare di qd; sich aufs hohe ~ setzen montare in cattedra; das beste ~ im Stall sein essere il miglior cavallo della scuderia; die ~e scheu machen seminare il panico; aufs richtige ~ setzen puntare sul cavallo vincente; Keine zehn ~e bringen mich dorthin. Non ci andrei neanche dipinto! Ich denk', mich tritt ein ~! Sono rimasto a bocca aperta!
Pferderennen ['pfeːrdərɛnən] n corsa di cavalli f
Pfiff [pfɪf] m 1. (Pfeifen) fischio m; 2. (fig: Schick) eleganza f
Pfifferling ['pfɪfərlɪŋ] m gallinaccio m; keinen ~ wert sein non valere un fico secco
pfiffig ['pfɪfɪç] adj furbo
Pfingsten ['pfɪŋstən] n REL Pentecoste f
Pfirsich ['pfɪrzɪʃ] m BOT pesca f
Pflanze ['pflantsə] f pianta f

pflanzen ['pflantsən] v piantare
Pflanzenfett ['pflantsənfɛt] n grasso vegetale m
pflanzlich ['pflantslɪç] adj vegetale
Pflaster ['pflastər] n 1. (Straßenpflaster) pavimentazione f; ein teures ~ sein essere un posto molto caro; ein heißes ~ sein essere terreno che scotta/essere un posto pericoloso; 2. (Wundpflaster) cerotto m
Pflasterstein ['pflastərʃtaɪn] m pietra da pavimentazione f
Pflaume ['pflaumə] f 1. prugna f; 2. (Zwetschge) susina f
Pflaumenmus ['pflaumənmuːs] n GAST marmellata di prugne f
Pflege ['pfleːgə] f cura f; in ~ sein essere in cura
pflegebedürftig ['pfleːgəbədyrftɪç] adj bisognoso di cure
Pflegefall ['pfleːgəfal] m persona da curare f
Pflegeheim ['pfleːgəhaɪm] n ricovero m
Pflegekind ['pfleːgəkɪnt] n pupillo m
pflegen ['pfleːgən] v curare
Pfleger(in) ['pfleːgər(ɪn)] m/f curatore/curatrice m/f, infermiere/infermiera m/f
Pflegeversicherung ['pfleːgəferzɪçəruŋ] f assicurazione per l'assistenza ai non autosufficienti f
Pflicht [pflɪçt] f dovere m
pflichtbewusst ['pflɪçtbəvust] adj conscio del proprio dovere
Pflichtbewusstsein ['pflɪçtbəvustzaɪn] n coscienza del dovere f
Pflichtfach ['pflɪçtfax] n materia obbligatoria f
pflichtgemäß ['pflɪçtgəmɛːs] adj 1. doveroso; adv 2. doverosamente
Pflichtübung ['pflɪçtyːbuŋ] f esercizio obbligatorio m
pflücken ['pflykən] v raccogliere
Pflug [pfluːk] m AGR aratro m
pflügen ['pflyːgən] v AGR arare
Pforte ['pfɔrtə] f porta f
Pförtner ['pfœrtnər] m portinaio m
Pfosten ['pfɔstən] m palo m
Pfote ['pfoːtə] f zampa f; sich die ~n verbrennen scottarsi le dita; jdm eins auf die ~n geben dare una bacchettata sulle dita a qd
pfui [pfui] interj puah, buh
Pfund [pfunt] n 1. (Maßeinheit) libbra f, mezzo chilo m; 2. (Währungseinheit) sterlina f
pfuschen ['pfuʃən] v acciabattare

Pfütze ['pfytsə] *f* pozzanghera *f*
Phänomen [fɛno'meːn] *n* fenomeno *m*
Phantom [fan'toːm] *n* fantasma *m*
Phantombild [fan'toːmbɪlt] *n* identikit *m*
Pharmaindustrie ['farmaɪndustriː] *f* industria farmaceutica *f*
Pharmakologie [farmakolo'giː] *f* farmacologia *f*
pharmazeutisch [farma'tsɔytɪʃ] *adj* farmaceutico
Pharmazie [farma'tsiː] *f* farmacia *f*
Phase ['faːzə] *f* fase *f*
Philharmonie [filharmo'niː] *f* MUS filarmonica *f*
Philosoph(in) [filo'zoːf(ɪn)] *m/f* filosofo/filosofa *m/f*
Philosophie [filozo'fiː] *f* filosofia *f*
philosophisch [filo'zoːfɪʃ] *adj* filosofico
phlegmatisch [flɛg'maːtɪʃ] *adj* flemmatico
Phonetik [fo'neːtɪk] *f* fonetica *f*
phonetisch [fo'neːtɪʃ] *adj* fonetico
Phosphat [fɔs'faːt] *n* CHEM fosfato *m*
phosphatfrei [fɔs'faːtfraɪ] *adj* privo di fosfato
pH-Wert [pe'haveːrt] *m* CHEM valore del punto di acidità *m*
Physik [fy'zɪːk] *f* fisica *f*
physikalisch [fy:zi'kaːlɪʃ] *adj* fisico
Physiologie [fy:zjolo'giː] *f* fisiologia *f*
physiologisch [fy:zjo'loːgɪʃ] *adj* fisiologico
physisch ['fy:zɪʃ] *adj* fisico
Pi [piː] *n ~ mal Daumen MATH* a occhio e croce
Pianist(in) [pia'nɪst(ɪn)] *m/f* MUS pianista *m/f*
Pickel ['pɪkəl] *m* 1. *(Werkzeug)* piccone *m;* 2. *(Pustel)* pustola *f,* foruncoletto *m*
picken ['pɪkən] *v* beccare
Picknick ['pɪknɪk] *n* picnic *m*
piepen ['piːpən] *v zum ~ sein* essere da ridere; *Bei dem piept's wohl!* E' matto!
Pietät [pie'tɛːt] *f* pietà *f*
pietätlos [pie'tɛːtloːs] *adj* senza pietà
pietätvoll [pie'tɛːtfɔl] *adj* misericordioso
Pigment [pɪg'mɛnt] *n* pigmento *m*
pikiert [pi'kiːrt] *adj* offeso
Pilger(in) ['pɪlgər(ɪn)] *m/f* pellegrino/pellegrina *m/f*
Pille ['pɪlə] *f* pillola *f; eine bittere ~ schlucken* ingoiare un boccone amaro
Pilot(in) [pɪ'loːt(ɪn)] *m/f* pilota *m/f*
Pilz [pɪlts] *m* fungo *m*

Pilzerkrankung ['pɪltsɛrkraŋkuŋ] *f* MED micosi *f*
Pilzvergiftung ['pɪltsfɛrgɪftuŋ] *f* MED avvelenamento da funghi *m*
Pinguin ['pɪŋguiːn] *m* ZOOL pinguino *m*
Pinie ['piːnjə] *f* BOT pino *m*
Pinsel ['pɪnzəl] *m* pennello *m*
Pinzette [pɪn'tsɛtə] *f* pinzetta *f*
Pionier [pio'niːr] *m* pioniere *m*
Pirat [pi'raːt] *m* pirata *m*
Pistazie [pis'taːtsjə] *f* BOT pistacchio *m*
Piste ['pɪstə] *f* pista *f*
Pistole [pɪs'toːlə] *f* pistola *f; jdm die ~ auf die Brust setzen* puntare la pistola al petto di qd; *wie aus der ~ geschossen* di botto
Pizza ['pɪtsa] *f* GAST pizza *f*
plädieren [plɛ'diːrən] *v* 1. patrocinare; 2. *~ für* parlare in favore di
Plädoyer [plɛdoa'jeː] *n* arringa *f*
Plage ['plaːgə] *f* pena *f,* piaga *f; die sieben ~n Ägyptens* le sette piaghe d'Egitto *f/pl*
plagen ['plaːgən] *v sich ~* strapazzarsi
Plakat [pla'kaːt] *n* manifesto *m*
plan [plaːn] *adj* piano
Plan [plaːn] *m* 1. progetto *m;* 2. *(Karte)* piantina *f*
Plane ['plaːnə] *f* telone *m,* copertone *m*
planen ['plaːnən] *v* progettare
Planet [pla'neːt] *m* pianeta *m*
planieren [pla'niːrən] *v* appianare
planlos ['plaːnloːs] *adj* privo di metodo, disordinato
planmäßig ['plaːnmɛːsɪç] *adj* conforme ai piani, regolare
Plantage [plan'taːgə] *f* piantagione *f*
Plantschbecken ['planʃbɛkən] *n* piscina per bambini *f*
plantschen ['planʃən] *v* sguazzare
Planung ['plaːnuŋ] *f* progettazione *f*
Planwirtschaft ['plaːnvɪrtʃaft] *f* ECO economia pianificata *f*
plappern ['plapərn] *v* chiacchierare
Plasma ['plasma] *n* BIO plasma *m*
Plastik ['plastɪk] *n* 1. plastica *f; f* 2. *(Kunstgegenstand)* arte plastica *f*
Plastiktüte ['plastɪktyːtə] *f* sacchetto di plastica *m*
plastisch ['plastɪʃ] *adj* 1. plastico; 2. *(fig)* in rilievo
Platin ['plaːtiːn] *n* CHEM platino *m*
Platine [pla'tiːnə] *f* TECH platina *f*
plätschern ['plɛtʃərn] *v* gorgogliare
platt [plat] *adj* 1. piatto; 2. *(fig)* piatto; *~ sein* rimanere di stucco

Platte ['platə] *f 1.* tavola *f,* lamiera *f;*
2. (Fliese) piastrella *f; 3. (Schallplatte)* disco
m; eine andere ~ auflegen (fig) cambiare
disco
Plattenspieler ['platənʃpiːlər] *m* giradischi *m*
Plattform ['platfɔrm] *f* piattaforma *f*
Plattfuß ['platfuːs] *m 1. (fam: Reifenpanne)* pneumatico sgonfio *m; 2. MED* piede
piatto *m*
Platz [plats] *m 1. (Stelle)* posto *m; ein ~ an
der Sonne* un posto al sole *m; fehl am ~e sein*
essere fuori posto; *~ behalten* restare seduto;
~ sparend poco ingombrante; *2. (freier
Raum)* spazio *m; 3. (Spielfeld)* campo *m;
4. (Marktplatz)* piazza *f*
Platzangst ['platsaŋst] *f* agorafobia *f*
Plätzchen ['plɛtsçən] *n 1. (kleiner Platz)*
posticino *m; 2. (Gebäck)* pasticcino *m*
platzen ['platsən] *v* scoppiare
platzieren [pla'tsiːrən] *v* situare, collocare
Platzierung [pla'tsiːruŋ] *f* piazzamento *m*
Platzkarte ['platskartə] *f* biglietto di prenotazione *f*
Platzregen ['platsreːgən] *m* acquazzone *m*
Platzwunde ['platsvundə] *f MED* ferita *f*
plaudern ['plaudərn] *v* discorrere, conversare
plausibel [plau'ziːbəl] *adj* plausibile
pleite ['plaitə] *adj* fallito; *~ sein* essere al
verde
Pleite ['plaitə] *f* fallimento *m; ~ gehen* fare
fallimento/fare bancarotta
Plenum ['pleːnum] *n* assemblea plenaria *f,*
plenum *m*
Plombe ['plɔmbə] *f 1.* piombo *m; ein
Paket mit ~n versehen* mettere il piombo a un
pacco; *2. (Zahnplombe)* piombatura *f*
plombieren [plɔm'biːrən] *v 1.* piombare;
2. (Zahn) piombare, otturare
plötzlich ['plœtslıç] *adj* improvviso
plump [plump] *adj 1. (Hände, Körper)*
tozzo, massiccio; *2. (Bewegung)* goffo; *Er
hat einen ~en Gang.* Si muove goffamente.
adv 3. (ungeschickt) goffamente
Plunder ['plundər] *m* ciarpame *m*
plündern ['plyndərn] *v* saccheggiare
Plünderung ['plyndəruŋ] *f* saccheggio *m*
Plural ['pluːraːl] *m GRAMM* plurale *m*
Pluralismus [pluːra'lısmus] *m* pluralismo *m*
pluralistisch [pluːra'lıstıʃ] *adj* plurali-
stico

plus [plus] *adv 1. (Grad)* sopra zero; *fünf
Grad ~* cinque gradi sopra zero; *2. MATH* più
Plus [plus] *n 1. (Überschuss)* più *m,* sovrap-
più *m; 2. (fig)* vantaggio *m*
Plüsch [plyːʃ] *m* peluche *f,* felpa *f*
Pluspunkt ['pluspuŋkt] *m* punto di van-
taggio *m*
Plutonium [plu'toːnjum] *n CHEM* pluto-
nio *m*
pneumatisch [pnɔy'maːtıʃ] *adj TECH*
pneumatico
Po [poː] *m (fam) ANAT* sedere *m*
Pöbel ['pøːbəl] *m* plebe *f*
pochen ['pɔxən] *v 1. (klopfen)* battere, bus-
sare; *an die Tür ~* bussare alla porta; *2. (fig:
bestehen auf)* insistere
Pocken ['pɔkən] *pl MED* vaiolo *m*
Podest [po'dɛst] *n* pianerottolo *m,* podio *m*
Podium ['poːdjum] *n* podio *m*
Poesie [poe'ziː] *f* poesia *f*
Poet(in) [po'eːt(ın)] *m/f* poeta/poe-
tessa *m/f*
poetisch [po'eːtıʃ] *adj* poetico
Pogrom [po'groːm] *n* pogrom *m*
Pointe [po'ɛ̃tə] *f* arguzia *f,* sale *m*
Pokal [po'kaːl] *m* coppa *f*
pokern ['poːkərn] *v* giocare a poker
Pol [poːl] *m* polo *m; der ruhende ~ sein*
essere il porto tranquillo
Polarkreis [po'laːrkrais] *m GEO* circolo
polare *m*
Polemik [po'leːmık] *f* polemica *f*
polemisch [po'leːmıʃ] *adj* polemico
Polen ['poːlən] *n GEO* Polonia *f*
Police [po'liːsə] *f* polizza *f*
polieren [po'liːrən] *v* levigare, polire
Politik [poli'tiːk] *f* politica *f*
Politiker(in) [po'liːtikər(ın)] *m/f* politi-
co/politica *m/f*
politisch [po'liːtıʃ] *adj* politico
politisieren [politi'ziːrən] *v* politicizzare
Politur [poli'tuːr] *f* lucidatura *f*
Polizei [poli'tsai] *f* polizia *f*
polizeilich [poli'tsailıç] *adj 1.* poliziesco,
di polizia; *adv 2.* di polizia
Polizeipräsidium [poli'tsaiprɛziːdjum]
n questura *f*
Polizeirevier [poli'tsairəviːr] *n* distretto
di polizia *m*
Polizist(in) [poli'tsıst(ın)] *m/f* poliziot-
to/poliziotta *m/f*
Pollen ['pɔlən] *m BOT* polline *m*
polnisch ['pɔlnıʃ] *adj* polacco
Polster ['pɔlstər] *n* imbottitura *f*

Polstermöbel ['pɔlstərmøːbəl] *pl* mobile imbottito *m*
polstern ['pɔlstərn] *v* imbottire
Polterabend ['pɔltəraːbənt] *m* addio al celibato *m*, addio al nubilato *m*
Polygamie [polyga'miː] *f* poligamia *f*
polyglott ['polyglɔt] *adj* poliglotta
Polyp [po'lyːp] *m* polipo *m*
Pomade [po'maːdə] *f* brillantina *f*
Pommes frites [pɔm'frɪt] *pl* GAST patate fritte *f/pl*
pompös [pɔm'pøːs] *adj* pomposo
Pony ['pɔni] *n* 1. ZOOL pony *m; m* 2. (Frisur) frangetta *f*
populär [popu'lɛːr] *adj* popolare
Popularität [populɑrɪ'tɛːt] *f* popolarità *f*
Pore ['poːrə] *f* ANAT poro *m*
Pornografie [pɔrnogra'fiː] *f* pornografia *f*
Porree ['poreː] *m* porro *m*
Portal [pɔr'taːl] *n* portale *m*
Portemonnaie [pɔrtmɔ'neː] *n* portamonete *m*, borsellino *m; tief ins ~ greifen müssen* doversi svenare/dover spendere molto
Portier [pɔr'tjeː] *m* portiere *m*
Portion [pɔr'tsjoːn] *f* porzione *f*
Porto ['pɔrto] *n* affrancatura *f*, porto *m*
portofrei ['pɔrtofraɪ] *adj* 1. franco di porto; *adv* 2. franco di porto
Portrait [pɔr'trɛː] *n* ritratto *m*
Portugal ['pɔrtugal] *n* GEO Portogallo *m*
portugiesisch [pɔrtu'giːzɪʃ] *adj* portoghese
Portwein ['pɔrtvaɪn] *m* porto *m*
Porzellan [pɔrtsə'laːn] *n* porcellana *f*
Posaune [pɔ'zaunə] *f* MUS trombone *m*
Pose ['poːzə] *f* posa *f*
Position [pozi'tsjoːn] *f* posizione *f*
positiv ['poziːtiːf] *adj* positivo
Positur [pozi'tuːr] *f* posa *f*
Post [pɔst] *f* posta *f*
Postamt ['pɔstamt] *n* ufficio postale *m*
Postanweisung ['pɔstanvaɪzuŋ] *f* vaglia postale *m*
Postbote ['pɔstboːtə] *m* postino *m*
Posten ['pɔstən] *m* 1. posto *m; auf dem ~ sein* sentirsi in forma; 2. (Wachtposten) sentinella *f; auf verlorenem ~ stehen* lottare per una causa persa; 3. (Warenmenge) partita *f;* 4. (Einzelziffer) voce *f*
Postfach ['pɔstfax] *n* casella postale *f*
Postkarte ['pɔstkartə] *f* cartolina *f*
postlagernd ['pɔstlagərnt] *adj* 1. fermo posta; *adv* 2. fermo posta

Postleitzahl ['pɔstlaɪttsaːl] *f* codice di avviamento postale *m*
Postschalter ['pɔstʃaltər] *m* sportello della posta *m*
Postscheck ['pɔstʃɛk] *m* assegno postale *m*
Poststempel ['pɔstʃtɛmpəl] *m* timbro postale *m*
potent [po'tɛnt] *adj* potente
Potenz [po'tɛnts] *f* potenza *f*
potenziell [potɛn'tsjɛl] *adj* potenziale
Pracht [praxt] *f* lusso *m*, splendore *m; eine wahre ~ sein* essere un'autentica meraviglia
prächtig ['prɛçtɪç] *adj* 1. sontuoso; *adv* 2. pomposamente
prädestiniert [prɛdɛsti'niːrt] *adj* predestinato
Prädikat [prɛdi'kaːt] *n* 1. (Bewertung) voto *m; 2.* GRAMM predicato verbale *m*
prägen ['prɛːgən] *v* 1. (Münzen) coniare; 2. (fig) coniare
pragmatisch [prak'maːtɪʃ] *adj* 1. prammatico; *adv* 2. prammaticamente
prägnant [prɛg'nant] *adj* 1. pregnante; *adv* 2. concisamente
Prägung ['prɛːguŋ] *f* 1. (von Münzen) coniatura *f;* 2. (fig) creazione *f*
prähistorisch [prɛ:hɪs'toːrɪʃ] *adj* preistorico
prahlen ['praːlən] *v* vantarsi
praktikabel [praktɪ'kaːbəl] *adj* praticabile, utile
Praktikant(in) [praktɪ'kant(ɪn)] *m/f* praticante *m/f*
Praktikum ['praktɪkum] *n* tirocinio *m*
praktisch ['praktɪʃ] *adj* 1. pratico; *adv* 2. praticamente
praktizieren [praktɪ'tsiːrən] *v* praticare
Praline [pra'liːnə] *f* GAST cioccolatino *m*
Prämie ['prɛːmjə] *f* premio *m*
prämieren [prɛ'miːrən] *v* premiare
Pranke ['praŋkə] *f* ZOOL zampa *f*
Präparat [prɛpa'raːt] *n* preparato *m*
präparieren [prɛpa'riːrən] *v* preparare
Präposition [prɛpozi'tsjoːn] *f* GRAMM preposizione *f*
Prärie ['prɛriː] *f* prateria *f*
Präsentation [prɛzəntats'joːn] *f* presentazione *f*
präsentieren [prɛzən'tiːrən] *v* presentare
Präservativ [prɛzərva'tiːf] *n* preservativo *m*
Präsident(in) [prɛzɪ'dɛnt(ɪn)] *m/f* presidente(ssa) *m/f*

Präsidium [prɛ'ziːdjum] *n 1. (Vorsitz)* presidenza *f; 2. (Gebäude)* sede della presidenza *f*
prassen ['prasən] *v* gozzovigliare
Praxis ['praksis] *f 1.* prassi *f; 2. (Erfahrung)* pratica *f; 3. Arztpraxis* ambulatorio medico *m; 4. Anwaltspraxis* studio legale *m*
Präzedenzfall [prɛtsə'dɛntsfal] *m* precedente *m; Er bezieht sich auf einen ~.* Egli invoca un precedente.
präzise [prɛ'tsiːzə] *adj* preciso
Präzision [prɛtsi'zjoːn] *f* precisione *f*
predigen ['preːdɪgən] *v 1. REL* predicare; *2. (fig)* predicare
Predigt ['preːdɪçt] *f 1. REL* predica *f; 2. (fig)* predica *f*
Preis [prais] *m 1. (Wertangabe)* valore *m,* prezzo *m; 2. (Auszeichnung)* premio *m; um keinen ~* a nessun prezzo/in nessun caso
Preisanstieg ['praisanʃtiːk] *m* aumento dei prezzi *m*
Preisausschreiben ['praisausʃraibən] *n* concorso a premi *m*
Preiselbeere ['praizəlbeːrə] *f BOT* mirtillo rosso *m*
preisen ['praizən] *v irr* lodare
Preisfrage ['praisfraːgə] *f (fig)* quesito a premi *m*
preisgeben ['praisgeːbən] *v irr 1. (aufgeben)* abbandonare; *2. (enthüllen)* rilevare; *3. (aussetzen)* esporre
preisgünstig ['praisgynstɪç] *adj* conveniente, a buon prezzo
Preisliste ['praislɪstə] *f* listino dei prezzi *m*
Preisrückgang ['praisrykgaŋ] *m* calo dei prezzi *m*
Preisschild ['praisʃɪlt] *n* etichetta del prezzo *f*
Preisträger(in) ['praistrɛːgər(ɪn)] *m/f* premiato/premiata *m/f*
preiswert ['praisveːrt] *adj* conveniente, economico
Prellung ['prɛluŋ] *f MED* contusione *f*
Premiere [prəm'jeːrə] *f THEAT* prima *f*
Premierminister [prəm'jeːministər] *m POL* primo ministro *m*
Presse ['prɛsə] *f 1. (Zeitungswesen)* stampa *f; 2. TECH* pressa *f*
Pressefreiheit ['prɛsəfraihait] *f* libertà di stampa *f*
Pressekonferenz ['prɛsəkɔnfərɛnts] *f* conferenza stampa *f*
pressen ['prɛsən] *v* pressare

Prestige [prɛs'tiːʒ] *n* prestigio *m*
prickeln ['prɪkəln] *v 1.* prudere; *2. (fig)* eccitare
Priester ['priːstər] *m REL* sacerdote *m; jdn zum ~ weihen* ordinare qd sacerdote
prima ['priːma] *adj 1.* eccellente; *eine ~ Komödie* una commedia eccellente *f; adv 2.* eccellentemente
primär [pri'mɛːr] *adj* primario
Primel ['priːməl] *f BOT* primula *f*
primitiv [primi'tiːf] *adj 1.* primitivo; *adv 2.* primitivamente
Prinz(essin) [prɪnts/prɪn'tsɛsɪn] *m/f* principe(ssa) *m/f*
Prinzip [prɪn'tsiːp] *n* principio *m*
prinzipiell [prɪntsi'pjɛl] *adj 1.* di principio; *adv 2.* per principio
Priorität [priːori'tɛːt] *f* priorità *f*
Prise ['priːzə] *f* pizzico *m,* presa *f; eine ~ Salz* un pizzico di sale *m; eine ~ Zucker* una presa di zucchero *f*
Pritsche ['prɪtʃə] *f* tavolaccio *m*
privat [pri'vaːt] *adj 1.* privato; *adv 2.* privatamente
Privateigentum [pri'vaːtaigəntum] *n* proprietà privata *f*
privatisieren [privati'ziːrən] *v ECO* privatizzare
Privatisierung [privati'ziːruŋ] *f ECO* privatizzazione *f*
Privileg [privi'leːk] *n* privilegio *m*
pro [proː] *prep* per, a
Pro [proː] *n* pro *m; das ~ und Kontra* i pro e i contro
Probe ['proːbə] *f 1. (Versuch)* prova *f; jdn auf die ~ stellen* mettere qd alla prova; *2. (Muster)* campione *m*
Probeaufnahme ['proːbəaufnaːmə] *f* registrazione di prova *f,* provino *m*
Probefahrt ['proːbəfaːrt] *f* viaggio di prova *m*
proben ['proːbən] *v* provare
probeweise ['proːbəvaizə] *adv* in prova
Probezeit ['proːbətsait] *f* periodo di prova *m; Der Schüler tritt die ~ an.* Lo scolaro inizia il periodo di prova.
probieren [pro'biːrən] *v 1. (versuchen)* provare; *2. (kosten)* assaggiare
Problem [pro'bleːm] *n* problema *m*
problematisch [proble'maːtɪʃ] *adj* problematico
problemlos [pro'bleːmloːs] *adj* senza problemi
Produkt [pro'dukt] *n* prodotto *m*

Produktion [produk'tsjoːn] *f* produzione *f*
produktiv [produk'tiːf] *adj 1.* produttivo; *adv 2.* in modo produttivo
Produktivität [produktivi'tɛːt] *f* ECO produttività *f*
Produzent(in) [produ'tsɛnt(ɪn)] *m/f* produttore/produttrice *m/f*
produzieren [produ'tsiːrən] *v* produrre
professionell [profɛsjo'nɛl] *adj 1.* professionale; *adv 2.* professionalmente
Professor(in) [pro'fɛsɔr/profɛ'soːrɪn] *m/f* professore(ssa) *m/f*
Profi ['proːfi] *m* professionista *m*
Profil [pro'fiːl] *n 1. (Seitenansicht)* profilo *m; 2.* TECH profilato *m; 3. (fig)* forma *f; Der Plan nimmt ~ an.* Il piano prende corpo.
profilieren [profi'liːrən] *v sich ~* profilarsi
Profit [pro'fiːt] *m* profitto *m*
Prognose [prog'noːzə] *f* previsione *f*
Programm [pro'gram] *n* programma *m*
programmgemäß [pro'gramgəmɛːs] *adj* secondo il programma
programmieren [progra'miːrən] *v* programmare
Programmierung [progra'miːruŋ] *f* programmazione *f*
progressiv [progrɛ'siːf] *adj* progressivo
Projekt [pro'jɛkt] *n* progetto *m*, piano *m*
Projektion [projɛk'tsjoːn] *f* proiezione *f*
Projektor [pro'jɛktor] *m* proiettore *m*
Proklamation [proklama'tsjoːn] *f* proclamazione *f*, proclama *m*
proklamieren [prokla'miːrən] *v* proclamare
Prokurist(in) [proku'rɪst(ɪn)] *m/f* ECO procuratore/procuratrice *m/f*
Prolet [pro'leːt] *m (fam)* zoticone *m*
Promenade [promə'naːdə] *f* passeggiata *f*
Promille [pro'mɪlə] *n* per mille *m*
prominent [promi'nɛnt] *adj* prominente
Prominenz [promi'nɛnts] *f* notabili *m/pl*
Promotion [promo'tsjoːn] *f 1. (Doktorwürde)* laurea *f;* [prə'məʊʃən] *2. (Verkaufsförderung)* promozione *f*
promovieren [promo'viːrən] *v* promuovere, laurearsi
prompt [prɔmt] *adj 1.* pronto, immediato; *adv 2.* prontamente
Pronomen [pro'noːmən] *n* GRAMM pronome *m*
propagieren [propa'giːrən] *v* propagare, propagandare

Prophet(in) [pro'feːt(ɪn)] *m/f* REL profeta/profetessa *m/f*
Prophezeiung [profe'tsaɪuŋ] *f* profezia *f*
Proportion [propɔr'tsjoːn] *f* proporzione *f*
proportional [propɔrtsjo'naːl] *adj 1.* proporzionale; *adv 2.* proporzionalmente
Prosa ['proːza] *f* LIT prosa *f*
prosaisch [pro'zaːɪʃ] *adj 1.* prosaico, in prosa; *adv 2.* in prosa, prosaicamente
Prospekt [pro'spɛkt] *m* prospetto *m*
prost [proːst] *interj Prost!* Salute!
Prostituierte [prostitu'iːrtə] *f* prostituta *f*
Prostitution [prostitu'tsjoːn] *f* prostituzione *f*
Protein [prote'iːn] *n* BIO proteina *f*
Protest [pro'tɛst] *m* protesta *f*
Protestant(in) [protɛs'tant(ɪn)] *m/f* REL protestante *m/f*
protestantisch [protɛs'tantɪʃ] *adj* REL protestante
protestieren [protɛs'tiːrən] *v* protestare
Prothese [pro'teːzə] *f* MED protesi *f*
Protokoll [proto'kɔl] *n 1.* protocollo *m; 2.* JUR verbale *m*
protokollieren [protokɔ'liːrən] *v 1.* protocollare; *2.* JUR verbalizzare
Prototyp [proto'tyːp] *m* modello *m*, esemplare *m*
Proviant [prov'jant] *m* provviste *f/pl*
Provinz [pro'vɪnts] *f* provincia *f*
provinziell [provɪn'tsjɛl] *adj* provinciale
Provision [provi'zjoːn] *f* provvigione *f*
provisorisch [provi'zoːrɪʃ] *adj 1.* provvisorio; *adv 2.* provvisoriamente
Provokation [provoka'tsjoːn] *f* provocazione *f*
provozieren [provo'tsiːrən] *v* provocare, sfidare
provozierend [provo'tsiːrənt] *adj 1.* provocante; *adv 2.* in modo provocante
Prozedur [protse'duːr] *f* procedura *f*
Prozent [pro'tsɛnt] *n* percento *m*
prozentual [protsɛntu'aːl] *adj 1.* percentuale; *adv 2.* in percentuale
Prozess [pro'tsɛs] *m 1. (Vorgang)* procedimento *m; 2.* JUR processo *m; jdm den ~ machen* fare il processo a qd; *kurzen ~ mit jdm machen* farla finita con qd
prozessieren [protsɛ'siːrən] *v* JUR processare
Prozession [protsɛ'sjoːn] *f* processione *f*
Prozessor [pro'tsɛsor] *m* INFORM processore *m*

prüde ['pry:də] *adj* ritroso
prüfen ['pry:fən] *v* provare, esaminare
Prüfer(in) ['pry:fər(ɪn)] *m/f* esaminatore/esaminatrice *m/f*
Prüfling ['pry:flɪŋ] *m* candidato *m*
Prüfung ['pry:fuŋ] *f* esame *m*
Prügel ['pry:gəl] *m 1.* bastone *m; pl 2.* bastonate *f/pl*
Prügelknabe ['pry:gəlkna:bə] *m* capro espiatorio *m*
prügeln ['pry:gəln] *v 1. jdn ~* bastonare qd; *2. sich ~* picchiarsi; *Sie ~ sich ohne Grund.* Si picchiano senza un motivo.
Prunk [pruŋk] *m* fasto *m,* pompa *f*
prunkvoll ['pruŋkfɔl] *adj 1.* fastoso, pomposo; *adv 2.* fastosamente, con sfarzo
Psalm [psalm] *m REL* salmo *m*
Pseudonym [psɔydo'ny:m] *n* pseudonimo *m*
Psyche ['psy:çə] *f* psiche *f*
Psychiater(in) [psyçi'a:tər(ɪn)] *m/f* psichiatra *m/f*
psychisch ['psy:çɪʃ] *adj* psichico
Psychoanalyse [psyçoana'ly:zə] *f* psicoanalisi *f*
Psychologe [psyço'lo:gə] *m* psicologo *m*
Psychologie [psyçolo'gi:] *f* psicologia *f*
Psychologin [psyço'lo:gɪn] *f* psicologa *f*
psychologisch [psyço'lo:gɪʃ] *adj* psicologico
Psychopath(in) [psyço'pa:t(ɪn)] *m/f* psicopatico/psicopatica *m/f*
Psychopharmaka [psyço'fa:rmaka] *pl* psicofarmaci *m/pl*
Psychotherapeut(in) [psyçotera'pɔyt-(ɪn)] *m/f* psicoterapeuta *m/f*
pubertär [pubɛr'tɛ:r] *adj* puberale
Pubertät [pubɛr'tɛ:t] *f* pubertà *f*
Publikation [publika'tsjo:n] *f* pubblicazione *f*
Publikum ['publɪkum] *n* pubblico *m; das breite ~* il grande pubblico *m*
publizieren [publi'tsi:rən] *v* pubblicare
Pudding ['pudɪŋ] *m GAST* budino *m; ~ in den Armen und Beinen haben* non avere forza nelle braccia e nelle gambe
Pudel ['pu:dəl] *m ZOOL* cane barbone *m; wie ein begossener ~ dastehen* rimanere come un cane bastonato
Puder ['pu:dər] *m* cipria *f*
Puderzucker ['pu:dərtsukər] *m GAST* zucchero a velo *m*
Pullover [pu'lo:vər] *m* pullover *m,* maglia *f*

Puls [puls] *m* polso *m; jdm den ~ fühlen (fig)* tastare il polso a qd
pulsieren [pul'zi:rən] *v* pulsare
Pulver ['pulvər] *n* polvere *f; sein ~ verschossen haben* avere sparato tutte le proprie cartucce/non sapere più cosa fare
pulverig ['pulvərɪç] *adj* polveroso
Pulverkaffee ['pulvərkafe:] *m GAST* caffè in polvere *m*
Puma ['pu:ma] *m ZOOL* puma *m*
pummelig ['pumɛlɪç] *adj* grassoccio
Pumpe ['pumpə] *f* pompa *f*
pumpen ['pumpən] *v 1.* pompare; *2. (fig: leihen)* chiedere in prestito; *von jdm Geld ~* chiedere in prestito denaro a qd; *3. (fig: verleihen)* prestare; *jdm Geld ~* prestare denaro a qd
Punkt [puŋkt] *m* punto *m; der springende ~ sein* essere il punto saliente; *einen wunden ~ berühren* toccare un punto dolente; *etw auf den ~ bringen* mettere a punto qc
Punktion [puŋk'tsjo:n] *f MED* puntura *f*
pünktlich ['pyŋktlɪç] *adj* puntuale; *~ wie die Maurer* puntuale come un orologio
Pünktlichkeit ['pyŋktlɪçkaɪt] *f* puntualità *f*
Pupille [pu'pɪlə] *f ANAT* pupilla *f*
Puppe ['pupə] *f 1. (Spielzeug)* bambola *f; die ~n tanzen lassen* fare il diavolo a quattro; *2. ZOOL* pupa *f; 3. bis in die ~n* sino alle ore piccole
Puppenstube ['pupənʃtu:bə] *f* stanzetta delle bambole *f*
pur [pu:r] *adj 1.* puro; *adv 2.* puramente
Püree [py're:] *n GAST* puré *m*
puritanisch [puri'ta:nɪʃ] *adj* puritano
Purzelbaum ['purtsəlbaum] *m* capriola *f*
purzeln ['purtsəln] *v* ruzzolare
Puste ['pu:stə] *f* fiato *m; Da geht mir die ~ aus.* Mi manca il fiato.
Putsch [putʃ] *m POL* golpe *m*
Putschist(in) [put'ʃist(ɪn)] *m/f POL* golpista *m/f*
Putz [puts] *m 1. (Zier)* guarnizioni *f/pl; 2. (Mörtel)* intonaco *m; auf den ~ hauen* festeggiare alla grande
putzen ['putsən] *v* pulire
Putzfrau ['putsfrau] *f* donna delle pulizie *f*
putzig ['putsɪç] *adj* spassoso, carino
Putzmittel ['putsmɪtəl] *n* detersivo per pulire *m*
Pyjama [py'dʒa:ma] *m* pigiama *m*
Pyramide [pyra'mi:də] *f* piramide *f*

Q

Quacksalber ['kvakzalbər] *m (fam)* ciarlatano *m*
Quadrat [kva'dra:t] *n* quadrato *m;* im ~ *springen* uscire di sé dalla rabbia
quadratisch [kva'dra:tɪʃ] *adj* quadrato
Quadratmeter [kva'dra:tme:tər] *m* metro quadrato *m*
quaken ['kva:kən] *v* gracidare
Qual [kva:l] *f* tormento *m*
quälen ['kvɛ:lən] *v* tormentare
Quälerei [kvɛlə'raɪ] *f* 1. tortura *f,* continui tormenti *m/pl;* 2. *(fig: mühsame Arbeit)* travaglio *m*
Quälgeist ['kvɛ:lgaɪst] *m* seccatore *m*
Qualifikation [kvalifika'tsjo:n] *f* qualifica *f,* titolo *m*
qualifizieren [kvalifi'tsi:rən] *v sich* ~ qualificarsi
Qualität [kvali'tɛ:t] *f* qualità *f*
qualitativ [kvalita'ti:f] *adj* qualitativo
Qualitätsbezeichnung [kvali'tɛ:tsbətsaɪçnuŋ] *f* indicazione delle qualità *f*
Qualitätswein [kvali'tɛ:tsvaɪn] *m* vino di qualità *m*
Qualle ['kvalə] *f* ZOOL medusa *f*
Qualm [kvalm] *m* fumo *m*
qualmen ['kvalmən] *v (fam)* fumare
qualvoll ['kva:lfɔl] *adj* straziante, tormentoso
Quantität [kvanti'tɛ:t] *f* quantità *f*
quantitativ [kvantita'ti:f] *adj* quantitativo
Quantum ['kvantum] *n* quanto *m*
Quarantäne [karan'tɛ:nə] *f MED* quarantena *f*
Quark [kvark] *m GAST* quark *m*
Quartal [kvar'ta:l] *n* trimestre *m*
Quartett [kvar'tɛt] *n* 1. *(Kartenspiel)* quartetto *m;* 2. *MUS* quartetto *m*
Quartier [kvar'ti:r] *n* alloggio *m*
Quarz [kvarts] *m MIN* quarzo *m*
Quarzuhr ['kvartsu:r] *f* orologio al quarzo *m*
quasseln ['kvasəln] *v (fam)* chiacchierare
Quaste ['kvastə] *f* nappa *f*
Quatsch [kvatʃ] *m (fam)* scemenze *f/pl;* Rede doch keinen ~! Non dire scemenze!
quatschen ['kvatʃən] *v (fam)* chiacchierare, ciarlare
Quecksilber ['kvɛkzɪlbər] *n CHEM* mercurio *m*

quecksilberhaltig ['kvɛkzɪlbərhaltɪç] *adj* contenente mercurio
Quelle ['kvɛlə] *f* 1. fonte *f;* 2. *(fig)* fonte; an der ~ sitzen avere delle conoscenze
quellen ['kvɛlən] *v irr* 1. *(hervor~)* sgorgare; 2. *(anschwellen)* ammollare
Quellenangabe ['kvɛlənanga:bə] *f* indicazione delle fonti *f*
Quellwasser ['kvɛlvasər] *n* acqua sorgiva *f*
quengeln ['kvɛŋəln] *v (fam)* brontolare
quer [kve:r] *adv* trasversale, traverso; ~ auf dem Bett di traverso sul letto; ~ durch den Wald attraverso la foresta; ~ schießen *(fam)* intralciare i piani
Quere ['kve:rə] *f* traverso *m*
querfeldein ['kve:rfɛltaɪn] *adv* attraverso i campi
Querflöte ['kve:rflø:tə] *f MUS* flauto traverso *m*
Querformat ['kve:rfɔrma:t] *n* formato oblungo *m*
Querkopf ['kve:rkɔpf] *m (fam)* bastian contrario *m*
Querschnitt ['kve:rʃnɪt] *m* sezione *f;* taglio trasversale *m*
Querschnittslähmung ['kve:rʃnɪtslɛ:muŋ] *f MED* paraplegia *f*
Querstraße ['kve:rʃtra:sə] *f* traversa *f*
Querulant(in) [kveru'lant(ɪn)] *m/f* attaccabrighe *m/f*
Querverbindung ['kve:rfɛrbɪnduŋ] *f* collegamento trasversale *m*
quetschen ['kvɛtʃən] *v* schiacciare
Quetschung ['kvɛtʃuŋ] *f MED* contusione *f*
quicklebendig ['kvɪklebɛndɪç] *adj (fam)* vivissimo
quietschen ['kvi:tʃən] *v* cigolare; Die Tür quietscht. La porta cigola.
Quirl [kvɪrl] *m (Gerät)* frullino *m*
quirlig ['kvɪrlɪç] *adj* inquieto
quitt [kvɪt] *adj* pari; mit jdm ~ sein essere pari con qd
Quitte ['kvɪtə] *f BOT* cotogno *m*
quittieren [kvɪ'ti:rən] *v* rilasciare una ricevuta
Quittung ['kvɪtuŋ] *f* ricevuta *f*
Quiz [kvɪs] *n* quiz *m*
Quote ['kvo:tə] *f* quota *f*

R

Rabatt [ra'bat] *m ECO* sconto *m*
Rabauke [ra'baukə] *m* teppista *m*
Rabe ['raːbə] *m ZOOL* corvo *m*
rabiat [rabi'aːt] *adj* arrabbiato
Rache ['raxə] *f* vendetta *f; an jdm ~ nehmen* vendicarsi di qd; *die ~ des kleinen Mannes* la vendetta dell'uomo comune; *~ ist süß!* Dolce è la vendetta!
Rachen ['raxən] *m ANAT* cavità orale *f; jdm den ~ stopfen (fig)* tappare la bocca a qd; *den ~ nicht voll kriegen* essere insaziabile; *jdm etw in den ~ werfen* dare in pasto qc a qd; *etw in den falschen ~ bekommen* prender qc nel senso sbagliato
rächen ['rɛːçən] *v* vendicare
Rachitis [ra'xiːtɪs] *f MED* rachitismo *m*
rachsüchtig ['raxzyçtɪç] *adj* avido di vendetta
Rad [raːt] *n 1.* ruota *f; das fünfte ~ am Wagen sein (fig)* essere l'ultima ruota del carro; *ein ~ abhaben* avere perduto una rotella; *unter die Räder kommen* finire rovinati; *2. (Fahrrad)* bicicletta *f; ~ fahren* andare in bicicletta
Radar [ra'daːr] *m* radar *m*
Radau [ra'dau] *m* chiasso *m; Mach nicht so einen ~!* Non fare tanto chiasso!
radebrechen ['raːdəbrɛçən] *v* masticare; *italienisch ~* masticare l'italiano
rädern ['rɛːdərn] *v sich wie gerädert fühlen* sentirsi stanco morto
Radfahrer(in) ['raːtfaːrər(ɪn)] *m/f* ciclista *m/f*
radieren [ra'diːrən] *v* cancellare
Radiergummi [ra'diːrgumi] *m* gomma per cancellare *f*
Radieschen [ra'diːsçən] *n BOT* ravanello *m*
radikal [radi'kaːl] *adj* radicale
Radio ['raːdjo] *n* radio *f*
radioaktiv [raːdjoak'tiːf] *adj PHYS* radioattivo
Radioaktivität [raːdjoaktivi'tɛːt] *f PHYS* radioattività *f*
Radiodurchsage ['raːdjodurçzaːgə] *f* annuncio radiofonico *m*
Radius ['raːdjus] *m* raggio *m*
Radnabe ['ratnaːbə] *f* mozzo della ruota *m*
Radrennen ['raːtrɛnən] *n* gara ciclistica *f*

Radtour ['raːttuːr] *f* giro in bicicletta *m*
raffgierig ['rafgiːrɪç] *adj* rapace
Raffinerie [rafinə'riː] *f* raffineria *f*
raffinieren [rafi'niːrən] *v* raffinare
raffiniert [rafi'niːrt] *adj 1. (verfeinert)* raffinato; *2. (schlau)* astuto, furbo; *3. (außergewöhnlich)* abile
Rage ['raːʒə] *f in ~ sein* essere furioso
ragen ['raːgən] *v* ergersi, innalzarsi
Rahm [raːm] *m GAST* panna *f; den ~ abschöpfen (fig)* fare la parte del leone/prendersi la parte migliore
rahmen ['raːmən] *v* incorniciare
Rahmen ['raːmən] *m 1. (Fensterrahmen)* telaio *m; 2. (Bilderrahmen)* cornice *f; 3. (fig)* quadro *m*, ambito *m; im ~ des Möglichen* nell'ambito delle possibilità; *aus dem ~ fallen* uscire dagli schemi; *nicht in den ~ passen* essere fuori posto; *im ~ bleiben* rimanere nella norma
Rahmenvertrag ['raːmənfɛrtraːk] *m* contratto base *m*
Rakete [ra'keːtə] *f* razzo *m*, missile *m*
rammen ['ramən] *v* conficcare
Rampe ['rampə] *f 1. (Laderampe)* rampa *f; 2. (Bühnenrampe) THEAT* ribalta *f*
ramponieren [rampo'niːrən] *v* guastare, rovinare
Ramsch [ramʃ] *m* scarti *m/pl*
Rand [rant] *m 1. (eines Waldes, einer Straße)* bordo *m*, margine *m; 2. (der Stadt)* periferia *f; 3. (Hutrand)* tesa *f; 4. (eines Papiers)* margine *m; 5. (Schutzrand)* alone *m; 6. (Tassenrand)* orlo *m; 7. (Augenränder) ANAT* occhiaie *f/pl; 8. (fig) außer ~ und Band geraten* essere fuori di sé dalla gioia/varcare i limiti del consentito; *mit etw zu ~e kommen* venire a capo di qc/riuscire a padroneggiare qc/riuscire a fare qc; *am ~e erwähnen* menzionare marginalmente/menzionare di sfuggita
randalieren [randa'liːrən] *v* fare chiasso
Randbemerkung ['rantbəmɛrkuŋ] *f* nota marginale *f*, commento *m*
Randerscheinung ['rantɛrʃaɪnuŋ] *f* fatto marginale *m*
Randgebiet ['rantgəbiːt] *n* zona periferica *f*
Randgruppe ['rantgrupə] *f* gruppo marginale *m*

Rang [raŋ] *m 1. (Stand)* stato *m; jdm den ~ ablaufen* superare qd; *2. (Qualität)* qualità *f; 3.* THEAT galleria *f*
Rangierbahnhof [raŋ'ʒiːrbaːnhoːf] *m* stazione di smistamento *f*
rangieren [raŋ'ʒiːrən] *v* smistare, manovrare
Rangliste ['raŋlɪstə] *f* graduatoria *f*
Rangordnung ['raŋɔrdnuŋ] *f* graduatoria *f; nach der ~* in ordine di grado
ranken ['raŋkən] *v* mettere viticci
Ranzen ['rantsən] *m* zaino *m; sich den ~ voll schlagen* riempirsi la pancia; *jdm den ~ voll hauen* picchiare qd di santa ragione; *den ~ voll kriegen* venire picchiato di santa ragione
ranzig ['rantsɪç] *adj* rancido
rapid [ra'piːt] *adj* rapido
rar [raːr] *adj* raro; *sich ~ machen* lasciarsi vedere di rado
Rarität [rari'tɛːt] *f* rarità *f*
rasant [ra'zant] *adj 1.* velocissimo; *adv 2.* a grande velocità, velocemente
rasch [raʃ] *adj 1.* rapido, lesto; *adv 2.* rapidamente
rascheln ['raʃəln] *v* frusciare; *Es raschelt im Gebüsch.* C'è un fruscio nei cespugli.
rasen ['raːzən] *v* sfrecciare; *vor Zorn ~* essere furioso
Rasen ['raːzən] *m* BOT prato *m; jdn unter den ~ bringen (fig)* portare qd alla tomba
rasend ['raːzənt] *adj 1. (Tempo, Entwicklung)* frenetico; *2. (sehr schnell)* molto veloce; *~e Geschwindigkeit* grande velocità *m; 3. (wütend)* furioso; *4. (starke Schmerzen)* violento; *adv 5. (sehr stark)* violentemente
Rasenmäher ['raːzənmɛːər] *m* tosaerba *m,* tagliaerba *m*
Rasierapparat [ra'ziːraparaːt] *m* rasoio *m*
rasieren [ra'ziːrən] *v* radere
Rasiermesser [ra'ziːrmɛsər] *n* rasoio *m*
Rasierschaum [ra'ziːrʃaum] *m* crema da barba *f*
Rasierwasser [ra'ziːrvasər] *n* lozione da barba *f*
Räson [rɛ'zɔ̃ː] *f zur ~ kommen* essere ragionevole/mettere giudizio; *jdn zur ~ bringen* ricondurre qd alla ragione
Raspel ['raspəl] *f* raspa *f*
Rasse ['rasə] *f* razza *f*
Rassendiskriminierung ['rasəndɪskriminiːruŋ] *f* discriminazione razziale *f*

Rassenhass ['rasənhas] *m* odio tra le razze *m,* odio razziale *m*
rassig ['rasɪç] *adj* di razza
Rassismus [ra'sɪsmus] *m* razzismo *m*
Rassist [ra'sɪst] *m* razzista *m*
Rast [rast] *f* pausa *f,* intervallo *m; ohne ~ und Ruh* senza tregua
rasten ['rastən] *v* fare una pausa
Rasthaus ['rasthaus] *n* posto di ristoro *m,* motel *m*
rastlos ['rastloːs] *adj 1. (pausenlos)* ininterrotto; *2. (ruhelos)* irrequieto; *adv 3. (pausenlos)* ininterrottamente
Rastlosigkeit ['rastloːzɪçkait] *f* irrequietezza *f,* inquietudine *f*
Rastplatz ['rastplats] *m* area di sosta *f*
Rasur [ra'zuːr] *f* rasatura *f*
Rat [raːt] *m 1. (Ratschlag)* consiglio *m; mit sich zu ~e gehen* riflettere tra sé e sé; *jdn zu ~e ziehen* chiedere consiglio a qd; *jdm mit ~ und Tat zur Seite stehen* stare al fianco di qd per consigliarlo e aiutarlo; *2. (Titel)* consigliere *m; 3. (Kollegium)* consiglio *m; 4. (Gemeinderat)* consiglio comunale *m*
Rate ['raːtə] *f* ECO rata *f; auf ~n kaufen* comprare a rate
raten ['raːtən] *v irr 1. (er~)* indovinare; *2. (empfehlen)* raccomandare; *3. (Rat geben)* dare un consiglio
Ratenzahlung ['raːtənsaːluŋ] *f* ECO pagamento rateale *m*
Ratgeber(in) ['raːtgeːbər(ɪn)] *m/f* consigliere *m/f*
Rathaus ['raːthaus] *n* municipio *m*
Ratifikation [ratifika'tsjoːn] *f* POL ratificazione *f*
ratifizieren [ratifi'tsiːrən] *v* POL ratificare
Ration [ra'tsjoːn] *f* razione *f; die eiserne ~* la razione di emergenza
rational [ratsjo'naːl] *adj 1.* razionale; *adv 2.* razionalmente
rationalisieren [ratsjonali'ziːrən] *v* razionalizzare
Rationalisierungsmaßnahme [ratsjonali'ziːruŋsmasnaːmə] *f* misura di razionalizzazione *f*
rationell [ratsjo'nɛl] *adj* razionale
rationieren [ratsjo'niːrən] *v* razionare
ratlos ['raːtloːs] *adj 1.* perplesso; *adv 2.* in modo perplesso
ratsam ['raːtzaːm] *adj* consigliabile
Ratschlag ['raːtʃlaːk] *m* consiglio *m*
Rätsel ['rɛːtsəl] *n* enigma *m; jdm ein ~ sein* essere un enigma per qd; *jdm ein ~ aufgeben*

porre un problema a qd; *in ~n sprechen* parlare per indovinelli; *vor einem ~ stehen* trovarsi davanti a un enigma

rätselhaft ['rɛːtsəlhaft] *adj* enigmatico

rätseln ['rɛːtsəln] *v* cercare di indovinare

Ratte ['ratə] *f ZOOL* ratto *m*

rattern ['ratərn] *v* passare con strepito

rau [rau] *adj 1. (nicht glatt)* ruvido; *2. (Hals)* rauco; *3. (grob)* grossolano, rude; *4. (fig: barsch)* aspro, brusco; *5. (Wetter)* rigido; *6. (Hände)* screpolato; *adv 7.* ruvidamente

Raub [raup] *m 1. (Beute)* preda *f,* bottino *m; 2. (Diebstahl)* rapina *f; 3. (Entführung)* rapimento *m*

Raubbau ['raupbau] *m AGR* cultura abusiva *f*

rauben ['raubən] *v 1. (stehlen)* rapinare; *2. (entführen)* rapire

Räuber(in) ['rɔybər(ın)] *m/f* rapinatore/rapinatrice *m/f,* brigante *m*

Raubkopie ['raupkopiː] *f INFORM* copia pirata *f*

Raubmord ['raupmɔrt] *m* assassinio per rapina *m*

Raubtier ['rauptiːr] *n* animale rapace *m*

Raubüberfall ['raupyːbərfal] *m* aggressione a scopo di rapina *f; bewaffneter ~* rapina a mano armata *f*

Rauch [raux] *m* fumo *m; in ~ und Flammen aufgehen* andare in fumo; *sich in ~ auflösen* dissolversi nell'aria

rauchen ['rauxən] *v* fumare

Raucher(in) ['rauxər(ın)] *m/f* fumatore/fumatrice *m/f*

Raucherabteil ['rauxəraptaıl] *n* scompartimento per fumatori *m*

räuchern ['rɔyçərn] *v* affumicare

rauchig ['rauxıç] *adj* fumoso

Rauchverbot ['rauxfɛrboːt] *n* divieto di fumare *m*

Raufbold ['raufbɔlt] *m* attaccabrighe *m*

raufen ['raufən] *v sich ~* azzuffarsi

Rauferei [raufə'raı] *f* zuffa *f,* baruffa *f*

Raum [raum] *m 1. (Zimmer)* camera *f; 2. (Platz)* posto *m; 3. (Gebiet)* spazio *m; 4. etw in den ~ stellen (fig)* mettere in discussione qc; *im ~ stehen* essere in discussione; *etw im ~ stehen lassen* lasciare qc in sospeso

räumen ['rɔymən] *v 1. (verlassen)* lasciare; *2. (evakuieren)* evacuare; *3. (entfernen)* togliere

Raumfähre ['raumfɛːrə] *f* traghetto spaziale *m*

Raumfahrer(in) ['raumfaːrər(ın)] *m/f* astronauta *m/f*

Raumfahrt ['raumfaːrt] *f* astronautica *f*

räumlich ['rɔymlıç] *adj 1.* spaziale, tridimensionale; *adv 2.* in quanto allo spazio

Räumlichkeiten ['rɔymlıçkaıtən] *pl* spazialità *f/pl*

Raumpflegerin ['raumpfleːgərın] *f* donna delle pulizie *f*

Raumschiff ['raumʃıf] *n* astronave *f,* navicella spaziale *f*

Räumung ['rɔymuŋ] *f 1. (Verlassen)* abbandono *m; 2. (Evakuierung)* evacuazione *f; 3. (Entfernung)* svuotamento *m*

Räumungsverkauf ['rɔymuŋsfɛrkauf] *m* liquidazione totale *f*

Raupe ['raupə] *f 1. TECH* cingolo *m; 2. ZOOL* bruco *m*

Raureif ['rauraıf] *m* brina *f*

Rausch [rauʃ] *m 1. (Alkoholrausch)* ubriacatura *f,* sbornia *f; 2. (Begeisterungsrausch)* ebrezza *f*

rauschen ['rauʃən] *v 1. (Blätter)* stormire; *Die Blätter ~ im Wind.* Le foglie stormiscono al vento. *2. (Bach)* mormorare

Rauschgift ['rauʃgıft] *n* droga *f*

Rauschgifthandel ['rauʃgıfthandəl] *m* traffico di stupefacenti *m,* narcotraffico *m*

rauschgiftsüchtig ['rauʃgıftzyçtıç] *adj* tossicomane

räuspern ['rɔyspərn] *v sich ~* schiarirsi la voce

Razzia ['ratsia] *f* retata *f*

Reagenzglas [rea'gɛntsglaːs] *n* provetta *f*

reagieren [rea'giːrən] *v* reagire

Reaktion [reak'tsjoːn] *f* reazione *f*

reaktionär [reaktsjo'nɛːr] *adj POL* reazionario

Reaktionsvermögen [reak'tsjoːnsfɛrmøːgən] *n* reattività *f*

Reaktor [re'aktɔr] *m* reattore *m*

real [re'aːl] *adj* reale

realisierbar [reali'ziːrbaːr] *adj* relizzabile

realisieren [reali'ziːrən] *v* realizzare

Realisierung [reali'ziːruŋ] *f* realizzazione *f*

Realismus [rea'lısmus] *m* realismo *m*

Realist(in) [rea'lıst(ın)] *m/f* realista *m/f*

realistisch [rea'lıstıʃ] *adj* realistico

Realität [reali'tɛːt] *f* realtà *f*

Rebe ['reːbə] *f BOT* vite *f*

Rebell [re'bɛl] *m* ribelle *m*

rebellieren [rebɛ'liːrən] *v* ribellarsi

Rebellion [rebɛ'ljoːn] *f* ribellione *f*

rebellisch [re'bɛlɪʃ] *adj 1.* ribelle; *adv 2.* da ribelle
Rebhuhn ['reːphuːn] *n ZOOL* pernice *f*
Rechen ['rɛçən] *m* rastrello *m*
Rechenfehler ['rɛçənfeːlər] *m* errore di calcolo *m*
Rechenschaft ['rɛçənʃaft] *f* ragione *f,* conto *m; über etw ~ ablegen* rendere conto di qc; *jdn zur ~ ziehen* chiedere ragione a qd
Rechenzentrum ['rɛçəntsɛntrum] *n* centro meccanografico *m*
Recherche [re'ʃɛrʃə] *f* ricerca *f*
recherchieren [reʃɛr'ʃiːrən] *v* ricercare
rechnen ['rɛçnən] *v* calcolare, contare
Rechner ['rɛçnər] *m* calcolatore *m*
Rechnung ['rɛçnuŋ] *f 1. MATH* calcolo *m; 2. ECO* conto *m; die ~ ohne den Wirt machen (fig)* fare i conti senza l'oste; *mit jdm eine ~ begleichen* saldare i conti con qd; *etw auf seine ~ nehmen* assumersi la responsabilità di qc; *einer Sache ~ tragen* tenere conto di qc/prendere in considerazione qc; *Diese ~ geht nicht auf!* I conti non tornano!
recht [rɛçt] *adj* giusto; *Das ist mir ~.* Per me va bene. *alles, was ~ ist, aber* va bene tutto, ma; *jdm etw ~ machen* accontentare qd; *Das kommt mir gerade ~!* Questo gli capita proprio a proposito! *Das geschieht ihm ~!* Ben gli sta!
Recht [rɛçt] *n 1.* diritto *m,* ragione *f; mit ~ a* ragione; *jds gutes ~ sein* essere diritto di qd; *~ sprechen* emettere un verdetto/emettere una sentenza; *sein ~ fordern* avanzare i propri diritti; *zu ~ a* ragione; *2. ~ haben* aver ragione; *~ bekommen* ricevere la conferma di aver ragione; *~ behalten* aver ragione alla prova dei fatti; *jdm ~ geben* dare ragione a qd
rechte(r,s) ['rɛçtə(r,s)] *adj* destro/destra
rechteckig ['rɛçtɛkɪç] *adj* rettangolare
rechtfertigen ['rɛçtfɛrtɪgən] *v* giustificare
Rechtfertigung ['rɛçtfɛrtɪguŋ] *f* giustificazione *f*
rechthaberisch ['rɛçthaːbərɪʃ] *adj* che vuol sempre aver ragione
rechtlich ['rɛçtlɪç] *adj JUR* giuridico
rechtmäßig ['rɛçtmɛːsɪç] *adj* legale
rechts [rɛçts] *adv* a destra; *weder ~ noch links schauen* guardare solo avanti
Rechtsanwalt ['rɛçtsanvalt] *m JUR* avvocato *m*
rechtschaffen ['rɛçtʃafən] *adj* retto
Rechtschreibreform ['rɛçtʃraibrefɔrm] *f* riforma sull'ortografia *f*

Rechtschreibung ['rɛçtʃraibuŋ] *f* ortografia *f*
Rechtsextremist(in) ['rɛçtsɛkstremɪst-(ɪn)] *m/f POL* estremista di destra *m/f*
Rechtsfähigkeit ['rɛçtsfɛːɪçkait] *f JUR* capacità giuridica *f*
rechtsgültig ['rɛçtsgyltɪç] *adj JUR* giuridicamente valido
Rechtshänder(in) ['rɛçtshɛndər(ɪn)] *m/f* chi adopera la mano destra *m/f*
rechtskräftig ['rɛçtskrɛːftɪç] *adj JUR* che ha valore di legge
Rechtsmittel ['rɛçtsmɪtəl] *n JUR* mezzo legale *m*
Rechtsprechung ['rɛçtʃprɛçuŋ] *f JUR* giurisdizione *f*
Rechtsstaat ['rɛçtʃtaːt] *m* stato di diritto *m*
Rechtsstreit ['rɛçtʃtrait] *m JUR* controversia giudiziaria *f*
Rechtsverkehr ['rɛçtsfɛrkeːr] *m* circolazione a destra *f*
Rechtsweg ['rɛçtsveːk] *m JUR* via legale *f; den ~ beschreiten* agire per vie legali
rechtswidrig ['rɛçtsviːdrɪç] *adj 1. JUR* contrario alla legge; *adv 2. JUR* contro la legge
rechtwinklig ['rɛçtvɪŋklɪç] *adj* rettangolo
rechtzeitig ['rɛçtsaitɪç] *adj* tempestivo, in tempo; *~ ankommen* arrivare in tempo
recken ['rɛkən] *v sich ~* stirarsi, allungare
Recycling ['riːsaiklɪŋ] *n* riciclaggio *m*
Redakteur(in) [redak'tøːr(ɪn)] *m/f* redattore/redattrice *m/f*
Redaktion [redak'tsjoːn] *f* redazione *f*
Redaktionsschluss [redak'tsjoːnsʃlus] *m* chiusura di redazione *f*
Rede ['reːdə] *f* discorso *m; jdm ~ und Antwort stehen* dare informazioni a qd/rendere conto a qd; *jdm in die ~ fallen* dare sulla voce a qd/interrompere qd; *jdn zur ~ stellen* esigere una spiegazione da qd; *Es ist die ~ von ...* Il discorso verte su ... *Davon kann keine ~ sein!* E' fuori discussione!
redegewandt ['reːdəgəvant] *adj* eloquente
reden ['reːdən] *v* parlare; *mit sich ~ lassen* essere pronto alla discussione; *von sich ~ machen* far parlar di sé; *~ wie ein Buch* parlare come un grammofono/parlare continuamente
Redensart ['reːdənsart] *f* frase *f,* modo di dire *m; Das sind nur leere ~en.* Non sono altro che frasi vuote.

Redewendung ['reːdəvɛnduŋ] f modo di dire m
redigieren [rediˈgiːrən] v redigere
redlich ['reːtlɪç] adj 1. (anständig) onesto; 2. (viel) grande, molto; adv 3. (sehr) molto, assai
Redlichkeit ['reːtlɪçkaɪt] f onestà f
Redner(in) ['reːdnər(ɪn)] m/f oratore/oratrice m/f
Rednerpult ['reːdnərpult] n pulpito dell'oratore f
redselig ['reːtzeːlɪç] adj loquace
reduzieren [reduˈtsiːrən] v ridurre
Reeder ['reːdər] m armatore m
Reederei [reːdəˈraɪ] f compagnia armatoriale f
reell [reˈɛl] adj corretto, reale
Referat [refeˈraːt] n rapporto m, relazione f
Referendar(in) [referɛnˈdaːr(ɪn)] m/f uditore m/f, praticante m/f
Referendum [refeˈrɛndum] n POL referendum m
Referent(in) [refeˈrɛnt(ɪn)] m/f 1. (Redner(in)) relatore/relatrice m/f; 2. (Sachbearbeiter(in)) incaricato/incaricata m/f
Referenz [refeˈrɛnts] f referenza f
reflektieren [reflɛkˈtiːrən] v 1. (zurückstrahlen) riflettere; 2. (nachdenken) riflettere
Reflex [reˈflɛks] m riflesso m
Reform [reˈfɔrm] f riforma f
Reformation [refɔrmaˈtsjoːn] f REL Riforma f
Reformhaus [reˈfɔrmhaus] n negozio di prodotti macrobiotici m, erboristeria f
reformieren [refɔrˈmiːrən] v riformare
Regal [reˈgaːl] n scaffale m
rege ['reːgə] adj vivace
Regel ['reːgəl] f 1. regola f; nach allen ~n der Kunst a regola d'arte; 2. (Menstruation) mestruazione f
regelmäßig ['reːgəlmɛːsɪç] adj regolare
regeln ['reːgəln] v regolare
regelrecht ['reːgəlrɛçt] adj 1. regolare; adv 2. regolarmente
Regelung ['reːgəluŋ] f regolamentazione f, regolamento m
regen ['reːgən] v sich ~ muoversi
Regen ['reːgən] m pioggia f; jdn im ~ stehen lassen (fig) lasciar qd nei pasticci; vom ~ in die Traufe kommen cadere dalla padella nella brace
Regenbogen ['reːgənboːgən] m arcobaleno m

Regenbogenpresse ['reːgənboːgənprɛsə] f stampa scandalistica f, stamparosa f
Regenmantel ['reːgənmantəl] m impermeabile m
Regenrinne ['reːgənrɪnə] f grondaia f
Regenschirm ['reːgənʃɪrm] m ombrello m
Regenwald ['reːgənvalt] m foresta tropicale f
Regenzeit ['reːgəntsaɪt] f stagione delle piogge f
Regie [reˈʒiː] f CINE regia f
regieren [reˈgiːrən] v 1. (Kanzler) POL governare; 2. (König) POL regnare
Regierung [reˈgiːruŋ] f POL governo m
Regierungserklärung [reˈgiːruŋsɛrklɛːruŋ] f POL dichiarazione del governo f
Regierungskrise [reˈgiːruŋskriːzə] f POL crisi di governo f
Regierungssitz [reˈgiːruŋszɪts] m POL sede del governo f
Regime [reˈʒiːm] n POL regime m
Regiment [regiˈmɛnt] n MIL reggimento m
Region [reˈgjoːn] f regione f
regional [regjoˈnaːl] adj regionale
Regisseur(in) [reʒiˈsøːr(ɪn)] m/f CINE regista m/f
Register [reˈgɪstər] n registro m
registrieren [regɪsˈtriːrən] v registrare
regnen ['reːgnən] v piovere; Es regnet wie aus Kübeln. Piove a catinelle.
Regress [reˈgrɛs] m JUR regresso m
regulär [reguˈlɛːr] adj 1. regolare; adv 2. regolarmente
regulieren [reguˈliːrən] v regolare
Regulierung [reguˈliːruŋ] f regolazione f
Regung ['reːguŋ] f 1. (Bewegung) moto m; 2. (Gefühlsregung) sentimento m, moto dell'animo m
regungslos ['reːguŋsloːs] adj immobile
Reh [reː] n ZOOL capriolo m
Rehabilitation [rehabilitaˈtsjoːn] f riabilitazione f
rehabilitieren [rehabiliˈtiːrən] v reabilitare
Rehrücken ['reːrykən] m GAST lombata di capriolo f
reiben ['raɪbən] v irr 1. sfregare; 2. (zerkleinern) grattugiare
Reibung ['raɪbuŋ] f sfregamento m, frizione f
reibungslos ['raɪbuŋsloːs] adj (fig) liscio
reich [raɪç] adj ricco

Reich [raɪç] *n* regno *m*, impero *m*
reichen ['raɪçən] *v 1. (aus~)* bastare; *Mir reicht es!* Ne ho abbastanza! *2. (geben)* porgere, dare; *3. (sich erstrecken)* estendersi
reichlich ['raɪçlɪç] *adj 1.* ricco, abbondante; *Er gibt ein ~es Trinkgeld.* Egli dà una ricca mancia. *adv 2.* riccamente
Reichtum ['raɪçtuːm] *m* ricchezza *f*
Reichweite ['raɪçvaɪtə] *f* portata *f,* raggio d'azione *m*
reif ['raɪf] *adj* maturo; *Er ist ein ~er Junge.* E' un ragazzo maturo. *für etw ~ sein* essere maturo per qc/essere pronto per qc
Reife ['raɪfə] *f 1. (des Obstes)* maturazione *f; 2. (fig)* maturità *f*
reifen ['raɪfən] *v* maturare
Reifen ['raɪfən] *m* pneumatico *m,* gomma *f*
Reifenpanne ['raɪfənpanə] *f* foratura *f,* bucatura di una gomma *f*
Reifezeugnis ['raɪfətsɔyknɪs] *n* diploma di maturità *m*
reiflich ['raɪflɪç] *adj 1.* maturo; *nach einer ~en Überlegung* dopo una matura riflessione; *adv 2.* bene, lungamente
Reihe ['raɪə] *f 1. (von Dingen)* fila *f; der ~ nach* per ordine/uno dopo l'altro/un per volta; *etw auf die ~ bringen* mettere qc in riga; *aus der ~ bringen* portare fuori strada; *außer der ~* in via eccezionale; *2. (von Menschen)* fila *f,* coda *f; in Reih und Glied* in scaletta/in ordine regolare; *aus der ~ tanzen* uscire dai ranghi/uscire dagli schemi; *an die ~ kommen* venire nell'ordine; *3. (Serie)* serie *f*
Reihenfolge ['raɪənfɔlgə] *f* successione *f*
Reihenhaus ['raɪənhaus] *n* villetta a schiera *f*
Reim [raɪm] *m LIT* rima *f; sich einen ~ auf etw machen (fig)* entrare nella logica di qc/trovare una rima a qc
reimen ['raɪmən] *v 1. LIT* poetare; *2. sich ~* rimare
rein¹ [raɪn] *adj 1. (sauber)* pulito; *mit jdm ins Reine kommen* venire a un chiarimento con qd; *etw ins Reine schreiben* scrivere qc in bella copia; *2. (unverfälscht)* puro, genuino, schietto; *3. (echt)* puro; *4. (klar)* chiaro, limpido
rein² *(= „herein", „hinein")*
Reinfall ['raɪnfal] *m* imbroglio *m,* fregatura *f; Schöner ~!* Bella fregatura!
reinhauen ['raɪnhauən] *v jdm eine ~ dare* una spazzolata a qd, picchiare qd
reinigen ['raɪnɪgən] *v* pulire

Reinigung ['raɪnɪguŋ] *f 1. (Reinigen)* pulitura *f; 2. (Geschäft)* tintoria *f*
Reinigungsmittel ['raɪnɪguŋsmɪtəl] *n* detersivo *m*
reinlich ['raɪnlɪç] *adj* pulito
reinrassig ['raɪnrasɪç] *adj* di razza pura
Reis [raɪs] *m BOT* riso *m*
Reise ['raɪzə] *f* viaggio *m; seine letzte ~ antreten* partire per l'ultimo viaggio
Reisebüro ['raɪzəbyroː] *n* agenzia di viaggi *f*
Reiseführer ['raɪzəfyːrər] *m (Buch)* guida *f*
Reiseführer(in) ['raɪzəfyːrər(ɪn)] *m/f (Person)* guida turistica *f*
Reisegesellschaft ['raɪzəgəzɛlʃaft] *f* comitiva di viaggio *f*
Reisekosten ['raɪzəkɔstən] *pl* spese di viaggio *f/pl*
reisen ['raɪzən] *v* viaggiare
Reisende(r) ['raɪzəndə(r)] *m/f* viaggiatore/viaggiatrice *m/f*
Reisepass ['raɪzəpas] *m* passaporto *m*
Reisescheck ['raɪzəʃɛk] *m* assegno turistico *m*
Reisig ['raɪzɪç] *m* rami secchi *m/pl*
reißen ['raɪsən] *v irr 1. (zerreißen)* strappare; *2. (ziehen)* tirare
Reißverschluss ['raɪsfɛrʃlus] *m* chiusura lampo *f*
reiten ['raɪtən] *v irr* cavalcare
Reiter(in) ['raɪtər(ɪn)] *m/f* fantino/fantina *m/f,* cavaliere *m*
Reiz [raɪts] *m 1. (Anreiz)* stimolo *m,* impulso *m; 2. (Verlockung)* attrattiva *f,* fascino *m; 3. (Anmut)* grazia *f*
reizbar ['raɪtsbaːr] *adj 1.* irritabile; *2. (sexuell)* eccitabile
reizen ['raɪtsən] *v 1. (irritieren)* irritare; *2. (anregen)* stimolare, incitare; *3. (herausfordern)* provocare
reizend ['raɪtsənt] *adj 1.* grazioso; *2. (anziehend)* attraente, affascinante; *adv 3.* graziosamente
reizlos ['raɪtsloːs] *adj* senza attrattive, non piacevole
reizvoll ['raɪtsfɔl] *adj* ricco di attrattive, attraente
rekapitulieren [rekapituˈliːrən] *v* ricapitolare
Reklamation [reklamaˈtsjoːn] *f (Mängel)* reclamo *m*
Reklame [reˈklaːmə] *f* réclame *f,* pubblicità *f; für etw ~ machen* fare pubblicità a qc

reklamieren [rekla'miːrən] *v* reclamare
rekonstruieren [rekɔnstru'iːrən] *v* ricostruire
Rekord [re'kɔrt] *m* record *m*
Rekordzeit [re'kɔrttsaɪt] *f* tempo record *m*
Rekrut [re'kruːt] *m* MIL recluta *f*
Rektor(in) ['rɛktɔr/rɛk'toːrɪn] *m/f* rettore/rettrice *m/f*
Relais [rə'lɛː] *n* TECH relais *m*
relativ [rela'tiːf] *adj 1.* relativo; *adv 2.* relativamente
Relief [rɛl'jɛf] *n* ART rilievo *m*
Religion [reli'gjoːn] *f* religione *f*
Religionsfreiheit [reli'gjoːnsfraɪhaɪt] *f* libertà religiosa *f*
religiös [reli'gjøːs] *adj* religioso
Reling ['reːlɪŋ] *f* parapetto *m*
Renaissance [rənɛ'saːs] *f* HIST Rinascimento *m*
Rendezvous [rɑde'vuː] *n* appuntamento *m*, rendez-vous *m*
Rendite [rɛn'diːtə] *f* ECO rendita *f*
Rennbahn ['rɛnbaːn] *f 1. (Pferderennbahn)* ippodromo *m; 2. (Autorennbahn)* autodromo *m*, pista *f; 3. (Radrennbahn)* velodromo *m*
rennen ['rɛnən] *v irr* correre
Rennen ['rɛnən] *n* corsa *f; das ~ machen* vincere la gara
Rennfahrer(in) ['rɛnfaːrər(ɪn)] *m/f* corridore/corritrice *m/f*
Rennrad ['rɛnraːt] *n* bicicletta da corsa *f*
Rennwagen ['rɛnvaːgən] *m* macchina da corsa *f*
renommiert [renɔ'miːrt] *adj* rinomato
renovieren [renɔ'viːrən] *v* rinnovare
Renovierung [renɔ'viːruŋ] *f* rinnovazione *f*
rentabel [rɛn'taːbəl] *adj* redditizio
Rentabilität [rɛntabili'tɛːt] *f* ECO redditività *f*
Rente ['rɛntə] *f* rendita *f*, pensione *f*
Rentenversicherung ['rɛntənfɛrzɪçəruŋ] *f* assicurazione d'invalidità e vecchiaia *f*
rentieren [rɛn'tiːrən] *v sich ~* convenire, valere la pena
Rentner(in) ['rɛntnər(ɪn)] *m/f* pensionato/pensionata *m/f*, titolare di una rendita *m/f*
Reparatur [repara'tuːr] *f* riparazione *f*
Reparaturwerkstatt [repara'tuːrvɛrkʃtat] *f* officina di riparazioni *f*
reparieren [repa'riːrən] *v* riparare

Reportage [repɔr'taːʒə] *f* reportage *m*, cronaca *f*
Reporter(in) [re'pɔrtər(ɪn)] *m/f* reporter *m/f*
repräsentieren [reprɛzɛn'tiːrən] *v* rappresentare
Reptil [rɛp'tiːl] *n* ZOOL rettile *m*
Republik [repu'bliːk] *f* repubblica *f*
Requisiten [rekvi'ziːtən] *pl* attrezzi *m/pl*
Reserve [re'zɛrvə] *f 1. (Rücklage)* riserva *f; eiserne ~* riserva segreta *f; 2. (Zurückhaltung)* riserbo *m; jdn aus der ~ locken* infrangere il riserbo di qd
Reservereifen [re'zɛrvəraɪfən] *m (eines Autos)* ruota di scorta *f*
reservieren [rezɛr'viːrən] *v* riservare
Resignation [rezɪgna'tsjoːn] *f* rassegnazione *f*
resignieren [rezɪg'niːrən] *v* rassegnarsi
resolut [rezo'luːt] *adj 1.* risoluto; *adv 2.* risolutamente
Resozialisierung [rezotsjali'ziːruŋ] *f* reinserimento nella società *m*
Respekt [rɛ'spɛkt] *m* rispetto *m; jdm ~ zollen* portare rispetto a qd
respektieren [rɛspɛk'tiːrən] *v* rispettare
respektlos [rɛs'pɛktloːs] *adj 1.* irrispettoso; *adv 2.* senza rispetto, irrispettoso
respektvoll [rɛs'pɛktfɔl] *adj 1.* rispettoso; *adv 2.* rispettosamente
Rest [rɛst] *m* resto *m*, rimanenza *f; der ~ der Welt* il resto del mondo *m; sich den ~ holen* ricevere il colpo di grazia
Restaurant [rɛsto'rãː] *n* ristorante *m*
restaurieren [rɛstau'riːrən] *v* restaurare
restlich ['rɛstlɪç] *adj* restante
restlos [rɛstloːs] *adj 1.* intero, completo; *adv 2.* senza resto, interamente; *Die Schuld ist ~ bezahlt.* Il debito è interamente pagato.
Resultat [rezul'taːt] *n* risultato *m*
resultieren [rezul'tiːrən] *v* risultare
Retorte [re'tɔrtə] *f* storta *f*
Retrospektive [retrospɛk'tiːvə] *f* retrospettiva *f*
retten ['rɛtən] *v* salvare; *noch zu ~ sein* essere ancora salvabile; *sich vor jdm kaum ~ können* avere appena la forza di parlare davanti a qd
Retter(in) ['rɛtər(ɪn)] *m/f* salvatore/salvatrice *m/f*
Rettich ['rɛtɪç] *m* BOT rafano *m*
Rettung ['rɛtuŋ] *f* salvataggio *m*
Rettungsboot ['rɛtuŋsboːt] *n* battello di salvataggio *m*, scialuppa di salvataggio *f*

Rettungsring ['rɛtuŋsrɪŋ] *m* salvagente *m*
Rettungswagen ['rɛtuŋsvaːgən] *m* autoambulanza *f*
Reue ['rɔyə] *f* pentimento *m*
reumütig ['rɔymyːtɪç] *adj 1.* pentito; *adv 2.* con pentimento
Revanche [re'vãːʃ] *f* rivincita *f*
revanchieren [revã'ʃiːrən] *v 1. sich ~ (rächen)* vendicarsi; *2. (erwidern) sich ~ contraccambiare
Revier [re'viːr] *n 1. (Gebiet)* distretto *m; 2. (Polizeirevier)* commissariato *m*
Revision [revi'zjoːn] *f* revisione *f*
Revolution [revɔlu'tsjoːn] *f* rivoluzione *f*
revolutionär [revɔlutsjo'nɛːr] *adj* rivoluzionario
Revolver [re'vɔlvər] *m* revolver *m*
Revue [re'vy] *f* rivista *f; etw ~ passieren lassen* passare in rassegna qc
Rezept [re'tsɛp̃t] *n 1. MED* ricetta *f; 2. GAST* ricetta *f*
Rezession [retsɛ'sjoːn] *f ECO* recessione *f*
R-Gespräch ['ɛrgəʃprɛːç] *n TEL* chiamata a carico *f*
Rhabarber [ra'barbər] *m* rabarbaro *m*
Rhein [raɪn] *m GEO* Reno *m*
Rheuma ['rɔyma] *n MED* reumatismo *m*
Rhinozeros [ri'noːtsərɔs] *n ZOOL* rinoceronte *m*
rhythmisch ['rytmɪʃ] *adj* ritmico
Rhythmus ['rytmus] *m* ritmo *m*
richten ['rɪçtən] *v 1. (lenken, wenden)* dirigere; *2. (in Ordnung bringen)* mettere a posto; *3. (her~)* preparare; *4. (urteilen)* condannare, giudicare; *5. (wenden an)* rivolgere
Richter(in) ['rɪçtər(ɪn)] *m/f JUR* giudice *m/f*
richtig ['rɪçtɪç] *adj 1.* giusto; *Ist das die ~e Straße?* E' questa la strada giusta? *nicht ganz ~ sein* non essere del tutto a posto; *2. (Partner)* adatto; *3. (Lage)* appropriato; *adv 4.* giustamente, esattamente; *~ stellen* rettificare/correggere
Richtigkeit ['rɪçtɪçkaɪt] *f* esattezza *f; seine ~ haben* avere una propria veridicità
Richtung ['rɪçtuŋ] *f* direzione *f*
Richtwert ['rɪçtveːrt] *m* valore indicativo *m*
riechen ['riːçən] *v irr 1. (an etw ~)* odorare; *jdn nicht ~ können (fig)* non poter sentire neanche l'odore di qd/non poter sopportare qd/non poter soffrire qd; *2. (Geruch abgeben)* avere odore, odorare

Riege ['riːgə] *f* squadra *f*
Riegel ['riːgəl] *m* catenaccio *m; den ~ vorlegen* mettere il catenaccio; *einer Sache den ~ vorschieben (fig)* mettere il catenaccio a qc/impedire qc/evitare qc
Riemen ['riːmən] *m* cinghia *f; sich am ~ reißen* mettercela tutta/impegnarsi a fondo; *sich in die ~ legen* mettersi ai remi; *den ~ enger schnallen* tirare la cinghia
Riese ['riːzə] *m* gigante *m*, colosso *m*
rieseln ['riːzəln] *v* scorrere
riesengroß ['riːzəngroːs] *adj* gigantesco, colossale
riesig ['riːzɪç] *adj* enorme
Riff [rɪf] *n* scogliera *f,* barriera *f; Korallenriff* barriera corallina *f*
rigoros [rigo'roːs] *adj 1.* rigoroso; *adv 2.* rigorosamente
Rille ['rɪlə] *f* scanalatura *f,* solco *m; die ~n einer Schallplatte* i solchi di un disco *m/pl*
Rind ['rint] *n ZOOL* manzo *m*
Rinde ['rɪndə] *f 1. (Kruste)* crosta *f; 2. BOT* corteccia *f*
Rinderwahnsinn ['rɪndərvaːnzɪn] *m* epidemia della mucca pazza *f*
Rindfleisch ['rɪntflaɪʃ] *n GAST* carne di manzo *f*
Ring [rɪŋ] *m 1. (Schmuck)* anello *m; 2. (Kreis)* cerchio *m; 3. (Straße)* circonvallazione *f,* ring *m; 4. SPORT* ring *m*
ringen ['rɪŋən] *v irr 1. SPORT* lottare; *2. (fig)* lottare, avere difficoltà
Ringfinger ['rɪŋfɪŋər] *m* anulare *m*
Ringkampf ['rɪŋkampf] *m SPORT* lotta *f*
ringsherum ['rɪŋsherum] *adv* tutt'intorno, in giro
Rinne ['rɪnə] *f* canaletto *m*
rinnen ['rɪnən] *v irr* scorrere
Rinnsal ['rɪnzaːl] *n* rigagnolo *m*
Rippe ['rɪpə] *f 1. ANAT* costola *f; sich etw aus den ~n schneiden (fig)* trovare il denaro necessario per qc; *2. GAST* costoletta *f*
Risiko ['riːziko] *n* rischio *m*
riskant [rɪs'kant] *adj* rischioso
riskieren [rɪs'kiːrən] *v* rischiare
Riss [rɪs] *m* strappo *m*, crepa *f*
rissig ['rɪsɪç] *adj* pieno di crepe
Ritt [rɪt] *m* cavalcata *f*
Ritter ['rɪtər] *m* cavaliere *m*
ritterlich ['rɪtərlɪç] *adj 1.* cavalleresco; *adv 2.* cavallerescamente
Ritual [ritu'aːl] *n* rituale *m*
Ritze ['rɪtsə] *f* fessura *f*
Rivale [ri'vaːlə] *m* rivale *m*

Rivalität [rivali'tɛːt] *f* rivalità *f*
Robbe ['rɔbə] *f* ZOOL foca *f*
Robe ['roːbə] *f* 1. *(Abendrobe)* veste *f,* abito *m;* 2. *(Amtsrobe)* toga *f*
Roboter ['rɔbɔtər] *m* robot *m*
robust [ro'bust] *adj* robusto
Rock [rɔk] *m* gonna *f*
Rockzipfel ['rɔktsipfəl] *m jdm am* ~ *hängen* stare attaccato alle sottane di qd
rodeln ['roːdəln] *v* SPORT slittare
Roggen ['rɔgən] *m* BOT segale *f*
Roggenbrot ['rɔgənbroːt] *n* GAST pane di segale *m*
roh [roː] *adj* 1. *(nicht gekocht)* crudo; 2. *(nicht bearbeitet)* grezzo; 3. *(fig)* brutale; 4. *(Erdöl)* greggio; *adv* 5. in modo grezzo, grezzamente
Rohbau ['roːbau] *m* rustico *m*
Rohr [roːr] *n* 1. *(Leitung)* tubo *m;* 2. BOT canna *f*
Röhre ['røːrə] *f* 1. *(Rohr)* tubo *m; in die* ~ *gucken* restare a mani vuote; 2. *(Backröhre)* forno *m*
Rohstoff ['roːʃtɔf] *m* materia prima *f*
Rolle ['rɔlə] *f* 1. rotolo *m,* rullo *m;* 2. THEAT ruolo *m; von der* ~ *sein* essere fuori squadra/aver perso i contatti con la realtà; *aus der* ~ *fallen* andare fuori dal seminato/comportarsi male; *sich in jds* ~ *hineinversetzen* mettersi nei panni di qc
rollen ['rɔlən] *v* rotolare; *ins Rollen kommen* cominciare a muoversi; *etw ins Rollen bringen* mettere in moto qc/avviare qc
Roller ['rɔlər] *m* 1. *(Motorroller)* motoscooter *m;* 2. *(Kinderroller)* monopattino *m*
Rollerblades ['roʊləbleɪdz] *pl* SPORT Rollerblades *m/pl*
Rollfeld ['rɔlfɛlt] *n* pista *f*
Rollkragen ['rɔlkraːgən] *m* collo alto *m*
Rollladen ['rɔllaːdən] *m* tapparella *f,* persiana avvolgibile *f*
Rollschuh ['rɔlʃuː] *m* SPORT pattino a rotelle *m*
Rollschuhlaufen ['rɔlʃuːlaufən] *n* SPORT pattinaggio a rotelle *m*
Rollstuhl ['rɔlʃtuːl] *m* sedia a rotelle *f*
Rollstuhlfahrer(in) ['rɔlʃtuːlfaːrər(ɪn)] *m/f* chi siede sulla sedia a rotelle *m/f*
Rolltreppe ['rɔltrɛpə] *f* scala mobile *f*
Roman [ro'maːn] *m* romanzo *m*
romanisch [ro'maːnɪʃ] *adj* romano
Romantik [ro'mantɪk] *f* romanticismo *m*
romantisch [ro'mantɪʃ] *adj* romantico
Romanze [ro'mantsə] *f* romanza *f*

römisch ['røːmɪʃ] *adj* romano
römisch-katholisch [røːmɪʃka'toːlɪʃ] *adj* REL cattolico-romano
röntgen ['rœntgən] *v* MED radiografare
Röntgenbild ['rœntgənbɪlt] *n* MED radiografia *f*
Röntgenstrahlen ['rœntgənʃtraːlən] *pl* MED raggi X *m/pl*
rosa ['roːza] *adj* rosa
Rose ['roːzə] *f* BOT rosa *f; auf* ~*n gebettet sein* dormire su un letto di rose/essere tranquillo
Rosenkohl ['roːzənkoːl] *m* BOT cavoletto di Bruxelles *m*
Rosenkranz ['roːzənkrants] *m* REL rosario *m*
Rosenmontag [roːzən'moːntaːk] *m* lunedì grasso *m*
rosig ['roːzɪç] *adj* roseo
Rosine [ro'ziːnə] *f* uva passa *f;* ~*n im Kopf haben* avere grilli per la testa; *sich die größten* ~*n herauspicken* fare la parte da leone/prendere il meglio per sé
Rosmarin ['roːsmariːn] *m* rosmarino *m*
Rost[1] [rɔst] *m (Bratrost)* griglia *f; auf dem* ~ *braten* arrostire ai ferri
Rost[2] [rɔst] *m* CHEM ruggine *f*
rosten ['rɔstən] *v* arrugginire
rösten ['rœstən] *v* arrostire
rostfrei ['rɔstfrai] *adj* inossidabile, non arrugginito
rostig ['rɔstɪç] *adj* arrugginito
rot [roːt] *adj* rosso; *Abendrot, Schönwetterbot! Rosso di sera, bel tempo si spera! der* ~*e Faden* il filo conduttore
Rotation [rota'tsjoːn] *f* TECH rotazione *f*
Röte ['røːtə] *f* rosso *m*
Röteln ['røːtəln] *f* MED rosolia *f*
rotieren [ro'tiːrən] *v* 1. *(fam)* rotare, ruotare; 2. TECH rotare, girare
Rotkohl ['roːtkoːl] *m* BOT cavolo rosso *m*
Rotlicht ['roːtlɪçt] *n* semaforo rosso *m,* raggi rossi *m/pl*
Rotwein ['roːtvain] *m* vino rosso *m*
Roulade [ru'laːdə] *f* GAST involtino *m*
Route ['ruːtə] *f* itinerario *m,* percorso *m*
Routine [ru'tiːnə] *f* pratica *f,* routine *f*
routiniert [ruti'niːrt] *adj* pratico, esperto
Rübe ['ryːbə] *f* BOT rapa *f; eins auf die* ~ *bekommen* prendere una botta in testa/essere rimproverati
Rubel ['ruːbəl] *m* rublo *m; Der* ~ *rollt.* I soldi girano.
Rubrik [ru'briːk] *f* rubrica *f*

Ruck [ruk] *m* *sich einen ~ geben* darsi una mossa; *in einem ~* in un colpo solo/di seguito/senza fermarsi
ruckartig ['ruka:rtɪç] *adj 1. di colpo, di scatto; adv 2.* a strappi
Rückblende ['rykblɛndə] *f* flashback *m*
rückblickend ['rykblɪkənt] *adj* retrospettivo
rückdatieren ['rykdati:rən] *v* postdatare; *einen Wechsel ~* postdatare una cambiale
rücken ['rykən] *v* spingere
Rücken ['rykən] *m* ANAT schiena *f,* dorso *m; sich den ~ frei halten (fig)* coprirsi le spalle; *jdm den ~ stärken* fare coraggio a qd; *jdm den ~ kehren* voltare le spalle a qd; *hinter jds ~ alle* spalle di qd
Rückenlehne ['rykənle:nə] *f* spalliera *f,* schienale *m; klappbare ~* schienale ribaltabile *m*
Rückenmark ['rykənmark] *n* ANAT midollo spinale *m*
Rückenschmerzen ['rykənʃmɛrtsən] *pl* MED dolori alla schiena *m/pl,* mal di schiena *m*
rückerstatten ['rykɛrʃtatən] *v* rimborsare
Rückfahrkarte ['rykfa:rkartə] *f* biglietto di ritorno *m*
Rückfahrt ['rykfa:rt] *f* ritorno *m; auf der ~* al ritorno
Rückfall ['rykfal] *m* ricaduta *f*
rückfällig ['rykfɛlɪç] *adj* recidivo
Rückgabe ['rykga:bə] *f* restituzione *f*
Rückgang ['rykgaŋ] *m* diminuzione *f*
rückgängig ['rykgɛŋɪç] *adj ~ machen* revocare
Rückgrat ['rykgra:t] *n* spina dorsale *f; kein ~ haben* essere uno smidollato
Rückhalt ['rykhalt] *m* appoggio *m; finanzieller ~* appoggio finanziario *m*
rückhaltlos ['rykhaltlo:s] *adj* senza riserve, aperto
Rückkehr ['rykke:r] *f* ritorno *m*
rückläufig ['ryklɔyfɪç] *adj* retrogrado
Rücklicht ['ryklɪçt] *n* luce posteriore *f*
Rücknahme ['rykna:mə] *f* ritiro *m*
Rucksack ['rukzak] *m* sacco da montagna *m,* zaino *m*
Rückschlag ['rykʃla:k] *m* contraccolpo *m,* rimbalzo *m*
Rückseite ['rykzaɪtə] *f* parte posteriore *f*
Rücksicht ['rykzɪçt] *f* riguardo *m; es an ~ fehlen lassen* mancare di riguardo; *ohne ~ auf Verluste* a qualsiasi costo/senza rimpianti; *auf jdn ~ nehmen* avere riguardo per qd

rücksichtslos ['rykzɪçtslo:s] *adj 1.* irriguardoso; *adv 2.* senza riguardo
rücksichtsvoll ['rykzɪçtsfɔl] *adj 1.* riguardoso; *adv 2.* con riguardo
Rücksitz ['rykzɪts] *m (im Auto)* sedile posteriore *m*
Rückspiegel ['rykʃpi:gəl] *m (eines Autos)* specchietto retrovisore *m*
Rücksprache ['rykʃpra:xə] *f* colloquio *m; ~ mit jdm halten* conferire con qd/tenere una consultazione
Rückstand ['rykʃtand] *m 1.* resto *m; 2. SPORT* svantaggio *m; 3. im ~ sein (fig)* essere in ritardo
rückständig ['rykʃtɛndɪç] *adj 1. (Zahlung)* moroso, arretrato; *2. (fig: überholt)* antiquato
Rücktritt ['ryktrɪt] *m 1. (Amtsniederlegung)* dimissioni *f/pl; 2. (von einem Vertrag)* recesso *m; 3. (beim Fahrrad)* contropedale *m*
Rückvergütung ['rykfɛrgytuŋ] *f* ECO rimborso *m*
rückwärts ['rykvɛrts] *adv* indietro
Rückwärtsgang ['rykvɛrtsgaŋ] *m (beim Auto)* retromarcia *f*
ruckweise ['rukvaɪzə] *adj 1.* a scosse; *adv 2.* a scosse
Rückzahlung ['ryktsa:luŋ] *f* rimborso *m*
Rückzieher ['ryktsi:ər] *m* ritrattazione *f; einen ~ machen* tornare sulle proprie decisioni/fare marcia indietro
Rückzug ['ryktsu:k] *m* ritirata *f*
Rudel ['ru:dəl] *n* branco *m; ein ~ Wölfe* un branco di lupi *m*
Ruder ['ru:dər] *n 1. (Riemen)* remo *m; 2. (Steuerruder)* timone *m; ans ~ kommen* prendere il timone/andare al potere; *am ~ sein* essere al timone/essere al potere
Ruderboot ['ru:dərbo:t] *n* imbarcazione a remi *f*
rudern ['ru:dərn] *v* remare
Ruf [ru:f] *m 1.* chiamata *f; 2. (Ansehen)* reputazione *f; 3. (Aufforderung)* chiamata *f*
rufen ['ru:fən] *v irr* chiamare
Rufnummer ['ru:fnumər] *f* numero telefonico *m*
Rüge ['ry:gə] *f 1. (Tadel)* biasimo *m; 2.* rimprovero *m*
rügen ['ry:gən] *v* rimproverare, biasimare
Ruhe ['ru:ə] *f 1. (Stille)* silenzio *m,* quiete *f; ~! Silenzio! die ~ vor dem Sturm* la calma prima della tempesta *f; die ~ selbst sein* essere la calma in persona; *die ~ weghaben* pren-

dersela con calma/non lasciarsi impressionare; *jdn aus der ~ bringen* far perdere la calma a qd; *~ geben* darsi pace/calmarsi; *seine ~ haben wollen* voler essere lasciato in pace; *in aller ~* in tutta calma/indisturbato; *2. (Ausruhen)* riposo *m; 3. (Bewegungslosigkeit)* calma *f; 4. (Frieden)* pace *f; Lass mich in ~!* Lasciami in pace! *5. sich zur ~ setzen* mettersi a riposo; *6. jdn zur letzten ~ geleiten* accompagnare qd nell'ultimo viaggio
ruhen ['ruːən] *v 1. (aus~)* riposare; *2. (stillstehen)* essere fermo; *3. (lasten)* poggiare; *4. (Verdacht)* gravare
Ruhestand ['ruːəʃtant] *m* pensione *f; in den ~ treten* andare in pensione
Ruhestätte ['ruːəʃtɛtə] *f* luogo di riposo *m; die letzte ~* l'ultima dimora *f*
Ruhestörung ['ruːəʃtøːruŋ] *f* perturbazione della quiete pubblica *f,* schiamazzi *m/pl; nächtliche ~* schiamazzi notturni *m/pl*
Ruhetag ['ruːətaːk] *m* giorno di riposo *m;* wöchentlicher *~* riposo settimanale *m*
ruhig ['ruːɪç] *adj 1. (still)* silenzioso, tranquillo; *2. (bewegungslos)* calmo; *3. (friedvoll)* tranquillo, pacifico
Ruhm [ruːm] *m* gloria *f*
rühmen ['ryːmən] *v* glorificare
ruhmreich ['ruːmraɪç] *adj* glorioso
Rührei ['ryːraɪ] *n GAST* uovo strapazzato *m*
rühren ['ryːrən] *v 1. (bewegen)* muovere; *sich kaum ~ können* potersi muover a stento; *2. (um~)* rimestare; *3. (fig)* toccare
rührend ['ryːrənt] *adj* commovente
rührig ['ryːrɪç] *adj* attivo
rührselig ['ryːrzeːlɪç] *adj* emozionabile
Rührung ['ryːruŋ] *f* commozione *f; mit ~* commosso
Ruin [ru'iːn] *m* rovina *f,* crollo *m; wirtschaftlicher ~* crollo economico *m*
Ruine [ru'iːnə] *f* rovina *f*
ruinieren [rui'niːrən] *v* rovinare
rülpsen ['rylpsən] *v* ruttare
Rumänien [ru'mɛːnjən] *n GEO* Romania *f*
rumänisch [ru'mɛːnɪʃ] *adj* rumeno
Rummel ['ruməl] *m 1. (Getriebe)* baccano *m; 2. (Lärm)* frastuono *m; 3. (Jahrmarkt)* fiera *f*
rumoren [ru'moːrən] *v* fare rumore
Rumpelkammer ['rumpəlkamər] *f* ripostiglio *m*
Rumpf [rumpf] *m 1. (Schiffsrumpf)* scafo *m; 2. (Flugzeugrumpf)* fusoliera *f; 3. ANAT* tronco *m*

rund [runt] *adj 1. (Gesicht)* pieno; *2. (Tisch)* rotondo; *3. (Zahl)* tondo; *4. (Jahr)* intero; *adv 5. (circa)* all'incirca, circa
Runde ['rundə] *f 1. (Gesellschaft)* circolo *m,* cerchia *f; 2. (Rundgang)* giro *m; Er geht eine ~ um den Block.* Egli fa un giro intorno all'isolato. *3. (fig) die ~ machen* fare il giro/andare intorno; *eine ~ schmeißen* offrire un giro/pagare da bere a tutti; *über die ~n bringen* portare a buon fine; *über die ~n kommen* sbarcare il lunario
Rundfahrt ['runtfaːrt] *f* giro *m*
Rundfunk ['runtfuŋk] *m 1. (Übertragung)* radio *f,* radiodiffusione *f; 2. (Anstalt)* radio *f,* società radiofonica *f; Er arbeitet beim ~.* Egli lavora alla radio.
Rundfunkgerät ['runtfuŋkgərɛːt] *n* apparecchio radio *m*
Rundfunksender ['runtfuŋkzɛndər] *m* stazione radio *f*
Rundgang ['runtgaŋ] *m* giro *m*
rundgehen ['runtgehən] *v irr Da geht es rund!* C'è un sacco di lavoro.
rundherum ['runtherum] *adv* intorno
rundlich ['runtlıç] *adj* rotondo
Rundschreiben ['runtʃraɪbən] *n (Brief)* circolare *f*
Runzel ['runtsəl] *f* ruga *f; ein Gesicht voll ~n* un viso pieno di rughe *m*
runzelig ['runtsɛlıç] *adj* pieno di rughe
runzeln ['runtsəln] *v* raggrinzire
rüpelhaft ['ryːpəlhaft] *adj 1.* villano; *adv 2.* da villano, villanamente
ruppig ['rupıç] *adj* scortese, sgarbato
Ruß [ruːs] *m* fuliggine *f*
Russe ['rusə] *m* russo *m*
Rüssel ['rysəl] *m 1. ZOOL* proboscide *f; 2. (beim Schwein)* grifo *m*
Russin ['rusɪn] *f* russa *f*
russisch ['rusɪʃ] *adj* russo
Russland ['ruslant] *n GEO* Russia *f*
rüstig ['rystıç] *adj* vivace, arzillo; *ein ~er Alter* un vecchietto arzillo *m*
rustikal [rusti'kaːl] *adj* rustico
Rüstung ['rystuŋ] *f 1. (Ritterrüstung)* armatura *f; 2. (Bewaffnung) MIL* armamento *m*
Rute ['ruːtə] *f 1. (Zweig)* verga *f; 2. (Angelrute)* canna da pesca *f*
Rutschbahn ['rutʃbaːn] *f* scivolo *m*
rutschen ['rutʃən] *v* scivolare, slittare, sdrucciolare
rutschig ['rutʃıç] *adj* scivoloso
rütteln ['rytəln] *v* scuotere

S

Saal [zaːl] *m* sala *f*
Saat [zaːt] *f* semina *f*
Säbel ['zɛːbəl] *m* sciabola *f*
Sabotage [zabo'taːɢə] *f* sabotaggio *m*
sabotieren [zabo'tiːrən] *v* sabotare
Sachanlagen ['zaxanlaːgən] *pl ECO* beni patrimoniali *m/pl*
Sachbearbeiter(in) ['zaxbəarbaɪtər(ɪn)] *m/f ECO* incaricato/incaricata *m/f*
Sachbeschädigung ['zaxbəʃɛːdɪguŋ] *f* danni materiali *m/pl*
Sachbuch ['zaxbuːx] *n* manuale *m*
sachdienlich ['zaxdiːnlɪç] *adj* utile
Sache ['zaxə] *f* 1. *(Gegenstand)* cosa *f;* 2. *(Angelegenheit)* affare *m*, faccenda *f; nicht jedermanns ~ sein* non essere cosa da tutti; *sich seiner ~ sicher sein* essere sicuro del fatto proprio; *bei der ~ sein* essere concentrati; *nichts zur ~ tun* non cambiare le cose; 3. *JUR* causa *f*
Sachgebiet ['zaxgəbiːt] *n* campo *m*, materia *f*
sachgemäß ['zaxgəmɛːs] *adj* 1. conforme; *adv* 2. adeguatamente
Sachkenntnis ['zaxkɛntnɪs] *f* cognizione di causa *f*
sachkundig ['zaxkundɪç] *adj* competente
sachlich ['zaxlɪç] *adj* materiale, obiettivo; *aus ~n Gründen* per cause materiali
Sachlichkeit ['zaxlɪçkaɪt] *f* oggettività *f*
Sachverhalt ['zaxfɛrhalt] *m* fatto *m*, stato di cose *m; Der ~ ist folgender.* Ecco come stanno le cose.
Sachverständige(r) ['zaxfɛrʃtɛndɪgə(r)] *m/f* competente *m/f*
Sack [zak] *m* sacco *m; jdn in den ~ stecken* mettere qd nel sacco; *etw im ~ haben* avere in tasca qc; *mit ~ und Pack* con armi e bagagli
Sackgasse ['zakgasə] *f* vicolo cieco *m*
Sadismus [za'dɪsmus] *m* sadismo *m*
Sadist(in) [za'dɪst(ɪn)] *m/f* sadico/sadica *m/f*
säen ['zɛːən] *v* seminare
Safari [za'faːri] *f* safari *m*
Safe [seɪf] *m* cassetta di sicurezza *f*, safe *m*
Saft [zaft] *m* 1. *(Obstsaft)* succo *m;* 2. *(Bratensaft)* sugo *m*
saftig ['zaftɪç] *adj* 1. sugoso, succoso; 2. *(fig)* potente; *eine ~e Ohrfeige* un solenne ceffone *m*

Sage ['zaːgə] *f* saga *f*, favola *f*
Säge ['zɛːgə] *f TECH* sega *f*
Sägemehl ['zɛːgəmeːl] *n* segatura *f*
sagen ['zaːgən] *v* dire; *sage und schreibe* detto fatto/per non sapere né leggere né scrivere/nientemeno che; *sich nichts mehr zu ~ haben* non avere più niente da dirsi; *sich etw nicht zweimal ~ lassen* non lasciarsi dire qc due volte; *etw zu ~ haben* avere qc da dire/avere voce in capitolo; *sich von jdm nichts ~ lassen* non lasciarsi dire qc da qd; *Das ist nicht gesagt.* Questo non è detto. *Das ist zu viel gesagt.* Questo è dire troppo.
sägen ['zɛːgən] *v* segare
sagenhaft ['zaːgənhaft] *adj* leggendario
Sägewerk ['zɛːgəverk] *n* segheria *f*
Sahne ['zaːnə] *f GAST* panna *f*
sahnig ['zaːnɪç] *adj* cremoso
Saison [zɛ'zɔ̃] *f* stagione *f*
Saisongeschäft [zɛ'zɔ̃gəʃɛft] *n* attività stagionale *f*
Sakrament [zakra'mɛnt] *n REL* sacramento *m; ~! Cristo!*
Sakristei [zakrɪ'staɪ] *f REL* sacrestia *f*
Salat [za'laːt] *m* 1. insalata *f;* 2. *(fam) Da haben wir den ~!* Che bel pasticcio!
Salatsoße [za'laːtzoːsə] *f GAST* condimento per l'insalata *m*
Salbe ['zalbə] *f* pomata *f*, unguento *m*
Salbei ['zalbaɪ] *m BOT* salvia *f*
Saldo ['zaldo] *m ECO* saldo *m*
Salmonellen [zalmo'nɛlən] *pl BIO* salmonelle *f/pl*
Salon [za'lɔ̃ː] *m* salotto *m*, salone *m*
salopp [za'lɔp] *adj* 1. *(Kleidung)* trasandato; 2. *(Ausdruck)* sciatto
Salz [zalts] *n* sale *m; jdm nicht das ~ in der Suppe gönnen* non concedere a qd nemmeno il sale nella zuppa; *~ auf jds Wunden streuen* spargere sale sulle ferite di qd
salzen ['zaltsən] *v irr* salare
salzig ['zaltsɪç] *adj* salato
Salzsäure ['zaltszɔyrə] *f CHEM* acido cloridrico *m*
Salzstange ['zaltsʃtaŋə] *f GAST* salatino *m*
Salzstreuer ['zaltsʃtrɔyər] *m* saliera *f*
Samen ['zaːmən] *m* 1. *(Saat)* semente *m;* 2. *BIO* seme *m*
Sammelband ['zaməlbant] *m* raccolta *f*

Sammelbegriff ['zaməlbəgrɪf] *m* nome collettivo *m*
Sammelbüchse ['zaməlbyksə] *f* bossolo *m*
sammeln ['zaməln] *v 1.* raccogliere, radunare; *2. (als Hobby)* collezionare; *3. sich ~ (fig)* raccogliersi, concentrarsi
Sammeltransport ['zaməltranspɔrt] *m* trasporto collettivo *m*
Sammler(in) ['zamlər(ɪn)] *m/f* collezionista *m/f*
Sammlung ['zamluŋ] *f 1.* collezione *f,* raccolta *f; 2. (fig: Konzentration)* concentrazione *f*
Samstag ['zamstaːk] *m* sabato *m*
samstags ['zamstaːks] *adv* di sabato, il sabato
Samt [zamt] *m* velluto *m*
sämtlich ['zɛmtlɪç] *adj* tutto
Sanatorium [zana'toːrjum] *n* sanatorio *m*
Sand [zant] *m* sabbia *f; wie ~ am Meer* a non finire; *auf ~ gebaut haben* aver costruito sulla sabbia; *etw in den ~ setzen* buttare qc al vento; *im ~e verlaufen* arenarsi/insabbiarsi
Sandale [zan'daːlə] *f* sandalo *m*
Sandbank ['zantbaŋk] *f* banco di sabbia *m*
sandig ['zandɪç] *adj* sabbioso
Sandkasten ['zantkastən] *m* sabbiera *f*
Sandkorn ['zantkɔrn] *n* granello di sabbia *m*
Sandmännchen ['zantmɛnçən] *n* mago Sabbiolino *m*
Sandsack ['zantzak] *m* sacco di sabbia *m*
Sandstrand ['zantʃtrant] *m* spiaggia arenosa *f,* arenile *m*
Sandsturm ['zantʃturm] *m* tempesta di sabbia *f*
Sanduhr ['zantuːr] *f* clessidra *f*
Sandwich ['zɛntvɪtʃ] *n GAST* sandwich *m*
sanft [zanft] *adj* leggero
Sanftmut ['zanftmuːt] *f* mitezza *f*
sanftmütig ['zanftmyːtɪç] *adj* docile
Sänger(in) ['zɛŋər(ɪn)] *m/f* cantante *m/f*
sanieren [za'niːrən] *v* guarire, risanare; *ein Unternehmen ~* risanare un'azienda
Sanierung [za'niːruŋ] *f* risanamento *m*
Sanierungsmaßnahmen [za'niːruŋsmaːsnaːmən] *f/pl* misure di risanamento *f/pl*
Sanitäranlage [zani'tɛːranlaːgə] *f* impianto sanitario *m*
Sanitäter(in) [zani'tɛːtər(ɪn)] *m/f* infermiere/infermiera *m/f*
Sanktion [zaŋk'tsjoːn] *f* sanzione *f*

Saphir ['zaːfir] *m* zaffiro *m*
Sardelle [zar'dɛlə] *f ZOOL* acciuga *f*
Sardine [zar'diːnə] *f ZOOL* sardina *f; wie ~n in der Büchse* pigiati come sardine
Sardinien [zar'diːnjən] *n GEO* Sardegna *f*
Sarg [zark] *m* bara *f,* sarcofago *m*
sarkastisch [zar'kastɪʃ] *adj* sarcastico
Satan ['zaːtan] *m* Satana *m*
Satellit [zatə'liːt] *m* satellite *m*
Satin [za'tɛ̃ː] *m* raso *m,* satin *m*
Satire [za'tiːrə] *f LIT* satira *f*
satt [zat] *adj* sazio
Sattel ['zatəl] *m* sella *f; jdn aus dem ~ heben (fig)* far sbalzare di sella qd; *fest im ~ sitzen* sedere saldamente in sella
satteln ['zatəln] *v* sellare
sättigen ['zɛtɪgən] *v 1.* saziare; *2. CHEM* saturare
sättigend ['zɛtɪgənt] *adj* che sazia
Sättigung ['zɛtɪguŋ] *f 1.* sazietà *f; 2. CHEM* saturazione *f*
Satz [zats] *m 1. GRAMM* frase *f; 2. (Druck)* composizione *f; 3. (Menge)* partita *f,* lotto *m; 4. SPORT* set *m; 5. MUS* tempo *m*
Satzanalyse ['zatsanalyːzə] *f* analisi logica *f*
Satzung ['zatsuŋ] *f* regolamento *m*
Satzzeichen ['zatstsaɪçən] *n* segno d'interpunzione *m*
Sau [zau] *f 1. ZOOL* scrofa *f; 2. (fam)* troia *f,* porco *m; die ~ rauslassen* fare baldoria; *jdn zur ~ machen* rimproverare aspramente qd; *unter aller ~ sein* essere da cani
sauber ['zaubər] *adj* pulito; *Du bist nicht ganz ~.* Non sei a posto./Non sei normale. *Sauber!* Niente male! *~ machen* pulire
Sauberkeit ['zaubərkaɪt] *f* pulizia *f*
Saudi-Arabien [zaudia'raːbjən] *n GEO* Arabia Saudita *f*
sauer ['zauər] *adj 1.* acido, agro; *jdm Saures geben* darle secche a qd/bastonare qd; *2. (fig: Person)* aspro; *~ sein* essere arrabbiato nero
Sauerei [zauə'raɪ] *f (fam)* porcheria *f*
Sauerkirsche ['zauərkɪrʃə] *f BOT* amarasca *f*
Sauerkraut ['zauərkraut] *n GAST* cavolo acido *m*
Sauerstoff ['zauərʃtɔf] *m CHEM* ossigeno *m*
saufen ['zaufən] *v irr 1. (Tier)* bere; *2. (fam)* bere, trincare
Säufer(in) ['zɔyfər(ɪn)] *m/f* bevitore/bevitrice *m/f,* beone/beona *m/f*

saugen ['zaugən] v 1. succhiare; 2. *(Staub
~)* passare l'aspirapolvere
Säugetier ['zɔygəti:r] n mammifero m
Säugling ['zɔyklɪŋ] m lattante m
Säuglingspflege ['zɔyklɪŋspfle:gə] f
puericoltura f
Säule ['zɔylə] f colonna f
Saum [zaum] m orlo m
säumig ['zɔymɪç] adj ritardatario
Sauna ['zauna] f sauna f
Säure ['zɔyrə] f 1. *(Geschmack)* acido m;
2. CHEM acido m
Säuregehalt ['zɔyrəgəhalt] m CHEM aci-
dità f
Saus [zaus] m in ~ und Braus leben fare la
bella vita
Saxophon [zakso'fo:n] n MUS sasso-
fono m
Schabernack ['ʃa:bərnak] m burla f; jdm
einen ~ spielen giocare una burla a qd
schäbig ['ʃɛ:bɪç] adj 1. *(armselig)* misero;
2. *(abgetragen)* consumato, logoro; ein ~er
Rock una gonna logora; 3. *(kleinlich)* gretto
Schablone [ʃa'blo:nə] f sagoma f, forma f
Schach [ʃax] n scacchi m/pl
schachmatt [ʃax'mat] adj jdn ~ setzen dar
scacco matto a qd
Schacht [ʃaxt] m pozzo m
Schachtel ['ʃaxtəl] f scatola f
schade ['ʃa:də] adj peccato; ~ um die ver-
lorene Zeit peccato per il tempo perduto; sich
für nichts zu ~ sein non essere sprecato per
nulla; Es ist ~, dass ... Peccato che ...
Schädel ['ʃɛ:dəl] m ANAT cranio m; sich
den ~ einrennen lambiccarsi il cervello; Ihm
brummt der ~. Gli ronza la testa.
Schädelbasisbruch ['ʃɛ:dəlba:zisbrux]
m MED frattura della base cranica f
schaden ['ʃa:dən] v danneggiare, nuocere;
einer Sache ~ pregiudicare qc; Es würde
nichts ~. Non farebbe nulla.
Schaden ['ʃa:dən] m danno m; zu ~ kommen ferirsi/rimanere ferito
Schadenersatz ['ʃa:dənɛrzats] m risarcimento dei danni m
schadenfroh ['ʃa:dənfro:] adj che prova
gioia del male altrui
schadhaft ['ʃa:thaft] adj danneggiato
schädigen ['ʃɛ:dɪgən] v jdn ~ danneggiare
qd, nuocere a qd
schädlich ['ʃɛ:tlɪç] adj nocivo
Schädling ['ʃɛ:tlɪŋ] m parassita m
Schadstoff ['ʃa:tʃtɔf] m sostanza inquinante f, veleno tossico m

schadstoffarm ['ʃa:tʃtɔfarm] adj a basso
contenuto di sostanze velenose
Schaf [ʃa:f] n ZOOL pecora f; das schwarze
~ sein essere la pecora nera
Schäfer(in) ['ʃɛ:fər(ɪn)] m/f pecoraio/
pecoraia m/f, pastore/pastora m/f
Schäferhund ['ʃɛ:fərhunt] m ZOOL cane
pastore m
schaffen[1] ['ʃafən] v irr *(schöpfen)* fare,
creare; für etw wie ge~ sein essere fatto
apposta per qc
schaffen[2] ['ʃafən] v 1. *(zeitlich)* farcela;
Wir haben es geschafft. Ce l'abbiamo fatta.
2. *(Prüfung)* superare; sich an etw zu ~ machen darsi da fare per qc; Damit hat er nichts
zu ~. Lui non ha niente a che vedere con ciò.
Schaffenskraft ['ʃafənskraft] f creatività f
Schaffner(in) ['ʃafnər] m/f controllore m
Schafott [ʃa'fɔt] n patibolo m
Schafskäse ['ʃa:fskɛ:zə] m GAST formaggio di pecora m
Schafwolle ['ʃa:fvɔlə] f lana di pecora f
Schal [ʃa:l] m scialle m
Schale ['ʃa:lə] f 1. *(Schüssel)* scodella f;
2. *(von Gemüse)* buccia f; 3. *(Nussschale)*
guscio m; 4. sich in ~ werfen (fig) mettersi in
ghingheri
schälen ['ʃɛ:lən] v sbucciare
Schalk [ʃalk] m mattacchione m
Schall [ʃal] m suono m; ~ und Rauch sein
essere tutto fumo e niente arrosto
Schalldämpfer ['ʃaldɛmpfər] m TECH
silenziatore m
schalldicht ['ʃaldɪçt] adj a isolamento
acustico, fonoassorbente
Schallgeschwindigkeit ['ʃalgəʃvɪndɪç-
kait] f velocità sonica f
Schallmauer ['ʃalmauər] f muro del
suono m
Schallplatte ['ʃalplatə] f disco m
Schallplattenspieler ['ʃalplatənʃpi:lər]
m giradischi m
Schaltbild ['ʃaltbɪlt] n TECH schema
elettrico m
schalten ['ʃaltən] v 1. *(Auto)* innestare; in
den dritten Gang ~ innestare la terza; 2. *(fam)*
begreifen) capire; Schaltest du immer so
langsam? Ci arrivi sempre così tardi? 3.
(ein~) inserire; 4. *(aus~)* disinserire
Schalter ['ʃaltər] m 1. *(Vorrichtung)* interruttore m; 2. *(Bankschalter)* sportello m
Schaltgetriebe ['ʃaltgətri:bə] n TECH
cambio m

Schalthebel [ˈʃalːthɛːbəl] *m (beim Auto)* leva di comando *f*
Schaltjahr [ˈʃaltjaːr] *n* anno bisestile *m*
Schalttafel [ˈʃaltːaːfəl] *f TECH* quadro elettrico *m*
Scham [ʃaːm] *f* pudore *m*, vergogna *f; Er wird rot vor ~.* Egli arrossisce di vergogna.
schämen [ˈʃɛːmən] *v sich ~* vergognarsi
Schamgefühl [ˈʃaːmgəfyːl] *n* vergogna *f*
schamhaft [ˈʃaːmhaft] *adj 1.* vergognoso; *adv 2.* vergognosamente
schamlos [ˈʃaːmloːs] *adj 1.* svergognato, sfacciato; *adv 2.* impudicamente, sfacciatamente
Schande [ˈʃandə] *f* vergogna *f*, onta *f*, disonore *m*
Schandfleck [ˈʃantflɛk] *m* marchio d'infamia *m*
schändlich [ˈʃɛndlɪç] *adj 1.* vergognoso; *adv 2.* vergognosamente
Schandtat [ˈʃantaːt] *f* infamia *f; zu jeder ~ bereit sein* essere pronto a tutto
Schändung [ˈʃɛːnduŋ] *f 1.* profanazione *f; 2. (Vergewaltigung)* violenza carnale *f*
Schanze [ˈʃantsə] *f SPORT* trampolino *m*
Schar [ʃaːr] *f* branco *m*
scharenweise [ˈʃaːrənvaɪzə] *adv* a schiere
scharf [ʃarf] *adj 1. (Messer)* affilato, tagliente; *2. (Gewürz)* piccante; *3. (Kurve)* stretto; *4. (Ton)* stridulo
schärfen [ˈʃɛrfən] *v (Messer)* affilare
Scharfschütze [ˈʃarfʃytsə] *m* tiratore scelto *m*, cecchino *m*
Scharfsinn [ˈʃarfzɪn] *m* acume *m*
scharfsinnig [ˈʃarfzɪnɪç] *adj* sagace
Scharlach [ˈʃarlax] *m MED* scarlattina *f*
Scharlatan [ˈʃarlataːn] *m* ciarlatano *m*
Scharnier [ʃarˈniːr] *n TECH* cerniera *f*
Schaschlik [ˈʃaʃlɪk] *m GAST* spiedino di carne *m*
Schatten [ˈʃatən] *m* ombra *f; nicht über seinen ~ springen können* non poter cambiare la propria natura; *nur noch der ~ seiner selbst sein* essere soltanto l'ombra di se stesso; *einen ~ auf etw werfen* gettare un'ombra su qc; *in jds ~ stehen* vivere all'ombra di qd; *sich vor seinem eigenen ~ fürchten* avere paura della propria ombra
Schattenseite [ˈʃatənzaɪtə] *f 1.* parte in ombra *f; 2. (fig)* rovescio *m; auf der ~ des Lebens stehen* essere meno fortunati
Schattierung [ʃaˈtiːruŋ] *f* sfumatura *f*
schattig [ˈʃatɪç] *adj* ombroso

Schatz [ʃats] *m 1. (Kostbarkeit)* tesoro *m; 2. (Kosewort)* tesoro *m*
Schatzbrief [ˈʃatsbriːf] *m ECO* buoni del tesoro *m/pl*
schätzen [ˈʃɛtsən] *v 1. (ungefähr berechnen)* calcolare approssimativamente; *2. (annehmen)* supporre; *3. (hoch achten)* stimare
Schätzung [ˈʃɛtsuŋ] *f 1. (ungefähre Berechnung)* calcolo approssimativo *m; 2. (Annahme)* supposizione *f*, valutazione f
schätzungsweise [ˈʃɛtsuŋsvaɪzə] *adv* approssimativamente
Schätzwert [ˈʃɛtsveːrt] *m* valore stimato *m*
Schau [ʃau] *f 1. CINE* visione *f; 2. THEAT* scena *f; jdm die ~ stehlen (fig)* rubare la scena a qd; *eine ~ abziehen* fare una scena/fare una scenata; *3. (Ausstellung)* mostra *f*, esposizione *f; etw zur ~ stellen (fig)* mettere in scena qc
schauderhaft [ˈʃaudərhaft] *adj* orrendo
schauen [ˈʃauən] *v* guardare
Schauer [ˈʃauər] *m 1. (Regen)* scroscio di pioggia *m; 2. (Frösteln)* brivido *m; 3. (Schreck)* brivido *m*, spavento *m*
Schauergeschichte [ˈʃauərgəʃɪçtə] *f* storia raccapricciante *f*
Schaufel [ˈʃaufəl] *f* pala *f*
Schaufenster [ˈʃaufɛnstər] *n* vetrina *f*
Schaufensterbummel [ˈʃaufɛnstərbuməl] *m* giro per vedere le vetrine *m*
Schaufensterpuppe [ˈʃaufɛnstərpupə] *f* manichino per vetrine *m*
Schaukampf [ˈʃaukampf] *m SPORT* gara d'esibizione *f*
Schaukel [ˈʃaukəl] *f* altalena *f*
schaukeln [ˈʃaukəln] *v* dondolare
Schaukelpferd [ˈʃaukəlpfeːrt] *n* cavallo a dondolo *m*
Schaukelstuhl [ˈʃaukəlʃtuːl] *m* sedia a dondolo *f*
Schaulaufen [ˈʃaulaufən] *n SPORT* esibizione di pattinaggio artistico *f*
Schaulustige(r) [ˈʃaulustɪgə(r)] *m/f* curioso/curiosa *m/f*
Schaum [ʃaum] *m* schiuma *f*
Schaumbad [ˈʃaumbaːt] *n* bagnoschiuma *m*
schäumen [ˈʃɔymən] *v* schiumare, spumeggiare; *vor Wut ~ (fig)* essere sopraffatto dall'ira
Schaumgummi [ˈʃaumgumi] *m* gommapiuma *f*
Schaumkrone [ˈʃaumkroːnə] *f* cresta di schiuma *f*

Schaumschläger ['ʃaumʃlɛːgər] *m*
1. sbattitore a frusta *m; 2. (fig)* spaccone *m*
Schaumwein ['ʃaumvain] *m* spumante *m*
Schauplatz ['ʃauplats] *m* luogo *m*, scena
f; der ~ der Handlung il luogo d'azione *m*
schaurig ['ʃauriç] *adj* orrendo, spaventoso
Schauspiel ['ʃauʃpiːl] *n* commedia *f,*
dramma *m*
Schauspieler(in) ['ʃauʃpiːlər(ın)] *m/f*
attore/attrice *m/f*
Schauspielhaus ['ʃauʃpiːlhaus] *n* teatro *m*
Scheck [ʃɛk] *m* assegno *m*
Scheckbuch ['ʃɛkbuːx] *n* libretto degli assegni *m*
scheckig ['ʃɛkıç] *adj* pezzato
Scheckkarte ['ʃɛkkartə] *f* carta assegni *f*
Scheibe ['ʃaibə] *f 1.* disco *m; 2. (Wurstscheibe)* fetta *f; sich von jdm eine ~ abschneiden können* poter prendere esempio da qd;
3. (Fensterscheibe) lastra di vetro *f*
Scheibenbremse ['ʃaibənbrɛmzə] *f*
TECH freno a disco *m*
Scheibenwischer ['ʃaibənvıʃər] *m (eines Autos)* tergicristallo *m*
Scheich [ʃaiç] *m* sceicco *m*
Scheide ['ʃaidə] *f 1. (Messerscheide)*
fodero *m*, guaina *f; 2. ANAT* vagina *f*
scheiden ['ʃaidən] *v irr 1.* separare;
2. (Ehe) divorziare
Scheidung ['ʃaiduŋ] *f* divorzio *m*
Schein [ʃain] *m 1. (Licht)* luce *f; 2. (Banknote)* banconota *f; 3. (Bescheinigung)* certificato *m; 4. (fig: Anschein)* apparenza *f; zum ~*
in apparenza
Schein... [ʃain] *pref* fittizio
scheinbar ['ʃainbaːr] *adj* apparente
scheinen ['ʃainən] *v irr 1. (leuchten)*
splendere; *2. (fig: Anschein haben)* sembrare
scheinheilig ['ʃainhailıç] *adj* ipocrita
Scheinheiligkeit ['ʃainhailıçkait] *f*
ipocrisia *f*
Scheintod ['ʃaintoːt] *m* morte apparente *f*
Scheinwerfer ['ʃainvɛrfər] *m 1. (eines*
Autos) faro *m; die ~ abblenden* mettere gli anabbaglianti; *2. CINE* proiettore *m*
Scheiße ['ʃaisə] *f* merda *f,* escrementi *m/pl*
Scheitel ['ʃaitəl] *m* riga *f; vom ~ bis zur*
Sohle dalla testa ai piedi
Scheitelpunkt ['ʃaitəlpuŋkt] *m* punto culminante *m*
scheitern ['ʃaitərn] *v´(fig)* naufragare
Schelm [ʃɛlm] *m* birbante *m,* birba *f*

schelmisch ['ʃɛlmıʃ] *adj 1.* birbone, birichino; *adv 2.* maliziosamente
schelten ['ʃɛltən] *v irr* rimproverare
Schema ['ʃeːma] *n* schema *f; nach ~ F*
seguendo sempre il solito schema
schematisch [ʃe'maːtıʃ] *adj* schematico
Schemel ['ʃeːməl] *m* sgabello *m*
schemenhaft ['ʃeːmənhaft] *adj* spettrale
Schenkel ['ʃɛŋkəl] *m ANAT* coscia *f*
schenken ['ʃɛŋkən] *v* regalare; *halb*
geschenkt sein essere quasi regalato; *sich*
nichts ~ non risparmiarsi nulla
Scherbe ['ʃɛrbə] *f* coccio *m*
Schere ['ʃeːrə] *f* forbici *f/pl*
Schererei [ʃeːrə'rai] *f* seccatura *f,* fatica *f;*
sich unnötige ~en ersparen risparmiarsi fatiche inutili
Scherz [ʃɛrts] *m* scherzo *m*
scherzen ['ʃɛrtsən] *v* scherzare
scherzhaft ['ʃɛrtshaft] *adj* scherzoso
scheu [ʃɔy] *adj* timido, timoroso
Scheu [ʃɔy] *f* timidezza *f*
scheuen ['ʃɔyən] *v 1. (Pferd)* adombrarsi;
Die Pferde scheuten. I cavalli si adombrarono. *2. (meiden)* evitare, rifuggire
Scheuerlappen ['ʃɔyərlapən] *m* strofinaccio *m*
scheuern ['ʃɔyərn] *v* pulire, sfregare; *jdm*
eine ~ dare uno schiaffo a qd
Scheuklappen ['ʃɔyklapən] *pl* paraocchi *m/pl*
Scheune ['ʃɔynə] *f* granaio *m*
Scheusal ['ʃɔyzaːl] *n* mostro *m*
scheußlich ['ʃɔyslıç] *adj 1.* orribile; *adv*
2. orribilmente
Schicht [ʃıçt] *f 1.* strato *m; 2. (Klasse)* ceto
m, classe *f; 3. (Arbeitsschicht)* turno *m*
Schichtarbeit ['ʃıçtarbait] *f* lavoro a
turni *m*
Schichtwechsel ['ʃıçtvɛksəl] *m* cambio
di turno *m*
schick [ʃık] *adj* chic
schicken ['ʃıkən] *v* mandare
Schicksal ['ʃıkzaːl] *n* destino *m; jdn seinem ~ überlassen* lasciare qd al proprio
destino; *~ spielen* influenzare il destino
schicksalhaft ['ʃıkzaːlhaft] *adj* fatale
Schicksalsschlag ['ʃıkzaːlsʃlaːk] *m*
colpo del destino *m*
Schiebedach ['ʃiːbədax] *n (beim Auto)*
tettuccio apribile *m*
schieben ['ʃiːbən] *v irr* spingere
Schiebetür ['ʃiːbətyːr] *f* porta scorrevole *f*

Schiebung ['ʃiːbuŋ] f manovra f, frode f
Schiedsgericht ['ʃiːtsgərɪçt] n JUR tribunale arbitrale m
Schiedsrichter(in) ['ʃiːtsrɪçtər(ɪn)] m/f SPORT arbitro/arbitra m/f
Schiedsspruch ['ʃiːtsʃprux] m JUR sentenza arbitrale f
schief [ʃiːf] adj 1. storto; jdn ~ ansehen guardare storto qd; ~ gehen (fig) andare storto; 2. (Ebene) storto, pendente; 3. (Turm) inclinato, obliquo; 4. (fig: falsch) storto, sbagliato; 5. (Winkel) obliquo
schieflachen ['ʃiːflaxən] v sich ~ crepare dalle risate
schielen ['ʃiːlən] v essere strabico
Schienbein ['ʃiːnbaɪn] n ANAT stinco m
Schiene ['ʃiːnə] f 1. (Bahnschiene) rotaia f; 2. MED stecca f
Schießbude ['ʃiːsbuːdə] f baraccone del tiro a segno m
schießen ['ʃiːsən] v irr 1. (Waffe) sparare; 2. (Ball) lanciare, tirare; 3. zum Schießen sein (fig) essere da morire dal ridere
Schießerei [ʃiːsə'raɪ] f sparatoria f
Schießpulver ['ʃiːspulvər] n polvere da sparo f
Schiff [ʃɪf] n nave f; klar ~ machen appianare i malintesi/fare pulizia
Schiffbau ['ʃɪfbau] m NAUT costruzioni navali f/pl
Schiffbruch ['ʃɪfbrux] m naufragio m; ~ mit etw erleiden fare naufragio con qc
Schifffahrt ['ʃɪffaːrt] f navigazione f
Schiffschaukel ['ʃɪfʃaukəl] f altalena a forma di nave f
Schikane [ʃi'kaːnə] f dispetto m, angheria f; mit allen ~n con tutti i crismi/con tutti gli optionals/con ogni raffinatezza
schikanieren [ʃika'niːrən] v vessare, tormentare
Schild [ʃɪlt] n 1. (Schutzschild) scudo m; etw im ~e führen lavorare sott'acqua/progettare qc in segreto; 2. (Türschild) targhetta f, targa f; 3. (Straßenschild) segnale stradale m
Schilddrüse ['ʃɪltdryːzə] f ANAT tiroide f
schildern ['ʃɪldərn] v descrivere, raffigurare
Schilderung ['ʃɪldəruŋ] f descrizione f
Schildkröte ['ʃɪltkrøːtə] f tartaruga f
schillern ['ʃɪlərn] v avere riflessi, essere iridescente
Schimmel ['ʃɪməl] m 1. (Pferd) ZOOL cavallo bianco m; 2. BOT muffa f
schimmeln ['ʃɪməln] v ammuffire

Schimmer ['ʃɪmər] m lume m; keinen ~ von etw haben non avere la più pallida idea di qc
schimmlig ['ʃɪmlɪç] adj ammuffito
schimpfen ['ʃɪmpfən] v imprecare, insultare, sgridare
Schimpfwort ['ʃɪmpfvɔrt] n parola ingiuriosa f
Schinderei [ʃɪndə'raɪ] f (Plage) tormento m
Schinken ['ʃɪŋkən] m GAST prosciutto m
Schippe ['ʃɪpə] f pala f; jdn auf die ~ nehmen prendere in giro qd
schippen ['ʃɪpən] v spalare
Schirm [ʃɪrm] m 1. (Regenschirm) ombrello m; 2. (Sonnenschirm) parasole m
Schirmherr(in) ['ʃɪrmhɛr(ɪn)] m/f protettore/protettrice m/f
Schirmherrschaft ['ʃɪrmhɛrʃaft] f patronato m
Schizophrenie [ʃitsofre'niː] f MED schizofrenia f
Schlacht [ʃlaxt] f battaglia f
schlachten ['ʃlaxtən] v macellare
Schlachtfeld ['ʃlaxtfɛlt] n campo di battaglia m
Schlachthof ['ʃlaxthoːf] m macello m
Schlachtplan ['ʃlaxtplaːn] m piano di battaglia m
Schlaf [ʃlaːf] m sonno m; den ~ des Gerechten schlafen dormire il sonno del giusto; etw im ~ können poter fare qc dormendo/poter fare qc a occhi chiusi; jdn um den ~ bringen togliere il sonno a qd
Schlafanzug ['ʃlaːfantsuːk] m pigiama m
Schläfchen ['ʃlɛːfçən] n sonnellino m
Schläfe ['ʃlɛːfə] f ANAT tempia f
schlafen ['ʃlaːfən] v irr dormire
schlaff [ʃlaf] adj lento, allentato; ~e Haut pelle cascante f
schlaflos ['ʃlaːfloːs] adj senza sonno; Ich habe eine ~e Nacht verbracht. Ho passato una notte in bianco.
Schlaflosigkeit ['ʃlaːfloːzɪçkaɪt] f insonnia f
Schlafmütze ['ʃlaːfmytsə] f (fig) dormiglione m; eine ~ sein essere un dormiglione/essere un poltrone
schläfrig ['ʃlɛːfrɪç] adj assonnato
Schlafsack ['ʃlaːfzak] m sacco a pelo m
Schlaftablette ['ʃlaːftablɛtə] f sonnifero m
schlaftrunken ['ʃlaːftruŋkən] adj sonnolento

Schlafwagen ['ʃlaːfvaːgən] *m* vagone letto *m*

schlafwandeln ['ʃlaːfvandəln] *v* essere sonnambulo, camminare nel sonno

Schlafzimmer ['ʃlaːftsɪmər] *n* camera da letto *f*

Schlag [ʃlaːk] *m* 1. (Hieb) colpo *m*, botta *f; 2. (Pochen)* battito *m; 3. elektrischer* ~ scossa elettrica *f; 4. (fig: schwerer* ~) colpo *m; einen vernichtenden* ~ *gegen jdn führen* dare un colpo mortale a qd; *jdm einen* ~ *versetzen* dare un duro colpo a qd; ~ *auf* ~ colpo su colpo; *keinen* ~ *tun* non muovere un dito; *auf einen* ~ in un colpo solo/di colpo; *wie vom* ~ *getroffen* come colpito da un fulmine

Schlaganfall ['ʃlaːkanfal] *m* MED colpo apoplettico *m*

schlagartig ['ʃlaːkartɪç] *adj* 1. fulmineo; *adv* 2. repentinamente, di colpo; *Der Lärm hörte* ~ *auf.* Il rumore cessò di colpo.

schlagen ['ʃlaːgən] *v irr* 1. (hauen) battere; 2. (Uhr) battere; 3. (fig: siegen) battere; 4. (Herz) battere

Schlager ['ʃlaːgər] *m* 1. MUS canzone di successo *f; 2. (Erfolgsartikel)* articolo di successo *m*

Schlägerei [ʃlɛːgə'raɪ] *f* rissa *f*

Schlagersänger(in) ['ʃlaːgərzɛŋər(ɪn)] *m/f* cantante di musica leggera *m/f*

schlagfertig ['ʃlaːkfɛrtɪç] *adj* pronto; *eine* ~e *Antwort* una risposta pronta *f*

Schlagfertigkeit ['ʃlaːkfɛrtɪçkaɪt] *f* prontezza *f*

schlagkräftig ['ʃlaːkkrɛftɪç] *adj (fig)* convincente; *Es ist ein* ~es *Argument.* E' un argomento convincente.

Schlagloch ['ʃlaːklɔx] *n* buca *f*

Schlagsahne ['ʃlaːkzaːnə] *f* GAST panna montata *f*

Schlagseite ['ʃlaːkzaɪtə] *f* sbandamento *m; ~ haben* avere una sbronza/avere una ciucca/essere ubriaco

Schlagwort ['ʃlaːkvɔrt] *n* parola d'ordine *f*, frase fatta *f*

Schlagzeile ['ʃlaːktsaɪlə] *f* titolo di giornale *m; ~n machen* fare notizia/finire in prima pagina

Schlagzeug ['ʃlaːktsɔyk] *n* MUS batteria *f*

schlaksig ['ʃlakzɪç] *adj* dinoccolato

Schlamassel [ʃla'masəl] *m (fam)* sfortuna *f*, pasticcio *m; im* ~ *sitzen* essere nei pasticci/essere nei guai

Schlamm [ʃlam] *m* fango *m*

schlammig ['ʃlamɪç] *adj* fangoso

Schlampe ['ʃlampə] *f* sciattona *f*, donnaccia *f*

Schlamperei [ʃlampə'raɪ] *f* sciattezza *f*, sciatteria *f*

schlampig ['ʃlampɪç] *adj* disordinato

Schlange ['ʃlaŋə] *f* 1. ZOOL serpente *m; 2. (Menschenschlange)* coda *f; ~ stehen* stare in coda/stare in fila

schlängeln ['ʃlɛŋəln] *v sich* ~ serpeggiare, insinuarsi

schlank [ʃlaŋk] *adj* slanciato, snello

Schlankheitskur ['ʃlaŋkhaɪtskuːr] *f* cura dimagrante *f*

schlapp [ʃlap] *adj* 1. allentato, lento; *adv* 2. lentamente, flosciamente

Schlappe ['ʃlapə] *f (fam)* sconfitta *f*

Schlappen ['ʃlapən] *pl* pantofole *f/pl*

schlappmachen ['ʃlapmaxən] *v (fam)* crollare, cedere

Schlaraffenland [ʃla'rafənlant] *n* paese della Cuccagna *m*

schlau [ʃlau] *adj* furbo; *aus jdm nicht* ~ *werden* non riuscire a inquadrare qd; *sich* ~ *machen* assumere informazioni/informarsi

Schlauberger ['ʃlaubɛrgər] *m (fam)* furbacchione *m*

Schlauch [ʃlaux] *m* 1. tubo flessibile *m; 2. (im Reifen)* camera d'aria *f; 3. (fam: Anstrengung)* fatica *f; 4. auf dem* ~ *stehen (fig)* essere duro di comprendonio

Schlauchboot ['ʃlauxbɔːt] *n* canotto *m*

Schlaufe ['ʃlaufə] *f* cappio *m*

schlecht [ʃlɛçt] *adj* 1. cattivo; *adv 2.* male; *Ihm ist* ~. Sta male. ~ *und recht* a mala pena; *Mir wird* ~. Mi sento male. *Er staunte nicht* ~. Rimase stupito. *Ich kann* ~ *nein sagen.* Non so dire di no. ~ *gehen* andare male; *jdn* ~ *machen* dir male di qd/diffamare qd

Schleckerei [ʃlɛkə'raɪ] *f* leccornia *f*

Schleckermaul ['ʃlɛkərmaul] *n* golosone *m*, ghiottone *m*

schleichen ['ʃlaɪçən] *v irr* strisciare

Schleichwerbung ['ʃlaɪçvɛrbuŋ] *f* pubblicità indiretta *f*, pubblicità subliminale *f*

Schleier ['ʃlaɪər] *m* velo *m; den* ~ *lüften* alzare il velo/svelare il mistero

schleierhaft ['ʃlaɪərhaft] *adj* oscuro

Schleife ['ʃlaɪfə] *f* 1. cappio *m; 2. (Bandschleife)* fiocco *m*

schleifen¹ ['ʃlaɪfən] *v (schleppen)* trascinare

schleifen² ['ʃlaɪfən] *v irr* 1. (schärfen) affilare; 2. TECH smerigliare

Schleim [ʃlaɪm] *m* muco *m*

schleimig ['ʃlaɪmɪç] *adj 1.* mucoso; *2. (fig)* viscido

schlemmen ['ʃlɛmən] *v* scialare

Schlemmermahl ['ʃlɛmərmaːl] *n* pranzo luculliano *m*

schlendern ['ʃlɛndərn] *v* bighellonare

Schlendrian ['ʃlɛndriaːn] *m* tran-tran *m*

schleppen ['ʃlɛpən] *v 1. (schwer tragen)* trascinare; *2. (abschleppen)* rimorchiare

schleppend ['ʃlɛpənt] *adj 1.* strascicato; *adv 2.* strascicatamente

Schlepptau ['ʃlɛptau] *n* cavo da rimorchio *m; jdn ins ~ nehmen (fig)* rimorchiare qd

schleudern ['ʃlɔydərn] *v 1. (Wäsche)* centrifugare; *2. (Auto)* sbandare; *3. (werfen)* scagliare

Schleuderpreis ['ʃlɔydərpraɪs] *m* ECO prezzo di svendita *m*

Schleudersitz ['ʃlɔydərzɪts] *m* sediolino eiettabile *m*

schleunigst ['ʃlɔynɪçst] *adv* al più presto

Schliche ['ʃlɪçə] *pl jdm auf die ~ kommen* scoprire gli intrighi di qd

schlicht [ʃlɪçt] *adj* semplice

schlichten ['ʃlɪçtən] *v 1. (Streit)* comporre; *2. (Holz)* levigare

schließen ['ʃliːsən] *v irr 1. (zumachen)* chiudere; *2. (Vertrag)* concludere; *3. (beenden)* terminare; *4. (folgern)* concludere

Schließfach ['ʃliːsfax] *n* cassetta di sicurezza *f,* casella postale *f*

schließlich ['ʃliːslɪç] *adv 1. (am Ende)* finalmente; *2. (im Grunde)* in fondo; *3. (endgültig)* definitivamente

schlimm [ʃlɪm] *adj* brutto, cattivo

schlimmstenfalls ['ʃlɪmstənfals] *adv* nel peggiore dei casi

Schlinge ['ʃlɪŋə] *f* cappio *m; jdm die ~ um den Hals legen* mettere il cappio al collo di qd

Schlips [ʃlɪps] *m* cravatta *f; Er bindet sich den ~ um.* Egli si mette la cravatta. *jdm auf den ~ treten* offendere qd; *sich auf den ~ getreten fühlen* sentirsi offeso

Schlitten ['ʃlɪtən] *m* slitta *f; mit jdm ~ fahren* trattare qd come una pezza da piedi/usare qd per pulire il pavimento

Schlittenfahrt ['ʃlɪtənfaːrt] *f* corsa in slitta *f*

Schlittschuh ['ʃlɪtʃuː] *m* pattino da ghiaccio *m*

Schlittschuhlaufen ['ʃlɪtʃuːlaufən] *n* pattinaggio su ghiaccio *m*

Schlitz ['ʃlɪts] *m 1.* fessura *f; 2. (Einwurf)* buca *f; 3. (Hosenschlitz)* patta dei calzoni *f*

Schlitzohr ['ʃlɪtsoːr] *n* furbacchione *m*

Schloss [ʃlɔs] *n 1. (Verschluss)* serratura *f; hinter ~ und Riegel* in prigione/dietro le sbarre; *2. (Gebäude)* castello *m*

Schlosser(in) ['ʃlɔsər(ɪn)] *m/f* fabbro *m*

Schlosserei [ʃlɔsə'raɪ] *f* officina del fabbro *f*

Schlot [ʃloːt] *m* camino *m*

schlottern ['ʃlɔtərn] *v 1. (zittern)* tremare; *2. (Kleidung)* ballare adosso

Schlucht [ʃluxt] *f* precipizio *m*, baratro *m*

schluchzen ['ʃluxtsən] *v* piangere, singhiozzare

Schluchzer ['ʃluxtsər] *m* singhiozzo *m*

Schluck [ʃluk] *m* sorso *m*

Schluckauf ['ʃlukauf] *m* singhiozzo *m*

schlucken ['ʃlukən] *v* inghiottire

Schlucker ['ʃlukər] *m ein armer ~* un povero diavolo *m*

Schluckimpfung ['ʃlukɪmpfuŋ] *f* MED vaccinazione per via orale *f*

schlummern ['ʃlumərn] *v* dormicchiare

schlüpfen ['ʃlypfən] *v 1.* sgusciare; *2.* ZOOL uscire; *Das Küken schlüpft aus dem Ei.* Il pulcino esce dall'uovo.

Schlüpfer ['ʃlypfər] *m* slip *m*

Schlupfwinkel ['ʃlupfvɪŋkəl] *m* nascondiglio *m*

schlürfen ['ʃlyrfən] *v 1.* camminare trascinando i piedi; *2. (schlabbernd trinken)* bere rumorosamente

Schluss [ʃlus] *m* fine *f*

Schlüssel ['ʃlysəl] *m* chiave *f*

Schlüsselbein ['ʃlysəlbaɪn] *n* ANAT clavicola *f*

Schlüsselbund ['ʃlysəlbunt] *m* mazzo di chiavi *m*

Schlüsselloch ['ʃlysəllɔx] *n* serratura *f*

Schlüsselposition ['ʃlysəlpozitsjoːn] *f* posizione chiave *f*

schlussfolgern ['ʃlusfɔlgərn] *v* concludere

Schlussfolgerung ['ʃlusfɔlgəruŋ] *f* conclusione logica *f,* deduzione *f*

schlüssig ['ʃlysɪç] *adj* conclusivo

Schlusslicht ['ʃluslɪçt] *n 1. (beim Auto)* luce posteriore *f,* fanale di coda *m; 2. (fig)* ultimo *m; Er ist das ~ der Klasse.* Egli è l'ultimo della classe.

Schlussstrich ['ʃlusʃtrɪç] *m* punto *m*

Schlussverkauf ['ʃlusfɛrkauf] *m* ECO svendita *f*

Schmach [ˈʃmaːx] *f* vergogna *f*
schmächtig [ˈʃmɛçtɪç] *adj* gracile, esile
schmackhaft [ˈʃmakhaft] *adj* gustoso;
jdm etw ~ machen rendere appetibile qc a qd
schmal [ʃmaːl] *adj* stretto
schmälern [ˈʃmɛːlərn] *v* ridurre, diminuire
Schmalz [ʃmalts] *n* GAST strutto *m*
schmarotzen [ˈʃmarɔtsən] *v (fam)* vivere a spese di
schmatzen [ˈʃmatsən] *v* schioccare le labbra
schmecken [ˈʃmɛkən] *v 1. ~ nach* avere il sapore di, sapere di; *2. gut ~* piacere; *Der Braten schmeckt mir gut.* L'arrosto mi piace.
Schmeichelei [ʃmaɪçəˈlaɪ] *f* lusinga *f*, adulazione *f*
schmeichelhaft [ˈʃmaɪçəlhaft] *adj* lusinghiero
schmeicheln [ˈʃmaɪçəln] *v* adulare
Schmeichler(in) [ˈʃmaɪçlər(ɪn)] *m/f* lusingatore/lusingatrice *m/f*, adulatore/adulatrice *m/f*
schmelzen [ˈʃmɛltsən] *v irr 1.* sciogliere; *2. (fig)* struggersi; *Er schmilzt vor Sehnsucht.* Egli si strugge di nostalgia.
Schmelzpunkt [ˈʃmɛltspuŋkt] *m* punto di fusione *m*
Schmelztiegel [ˈʃmɛltstiːgəl] *m (fig)* crogiolo *m*
Schmerz [ʃmɛrts] *m* dolore *m*
schmerzempfindlich [ˈʃmɛrtsɛmpfɪntlɪç] *adj* sensibile al dolore
schmerzen [ˈʃmɛrtsən] *v* dolere
Schmerzensgeld [ˈʃmɛrtsənsgɛlt] *n* risarcimento dei danni morali *m*
schmerzfrei [ˈʃmɛrtsfraɪ] *adj* indolore
schmerzhaft [ˈʃmɛrtshaft] *adj* doloroso
schmerzlich [ˈʃmɛrtslɪç] *adj* doloroso, penoso; *ein ~es Verlangen* un desiderio ardente
schmerzlindernd [ˈʃmɛrtslɪndərnt] *adj* analgesico
Schmetterling [ˈʃmɛtərlɪŋ] *m* farfalla *f*
Schmied [ʃmiːt] *m* fabbro *m*
Schmiede [ˈʃmiːdə] *f* fucina *f*
schmieden [ˈʃmiːdən] *v* fucinare, forgiare
schmiegsam [ˈʃmiːkzaːm] *adj* flessibile
schmieren [ˈʃmiːrən] *v 1. (bestreichen)* spalmare; *2. (einfetten)* ingrassare, oliare; *3. (fam: bestechen)* corrompere; *4. (kritzeln)* scrivere male, scarabocchiare; *5. jdm eine ~ ungere qd
Schmiergeld [ˈʃmiːrgɛlt] *n* bustarella *f*

schmierig [ˈʃmiːrɪç] *adj 1. (fettig)* unto, untuoso; *2. (fig)* sordido
Schminke [ˈʃmɪŋkə] *f* trucco *m*
schminken [ˈʃmɪŋkən] *v* truccare
Schmöker [ˈʃmøːkər] *m* vecchio librone *m*
schmökern [ˈʃmøːkərn] *v* sfogliare libri
Schmu [ʃmuː] *m (fam)* creste *f; ~ machen* fare un piccolo imbroglio
Schmuck [ʃmuk] *m* gioiello *m*
schmücken [ˈʃmykən] *v* ornare
Schmuggel [ˈʃmugəl] *m* contrabbando *m*
schmuggeln [ˈʃmugəln] *v* contrabbandare
Schmuggler(in) [ˈʃmuglər(ɪn)] *m/f* contrabbandiere/contrabbandiera *m/f*
schmunzeln [ˈʃmuntsəln] *v* sorridere soddisfatto
schmusen [ˈʃmuːzən] *v* amoreggiare
Schmutz [ʃmuts] *m* sporcizia *f*
Schmutzfink [ˈʃmutsfɪŋk] *m* sudicione *m*
schmutzig [ˈʃmutsɪç] *adj* sporco
Schnabel [ˈʃnaːbəl] *m* becco *m; den ~ halten* chiudere il becco; *reden, wie einem der ~ gewachsen ist* parlare senza peli sulla lingua; *sich den ~ verbrennen* fare una gaffe
schnappen [ˈʃnapən] *v 1. (zu~, auf~)* scattare; *2. (erwischen)* acchiappare; *3. (beißen)* addentare
Schnaps [ʃnaps] *m* acquavite *f*
schnarchen [ˈʃnarçən] *v* russare
schnaufen [ˈʃnaufən] *v* ansare, ansimare
Schnauze [ˈʃnautsə] *f* muso *m; die ~ voll haben* averne le tasche piene; *die ~ halten* chiudere il becco; *eine große ~ haben* sparare grosse
schnäuzen [ˈʃnɔytsən] *v sich ~* soffiarsi il naso
Schnauzer [ˈʃnautsər] *m 1. (Bart)* baffoni *m/pl; 2. (Hund)* schnauzer *m*
Schnecke [ˈʃnɛkə] *f* ZOOL chiocciola *f*
Schneckentempo [ˈʃnɛkəntɛmpo] *n (fam)* passo di lumaca *m*
Schnee [ʃneː] *m* neve *f; ~ von gestern sein* essere acqua passata
Schneeball [ˈʃneːbal] *m* palla di neve *f*
Schneebesen [ˈʃneːbeːzən] *m (Küchengerät)* frusta *f*
schneeblind [ˈʃneːblɪnt] *adj* abbagliato dalla neve
Schneeflocke [ˈʃneːflɔkə] *f* fiocco di neve *m*
Schneekette [ˈʃneːkɛtə] *f (fürs Auto)* catena da neve *f*
Schneemann [ˈʃneːman] *m* pupazzo di neve *m*

schneeweiß [ˈʃneːvaɪs] *adj* bianco immacolato
schneiden [ˈʃnaɪdən] *v irr 1.* tagliare; *eine Kurve ~* tagliare una curva; *2. jdn ~ (fig)* ignorare qd
Schneider(in) [ˈʃnaɪdər(ɪn)] *m/f* sarto/sarta *m/f; aus dem ~ sein* aver superato il peggio
schneien [ˈʃnaɪən] *v* nevicare
schnell [ʃnɛl] *adj 1.* veloce; *adv 2.* velocemente
Schnelligkeit [ˈʃnɛlɪçkaɪt] *f* velocità *f*
Schnellimbiss [ˈʃnɛlɪmbɪs] *m* spuntino *m*
Schnellkochtopf [ˈʃnɛlkɔxtɔpf] *m* pentola a pressione *f*
schnelllebig [ˈʃnɛlleːbɪç] *adj* dalla vita convulsa
schnellstens [ˈʃnɛlstəns] *adv* al più presto
Schnellstraße [ˈʃnɛlʃtraːsə] *f* superstrada *f*
Schnellzug [ˈʃnɛltsuːk] *m* direttissimo *m*
schnippisch [ˈʃnɪpɪʃ] *adj* sfacciato
Schnitt [ʃnɪt] *m* taglio *m*
Schnittfläche [ˈʃnɪtflɛçə] *f* sezione *f*
Schnittlauch [ˈʃnɪtlaux] *m BOT* erba cipollina *f*
Schnittwunde [ˈʃnɪtvundə] *f MED* ferita da taglio *f*
Schnitzel [ˈʃnɪtsəl] *n 1. (Papierschnitzel)* ritaglio di carta *m*, pezzetto *m; 2. GAST* cotoletta *f; Wiener ~* cotoletta alla milanese *f*
schnitzen [ˈʃnɪtsən] *v* intagliare
Schnorchel [ˈʃnɔrçəl] *m* respiratore di superficie *m*
Schnörkel [ˈʃnœrkəl] *m* svolazzo *m*, ghirigoro *m*
schnüffeln [ˈʃnyfəln] *v 1.* annusare; *Der Hund schnüffelte im Gebüsch.* Il cane annusava nel cespuglio. *2. (fig)* curiosare
Schnüffler [ˈʃnyflər] *m* spia *f*
Schnuller [ˈʃnulər] *m* ciucciotto *m*
Schnulze [ˈʃnultsə] *f MUS* canzonetta sdolcinata *f*
Schnupfen [ˈʃnupfən] *m* raffreddore *m*
schnuppern [ˈʃnupərn] *v* annusare
Schnur [ʃnuːr] *f* spago *m*, corda *f*
Schnürchen [ˈʃnyːrçən] *n wie am ~ gehen* andare liscio come l'olio
schnüren [ˈʃnyːrən] *v* allacciare
Schnurrbart [ˈʃnurbart] *m* baffi *m/pl*
schnurren [ˈʃnurən] *v* fare le fusa
schnurstracks [ˈʃnuːrʃtraks] *adv* diritto filato

Schock [ʃɔk] *m* shock *m*
schockieren [ʃɔkˈiːrən] *v* scioccare, scandalizzare
Schöffe [ˈʃœfə] *m JUR* giurato *m*
Schöffengericht [ˈʃœfəngərɪçt] *n* giuria *f*
Schöffin [ˈʃœfɪn] *f JUR* giurata *f*
Schokolade [ʃokoˈlaːdə] *f 1. (Tafel ~)* cioccolato *m; Er hat eine Tafel ~ gegessen.* Ha mangiato una tavoletta di cioccolato. *2. (heiße ~)* cioccolata *f; eine Tasse heiße ~* una tazza di cioccolata calda *f*
Scholle [ˈʃɔlə] *f 1. (Eisscholle)* lastrone *m; 2. ZOOL* passera di mare *f*
schon [ʃoːn] *adv* già; *Das ist ~ immer so.* Veramente è sempre così. *Das wird ~ gut gehen.* Andrà certamente bene. *~ der Gedanke* solo al pensiero; *Schon wieder?* Ancora?
schön [ʃøːn] *adj 1.* bello; *adv 2.* bene
schonen [ˈʃoːnən] *v 1. jdn ~* risparmiare qd; *2. etw ~* aver cura di qc; *die Umwelt ~* rispettare l'ambiente; *3. sich ~* riguardarsi
Schönfärberei [ˈʃøːnfɛrbəˈraɪ] *f (fig)* abbellimento *m*
Schonfrist [ˈʃoːnfrɪst] *f* tregua *f*
Schönheit [ˈʃøːnhaɪt] *f* bellezza *f*
Schönheitsfehler [ˈʃøːnhaɪtsfeːlər] *m* difetto estetico *m*
Schönheitskönigin [ˈʃøːnhaɪtskøːnɪgɪn] *f* reginetta di bellezza *f*
Schönheitsoperation [ˈʃøːnhaɪtsopəratsjoːn] *f MED* intervento di chirurgia estetica *m*
Schonkost [ˈʃoːnkɔst] *f* dieta *f*
schonungslos [ˈʃoːnuŋsloːs] *adj 1.* irriguardoso; *adv 2.* senza riguardi
schöpfen¹ [ˈʃœpfən] *v 1. (Suppe)* attingere; *2. (Verdacht)* insospettirsi; *3. (Atem)* prendere fiato, respirare
schöpfen² [ˈʃœpfən] *v irr (schaffen)* creare
Schöpfer(in) [ˈʃœpfər(ɪn)] *m/f* creatore/creatrice *m/f*
schöpferisch [ˈʃœpfərɪʃ] *adj* creativo
Schöpflöffel [ˈʃœpflœfəl] *m* mestolo *m*
Schöpfung [ˈʃœpfuŋ] *f* creazione *f*
Schornstein [ˈʃɔrnʃtaɪn] *m* comignolo *m*, ciminiera *f*
Schornsteinfeger(in) [ˈʃɔrnʃtaɪnfeːgər(ɪn)] *m/f* spazzacamino *m/f*
Schoß [ʃoːs] *m* grembo *m; in den ~ fallen (fig)* cadere in bocca/cadere dal cielo
Schoßhündchen [ˈʃoːshyntçən] *n* cagnolino da salotto *m*
Schotte [ˈʃɔtə] *m* scozzese *m*

Schottin ['ʃɔtɪn] *f* scozzese *f*
Schottland ['ʃɔtlant] *n GEO* Scozia *f*
schräg [ʃrɛːk] *adj 1.* obliquo; *adv 2.* di sbieco
Schräge ['ʃrɛːgə] *f* obliquità *f*
Schramme ['ʃramə] *f* scalfittura *f*
Schrank [ʃraŋk] *m* armadio *m*
Schranke ['ʃraŋkə] *f* barriera *f,* sbarra *f; jdn in seine ~n verweisen* ricordare a qd i propri limiti; *Dem sind ~n gesetzt.* Gli sono posti dei limiti.
Schraube ['ʃraubə] *f 1.* vite *f; die ~ überdrehen* tirare troppo la corda; *eine ~ ohne Ende (fig)* una cosa senza fine *f; Bei dir ist doch eine ~ locker!* Ti manca una rotella! *2. (Schiffsschraube)* elica *f*
schrauben ['ʃraubən] *v* avvitare
Schraubenzieher ['ʃraubəntsiːər] *m TECH* cacciavite *m*
Schraubstock ['ʃraubʃtɔk] *m TECH* morsa *f*
Schreck [ʃrɛk] *m* spavento *m; Ach du ~!* Orrore!/Accidenti!/Mamma mia!
schreckensbleich ['ʃrɛkənsblaɪç] *adj* pallido di terrore
Schreckensbotschaft ['ʃrɛkənsboːtʃaft] *f* annuncio funesto *m*
schreckhaft ['ʃrɛkhaft] *adj* timoroso
schrecklich ['ʃrɛklɪç] *adj 1.* terribile; *adv 2.* terribilmente
Schrei [ʃraɪ] *m* grido *m; der letzte ~* l'ultimo grido *m*
schreiben ['ʃraɪbən] *v irr* scrivere
Schreiben ['ʃraɪbən] *n* scrittura *f,* lettera *f*
schreibfaul ['ʃraɪpfaul] *adj* pigro nello scrivere
Schreibkraft ['ʃraɪpkraft] *f* stenodattilografo *m*
Schreibmaschine ['ʃraɪpmaʃiːnə] *f* macchina da scrivere *f*
Schreibtisch ['ʃraɪptɪʃ] *m* scrivania *f*
Schreibwaren ['ʃraɪpvaːrən] *pl* articoli di cancelleria *m/pl*
schreien ['ʃraɪən] *v irr* gridare
Schreihals ['ʃraɪhals] *m* strillone *m,* caciarone *m*
Schreiner(in) ['ʃraɪnər(ɪn)] *m/f* falegname *m*
Schreinerwerkstatt ['ʃraɪnərvɛrkʃtat] *f* falegnameria *f*
Schrift [ʃrɪft] *f* scrittura *f*
Schriftart ['ʃrɪftart] *f* tipo di scrittura *f*
Schriftführer(in) ['ʃrɪftfyːrər(ɪn)] *m/f* segretario/segretaria *m/f*

schriftlich ['ʃrɪftlɪç] *adj 1.* scritto; *adv 2.* per iscritto, per lettera
Schriftsteller(in) ['ʃrɪftʃtɛlər(ɪn)] *m/f* scrittore/scrittrice *m/f*
Schriftstück ['ʃrɪftʃtyk] *n* scritto *m*
Schriftverkehr ['ʃrɪftfɛrkeːr] *m* corrispondenza *f*
schrill [ʃrɪl] *adj* stridulo
Schritt [ʃrɪt] *m 1. (Gangart)* passo *m; mit jdm ~ halten* tenere il passo con qd; *einen ~ zu weit gehen* fare un passo di troppo; *~ für ~* un passo dopo l'altro *m; den ertsen ~ tun* fare il primo passo; *2. (fig)* passo *m*
Schritttempo ['ʃrɪttɛmpo] *n* ritmo del passo *m; im ~ fahren* andare al passo
schrittweise ['ʃrɪtvaɪzə] *adv* gradualmente
schroff [ʃrɔf] *adj 1.* erto, dirupato; *2. (fig: kurz angebunden)* brusco; *adv 3.* bruscamente
Schrott [ʃrɔt] *m* rottami metallici *m/pl*
schrottreif ['ʃrɔtraɪf] *adj* buono come rottame
schrubben ['ʃrubən] *v* strofinare
schrumpfen ['ʃrumpfən] *v 1. (eingehen)* restringersi; *2. (fig: vermindern)* diminuire
Schub [ʃuːp] *m 1.* spinta *f; 2. (~kraft) PHYS* spostamento *m*
Schubkarre ['ʃuːpkarə] *f* carriola *f*
Schublade ['ʃuːplaːdə] *f* cassetto *m*
schüchtern ['ʃyçtərn] *adj* timido
Schüchternheit ['ʃyçtərnhaɪt] *f* timidezza *f*
Schuft [ʃuft] *m* furfante *m,* canaglia *f*
schuften ['ʃuftən] *v* faticare, sgobbare
Schuh [ʃuː] *m* scarpa *f; sich die ~e nach etw ablaufen* consumarsi le suole per qc; *Da zieht es einem ja die ~e aus!* Fa venire il latte alle ginocchia!/Fa cadere le braccia!/E' insopportabile!
Schuhband ['ʃuːbant] *n* laccio *m,* stringa *f*
Schuhcreme ['ʃuːkreːm] *f* lucido per scarpe *m*
Schuhgeschäft ['ʃuːgəʃɛːft] *n* negozio di calzature *m*
Schuhgröße ['ʃuːgrøːsə] *f* numero di scarpe *m*
Schuhmacher(in) ['ʃuːmaxər(ɪn)] *m/f* calzolaio/calzolaia *m/f*
Schulanfang ['ʃuːlanfaŋ] *m* inizio della scuola *m*
Schulanfänger(in) ['ʃuːlanfɛŋər(ɪn)] *m/f* chi ha appena cominciato la scuola *m/f*

Schulaufgabe ['ʃuːlaufgaːbə] f compito in classe m
Schulbank ['ʃuːlbank] f banco m; die ~ drücken andare a scuola
Schulbildung ['ʃuːlbɪlduŋ] f istruzione scolastica f
schuld [ʃult] adj colpevole; an etw ~ sein essere colpevole di qc
Schuld [ʃult] f 1. colpa f; an etw ~ haben avere colpa di qc; tief in jds ~ stehen essere molto obbligati con qd/avere un grosso debito con qd; 2. JUR colpa f; 3. (Geldschuld) ECO debito m
schuldbewusst ['ʃultbəvust] adj conscio della propria colpa
schulden ['ʃuldən] v dovere a; jdm etw ~ dovere qc a qd
Schulden ['ʃuldən] pl ECO debiti m/pl
schuldenfrei ['ʃuldənfraɪ] adj esente da debiti
Schuldfrage ['ʃultfraːgə] f JUR questione di colpevolezza f
Schuldgefühl ['ʃultgəfyːl] n senso di colpa m
schuldig ['ʃuldɪç] adj 1. (Geld) ECO debitore; 2. JUR colpevole
Schuldkomplex ['ʃultkɔmplɛks] m complesso di colpa m
schuldlos ['ʃultloːs] adj innocente
Schuldner(in) ['ʃultnər(ɪn)] m/f ECO debitore/debitrice m/f
Schuldschein ['ʃultʃaɪn] m ECO titolo di credito m
Schule ['ʃuːlə] f scuola f; die ~ schwänzen marinare la scuola; aus der ~ plaudern fare andare la lingua/rivelare un segreto; ~ machen fare scuola
Schüler(in) ['ʃyːlər(ɪn)] m/f scolaro/scolara m/f
Schüleraustausch ['ʃyːləraustauʃ] m scambio di studenti m
Schülerausweis ['ʃyːlərausvaɪs] m tessera di studente f
Schülerzeitung ['ʃyːlərtsaɪtuŋ] f giornale scolastico m
Schulferien ['ʃuːlfeːrjən] pl vacanze scolastiche f/pl
schulfrei ['ʃuːlfraɪ] adj di vacanza
Schulfreund(in) ['ʃuːlfrɔynt/'ʃuːlfrɔyndɪn] m/f compagno di scuola/compagna di scuola m/f
Schuljahr ['ʃuːljaːr] n anno scolastico m
Schulmedizin ['ʃuːlmeditsiːn] f medicina scolastica f, medicina classica f

schulpflichtig ['ʃuːlpflɪçtɪç] adj soggetto all'obbligo scolastico; ein ~es Kind un bambino in età scolare m
Schulranzen ['ʃuːlrantsən] m cartella f, zaino m
schulreif ['ʃuːlraɪf] adj in età scolare
Schulstunde ['ʃuːlʃtundə] f lezione f
Schulter ['ʃultər] f ANAT spalla f; etw auf die leichte ~ nehmen prendere qc alla leggera/prendere qc sottogamba; etw auf seine ~n nehmen accollarsi qc
Schulterblatt ['ʃultərblat] n ANAT scapola f
Schulterpolster ['ʃultərpɔlstər] n spallina f
Schulung ['ʃuːluŋ] f addestramento m, istruzione f
Schulzeugnis ['ʃuːltsɔyknɪs] n pagella scolastica f
Schund [ʃunt] m robaccia f, ciarpame m
Schuppe ['ʃupə] f 1. (Haarschuppe) forfora f; 2. (Fischschuppe) ZOOL scaglia f; Es fiel ihm wie ~n von den Augen. Gli è caduta la benda dagli occhi.
Schuppen ['ʃupən] m (Gebäude) capannone m, granaio m
Schurke ['ʃurkə] m farabutto m
Schürze ['ʃyrtsə] f grembiule m
Schürzenjäger ['ʃyrtsənjɛːgər] m donnaiolo m
Schuss [ʃus] m colpo m, sparo m, tiro m; weitab vom ~ sein essere fuori tiro; ein ~ in den Ofen sein essere un buco nell'acqua; ein ~ ins Schwarze un colpo andato a segno m; etw in ~ bringen mettere qc in tiro; einen ~ haben essere fuori di testa
Schüssel ['ʃysəl] f scodella f, ciotola f
schusselig ['ʃusəlɪç] adj sbadato
Schusslinie ['ʃusliːnjə] f (fig) traiettoria f
Schussverletzung ['ʃusferlɛtsuŋ] f MED ferita d'arma da fuoco f
Schusswaffe ['ʃusvafə] f arma da fuoco f
Schuster ['ʃuːstər] m calzolaio m; auf ~s Rappen sul cavallo di San Francesco/a piedi
Schutt [ʃut] m calcinacci m/pl, macerie f/pl
Schüttelfrost ['ʃytəlfrɔst] m MED brividi di febbre m/pl
schütteln ['ʃytəln] v scuotere
schütten ['ʃytən] v versare
Schutthalde ['ʃuthaldə] f fascia detritica f
Schutz [ʃuts] m protezione f; jdn in ~ nehmen prendere qd sotto la propria protezione/prendere le difese di qd

schutzbedürftig ['ʃutsbədyrftɪç] *adj*
bisognoso di protezione
Schutzblech ['ʃutsblɛç] *n (eines Autos)*
lamiera di protezione *f,* parafango *m*
schützen ['ʃytsən] *v* proteggere
Schutzengel ['ʃutsɛŋəl] *m* angelo custode *m*
Schützenhilfe ['ʃytsənhɪlfə] *f* aiuto *m*
Schutzimpfung ['ʃutsɪmpfuŋ] *f* MED
vaccinazione preventiva *f*
Schützling ['ʃytslɪŋ] *m* protetto *m*
schutzlos ['ʃutslo:s] *adj* privo di protezione
Schutzmaßnahme ['ʃutsma:sna:mə] *f*
misura di protezione *f*
Schutzpatron ['ʃutspatro:n] *m* REL
patrono *m*
schwach [ʃvax] *adj* debole
Schwäche ['ʃvɛçə] *f* debolezza *f*
Schwächeanfall ['ʃvɛçəanfal] *m* MED
attacco di debolezza *m*
schwächlich ['ʃvɛçlɪç] *adj* debole
Schwächling ['ʃvɛçlɪŋ] *m* debole *m*
Schwachsinn ['ʃvaxzɪn] *m* deficienza *f,*
stupidaggine *f; ~ reden* dire stupidaggini
Schwachstelle ['ʃvaxʃtɛlə] *f* punto debole *m*
Schwager ['ʃva:gər] *m* cognato *m*
Schwägerin ['ʃvɛ:gərɪn] *f* cognata *f*
Schwalbe ['ʃvalbə] *f* ZOOL rondine *f;
Eine ~ macht noch keinen Sommer.* Una rondine non fa primavera.
Schwamm [ʃvam] *m* spugna *f; ~ drüber!*
Mettiamoci una pietra sopra!
Schwan [ʃva:n] *m* ZOOL cigno *m; Mein lieber ~!* Accidenti!
schwanger ['ʃvaŋər] *adj* incinta
Schwangere ['ʃvaŋərə] *f* donna incinta *f,*
gestante *f*
Schwangerschaft ['ʃvaŋərʃaft] *f* gravidanza *f*
Schwangerschaftsabbruch ['ʃvaŋər-
ʃaftsapbrux] *m* MED interruzione di gravidanza *f*
Schwangerschaftstest ['ʃvaŋərʃafts-
tɛst] *m* test di gravidanza *m*
schwanken ['ʃvaŋkən] *v* 1. *(taumeln)* vacillare, barcollare; 2. *(abweichen)* oscillare;
3. *(fig: zaudern)* essere indeciso
Schwanz [ʃvants] *m* coda *f; jdm auf den ~
treten* pestare la coda a qd/offendere qd; *den
~ einziehen* mettersi la coda tra le gambe;
kein ~ (fam) neanche un cane nessuno; 2.
(fam) cazzo *m*

schwänzen ['ʃvɛntsən] *v (fam)* saltare,
marinare; *die Schule ~* marinare la scuola
Schwarm [ʃvarm] *m* 1. *(Vogelschwarm)*
ZOOL stormo *m;* 2. *(Bienenschwarm)* ZOOL
sciame *m;* 3. *(Fischschwarm)* ZOOL branco
m; 4. *(Menschenschwarm)* schiera *f;* 5. *(fig)*
passione *f; Sie ist sein alter ~.* E' una sua
vecchia fiamma.
schwärmen ['ʃvɛrmən] *v* 1. sciamare;
2. *(fig)* essere infatuato
schwarz [ʃvarts] *adj* nero *m; ~ wie die
Nacht* nero come la notte; *~ auf weiß* nero su
bianco; *sich ~ ärgern* arrabbiarsi nero/
arrabbbiarsi di brutto; *ins Schwarze treffen*
colpire nel segno; *Du kannst warten, bis du ~
wirst!* Campa cavallo che l'erba cresce!
Schwarzarbeit ['ʃvartsarbaɪt] *f* lavoro
abusivo *m,* lavoro nero *m*
Schwarzbrot ['ʃvartsbro:t] *n* pane nero *m*
Schwarze(r) ['ʃvartsə(r)] *m/f* nero/
nera *m/f*
Schwarzfahrer ['ʃvartsfa:rər] *m* viaggiatore clandestino *m*
Schwarzmarkt ['ʃvartsmarkt] *m* mercato
nero *m*
schwatzen ['ʃvatsən] *v* chiacchierare
Schwätzer(in) ['ʃvɛtsər(ɪn)] *m/f* chiacchierone/chiacchierona *m/f*
schweben ['ʃve:bən] *v* 1. librarsi; 2. *(fig)*
pendere
Schweden ['ʃve:dən] *n* GEO Svezia *f*
schwedisch ['ʃve:dɪʃ] *adj* svedese
Schwefel ['ʃve:fəl] *m* CHEM zolfo *m*
schweigen ['ʃvaɪgən] *v* irr stare zitto,
tacere; *ganz zu ~ von* per non parlare di; *~
wie ein Grab* essere muto come una tomba
Schweigen ['ʃvaɪgən] *n* silenzio *m; jdn
zum ~ bringen* ridurre qd al silenzio
Schweigepflicht ['ʃvaɪgəpflɪçt] *f* segreto professionale *m*
schweigsam ['ʃvaɪkza:m] *adj* taciturno
Schweigsamkeit ['ʃvaɪkza:mkaɪt] *f*
taciturnità *f,* mutismo *m*
Schwein [ʃvaɪn] *n* 1. ZOOL maiale *m,*
porco *m; kein ~* neanche un cane *m,* nessuno;
2. GAST maiale *m;* 3. *(fig: Glück)* fortuna *f*
Schweinebraten ['ʃvaɪnəbra:tən] *m*
GAST arrosto di maiale *m*
Schweinerei [ʃvaɪnə'raɪ] *f* porcheria *f*
Schweinestall ['ʃvaɪnəʃtal] *m* porcile *m*
Schweiß [ʃvaɪs] *m* sudore *m; im ~e meines
Angesichts* con il sudore della mia fronte
schweißen ['ʃvaɪsən] *v* TECH saldare
Schweiz [ʃvaɪts] *f* GEO Svizzera *f*

schweizerisch ['ʃvaɪtsərɪʃ] *adj* svizzero
Schwelle ['ʃvelə] *f* 1. *(Eisenbahnschwelle)* traversina *f;* 2. *(Übergang)* soglia *f*
Schwellenland ['ʃvelənlant] *n* ECO paese emergente *m*
schwenken ['ʃvɛnken] *v* sventolare; *eine Fahne ~* sventolare una bandiera
schwer [ʃveːr] *adj* 1. pesante; 2. *(schwierig)* difficile; *sich ~ tun* complicarsi le cose; *~ von Begriff* duro di comprendonio; *ein ~er Junge sein* essere un ragazzo difficile; *~ erziehbar* disadattato; *~ machen* rendere difficile; *~ verdaulich* indigesto; 3. *(mühsam)* pesante, faticoso; 4. *(ernst)* grave; *~ beschädigt* seriamente danneggiato; *~ krank* malato grave; *~ wiegend* grave
Schwerarbeit ['ʃveːrarbaɪt] *f* lavoro pesante *m*
Schwere ['ʃveːrə] *f (fig)* pesantezza *f*
Schwerelosigkeit ['ʃveːrəloːzɪçkaɪt] *f* mancanza di gravità *f*
schwerfällig ['ʃveːrfɛlɪç] *adj* pesante, maldestro
schwerhörig ['ʃveːrhøːrɪç] *adj* MED debole d'udito
Schwerindustrie ['ʃveːrɪndustriː] *f* industria pesante *f*
Schwerkraft ['ʃveːrkraft] *f* PHYS forza di gravità *f*
Schwermut ['ʃveːrmuːt] *f* malinconia *f*
schwermütig ['ʃveːrmyːtɪç] *adj* malinconico
Schwerpunkt ['ʃveːrpuŋkt] *m* 1. centro di gravità *m;* 2. *(fig)* punto cruciale *m*
Schwert [ʃveːrt] *n* spada *f*
Schwerverbrecher(in) ['ʃveːrfɛrbrɛçər(ɪn)] *m/f* grande criminale *m/f*
Schwerverletzte(r) ['ʃveːrfɛrlɛtstə(r)] *m/f* ferito grave/ferita grave *m/f*
Schwester ['ʃvɛstər] *f* 1. sorella *f;* 2. *(Krankenschwester)* infermiera *f*
Schwiegereltern ['ʃviːgərɛltərn] *pl* suoceri *m/pl*
Schwiegermutter ['ʃviːgərmutər] *f* suocera *f*
Schwiegersohn ['ʃviːgərzoːn] *m* genero *m*
Schwiegertochter ['ʃviːgərtɔxtər] *f* nuora *f*
Schwiegervater ['ʃviːgərfaːtər] *m* suocero *m*
schwierig ['ʃviːrɪç] *adj* difficile
Schwierigkeit ['ʃviːrɪçkaɪt] *f* difficoltà *f*
Schwimmbad ['ʃvɪmbaːt] *n* piscina *f*

schwimmen ['ʃvɪmən] *v irr* nuotare
Schwimmen ['ʃvɪmən] *n* SPORT nuoto *m*
Schwimmer(in) ['ʃwɪmər(ɪn)] *m/f* nuotatore/nuotatrice *m/f*
Schwimmweste ['ʃvɪmvɛstə] *f* giubbotto di salvataggio *m*
Schwindel ['ʃvɪndəl] *m* 1. *(Lüge)* imbroglio *m;* 2. MED capogiro *m;* *~ erregend* vertiginoso; *Ihm schwindelt es.* Ha le vertigini.
schwindelfrei ['ʃvɪndəlfraɪ] *adj* che non soffre di vertigini
schwindeln ['ʃvɪndəln] *v* imbrogliare
Schwindler(in) ['ʃwɪndlər(ɪn)] *m/f* imbroglione/imbrogliona *m/f*
schwindlig ['ʃvɪndlɪç] *adj* che ha il capogiro, che soffre di vertigini
Schwingung ['ʃvɪŋuŋ] *f* oscillazione *f*
Schwips ['ʃvɪps] *m* leggera sbornia *f*
schwitzen ['ʃvɪtsən] *v* sudare
schwören ['ʃvøːrən] *v irr* giurare; *ewige Freundschaft ~* giurare eterna amicizia
schwul [ʃvuːl] *adj (fam)* omosessuale
schwül [ʃvyːl] *adj* afoso
Schwung [ʃvuŋ] *m* 1. slancio *m;* 2. *(fig: Tatkraft)* energia *f;* *etw in ~ bringen* mettere in moto qc; *in ~ kommen* mettersi in movimento; *in ~ sein* essere in forma
schwungvoll ['ʃvuŋfɔl] *adj* 1. pieno di slancio, movimentato; *adv* 2. con molto slancio, movimentatamente
Schwur [ʃvuːr] *m* giuramento *m*
Schwurgericht ['ʃvuːrgərɪçt] *n* JUR corte d'assise *f*
sechs [zɛks] *num* sei
sechste(r,s) ['zɛkstə(r,s)] *adj* 1. sesto/sesta; 2. *(Datum)* sei
sechseckig ['zɛksɛkɪç] *adj* esagonale
sechzehn ['zɛçtseːn] *num* sedici
sechzehnte(r,s) ['zɛçtseːntə(r,s)] *adj* 1. sedicesimo/sedicesima; 2. *(Datum)* sedici
sechzig ['zɛçtsɪç] *num* sessanta
sechzigste(r,s) ['zɛçtsɪçstə(r,s)] *adj* sessantesimo/sessantesima
See [zeː] *m* 1. lago *m; f* 2. mare *m; in ~ stechen* salpare; *zur ~ fahren* imbarcarsi
Seefahrt ['zeːfaːrt] *f* viaggio sul mare *m*
Seehund ['zeːhunt] *m* ZOOL foca *f*
seekrank ['zeːkraŋk] *adj* sofferente di mal di mare
Seele ['zeːlə] *f* anima *f,* indole *f; Er hat eine gute ~.* Egli ha un'indole buona. *sich die ~ aus dem Leib reden* sgolarsi/parlare sino a diventare rauco; *jdm auf der ~ brennen* bruciare nell'anima a qd; *jdm aus der ~ sprechen*

parlare al cuore di qd; *eine ~ von einem Menschen* una pasta d'uomo *f; aus tiefster ~* dal più profondo dell'anima/sinceramente; *mit ganzer ~* con tutta l'anima/con tutto il cuore
seelenruhig ['zeːlənruːɪç] *adj* imperturbabile
seelisch ['zeːlɪʃ] *adj* psichico
Seelsorge ['zeːlzɔrgə] *f REL* cura d'anime *f*
Seelsorger(in) ['zeːlzɔrgər(ɪn)] *m/f REL* pastore d'anime *m*
Seemann ['zeːman] *m* marinaio *m*
Seenot ['zeːnoːt] *f* pericolo di naufragio *m,* pericolo sul mare *m; Schiff in ~!* Nave in pericolo!
Seepferdchen ['zeːpfɛrtçən] *n ZOOL* ippocampo *m,* cavalluccio marino *m*
Seerose ['zeːroːzə] *f BOT* ninfea *f*
Seezunge ['zeːtsuŋə] *f GAST* sogliola *f*
Segel ['zeːgəl] *n* vela *f; mit vollen ~n* a gonfie vele/con la massima energia
Segelboot ['zeːgəlboːt] *n* barca a vela *f*
Segelflugzeug ['zeːgəlfluːktsɔyk] *n* aliante *m*
segeln ['zeːgəln] *v* veleggiare
Segen ['zeːgən] *m 1. (Glück)* benedizione *f; 2. REL* benedizione *f;* jds ~ haben* avere la benedizione di qd; *seinen ~ zu etw geben* dare la propria benedizione per qc
Segment [zɛk'mɛnt] *n* segmento *m*
segnen ['zeːgnən] *v* benedire
sehen ['zeːən] *v irr* vedere; *etw nicht mehr ~ können* non poter più vedere qc
Sehen ['zeːən] *n* vedere *m; jdn vom ~ kennen* conoscere qd di vista
sehenswert ['zeːənsveːrt] *adj* da vedersi
Sehenswürdigkeit ['zeːənsvyrdɪçkaɪt] *f* cosa da vedersi *f; die ~en einer Stadt* i monumenti di una città *m/pl*
Sehkraft ['zeːkraft] *f* vista *f*
Sehne ['zeːnə] *f ANAT* tendine *m*
sehnen ['zeːnən] *v sich ~* avere nostalgia; *sich nach etw ~* aver nostalgia di qc
Sehnsucht ['zeːnzuçt] *f* nostalgia *f*
sehnsuchtsvoll ['zeːnzuçtsfɔl] *adj* nostalgico
sehr [zeːr] *adv* molto
seicht [zaɪçt] *adj 1. (Untiefe)* basso; *~es Gewässer* acque basse *f/pl; 2. (fig: Unterhaltung)* scialbo
Seide ['zaɪdə] *f* seta *f*
Seife ['zaɪfə] *f* sapone *m*
Seil [zaɪl] *n* fune *f,* corda *f; ein Tanz auf dem ~ (fig)* una danza sulla fune *f*

Seilbahn ['zaɪlbaːn] *f* funivia *f*
Seiltänzer(in) ['zaɪltɛntsər(ɪn)] *m/f* funambulo/funambola *m/f*
sein [zaɪn] *v irr* essere, esistere; *Es ist an dir zu ...* Sta a te ... *wie dem auch sei* comunque sia; *Es sei denn, dass ...* A meno che ... *Mir ist, als ob ...* Ho l'impressione che ... *Mir ist nicht danach.* Non mi va. *Sei doch nicht so!* Non fare così! *Es ist nichts.* E' una nullità.
sein(e) [zaɪn/'zaɪnə] *pron* suo/sua, suoi/sue
seinerseits ['zaɪnərzaits] *pron* da parte sua
seinerzeit ['zaɪnərtsait] *adv* a suo tempo
seinesgleichen [zaɪnəs'glaɪçən] *pron* i suoi pari
seinetwegen [zaɪnət'veːgən] *adv* per lui
seinetwillen ['zaɪnətvɪlən] *adv um ~* per amor suo
seit [zaɪt] *prep 1.* da; *konj 2.* da quando
seitdem [zaɪt'deːm] *adv 1.* da allora; *konj 2.* da quando
Seite ['zaɪtə] *f 1. (Vorderseite, Rückseite)* lato *m,* parte *f; etw auf der ~ haben* avere qc da parte; *jdm nicht von der ~ weichen* non allontanarsi dal fianco di qd; *auf jds ~ stehen* stare al fianco di qd; *sich von seiner besten ~ zeigen* mostrare il proprio lato migliore; *jdm zur ~ stehen* stare al fianco di qd; *etw von der leichten ~ nehmen* prendere qc dal lato umoristico; *2. (Buchseite)* pagina *f; 3. (fig: Aspekt)* aspetto *m*
Seitenansicht ['zaɪtənanzɪçt] *f* vista laterale *f*
Seitenhieb ['zaɪtənhiːp] *m (fig)* fiancata *f*
seitenlang ['zaɪtənlaŋ] *adj* di pagine e pagine
seitens ['zaɪtəns] *prep* da parte di
Seitensprung ['zaɪtənʃpruŋ] *m (fig)* scappatella *f*
Seitenstechen ['zaɪtənʃtɛçən] *n* fitte al fianco *f/pl*
Seitenstraße ['zaɪtənʃtraːsə] *f* strada laterale *f*
Seitenstreifen ['zaɪtənʃtraifən] *m* banchina *f*
Seitenumbruch ['zaɪtənumbrux] *m* impaginazione *f*
seitenverkehrt ['zaɪtənfɛrkeːrt] *adj 1.* rovesciato; *adv 2.* a rovescio
seitlich ['zaɪtlɪç] *adj 1.* laterale; *adv 2.* lateralmente
Sekretär [zekre'tɛːr] *m (Schreibtisch)* scrittoio *m,* scrivania *f*

Sekretär(in) [zekre'tɛːr(ɪn)] *m/f (Person)* segretario/segretaria *m/f*
Sekretariat [zekreta'rjaːt] *n* segretariato *m*
Sekt [zɛkt] *m* spumante *m*
Sekte ['zɛktə] *f* REL setta *f*
Sektor ['zɛktɔr] *m* settore *m*
Sekunde [ze'kundə] *f* secondo *m*
selbst [zɛlpst] *pron* stesso
Selbstachtung ['zɛlpstaxtuŋ] *f* rispetto di sé *m*
Selbstbedienung ['zɛlpstbədiːnuŋ] *f* self-service *m*
Selbstbefriedigung ['zɛlpstbəfriːdɪguŋ] *f* masturbazione *f*
Selbstbeherrschung ['zɛlpstbəhɛrʃuŋ] *f* autocontrollo *m*
Selbstbestimmung ['zɛlpstbəʃtɪmuŋ] *f* autodeterminazione *f*
Selbstbetrug ['zɛlpstbətruːk] *m* illusione *f*
selbstbewusst ['zɛlpstbəvust] *adj* consapevole
Selbstbewusstsein ['zɛlpstbəvustzaɪn] *n* coscienza di sé *f*
Selbsterkenntnis ['zɛlpstɛrkɛntnɪs] *f* conoscenza di se stesso *f*
selbstgefällig ['zɛlpstgəfɛlɪç] *adj* soddisfatto di sé
Selbstgespräch ['zɛlpstgəʃprɛːç] *n* monologo *m*
selbstherrlich ['zɛlpsthɛrlɪç] *adj* autoritario
selbstklebend ['zɛlpstkleːbənt] *adj* autoadesivo
Selbstkritik ['zɛlpstkritiːk] *f* autocritica *f*
Selbstlob ['zɛlpstloːp] *n* elogio di se stesso *m*
selbstlos ['zɛlpstloːs] *adj* altruistico
Selbstmord ['zɛlpstmɔrt] *m* suicidio *m*
Selbstmörder(in) ['zɛlpstmœrdər(ɪn)] *m/f* suicida *m/f*
Selbstmordversuch ['zɛlpstmɔrtfɛrzuːx] *m* tentato suicidio *m*
selbstredend ['zɛlpstreːdənt] *adj (fam)* ovvio, palese
selbstsicher ['zɛlpstzɪçər] *adj* sicuro di sé
Selbstsicherheit ['zɛlpstzɪçərhaɪt] *f* sicurezza di sé *f*
selbstständig ['zɛlpʃtɛndɪç] *adj 1.* autonomo, in proprio; *adv 2.* autonomamente
Selbstständigkeit ['zɛlpʃtɛndɪçkaɪt] *f* autonomia *f*, indipendenza *f*

Selbstsucht ['zɛlpstzuxt] *f* egoismo *m*
selbstsüchtig ['zɛlpstzyçtɪç] *adj* egoista
selbstvergessen ['zɛlpstfɛrgəsən] *adj* assente, svagato
selbstverständlich ['zɛlpstfɛrʃtɛntlɪç] *adj* naturale
Selbstverständlichkeit ['zɛlpsfɛrʃtɛntlɪçkaɪt] *f* cosa ovvia *f*
Selbstvertrauen ['zɛlpstfɛrtrauən] *n* fiducia in sé *f*
Selbstverwaltung ['zɛlpstfɛrvaltuŋ] *f* POL amministrazione autonoma *f*
Selbstzweck ['zɛlpsttsvɛk] *m* fine a se stesso *m*
selig ['zeːlɪç] *adj 1.* felice, beato; *2.* REL beato; ~ *sprechen* beatificare
Seligkeit ['zeːlɪçkaɪt] *f 1.* beatitudine *f,* felicità *f; 2.* REL beatitudine *f*
Sellerie ['zɛləriː] *m* BOT sedano *m*
selten ['zɛltən] *adj* raro
Seltenheit ['zɛltənhaɪt] *f* rarità *f*
seltsam ['zɛltzaːm] *adj* strano
seltsamerweise [zɛltzaːmər'vaɪzə] *adv* stranamente
Semester [ze'mɛstər] *n* semestre *m*
Semesterferien [ze'mɛstərfeːrjən] *pl* vacanze fra un semestre universitario e l'altro *f/pl*
Seminar [zemi'naːr] *n* seminario *m*
Semmel ['zɛməl] *f* panino *m*
Semmelbrösel ['zɛməlbrøːzəl] *pl* GAST pangrattato *m*
Senat [ze'naːt] *m* POL senato *m*
Senator(in) [ze'naːtɔr/zena'tɔrɪn] *m/f* POL senatore/senatrice *m/f*
Sendebereich ['zɛndəbəraɪç] *m (Rundfunk)* portata del trasmettitore *f*
senden ['zɛndən] *v 1. (Brief)* spedire, mandare; *2. (Rundfunk)* trasmettere
Sender ['zɛndər] *m (Rundfunk)* stazione trasmittente *f*
Sendereihe ['zɛndəraɪə] *f (im Rundfunk)* serie di trasmissioni *f*
Sendung ['zɛnduŋ] *f 1. (Versand)* spedizione *f; 2. (im Rundfunk)* trasmissione *f; auf* ~ *sein* essere in onda
Senf [zɛnf] *m* senape *f; seinen* ~ *dazugeben* mettere il becco dappertutto
senil [ze'niːl] *adj* senile
Senior ['zeːnjɔr] *m* senior *m*
senken ['zɛŋkən] *v 1.* abbassare; *die Stimme* ~ abbassare la voce; *2. (Geldbetrag)* ridurre
senkrecht ['zɛŋkrɛçt] *adj* verticale

Senkung ['zɛŋkuŋ] *f 1.* abbassamento *m;* *2. (von Preisen) ECO* ribasso *m*
Sensation [zɛnza'tsjoːn] *f* sensazione *f*
sensationell [zɛnzatsjo'nɛl] *adj* sensazionale
Sensationspresse [zɛnza'tsjoːnsprɛsə] *f* stampa scandalistica *f*
sensibel [zɛn'ziːbəl] *adj* sensibile
Sensibilität [zɛnzibili'tɛːt] *f* sensibilità *f*
Sensor ['zɛnzor] *m TECH* sensore *m*
sentimental [zɛntimɛn'taːl] *adj* sentimentale
Sentimentalität [zɛntimɛntali'tɛːt] *f* sentimentalità *f*
separat [zepa'raːt] *adj* separato
Separatismus [zepara'tɪsmus] *m POL* separatismo *m*
September [zɛp'tɛmbər] *m* settembre *m*
Sequenz [ze'kvɛnts] *f* sequenza *f*
Serie ['zeːrjə] *f* serie *f*
serienmäßig ['zeːrjənmɛːsɪç] *adj 1.* di serie; *adv 2.* in serie
Serienproduktion ['zeːrjənproduktsjoːn] *f* produzione in serie *f*
serienreif ['zeːrjənraɪf] *adj* pronto per la costruzione in serie
seriös [ze'rjøːs] *adj 1.* serio; *adv 2.* seriamente
Serpentine [zɛrpən'tiːnə] *f* serpentina *f*
Serum ['zeːrum] *n* siero *m*
Server ['zɜːrvər] *m INFORM* server *m*
Service¹ ['zœrvis] *m (Kundendienst)* assistenza tecnica *f*
Service² [zɛr'viːs] *n (Geschirr)* servizio *m*
servieren [zɛr'viːrən] *v* servire
Serviette [zɛr'vjɛtə] *f* tovagliolo *m*
Servolenkung ['zɛrvoleŋkuŋ] *f (beim Auto)* servosterzo *m*
Sessel ['zɛsəl] *m* poltrona *f*
Sessellift ['zɛsəllɪft] *m* seggiovia *f*
sesshaft ['zɛshaft] *adj* sedentario
Sesshaftigkeit ['zɛshaftɪçkaɪt] *f* stabilità di dimora *f*
setzen ['zɛtsən] *v 1. sich ~* sedersi; *Er setzt sich auf eine Bank.* Egli si siede su una panchina. *2. (Text)* comporre; *3. Gleich setzt es was!* Adesso basta!
Setzer(in) ['zɛtsər(ɪn)] *m/f* compositore/compositrice *m/f*
Setzerei [zɛtsə'raɪ] *f* sala di composizione *f*
Seuche ['zɔyçə] *f MED* epidemia *f*
Seuchengefahr ['zɔyçəngəfaːr] *f* pericolo di epidemia *m*

seufzen ['zɔyftsən] *v* sospirare
Seufzer ['zɔyftsər] *m* sospiro *m*
Sex [zɛks] *m* sesso *m*
Sexualerziehung [zɛksu'alɛrtsiːuŋ] *f* educazione sessuale *f*
Sexualität [zɛksuali'tɛːt] *f* sessualità *f*
Sexualverbrechen [zɛksu'aːlfɛrbrɛçən] *n* delitto sessuale *m*
sexuell [zɛksu'ɛl] *adj* sessuale
sezieren [ze'tsiːrən] *v MED* sezionare
Shampoo [ʃam'puː] *n* shampoo *m*
Show [ʃəʊ] *f* show *m*, spettacolo *m*
Showgeschäft ['ʃəʊgəʃɛːft] *n* industria dello spettacolo *f*
sich [zɪç] *pron* sé, si; *Er denkt nur an ~.* Pensa solo a sé. *Er zieht ~ an.* Si veste.
sicher ['zɪçər] *adj 1. (zweifellos)* in modo sicuro; *2. (gefahrlos)* sicuro
sichergehen ['zɪçərgeːən] *v* essere sicuro, andare sicuro
Sicherheit ['zɪçərhaɪt] *f 1. (Gewissheit)* sicurezza *f; 2. (Schutz)* sicurezza *f,* protezione *f; sich in ~ wiegen* cullarsi nell'illusione; *3. (Gewähr) ECO* sicurezza *f*
Sicherheitsglas ['zɪçərhaɪtsglaːs] *n* vetro di sicurezza *m*
Sicherheitsgurt ['zɪçərhaɪtsgurt] *m (im Auto)* cintura di sicurezza *f*
sicherheitshalber ['zɪçərhaɪtshalbər] *adv* per sicurezza
Sicherheitsmaßnahmen ['zɪçərhaɪtsmaːsnaːmən] *f/pl* misure di sicurezza *f/pl*
Sicherheitsnadel ['zɪçərhaɪtsnaːdəl] *f* spilla di sicurezza *f,* spilla da balia *f*
Sicherheitsschloss ['zɪçərhaɪtsʃlɔs] *n* serratura di sicurezza *f*
sicherlich ['zɪçərlɪç] *adv* sicuramente
sichern ['zɪçərn] *v* assicurare, preservare
sicherstellen ['zɪçərʃtɛlən] *v 1. (sichern)* assicurare, mettere al sicuro; *2. (beschlagnahmen)* sequestrare
Sicherung ['zɪçəruŋ] *f 1. (Sichern)* preservazione *f,* salvaguardia *f; 2. (Schmelzsicherung) TECH* fusibile *m; Bei ihm ist die ~ durchgebrannt. (fig)* Gli sono saltati i fusibili. *3. (Vorrichtung) TECH* dispositivo di sicurezza *m*
Sicht [zɪçt] *f 1.* vista *f,* panorama *m,* visibilità *f; 2. (fig) auf lange ~* a lunga scadenza
sichtbar ['zɪçtbaːr] *adj* visibile
Sichtverhältnisse ['zɪçtfɛrhɛltnɪsə] *pl* condizioni di visibilità *f/pl*
Sichtvermerk ['zɪçtfɛrmɛrk] *m* visto *m*
Sichtweite ['zɪçtvaɪtə] *f* vista *f*

Sickergrube ['zɪkərgruːbə] *f* pozzo nero *m*
sickern ['zɪkərn] *v* filtrare, passare
sie [ziː] *pron* 1. ella, essa; 2. *(3. Person plural)* esse, essi
Sie [ziː] *pron* 1. *(Höflichkeitsform)* Lei; 2. *(Akkusativ)* La
Sieb ['ziːp] *n* setaccio *m*
sieben[1] ['ziːbən] *num* sette
sieben[2] ['ziːbən] *v* setacciare
siebte(r,s) ['ziːbtə(r,s)] *adj* 1. settimo/settima; 2. *(Datum)* sette
siebzehn ['ziːptseːn] *num* diciassette
siebzehnte(r,s) ['ziːptseːntə(r,s)] *adj* 1. diciassettesimo/diciasettesima; 2. *(Datum)* diciasette
siebzig ['ziːptsɪç] *num* settanta
siebzigste(r,s) ['ziːptsɪçstə(r,s)] *adj* settantesimo/settantesima
sieden ['ziːdən] *v* bollire
Siedepunkt ['ziːdəpuŋkt] *m* punto di ebollizione *m*
Siedler ['ziːdlər] *m* colonizzatore *m*
Siedlung ['ziːdluŋ] *f* colonizzazione *f*, insediamento *m*, colonia *f*
Siedlungsgebiet ['ziːdluŋsgəbiːt] *n* zona d'insediamento *f*, zona di colonizzazione *f*
Sieg [ziːk] *m* vittoria *f*
Siegel ['ziːgəl] *n* sigillo *m*
Siegelring ['ziːgəlrɪŋ] *m* anello con sigillo *m*
Siegelwachs ['ziːgəlvaks] *m* ceralacca *f*
siegen ['ziːgən] *v* vincere
Sieger(in) ['ziːgər(ɪn)] *m/f* vincitore/vincitrice *m/f*
Siegerehrung ['ziːgəreːruŋ] *f* cerimonia della premiazione *f*
siegessicher ['ziːgəszɪçər] *adj* sicuro della vittoria
siegreich ['ziːkraɪç] *adj* vittorioso
siezen ['ziːtsən] *v* dare del Lei
Signal [zɪg'naːl] *n* segnale *m*
signalisieren [zɪgnali'ziːrən] *v* segnalare
signieren [zɪg'niːrən] *v* firmare
Silbe ['zɪlbə] *f* sillaba *f*
Silbenrätsel ['zɪlbənrɛːtsəl] *n* cruciverba sillabico *m*
Silber ['zɪlbər] *n* argento *m*
Silberblick ['zɪlbərblɪk] *m* strabismo di Venere *m*
Silberhochzeit ['zɪlbərhɔçtsaɪt] *f* nozze d'argento *f/pl*
silbern ['zɪlbərn] *adj* d'argento
Silhouette [zilu'ɛtə] *f* silhouette *f*

Silizium [zi'liːtsjum] *n CHEM* silicio *m*
Silo ['ziːlo] *n AGR* silo *m*
Silvester [zɪl'vɛstər] *n* San Silvestro *m*
simpel ['zɪmpəl] *adj* semplice
Sims [zɪms] *n* cornice *f*, davanzale *m*
Simulant [zimu'lant] *m* simulatore *m*
simulieren [zimu'liːrən] *v* simulare
simultan [zimul'taːn] *adj* simultaneo
Sinfonie [zɪnfo'niː] *f MUS* sinfonia *f*
singen ['zɪŋən] *v irr* cantare
Singen ['zɪŋən] *n* canto *m*
Singular ['zɪŋgulaːr] *m* singolare *m*
Singvogel ['zɪŋfoːgəl] *m ZOOL* uccello canoro *m*
sinken ['zɪŋkən] *v irr* 1. sprofondarsi; 2. *(Preise)* diminuire, calare; *Die Preise ~.* I prezzi calano. 3. *(Schiff)* affondare; *Das Schiff sinkt.* La nave affonda. 4. *(fig)* decadere
Sinn [zɪn] *m* 1. *(Empfinden)* senso *m; der sechste ~* il sesto senso *m; seine fünf ~e nicht beisammen haben* avere perduto i cinque sensi/comportarsi irragionevolmente; *nicht mehr Herr seiner ~e sein* aver perso il controllo; *jdm nicht aus dem ~ gehen* non uscire dalla mente a qd; *in den ~ kommen* venire in mente; *nicht im ~ des Erfinders sein* non essere nelle intenzioni originali; *wie von ~en* come un pazzo; *Danach steht mir nicht der ~.* Non ne ho voglia. 2. *(Empfänglichkeit)* senso *m*, sensibilità *f*; 3. *(Bedeutung)* significato *m*, senso *m*
Sinnbild ['zɪnbɪlt] *n* simbolo *m*
sinnbildlich ['zɪnbɪltlɪç] *adj* simbolico
Sinnesänderung ['zɪnəsɛndəruŋ] *f* cambiamento d'idea *m*
Sinnesorgan ['zɪnəsɔrgaːn] *n* organo sensoriale *m*
Sinnestäuschung ['zɪnəstɔyʃuŋ] *f* illusione dei sensi *f*
sinngemäß ['zɪngəmɛːs] *adj* 1. conforme al senso; *adv* 2. secondo il senso
sinnieren [zɪ'niːrən] *v* almanaccare
sinnlich ['zɪnlɪç] *adj* sensuale
Sinnlichkeit ['zɪnlɪçkaɪt] *f* sensualità *f*
sinnlos ['zɪnloːs] *adj* senza senso
Sinnlosigkeit ['zɪnloːzɪçkaɪt] *f* mancanza di senso *f*, assurdità *f*
sinnvoll ['zɪnfɔl] *adj* sensato
Sintflut ['zɪntfluːt] *f REL* diluvio universale *m*
Siphon [zi'foːn] *m* sifone *m*
Sippe ['zɪpə] *f* stirpe *f*, clan *m*
Sirene [zi're:nə] *f* sirena *f*

Sirup ['ziːrup] *m* sciroppo *m*
Sitte ['zɪtə] *f* 1. *(Brauch)* costume *m;*
2. *(Sittlichkeit)* buon costume *m*
Sittenpolizei ['zɪtənpolitsaɪ] *f* squadra
del buon costume *f*
sittenwidrig ['zɪtənviːdrɪç] *adj* contrario
alla buona creanza, immorale
sittlich ['zɪtlɪç] *adj* morale
Sittlichkeitsverbrecher ['zɪtlɪçkaɪtsfɛr-
brɛçər] *m* autore di delitti contro la moralità
pubblica *m*
sittsam ['zɪtzaːm] *adj* modesto
Situation [zɪtuaˈtsjoːn] *f* situazione *f*
Situationskomik [zituaˈtsjoːnskoːmɪk] *f*
comicità della situazione *f*
situiert [zituˈiːrt] *adj* situato
Sitz [zɪts] *m* 1. sedile *m;* 2. *(Platz)* posto *m;*
3. *(Wohnsitz)* residenza *f;* 4. *(Firmensitz)*
ECO sede *f*
sitzen ['zɪtsən] *v irr* sedere; *einen ~ haben*
avere una sbornia/avere una ciucca/essere
brillo; *~ bleiben (fig)* essere bocciato
Sitzplatz ['zɪtsplats] *m* posto a sedere *m*
Sitzstreik ['zɪtsʃtraɪk] *m* sciopero bian-
co *m*
Sitzung ['zɪtsuŋ] *f* seduta *f,* riunione *f;*
eine ~ einberufen convocare una seduta
Sizilien [ziˈtsiːljən] *n* GEO Sicilia *f*
Skala ['skaːla] *f* scala *f*
Skalpell [skalˈpɛl] *n* MED bisturi *m*
Skandal [skanˈdaːl] *m* scandalo *m*
skandalös [skandaˈløːs] *adj* scandaloso
Skandinavien [skandiˈnaːvjən] *n* GEO
Scandinavia *f*
Skat [skaːt] *m* skat *m*
Skelett [skeˈlɛt] *n* ANAT scheletro *m*
skeptisch ['skɛptɪʃ] *adj* scettico
Ski [ʃiː] *m* sci *m; ~ fahren* sciare
Skianzug ['ʃiːantsuːk] *m* tuta da sci *f*
Skifahrer(in) ['ʃiːfaːrər(ɪn)] *m/f* sciato-
re/sciatrice *m/f*
Skigebiet ['ʃiːgəbiːt] *n* zona sciistica *f*
Skilift ['ʃiːlɪft] *m* sciovia *f,* ski-lift *m*
Skischuh ['ʃiːʃuː] *m* scarpone da sci *m*
Skizze ['skɪtsə] *f* schizzo *m,* abbozzo *m*
Sklave ['sklaːvə] *m* schiavo *m*
Sklaverei [sklaːvəˈraɪ] *f* schiavitù *f*
Skonto ['skɔnto] *n/m* ECO sconto *m*
Skorpion [skɔrˈpjoːn] *m* scorpione *m*
Skrupel ['skruːpəl] *m* scrupolo *m*
skrupellos ['skruːpəlloːs] *adj* senza scru-
poli
Skulptur [skulpˈtuːr] *f* ART scultura *f*
skurril [skuˈriːl] *adj* scurrile

Slalom ['slaːlɔm] *m* SPORT slalom *m*
Slowakei [slovaˈkai] *f* GEO Repubblica
slovacca *f*
Smaragd [smaˈrakt] *m* MIN smeraldo *m*
Smog [smɔk] *m* smog *m*
Smogalarm ['smɔkalarm] *m* allarme da
smog *m*
Smoking ['smoːkɪŋ] *m* smoking *m*
Snowboard ['snəʊbɔːd] *n* SPORT snowboard *m*
so [zoː] *konj* 1. così; *Mir ist ~, als ob ...* Mi
sento come se ... *Na ~ was!* Vedi un pò!/Ma
guarda! *nicht ~ ganz* non proprio; *~ genannt*
cosiddetto; *~ viel* per quanto/tanto; *~ weit* fin
dove/fin qui; *adv* 2. *(betont)* tanto; *So eine
Frechheit!* Che faccia tosta! *So, das ist fertig.*
Ecco fatto. *So?* Ah sì? *Ach ~.* Ho capito. *~
wie* così come; *pron* 3. che, quale
sobald [zoˈbalt] *konj* non appena
Socke ['zɔkə] *f* calzino *m; sich auf die ~n
machen* alzare i tacchi; *von den ~n sein* essere sbalordito; *Mir qualmen schon die ~n!* Mi
fumano già i piedi!
Sodbrennen ['zoːtbrenən] *n* MED bruciore di stomaco *m*
soeben [zoˈeːbən] *adv* appena
Sofa ['zoːfa] *n* divano *m*
sofern [zoˈfɛrn] *konj* in quanto che
sofort [zoˈfɔrt] *adv* subito
sofortig [zoˈfɔrtɪç] *adj* immediato
Sofortmaßnahme [zoˈfɔrtmaːsnaːmə] *f*
misura immediata *f*
Software ['zɔftvɛːr] *f* INFORM software *m*
Sog [zoːk] *m* risucchio *m*
sogar [zoˈgaːr] *adv* perfino
Sohle ['zoːlə] *f* 1. *(Schuhsohle)* suola *f; auf
leisen ~n* con piede leggero; *eine kesse ~
aufs Parkett legen* fare un ballo indiavolato;
sich an jds ~n heften attaccarsi alle calcagna
di qd; 2. *(Talsohle)* fondovalle *m*
Sohn [zoːn] *m* figlio *m*
solange [zoˈlaŋə] *konj* mentre
Solarenergie [zoˈlaːrenɛrgiː] *f* TECH
energia solare *f*
Solarium [zoˈlaːrjum] *n* solario *m*
Solarzelle [zoˈlaːrtsɛlə] *f* TECH cellula
solare *f*
solche ['zɔlçə] *adj* 1. tale; *pron* 2. tale
Soldat [zɔlˈdaːt] *m* soldato *m*
Soldatenfriedhof [zɔlˈdaːtənfriːthoːf] *m*
cimitero di guerra *m*
solidarisch [zoliˈdaːrɪʃ] *adj* solidale
Solidarität [zolidariˈtɛːt] *f* solidarietà *f*

Solidaritätszuschlag [zolidari'tɛ:tstsu:ʃla:k] *m POL* contributo di solidarietà per i nuovi Länder *m*
solide [zo'li:də] *adj* solido
Soll [zɔl] *n ECO* debito *m; ~ und Haben* dare e avere
sollen ['zɔlən] *v irr* dovere; *Soll ich?* Posso? *Was soll das kosten?* Quanto costerà? *Was soll das?* Che significa? *Er soll krank sein.* Si dice che sia malato.
somit [zo'mɪt] *konj* quindi
Sommer ['zɔmər] *m* estate *f*
Sommerferien ['zɔmərfe:rjən] *pl* vacanze estive *f/pl*
sommerlich ['zɔmərlɪç] *adj* estivo
Sommerschlussverkauf ['zɔmərʃlusfɛrkauf] *m* liquidazione estiva *f*
Sommersprosse ['zɔmərʃprɔsə] *f* lentiggine *f*
Sommerzeit ['zɔmərtsaɪt] *f 1.* estate *f; 2. (Uhrzeit)* ora legale *f*
Sonate [zo'na:tə] *f MUS* sonata *f*
Sonde ['zɔndə] *f TECH* sonda *f*
Sonderabgabe ['zɔndərapga:bə] *f* contributo straordinario *m*
Sonderangebot ['zɔndərangəbo:t] *n* offerta speciale *f*
Sonderausgabe ['zɔndərausga:bə] *f* edizione speciale *f*
sonderbar ['zɔndərba:r] *adj* strano, singolare; *Mir ist ~ zumute.* Mi sento strano.
Sonderbeauftragte(r) ['zɔndərbəauftra:ktə(r)] *m/f* incaricato speciale/incaricata speciale *m/f*
Sonderfahrt ['zɔndərfa:rt] *f* corsa straordinaria *f*
Sonderfall ['zɔndərfal] *m* caso particolare *m*
Sonderling ['zɔndərlɪŋ] *m* originale *m*
Sondermüll ['zɔndərmyl] *m* rifiuti speciali *m/pl*
sondern ['zɔndərn] *v 1.* separare, isolare; *konj 2.* ma; *nicht nur ... sondern auch ...* non solo ... ma anche ...
sondieren [zɔn'di:rən] *v* sondare
Sonnabend ['zɔna:bənt] *m* sabato *m*
sonnabends ['zɔna:bənts] *adv* di sabato
Sonne ['zɔnə] *f* sole *m*
sonnen ['zɔnən] *v sich ~* prendere il sole
Sonnenaufgang ['zɔnənaufgaŋ] *m* sorgere del sole *m*
Sonnenblume ['zɔnənblu:mə] *f BOT* girasole *m*

Sonnenbrand ['zɔnənbrant] *m* scottatura solare *f*
Sonnenbrille ['zɔnənbrɪlə] *f* occhiali da sole *m/pl*
Sonnenenergie ['zɔnənenɛrgi:] *f TECH* energia solare *f*
Sonnenfinsternis ['zɔnənfɪnstərnɪs] *f* eclissi solare *f*
Sonnenschein ['zɔnənʃaɪn] *m* luce solare *f*
Sonnenschirm ['zɔnənʃɪrm] *m* parasole *m*
Sonnenstich ['zɔnənʃtɪç] *m MED* colpo di sole *m*
Sonnenuhr ['zɔnənu:r] *f* meridiana *f,* orologio solare *m*
Sonnenuntergang ['zɔnənuntərgaŋ] *m* tramonto *m*
sonnig ['zɔnɪç] *adj 1.* assolato, soleggiato; *ein ~es Zimmer* una stanza soleggiata *f; 2. (fig)* gaio
Sonntag ['zɔnta:k] *m* domenica *f*
sonntags ['zɔnta:ks] *adv* di domenica
sonst [zɔnst] *adv* altrimenti
sonstig ['zɔnstɪç] *adj* altro
sooft [zo'ɔft] *konj* ogniqualvolta
Sorge ['zɔrgə] *f 1. (Kummer)* preoccupazione *f; 2. (Pflege)* cure *f/pl,* premure *f/pl*
sorgen ['zɔrgən] *v 1. sich ~ um* preoccuparsi per; *2. ~ für etw/~ für jdn* provvedere a qc/occuparsi di qd
sorgenvoll ['zɔrgənfɔl] *adj* pieno di preoccupazioni
Sorgerecht ['zɔrgəreçt] *n JUR* diritto di tutela *m*
Sorgfalt ['zɔrkfalt] *f* cura *f,* accuratezza *f*
sorgfältig ['zɔrkfeltɪç] *adj* accurato
sorglos ['zɔrklo:s] *adj* spensierato
Sorglosigkeit ['zɔrklo:sigkeit] *f* spensieratezza *f*
sorgsam ['zɔrkza:m] *adj* accurato
Sorte ['zɔrtə] *f* tipo *m,* specie *f*
Sorten ['zɔrtən] *pl FIN* valuta estera *f*
Sortenkurs ['zɔrtənkurs] *m FIN* corso dei cambi *m*
sortieren [zɔr'ti:rən] *v* assortire
Sortiment [zɔrti'mɛnt] *n* assortimento *m*
sosehr [zo'ze:r] *konj 1.* per quanto; *adv 2.* tanto
Soße ['zo:sə] *f GAST* salsa *f*
Souvenir [zuvə'ni:r] *n* souvenir *m*
souverän [suvə'rɛ:n] *adj* sovrano
Souveränität [su:vərɛ:ni'tɛ:t] *f POL* sovranità *f*

sowie [zo'viː] *konj* appena, non appena
sowieso [zovi'zoː] *adv* comunque, in ogni caso
Sowjetunion [sɔ'vjɛtunjoːn] *f GEO* Unione Sovietica *f*
sowohl [zo'voːl] *konj* ~ ... als auch sia ... sia
sozial [zo'tsjaːl] *adj* sociale
Sozialabgaben [zo'tsjaːlapgaːbən] *pl* contributi sociali *m/pl*
Sozialamt [zo'tsjaːlamt] *n* ufficio d'assistenza sociale *m*
Sozialarbeiter(in) [zo'tsjaːlarbaɪtər(ɪn)] *m/f* assistente sociale *m/f*
Sozialdemokratie [zo'tsjaːldemokratiː] *f POL* socialdemocrazia *f*
sozialdemokratisch [zo'tsjaːldemokraːtɪʃ] *adj POL* socialdemocratico
Sozialgesetzgebung [zo'tsjaːlgəzɛtsgeːbuŋ] *f POL* legislazione sociale *f*
Sozialhilfe [zo'tsjaːlhɪlfə] *f* assistenza sociale *f*
Sozialismus [zo'tsjalɪsmus] *m POL* socialismo *m*
Sozialist(in) [zo'tsjalɪst(ɪn)] *m/f POL* socialista *m/f*
sozialkritisch [zo'tsjaːlkritɪʃ] *adj* di critica sociale
Sozialpolitik [zo'tsjaːlpolitiːk] *f POL* politica sociale *f*
Sozialprodukt [zo'tsjaːlprɔdukt] *n ECO* prodotto nazionale *m*
Sozialstaat [zo'tsjaːlʃtaːt] *m POL* stato sociale *m*
Sozialversicherung [zo'tsjaːlfɛrzɪçəruŋ] *f* assicurazione sociale *f*
Soziologe [zotsjo'loːgə] *m* sociologo *m*
Soziologie [zotsjolo'giː] *f* sociologia *f*
Soziologin [zotsio'loːgɪn] *f* sociologa *f*
soziologisch [zotsjo'loːgɪʃ] *adj* sociologico
Sozius ['zotsjus] *m ECO* socio *m*
sozusagen ['zoːtsuzaːgən] *adv* per così dire
Spalt [ʃpalt] *m* fessura *f*
Spalte ['ʃpaltə] *m* 1. *(Gletscherspalte)* crepa *f;* 2. *(Zeitungsspalte)* colonna *f*
spalten ['ʃpaltən] *v irr* 1. *(auseinander brechen)* spaccare; 2. *(fig: teilen)* scindere; 3. *PHYS* fissionare
Spaltung ['ʃpaltuŋ] *f* 1. *(Auseinanderbrechen)* frattura *f;* 2. *(fig: Teilung)* divisione *f;* 3. *PHYS* fissione *f*
Span [ʃpaːn] *m* scheggia *f,* truciolo *m*

Spanferkel ['ʃpaːnfɛrkəl] *n ZOOL* porcellino da latte *m*
Spange ['ʃpaŋə] *f* 1. *(Haarspange)* fermaglio *m;* 2. *(Schließe)* fermaglio *m,* fibbia *f*
Spanien ['ʃpaːnjən] *n GEO* Spagna *f*
Spanier(in) ['ʃpaːnjər(ɪn)] *m/f* spagnolo/spagnola *m/f*
spanisch ['ʃpaːnɪʃ] *adj* spagnolo; *Das kommt mir ~ vor.* Mi sembra strano.
Spanisch ['ʃpaːnɪʃ] *n (Sprache)* spagnolo *m*
Spanne ['ʃpanə] *f* 1. *(Zeitraum)* periodo *m,* lasso *m;* 2. *(Unterschied)* divario *m,* scarto *m;* 3. *(Preisspanne) ECO* margine *m*
spannen ['ʃpanən] *v* tendere
spannend ['ʃpanənt] *adj* emozionante, avvincente; *ein ~er Film* un film avvincente *m*
Spannung ['ʃpanuŋ] *f* 1. *TECH* tensione *f;* 2. *(fig)* tensione *f*
Spannungsgebiet ['ʃpanuŋsgəbiːt] *n POL* zona di tensione *f*
spannungsgeladen ['ʃpanuŋsgəlaːdən] *adj* emozionante, elettrico
Spannweite ['ʃpanvaɪtə] *f* distanza *f,* apertura *f*
Sparbuch ['ʃpaːrbuːx] *n* libretto di risparmio *m*
Sparbüchse ['ʃpaːrbyksə] *f* salvadanaio *m*
Spareinlage ['ʃpaːraɪnlaːgə] *f ECO* deposito a risparmio *m*
sparen ['ʃpaːrən] *v* risparmiare
Spargel ['ʃpargəl] *m BOT* asparago *m*
Sparkasse ['ʃpaːrkasə] *f* cassa di risparmio *f*
spärlich ['ʃpɛːrlɪç] *adj* scarso
Sparmaßnahme ['ʃpaːrmaːsnaːmə] *f* misura d'economia *f*
sparsam ['ʃpaːrzaːm] *adj* 1. economo, parsimonioso; *adv* 2. con parsimonia
Sparsamkeit ['ʃpaːrzaːmkaɪt] *f* parsimonia *f,* economia *f*
spartanisch [ʃpar'taːnɪʃ] *adj* spartano
Sparte ['ʃpartə] *f* 1. ramo *m,* campo *m;* 2. *(einer Zeitung)* rubrica *f*
Sparvertrag ['ʃpaːrfɛrtraːk] *m* contratto di risparmio *m*
Spaß [ʃpaːs] *m* 1. *(Witz)* scherzo *m;* 2. *(Vergnügen)* divertimento *m; ein teurer ~ sein* essere un capriccio costoso; *sich einen ~ daraus machen* divertirsi a fare; *seinen ~ mit jdm treiben* divertirsi alle spalle di qd; *Da hört aber der ~ auf!* Questo però è troppo!

spaßen ['ʃpaːsən] *v* scherzare; *Mit ihm ist nicht zu ~!* Con lui non c'è da scherzare!

spaßeshalber ['ʃpaːsəshalbər] *adv* per scherzo, per divertimento

spaßig ['ʃpaːsɪç] *adj* divertente, buffo

spät [ʃpɛːt] *adj 1.* tardo, tardivo; *adv 2.* tardi

Spaten ['ʃpaːtən] *m* vanga *f*

später ['ʃpɛːtər] *adv* più tardi

spätestens ['ʃpɛːtəstəns] *adv* al più tardi

Spätschicht ['ʃpɛːtʃɪçt] *f* turno notturno *m*

Spatz [ʃpats] *m ZOOL* passero *m; essen wie ein ~* mangiare come un uccellino

spazieren [ʃpa'tsiːrən] *v ~ gehen* passeggiare, andare a passeggio

Spazierfahrt [ʃpa'tsiːrfaːrt] *f* gita *f,* scarrozzata *f*

Spaziergang [ʃpa'tsiːrgaŋ] *m* passeggiata *f*

Spazierweg [ʃpa'tsiːrveːk] *m* passeggiata *f*

Specht [ʃpeçt] *m ZOOL* picchio *m*

Speck [ʃpɛk] *m GAST* lardo *m; sich fühlen wie die Made im ~* sentirsi come un topo nel formaggio

Spediteur [ʃpedi'tøːr] *m* spedizioniere *m*

Speer [ʃpeːr] *m* giavellotto *m*

Speiche ['ʃpaɪçə] *f 1.* raggio *m; 2. ANAT* radio *m*

Speichel ['ʃpaɪçəl] *m* saliva *f*

Speicher ['ʃpaɪçər] *m 1.* deposito *m,* magazzino *m; 2. (Dachboden)* sottotetto *m; 3. INFORM* memoria *f*

speichern ['ʃpaɪçərn] *v 1. (einlagern)* immagazzinare; *2. INFORM* memorizzare

speien ['ʃpaɪən] *v irr 1. (spucken)* sputare; *2. (erbrechen)* vomitare

Speise ['ʃpaɪzə] *f* vivanda *f,* cibo *m*

Speiseeis ['ʃpaɪzəaɪs] *n GAST* gelato *m*

Speisekammer ['ʃpaɪzəkamər] *f* dispensa *f*

Speisekarte ['ʃpaɪzəkartə] *f* carta *f,* menù *m; nach der ~ essen* mangiare alla carta

speisen ['ʃpaɪzən] *v 1. (essen)* mangiare; *2. (zuführen)* dar da mangiare, alimentare

Speisenfolge ['ʃpaɪzənfɔlgə] *f* menù *m*

Speiseöl ['ʃpaɪzəøːl] *n* olio da tavola *m*

Speiseröhre ['ʃpaɪzərøːrə] *f ANAT* esofago *m*

Speisesaal ['ʃpaɪzəzaːl] *m* sala da pranzo *f*

Speisewagen ['ʃpaɪzəvaːgən] *m* carrozza-ristorante *f*

spektakulär [ʃpɛktaku'lɛːr] *adj* spettacolare

Spektrum ['ʃpɛktrum] *n (fig)* spettro *m*

Spekulation [ʃpɛkula'tsjoːn] *f* speculazione *f*

Spekulationsgeschäft [ʃpɛkula'tsjoːnsgəʃɛːft] *n FIN* affare speculatorio *m*

spekulieren [ʃpɛku'liːrən] *v* speculare

spendabel [ʃpɛn'daːbəl] *adj* generoso

Spende ['ʃpɛndə] *f* offerta *f*

spenden ['ʃpɛndən] *v* offrire, donare

Spender(in) ['ʃpɛndər(ɪn)] *m/f* donatore/donatrice *m/f*

spendieren [ʃpɛn'diːrən] *v* pagare, offrire

Sperma ['ʃpɛrma] *n BIO* sperma *m*

Sperrbezirk ['ʃpɛrbətsɪrk] *m* zona vietata *f*

Sperre ['ʃpɛrə] *f 1. (Vorrichtung)* barriera *f; 2. (Verbot)* divieto *m; 3. (Embargo) POL* embargo *m*

sperren ['ʃpɛrən] *v 1. (abriegeln)* sbarrare; *2. (verbieten)* bloccare, vietare; *3. (Konto) ECO* sbarrare

Sperrgebiet ['ʃpɛrgəbiːt] *n* zona vietata *f*

Sperrgut ['ʃpɛrguːt] *n* merce ingombrante *f*

sperrig ['ʃpɛrɪç] *adj* ingombrante

Sperrkonto ['ʃpɛrkɔnto] *n ECO* conto vincolato *m*

Sperrmüll ['ʃpɛrmyl] *m* rifiuti ingombranti *m/pl*

Sperrstunde ['ʃpɛrʃtundə] *f* ora di chiusura *f*

Spesen ['ʃpeːzən] *pl* spese *f/pl*

Spesenrechnung ['ʃpeːzənreçnuŋ] *f* conto spese *m; auf ~ schreiben* scrivere in conto spese

spezial [ʃpe'tsjaːl] *adj* speciale

spezialisieren [ʃpetsjali'ziːrən] *v sich ~* specializzarsi

Spezialisierung [ʃpetsjali'ziːruŋ] *f* specializzazione *f*

Spezialist(in) [ʃpetsja'lɪst(ɪn)] *m/f* specialista *m/f*

Spezialität [ʃpetsjali'tɛːt] *f* specialità *f*

speziell [ʃpe'tsjɛl] *adj* speciale

spezifisch [ʃpe'tsiːfɪʃ] *adj* specifico

spezifizieren [ʃpetsifi'tsiːrən] *v* specificare

Spezifizierung [ʃpetsifi'tsiːruŋ] *f* specificazione *f*

Sphäre ['sfɛːrə] *f* sfera *f*

spicken ['ʃpɪkən] *v 1. (abschreiben)* copiare; *2. GAST* lardellare

Spickzettel [ˈʃpɪktsɛtəl] *m* foglietto per copiare *m*

Spiegel [ˈʃpiːgəl] *m* specchio *m; jdm den ~ vorhalten* mettere lo specchio davanti a qd

Spiegelbild [ˈʃpiːgəlbɪlt] *n* immagine riflessa *f*

spiegelbildlich [ˈʃpiːgəlbɪltlɪç] *adj* riflesso

Spiegelei [ˈʃpiːgəlaɪ] *n GAST* uovo al tegamino *m*

spiegelglatt [ˈʃpiːgəlˈglat] *adj* liscio come uno specchio

spiegeln [ˈʃpiːgəln] *v sich ~* specchiarsi

Spiegelung [ˈʃpiːgəluŋ] *f* riflesso *m*

Spiel [ʃpiːl] *n 1.* gioco *m; ein ~ mit dem Feuer* un gioco pericoloso *m; mit jdm leichtes ~ haben* avere gioco facile con qd; *das ~ zu weit treiben* spingere il gioco troppo in là; *etw auf's ~ setzen* mettere in gioco qc; *auf dem ~ stehen* stare al gioco; *jdn aus dem ~ lassen* lasciare qd fuori dal gioco; *etw ins ~ bringen* mettere in gioco qc; *mit im ~ sein* essere coinvolto/entrare in gioco; *2. SPORT* partita *f*

Spielbank [ˈʃpiːlbaŋk] *f* casinò *m*

Spieldose [ˈʃpiːldoːzə] *f* carillon *m*

spielen [ˈʃpiːlən] *v 1.* giocare; *2. SPORT* giocare; *3. THEAT* recitare; *4. MUS* suonare

Spieler(in) [ˈʃpiːlər(ɪn)] *m/f* giocatore/ giocatrice *m/f*

Spielerei [ʃpiːləˈraɪ] *f* passatempo *m,* giochetto *m*

spielerisch [ˈʃpiːlərɪʃ] *adv (fig: problemlos)* leggero

Spielfeld [ˈʃpiːlfɛlt] *n SPORT* campo da gioco *m*

Spielfilm [ˈʃpiːlfɪlm] *m CINE* film *m*

Spielkamerad [ˈʃpiːlkaməraːt] *m* compagno di giochi *m*

Spielkasino [ˈʃpiːlkaziːno] *n* casinò *m*

Spielplatz [ˈʃpiːlplats] *m* campo sportivo *m,* parco giochi *m*

Spielraum [ˈʃpiːlraum] *m 1. TECH* gioco *m; 2. (fig)* libertà *f*

Spielregeln [ˈʃpiːlreːgəln] *pl* regole del gioco *f/pl*

Spielverderber(in) [ˈʃpiːlfɛrdɛrbər(ɪn)] *m/f* guastafeste *m/f*

Spielzeug [ˈʃpiːltsɔyk] *n* giocattolo *m*

Spieß [ʃpiːs] *m 1. (Speer)* giavellotto *m; den ~ umdrehen (fig)* voltare la frittata/ritorcere le accuse; *2. (Bratspieß)* spiedo *m*

Spießbürger [ˈʃpiːsbyrgər] *m (fig)* piccolo borghese *m*

spießig [ˈʃpiːsɪç] *adj* conformista

Spießrutenlaufen [ˈʃpiːsruːtənlaufən] *n (fig)* il passare per le forche candine *m*

Spikes [ʃpaɪks] *pl 1. (beim Auto)* pneumatici chiodati *m/pl; 2. SPORT* scarpette chiodate *f/pl*

Spinat [ʃpiˈnaːt] *m BOT* spinacio *m*

Spinne [ˈʃpɪnə] *f ZOOL* ragno *m*

spinnen [ˈʃpɪnən] *v irr 1.* filare; *2. (fig)* essere matto

Spinnennetz [ˈʃpɪnənnɛts] *n* ragnatela *f*

Spinnrad [ˈʃpɪnraːt] *n* ruota dell'arcolaio *f*

Spion(in) [ʃpiˈoːn(ɪn)] *m/f* spia *f*

Spionage [ʃpioˈnaːʒə] *f* spionaggio *m*

spionieren [ʃpioˈniːrən] *v* spiare

Spirale [ʃpiˈraːlə] *f* spirale *f*

spiralförmig [ʃpiˈraːlfœrmɪç] *adj* elicoidale, a spirale

Spirituosen [ʃpirituˈoːzən] *pl GAST* alcolici *m/pl*

Spiritus [ˈʃpiːritus] *m CHEM* spirito *m*

spitz [ʃpɪts] *adj 1.* aguzzo, affilato, acuto a punta; *2. (fig)* tagliente; *Sie hat eine ~e Zunge.* Lei ha una lingua tagliente.

Spitzbube [ˈʃpɪtsbuːbə] *m 1. (Gauner)* farabutto *m; 2. (Schelm)* birbante *m*

spitzbübisch [ˈʃpɪtsbyːbɪʃ] *adj 1.* birichino; *adv 2.* maliziosamente

Spitze [ˈʃpɪtsə] *f 1.* punta *f; etw auf die ~ treiben* spingere qc fino all'estremo; *2. (Bergspitze)* cima *f,* vetta *f; 3. (Stoff)* merletto *m; 4. (fig)* apice *m*

Spitzel [ˈʃpɪtsəl] *m* spia *f*

spitzen [ˈʃpɪtsən] *v* temperare

Spitzengeschwindigkeit [ˈʃpɪtsəngəʃvɪndɪçkaɪt] *f* velocità massima *f*

Spitzenleistung [ˈʃpɪtsənlaɪstuŋ] *f* rendimento massimo *m,* record *m*

Spitzenlohn [ˈʃpɪtsənloːn] *m* salario massimo *m,* retribuzione massima *f*

Spitzenposition [ˈʃpɪtsənpozitsjoːn] *f* posizione al vertice *f*

Spitzenreiter [ˈʃpɪtsənraɪtər] *m 1. (Person)* fuoriclasse *m; 2. (Sache)* cosa di maggiore successo *f*

Spitzenverband [ˈʃpɪtsənfɛrbant] *m* associazione centrale *f*

Spitzer [ˈʃpɪtsər] *m* temperamatite *m*

spitzfindig [ˈʃpɪtsfɪndɪç] *adj* cavilloso

Spitzname [ˈʃpɪtsnaːmə] *m* soprannome *m,* nomignolo *m*

Splitter [ˈʃplɪtər] *m* scaglia *f,* scheggia *f*

splittern [ˈʃplɪtərn] *v* scheggiare

splitternackt [ˈʃplɪtərˈnakt] *adj* nudo come un verme

sponsern ['ʃpɔnzərn] v sponsorizzare
Sponsor ['ʃpɔnzo:r] m sponsor m
spontan [ʃpɔn'ta:n] adj spontaneo
Spontaneität [ʃpɔntanei'tɛ:t] f spontaneità f
sporadisch [ʃpo'ra:dɪʃ] adj sporadico
Sport [ʃpɔrt] m sport m
Sportartikel ['ʃpɔrtartɪkəl] m articolo sportivo m
Sportler(in) ['ʃpɔrtlər(ɪn)] m/f sportivo/sportiva m/f
sportlich ['ʃpɔrtlɪç] adj sportivo
Sportplatz ['ʃpɔrtplats] m stadio m
Sportreporter(in) ['ʃpɔrtrepɔrtər(ɪn)] m/f cronista sportivo/cronista sportiva m/f
Sportsgeist ['ʃpɔrtsgaɪst] m spirito sportivo m
Sportveranstaltung ['ʃpɔrtfɛranʃtaltuŋ] v manifestazione sportiva f
Sportverein ['ʃpɔrtfɛraɪn] m circolo sportivo m
Sportzeug ['ʃpɔrttsɔyk] n attrezzo sportivo m
Spott [ʃpɔt] m scherno m
spottbillig ['ʃpɔt'bɪlɪç] adj dal prezzo irrisorio
spotten ['ʃpɔtən] v schernire
spöttisch ['ʃpœtɪʃ] adj beffardo
Sprachbegabung ['ʃpra:xbəga:buŋ] f talento linguistico m
Sprache ['ʃpra:xə] f 1. lingua f, linguaggio m; die ~ auf etw bringen portare il discorso su qc; mit der ~ herausrücken parlare con esitazione; zur ~ kommen entrare nel discorso; die gleiche ~ sprechen parlare la stessa lingua; eine deutliche ~ sprechen parlare chiaro; Raus mit der ~! Di' quel che hai da dire! Da verschlug es ihm die ~. Ha perso la lingua. 2. (Fachsprache) lingua f, idioma m
Sprachenschule ['ʃpra:xənʃu:lə] f scuola di lingue f
Sprachfehler ['ʃpra:xfe:lər] m difetto di pronuncia m
Sprachgefühl ['ʃpra:xgəfy:l] n sensibilità linguistica f
sprachgewandt ['ʃpra:xgəvant] adj poliglotta, dalla parola pronta
Sprachkenntnisse ['ʃpra:xkɛntnɪsə] pl conoscenze linguistiche f/pl
sprachlos ['ʃpra:xlo:s] adj (fig) senza parole; Da bin ich ~. Sono senza parole.
Spray ['ʃpreɪ] n spray m, spruzzatore m
Sprechanlage ['ʃprɛçanla:gə] f citofono m

sprechen ['ʃprɛçən] v irr parlare; für sich selbst ~ parlare da solo; auf jdn nicht gut zu ~ sein non poter sopportar qd; Wir ~ uns noch! Ne parleremo ancora!
Sprecher(in) ['ʃprɛçər(ɪn)] m/f 1. (Ansager(in)) annunciatore/annunciatrice m/f, speaker m/f; 2. (Wortführer(in)) portavoce m/f
Sprechstunde ['ʃprɛçʃtundə] f orario di visita m
Sprechstundenhilfe ['ʃprɛçʃtundənhɪlfə] f infermiera f
Sprechzimmer ['ʃprɛçtsɪmər] n ambulatorio m, studio m
sprengen ['ʃprɛŋən] v far saltare in aria, spezzare; die Ketten ~ spezzare le catene
Sprengkörper ['ʃprɛŋkœrpər] m ordigno esplosivo m
Sprengstoff ['ʃprɛŋʃtɔf] m esplosivo m
Sprengstoffattentat ['ʃprɛŋʃtɔfatənta:t] n attentato dinamitardo m
Sprengung ['ʃprɛŋuŋ] f esplosione f
Sprichwort ['ʃprɪçvɔrt] n proverbio m
sprichwörtlich ['ʃprɪçvœrtlɪç] adj proverbiale
Springbrunnen ['ʃprɪŋbrunən] m fontana f
springen ['ʃprɪŋən] v irr 1. saltare; 2. (beim Schwimmen) tuffarsi; 3. (Glas) incrinarsi; 4. (fig) spezzarsi
Springseil ['ʃprɪŋzaɪl] n corda per saltare f
Spritze ['ʃprɪtsə] f 1. pompetta f; 2. MED siringa f
spritzen ['ʃprɪtsən] v 1. spruzzare, annaffiare; 2. MED iniettare
Spritztour ['ʃprɪtstu:r] f breve gita f, scampagnata f
spröde ['ʃprø:də] adj 1. (Material) fragile; 2. (fig: abweisend) ritroso
Sprossenwand ['ʃprɔsənvant] f SPORT spalliera f
Sprössling ['ʃprœslɪŋ] m (fig) rampollo m
Spruch [ʃprux] m 1. (Wahlspruch) motto m; 2. JUR verdetto m; 3. große Sprüche klopfen sputare sentenze
spruchreif ['ʃpruxraɪf] adj maturo; Die Sache ist ~. La cosa è matura.
sprudeln ['ʃpru:dəln] v zampillare
sprühen ['ʃpry:ən] v 1. spruzzare, piovigginare; 2. (fig) essere brioso
Sprühregen ['ʃpry:re:gən] m pioggerella f
Sprung [ʃpruŋ] m 1. (Springen) salto m; ein ~ ins kalte Wasser un salto nel vuoto m; auf

dem ~ sein essere pronto; *nur auf einen ~ solo* per un attimo; *keine großen Sprünge machen können* non poter fare grosse spese; *jdm auf die Sprünge helfen* aiutare qd a proseguire; 2. *(fig: Riss)* crepa *f; einen ~ in der Schüssel haben* avere una rotella fuori posto/essere stupido

Sprungbrett ['ʃpruŋbrɛt] *n SPORT* trampolino *m*

Sprungfeder ['ʃpruŋfeːdər] *f* molla a spirale *f*

sprunghaft ['ʃpruŋhaft] *adj* a salti

Sprungschanze ['ʃpruŋʃantsə] *f SPORT* trampolino *m*

Sprungtuch ['ʃpruŋtuːx] *n* telo di salvataggio *m*

Spucke ['ʃpukə] *f* saliva *f; Da bleibt einem ja die ~ weg!* C'è da rimanere senza parole!

spucken ['ʃpukən] *v* sputare; *jdm auf den Kopf ~ können* essere superiore a qd; *jdm in die Suppe ~* rompere le uova nel paniere a qd

Spuk [ʃpuːk] *m* visione *f,* fantasma *m*

spuken ['ʃpuːkən] *v* apparire, aggirarsi

Spülbecken ['ʃpyːlbɛkən] *n* lavello *m,* acquaio *m*

Spule ['ʃpuːlə] *f* 1. rocchetto *m,* spola *f;* 2. *TECH* bobina *f*

spülen ['ʃpyːlən] *v* lavare

Spülmaschine ['ʃpyːlmaʃiːnə] *f* lavastoviglie *f*

Spülmittel ['ʃpyːlmɪtəl] *n* detersivo *m*

Spülung ['ʃpyːluŋ] *f* 1. sciacquone *m,* discarico *m;* 2. *MED* lavaggio *m*

Spur [ʃpuːr] *f* 1. *(Abdruck)* orma *f; eine heiße ~* una pista calda *f; jdm auf die ~ kommen* mettersi sulle tracce di qd; *in jds ~en treten* seguire le orme di qd/seguire la scia di qd; 2. *(Fahrspur)* impronta *f,* traccia *f;* 3. *(fig: kleine Menge)* pizzico *m; nicht die ~* assolutamente nulla/neanche un po'

spürbar ['ʃpyːrbaːr] *adj* sensibile

spüren ['ʃpyːrən] *v* provare, sentire

Spurenelemente ['ʃpuːrənelemɛntə] *pl BIO* microelementi *m/pl*

spurlos ['ʃpuːrloːs] *adj* senza traccia

Spürsinn ['ʃpyːrzɪn] *m* fiuto *m*

Staat [ʃtaːt] *m* stato *m; mit etw keinen ~ machen können* non poter fare sensazione con qc

staatenlos ['ʃtaːtənloːs] *adj* apolide

staatlich ['ʃtaːtlɪç] *adj* statale

Staatsakt ['ʃtaːtsakt] *m* atto di stato *m*

Staatsangehörige(r) ['ʃtaːtsaŋɡəhøː-rɪɡə(r)] *m/f* cittadino/cittadina *m/f*

Staatsangehörigkeit ['ʃtaːtsaŋɡəhøː-rɪçkaɪt] *f* cittadinanza *f*

Staatsanwalt ['ʃtaːtsanvalt] *m JUR* pubblico ministero *m*

Staatsbeamter ['ʃtaːtsbəamtər] *m* impiegato statale *m,* funzionario statale *m*

Staatsbesuch ['ʃtaːtsbəzuːx] *m* visita ufficiale *f*

Staatsbürger(in) ['ʃtaːtsbyrɡər(ɪn)] *m/f POL* cittadino/cittadina *m/f*

Staatsdienst ['ʃtaːtsdiːnst] *m* servizio statale *m*

Staatseigentum ['ʃtaːtsaɪɡəntum] *n* proprietà demaniale *f*

Staatsgeheimnis ['ʃtaːtsɡəhaɪmnɪs] *n* segreto di stato *m*

Staatsgewalt ['ʃtaːtsɡəvalt] *f* potere statale *m*

Staatshaushalt ['ʃtaːtshaushalt] *m* bilancio pubblico *m*

Staatsmann ['ʃtaːtsman] *m* uomo politico *m*

Staatsoberhaupt ['ʃtaːtsoːbərhaupt] *n* capo di stato *m*

Staatssekretär ['ʃtaːtszekrɛtɛːr] *m* sottosegretario di stato *m*

Staatsstreich ['ʃtaːtsʃtraɪç] *m* colpo di stato *m*

Stab [ʃtaːp] *m* 1. *(Stock)* bastone *m; über jdn den ~ brechen* condannare qd; 2. *(fig: Führungsstab)* gruppo di stato maggiore *m*

Stabhochsprung ['ʃtaːphoːxʃpruŋ] *n SPORT* salto con l'asta *m*

stabil [ʃtaˈbiːl] *adj* 1. *(robust)* robusto, stabile; 2. *(konstant)* solido

Stabilität [ʃtabiliˈtɛːt] *f* stabilità *f*

Stachel ['ʃtaxəl] *m* 1. *BOT* spina *f;* 2. *ZOOL* aculeo *m*

Stachelbeere ['ʃtaxəlbeːrə] *f BOT* ribes spinoso *m*

Stacheldraht ['ʃtaxəldraːt] *m* filo spinato *m*

stachelig ['ʃtaxəlɪç] *adj* 1. *(kratzig)* pungente; 2. *(dornig)* spinoso

Stachelschwein ['ʃtaxəlʃvaɪn] *n ZOOL* porcospino *m*

Stadion ['ʃtaːdjɔn] *n* stadio *m*

Stadium ['ʃtaːdjum] *n* stadio *m*

Stadt [ʃtat] *f* città *f*

Stadtbummel ['ʃtatbuməl] *m* giro in città *m*

städtisch ['ʃtɛtɪʃ] *adj* urbano, cittadino

Stadtplan ['ʃtatplaːn] *m* pianta della città *f*

Stadtrand ['ʃtatrant] *m* periferia cittadina *f*
Stadtrat ['ʃtatra:t] *m POL* consiglio municipale *m*
Stadtrundfahrt ['ʃtatruntfa:rt] *f* giro per la città *m*
Stadtverwaltung ['ʃtatfɛrvaltuŋ] *f* amministrazione comunale *f*
Stadtviertel ['ʃtatfɪrtəl] *n* quartiere *m*
Staffelei [ʃtafə'laɪ] *f* cavalletto *m*
Staffellauf ['ʃtafəllauf] *m SPORT* corsa a staffetta *f*
Staffelung ['ʃtafəluŋ] *f* graduazione *f*
Stagnation [ʃtagna'tsjo:n] *f ECO* ristagno *m*
stagnieren [ʃtag'ni:rən] *v ECO* ristagnare
Stahl [ʃta:l] *m* acciaio *m*
Stahlindustrie ['ʃta:lɪndustri:] *f* industria dell'acciaio *f*
Stahlwolle ['ʃta:lvɔlə] *f* lana d'acciaio *f*
Stall [ʃtal] *m* stalla *f*
Stamm [ʃtam] *m* 1. *(Baumstamm)* tronco *m; 2. (Volksstamm)* stirpe *f*, tribù *f*
Stammaktie ['ʃtamaktsjə] *f ECO* azione ordinaria *f*
Stammbaum ['ʃtambaum] *m* albero genealogico *m*
Stammbuch ['ʃtambu:x] *n* libro genealogico *m*
stammen ['ʃtamən] *v* derivare, provenire
Stammgast ['ʃtamgast] *m* ospite abituale *m*
Stammhalter ['ʃtamhaltər] *m* erede maschio *m*
stämmig ['ʃtɛmɪç] *adj* robusto
Stammkapital ['ʃtamkapita:l] *n ECO* capitale sociale *m*
Stammkunde ['ʃtamkundə] *m* cliente abituale *m*
Stand [ʃtant] *m* 1. *(Stehen)* posizione eretta *f*, fermo *m; 2. (Messestand)* stand *m; 3. (Situation)* stato *m; bei jdm einen guten ~ haben* avere una buona posizione nei confronti di qd; *4. (Rang)* classe *f*
Standard ['ʃtandart] *m* standard *m*
Standardformat ['ʃtandartfɔrma:t] *n* formato standard *m*
Standardmodell ['ʃtandartmodɛl] *n* modello standard *m*
Standbild ['ʃtantbɪlt] *n* statua *f*
Ständer ['ʃtɛndər] *m* supporto *m*
Ständchen ['ʃtɛntçən] *n* serenata *f*
Standesamt ['ʃtandəsamt] *n* ufficio di stato civile *m*, anagrafe *f*

Standesbeamter ['ʃtandəsbəamtər] *m* ufficiale di stato civile *m*
standesgemäß ['ʃtandəsgəmɛ:s] *adj* 1. adeguato al proprio rango; *adv* 2. secondo il proprio rango
standhaft ['ʃtanthaft] *adj* fermo, stabile
Standhaftigkeit ['ʃtanthaftɪçkaɪt] *f* fermezza *f*
standhalten ['ʃtanthaltən] *v irr* resistere, reggere; *der Kritik ~ reggere alla critica*
ständig ['ʃtɛndɪç] *adj* 1. *(fest)* stabile; 2. *(ununterbrochen)* continuo
Standlicht ['ʃtantlɪçt] *n (beim Auto)* luce di posizione *f*
Standort ['ʃtantɔrt] *m* posizione *f*
Standpunkt ['ʃtantpuŋkt] *m* punto d'osservazione *m*, punto di vista *m*
Standspur ['ʃtantʃpu:r] *f* corsia d'emergenza *f*
Standuhr ['ʃtantu:r] *f* orologio a pendolo *m*
Stange ['ʃtaŋə] *f* stanga *f*, bacchetta *f; jdn bei der ~ halten* tenere sulla corda qd; *bei der ~ bleiben* tener duro; *von der ~ confezionato; eine ~ Geld* una barca di soldi *f*
Stängel ['ʃtɛŋəl] *m BOT* stelo *m; fast vom ~ fallen* essere molto stupito
stanzen ['ʃtantsən] *v* tranciare
Stapel ['ʃta:pəl] *m* catasta *f; vom ~ laufen* essere varato; *etw vom ~ lassen* varare qc
Stapellauf ['ʃta:pəllauf] *m* varo *m*
stapeln ['ʃta:pəln] *v* accatastare
Star¹ [ʃta:r] *m ZOOL* storno *m*
Star² [ʃta:r] *m MED* cateratta *f*
Star³ [ʃta:r] *m (fig)* stella *f*, star *f*
stark [ʃtark] *adj* forte
Stärke ['ʃtɛrkə] *f* 1. forza *f; 2. (Wäschestärke)* amido *m; 3. GAST* fecola *f*
stärken ['ʃtɛrkən] *v* 1. rinforzare; 2. *(Wäsche)* inamidare
Stärkung ['ʃtɛrkuŋ] *f* 1. *(Festigung)* rinforzamento *m; 2. (Erfrischung)* ristoro *m*
starr [ʃtar] *adj* 1. rigido, inflessibile; 2. *(Blick)* fisso; 3. *(Gesetze)* rigoroso
starren ['ʃtarən] *v* fissare, guardare fisso; *jdm ins Gesicht ~ fissare qd in faccia*
starrköpfig ['ʃtarkœpfɪç] *adj* testardo
Starrsinn ['ʃtarzɪn] *m* caparbietà *f*
Start [ʃtart] *m* 1. *SPORT* partenza *f; 2. (eines Flugzeugs)* decollo *m; 3. (fig)* inizio *m*
Startbahn ['ʃtartba:n] *f* pista di decollo *f*
startbereit ['ʃtartbəraɪt] *adj* pronto a partire

starten ['ʃtartən] v 1. (abreisen) partire; 2. (Auto) avviare; 3. (aktivieren) cominciare
Station [ʃta'tsjoːn] f 1. (Haltestelle) fermata f; ~ machen fare sosta; 2. (Abteilung) reparto m
Statistik [ʃta'tɪstɪk] f statistica f
statistisch [ʃta'tɪstɪʃ] adj statistico
Stativ [ʃta'tiːf] n treppiede m, supporto m
statt [ʃtat] prep invece di
Stätte ['ʃtɛtə] f posto m, luogo m
stattfinden ['ʃtatfɪndən] v irr aver luogo
stattlich ['ʃtatlɪç] adj 1. (ansehnlich) imponente; 2. (zahlreich) numeroso
Statue ['ʃtaːtuə] f statua f
Statur [ʃta'tuːr] f statura f, figura f
Status ['ʃtaːtus] m stato m
Statussymbol ['ʃtaːtuszymboːl] n status symbol m
Statut [ʃta'tuːt] n statuto m
Stau [ʃtau] m ingorgo m, ristagno m
Staub [ʃtaup] m polvere f; ~ aufwirbeln sollevare un polverone; sich aus dem ~ machen tagliare la corda
staubig ['ʃtaubɪç] adj polveroso
Staubsauger ['ʃtaupzaugər] m aspirapolvere f
Staudamm ['ʃtaudam] m diga di sbarramento f
staunen ['ʃtaunən] v stupirsi
Staunen ['ʃtaunən] n stupore m
Steak [ʃteːk] n GAST bistecca f
stechen ['ʃtɛçən] v irr 1. pungere; 2. (Messer) accoltellare; 3. (fig: Sonne) picchiare; 4. (im Kartenspiel) ammazzare
Stechuhr ['ʃtɛçuːr] f orologio marcatempo m
Steckbrief ['ʃtɛkbriːf] m mandato di cattura m
Steckdose ['ʃtɛkdoːzə] f TECH presa di corrente f
stecken ['ʃtɛkən] v 1. (hinein~) infilare, introdurre; jdm etw ~ appioppare qc a qd; 2. (an~) appuntare; 3. ~ bleiben fermarsi, rimanere intrappolato
Stecker ['ʃtɛkər] m spina f
Stecknadel ['ʃtɛknaːdəl] f spillo m; eine ~ im Heuhaufen suchen cercare un ago nel pagliaio
Stegreif ['ʃteːkraif] m (fig) staffa f; aus dem ~ machen improvvisare
stehen ['ʃteːən] v irr 1. (aufrecht ~) stare; ~ bleiben fermarsi; 2. (sich befinden) trovarsi
Stehlampe ['ʃteːlampə] f lampada a stelo f

stehlen ['ʃteːlən] v irr rubare
Stehvermögen ['ʃteːfɛrmøːgən] n capacità di resistenza f
steif [ʃtaif] adj 1. rigido, freddo; 2. (fig) formale
steigen ['ʃtaigən] v irr salire
steigend ['ʃtaigənt] adj crescente
steigern ['ʃtaigərn] v 1. (erhöhen) aumentare; 2. GRAMM formare i gradi di comparazione dell'aggettivo
Steigerung ['ʃtaigəruŋ] f 1. (Erhöhung) aumento m; 2. GRAMM comparazione dell'aggettivo f
Steigung ['ʃtaiguŋ] f salita f
steil [ʃtail] adj ripido
Steilküste ['ʃtailkystə] f costa ripida f
Stein [ʃtain] m pietra f, sasso m; der ~ des Anstoßes la pietra dello scandalo f; den ~ ins Rollen bringen mettere in moto le cose; bei jdm einen ~ im Brett haben essere nelle grazie di qd; keinen ~ auf dem anderen lassen (fig) radere al suolo; den ersten ~ auf jdn werfen lanciare la prima pietra su qd; jdm ~e in den Weg legen mettere i bastoni tra le ruote a qd; Da fällt mir ein ~ vom Herzen! Mi sono tolto un peso dal cuore!
Steinbock ['ʃtainbɔk] m ZOOL stambecco m
Steinbruch ['ʃtainbrux] m cava di pietra f
steinig ['ʃtainɪç] adj sassoso, pietroso
Steinkohle ['ʃtainkoːlə] f MIN carbon fossile m
Steinmetz ['ʃtainmɛts] m scalpellino m
steinreich [ʃtain'raiç] adj straricco, ricchissimo
Steinschlag ['ʃtainʃlaːk] m caduta di pietre f, caduta massi f
Steinzeit ['ʃtaintsait] f HIST età della pietra f
Steißbein ['ʃtaisbain] n ANAT coccige m
Stelle ['ʃtɛlə] f 1. (Ort) posto m, luogo m; auf der ~ treten segnare il passo; 2. (Anstellung) impiego m, posto m; 3. (Dienststelle) ufficio m
stellen ['ʃtɛlən] v 1. mettere, porre; zur Verfügung ~ mettere a disposizione; sich ~ mettersi; sich krank ~ darsi malato; sich tot ~ darsi morto; sich gut mit jdm ~ entrare in buoni rapporti con qd; auf sich gestellt sein dipendere solo da se stesso; 2. kalt ~ (fig) liquidare; 3. (Dieb) catturare; 4. (Uhr) regolare
Stellenangebot ['ʃtɛlənangəboːt] n offerta d'impiego f

Stellengesuch ['ʃtɛlǝngǝzu:x] *n* domanda d'impiego *f*
Stellenwert ['ʃtɛlǝnvɛrt] *m* valore posizionale *m*
Stellung ['ʃtɛluŋ] *f 1. (Haltung, Rang)* posizione *f; zu etw ~ nehmen* prendere posizione su qc; *die ~ halten* tenere la posizione; *2. (Anstellung)* posto *m*, impiego *m*
Stellungnahme ['ʃtɛluŋna:mǝ] *f* presa di posizione *f*
stellvertretend ['ʃtɛlfɛrtre:tǝnt] *adj* sostituto
Stellvertreter(in) ['ʃtɛlfɛrtre:tǝr(ɪn)] *m/f* sostituto/sostituta *m/f*, supplente *m/f*
Stempel ['ʃtɛmpǝl] *m* timbro *m; jdm seinen ~ aufdrücken* dare la propria impronta a qd; *den ~ von jdm tragen* portare l'impronta di qd
Stempelkissen ['ʃtɛmpǝlkɪsǝn] *n* cuscinetto per timbri *m*
stempeln ['ʃtɛmpǝln] *v* timbrare; *~ gehen* essere disoccupato
Stenografie [ʃtenogra'fi:] *f* stenografia *f*
Steppdecke ['ʃtɛpdɛkǝ] *f* trapunta *f*
Steppe ['ʃtɛpǝ] *f* GEO steppa *f*
Stepptanz ['ʃtɛptants] *m* tip-tap *m*
Sterbefall ['ʃtɛrbǝfal] *m* caso di morte *m*
Sterbegeld ['ʃtɛrbǝgɛlt] *n* sussidio mortuario *m*
sterben ['ʃtɛrbǝn] *v irr* morire; *für jdn gestorben sein* essere morto per qd/essere completamente ignorato da qd; *Er liegt im Sterben.* E' in punto di morte.
Sterbesakramente ['ʃtɛrbǝzakramɛntǝ] *pl* REL estremi conforti della religione *m/pl*
Sterbeurkunde ['ʃtɛrbǝu:rkundǝ] *f* certificato di morte *m*
sterblich ['ʃtɛrblɪç] *adj* mortale
Stereoanlage ['ʃtereoanla:gǝ] *f* impianto stereofonico *m*
stereotyp [ʃtereo'ty:p] *adj* stereotipato, stereotipico
steril [ʃte'ri:l] *adj* sterile
sterilisieren [ʃterili'zi:rǝn] *v* sterilizzare
Stern [ʃtɛrn] *m* stella *f; ~e sehen* vedere le stelle; *für jdn die ~e vom Himmel holen* offrire la luna a qd/far qualsiasi cosa per qd; *nach den ~en greifen* chiedere la luna/voler arrivare alle stelle; *in den ~en geschrieben stehen* essere scritto nelle stelle/non essere prevedibile; *unter einem denkbar guten ~* sotto una buona stella/sotto i migliori auspici
Sternbild ['ʃtɛrnbɪlt] *n* costellazione *f*
sternenklar ['ʃtɛrnǝnkla:r] *adj* stellato

Sternschnuppe ['ʃtɛrnʃnupǝ] *f* stella cadente *f*
Sternstunde ['ʃtɛrnʃtundǝ] *f* ora siderale *f*
Sternwarte ['ʃtɛrnvartǝ] *f* osservatorio astronomico *m*
stets [ʃte:ts] *adv* sempre
Steuer ['ʃtɔyǝr] *f 1.* tassa *f; n 2.* NAUT volante *m*, timone *m; Er sitzt am Steuer.* Egli è al volante.
Steueraufkommen ['ʃtɔyǝraufkɔmǝn] *n* gettito fiscale *m*
Steuerberater(in) ['ʃtɔyǝrbǝra:tǝr(ɪn)] *m/f* consulente fiscale *m/f*, commercialista *m/f*
Steuerbescheid [ʃtɔyǝrbǝʃaɪt] *m* cartella delle imposte *f*
steuerbord ['ʃtɔyǝrbɔrt] *adv* a tribordo
Steuererklärung ['ʃtɔyǝrɛrkle:ruŋ] *f* dichiarazione dei redditi *f*
Steuerermäßigung ['ʃtɔyǝrɛrmɛ:siguŋ] *f* riduzione d'imposta *f*
steuerfrei ['ʃtɔyǝrfrai] *adj* esente da tassa
Steuerhinterziehung ['ʃtɔyǝrhɪntǝrtsi:uŋ] *f* evasione fiscale *f*
steuerlich ['ʃtɔyǝrlɪç] *adj 1.* fiscale; *adv 2.* per quanto riguarda le imposte, a scopo fiscale
Steuermann ['ʃtɔyǝrman] *m* pilota *m*, timoniere *m*
steuern ['ʃtɔyǝrn] *v 1. (lenken)* governare, pilotare; *2. (regulieren)* regolare, comandare
Steuernummer ['ʃtɔyǝrnumǝr] *f* codice fiscale *m*
Steuerung ['ʃtɔyǝruŋ] *f* comando *m*
Steuerzahler(in) ['ʃtɔyǝrtsa:lǝr(ɪn)] *m/f* contribuente *m/f*
Steward(ess) ['ʃtju:ǝrt/'ʃtju:a:rdes] *m/f* steward/hostess *m/f*, assistente di volo *m/f*
Stich [ʃtɪç] *m 1. (Wespenstich)* puntura *f; 2. (Nähstich)* punto *m; mit kleinen ~en nähen* cucire a piccoli punti; *3. (Messerstich)* coltellata *f; 4.* ART incisione *f; 5. (fig) jdn im ~ lassen* piantare in asso qd; *einen ~ haben* essere suonato/essere scemo
stichhaltig ['ʃtɪçhaltɪç] *adj* valido, convincente
Stichprobe ['ʃtɪçpro:bǝ] *f* prova *f*, sondaggio *m*
Stichtag ['ʃtɪçta:k] *m* giorno stabilito *m*, termine *m*
Stichwahl ['ʃtɪçva:l] *f* POL ballottaggio *m*
Stichwort ['ʃtɪçvɔrt] *n* voce *f*, lemma *m; ein ~ nachschlagen* cercare un lemma

sticken ['ʃtɪkən] v ricamare
stickig ['ʃtɪkɪç] adj soffocante
Stickstoff ['ʃtɪkʃtɔf] m CHEM azoto m
Stiefel ['ʃtiːfəl] m stivale m; jdm die ~
lecken leccare gli stivali a qd; Das sind zwei
Paar ~. Questo è un altro paio di maniche.
Stiefmutter ['ʃtiːfmutər] f matrigna f
Stiefvater ['ʃtiːffaːtər] m patrigno m
Stiel [ʃtiːl] m stelo m, gambo m
Stier [ʃtiːr] m ZOOL toro m; den ~ bei den
Hörnern packen prendere il toro per le corna
Stierkampf ['ʃtiːrkampf] m corrida f
Stift¹ [ʃtɪft] m 1. (Bleistift) matita f; 2. (Na-
gel ohne Kopf) perno m; 3. (fam: Lehrling)
apprendista m
Stift² [ʃtɪft] n opera pia f, convento m
stiften ['ʃtɪftən] v 1. (schenken) donare;
eine Runde ~ offrire un giro; 2. (gründen)
fondare; 3. (fig: verursachen) causare; einen
Brand ~ appiccare il fuoco
Stifter(in) ['ʃtɪftər(ɪn)] m/f fondatore/fon-
datrice m/f, donatore/donatrice m/f
Stiftung ['ʃtɪftuŋ] f 1. (Schenkung) donazione f; 2. (Gründung) fondazione f; ~ des
öffentlichen Rechts fondazione pubblica f
Stil [ʃtiːl] m stile m
Stilbruch ['ʃtiːlbrux] m caduta di stile f
still [ʃtɪl] adj 1. (geräuschlos) silenzioso;
2. (ruhig) quieto; 3. (friedlich) tranquillo
Stille ['ʃtɪlə] f 1. (Geräuschlosigkeit) silenzio m; 2. (Frieden) pace f; 3. (Ruhe) calma f
stillen ['ʃtɪlən] v 1. (Kind) allattare;
2. (Bedürfnis) placare; den Durst ~ placare la
sete
stilllegen ['ʃtɪlleːgən] v chiudere, sospendere; einen Betrieb ~ chiudere un'azienda;
den Verkehr ~ sospendere il traffico
stillschweigend ['ʃtɪlʃvaɪgənt] adj tacito
Stillstand ['ʃtɪlʃtant] m arresto m
stilvoll ['ʃtiːlfɔl] adj 1. pieno di stile, pieno
di gusto; adv 2. in perfetto stile
stimmberechtigt ['ʃtɪmbəreçtɪçt] adj
avente diritto al voto
Stimmbruch ['ʃtɪmbrux] m mutazione f
della voce f
Stimme ['ʃtɪmə] f 1. voce f; 2. (Wahlstim-
me) POL voto m; seine ~ abgeben dare il
proprio voto
stimmen ['ʃtɪmən] v 1. (wahr sein) essere
giusto; 2. (Instrument) accordare
Stimmenmehrheit ['ʃtɪmənmeːrhaɪt] f
maggioranza di voti f
Stimmenthaltung ['ʃtɪmɛnthaltuŋ] f
astensione del voto f

Stimmrecht ['ʃtɪmrɛçt] n ECO diritto di
voto m
Stimmung ['ʃtɪmuŋ] f stato d'animo m
Stimmzettel ['ʃtɪmtsɛtəl] m scheda elettorale f
stinken ['ʃtɪŋkən] v irr puzzare
Stipendium [ʃtɪ'pɛndjum] n borsa di studio f
Stirn [ʃtɪrn] f ANAT fronte f; jdm die ~ bieten tenere testa a qd; sich an die ~ fassen (fig)
mettersi le mani nei capelli; jdm auf der ~
geschrieben stehen essere scritto in faccia a
qd
Stock [ʃtɔk] m 1. (Stab) bastone m; am ~
gehen camminare con il bastone; 2. (Etage)
piano m; 3. (fig) am ~ gehen non avere denaro; über ~ und Stein disseminato di ostacoli
Stockwerk ['ʃtɔkvɛrk] n piano m
Stoff [ʃtɔf] m 1. (Textil) stoffa f, tessuto m;
2. (Materie) sostanza f; 3. (fam: Rauschgift)
droga f
Stoffwechsel ['ʃtɔfvɛksəl] m BIO metabolismo m
stöhnen ['ʃtøːnən] v gemere, sospirare
stolpern ['ʃtɔlpərn] v inciampare
stolz [ʃtɔlts] adj orgoglioso
Stolz [ʃtɔlts] m orgoglio m
stopfen ['ʃtɔpfən] v 1. (füllen) riempire,
imbottire; Die Kartoffeln ~! Le patate saziano!
2. (flicken) rammendare, cucire
stoppen ['ʃtɔpən] v 1. (anhalten) fermare,
fermarsi; 2. (messen) cronometrare
Stoppuhr ['ʃtɔpuːr] f cronometro m
Stöpsel ['ʃtœpzəl] m tappo m
Storch [ʃtɔrç] m ZOOL cicogna f
stören ['ʃtøːrən] v disturbare
störend ['ʃtøːrənt] adj fastidioso, molesto
Störenfried ['ʃtøːrənfriːt] m disturbatore
m, importuno m
Störfaktor ['ʃtøːrfaktɔr] m fattore di
disturbo m
stornieren [ʃtɔr'niːrən] v stornare
Storno ['ʃtɔrno] m/n storno m
störrisch ['ʃtœrɪʃ] adj ostinato, testardo; ~
wie ein Maulesel testardo come un mulo
Störung ['ʃtøːruŋ] f disturbo m
Stoß [ʃtoːs] m 1. colpo m, urto m;
2. (Haufen) mucchio m; 3. (mit dem Fuß)
pedata f
Stoßdämpfer ['ʃtoːsdɛmpfər] m TECH
ammortizzatore m
stoßen ['ʃtoːsən] v irr 1. (mit Druck) spingere; 2. sich ~ urtare; 3. auf etw ~ trovare qc
stoßfest ['ʃtoːsfɛst] adj resistente agli urti

Stoßseufzer [ˈʃtoːszɔyftsər] *m* sospirone *m*
Stoßstange [ˈʃtoːsʃtaŋə] *f* paraurti *m*
Stoßverkehr [ˈʃtoːsfɛrkeːr] *m* traffico di punta *m*
stottern [ˈʃtɔtərn] *v* balbettare
Strafanstalt [ˈʃtraːfanʃtalt] *f* JUR penitenziario *m*
Strafanzeige [ˈʃtraːfantsaɪgə] *f* JUR denuncia *f*
strafbar [ˈʃtraːfbaːr] *adj* JUR punibile; sich ~ machen essere passibile di pena
Strafbefehl [ˈʃtraːfbəfeːl] *m* JUR ordinanza penale *f*
Strafe [ˈʃtraːfə] *f* 1. punizione *f*, pena *f*; 2. JUR pena *f*; eine ~ verbüßen scontare una pena
strafen [ˈʃtraːfən] *v* punire
Straferlass [ˈʃtraːfɛrlas] *m* JUR condono della pena *m*
straff [ʃtraf] *adj* 1. (gespannt) teso; 2. (streng) rigido; 3. (kurz) conciso
Strafgefangene(r) [ˈʃtraːfgəfaŋənə(r)] *m/f* detenuto/detenuta *m/f*
Strafgesetzbuch [ˈʃtraːfgəzɛtsbuːx] *n* JUR codice penale *m*
Strafporto [ˈʃtraːfpɔrto] *n* soprattassa *f*
Strafprozess [ˈʃtraːfprotsɛs] *m* JUR processo penale *m*
Strafraum [ˈʃtraːfraum] *m* SPORT area di rigore *f*
Strafrecht [ˈʃtraːfrɛçt] *n* JUR diritto penale *m*
Strafstoß [ˈʃtraːfʃtoːs] *m* SPORT calcio di punizione *m*
Straftat [ˈʃtraːftaːt] *f* JUR delitto *m*
Strahl [ʃtraːl] *m* 1. (Sonnenstrahl) raggio *m*; 2. (Wasserstrahl) getto *m*
strahlen [ˈʃtraːlən] *v* emanare raggi
Strahlenbehandlung [ˈʃtraːlənbəhandluŋ] *f* MED radioterapia *f*
Strahlenbelastung [ˈʃtraːlənbəlastuŋ] *f* esposizione alle radiazioni *f*
strahlenverseucht [ˈʃtraːlənfɛrzɔyçt] *adj* contaminato dalle radiazioni
Strahlung [ˈʃtraːluŋ] *f* PHYS radiazione *f*
Strand [ʃtrant] *m* spiaggia *f*
stranden [ˈʃtrandən] *v* arenarsi
Strang [ʃtraŋ] *m* corda *f*, fune *f*; am gleichen ~ ziehen remare nella stessa direzione; über die Stränge schlagen oltrepassare i limiti
Strapaze [ʃtraˈpatsə] *f* strapazzo *m*
strapazieren [ʃtrapaˈtsiːrən] *v* strapazzare

strapazierfähig [ʃtrapaˈtsiːrfɛːɪç] *adj* resistente
Straße [ˈʃtraːsə] *f* strada *f*; jdn auf die ~ werfen buttare qd sulla strada; auf der ~ liegen essere in mezzo ad una strada; auf die ~ gehen scendere in piazza
Straßenbahn [ˈʃtraːsənbaːn] *f* tram *m*
Straßenbau [ˈʃtraːsənbau] *m* costruzione di una strada *f*, costruzioni stradali *f/pl*
Straßenbeleuchtung [ˈʃtraːsənbəlɔyçtuŋ] *f* illuminazione stradale *f*
Straßengraben [ˈʃtraːsəngraːbən] *m* fosso *m*, fossato laterale *m*
Straßenhändler(in) [ˈʃtraːsənhɛndlər(ɪn)] *m/f* venditore ambulante/venditrice ambulante *m/f*
Straßennetz [ˈʃtraːsənnɛts] *n* rete stradale *f*
Straßenverhältnisse [ˈʃtraːsənfɛrhɛltnɪsə] *pl* condizioni stradali *f/pl*
Straßenverkehr [ˈʃtraːsənfɛrkeːr] *m* traffico stradale *m*
Straßenverkehrsordnung [ˈʃtraːsənfɛrkeːrsɔrdnuŋ] *f* codice stradale *m*
Strategie [ʃtrateˈgiː] *f* strategia *f*
sträuben [ˈʃtrɔybən] *v* sich ~ rizzarsi
Strauch [ʃtraux] *m* arbusto *m*, cespuglio *m*
Strauß¹ [ʃtraus] *m* BOT mazzo *m*
Strauß² [ʃtraus] *m* ZOOL struzzo *m*
strebsam [ˈʃtreːpzam] *adj* diligente, solerte
Strecke [ˈʃtrɛkə] *f* 1. percorso *m*, tratto *m*; 2. jdn zur ~ bringen catturare qd
strecken [ˈʃtrɛkən] *v* 1. tendere; 2. sich aus~ sdraiarsi
Streich [ʃtraɪç] *m* 1. colpo *m*; auf einen ~ d'un tratto/di colpo; 2. (Scherz) burla *f*; jdm einen ~ spielen giocare un brutto tiro a qd
streichen [ˈʃtraɪçən] *v irr* 1. (berühren) passare la mano, lisciare; 2. (auf~) spalmare; 3. (an~) verniciare; 4. (durch~) cancellare; Nichtzutreffendes ~ cancellare ciò che non interessa; 5. (annullieren) annullare
Streichholz [ˈʃtraɪçhɔlts] *n* fiammifero *m*
Streichmusik [ˈʃtraɪçmuziːk] *f* musica per archi *f*
Streife [ˈʃtraɪfə] *f* (der Polizei) pattuglia *f*
Streifen [ˈʃtraɪfən] *m* 1. (Band) striscia *f*, nastro *m*; 2. (Linie) striscia *f*, riga *f*
Streifenwagen [ˈʃtraɪfənvaːgən] *m* automobile della polizia *f*
Streifzug [ˈʃtraɪftsuːk] *m* escursione *f*
Streik [ʃtraɪk] *m* sciopero *m*
streiken [ˈʃtraɪkən] *v* scioperare

Streit [ʃtraɪt] *m* litigio *m*, lite *f*
streitbar ['ʃtraɪtbaːr] *adj* combattivo, bellicoso
streiten ['ʃtraɪtən] *v irr* litigare
Streitfrage ['ʃtraɪtfraːgə] *f* questione controversa *f*
Streitgespräch ['ʃtraɪtgəʃprɛːç] *n* discussione *f*
streitsüchtig ['ʃtraɪtzyçtɪç] *adj* litigioso
streng [ʃtrɛŋ] *adj 1.* severo; *2. (Geschmack)* aspro; *3. (Vorschrift)* rigoroso
Stress [ʃtrɛs] *m* stress *m*
streuen ['ʃtrɔyən] *v 1.* spargere; *2. PHYS* disperdersi
Streuung ['ʃtrɔyuŋ] *f 1.* spargimento *m; 2. PHYS* dispersione *f*
Strich [ʃtrɪç] *m 1.* tratto *m*, linea *f; einen ~ unter etw ziehen* lasciarsi qc alle spalle; *gegen den ~ gehen* dare ai nervi; *nach ~ und Faden* con tutti i crismi; *2. (Pinselstrich)* pennellata *f; 3. (Prostitution)* passeggio delle prostitute *m; auf den ~ gehen* battere il marciapiede
Strichpunkt ['ʃtrɪçpuŋkt] *m* punto e virgola *m*
Strick [ʃtrɪk] *m* corda *f*, fune *f; wenn alle ~e reißen* nel peggiore dei casi/in caso di emergenza; *jdm aus etw einen ~ drehen* ritorcere qc contro qd
stricken ['ʃtrɪkən] *v* lavorare a maglia
Strickjacke ['ʃtrɪkjakə] *f* giacchetta a maglia *f*, golf *m*
Strickwaren ['ʃtrɪkvaːrən] *pl* articoli di maglieria *m/pl*
strikt [ʃtrɪkt] *adj* preciso, esatto
Stroh [ʃtroː] *n* paglia *f; ~feuer* fuoco di paglia *m; ~ im Kopf haben* avere le pigne in testa/essere stupido
Strohhalm ['ʃtroːhalm] *m* filo di paglia *m*, cannuccia *f; sich an einen ~ klammern* aggrapparsi a un filo di speranza
Strohmann ['ʃtroːman] *m 1.* spaventapasseri *m; 2. (fig)* prestanome *m*
Strom [ʃtroːm] *m 1. (Fluss)* fiume *m; 2. (elektrischer ~)* corrente *f; 3. (Strömung)* corrente *f*, flusso *m; mit dem ~ schwimmen* seguire la corrente; *gegen den ~schwimmen* andare contro corrente
strömen ['ʃtrøːmən] *v* scorrere, fluire
Stromkreis ['ʃtroːmkraɪs] *m* circuito elettrico *m*
stromlinienförmig ['ʃtroːmliːnjənfœrmɪç] *adj* aerodinamico
Strömung ['ʃtrøːmuŋ] *f* corrente *f*

Stromverbrauch ['ʃtroːmfɛrbraux] *m* consumo di corrente *m*
Strophe ['ʃtroːfə] *f* strofa *f*
Struktur [ʃtruk'tuːr] *f* struttura *f*
strukturell [ʃtruktu'rɛl] *adj* strutturale
strukturieren [ʃtruktu'riːrən] *v* strutturare
Strukturkrise [ʃtruk'tuːrkrɪzə] *f* crisi di struttura *f*
Strumpf [ʃtrumpf] *m* calza *f*
Strumpfband ['ʃtrumpfbant] *n* giarrettiera *f*
Strumpfhose ['ʃtrumpfhoːzə] *f* calzamaglia *f*
struppig ['ʃtrupɪç] *adj* ispido
Stube ['ʃtuːbə] *f* camera *f*
Stubenarrest ['ʃtuːbənarɛst] *m* consegna *f*
Stück [ʃtyk] *n 1. (Teil)* parte *f; große ~e auf jdn halten* pensare un gran bene di qd; *2. THEAT* lavoro *m; 3. (einer Speise)* pezzo *m*
stückweise ['ʃtykvaɪzə] *adv* a pezzi
Stückzahl ['ʃtyktsaːl] *f* numero dei pezzi *m*, quantità *f*
Student(in) [ʃtu'dɛnt(ɪn)] *m/f* studente(ssa) *m/f*
Studentenaustausch [ʃtu'dɛntənaustauʃ] *m* scambi studenteschi *m/pl*
Studie ['ʃtuːdjə] *f* studio *m*
Studienplatz ['ʃtuːdjənplats] *m* posto di studio *m*
Studienrat ['ʃtuːdjənraːt] *m* insegnante medio di ruolo *m*
studieren [ʃtu'diːrən] *v* studiare all'università
Studio ['ʃtuːdjo] *n* studio *m*
Studium ['ʃtuːdjum] *n* studi *m/pl*
Stufe ['ʃtuːfə] *f 1. (Treppenstufe)* gradino *m; 2. (Phase)* fase *f*, stadio *m*
stufenweise ['ʃtuːfənvaɪzə] *adv* gradualmente, progressivamente
Stuhl [ʃtuːl] *m* sedia *f; fast vom ~ fallen* rimanere di sasso/rischiare di cadere dalla sedia; *jdm nicht vom ~ reißen* non stupire molto qd; *zwischen zwei ~ sitzen* tenere il piede in due scarpe
Stuhlgang ['ʃtuːlgaŋ] *m* evacuazione *f*, defecazione *f*
stumm [ʃtum] *adj* muto
stümperhaft ['ʃtympərhaft] *adj 1.* pasticciato, fatto coi piedi; *adv 2.* da pasticcione
stumpf [ʃtumpf] *adj 1. (nicht scharf)* smussato; *2. (fig: glanzlos)* opaco; *3. (fig: teilnahmslos)* apatico

Stumpfsinn ['ʃtumpfzɪn] *m* ottusità *f*, stupidità *f*
Stunde ['ʃtundə] *f 1.* ora *f; die* ~ *der Wahrheit* l'ora della verità *f; Seine letzte* ~ *hat geschlagen.* La sua ultima ora è suonata. *2. (in der Schule)* ora *f*, lezione *f*
stunden ['ʃtundən] *v ECO* prorogare
Stundenkilometer ['ʃtundənkiːlomeːtər] *m* chilometro orario *m*
stundenlang ['ʃtundənlaŋ] *adj 1.* di più ore; *adv 2.* per ore e ore
Stundenlohn ['ʃtundənloːn] *m* salario all'ora *m*
Stundenplan ['ʃtundənplan] *m* orario *m*
stündlich ['ʃtyntlɪç] *adj 1.* orario; *adv 2.* all'ora, ogni ora
Stups [ʃtups] *m (fam)* spinta *f*
stur [ʃtuːr] *adj 1.* fisso, ostinato; *ein* ~*er Blick* uno sguardo fisso *m; adv 2.* fissamente
Sturm [ʃturm] *m* tempesta *f*
Sturmflut ['ʃturmfluːt] *f* mareggiata *f*
stürmisch ['ʃtyrmɪʃ] *adj 1. (Wetter)* burrascoso, tempestoso; *2. (fig)* impetuoso
Sturz [ʃturts] *m* caduta *f*, crollo *m*
stürzen ['ʃtyrtsən] *v 1. (fallen)* cadere; *2. POL* rovesciare; *3. sich* ~ avventarsi
Sturzhelm ['ʃturtshɛlm] *m* casco di protezione *m*
Stütze ['ʃtytsə] *f 1.* sostegno *m*, supporto *m; 2. (fig: Unterstützung)* sostegno *m*
stützen ['ʃtytsən] *v 1. (halten)* mantenere, puntellare; *eine Mauer* ~ puntellare un muro; *2. (fig: unter~)* sostenere
stutzig ['ʃtutsɪç] *adj* sorpreso, stupito
Stützpunkt ['ʃtytspuŋkt] *m* punto d'appoggio *m*, caposaldo *m*
Subjekt [zup'jɛkt] *n* soggetto *m*
subjektiv [zupjɛk'tiːf] *adj* soggettivo
Substantiv ['zupstantiːf] *n GRAMM* sostantivo *m*
Substanz [zup'stants] *f* sostanza *f*
Subvention [zupvɛn'tsjoːn] *f ECO* sovvenzione *f*
Suche ['zuːxə] *f* ricerca *f*
suchen ['zuːxən] *v* cercare
Sucht [zuxt] *f MED* mania *f*
süchtig ['zyçtɪç] *adj 1.* dipendente; *2. (drogen~) MED* tossicomane
Südafrika [zyːt'afrɪka] *n* Sud Africa *m*
Südamerika [zyːta'meːrɪka] *n GEO* Sudamerica *m*
Süden ['zyːdən] *m* sud *m*
Süditalien ['zyːtɪtaːljən] *n* Italia meridionale *f*

südlich ['zyːdlɪç] *adj* meridionale, del sud
Südpol ['zyːtpoːl] *m GEO* polo sud *m*
Sühne ['zyːnə] *f* espiazione *f*
Summe ['zumə] *f* somma *f*
summen ['zumən] *v* ronzare, canticchiare a bocca chiusa; *Die Bienen* ~. Le api ronzano. *eine Melodie* ~ canticchiare una melodia a bocca chiusa
summieren [zu'miːrən] *v* sommare
Sumpf [zumpf] *m* palude *f*
Sünde ['zyndə] *f* peccato *m*
Sündenbock ['zyndənbɔk] *m* capro espiatorio *m*
Sünder ['zyndər] *m* peccatore *m; ein hart gesottener* ~ un peccatore incallito *m*
sündigen ['zyndɪgən] *v* peccare
Superlativ [zupərla'tiːf] *m GRAMM* superlativo *m*
Supermarkt ['zuːpərmarkt] *m* supermercato *m*
Suppe ['zupə] *f GAST* zuppa *f; jdm die* ~ *versalzen (fig)* intralciare i piani di qd; *sich eine schöne* ~ *einbrocken* mettersi in un bel pasticcio; *Du musst die* ~ *auslöffeln, die du dir eingebrockt hast.* Devi subire le conseguenze delle tue azioni.
Suppenfleisch ['zupənflaɪʃ] *n GAST* carne da brodo *f*
Suppenlöffel ['zupənlœfəl] *m* cucchiaio da minestra *m*
surfen ['zøːrfən] *v 1. SPORT* praticare il surf; *2.* ~ *im Internet* navigare in Internet
süß [zyːs] *adj 1. (Geschmack)* dolce; *2. (niedlich)* carino
Süßigkeiten ['zyːsɪçkaɪtən] *pl* dolci *m/pl*
süßsauer [zyːs'zauər] *adj* agrodolce
Süßspeise ['zyːsʃpaɪzə] *f GAST* dolce *m*
Süßwasser ['zyːsvasər] *n* acqua dolce *f*
Symbol [zym'boːl] *n* simbolo *m*
symbolisch [zym'boːlɪʃ] *adj* simbolico
symmetrisch [zy'meːtrɪʃ] *adj* simmetrico
Sympathie [zympa'tiː] *f* simpatia *f*
Sympathisant [zympati'zant] *m* simpatizzante *m*
sympathisch [zym'paːtɪʃ] *adj* simpatico
Symptom [zymp'toːm] *n* sintomo *m*
synchron [zyn'kroːn] *adj* sincrono
System [zys'teːm] *n* sistema *m*
systematisch [zyste'maːtɪʃ] *adj* sistematico
Szene ['stseːnə] *f 1.* scene *f; 2. (fig)* scenata *f; jdm eine* ~ *machen* fare una scenata a qd
Szenerie [stseːnə'riː] *f* scenario *m*, scenografia *f*

T

Tabak ['tabak] *m* tabacco *m*
Tabakwaren ['tabakvaːrən] *pl* tabacchi *m/pl*
tabellarisch [tabɛ'laːrɪʃ] *adj* tabellare, sinottico
Tabelle [ta'bɛlə] *f* tabella *f*
Tablett [ta'blɛt] *n* vassoio *m*
Tablette [ta'blɛtə] *f MED* compressa *f*
Tabu [ta'buː] *n* tabù *m*
Tabulator [tabu'laːtɔr] *m* tabulatore *m*
Tachometer [taxo'meːtər] *m (eines Autos)* tachimetro *m*
Tadel ['taːdəl] *m* biasimo *m*
tadellos ['taːdəlloːs] *adj* irreprensibile
tadeln ['taːdəln] *v* biasimare
Tafel ['taːfəl] *f* 1. *(Schultafel)* lavagna *f;* 2. *(Schalttafel)* quadro *m;* 3. *(gedeckter Tisch)* tavola *f;* 4. *(Schokoladentafel)* tavoletta *f*
tafeln ['taːfəln] *v* desinare, stare a tavola
täfeln ['tɛːfəln] *v* rivestire di legno
Täfelung ['tɛːfəluŋ] *f* intavolatura *f*
Taft [taft] *m* taffettà *m*
Tag [tag] *m* giorno *m;* bei ~ di giorno; *Die ~e werden kürzer.* I giorni si accorciano. *unter ~e* in sotterraneo; *über ~e* in superficie; *an den ~ kommen* venire alla luce; *eines ~es* un giorno; *von ~ zu ~* di giorno in giorno; *Guten Tag!* Buon giorno! *etw an den ~ legen* mostrare qc/lasciar trasparire qc; *in den ~ hineinleben* vivere alla giornata; *~ und Nacht* giorno e notte; *den lieben langen~* tutto il santo giorno
Tagebuch ['taːgəbuːx] *n* diario *m*
tagelang ['taːgəlaŋ] *adj 1.* da parecchi giorni; *adv 2.* per giorni interi
tagen ['taːgən] *v* tenere una seduta
Tagesablauf ['taːgəsaplauf] *m* decorso del giorno *m*
Tagesanbruch ['taːgəsanbrux] *m* lo spuntare del giorno *m*, alba *f;* bei ~ all'inizio della giornata
Tagesgespräch ['taːgəsgəʃprɛːç] *n* argomento del giorno *m*
Tageslicht ['taːgəslɪçt] *n* luce del giorno *f; etw ans ~ bringen* portare qc alla luce; *das ~ scheuen* evitare la luce del giorno; *ans ~ kommen* venire alla luce
Tagesordnung ['taːgəsɔrdnuŋ] *f* ordine del giorno *m; zur ~ übergehen* passare all'ordine del giorno

Tageszeitung ['taːgəstsaɪtuŋ] *f* quotidiano *m*
tageweise ['taːgəvaɪzə] *adv* a giorni
täglich ['tɛːklɪç] *adj 1.* del giorno, quotidiano; *adv 2.* giornalmente, quotidianamente
tagsüber ['taːksyːbər] *adv* di giorno, durante il giorno
Tagung ['taːguŋ] *f* seduta *f,* congresso *m*
Taille ['taljə] *f* vita *f*
Takt [takt] *m 1. (Feingefühl)* tatto *m; 2. MUS* battuta *f,* tempo *m; den ~ angeben* dare il tempo; *aus dem ~ kommen* andare fuori tempo/fare confusione; *jdn aus dem ~ bringen* mandare qd fuori tempo
Taktik ['taktɪk] *f* tattica *f*
taktisch ['taktɪʃ] *adj* tattico
taktlos ['taktloːs] *adj 1.* senza tatto, indelicato; *adv 2.* indelicatamente
Taktlosigkeit ['taktloːzɪçkaɪt] *f* mancanza di tatto *f*
taktvoll ['taktfɔl] *adj 1.* pieno di tatto, discreto; *adv 2.* con tatto, discretamente
Tal [taːl] *n* valle *f*
Talar [ta'laːr] *m REL* talare *f*
Talent [ta'lɛnt] *n* talento *m*
talentiert [talɛn'tiːrt] *adj* pieno di talento
Talisman ['taːlɪsman] *m* talismano *m*
Talsohle ['taːlzoːlə] *f 1.* fondovalle *m; 2. (fig)* fondo *m; die ~ erreichen* toccare il fondo
Tampon ['tampɔn] *m* tampone *m*
Tang [taŋ] *m BOT* fuco *m*
Tank [taŋk] *m* serbatoio *m*
tanken ['taŋkən] *v* fare benzina
Tanker ['taŋkər] *m* petroliera *f*
Tankstelle ['taŋkʃtɛlə] *f* distributore di benzina *m*
Tankwart ['taŋkvart] *m* benzinaio *m*
Tanne ['tanə] *f BOT* abete bianco *m*
Tannenbaum ['tanənbaum] *m (Weihnachtsbaum)* albero di Natale *m*
Tannenzapfen ['tanəntsapfən] *m BOT* cono d'abete *m*
Tante ['tantə] *f* zia *f*
Tanz [tants] *m* ballo *m,* danza *f*
tanzen ['tantsən] *v* ballare
Tänzer(in) ['tɛntsər(ɪn)] *m/f* ballerino/ballerina *m/f*
Tanzfläche ['tantsflɛçə] *f* pista da ballo *f*
Tanzkurs ['tantskurs] *m* corso di danza *m*

Tapete [ta'pe:tə] *f* tappezzeria *m; die ~n wechseln (fig)* cambiare aria/cambiare lavoro/trasferirsi
tapezieren [tapə'tsi:rən] *v* tappezzare
tapfer ['tapfər] *adj* valoroso, coraggioso
Tapferkeit ['tapfərkaɪt] *f* valore *m*, coraggio *m*
Tarantel [ta'rantəl] *f* tarantola *f; wie von der ~ gestochen* come morsicato dalla tarantola
Tarif [ta'ri:f] *m* tariffa *f*
Tariflohn [ta'ri:flo:n] *m ECO* minimo salariale *m*
Tarifverhandlung [ta'ri:ffɛrhandluŋ] *f* trattative tariffarie *f/pl*
Tarifvertrag [ta'ri:ffɛrtra:k] *m* contratto tariffario *m*
tarnen ['tarnən] *v* mimetizzare
Tarnung ['tarnuŋ] *f* mimetizzazione *f*
Tasche ['taʃə] *f 1. (Handtasche)* borsa *f*, borsetta *f; 2. (Aktentasche)* cartella *f; 3. (einer Kleidung)* tasca *f; jdn in die ~ stecken* mettere qd nel sacco; *jdm auf der ~ liegen* gravare sulle spalle di qd/farsi mantenere da qd; *tief in die ~ greifen müssen* doversi svenare/dover spendere molto; *etw aus eigener ~ bezahlen* pagare qc di tasca propria; *jdm Geld aus der ~ ziehen* sfilare denaro dalla tasca a qd; *etw in die eigene ~ stecken* mettersi in tasca qc/operare per ottenere qc
Taschenbuch ['taʃənbu:x] *n* libro tascabile *m*
Taschendieb ['taʃəndi:p] *m* borsaiolo *m*
Taschengeld ['taʃəngɛlt] *n* denaro per le piccole spese *m;* paghetta *f*
Taschenlampe ['taʃənlampə] *f* lampadina tascabile *f*, pila tascabile *f*
Taschenrechner ['taʃənrɛçnər] *m* calcolatore tascabile *m*
Taschenschirm ['taʃənʃɪrm] *m* ombrello pieghevole *m*
Taschentuch ['taʃəntu:x] *n* fazzoletto *m*
Tasse ['tasə] *f* tazza *f; nicht alle ~n im Schrank haben (fig)* non avere tutte le rotelle al loro posto
Tastatur [tasta'tu:r] *f* tastiera *f*
Taste ['tastə] *f* tasto *m*
tasten ['tastən] *v* tastare, palpare
Tastenzwang ['tastəntsvaŋ] *m INFORM* costrizione di tasto *f*
Tat [ta:t] *f 1. (Handlung)* azione *f*, atto *m; 2. (Straftat)* reato *m*
Tatbestand ['ta:tbəʃtant] *m* stato di fatto *m*, fatti *m/pl*

Tatendrang ['ta:təndraŋ] *m* impulso all'azione *m*, dinamismo *m*
tatenlos ['ta:tənlo:s] *adv* inattivo, inerte
Täter ['tɛ:tər] *m* autore *m*, reo *m*
tätig ['tɛ:tɪç] *adj* attivo
Tätigkeit ['tɛ:tɪçkaɪt] *f* attività *f*
Tätigkeitsbereich ['tɛ:tɪçkaɪtsbəraɪç] *m* sfera d'attività *f*
Tatkraft ['ta:tkraft] *f* dinamismo *m*, energia *f*
tatkräftig ['ta:tkrɛftɪç] *adj* energico
Tätlichkeiten ['tɛ:tlɪçkaɪtən] *f/pl* violenza *f*, episodi violenti *m/pl*
Tatort ['ta:tɔrt] *m* luogo del reato *m*
tätowieren [tɛ:to'vi:rən] *v* tatuare
Tätowierung [tɛ:to'vi:ruŋ] *f* tatuaggio *m*
Tatsache ['ta:tzaxə] *f* fatto *m; jdn vor vollendete ~n stellen* mettere qd davanti al fatto compiuto; *vollendete ~n schaffen* farla finita/chiudere il discorso
Tatsachenbericht ['ta:tzaxənbərɪçt] *m* esposizione dei fatti *f*
tatsächlich ['ta:tzɛçlɪç] *adj 1.* reale; *adv 2.* effettivamente, infatti
Tatze ['tatsə] *f ZOOL* zampa *f*
Tau¹ [tau] *m* rugiada *f*
Tau² [tau] *n* cavo *m*, cima *f*
taub [taup] *adj 1.* sordo; *2. (betäubt)* insensibile
Taube ['taubə] *f ZOOL* colomba *f*
Taubheit ['tauphaɪt] *f MED* sordità *f*
taubstumm ['taupʃtum] *adj* sordomuto
tauchen ['tauxən] *v* immergere, tuffarsi
Taucher(in) ['tauxər(ɪn)] *m/f* sommozzatore/sommozzatrice *m/f,* sub *m/f*
Taucherbrille ['tauxərbrɪlə] *f* occhiali subacquei *m/pl*
Tauchsieder ['tauxzi:dər] *m* riscaldatore a emersione *m*
tauen ['tauən] *v* scongelarsi
Taufe ['taufə] *f REL* battesimo *m; etw aus der ~ heben* lanciare qc di nuovo
taufen ['taufən] *v REL* battezzare
Taufpate ['taufpa:tə] *m REL* padrino di battesimo *m*
taugen ['taugən] *v* essere atto; *Er taugt nicht zum Lehrer.* Non è portato per l'insegnamento. *zu nichts ~* essere buono a nulla
Taugenichts ['taugənɪçts] *m* perdigiorno *m*
tauglich ['tauklɪç] *adj* buono, utile
taumeln ['tauməln] *v* barcollare, vacillare
Tausch [tauʃ] *m* cambio *m*
tauschen ['tauʃən] *v* cambiare

täuschen ['tɔyʃən] *v 1. jdn* ~ ingannare qd; *jds Vertrauen* ~ tradire la fiducia di qd; *2. sich* ~ ingannarsi, sbagliarsi; *Ich habe mich in ihm getäuscht.* Mi sono sbagliato sul suo conto.

Täuschung ['tɔyʃuŋ] *f* inganno *m*

tausend ['tauzənt] *num* mille

tausendste(r,s) ['tauzəntstə(r,s)] *adj* millesimo/millesima

Tauwetter ['tauvɛtər] *n* disgelo *m*

Tauziehen ['tautsi:ən] *n 1.* tiro alla fune *m; 2. (fig)* prova di forza *f*

Taxi ['taksi] *n* tassì *m*

Taxistand ['taksiʃtant] *m* posteggio dei tassì *m*

Teamarbeit ['ti:marbaɪt] *f* lavoro di squadra *m*, teamwork *m*

Technik ['tɛçnɪk] *f* tecnica *f*

Techniker(in) ['tɛçnɪkər(ɪn)] *m/f* tecnico *m*, specialista *m/f*

technisch ['tɛçnɪʃ] *adj* tecnico

Technologie [tɛçnolo'gi:] *f* tecnologia *f*

technologisch [tɛçno'lo:gɪʃ] *adj* tecnologico

Tee [te:] *m* tè *m*

Teekanne ['te:kanə] *f* teiera *f*

Teelöffel ['te:lœfəl] *m* cucchiaino da tè *m*

Teer [te:r] *m* catrame *m*

teeren ['te:rən] *v* catramare

Teich [taɪç] *m* stagno *m*

Teig [taɪk] *m* impasto *m*

Teigwaren ['taɪkva:rən] *pl* pasta *f*

Teil [taɪl] *m* parte *f; zum* ~ in parte; *sich seinen* ~ *denken* tenersi il giudizio per sé; *für meinen* ~ da parte mia/per quanto mi riguarda; *seinen* ~ *kriegen* beccarsi la propria parte; *seinen* ~ *weghaben* avere avuto la propria parte

teilbar ['taɪlba:r] *adj* divisibile

Teilbetrag ['taɪlbətra:k] *m* somma parziale *f*

teilen ['taɪlən] *v 1. (trennen)* dividere, separare; *2. (fig: gemeinsam haben)* dividere; *dieselbe Ansicht* ~ condividere la stessa opinione

teilhaben ['taɪlha:bən] *v irr* partecipare

Teilhaber(in) ['taɪlha:bər(ɪn)] *m/f ECO* partecipante *m/f*

Teilkaskoversicherung ['taɪlkaskɔfɛrzɪçəruŋ] *f* assicurazione parziale per tutti i rischi *f*

Teilnahme ['taɪlna:mə] *f* partecipazione *f*

teilnahmslos ['taɪlna:mslo:s] *adj* indifferente

teilnehmen ['taɪlne:mən] *v irr* partecipare

Teilnehmer(in) ['taɪlne:mər(ɪn)] *m/f 1.* partecipante *m/f; 2. TEL* utente *m/f*

Teilung ['taɪluŋ] *f* divisione *f*

teilweise ['taɪlvaɪzə] *adv* parzialmente

Teilzahlung ['taɪltsa:luŋ] *f* pagamento parziale *m*

Teilzeitbeschäftigung ['taɪltsaɪtbəʃɛftɪguŋ] *f* lavoro part time *m*

Teint [tɛ̃] *m* colorito *m*

Telefax ['telefaks] *n* telefax *m*

Telefon [tele'fo:n] *n* telefono *m*

Telefonanruf [tele'fo:nanru:f] *m* telefonata *f*

Telefonbuch [tele'fo:nbu:x] *n* elenco telefonico *m*

Telefongespräch [tele'fo:ngəʃprɛ:ç] *n* conversazione telefonica *f*, telefonata *f*

telefonieren [telefo'ni:rən] *v* telefonare

telefonisch [tele'fo:nɪʃ] *adj* telefonico

Telefonnummer [tele'fo:nnumər] *f* numero telefonico *m*

Telefonzelle [tele'fo:ntsɛlə] *f* cabina telefonica *f*

Telefonzentrale [tele'fo:ntsɛntra:lə] *f* centrale telefonica *f*

telegrafieren [telegra'fi:rən] *v* telegrafare

Telegramm [tele'gram] *n* telegramma *m*

Telegrammstil [tele'gramʃti:l] *m* stile telegrafico *m*

Teleskop [tele'sko:p] *n* telescopio *m*

Telex ['telɛks] *n* telescrivente *f*

Teller ['tɛlər] *m 1. (flach)* piatto *m; 2. (tief)* piatto fondo *m; 3. (Dessertteller)* piattino *m*

Tempel ['tɛmpəl] *m* tempio *m*

Temperament [tempera'mɛnt] *n* temperamento *m*

temperamentvoll [tempera'mɛntfɔl] *adj* vivace, brioso

Temperatur [tempera'tu:r] *f* temperatura *f*

Temperatursturz [tempera'tu:rʃturts] *m* caduta della temperatura *f*

Tempo ['tɛmpo] *n* tempo *m; ~ machen* accelerare

Tempolimit ['tɛmpo:lɪmɪt] *n* limite di velocità *m*

Tendenz [tɛn'dɛnts] *f* tendenza *f*

tendenziös [tɛndɛn'tsjø:s] *adj* tendenzioso

tendieren [tɛn'di:rən] *v* tendere

Tennis ['tɛnɪs] *n SPORT* tennis *m*

Tennisplatz ['tɛnɪsplats] *m SPORT* campo da tennis *m*

Tennisschläger ['tɛnɪsʃlɛːgər] *m* SPORT racchetta da tennis *f*
Tenor [te'noːr] *m* MUS tenore *m*
Teppich ['tɛpɪç] *m* tappeto *m; etw unter den ~ kehren (fig)* occultare qc; *auf dem ~ bleiben* rimanere coi piedi per terra
Teppichboden ['tɛpɪçboːdən] *m* moquette *f*
Teppichklopfer ['tɛpɪçklɔpfər] *m* battipanni *m*
Termin [tɛr'miːn] *m 1. (Datum)* data *f; 2. (Frist)* termine *m; 3. (Verabredung)* appuntamento *m,* termine convenuto *m; 4. (Verhandlung)* JUR udienza *f*
termingerecht [tɛr'miːngərɛçt] *adj* puntuale, tempestivo
Terminkalender [tɛr'miːnkalɛndər] *m* agenda *f*
Terminologie [tɛrmɪnolo'giː] *f* terminologia *f*
Terpentin [tɛrpɛn'tiːn] *n* trementina *f*
Terrasse [tɛ'rasə] *f* terrazza *f*
Terrine [tɛ'rinə] *f* scodella *f,* terrina *f*
Territorium [tɛri'toːrjum] *n* territorio *m*
Terror ['tɛrɔr] *m* terrore *m*
Terrorismus [tɛrɔ'rɪsmus] *m* terrorismo *m*
Terrorist(in) [tɛrɔ'rɪst(ɪn)] *m/f* terrorista *m/f*
Test [tɛst] *m* test *m,* prova *f*
Testament [tɛsta'mɛnt] *n* testamento *m; sein ~ machen können* poter fare il proprio testamento
testamentarisch [tɛstamɛn'taːrɪʃ] *adj 1.* testamentario; *adv 2.* per testamento
Testamentseröffnung [tɛsta'mɛntsɛrøfnuŋ] *f* JUR apertura del testamento *f*
testen ['tɛstən] *v* esaminare, sottoporre a un test
Testpilot ['tɛstpɪloːt] *m* pilota collaudatore *m*
Teststrecke ['tɛstʃtrɛkə] *f* pista di prova *f*
Tetanus ['teːtanus] *m* MED tetano *m*
Tetanusimpfung ['teːtanusɪmpfuŋ] *f* MED vaccinazione antitetanica *f*
teuer ['tɔyər] *adj* caro; *Das wird dich ~ zu stehen kommen!* Questo ti costerà caro!
Teuerungsrate ['tɔyəruŋsraːtə] *f* quota di rincaro *f*
Teufel ['tɔyfəl] *m* diavolo *m; den ~ an die Wand malen* fare l'uccello del malaugurio; *den ~ im Leib haben* avere il diavolo in corpo; *sich den ~ um etw scheren* non preoc-

cuparsi per nulla di qc/fregarsene di qc; *in ~s Küche kommen* mettersi nei guai; *auf ~ komm raus* a più non posso; *jdn zum ~ schicken* mandare qd al diavolo; *Da ist der ~ los.* E' un pandemonio. *Scher dich zum ~!* Vai al diavolo! *Der ~ soll ihn holen!* Il diavolo lo porti! *Pfui ~!* Che schifo!
teuflisch ['tɔyflɪʃ] *adj* diabolico
Text [tɛkst] *m* testo *m*
Textilien [tɛks'tiːljən] *pl* tessuti *m/pl,* tessili *m/pl*
Textilindustrie [tɛks'tiːlɪndustriː] *f* industria tessile *f*
Textverarbeitung ['tɛkstfɛrarbaItuŋ] *f* INFORM elaborazione del testo *f*
Thailand ['taIlant] *n* GEO Tailandia *f*
Theater [te'aːtər] *n 1. (Schauspielhaus)* teatro *m; 2. (fig: Aufregung)* dramma *m; ~ spielen* fare una commedia/simulare
Theaterkasse [te'aːtərkasə] *f* cassa del teatro *f*
Theaterstück [te'aːtərʃtyk] *n* lavoro teatrale *m,* opera teatrale *f*
theatralisch [tea'traːlɪʃ] *adj* teatrale
Theke ['teːkə] *f* banco *m*
Thema ['teːma] *n* argomento *m,* tema *m*
Thematik [te'maːtɪk] *f* tematica *f*
Theologe [teo'loːgə] *m* teologo *m*
Theologie [teolo'giː] *f* teologia *f*
theoretisch [teo're:tɪʃ] *adj* teorico
Theorie [teo'riː] *f* teoria *f*
Therapeut [tera'pɔyt] *m* terapeuta *m*
Therapie [tera'piː] *f* terapia *f*
Thermalbad ['tɛrmaːlbaːt] *n* bagno termale *m*
Thermometer [tɛrmo'meːtər] *n* termometro *m*
Thermosflasche ['tɛrmɔsflaʃə] *f* termos *m*
Thermostat ['tɛrmosta:t] *m* termostato *m*
These ['teːzə] *f* tesi *f*
Thron [troːn] *m* trono *m; von seinem ~ herabsteigen* scendere dal proprio trono; *jdn vom ~ stoßen* detronizzare qd; *Sein ~ wackelt gewaltig.* Il suo trono vacilla pericolosamente.
Thronfolger ['troːnfɔlgər] *m* successore al trono *m*
Thunfisch ['tuːnfɪʃ] *m* ZOOL tonno *m*
Thymian ['tyːmjaːn] *m* BOT timo *m*
Tick [tɪk] *m* tic *m*
ticken ['tɪkən] *v* ticchettare; *nicht mehr ganz richtig ~* non essere più tanto normale
tief [tiːf] *adj 1. (Abgrund)* profondo; *~e Stimme* voce profonda *f; 2. (Schnee)* alto;

~er Schnee neve alta *f; 3. (Temperatur)* basso; *~e Temperatur* bassa temperatura *f; 4. ~ schürfend (fig)* profondo; *in ~en Gedanken* in pensieri profondi; *adv 5. (stark)* profondamente; *~ in die Nacht hinein* fino a tarda notte
Tiefe ['tiːfə] *f* profondità *f*
Tiefflug ['tiːffluːk] *m* volo radente *m*
Tiefgarage ['tiːfgaraːʒə] *f* garage sotterraneo *m*
Tiefkühlfach ['tiːfkyːlfax] *n* congelatore *m*, freezer *m*
Tiefkühlkost ['tiːfkyːlkɔst] *f* surgelati *m/pl*
Tiefkühltruhe ['tiːfkyːltruːə] *f* congelatore *m*
Tiefpunkt ['tiːfpuŋkt] *m* punto basso *m*
Tier [tiːr] *n* animale *m; ein hohes ~ sein* essere un pezzo grosso
Tierarzt ['tiːrartst] *m* veterinario *m*
Tierfreund ['tiːrfrɔynt] *m* zoofilo *m*, amante degli animali *m*
Tiergarten ['tiːrgartən] *m* giardino zoologico *m*, zoo *m*
Tierheim ['tiːrhaɪm] *n* pensione per animali *f*
tierisch ['tiːrɪʃ] *adj etw ~ ernst nehmen* prendere qc molto seriamente
Tierkreiszeichen ['tiːrkraɪstsaɪçən] *n* segno zodiacale *m*
Tierquälerei [tiːrkvɛːlə'raɪ] *f* maltrattamento di animali *m*
Tierschutzverein ['tiːrʃutsfɛraɪn] *m* lega protezione animali *f*
Tierversuch ['tiːrfɛrzuːx] *m* esperimento sugli animali *m*
Tiger ['tiːgər] *m* ZOOL tigre *f*
tilgen ['tɪlgən] *v* ECO estinguere
Tilgung ['tɪlguŋ] *f* ECO estinzione *f*
Tinte ['tɪntə] *f* inchiostro *m; in der ~ sitzen* essere nei guai
Tintenfisch ['tɪntənfɪʃ] *m* ZOOL seppia *f*
tippen ['tɪpən] *v 1. (berühren)* toccare; *2. (Maschine schreiben)* scrivere a macchina; *3. (vermuten)* pronosticare; *4. (wetten)* scommettere
Tippfehler ['tɪpfeːlər] *m* errore di battitura *f*
Tisch [tɪʃ] *m* tavolo *m; am runden ~ verhandeln* fare trattative; *jdn über den ~ ziehen* menare per il naso qd; *unter den ~ fallen* passare inosservato; *jdn unter den ~ trinken* mandare qd sotto il tavolo/sopportare l'alcool meglio di qd; *bei ~* a tavola

Tischdecke ['tɪʃdɛːkə] *f* tovaglia *f*
Tischlampe ['tɪʃlampə] *f* lampada *f*
Tischler(in) ['tɪʃlər(ɪn)] *m/f* falegname *m*
Tischtennis ['tɪʃtɛnɪs] *n* SPORT pingpong *m*, tennis da tavolo *m*
Titel ['tiːtəl] *m 1. (Buchtitel)* titolo *m; 2. (Doktortitel)* titolo *m*
Titelbild ['tiːtəlbɪlt] *n* frontespizio *m*
Titelseite ['tiːtəlzaɪtə] *f* prima pagina *f*
Toast [toːst] *m 1. (Brot)* toast *m; 2. (Trinkspruch)* brindisi *m; einen ~ auf jdn ausbringen* proporre un brindisi a qd
Toaster ['toːstər] *m* tostapane *m*
toben ['toːbən] *v 1. (tollen)* scatenarsi; *2. (stürmen)* infuriare; *3. (wütend sein)* essere furioso
Tobsuchtsanfall ['toːpzuxtsanfal] *m* attacco di furore *m*
Tochter ['tɔxtər] *f* figlia *f*
Tochtergesellschaft ['tɔxtərgəzɛlʃaft] *f* ECO società affiliata *f*
Tod [toːt] *m* morte *f; tausend ~e sterben* morire di mille morti; *jdn auf den ~ nicht leiden können* non poter proprio soffrire qd; *mit dem ~e ringen* lottare con la morte; *in den ~ gehen* andare incontro alla morte; *zu ~e kommen* morire/perdere la vita
todernst ['toːtɛrnst] *adj* molto serio, serissimo
Todesangst ['toːdəsaŋst] *f* paura mortale *f*
Todesanzeige ['toːdəsantsaɪgə] *f* denuncia di morte *f*
Todesfall ['toːdəsfal] *m* caso di morte *m*, decesso *m*
Todeskampf ['toːdəskampf] *m* agonia *f*
Todesstoß ['toːdəsʃtoːs] *m jdm den ~ versetzen* dare il colpo di grazia a qd
Todesstrafe ['toːdəsʃtraːfə] *f* JUR pena capitale *f*
Todesursache ['toːdəsuːrzaxə] *f* causa di morte *f*
todkrank ['toːt'kraŋk] *adj* in fin di vita
tödlich ['tøːtlɪç] *adj* mortale
todmüde ['toːt'myːdə] *adj* stanco morto, sfinito
todsicher ['toːt'zɪçər] *adj* assolutamente certo, sicurissimo
Todsünde ['toːtzyndə] *f* peccato mortale *m*
Toilette [toa'lɛtə] *f* toilette *f*, toletta *f*, gabinetto *m*
Toilettenartikel [toa'lɛtənartɪkəl] *pl* articolo da toletta *m*

Toilettenpapier [toa'lɛtənpapiːər] *n* carta igienica *f*
toi, toi, toi [toitoi'toi] *interj* tocca ferro
tolerant [tolə'rant] *adj* tollerante
Toleranz [tolə'rants] *f* tolleranza *f*
tolerieren [tolə'riːrən] *v* tollerare
toll [tol] *adj 1. (verrückt)* pazzo, matto; *2. (fam: super)* formidabile, magnifico
tollkühn ['tolkyːn] *adj* temerario, audace
tollpatschig ['tolpatʃiç] *adj* goffo
Tollwut ['tolvuːt] *f MED* idrofobia *f*
Tollwutgefahr ['tolvuːtgəfaːr] *f* pericolo di idrofobia *m*, pericolo di rabbia *m*
Tölpel ['tœlpəl] *m* balordo *m*
Tomate [to'maːtə] *f BOT* pomodoro *m; eine treulose ~ sein* essere un fedifrago; *~n auf den Augen haben (fig)* avere gli occhi bendati
Tomatenketchup [to'maːtənkɛtʃʊp] *n GAST* ketchup *m*
Tomatensoße [to'maːtənzoːsə] *f GAST* salsa di pomodoro *f*
Tombola ['tombola] *f* tombola *f*, lotteria *f*
Tomographie [tomogra'phiː] *f MED* tomografia *f*
Ton¹ [toːn] *m 1. (Laut)* tono *m*, suono *m; 2. (Umgangston)* tono *m; einen anderen ~ anschlagen* suonare un'altra musica/cambiare registro; *den ~ angeben* dare il la/segnare il passo/avere voce in capitolo; *sich im ~ vergreifen* sbagliare tasto/usare il tono sbagliato; *jdn in den höchsten Tönen loben* lodare spertiatamente qd; *große Töne spucken* sputare smargiassate; *3. MUS* tono *m*
Ton² [toːn] *m (Lehm)* argilla *f*
tonangebend ['toːnangeːbənt] *adj* che dà il tono, dominante
Tonband ['toːnbant] *n* nastro magnetico *m*
Tonbandgerät ['tonbantgəreːt] *n* registratore a nastro *m*, magnetofono *m*
tönen ['tøːnən] *v 1. (klingen)* sonare; *2. (färben)* tingere, colorare; *3. (fig: prahlen)* darsi delle arie
Tonfall ['toːnfal] *m* tono *m*
Tonleiter ['toːnlaɪtər] *f* scala musicale *f*
Tonne ['tonə] *f 1. (Maßeinheit)* tonnellata *f; 2. (Gefäß)* botte *f*, barile *m*
Tönung ['tøːnʊŋ] *f* tintura *f*, colorazione *f*
Topf [topf] *m* vaso *m; alles in einen ~ werfen* fare di tutta l'erba un fascio; *wie ~ und Deckel zusammenpassen* andare d'amore e d'accordo
Töpferhandwerk ['tœpfərhantvɛrk] *n* mestiere di vasaio *m*

Tor [toːr] *n 1. (Tür)* porta *f*, portone *m; 2. SPORT* goal *m; ein ~ schießen* segnare un goal; *3. (Treffer)* centro *m*
Torf [torf] *m* torba *f*
Torheit ['toːrhaɪt] *f* follia *f*
töricht ['tøːrɪçt] *adj* folle
torkeln ['torkəln] *v* barcollare, vacillare
torpedieren [torpe'diːrən] *v (fig)* silurare; *die Pläne ~* sventare i piani
Torschlusspanik ['toːrʃluspaːnɪk] *f* panico dell'ultimo minuto *m*, paura di non trovare marito *f*
Torte ['tortə] *f GAST* torta *f*
Tortenguss ['tortəngus] *m GAST* glassa *f*
Tortur [tor'tuːr] *f* tortura *f*
Torwart ['toːrvart] *m SPORT* portiere *m*
Toskana [tos'kaːna] *f GEO* Toscana *f*
tot [toːt] *adj* morto, defunto; *mehr ~ als lebendig sein* essere più morto che vivo
total [to'taːl] *adj* totale, completo
totalitär [totali'tɛːr] *adj* totalitario, totale
Totalschaden [to'taːlʃaːdən] *m* danno totale *m*
Tote ['toːtə] *m* morto *m*
töten ['tøːtən] *v* uccidere, ammazzare
Totenbett ['toːtənbɛt] *n* letto di morte *m*
Totenkopf ['toːtənkopf] *m* testa di morto *f*, teschio *m*
Totenmesse ['toːtənmɛsə] *f REL* messa funebre *f*
Totenschein ['toːtənʃaɪn] *m* certificato di morte *m*
Totensonntag ['toːtənzontaːk] *m REL* giorno dei morti *m*
Totenstille ['toːtənʃtɪlə] *f* silenzio sepolcrale *m*
Totenwache ['toːtənvaxə] *f* veglia funebre *f*
Totgeburt ['toːtgəburt] *f* parto con feto morto *m*
Totschlag ['toːtʃlaːk] *m JUR* omicidio volontario *m*
Toupet [tu'peː] *n* toupet *m*, capelli posticci *m/pl*
Tour [tuːr] *f 1.* giro *m*, gita *f; jdn auf ~en bringen* portare qd su di giri; *eine krumme ~* un atto disonesto *m; in einer ~* in continuazione/senza interruzioni; *2. (fig)* maniera *f*
Tourenwagen ['tuːrənvaːgən] *m (Auto)* vettura da turismo *f*
Tourenzahl ['tuːrəntsaːl] *f (eines Motors)* numero di giri *m*
Tourismus [tu'rɪsmus] *m* turismo *m*
Tourist [tu'rɪst] *m* turista *m*

Touristenklasse [tu'rɪstənklasə] *f* classe turistica *f*
Tournee [tur'neː] *f* tournée *f*
Trab [traːp] *m* trotto *m; jdn auf ~ bringen* far trottare qd/spronare qd; *auf ~ sein* essere indaffarati; *jdn in ~ halten* tenere in movimento qd/non dare pace a qd
Trabantenstadt [tra'bantənʃtat] *f* città satellite *f*
Trabrennen ['traːprɛnən] *n* corsa al trotto *f*
Tracht [traxt] *f* costume *m*, abito *m*
trachten ['traxtən] *v 1. ~ nach* aspirare a, tendere a; *danach ~, berühmt zu werden* aspirare a diventare famoso; *2. danach ~, etw zu tun* sforzarsi di fare qc, adoperarsi a fare qc
Trachtenumzug ['traxtənumtsuːk] *m* corteo folcloristico *m*
trächtig ['trɛçtɪç] *adj ZOOL* gravido
Tradition [tradits'joːn] *f* tradizione *f*
traditionell [traditsjoː'nɛl] *adj* tradizionale
traditionsbewusst [tradi'tsjoːnsbəvust] *adj* tradizionalistico
Tragbahre ['traːkbaːrə] *f* barella *f,* portantina *f*
tragbar ['traːkbaːr] *adj 1. (Apparat)* portatile, portabile; *2. (Mode)* indossabile; *3. (fig)* sopportabile
träge ['trɛːgə] *adj 1.* lento, tardo; *2. PHYS* inerte; *~ Masse* massa inerte *f*
tragen ['traːgən] *v irr 1.* portare; *zum Tragen kommen* diventare efficace; *2. (fig: ertragen)* sopportare
Träger ['trɛːgər] *m 1. (Stütze)* trave *f; 2. (einer Kleidung)* bretella *f,* spallina *f*
Tragfläche ['traːkflɛçə] *f* superficie alare *f*
Tragflächenboot ['traːkflɛçənboːt] *n* aliscafo *m*
Trägheit ['trɛːkhaɪt] *f 1.* lentezza *f,* tardezza *f; 2. PHYS* inerzia *f*
Tragik ['traːgɪk] *f* tragico *m*, tragicità *f*
tragisch ['traːgɪʃ] *adj* tragico
Tragödie [tra'gøːdjə] *f* tragedia *f*
Tragweite ['traːkvaɪtə] *f* portata *f*
Trainer ['trɛːnər] *m* allenatore *m*
trainieren [trɛ:'niːrən] *v* allenare
Training ['trɛːnɪŋ] *n* allenamento *m,* training *m; autogenes ~* training autogeno *m*
Trainingsanzug ['trɛːnɪŋsantsuːk] *m* tuta sportiva *f*
traktieren [trak'tiːrən] *v* tormentare

Traktor ['traktɔr] *m AGR* trattore *m*
trällern ['trɛlərn] *v* canticchiare
trampeln ['trampəln] *v* camminare pesantemente
trampen ['trɛmpən] *v* fare l'autostop
Tramper ['trɛmpər] *m* autostoppista *m*
Tran [traːn] *m* olio di pesce *m; im ~ sein* essere intontito/essere ubriaco
Trance [trãs] *f* trance *m; in ~ fallen* cadere in trance
tranchieren [trãˈʃiːrən] *v* trinciare
Träne ['trɛːnə] *f* lacrima *f*
tränen ['trɛːnən] *v* lacrimare
Tränengas ['trɛːnəngaːs] *n* gas lacrimogeno *m*
tränken ['trɛŋkən] *v 1. (Tiere)* abbeverare; *2. (imprägnieren)* impregnare
Transaktion [transakts'joːn] *f* transazione *f*
Transfer [trans'feːr] *m* transfer *m*
Transformator [transfɔr'maːtɔr] *m TECH* trasformatore *m*
Transfusion [transfu'zjoːn] *f MED* trasfusione *f*
Transistorradio [tran'zɪstoːrraːdjo] *n* radio a transistor *f*
Transit ['tranzɪt] *m* transito *m*
Transitverkehr ['tranzɪtfɛrkeːr] *m* traffico di transito *m*
transparent [transpa'rɛnt] *adj* trasparente
Transparent [transpa'rɛnt] *n* trasparente *m*
Transparenz [transpa'rɛnts] *f* trasparenza *f*
Transplantation [transplanta'tsjoːn] *f MED* trapianto *m*
transplantieren [transplan'tiːrən] *v MED* trapiantare
Transport [trans'pɔrt] *m* trasporto *m*
transportfähig [trans'pɔrtfɛːɪç] *adj* trasportabile
transportieren [transpɔr'tiːrən] *v* trasportare
Transportkosten [trans'pɔrtkɔstən] *pl* spese di trasporto *f/pl*
Transportmittel [trans'pɔrtmɪtəl] *n* mezzo di trasporto *m*
Transportunternehmen [trans'pɔrtunternɛːmən] *n* impresa di trasporti *f*
Trapez [tra'peːts] *n* trapezio *m*
Tratsch [traːtʃ] *m (fam)* chiacchiere *f/pl*
tratschen ['traːtʃən] *v (fam)* chiacchierare
Traualtar ['traualtaːr] *m* altare nuziale *m*

Traube ['traubə] f BOT grappolo m
Traubenzucker ['traubəntsukər] m destrosio m, zucchero d'uva m
trauen ['trauən] v 1. (verheiraten) sposare; 2. (ver~) aver fiducia, fidarsi; 3. sich ~ osare, avere il coraggio
Trauer ['trauər] f lutto m, tristezza f
Trauerfall ['trauərfal] m lutto m
trauern ['trauərn] v essere afflitto
Traum [traum] m sogno m; nicht im ~ neanche per sogno; Aus der ~! Fine del sogno!
Trauma ['trauma] n MED trauma m
träumen ['trɔymən] v sognare; sich etw nicht ~ lassen non osare neanche sognare qc
Träumer(in) ['trɔymər(ɪn)] m/f sognatore/sognatrice m/f
traumhaft ['traumhaft] adj 1. (fig) fantastico; adv 2. (fig) da sogno
traurig ['trauriç] adj triste, mesto
Traurigkeit ['trauriçkait] f tristezza f
Trauring ['traurɪŋ] m fede f, anello matrimoniale m
Trauschein ['traufain] m certificato di matrimonio m
Trauung ['trauuŋ] f 1. matrimonio m; 2. (standesamtlich) matrimonio civile m
Trauzeuge ['trautsɔygə] m testimone di nozze m
treffen ['trɛfən] v irr 1. colpire; Die Kugel traf den Polizisten. La pallottola colpì il poliziotto. 2. (begegnen) incontrare; jdn auf der Straße ~ incontrare qd per strada; 3. (Entscheidung, Vereinbarung) prendere; 4. (fig: berühren) toccare; jdn tief ~ toccare qd profondamente
treffend ['trɛfənt] adj indovinato, giusto
Treffer ['trɛfər] m 1. centro m, colpo andato a segno m; 2. (fig) vincita f
Treffpunkt ['trɛfpuŋkt] m punto d'incontro m
treiben ['traibən] v irr 1. (an~) spingere, azionare; 2. (Sport) fare; 3. (fig: be~) praticare; etw zu weit ~ spingere qc troppo oltre; 4. (Handel) esercitare
Treibhaus ['traiphaus] n serra f
Treibhauseffekt ['traiphausefɛkt] m effetto serra m
Treibstoff ['traipʃtɔf] m carburante m
Trend [trɛnt] m tendenza f
trennen ['trɛnən] v separare, dividere
Trennung ['trɛnuŋ] f separazione f, divisione f
Treppe ['trɛpə] f scala f; die ~ hinauffallen fare carriera/fare strada

Treppengeländer ['trɛpəngəlɛndər] n ringhiera delle scale f
Treppenhaus ['trɛpənhaus] n tromba delle scale f
Tresor [tre'zoːr] m cassaforte f
Tretboot ['treːtboːt] n pattino a pedali m
treten ['treːtən] v irr 1. calpestare; 2. (Fußtritt geben) dare un calcio, dare una pedata, tirare
treu [trɔy] adj fedele
Treue ['trɔyə] f fedeltà f
Treuerabatt ['trɔyərabat] m ECO sconto fedeltà m
Treuhandgesellschaft ['trɔyhantgəzɛlʃaft] f ECO società fiduciaria f
treuherzig ['trɔyhɛrtsɪç] adj innocente
Tribüne [tri'byːnə] f tribuna f, podio m
Trichter ['triçtər] m imbuto m; auf den richtigen ~ kommen trovare il bandolo della matassa/arrivare alle giuste conclusioni; jdn auf den richtigen ~ bringen portare qd alle giuste conclusioni
Trick [trik] m trucco m; ~ siebzehn il trucco giusto m
Trickfilm ['trikfɪlm] m (Zeichentrickfilm) CINE cartone animato m
Trieb [triːp] m 1. istinto m, impulso m; 2. BOT getto m; 3. (Begierde) brama f
triebhaft ['triːphaft] adj istintivo, sensuale
Triebkraft ['triːpkraft] f forza motrice f
Triebtäter ['triːptɛtər] m maniaco sessuale m
triefen ['triːfən] v grondare
triefig ['trɪftɪç] adj gocciolante
Trikot [tri'koː] n maglia f
Trillerpfeife ['trilərpfaifə] f fischietto m
Trimm-dich-Pfad ['trɪmdɪçpfaːt] m SPORT sentiero ginnico m
trinkbar ['triŋkbaːr] adj potabile
trinken ['triŋkən] v irr bere; einen ~ bere un bicchierino
Trinker(in) ['triŋkər(ɪn)] m/f bevitore/bevitrice m/f
Trinkgeld ['triŋkgɛlt] n mancia f
Trinkspruch ['triŋkʃprux] m brindisi m
Trinkwasser ['triŋkvasər] n acqua potabile f
trippeln ['tripəln] v camminare a passettini, trotterellare
Tritt [trit] m 1. passo m; 2. (Spur) orma f; 3. (Fußtritt) calcio m
Trittbrett ['tritbrɛt] n pedana f
Triumph [tri'umpf] m trionfo m
triumphal [trium'faːl] adj trionfale

triumphieren [trium'fiːrən] *v* trionfare
Trivialliteratur [tri'vjallitəratuːr] *f* letteratura dozzinale *f*
trocken ['trɔkən] *adj 1. (nicht nass)* asciutto; *auf dem Trocken sitzen* essere a secco; *2. (dürr)* arido, secco; *3. (herb)* secco
Trockenfutter ['trɔkənfutər] *n* foraggio secco *m*
Trockenhaube ['trɔkənhaubə] *f* casco asciugacapelli *m*
Trockenheit ['trɔkənhait] *f* aridità *f,* siccità *f*
trocknen ['trɔknən] *v* asciugare
Trödel ['trøːdəl] *m* ciarpame *m*
Trödelmarkt ['trøːdəlmarkt] *m* mercato di anticaglie *m*
trödeln ['trøːdəln] *v* gingillarsi
Trödler ['trøːdlər] *m 1. (Händler)* rigattiere *m; 2. (fig)* perdigiorno *m*
Trog [troːk] *m* trogiolo *m*
Trommel ['trɔməl] *f MUS* tamburo *m*
Trommelfell ['trɔməlfɛl] *n ANAT* timpano *m*
trommeln ['trɔməln] *v* tam4ureggiare
Trompete [trɔm'peːtə] *f MUS* tromba *f*
trompeten [trɔm'peːtən] *v* sonare la tromba
Tropen ['troːpən] *pl GEO* Tropici *m/pl*
Tropeninstitut ['troːpəninstituːt] *n* istituto di medicina tropicale *m*
Tropenkrankheit ['troːpənkraŋkhait] *f MED* malattia tropicale *f*
Tropf [trɔpf] *m 1. (Dummkopf)* deficiente *m; 2. MED* fleboclisi *f*
tropfen ['trɔpfən] *v* gocciolare
Tropfen ['trɔpfən] *m* goccia *f; ein ~ auf dem heißen Stein sein* essere una goccia nel mare
Tropfsteinhöhle ['trɔpfʃtainhøːlə] *f* grotta con stalattiti e stalagmiti *f*
Trophäe [tro'fɛːə] *f* trofeo *m*
tropisch ['troːpiʃ] *adj* tropico
Trost [troːst] *m* consolazione *f; nicht ganz bei ~ sein* essere un po' suonato
trösten ['trøːstən] *v* confortare, consolare
tröstlich ['trøːstliç] *adj* consolabile, consolante
trostlos ['troːstloːs] *adj* sconsolato
Trostlosigkeit ['troːstloːziçkait] *f* sconforto *m*
Trostpreis ['troːstprais] *m* premio di consolazione *m*
Trott [trɔt] *m 1. (Trab)* trotto; *2. (fig)* tran tran *m; der tägliche ~* il solito tran tran *m*

Trottel ['trɔtəl] *m (fam)* stupido *m,* cretino *m*
Trottoir [trɔto'aːr] *n* marciapiede *m*
trotz [trɔts] *prep* nonostante, malgrado
Trotz [trɔts] *m* ostinazione *f,* caparbietà *f*
trotzdem ['trɔtsdeːm] *konj 1.* anche se; *adv 2.* ciò nonostante
trotzen ['trɔtsən] *v 1. (widerstehen)* resistere; *2. (schmollen)* tenere il broncio
trotzig ['trɔtsiç] *adj* caparbio, testardo; *Er ist ein ~es Kind.* E' un bambino testardo.
Trotzkopf ['trɔtskɔpf] *m* persona cocciuta *f,* testa dura *f*
trüb [tryːp] *adj 1. (undurchsichtig)* torbido; *2. (matt)* opaco; *3. (regnerisch)* grigio, coperto
Trubel ['truːbəl] *m* trambusto *m*
trüben ['tryːbən] *v 1. (Flüssigkeit)* intorbidire; *2. (fig: Stimmung, Himmel)* offuscare; *die Freude ~* offuscare la gioia
Trübsal ['tryːpzaːl] *f* afflizione *f; ~ blasen* fare il pianto greco/essere avvilito/essere afflitto
trübselig ['tryːpzeːliç] *adj* afflitto, mesto
Trübsinn ['tryːpzin] *m* malinconia *f,* tetraggine *f*
trübsinnig ['tryːpziniç] *adj* malinconico
Trüffel ['tryfəl] *m BOT* tartufo *m*
Trugbild ['truːkbilt] *n* allucinazione *f,* chimera *f*
trügen ['tryːgən] *v irr* ingannare; *Der Schein trügt.* L'apparenza inganna.
trügerisch ['tryːgəriʃ] *adj* illusorio
Trugschluss ['truːkʃlus] *m* conclusione errata *f*
Truhe ['truːə] *f* cassone *m,* cassapanca *f*
Trümmer ['trymər] *pl* macerie *f/pl,* rovine *f/pl,* frantumi *m/pl; in ~ sinken* cadere in rovina; *in ~n liegen* giacere in macerie
Trumpf [trumpf] *m 1.* carta *f; den letzen ~ ausspielen* giocare l'ultima carta; *2. (fig)* vantaggio *m; alle Trümpfe in der Hand haben* avere tutti i vantaggi dalla propria parte; *einen ~ ausspielen* giocare una carta vincente; *die Trümpfe aus der Hand geben* gettare via le carti vincenti
Trunksucht ['truŋkzuxt] *f MED* alcoolismo *m*
Truppe ['trupə] *f 1. MIL* truppa *f; 2. THEAT* compagnia *f*
Trust [trast] *m ECO* trust *m*
Truthahn ['truːthaːn] *m ZOOL* tacchino *m*
Tschechei ['tʃɛçai] *f GEO* Repubblica ceca *f*

Tschechoslowakei [tʃɛçɔslova'kaɪ] *f*
HIST Cecoslovacchia *f*
tschüss [tʃyːs] *interj* ciao
T-Shirt ['tiːʃœːrt] *n* maglietta *f,* T-shirt *f*
Tube ['tuːbə] *f* 1. tubo *m;* 2. *(für Creme)*
tubetto *m;* 3. *(fig) auf die ~ drücken* andare a
tavoletta
Tuberkulose [tubɛrku'loːzə] *f MED* tubercolosi *f*
Tuch [tuːx] *n* 1. *(Lappen)* panno *m; ein
rotes ~ für jdn sein* mandare qd su tutte le
furie; 2. *(Stoff)* tessuto *m;* 3. *(Halstuch)* foulard *m,* fazzoletto *m*
Tuchfühlung ['tuːxfyːluŋ] *f* contatto
stretto *m*
tüchtig ['tyçtɪç] *adj* 1. bravo; 2. *(fleißig)*
diligente; 3. *(fam)* grande
Tüchtigkeit ['tyçtɪçkaɪt] *f* bravura *f*
Tücke ['tykə] *f (heimtückische Tat)* malvagità *f*
tückisch ['tykɪʃ] *adj* malvagio, insidioso
Tugend ['tuːgənt] *f* virtù *f*
tugendhaft ['tuːgənthaft] *adj* virtuoso
Tugendhaftigkeit ['tuːgənthaftɪçkaɪt] *f*
virtù *f*
Tüll [tyl] *m* tulle *m*
Tulpe ['tulpə] *f BOT* tulipano *m*
Tumor ['tuːmor] *m MED* tumore *m*
Tümpel ['tympəl] *m* pozzanghera *f*
Tumult [tu'mult] *m* tumulto *m*
tun [tuːn] *v irr* fare, mettere, emettere; *sich
mit etw schwer ~* incontrare difficoltà nel fare
qc; *Was tut's!* Che importa! *Damit habe ich
nichts zu ~.* Io non c'entro. *Das tut nichts zur
Sache.* Questo non c'entra. *es mit jdm zu ~
bekommen* avere a che fare con qd/dover fare
i conti con qd; *freundlich ~* comportarsi in
modo amichevole; *so ~, als ob* fare finta di;
Sie täten gut daran zu ... Farebbero bene a ...
mit jdm nichts mehr zu ~ haben wollen non
volere più niente a che fare con qd; *Tu, was
du nicht lassen kannst!* Fallo, se proprio devi!
Damit ist es noch nicht getan! Non è ancora
finita!
Tunke ['tuŋkə] *f GAST* sugo *m*
tunken ['tuŋkən] *v* intingere
Tunnel ['tunəl] *m* tunnel *m,* galleria *f*
Tüpfelchen ['typfəlçən] *n das ~ auf dem i
sein* essere la ciliegina sulla torta
tupfen ['tupfən] *v* picchiettare, punteggiare
Tupfen ['tupfən] *m* punto *m,* macchia *f*
Tür [tyːr] *f* porta *f; offene ~en einrennen*
sfondare porte aperte; *jdm eine ~ öffnen* a-
prire una porta a qd; *jdm die ~ vor der Nase*

zuschlagen sbattere la porta in faccia a qd;
jdn vor die ~ setzen buttare fuori dalla porta
qd
Turbine [tur'biːnə] *f* turbina *f*
turbulent [turbu'lɛnt] *adj* turbolento
Türglocke ['tyːrglɔkə] *f* campanello della
porta *m*
Türke ['tyrkə] *m* turco *m*
Türkei [tyr'kaɪ] *f GEO* Turchia *f*
Türkin ['tyrkɪn] *f* turca *f*
türkis [tyr'kiːs] *adj* turchese
türkisch ['tyrkɪʃ] *adj* turco
Türklinke ['tyːrklɪŋkə] *f* maniglia della
porta *f*
Turm [turm] *m* 1. torre *f;* 2. *(Kirchturm)*
campanile *m*
türmen ['tyrmən] *v* 1. *(schichten)* accata-
stare; 2. *(fig: ausreißen)* tagliare la corda
turnen ['turnən] *v SPORT* fare ginnastica
Turnen ['turnən] *n SPORT* ginnastica *f*
Turner(in) ['turnər(ɪn)] *m/f SPORT* gin-
nasta *m/f*
Turngerät ['turngɛrɛːt] *n SPORT* attrezzo
ginnico *m*
Turnhalle ['turnhalə] *f SPORT* palestra *f*
Turnier [tur'niːr] *n SPORT* torneo *m*
Turnschuh ['turnʃuː] *m SPORT* scarpa da
ginnastica *f*
Turnverein ['turnfɛraɪn] *m SPORT*
società ginnastica *f*
Türöffner ['tyːrœfnər] *m* apriporta *m*
Türschloss ['tyːrʃlɔs] *n* serratura della
porta *f*
Türschlüssel ['tyːrʃlysəl] *m* chiave della
porta *f*
Türschwelle ['tyːrʃvɛlə] *f* soglia *f*
Türstock ['tyːrʃtɔk] *m* chiassile della
porta *m*
turteln ['turtəln] *v* tubare
Tusche ['tuʃə] *f* inchiostro di china *m*
tuscheln ['tuʃəln] *v* confabulare
Tüte ['tyːtə] *f* 1. busta *f;* 2. *(Tragtüte)*
sacchetto *m,* busta *f;* 3. *(Eistüte)* cono *m*
tuten ['tuːtən] *v* sonare la cornetta
Typ [tyːp] *m* tipo *m*
Type ['tyːpə] *f* 1. *(Druckbuchstabe)* carattere *m;* 2. *(fam)* tipo buffo *m,* sagoma *f*
Typhus ['tyːfus] *m MED* tifo *m*
typisch ['tyːpɪʃ] *adj* tipico
Typologie [typolo'giː] *f* tipologia *f*
Tyrann [ty'ran] *m* tiranno *m*
tyrannisch [ty'ranɪʃ] *adj* tirannico
tyrannisieren [tyrani'ziːrən] *v* tiranneggiare

U

U-Bahn ['uːbaːn] *f* metropolitana *f*
übel ['yːbəl] *adj* **1.** cattivo; *üble Nach-richten* cattive notizie; *adv* **2.** male; *Ihm ist ~.* Si sente male. *etw ~ nehmen* prendersela male
Übelkeit ['yːbəlkaɪt] *f* nausea *f*
Übeltäter(in) ['yːbəltɛːtər(ɪn)] *m/f* mal-fattore/malfattrice *m/f*, delinquente *m/f*
üben ['yːbən] *v* esercitarsi; *Geduld ~* avere pazienza
über ['yːbər] *prep* **1.** *(örtlich)* sopra, su, attraverso; *Sie wohnt ~ uns.* Abita sopra di noi. *~ den Fluss schwimmen* attraversare il fiume a nuoto; *~ die Kreuzung fahren* attra-versare l'incrocio; *~ der Arbeit einschlafen* addormentarsi sul lavoro; *~ jdm stehen* stare sopra qd; **2.** *(zur Bedeckung)* su; **3.** *(in Bezug auf ein Thema)* su, di; **4.** *(Mengenangabe)* più di; *Es hat ~ 100 DM gekostet.* E' costato più di 100 DM. *Ich habe ~ drei Stunden gebraucht.* Mi ci sono volute più di tre ore. **5.** *(dar~ hinaus) Nichts geht mir ~ die Kunst.* Per me niente è meglio dell'arte. *Das geht mir ~ alles.* Mi piace più di ogni altra cosa. *~ und ~* dalla testa ai piedi/completamente; **6.** *(zeit-lich)* durante; *die Ferien ~* durante le vacanze; *~ Ostern* sotto Pasqua; **7.** *(fig: durch)* per, tra-mite; *~ jdn etw bekommen* ricevere qc per mezzo di qd; **8.** *(fig)* su; *Fehler ~ Fehler* errori su errori; *etw ~ sich bringen* accollarsi qc; *Ich habe das langsam ~!* Comincio ad averne abbastanza! **9.** *(fig: via)* per; *~ Hamburg fahren* passare per Amburgo; **10.** *(fig: von)* di
überall ['yːbəral] *adv* dappertutto
Überalterung [yːbər'altəruŋ] *f* invec-chiamento *m*
Überangebot ['yːbərangəboːt] *n* offerta eccessiva *f*
überanstrengen [yːbər'anʃtrɛŋən] *v* strapazzare
Überanstrengung ['yːbəranʃtrɛŋuŋ] *f* strapazzo *m*, fatica eccessiva *f*
überarbeiten [yːbər'arbaɪtən] *v* **1.** *etw ~* rifare qc, rielaborare qc; **2.** *sich ~* strapazzar-si
Überarbeitung [yːbər'arbaɪtuŋ] *f* rifaci-mento *m*, rielaborazione *f*
überaus ['yːbəraus] *adv* oltremodo, estre-mamente

Überbeanspruchung ['yːbərbəanʃpru-xuŋ] *f* sollecitazione eccessiva *f*
Überbeschäftigung ['yːbərbəʃɛftɪguŋ] *f* eccesso di occupazione *m*
überbewerten ['yːbərbəvertən] *v* soprav-valutare
Überbewertung ['yːbərbəvertuŋ] *f* so-pravvalutazione *f*
überbieten [yːbər'biːtən] *v irr* **1.** *(Preis)* offrire più di; **2.** *(Leistung)* superare, battere
Überbleibsel ['yːbərblaɪpsəl] *n* resto *m*
Überblick ['yːbərblɪk] *m* **1.** *(Aussicht)* pa-norama *m*, vista *f*; **2.** *(Zusammenfassung)* sintesi *f*; **3.** *(fig)* visione generale *f*
überblicken [yːbər'blɪkən] *v* **1.** abbrac-ciare con lo sguardo; **2.** *(fig)* valutare; *eine Lage ~* valutare una situazione
überbringen [yːbər'brɪŋən] *v irr* **1.** *(aus-händigen)* consegnare; **2.** *(ausrichten)* portare
überbrücken [yːbər'brykən] *v* **1.** *(fig)* superare; **2.** *(Zeit)* riempire
Überbrückung [yːbər'brykuŋ] *f* *(fig)* superamento *m*
Überdachung [yːbər'daːxuŋ] *f* copertura con tetto *f*
überdenken [yːbər'dɛŋkən] *v irr* riflette-re, riesaminare
überdies [yːbər'diːs] *adv* oltre a ciò
überdimensional ['yːbərdɪmɛnzjɔnaːl] *adj* superdimensionale
Überdosis ['yːbərdoːzɪs] *f* dose eccessiva *f*, overdose *f*
Überdruss ['yːbərdrus] *m* tedio *m*
überdrüssig ['yːbərdrysɪç] *adj* stufo, stanco
überdurchschnittlich ['yːbərdurçʃnɪt-lɪç] *adj* superiore alla media
Übereifer ['yːbəraɪfər] *m* zelo eccessivo *m*, eccesso di zelo *m*
übereifrig ['yːbəraɪfrɪç] *adj* troppo zelan-te
übereignen [yːbər'aɪknən] *v* trasferire
übereinander ['yːbəraɪnandər] *adv* l'uno sull'altro; *~ legen* sovrapporre/impilare
übereinkommen [yːbər'aɪnkɔmən] *v irr* accordarsi
Übereinkommen [yːbər'aɪnkɔmən] *n* accordo *m*
Übereinkunft [yːbər'aɪnkunft] *f* conven-zione *f*, patto *m*

übereinstimmen [y:bər'aınʃtımən] *v* 1. *(einig sein)* essere d'accordo; 2. *(gleich sein)* concordare
übereinstimmend [y:bər'aınʃtımənt] *adj* conforme, concorde
Übereinstimmung [y:bər'aınʃtımuŋ] *f* 1. *(Einigkeit)* concordanza *f;* 2. *(Gleichheit)* corrispondenza *f*
überempfindlich ['y:bərɛmpfındlıç] *adj* ipersensibile
Überempfindlichkeit ['y:bərɛmpfıntlıçkaıt] *f* ipersensibilità *f*
überfahren [y:bər'fa:rən] *v irr* oltrepassare, investire; *eine Ampel ~* oltrepassare un semaforo; *eine Katze ~* investire un gatto
Überfahrt ['y:bərfa:rt] *f* passaggio *m,* traversata *f*
Überfall ['y:bərfal] *m* attacco *m,* aggressione *f*
überfallen [y:bər'falən] *v irr* attaccare, aggredire
überfällig ['y:bərfɛlıç] *adj* 1. *(zu spät)* in ritardo; 2. *(abgelaufen)* scaduto
überfliegen [y:bər'fli:gən] *v irr* 1. sorvolare; 2. *(fig)* dare una scorsa
überflügeln [y:bər'fly:gəln] *v* superare
Überfluss ['y:bərflus] *m* abbondanza *f; zu allem ~* per colmo di sventura/come se non bastasse
überflüssig ['y:bərflysıç] *adj* superfluo
Überflutung [y:bər'flutuŋ] *f* inondazione *f*
überfordern [y:bər'fɔrdərn] *v* esigere troppo
Überforderung [y:bər'fɔrderuŋ] *f* pretesa eccessiva *f*
überfragt [ybər'fra:gt] *adj Da bin ich ~.* Mi si chiede troppo.
überführen [y:bər'fy:rən] *v* 1. *(transportieren)* trasportare, trasferire; 2. *(Schuld nachweisen)* provare la colpevolezza di; *einen Dieb ~* provare la colpevolezza di un ladro
Überführung [y:bər'fy:ruŋ] *f* 1. *(Transport)* trasporto *m,* trasferimento *m;* 2. *(Schuldnachweis)* dimostrazione della colpevolezza *f*
überfüllt [y:bər'fylt] *adj* pieno zeppo, strapieno
Überfüllung [y:bər'fyluŋ] *f* affollamento *m*
Überfunktion ['y:bərfuŋktsjo:n] *f* iperfunzione *f*
Übergabe ['y:bərga:bə] *f* consegna *f*

Übergang ['y:bərgaŋ] *m* 1. passaggio *m;* 2. *(fig)* transizione *f*
Übergangslösung ['y:bərgaŋslø:zuŋ] *f* soluzione transitoria *f*
Übergangszeit ['y:bərgaŋstsaıt] *f* periodo di transizione *m*
übergeben [y:bər'ge:bən] *v irr* 1. *etw ~* consegnare qc, dare qc; 2. *sich ~* vomitare
übergeordnet ['y:bərgəɔrdnət] *adj* superiore
Übergewicht ['y:bərgəvıçt] *n* 1. sovrappeso *m;* 2. *(fig)* prevalenza *f,* preponderanza *f*
überglücklich ['y:bər'glyklıç] *adj* felicissimo
Übergriff ['y:bərgrıf] *m* violazione *f*
überhand [y:bər'hant] *adv ~ nehmen* aumentare
überhäufen [y:bər'hɔyfən] *v* ingombrare
überhaupt [y:bər'haupt] *adv* 1. assolutamente; *~ nicht* assolutamente no; 2. *(im Allgemeinen)* in genere; 3. *(eigentlich)* infine, veramente; *Hast du ~ geschlafen?* Ma hai veramente dormito?
überheblich [y:bər'he:plıç] *adj* 1. presuntuoso; *adv* 2. con presunzione
Überheblichkeit [y:bər'he:plıçkaıt] *f* presunzione *f,* superbia *f*
überhitzt [y:bər'hıtst] *adj* surriscaldato
überhöht [y:bər'hø:t] *adj* sopraelevato
überholen [y:bər'ho:lən] *v* 1. *(vorbeifahren)* sorpassare; 2. *(überprüfen)* revisionare
Überholspur ['y:bər'ho:lʃpu:r] *f* corsia di sorpasso *f*
überholt [y:bər'ho:lt] *adj ~ sein* essere superato, essere sorpassato
Überholverbot [y:bər'ho:lfɛrbo:t] *n* divieto di sorpasso *m*
überkochen ['y:bərkɔxən] *v* traboccare bollendo
überladen [y:bər'la:dən] *v irr* sovraccaricare
Überlagerung [y:bər'la:gəruŋ] *f* sovrapposizione *f*
Überlänge ['y:bərlɛŋə] *f* lunghezza eccessiva *f*
überlassen [y:bər'lasən] *v irr* 1. *(verkaufen)* vendere; 2. *(anvertrauen)* affidare, lasciare; *Überlassen Sie das mir!* Lasci fare a me! 3. *jdn seinem Schicksal ~* abbandonare qd al suo destino
Überlassung [y:bər'lasuŋ] *f* cessione *f*
Überlauf ['y:bərlauf] *m* sfioratore *m*
überlaufen ['y:bərlaufən] *v irr* 1. *(Gefäß)* traboccare; 2. *(fig: zum Gegner)* passare; *zum*

Feind ~ passare al nemico; [yːbər'laufən] *adj 3. (überfüllt)* sovraffollato
Überläufer ['yːbərlɔyfər] *m* disertore *m*
überleben [yːbər'leːbən] *v* sopravvivere
Überlebende(r) [yːbər'leːbəndə(r)] *m/f* sopravvissuto/sopravvissuta *m/f*
überlegen [yːbər'leːgən] *adj 1.* superiore; *v 2.* riflettere su
Überlegenheit [yːbər'leːgənhaɪt] *f* superiorità *f*
Überlegung [yːbər'leːguŋ] *f* meditazione *f*, riflessione *f*
überliefern [yːbər'liːfərn] *v 1.* tramandare, trasmettere; *2. JUR* consegnare alla giustizia
Überlieferung [yːbər'liːfəruŋ] *f 1.* trasmissione *f*, tradizione *f*; *2. JUR* consegna
überlisten [yːbər'lɪstən] *v* ingannare, raggirare
Überlistung [yːbər'lɪstuŋ] *m* inganno *m*, raggiro *m*
Übermacht ['yːbərmaxt] *f* superiorità *f*
übermächtig ['yːbərmɛçtɪç] *adj* superiore
Übermaß ['yːbərmaːs] *n* eccesso *m*
übermäßig ['yːbərmɛːsɪç] *adj* eccessivo
übermenschlich ['yːbərmɛnʃlɪç] *adj* sovrumano
übermitteln [yːbər'mɪtəln] *v* rimettere, trasmettere
Übermittlung [yːbər'mɪtluŋ] *f* trasmissione *f*
übermorgen ['yːbərmɔrgən] *adv* dopodomani
übermüdet [yːbər'myːdət] *adj* spossato
Übermüdung [yːbər'myːduŋ] *f* spossatezza *f*
Übermut ['yːbərmuːt] *m* baldanza *f*
übermütig ['yːbərmyːtɪç] *adj* baldanzoso
übernachten [yːbər'naxtən] *v* pernottare
übernächtigt [yːbər'nɛçtɪçt] *adj* stanco
Übernachtung [yːbər'naxtuŋ] *f* pernottamento *m*
Übernahme ['yːbərnaːmə] *f 1. (Entgegennehmen)* accettazione *f*; *2. (Amtsübernahme)* assunzione *f*
übernatürlich ['yːbərnatyːrlɪç] *adj* soprannaturale
übernehmen [yːbər'neːmən] *v irr 1. (entgegennehmen)* accettare, prendere in consegna; *2. (Amt)* assumere; *3. sich* ~ affaticarsi troppo; *4. Verantwortung* ~ accollarsi la responsabilità; *5. Kosten* ~ addossarsi le spese

überparteilich ['yːbərpartaɪlɪç] *adj* apartitico
Überproduktion ['yːbərprɔduktsjoːn] *f* sovrapproduzione *f*
überprüfen [yːbər'pryːfən] *v* controllare, verificare, esaminare
Überprüfung [yːbər'pryːfuŋ] *f* verifica *f*, controllo *m*
überqueren [yːbər'kveːrən] *v* attraversare
überragen [yːbər'raːgən] *v 1.* superare; *2. (fig)* superare
überragend [yːbər'raːgənt] *adj (ausgezeichnet)* superiore, eccellente
überraschen [yːbər'raʃən] *v* sorprendere
überraschend [yːbər'raʃənt] *adj* sorprendente
überrascht [yːbər'raʃt] *adj* sorpreso
Überraschung [yːbər'raʃuŋ] *f* sorpresa *f*
überreden [yːbər'reːdən] *v* convincere, persuadere
Überredung [yːbər'reːduŋ] *f* persuasione *f*, convincimento *m*
Überredungskunst [yːbər'reːduŋskunst] *f* arte del persuadere *f*
überreichen [yːbər'raɪçən] *v* consegnare
Überreichung [yːbər'raɪçuŋ] *f* consegna *f*
überreizt [yːbər'raɪtst] *adj* sovreccitato
Überrest ['yːbərrɛst] *m 1.* resto *m*; *2. (Rückstand)* avanzo *m*
überrumpeln [yːbər'rumpəln] *v* cogliere di sorpresa
Überrumpelung [yːbər'rumpəluŋ] *f* sorpresa *f*
überrunden [yːbər'rundən] *v SPORT* doppiare
übersättigt [yːbər'zɛtɪçt] *adj* satollo
Übersättigung [yːbər'zɛtiguŋ] *f CHEM* sazietà *f*, soprassaturazione *f*
überschatten [yːbər'ʃatən] *v (fig)* mettere in ombra
überschätzen [yːbər'ʃɛtsən] *v* sopravvalutare
überschaubar [yːbər'ʃaubaːr] *adj 1.* di facile orientamento; *2. (fig)* chiaro
überschauen [yːbər'ʃauən] *v 1.* abbracciare con gli occhi; *2. (fig)* dominare su
Überschlag ['yːbərʃlaːk] *m 1. SPORT* salto mortale *m*; *2. ECO* preventivo *m*
überschlagen [yːbər'ʃlaːgən] *v irr 1. (Kosten)* fare un calcolo approssimativo; *2. (Auto)* cappottare; *3. (Buchseite)* saltare
überschlägig ['yːbərʃlɛgɪç] *adj* approssimato, approssimativo

überschnappen ['y:bərʃnapən] *v 1.* *(fam)* impazzire, ammattire; *2. (Stimme)* dare nel falsetto

überschneiden [y:bər'ʃnaɪdən] *v irr 1. sich ~ (kreuzen)* incrociarsi; *Die zwei Unterrichtsstunden ~ sich.* Le due lezioni si accavallano. *2. sich ~ (zusammentreffen)* interferire; *3. MATH* intersecarsi

Überschneidung [y:bər'ʃnaɪduŋ] *f 1. (Kreuzung)* incrocio *m; 2. (Zusammentreffen)* interferenza *f; 3. MATH* intersezione *f*

überschreiben [y:bər'ʃraɪbən] *v irr 1. (betiteln)* intitolare; *2. JUR* intestare

überschreiten [y:bər'ʃraɪtən] *v irr 1. (überqueren)* attraversare; *2. (fig: übertreten)* trasgredire; *das Gesetz ~* trasgredire la legge; *3. (fig: Grenze)* oltrepassare il limite

Überschreitung [y:bər'ʃraɪtuŋ] *f 1. (Überquerung)* attraversamento *m; 2. (fig: Übertretung)* infrazione *f; 3. (fig)* superamento *m*

Überschrift ['y:bərʃrɪft] *f* titolo *m*

Überschuss ['y:bərʃus] *m* eccedenza *f*

überschüssig ['y:bərʃysɪç] *adj* eccedente

Überschwang ['y:bərʃvaŋ] *m* esuberanza *f*

überschwänglich ['y:bərʃvɛŋlɪç] *adj 1.* esuberante; *adv 2.* con esuberanza

Überschwänglichkeit ['y:bərʃvɛŋlɪçkaɪt] *m* trasporto *m*, entusiasmo *m*

überschwemmen [y:bər'ʃvɛmən] *v irr* inondare, allagare

Überschwemmung [y:bər'ʃvɛmuŋ] *f* inondazione *f*, alluvione *f*

Übersee ['y:bərze:] *f* oltremare *m; nach ~ gehen* andare oltremare

übersehen [y:bər'ze:ən] *v irr 1. (überschauen)* abbracciare con lo sguardo; *2. (nicht sehen)* non vedere; *3. (ignorieren)* ignorare

übersenden [y:bər'zɛndən] *v irr* inviare, trasmettere

Übersendung [y:bər'zɛnduŋ] *f* invio *m*, trasmissione *f*

übersetzen ['y:bərzɛtsən] *v 1. (Gewässer)* traghettare, passare all'altra sponda; [y:bər'zɛtsən] *2. (Sprache)* tradurre; *ein Buch ~* tradurre un libro

Übersetzer(in) [y:bər'zɛtsər(ɪn)] *m/f* traduttore/traduttrice *m/f*

Übersetzung [y:bər'zɛtsuŋ] *f 1. (einer Sprache)* traduzione *f; 2. TECH* moltiplicazione *f*

Übersicht ['y:bərzɪçt] *f 1. (Zusammenfassung)* visione d'insieme *f; 2. (fig)* compendio *m*

übersichtlich ['y:bərzɪçtlɪç] *adj 1.* ben visibile; *2. (leicht erfassbar)* facilmente comprensibile; *adv 3.* di facile orientamento; *4. (deutlich)* in modo chiaro, chiaramente

übersiedeln ['y:bərzi:dəln] *v* trasferirsi

Übersiedelung [y:bər'zi:dəluŋ] *f* trasferimento *m*

Übersinnliches ['y:bərzɪnlɪçəs] *n* soprasensibile *m*, soprannaturale *m*

überspannt [y:bər'ʃpant] *adj (fig)* esagerato, esaltato

überspielen [y:bər'ʃpi:lən] *v 1. (Musik)* registrare; *2. (fig)* passare sopra

überspringen [y:bər'ʃprɪŋən] *v irr 1.* saltare sopra; *2. (fig)* passare

überstehen [y:bər'ʃte:ən] *v irr 1. (fig)* superare; *eine Krankheit ~* superare una malattia; *2. (aushalten)* sopportare; *eine Anstrengung ~* tollerare lo sforzo

überstimmen [y:bər'ʃtɪmən] *v* soverchiare; *in Mehrheit ~* vincere con la maggioranza dei voti

Überstunde ['y:bərʃtundə] *f* ora straordinaria *f*

überstürzen [y:bər'ʃtyrtsən] *v* cadere all'indietro

Überteuerung [y:bər'tɔyəruŋ] *f* rincaro eccessivo *m*

übertragbar [y:bər'tra:kba:r] *adj 1. (ansteckend) MED* contagioso; *2. (Papiere) ECO* trasferibile

übertragen [y:bər'tra:gən] *v irr 1. (Auftrag)* affidare; *2. (Vollmacht)* trasferire; *3. (Rundfunk)* trasmettere

Übertragung [y:bər'tra:guŋ] *f 1. (eines Auftrags)* delegazione *f; 2. (Rundfunkübertragung)* trasmissione *f; 3. MED* trasfusione *f; 4. ECO* trasferimento *m*

übertreffen [y:bər'trɛfən] *v irr* superare

übertreiben [y:bər'traɪbən] *v irr* esagerare

Übertreibung [y:bər'traɪbuŋ] *f* esagerazione *f*

übertreten [y:bər'tre:tən] *v irr 1.* straripare; *2. (fig)* infrangere, violare

Übertretung [y:bər'tre:tuŋ] *f* infrazione *f*, trasgressione *f*

übertrieben [y:bər'tri:bən] *adj* esagerato

übervorteilen [y:bər'fo:rtaɪlən] *v* imbrogliare, danneggiare

überwachen [y:bər'vaxən] *v* sorvegliare

Überwachung [yːbər'vaxuŋ] f sorveglianza f
überwältigen [yːbər'vɛltɪgən] v sopraffare
überwältigend [yːbər'vɛltɪgənt] adj sconvolgente
überweisen [yːbər'vaɪzən] v irr 1. (Patient) mandare; 2. FIN trasferire
Überweisung [yːbər'vaɪzuŋ] f 1. MED prescrizione di ricovero m; 2. ECO mandato m; 3. FIN trasferimento m
überwiegen [yːbər'viːgən] v irr prevalere su
überwiegend ['yːbərviːgənt] adj prevalente
überwinden [yːbər'vɪndən] v irr 1. superare; 2. sich ~ dominarsi; sich in einer Situation ~ dominarsi in una situazione
Überwindung [yːbər'vɪnduŋ] f superamento m
überwintern [yːbər'vɪntərn] v passare l'inverno
überwuchern [yːbər'vuçərn] v coprire
Überzahl ['yːbərtsaːl] f sopravanzo m, maggioranza f
überzeugen [yːbər'tsɔygən] v convincere
überzeugend [yːbər'tsɔygənt] adj convincente
Überzeugung [yːbər'tsɔyguŋ] f convinzione f
Überzeugungskraft [yːbər'tsɔyguŋskraft] f capacità di persuazione f
überziehen ['yːbərtsiːən] v irr 1. (anziehen) indossare; jdm ein paar ~ mollarne un paio a qd/dare due ceffoni a qd; [yːbər'tsiːən] 2. (verkleiden) rivestire; 3. (Konto) ECO scoprire
üblich ['yːplɪç] adj usuale
üblicherweise [yːplɪçər'vaɪzə] adv usualmente
U-Boot ['uːboːt] n sottomarino m, sommergibile m
übrig ['yːbrɪç] adj rimanente; die Übrigen gli altri; im Übrigen per il resto; für jdn etw ~ haben provare per qd; ~ bleiben avanzare/restare; ~ lassen lasciare
übrigens ['yːbrɪgəns] adv del resto, d'altronde
Übung ['yːbuŋ] f esercizio m
Übungsplatz ['yːbuŋsplats] m campo di esercitazioni m
Ufer ['uːfər] n riva f, sponda f
Uferböschung ['uːfərbœʃuŋ] f scarpata della sponda f

uferlos ['uːfərloːs] adj interminabile; ins Uferlose gehen andare all'infinito/non avere fine
Uhr [uːr] f orologio m; Seine ~ ist abgelaufen. La sua ora è suonata.
Uhrmacher ['uːrmaxər] m orologiaio m
Uhrwerk ['uːrvɛrk] n meccanismo dell'orologio m
Uhrzeiger ['uːrtsaɪgər] m lancetta dell'orologio f
Uhrzeigersinn ['uːrtsaɪgərzɪn] m senso orario m
Uhrzeit ['uːrtsaɪt] f ora f
Uhu ['uːhuː] m ZOOL gufo m
Ulk [ulk] m scherzo m
ulkig ['ulkɪç] adj comico
Ultimatum [ultɪ'maːtum] n ultimatum m; ein ~ stellen porre un ultimatum
Ultraschall ['ultraʃal] m ultrasuono m
Ultraschalluntersuchung ['ultraʃaluntərzuːxuŋ] f MED ecografia m
ultraviolett ['ultraviolɛt] adj ultravioletto
um [um] prep 1. (örtlich) intorno a; ~ sich greifen espandersi/diffondarsi; 2. (zeitlich) a; 3. ~ fünf cm kürzer di cinque cm più corto; Auge ~ Auge occhio per occhio; ~ ... willen per amor di ... ~ zehn DM teurer circa dieci DM più caro; konj 4. (mit Infinitiv) per; adv 5. Es geht ~ Geld. E' questione di soldi. Es steht schlecht ~ ihn. Lui sta male.
umändern ['umɛndərn] v cambiare
umarmen [um'armən] v abbracciare
Umarmung [um'armuŋ] f abbraccio m
Umbau ['umbau] m ricostruzione f
umbenennen ['umbənɛnən] v irr etw ~ cambiare nome a qc
umblättern ['umblɛtərn] v voltare, sfogliare
umbringen ['umbrɪŋən] v irr uccidere, ammazzare
Umbruch ['umbrux] m 1. impaginazione f; 2. (fig) capovolgimento m
umbuchen ['umbuːxən] v 1. (Konto) riportare; 2. (Reservierung) cambiare
Umbuchung ['umbuːxuŋ] f 1. (Kontoumbuchung) riporto m; 2. (einer Reservierung) cambio m
umdenken ['umdɛŋkən] v irr cambiare idea
umdisponieren ['umdɪsponiːrən] v disporre in modo diverso
umdrehen ['umdreːən] v voltare
Umdrehung [um'dreːuŋ] f giro m, rotazione f

Umdrehungszahl [um'dre:uŋstsa:l] *f*
TECH numero di giri *m*
umfallen ['umfalən] *v irr* cadere a terra
Umfang ['umfaŋ] *m 1. (Flächeninhalt)* perimetro *m; 2. (Reichweite)* estensione *f; 3. (fig: Ausmaß)* mole *f; 4. (Fläche)* superficie *f*
umfangreich ['umfaŋraɪç] *adj 1.* voluminoso; *2. (fig)* ampio; *~e Kenntnisse* vaste conoscenze *f/pl*
umfassen [um'fasən] *v (enthalten)* comprendere
umfassend [um'fasənt] *adj* ampio, vasto
Umfassung [um'fasuŋ] *f (Einzäunung)* recinzione *f*
Umfeld ['umfɛlt] *n* ambiente *m*
Umfrage ['umfra:gə] *f* inchiesta *f*
Umgang ['umgaŋ] *m* relazione *f,* compagnia *f*
umgänglich ['umgɛŋlɪç] *adj* socievole
Umgangsformen ['umgaŋsfɔrmən] *pl* maniere *f/pl; Er hat angenehme ~.* Egli ha delle buone maniere.
Umgangssprache ['umgaŋsʃpra:xə] *f* lingua corrente *f*
umgarnen [um'garnən] *v* irretire
umgeben [um'ge:bən] *v irr* circondare
Umgebung [um'ge:buŋ] *f 1. (einer Stadt)* dintorni *m/pl; 2. (eines Menschen)* ambiente *m*
umgehen ['umge:ən] *v irr 1. (im Umlauf sein)* circolare, aggirarsi; *2. (behandeln)* trattare; *3. mit Geld sparsam ~* usare il denaro con parsimonia; [um'ge:ən] *4. (örtlich)* deviare; *5. (vermeiden)* scansare; *eine Gefahr ~* scansare un pericolo
umgehend ['umge:ənt] *adj* immediato
Umgehungsstraße [um'ge:uŋsʃtra:sə] *f* circonvallazione *f*
umgekehrt ['umgəke:rt] *adj* contrario, inverso; *im ~ Fall* in caso contrario
umgraben ['umgra:bən] *v irr* rivoltare; *ein Beet ~* vangare un'aiuola
umgucken ['umgukən] *v 1. (zurückblicken)* guardare indietro; *2. Du wirst dich noch ~!* Te ne accorgerai!
Umhang ['umhaŋ] *m* mantellina *f,* mantello *m*
umhängen ['umhɛŋən] *v irr sich etw ~* mettersi qc
Umhängetasche ['umhɛŋətaʃə] *f* borsa a tracolla *f*
umher [um'he:r] *adv* intorno
umherirren [um'he:rɪrən] *v* vagare, errare
umherreisen [um'he:rraɪzən] *v* viaggiare

umherschlendern [um'he:rʃlɛndərn] *v* gironzolare
umhören ['umhø:rən] *v sich ~* informarsi
Umhüllung [um'hyluŋ] *f* involucro *m*
umkämpft [um'kɛmpft] *adj* combattuto
Umkehr ['umke:r] *f* inversione *f*
umkehren ['umke:rən] *v 1.* invertire; *2. (auf den Kopf stellen)* capovolgere
umkippen ['umkɪpən] *v 1.* ribaltare; *2. (fig: ohnmächtig werden)* svenire; *3. (Gewässer)* morire biologicamente; *4. (fig: Meinung ändern)* fare un voltafaccia
Umkleidekabine ['umklaɪdəkabi:nə] *f* spogliatoio *m*
umkleiden ['umklaɪdən] *v* spogliarsi, cambiarsi
umknicken ['umknɪkən] *v 1. (Zweig)* spezzare; *2. (Fuß)* storcere; *sich den Fuß ~* storcersi la caviglia
umkommen ['umkɔmən] *v irr* morire
Umkreis ['umkraɪs] *m* raggio *m*
umkreisen [um'kraɪzən] *v* girare intorno
umkrempeln ['umkrɛmpəln] *v 1. (Ärmel)* rimboccare; *2. (fig: ändern)* rifare
umladen ['umla:dən] *v irr* trasbordare
Umlage ['umla:gə] *f* ripartizione *f*
Umlauf ['umlauf] *m* circolazione *f; etw in ~ bringen* mettere in giro qc/mettere in circolazione qc; *in ~ kommen* andare in giro/circolare
Umlaut ['umlaut] *m GRAMM* dieresi *f*
umleiten ['umlaɪtən] *v* deviare
Umleitung ['umlaɪtuŋ] *f* deviazione *f*
Umorganisierung ['umɔrganizi:ruŋ] *f* riorganizzazione *f*
Umrahmung [um'ra:muŋ] *f* incorniciatura *f*
Umrandung [um'randuŋ] *f* orlatura *f*
umrechnen ['umrɛçnən] *v* convertire, cambiare; *Mark in Lire ~* cambiare i marchi in lire
Umrechnung ['umrɛçnuŋ] *f* conversione *f,* cambio *m*
Umrechnungskurs ['umrɛçnuŋskurs] *m* cambio *m*
umreißen ['umraɪsən] *v irr 1. (niederreißen)* demolire; [um'raɪsən] *2. (fig: kurz schildern)* tratteggiare
Umriss ['umrɪs] *m* contorno *m*
umrühren ['umry:rən] *v* rimestare, mescolare
umrüsten ['umrystən] *v TECH* adattare una macchina a eseguire altri lavori; *eine Anlage ~* convertire un impianto

ums *(= um das)(siehe „um")*
umsatteln ['umzatəln] *v 1. (Pferd)* cambiare la sella; *2. (fig)* cambiare mestiere
Umsatz ['umzats] *m ECO* fatturato *m;* ~ *machen* fare fatturato
umschalten ['umʃaltən] *v 1. TECH* commutare; *in den zweiten Gang* ~ innestare la seconda; *2. (fig)* passare; *auf ein anderes Thema* ~ passare ad un altro argomento
umschichten ['umʃɪçtən] *v 1.* accatastare in altro modo; *2. (umwälzen)* sovvertire
Umschichtung ['umʃɪçtuŋ] *f* capovolgimento *m*
Umschlag ['umʃlaːk] *m 1. (Schutzhülle)* copertina *f,* involucro *m; 2. (Briefumschlag)* busta *f; 3. MED* impacco *m; 4. ECO* trasbordo *m*
umschlagen ['umʃlaːgən] *v irr 1. (umblättern)* voltare pagina; *2. (umladen)* trasbordare
Umschlagplatz ['umʃlaːkplats] *m* posto di trasbordo *m*
umschmeißen ['umʃmaisən] *v irr 1.* rovesciare; *2. (fig) einen Plan* ~ mandare all'aria un piano
umschreiben [um'ʃraibən] *v irr 1. (beschreiben)* perifrasare; ['umʃraibən] *2. JUR* trasferire; *3. (neu schreiben)* riscrivere
Umschuldung ['umʃulduŋ] *f ECO* conversione *f*
umschulen ['umʃuːlən] *v* riqualificare
Umschulung ['umʃuːluŋ] *f* riqualificazione *f*
umschwärmen [um'ʃvɛrmən] *v* corteggiare
Umschweife ['umʃvaifə] *pl* ambagi *m/pl; etw ohne* ~ *sagen* dire qc senza giri di parole
Umschwung ['umʃvuŋ] *m (fig)* cambiamento *m*
umsehen ['umzeːən] *v irr sich* ~ guardarsi intorno, guardare intorno
umsetzen ['umzɛtsən] *v 1. sich* ~ cambiare posto, porre diversamente; *2. (verwandeln)* trasformare; *etw in die Tat* ~ realizzare qc; *3. (verkaufen)* smerciare
Umsicht ['umzɪçt] *f* avvedutezza *f,* circospezione *f*
umsichtig ['umzɪçtɪç] *adj* avveduto
umsiedeln ['umziːdəln] *v* trasferire
umso ['umzo] *adv* ~ *mehr* tanto più; *je schneller* ~ *besser* più veloce tanto meglio
umsonst [um'zɔnst] *adv 1. (unentgeltlich)* per niente, gratis; *2. (vergeblich)* inutilmente, invano

Umstände ['umʃtɛndə] *pl 1.* circostanze *f/pl; keine* ~ *machen* non dare disturbo; *unter keinen* ~*n* in nessun caso *m; 2. andere* ~ stato interessante *m*
umständlich ['umʃtɛndlɪç] *adj 1.* circostanziato; *2. (unbequem)* scomodo
Umständlichkeit ['umʃtɛndlɪçkait] *f* prolissità *f*
Umstandskleid ['umʃtantsklait] *n* abito prémaman *m*
umsteigen ['umʃtaigən] *v irr* cambiare
umstellen ['umʃtɛlən] *v 1. (Möbel)* cambiare di posto, spostare; *2. (umorganisieren)* riorganizzare; *3. (anpassen)* adattare
Umstellung ['umʃtɛluŋ] *f 1. (Umgewöhnung)* cambiamento *m; 2. (Anpassung)* adattamento *m*
umstimmen ['umʃtɪmən] *v 1. jdn* ~ *(fig)* far cambiare idea a qd, persuadere qd; *2. MUS* accordare
umstoßen ['umʃtɔsən] *v irr 1.* rovesciare; *2. (fig)* annullare
umstritten [um'ʃtrɪtən] *adj* discusso
Umstrukturierung ['umʃtrukturiːruŋ] *f* ristrutturazione *f*
Umsturz ['umʃturts] *m* rivolgimento *m,* rovesciamento *m*
Umtausch ['umtauʃ] *m* cambio *m*
umtauschen ['umtauʃən] *v* cambiare
Umtrunk ['umtruŋk] *m* bevuta *f*
Umwälzanlage ['umvɛltsanlaːgə] *f TECH* impianto di circolazione *m*
umwandeln ['umvandəln] *v* trasformare, convertire
Umwandlung ['umvandluŋ] *f* trasformazione *f,* conversione *f*
umwechseln ['umvɛksəln] *v* cambiare
Umweg ['umveːk] *m* giro lungo *m; einen* ~ *machen* fare un lungo giro
Umwelt ['umvɛlt] *f* ambiente *m*
umweltfeindlich ['umvɛltfaindlɪç] *adj* inquinante, contaminante
umweltfreundlich ['umvɛltfrɔyndlɪç] *adj* ecologico, non inquinante
Umweltschutz ['umvɛltʃuts] *m* protezione ambientale *f*
Umweltverschmutzung ['umvɛltfɛrʃmutsuŋ] *f* inquinamento ambientale *m*
Umweltverträglichkeit ['umvɛltfɛrtrɛːklɪçkait] *f* tollerabilità ambientale *f*
umwerben [um'vɛrbən] *v irr* corteggiare
umwickeln [um'vɪkəln] *v* avvolgere, fasciare
umzäunen [um'tsɔynən] *v* recintare

Umzäunung ['umtsɔynuŋ] *f* recinzione *f*, recinto *m*
umziehen ['umtsiːən] *v irr* 1. *sich ~ (umkleiden)* cambiarsi d'abito; 2. *(Wohnung wechseln)* trasferirsi, traslocare; *Er ist nach Rom umgezogen.* Si è trasferito a Roma.
umzingeln [um'tsıŋəln] *v* accerchiare, circondare
Umzug ['umtsuːk] *m* 1. *(Wohnungswechsel)* trasferimento *m*, trasloco *m;* nach seinem ~ nach Florenz dopo il suo trasferimento a Firenze; 2. *(Festzug)* corteo *m*
unabänderlich [unap'ɛnderlıç] *adj* invariabile, immutabile
unabdingbar ['unapdıŋbaːr] *adj* indispensabile
unabhängig ['unaphɛŋıç] *adj* indipendente
Unabhängigkeit ['unaphɛŋıçkaıt] *f* indipendenza *f*, libertà *f*
unabkömmlich [unap'kœmlıç] *adj* indispensabile
unabsehbar [unap'zeːbaːr] *adj* incalcolabile, imprevedibile
unabsichtlich ['unapzıçtlıç] *adj* involontario
unabwendbar [unap'vɛntbaːr] *adj* ineluttabile, inevitabile
unachtsam ['unaxtzaːm] *adj* disattento, distratto
Unachtsamkeit ['unaxtzaːmkaıt] *f* disattenzione *f*
unanfechtbar [unan'fɛçtbaːr] *adj* incontestabile, inoppugnabile
Unanfechtbarkeit ['unanfɛçtbaːrkaıt] *f* incontestabilità *f*, inoppugnabilità *f*
unangebracht ['unangəbraxt] *adj* inopportuno
unangemeldet ['unangəmɛldət] *adj* 1. non annunciato; *adv* 2. senza annunciarsi
unangemessen ['unangəmɛsən] *adj* inadeguato, inopportuno
unangenehm ['unangəneːm] *adj* sgradevole, spiacevole, increscioso
unannehmbar ['unanneːmbaːr] *adj* inaccettabile
Unannehmlichkeit ['unanneːmlıçkaıt] *f* seccatura *f*, noia *f*
unansehnlich ['unanzeːnlıç] *adj* insignificante, modesto
unanständig ['unanʃtɛndıç] *adj* indecente, sconveniente
unantastbar ['unantastbaːr] *adj* intangibile, intoccabile

unappetitlich ['unapetiːtlıç] *adj* disgustoso, stomachevole
Unart ['unaːrt] *f* maleducazione *f*
unartig ['unaːrtıç] *adj* maleducato
unaufdringlich ['unaufdrıŋlıç] *adj* 1. discreto; *adv* 2. con discrezione, discretamente
unauffällig ['unauffɛlıç] *adj* 1. non appariscente; *adv* 2. senza farsi notare
unauffindbar [unauf'fıntbaːr] *adj* irreperibile, introvabile
unaufgefordert ['unaufgəfɔrdərt] *adj* 1. non esortato, non invitato; *adv* 2. spontaneamente, volontariamente
unaufhaltsam [unauf'haltzam] *adj* inarrestabile, irrefrenabile
unaufhörlich [unauf'høːrlıç] *adj* incessante, continuo
unaufmerksam ['unaufmɛrkzam] *adj* disattento
Unaufmerksamkeit ['unaufmɛrkzamkaıt] *f* disattenzione *f*
unaufrichtig ['unaufrıçtıç] *adj* insincero, falso
Unaufrichtigkeit ['unaufrıçtıçkaıt] *f* insincerità *f*, falsità *f*
unaufschiebbar [unauf'ʃiːpbaːr] *adj* improrogabile, inderogabile
unausgeglichen ['unausgəglıçən] *adj* non equilibrato, disarmonico
Unausgeglichenheit ['unausgəglıçənhaıt] *f* squilibrio *m*
unausstehlich [unaus'ʃteːlıç] *adj* insopportabile
unbändig ['unbɛndıç] *adj* indomabile
unbarmherzig ['unbarmhɛrtsıç] *adj* spietato
Unbarmherzigkeit ['unbarmhɛrtsıçkaıt] *f* spietatezza *f*
unbeabsichtigt ['unbəapzıçtıçt] *adj* involontario
unbeachtet ['unbəaxtət] *adj* inosservato
unbedacht ['unbədaxt] *adj* sconsiderato, avventato
unbedenklich ['unbədɛŋklıç] *adj* 1. sicuro; *adv* 2. senza esitazione, senz'altro
unbedeutend ['unbədɔytənt] *adj* irrilevante
unbedingt ['unbədıŋt] *adj* assoluto, incondizionato; *~er Gehorsam* obbedienza assoluta
unbefangen ['unbəfaŋən] *adj* disinvolto, spigliato
Unbefangenheit ['unbəfaŋənhaıt] *f* disinvoltura *f*, spigliatezza *f*

unbefriedigend ['unbəfriːdɪgənt] *adj* insoddisfacente
unbefriedigt ['unbəfriːdɪçt] *adj* insoddisfatto
unbefristet ['unbəfrɪstət] *adj* illimitato
unbefugt ['unbəfuːkt] *adj* non autorizzato
Unbefugte(r) ['unbəfuːktə(r)] *m/f* persona non autorizzata *f*
unbegabt ['unbəgaːpt] *adj* non dotato
unbegreiflich ['unbəgraɪflɪç] *adj* incomprensibile
unbegrenzt ['unbəgrɛntst] *adj* illimitato
unbegründet ['unbəgryndət] *adj* infondato
Unbehagen ['unbəhaːgən] *n* malessere *m*, disagio *m*
unbehaglich ['unbəhaːklɪç] *adj* scomodo, disagevole
unbeherrscht ['unbəhɛrʃt] *adj* non dominato
unbeholfen ['unbəhɔlfən] *adj* maldestro
unbekannt ['unbəkant] *adj* sconosciuto, ignoto
unbekümmert ['unbəkymərt] *adj* spensierato
unbelehrbar ['unbəleːrbaːr] *adj* incorreggibile
unbeliebt ['unbəliːpt] *adj* malvisto
Unbeliebtheit ['unbəliːpthaɪt] *f* impopolarità *f*
unbemerkt ['unbəmɛrkt] *adj* inosservato
unbequem ['unbəkveːm] *adj* scomodo
unberechenbar ['unbəreçənbaːr] *adj* incalcolabile
unbescheiden ['unbəʃaɪdən] *adj* immodesto
Unbescheidenheit ['unbəʃaɪdenhaɪt] *f* immodestia *f*
unbescholten ['unbəʃɔltən] *adj* ~ *sein* essere incensurato
unbeschränkt ['unbəʃrɛŋkt] *adj* illimitato
unbeschreiblich ['unbəʃraɪplɪç] *adj* indescrivibile
unbeschwert ['unbəʃveːrt] *adj 1.* leggero, libero; *adv 2.* senza preoccupazioni, spensieratamente
unbesetzt ['unbəzɛtst] *adj* libero
unbesonnen ['unbəzɔnən] *adj* sconsiderato, avventato
unbesorgt ['unbəzɔrgt] *adj* tranquillo
unbeständig ['unbəʃtɛndɪç] *adj 1. (veränderlich)* variabile; *2. (wankelmütig)* incostante

unbestechlich ['unbəʃtɛçlɪç] *adj* incorruttibile
unbestimmt ['unbəʃtɪmt] *adj* indeterminato
unbeteiligt ['unbətaɪlɪçt] *adj* non interessato
unbeugsam ['unbɔykzaːm] *adj* inflessibile
unbewacht ['unbəvaçt] *adj* incustodito; ~*er Bahnübergang* passaggio a livello incustodito *m*
unbeweglich ['unbəveːklɪç] *adj* immobile
unbewohnt ['unbəvoːnt] *adj* disabitato
unbewusst ['unbəvust] *adj* inconsapevole
unbrauchbar ['unbrauxbaːr] *adj* inutilizzabile
unbürokratisch ['unbyrɔkratɪʃ] *adj* non burocratico
und [unt] *konj* e
undankbar ['undaŋkbaːr] *adj* ingrato
undenkbar [un'dɛŋkbaːr] *adj* impensabile
undeutlich ['undɔytlɪç] *adj* indistinto, vago
undicht ['undɪçt] *adj* permeabile, non ermetico
Unding ['undɪŋ] *n* assurdità *f*
undiszipliniert ['undɪstsiplini:rt] *adj* indisciplinato
undurchdringlich ['undurçdrɪŋlɪç] *adj* impenetrabile
undurchlässig ['undurçlɛsɪç] *adj* impermeabile
undurchsichtig ['undurçzɪçtɪç] *adj 1.* non trasparente; *2. (fig)* impenetrabile
Unebenheit ['uneːbənhaɪt] *f* disuguaglianza *f*
unecht ['unɛçt] *adj* falso
unehelich ['uneːəlɪç] *adj* illegittimo
unehrlich ['uneːrlɪç] *adj* disonesto
uneigennützig ['unaɪgənnytsɪç] *adj* disinteressato, altruista
uneingeschränkt ['unaɪngəʃrɛŋkt] *adj* illimitato
uneinig ['unaɪnɪç] *adj* discorde
Uneinigkeit ['unaɪnɪçkaɪt] *f* discordia *f*
unempfindlich ['unɛmpfɪndlɪç] *adj* insensibile
unendlich [un'ɛntlɪç] *adj* infinito
Unendlichkeit [un'ɛntlɪçkaɪt] *f* infinito *m*
unentbehrlich ['unɛntbeːrlɪç] *adj* indispensabile
unentgeltlich ['unɛntgɛltlɪç] *adj* gratuito

unentschieden ['unɛntʃiːdən] *adj 1.* indeciso, in sospeso; *2. SPORT* pari
unentschlossen ['unɛntʃlɔsən] *adj* indeciso
unentwegt ['unɛntveːkt] *adj* imperterrito
unerbittlich ['unɛrbɪtlɪç] *adj* inflessibile
unerfahren ['unɛrfaːrən] *adj* inesperto
unerfreulich ['unɛrfrɔylɪç] *adj* spiacevole
unerhört ['unɛrhøːrt] *adv 1. (fig)* inaudito; ~*e Frechheit* sfacciataggine inaudita *f*; *adv 2.* incredibilmente
unerklärlich ['unɛrklɛrlɪç] *adj* inspiegabile
unerlaubt ['unɛrlaupt] *adj* vietato
unermesslich ['unɛrmeslɪç] *adj 1.* smisurato; *adv 2.* smisuratamente
unerschrocken ['unɛrʃrɔkən] *adj* impavido
unerschütterlich ['unɛrʃytərlɪç] *adj* imperturbabile
unerschwinglich ['unɛrʃvɪŋlɪç] *adj 1.* inaccessibile; ~*e Preise* prezzi inaccessibili/prezzi esorbitanti; *adv 2.* inaccessibilmente, eccessivamente
unerträglich ['unɛrtrɛːklɪç] *adj* insopportabile
unerwartet ['unɛrvartət] *adj* inaspettato
unerwünscht ['unɛrvynʃt] *adj* indesiderato
unfähig ['unfɛːɪç] *adj* incapace
Unfähigkeit ['unfɛːɪçkaɪt] *f* incapacità *f*
unfair ['unfɛːr] *adj* scorretto
Unfall ['unfal] *m* incidente *m*
Unfallflucht ['unfalfluxt] *f* fuga del conducente *f*
Unfallstation ['unfalʃtatsjoːn] *f* stazione di pronto soccorso *f*
Unfallversicherung ['unfalfɛrzɪçəruŋ] *f* assicurazione contro gli infortuni *f*
unfassbar [un'fasbaːr] *adj* inconcepibile
unfolgsam ['unfɔlkzaːm] *adj* disubbidiente
unfrankiert ['unfraŋkiːrt] *adj* non affrancato
unfreiwillig ['unfraɪvɪlɪç] *adj* involontario
unfreundlich ['unfrɔyndlɪç] *adj* scortese
unfruchtbar ['unfruxtbaːr] *adj* sterile
Unfug ['unfuːk] *m* scemenze *f/pl*
Ungarn ['uŋgarn] *n GEO* Ungheria *f*
ungeachtet ['ungəaxtət] *prep* malgrado
ungebildet ['ungəbɪldət] *adj* incolto
ungedeckt ['ungədɛkt] *adj (Scheck)* non coperto
Ungeduld ['ungədult] *f* impazienza *f*

ungeduldig ['ungəduldɪç] *adj* impaziente
ungeeignet ['ungəaɪgnət] *adj* inadatto
ungefähr ['ungəfɛːr] *adj* approssimativo
ungefährlich ['ungəfɛːrlɪç] *adj* innocuo
ungehalten ['ungəhaltən] *adj* scontroso, adirato
Ungeheuer ['ungəhɔyər] *n* mostro *m*
Ungehorsam ['ungəhoːrzaːm] *m* disubbidienza *f*
ungeklärt ['ungəklɛːrt] *adj 1. (unklar)* oscuro, non chiarito; *2. (nicht gereinigt)* non depurato
ungekündigt ['ungəkyndɪçt] *adj in* ~*er Stellung* in servizio attivo
ungelegen ['ungəleːgən] *adj* inopportuno
ungelernt ['ungəlɛrnt] *adj* non qualificato
ungemein ['ungəmaɪn] *adj* immenso
ungemütlich ['ungəmyːtlɪç] *adj* poco accogliente
ungenau ['ungənau] *adj 1.* inesatto; *adv 2.* non esattamente
Ungenauigkeit ['ungənauɪçkaɪt] *f* inesattezza *f*
ungenießbar ['ungəniːsbaːr] *adj 1. (nicht essbar)* immangiabile; *2. (unerträglich)* noioso
ungenügend ['ungənyːgənt] *adj* insufficiente
ungepflegt ['ungəpfleːkt] *adj* trascurato
ungerade ['ungəraːdə] *adj* dispari
ungerecht ['ungərɛçt] *adj* ingiusto
ungerechtfertigt ['ungərɛçtfɛrtɪçt] *adj* ingiustificato
Ungerechtigkeit ['ungərɛçtɪçkaɪt] *f* ingiustizia *f*
ungern ['ungɛrn] *adv* mal volentieri, controvoglia
ungesättigt ['ungəzɛtɪçt] *adj CHEM* non saturo
ungeschickt ['ungəʃɪkt] *adj 1.* inetto; *adv 2.* da incapace
ungeschoren ['ungəʃoːrən] *adj* ~ *davonkommen* passarla liscia
ungeschrieben ['ungəʃriːbən] *adj ein* ~*es Gesetz sein* essere una legge non scritta
ungesetzlich ['ungəzɛtslɪç] *adj* illegale
ungestört ['ungəʃtøːrt] *adj 1.* indisturbato; *adv 2.* senza essere disturbato
ungestüm ['ungəʃtyːm] *adj* impetuoso, irruento
ungesund ['ungəzunt] *adj 1. (nicht gesund)* malsano; *2. (schädlich)* nocivo
Ungetüm ['ungətyːm] *n* mostro *m*
ungewiss ['ungəvɪs] *adj* incerto

Ungewissheit ['ʊngəvɪshaɪt] *f* incertezza *f*
ungewöhnlich ['ʊngəvøːnlɪç] *adj* insolito
ungewohnt ['ʊngəvoːnt] *adj* non abituato
Ungeziefer ['ʊngətsiːfər] *n ZOOL* insetti dannosi *m/pl*
ungezogen ['ʊngətsoːgən] *adj* maleducato
ungezwungen ['ʊngətsvuŋən] *adj 1. (fig)* spontaneo; *adv 2. (fig)* con disinvoltura
unglaublich ['ʊnglauplɪç] *adj* incredibile
unglaubwürdig ['ʊnglaupvyrdɪç] *adj* inattendibile
Unglaubwürdigkeit ['ʊnglaupvyrdɪçkaɪt] *f* inattendibilità *f*
ungleichmäßig ['ʊnglaɪçmɛːsɪç] *adj* irregolare
Unglück ['ʊnglyk] *n 1. (Missgeschick)* disgrazia *f; 2. (Pech)* sfortuna *f; jdn ins ~ stürzen* gettare qd nella sventura; *ins ~ rennen* correre incontro alla sfortuna; *zu allem ~* per colmo di sfortuna; *3. (Unfall)* incidente *m*
unglücklich ['ʊnglyklɪç] *adj 1. (nicht glücklich)* infelice; *2. (kein Glück habend)* sfortunato
unglücklicherweise ['ʊnglyklɪçər'vaɪzə] *adv* sfortunatamente
Ungnade ['ʊngnaːdə] *f* disgrazia *f; bei jdm in ~ fallen* cadere in disgrazia di qd
ungültig ['ʊngyltɪç] *adj* non valido, scaduto; *~er Reisepass* passaporto scaduto *m*
Ungültigkeit ['ʊngyltɪçkaɪt] *f* invalidità *f,* nullità *f*
Ungunst ['ʊngʊnst] *f zu jds ~en* a scapito di qd
ungünstig ['ʊngynstɪç] *adj* sfavorevole
unhandlich ['ʊnhantlɪç] *adj* poco maneggevole
Unheil ['ʊnhaɪl] *n* male *m*
unheilbar ['ʊnhaɪlbaːr] *adj* inguaribile, incurabile
unheilvoll ['ʊnhaɪlfɔl] *adj* funesto, nefasto
unheimlich ['ʊnhaɪmlɪç] *adj 1.* sospetto, poco rassicurante; *2. (unbehaglich)* inquietante; *3. (düster)* lugubre; *adv 4. (sehr)* molto
unhöflich ['ʊnhøːflɪç] *adj* scortese
Unhöflichkeit ['ʊnhøːflɪçkaɪt] *f* scortesia *f*
unhygienisch ['ʊnhygjeːnɪʃ] *adj* antigienico
Uniform ['ʊnifɔrm] *f* uniforme *f*
Union [ʊn'joːn] *f* unione *f; Europäische ~* Unione europea *f*

universal [ʊnivɛr'zaːl] *adj* universale
Universallexikon [ʊnivɛr'zaːllɛksɪkɔn] *n* enciclopedia universale *f*
Universität [ʊnivɛrzi'teːt] *f* università *f*
Universitätsklinik [ʊnivɛrzi'tɛːtsklɪnɪk] *f* clinica universitaria *f*
Universum [ʊni'vɛrzum] *n* universo *m*
unkenntlich ['ʊnkɛntlɪç] *adj* irriconoscibile
Unkenntlichkeit ['ʊnkɛntlɪçkaɪt] *f* irriconoscibilità *f*
Unkenntnis ['ʊnkɛntnɪs] *f* ignoranza *f*
unklar ['ʊnklaːr] *adj 1.* poco chiaro; *adv 2.* oscuramente, confusamente
Unklarheit ['ʊnklaːrhaɪt] *f* oscurità *f*
unkompliziert ['ʊnklɔmplitsiːrt] *adj* non complicato
Unkosten ['ʊnkɔstən] *pl* spese *f/pl; sich in ~ stürzen* darsi alle spese pazze
Unkostenbeitrag ['ʊnkɔstənbaɪtraːk] *m* contributo alle spese *m*
Unkraut ['ʊnkraut] *n* erbacce *f/pl*
Unkrautvertilgung ['ʊnkrautfɛrtɪlguŋ] *f* diserbatura *f*
unkündbar [ʊn'kyntbaːr] *adj* permanente
unlängst ['ʊnlɛŋst] *adv* recentemente
unlauter ['ʊnlautər] *adj* sleale
unleserlich ['ʊnleːzərlɪç] *adj* illeggibile
unlogisch ['ʊnloːgɪʃ] *adj* illogico
unlösbar ['ʊnløːsbaːr] *adj* insolubile, irrisolvibile
unmäßig ['ʊnmɛːsɪç] *adj* smodato
Unmensch ['ʊnmɛnʃ] *m* mostro *m,* bruto *m; kein ~ sein* non essere inumano/non essere un mostro
unmenschlich ['ʊnmɛnʃlɪç] *adj* inumano
unmerklich ['ʊnmɛrklɪç] *adj* impercettibile
unmissverständlich ['ʊnmɪsfɛrʃtɛndlɪç] *adj* inequivocabile
unmittelbar ['ʊnmɪtəlbaːr] *adj* immediato, diretto
unmodern ['ʊnmoːdɛrn] *adj* non moderno, antiquato
unmöglich [ʊn'møːklɪç] *adj* impossibile; *jdn ~ machen* ridicolizzare qd
unmoralisch ['ʊnmoraːlɪʃ] *adj* immorale
unmündig ['ʊnmyndɪç] *adj* minorenne
unnachgiebig ['ʊnnaxgiːbɪç] *adj (fig)* poco arrendevole
unnachsichtig ['ʊnnaxzɪçtɪç] *adj* inesorabile
unnatürlich ['ʊnnatyːrlɪç] *adj* innaturale
unnötig ['ʊnnøːtɪç] *adj* inutile

unnütz ['unnyts] *adj* inutile
unnützerweise [unnytsər'vaɪzə] *adv* inutilmente
unordentlich ['unɔrdəntlɪç] *adj* disordinato
Unordnung ['unɔrdnuŋ] *f* disordine *m*
unparteiisch ['unpartaɪɪʃ] *adj* imparziale
unpassend ['unpasənt] *adj* sconveniente
unpersönlich ['unpɛrzøːnlɪç] *adj* impersonale
unpraktisch ['unpraktɪʃ] *adj* 1. *(Person)* non pratico, inesperto; 2. *(Sache)* poco pratico
unpünktlich ['unpyŋktlɪç] *adj* non puntuale
unrecht ['unrɛçt] *adj* 1. cattivo; *adv* 2. male
Unrecht ['unrɛçt] *n* torto *m; zu* ~ a torto; *jdm* ~ *geben* dare torto a qd
unrechtmäßig ['unrɛçtmɛːsɪç] *adj* illegale
unregelmäßig ['unreːgəlmɛːsɪç] *adj* irregolare
Unregelmäßigkeit ['unreːgəlmɛːsɪçkaɪt] *f* irregolarità *f*
unreif ['unraɪf] *adj* immaturo
Unreife ['unraɪfə] *f* immaturità *f*
Unreinheit ['unraɪnhaɪt] *f* impurità *f*
Unruhe ['unruːə] *f* 1. *(Störung)* disordine *m;* 2. *(Aufruhr)* agitazione *f;* 3. *(Besorgnis)* inquietudine *f*
Unruheherd ['unruːəhɛrt] *m* focolaio di rivolte *m*
unruhig ['unruːɪç] *adj* 1. *(ruhelos)* irrequieto; 2. *(besorgt)* inquieto, preoccupato
uns [uns] *pron* noi, a noi; *unter* ~ tra noi
unsachgemäß ['unzaxgəmɛːs] *adj* 1. non idoneo; *adv* 2. male
unsachlich ['unzaxlɪç] *adj* non oggettivo
unschädlich ['unʃɛːtlɪç] *adj* innocuo; *jdn* ~ *machen* rendere qd inoffensivo
unscheinbar ['unʃaɪnbaːr] *adj* non appariscente, semplice
unschlüssig ['unʃlysɪç] *adj* indeciso, irrisoluto
Unschuld ['unʃult] *f* 1. *(Schuldlosigkeit)* innocenza *f;* 2. *(Keuschheit)* verginità *f*
unschuldig ['unʃuldɪç] *adj* innocente
unselbstständig ['unzɛlpʃtɛndɪç] *adj* non indipendente
unser(e) ['unzər(ə)] *pron* nostro/nostra
unsicher ['unzɪçər] *adj* 1. insicuro; *einen Ort* ~ *machen* fare il giro di un posto per divertirsi; 2. *(zweifelhaft)* incerto

Unsicherheit ['unzɪçərhaɪt] *f* 1. insicurezza *f;* 2. *(Zweifelhaftigkeit)* incertezza *f*
Unsicherheitsfaktor ['unzɪçərhaɪtsfaktɔr] *m* fattore d'insicurezza *m*
unsichtbar ['unzɪçtbaːr] *adj* invisibile; *sich* ~ *machen* rendersi invisibile/sparire
Unsinn ['unzɪn] *m* 1. nonsenso *m*, assurdità *f;* 2. *(Dummheiten)* sciocchezze *f/pl*
unsinnig ['unzɪnɪç] *adj* assurdo
Unsitte ['unzɪtə] *f* malcostume *m*
unsolide ['unzoliːdə] *adj* non solido
unsterblich ['unʃtɛrplɪç] *adj* 1. immortale; *adv* 2. *(sehr)* infinitamente
Unsterblichkeit ['unʃtɛrplɪçkaɪt] *f* immortalità *f*
Unstimmigkeit ['unʃtɪmɪçkaɪt] *f* discordia *f*
unstreitig ['unʃtraɪtɪç] *adj* incontestabile
Unsumme ['unzumə] *f* somma enorme *f*
unsympathisch ['unzympaːtɪʃ] *adj* antipatico
Untat ['untaːt] *f* misfatto *m*, delitto *m*
untätig ['untɛːtɪç] *adj* inattivo
untauglich ['untauklɪç] *adj* 1. incapace; 2. *MIL* inabile
unten ['untən] *adv* sotto; ~ *im Haus* di sotto; *Er ist bei mir* ~ *durch.* Non ho più stima di lui.
unter ['untər] *prep* 1. *(örtlich)* sotto; ~ *der Telefonnummer ...* al numero telefonico ... ~ *einem Thema stehen* rientrare in un argomento; ~ *großer Anstrengung* con grande sforzo; 2. *(zwischen)* tra; *Das bleibt* ~ *uns.* Questo rimanga tra noi. 3. *(weniger als)* meno di, al di sotto di
Unterarm ['untərarm] *m ANAT* avambraccio *m*
unterbesetzt ['untərbəzɛtst] *adj* che scarseggia di personale
unterbewerten ['untərbəvertən] *v* sottovalutare
Unterbewusstsein ['untərbəvustzaɪn] *n* subcosciente *m*
unterbinden [untər'bɪndən] *v irr (fig)* impedire
unterbrechen [untər'brɛçən] *v irr* interrompere
Unterbrechung [untər'brɛçuŋ] *f* interruzione *f*
unterbreiten [untər'braɪtən] *v* sottoporre
unterbringen ['untərbrɪŋən] *v irr* alloggiare
unterdrücken [untər'drykən] *v* 1. *etw* ~ reprimere qc, soffocare qc; *einen Aufstand* ~

reprimere una rivolta; *ein Lächeln* ~ reprimere un sorriso; 2. *jdn* ~ opprimere qd; *ein Volk* ~ opprimere un popolo
Unterdrückung [untər'drykuŋ] *f* repressione *f*, oppressione *f*
untere(r,s) ['untərə(r,s)] *adj* inferiore
untereinander ['untərainandər] *adv* uno sotto l'altro
unterentwickelt ['untərɛntvɪkəlt] *adj* sottosviluppato
unterernährt ['untərɛrnɛːrt] *adj* denutrito
Unterernährung ['untərɛrnɛːruŋ] *f* denutrizione *f*
Unterfangen [untər'faŋən] *n* impresa audace *f*
Unterführung [untər'fyːruŋ] *f* sottopassaggio *m*
Unterfunktion ['untərfunktsjoːn] *f* ipofunzione *f*
Untergang ['untərgaŋ] *m* 1. *(Zusammenbruch)* caduta *f;* 2. *(Sinken)* affondamento *m;* 3. *(Niedergang)* declino *m;* 4. *(der Sonne, des Mondes)* tramonto *m*
Untergebene(r) [untər'geːbənə(r)] *m/f* dipendente *m/f,* sottoposto/sottoposta *m/f*
untergehen ['untərgeːən] *v irr* 1. *(zusammenbrechen)* cadere, andare in rovina; 2. *(sinken)* affondare; 3. *(niedergehen)* declinare; 4. *(Sonne, Mond)* tramontare
Untergeschoss ['untərgəʃɔs] *n* scantinato
Untergewicht ['untərgəvɪçt] *n* peso insufficiente *m*, sottopeso *m*
untergliedern [untər'gliːdərn] *v* suddividere
Untergrund ['untərgrunt] *m* sottosuolo *m*, fondo *m*
Untergrundbahn ['untərgruntbaːn] *f* metropolitana *f*
Untergrundbewegung ['untərgruntbəveːguŋ] *f* movimento clandestino *m*
unterhalb ['untərhalp] *prep* al di sotto di
Unterhalt ['untərhalt] *m* mantenimento *m*
unterhalten [untər'haltən] *v irr* 1. *(versorgen)* mantenere; 2. *sich* ~ *(vergnügen)* intrattenersi; 3. *sich* ~ *(plaudern)* conversare
unterhaltend [untər'haltənt] *adj* divertente
Unterhaltszahlung ['untərhaltstsaːluŋ] *f* pagamento degli alimenti *m*
Unterhaltung [untər'haltuŋ] *f* 1. *(Versorgung)* mantenimento *m;* 2. *(Vergnügen)* divertimento *m;* 3. *(Plaudern)* intrattenimento *m*, conversazione *f*

Unterhaltungsmusik [untər'haltuŋsmuziːk] *f* musica leggera *f*
Unterhändler(in) ['untərhɛndlər(ɪn)] *m/f* negoziatore/negoziatrice *m/f*
Unterhemd ['untərhɛmt] *n* maglietta *f,* maglia *f,* canottiera *f*
Unterhose ['untərhoːzə] *f* mutande *f/pl*
unterkommen ['untərkɔmən] *v irr* 1. *(Unterkunft finden)* essere alloggiato; 2. *(Stellung finden)* trovare un impiego
Unterkunft ['untərkunft] *f* alloggio *m*
Unterlage ['untərlaːgə] *f* 1. base *f;* 2. *(Dokument)* documento *m*
Unterlass ['untərlas] *m ohne* ~ senza sosta
unterlassen [untər'lasən] *v irr* tralasciare
unterliegen [untər'liːgən] *v irr* 1. *(besiegt werden)* essere vinto, soccombere; 2. *(betroffen sein)* essere soggetto, sottostare a
untermauern [untər'mauərn] *v (fig)* consolidare
untermengen ['untərmɛŋən] *v* mescolare
Untermiete ['untərmiːtə] *f* subaffitto *m*
Untermieter(in) ['untərmiːtər(ɪn)] *m/f* subaffittuario/subaffittuaria *m/f*
untermischen ['untərmɪʃən] *v* mescolare
unternehmen [untər'neːmən] *v irr* intraprendere
Unternehmen [untər'neːmən] *n* 1. *(Firma)* impresa *f;* 2. *(Vorhaben)* iniziativa *f*
Unternehmensberatung [untər'neːmənsbəraːtuŋ] *f* consulenza aziendale *f*
Unternehmer(in) [untər'neːmər(ɪn)] *m/f* imprenditore/imprenditrice *m/f*
unternehmungslustig [untər'neːmuŋslustɪç] *adj* intraprendente
unterordnen ['untərɔrdnən] *v* subordinare
Unterredung [untər'reːduŋ] *f* colloquio *m*, discussione *f; eine* ~ *unter vier Augen* un colloquio a quattr'occhi *m*
Unterricht ['untərrɪçt] *m* lezione *f*
unterrichten [untər'rɪçtən] *v* 1. *(lehren)* insegnare; 2. *(informieren)* informare
Unterrock ['untərrɔk] *m* sottoveste *f*
untersagen [untər'zaːgən] *v* vietare
unterschätzen [untər'ʃɛtsən] *v* sottovalutare
unterscheiden [untər'ʃaidən] *v irr* distinguere
Unterscheidungsmerkmal [untər'ʃaiduŋsmɛrkmaːl] *n* caratteristica *f*
Unterschied ['untərʃiːt] *m* differenza *f; Es besteht ein* ~ *wie Tag und Nacht.* C'è differenza come tra il giorno e la notte.

unterschiedlich ['untərʃiːtlıç] *adj 1.* diverso, differente; *adv 2.* diversamente
unterschlagen [untər'ʃlaːgən] *v irr 1.* sottrarre; *2. (verheimlichen)* nascondere
Unterschlagung [untər'ʃlaːguŋ] *f 1.* sottrazione *f; 2. JUR* appropriazione indebita *f*
Unterschlupf ['untərʃlupf] *m* nascondiglio *m*
unterschreiben [untər'ʃraibən] *v irr* firmare
Unterschrift ['untərʃrıft] *f* firma *f*
Unterseite ['untərzaitə] *f* lato inferiore *m*
Untersetzer ['untərzɛtsər] *m* sottocoppa *m*
unterste(r,s) ['untərstə(r,s)] *adj* più basso/più bassa, inferiore; *das Unterste zuoberst kehren* mettere tutto sottosopra
Unterstellung [untər'ʃtɛluŋ] *f* subordinazione *f,* insinuazione *f*
unterstreichen [untər'ʃtraiçən] *v 1.* sottolineare; *2. (fig: betonen)* accentuare
unterstützen [untər'ʃtytsən] *v* sostenere
untersuchen [untər'zuːxən] *v 1.* esaminare; *2. MED* visitare
Untertasse ['untərtasə] *f* piattino *m*
untertauchen ['untərtauxən] *v 1. (eintauchen)* immergersi; *2. (fig: verschwinden)* scomparire
Unterteil ['untərtail] *n* parte inferiore *f*
unterteilen [untər'tailən] *v* suddividere
Untertitel ['untərtitəl] *m* sottotitolo *m*
Untertreibung [untər'traibuŋ] *f* minimazione *f*
untervermieten ['untərfɛrmiːtən] *v* subaffittare
Unterwäsche ['untərvɛʃə] *f* biancheria intima *f*
Unterwassermassage [untər'vasərmasaːʒə] *f MED* idromassagio *m*
unterwegs [untər'veːks] *adv* via, per strada
unterweisen [untər'vaizən] *v irr* istruire
Unterwelt ['untərvɛlt] *f* inferi *m/pl,* bassifondi *m/pl*
unterwerfen [untər'vɛrfən] *v irr* sottomettere
unterwürfig ['untərvyrfıç] *adj* sottomesso, deferente
unterzeichnen [untər'tsaiçnən] *v* firmare
Unterzeichnete(r) [untər'tsaiçnətə(r)] *m/f* sottoscritto/sottoscritta *m/f*
untragbar ['untraːkbaːr] *adj* insopportabile

untreu ['untrɔy] *adj* infedele
untröstlich ['untrøːstlıç] *adj* inconsolabile
Untugend ['untuːgənt] *f* vizio *m*
unüberlegt ['unyːbərleːkt] *adj* avventato
unübersichtlich ['unyːbərzıçtlıç] *adj 1. (ohne Sicht)* senza visibilità; *2. (verworren)* confuso
unumgänglich [unum'gɛŋlıç] *adj* indispensabile
unumwunden ['unumvundən] *adj* franco, schietto
ununterbrochen ['ununtərbrɔxən] *adj* ininterrotto
unveränderlich [unfɛr'ɛndərlıç] *adj* immutabile
unverantwortlich [unfɛr'antvɔrtlıç] *adj* irresponsabile
unverbesserlich [unfɛr'bɛsərlıç] *adj* incorreggibile
unverbindlich ['unfɛrbıntlıç] *adj* non impegnativo
unvereinbar [unfɛr'ainbaːr] *adj* inconciliabile
Unverfrorenheit ['unfɛrfroːrənhait] *f* sfacciataggine *f,* sfrontatezza *f*
unvergesslich [unfɛr'gɛslıç] *adj* indimenticabile
unverheiratet ['unfɛrhairaːtət] *adj 1.* non sposato; *2. (Mann)* celibe; *3. (Frau)* nubile
unverhofft ['unfɛrhɔft] *adj* insperato
unverkäuflich ['unfɛrkɔyflıç] *adj* invendibile
unverkennbar [unfɛr'kɛnbaːr] *adj* inconfondibile
unvermeidlich ['unfɛrmaidlıç] *adj* inevitabile
unvermutet ['unfɛrmuːtət] *adj* inaspettato
unvernünftig ['unfɛrnynftıç] *adj* insensato, irragionevole
unverschämt ['unfɛrʃɛːmt] *adj* sfacciato
Unverschämtheit ['unfɛrʃɛːmthait] *f* sfacciataggine *f,* sfrontatezza *f*
unversehrt ['unfɛrzeːrt] *adj* illeso, intatto
unversöhnlich ['unfɛrzøːnlıç] *adj* inconciliabile
unverständlich ['unfɛrʃtɛntlıç] *adj* incomprensibile
unversucht ['unvɛrzuːxt] *adj nichts ~ lassen* non lasciare nulla d'intentato
unverwüstlich ['unfɛrvyːstlıç] *adj* indistruttibile

unverzeihlich ['unfɛrtsaɪlɪç] *adj* imperdonabile
unverzüglich ['unfɛrtsyːklɪç] *adj* immediato
unvollkommen ['unfɔlkɔmən] *adj* imperfetto
unvollständig ['unfɔlʃtɛndɪç] *adj* incompleto
unvorbereitet ['unfoːrbəraɪtət] *adj* 1. impreparato; *adv* 2. senza essere preparato
unvoreingenommen ['unfoːraɪngənɔmən] *adj* 1. non prevenuto; *adv* 2. senza pregiudizi
unvorhergesehen ['unfoːrheːrgəzeːən] *adj* imprevisto
unvorsichtig ['unfoːrzɪçtɪç] *adj* imprudente
unvorstellbar ['unfoːrʃtɛlbaːr] *adj* inimmaginabile
unvorteilhaft ['unfoːrtaɪlhaft] *adj* svantaggioso
unwahr ['unvaːr] *adj* non vero
unwahrscheinlich ['unvaːrʃaɪnlɪç] *adj* improbabile
unweigerlich [un'vaɪgərlɪç] *adj* immancabile, inevitabile
Unwesen ['unveːzən] *n sein ~ treiben* imperversare
Unwetter ['unvɛtər] *n* maltempo *m*
unwichtig ['unvɪçtɪç] *adj* insignificante
unwiderruflich [unviːdər'ruflɪç] *adj* irrevocabile
unwiderstehlich ['unviːdərʃteːlɪç] *adj* irresistibile
unwillig ['unvɪlɪç] *adj* 1. indignato, risentito; *adv* 2. con ira, controvoglia
unwillkürlich ['unvɪlkyːrlɪç] *adj* involontario, istintivo
unwirksam ['unvɪrkzaːm] *adj* inefficace
unwissend ['unvɪsənt] *adj* ignorante
Unwissenheit ['unvɪsənhaɪt] *f* ignoranza *f*
unwohl ['unvoːl] *adv* male
unwürdig ['unvyrdɪç] *adj* indegno
unzählig ['untsɛːlɪç] *adj* innumerevole
unzerbrechlich [untsɛr'brɛçlɪç] *adj* infrangibile
unzertrennlich [untsɛr'trɛnlɪç] *adj* inseparabile
Unzucht ['untsuxt] *f* lussuria *f*
unzufrieden ['untsufriːdən] *adj* insoddisfatto
unzugänglich ['untsugɛŋlɪç] *adj* 1. inaccessibile; 2. *(fig: verschlossen)* chiuso

unzulänglich ['untsulɛŋlɪç] *adj* insufficiente, inadeguato
unzulässig ['untsulɛsɪç] *adj* inammissibile
unzumutbar ['untsumuːtbaːr] *adj* che non si può pretendere
unzurechnungsfähig ['untsurɛçnuŋsfɛːɪç] *adj* incapace d'intendere e di volere
unzuverlässig ['untsufɛrlɛsɪç] *adj* malfido, inaffidabile
unzweckmäßig ['untsvɛkmɛːsɪç] *adj* inadeguato
üppig ['ypɪç] *adj* 1. rigoglioso; 2. *(Frau)* formosa; 3. *(blühend)* florido
Urahnen ['uraːnən] *pl* avi *m/pl*, antenati *m/pl*
uralt ['uːralt] *adj* antichissimo
Uran [u'raːn] *m CHEM* uranio *m*
Uraufführung ['uːrauffyːruŋ] *f* prima *f*
Ureinwohner ['uːraɪnvoːnər] *m* aborigeno *m*, indigeno *m*
Urenkel ['uːrɛŋkəl] *m* pronipote *m*
Urgroßeltern ['uːrgroːsɛltərn] *pl* bisnonni *m/pl*, nonni dei nonni *m/pl*
Urheber(in) ['uːrheːbər(ɪn)] *m/f* autore/autrice *m/f*
Urheberrecht ['uːrheːbərɛçt] *n JUR* diritti d'autore *m/pl*
Urin [u'riːn] *m* urina *f*; *etw im ~ spüren* sentire qc lontano un miglio
Urkunde ['uːrkundə] *f*, atto *m*, titolo *m*
Urkundenfälschung ['uːrkundənfɛlʃuŋ] *f* falso in atto pubblico *m*
urkundlich ['uːrkuntlɪç] *adj* 1. documentario; *adv* 2. con documenti
Urlaub ['uːrlaup] *m* vacanza *f*
Urlauber(in) ['uːrlaubər(ɪn)] *m/f* vacanziere/vacanziera *m/f*, villeggiante *m/f*
Urne ['urnə] *f* urna *f*
Urologe [uro'loːgə] *m MED* urologo *m*
Ursache ['uːrzaxə] *f* causa *f*
Ursprung ['uːrʃpruŋ] *m* origine *f*
ursprünglich ['urʃprʏŋlɪç] *adj* originario
Ursprungszeugnis ['urʃpruŋstsɔyknɪs] *n* certificato d'origine *m*
Urteil ['urtaɪl] *n* 1. giudizio *m*; 2. *JUR* sentenza *f*
urteilen ['urtaɪlən] *v* 1. giudicare; 2. *JUR* giudicare
Urwald ['uːrvalt] *m GEO* foresta vergine *f*
urwüchsig ['uːrvyːkzɪç] *adj* 1. primitivo; 2. *(wild)* selvatico; 3. *(natürlich)* spontaneo
Utensilien [utɛn'ziːljən] *pl* utensili *m/pl*
utopisch [u'toːpɪʃ] *adj* utopistico

V

Vagabund(in) [vaga'bunt(ɪn)] *m/f* vagabondo/vagabonda *m/f*

vagabundieren [vagabun'diːrən] *v* vagabondare

vage ['vaːgə] *adj* vago, incerto; *Sie hat eine ~ Idee.* Lei ha una vaga idea.

Vagina [va'giːna] *f* ANAT vagina *f*

Vakuum ['vaːkuum] *n* vuoto *m*

Valuta [va'luːta] *f* ECO valuta *f*

Vampir [vam'piːr] *m* vampiro *m*

Vandalismus [vanda'lɪsmus] *m* vandalismo *m*

Vanille [va'nɪlə] *f* BOT vaniglia *f*

Vanillezucker [va'niːlətsukər] *m* GAST zucchero vanigliato *m*

variabel [vari'aːbəl] *adj* variabile

Variante [vari'antə] *f* variante *f*

variieren [vari'iːrən] *v* variare

Vase ['vaːzə] *f* vaso *m*

Vater ['faːtər] *m* padre *m; ~ Staat* il caro stato *m; der himmlische ~* il Padre Celeste *m; zu seinen Vätern heimgehen* tornare alla casa degli avi/raggiungere gli antenati

Vaterland ['faːtərlant] *n* patria *f*

väterlich ['fɛːtərlɪç] *adj* paterno

väterlicherseits ['fɛːtərlɪçərzaɪts] *adv* da parte di padre

Vaterschaft ['faːtərʃaft] *f* paternità *f*

Vaterunser [faːtər'unzər] *n* REL padrenostro *m*

Vatikan [vatɪ'kaːn] *m* Vaticano *m*

Vegetarier(in) [vege'taːriːər(ɪn)] *m/f* vegetariano/vegetariana *m/f*

vegetarisch [vege'taːrɪʃ] *adj* vegetariano

Vegetation [vegeta'tsjoːn] *f* vegetazione *f*

vehement [vehə'mɛnt] *adj* veemente

Veilchen ['faɪlçən] *n* BOT viola *f*

Velours [ve'luːr] *n* velluto *m,* velours *m*

Vene ['veːnə] *f* ANAT vena *f*

Venenentzündung ['veːnənɛntsynduŋ] *f* MED flebite *f*

Ventil [vɛn'tiːl] *n* 1. TECH valvola *f;* 2. *(fig)* sfogo *m*

Ventilator [vɛnti'laːtɔr] *m* ventilatore *m*

verabreden [fɛr'apreːdən] *v* 1. concordare; 2. *sich ~* darsi appuntamento

Verabredung [fɛr'apreːduŋ] *f* 1. *(Abmachung)* accordo *m;* 2. *(Treffen)* appuntamento *m*

verabscheuen [fɛr'apʃɔyən] *v* disprezzare, aborrire

verabschieden [fɛr'apʃiːdən] *v* 1. congedare; 2. *(Gesetz)* varare; 3. *sich ~* congedarsi; *sich von jdm ~* congedarsi da qd

Verabschiedung [fɛr'apʃiːduŋ] *f* 1. congedo *m;* 2. *(eines Gesetzes)* varo *m*

verachten [fɛr'axtən] *v* disprezzare; *nicht zu ~ sein* non essere niente male

verächtlich [fɛr'ɛçtlɪç] *adj* 1. sprezzante; *adv* 2. con disprezzo, sprezzantemente

Verachtung [fɛr'axtuŋ] *f* disprezzo *m; jdn mit ~ strafen* punire qd col disprezzo

verallgemeinern [fɛralgə'maɪnərn] *v* generalizzare

Verallgemeinerung [fɛralgə'maɪnəruŋ] *f* generalizzazione *f*

veraltet [fɛr'altət] *adj* desueto, antiquato

Veranda [ve'randa] *f pl* veranda *f*

veränderlich [fɛr'ɛndərlɪç] *adj* mutevole, variabile

verändern [fɛr'ɛndərn] *v* cambiare, variare, mutare

Veränderung [fɛr'ɛndəruŋ] *f* mutamento *m,* trasformazione *m*

verängstigt [fɛr'ɛŋstɪçt] *adj* impaurito

Veranlagung [fɛr'anlaːguŋ] *f* disposizione *f,* predisposizione *f*

veranlassen [fɛr'anlasən] *v* 1. *(bewegen)* indurre; 2. *(anordnen)* predisporre; 3. *(hervorrufen)* suscitare

Veranlassung [fɛr'anlasuŋ] *f* disposizione *f,* motivo *m*

veranschaulichen [fɛr'anʃaulıçən] *v* illustrare, rappresentare graficamente

veranschlagen [fɛr'anʃlaːgən] *v* preventivare

veranstalten [fɛr'anʃtaltən] *v* organizzare

Veranstalter(in) [fɛr'anʃtaltər(ɪn)] *m/f* organizzatore/organizzatrice *m/f*

Veranstaltung [fɛr'anʃtaltuŋ] *f* manifestazione *f*

verantworten [fɛr'antvɔrtən] *v* assumere la responsabilità di, rispondere di

verantwortlich [fɛr'antvɔrtlɪç] *adj* responsabile; *nicht ~ sein* non essere responsabile

Verantwortung [fɛr'antvɔrtuŋ] *f* responsabilità *f; jdn für etw zur ~ ziehen* ritenere qd responsabile di qc/chiedere conto a qd di qc

verantwortungsbewusst [fɛr'antvɔr-tuŋsbəvust] *adj* responsabile

verantwortungslos [fɛr'antvɔrtuŋsloːs] *adj 1.* irresponsabile; *adv 2.* senza responsabilità

verantwortungsvoll [fɛr'antvɔrtuŋsfɔl] *adj 1.* di responsabilità; *adv 2.* con responsabilità

veräppeln [fɛr'ɛpəln] *v jdn* ~ prendere in giro qd

verarbeiten [fɛr'arbaitən] *v 1. (bearbeiten)* lavorare, trasformare; *2. (Daten) INFORM* elaborare; *3. (fig)* digerire

Verarbeitung [fɛr'arbaituŋ] *f 1. (Bearbeitung)* lavorazione *f; 2. (von Daten) INFORM* elaborazione *f; 3. (fig: Bewältigung)* superamento *m*

verärgern [fɛr'ɛrgərn] *v* irritare, stizzire

verärgert [fɛr'ɛrgərt] *adj* irritato

Verarmung [fɛr'armuŋ] *f* impoverimento *m*

verarzten [fɛr'artstən] *v* curare

Verätzung [fɛr'ɛtsuŋ] *f MED* cauterizzazione *f*

verausgaben [fɛr'ausgaːbən] *v 1. sich ~ (finanziell)* spendere tutto; *2. sich ~ (körperlich)* esaurirsi

veräußern [fɛr'ɔysərn] *v* vendere

Verb [vɛrp] *n GRAMM* verbo *m*

verbal [vɛr'baːl] *adj* verbale

Verband [fɛr'bant] *m 1. (Vereinigung)* associazione *f; 2. MED* fasciatura *f*

Verbandkasten [fɛr'bantkastən] *m* cassetta del pronto soccorso *f,* cassetta di medicazione *f*

Verbandmaterial [fɛr'bantmatərjal] *n* materiale di medicazione *m*

verbannen [fɛr'banən] *v* esiliare, bandire

Verbannung [fɛr'banuŋ] *f* esilio *m*

verbarrikadieren [fɛrbarıka'diːrən] *v* barricare

verbeißen [fɛr'baisən] *v irr 1. sich in etw* ~ andare pazzo per qc; *2. sich etw* ~ occultare qc/tralasciare qc

verbergen [fɛr'bɛrgən] *v irr* nascondere, celare

verbessern [fɛr'bɛsərn] *v 1.* migliorare; *2. (korrigieren)* correggere

Verbesserung [fɛr'bɛsəruŋ] *f 1.* miglioramento *m; 2. (Korrektur)* correzione *f*

verbeugen [fɛr'bɔygən] *v sich* ~ inchinarsi

Verbeugung [fɛr'bɔyguŋ] *f* inchino *m*

verbiegen [fɛr'biːgən] *v irr 1.* piegare; *2. (verbilden)* deformare

verbieten [fɛr'biːtən] *v irr* proibire

verbilligen [fɛr'bılıgən] *v* diminuire

verbinden [fɛr'bındən] *v irr 1. (zusammenfügen)* legare, congiungere; *2. TEL* mettere in comunicazione; *3. MED* fasciare

verbindlich [fɛr'bıntlıç] *adj 1. (verpflichtend)* vincolante, impegnativo; *2. (höflich)* cortese

Verbindlichkeit [fɛr'bıntlıçkait] *f 1. (Verpflichtung)* impegno *m,* obbligo *m; 2. (Höflichkeit)* cortesia *f*

Verbindung [fɛr'bınduŋ] *f 1. (Vereinigung)* associazione *f,* unione *f; 2. (Zusammenfügung)* congiunzione *f,* unione *f; 3. (Zugverbindung)* coincidenza *f; 4. TEL* comunicazione *f; 5. (Beziehung)* relazione *f,* rapporto *m; sich mit jdm in* ~ *setzen* mettersi in contatto con qd; *6. CHEM* combinazione *f*

Verbindungsglied [fɛr'bınduŋsgliːt] *n* raccordo *m*

Verbindungskabel [fɛr'bınduŋskaːbəl] *n* cavo d'accoppiamento *m*

Verbindungsmann [fɛr'bınduŋsman] *m* intermediario *m*

Verbindungsstecker [fɛr'bınduŋsʃtɛkər] *m* spina di raccordo *f*

Verbindungsstraße [fɛr'bınduŋsʃtraːsə] *f* raccordo stradale *m*

verbissen [fɛr'bısən] *adj* accanito, ostinato; *etw nicht ~ sehen* non prendere troppo sul serio qc

verbittert [fɛr'bıtərt] *adj* amareggiato

Verbitterung [fɛr'bıtəruŋ] *f* amareggiamento *m*

verblassen [fɛr'blasən] *v* impallidire, sbiadire; *Die Erinnerungen ~.* I ricordi svaniscono.

Verbleib [fɛr'blaip] *m* soggiorno *m,* dimora *f*

verbleit [fɛr'blait] *adj* con piombo

verblendet [fɛr'blɛndət] *adj* abbagliato, accecato

verblüffend [fɛr'blyfənt] *adj 1.* sbalorditivo; *adv 2.* in modo sbalorditivo

Verblüffung [fɛr'blyfuŋ] *f* sbalordimento *m*

verblühen [fɛr'blyːən] *v* sfiorire, appassire

verbluten [fɛr'bluːtən] *v MED* dissanguarsi

verbohrt [fɛr'boːrt] *adj* ostinato, testardo

verborgen [fɛr'bɔrgən] *adj* nascosto
Verborgenheit [fɛr'bɔrgənhaɪt] *f* segretezza *f*
Verbot [fɛr'boːt] *n* divieto *m*, proibizione *f*
verboten [fɛr'boːtən] *adj* proibito, vietato; *Das sieht einfach ~ aus!* E' semplicemente impossibile!
Verbrauch [fɛr'braux] *m* consumo *m*
verbrauchen [fɛr'brauxən] *v* consumare
Verbraucher(in) [fɛr'brauxər(ɪn)] *m/f* consumatore/consumatrice *m/f*
Verbraucherschutz [fɛr'brauxərʃuts] *m* difesa dei consumatori *f*
Verbrauchsgüter [fɛr'brauxsgyːtər] *pl* ECO beni di consumo *m/pl*
verbrechen [fɛr'brɛçən] *v irr* commettere un delitto, rendersi colpevole
Verbrechen [fɛr'brɛçən] *n* delitto *m*, crimine *m*
Verbrecher(in) [fɛr'brɛçər(ɪn)] *m/f* criminale *m/f*, delinquente *m/f*
verbrecherisch [fɛr'brɛçərɪʃ] *adj* criminale, delittuoso
verbreiten [fɛr'braɪtən] *v* estendere, propagare
verbreitern [fɛr'braɪtərn] *v* allargare; *eine Straße ~* allargare una strada
Verbreiterung [fɛr'braɪtəruŋ] *f* allargamento *m*
Verbreitung [fɛr'braɪtuŋ] *f* 1. estensione *f*; *~ finden* diffondersi; 2. *(bekannt machen)* diffusione *f*
verbrennen [fɛr'brɛnən] *v irr* bruciare
Verbrennung [fɛr'brɛnuŋ] *f* 1. *(Müllverbrennung)* incenerimento *m*; 2. *(Einäscherung)* cremazione *f*; 3. MED ustione *f*; 4. *(eines Motors)* TECH combustione *f*
Verbrennungsmotor [fɛr'brɛnuŋsmoːtər] *m (eines Autos)* motore a combustione *m*
verbriefen [fɛr'briːfən] *v* garantire con documenti, documentare
verbringen [fɛr'brɪŋən] *v irr* passare
verbrühen [fɛr'bryːən] *v sich ~* scottarsi; *sich die Hand ~* scottarsi la mano
verbuchen [fɛr'buːxən] *v* registrare
Verbund [fɛr'bunt] *m* unione *f*
verbünden [fɛr'byndən] *v sich ~* allearsi, coalizzarsi
Verbundenheit [fɛr'bundənhaɪt] *f* unione *f*
Verbündete(r) [fɛr'byndətə(r)] *m/f* alleato/alleata *m/f*
verbürgen [fɛr'byrgən] *v sich ~* imborghesire, imborghesirsi

verbüßen [fɛr'byːsən] *v* espiare, scontare
Verdacht [fɛr'daxt] *m* sospetto *m; über jeden ~ erhaben sein* essere al di sopra di ogni sospetto; *auf ~* a casaccio; *~ schöpfen* avere sospetti/insospettirsi
verdächtig [fɛr'dɛçtɪç] *adj* sospetto, dubbio
Verdächtige(r) [fɛr'dɛçtɪgə(r)] *m/f* persona sospetta *f*
verdächtigen [fɛr'dɛçtɪgən] *v* sospettare
Verdächtigung [fɛr'dɛçtɪguŋ] *f* sospetto *m*
Verdachtsmoment [fɛ'daxtsmomɛnt] *n* momento di sospetto *m*
verdammen [fɛr'damən] *v* dannare, maledire
verdammungswürdig [fɛr'damuŋsvyrdɪç] *adj* dannabile, esecrabile
verdampfen [fɛr'dampfən] *v* evaporare
verdanken [fɛr'daŋkən] *v* essere obbligato per, dovere
verdauen [fɛr'dauən] *v* digerire
verdaulich [fɛr'daulɪç] *adj* digeribile
Verdauung [fɛr'dauuŋ] *f* digestione *f*
Verdauungsschnaps [fɛr'dauuŋsʃnaps] *m* digestivo alcolico *m*
Verdauungsstörung [fɛr'dauŋsʃtøːruŋ] *f* MED disturbo digestivo *m*
Verdeck [fɛr'dɛk] *n* 1. *(eines Autos)* capote *f*, tetto *m;* 2. *(eines Schiffes)* coperta *f*, ponte superiore *m*
verdecken [fɛr'dɛkən] *v* 1. *(zudecken)* coprire; 2. *(verbergen)* nascondere, mascherare
verderben [fɛr'dɛrbən] *v irr* 1. *(zerstören)* rovinare, rompere; *es sich mit jdm ~* rovinarsi con qd; 2. *(schlecht werden)* andare a male, guastarsi; *Das Fleisch ist verdorben.* La carne è andata a male. 3. *(fig: schlecht beeinflussen)* corrompere
Verderben [fɛr'dɛrbən] *n* rovina *f*
verderblich [fɛr'dɛrplɪç] *adj* deperibile
verdeutlichen [fɛr'dɔytlɪçən] *v* spiegare
verdichten [fɛr'dɪçtən] *v* 1. TECH comprimere; 2. *(fig)* addensare
verdienen [fɛr'diːnən] *v* 1. *(Geld)* guadagnare; *Er verdient viel Geld.* Lui guadagna molto denaro. 2. *(Lob)* meritare; *Sie hat sich ein Lob verdient.* Si è meritata un elogio. *es nicht anders ~* non meritarsi altro
Verdienst [fɛr'diːnst] *m* 1. guadagno *m; n* 2. merito *m*
Verdienstausfall [fɛr'diːnstausfal] *m* perdita del profitto *f*, mancato guadagno *m*

Verdienstorden [fɛr'diːnstɔrdən] *m* ordine al merito *m*
verdoppeln [fɛr'dɔpəln] *v* raddoppiare
Verdoppelung [fɛr'dɔpəluŋ] *f* raddoppiamento *m*
verdorben [fɛr'dɔrbən] *adj 1. (unge-nieß-bar)* guasto; *Er hat ~en Fisch gegessen.* Ha mangiato del pesce guasto. *2. (fig)* corrotto; *~e Gesellschaft* società corrotta *f*
verdrängen [fɛr'drɛŋən] *v 1.* spostare; *2. (fig)* reprimere; *3. MED* rimuovere
Verdrängung [fɛr'drɛŋuŋ] *f 1.* spostamento *m; 2. (fig)* repressione *f; 3. MED* rimozione *f*
verdrehen [fɛr'dreːən] *v 1.* torcere; *2. (fig)* falsare; *die Wahrheit ~* distorcere la verità
verdreht [fɛr'dreːt] *adj* distorto, travisato
verdreifachen [fɛr'draɪfaxən] *v* triplicare
verdrießen [fɛr'driːsən] *v irr es sich nicht ~ lassen* non lasciarsi infastidire
verdrießlich [fɛr'driːslɪç] *adj* seccato, infastidito
Verdrossenheit [fɛr'drɔsənhaɪt] *f* l'essere seccato *m*
Verdruss [fɛr'drus] *m* fastidio *m,* molestia *f*
Verdummung [fɛr'dumuŋ] *f* istupidimento *m*
verdunkeln [fɛr'duŋkəln] *v 1. (abdunkeln)* oscurare; *2. (fig: verschleiern)* mascherare; *die Wahrheit ~* mascherare la verità
Verdunkelung [fɛr'duŋkəluŋ] *f 1. (Abdunkeln)* oscuramento *m; 2. (fig: Verschleierung)* mascheramento *m*
Verdunkelungsgefahr [fɛr'duŋkəluŋsgəfaːr] *f JUR* pericolo di collusione *m*
verdünnen [fɛr'dynən] *v* assottigliare, annacquare
Verdünnung [fɛr'dynuŋ] *f* assottigliamento *m,* annacquamento *m*
Verdünnungsmittel [fɛr'dynuŋsmɪtəl] *n* diluente *m*
verdunsten [fɛr'dunstən] *v* evaporare
verdursten [fɛ'durstən] *v* morire di sete
verdutzt [fɛr'dutst] *adj* stupito
veredeln [fɛr'eːdəln] *v* raffinare
verehren [fɛr'eːrən] *v* venerare
Verehrer [fɛr'eːrər] *m* adoratore *m,* veneratore *m*
Verehrung [fɛr'eːruŋ] *f* venerazione *f*
vereidigen [fɛr'aɪdɪgən] *v* far prestare giuramento
Vereidigung [fɛr'aɪdɪguŋ] *f* giuramento *m*

Verein [fɛr'aɪn] *m* associazione *f,* società *f*
vereinbaren [fɛr'aɪnbaːrən] *v* pattuire
Vereinbarkeit [fɛr'aɪnbaːrkaɪt] *f* compatibilità *f*
Vereinbarung [fɛr'aɪnbaːruŋ] *f* convenzione *f,* accordo *m*
vereinbarungsgemäß [fɛr'aɪnbaːruŋsgəmɛs] *adv* come d'accordo
vereinen [fɛr'aɪnən] *v* unire, congiungere
vereinfachen [fɛr'aɪnfaxən] *v* semplificare
vereinheitlichen [fɛr'aɪnhaɪtlɪçən] *v* unificare
vereinigen [fɛr'aɪnɪgən] *v* riunire
Vereinigte Staaten [fɛr'aɪgnɪçtə 'ʃtaːtən] *pl GEO* Stati Uniti *m/pl*
Vereinigung [fɛr'aɪnɪguŋ] *f 1.* unione *f; 2. POL* unione *f*
vereinnahmen [fɛr'aɪnnaːmən] *v* incassare
vereinsamen [fɛr'aɪnzamən] *v* isolarsi
Vereinsamung [fɛr'aɪnzamuŋ] *f* isolamento *m*
Vereinte Nationen [fɛr'aɪntə nats'joːnən] *pl* Nazioni Unite *f/pl*
vereinzelt [fɛr'aɪntsəlt] *adj 1.* isolato; *adv 2.* sporadicamente, isolatamente
vereiteln [fɛr'aɪtəln] *v* sventare, deludere
Vereitelung [fɛr'aɪtəluŋ] *f* sventare *m*
vereitert [fɛr'aɪtərt] *adj MED* suppurato
verenden [fɛr'ɛndən] *v* morire, crepare
verengen [fɛr'ɛŋən] *v* restringere
Verengung [fɛr'ɛŋuŋ] *f* restringimento *m*
vererben [fɛr'ɛrbən] *v 1. (Güter)* lasciare in eredità; *2. BIO* trasmettersi per eredità
vererblich [fɛr'ɛrplɪç] *adj* ereditario
Vererbung [fɛr'ɛrbuŋ] *f 1. (von Gütern)* trasmissione *f; 2. BIO* ereditarietà *f*
verewigen [fɛr'eːvɪgən] *v* immortalare
Verewigung [fɛr'eːvɪguŋ] *f* l'immortalare *m*
verfahren [fɛr'faːrən] *v irr 1. (vorgehen)* procedere; *2. sich ~* smarrirsi, perdersi
Verfahren [fɛr'faːrən] *n 1. (Vorgehen)* processo *m,* procedimento *m; 2. (Methode)* metodo *m; 3. JUR* procedura *f*
Verfahrensweise [fɛr'faːrənsvaɪzə] *f* procedimento *m*
Verfall [fɛr'fal] *m 1.* decadimento *m; 2. (eines Gebäudes)* rovina *f; 3. (Fristablauf)* scadenza *f*
verfallen [fɛr'falən] *v irr 1. (Gebäude)* andare in rovina; *2. (ungültig werden)* scadere; *3. (hörig werden)* diventare schiavo

Verfallsdatum [fɛr'falsdaːtum] *n* data di scadenza *f*
verfälschen [fɛr'fɛlʃən] *v* falsificare, contraffare
Verfälschung [fɛr'fɛlʃuŋ] *f* falsificazione *f*
verfänglich [fɛr'fɛŋlɪç] *adj* insidioso
verfassen [fɛr'fasən] *v* redigere, compilare
Verfasser [fɛr'fasər] *m* autore *m*
Verfassung [fɛr'fasuŋ] *f 1.* redazione *f,* compilazione *f; 2. (Zustand)* stato *m,* condizioni *f/pl; 3. (Grundgesetz) POL* costituzione *f*
Verfassungsänderung [fɛr'fasuŋsɛndəruŋ] *f POL* revisione costituzionale *f*
Verfassungsgericht [fɛr'fasuŋsgərɪçt] *n* corte costituzionale *f*
verfassungswidrig [fɛr'fasuŋsviːdrɪç] *adj* anticostituzionale
verfaulen [fɛr'faulən] *v* marcire
verfechten [fɛr'fɛçtən] *v irr* sostenere, propugnare
Verfechter(in) [fɛr'fɛçtər(ɪn)] *m/f* sostenitore/sostenitrice *m/f*
verfehlen [fɛr'feːlən] *v* sbagliare, mancare un obiettivo
Verfehlung [fɛr'feːluŋ] *f* mancanza *f*
verfeindet [fɛr'faɪndət] *adj* inimicato
verfeinern [fɛr'faɪnərn] *v* raffinare
Verfeinerung [fɛr'faɪnəruŋ] *f* raffinazione *f*
verfilzen [fɛr'fɪltsən] *v* infeltrire, arruffarsi
Verflechtung [fɛr'flɛçtuŋ] *f* intrecciatura *f,* fusione *f*
verfliegen [fɛr'fliːgən] *v irr 1. (Zeit)* passare, volare; *Die Zeit verflog im Nu.* Il tempo passò in un baleno. *2. (Duft)* svanire
Verflossene(r) [fɛr'flɔsənə(r)] *m/f* ex fidanzato/ex fidanzata *m/f*
verfluchen [fɛr'fluːxən] *v* maledire, dannare
verflüssigen [fɛr'flysɪgən] *v* liquefare, condensare
verfolgen [fɛr'fɔlgən] *v* inseguire
Verfolgte(r) [fɛr'fɔlktə(r)] *m/f* perseguitato/perseguitata *m/f*
Verfolgung [fɛr'fɔːlguŋ] *f* persecuzione *f,* inseguimento *m*
verformen [fɛr'fɔrmən] *v* deformare
Verformung [fɛr'fɔrmuŋ] *f* deformazione *f*
verfrachten [fɛr'fraxtən] *v* trasportare

verfrüht [fɛr'fryːt] *adj* prematuro
verfügbar [fɛr'fyːkbaːr] *adj* disponibile
Verfügbarkeit [fɛr'fyːkbaːrkaɪt] *f* disponibilità *f*
verfügen [fɛr'fyːgən] *v 1. (anordnen)* disporre, ordinare; *2. ~ über* disporre di, avere a disposizione
Verfügung [fɛr'fyːguŋ] *f JUR* disposizione *f; sich zur ~ stellen* mettersi a disposizione; *etw zur ~ haben* avere qc a disposizione
Verfügungsgewalt [fɛr'fyːguŋsgəvalt] *f* potere discrezionale *m*
verführen [fɛr'fyːrən] *v* sedurre
verführerisch [fɛr'fyːrərɪʃ] *adj* seducente
Verführung [fɛr'fyːruŋ] *f* seduzione *f*
Vergabe [fɛr'gaːbə] *f* aggiudicazione *f,* appalto *m*
vergammeln [fɛr'gaməln] *v 1.* cadere in basso; *2. (verschimmeln)* ammuffire
vergangene(r,s) [fɛr'gaŋənə(r,s)] *adj* scorso/scorsa, passato/passata
Vergangenheit [fɛr'gaŋənhaɪt] *f* passato *m*
vergänglich [fɛr'gɛŋlɪç] *adj* fugace
Vergänglichkeit [fɛr'gɛŋlɪçkaɪt] *f* fugacità *f,* caducità *f*
Vergaser [fɛr'gaːzər] *m* carburatore *m*
vergeben [fɛr'geːbən] *v irr 1. (verzeihen)* perdonare; *2. (Auftrag)* passare; *3. (Preis)* conferire
vergeblich [fɛr'geːblɪç] *adj* vano, inutile
Vergebung [fɛr'geːbuŋ] *f 1. (Verzeihung)* perdono *m; m 2. (Verleihung)* conferimento *m*
vergegenwärtigen [fɛrgeːgənˈvɛrtɪgən] *v sich etw ~* richiamare alla mente
vergehen [fɛr'geːən] *v irr 1. (Zeit)* passare; *2. (Schmerz)* cessare; *3. vor Kummer ~* struggersi dal dolore
Vergehen [fɛr'geːən] *n JUR* trasgressione *f*
vergelten [fɛr'gɛltən] *v irr* rendere, contraccambiare
Vergeltung [fɛr'gɛltuŋ] *f 1.* contraccambio *m; 2. (Belohnung)* ricompensa *f*
Vergeltungsmaßnahme [fɛr'gɛltuŋsmasnaːmə] *f* rappresaglia *f*
vergessen [fɛr'gɛsən] *v irr* dimenticare; *Das vergesse ich dir nie!* Questo non lo dimenticherò mai!
Vergessenheit [fɛr'gɛsənhaɪt] *f* dimenticanza *f; in ~ geraten* cadere nell'oblio
vergesslich [fɛr'gɛslɪç] *adj* smemorato
Vergesslichkeit [fɛr'gɛslɪçkaɪt] *f* smemoratezza *f*

vergeuden [fɛr'gɔydən] *v* sprecare
Vergeudung [fɛr'gɔyduŋ] *f* spreco *m*
vergewaltigen [fɛrgə'valtɪgən] *v* violentare
Vergewaltigung [fɛrgə'valtɪguŋ] *f* violenza carnale *f*
vergewissern [fɛrgə'vɪsərn] *v* sich ~ accertarsi
vergießen [fɛr'giːsən] *v irr* versare, spargere; *Blut* ~ spargere sangue
vergiften [fɛr'gɪftən] *v* avvelenare
Vergiftung [fɛr'gɪftuŋ] *f MED* avvelenamento *m*
vergilben [fɛr'gɪlbən] *v* ingiallire, sbiadire
Vergissmeinnicht [fɛrgɪsmaɪnnɪçt] *n BOT* nontiscordardimé *m*
vergittern [fɛr'gɪtərn] *v* munire d'inferriata
verglasen [fɛr'glaːzən] *v* invetriare
Vergleich [fɛr'glaɪç] *m 1.* paragone *m;* 2. *JUR* accomodamento *m;* im ~ mit/im ~ zu in confronto a
vergleichbar [fɛr'glaɪçbaːr] *adj* comparabile, paragonabile
vergleichen [fɛr'glaɪçən] *v irr* confrontare, paragonare
Vergleichsjahr [fɛr'glaɪçsjaːr] *n* anno di riferimento *m*
vergleichsweise [fɛr'glaɪçsvaɪzə] *adv* comparativamente
verglühen [fɛr'glyːən] *v* estinguersi, spegnersi lentamente
vergnügen [fɛr'gnyːgən] *v sich* ~ divertirsi; *Sie* ~ *sich den ganzen Tag.* Si divertono tutto il giorno.
Vergnügen [fɛr'gnyːgən] *n* divertimento *m; ein teures* ~ un divertimento costoso *m*
vergnügt [fɛr'gnyːkt] *adj* divertito
Vergnügungspark [fɛr'gnyːguŋspark] *m* parco dei divertimenti *m,* luna park *m*
Vergnügungssucht [fɛr'gnyːguŋszuçt] *f* smania di divertirsi *f*
vergnügungssüchtig [fɛr'gnyːguŋszyçtɪç] *adj* amante dei divertimenti
vergolden [fɛr'gɔldən] *v* dorare
vergöttern [fɛr'gœtərn] *v* idolatrare
vergraben [fɛr'graːbən] *v irr* sotterrare
vergrämt [fɛr'grɛːmt] *adj* afflitto
vergriffen [fɛr'grɪfən] *adj* esaurito
vergrößern [fɛr'grøːsərn] *v* ingrandire
Vergrößerung [fɛr'grøːsəruŋ] *f* ingrandimento *m*
Vergrößerungsglas [fɛr'grøːsəruŋsglaːs] *n* lente di ingrandimento *f*

Vergünstigung [fɛr'gynstiguŋ] *f* agevolazione *f,* riduzione *f*
vergüten [fɛr'gyːtən] *v* rimborsare
Vergütung [fɛr'gyːtuŋ] *f* rimborso *m*
verhaften [fɛr'haftən] *v* arrestare
Verhaftung [fɛr'haftuŋ] *f* arresto *m*
verhalten [fɛr'haltən] *v irr 1. sich* ~ comportarsi; *2. (handeln)* procedere, agire; *adj 3.* trattenuto, represso
Verhalten [fɛr'haltən] *n 1.* comportamento *m; 2. (Haltung)* atteggiamento *m*
Verhältnis [fɛr'hɛltnɪs] *n 1. (Proportion)* proporzione *f; 2. (Beziehung)* rapporto *m,* relazione *f; 3. (Umstand)* condizione *f; über seine ~se leben* vivere al di sopra dei propri mezzi
verhältnismäßig [fɛr'hɛltnɪsmɛːsɪç] *adv* relativamente
Verhältniswahlrecht [fɛr'hɛltnɪsvaːlrɛçt] *n POL* sistema proporzionale *f*
verhandeln [fɛr'handəln] *v* trattare
Verhandlung [fɛr'handluŋ] *f 1.* trattativa *f; 2. JUR* udienza *f*
Verhandlungspartner(in) [fɛr'handluŋspartnər(ɪn)] *m/f* interlocutore/interlocutrice *m/f,* controparte nelle trattative *f*
verhängen [fɛr'hɛŋən] *v 1. (verhüllen)* coprire; *2. (fig: Strafe)* infliggere; *3. (verkünden)* proclamare
Verhängnis [fɛr'hɛŋnɪs] *n* sciagura *f*
verhängnisvoll [fɛr'hɛŋnɪsfɔl] *adj* fatale
verharmlosen [fɛr'harmloːzən] *v* minimizzare
Verharmlosung [fɛr'harmloːzuŋ] *f* minimizzare *m*
verharren [fɛr'harən] *v* persistere
verhärten [fɛr'hɛrtən] *v* indurire
verhaspeln [fɛr'haspəln] *v sich* ~ *(fig)* ingarbugliarsi, impaperarsi
verhasst [fɛr'hast] *adj* odiato
verhätscheln [fɛr'hɛtʃəln] *v* coccolare
Verhau [fɛr'hau] *m (fig)* confusione *f*
verheerend [fɛr'heːrənt] *adj* disastroso
Verheerung [fɛr'heːruŋ] *f* devastazione *f*
verhehlen [fɛr'heːlən] *v* dissimulare
verheilen [fɛr'haɪlən] *v* guarire
verheimlichen [fɛr'haɪmlɪçən] *v* nascondere
Verheimlichung [fɛr'haɪmlɪçuŋ] *f* occultamento *m*
verheiratet [fɛr'haɪraːtət] *adj* sposato
verheißen [fɛr'haɪsən] *v irr* promettere
Verheißung [fɛr'haɪsuŋ] *f* promessa *f; das Land der* ~ la terra promessa *f*

verheißungsvoll [fɛr'haɪsuŋsfɔl] *adj* promettente
verherrlichen [fɛr'hɛrlɪçən] *v* esaltare
verhexen [fɛr'hɛksən] *v* stregare; *Das ist ja wie verhext.* Questa è una maledizione.
verhindern [fɛr'hɪndərn] *v* impedire
verhindert [fɛr'hɪndərt] *adj* impedito
Verhinderung [fɛr'hɪndəruŋ] *f* impedimento *m*
verhöhnen [fɛr'hø:nən] *v* deridere
Verhör [fɛr'hø:r] *n* JUR interrogatorio *m;* *jdn ins ~ nehmen* fare l'interrogatorio a qd
verhören [fɛr'hø:rən] *v* JUR interrogare
verhüllen [fɛr'hylən] *v* velare, coprire
verhungern [fɛr'huŋərn] *v* morire di fame
verhüten [fɛr'hy:tən] *v* prevenire
Verhütung [fɛr'hy:tuŋ] *f* prevenzione *f*
Verhütungsmittel [fɛr'hy:tuŋsmɪtəl] *n* MED metodo anticoncezionale *m*
verirren [fɛr'ɪrən] *v sich ~* smarrirsi; *Sie hat sich im Wald verirrt.* Si è smarrita nel bosco.
Verirrung [fɛr'ɪruŋ] *f* 1. smarrimento *m;* 2. *(fig)* traviamento *m*
verjagen [fɛr'ja:gən] *v* scacciare
verjähren [fɛr'jɛ:rən] *v* JUR cadere in prescrizione
Verjährung [fɛr'jɛ:ruŋ] *f* JUR prescrizione *f*
Verjährungsfrist [fɛr'jɛ:ruŋsfrɪst] *f* JUR termine prescrizionale *m*
verkabeln [fɛr'ka:bəln] *v* cablare
Verkabelung [fɛr'ka:bəluŋ] *f* cablaggio *m*
verkalken [fɛr'kalkən] *v* 1. *MED* calcificare; 2. *TECH* calcificare
Verkalkung [fɛr'kalkuŋ] *f* 1. *MED* calcificazione *f;* 2. *TECH* calcificazione *f*
Verkauf [fɛr'kauf] *m* vendita *f*
verkaufen [fɛr'kaufən] *v* vendere
Verkäufer [fɛr'kɔyfər] *m* venditore *m*
verkäuflich [fɛr'kɔyflɪç] *adj* 1. *(zu kaufen)* in vendita, da vendere; 2. *(geeignet)* vendibile
Verkaufsleiter(in) [fɛr'kaufslaɪtər(ɪn)] *m/f* direttore delle vendite/direttrice delle vendite *m/f*
Verkaufsniederlassung [fɛr'kaufsni:dərlasuŋ] *f* agenzia di vendita *f*
Verkaufspreis [fɛr'kaufspraɪs] *m* prezzo di vendita *m*
Verkehr [fɛr'ke:r] *m* 1. traffico *m;* *jdn aus dem ~ ziehen* ritirare qd dalla circolazione/imprigionare qd; 2. *(Umgang)* frequen-

za *f;* 3. *(Geschlechtsverkehr)* rapporto sessuale *m*
Verkehrsader [fɛr'ke:rsa:dər] *f* arteria *f*
Verkehrsampel [fɛr'ke:rsampəl] *f* semaforo *m*
Verkehrsaufkommen [fɛr'ke:rsaufkɔmən] *n* aumento del traffico *m*
Verkehrsbüro [fɛr'ke:rsbyro:] *n* ufficio del traffico *m*, ufficio turistico *m*
Verkehrschaos [fɛr'ke:rska:ɔs] *n* traffico caotico *m*
Verkehrsdelikt [fɛr'ke:rsdelɪkt] *n* contravvenzione al codice stradale *f*
Verkehrsflugzeug [fɛr'ke:rsflu:ktsɔyk] *n* aereo di linea *m*
Verkehrsinsel [fɛr'ke:rsɪnzəl] *f* salvagente *m*, isola pedonale *f*
Verkehrsministerium [fɛr'ke:rsmini↓sterjum] *n* POL ministero dei trasporti *m*
Verkehrsmittel [fɛr'ke:rsmɪtəl] *n* mezzo di trasporto *m*
Verkehrspolizei [fɛr'ke:rspolitsaɪ] *f* polizia stradale *f*
Verkehrspolizist [fɛr'ke:rspolɪtsɪst] *m* vigile urbano *m*
Verkehrsregel [fɛr'ke:rsre:gəl] *f* norma di circolazione stradale *f*
Verkehrsteilnehmer(in) [fɛr'ke:rstaɪlne:mər(ɪn)] *m/f* utente del traffico *m/f*
Verkehrsunfall [fɛr'ke:rsunfal] *m* incidente stradale *m*
Verkehrszeichen [fɛr'ke:rstsaɪçən] *n* segnale stradale *m*
verkehrt [fɛr'ke:rt] *adj* 1. *(~ herum)* invertito; 2. *(falsch)* sbagliato
verkennen [fɛr'kɛnən] *v irr* non riconoscere
Verkettung [fɛr'kɛtuŋ] *f* concatenazione *f*
verklagen [fɛr'kla:gən] *v* JUR querelare
verklappen [fɛr'klapən] *v* scaricare i rifiuti in corsi d'acqua
verkleben [fɛr'kle:bən] *v* incollare
verkleiden [fɛr'klaɪdən] *v* 1. *(maskieren)* travestire; 2. *(überziehen)* rivestire
Verkleidung [fɛr'klaɪduŋ] *f* 1. *(Maskierung)* travestimento *m*, mascheramento *m;* 2. *(Überzug)* TECH rivestimento *m*
verkleinern [fɛr'klaɪnərn] *v* 1. rimpicciolire; 2. *(herabsetzen)* ridurre; 3. *(verringern)* diminuire
Verkleinerung [fɛr'klaɪnəruŋ] *f* rimpicciolimento *m*
verklemmt [fɛr'klɛmt] *adj* 1. incastrato; 2. *(fig)* bloccato

verknacken [fɛrˈknakən] *v jdn* ~ condannare qd
verknacksen [fɛrˈknakzən] *v* slogare
verknallen [fɛrˈknalən] *v sich* ~ *(fam)* innammorarsi, prendersi una cotta (fam)
Verknappung [fɛrˈknapuŋ] *f* penuria *f*
verkneifen [fɛrˈknaɪfən] *v irr sich* ~ reprimersi; *sich etw* ~ reprimere qc
verknittern [fɛrˈknɪtərn] *v* sgualcire
verknoten [fɛrˈknoːtən] *v* annodare
verknüpfen [fɛrˈknypfən] *v 1. (verknoten)* annodare; *2. (fig)* collegare
Verknüpfung [fɛrˈknypfuŋ] *f (fig)* collegamento
verkocht [fɛrˈkɔxt] *adj* stracotto
verkohlen [fɛrˈkoːlən] *v 1.* carbonizzare; *2. (fig)* canzonare
verkommen [fɛrˈkɔmən] *v irr* cadere in basso
Verkommenheit [fɛrˈkɔmənhaɪt] *f* depravazione *f*
verkorksen [fɛrˈkɔrkzən] *v (fam)* rovinare
verkörpern [fɛrˈkœrpərn] *v* personificare
Verkörperung [fɛrˈkœrpəruŋ] *f* personificazione *f*
verköstigen [fɛrˈkœstɪɡən] *v* dare il vitto a
verkraften [fɛrˈkraftən] *v* sopportare
verkrampfen [fɛrˈkrampfən] *v sich* ~ contrarsi
verkriechen [fɛrˈkriːçən] *v irr sich* ~ rintanarsi, nascondersi
verkrüppelt [fɛrˈkrypəlt] *adj MED* deforme
Verkrüppelung [fɛrˈkrypəluŋ] *f MED* storpiatura *f*
verkühlen [fɛrˈkyːlən] *v sich* ~ raffreddarsi
verkümmern [fɛrˈkymərn] *v* intristire
verkünden [fɛrˈkyndən] *v* annunciare, pronunciare
Verkündigung [fɛrˈkyndɪɡuŋ] *f 1.* annunciazione *f; 2. REL* annunciazione *f;* ~ *des Evangeliums* annunciazione del vangelo *f*
verkuppeln [fɛrˈkupəln] *v (fig)* accoppiare
verkürzen [fɛrˈkyrtsən] *v* accorciare, abbreviare
Verkürzung [fɛrˈkyrtsuŋ] *f* accorciamento *m*, abbreviazione *f*
verladen [fɛrˈlaːdən] *v irr* caricare
Verladeplatz [fɛrˈlaːdəplats] *m* posto di caricamento *m*
Verladung [fɛrˈlaːduŋ] *f* carico *m*, caricamento *m*

Verlag [fɛrˈlaːk] *m* casa editrice *f*
verlagern [fɛrˈlaːɡərn] *v* spostare, trasferire
Verlagerung [fɛrˈlaːɡəruŋ] *f* spostamento *m*, trasferimento *m*
Verlagswesen [fɛrˈlaːksveːzən] *n* editoria *f*
verlangen [fɛrˈlaŋən] *v* chiedere, esigere, pretendere
Verlangen [fɛrˈlaŋən] *n 1.* richiesta *f; 2. (Wunsch)* desiderio *m; 3. (Begier)* brama *f*
verlängern [fɛrˈlɛŋərn] *v 1.* allungare; *2. (zeitlich)* prolungare; *3. (verdünnen)* diluire
Verlängerung [fɛrˈlɛŋəruŋ] *f 1.* allungamento *m; 2. (zeitlich)* prolungamento *m*
Verlängerungskabel [fɛrˈlɛŋəruŋskaːbəl] *n* prolunga *f*
verlangsamen [fɛrˈlaŋzamən] *v* rallentare
Verlangsamung [fɛrˈlaŋzamuŋ] *f* rallentamento *m*
Verlass [fɛrˈlas] *m* affidamento *m; Auf ihn ist kein* ~. Di lui non ci si può fidare.
verlassen [fɛrˈlasən] *v irr 1.* lasciare, abbandonare; *adj 2.* abbandonato; *3. (fig) sich auf jdn* ~ fidarsi di qd
verlässlich [fɛrˈlɛslɪç] *adj* fidato
Verlässlichkeit [fɛrˈlɛslɪçkaɪt] *f* fidatezza *f*, attendibilità *f*
Verlauf [fɛrˈlauf] *m 1. (Ablauf)* corso *m; im* ~ *von* nel corso di; *2. (Entwicklung)* sviluppo *m; einen guten* ~ *nehmen* prendere un corso positivo; *3. (der Zeit)* decorso *m*
verlaufen [fɛrˈlaufən] *v irr 1. (ablaufen)* svolgersi; *2. (sich entwickeln)* procedere, svilupparsi; *3. sich* ~ perdersi
Verlautbarung [fɛrˈlautbaːruŋ] *f* annuncio *m*
verlauten [fɛrˈlautən] *v* comunicare
verleben [fɛrˈleːbən] *v* trascorrere
verlebt [fɛrˈleːpt] *adj (fig)* segnato
verlegen [fɛrˈleːɡən] *v 1. (Wohnsitz)* trasferire; *2. (Termin)* spostare; *3. (verlieren)* smarrire; *4. (Buch)* pubblicare; *5. (Kabel) TECH* installare; *adj 6.* imbarazzato; *um etw nie* ~ *sein* non essere mai a corto di qc/non essere mai sprovvisto di qc
Verlegenheit [fɛrˈleːɡənhaɪt] *f* imbarazzo *m*
Verleger(in) [fɛrˈleːɡər(ɪn)] *m/f* editore/editrice *m/f*
Verlegung [fɛrˈleːɡuŋ] *f 1. (des Wohnsitzes)* trasferimento *m; 2. (eines Buchs)* pubblicazione *f; 3. (eines Termins)* sposta-

mento *m;* 4. *(Verlieren)* smarrimento *m;* 5. *(eines Kabels) TECH* installazione *f*
Verleih [fɛr'laɪ] *m* 1. prestito *m;* 2. *(Vermietung)* noleggio *m*
verleihen [fɛr'laɪən] *v irr* 1. *(borgen)* prestare; 2. *(vermieten)* noleggiare; 3. *(Preis)* conferire
Verleihung [fɛr'laɪʊŋ] *f* 1. *(Leihe)* prestito *m;* 2. *(Preisverleihung)* conferimento *m*
verleiten [fɛr'laɪtən] *v* 1. indurre; 2. *(anleiten)* istigare
verlernen [fɛr'lɛrnən] *v* disimparare
verletzbar [fɛr'lɛtsbaːr] *adj* vulnerabile
Verletzbarkeit [fɛr'lɛtsbaːrkaɪt] *f* vulnerabilità *f*
verletzen [fɛr'lɛtsən] *v* 1. *(verwunden)* ferire; 2. *(fig: kränken)* offendere; 3. *(fig: übertreten)* violare
Verletzung [fɛr'lɛtsʊŋ] *f* 1. *(Wunde)* ferita *f;* 2. *(fig: Kränkung)* offesa *f;* 3. *(fig: Übertretung)* violazione *f*
verleugnen [fɛr'lɔygnən] *v* rinnegare; *sich ~ lassen* farsi negare
verleumden [fɛr'lɔymdən] *v* calunniare
Verleumdung [fɛr'lɔymdʊŋ] *f* calunnia *f,* diffamazione *f*
verlieben [fɛr'liːbən] *v sich ~* innamorarsi
verliebt [fɛr'liːpt] *adj* innamorato
Verliebte(r) [fɛr'liːptə(r)] *m/f* innamorato/innamorata *m/f*
verlieren [fɛr'liːrən] *v irr* perdere; *nichts zu ~ haben* non avere nulla da perdere
Verlierer(in) [fɛr'liːrər(ɪn)] *m/f* perdente *m/f*
verloben [fɛr'loːbən] *v sich ~* fidanzarsi
Verlobte(r) [fɛr'loːptə(r)] *m/f* fidanzato/fidanzata *m/f*
Verlobung [fɛr'loːbʊŋ] *f* fidanzamento *m*
verlocken [fɛr'lɔkən] *v* allettare, tentare
verlockend [fɛr'lɔkənt] *adj* allettante
Verlockung [fɛr'lɔkʊŋ] *f* allettamento *m*
verlogen [fɛr'loːgən] *adj* mendace
verlosen [fɛr'loːzən] *v* sorteggiare, estrarre a sorte
Verlosung [fɛr'loːzʊŋ] *f* sorteggio *m,* estrazione a sorte *f*
Verlust [fɛr'lʊst] *m* perdita *f*
Verlustanzeige [fɛr'lʊstantsaɪgə] *f* denuncia di smarrimento *f*
vermachen [fɛr'maxən] *v* lasciare in eredità, legare
Vermächtnis [fɛr'mɛçtnɪs] *n* legato *m,* testamento *m*

Vermählung [fɛr'mɛːlʊŋ] *f* matrimonio *m*
vermarkten [fɛr'marktən] *v ECO* introdurre sul mercato
vermehren [fɛr'meːrən] *v* 1. aumentare, accrescere; 2. *(fortpflanzen)* riprodurre
Vermehrung [fɛr'meːrʊŋ] *f* 1. aumento *m,* accrescimento *m;* 2. *(Fortpflanzung)* riproduzione *f*
vermeidbar [fɛr'maɪtbaːr] *adj* evitabile
vermeiden [fɛr'maɪdən] *v irr* evitare
Vermeidung [fɛr'maɪdʊŋ] *f* evitare *m*
vermeintlich [fɛr'maɪntlɪç] *adj* supposto, presunto
vermengen [fɛr'mɛŋən] *v* mischiare, mescolare
Vermerk [fɛr'mɛrk] *m* annotazione *f,* nota *f*
vermerken [fɛr'mɛrkən] *v* annotare
vermessen [fɛr'mɛsən] *v irr* 1. misurare; *adj* 2. presuntuoso
Vermessenheit [fɛr'mɛsənhaɪt] *f* presunzione *f*
Vermessung [fɛr'mɛsʊŋ] *f* misurazione *f*
vermieten [fɛr'miːtən] *v* affittare, dare in affitto
Vermieter(in) [fɛr'miːtər(ɪn)] *m/f* locatore/locatrice *m/f,* noleggiatore/noleggiatrice *m/f*
Vermietung [fɛr'miːtʊŋ] *f* affitto *m*
vermindern [fɛr'mɪndərn] *v* diminuire, ridurre
Verminderung [fɛr'mɪndərʊŋ] *f* diminuzione *f,* riduzione *f*
vermischen [fɛr'mɪʃən] *v* mischiare, mescolare
vermissen [fɛr'mɪsən] *v* 1. *jdn ~* sentire la mancanza di qd; 2. *(nicht finden)* non trovare
Vermisstenanzeige [fɛr'mɪstənantsaɪgə] *f* denuncia di scomparsa *f*
vermitteln [fɛr'mɪtəln] *v* procurare, fornire
Vermittler [fɛr'mɪtlər] *m* intermediario *m,* mediatore *m*
Vermittlung [fɛr'mɪtlʊŋ] *f* 1. *(Vermitteln)* mediazione *f;* 2. *(Telefonvermittlung)* centralino *m;* 3. *(Stellenvermittlung)* collocamento *m*
Vermittlungsausschuss [fɛr'mɪtlʊŋsausʃus] *m* comitato di mediazione *m*
Vermittlungsstelle [fɛr'mɪtlʊŋsʃtɛlə] *f* centrale telefonica *f*
vermodern [fɛr'moːdərn] *v* putrefarsi, decomporsi
vermögen [fɛr'møːgən] *v irr* riuscire, essere capace di

Vermögen [fɛr'møːgən] *n 1. (Fähigkeit)* capacità *f,* facoltà *f; 2. (Besitz)* patrimonio *m; ein ~ erben* ereditare un patrimonio
vermögend [fɛr'møːgənt] *adj (wohlhabend)* capace, ricco
Vermögensbildung [fɛr'møːgənsbɪlduŋ] *f* formazione del patrimonio *f*
Vermögenssteuer [fɛr'møːgənsʃtɔyər] *f* imposta patrimoniale *f*
Vermögensverhältnis [fɛr'møːgənsfɛrhɛltnɪs] *n* situazione patrimoniale *f*
vermummen [fɛr'mumən] *v sich ~* imbacuccarsi
vermuten [fɛr'muːtən] *v* presumere, supporre
vermutlich [fɛr'muːtlɪç] *adj 1.* presunto, probabile; *adv 2.* presumibilmente
Vermutung [fɛr'muːtuŋ] *f* supposizione *f*
vernachlässigen [fɛr'naːxlɛsɪgən] *v* trascurare
Vernachlässigung [fɛr'naxlɛsɪguŋ] *f* incuria *f*
vernageln [fɛr'nagəln] *v wie vernagelt sein* essere ottuso
vernarben [fɛr'narbən] *v MED* cicatrizzarsi
vernehmbar [fɛr'neːmbaːr] *adj* percettibile, udibile
vernehmen [fɛr'neːmən] *v irr 1. (hören)* percepire, udire; *2. (verhören) JUR* interrogare
Vernehmen [fɛr'neːmən] *n dem ~ nach* secondo quanto si dice
Vernehmung [fɛr'neːmuŋ] *f JUR* interrogatorio *m*
vernehmungsfähig [fɛr'neːmuŋsfɛːɪç] *adj JUR* in condizioni di essere interrogato
verneigen [fɛr'naɪgən] *v sich ~* inchinarsi
Verneigung [fɛr'naɪguŋ] *f* inchino *m*
verneinen [fɛr'naɪnən] *v 1. (Nein sagen)* negare, rispondere negativamente; *2. (ablehnen)* rifiutare, respingere
Verneinung [fɛr'naɪnuŋ] *f 1. (Neinsagen)* negazione *f; 2. (Ablehnung)* rifiuto *m*
vernetzen [fer'ɛtsən] *v* collegare in rete
vernichten [fɛr'nɪçtən] *v* distruggere, annientare
vernichtend [fɛr'nɪçtənt] *adj* distruttivo, distruttore
Vernichtung [fɛr'nɪçtuŋ] *f* distruzione *f,* annientamento *m*
verniedlichen [fɛr'niːdlɪçən] *v* minimizzare; *einen Vorfall ~* minimizzare un avvenimento

Vernunft [fɛr'nunft] *f* ragione *f; zur ~ kommen* essere ragionevole/mettere giudizio; *jdn zur ~ bringen* ricondurre qd alla ragione/mettere giudizio; *~ annehmen* mettere giudizio
vernünftig [fɛr'nynftɪç] *adj* ragionevole, raziocinante, assennato
vernünftigerweise [fɛr'nynftɪgərvaɪzə] *adv* ragionevolmente
veröden [fɛr'øːdən] *v 1. (Landschaft)* trasformare in un deserto, devastare; *2. (Venen) MED* suturare
veröffentlichen [fɛr'œfəntlɪçən] *v* rendere noto, comunicare, rendere pubblico
Veröffentlichung [fɛr'œfəntlɪçuŋ] *f 1.* comunicazione *f,* promulgazione *f; 2. (Publikation)* pubblicazione *f*
verordnen [fɛr'ɔrdnən] *v 1. (bestimmen)* ordinare, decretare; *2. MED* prescrivere; *eine Heilkur ~* prescrivere una cura
Verordnung [fɛr'ɔrdnuŋ] *f 1. (Bestimmung)* ordinanza *f,* regolamento *m; eine ~ erlassen* emanare un decreto; *2. MED* prescrizione *f*
verpachten [fɛr'paxtən] *v* affittare
Verpächter [fɛr'pɛçtər] *m* locatore *m*
verpacken [fɛr'pakən] *v* confezionare, impacchettare
Verpackung [fɛr'pakuŋ] *f* confezionamento *m,* imballaggio *m*
Verpackungsmaterial [fɛr'pakuŋsmatərjaːl] *n* materiale da imballaggio *m*
verpassen [fɛr'pasən] *v 1. (versäumen)* perdere; *den Bus ~* perdere l'autobus; *Du hast nichts verpasst.* Non ti sei perso niente. *2. (fam: ohrfeigen)* mollare; *jdm eine ~* mollare un ceffone a qd/appiopparne una a qd
verpfänden [fɛr'pfɛndən] *v* impegnare, dare in pegno
verpflanzen [fɛr'pflantsən] *v 1.* trapiantare; *2. MED* trapiantare
verpflegen [fɛr'pfleːgən] *v* dare il vitto a, vettovagliare
Verpflegung [fɛr'pfleːguŋ] *f* vitto *m,* vettovagliamento *m*
verpflichten [fɛr'pflɪçtən] *v* obbligare, impegnare
verpflichtend [fɛr'pflɪçtənt] *adj* impegnativo, vincolante
Verpflichtung [fɛr'pflɪçtuŋ] *f* obbligazione *f*
verpfuschen [fɛr'pfuʃən] *v (fam)* rovinare
verplappern [fɛr'plapərn] *v sich ~ (fam)* lasciarsi scappare un segreto, tradirsi

verplempern [fɛr'plɛmpərn] v *(fam)* sperperare, dissipare
verpönen [fɛr'pøːnt] v vietare, proibire
verprügeln [fɛr'pryːgəln] v bastonare
verpulvern [fɛr'pulvərn] v *(fam)* scialacquare, dilapidare
Verputz [fɛr'puts] m intonaco m
verputzen [fɛr'putsən] v *1. (Mauer)* intonacare; *2. (fam: essen)* divorare
Verrat [fɛr'raːt] m tradimento m
verraten [fɛr'raːtən] v *irr 1.* svelare; *ein Geheimnis* ~ svelare un segreto; ~ *und verkauft* tradito e beffato; *2. einen Freund* ~ tradire un amico
Verräter(in) [fɛr'rɛːtər(ɪn)] m/f traditore/traditrice m/f
verräterisch [fɛr'rɛːtərɪʃ] adj traditore
verrechnen [fɛr'rɛçnən] v *1.* calcolare; *2. sich* ~ sbagliare il conto, far male i conti; *3. (gutschreiben)* accreditare
Verrechnungsscheck [fɛr'rɛçnuŋsʃɛk] m assegno sbarrato m
verreisen [fɛr'raɪzən] v partire, andare in viaggio, viaggiare
verrenken [fɛr'rɛŋkən] v *1.* distorcere; *2. MED* slogare
Verrenkung [fɛr'rɛŋkuŋ] f distorsione f
verrichten [fɛr'rɪçtən] v eseguire
verriegeln [fɛr'riːgəln] v sprangare, chiudere a catenaccio
Verriegelung [fɛr'riːgəluŋ] f chiusura a catenaccio f
verringern [fɛr'rɪŋərn] v diminuire
Verringerung [fɛr'rɪŋəruŋ] f diminuzione f
verrosten [fɛr'rɔstən] v arrugginire
verrucht [fɛr'ruːxt] adj infame, scellerato
verrücken [fɛr'rykən] v spostare
verrückt [fɛr'rykt] adj *1.* pazzo; *wie* ~ come un pazzo; *auf etw* ~ *sein* essere pazzo di qc; ~ *spielen* fare il pazzo; adv *2.* come un pazzo, pazzamente
Verrücktwerden [fɛr'ryktwɛrdən] n *Es ist ja zum* ~! C'è da impazzire!
Verruf [fɛr'ruːf] m discredito m; *in* ~ *kommen* cadere in discredito; *jdn in* ~ *bringen* gettare qd nel discredito
verrufen [fɛr'ruːfən] adj malfamato
Vers [fɛrs] m verso m; *sich auf etw keinen* ~ *machen können* non riuscire a farsi una ragione di qc; ~*e schmieden* comporre versi
versagen [fɛr'zaːgən] v *1. (verweigern)* rifiutare; *2. (scheitern)* fallire; *3. (ablehnen)* rifiutare, respingere

Versagen [fɛr'zaːgən] n *1.* rifiuto m, diniego m; *2. (Scheitern)* fallimento m; *3. TECH* guasto m
Versager(in) [fɛr'zaːgər(ɪn)] m/f fallito/fallita m/f
versammeln [fɛr'zaməln] v *1.* riunire; *2. (einberufen)* convocare
Versammlung [fɛr'zamluŋ] f riunione f, assemblea f
Versand [fɛr'zant] m spedizione f
Versandhaus [fɛr'zanthaus] n casa di spedizioni f
versäumen [fɛr'zɔymən] v perdere; *nichts zu* ~ *haben* non avere tempo da perdere/non poter trascurare niente
Versäumnis [fɛr'zɔymnɪs] n *1. (Unterlassung)* omissione f, dimenticanza f; *2. (Verspätung)* ritardo m
verschaffen [fɛr'ʃafən] v *1.* procurare; *2. sich Respekt* ~ farsi rispettare
verschandeln [fɛr'ʃandəln] v deturpare, sfigurare
Verschandelung [fɛr'ʃandəluŋ] f deturpazione f
verschärfen [fɛr'ʃɛrfən] v acuire
Verschärfung [fɛr'ʃɛrfuŋ] f *1.* acutizzazione f; *2. (Verschlechterung)* inasprimento m
verschätzen [fɛr'ʃɛtsən] v *sich* ~ sbagliarsi a calcolare
verschenken [fɛr'ʃɛŋkən] v regalare, donare
verscheuchen [fɛr'ʃɔyçən] v scacciare
verschicken [fɛr'ʃɪkən] v spedire
verschieben [fɛr'ʃiːbən] v *irr 1. (verrücken)* spostare; *2. (aufschieben)* rimandare, rinviare
verschieden [fɛr'ʃiːdən] adj differente
Verschiedenheit [fɛr'ʃiːdənhaɪt] f diversità f, differenza f
verschiedentlich [fɛr'ʃiːdəntlɪç] adj *1.* diverso, vario; adv *2.* variamente
verschiffen [fɛr'ʃɪfən] v imbarcare
Verschiffung [fɛr'ʃɪfuŋ] f imbarco m
verschimmeln [fɛr'ʃɪməln] v ammuffire
verschlafen [fɛr'ʃlaːfən] v *irr 1.* dormire troppo, non svegliarsi in tempo; adj *2.* assonnato
Verschlag [fɛr'ʃlaːk] m assito m, tramezzo m
Verschlagenheit [fɛr'ʃlaːgənhaɪt] f scaltrezza f, astuzia f
verschlampen [fɛr'ʃlampən] v *(fam)* perdere, smarrire

verschlechtern [fɛr'ʃlɛçtərn] *v* peggiorare, deteriorare
Verschlechterung [fɛr'ʃlɛçtəruŋ] *f* peggioramento *m*
verschleiern [fɛr'ʃlaɪərn] *v 1.* velare; *2. (verdecken)* dissimulare, occultare; *3. (fälschen)* camuffare
Verschleierungstaktik [fɛr'ʃlaɪəruŋstaktɪk] *f* tattica di camuffamento *f*
Verschleiß [fɛr'ʃlaɪs] *m 1.* usura *f; 2. (der Kräfte)* logoramento *m*
verschleißen [fɛr'ʃlaɪsən] *v irr* logorare, consumare
verschließen [fɛr'ʃliːsən] *v irr* chiudere a chiave
verschlimmern [fɛr'ʃlɪmərn] *v 1. etw ~* aggravare, peggiorare; *eine Situation ~* aggravare una situazione; *2. sich ~* aggravarsi, peggiorare
Verschlimmerung [fɛr'ʃlɪməruŋ] *f* aggravamento *m*, peggioramento *m*
verschlossen [fɛr'ʃlɔsən] *adj (fig)* riservato
verschlucken [fɛr'ʃlukən] *v 1. etw ~* ingoiare qc, inghiottire qc; *2. sich ~* andare di traverso
Verschluss [fɛr'ʃlus] *m* chiusura *f*
verschlüsseln [fɛr'ʃlysəln] *v* cifrare
verschmähen [fɛr'ʃmɛːən] *v* sdegnare, disdegnare
verschmelzen [fɛr'ʃmɛltsən] *v irr* fondere
verschmitzt [fɛr'ʃmɪtst] *adj* malizioso, scaltro
verschmutzen [fɛr'ʃmutsən] *v* sporcare
Verschmutzung [fɛr'ʃmutsuŋ] *f* imbrattamento *m*
verschollen [fɛr'ʃɔlən] *adj* disperso, scomparso
verschonen [fɛr'ʃoːnən] *v* risparmiare, dispensare
verschönern [fɛr'ʃøːnərn] *v* abbellire, ornare
Verschönerung [fɛr'ʃøːnəruŋ] *f* abbellimento *m*
Verschonung [fɛr'ʃoːnuŋ] *f* risparmiare *m*
verschränken [fɛr'ʃrɛŋkən] *v* incrociare
verschreiben [fɛr'ʃraɪbən] *v irr 1. (verordnen)* prescrivere; *2. sich ~* sbagliarsi a scrivere; *3. sich ~ (widmen)* dedicarsi; *sich mit Leib und Seele ~* dedicarsi anima e corpo
verschrotten [fɛr'ʃrɔtən] *v* demolire, ridurre in rottami

verschüchtert [fɛr'ʃyçtərt] *adj* timido
verschulden [fɛr'ʃuldən] *v 1. (verursachen)* causare; *2. ECO* indebitarsi
Verschulden [fɛr'ʃuldən] *n* colpa *f*
Verschuldung [fɛr'ʃulduŋ] *f ECO* indebitamento *m*
verschütten [fɛr'ʃytən] *v* versare, spargere
verschwägert [fɛr'ʃvɛːgərt] *adj* imparentato, affine
verschweigen [fɛr'ʃvaɪgən] *v irr* tacere, passare sotto silenzio
verschwenden [fɛr'ʃvɛndən] *v* sperperare, scialacquare, dissipare, sprecare
Verschwender(in) [fɛr'ʃvɛndər(ɪn)] *m/f* scialacquatore/scialacquatrice *m/f*
verschwenderisch [fɛr'ʃvɛndərɪʃ] *adj* dissipato, prodigo
Verschwendung [fɛr'ʃvɛnduŋ] *f* sperpero *m*, dissipazione *f*
verschwiegen [fɛr'ʃviːgən] *adj* discreto
Verschwiegenheit [fɛr'ʃviːgənhaɪt] *f* discrezione *f*, riservatezza *f*
verschwinden [fɛr'ʃvɪndən] *v irr* sparire, scomparire
verschwommen [fɛr'ʃvɔmən] *adj* sfumato, confuso
verschwören [fɛr'ʃvøːrən] *v irr sich ~* cospirare, congiurare
Verschwörer(in) [fɛr'ʃvøːrər(ɪn)] *m/f* cospiratore/cospiratrice *m/f*
Verschwörung [fɛr'ʃvøːruŋ] *f* congiura *f*, complotto *m*
Versehen [fɛr'zeːən] *n* sbaglio *m*, errore *m*
versehentlich [fɛr'zeːəntlɪç] *adv (aus Versehen)* per sbaglio, per errore
versenden [fɛr'zɛndən] *v* spedire
Versendung [fɛr'zɛnduŋ] *f* spedizione *f*
versenken [fɛr'zɛŋkən] *v 1. (Schiff)* affondare, colare a picco; *2. sich in etw ~ (fig)* sprofondare in qc
Versenkung [fɛr'zɛŋkuŋ] *f 1. (Schiff)* immersione *f; 2. (fig)* sprofondamento *m; in der ~ verschwinden* scomparire nell'anonimato
versessen [fɛr'zɛsən] *adj* avido, assetato
versetzen [fɛr'zɛtsən] *v 1. (Beamten)* trasferire; *2. (Schüler)* promuovere; *3. (verpfänden)* impegnare; *4. jdn ~ (fig)* far aspettare inutilmente
Versetzung [fɛr'zɛtsuŋ] *f 1. (eines Beamten)* trasferimento *m; 2. (eines Schülers)* promozione *f; 3. (Verpfändung)* impegnare *m*
verseuchen [fɛr'zɔyçən] *v* contaminare

Verseuchung [fɛr'zɔyçuŋ] *f* infezione *f*, contaminazione *f*
versichern [fɛr'zɪçərn] *v* assicurare
Versicherung [fɛr'zɪçəruŋ] *f* assicurazione *f*
Versicherungsagent [fɛr'zɪçəruŋsagɛnt] *m* agente di assicurazione *m*
Versicherungsfall [fɛr'zɪçəruŋsfal] *m* sinistro *m*
Versicherungsnehmer [fɛr'zɪçəruŋsneːmər] *m* assicurato *m*
Versicherungspolice [fɛr'zɪçəruŋspoːliːsə] *f* polizza assicurativa *f*
Versicherungsschutz [fɛr'zɪçəruŋsʃuts] *m* copertura dell'assicurazione *f*
versickern [fɛr'zɪkərn] *v* disperdersi
versiegeln [fɛr'ziːgəln] *v* sigillare
versiert [vɛr'ziːrt] *adj* versato, esperto
versilbern [fɛr'zɪlbərn] *v* argentare, inargentare
versinken [fɛr'zɪŋkən] *v irr* affondare, sprofondare
Version [vɛr'zjoːn] *f* versione *f*
versöhnen [fɛr'zøːnən] *v* conciliare
versöhnlich [fɛr'zøːnlɪç] *adj* conciliante
Versöhnung [fɛr'zøːnuŋ] *f* conciliazione *f*
versorgen [fɛr'zɔrgən] *v* 1. *(unterhalten)* mantenere; 2. *(beschaffen)* provvedere a; 3. *(pflegen)* assistere
Versorgung [fɛr'zɔrguŋ] *f* 1. *(Unterhalt)* mantenimento *m*; 2. *(Beschaffung)* rifornimento *m*; 3. *(Pflege)* assistenza *f*, cura *f*
verspäten [fɛr'ʃpɛːtən] *v sich* ~ giungere in ritardo, attardarsi
Verspätung [fɛr'ʃpɛːtuŋ] *f* ritardo *m*
versperren [fɛr'ʃpɛrən] *v* 1. chiudere, serrare; 2. *(Aussicht)* togliere la visione; 3. *(Weg)* sbarrare
verspielen [fɛr'ʃpiːlən] *v es bei jdm verspielt haben* essersi giocato la simpatia di qd
verspotten [fɛr'ʃpɔtən] *v* deridere, schernire
Verspottung [fɛr'ʃpɔtuŋ] *f* scherno *m*, derisione *m*
versprechen [fɛr'ʃprɛçən] *v irr* 1. promettere; 2. *sich* ~ impaperarsi
Versprechen [fɛr'ʃprɛçən] *n* promessa *f*
Versprechung [fɛr'ʃprɛçuŋ] *f* promessa *f*; *große ~en machen* fare vane promesse
Verstaatlichung [fɛr'ʃtaːtlɪçuŋ] *f POL* nazionalizzazione *f*
Verstand [fɛr'ʃtant] *m* intelletto *m*, intelligenza *f*; *jdm den* ~ *rauben* far perdere la

ragione a qd; *Das geht über meinen* ~! Questo va al di là della mia comprensione!
verständig [fɛr'ʃtɛndɪç] *adj* 1. intelligente; 2. *(einsichtig)* comprensivo
verständigen [fɛr'ʃtɛndɪgən] *v* informare
Verständigung [fɛr'ʃtɛndɪguŋ] *f* informazione *f*, accordo *m*
verständlich [fɛr'ʃtɛntlɪç] *adj* comprensibile
Verständnis [fɛr'ʃtɛntnɪs] *n* comprensione *f*
verständnislos [fɛr'ʃtɛntnɪsloːs] *adj* 1. privo di comprensione; *adv* 2. senza comprendere
verständnisvoll [fɛr'ʃtɛntnɪsfɔl] *adj* 1. comprensivo; *adv* 2. con comprensione
verstärken [fɛr'ʃtɛrkən] *v* 1. rinforzare; 2. *(fig)* rafforzare; 3. *TECH* amplificare
Verstärker [fɛr'ʃtɛrkər] *m TECH* amplificatore *m*
Verstärkung [fɛr'ʃtɛrkuŋ] *f* rafforzamento *m*, rinforzamento *m*
verstauchen [fɛr'ʃtauxən] *v* storcere, distorcere
Verstauchung [fɛr'ʃtauxuŋ] *f MED* distorsione *f*
verstauen [fɛr'ʃtauən] *v* stivare, sistemare
Versteck [fɛr'ʃtɛk] *n* nascondiglio *m*; ~ *spielen* giocare a nascondino/nascondere i propri pensieri
verstecken [fɛr'ʃtɛkən] *v* nascondere; *sich neben jdm* ~ *müssen* doversi andare a nascondere davanti a qd; *sich vor jdm nicht zu* ~ *brauchen* non avere bisogno di nascondersi davanti a qd/non temere il confronto con qd
Versteckspiel [fɛr'ʃtɛkʃpiːl] *n* nascondino *m*
verstehen [fɛr'ʃteːən] *v irr* comprendere, capire; *jdm etw zu* ~ *geben* far capire qc a qd
versteigern [fɛr'ʃtaɪgərn] *v* mettere all'asta
Versteigerung [fɛr'ʃtaɪgəruŋ] *f* vendita all'asta *f*
versteinert [fɛr'ʃtaɪnərt] *adj* 1. pietrificato, fossilizzato; 2. *wie* ~ *(fig)* impietrito
verstellbar [fɛr'ʃtɛlbaːr] *adj* spostabile, regolabile
verstellen [fɛr'ʃtɛlən] *v* 1. spostare; 2. *(regulieren)* regolare; 3. *sich* ~ *(fig)* fingere; *Ich kann mich nicht gut* ~. Non so fingere bene. 4. *(Stimme* ~*)* contraffare la voce
versteuern [fɛr'ʃtɔyərn] *v* tassare

verstimmt [fɛr'ʃtɪmt] *adj 1. (fig)* di cattivo umore; *2. MUS* scordato
Verstimmung [fɛr'ʃtɪmuŋ] *f 1. MUS* scordatura *f; 2. (fig)* malumore *m*
verstohlen [fɛr'ʃtoːlən] *adj 1.* furtivo, segreto; *adv 2.* furtivamente
verstopft [fɛr'ʃtɔpft] *adj* intasato
Verstopfung [fɛr'ʃtɔpfuŋ] *f 1.* intasamento *m*, otturazione *f; 2. MED* costipazione *f*
Verstorbene(r) [fɛr'ʃtɔrbənə(r)] *m/f* morto/morta *m/f,* deceduto/deceduta *m/f*
verstört [fɛr'ʃtøːrt] *adj* sconvolto
Verstoß [fɛr'ʃtoːs] *m* mancanza *f*
verstoßen [fɛr'ʃtoːsən] *v irr 1. (verjagen)* scacciare; *2. (zuwiderhandeln)* contravvenire, infrangere
verstreuen [fɛr'ʃtrɔyən] *v* spargere, disseminare
verstricken [fɛr'ʃtrɪkən] *v sich in etw ~ (fig)* impigliarsi in qc; *sich in ein Lügennetz ~* impigliarsi in una rete di bugie
verstümmeln [fɛr'ʃtyməln] *v* mutilare
Verstümmelung [fɛr'ʃtyməluŋ] *f* mutilazione *f*
Versuch [fɛr'zuːx] *m 1.* tentativo *m,* prova *f; 2. (Experiment)* esperimento *m,* prova *f*
versuchen [fɛr'zuːxən] *v 1.* tentare, provare; *2. (kosten)* assaggiare, provare
Versuchsmodell [fɛr'zuːxsmɔdəl] *n* modello sperimentale *m*
versuchsweise [fɛr'zuːxsvaɪzə] *adv* in via sperimentale
Versuchung [fɛr'zuːxuŋ] *f* tentazione *f*
versündigen [fɛr'zyndɪgən] *v sich ~* fare del male, commettere un peccato
Versündigung [fɛr'zyndɪguŋ] *f* colpa *f,* peccato *m*
versunken [fɛr'zuŋkən] *adj (fig)* immerso
Versunkenheit [fɛr'zuŋkənhaɪt] *f (fig)* pensosità *f*
vertagen [fɛr'taːgən] *v* aggiornare, rinviare; *eine Sitzung ~* aggiornare una seduta
vertauschen [fɛr'tauʃən] *v* scambiare, cambiare
verteidigen [fɛr'taɪdɪgən] *v* difendere
Verteidiger(in) [fɛr'taɪdɪgər(ɪn)] *m/f JUR* difensore/difenditrice *m/f*
Verteidigung [fɛr'taɪdɪguŋ] *f* difesa *f*
Verteidigungsministerium [fɛr'taɪdɪguŋsmɪnɪsteːrjum] *n POL* ministero della difesa *m*
verteilen [fɛr'taɪlən] *v 1. (austeilen)* distribuire; *2. (aufteilen)* dividere, spartire

Verteiler [fɛr'taɪlər] *m 1. (beim Auto)* spinterogeno *m; 2. (von Zeitschriften)* distributore *m*
Verteilung [fɛr'taɪluŋ] *f 1. (Austeilen)* distribuzione *f,* spartizione *f; 2. (Verteilen)* distribuzione *f*
Verteuerung [fɛr'tɔyəruŋ] *f* rincaro *m,* aumento dei prezzi *m*
vertiefen [fɛr'tiːfən] *v 1.* scavare; *2. (Wissen)* approfondire; *seine Kenntnisse ~* approfondire le proprie cognizioni
vertikal [vɛrtɪ'kaːl] *adj* verticale
vertilgen [fɛr'tɪlgən] *v 1. (vernichten)* distruggere; *2. (fig: essen)* mangiare
Vertrag [fɛr'traːk] *m 1. ECO* contratto *m; 2. POL* trattato *m*
vertragen [fɛr'traːgən] *v irr 1. etw ~* sopportare qc, tollerare qc; *2. sich ~* andare d'accordo
vertraglich [fɛr'traːklɪç] *adj 1.* contrattuale; *adv 2.* con contratto, per contratto
verträglich [fɛr'trɛːklɪç] *adj 1. (umgänglich)* gentile; *2. (bekömmlich)* digeribile
Verträglichkeit [fɛr'trɛːklɪçkaɪt] *f 1. (Umgänglichkeit)* gentilezza *f; 2. (Bekömmlichkeit)* digeribilità *f*
Vertragsabschluss [fɛr'traːksapʃlus] *m ECO* stipulazione di contratto *f*
Vertragsbestimmung [fɛr'traːksbəʃtɪmuŋ] *f ECO* clausola contrattuale *f*
Vertragsbruch [fɛr'traːksbrux] *m JUR* violazione *f*
Vertragsgegenstand [fɛr'traːksgeːgənʃtant] *m ECO* oggetto del contratto *m*
Vertragspartner [fɛr'traːkspartnər] *m ECO* parte contraente *f*
vertrauen [fɛr'trauən] *v* fidarsi
Vertrauen [fɛr'trauən] *n* fiducia *f; ~ erweckend* che ispira fiducia/rassicurante
Vertrauensfrage [fɛr'trauənsfraːgə] *f POL* questione di fiducia *f*
vertrauensvoll [fɛr'trauənsfɔl] *adj* pieno di fiducia, fiducioso
vertrauenswürdig [fɛr'trauənsvyrdɪç] *adj* degno di fiducia
vertraulich [fɛr'traulɪç] *adj 1.* confidenziale; *adv 2.* in confidenza
Vertraulichkeit [fɛr'traulɪçkaɪt] *f* riservatezza *f*
verträumt [fɛr'trɔymt] *adj* trasognato
vertraut [fɛr'traut] *adj* intimo, familiare
Vertrautheit [fɛr'trauthaɪt] *f* familiarità *f,* intimità *f*

vertreiben [fɛr'traɪbən] *v irr 1. (verjagen)* cacciare, scacciare; *2. (Zeit)* far passare, ammazzare; *3. (verkaufen) ECO* vendere
vertretbar [fɛr'treːtbaːr] *adj* sostenibile
vertreten [fɛr'treːtən] *v irr 1. (repräsentieren)* rappresentare; *2. (ersetzen)* sostituire; *3. (wahrnehmen)* difendere; *jds Interessen ~* difendere gli interessi di qd; *4. (Ansichten)* sostenere
Vertreter(in) [fɛr'treːtər(ɪn)] *m/f 1. (Repräsentant(in))* rappresentante *m/f;* *2. (Stellvertreter(in))* sostituto/sostituta *m/f;* *3. (Verfechter(in))* sostenitore/sostenitrice *m/f*
Vertretung [fɛr'treːtuŋ] *f 1. (Repräsentanz)* rappresentanza *f;* *2. (Stellvertretung)* sostituzione *f;* *3. (Vertreten)* rappresentanza *f*
Vertrieb [fɛr'triːp] *m ECO* vendita *f*
vertrösten [fɛr'trøːstən] *v* consolare
vertuschen [fɛr'tuʃən] *v* nacondere
verübeln [fɛr'yːbəln] *v* prendersela, aversene a male
verüben [fɛr'yːbən] *v* compiere, commettere
verunglücken [fɛr'ʊnglykən] *v* infortunarsi
Verunglückte(r) [fɛr'ʊnglyktə(r)] *m/f* infortunato/infortunata *m/f,* vittima *f*
verunreinigen [fɛr'ʊnraɪnɪgən] *v* sporcare
Verunreinigung [fɛr'ʊnraɪnɪguŋ] *f* imbrattamento *m,* insudiciare *m*
verunsichern [fɛr'ʊnzɪçərn] *v* rendere insicuro
Verunsicherung [fɛr'ʊnzɪçəruŋ] *f* disorientamento *m*
verunstalten [fɛr'ʊnʃtaltən] *v* sfigurare, deturpare
veruntreuen [fɛr'ʊntrɔyən] *v* sottrarre, appropriarsi indebitamente di
Veruntreuung [fɛr'ʊntrɔyuŋ] *f* sottrazione *f,* appropriazione indebita *f*
verursachen [fɛr'uːrzaxən] *v* causare
Verursacher(in) [fɛr'uːrzaxər(ɪn)] *m/f* autore/autrice *m/f*
verurteilen [fɛr'urtaɪlən] *v* condannare
Verurteilte(r) [fɛr'urtaɪltə(r)] *m/f JUR* condannato/condannata *m/f*
Verurteilung [fɛr'urtaɪluŋ] *f* condanna *f*
vervielfältigen [fɛr'fiːlfɛltɪgən] *v* moltiplicare, riprodurre
Vervielfältigung [fɛr'fiːlfɛltɪguŋ] *f* riproduzione *f*
vervollkommnen [fɛr'fɔlkɔmnən] *v* perfezionare

vervollständigen [fɛr'fɔlʃtɛndɪgən] *v* completare
verwahren [fɛr'vaːrən] *v* custodire, conservare
verwahrlost [fɛr'vaːrloːst] *adj* abbandonato
Verwahrung [fɛr'vaːruŋ] *f* custodia *f,* conservazione *f;* *etw in ~ nehmen* prendere qc in consegna
verwalten [fɛr'valtən] *v* amministrare
Verwalter(in) [fɛr'valtər(ɪn)] *m/f* amministratore/amministratrice *m/f*
Verwaltung [fɛr'valtuŋ] *f* amministrazione *f*
Verwaltungsgericht [fɛr'valtuŋsgərɪçt] *n JUR* tribunale amministrativo *m*
Verwaltungsrat [fɛr'valtuŋsraːt] *m ECO* consiglio d'amministrazione *m*
verwandeln [fɛr'vandəln] *v* trasformare
Verwandlung [fɛr'vandluŋ] *f* trasformazione *f*
verwandt [fɛr'vant] *adj* imparentato
Verwandte(r) [fɛr'vantə(r)] *m/f* parente *m/f,* congiunto/congiunta *m/f*
Verwandtschaft [fɛr'vantʃaft] *f* parentela *f*
verwarnen [fɛr'varnən] *v* avvertire
Verwarnung [fɛr'varnuŋ] *f* avviso *m,* avvertimento *m*
verwechseln [fɛr'vɛksəln] *v* scambiare, confondere
Verwechslung [fɛr'vɛksluŋ] *f* scambio *m,* confusione *f*
verwegen [fɛr'veːgən] *adj* audace, temerario
verwehren [fɛr'veːrən] *v* vietare
verweigern [fɛr'vaɪgərn] *v* rifiutare
Verweigerung [fɛr'vaɪgəruŋ] *f* rifiuto *m*
verweilen [fɛr'vaɪlən] *v* trattenersi, rimanere
Verweis [fɛr'vaɪs] *m 1. (Rüge)* rimprovero *m;* *2. (Hinweis)* rinvio *m,* rimando *m*
verweisen [fɛr'vaɪzən] *v irr 1. (~ auf)* rimandare, rinviare; *auf einen Artikel ~* rimandare a un articolo; *2. (des Landes ~)* bandire; *jdn des Landes ~* bandire qd
verwelken [fɛr'vɛlkən] *v* appassire
verwendbar [fɛr'vɛntbaːr] *adj* utilizzabile
verwenden [fɛr'vɛndən] *v irr* usare, utilizzare
Verwendung [fɛr'vɛnduŋ] *f* uso *m,* impiego *m; für etw ~ finden* trovare utilizzo per qc

Verwendungszweck [fɛr'vɛnduŋstsvɛk] *m* impiego previsto *m*
verwerflich [fɛr'vɛrflɪç] *adj* riprovevole, condannabile
verwerten [fɛr'veːrtən] *v 1. (benutzen)* utilizzare; *2. (wieder ~)* riutilizzare; *3. (auswerten)* valorizzare
Verwertung [fɛr'veːrtuŋ] *f 1. (Benutzung)* utilizzazione *f; 2. (Wiederverwertung)* riutilizzazione *f; 3. (Auswertung)* valorizzazione *f*
verwickeln [fɛr'vɪkəln] *v 1. (fig)* ingarbugliare; *2. (fig: hineinbeziehen)* coinvolgere, implicare; *jdn in einen Skandal ~* coinvolgere qd in uno scandalo
Verwicklung [fɛr'vɪkluŋ] *f (fig)* intrico *m*
verwildern [fɛr'vɪldərn] *v* inselvatichire
verwirklichen [fɛr'vɪrklɪçən] *v* realizzare
Verwirklichung [fɛr'vɪrklɪçuŋ] *f* realizzazione *f*
verwirren [fɛr'vɪrən] *v 1.* scompigliare, ingarbugliare; *2. (fig: aus der Fassung bringen)* sconcertare, confondere
verwirrt [fɛr'vɪrt] *adj 1.* ingarbugliato; *2. (fig)* confuso, sconcertato
Verwirrung [fɛr'vɪruŋ] *f* confusione *f*
verwitwet [fɛr'vɪtvət] *adj* vedovo
verwöhnen [fɛr'vøːnən] *v* viziare
verworren [fɛr'vɔrən] *adj* confuso
verwundbar [fɛr'vuntbaːr] *adj* vulnerabile, suscettibile
verwunden [fɛr'vundən] *v* ferire
verwunderlich [fɛr'vundərlɪç] *adj* sorprendente, straordinario
Verwunderung [fɛr'vundəruŋ] *f* meraviglia *f*
Verwundung [fɛr'vunduŋ] *f* ferimento *m*
verwüsten [fɛr'vyːstən] *v* devastare
Verwüstung [fɛr'vyːstuŋ] *f* devastazione *f*
verzagen [fɛr'tsaːgən] *v* perdersi d'animo, scoraggiarsi
verzählen [fɛr'tsɛːlən] *v sich ~* sbagliarsi nel contare
verzaubern [fɛr'tsaubərn] *v* incantare, stregare
Verzehr [fɛr'tseːr] *m* consumo *m*
verzehren [fɛr'tseːrən] *v 1. (essen)* mangiare, consumare; *2. (aufbrauchen)* consumare, esaurire; *3. sich ~ (fig)* struggersi; *Er verzehrt sich vor Schmerz.* Egli si strugge dal dolore.
verzeichnen [fɛr'tsaiçnən] *v 1.* disegnare male; *2. (registrieren)* registrare

Verzeichnis [fɛr'tsaiçnɪs] *n* elenco *m,* lista *f*
verzeihen [fɛr'tsaiən] *v irr* perdonare
verzeihlich [fɛr'tsailɪç] *adj* perdonabile
Verzeihung [fɛr'tsaiuŋ] *f 1.* perdono *m; interj 2.* scusi, scusa, pardon
Verzicht [fɛr'tsɪçt] *m* rinuncia *f*
verzichten [fɛr'tsɪçtən] *v* rinunciare
verzieren [fɛr'tsiːrən] *v* ornare, decorare
Verzierung [fɛr'tsiːruŋ] *f* decorazione *f*
verzinsen [fɛr'tsɪnzən] *v ECO* pagare l'interesse su
Verzinsung [fɛr'tsɪnzuŋ] *f ECO* pagamento degli interessi *m*
verzögern [fɛr'tsøːgərn] *v 1.* ritardare; *2. (aufschieben)* procrastinare
Verzögerung [fɛr'tsøːgəruŋ] *f* ritardo *m*
verzollen [fɛr'tsɔlən] *v* sdoganare
Verzollung [fɛr'tsɔluŋ] *f* sdoganamento *m*
Verzug [fɛr'tsuːk] *m* ritardo *m; mit etw in ~ geraten* cadere in mora con qc; *mit etw in ~ sein* essere in ritardo con qc; *Es ist Gefahr in ~.* Ci sono pericoli in vista.
verzweifeln [fɛr'tsvaifəln] *v* disperare
verzweifelt [fɛr'tsvaifəlt] *adj* disperato
Verzweiflung [fɛr'tsvaifluŋ] *f* disperazione *f*
verzwickt [fɛr'tsvɪkt] *adj* imbrogliato, complicato
Vetter ['fɛtər] *m* cugino *m*
Vetternwirtschaft ['fɛtərnvɪrtʃaft] *f* nepotismo *m*
Vibration [vibra'tsjoːn] *f* vibrazione *f*
vibrieren [vi'briːrən] *v* vibrare
Videofilm ['videofɪlm] *m* videofilm *m*
Videokassette ['videokasɛːtə] *f* videocassetta *f*
Videorekorder ['videorekɔrdər] *m* videoregistratore *m*
Vieh [fiː] *n* bestiame *m,* animali *m/pl*
viel [fiːl] *adj 1.* molto; *adv 2.* molto, assai; *~ sagend* eloquente; *~ versprechend* promettente
viele ['fiːlə] *pron* molti
vielfach ['fiːlfax] *adj 1.* molteplice, multiplo; *adv 2.* più volte
Vielfalt ['fiːlfalt] *f* molteplicità *f*
vielfältig ['fiːlfɛltɪç] *adj* molteplice
vielleicht [fi'laiçt] *adv* forse
vielmals ['fiːlmaːls] *adv* spesso, spesse volte; *Danke ~!* Grazie infinite!
vielseitig ['fiːlzaitɪç] *adj 1.* multilaterale; *adv 2.* variamente

Vielzahl ['fiːltsaːl] *f* pluralità *f*
vier [fiːr] *num* quattro; *unter ~ Augen* a quattr'occhi; *alle ~e von sich strecken* stiracchiarsi gambe e braccia; *auf allen ~en* a quattro zampe
viereckig ['fiːrɛkɪç] *adj* quadrangolare
vierte(r,s) ['fiːrtə(r,s)] *adj 1.* quarto/quarta; *2. (Datum)* quattro
Viertel ['fɪrtəl] *n 1. MATH* quarto *m*, quarta parte *f; 2. (Stadtteil)* quartiere *m*
vierteljährlich ['fɪrtəljɛːrlɪç] *adj* trimestre
Viertelstunde ['fɪrtəlʃtundə] *f* quarto d'ora *m*
vierzehn ['fɪrtseːn] *num* quattordici
vierzehnte(r,s) ['fɪrtseːntə(r,s)] *adj 1.* quattordicesimo/quattordicesima; *2. (Datum)* quattordici
vierzig ['fɪrtsɪç] *num* quaranta
vierzigste(r,s) ['fɪrtsɪçstə(r,s)] *adj* quarantesimo/quarantesima
violett [vio'let] *adj* violetto, viola
Violine [vio'liːnə] *f MUS* violino *m*
Virus ['viːrus] *n MED* virus *m*
Vision [vi'zjoːn] *f* visione *f*
Visite [vi'ziːtə] *f* visita *f*
Visitenkarte [vi'ziːtənkartə] *f* biglietto da visita *m*
Visum ['viːzum] *n* visto *m; ein ~ erteilen* rilasciare un visto
vital [vi'taːl] *adj* vitale
Vitamin [vita'miːn] *n* vitamina *f*
Vitaminmangel [vita'miːnmaŋəl] *m* carenza vitaminica *f*
Vizepräsident(in) ['fiːtsəprɛzɪdɛnt(ɪn)] *m/f* vicepresidente *m/f*
Vogel ['foːgəl] *m ZOOL* uccello *m; den ~ abschließen* ottenere il massimo successo/ ottenere la parte migliore; *einen ~ haben* essere picchiato in testa; *jdm einen ~ zeigen* dare del matto a qd
Vogelscheuche ['foːgəlʃɔyçə] *f* spaventapasseri *m*
Vokabel [vo'kaːbəl] *f* vocabolo *m*, parola *f*
Vokabular [voka'buːlaːr] *n* vocabolario *m*
Vokal [vo'kaːl] *m* vocale *f*
Volk [fɔlk] *n* popolo *m; fahrendes ~* popolo nomade *m*
Völkerkunde ['fœlkərkundə] *f* etnologia *f*
Völkerrecht ['fœlkərrɛçt] *n* diritto internazionale *m*
Völkerverständigung ['fœlkərferʃtɛndɪguŋ] *f* intesa tra i popoli *f*

Völkerwanderung ['fœlkərvandəruŋ] *f HIST* migrazione di popoli *f*
Volksabstimmung ['fɔlksapʃtɪmuŋ] *f POL* referendum *m*
Volksbegehren ['fɔlksbəgeːrən] *n POL* iniziativa popolare *f*
Volkseinkommen ['fɔlksaɪnkɔmən] *n* reddito nazionale *m*
Volksfest ['fɔlksfɛst] *n* festa popolare *f*
Volkshochschule ['fɔlkshoːxʃuːlə] *f* università popolare *f*
Volkslied ['fɔlksliːt] *n* canzone popolare *f*
Volksrepublik ['fɔlksrepubliːk] *f* repubblica popolare *f*
volkstümlich ['fɔlkstyːmlɪç] *adj* popolaresco, popolareggiante
Volkswirtschaft ['fɔlksvɪrtʃaft] *f* economia politica *f*
Volkszählung ['fɔlkstsɛːluŋ] *f* censimento *m*
voll [fɔl] *adj 1.* pieno; *jdn nicht für ~ nehmen* non prendere sul serio qd; *aus dem Vollen schöpfen* attingere dal mucchio; *in die Vollen gehen* andare al massimo; *2. (Betrag)* completo; *3. (Farbe, Ton)* intenso; *eine Hand ~ Geld* una manciata di denaro; *~ auf* del tutto; *~ auf genug* di gran lunga; *adv 4. ~ und ganz* pienamente; *sich den Bauch ~ schlagen* riempirsi la pancia; *~ tanken* fare il pieno di benzina
Vollbart ['fɔlbart] *m* barba piena *f*
vollbringen [fɔl'brɪŋən] *v irr* compiere
vollenden [fɔl'ɛndən] *v* terminare
Vollendung [fɔl'ɛnduŋ] *f* compimento *m*
völlig ['fœlɪç] *adj* completo, pieno
volljährig ['fɔljɛːrɪç] *adj* maggiorenne
Volljährigkeit ['fɔljɛːrɪçkaɪt] *f* maggiore età *f*
Vollkaskoversicherung ['fɔlkaskɔferzɪçəruŋ] *f* assicurazione contro tutti i rischi *f*
vollkommen [fɔl'kɔmən] *adj* perfetto, compiuto
Vollkommenheit [fɔl'kɔmənhaɪt] *f* perfezione *f*, compiutezza *f*
Vollkornbrot ['fɔlkɔrnbroːt] *n GAST* pane integrale di segale *m*
Vollmacht ['fɔlmaxt] *f* delega *f*, procura *f*
Vollmilch ['fɔlmɪlç] *f GAST* latte intero *m*
Vollmond ['fɔlmoːnt] *m* luna piena *f*
Vollpension ['fɔlpɛnzjoːn] *f* pensione completa *f*
vollständig ['fɔlʃtɛndɪç] *adj* completo, intero

Vollständigkeit ['fɔlʃtɛndɪçkaıt] *f* completezza *f*
vollstrecken [fɔl'ʃtrɛkən] *v JUR* eseguire; *ein Urteil* ~ eseguire una sentenza
Vollstreckung [fɔl'ʃtrɛkuŋ] *f JUR* esecuzione *f*
Vollversammlung ['fɔlfɛrzamluŋ] *f* assemblea plenaria *f*
vollwertig ['fɔlveːrtɪç] *adj* completo
Vollwertkost ['fɔlvɛrtkɔst] *f GAST* alimentazione a base di cibi integrali *f*
vollzählig ['fɔltsɛːlɪç] *adj 1.* completo, plenario; *adv 2.* al completo, completamente
vollziehen [fɔl'tsiːən] *v irr* eseguire, effettuare
Volontariat [volɔnta'riaːt] *n* volontariato *m*
Volt [vɔlt] *n* volt *m*
Volumen [vo'luːmən] *n* volume *m*
vom (= *von dem*)(*siehe „von")*
von [fɔn] *prep 1. (örtlich)* da; *Briefe ~ Freunden* lettere di amici; ~ *... an* da ... a; ~ *... bis* da ... a; *ein Freund ~ mir* un mio amico; ~ *mir aus* per me/per quel che mi riguarda; *Von wegen!* neanche per sogno! *2. (zeitlich)* da; ~ *jeher* da sempre; *3. (Herkunft)* da, di; *4. (über)* di, su, intorno
vor [foːr] *prep 1. (örtlich)* davanti a; *2. (zeitlich)* prima di, avanti; ~ *Ostern* prima di Pasqua; ~ *einem Monat* un mese fa; *etw ~ sich haben* avere qc davanti a sé; *3. (kausal)* per, di, da; ~ *Freude weinen* piangere dalla gioia; *4.* ~ *allen Dingen* prima di tutto
vorab [foːr'ap] *adv* dapprima
Vorabend ['foːraːbənt] *m* vigilia *f*
Vorahnung ['foːraːnuŋ] *f* presentimento *m*
vorangehen [fo'rangeːən] *v irr* andare avanti, precedere
vorankommen [fo'rankɔmən] *v irr* procedere, avanzare
vorantreiben [fo'rantraıbən] *v irr* spingere avanti, accelerare
voraus [fo'raus] *adv 1. (örtlich)* avanti, davanti; ['for aus] *2. (zeitlich)* prima, in anticipo, anticipatamente
vorausgehen [for'ausgeːən] *v irr* andare avanti, precedere
vorausgesetzt [for'ausgəzɛtst] *adj* presupposto
voraussagen [for'ausaːgən] *v* predire, preannunziare
voraussehen [for'auszeːən] *v irr* prevedere

voraussetzen [for'auszɛtsən] *v* presupporre; *vorausgesetzt, dass* ammesso che
Voraussetzung [for'auszɛtsuŋ] *f* premessa *f*
Voraussicht [fɔr'auszɪçt] *f aller ~ nach* secondo tutte le previsioni
voraussichtlich [for'auszɪçtlɪç] *adj 1.* prevedibile; *adv 2.* probabilmente
Vorauszahlung [for'austsaːluŋ] *f* pagamento anticipato *m*
Vorbedacht ['foːrbədaxt] *m mit ~* con premeditazione
Vorbehalt ['foːrbəhalt] *m* riserva *f*
vorbehalten ['foːrbəhaltən] *v irr* fare delle riserve su, riservarsi; *jdm ~ bleiben* essere riservato a qd
vorbehaltlich ['foːrbəhaltlɪç] *prep* con riserva di
vorbei [for'baı] *adv 1. (örtlich)* davanti; *2. (zeitlich)* passato
vorbeifahren [for'baıfaːrən] *v irr* passare davanti
vorbeigehen [for'baıgeːən] *v irr 1. (entlanggehen)* passare davanti; *2. (vergehen)* passare
vorbeikommen [for'baıkɔmən] *v irr* passare davanti
vorbelastet ['foːrbəlastət] *adj* prevenuto
vorbereiten ['foːrbəraıtən] *v* preparare
Vorbereitung ['foːrbəraıtuŋ] *f* preparazione *f*
vorbestellen ['foːrbəʃtɛlən] *v* prenotare, riservare
Vorbestellung ['foːrbəʃtɛluŋ] *f* prenotazione *f*
vorbestraft ['foːrbəʃtraːft] *adj JUR* pregiudicato
Vorbestrafte(r) ['foːrbəʃtraːftə(r)] *m/f JUR* pregiudicato/pregiudicata *m/f*
vorbeugen ['foːrbɔygən] *v 1.* prevenire; *2. sich ~* sporgersi in avanti
vorbeugend ['foːrbɔygənt] *adj* preventivo
Vorbeugung ['foːrbɔyguŋ] *f* prevenzione *f*
Vorbild ['foːrbɪlt] *n* modello *m*
vorbildlich ['foːrbɪltlɪç] *adj 1.* esemplare, modello; *adv 2.* in modo esemplare
Vorbote ['foːrboːtə] *m* messaggero *m*
vorbringen ['foːrbrɪŋən] *v irr* formulare, esprimere
vordere(r,s) ['fɔrdərə(r,s)] *adj* anteriore
Vorderfront ['fɔrdərfrɔnt] *f* parte anteriore *f*, facciata *f*

Vordergrund ['fɔrdərgrunt] *m* parte davanti *f*, primo piano *m; etw in den ~ stellen* mettere qc in primo piano; *jdn in den ~ spielen* portare qd in primo piano/mettere qd in mostra

vordergründig ['fɔrdərgryndɪç] *adj* evidente

Vorderseite ['fɔrdərzaɪtə] *f* parte anteriore *f*

Vorderteil ['fɔrdərtaɪl] *n* parte anteriore *f*

vordrängen ['foːrdrɛŋən] *v sich ~* farsi avanti, farsi largo

vordringen ['foːrdrɪŋən] *v irr* inoltrarsi, penetrare

vordringlich ['foːrdrɪŋlɪç] *adj* urgente, impellente

Vordruck ['foːrdruk] *m* formulario *m*, modulo *m*

voreilig ['foːraɪlɪç] *adj* precipitoso

voreingenommen ['foːraɪŋənɔmən] *adj* 1. prevenuto; *adv* 2. per partito preso

Voreingenommenheit ['foːraɪŋənɔmənhaɪt] *f* preconcetti *m/pl*, pregiudizi *m/pl*

vorenthalten ['foːrɛnthaltən] *v irr* privare di, defraudare di

Vorentscheidung ['foːrɛntʃaɪduŋ] *f* 1. decisione provvisoria *f*; 2. *SPORT* semifinale *f*

vorerst ['foːr'eːrst] *adv* intanto, per ora

Vorfahr ['foːrfaːr] *m* avo *m*, antenato *m*

Vorfahrt ['foːrfaːrt] *f* precedenza *f*

Vorfahrtstraße ['foːrfaːrtʃtraːsə] *f* strada con diritto di precedenza *f*

Vorfall ['foːrfal] *m* caso *m*, avvenimento *m*

Vorfeld ['foːrfɛlt] *n im ~* terreno antistante *m*

vorfinden ['foːrfɪndən] *v irr* trovare, incontrare

Vorfreude ['foːrfrɔydə] *f* gioia dell'attesa *f*

vorführen ['foːrfyːrən] *v* 1. *(präsentieren)* presentare, mostrare; 2. *(Angeklagten)* portare, condurre; *dem Richter ~* condurre davanti al giudice; 3. *(Film)* proiettare

Vorführung ['foːrfyːruŋ] *f* 1. *(Präsentation)* presentazione *f*; 2. *(eines Angeklagten)* presentazione *f*; 3. *(eines Films)* proiezione *f*

Vorgang ['foːrgaŋ] *m* 1. *(Prozess)* procedimento *m;* 2. *(Geschehen)* avvenimento *m;* 3. *(Akte)* pratica *f*

Vorgänger ['foːrgɛŋər] *m* predecessore *m*

vorgeben ['foːrgeːbən] *v irr (fig)* dare ad intendere

vorgehen ['foːrgeːən] *v irr* 1. *(handeln)* procedere, agire; 2. *(vorausgehen)* andare avanti; 3. *(wichtiger sein)* avere la precedenza; 4. *(Uhr)* andare avanti

Vorgehen ['foːrgeːən] *n* procedimento *m*

Vorgesetze(r) ['foːrgəzɛtsə(r)] *m/f* superiore *m/f*

vorgestern ['foːrgɛstərn] *adv* l'altro ieri

vorgreifen ['foːrgraɪfən] *v irr* precorrere; *den Ereignissen ~* precorrere gli eventi

vorhaben ['foːrhaːbən] *v irr* avere in mente

Vorhaben ['foːrhaːbən] *n* intenzione *f*

vorhalten ['foːrhaltən] *v irr (fig)* rinfacciare

Vorhaltung ['foːrhaltuŋ] *f* rimprovero *m*

vorhanden [for'handən] *adj* esistente, presente

Vorhang ['foːrhaŋ] *m* tenda *f*

vorher ['foːrheːr] *adv* prima

vorhergehend [foːr'heːrgeːənt] *adj* precedente, antecedente

vorherig ['foːrheːrɪç] *adj* precedente

Vorherrschaft ['foːrhɛrʃaft] *f* 1. predominio *m*, prevalenza *f*; 2. *(Oberherrschaft)* supremazia *f*, predominio *m*

vorherrschen ['foːrhɛrʃən] *v* predominare, prevalere

vorherrschend ['foːrhɛrʃənt] *adj* prevalente, predominante

Vorhersage [foːr'heːrzaːgə] *f* previsione *f*, predizione *f*

vorhersagen [foːr'heːrzaːgən] *v* predire, preannunciare

vorhersehbar [foːr'heːrzeːbaːr] *adj* prevedibile

vorhin [foːr'hɪn] *adv* poco fa

vorig ['foːrɪç] *adj* 1. *(vergangen)* scorso, passato; 2. *(vorhergegangen)* anteriore, precedente

Vorjahr ['voːrjaːr] *n* anno precedente *m*

Vorkämpfer ['foːrkɛmpfər] *m* antesignano *m*, pioniere *m*

Vorkaufsrecht ['foːrkaufsrɛçt] *n JUR* diritto di prelazione *m*

Vorkehrung ['foːrkeːruŋ] *f* provvedimento *m*, misura *f*

Vorkenntnisse ['foːrkɛntnɪsə] *pl* conoscenze di base *f/pl*

vorkommen ['foːrkɔmən] *v irr* 1. *(erscheinen)* comparire; 2. *(geschehen)* accadere, succedere; 3. *(vorhanden sein)* essere presente

Vorkommen ['foːrkɔmən] *n* presenza *f*

Vorkommnis ['foːrkɔmnɪs] *n* avvenimento *m*, evento *m*
Vorkriegszeit ['foːrkriːkstsaɪt] *f* periodo prebellico *m*, anteguerra *f*
vorladen ['foːrlaːdən] *v irr JUR* citare
Vorladung ['foːrlaːduŋ] *f JUR* citazione *f*
Vorlage ['foːrlaːgə] *f 1. (Vorlegen)* presentazione *f; 2. (Muster)* modello *m; 3. (Entwurf)* progetto *m*
Vorläufer(in) ['foːrlɔyfər(ɪn)] *m/f* precursore/precorritrice *m/f*
vorläufig ['foːrlɔyfɪç] *adj 1.* provvisorio, temporaneo; *adv 2.* provvisoriamente, temporaneamente
vorlaut ['foːrlaut] *adj* indiscreto, importuno
vorlegen ['foːrleːgən] *v 1.* mettere davanti, collocare davanti; *2. (servieren) jdm Fleisch ~* servire carne a qd; *3. (vorzeigen)* esibire; *den Pass ~* esibire il passaporto
vorlesen ['foːrleːzən] *v irr* leggere ad alta voce
Vorlesung ['foːrleːzuŋ] *f 1.* lettura *f; 2. (an der Universität)* lezione universitaria *f*
vorletzte(r,s) ['foːrlɛtstə(r,s)] *adj* penultimo/penultima
vorlieb ['foːrliːp] *v ~ nehmen* accontentarsi
Vorliebe ['foːrliːbə] *f* preferenza *f*, predilezione *f*
vorliegend ['foːrliːgənt] *adj* presente
vormachen ['foːrmaxən] *v (fig)* dare ad intendere; *Du kannst mir nichts ~!* Che cosa vorresti darmi ad intendere!
Vormachtstellung ['foːrmaxtʃtɛluŋ] *f* posizione di supremazia *f*, egemonia *f*
vormerken ['foːrmɛrkən] *v* annotare
Vormittag ['foːrmɪtaːk] *m* mattina *f*, mattinata *f*
vormittags ['foːrmɪtaːks] *adv* di mattina
Vormund ['foːrmunt] *m* tutore *m*
Vormundschaft ['foːrmuntʃaft] *f* consiglio di tutela *m*
vorn(e) [fɔrn/'fɔrnə] *adv* davanti, innanzi; *von ~ bis hinten* da cima a fondo; *von ~ (von neuem)* da capo/dall'inizio
Vorname ['foːrnaːmə] *m* nome *m*
vornehm ['foːrneːm] *adj 1.* distinto, raffinato; *2. (Character)* nobile; *3. (adelig)* signorile
vornehmen ['foːrneːmən] *v irr 1. (tun)* fare, intraprendere; *2. sich etw ~* prefiggersi qc, proporsi qc; *3. sich jdn ~* dirne quattro a
Vorort ['foːrɔrt] *m* sobborgo *m*

Vorrang ['foːrraŋ] *m* primato *m*
Vorrat ['foːrraːt] *m* provvista *f*
vorrätig ['foːrrɛːtɪç] *adj* in magazzino
Vorratskammer ['foːrraːtskamər] *f* dispensa *f*
Vorrecht ['foːrrɛçt] *n* privilegio *m*, prerogativa *f*
Vorreiter ['foːrraɪtər] *m* precursore *m*
Vorrichtung ['foːrrɪçtuŋ] *f* approntamento *m*, preparazione *f*
vorrangig ['foːrraŋɪç] *adj* prioritario
Vorruhestand ['foːrruːəʃtant] *m* prepensionamento *m*
Vorsaison ['foːrzɛzɔ̃] *f* bassa stagione *f*
Vorsatz ['foːrzats] *m* proponimento *m*, intenzione *f*
vorsätzlich ['foːrzɛtslɪç] *adj* intenzionale, premeditato
Vorschau ['foːrʃau] *f* previsioni *f/pl*
Vorschein ['foːrʃaɪn] *m* zum ~ kommen venire alla luce, comparire
Vorschlag ['foːrʃlaːk] *m* proposta *f*
vorschlagen ['foːrʃlaːgən] *v irr* proporre
vorschreiben ['foːrʃraɪbən] *v irr (fig)* prescrivere
Vorschrift ['foːrʃrɪft] *f* norma *f*, prescrizione *f*
vorschriftsmäßig ['foːrʃrɪftsmɛːsɪç] *adj 1.* conforme alle disposizioni; *adv 2.* secondo le disposizioni
Vorschub ['foːrʃuːp] *m ~ leisten* favorire
Vorschule ['foːrʃuːlə] *f* scuola materna *f*
Vorschuss ['foːrʃus] *m* anticipo *m*
vorsehen ['foːrzeːən] *v irr 1.* prevedere; *2. sich ~* cautelarsi
Vorsehung ['foːrzeːuŋ] *f REL* divina provvidenza *f*
Vorsicht ['foːrzɪçt] *f* prudenza *f*
vorsichtig ['foːrzɪçtɪç] *adj 1.* prudente; *adv 2.* prudentemente
Vorsichtigkeit ['foːrzɪçtɪçkaɪt] *f* prudenza *f*
vorsichtshalber ['foːrzɪçtshalbər] *adv* per precauzione, per prudenza
Vorsichtsmaßnahme ['foːrzɪçtsmasnaːmə] *f* misura precauzionale *f*
Vorsitz ['foːrzɪts] *m* presidenza *f*
Vorsitzende(r) ['foːrzɪtsəndə(r)] *m/f* presidente *m/f*
Vorsorge ['foːrzɔrgə] *f* cura *f*, previdenza *f*
vorsorgen ['foːrzɔrgən] *v* provvedere
vorsorglich ['foːrzɔrklɪç] *adj 1.* previdente; *adv 2.* per precauzione, previdentemente

Vorspeise ['foːrʃpaɪzə] *f GAST* antipasto *m*
vorspiegeln ['foːrʃpiːgəln] *v* simulare
Vorspiegelung ['foːrʃpiːgəluŋ] *f* finzione *f; ~ falscher Tatsachen* simulazione di realtà inesistenti *f*
Vorsprung ['foːrʃpruŋ] *m 1. (Felsvorsprung)* sporgenza *f; 2. (Hausvorsprung)* aggetto; *3. (fig)* vantaggio *m*
Vorstadt ['foːrʃtat] *f* periferia *f*
Vorstand ['foːrʃtant] *m ECO* consiglio di amministrazione *m*
Vorstandsmitglied ['foːrʃtantsmɪtgliːt] *n ECO* membro di amministrazione *m*
vorstehen ['foːrʃteːən] *v irr 1. (vorspringen)* sporgere; *2. (leiten)* dirigere
vorstellen ['foːrʃtɛlən] *v 1. (bekannt machen)* presentare; *2. sich ~* immaginare, immaginarsi; *3. (fig: sich etw ~)* immaginarsi
Vorstellung ['foːrʃtɛluŋ] *f 1. (Bekanntmachen)* presentazione *f; 2. (Gedanke)* concetto *m*, idea *f; 3. THEAT* rappresentazione *f*
Vorstellungstermin ['foːrʃtɛluŋstɛrmiːn] *m 1.* data del colloquio *f; 2. THEAT* data della rappresentazione *f*
Vorstoß ['foːrʃtoːs] *m (fig)* tentativo *m*
Vorstrafe ['foːrʃtraːfə] *f JUR* condanna precedente *f*
Vorstufe ['foːrʃtuːfə] *f* primo stadio *m*
Vortag ['foːrtaːk] *m* vigilia *f*
vortäuschen ['foːrtɔyʃən] *v* simulare, fingere
Vortäuschung ['foːrtɔyʃuŋ] *f* finzione *f*, simulazione *f*
Vorteil ['foːrtaɪl] *m* vantaggio *m; seinen ~ wahren* tutelare i propri interessi
vorteilhaft ['foːrtaɪlhaft] *adj* vantaggioso, conveniente
Vortrag ['foːrtraːk] *m* declamazione *f*, recita *f*
vortragen ['foːrtraːgən] *v irr 1. (fig)* interpretare, recitare; *2. (einen Vortrag halten)* tenere una conferenza; *3. (darlegen)* esporre
vortrefflich [foːr'trɛflɪç] *adj* eccellente, perfetto
vortreten ['foːrtreːtən] *v irr* avanzare
Vortritt ['foːrtrɪt] *m* diritto di precedenza *m; jdm den ~ lassen* lasciare la precedenza a qd/cedere il passo a qd
vorüber [fo'ryːbər] *adv 1. (örtlich)* davanti; *2. (zeitlich)* passato
vorübergehen [fo'ryːbərgeːən] *v irr* passare; *Das Gewitter ist vorübergegangen.* Il temporale è passato.

vorübergehend [fo'ryːbərgeːənt] *adj 1.* passeggero, temporaneo; *adv 2.* temporaneamente, momentaneamente
Vorurteil ['foːrurtaɪl] *n* pregiudizio *m*, preconcetto *m*
Vorverkauf ['foːrfɛrkauf] *m* prevendita *f*
vorverlegen ['foːrfɛrleːgən] *v* anticipare
Vorvertrag ['foːrfɛrtraːk] *m JUR* contratto preliminare *m*
Vorwahl ['foːrvaːl] *f TEL* preselezione *f*
Vorwand ['foːrvant] *m* pretesto *m*, scusa *f*
Vorwarnung ['foːrvarnuŋ] *f* preavvertimento *m*, premonizione *f*
vorwärts ['fɔrvɛrts] *adv* avanti, innanzi; *~ kommen* andare avanti/progredire
Vorwärtsgang ['fɔrvɛrtsgaŋ] *m (eines Fahrzeuges)* marcia avanti *f*
vorwegnehmen [foːr'vɛkneːmən] *v irr* prevenire, precorrere
vorweisen ['foːrvaɪzən] *v irr* presentare, esibire
vorwerfen ['foːrvɛrfən] *v irr* rimproverare
vorwiegend ['foːrviːgənt] *adj 1.* prevalente, preponderante; *adv 2.* prevalentemente
vorwitzig ['foːrvɪtsɪç] *adj* saccente
Vorwort ['foːrvɔrt] *n* prefazione *f*, premessa *f*
Vorwurf ['foːrvurf] *m* rimprovero *m; jdm einen ~ machen* fare un rimprovero a qd/fare un'accusa a qd
vorwurfsvoll ['foːrvurfsfɔl] *adj 1.* pieno di rimprovero; *adv 2.* con aria di rimprovero
Vorzeichen ['foːrtsaɪçən] *n 1. MATH* auspicio *m; 2. (fig)* segno *m; mit umgekehrten ~* con segno opposto
vorzeigen ['foːrtsaɪgən] *v* esibire, presentare
vorzeitig ['foːrtsaɪtɪç] *adj* anticipato, prematuro
vorziehen ['foːrtsiːən] *v irr 1.* tirare avanti; *2. (fig)* preferire
Vorzimmer ['foːrtsɪmər] *n* anticamera *f*
Vorzug ['foːrtsuːk] *m 1. (Vorteil)* vantaggio *m*, preferenza *m; 2. (Vorrang)* precedenza *f*, priorità *f; jdm den ~ geben* dare la preferenza a qd; *3. (gute Eigenschaft)* pregio *m*
vorzüglich [foːr'tsyːklɪç] *adj* eccellente
vorzugsweise ['foːrtsuːksvaɪzə] *adv* preferibilmente
vulgär [vul'gɛːr] *adj* volgare
Vulkan [vul'kaːn] *m GEO* vulcano *m; Tanz auf dem ~* gioco pericoloso *m*
Vulkanausbruch [vul'kaːnausbrux] *m* eruzione vulcanica *f*

W

Waage ['vaːɡə] *f* bilancia *f; sich gegenseitig die ~ halten* controbilanciarsi reciprocamente

waagerecht ['vaːɡərɛçt] *adj* orizzontale

Waagschale ['vaːkʃaːlə] *f* 1. piatto della bilancia *m;* 2. *(fig)* piatto della bilancia *m; jedes Wort auf die ~ legen* pesare ogni parola col bilancino

wach [vax] *adj* sveglio, desto; *~ halten* tenere sveglio; *~ halten (fig)* tenere vivo

Wache ['vaxə] *f* guardia *f; ~ stehen* essere di guardia

wachen ['vaxən] *v* vegliare

Wachmann ['vaxman] *m* guardia *f*

Wacholder ['vaxɔldər] *m BOT* ginepro *m*

Wachs [vaks] *n* cera *f*

wachsam ['vaxzaːm] *adj* vigilante, vigile

Wachsamkeit ['vaxzaːmkaɪt] *f* vigilanza *f*

wachsen[1] ['vaksən] *v irr* 1. *(zunehmen)* aumentare, accrescersi; 2. *BIO* crescere

wachsen[2] ['vaksən] *v (polieren)* incerare, dare la cera

wachsend ['vaksənt] *adj* crescente

Wachstum ['vakstuːm] *n* crescita *f*

Wachstumsrate ['vakstuːmsraːtə] *f ECO* tasso di crescita *m*

Wächter(in) ['vɛçtər(ɪn)] *m/f* guardiano/guardiana *m/f*

wackelig ['vakəlɪç] *adj* traballante

Wackelkontakt ['vakəlkɔntakt] *m TECH* contatto difettoso *m*

wackeln ['vakəln] *v* traballare, tentennare

Wade ['vaːdə] *f ANAT* polpaccio *m*

Wadenwickel ['vaːdənvɪkəl] *m MED* impacco surale *m*

Waffe ['vafə] *f* arma *f; die ~n strecken* deporre le armi; *jdn zu den ~n rufen* chiamare qd alle armi

Waffel ['vafəl] *f GAST* wafer *m; einen an der ~ haben (fam)* non essere a posto col cervello

Waffengewalt ['vafəngəvalt] *f* violenza con uso di armi *f*

Waffenschein ['vafənʃaɪn] *m* porto d'armi *m*

Waffenstillstand ['vafənʃtɪlʃtant] *m* armistizio *m*

wagemutig ['vaːɡəmuːtɪç] *adj* temerario, ardimentoso

wagen ['vaːɡən] *v* 1. *(sich getrauen)* osare, azzardarsi; 2. *(riskieren)* rischiare

Wagen ['vaːɡən] *m* 1. *(Auto)* automobile *f;* 2. *(Kinderwagen)* carrozzina *f;* 3. *(Leiterwagen)* carro a rastrelliera *m;* 4. *sich nicht vor jds ~ spannen lassen* non portare acqua al mulino di qd

Wagenheber ['vaːɡənheːbər] *m TECH* crick *m*

Waggon [va'gõː] *m* vagone *m,* carro *m*

waghalsig ['vaːkhalzɪç] *adj* temerario

Wagnis ['vaːknɪs] *n* impresa rischiosa *f*

Wahl [vaːl] *f* 1. *(Auswahl)* scelta *f; erste ~* prima scelta *f;* 2. *POL* votazione *f*

wählbar ['vɛːlbaːr] *adj* eleggibile

wahlberechtigt ['vaːlbərɛçtɪçt] *adj* avente diritto di voto

Wahlbeteiligung ['vaːlbətaɪlɪɡʊŋ] *f POL* partecipazione alla votazione *f*

wählen ['vɛːlən] *v* 1. *(auswählen)* scegliere; 2. *(Nummer)* comporre; 3. *POL* votare

Wähler(in) ['vɛːlər(ɪn)] *m/f POL* elettore/elettrice *m/f*

Wahlergebnis ['vaːlɛrɡəpnɪs] *n POL* risultato elettorale *m*

wählerisch ['vɛːlərɪʃ] *adj* 1. difficile, schizzinoso; 2. *(anspruchsvoll)* esigente

Wahlgeheimnis ['vaːlɡəhaɪmnɪs] *n POL* segreto elettorale *m*

Wahlkampf ['vaːlkampf] *m POL* campagna elettorale *f*

Wahlkreis ['vaːlkraɪs] *m POL* collegio elettorale *m*

Wahllokal ['vaːllokaːl] *n POL* seggio elettorale *m*

wahllos ['vaːlloːs] *adj* indiscriminato

Wahlrecht ['vaːlrɛçt] *n* diritto di voto *m*

Wahlspruch ['vaːlʃprux] *m* slogan *m*

Wahlurne ['vaːlurnə] *f POL* urna elettorale *f*

wahlweise ['vaːlvaɪzə] *adv* a scelta

Wahnsinn ['vaːnzɪn] *m* follia *f,* pazzia *f*

wahnsinnig ['vaːnzɪnɪç] *adj* 1. pazzo, folle; 2. *(fam: furchtbar)* terribile, tremendo; *adv* 3. *(fam: sehr)* enormemente, moltissimo

wahr [vaːr] *adj* vero; *Das darf doch nicht ~ sein!* Non può essere vero!

wahren ['vaːrən] *v* 1. *(schützen)* tutelare, difendere; 2. *(be~)* mantenere, serbare; *den Schein ~* salvare le apparenze

während ['vɛːrənt] *prep 1.* durante; *konj 2.* mentre

wahrhaben ['waːrhabən] *v etw nicht ~ wollen* non voler ammettere qc

Wahrheit ['vaːrhaɪt] *f* verità *f; in ~* in verità; *die nackte ~* la nuda verità *f*

wahrheitsgetreu ['vaːrhaɪtsgətrɔy] *adj* rispondente al vero

wahrheitsliebend ['vaːrhaɪtsliːbənt] *adj* sincero

wahrnehmen ['vaːrneːmən] *v irr 1. (bemerken)* percepire; *2. (nutzen)* approfittare; *3. (entdecken)* scorgere

Wahrnehmung ['vaːrneːmuŋ] *f* percezione *f*

wahrsagen ['vaːrzaːgən] *v* profetizzare

Wahrsagerin ['vaːrzaːgərɪn] *f* indovina *f*

wahrscheinlich [vaːr'ʃaɪnlɪç] *adj 1.* probabile; *adv 2.* probabilmente

Wahrscheinlichkeit [vaːr'ʃaɪnlɪçkaɪt] *f* probabilità *f*

Wahrung ['vaːruŋ] *f 1. (Schutz)* tutela *f,* difesa *f; 2. (Bewahrung)* mantenimento *m*

Währung ['vɛːruŋ] *f* valuta *f,* moneta *f*

Währungseinheit ['vɛːruŋsaɪnhaɪt] *f ECO* unità monetaria *f*

Währungsunion ['vɛːruŋsunjoːn] *f* unione monetaria *f*

Wahrzeichen ['vaːrtsaɪçən] *n* emblema *m,* simbolo *m*

Waise ['vaɪzə] *f* orfano/orfana *m/f*

Waisenhaus ['vaɪzənhaus] *n* orfanotrofio *m*

Waisenknabe ['vaɪzənknaːbə] *m gegen jdn der reinste ~ sein* essere un angioletto a confronto di qd

Waisenrente ['vaɪzənrɛntə] *f* appannaggio *m,* rendita agli orfani *f*

Wal [vaːl] *m ZOOL* balena *f*

Wald [valt] *m* foresta *f,* bosco *m; den ~ vor lauter Bäumen nicht sehen* non vedere la foresta a causa degli alberi

Waldsterben ['valtʃtɛrbən] *n* moria di boschi *f,* disboscamento *f*

Waldwirtschaft ['valtvɪrtʃaft] *f 1. (Forstwirtschaft)* economia forestale *f; 2. (Gastwirtschaft)* osteria nel bosco *f*

Wall [val] *m* vallo *m,* terrapieno *m*

Wallfahrer(in) ['valfaːrər(ɪn)] *m/f REL* pellegrino/pellegrina *m/f*

Wallfahrt ['valfaːrt] *f REL* pellegrinaggio *m*

Wallfahrtskirche ['valfaːrtskɪrçə] *f REL* santuario *m*

Walnuss ['vaːlnus] *f BOT* noce *f*

Walross ['vaːlrɔs] *n ZOOL* tricheco *m*

Walze ['valtsə] *f 1.* cilindro *m; 2. (Blechwalze) TECH* rullo *m*

wälzen ['vɛltsən] *v 1. (rollen)* rotolare; *2. (nachschlagen)* scartabellare, sfogliare; *3. (nachdenken)* rimuginare; *4. sich ~* rotolarsi, sbellicarsi; *sich im Schnee ~* rotolarsi nella neve; *sich vor Lachen ~* sbellicarsi dalle risate

Walzer ['valtsər] *m MUS* walzer *m*

Wand [vant] *f* parete *f; jdn an die ~ drücken* mettere qd al muro *gegen die ~ reden* parlare al muro; *jdn an die ~ spielen* mettere in ombra qd; *die eigenen vier Wände* le proprie quattro mura *f/pl,* la propria casa *f; Da kann man die Wände hoch gehen!* Roba da arrampicarsi sui muri!

Wandel ['vandəl] *m* trasformazione *f,* mutamento *m*

wandeln ['vandəln] *v 1. (ändern)* trasformare, cambiare; *2. (gehen)* camminare, passeggiare

Wanderer ['vandərər] *m* viandante *m*

wandern ['vandərn] *v* camminare, andare

Wanderung ['vandəruŋ] *f* escursione *f*

Wandlung ['vandluŋ] *f 1.* trasformazione *f; 2. REL* consacrazione eucaristica *f; 3. JUR* redibizione *f*

Wange ['vaŋə] *f ANAT* guancia *f*

wankelmütig ['vaŋkəlmyːtɪç] *adj* volubile, incostante

wanken ['vaŋkən] *v 1. (taumeln)* barcollare, traballare; *2. (fig)* vacillare; *jdn ins Wanken bringen* far titubare qd

wann [van] *adv* quando

Wanne ['vanə] *f* vasca *f*

Wanze ['vantsə] *f ZOOL* cimice *f*

Wappen ['vapən] *n* stemma *m,* blasone *m*

wappnen ['vapnən] *v sich ~* armarsi; *sich mit Geduld ~* armarsi di pazienza

Ware ['vaːrə] *f* merce *f*

Warenhaus ['vaːrənhaus] *n* grande magazzino *m*

Warenlager ['vaːrənlaːgər] *n* magazzino di merci *m*

Warenverkehr ['vaːrənfɛrkeːr] *m* circolazione delle merci *f*

Warenzeichen ['vaːrəntsaɪxən] *n* marchio di fabbrica *m*

warm [varm] *adj 1.* caldo; *2. (fig)* caldo; *mit jdm ~ werden* essere in rapporti cordiali con qd; *sich jdn ~ halten* tenersi buono qd

Wärme ['vɛrmə] *f* calore *m,* caldo *m*

wärmen ['vɛrmən] *v* scaldare, riscaldare
Wärmflasche ['vɛrmflaʃə] *f* borsa dell'acqua calda *f*, boule *f*
warmherzig ['varmhɛrtsɪç] *adj* caldo, caloroso
Warmwasserbereiter [varm'vasərbəraɪtər] *m* scaldacqua *m*, boiler *m*
Warnblinkanlage ['varnblɪŋkanlaːgə] *f (eines Autos)* lampeggiatori di emergenza *m/pl*
Warndreieck ['varndraɪɛk] *n (im Auto)* triangolo di segnalazione *m*
warnen ['varnən] *v* mettere in guardia, avvertire
Warnsignal ['varnzɪknaːl] *n* segnale di pericolo *m*
Warnstreik ['varnʃtraɪk] *m* sciopero d'avvertimento *m*
Warnung ['varnuŋ] *f* avviso *m*, avvertimento *m*
Warte ['vartə] *f von meiner ~ aus* dal mio punto di vista
warten ['vartən] *v* 1. aspettare; 2. *(instandhalten)* curare, mantenere
Wärter(in) ['vɛrtər(ɪn)] *m/f* guardiano/guardiana *m/f*
Wartesaal ['vartəzaːl] *m* sala d'aspetto *f*
Wartezimmer ['vartətsɪmər] *n* anticamera *f*, sala d'aspetto *f*
Wartung ['vartuŋ] *f TECH* manutenzione *f*
warum [va'rum] *adv* perché
Warze ['vartsə] *f MED* verruca *f*
was [vas] *pron* 1. *(interr)* che cosa; 2. *(rel)* ciò che, che cosa
Waschanlage ['vaʃanlaːgə] *f (für Autos)* autolavaggio *m*
Waschbecken ['vaʃbɛkən] *n* lavandino *m*
Wäsche ['vɛʃə] *f* 1. biancheria *f*; 2. *(Gewaschenes)* bucato *m*; *dumm aus der ~ schauen* restare stupito; 3. *(Unterwäsche)* biancheria intima *f*
waschecht ['vaʃɛçt] *adj* 1. lavabile; 2. *(fig)* autentico
Wäscheklammer ['vɛʃəklamər] *f* molletta per la biancheria *f*
waschen ['vaʃən] *v irr* 1. *etw ~* lavare qc; 2. *sich ~* lavarsi; *sich die Hände ~* lavarsi le mani; *eine Prüfung, die sich ge~ hat* un esame difficile *m*
Wäscherei [vɛʃə'raɪ] *f* lavaggio *m*, lavanderia *f*
Wäschetrockner ['vɛʃətrɔknər'ʃtɛndər] *m* 1. asciugatrice *f*; 2. *(Gestell)* stendibiancheria *m*

Waschmaschine ['vaʃmaʃiːnə] *f* lavatrice *f*, lavabiancheria *f*
Waschmittel ['vaʃmɪtəl] *n* detersivo *m*
Wasser ['vasər] *n* acqua *f*; *jdm das ~ abgraben* tagliare i viveri a qd/minacciare l'esistenza di qd; *ins ~ fallen* andare a monte; *nahe am ~ gebaut haben* avere le lacrime in tasca/piangere facilmente; *jdm das ~ nicht reichen können* non raggiungere il livello di qd; *mit allen ~n gewaschen sein* essere rotto a tutte le astuzie
wasserdicht ['vasərdɪçt] *adj* stagno, a tenuta stagna
Wasserfall ['vasərfal] *m* cascata *f*
Wasserfarbe ['vasərfarbə] *f* acquerello *m*; *Gemälde in ~* quadro ad acquerello
wassergekühlt ['vasərgəkyːlt] *adj TECH* raffreddato ad acqua
Wasserhahn ['vasərhaːn] *m* rubinetto dell'acqua *m*
Wasserleitung ['vasərlaɪtuŋ] *f* conduttura dell'acqua *f*
Wassermelone ['vasərmeloːnə] *f BOT* anguria *f*
Wasserski ['vasərʃiː] *m SPORT* sci acquatico *m*
Wasserstoff ['vasərʃtɔf] *m CHEM* idrogeno *m*
Wasserwerk ['vasərvɛrk] *n* centrale idrica *f*
Watt¹ [vat] *n PHYS* watt *m*
Watt² [vat] *n* bassofondo *m*
Watte ['vatə] *f* ovatta *f*, cotone idrofilo *m*
Wattebausch ['vatəbauʃ] *m* batuffolo di ovatta *m*
Wattestäbchen ['vatəʃtɛːpçən] *n* bastoncino d'ovatta *m*
weben ['veːbən] *v* tessere; *Die Spinne webt ihr Netz.* Il ragno tesse la sua tela.
Weberei [veːbə'raɪ] *f* tessitura *f*
Web-Seite ['webzaɪtə] *f INFORM* pagina Web *f*
Wechsel ['vɛksəl] *m* 1. *(Änderung)* cambiamento *m*; 2. *(Geldwechsel) ECO* cambio *m*; 3. *(Zahlungsmittel) ECO* cambiale *f*
Wechselbad ['vɛksəlbaːt] *n* doccia scozzese *f*; *ein ~ der Gefühle* un cambiamento d'umore *m*
Wechselgeld ['vɛksəlgɛlt] *n* moneta *f*, spiccioli *m/pl*
Wechselgetriebe ['vɛksəlgətriːbə] *n TECH* cambio di velocità *m*
wechselhaft ['vɛksəlhaft] *adj* mutevole, variabile

Wechseljahre ['vɛksəljaːrə] *f MED* climaterio *m*

Wechselkurs ['vɛksəlkurs] *m FIN* cambio *m*

wechseln ['vɛksəln] *v* cambiare, mutare

Wechselstrom ['vɛksəlʃtroːm] *m TECH* corrente alternata *f*

Wechselstube ['vɛksəlʃtuːbə] *f* agenzia di cambio *f,* cambiavalute *m*

Wechselwirkung ['vɛksəlvɪrkuŋ] *f* interazione *f,* azione reciproca *f*

wecken ['vɛkən] *v 1. (auf~)* svegliare; *2. (hervorrufen)* destare, risvegliare

Wecker ['vɛkər] *m* sveglia *f; jdm auf den ~ fallen* dare sui nervi a qd

wedeln ['veːdəln] *v 1. (Hund)* scodinzolare, dimenare la coda; *2. SPORT* fare lo scodinzolo

weder ['veːdər] *konj ~ ... noch* né ... né

weg [vɛk] *adv* via; *hin und ~ sein* essere entusiasta; *über etw ~ sein* essere fuori da qc; *in einem ~* senza soste

Weg [veːk] *m 1.* via *f; sich auf den ~ machen* mettersi in cammino; *den ~ des geringsten Widerstandes gehen* seguire la linea di minore resistenza; *eigene ~e gehen* andare per la propria strada; *einer Sache den ~ ebnen* spianare la strada a una cosa; *jdn aus dem ~ räumen* togliere di mezzo qd; *jdn auf den rechten ~ führen* condurre qd sulla retta via; *jdm etw mit auf den ~ geben* dare qc a qd da portare con sé lungo il cammino/dare consigli utili a qd per la vita; *etw in die ~e leiten* mettere in piedi qc/organizzare qc; *2. (Strecke)* strada *f,* percorso *m,* tragitto *m; 3. (fig: Art und Weise)* modo *m*

Wegbereiter ['veːkbəraɪtər] *m* precursore *m,* iniziatore *m*

wegbleiben ['vɛkblaɪbən] *v irr 1.* restare via, rimanere lontano; *2. (nicht da sein)* essere assente; *3. (ausgelassen werden)* essere tralasciato

wegbringen ['vɛkbrɪŋən] *v irr 1. (fortbringen)* portare via; *2. (entfernen)* riuscire ad eliminare

wegen ['veːgən] *prep* per, a causa di

wegfallen ['vɛkfalən] *v irr 1. (ausfallen)* cadere; *2.* essere soppresso

weggehen ['vɛkgeːən] *v irr* andarsene, andare via

weglassen ['vɛklasən] *v irr 1. (auslassen)* omettere, tralasciare; *2. (gehen lassen)* lasciar andare

weglaufen ['vɛklaufən] *v irr* correre via

wegnehmen ['vɛkneːmən] *v irr 1.* togliere, levare via; *2. (Eigentum)* sequestrare

wegräumen ['vɛkrɔymən] *v* rimuovere, sgomberare

wegschicken ['vɛkʃɪkən] *v 1. (fortschicken)* mandare via; *2. (aufgeben)* spedire

wegtreten ['vɛktreːtən] *v irr weggetreten sein* essere assente con la mente

Wegweiser ['veːkvaɪzər] *m 1.* indicatore stradale, segnavia; *2. (fig: Führer)* guida *f,* manuale *m; v 3. (Reiseführer)* guida *f*

wegwerfen ['vɛkvɛrfən] *v irr* buttare, gettare via

Wegwerfgesellschaft ['vɛkvɛrfgəzɛlʃaft] *f* società dello spreco *f*

weh [veː] *adj 1.* dolente; *interj 2. wehe* guai

Weh [veː] *n mit vielem ~ und Ach* con molta pena

wehen ['veːən] *v 1.* muovere, agitare; *2. (Wind)* soffiare; *Es weht ein kühler Wind.* Soffia un vento freddo. *3. (flattern)* sventolare; *Die Fahne weht.* La bandiera sventola.

Wehen ['veːən] *pl MED* dolori *m/pl*

wehleidig ['veːlaɪdɪç] *adj* piagnucoloso

Wehleidigkeit ['veːlaɪdɪçkaɪt] *f* l'essere piagnucoloso *m*

Wehmut ['veːmuːt] *f* malinconia *f*

wehmütig ['veːmyːtɪç] *adj* malinconico

Wehrdienst ['veːrdiːnst] *m MIL* servizio militare *m*

wehren ['veːrən] *v sich ~* difendersi

wehrlos ['veːrloːs] *adj* non armato

Wehrpflicht ['veːrpflɪçt] *f MIL* obbligo del servizio militare *m*

Weib [vaɪp] *n 1. (fam)* femmina *f; 2. (Ehefrau)* moglie *f*

weiblich ['vaɪplɪç] *adj* femminile

weich [vaɪç] *adj 1.* molle, tenero; *2. (fig)* sensibile

Weiche¹ ['vaɪçə] *f 1. (Weichheit)* morbidezza *f,* mollezza *f; 2. (Körperteil)* inguine *m*

Weiche² [vaɪçə] *f (an Gleisen) TECH* scambio *m; die ~n für etw stellen* stabilire gli sviluppi di qc

weichen ['vaɪçən] *v irr* ritirarsi, cedere

weichherzig ['vaɪçhɛrtsɪç] *adj* dal cuore tenero

Weichspüler ['vaɪçʃpyːlər] *m* ammorbidente *m*

Weide ['vaɪdə] *f 1. (Baum) BOT* salice *m; 2. (Wiese) BOT* pascolo *m*

weigern ['vaɪgərn] *v sich ~* rifiutarsi

Weigerung ['vaɪgəruŋ] *f* rifiuto *m,* diniego *m*

weihen ['vaɪən] v REL consacrare; *einen Priester* ~ ordinare un sacerdote
Weiher ['vaɪər] m stagno m, laghetto m
Weihnachten ['vaɪnaxtən] n Natale m
Weihnachtsabend ['vaɪnaxtsaːbənt] m vigilia di Natale f
Weihnachtsbaum ['vaɪnaxtsbaum] m albero di Natale m
Weihnachtslied ['vaɪnaxtsliːt] n canto di Natale m
Weihnachtsmann ['vaɪnaxtsman] m Babbo Natale m
Weihnachtstag ['vaɪnaxtstaːk] m giorno di Natale m
Weihrauch ['vaɪraux] m REL incenso m
Weihwasser ['vaɪvasər] n REL acqua benedetta f
weil [vaɪl] konj perché, poiché
Weile ['vaɪlə] f momento m
Wein [vaɪn] m 1. vino m; *jdm reinen* ~ *einschenken* dire la pura verità a qd; 2. BOT vite f
Weinberg ['vaɪnbɛrk] m vigneto m, vigna f
Weinbrand ['vaɪnbrant] m acquavite f
weinen ['vaɪnən] v piangere
Weinlese ['vaɪnleːzə] f vendemmia f
Weintraube ['vaɪntraubə] f BOT grappolo d'uva m
weise ['vaɪzə] adj saggio, sapiente
Weise ['vaɪzə] f (*Art und* ~) modo m, maniera f; *in keiner* ~ in nessun modo/in nessun caso
Weise(r) ['vaɪzə(r)] m/f saggio/saggia m/f
Weisheit ['vaɪshaɪt] f saggezza f, sapienza f; *der* ~ *letzter Schluss* la quintessenza della saggezza f; *mit seiner* ~ *am Ende sein* non sapere più cosa fare
weiß [vaɪs] adj bianco
Weißbier ['vaɪsbiːr] n birra chiara f
Weißbrot ['vaɪsbroːt] n GAST pane bianco m
Weißkohl ['vaɪskoːl] m BOT cavolo bianco m
Weißwein ['vaɪsvaɪn] m vino bianco m
Weisung ['vaɪzuŋ] f istruzione f
weit [vaɪt] adj 1. (*breit*) largo, ampio; 2. (*lang*) lungo; 3. (*fern*) lontano; *das Weite suchen* prendere il largo; adv 4. ~ *entfernt* lontano; ~ *und breit* a perdita d'occhio; *zu* ~ *gehen* spingersi troppo avanti/esagerare; *bei* ~*em nicht* neanche approssimativamente; ~ *verbreitet* diffuso ampiamente; ~ *reichend* ampio/esteso/di ampia portata

weitaus ['vaɪtaus] adv di gran lunga, di molto
Weitblick ['vaɪtblɪk] m lungimiranza m
Weite ['vaɪtə] f 1. (*Breite*) larghezza f, ampiezza f; 2. (*Länge*) lunghezza f; 3. (*Entfernung*) distanza f
weiter ['vaɪtər] adj 1. (*Komparativ von weit*) ulteriore; 2. (*zusätzlich*) ulteriore; adv 3. ~ *weg* più lontano, più in là; 4. (*außerdem*) inoltre, oltre
weiterarbeiten ['vaɪtərarbaɪtən] v continuare il lavoro, continuare a lavorare
Weiterbildung ['vaɪtərbɪlduŋ] f perfezionamento m
weiterführen ['vaɪtərfyːrən] v portare avanti, continuare
weitergeben ['vaɪtərgeːbən] v irr passare, dare a un altro
weitergehen ['vaɪtərgeːən] v irr continuare, proseguire
weiterleiten ['vaɪtərlaɪtən] v trasmettere
weitermachen ['vaɪtərmaxən] v continuare a fare
weitersagen ['vaɪtərzaːgən] v dire ad altri
weiterschlafen ['vaɪtərʃlaːfən] v irr continuare a dormire
weitgehend ['vaɪtgeːənt] adj 1. grande; adv 2. ampiamente
weitläufig ['vaɪtlɔyfɪç] adj 1. ampio, spazioso; 2. (*fig: entfernt*) lontano; *ein* ~*er Verwandter* un parente lontano; 3. (*fig: ausführlich*) dettagliato; adv 4. (*fig: entfernt*) alla lontana
weitsichtig ['vaɪtzɪçtɪç] adj 1. MED presbite; 2. (*fig*) lungimirante
Weizen ['vaɪtsən] m BOT grano m
welch [vɛlç] pron quale
welche(r,s) ['vɛlçə(r,s)] pron 1. che, il quale/la quale; 2. (*interrogativ*) quale
welk [vɛlk] adj 1. (*verblüht*) appassito; 2. (*schlaff*) vizzo, avvizzito
welken ['vɛlkən] v 1. (*verblühen*) appassire; 2. (*erschlaffen*) avvizzire
Welle ['vɛlə] f onda f
Wellenlänge ['vɛlənlɛŋə] f PHYS lunghezza d'onda f; *die gleiche* ~ *haben* (*fig*) essere sulla stessa lunghezza d'onda/essere in sintonia
Wellensittich ['vɛlənzɪtɪç] m ZOOL pappagallino ondulato m
Welpe ['vɛlpə] m cucciolo di cagna m
Welt [vɛlt] f mondo m; *nicht die* ~ *kosten* non costare un occhio; *nicht die* ~ *sein* non

essere la fine del mondo; *etw in die ~ setzen* mettere qc al mondo; *mit sich und der ~ zufrieden sein* essere in pace con sé e col mondo; *Für sie brach die ~ zusammen.* Per lei è crollato il mondo.

Weltall ['vɛltal] *n* universo *m*
Weltanschauung ['vɛltanʃauuŋ] *f* concezione del mondo *f*
Weltbank ['vɛltbaŋk] *f ECO* banca mondiale *f*
weltbekannt ['vɛltbəkant] *adj* noto in tutto il mondo, di fama mondiale
weltbewegend ['vɛltbəveːgənt] *adj* sensazionale
weltfremd ['vɛltfrɛmt] *adj* inesperto delle cose del mondo, ingenuo
weltgewandt ['vɛltgəvant] *adj* esperto
Welthandel ['vɛlthandəl] *m ECO* commercio mondiale *m*
Weltkrieg ['vɛltkriːk] *m HIST* guerra mondiale *f*
weltlich ['vɛltlɪç] *adj 1.* terreno, terrestre; *2. (nicht kirchlich)* profano, laico
Weltmacht ['vɛltmaxt] *f* potenza mondiale *f*
Weltmeister ['vɛltmaɪstər] *m SPORT* campione mondiale *m*
Weltmeisterschaft ['vɛltmaɪstərʃaft] *f SPORT* campionato mondiale *m*
Weltraum ['vɛltraum] *m* spazio *m*, cosmo *m*
Weltreise ['vɛltraɪzə] *f* viaggio intorno al mondo *m*
Weltrekord ['vɛltrekɔrt] *m SPORT* record mondiale *m*, primato mondiale *m*
Weltsprache ['vɛltʃpraːxə] *f* lingua internazionale *f*
Weltuntergang ['vɛltuntərgaŋ] *m* fine del mondo *f*
weltweit ['vɛltvaɪt] *adj* mondiale, internazionale
Weltwirtschaft ['vɛltvɪrtʃaft] *f ECO* economia mondiale *f*
wem [veːm] *pron* a chi
wen [veːn] *pron* chi
Wendeltreppe ['vɛndəltrɛpə] *f* scala a chiocciola *f*
wenden ['vɛndən] *v irr 1.* voltare, girare; *2. sich ~ an* rivolgersi
wendig ['vɛndɪç] *adj 1.* maneggevole, manovrabile; *2. (flink)* sveglio, svelto
wenig ['veːnɪç] *adj* poco, scarso
wenige ['veːnɪgə] *adv 1.* pochi/poche; *2. (einige)* alcuni/alcune

weniger ['veːnɪgər] *adv* meno, di meno
Wenigkeit ['veːnɪçkaɪt] *f meine ~* la mia pochezza *f*
wenigstens ['veːnɪçstəns] *adv* almeno
wenn [vɛn] *konj 1. (konditional)* se; *~ auch* anche se; *und ~ schon* anche se fosse così! *Wenn schon, denn schon!* Accada quel che accada! *2. (zeitlich)* quando
wer [veːr] *pron* chi
Werbeagentur ['vɛrbəagəntuːr] *f* agenzia pubblicitaria *f*
Werbefernsehen ['vɛrbəfɛrnzeːən] *n* pubblicità televisiva *f*
Werbegeschenk ['vɛrbəgəʃɛŋk] *n* omaggio di propaganda *m*
Werbekampagne ['vɛrbəkampanjə] *f* campagna pubblicitaria *f*
werben ['vɛrbən] *v irr 1.* reclutare; *Soldaten ~* reclutare soldati; *2. (öffentlich)* fare pubblicità, reclamizzare; *3. um ein Mädchen ~* interessarsi di una ragazza
Werbeprospekt ['vɛrbəprospɛkt] *m* opuscolo pubblicitario *m*
Werbetrommel ['vɛrbətrɔməl] *f die ~ rühren* battere la grancassa
Werbung ['vɛrbuŋ] *f* pubblicità *f*
Werdegang ['veːrdəgaŋ] *m* evoluzione *f*, sviluppo *m*
werden ['veːrdən] *v irr* diventare, divenire; *Was ist aus der Sache geworden?* Come è andata la cosa? *Mir wird kalt.* Comincio ad avere freddo.
werfen ['vɛrfən] *v irr* gettare, buttare; *mit etw um sich ~* fare sfoggio di qd
Werft [vɛrft] *f* cantiere navale *m*
Werk [vɛrk] *n 1. (Fabrik)* fabbrica *f*, stabilimento *m*; *2. (Kunstwerk)* opera d'arte *f*
Werkstatt ['vɛrkʃtat] *f* officina *f*, laboratorio *m*
Werkstoff ['vɛrkʃtɔf] *m* materiale *m*
Werkstück ['vɛrkʃtyk] *n* pezzo da lavoro *m*
Werktag ['vɛrktaːk] *m* giorno feriale *m*
werktags ['vɛrktaːks] *adv* nei giorni feriali
Werkzeug ['vɛrktsɔyk] *n* utensile *m*, attrezzo *m*
Werkzeugkasten ['vɛrktsɔykkastən] *m* cassetta portautensili *f*
Werkzeugmaschine ['vɛrktsɔykmaʃiːnə] *f* macchina utensile *f*
wert [veːrt] *adj 1.* che vale; *etw ~ sein* valere qc; *2. (würdig)* degno, meritevole; *3. (lieb)* caro; *Er ist mir ~.* Egli mi è caro.

Wert [veːrt] *m* valore *m; Es hat doch keinen ~. Ciò* non ha alcun peso.
Wertarbeit ['veːrtarbaɪt] *f* lavoro qualificato *m*
wertbeständig ['veːrtbəʃtɛndɪç] *adj* di valore costante
werten ['veːrtən] *v* valutare
Wertgegenstand ['veːrtgeːgənʃtant] *m* valore *m*, oggetto di valore *m*
wertlos ['veːrtloːs] *adj* senza valore
Wertpapier ['veːrtpapiːr] *n FIN* titolo *m*
Wertpapierbörse ['veːrtpapiːrbœrzə] *f FIN* borsa valori *f*
Wertschätzung ['veːrtʃɛtsuŋ] *f* stima *f*
Wertung ['veːrtuŋ] *f* valutazione *f*
wertvoll ['veːrtfɔl] *adj* pregiato, pregevole
Wesen ['veːzən] *n 1. (Charakter)* essenza *f,* natura *f; 2. (Lebewesen)* essere *m*, creatura *f*
wesentlich ['veːzəntlɪç] *adj* essenziale, fondamentale
weshalb [vɛs'halp] *adv 1.* perché, per quale ragione; *konj 2.* per cui perciò
Wespe ['vɛspə] *f ZOOL* vespa *f*
wessen ['vɛsən] *pron* di chi
Weste ['vɛstə] *f* gilè *m*, gilet *m; eine weiße ~ haben (fig)* avere la coscienza pulita
Westen ['vɛstən] *m* ovest *m*, occidente *m*
Westeuropa ['vɛstɔyroːpa] *n GEO* Europa occidentale *f*
wesťlich ['vɛstlɪç] *adj 1.* occidentale; *adv 2.* a occidente, a ovest, a ponente
Westmächte ['vɛstmɛxtə] *pl POL* potenze occidentali *f/pl*
Wettbewerb ['vɛtbəvɛrp] *m* gara *f*, concorso *m*
wettbewerbsfähig ['vɛtbəvɛrpsfɛːɪç] *adj* competitivo, concorrenziale
Wette ['vɛtə] *f* scommessa *f*
wetteifern ['vɛtaɪfərn] *v* competere, gareggiare
wetten ['vɛtən] *v* scommettere
Wetter ['vɛtər] *n* tempo *m*
Wetterbericht ['vɛtərbərɪçt] *m* bollettino meteorologico *m*
wetterbeständig ['vɛtərbəʃtɛndɪç] *adj* resistente agli agenti atmosferici
Wetterkarte ['vɛtərkartə] *f* carta meteorologica *f*
Wettervorhersage ['vɛtərfoːrheːrzaːgə] *f* previsioni meteorologiche *f/pl*
Wettkampf ['vɛtkampf] *m SPORT* competizione *f*, gara *f*
Wettkämpfer ['vɛtkɛmpfər] *m SPORT* concorrente *m*, partecipante *m*

wettmachen ['vɛtmaxən] *v* compensare
Wettrüsten ['vɛtrystən] *n POL* corsa agli armamenti *f*
Wettstreit ['vɛtʃtraɪt] *m* gara *f*, lotta *f*
wichtig ['vɪçtɪç] *adj 1.* importante, rilevante; *adv 2.* con aria di importanza
Wichtigkeit ['vɪçtɪçkaɪt] *f* importanza *f*
Wichtigtuer ['vɪçtɪçtuər] *m* chi si dà delle arie *m*
wickeln ['vɪkəln] *v 1.* avvolgere; *2. (Baby)* fasciare; *3. jdn um den Finger ~* fare di qd ciò che si vuole
wider ['viːdər] *prep* contro
widerfahren [viːdər'faːrən] *v irr* accadere, capitare
widerhallen ['viːdərhalən] *v* riecheggiare, risonare
widerlegen [viːdər'leːgən] *v* confutare, ribattere
widerlich ['viːdərlɪç] *adj* ripugnante
widerrechtlich ['viːdərrɛçtlɪç] *adj* illegale, illecito
Widerrede ['viːdərreːdə] *f* obiezione *f*, replica *f*
widerrufen [viːdər'ruːfən] *v irr 1. (zurücknehmen)* revocare; *2. (dementieren)* ritrattare, smentire
Widersacher ['viːdərzaxər] *m* oppositore *m*
widersetzen [viːdər'zɛtsən] *v 1. sich ~* opporsi; *sich gegen eine Ungerechtigkeit ~* opporsi ad un'ingiustizia; *2. (sich auflehnen)* ribellarsi
widerspenstig ['viːdərʃpɛnstɪç] *adj 1.* ritroso, ricalcitrante; *adv 2.* ritrosamente
widerspiegeln ['viːdərʃpiːgəln] *v* riflettere
widersprechen [viːdər'ʃprɛçən] *v irr* opporsi, contrastare
Widerspruch ['viːdərʃprux] *m* contraddizione *f*
widersprüchlich ['viːdərʃpryçlɪç] *adj 1.* contraddittorio; *adv 2.* contraddittoriamente
widerspruchslos ['viːdərʃpruxsloːs] *adv* senza contraddizioni
Widerstand ['viːdərʃtant] *m* resistenza *f*, opposizione *f; jdm ~ leisten* opporre resistenza a qd
widerstandsfähig ['viːdərʃtantsfɛːɪç] *adj* resistente
Widerstandsfähigkeit ['viːdərʃtantsfɛːɪçkaɪt] *f* resistenza *f*
Widerstandskraft ['viːdərʃtantskraft] *f* resistenza *f*

widerstandslos ['vi:dərʃtantslo:s] *adv* privo di resistenza

widerstehen [vi:dər'ʃte:ən] *v irr* resistere

widerwärtig ['vi:dərvɛrtıç] *adj* ripugnante, disgustoso

Widerwille ['vi:dərvılə] *m* avversione *f,* antipatia *f*

widerwillig ['vi:dərvılıç] *adj 1.* restio, riluttante; *adv 2.* malvolentieri

widmen ['vıtmən] *v 1.* dedicare; *2. sich einer Sache ~* dedicarsi ad una cosa, votarsi

Widmung ['vıtmuŋ] *f* dedizione *f,* dedica *f*

wie [vi:] *adv 1.* come; *Wie schön!* Che bello! *Wie bitte?* Come, scusi? *Wie alt ist er?* Quanti anni ha? *~ viel* quanto; *~ viele* quanti; *konj 2.* come

wieder ['vi:dər] *adv* di nuovo, nuovamente; *~ aufbereiten* rigenerare; *~ beleben* rianimare/riavvivare; *~ erkennen* riconoscere; *~ finden* ritrovare/rinvenire; *~ gutmachen* riparare/risarcire/rimborsare; *~ sehen* rivedere

Wiederaufbau [vi:dər'aufbau] *m* ricostruzione *f,* riedificazione *f*

Wiederaufbereitungsanlage [vi:dər'aufbəraıtuŋsanla:gə] *f* impianto di rigenerazione *m*

Wiederbelebung ['vi:dərbəle:buŋ] *f 1.* rianimazione *f,* ravvivamento *m; 2. MED* rianimazione *f*

wiedererlangen ['vi:dərɛrlaŋən] *v* recuperare

Wiedererstattung ['vi:dərɛrʃtatuŋ] *f* rimborso *m,* risarcimento *m*

Wiedergabe ['vi:dərga:bə] *f 1. (Rückgabe)* restituzione *f; 2. (Darstellung)* interpretazione *f; 3. (Reproduktion)* riproduzione *f*

wiedergeben ['vi:dərge:bən] *v irr 1. (zurückgeben)* restituire, ripetere; *2. (darstellen)* interpretare

Wiedergutmachung [vi:dər'gu:tmaxuŋ] *f* riparazione *f,* rimborso *m*

wiederherstellen [vi:dər'herʃtelən] *v* ristabilire, ripristinare

wiederholen [vi:dər'ho:lən] *v* ripetere

wiederholt [vi:dər'ho:lt] *adj 1.* ripetuto; *adv 2.* ripetutamente

Wiederholung [vi:dər'ho:luŋ] *f* ripetizione *f*

Wiederhören ['vi:dərhø:rən] *n Auf ~!* A risentirci!/A risentirla!

wiederkommen ['vi:dərkɔmən] *v* ritornare, tornare

Wiedervereinigung ['vi:dərfɛraınıguŋ] *f POL* ricongiunzione *f*

Wiederverwertung ['vi:dərfɛrv:ertuŋ] *f* riutilizzazione *f*

Wiederwahl ['vi:dərva:l] *f POL* rielezione *f*

Wiege ['vi:gə] *f* culla *f; von der ~ bis zur Bahre* dalla culla alla bara; *Das ist ihm schon in die ~ gelegt worden.* Lui ha una predisposizione innata per questo.

wiegen¹ ['vi:gən] *v irr (Gewicht)* pesare

wiegen² ['vi:gən] *v 1. (schaukeln)* cullare; *2. (zerkleinern) GAST* tritare

Wien [vi:n] *n GEO* Vienna *f*

Wiese ['vi:zə] *f* prato *m*

wieso [vi'zo:] *adv* perché

wild [vılt] *adj 1.* selvaggio, selvatico; *Es ist halb so ~!* Non è così grave! *2. (Tiere)* selvaggio; *3. (fig: wütend)* irato

Wild [vılt] *n ZOOL* selvaggina *f*

Wildleder ['vıltle:dər] *n* pelle scamosciata *f,* camoscio *m*

Wildnis ['vıltnıs] *f* regione selvaggia *f,* deserto *m*

Wildschwein ['vıltʃvaın] *n ZOOL* cinghiale *m*

Wille ['vılə] *m* volontà *f*

willenlos ['vılənlo:s] *adj* senza volontà

willensschwach ['vılənsʃvax] *adj* dotato di poca volontà

willensstark ['vılənsʃtark] *adj* dotato di forza di volontà, volitivo

willkommen [vıl'kɔmən] *adj* benvenuto; *jdn ~ heißen* dare il benvenuto a qd

Willkommensgruß [vıl'kɔmənsgru:s] *m* benvenuto *m,* saluto di benvenuto *m*

Willkür ['vılky:r] *f* arbitrio *m*

willkürlich ['vılky:rlıç] *adj* arbitrario

Wimper ['vımpər] *f* ciglio *m; ohne mit der ~ zu zucken* senza batter ciglio

Wimperntusche ['vımpərntuʃə] *f* rimmel *m,* nero per le ciglia *m*

Wind [vınt] *m* vento *m; ~ von etw bekommen* avere sentore di qc; *in den ~ reden* parlare al vento; *etw in den ~ schlagen* gettare al vento qc; *jdm den ~ aus den Segeln nehmen* togliere il vantaggio a qd/togliere argomentazioni a qd/placare qd; *etw in den ~ schreiben* considerare perduto qc; *~ machen* darsi delle arie/vantarsi; *mit dem ~ segeln* seguire il vento; *Er weiß, woher der ~ weht.* Lui sa dove tira il vento.

Windel ['vındəl] *f* pannolino per neonati *m*

Windjacke ['vıntjakə] *f* giacca a vento *f*

Windkanal ['vıntkana:l] *m TECH* galleria del vento *f*

Windmühle ['vɪntmyːlə] *f* mulino a vento *m*
Windpocken ['vɪntpɔkən] *pl MED* varicella *f*
windschnittig ['vɪntʃnɪtɪç] *adj* aerodinamico
Windschutzscheibe ['vɪntʃutsʃaɪbə] *f (eines Autos)* parabrezza *m*
Windstärke ['vɪntʃtɛrkə] *f* forza del vento *f*
Windstille ['vɪntʃtɪlə] *f* calma *f*
Wink [vɪŋk] *m 1.* gesto *m,* segno *m; 2. (fig)* accenno *m; jdm einen ~ geben* fare un cenno a qd
Winkel ['vɪŋkəl] *m 1. MATH* angolo *m; 2. (fig: Plätzchen)* cantuccio *m*
winken ['vɪŋkən] *v* chiamare con un cenno
Winter ['vɪntər] *m* inverno *m*
winterlich ['vɪntərlɪç] *adj* invernale
Winterreifen ['vɪntərraɪfən] *m (eines Autos)* pneumatico invernale *m*
Winterschlussverkauf ['vɪntərʃlusfɛrkauf] *m* liquidazione di fine inverno *f*
Wintersport ['vɪntərʃpɔrt] *m* sport invernale *m*
Winzer ['vɪntsər] *m* vendemmiatore *m*
winzig ['vɪntsɪç] *adj* minuscolo, piccolissimo
Wippe ['vɪpə] *f* altalena *f,* bilanciere *m*
wir [viːr] *pron* noi
Wirbelsäule ['vɪrbəlsɔylə] *f ANAT* colonna vertebrale *f,* spina dorsale *f*
wirken ['vɪrkən] *v 1. (tätig sein)* fare, esercitare; *2. (wirksam sein)* avere effetto; *3. (Eindruck erwecken)* fare impressione
wirklich ['vɪrklɪç] *adj 1.* reale; *adv 2.* realmente
Wirklichkeit ['vɪrklɪçkaɪt] *f* realtà *f*
wirklichkeitsnah ['vɪrklɪçkaɪtsnaː] *adj 1.* realistico; *adv 2.* realisticamente
wirksam ['vɪrkzaːm] *adj 1.* efficace; *adv 2.* efficacemente
Wirksamkeit ['vɪrkzaːmkaɪt] *f* efficacia *f*
Wirkung ['vɪrkuŋ] *f* effetto *m,* azione *f*
Wirkungsbereich ['vɪrkuŋsbəraɪç] *m* sfera d'azione *f,* campo d'azione *m*
wirkungslos ['vɪrkuŋsloːs] *adj* senza effetto, inefficace
wirkungsvoll ['vɪrkuŋsfɔl] *adj* efficace
Wirsing ['vɪrzɪŋ] *m BOT* verza *f*
Wirt [vɪrt] *m* oste *m,* taverniere *m,* albergatore *m*
Wirtschaft ['vɪrtʃaft] *f 1. ECO* economia *f; 2. (Gasthaus)* osteria *f,* locanda *f*

wirtschaftlich ['vɪrtʃaftlɪç] *adj* economico
Wirtschaftlichkeit ['vɪrtʃaftlɪçkaɪt] *f* redditività *f*
Wirtschaftsgemeinschaft ['vɪrtʃaftsgəmainʃaft] *f ECO* comunità economica *f*
Wirtschaftskriminalität ['vɪrtʃaftskriminaliteːt] *f JUR* criminalità economica *f*
Wirtschaftskrise ['vɪrtʃaftskriːzə] *f ECO* crisi economica *f*
Wirtschaftspolitik ['vɪrtʃaftspolitiːk] *f POL* politica economica *f*
Wirtschaftsprüfer ['vɪrtʃaftspryːfər] *m* revisore dei conti *m*
Wirtschaftswunder ['vɪrtʃaftsvundər] *n ECO* miracolo economico *m*
Wirtshaus ['vɪrtshaus] *n* osteria *f,* taverna *f*
wischen ['vɪʃən] *v* pulire
wispern ['vɪspərn] *v* sussurrare, bisbigliare
wissbegierig ['vɪsbəgiːrɪç] *adj* assetato di conoscenze
wissen ['vɪsən] *v irr* sapere; *von jdm nichts ~ wollen* non voler sapere niente di qd; *es ~ wollen* volersi mettere alla prova
Wissen ['vɪsən] *n* sapere *m,* conoscenza *f*
Wissenschaft ['vɪsənʃaft] *f* scienza *f*
Wissenschaftler ['vɪsənʃaftlər] *m* scienziato *m*
wissenschaftlich ['vɪsənʃaftlɪç] *adj* scientifico
wissenswert ['vɪsənsveːrt] *adj* interessante
wissentlich ['vɪsəntlɪç] *adj* consapevole
wittern ['vɪtərn] *v 1.* fiutare; *2. (ahnen)* intuire, subodorare; *Gefahr ~* subodorare il pericolo
Witterung ['vɪtəruŋ] *f 1. (Wetter)* tempo atmosferico *m; 2. (Wittern)* fiuto *m,* odorato *m; eine gute ~ haben* avere buon naso
Witwe ['vɪtvə] *f* vedova *f*
Witwenrente ['vɪtvənrɛntə] *f* pensione vedovile *f*
Witwer ['vɪtvər] *m* vedovo *m*
Witz [vɪts] *m 1. (Geschichte)* barzelletta *f; 2. (Scherz)* scherzo *m; ~e reißen* raccontare barzellette; *Mach keine ~e!* Non scherzare! *3. (Esprit)* spirito *m*
witzig ['vɪtsɪç] *adj* spiritoso, arguto
witzlos ['vɪtsloːs] *adj 1. (ohne Witz)* insulso, melenso; *2. (zwecklos)* inutile
wo [voː] *adv* dove
woanders [voˈandərs] *adv* altrove

Woche ['vɔxə] *f* settimana *f*
Wochenbett ['vɔxənbɛt] *n MED* puerperio *m*
Wochenblatt ['vɔxənblat] *n* settimanale *m*
Wochenende ['vɔxənɛndə] *n* finesettimana *m*, week-end *m*
wochenlang ['vɔxənlaŋ] *adj 1.* di più settimane; *adv 2.* per settimane
Wochenlohn ['vɔxənloːn] *m* paga settimanale *f*
Wochenmarkt ['vɔxənmarkt] *m* mercato settimanale *m*
Wochentag ['vɔxəntaːk] *m* giorno della settimana *m*
wochentags ['vɔxəntaːks] *adv* nei giorni feriali
wöchentlich ['vœçəntlıç] *adj* settimanale
Wöchnerin ['vœçnərın] *f* puerpera *f*
wodurch [vo'durç] *adv* come, per mezzo di che cosa
wofür [vo'fyːr] *adv* per che cosa, per cui
Woge ['voːgə] *f 1. (Welle)* onda *f*, flutto *m;* 2. *(fig)* ondata *f*
wogegen [vo'geːgən] *adv* contro che cosa, contro cui
woher [vo'heːr] *pron* di dove, da dove; *Woher kommst du?* Da dove vieni?
wohin [vo'hın] *pron* dove
wohl [voːl] *adv 1. (gut)* bene; *er weiß das ~* lo sa benissimo; *~ tun* far bene 2. *(etwa)* circa; 3. *(wahrscheinlich)* probabilmente; 4. *(sicher)* certamente
Wohl [voːl] *n* bene *m; Zum ~!* Alla salute!
Wohlbefinden ['voːlbəfındən] *n* salute *f*, benessere *m*
wohlerzogen ['voːlɛrtsoːgən] *adj* beneducato
Wohlfahrt ['voːlfaːrt] *f* prosperità *f*, benessere *m*
Wohlgefallen ['voːlgəfalən] *n* compiacimento *m*, soddisfazione *f*
wohlgemerkt ['voːlgəmɛrkt] *adv* beninteso, nota bene
Wohlgeruch ['voːlgərux] *m* profumo *m*, buon odore *m*
wohlgesinnt ['voːlgəzınt] *adj* bendisposto, benintenzionato
wohlhabend ['voːlhaːbənt] *adj* agiato, benestante
wohlig ['voːlıç] *adj* piacevole, gradevole
wohlschmeckend ['voːlʃmɛkənt] *adj* gustoso, saporito
Wohlstand ['voːlʃtant] *m* agiatezza *f*

Wohlstandsgesellschaft ['voːlʃtantsgəzɛlʃaft] *f* società del benessere *f*
Wohltat ['voːltaːt] *f* bene *m*, opera di bene *f*
Wohltäter ['voːltɛːtər] *m* benefattore *m*
wohltuend ['voːltuːənt] *adj* benefico, piacevole, gradevole
Wohlwollen ['voːlvɔlən] *n* benevolenza *f*
wohlwollend ['voːlvɔlənt] *adj* benevolo
wohnen ['voːnən] *v* abitare
Wohnfläche ['voːnflɛçə] *f* superficie abitabile *f*
Wohngemeinschaft ['voːngəmaınʃaft] *f* abitazione in comune *f*
wohnhaft ['voːnhaft] *adv* domiciliato, residente
wohnlich ['voːnlıç] *adj* comodo, confortevole
Wohnmobil ['voːnmobiːl] *n* camper *m*
Wohnort ['voːnɔrt] *m* domicilio *m*, luogo di residenza *m*
Wohnung ['voːnuŋ] *f* abitazione *f*
Wohnungsbau ['voːnuŋsbau] *m* edilizia residenziale *f*
Wohnviertel ['voːnfırtəl] *n* quartiere residenziale *m*
Wohnwagen ['voːnvaːgən] *m* roulotte *f*, caravan *m/f*
Wohnzimmer ['voːntsımər] *n* soggiorno *m*, salotto *m*
Wolf [vɔlf] *m 1. ZOOL* lupo *m; unter die Wölfe kommen* essere trattato brutalmente/ essere assalito dai lupi; *ein ~ im Schafspelz* un lupo in veste di agnello *m; 2. jdn durch den ~ drehen* passare qd nel tritacarne
Wolke ['vɔlkə] *f* nuvola *f; aus allen ~n fallen* cadere dalle nuvole; *über allen ~n schweben* avere la testa tra le nuvole; *auf ~ sieben schweben* essere al settimo cielo
Wolkenbruch ['vɔlkənbrux] *m* nubifragio *m*
Wolkenkratzer ['vɔlkənkratsər] *m* grattacielo *m*
wolkenlos ['vɔlkənloːs] *adj* senza nubi, sereno
wolkig ['vɔlkıç] *adj* nuvoloso
Wolle ['vɔlə] *f* lana *f; sich in die ~ kriegen* andare in causa/essere in contesa
wollen ['vɔlən] *v irr* volere
womit [vo'mıt] *adv 1. (interr)* con che cosa; 2. *(rel)* con cui
wonach [vo'naːx] *adv 1. (interr)* di che cosa, a che cosa; 2. *(rel)* secondo la qc; 3. *(zeitlich)* dopo di che

woran [vo'ran] *adv 1. (interr)* a che cosa; *2. (rel)* a cui
worauf [vo'rauf] *adv 1. (interr)* su che cosa; *2. (rel)* su cui
woraus [vo'raus] *adv 1. (interr)* da che cosa; *2. (rel)* da cui
worin [vo'rɪn] *adv 1. (interr)* in che cosa; *2. (rel)* in cui
World Wide Web ['wœːrld waɪd web] *n* servizio Web *m*
Wort [vɔrt] *n* parola *f; das ~ haben* avere la parola; *das letzte ~ haben* avere l'ultima parola; *im wahrsten Sinne des ~es* nel vero senso della parola; *das ~ ergreifen* prendere la parola; *jdm das ~ erteilen* dare la parola a qd; *jdm das ~ entziehen* togliere la parola a qd; *jdm das ~ verbieten* interdire la parola a qd; *für jdn ein gutes ~ einlegen* mettere una buona parola per qd; *jdm das ~ aus dem Munde nehmen* togliere la parola di bocca a qd; *kein ~ über etw verlieren* non spendere altre parole su qc; *jdm ins ~ fallen* dare sulla voce a qd; *sich zu ~ melden* chiedere la parola
Wörterbuch ['vœrtərbuːx] *n* vocabolario *m,* dizionario *m*
Wortführer ['vɔrtfyːrər] *m* portavoce *m*
wortgewandt ['vɔrtgəvant] *adj* eloquente
wortkarg ['vɔrtkark] *adj* laconico, di poche parole
Wortlaut ['vɔrtlaut] *m* testo *m*
wörtlich ['vœrtlɪç] *adj* letterale, testuale
wortlos ['vɔrtloːs] *adj 1.* senza parole, muto; *adv 2.* senza parlare
Wortschatz ['vɔrtʃats] *m* patrimonio lessicale, vocabolario *m*
Wortwechsel ['vɔrtvɛksəl] *m* alterco *m,* diverbio *m*
worüber [vo'ryːbər] *adv 1. (interr)* su che cosa; *2. (rel)* su cui
worum [vo'rum] *adv 1. (interr)* di che cosa; *2. (rel)* di cui
worunter [vo'runtər] *adv 1. (interr)* sotto che cosa; *2. (rel)* sotto cui
wovon [vo'fɔn] *adv 1. (interr)* di che cosa; *2. (rel)* di cui
wovor [vo'foːr] *adv 1. (interr)* davanti a che cosa; *2. (rel)* davanti a cui
wozu [vo'tsuː] *adv 1. (interr)* a che cosa, per che cosa; *2. (rel)* a cui, per cui
Wrack [vrak] *n* relitto *m*
Wucher ['vuːxər] *m* usura *f*
wuchern ['vuːxərn] *v 1.* crescere rigogliosamente, lussureggiare; *Der Efeu wuchert.*

L'edera cresce rigogliosa./L'edera lussureggia; *2. (Wucher treiben)* esercitare l'usura
Wuchs [vuːks] *m 1. (Wachsen)* crescita *f; 2. (Körperbau)* corporatura *f,* figura *f*
Wucht [vuxt] *f* violenza *f,* impeto *m*
wühlen ['vyːlən] *v 1. (graben)* scavare; *2. (Schwein)* grufolare; *3. (suchen)* frugare
wund [vunt] *adj 1.* ferito; *2. ~es Herz (fig)* cuore ferito
Wunde ['vundə] *f* piaga *f*
Wunder ['vundər] *n* miracolo *m; sein blaues ~ erleben* vederne delle belle/fare un'esperienza sgradevole
wunderbar ['vundərbaːr] *adj* miracoloso, meraviglioso, magnifico
Wunderkind ['vundərkɪnt] *n* bambino prodigio *m*
wunderlich ['vundərlɪç] *adj* strano
wundern ['vundərn] *v sich ~* stupirsi, meravigliarsi
wundervoll ['vundərfɔl] *adj* meraviglioso, stupendo
Wundstarrkrampf ['vuntʃtarrkrampf] *m* MED tetano *m*
Wunsch [vunʃ] *m 1.* desiderio *m; 2. (Glückwunsch)* augurio *m*
Wunschbild ['vunʃbɪlt] *n* ideale *m*
wünschen ['vynʃən] *v* desiderare
Würde ['vyrdə] *f* dignità *f*
Würdenträger ['vyrdəntrɛːgər] *m* dignitario *m*
würdig ['vyrdɪç] *adj* degno
würdigen ['vyrdɪgən] *v* apprezzare, degnare
Würfel ['vyrfəl] *m 1.* dado *m; Die ~ sind gefallen.* Il dado è tratto. *2. MATH* cubo *m*
würgen ['vyrgən] *v* strozzare, strangolare
Wurm [vurm] *m ZOOL* verme *m*
Wurst [vurst] *f GAST* salsiccia *f*
Würze ['vyrtsə] *f* spezie *f/pl*
Wurzel ['vurtsəl] *f* radice *f*
wurzeln ['vurtsəln] *v* mettere radici
würzen ['vyrtsən] *v* condire, aromatizzare
würzig ['vyrtsɪç] *adj* condito, saporito
wüst [vyːst] *adj 1. (öde)* deserto; *2. (ausschweifend)* dissoluto; *3. (wirr)* disordinato
Wüste ['vyːstə] *f* deserto *m*
Wüstling ['vyːstlɪŋ] *m* libertino *m,* dissoluto *m*
Wut [vuːt] *f* furia *f,* furore *m*
Wutausbruch ['vuːtausbrux] *m* accesso d'ira *m,* impeto di collera *m*
wütend ['vyːtənt] *adj 1.* furente, infuriato; *adv 2.* furiosamente

X/Y/Z

x-Achse [ˈɪksaksə] *f MATH* asse X *m*
X-Beine [ˈɪksbaɪnə] *pl* ginocchio valgo *m*, gambe a X *f/pl*
x-beliebig [ˈɪksbəliːbɪç] *adj* qualunque, qualsiasi
Xenophobie [ksenofoˈbiː] *f* xenofobia *f*
x-fach [ˈɪksfax] *adj* molteplice
x-mal [ɪksˈmaːl] *adv* per l'ennesima volta
X-Strahlen [ˈɪksʃtraːlən] *pl PHYS* raggi X *m/pl*
Xylophon [ksyloˈfoːn] *n MUS* xilofono *m*
y-Achse [ˈypsilɔnaksə] *f MATH* asse Y *m*
Ypsilon [ˈypzilɔn] *n* ipsilon *m/f*, ypsilon *m/f*
Yuppie [ˈjupiː] *m* yuppie *m*
Zack [tsak] *m auf ~ sein* essere in gamba; *jdn auf ~ bringen* motivare qd; *etw auf ~ bringen* far funzionare al meglio qc
Zacke [ˈtsakə] *f* 1. punta *f;* 2. *(Gabelzacke)* rebbio *m;* 3. *(Kammzacke)* dente *m*
Zacken [ˈtsakən] *m sich keinen ~ aus der Krone brechen* non sprecarsi
zaghaft [ˈtsaːkhaft] *adj* 1. pauroso; *adv* 2. timidamente
zäh [tsɛː] *adj* tenace
zähflüssig [ˈtsɛːflysɪç] *adj* viscoso
Zahl [tsaːl] *f* numero *m; rote ~en schreiben* segnare perdite; *schwarze ~en schreiben* segnare guadagni
zahlbar [ˈtsaːlbaːr] *adj* pagabile
zahlen [ˈtsaːlən] *v* pagare
zählen [ˈtsɛːlən] *v* contare
Zähler [ˈtsɛːlər] *m* 1. *MATH* numeratore *m;* 2. *TECH* contatore *m*
zahlreich [ˈtsaːlraɪç] *adj* 1. numeroso; *adv* 2. in gran numero, numerosamente
Zahlung [ˈtsaːluŋ] *f* pagamento *m*
Zahlungsbedingungen [ˈtsaːluŋsbədɪŋuŋən] *f/pl ECO* condizioni di pagamento *f/pl*
zahlungsfähig [ˈtsaːluŋsfɛːɪç] *adj ECO* solvibile
zahlungsunfähig [ˈtsaːluŋsunfɛːɪç] *adj ECO* insolvibile
Zahlungsunfähigkeit [ˈtsaːluŋsunfɛːɪçkaɪt] *f ECO* insolvibilità *f*
zahm [tsaːm] *adj* docile, mansueto
zähmen [ˈtsɛːmən] *v* addomesticare
Zahn [tsaːn] *m ANAT* dente *m; jdm auf den ~ fühlen (fig)* mettere alla prova qd; *jdm den ~*

ziehen togliere tutte le illusioni a qd/togliere tutte le speranze a qd; *einen ~ zulegen* aumentare il regime/andare più veloce; *die Zähne zusammenbeißen* stringere i denti; *sich an etw die Zähne ausbeißen* affaticarsi per qd; *bewaffnet bis an die Zähne* armato sino ai denti
Zahnarzt [ˈtsaːnartst] *m* dentista *m*, odontoiatra *m*
Zahnbürste [ˈtsaːnbyrstə] *f* spazzolino da denti *m*
Zahnersatz [ˈtsaːnɛrzats] *m* protesi dentaria *f*
Zahnfleisch [ˈtsaːnflaɪʃ] *n* gengiva *f*
Zahnpasta [ˈtsaːnpasta] *f* dentifricio *m*
Zahnrad [ˈtsaːnraːt] *n* ruota dentata *f*
Zahnschmerzen [ˈtsaːnʃmɛrtsən] *pl* mal di denti *m*
Zahnstein [ˈtsaːnʃtaɪn] *m* tartaro dentario *m*
Zahnstocher [ˈtsaːnʃtɔxər] *m* stuzzicadenti *m*
Zange [ˈtsaŋə] *f* tenaglia *f*, pinza *f; jdn in die ~ nehmen* mettere qd sotto torchio/torchiare qd
Zank [tsaŋk] *m* lite *f*, litigio *m*
zanken [ˈtsaŋkən] *v* rimproverare, sgridare
zappeln [ˈtsapəln] *v* 1. dimenarsi, dibattersi; 2. *(strampeln)* sgambettare; *jdn ~ lassen* tenere qd sulla corda/lasciar macerare qd
zart [tsart] *adj* tenero
zärtlich [ˈtsɛrtlɪç] *adj* tenero
Zärtlichkeit [ˈtsɛrtlɪçkaɪt] *f* tenerezza *f*
Zauber [ˈtsaubər] *m* 1. *(Magie)* magia *f; fauler ~* imbroglio/specchietto per le allodole; 2. *(fig)* fascino *m*
Zauberer [ˈtsaubərər] *m* mago *m*
zauberhaft [ˈtsaubərhaft] *adj (fig)* magico
zaubern [ˈtsaubərn] *v* fare giochi di prestigio, esercitare la magia
zaudern [ˈtsaudərn] *v* esitare, titubare
Zaum [tsaum] *m sich im ~ halten* frenarsi
Zaun [tsaun] *m* recinto *m*, recinzione *f; einen Streit vom ~ brechen* scatenare una lite immotivata
Zaunpfahl [ˈtsaunpfaːl] *m ein Wink mit dem ~* un chiaro segnale sottinteso *m*
Zebra [ˈtseːbra] *n ZOOL* zebra *f*
Zebrastreifen [ˈtseːbraʃtraɪfən] *m* strisce pedonali *f/pl*

Zeche ['tsɛçə] *f die ~ bezahlen müssen* dover pagare lo scotto; *die ~ prellen* non pagare il conto
Zecke ['tsɛkə] *f ZOOL* zecca *f*
Zehe ['tse:ə] *f* dito del piede *m*
zehn [tse:n] *num* dieci
zehnte(r,s) ['tse:ntə(r,s)] *adj 1.* decimo/decima; *2. (Datum)* dieci
Zeichen ['tsaiçən] *n 1.* segno *m; ein ~ setzen* lasciare un segno; *ein ~ der Zeit* un segno dei tempi *m*
Zeichentrickfilm ['tsaiçəntrikfilm] *m CINE* cartoni animati *m/pl*
zeichnen ['tsaiçnən] *v 1.* disegnare; *2. (markieren)* contrassegnare, marcare; *3. (unterschreiben)* firmare, sottoscrivere
Zeichnung ['tsaiçnuŋ] *f* disegno *m*
Zeigefinger ['tsaigəfiŋər] *m* indice *m*
zeigen ['tsaigən] *v* mostrare, indicare
Zeiger ['tsaigər] *m (Uhrzeiger)* lancetta *f*
Zeile ['tsailə] *f* riga *f*, linea *f*
Zeilenabstand ['tsailənapʃtant] *m* spazio interlineare *m*
Zeit [tsait] *f 1.* tempo *m; irgendwo die längste ~ gewesen sein* non voler mai più tornare in un posto; *sich mit etw die ~ vertreiben* passare il tempo con qc; *die ~ totschlagen* ammazzare il tempo; *jdm ~ lassen* lasciare tempo a qd; *sich ~ lassen* prendersela comoda; *sich für etw ~ nehmen* prendersi il tempo per qc; *Das hat ~.* Non è urgente./Non c'è fretta. *Es ist allerhöchste ~.* E' assolutamente ora./Non c'è tempo da perdere. *Ach du liebe ~!* Santo Cielo! *2. (Epoche)* epoca *f*, età *f*, tempo *m; 3. (Uhrzeit)* ora *f*
Zeitalter ['tsaitaltər] *n* era *f*, epoca *f*
Zeitarbeit ['tsaitarbait] *f* lavoro a tempo definito *m*
zeitgemäß ['tsaitgəmɛ:s] *adj* moderno, attuale
Zeitgenosse ['tsaitgənɔsə] *m* contemporaneo *m*
zeitgenössisch ['tsaitgənœsiʃ] *adj* contemporaneo
Zeitgeschichte ['tsaitgəʃiçtə] *f HIST* storia contemporanea *f*
zeitig ['tsaitiç] *adj* presto
zeitlich ['tsaitliç] *adj* temporale, cronologico; *das Zeitliche segnen* passare a nuova vita/morire
zeitlos ['tsaitlo:s] *adj 1. (ewig)* eterno; *2. (klassisch)* non soggetto alla moda, classico
Zeitlupe ['tsaitlu:pə] *f CINE* rallentatore *m*

Zeitpunkt ['tsaitpuŋkt] *m* momento *m*, istante *m*
Zeitraum ['tsaitraum] *m* spazio *m*, periodo *m*
Zeitschrift ['tsaitʃrift] *f* periodico *m*, rivista *f*
Zeitung ['tsaituŋ] *f* giornale *m*
Zeitungskiosk ['tsaituŋskiɔsk] *m* edicola *m*
Zeitverschwendung ['tsaitferʃvenduŋ] *f* perdita di tempo *f*
Zeitvertreib ['tsaitfertraip] *m* passatempo *m*, trastullo *m*
zeitweilig ['tsaitvailiç] *adj 1.* temporaneo, momentaneo; *adv 2.* temporaneamente, momentaneamente
Zelle ['tsɛlə] *f 1. (Gefängniszelle)* cella *f*; *2. BIO* cellula *f*
Zelt [tsɛlt] *n 1. (Campingzelt)* tenda *f*; *seine ~e abbrechen* levare le tende; *die ~e irgendwo aufschlagen* piantare le tende da qualche parte; *2. (Bierzelt)* padiglione *m*, capannone *m*, tendone *m; 3. (Zirkuszelt)* tendone del circo *m*
zelten ['tsɛltən] *v* campeggiare, accamparsi
Zeltplatz ['tsɛltplats] *m* campeggio *m*, camping *m*
Zement [tse'mɛnt] *m* cemento *m*
zementieren [tsemɛn'ti:rən] *v* cementare
zensieren [tsɛn'zi:rən] *v 1. (Schule)* classificare, dare un voto; *2. POL* censurare
Zensur [tsɛn'zu:r] *f 1. (in der Schule)* voto *m; 2. POL* censura *f; politische ~* censura politica *f*
Zentimeter ['tsɛntime:tər] *m* centimetro *m*
Zentner ['tsɛntnər] *m* mezzo quintale *m*
zentral [tsɛn'tra:l] *adj 1.* centrale; *adv 2.* al centro, centralmente
Zentralbank [tsɛn'tra:lbaŋk] *f ECO* banca centrale *f*
Zentrale [tsɛn'tra:lə] *f* centrale *f*
Zentralheizung [tsɛn'tra:lhaitsuŋ] *f* riscaldamento centrale *m*
Zentralverriegelung [tsɛn'tra:lferri:gəluŋ] *f (eines Autos)* chiusura centralizzata *f*
zentrieren [tsɛn'tri:rən] *v* centrare
Zentrum ['tsɛntrum] *n* centro *m*
zerbrechen [tsɛr'brɛçən] *v irr 1.* rompere, spezzare; *2. (fig)* infrangersi
zerbrechlich [tsɛr'brɛçliç] *adj 1.* fragile; *2. (fig)* delicato

zerdrücken [tsɛr'drykən] v schiacciare, spiegazzare
Zeremonie [tseremo'ni:] f cerimonia f
Zerfall [tsɛr'fal] m crollo m, rovina f
zerfallen [tsɛr'falən] v irr crollare, rovinarsi
zergehen [tsɛr'ge:ən] v irr sciogliersi, disfarsi
zerkleinern [tsɛr'klaınərn] v spezzettare, sminuzzare
zerknirscht [tsɛr'knırʃt] adj contrito
zerknittern [tsɛr'knıtərn] v spiegazzare, sgualcire
zerlegen [tsɛr'le:gən] v scomporre
zermürbend [tsɛr'myrbənt] adj logorante, fiaccante
zerreiben [tsɛr'raıbən] v irr 1. macinare; 2. (reiben) grattugiare
zerreißen [tsɛr'raısən] v irr 1. strappare, spezzare; 2. sich ~ farsi in quattro; 3. (fig) rompere; die Stille ~ rompere il silenzio
zerren ['tsɛrən] v tirare con forza
zerrinnen [tsɛr'rınən] v irr 1. scorrere via; 2. (schmelzen) sciogliersi
Zerrissenheit [tsɛr'rısənhaıt] f 1. divisione f, disunione f; 2. PSYCH sconcerto m
Zerrung ['tsɛruŋ] f MED stiramento m
zerschellen [tsɛr'ʃɛlən] v sfracellarsi
zerschlagen [tsɛr'ʃla:gən] v irr 1. rompere, spaccare; 2. (erschöpft sein) essere distrutto; 3. sich ~ (Pläne) andare in fumo; Das Projekt hat sich ~. Il progetto è andato in fumo.
zerschmettert [tsɛr'ʃmɛtərt] adj (fig) annichilito
zerspringen [tsɛr'ʃprıŋən] v irr scoppiare, esplodere
zerstören [tsɛr'ʃtø:rən] v distruggere, annientare
Zerstörung [tsɛr'ʃtø:ruŋ] f distruzione f, annientamento m
zerstreuen [tsɛr'ʃtrɔyən] v 1. disperdere, sparpagliare; 2. (fig) dissipare
zerstreut [tsɛr'ʃtrɔyt] adj 1. disperso; 2. (fig) distratto
Zerstreuung [tsɛr'ʃtrɔyuŋ] f 1. dispersione f; 2. (fig) svago m
zertrampeln [tsɛr'trampəln] v calpestare, scalpicciare
Zerwürfnis [tsɛr'vyrfnıs] n discordia f
Zettel ['tsɛtəl] m biglietto m
Zeug [tsɔyk] n cose f/pl, roba f; jdm am ~ flicken tagliare un cappotto a qd/gettare discredito su qd; sich ins ~ legen darsi da fare

Zeuge ['tsɔygə] m testimone m
zeugen ['tsɔygən] v 1. (aussagen) testimoniare; 2. (Kind) generare, procreare
Zeugenaussage ['tsɔygənausza:gə] f JUR deposizione f
Zeugin ['tsɔygın] f testimone f
Zeugnis ['tsɔyknıs] n 1. (Schulzeugnis) pagella f, diploma f; 2. (Bescheinigung) certificato m; 3. (Bekundung) testimonianza f; für jdn ein ~ ablegen rendere testimonianza a qd
Zeugung ['tsɔyguŋ] f procreazione f, riproduzione f
Ziege ['tsi:gə] f ZOOL capra f
Ziegel ['tsi:gəl] m 1. (Backstein) mattone m; 2. (Dachziegel) tegola f
ziehen ['tsi:ən] v irr 1. tirare; 2. (hervor~) estrarre; 3. (züchten) allevare; 4. (Linie) tracciare; 5. (um~) ~ nach trasferirsi a; 6. (fig) nach sich ~ tirarsi indietro; Aufmerksamkeit auf sich ~ attirare su di sé l'attenzione; sich in die Länge ~ tra-scinarsi per le lunghe/estendersi/andare per le lunghe
Ziehharmonika ['tsi:harmo:nıka] f MUS fisarmonica f
Ziehung ['tsi:uŋ] f estrazione f
Ziel [tsi:l] n 1. (örtlich) meta f, destinazione f; über das ~ hinausschießen oltrepassare ogni limite; 2. SPORT traguardo m, arrivo m; 3. (fig: Absicht) scopo m
zielbewusst ['tsi:lbəvust] adj 1. sicuro di sé; adv 2. risolutamente, con decisione
zielen ['tsi:lən] v mirare
Zielgruppe ['tsi:lgrupə] f gruppo di destinatari m
ziellos ['tsi:llo:s] adj senza meta
Zielscheibe ['tsi:lʃaıbə] f bersaglio m
zielstrebig ['tsi:lʃtre:bıç] adj tenace, risoluto
ziemlich ['tsi:mlıç] adj 1. considerevole, notevole; adv 2. abbastanza, alquanto, piuttosto
Zierde ['tsi:rdə] f ornamento m
zieren ['tsi:rən] v 1. (sich schmücken) ornarsi, adornarsi; 2. (fig) farsi pregare
zierlich ['tsi:rlıç] adj grazioso, carino
Zierlichkeit ['tsi:rlıçkaıt] f grazia f, leggiadria f
Ziffer ['tsıfər] f cifra f
Zifferblatt ['tsıfərblat] n quadrante m
zig [tsıç] num (fam) ennesimo
Zigarette [tsiga'rɛtə] f sigaretta f
Zigarettenautomat [tsiga'rɛtənauto-ma:t] m distributore automatico di sigarette m

Zigarre [tsi'garə] *f* sigaro *m*
Zigeuner(in) [tsi'gɔynər(ɪn)] *m/f* zingaro/zingara *m/f*
zigmal ['tsiçma:l] *adv* ennesima volta
Zimmer ['tsɪmər] *n* stanza *f,* camera *f*
Zimmermädchen ['tsɪmərmɛ:tçən] *n* cameriera *f*
Zimmermann ['tsɪmərman] *m* carpentiere *m*
zimmern ['tsɪmərn] *v* costruire in legno
zimperlich ['tsɪmpərlɪç] *adj 1.* delicato; *2. (heikel)* schizzinoso; *adv 3.* delicatamente, da smorfioso
Zimt [tsɪmt] *m* cannella *f*
Zink [tsɪŋk] *m CHEM* zinco *m*
Zinn [tsɪn] *m CHEM* stagno *m*
Zinsen ['tsɪnzən] *pl ECO* interessi *m/pl*
zinslos ['tsɪnslo:s] *adj ECO* infruttifero
Zinssatz ['tsɪnszats] *m ECO* tasso d'interesse *m*
Zirkel ['tsɪrkəl] *m 1. (Kreis)* cerchio *m; 2. MATH* compasso *m*
Zirkus ['tsɪrkus] *m* circo *m*
Zirkuszelt ['tsɪrkustsɛlt] *n* tendone del circo *m*
zischen ['tsɪʃən] *v 1.* fischiare, sibilare; *2. (Schlange)* sibilare
Zisterne [tsɪs'tɛrnə] *f* cisterna *f*
Zitat [tsi'ta:t] *n* citazione *f*
zitieren [tsi'ti:rən] *v* citare
Zitrone [tsi'tro:nə] *f* limone *m; jdn ausquetschen wie eine ~* spremere qd come un limone
Zitronenlimonade [tsi'tro:nənlimona:də] *f* limonata *f*
Zitrusfrüchte ['tsi:trusfryçtə] *pl* agrumi *m/pl*
zitterig ['tsɪtərɪç] *adj* tremante, tremolante
zittern ['tsɪtərn] *v* tremare
zivil [tsi'vi:l] *adj* civile, borghese
Zivilcourage [tsi'vi:lkura:ʒə] *f* coraggio civile *m*
Zivildienst [tsi'vi:ldi:nst] *m* servizio civile *m*
Zivilisation [tsiviliza'tsjo:n] *f* civiltà *f,* civilizzazione *f*
Zivilisationskrankheit [tsiviliza'tsjo:nskraŋkhaɪt] *f* malattia dell'uomo moderno *f*
zivilisiert [tsivili'zi:rt] *adj* civilizzato, civile
Zivilkleidung [tsi'vi:lbəklaɪduŋ] *f* abito civile *m,* abiti borghesi *m/pl*
Zivilrecht [tsi'vi:lrɛçt] *n JUR* diritto civile *m*

zögern ['tsø:gərn] *v* temporeggiare, indugiare, tardare
zögernd ['tsø:gərnt] *adj 1.* che temporeggia; *adv 2.* con esitazione
Zölibat [tsø:li'ba:t] *m/n REL* celibato *m*
Zoll [tsɔl] *m 1. (Behörde)* dogana *f,* dazio *m; 2. (Gebühr)* diritti doganali *m/pl,* dazio *m; 3. (Maßeinheit)* pollice *m*
Zollabfertigung ['tsɔlapfɛrtɪguŋ] *f* disbrigo delle formalità doganali *m*
Zollbeamter ['tsɔlbəamtər] *m* daziere *m,* impiegato *m*
Zollerklärung ['tsɔlɛrklɛ:ruŋ] *f* dichiarazione doganale *f*
zollfrei ['tsɔlfraɪ] *adj* esente da dazio
Zollkontrolle ['tsɔlkɔntrɔlə] *f* controllo doganale *m*
zollpflichtig ['tsɔlpflɪçtɪç] *adj* soggetto a dazio
Zollstock ['tsɔlʃtɔk] *m* metro pieghevole *m*
Zolltarif ['tsɔltari:f] *m* tariffa daziaria *f*
Zone ['tso:nə] *f* zona *f,* territorio *m*
Zoo [tso:] *m* zoo *m,* giardino zoologico *m*
Zopf [tsɔpf] *m* treccia *f*
Zorn [tsɔrn] *m* collera *f,* rabbia *f*
zornig ['tsɔrnɪç] *adj* arrabbiato, rabbioso
zu [tsu:] *prep 1.* a; *~ Tisch* a tavola *~m Monatsende* kündigen dare disdetta per la fine del mese; *~r Beruhigung* per consolazione; *~m Glück* per fortuna; *~ Hilfe kommen* venire in aiuto; *~r Belohnung* come ricompensa; *~ etw werden* trasformarsi in qc/diventare qc; *~m Vorsitzenden wählen* votare come presidente; *der Dom ~ Köln* il duomo di Colonia; *2. (Richtung)* da, a, di; *bis ~* fino a; *~ Wasser und ~ Lande* per mare e per terra; *~ einem Drittel* per un terzo; *~ sich kommen* tornare in sé; *~ jdm hinübersehen* guardare attraverso qd; *Das Zimmer liegt ~r Straße.* La camera dà sulla strada. *~ beiden Seiten* su ambo i lati; *adv 3. ~ viel* troppo, molto; *~ wenig* troppo poco; *4. (geschlossen)* chiuso; *Tür ~!* Chiudere la porta!
Zubehör ['tsu:bəhø:r] *n* accessori *m/pl*
zubereiten ['tsu:bəraɪtən] *v* preparare
Zubereitung ['tsu:bəraɪtuŋ] *f* preparazione *f*
zubilligen ['tsu:bɪlɪgən] *v* accordare, concedere
zubinden ['tsu:bɪndən] *v irr* chiudere, legare
Zubringerstraße ['tsu:brɪŋərʃtra:sə] *f* svincolo *m,* raccordo *m*

Zucht [tsuxt] *f 1. (Tierzucht)* allevamento *m; 2. (Pflanzenzucht)* coltivazione *f; 3. (Disziplin)* disciplina *f*

züchten ['tsyçtən] *v 1. (Tiere)* allevare; *2. (Pflanzen)* coltivare

Züchter(in) ['tsyçtər(ɪn)] *m/f 1. (Tierzüchter(in))* allevatore/allevatrice *m/f; 2. (Pflanzenzüchter(in))* coltivatore/coltivatrice *m/f*

Zuchthaus ['tsuxthaus] *n* penitenziario *m*

zucken ['tsukən] *v* scrollare, scuotere

Zucker ['tsukər] *m* zucchero *m*

Zuckerkrankheit ['tsu:kərkraŋkhaɪt] *f* MED diabete *m*

zuckern ['tsukərn] *v* zuccherare

Zudecke ['tsu:dɛkə] *f* coperta *f*

zudecken ['tsu:dɛkən] *v* coprire, ricoprire

zudem ['tsude:m] *adv* oltre a ciò, inoltre

zudrehen ['tsu:dre:ən] *v 1.* chiudere; *2. jdm den Rücken ~ (fig)* votare le spalle a qd

zudringlich ['tsu:drɪŋlɪç] *adj* importuno, indiscreto

zueinander [tsuaɪ'nandər] *adv* uno verso l'altro

zuerkennen ['tsu:ɛrkɛnən] *v irr* aggiudicare, conferire

zuerst [tsu'erst] *adv* prima

Zufahrt ['tsu:fa:rt] *f* accesso *m*

Zufahrtstraße ['tsu:fa:rtsʃtra:sə] *f* strada d'accesso *f*

Zufall ['tsu:fal] *m* caso *m*, coincidenza *f*, combinazione *f; ein Spiel des ~s* un capriccio del caso *m*

zufällig ['tsu:fɛlɪç] *adj 1.* accidentale, fortuito, casuale; *adv 2.* per caso

Zufallstreffer ['tsu:falstrɛfər] *m* centro fortuito *m*

Zuflucht ['tsu:fluxt] *f* rifugio *m*

Zufluss ['tsu:flus] *m* afflusso *m*

zufrieden [tsu'fri:dən] *adj* soddisfatto, contento; *sich ~ geben* accontentarsi; *~ stellen* accontentare/soddisfare/far contento

Zufriedenheit [tsu'fri:dənhaɪt] *f* contentezza *f*, soddisfazione *f*

zufrieren ['tsu:fri:rən] *v irr* ghiacciarsi

zufügen ['tsu:fy:gən] *v 1. (hinzugeben)* aggiungere; *2. (Schaden)* recare

Zufuhr ['tsu:fu:r] *f* afflusso *m*, arrivo *m*

Zug [tsu:k] *m 1. (Eisenbahn)* treno *m*, convoglio *m; im falschen ~ sitzen (fig)* essere sul binario sbagliato/aver preso la decisione sbagliata; *Der ~ ist abgefahren.* Il treno è già partito. *Der ~ ist abgefahren. (fig)* E' troppo tardi. *2. (Umzug)* corteo *m; ein ~ von Demonstranten* un corteo di dimostranti *m;*

3. (Luftzug) corrente d'aria *f; 4. (Wesenszug)* lato *m; etw in vollen Zügen genießen* godere pienamente di qc; *in den letzten Zügen liegen* essere in agonia; *zum ~e kommen* entrare in gioco/entrare in azione

Zugabe ['tsu:ga:bə] *f 1.* aggiunta *f; 2. (im Konzert)* pezzo fuori programma *m, bis m*

Zugabteil ['tsu:kaptaɪl] *n* scompartimento ferroviario *m*

Zugang ['tsu:gaŋ] *m 1. (Eingang)* entrata *f,* ingresso *m; 2. (Zutritt)* accesso *m; 3. (Warenzugang)* ECO entrata *f*

zugänglich ['tsu:gɛŋlɪç] *adj 1. (erreichbar)* accessibile; *2. (verfügbar)* disponibile, a disposizione; *3. (fig)* accessibile

Zuganschluss ['tsu:kanʃlus] *m* coincidenza dei treni *f*

zugeben ['tsu:ge:bən] *v irr (einräumen)* concedere, ammettere

zugegen [tsu'ge:gən] *adv ~ sein* essere presente

zugehörig ['tsu:gəhø:rɪç] *adj* appartenente

Zugehörigkeit ['tsu:gəhø:rɪçkaɪt] *f* appartenenza *f*

Zügel ['tsy:gəl] *m* briglia *f; die ~ fest in der Hand haben* tenere saldamente le redini in mano; *die ~ straffer ziehen* tirare le redini/diventare più severo; *die ~ schleifen lassen* allentare le redini/diventare meno severo

zügellos ['tsy:gəllo:s] *adj (fig)* sfrenato

zügeln ['tsy:gəln] *v 1. (fig)* frenare; *den Zorn ~* frenare l'ira; *2. (Pferd)* tenere le briglia

Zugeständnis ['tsu:gəʃtɛntnɪs] *n* concessione *f*

zugestehen ['tsu:gəʃte:ən] *v irr* concedere, accordare

Zugführer(in) ['tsu:kfy:rər(ɪn)] *m/f* capotreno *m/f*

zügig ['tsy:gɪç] *adj* rapido, scorrevole; *~ er Verkehr* traffico scorrevole *m*

zugleich [tsu'glaɪç] *adv* nello stesso tempo

Zugluft ['tsu:kluft] *f* corrente *f*

zugrunde [tsu'grundə] *adv ~ gehen* andare in rovina; *~ legen* porre alla base; *~ liegen* stare alla base; *~ richten* mandare in rovina

Zugunglück ['tsu:kunglyk] *n* disastro ferroviario *m*

zugunsten [tsu'gunstən] *prep* a favore di

Zugvogel ['tsu:kfo:gəl] *m* ZOOL uccello migratore *m*

zuhalten ['tsu:haltən] *v irr* tenere chiuso
Zuhälter ['tsu:hɛltər] *m* protettore di prostitute *m*, sfruttatore di donne *m*
Zuhause [tsu'hauzə] *n* casa *f*
zuhören ['tsu:høːrən] *v* stare a sentire
Zuhörer(in) ['tsu:høːrər(ɪn)] *m/f* ascoltatore/ascoltatrice *m/f*
zukleben ['tsu:kleːbən] *v* chiudere con la colla, incollare
zuknöpfen ['tsu:knœpfən] *v* abbottonare
Zukunft ['tsu:kunft] *f* futuro *m*
zukünftig ['tsu:kynftɪç] *adj 1.* futuro, venturo; *adv 2.* in futuro, in avvenire
Zulage ['tsu:laːgə] *f* supplemento *m*, aumento *m*
zulassen ['tsu:lasən] *v irr 1. (geschlossen lassen)* lasciare chiuso; *2. (gestatten)* permettere; *3. zur Prüfung* ~ ammettere all'esame; *4. (Auto)* immatricolare
zulässig ['tsu:lɛsɪç] *adj* ammesso, permesso
Zulässigkeit ['tsu:lɛsɪçkaɪt] *f* ammissibilità *f*
Zulassung ['tsu:lasuŋ] *f 1.* ammissione *f*, accettazione *f*; *2. (Erlaubnis)* permesso *m*; *3. (eines Autos)* immatricolazione *f*
Zulauf ['tsu:lauf] *m* afflusso *m*
Zuleitung ['tsu:laɪtuŋ] *f* afflusso *m*
zuletzt [tsu'lɛtst] *adv* per ultimo
zuliebe [tsu'liːbə] *adv* per amore
Zulieferung ['tsu:liːfəruŋ] *f* fornitura *f*
zum (= zu dem) (siehe „zu")
zumachen ['tsu:maxən] *v* chiudere
zumal [tsu'maːl] *adv 1.* principalmente, soprattutto; *konj 2.* tanto più che
zumeist [tsu'maɪst] *adv* per lo più
zumindest [tsu'mɪndəst] *adv* per lo meno
zumutbar ['tsu:muːtbaːr] *adj* accettabile, ragionevole
zumuten ['tsu:muːtən] *v* pretendere
Zumutung ['tsu:muːtuŋ] *f* pretesa *f*
zunächst [tsu'nɛːçst] *adv* innanzitutto, in primo luogo
Zunahme ['tsu:naːmə] *f* aumento *m*, incremento *m*
Zuname ['tsu:naːmə] *m* cognome *m*
zünden ['tsyndən] *v* accendere
Zündholz ['tsynthɔlts] *n* fiammifero *m*
Zündkerze ['tsyntkɛrtsə] *f (beim Motor)* candela *f*
Zündschlüssel ['tsyntʃlysəl] *m (eines Fahrzeuges)* chiavetta d'accensione *f*
Zündung ['tsynduŋ] *f (des Motors)* accensione *f*

zunehmen ['tsu:neːmən] *v irr 1.* aumentare, crescere; *2. (an Gewicht)* aumentare di peso, ingrassare
Zuneigung ['tsu:naɪguŋ] *f* affetto *m*
Zunge ['tsuŋə] *f* ANAT lingua *f; die* ~ *im Zaum halten* tenere a freno la lingua; *jdm die* ~ *lösen* sciogliere la lingua a qd; *sich auf die* ~ *beißen* mordersi la lingua/sforzarsi di non parlare; *Es liegt mir auf der* ~. Ce l'ho sulla punta della lingua. *Das Geheimnis brennt ihm auf der* ~. Vuole svelare il segreto a tutti i costi. *schwer von der* ~ *gehen* uscire a stento dalla bocca
zunichte [tsu'nɪçtə] *v* ~ *machen* annientare, distruggere
zunutze [tsu'nutsə] *adv sich etw* ~ *machen* trarre vantaggio da qc; *sich eine Situation* ~ *machen* trarre vantaggio da una situazione
zuordnen ['tsu:ɔrdnən] *v* associare, attribuire
Zuordnung ['tsu:ɔrdnuŋ] *f* attribuzione *f*, coordinamento *m*
zur (= zu der) (siehe „zu")
zurechnungsfähig ['tsu:rɛçnuŋsfɛːɪç] *adj* JUR imputabile
zurechtfinden [tsu'rɛçtfɪndən] *v irr sich* ~ raccapezzarsi, orientarsi
zurechtmachen [tsu'rɛçtmaxən] *v* preparare; *sich* ~ prepararsi; *Sie ist sehr zurechtgemacht.* E' troppo truccata.
zurechtweisen [tsu'rɛçtvaɪzən] *v irr* rimproverare
zürnen ['tsyrnən] *v* essere adirato
zurück [tsu'ryk] *adv* indietro
zurückbehalten [tsu'rykbəhaltən] *v irr* trattenere
zurückbezahlen [tsu'rykbətsaːlən] *v* rimborsare, restituire
zurückbilden [tsu'rykbɪldən] *v sich* ~ regredire
zurückbringen [tsu'rykbrɪŋən] *v irr* riportare
zurückdrängen [tsu'rykdrɛŋən] *v* respingere
zurückerhalten [tsu'rykɛrhaltən] *v irr* riottenere
zurückerobern [tsu'rykɛroːbərn] *v* riconquistare
zurückerstatten [tsu'rykɛrʃtatən] *v* rimborsare
zurückfahren [tsu'rykfaːrən] *v irr* tornare, andare indietro
zurückführen [tsu'rykfyːrən] *v 1.* ricondurre, riportare indietro; *2. (fig)* far risalire

zurückgeben [tsu'rykgeːbən] *v irr* restituire
zurückgeblieben [tsu'rykgəbliːbən] *adj* indietro, rimasto indietro
zurückgehen [tsu'rykgeːən] *v irr* 1. ripercorrere; 2. *(sinken)* abbassarsi, calare; 3. ~ *auf (fig)* risalire su
zurückgezogen [tsu'rykgətsoːgən] *adj* 1. ritirato; *adv* 2. in ritiro, riservatamente
zurückgreifen [tsu'rykgraɪfən] *v irr* ~ *auf* ricorrere
zurückhalten [tsu'rykhaltən] *v irr* 1. *etw* ~ trattenere; 2. *sich* ~ trattenersi, contenersi
zurückhaltend [tsu'rykhaltənt] *adj* riservato
Zurückhaltung [tsu'rykhaltuŋ] *f* ritenzione *f,* riservatezza *f*
zurückkommen [tsu'rykkɔmən] *v irr* ritornare, rivenire
zurücklassen [tsu'ryklasən] *v irr* lasciare indietro
zurücklegen [tsu'rykleːgən] *v* 1. mettere indietro; 2. *(sparen)* risparmiare; 3. *(reservieren)* mettere da parte, riserbare
zurücknehmen [tsu'rykneːmən] *v irr* 1. riprendere; 2. *(widerrufen)* ritirare
zurücksenden [tsu'rykzɛndən] *v* rispedire, rimandare
zurückstecken [tsu'rykʃtɛkən] *v (fig)* limitare
zurücktreten [tsu'ryktreːtən] *v irr* 1. indietreggiare; 2. *(Rücktritt erklären)* dimettersi; 3. *(fig: Vertrag)* recedere; *von einem Vertrag* ~ recedere da un contratto
zurückweisen [tsu'rykvaɪzən] *v irr* respingere, rifiutare
zurückzahlen [tsu'ryktsaːlən] *v* restituire, rimborsare
Zurückzahlung [tsu'ryktsaːluŋ] *f* rimborso *m*
zurückziehen [tsu'ryktsiːən] *v irr* 1. tirare indietro; 2. *sich* ~ ritirarsi
zurufen ['tsuːruːfən] *v irr* gridare
zurzeit [tsur'tsaɪt] *adv* al momento, momentaneamente
Zusage ['tsuːzaːgə] *f* promessa *f,* accettazione *f*
zusagen ['tsuːzaːgən] *v* 1. promettere, impegnarsi; 2. *(fig: gefallen)* piacere
zusammen [tsu'zamən] *adv* 1. *(gemeinsam)* insieme, unitamente; 2. *(insgesamt)* complessivamente
Zusammenarbeit [tsu'zamənarbaɪt] *f* collaborazione *f*

zusammenarbeiten [tsu'zamənarbaɪtən] *v* collaborare
Zusammenbau [tsu'zamənbau] *m* montaggio *m*
zusammenbrechen [tsu'zamənbrɛçən] *v irr* crollare, rovinare
Zusammenbruch [tsu'zamənbrux] *m* 1. crollo *m,* sfacelo *m;* 2. *MED* crollo *m*
zusammenfallen [tsu'zamənfalən] *v irr* 1. crollare, andare in rovina; 2. *(fig: zeitlich)* coincidere
zusammenfassen [tsu'zamənfasən] *v* riassumere, ricapitolare
zusammenfassend [tsu'zamənfasənt] *adj* 1. riassuntivo, sintetico; *adv* 2. concludendo, riassumendo
Zusammenfassung [tsu'zamənfasuŋ] *f* riassunto *m,* riepilogo *m*
zusammenfügen [tsu'zamənfyːgən] *v* unire, congiungere
zusammengehören [tsu'zamngəhøːrən] *v* appartenere allo stesso tipo
Zusammengehörigkeitsgefühl [tsu-'zamngəhøːrɪçkaɪtsgəfyːl] *n* solidarietà *f*
zusammengesetzt [tsu'zamngəzɛtst] *adj* composto
Zusammenhalt [tsu'zamənhalt] *m* 1. coesione *f;* 2. *(fig)* accordo *m*
zusammenhalten [tsu'zamənhaltən] *v irr* 1. tenere unito; 2. *(fig)* andare d'accordo
Zusammenhang [tsu'zamənhaŋ] *m* connessione *f,* contesto *m*
zusammenhängen [tsu'zamənhɛŋən] *v irr* essere in relazione
zusammenhangslos [tsu'zamənhaŋsloːs] *adj* sconnesso, incoerente
zusammenklappbar [tsu'zamənklapbaːr] *adj* pieghevole
Zusammenkunft [tsu'zamənkunft] *f* 1. incontro *m;* 2. *(Versammlung)* riunione *f,* assemblea *f*
zusammenlegen [tsu'zamənleːgən] *v* 1. *(vereinigen)* unire, riunire; 2. *(falten)* piegare, ripiegare
zusammennehmen [tsu'zamənneːmən] *v irr sich* ~ raccogliersi, concentrarsi
zusammenpassen [tsu'zamənpasən] *v* adattarsi, accordarsi
zusammenschließen [tsu'zamənʃliːsən] *v irr sich* ~ unirsi, associarsi; *sich zu einem Gespräch* ~ unirsi a un discorso
Zusammenschluss [tsu'zamənʃlus] *m* unione *f,* fusione *f*

Zusammensetzung [tsu'zamənzɛtsuŋ] *f* composizione *f,* combinazione *f*
zusammenstellen [tsu'zamənʃtɛlən] *v (fig)* comporre
Zusammenstellung [tsu'zamənʃtɛluŋ] *f (fig)* composizione *f*
Zusammenstoß [tsu'zamənʃtoːs] *m* scontro *m,* collisione *f*
zusammenstoßen [tsu'zamənʃtoːsən] *v irr* scontrarsi, urtarsi
zusammentreffen [tsu'zaməntrɛfən] *v irr* incontrarsi
Zusammentreffen [tsu'zaməntrɛfən] *n* incontro *m*
zusammenzählen [tsu'zaməntsɛːlən] *v* addizionare, sommare
zusammenziehen [tsu'zaməntsiːən] *v irr* 1. contrarre; 2. *(zusammenzählen)* sommare
Zusatz ['tsuːzats] *m* 1. aggiunta *f;* 2. *CHEM* additivo *m*
zusätzlich ['tsuːzɛtslɪç] *adj* 1. supplementare; *adv* 2. inoltre
zuschauen ['tsuːʃauən] *v* stare a guardare
Zuschauer ['tsuːʃauər] *m* spettatore *m*
zuschicken ['tsuːʃɪkən] *v* inviare, spedire
Zuschlag ['tsuːʃlaːk] *m* supplemento *m,* aggiunta *f*
zuschlagpflichtig ['tsuːʃlaːkspflɪçtɪç] *adj* con supplemento obbligatorio
zuschließen ['tsuːʃliːsən] *v irr* chiudere a chiave, serrare
Zuschrift ['tsuːʃrɪft] *f* lettera *f*
Zuschuss ['tsuːʃus] *m* sovvenzione *f*
zusehen ['tsuːzeːən] *v irr* 1. stare a guardare; 2. *(fig)* fare in modo che; *Sieh zu, dass dir nichts passiert!* Bada che non ti succeda niente! *Ich sehe zu, dass es gemacht wird.* Faccio in modo che venga fatto.
zusehends ['tsuːzeːənts] *adv* a vista d'occhio; ~ *wachsen* crescere a vista d'occhio
zusichern ['tsuːzɪçərn] *v* assicurare
zuspitzen ['tsuːʃpɪtsən] *v* 1. *(Bleistift)* fare la punta a, temperare; 2. *sich* ~ *(fig)* inasprirsi; *Die Lage hat sich zugespitzt.* La situazione si è inasprita.
Zuspruch ['tsuːʃprux] *m* 1. *(Trost)* parole di conforto *f/pl;* 2. *(Erfolg)* successo *m*
Zustand ['tsuːʃtant] *m* stato *m; Zustände kriegen* avere un colpo/avere un attacco
Zustandekommen [tsu'ʃtandəkɔmən] *n* riuscita *f,* realizzazione *f*
zuständig ['tsuːʃtɛndɪç] *adj* competente, responsabile

Zuständigkeit ['tsuːʃtɛndɪçkaɪt] *f* competenza *f,* spettanza *f*
zustellen ['tsuːʃtɛlən] *v* 1. barricare; 2. *(liefern)* consegnare; 3. *(Post)* recapitare
Zustellung ['tsuːʃtɛluŋ] *f* consegna *f*
zustimmen ['tsuːʃtɪmən] *v* aderire, acconsentire, approvare
Zustimmung ['tsuːʃtɪmuŋ] *f* adesione *f,* assenso *m*
zustoßen ['tsuːʃtoːsən] *v irr* 1. chiudere; *Tür* ~ chiudere con una spinta; 2. *(fig: geschehen)* accadere; *Hoffentlich ist ihm nichts zugestoßen!* Spero che non gli sia successo nulla!
Zustrom ['tsuːʃtroːm] *m* afflusso *m*
Zutaten ['tsuːtaːtən] *pl* ingredienti *m/pl*
Zuteilung ['tsuːtaɪluŋ] *f* assegnazione *f*
zutrauen ['tsuːtrauən] *v jdm etw* ~ credere qd capace di qc
Zutrauen ['tsuːtrauən] *n* fiducia *f*
zutraulich ['tsuːtraulɪç] *adj* fiducioso
zutreffen ['tsuːtrɛfən] *v irr* 1. risultare; 2. *(entsprechen)* corrispondere
Zutritt ['tsuːtrɪt] *m* accesso *m*
zuverlässig ['tsuːfɛrlɛsɪç] *adj* fidato
Zuverlässigkeit ['tsuːfɛrlɛsɪçkaɪt] *f* fidatezza *f*
Zuversicht ['tsuːfɛrzɪçt] *f* fiducia *f*
zuversichtlich ['tsuːfɛrzɪçtlɪç] *adj* 1. fiducioso; *adv* 2. fiduciosamente
zuvor [tsu'foːr] *adv* prima
zuvorkommen [tsu'foːrkɔmən] *v irr* precedere, prevenire
zuvorkommend [tsu'foːrkɔmənt] *adj* premuroso, gentile
Zuwachs ['tsuːvaks] *m* 1. *ECO* incremento *m;* 2. *(fam: Baby)* accrescimento *m; Seine Familie hat* ~ *bekommen.* La sua famiglia è cresciuta.
Zuwachsrate ['tsuːvaksraːtə] *f ECO* tasso d'incremento *m*
zuweilen [tsu'vaɪlən] *adv* qualche volta
zuweisen ['tsuːvaɪzən] *v irr* assegnare
Zuweisung ['tsuːvaɪzuŋ] *f* assegnazione *f*
zuwenden ['tsuːvɛndən] *v irr* volgere, rivolgere; *jmd Aufmerksamkeit* ~ rivolgere l'attenzione a qd
Zuwendung ['tsuːvɛnduŋ] *f* 1. *(Geld)* sussidio *m,* donazione *f;* 2. *(Gefühl)* affetto *m*
zuwider [tsu'viːdər] *adv* 1. contrariamente; *prep* 2. contro; *Das ist ihm* ~. Ciò gli da fastidio.
zuzüglich ['tsutsyːklɪç] *prep* compreso, incluso

Zwang [tsvaŋ] *m* coercizione *m*, obbligo *m; allen* ~ *ablegen* liberarsi di ogni inibizione
zwanglos ['tsvaŋloːs] *adj 1.* senza costrizione; *adv 2. (ungezwungen)* senza costrizione, disinvolto
Zwangslage ['tsvaŋslaːgə] *f* situazione di necessità *f*
zwangsläufig ['tsvaŋslɔyfɪç] *adj* forzoso, inevitabile
Zwangsmaßnahme ['tsvaŋsmaːsnaːmə] *f* misura coercitiva *f*, sanzione *f*
Zwangsvollstreckung ['tsvaŋsfɔlʃtrɛkuŋ] *f JUR* sequestro *m*
zwanzig ['tsvantsɪç] *num* venti
zwanzigste(r,s) ['tsvantsɪçstə(r,s)] *adj 1.* ventesimo/ventesima; *2. (Datum)* venti
zwar [tsvaːr] *konj* certamente; *und* ~ e cioè
Zweck [tsvɛk] *m* scopo *m*, fine *m; Der* ~ *heiligt die Mittel.* Il fine giustifica i mezzi.
zweckentfremdet ['tsvɛkənfrɛmdət] *adj* usato per uno scopo diverso da quello previsto
zweckgebunden ['tsvɛkgəbundən] *adj* legato a uno scopo specifico
zwecklos ['tsvɛkloːs] *adj 1.* senza scopo; *adv 2.* inutilmente
zweckmäßig ['tsvɛkmɛːsɪç] *adj* opportuno
zwecks [tsvɛks] *prep* allo scopo di
zwei [tsvaɪ] *num* due
zweideutig ['tsvaɪdɔytɪç] *adj* ambiguo, a doppio senso
zweifach ['tsvaɪfax] *adj* duplice, doppio
Zweifel ['tsvaɪfəl] *m* dubbio *m*
zweifelhaft ['tsvaɪfəlhaft] *adj* dubbioso, dubbio
zweifellos ['tsvaɪfəlloːs] *adj* senza dubbio
zweifeln ['tsvaɪfəln] *v* dubitare
Zweig [tsvaɪk] *m 1. BOT* ramo *m; auf keinen grünen* ~ *kommen* non venire a capo di niente/non avere fortuna/non riuscire in nulla; *2. (fig)* ramo *m*
Zweigstelle ['tsvaɪkʃtɛlə] *f* filiale *f*, succursale *f*
zweihundert ['tsvaɪhundərt] *num* duecento
Zweikampf ['tsvaɪkampf] *m SPORT* duello *m*
zweimal ['tsvaɪmaːl] *adv* due volte
zweiseitig ['tsvaɪzaɪtɪç] *adj 1.* bilaterale; *adv 2.* su due lati
Zweisitzer ['tsvaɪzɪtsər] *m (Auto)* automobile a due posti *f*

zweisprachig ['tsvaɪʃpraːxɪç] *adj* bilingue
zweispurig ['tsvaɪʃpuːrɪç] *adj* a due corsie, a due binari
zweite(r,s) ['tsvaɪtə(r,s)] *adj 1.* secondo/seconda; *2. (Datum)* due
zweitens ['tsvaɪtəns] *adv* in secondo luogo
zweitrangig ['tsvaɪtraŋɪç] *adj* di seconda categoria
Zwerchfell ['tsvɛrçfɛl] *n ANAT* diaframma *m*
Zwerg [tsvɛrk] *m* gnomo *m*, nano *m*
Zwetschge ['tsvɛtʃkə] *f BOT* prugna *f*
zwicken ['tsvɪkən] *v* pizzicare
Zwickmühle ['tsvɪkmyːlə] *f (fig)* pasticcio *m; Er befindet sich in einer* ~. Egli si trova in un pasticcio.
Zwieback ['tsviːbak] *m* fette biscottate *f/pl*
Zwiebel ['tsviːbəl] *m* cipolla *f*
Zwielicht ['tsviːlɪçt] *n* crepuscolo *m*
zwielichtig ['tsviːlɪçtɪç] *adj* ambiguo
Zwiespalt ['tsviːʃpalt] *m* conflitto *m*
zwiespältig ['tsviːʃpɛltɪç] *adj* contrastante
Zwiesprache ['tsviːʃpraːxə] *f* dialogo *m*
Zwietracht ['tsviːtraxt] *f* discordia *f*, zizzania *f*; ~ *säen* seminare zizzania
Zwilling ['tsvɪlɪŋ] *m* gemello *m; eineiige* ~*e* gemelli omozigoti *m/pl*
zwingen ['tsvɪŋən] *v irr* costringere
zwingend ['tsvɪŋənt] *adj* costrittivo
zwinkern ['tsvɪŋkərn] *v* ammiccare
Zwirn [tsvɪrn] *m* filo *m*
zwischen ['tsvɪʃən] *prep* tra, fra
zwischendurch [tsvɪʃən'durç] *adv 1. (zeitlich)* nel frattempo, frattanto; *2. (örtlich)* attraverso
Zwischenfall ['tsvɪʃənfal] *m* contrattempo *m*
Zwischenraum ['tsvɪʃənraum] *m* spazio *m*
Zwischenzeit ['tsvɪʃəntsait] *f* intervallo *m*
Zwist [tsvɪst] *m* discordia *f*
zwitschern ['tsvɪtʃərn] *v* cinguettare
zwölf [tsvœlf] *num* dodici
zwölfte(r,s) ['tsvœlftə(r,s)] *adj 1.* dodicesimo/dodicesima; *2. (Datum)* dodici
Zyklus ['tsyːklus] *m* ciclo *m*
Zylinder [tsy'lɪndər] *m 1.* cilindro *m; 2. (Hut)* cilindro *m*
zynisch ['tsyːnɪʃ] *adj* cinico
Zyste ['tsystə] *f MED* cisti *f*

Italienische Grammatik

Das Adjektiv

Das Adjektiv richtet sich in Geschlecht (Genus) und Zahl (Numerus) nach dem Substantiv, zu dem es gehört. Es wird dem Substantiv meist nachgestellt. Die Endung der männlichen (maskulinen) Form ist *-o*, im Plural *-i,* die der weiblichen (femininen) *-a,* im Plural *-e.*

	Singular	Plural
maskulin	*content-o*	*content-i*
feminin	*content-a*	*content-e*

Adjektive, die auf *-e* enden, bilden den Plural beider Genera mit *-i.*

facil-e	*facil-i*
verd-e	*verd-i*

Bei den meisten Adjektiven auf *-co* und *-go* wird vor den Pluralendungen ein *-h* hinzugefügt *(antic-o - antic-hi; antic-a - antic-he; larg-o - larg-hi; larg-a - larg-he).*

Die Stellung des Adjektivs
Das Adjektiv steht meist nach seinem Beziehungswort. Einige Adjektive haben je nach Stellung eine unterschiedliche Bedeutung:

un uomo grande	ein großer (hochgewachsener) Mann
un grand'uomo	ein bedeutender Mann

Die Adjektive *bello* (schön) und *quello* (jene(r,s)) werden nach dem gleichen Prinzip gebildet wie die Präpositionen in Verbindung mit bestimmten Artikeln.

Singular	Plural	Singular	Plural
bel tavolo	*bei tavoli*	*quel tavolo*	*quei tavoli*
bello sposo	*begli sposi*	*quello sposo*	*quegli sposi*
bell'uomo	*begli uomini*	*quell'uomo*	*quegli uomini*
bell'anatra	*belle anatre*	*quell'anatra*	*quelle anatre*
bella ragazza	*belle ragazze*	*quella ragazza*	*quelle ragazze*

Die Steigerung des Adjektivs

Grundform	Komparativ	Superlativ
bello	*più bello*	*il più bello/bellissimo*

Der Superlativ auf *-issimo* drückt einen sehr hohen Grad einer Eigenschaft (ohne Vergleich) aus *(una gita bellissima* – ein sehr schöner Ausflug).

Einige Adjektive können auch unregelmäßig gesteigert werden:

cattivo	*peggiore*	*il più cattivo/il peggiore/pessimo*
buono	*migliore*	*il più buono/il migliore/ottimo*
grande	*maggiore*	*il più grande/il maggiore/massimo*
piccolo	*minore*	*il più piccolo/il minore/minimo*
alto	*superiore*	*il più alto/il superiore/supremo/sommo*
basso	*inferiore*	*il più basso/l'inferiore/bassissimo*

Das Adverb

Man leitet ein Adverb von einem Adjektiv ab, indem man an die feminine Form das Suffix -*mente* anhängt.

numeroso	*numerosamente*	zahlreich
breve	*brevemente*	kurz

Bei Adjektiven mit Endung auf -*le* und -*re* entfällt das *e* vor der Nachsilbe -*mente:*

agile	*agilmente*	flink
regolare	*regolarmente*	regulär

Folgende Adverbien werden unregelmäßig gebildet:

buono	*bene*	gut
cattivo	*male*	schlecht

Der Artikel

Der bestimmte Artikel

Der maskuline bestimmte Artikel lautet im Singular *il,* im Plural *i,* der feminine im Singular *la* und im Plural *le.* Vor Substantiven, die mit *z, ps, gn, x* oder *s* + Konsonant beginnen, und vor allen Vokalen wird *il* durch *lo, i* durch *gli* ersetzt; *la* wird vor Vokal apostrophiert (*il libro - i libri, la ragazza - le ragazze, lo studente - gli studenti, lo zaino - gli zaini, lo psicologo - gli psicologi, l'anno - gli anni, l'academia*).

Der bestimmte Artikel nach Präpositionen

Wenn der bestimmte Artikel nach den Präpositionen *di, da, a, su, con, per* und *in* verwendet wird, ergeben sich folgende Zusammensetzungen:

	di	*da*	*a*	*su*	*in*
il	*del*	*dal*	*al*	*sul*	*nel*
lo	*dello*	*dallo*	*allo*	*sullo*	*nello*
la	*della*	*dalla*	*alla*	*sulla*	*nella*
l'	*dell'*	*dall'*	*all'*	*sull'*	*nell'*
i	*dei*	*dai*	*ai*	*sui*	*nei*
gli	*degli*	*dagli*	*agli*	*sugli*	*negli*
le	*delle*	*dalle*	*alle*	*sulle*	*nelle*

Der unbestimmte Artikel

Der unbestimmte Artikel lautet maskulin *un,* vor *z, ps, gn, x* und *s* + Konsonant *uno.* Vor Vokal steht *un* (kein Apostroph!). Der feminine unbestimmte Artikel ist *una.* Vor Vokalen wird er apostrophiert zu *un'.*

Der Teilungsartikel

Im Italienischen benutzt man üblicherweise auch eine Pluralform des unbestimmten Artikels (den so genannten Teilungsartikel):

maskulin	*un*	*dei*	*dei giornali*
	uno	*degli*	*degli scolari*
feminin	*una*	*delle*	*delle ragazze*

Die Pronomina

Das Personalpronomen

Nominativ	Akkusativ	Dativ
io ich	*mi* mich	*mi* mir
tu du	*ti* dich	*ti* dir
lui, lei, Lei er, sie, Sie	*lo, la, La* ihn, sie, Sie	*gli, le, Le* ihm, ihr, Ihnen
noi wir	*ci* uns	*ci* uns
voi ihr	*vi* euch	*vi* euch
loro sie, Sie	*li/le* sie	*(gli), loro* ihnen, Ihnen

Wenn in einem Satz Akkusativ und Dativ durch Pronomina ersetzt werden, treten bei den Dativpronomina die folgenden Lautveränderungen ein:

mi → *me*	*Me lo danno.*	Sie geben es mir.
ti → *te*	*Te lo danno.*	Sie geben es dir.
gli → *glie*	*Glielo danno.*	Sie geben es ihm.
ci → *ce*	*Ce lo danno.*	Sie geben es uns.
vi → *ve*	*Ve lo danno.*	Sie geben es euch.
loro → *glie*	*Glielo danno.*	Sie geben es ihnen.

Die Dativ- und Akkusativpronomina stehen vor dem Hauptverb und bei zusammengesetzten Zeiten vor dem Hilfsverb. Nur beim Infinitiv, Gerundium, Partizip Perfekt und Imperativ werden sie nachgestellt *(Voglio comprarlo.* Ich will es kaufen. *Comprandolo.* Ich kaufe es gerade. *Compratolo cominciai a leggerlo.* Nachdem ich es gekauft hatte, fing ich an, es zu lesen. *Compralo!* Kauf es! Aber: *Lo compri!* Kaufen Sie es!).

Das Possessivpronomen

Nur ein Besitzer:

	Singular	Plural
maskulin	*il mio, il tuo, il suo*	*i miei, i tuoi, i suoi*
feminin	*la mia, la tua, la sua*	*le mie, le tue, le sue*

Mehrere Besitzer:

	Singular	Plural
maskulin	*il nostro, il vostro, il loro*	*i nostri, i vostri, i loro*
feminin	*la nostra, la vostra, la loro*	*le nostre, le vostre, le loro*

Vor den Possessivpronomina steht meist der bestimmte Artikel. Nur bei Verwandtschaftsbezeichnungen im Singular wird er weggelassen: *Mio zio ha una bella auto.* – Mein Onkel hat ein schönes Auto.

Der Satzbau

Im Italienischen ist der Satzbau freier als im Deutschen. In der Regel ist jedoch im Aussagesatz die Wortstellung Subjekt – Verb – Objekt. Das Subjekt kann aber auch nach dem Verb stehen: *Oggi è arrivato lo zio.* – Heute ist der Onkel angekommen.

Das Substantiv

Genus und Numerus des Substantivs
Das Italienische hat zwei grammatische Genera: maskulin und feminin.

Die Substantive mit Endung auf -*o* sind maskulin *(il ragazzo* – der Junge, *il libro* – das Buch, *l'albero* – der Baum). Ausnahmen sind: *la mano* – die Hand, *la radio* – das Radio, *la foto* – das Foto, *l'auto* – das Auto, *la dinamo* – der Dynamo.

Die Substantive auf -*a* und -*ù* sind feminin *(la ragazza* – das Mädchen, *la scuola* – die Schule, *la musica* – die Musik; *la gioventù* – die Jugend, *la virtù* – die Tugend). Ausnahmen sind Wörter griechischer Abstammung *(il clima* – das Klima, *il poeta* – der Dichter, *il problema* – das Problem, *il telegramma* – das Telegramm) mit Plural auf -*i*. Wörter auf -*ista*, -*ante*, -*ente*, -*ese* werden für maskuline oder feminine Personen gebraucht.
Substantive auf -*i* (meist griechischer oder lateinischer Abstammung) sind feminin: *la crisi* – die Krise, *la metropoli* – die Metropole, *la parentesi* – die Parenthese.

Die regelmäßige Pluralbildung
Die Pluralformen enden bei maskulinen Substantiven auf -*i*, bei femininen auf -*e (il palazzo - i palazzi, la donna - le donne).*

Einige Substantive bleiben im Plural unverändert *(lo sport - gli sport, il film - i film, il re - i re, la crisi - le crisi, la serie - le serie, la città - le città, il portalettere - i portalettere).*

Maskuline Substantive auf -*co* und -*go* bilden den Plural mit -*ci* und -*gi (il medico - i medici, lo psicologo - gli psicologi).*

Wenn aber vor diesen Endungen ein Konsonant steht, wird die Endung -*co* im Plural zu -*chi* und -*go* zu -*ghi (l'affresco - gli affreschi, il parco - i parchi, il chirurgo - i chirurghi.* Auch: *il lago - i laghi).*

Maskuline Substantive auf -*io* mit unbetontem -*i*- bilden den Plural mit einfachem -*i (lo studio - gli studi, il negozio - i negozi).*

Maskuline Substantive auf -*io* mit betontem -*i*- bilden den Plural mit -*ii (lo zio - gli zii, il pendio - i pendii, l'olio - gli olii).*

Ähnliche Regeln wie bei den maskulinen Substantiven gelten auch für die femininen Substantive auf -*ca* und -*ga (l'amica - le amiche, la strega - le streghe).*

Feminine Substantive auf -*cia* und -*gia* mit unbetontem -*i*- bilden den Plural mit -*e (la caccia - le cacce, la spiaggia - le spiagge).*

Feminine Substantive auf -*cia* und -*gia* mit betontem -*i*- bilden den Plural mit -*ie (la farmacia - le farmacie, la bugia - le bugie).*

Die unregelmäßige Pluralbildung
Der Plural einiger Wörter wird unregelmäßig gebildet *(il dio - gli dei, il bue - i buoi, mille - mila, l'uomo - gli uomini).*

Die Deklination des Substantivs

Der Genitiv wird mit der Präposition *di* gebildet *(il libro dell'amica – das Buch der Freundin)*. Der Dativ wird mit der Präposition *a* gebildet *(Sono al cinema. – Ich bin im Kino.)*.

Das Verb

Das Verb wird meist ohne Personalpronomen verwendet.
Ho fame.　　　Ich habe Hunger.

Die Hilfsverben avere (haben) und essere (sein)

Indikativ Präsens

io sono	*io ho*
tu sei	*tu hai*
lui è	*lui ha*
noi siamo	*noi abbiamo*
voi siete	*voi avete*
loro sono	*loro hanno*

Indikativ Perfekt

io sono stato	*io ho avuto*
tu sei stato	*tu hai avuto*
lui è stato	*lui ha avuto*
noi siamo stati	*noi abbiamo avuto*
voi siete stati	*voi avete avuto*
loro sono stati	*loro hanno avuto*

Indikativ Imperfekt

io ero	*io avevo*
tu eri	*tu avevi*
lui era	*lui aveva*
noi eravamo	*noi avevamo*
voi eravate	*voi avevate*
loro erano	*loro avevano*

Futur

io sarò	*io avrò*
tu sarai	*tu avrai*
lui sarà	*lui avrà*
noi saremo	*noi avremo*
voi sarete	*voi avrete*
loro saranno	*loro avranno*

Konditional

io sarei	*io avrei*
tu saresti	*tu avresti*
lui sarebbe	*lui avrebbe*
noi saremmo	*noi avremmo*
voi sareste	*voi avreste*
loro sarebbero	*loro avrebbero*

Imperativ Präsens

(tu) sii	*(tu) abbi*
(lui) sia	*(lui) abbia*
(noi) siamo	*(noi) abbiamo*
(voi) siate	*(voi) abbiate*
(loro) siano	*(loro) abbiano*

Infinitiv Präsens	*essere*	*avere*
Infinitiv Perfekt	*essere stato*	*avere avuto*
Gerund	*essendo*	*avendo*
Partizip Präsens	-	*avente*
Partizip Perfekt	*stato*	*avuto*

Avere und essere bei der Bildung der Zeiten

Im Gegensatz zum Deutschen werden die zusammengesetzten Zeiten von reflexiven Verben immer mit *essere* gebildet *(I miei amici si sono lavati. – Meine Freunde haben sich gewaschen)*.

Die Vollverben

Die Vollverben lassen sich in drei Gruppen einteilen: Verben auf *-are (amare)*, Verben auf *-ere (credere)* und Verben auf *-ire (sentire)*. Innerhalb dieser Gruppen ist die Bildung der Zeiten und Aussageweisen regelmäßig. Daneben gibt es eine Reihe von unregelmäßigen Vollverben, deren Konjugationen von den regelmäßigen zum Teil abweichen (siehe Tabelle Seiten 583–585).

Die Verben auf -are

Indikativ Präsens	Indikativ Perfekt
io amo	io ho amato
tu ami	tu hai amato
lui ama	lui ha amato
noi amiamo	noi abbiamo amato
voi amate	voi avete amato
loro amano	loro hanno amato

Indikativ Imperfekt	Indikativ Plusquamperfekt
io amavo	io avevo amato
tu amavi	tu avevi amato
lui amava	lui aveva amato
noi amavamo	noi avevamo amato
voi amavate	voi avevate amato
loro amavano	loro avevano amato

Futur	Konditional
io amerò	io amerei
tu amerai	tu ameresti
lui amerà	lui amerebbe
noi ameremo	noi ameremmo
voi amerete	voi amereste
loro ameranno	loro amerebbero

Imperativ		
(tu) ama	Infinitiv Präsens	amare
(lui) ami	Infinitiv Perfekt	avere amato
(noi) amiamo	Gerund	amando
(voi) amate	Partizip Präsens	amante
(loro) amino	Partizip Perfekt	amato

Die Verben auf -ere

Indikativ Präsens	Indikativ Perfekt
io credo	io ho creduto
tu credi	tu hai creduto
lui crede	lui ha creduto
noi crediamo	noi abbiamo creduto
voi credete	voi avete creduto
loro credono	loro hanno creduto

Indikativ Imperfekt	Indikativ Plusquamperfekt
io credevo	io avevo creduto
tu credevi	tu avevi creduto
lui credeva	lui aveva creduto
noi credevamo	noi avevamo creduto
voi credevate	voi avevate creduto
loro credevano	loro avevano creduto

Futur	Konditional
io crederò	*io crederei*
tu crederai	*tu crederesti*
lui crederà	*lui crederebbe*
noi crederemo	*noi crederemmo*
voi crederete	*voi credereste*
loro crederanno	*loro crederebbero*

Imperativ	Infinitiv Präsens	*credere*
(tu) credi	Infinitiv Perfekt	*avere creduto*
(lui) creda	Gerund	*credendo*
(noi) crediamo	Partizip Präsens	*credente*
(voi) credete	Partizip Perfekt	*creduto*
(loro) credano		

Die Verben auf -ire

Indikativ Präsens	Indikativ Perfekt
io sento	*io ho sentito*
tu senti	*tu hai sentito*
lui sente	*lui ha sentito*
noi sentiamo	*noi abbiamo sentito*
voi sentiate	*voi avete sentito*
loro sentono	*loro hanno sentito*

Indikativ Imperfekt	Indikativ Plusquamperfekt
io sentivo	*io avevo sentito*
tu sentivi	*tu avevi sentito*
lui sentiva	*lui aveva sentito*
noi sentivamo	*noi avevamo sentito*
voi sentivate	*voi avevate sentito*
loro sentivano	*loro avevano sentito*

Futur	Konditional
io sentirò	*io sentirei*
tu sentirai	*tu sentiresti*
lui sentirà	*lui sentirebbe*
noi sentiremo	*noi sentiremmo*
voi sentirete	*voi sentireste*
loro sentiranno	*loro sentirebbero*

Imperativ	Infinitiv Präsens	*sentire*
(tu) senti	Infinitiv Perfekt	*avere sentito*
(lui) senta	Gerund	*sentendo*
(noi) sentiamo	Partizip Präsens	*sentente*
(voi) sentite	Partizip Perfekt	*sentito*
(loro) sentano		

Die Verneinung

Die Verneinung *non* steht vor dem Vollverb oder dem Hilfsverb *(Non ho visto la ragazza.* Ich habe das Mädchen nicht gesehen.). Die Dativ- und Akkusativpronomina stehen zwischen *non* und Verb *(Non glielo ho danno.* Ich habe es ihm nicht gegeben.). Wenn die Verneinung aus zwei Teilen besteht, werden das konjugierte Verb und die davorstehenden Pronomina umschlossen *(Non c'è nessuno.* Niemand ist da. *Non ho fatto niente.* Ich habe nichts getan. *Non ho ancora finito.* Ich bin noch nicht fertig.).

Das Zahlwort

Kardinalzahlen		Ordinalzahlen
1	*uno*	*primo*
2	*duo*	*secondo*
3	*tre*	*terzo*
4	*quattro*	*quarto*
5	*cinque*	*quinto*
6	*sei*	*sesto*
7	*sette*	*settimo*
8	*otto*	*ottavo*
9	*nove*	*nono*
10	*dieci*	*decimo*
11	*undici*	*undicesimo*
12	*dodici*	*dodicesimo*
13	*tredici*	*tredicesimo*
14	*quattordici*	*quattordicesimo*
15	*quindici*	*quindicesimo*
16	*sedici*	*sedicesimo*
17	*diciassette*	*diciassettesimo*
18	*diciotto*	*diciottesimo*
19	*diciannove*	*diciannovesimo*
20	*venti*	*ventesimo*
21	*ventuno*	*ventunesimo*
30	*trenta*	*trentesimo*
40	*quaranta*	*quarantesimo*
50	*cinquanta*	*cinquantesimo*
60	*sessanta*	*sessantesimo*
70	*settanta*	*settantesimo*
80	*ottanta*	*ottantesimo*
90	*novanta*	*novantesimo*
100	*cento*	*centesimo*
101	*cento uno*	*centunesimo*
200	*duecento*	*duecentesimo*
300	*trecento*	*trecentesimo*
400	*quattrocento*	*quattrocentesimo*
500	*cinquecento*	*cinquecentesimo*
600	*seicento*	*seicentesimo*
900	*novecento*	*novecentesimo*
1000	*mille*	*millesimo*
2000	*due mila*	*duemillesimo*

Unregelmäßige Verben im Italienischen

In der Auflistung werden folgende Abkürzungen verwendet:
Presente = *P;* Futuro = *F*; Passato remoto = *PR*; Congiuntivo = *C*; Imperativo = *I*;
Participio presente = *PPr;* Participio passato = *PPa*

accendere accesi, accendesti, accendemmo, accesero *PR;* acceso *PPa*

agire agisco, agisci, agiamo, agiscono *P*

andare vado, vai, va, andiamo, andate, vanno *P;* andrò, andrai *F;* andai *PR;* vada, andiamo, vàdano *C;* va'/ vai, vada, andate, vadano *I;* andato *PPa*

apparire appaio, appari, appariamo, appaiono *P;* apparvi, apparisti, apparimmo, apparvero *PR;* appaia, appaia, appariamo, appaiano *C;* appari, appaia, apparite, appaiano *I;* apparso *PPa*

appendere appesi, appendesti, appendemmo, appesero *PR;* appeso *PPa*

aprire aperto *PPa*

assumere assunsi, assumesti, assumemmo, assunsero *PR;* assunto *PPa*

avere ho, hai, ha, abbiamo, avete, hanno *P;* avrò *F;* ebbi, avesti, avemmo, ebbero *PR;* abbia, abbiamo, abbiano *C;* abbi *I*

bere bevo, bevi, beviamo, bevono *P;* berrò *F;* bevvi, bevesti, bevemmo, bevettero *PR; Imperfetto:* bevevo; bevuto *PPa*

cadere cado *P;* cadrò *F;* caddi, cadesti, cademmo, caddero *PR;* caduto *PPa*

capire capisco, capisci, capiamo, capiscono *P;* capito *PPa*

chiedere chiedo *P;* chiesi, chiedesti, chiedemmo, chiesero *PR;* chieda *C;* chiesto *PPa*

chiudere chiudo *P;* chiusi, chiudesti, chiudemmo, chiusero *PR;* chiuso *PPa*

cogliere colgo, cogli *P;* coglierò *F;* colsi *PR;* colto *PPa*

concedere concessi, concedesti, concedemmo, concessero *PR;* concesso *PPa*

condurre conduco, conduci, conduciamo, conducono *P;* condussi, conducesti, conducemmo, condussero *PR;* condurrò, condurrai, condurremo, condurranno *F;* conduca, conduca, conduciamo, conducano *C;* conduci, conduca, conduciamo, conducano *I;* conducente *PPr;* condotto *PPa*

conoscere conosco, conosci, conosciamo, conoscono *P;* conosciuto *PPa*

correggere corressi, correggesti, correggemmo, corressero *PR;* corretto *PPa*

correre corro *P;* corsi, corresti, corremmo, corsero *PR;* corso *PPa*

crescere cresco *P;* crebbi *PR;* cresciuto *PPa*

cuocere cuocio, cuoci, cuociamo, cuociono *P;* cossi, cocesti, cocemmo, cossero *PR;* cuocia, cuocia, cuociamo, cuociano *C;* cuoci, cuocia, cuociamo, cuociano *I;* cotto *PPa*

dare do, dai, dà, diamo, date, danno *P;* darò *F; Imperfetto:* davo; dia, diamo, diano *C;* da'/dai, dia *I;* dato *PPa*

decidere decido *P;* decisi *PR;* deciso *PPa*

difendere difesi, difendesti, difendemmo, difesero *PR;* difeso *PPa*

dire dico, dici, diciamo, dicono *P;* dirò *F;* dissi, dicesti, dicemmo, dissero *PR; Imperfetto:* dicevo; dica *C;* dì, dica, diciamo, dicano *I;* detto *PPa*

discutere discuto *P;* discussi, discutesti, discutemmo, discussero *PR;* dicusso *PPa*

distinguere distinguo *P;* distinsi *PR;* distinto *PPa*

dividere divido *P;* divisi *PR;* diviso *PPa*

dovere devo, devi, dobbiamo, devono *P;* dovrò *F;* devi *I;* dovuto *PPa*

emergere emersi, emergesti, emergemmo, emersero *PR*; emerso *PPa*

esistere esisto *P;* esistito *PPa*

esplodere esplosi, esplodesti, esplodemmo, esplosero *PR;* esploso *PPa*

essere sono, sei, è, siamo, siete, sono *P;* sarò *F;* fui, fosti, fu, fummo, foste, furono *PR; Imperfetto:* ero, eri, era, eravamo, erano; sia, siamo, siano *C;* sii, sia, siamo, siate, siano *I;* stato *PPa*

evadere evasi, evadesti, evademmo, evasero *PR;* evaso *PPa*

fare faccio, fai, fa, facciamo, fate, fanno *P;* farò *F;* feci, facesti, facemmo, fecero *PR; Imperfetto:* facevo; faccia, facciamo, facciano *C;* fai, faccia, facciamo, facciano *I;* fatto *PPa*

fingere finsi, fingesti, fingemmo, finsero *PR;* finto *PPa*

finire finisco, finisci, finiamo, finiscono *P;* finisca, finiamo, finiscano *C;* finisci, finisca, finiamo, finiscano *I*

fondere fusi, fondesti, fondemmo, fusero *PR;* fuso *PPa*

friggere frissi, friggesti, friggemmo, frissero *PR;* fritto *PPa*

giacere giaccio, giaci, giaciamo, giacciono *P;* giacqui, giacesti, giacemmo, giacquero *PR;* giaccia, giaccia, giaciamo, giacciano *C;* giaci, giaccia, giaciamo, giacciano *I*

giungere giunsi, giungesti, giungemmo, giunsero *PR;* giunto *PPa*

godere godrò, godrai, godremo, godranno *F*

leggere leggo, leggi *P;* lessi, leggesti, leggemmo, lessero *PR;* letto *PPa*

mettere misi, mettesti, mettemmo, misero *PR;* messo *PPa*

mordere morsi, mordesti, mordemmo, morsero *PR;* morso *PPa*

morire muoio, muori, moriamo, muoiono *P;* morrò, morrai, morremo, morranno *F;* muoia, muoia, moriamo, muoiano *C;* muori, muoia, moriamo, muoiano *I;* morto *PPa*

muovere mossi, muovesti, muovemmo, mossero *PR;* mosso *PPa*

nascere nasco *P;* nacqui, nascesti, nascemmo, nacquero *PR;* nato *PPa*

nascondere nascondo *P;* nascosi, nascondesti, nascondemmo, nascosero *PR;* nascosto *PPa*

nuocere noccio, nuoci, nuociamo, nocciono *P;* nocqui, nocesti, nocemmo, nocquero *PR;* noccia, noccia, nociamo, nocciano *C;* nuoci, noccia, nociamo, nocciano *I;* nociuto *PPa*

offrire offro *P;* offerto *PPa*

perdere perdo *P;* persi *PR;* perso *PPa*

piacere piaccio, piaci, piacciamo, piacciono *P;* piaccia, piacciamo, piacciano *C;* piaciuto *PPa*

piangere piango *P;* piansi *PR;* pianto *PPa*

piovere piove *P;* piovuto *PPa*

porgere porsi, porgesti, porgemmo, porsero *PR;* porto *PPa*

porre pongo, poni, poniamo, pongono *P;* posi, ponesti, ponemmo, posero *PR;* porrò, porrai, porremo, porranno *F;* ponga, ponga, poniamo, pongano *C;* poni, ponga, poniamo, pongano *I;* posto *PPa*

potere posso, puoi, può, possiamo, potete, possono *P;* potrò *F;* possa, possano *C;* potuto *PPa*

prendere prendo *P;* presi, prendesti, prendemmo, presero *PR;* preso *PPa*

proteggere protessi, proteggesti, proteggemmo, protessero *PR;* protetto *PPa*

rendere resi, rendesti, rendemmo, resero *PR;* reso *PPa*

ridere risi, ridesti, ridemmo, risero *PR;* riso *PPa*

rimanere rimango, rimani, rimaniamo, rimagono *P;* rimarrò *F;* rimasi, rimanesti, rimanemmo, rimasero *PR;* rimanga, rimaniamo, rimangano *C;* rimani, rimanga, rimaniamo, rimangano *I;* rimasto *PPa*

rispondere rispondo *P;* risposi *PR;* risposto *PPa*

rompere ruppi, rompesti, rompemmo, ruppero *PR;* rotto *PPa*

salire salgo, sali, saliamo, salgono *P;* salii *PR;* salga, saliamo, salgano *C;* sali, salga, saliamo, salgano *I;* salito *PPa*

sapere so, sai, sa, sappiamo, sapete, sanno *P;* saprò *F;* seppi, sapesti, sapemmo, seppero *PR;* sappia, sappiamo, sappiano *C;* sappi, sappiate *I;* sapiente *PPr;* saputo *PPa*
scegliere scelgo, scegli, scegliamo, scelgono *P;* scelsi, scegliesti, scegliemmo, scelsero *PR;* scelga, scegliamo, scelgano *C;* scegli, scelga, scegliamo, scelgano *I;* scelto *PPa*
scendere scendo *P;* scesi *PR;* sceso *PPa*
sciogliere sciolgo, sciogli, sciogliamo, sciolgono *P;* sciolsi, sciogliesti, sciogliemmo, sciolsero *PR;* sciolga, sciolga, sciogliamo, sciolgano *C;* sciogli, sciolga, sciogliamo, sciolgano *I;* sciolto *PPa*
scrivere scrivo *P;* scrissi *PR;* scritto *PPa*
sedere siedo, siedi, sediamo, siedono *P;* sieda, sieda, sediamo, siedano *C;* siedi, sieda, sediamo, siedano *I*
sorgere sorsi, sorgesti, sorgemmo, sorsero *PR;* sorto *PPa*
spendere spendo *P;* spesi *PR;* speso *PPa*
spingere spinsi, spingesti, spingemmo, spinsero *PR;* spinto *PPa*
stare sto, stai, sta, stiamo, state, stanno *P;* starò *F;* stetti, stesti, stemmo, stettero *PR;* stia, stiamo, stiano *C;* stato *PPa*
stringere strinsi, stringesti, stringemmo, strinsero *PR;* stretto *PPa*
succedere successo *PPa*
tacere taccio, taci, taciamo, tacciono *P;* tacqui, tacesti, tacemmo, tacquero *PR;* taccia, taccia, taciamo, tacciano *C;* taci, taccia, taciamo, tacciano *I;* taciuto *PPa*
tenere tengo, tieni, teniamo, tengono *P;* tenni, tenesti, tenemmo, tennero *PR;* terrò, terrai, terremo, terranno *F;* tenga, tenga, teniamo, tengano *C;* tieni, tenga, teniamo, tengano *I*
togliere tolgo, togli, togliamo, tolgono *P;* tolsi *PR;* tolga *C;* tolto *PPa*
uscire esco, esci, usciamo, escono *P;* uscii *PR;* esca, usciamo, escano *C;* esci, esca, usciamo, escano *I;* uscito *PPa*
valere valgo, vali, valiamo, valgono *P;* valsi, valesti, valemmo, valsero *PR;* varrò, varrai, varremo, varranno *F;* valga, valga, valiamo, valgano *C;* vali, valga, valiamo, valgano *I;* valso *PPa*
vedere vedo, vedi, vediamo, vedono *P;* vedrò *F;* vidi, vedesti, vedemmo, videro *PR;* veda *C;* vedi, veda *I;* visto *PPa*
venire vengo, vieni, veniamo, vengono *P;* verrò *F;* venni, venisti, venimmo, vennero *PR;* venga, veniamo, vengano *C;* vieni, venga, veniamo, vengano *I;* veniente *PPr;* venuto *PPa*
vincere vinco *P;* vinsi *PR;* vinto *PPa*
vivere vivo *P;* vivrò *F;* vissi, vivesti, vivemmo, vissero *PR;* vissuto *PPa*
volere voglio, vuoi, vogliamo, vogliono *P;* vorrò *F;* voluto *PPa*

Grammatica tedesca

Aggettivo

L'uso dell'aggettivo

Se l'aggettivo viene usato come attributo, cioè per determinare meglio il sostantivo, esso corrisponde nel genere, nel numero e nel caso con il sostantivo. Se viene usato come predicativo (complemento predicativo) o come avverbiale (complemento avverbiale), l'aggettivo rimane immutato *(Die neuen Fahrräder* (neutro, plurale, nominativo) *waren wegen ihres niedrigen Preises* (maschile, singolare, genitivo) *schnell verkauft. Diese Fahrräder sind neu und preiswert. Ihr Preis ist niedrig kalkuliert).*

La declinazione dell'aggettivo

Esistono due tipi di declinazione dell'aggettivo. Un aggettivo ha una declinazione forte, se si trova da solo davanti ad un sostantivo o dopo un articolo indeterminativo o dopo un pronome senza desinenza *(kleiner Mann; ein kleiner Mann; ihr kleiner Mann).*

singolare	nominativo	genitivo	dativo	accusativo
maschile	*neuer Hut*	*neuen Hutes*	*neuem Hut(e)*	*neuen Hut*
femminile	*neue Frau*	*neuer Frau*	*neuer Frau*	*neue Frau*
neutro	*neues Auto*	*neuen Autos*	*neuem Auto*	*neues Auto*
plurale	*neue*	*neuer*	*neuen*	*neue*

Un aggettivo ha una declinazione debole, quando si trova dopo un articolo determinativo o dopo un pronome declinato *(der kleine Mann; dieser kleine Mann; welcher große Junge?).*

singolare	nominativo	genitivo	dativo	accusativo
maschile	*neue Hut*	*neuen Hutes*	*neuen Hut(e)*	*neuen Hut*
femminile	*neue Frau*	*neuen Frau*	*neuen Frau*	*neue Frau*
neutro	*neue Auto*	*neuen Autos*	*neuen Auto*	*neue Auto*
plurale	*neuen*	*neuen*	*neuen*	*neuen*

Un aggettivo ha una declinazione mista quando si trova dopo un articolo partitivo o dopo un pronome senza desinenza.

singolare	nominativo	genitivo	dativo	accusativo
maschile	*neuer Hut*	*neuen Hutes*	*neuen Hut*	*neuen Hut*
femminile	*neue Frau*	*neuen Frau*	*neuen Frau*	*neue Frau*
neutro	*neues Auto*	*neuen Autos*	*neuen Auto*	*neues Auto*
plurale	*neuen*	*neuen*	*neuen*	*neuen*

La comparazione dell'aggettivo

Il comparativo si forma aggiungendo al grado positivo *-er* o formando un addolcimento e aggiungendo *-er.* Il superlativo si forma aggiungendo al grado positivo *-est* o *-st.* Se il superlativo non è preposto ad un sostantivo, si aggiunge ad esso ancora *am (weit, lang, alt: weiter, länger, älter; weiteste(r,s), längste(r,s), älteste(r,s). Er lief am weitesten).*
Gli aggettivi *gut, viel, wenig, hoch, nahe* hanno forme irregolari di comparativo: *gut, besser, beste(r,s); viel, mehr, meiste(r,s); wenig, weniger* o *minder, wenigste(r,s); hoch, höher, höchste(r,s); nahe, näher, nächste(r,s).*

Avverbio

Gli avverbi derivati da aggettivi si trovano nella forma originaria (nessuna desinenza!) *(Das hast du gut gemacht)*. La comparazione degli avverbi corrisponde a quella degli aggettivi (anche qui: nessuna desinenza!). A parte gli avverbi, che derivano dagli aggettivi, solo i seguenti avverbi formano i gradi di comparazione: *oft – öfter – am öftesten/am häufigsten; bald – eher – am ehesten; gern – lieber – am liebsten.*

Articolo

L'articolo determinativo

numero	caso	maschile	femminile	neutro
singolare	nominativo	*der*	*die*	*das*
	genitivo	*des*	*der*	*des*
	dativo	*dem*	*der*	*dem*
	accusativo	*den*	*die*	*das*
plurale	nominativo	*die*	*die*	*die*
	genitivo	*der*	*der*	*der*
	dativo	*den*	*den*	*den*
	accusativo	*die*	*die*	*die*

L'articolo indeterminativo

numero	caso	maschile	femminile	neutro
singolare	nominativo	*ein*	*eine*	*ein*
	genitivo	*eines*	*einer*	*eines*
	dativo	*einem*	*einer*	*einem*
	accusativo	*einen*	*eine*	*ein*

Gli articoli indeterminativi non hanno il plurale.

Sostantivo

Il genere del sostantivo

I sostantivi si suddividono in tre generi. Nella regola il genere grammaticale corrisponde a quello naturale *(der Mann, die Frau, das Haus).*

Le desinenze regolari dei sostantivi tedeschi

maschile	femminile		neutro
-ant	*-ade*	*-ine*	*-at*
-ar	*-anz*	*-ion*	*-chen*
-är	*-atte*	*-ive*	*-ium*
-ent	*-ei*	*-schaft*	*-lein*
-eur	*-elle*	*-tät*	*-nis*
-ist	*-enz*	*-ung*	*-sel*
-ius	*-ette*	*-ur*	*-tiv*
-ling	*-eurin*		
-mus	*-euse*		
-nom	*-heit*		
-rich	*-ie*		
-tiv	*-ik*		
-tor	*-in*		

Il caso del sostantivo

I sostantivi possono avere una declinazione forte, debole o mista. La declinazione forte si trova nei sostantivi maschili, femminili e neutri.

singolare	maschile	femminile	neutro
nominativo	*der Raum*	*die Wand*	*das Auto*
genitivo	*des Raumes*	*der Wand*	*des Autos*
dativo	*dem Raum(e)*	*der Wand*	*dem Auto*
accusativo	*den Raum*	*die Wand*	*das Auto*
plurale	*Räume*	*Wände*	*Autos*
plurale/dativo	*den Räumen*	*den Wänden*	*den Autos*

La declinazione debole si trova solo nei sostantivi maschili e femminili.

singolare	maschile	femminile
nominativo	*der Held*	*die Katze*
genitivo	*des Helden*	*der Katze*
dativo	*dem Helden*	*der Katze*
accusativo	*den Helden*	*die Katze*
plurale	*Helden*	*Katzen*

La declinazione mista si trova solo nei sostantivi maschili e neutri.

singolare	maschile	neutro
nominativo	*der Schmerz*	*das Ohr*
genitivo	*des Schmerzes*	*des Ohrs*
dativo	*dem Schmerz*	*dem Ohr*
accusativo	*den Schmerz*	*das Ohr*
plurale	*Schmerzen*	*Ohren*

L'uso del caso

Il caso del genitivo indica appartenenza, provenienza, qualità e proprietà *(Die Studenten der Münchener Universität streiken. Die Pflanzen südlicher Zonen verderben. Ein Rohdiamant erster Güte wurde gefunden. Das ist das Haus des Direktors)*. In Italiano, il genitivo si traduce con la preposizione *di* che esprime l'appartenenza. Determinati verbi richiedono anche il genitivo *(sich schämen, sich entsinnen, bedürfen)*.

Il dativo in funzione d'un complemento indiretto indica qualcuno o qualcosa a cui accade un'azione, un avvenimento o un accaduto *(Sie gibt/schenkt dem Mann ...)*. Il dativo corrisponde al complemento oggetto indiretto italiano e viene introdotto dalla preposizione *a*.

Si parla di complemento oggetto diretto quando qualcuno o qualcosa subisce direttamente un'azione o un avvenimento *(Sie sieht ihn)*. Il complemento oggetto corrisponde in tedesco al caso dell'accusativo.

Preposizioni

A ogni preposizione corrisponde un caso specifico (genitivo, dativo, accusativo).

Le preposizioni con il genitivo

außerhalb	*laut*	*um ... willen*
dank	*mangels*	*ungeachtet*
diesseits	*mittels*	*unterhalb*
...halber	*oberhalb*	*unweit*
innerhalb	*statt*	*während*
jenseits	*trotz*	*wegen*

La maggiorparte di queste preposizioninon sono usate con il genitivo se non quando un pronome senza desinenza, un aggettivo o un articolo siano tra la preposizione e il sostantivo. In altri casi possono reggere anche il dativo.

trotz starker Schneefälle (genitivo)   *trotz Schneefällen* (dativo)
infolge des Unwetters (genitivo)   *infolge von Unwetter* (dativo)

Le preposizioni con il dativo

aus	*nach*
außer	*nebst*
bei	*samt*
entgegen	*seit*
gegenüber	*von*
gemäß	*zu*
mit	

Le preposizioni con l'accusativo

durch	*ohne*
für	*um*
gegen	

Preposizioni seguite dall'accusativo e dal dativo

Alcune preposizioni di luogo, utilizzate normalmente con il dativo quando indicano stato in luogo, usano l'accusativo quando indicano movimento:

Preposizione	accusativo	dativo
an	*Lehne die Leiter an die Wand!* Appoggia la scala alla parete!	*Die Leiter lehnt an der Wand.* La scala poggia alla parete.
auf	*Du kannst dich auf den Stuhl dort setzen.* Puoi sederti su quella sedia.	*Auf diesem Stuhl sitzt Frau Weber.* La signora Weber è seduta su questa sedia.
hinter	*Schau hinter das Bild!* Guarda dietro il quadro!	*Der Safe ist hinter dem Bild.* La cassaforte è dietro il quadro.
in	*Tritt nicht in die Pfütze!* Non andare nella pozzangera!	*Der Brief ist in diesem Ordner abgelegt.* La lettera è archiviata in questo raccoglitore.
neben	*Stell den Koffer neben das andere Gepäck!* Posa la valigia vicino agli altri bavicino al gagli!	*Sein Lieblingsplatz war immer neben dem Ofen.* Il suo posto preferito era sempre caminetto.
über	*Die Wolken ziehen über die Berge.* Le nuvole passano sopra le montagne.	*Wir flogen über den Wolken dahin.* Noi sorvolammo le nuvole.

unter	*Kriech unter den Tisch!* Striscia sotto il tavolo!	*Such unter dem Tisch!* Cerca sotto il tavolo!
vor	*Stell die Schuhe vor die Tür!* Metti le scarpe davanti la porta!	*Der Sommer steht vor der Tür.* L'estate è alle porte.
zwischen	*Stell den Tisch zwischen die Stühle!* Metti il tavolo tra le sedie!	*Zwischen den Bäumen wuchsen Pilze.* Tra gli alberi crescevano i funghi.

Pronome

Il pronome personale

	1° persona	2° persona	3° persona
singolare:			
nominativo	*ich*	*du*	*er sie es*
(genitivo	*meiner*	*deiner*	*seiner ihrer seiner)*
dativo	*mir*	*dir*	*ihm ihr ihm*
accusativo	*mich*	*dich*	*ihn sie es*
plurale:			
nominativo	*wir*	*ihr*	*sie*
(genitivo	*unser*	*euer*	*ihrer)*
dativo	*uns*	*euch*	*ihnen*
accusativo	*uns*	*euch*	*sie*

Il pronome possessivo

	maschile/singolare	maschile/plurale
1° persona	*mein*	*unser*
2° persona	*dein*	*euer*
3° persona	*sein, ihr, sein*	*ihr*

Verbo

I verbi completi

I verbi completi formano tre gruppi secondo la loro coniugazione: verbi forti, verbi deboli, verbi irregolari (misti). Analogamente si tratta anche di una coniugazione forte (1), debole (2), irregolare (3). Le forme del verbo (infinito, imperfetto, participio II) determinano il tipo di coniugazione.

infinito	imperfetto	participio II	
(1) *singen*	*sang*	*gesungen*	cantare, cantavo, cantato
(2) *lachen*	*lachte*	*gelacht*	ridere, ridevo, riso
(3) *bringen*	*brachte*	*gebracht*	portare, portavo, portato

La coniugazione regolare

Genere del verbo: attivo

tempo	numero	indicativo	congiuntivo I	congiuntivo II
presente	singolare	*ich stelle*	*ich stelle*	
		du stellst	*du stellest*	
		er/sie/es stellt	*er/sie/es stelle*	
	plurale	*wir stellen*	*wir stellen*	
		ihr stellt	*ihr stellet*	
		sie stellen	*sie stellen*	

passato	singolare	*ich stellte*		*ich stellte*
		du stelltest		*du stelltest*
		er/sie/es stellte		*stellte*
	plurale	*wir stellten*		*wir stellten*
		ihr stelltet		*ihr stelltet*
		sie stellten		*sie stellten*
futuro I	singolare	*ich werde stellen*	*ich werde stellen*	*ich würde stellen*

ind. perf.: *ich habe gestellt, du hast gestellt/ich bin gefahren, du bist gefahren*
cong. I perf.: *ich habe gestellt, du habest gestellt/ich sei gefahren, du seist gefahren*
trapassato prossimo: *ich hatte gestellt, du hattest gestellt/ich war gefahren, du warst gefahren*
cong. II trapassato prossimo: *ich hätte gestellt, du hättest gestellt/ich wäre gefahren, du wärest gefahren*
fut. II: *ich werde gestellt haben, du wirst gestellt haben/ich werde gefahren sein, du wirst gefahren sein*

infinito presente	*stellen/fahren*
infinito passato	*gestellt haben/gefahren sein*
participio presente	*stellend/fahrend*
participio passato	*gestellt/gefahren*
imperativo singolare	*stelle/fahre*
imperativo plurale	*stellt/fahrt*

La coniugazione irregolare

tempo	numero	indicativo	congiuntivo
presente	singolare	*ich nehme*	*ich nehme*
		du nimmst	*du nehmest*
		er/sie/es nimmt	*er/sie/es nehme*
	plurale	*wir nehmen*	*wir nehmen*
		ihr nehmt	*ihr nehmet*
		sie nehmen	*sie nehmen*
passato	singolare	*ich nahm*	*ich nähme*
		du nahmst	*du nähmest*
		er/sie/es nahm	*er/sie/es nähme*
	plurale	*wir nahmen*	*wir nähmen*
		ihr nahmt	*ihr nähm(e)t*
		sie nahmen	*sie nähmen*

infinito presente	*nehmen*
infinito passato	*genommen haben*
participio presente	*nehmend*
participio passato	*genommen*
imperativo singolare	*nimm*
imperativo plurale	*nehmt*

I verbi ausiliari

I verbi ausiliari sono: *haben, sein, werden*. Con il loro aiuto si possono formare i tempi composti dei verbi completi. Inoltre essi hanno anche la funzione di verbi a sé (*Nach der langen Bergtour hatten sie mehr Durst als Hunger. Sie sind jünger, als ich mir gedacht hatte*).

L'ausiliare sein (essere) e haben (avere)

tempo	sein	haben
presente	*ich bin*	*ich habe*
	du bist	*du hast*
	er/sie/es ist	*er/sie/es hat*
	wir sind	*wir haben*
	ihr seid	*ihr habt*
	sie sind	*sie haben*
imperfetto	*ich war*	*ich hatte*
	du warst	*du hattest*
	er/sie/es war	*er/sie/es hatte*
	wir waren	*wir hatten*
	ihr wart	*ihr hattet*
	sie waren	*sie hatten*
perfetto	*ich bin gewesen*	*ich habe gehabt*
trapassato prossimo	*ich war gewesen*	*ich hatte gehabt*
futuro I	*ich werde sein*	*ich werde haben*
futuro II	*ich werde gewesen sein*	*ich werde gehabt haben*
infinito	*sein*	*haben*
participio presente	*seiend*	*habend*
participio passato	*gewesen*	*gehabt*
imperativo singolare	*sei*	*habe*
imperativo plurale	*seid*	*habt*

L'uso dei tempi

Congiuntivo I

Il congiuntivo I indica prima di tutto quanto segue: un ordine, una disposizione, una preghiera o un desiderio, da adempiere, una possibilità o una supposizione ed il discorso indiretto *(Man presse eine ganze Zitrone, gieße heißes Wasser darauf, ... Der Betriebsrat teilte mit, daß eine Verkürzung der Arbeitszeit zurzeit nicht durchzusetzen sei).* Se le forme del congiuntivo I corrispondono con le forme dell'indicativo, queste ultime sono sostituite dalle forme del congiuntivo II *(Ich schrieb ihm, dass ich jetzt geheiratet hätte).* Il congiuntivo presente si forma con la radicale del presente e con le rispettive desinenze del congiuntivo. Il congiuntivo perfetto si forma con le forme del congiuntivo presente di *haben* e *sein* e con il participio II del verbo completo. Il congiuntivo futuro I si forma con le forme del congiuntivo presente di *werden* e con l'infinito del rispettivo verbo.

Congiuntivo II

Il congiuntivo II indica quanto segue: un'ordine cortese, una preghiera cortese, un desiderio, che non può essere adempiuto, una constatazione insicura ed una condizione che non è reale *(Könntet ihr euch bitte etwas leiser unterhalten? Würden Sie mir helfen, die Pakete aus dem Auto zu tragen? Könnte ich die Zeit doch noch einmal zurückdrehen!).* Una perifrasi del congiuntivo II con *würde* piu l'infinito del rispettivo verbo avviene in genere quando la forma del congiuntivo corrisponde con la forma dell'indicativo *(Wenn Sie den Schaden melden würden,* non: *meldeten).*

Proposizione

La successione dei complementi fra di loro

Se il complemento indiretto ed il complemento diretto sono formati da due sostantivi, allora il complemento indiretto viene prima del complemento diretto; se essi sono formati da un sostantivo ed un pronome, allora il complemento diretto viene prima del complemento indiretto *(Sie schickt ihrer Freundin* (complemento indiretto) *ein Päckchen* (complemento diretto). *Sie schickt ihr* (complemento indiretto, pronome) *ein Päckchen* (complemento diretto, sostantivo). *Sie schickt es* (complemento diretto, pronome) *ihr* (complemento indiretto, pronome).

La costruzione della frase nella proposizione affermativa
Nella proposizione affermativa il verbo si trova al secondo posto. Quando si usano i verbi composti, invece, l'ausiliare è al secondo posto; il participio o l'infinito in questo caso si trovano alla fine. Il predicato composto ha la funzione di una parentesi, nella quale va messo il resto della frase. Nel caso una parte della proposizione – ad eccezione del soggetto - si trova prima del verbo principale, il soggetto si pospone al verbo principale ("inversione") *(Gestern arbeiteten sie an diesem Projekt. Das große Problem haben sie heute gelöst).*

La posizione della proposizione secondaria
La proposizione secondaria si può trovare prima o dopo la proposizione principale. La proposizione principale può anche abbracciare la proposizione secondaria. Le proposizioni attributive si trovano in genere direttamente dopo la parola di riferimento *(Weil sie eine Mitarbeiterin suchten, setzten sie das Inserat in die Zeitung. Sie setzten das Inserat in die Zeitung, weil sie eine Mitarbeiterin suchten. Sie setzten, weil sie eine Mitarbeiterin suchten, ein Inserat in die Zeitung. Das Inserat, das sie gelesen hat, klingt interessant).* Importante: Nelle proposizioni secondarie il verbo si trova in genere in posizione finale *(Obwohl er damals nicht Deutsch sprach, reiste er nach München).*

Numerale

Solo il numero cardinale *eins* si declina in tutti i casi. I numeri cardinali *zwei* e *drei* si declinano al genitivo plurale, se si trovano da soli prima della parola di riferimento. I numeri cardinali da *2* fino a *12* hanno al dativo la desinenza *-en,* se si trovano da soli senza la parola di riferimento. I numeri cardinali *Hundert* e *Tausend* possono essere usati anche come sostantivi, ed hanno la declinazione forte. I numeri cardinali *Million, Billion* ecc. hanno la declinazione forte *(Der Junge hatte nur eine Murmel. Er wurde aufgrund dreier Aussagen verurteilt. Diesen Sport treibt man zu sechsen/zu sechst. Die Mannschaft hatte Tausende von Fans. Millionen saßen vor dem Bildschirm).* I numeri ordinali si formano aggiungendo una *-te* ai numeri cardinali da *2* fino a *19* ed una *-ste* dai *20* in poi. I numeri ordinali si declinano come gli aggettivi *(der zweite, alle neunten, jeder fünfzigste).*

Numeri

numeri cardinali		numeri ordinali	
0	*null*	1.	*erste*
1	*eins*	2.	*zweite*
2	*zwei*	3.	*dritte*
3	*drei*	4.	*vierte*
4	*vier*	5.	*fünfte*
5	*fünf*	6.	*sechste*
6	*sechs*	7.	*sieb(en)te*
7	*sieben*	8.	*achte*
8	*acht*	9.	*neunte*
9	*neun*	10.	*zehnte*
10	*zehn*	11.	*elfte*
11	*elf*	12.	*zwölfte*
12	*zwölf*	13.	*dreizehnte*

13	*dreizehn*	14.	*vierzehnte*
14	*vierzehn*	15.	*fünfzehnte*
15	*fünfzehn*	16.	*sechzehnte*
16	*sechzehn*	17.	*siebzehnte*
17	*siebzehn*	18.	*achtzehnte*
18	*achtzehn*	19.	*neunzehnte*
19	*neunzehn*	20.	*zwanzigste*
20	*zwanzig*	21.	*einundzwanzigste*
21	*einundzwanzig*	22.	*zweiundzwanzigste*
22	*zweiundzwanzig*	23.	*dreiundzwanzigste*
23	*dreiundzwanzig*	24.	*vierundzwanzigste*
30	*dreißig*	25.	*fünfundzwanzigste*
40	*vierzig*	26.	*sechsundzwanzigste*
50	*fünfzig*	27.	*siebenundzwanzigste*
60	*sechzig*	28.	*achtundzwanzigste*
70	*siebzig*	29.	*neunundzwanzigste*
80	*achtzig*	30.	*dreißigste*
90	*neunzig*	40.	*vierzigste*
100	*(ein)hundert*	50.	*fünfzigste*
101	*hundert(und)eins*	60.	*sechzigste*
230	*zweihundert(und)dreißig*	70.	*siebzigste*
538	*fünfhundert(und)achtunddreißig*	80.	*achtzigste*
1 000	*(ein)tausend*	90.	*neunzigste*
10 000	*zehntausend*	100.	*(ein)hundertste*
100 000	*(ein)hunderttausend*	230.	*zweihundert(und)dreißigste*
1 000 000	*eine Million*	1 000.	*(ein)tausendste*

0 viene sempre pronunciato *null!*
I numeri al di sotto di un milione si scrivono con un'unica parola.

Orario

I minuti sono divisi dalle ore con un punto o posti in apice: *9.30 Uhr; 9.30 Uhr.* Si usano solo i numeri cardinali. L'orario si chiede in questo modo: *Wie viel Uhr ist es?/Wie spät ist es?* Si risponde: *Es ist .../Wir haben ...*

12.00 Uhr	*zwölf Uhr (mittags)*
12.01 Uhr	*zwölf Uhr eins/eine Minute nach zwölf*
12.02 Uhr	*zwölf Uhr zwei/zwei Minuten nach zwölf*
12.10 Uhr	*zwölf Uhr zehn/zehn (Minuten) nach zwölf*
12.15 Uhr	*zwölf Uhr fünfzehn/Viertel nach zwölf*
12.20 Uhr	*zwölf Uhr zwanzig/zwanzig (Minuten) nach zwölf*
12.30 Uhr	*zwölf Uhr dreißig/halb eins*
12.45 Uhr	*zwölf Uhr fünfundvierzig/Viertel vor eins*
12.50 Uhr	*zwölf Uhr fünfzig/zehn (Minuten) vor eins*
13.00 Uhr	*dreizehn Uhr/ein Uhr/eins*
15.00 Uhr	*fünfzehn Uhr/drei Uhr (nachmittags)*
17.00 Uhr	*siebzehn Uhr/fünf Uhr (nachmittags)*
23.00 Uhr	*dreiundzwanzig Uhr/elf Uhr (abends)*
24.00 Uhr	*vierundzwanzig Uhr/zwölf Uhr (nachts)/Mitternacht*
1.00 Uhr	*ein Uhr/ein Uhr (morgens)*
10.00 Uhr	*zehn Uhr/zehn Uhr (vormittags)*

I verbi irregolari tedeschi

infinito	imperfetto	participio II	1°/2° persona presente
backen	backte	gebacken	ich backe, du bäckst
befehlen	befahl	befohlen	ich befehle, du befiehlst
beginnen	begann	begonnen	ich beginne, du beginnst
beißen	biss	gebissen	ich beiße, du beißt
bergen	barg	geborgen	ich berge, du birgst
bersten	barst	geborsten	ich berste, du birst
biegen	bog	gebogen	ich biege, du biegst
bieten	bot	geboten	ich biete, du bietest
binden	band	gebunden	ich binde, du bindest
bitten	bat	gebeten	ich bitte, du bittest
blasen	blies	geblasen	ich blase, du bläst
bleiben	blieb	geblieben	ich bleibe, du bleibst
braten	briet	gebraten	ich brate, du brätst
brechen	brach	gebrochen	ich breche, du brichst
brennen	brannte	gebrannt	ich brenne, du brennst
bringen	brachte	gebracht	ich bringe, du bringst
denken	dachte	gedacht	ich denke, du denkst
dreschen	drosch	gedroschen	ich dresche, du drischst
dringen	drang	gedrungen	ich dringe, du dringst
dürfen	durfte	gedurft	ich darf, du darfst
empfangen	empfing	empfangen	ich empfange, du empfängst
empfehlen	empfahl	empfohlen	ich empfehle, du empfiehlst
empfinden	empfand	empfunden	ich empfinde, du empfindest
erlöschen	erlosch	erloschen	er erlischt
essen	aß	gegessen	ich esse, du isst
fahren	fuhr	gefahren	ich fahre, du fährst
fallen	fiel	gefallen	ich falle, du fällst
fangen	fing	gefangen	ich fange, du fängst
fechten	focht	gefochten	ich fechte, du fich(t)st
finden	fand	gefunden	ich finde, du findest
flechten	flocht	geflochten	ich flechte, du flich(t)st
fliegen	flog	geflogen	ich fliege, du fliegst
fliehen	floh	geflohen	ich fliehe, du fliehst
fließen	floss	geflossen	ich fließe, du fließt
fressen	fraß	gefressen	ich fresse, du frisst
frieren	fror	gefroren	ich friere, du frierst
gären	gor	gegoren	es gärt
gebären	gebar	geboren	ich gebäre, du gebärst/gebierst
geben	gab	gegeben	ich gebe, du gibst
gedeihen	gedieh	gediehen	ich gedeihe, du gedeihst
gehen	ging	gegangen	ich gehe, du gehst
gelingen	gelang	gelungen	es gelingt
gelten	galt	gegolten	ich gelte, du giltst
genießen	genoss	genossen	ich genieße, du genießt
geschehen	geschah	geschehen	es geschieht
gewinnen	gewann	gewonnen	ich gewinne, du gewinnst
gießen	goss	gegossen	ich gieße, du gießt
gleichen	glich	geglichen	ich gleiche, du gleichst

gleiten	glitt	geglitten	ich gleite, du gleitest
graben	grub	gegraben	ich grabe, du gräbst
greifen	griff	gegriffen	ich greife, du greifst
haben	hatte	gehabt	ich habe, du hast
halten	hielt	gehalten	ich halte, du hältst
hängen	hing	gehangen	ich hänge, du hängst
hauen	hieb/haute	gehauen	ich haue, du haust
heben	hob	gehoben	ich hebe, du hebst
heißen	hieß	geheißen	ich heiße, du heißt
helfen	half	geholfen	ich helfe, du hilfst
kennen	kannte	gekannt	ich kenne, du kennst
klingen	klang	geklungen	ich klinge, du klingst
kneifen	kniff	gekniffen	ich kneife, du kneifst
kommen	kam	gekommen	ich komme, du kommst
können	konnte	gekonnt	ich kann, du kannst
kriechen	kroch	gekrochen	ich krieche, du kriechst
laden	lud	geladen	ich lade, du lädst
lassen	ließ	gelassen	ich lasse, du lässt
laufen	lief	gelaufen	ich laufe, du läufst
leiden	litt	gelitten	ich leide, du leidest
leihen	lieh	geliehen	ich leihe, du leihst
lesen	las	gelesen	ich lese, du liest
liegen	lag	gelegen	ich liege, du liegst
lügen	log	gelogen	ich lüge, du lügst
mahlen	mahlte	gemahlt	ich mahle, du mahlst
meiden	mied	gemieden	ich meide, du meidest
melken	molk	gemolken/gemelkt	ich melke, du melkst
messen	maß	gemessen	ich messe, du misst
misslingen	misslang	misslungen	es misslingt
mögen	mochte	gemocht	ich mag, du magst
müssen	musste	gemusst	ich muss, du musst
nehmen	nahm	genommen	ich nehme, du nimmst
nennen	nannte	genannt	ich nenne, du nennst
pfeifen	pfiff	gepfiffen	ich pfeife, du pfeifst
preisen	pries	gepriesen	ich preise, du preist
quellen	quoll	gequollen	ich quelle, du quillst
raten	riet	geraten	ich rate, du rätst
reiben	rieb	gerieben	ich reibe, du reibst
reißen	riss	gerissen	ich reiße, du reißt
reiten	ritt	geritten	ich reite, du reitest
rennen	rannte	gerannt	ich renne, du rennst
riechen	roch	gerochen	ich rieche, du riechst
ringen	rang	gerungen	ich ringe, du ringst
rinnen	rann	geronnen	es rinnt
rufen	rief	gerufen	ich rufe, du rufst
salzen	salzte	gesalzen	ich salze, du salzt
saufen	soff	gesoffen	ich saufe, du säufst
saugen	sog	gesogen	ich sauge, du saugst
schaffen (schöpfen)	schuf	geschaffen	ich schaffe, du schaffst
scheiden	schied	geschieden	ich scheide, du scheidest
scheinen	schien	geschienen	ich scheine, du scheinst
schelten	schalt	gescholten	ich schelte, du schiltst

schieben	schob	geschoben	ich schiebe, du schiebst
schießen	schoss	geschossen	ich schieße, du schießt
schlafen	schlief	geschlafen	ich schlafe, du schläfst
schlagen	schlug	geschlagen	ich schlage, du schlägst
schleichen	schlich	geschlichen	ich schleiche, du schleichst
schleifen	schliff	geschliffen	ich schleife, du schleifst
(schärfen)			
schließen	schloss	geschlossen	ich schließe, du schließt
schmeißen	schmiss	geschmissen	ich schmeiße, du schmeißt
schmelzen	schmolz	geschmolzen	ich schmelze, du schmilzt
(intransitiv)			
schneiden	schnitt	geschnitten	ich schneide, du schneidest
schreiben	schrieb	geschrieben	ich schreibe, du schreibst
schreien	schrie	geschrien	ich schreie, du schreist
schweigen	schwieg	geschwiegen	ich schweige, du schweigst
schwellen	schwoll	geschwollen	ich schwelle, du schwillst
schwimmen	schwamm	geschwommen	ich schwimme, du schwimmst
schwinden	schwand	geschwunden	ich schwinde, du schwindest
schwören	schwor	geschworen	ich schwöre, du schwörst
sehen	sah	gesehen	ich sehe, du siehst
sein	war	gewesen	ich bin, du bist
senden	sandte/	gesandt/	ich sende, du sendest
	sendete	gesendet	
sieden	sott/siedete	gesotten/gesiedet	ich siede, du siedest
singen	sang	gesungen	ich singe, du singst
sinken	sank	gesunken	ich sinke, du sinkst
sinnen	sann	gesonnen	ich sinne, du sinnst
sitzen	saß	gesessen	ich sitze, du sitzt
spalten	spaltete	gespalten	ich spalte, du spaltest
speien	spie	gespien	ich speie, du speist
spinnen	spann	gesponnen	ich spinne, du spinnst
sprechen	sprach	gesprochen	ich spreche, du sprichst
springen	sprang	gesprungen	ich springe, du springst
stechen	stach	gestochen	ich steche, du stichst
stecken	stak	gesteckt	ich stecke, du steckst
(intransitiv)			
stehen	stand	gestanden	ich stehe, du stehst
stehlen	stahl	gestohlen	ich stehle, du stiehlst
steigen	stieg	gestiegen	ich steige, du steigst
sterben	starb	gestorben	ich sterbe, du stirbst
stinken	stank	gestunken	ich stinke, du stinkst
stoßen	stieß	gestoßen	ich stoße, du stößt
streichen	strich	gestrichen	ich streiche, du streichst
streiten	stritt	gestritten	ich streite, du streitest
tragen	trug	getragen	ich trage, du trägst
treffen	traf	getroffen	ich treffe, du triffst
treiben	trieb	getrieben	ich treibe, du treibst
treten	trat	getreten	ich trete, du trittst
trinken	trank	getrunken	ich trinke, du trinkst
trügen	trog	getrogen	ich trüge, du trügst
tun	tat	getan	ich tu(e), du tust
verderben	verdarb	verdorben	ich verderbe, du verdirbst
verdrießen	verdross	verdrossen	ich verdrieße, du verdrießt

vergessen	vergaß	vergessen	ich vergesse, du vergisst
verlieren	verlor	verloren	ich verliere, du verlierst
verzeihen	verzieh	verziehen	ich verzeihe, du verzeihst
wachsen	wuchs	gewachsen	ich wachse, du wächst
wägen	wog	gewogen	ich wäge, du wägst
waschen	wusch	gewaschen	ich wasche, du wäschst
weichen	wich	gewichen	ich weiche, du weichst
(nachgeben)			
weisen	wies	gewiesen	ich weise, du weist
wenden	wandte/	gewandt/	ich wende, du wendest
	wendete	gewendet	
werben	warb	geworben	ich werbe, du wirbst
werden	wurde/ward	geworden	ich werde, du wirst
werfen	warf	geworfen	ich werfe, du wirfst
wiegen	wog	gewogen	ich wiege, du wiegst
winden	wand	gewunden	ich winde, du windest
wissen	wusste	gewusst	ich weiß, du weißt
wollen	wollte	gewollt	ich will, du willst
ziehen	zog	gezogen	ich ziehe, du ziehst
zwingen	zwang	gezwungen	ich zwinge, du zwingst

Wichtige Abkürzungen

a.br.sc.	*a breve scadenza*	kurzfristig
a.C.	*avanti Cristo*	vor Christus v.Chr.
A.G.	*Albergo per la Gioventù*	Jugendherberge
agg.	*aggiungi*	füge hinzu
A.N.	*Alleanza Nazionale*	Nationale Allianz (Partei der Rechten)
A.N.S.A	*Agenzia Nazionale Stampa Associata*	italienische Presseagentur
ass.	*associazione*	Verein
b.ca	*banca*	Bank
c.a.p.	*codice di avviamento postale*	Postleitzahl PLZ
C.d.R	*Cassa di Risparmio*	Sparkasse
C.E.	*Consiglio d'Europa*	Europarat
cf., cfr.	*confrontare*	vergleiche vgl.
C.P.	*casella postale*	Postfach
C.R.I.	*Croce Rossa Italiana*	Italienisches Rotes Kreuz
CV	*cavalli vapore*	Pferdestärke PS
d.C.	*dopo Cristo*	nach Christus n.Chr.
DC	*Democrazia Cristiana*	Christlich-Demokratische Partei
dir.	*diretto*	Eilzug
E.I.	*Esercito Italiano*	Italienische Bundeswehr
ENIT	*Ente Nazionale Industrie Turistiche*	Staatliches Fremdverkehrsamt
EU	*Europa Unita*	Vereinigtes Europa
ferr.	*ferrovia*	Eisenbahn
FF.SS.	*Ferrovie dello Stato*	Staatsbahnen
F.M.I.	*Fondo Monetario Internazionale*	Internationaler Währungsfonds
f.s.	*far seguire*	bitte nachsenden
L.it.	*Lire italiane*	italienische Lire
No.	*numero*	Nummer Nr.
O.M.S.	*Organizzazione mondiale della sanità*	Weltegesundheitsorganisation WHO
O.N.U.	*Organizzazione delle Nazioni Unite*	Organisation der Vereinten Nationen UNO
P.D.C.	*Partito Democratico Cristiano*	Christlich-Demokratische Partei
P.D.S.	*Partito Democratico della Sinistra*	Demokratische Partei der Linken
p.es.	*per esempio*	zum Beispiel z.B.
p.f.	*per favore*	bitte
P.L.I.	*Partito Liberale Italiano*	Liberale Partei Italiens
P.P.I.	*Partito Popolare Italiano*	Italienische Volkspartei
PP.TT.	*Poste e Telecomunicazioni*	Post- und Fernmeldewesen
P.R.I.	*Partito Repubblicano Italiano*	Republikanische Partei Italiens
P.S.D.I.	*Partito Social-Democratico Italiano*	Sozial-Demokratische Partei Italiens
P.S.I.	*Partito Socialista Italiano*	Sozialistische Partei Italiens
P.zza	*piazza*	Platz Pl.
R.A.I.	*Radio Audizioni Italiana*	Italienischer Rundfunk
RFT	*Repubblica Federale Tedesca*	Bundesrepublik Deutschland BRD
s.a.s.	*società in accomandita semplice*	Kommanditgesellschaft KG
seg.	*seguente*	folgend f.
Sig.	*signore*	Herr Hr.
Sig.ra	*signora*	Frau Fr.
Sig.na	*signorina*	Fräulein Frl.
S.P.A.	*Società per azioni*	Aktiengesellschaft AG
S.P.M.	*sue proprie mani*	zu Händen von z.H.
S.r.l.	*Società a responsabilità limitata*	Gesellschaft mit beschränkter Haftung GmbH
V.d.F.	*Vigili del fuoco*	Feuerwehr

Abbreviazioni importanti

Abk.	*Abkürzung*	abbreviazione abbr.
Abs.	*Absender*	mittente mitt.
AG	*Aktiengesellschaft*	società per azioni S.P.A.
AZUBI	*Auszubildender*	apprendista
BLZ	*Bankleitzahl*	codice bancario
BRD	*Bundesrepublik Deutschland*	Repubblica Federale Tedesca RFT
b.w.	*bitte wenden*	vedasi a tergo
bzw.	*beziehungsweise*	rispettivamente risp.
CDU	*Christlich-Demokratische Union*	Unione democristiana
CSU	*Christlich-Soziale Union*	Unione cristiano-sociale
d.h.	*das heißt*	cioè
DM	*Deutsche Mark*	marco tedesco
Dr.	*Doktor*	dottore Dott.
EDV	*Elektronische Datenverarbeitung*	elaborazione elettronica dei dati
EU	*Europäische Union*	Unione europea
evtl.	*eventuell*	eventualmente
Fa.	*Firma*	ditta
FCKW	*Fluorchlorkohlenwasserstoff*	idrato di fluoro-cloro-carbonio
FDP	*Freie Demokratische Partei*	Partito liberal-democratico
Fr.	*Frau*	signora Sig.ra
Frl.	*Fräulein*	signorina Sig.na
GmbH	*Gesellschaft mit beschränkter Haftung*	società a responsabilità limitata S.r.l.
GUS	*Gemeinschaft unabhängiger Staaten*	Comunità degli Stati indipendenti
Hr.	*Herr*	signore Sig.
inkl.	*inklusive*	incluso incl.
Kfz	*Kraftfahrzeug*	autoveicolo
KG	*Kommanditgesellschaft*	società in accomandita semplice s.a.s
Kripo	*Kriminalpolizei*	polizia giudiziaria
Kto.	*Konto*	conto
LKW	*Lastkraftwagen*	autocarro
lt.	*laut*	ai sensi di
MEZ	*Mitteleuropäische Zeit*	tempo medio dell'Europa centrale T.M.E.C.
MwSt	*Mehrwertsteuer*	imposta sul valore aggiunto I.V.A.
n.Chr.	*nach Christus*	dopo Cristo d.C.
Nr.	*Nummer*	numero no.
PDS	*Partei des demokratischen Sozialismus*	Partito del socialismo democratico
Pkw	*Personenkraftwagen*	autovettura
PS	*Pferdestärke*	cavalli vapore CV
s.	*siehe*	vedi v.
SPD	*Sozialdemokratische Partei Deutschlands*	Partito socialdemocratico tedesco
Str.	*Straße*	via V.
u.	*und*	e
u.a.	*unter anderem/und anderes*	fra l'altro/ed altro
usw.	*und so weiter*	eccetera ecc.
u.U.	*unter Umständen*	eventualmente evtl.
v.Chr.	*vor Christus*	avanti Cristo a.C.
vgl.	*vergleiche*	confrontare cfr.
VHS	*Volkshochschule*	università popolare
z.B.	*zum Beispiel*	per esempio p.es.
z.H.	*zu Händen*	sue proprie mani s.p.m.